MARYLAND NATURALIZATION ABSTRACTS

Volume I
Baltimore County and
Baltimore City

1784-1851

Robert Andrew Oszakiewski

HERITAGE BOOKS
2007

HERITAGE BOOKS
AN IMPRINT OF HERITAGE BOOKS, INC.

Books, CDs, and more—Worldwide

For our listing of thousands of titles see our website
at
www.HeritageBooks.com

Published 2007 by
HERITAGE BOOKS, INC.
Publishing Division
65 East Main Street
Westminster, Maryland 21157-5026

Copyright © 1995 Robert Andrew Oszakiewski

Other books by the author:
Maryland Naturalization Abstracts, Volume 2:
The County Court of Maryland, 1779-1851,
The US Circuit Court for Maryland, 1790-1851

All rights reserved. No part of this book may be reproduced or transmitted in any form or by any means, electronic or mechanical, including photocopying, recording or by any information storage and retrieval system without written permission from the author, except for the inclusion of brief quotations in a review.

International Standard Book Number: 978-1-58549-377-7

DEDICATION

To some very dear friends: to Kevin, Connie, and Mattie; to Pat, Richard and Doug; to Diane, Ann and Betsy; to Susan, Mame and Nancy; to Ed, Greg, and Chris; to Shirley B., Rita, and Vickie; to Lee, Gidget, and Julie; to Stephanie, Wilder and Mimi; to Phebe, Lois, Don, and Ellen.

INTRODUCTION

This is the first of two volumes abstracting the naturalizations, declarations of intent, reports and registrations, and other instruments filed by immigrants and recorded in Maryland County Courts and Baltimore City Courts between the end of the American Revolution and 1851. This volume abstracts those recorded in Baltimore City and Baltimore County Court Records between 1784 and 1851. The second volume will contain abstracts from court records of the remaining counties of Maryland.

The abstracts below give the immigrants first and last names, possible variants of those names, the country of origin if given (if not given, then it is the compiler's best possible choice), the type of instrument recorded, the names of witnesses, any other information that the record may have, the record and folio and date the instrument was recorded. Countries of origin are given with their full names; for example, Hesse-Darmstadt is cited as the Grand Dutchy of Hesse-Darmstadt. For some of the immigrants, the abstract has further information derived from the Federal Census, Baltimore City Directories or other published sources. References to these sources are given in the body of the abstract. The most frequently cited references are given in abbreviations. A list of these abbreviations follows below. Less frequently cited references are given in full in the body of the text. Time and the sheer number of individuals prevented more than a small selection of immigrants from receiving more research. Unless otherwise noted, all references to the US Circuit Court and US District Court are to the US Circuit Court for the Fourth Circuit and the US District Court for the District of Maryland. Spellings have been retained from the original record, although alternate and modern spellings have also been given.

There is a wide variation in the amount of information recorded in these instruments. Certain ones include not only the immigrant's name and country of origin, but that of any spouses and children, the name of the village or town of their former country, their profession if any, and in one case, the name of the ship and the master of the ship the immigrant sailed on. Others only record the barest of information: the name of the immigrant and the country of origin.

It is my hope that this volume and the one to follow, will serve as a starting point for those who are searching for their origins. It cannot answer the questions of why they came here or what life was like for them once they arrived. The reasons were as varied as those who came. Some fled natural disasters, such as the potato famines in Ireland. Others left their native lands to escape from epidemics, such as the cholera epidemics that struck in Poland in the mid-19th century. Some came to serve and lead various denominations, such as Ambrose Marachel. Many came seeking a better economic opportunity.

After their arrival their condition may have improved little at first. Irish Catholics still ran into social and economic discrimination, as did Italians, Poles, and others. Some of the works cited in the Bibliography and Suggested Readings give some idea of what immigrant life was like in both Maryland and other regions in the United States in the early and mid-19th century.

A work such as this is never entirely the work of one individual. I want to thank Teresa Lucas, Cathleen Walker, Cindy Thede and Mary Bell for encouraging me to go on and for having to put up with my seemingly endless talk about this book, Ed Wright for his endless patience, and my Mother, Marjorie Juanita Oszakiewski, for putting up with a sometimes absent minded son, who seemed chained to his machine for the last few years.

Robert Andrew Oszakiewski
Glen Burnie, Maryland
1995

ABBREVIATIONS

alleg.: allegiance

"An Index to ...": "An Index of the Naturalizations and Declarations of Intention from the Ledgers of the United States Circuit Court of Baltimore City: Maryland Volume One for the Years 1797-1853"

BA: Baltimore County

Barnes: Robert Barnes, "Baltimore County Naturalizations 1796-1803," Supplement to *Baltimore Town and Fell's Point Directory of 1796: From the Original by Thompson and Walker*.

BC: Baltimore City

circ.: circuit

co.: county

Ct.: Court

decl.: declared

DI: Declaration of intent

Dist.: District

Eng.: England

Ire.: Ireland

MD: Maryland

Nat. Rcd.: Naturalization Record

Nat. Dkt.: Naturalization Docket

Nat. Rcd. of Minors: Naturalization of Minors

NATN: Naturalization

O&RA: Takes oath and renounces allegiance

O&T&GD: Oyer and terminer and Goal Delivery

ren.: renounces

res.: resided

Scots: David Dobson, *Scots on the Chesapeake: 1607-1830*

Tepper: *Passenger Arrivals at the Port of Baltimore 1820-1834: From Customs Passenger Lists*, Michael Tepper, editor.

United Kingdom: UK

US: United States

wit.: witness

wits.: witnesses

yr(s).: year(s)

Full titles may be found in the Bibliography and Suggested Readings below.

BIBLIOGRAPHY AND SUGGESTED READINGS

Anonymous. *A Century of Population Growth: From the First Census of the United States to the Twelfth 1790-1900.* (Baltimore: Genealogical Publishing Company 1970).

Anonymous. "An Index of the Naturalizations and Declarations of Intention from the Ledgers of the United States Circuit Court of Baltimore City: Maryland Volume One for the years 1797-1853," *Maryland Genealogical Society Bulletin*, Vol. 20 No. 4 Fall 1979 pp. 285-286.

Barnes, Robert, "Baltimore County Naturalizations 1796-1803," Supplement to *Baltimore Town and Fell's Point Directory of 1796: From the Original by Thompson and Walker*, Silver Spring, Family Line Publications, 1983.

Beirne, D. Randall, "German Immigration to Nineteenth-Century Baltimore," *Maryland Humanities*, September/October 1994.

Cox, Richard J. "The Creation and Maintenance of Baltimore's Passenger Ship Lists by the Baltimore Municipal Government, 1833-1866," *Maryland Genealogical Society Bulletin*, Vol. 22 Number 1, Winter 1981, pp. 2-9.

De Clare, Eugene and Richard Lacroix, "The Immigrant Midwives of Laurence: The Conflict Between Law and Culture in Early 20th Century Massachusetts," *Bulletin of the History of Science*, Vol. 59, No. 2 Summer 1985 pp. 232-246.

Della, Jr. M. Ray "An Analysis of Baltimore's Population in the 1850s," *Maryland Historical Magazine*, Vol. 68 No 1 Spring 1973 pp. 20-35.

Dobson, David, *Scots on the Chesapeake: 1607-1830.* (Baltimore: Genealogical Publishing Company 1992).

Doyle, R.J. and Nancy C. Lee "Microbes, warfare, religion, and human institutions," *Canadian Journal of Microbiology*, Vol. 32 No. 3 March 1986, pp. 193-200.

Dwork, Deborah, "Health Conditions of Immigrant Jews on the Lower East Side of New York: 1880-1914," *Medical History*, Vol. 25 No. 1, January 1981 pp. 1-40

Gellert, George A., "International Migration and Control of Communicable Diseases," *Social Science & Medicine*, Vol. 37 No. 12 1993 pp. 1489-1499.

Guterman, Stanley S. "The Americanization of Norwegian Immigrants: A Study of Historical Sociology," *Sociology and Social Research*, Vol. 52 No. 3 April 1969, p. 252-270.

Hammond, Philip E. "The Migrating Sect: An Illustration From Early Norwegian Immigration," *Social Forces*, March 1963 pp. 275-283.

Hitselberger, Mary Fitzhugh and F. Edward Wright, "British Aliens in Frederick County," *Maryland Genealogical Society Bulletin*, Vol. 33 No. 2 Spring 1992, pp. 354-357.

Hornsby-Smith, Michael P. and Angela Dale, "The Assimilation of Irish immigrants in England," *British Journal of Sociology*, Vol. 49, No. 4 December 1988, pp. 519-544.

Kanely, Edna, "Passenger Lists - Ships James Eduard, Jason, Providence, Rebecca Francis, Ulysses Arrived in Baltimore September 1833," *Maryland Genealogical Society Bulletin*, Vol. 22 No. 1 pp. 10-17.

Kanely, Edna, *Dirctory of Ministers An the Maryland Churches They Served, 1634-1990*, Westminster, Family Line Publications, 1991.

Kraut, Alan M., *Silent Travelers: Germs, Genes and the "Immigrant Menace"* (New York: Basic Books 1994).

Lynn, Richard, "Selective Emigration and the Decline of Intelligence in Scotland," *Social Biology*, Vol. 24 No. 3 Fall 1977, pp. 173-182.

McKenna, Marian C. "The Melting Pot: Comparative Observations in the United States and Canada," *Sociology and Social Research*, Vol 53 No. 4 July 1969 pp. 433-447.

McKenna, Edward E. "Marriage and Fertility in Postfamine Ireland: A Multivariate Analysis," *American Journal of Sociology*, Vol. 80 No. 3 November 1974, pp. 688-705.

Modrzewska, Krystyna, "Mortality Rates During the First Cholera Epidemic in Poland," *Social Biology*, Vol. 19 No. 3 September 1972, pp. 303-304.

O'Roukre, Desmond,"A Stock and Flows Approach to A Theory of Human Migration with Examples from Past Irish Migration," *Demography*, Vol. 9 No. 2, May 1972 pp. 263-274.

Patterson, K. David. "Yellow Fever Epidemics and Mortality in The United States, 1693-1905," *Social Science and Medicine*, Vol. 34, No. 8, pp. 855-865, 1992.

Rosenberg, Charles E. *The Cholera Years: The United States in 1832, 1849, and 1866*. University of Chicago Press, 1962.

Spalding, Thomas W. *The Premier See: A History of the Archdiocese of Baltimore 1789-1989*. (Baltimore: Johns Hopkins University Press, 1989).

Tepper, Michael, ed. *Passenger Arrivals at the Port of Baltimore 1820-1834: From Customs Passenger Lists*. (Baltimore: Genealogical Publishing Company, 1982).

US Department of Justice, Immigration and Naturalization Service, *An Immigrant Nation: United States Regulation of Immigration 1798-1991*. (Washington: Government Printing Office, 1991).

Van Ness, James S. "Economic Development, Social and Cultural Changes: 1800-1850" in *Maryland: A History 1632-1974*, edited by Richard Walsh and William Lloyd Fox, Baltimore Maryland Historical Society 1974

Weisberger, Bernard A. "A Nation of Immigrants," *American Heritage*, Vol. 45, No. 1 February/March 1994, pp. 75-91.

Wilcox, Shirley Langdon, ed. *1850 Census Prince George's County, Maryland*. 1978 Prince George's County Genealogical Society.

Aaron, Jacob. Holland. NATN. Decl. intent in BC Ct. 26 June 1832. Res. BC. Wits: Robert Wilson and John Martin. O&RA to King of Holland. BC Ct. (Nat. Rcd. of Minors) 2 1832-1836 MSA C237-2 MdHR 18113 ff. 76-77 8 Jan. 1834.
Abbess/Abbes. John. (Hanover?). NATN. Decl. intent in BA Ct. 3 Sept. 1828. Res. BC. Profession: Capmaker (1850 Census) Spouse: Sarah, born MD. Children: (1) Elizabeth, age 16 born MD, (2) Francis, age 12, born MD and (3) Augusta, age 10, born MD (1850 Census). Wits: John F. Ece and Gotleib F. Bahre. O&RA to King of U.K. BC Ct. (Nat. Rcd. of Minors) 2 1832-1836 MSA C237-2 MdHR 18113 f. 106 1 Oct. 1834.
Abbess, John. Hanseatic Government. DI. BA Ct. (Minutes) 1827-1830 MSA C386-13 MdHR 14391 f. 161 16 Sept. 1828.
Abbitt, George. Ireland. NATN. Res. BC. Decl. intent in US Circ. Ct. 4 Oct. 1828. Wits: Benjamin Abbitt and Thomas Kelly. O&RA to King of U.K. BC Ct. (Nat. Rcd. of Minors) 1 1827-1832 MSA C237-1 MdHR 18112 ff. 348-349 4 Oct. 1830.
Abbott, Benjamin. Ireland. DI. Res. BC. BC Ct. of O&T&GD (Dkt&Mins) 1816 MSA C183-9 MdHR 16657 (unpaginated) 27 Aug. 1816.
Abel, Frederick. Germany. DI. BC Ct. (Dkt&Mins) 1840 MSA C184-7 MdHR 16664 f. 22 1 June 1840.
Abel, Joseph. Germany. DI. BC Ct. (Dkt&Mins) 1840 MSA C184-7 MdHR 16664 f. 36 30 Sept. 1840. Tepper, p. 1.
Abraham, Edward. England. DI. BA Ct. (Minutes) 1822-1826 MSA C386-12 MdHR 14386 f. 435 17 Oct. 1826.
Abraham, Lemmon/Lennon Cohens. England. DI. BA Ct. (Minutes) 1822-1826 MSA C386-12 MdHR 14386 f.435 23 Sept. 1826.
Abraham, Lennon Cohen. England. NATN. Res. BC. Decl. intent in BA Ct. 23 Sept. 1826. Wit: Samuel Armor. O&RA to King of U.K. BC Ct. (Nat. Rcd. of Minors) 1 1827-1832 MSA C237-1 MdHR 18112 ff. 130-131 1 Oct. 1828.
Aburn, John. England. DI. BA Ct. (Minutes) 1827-1830 MSA C386-13 MdHR 14391 f. 161 4 Oct. 1828.
Ackenbach, Henry. Electorate of Hesse-Cassel. NATN. Arrived in U.S. under 18. Wits: Christian Birsch and John Bernsticker (?). BA Ct. (Nat. Dkt.) 1 1796-1851 MSA C389-1 MdHR 18106 f. 334 3 Oct. 1848.
Ackenback, Henry. Electorate of Hesse-Cassel. NATN. Arrived in U.S. 3 yrs. prior to age 21. Res. U.S. 5 yrs., including 3 of minority. Res. MD over 1 yr. Wits: Christian Birch and John Birsticker. O&RA to Elector of Hesse-Cassel. BA Ct. (Nat. Rcd. of Minors) 3 1846-1851 MSA C392-1 MdHR 18110 f. 60 3 Oct. 1848.
Acker, George. Bavaria. NATN. Arrived in U.S. 3 yrs. prior to age 21. Res. U.S. 5 yrs., including 3 of minority. Res. MD over 1 yr. Wits: Joseph Acker and William Dammerson. O&RA to King of Bavaria. BC Ct. (Nat. Rcd. of Minors) 3 1845-1851 MSA C237-3 MdHR 18114-1 f. 133 9 Oct. 1848.
Acomb, Charles. England. NATN. Arrived in U.S. 3 yrs. prior to age 21. Res. U.S. 5 yrs., including 3 of minority. Res. MD over 1 yr. Wits: William A. Carter and William Acomb. BC Ct. (Nat. Rcd. of Minors) 3 1845-1851 MSA C237-3 MdHR 18114-1 f. 217 1 Oct. 1849.
Acomb, William. England. NATN. Decl. intent in BC Ct. 1 Oct. 1849. Wit: Charles Acomb. O&RA to Queen of U.K. BC Ct. (Nat. Rcd.) 10 1849-1851 MSA C229-2 MdHR 18120 f. 354 31 Oct. 1851.
Acomb, William. England. DI. BC Ct. (Dkt&Mins) 1849 MSA C184-11 MdHR 16668 f. 26 1 Oct. 1849.
Adair, John. Ireland. DI. Res. BC. BC Ct. (Dkt&Mins) 1826 MSA C184-3 MdHR 16660 f. 30 10 June 1826.
Adair, Thomas B. Ireland. NATN. Decl. intent in US Dist. Ct. 6 March 1823. Wit: William A. Adair. O&RA to King of U.K. BC Ct. (Nat. Dkt.) 1827-1832 MSA C237-1 MdHR 18112 f. 57 8 July 1828.

Adam, John. Bavaria. DI. BA Ct. (Minutes, Rough) 1832-1835 MSA C420-1 MdHR 14396-2 f. 257 6 May 1834.
Adams, Adam. Bavaria. NATN. Decl. intent in US Circ. Ct. 16 Sept. 1844. Wits: Stephen Krone and Francis Krone. O&RA to King of Bavaria. BA Ct. (Nat. Rcd.) 4 1846-1851 MSA C391-2 MdHR 18109 f. 84 13 Oct. 1846. See also " An Index to ... ", Adam, Adam. p. 288.
Adams, Adam. Bavaria. NATN. Decl. intent in US Circ. Ct. 16 Sept. 1844. Wits: Stephen Krone and Francis Krone. BA Ct. (Nat. Dkt.) 1 1796-1851 MSA C389-1 MdHR 18106 f. 257 13 Oct. 1846. See also "An Index to ... ", Adam, Adam p. 288.
Adams, Alexander. England. BA Ct. (Nat. Dkt.) 1 1798-1851 MSA C389-1 MdHR 18106 f. 15 #320 20 April 1798. Barnes, p. 63.
Adams, Arthur. Ireland. NATN. Decl. intent in BC Ct. 2 Oct. 1848. Wits: David McGall and James Johnson. O&RA to Queen of U.K. BC Ct. (Nat. Rcd.) 10 1849-1851 MSA C229-2 MdHR 18120 f. 421 4 Nov. 1851.
Adams, Gilbert. Ireland. NATN. Decl. intent in US Dist. Ct. 3 Oct. 1842. Wits: James Johnson and Allen Etkinson. O&RA to Queen of U.K. BC Ct. (Nat. Rcd.) 9 1845-18$8 MSA C229-1 MdHR 18119 f. 776 3 Nov. 1848.
Adams, James. Ireland. NATN. Decl. intent in US Dist. Ct. 15 Aug. 1840. Wit: Robert Andrews. O&RA to Queen of U.K. BC Ct. (Nat. Rcd.) 9 1845-1848 MSA C229-1 MdHR 18119 f. 16 30 Sept. 1845.
Adams, John. Ireland. BA Ct. (Nat. Dkt.) 1 1796-1851 MSA C389-1 MdHR 18106 f. 32 #631 2 April 1806.
Adams, John. (Country of origin not given; Netherlands?). NATN. Res. BC. Noted as a native of Amsterdam. Res. U.S. 14 April 1802 - 18 June 1812. Wits: George M. Bayly and Elisha T. Bayly. Takes oath. BC Ct. (Nat. Rcd. of Minors) 1 1827-1832 MSA C237-1 MdHR 18112 ff. 177-178 6 Oct. 1828.
Adams, John. Bavaria. DI. BA Ct. (Minutes) 1832-1838 MSA C386 MdHR 14403 f. 101 6 May 1834.
Adams, John. Ireland. NATN. Decl. intent in US Circ. Ct. 26 Oct. 1844. Wits: James Johnson and Robert Greig. O&RA to Queen of U.K. BC Ct. (Nat. Rcd.) 9 1845-1848 MSA C229-1 MdHR 18119 f. 367 4 Oct. 1847. See also " An Index ... " p. 288.
Adams, Joseph. England. DI. BC Ct. (Dkt&Mins) 1828 MSA C184-4 MdHR 16661 f. 41 1 Oct. 1828.
Adams, Joseph. Bavaria. NATN. Arrived in U.S. 3 yrs. prior to age 21. Res. U.S. 5 yrs., including 3 of minority. Res. MD over 1 yr. Wits: Adam Adams and Hugh Ryan. O&RA to King of Bavaria. BC Ct. (Nat. Rcd. of Minors) 3 1845-1851 MSA C237-3 MdHR 18114-1 f. 262 1 Oct. 1850.
Adler, Louis. Prussia. NATN. Decl. intent in BC Ct. 8 Oct. 1844. Wits: William Felgner and Solomon Delevie. O&RA to King of Prussia. BC Ct. (Nat. Rcd.) 9 1845-1848 MSA C229-1 MdHR 18119 f. 424 4 Oct. 1847. See also "Index to ... ", p. 288, "Adler, Lewis".
Adler, Manes. Bavaria. NATN. Decl. intent in US Dist. Ct. 4 April 1844. Wits: Samuel Washtraup and S. Hartman. O&RA to King of Bavaria. BC Ct. (Nat. Rcd.) 9 1845-1848 MSA C229-1 MdHR 18119 f. 350 4 Oct. 1847.
Adolf, Henry. Grand Dutchy of Hesse-Darmstadt. NATN. Decl. intent in US Dist. Ct. 13 Oct. 1843. Wits: Frederick Gepmeyer and Augustus Schroeder. O&RA to Grand Duke of Hesse-Darmstadt. BC Ct. (Nat. Rcd.) 9 1845-1848 MSA C229-1 MdHR 18119 f. 146 5 Oct. 1846.
Adorre/Adone, Peter. Republic of France. BA Ct. (Nat. Dkt.) 1 1796-1851 MSA C389-1 MdHR 18106 f. 18 #388 8 Dec. 1798. Barnes, p. 64.
Ager, Robert. Ireland. NATN. Decl. intent in Ct. of Common Pleas, Franklin Co. PA 17 Nov. 1825. Wits: Alexander Ager and John D. Collins. O&RA to King of U.K. BC Ct. (Nat. Rcd. of Minors) 2 1832-1836 MSA C237-2 MdHR 18113 f. 104 1 Oct. 1834.
Ages, Alexander. Ireland. NATN. Decl. intent in Ct. of Common Pleas, Franklin Co. PA 15 March 1826. Wits: William Eastes and John Eastes. BA Ct. (Nat.

Dkt.) 1 1796-1851 MSA C389-1 MdHR 18106 f. 166 1 Sept. 1831.

Aheren, Patrick. Ireland. DI. BC Ct. (Dkt&Mins) 1839 MSA C184-6 MdHR 16663 f. 31 6 Aug. 1839.

Ahern, Adolph. Republic of Hamburg. NATN. Decl. intent in BC Ct. 10 Oct. 1844. Wits: Frederick W. Brune, Jr. and Outerbridge Hasay. BA Ct. (Nat. Dkt.) 1 1796-1851 MSA C389-1 MdHR 18106 f. 319 6 May 1848.

Ahlers, Henry. Dutchy of Brunswick. NATN. Decl. intent in US Dist. Ct. 14 June 1848. Wits: William Wardenburg and Frederick Peters. O&RA to Duke of Brunswick. BC Ct. (Nat. Rcd.) 10 1849-1851 MSA C229-2 MdHR 18120 f. 152 8 Oct. 1850. See also "An Index ... ", p. 288.

Ahreng/Ahring, Ernst. Hanover. NATN. Decl. intent in BC Ct. 6 Oct. 1836. Res. BC. Wits: John Erdman and Adam G. Erdman. O&RA to King of Prussia. BA Ct. (Nat. Rcd.) 2 1832-1846 MSA C391-1 MdHR 18108 f. 81 16 Sept. 1840.

Ahrens, Adolph. Hamburg. NATN. Decl. intent in BC Ct. 10 Oct. 1844. Wits: Frederick W. Brine, Jr. and Outerbridge Horsey. O&RA to Republic of Hamburg. BA Ct. (Nat. Rcd.) 4 1846-1851 MSA C391-2 MdHR 18109 f. 228 13 Jan. 1848.

Ahrens, Charles. Hanover. NATN. Decl. intent in US Circ. Ct. 1 June 1844. Wits: William Henkle and Frederick Kline. O&RA to King of Hanover. BA Ct. (Nat. Rcd.) 1846-1851 MSA C391-2 MdHR 18109 f. 21 6 Oct. 1846. See also " An Index ... ", Ahrens, Charly. p. 287.

Ahring/Ahreng, Ernst. Hanover. NATN. Decl. intent in BC Ct. 6 Oct. 1836. Wits: John Erdman and Adam G. Erdman. BA Ct. (Nat. Dkt.) 1 1796-1851 MSA C389-1 MdHR 18106 f. 204 16 Sept. 1840.

Aingardt, Frederich. Germany. DI. BC Ct. (Dkt&Mins) 1840 MSA C184-7 MdHR 16664 f. 37 3 Oct. 1840.

Aitcheson, Peter. Scotland. NATN. Decl. intent in US Dist. Ct. 20 June 1845. Wits: James Wilson and Edward F. Hilfore. O&RA to Queen of U.K. BC Ct. (Nat. Rcd.) 9 1845-1848 MSA C229-1 MdHR 18119 f. 222 7 Aug. 1847. See also "An Index ... ", p. 288.

Akeharst, Henry. England. NATN. Decl. intent in BC Ct. 27 Sept. 1844. Wits: R. D. Shields and Thomas Mules. O&RA to Queen of U.K. BC Ct. (Nat. Rcd.) 9 1845-1849 MSA C229-1 MdHR 18119 f. 752 1 Nov. 1848.

Albach, John. Bavaria. NATN. Decl. intent in US Circ. Ct. 25 Sept. 1848. Wits: Michael Martin and Peter Truleib. O&RA to King of Bavaria. BC Ct. (Nat. Rcd.) 10 1849-1851 MSA C229-2 MdHR 18120 f. 348 29 Oct. 1851. See also " An Index ... ", p. 288.

Albers, Henry. Republic of Bremen. NATN. Decl. intent in BC Ct. 17 June 1847. Wits: Andrew Grahau and Frederick Uhthoff. O&RA to Republic of Bremen. BC Ct. (Nat. Rcd.) 10 1849-1851 MSA C229-2 MdHR 18120 f. 7 1 Sept. 1849. See also " An Index ... ", p. 288.

Albers, Henry. Republic of Bremen. DI. BC Ct. (Dkt&Mins) 1847 MSA C184-10 MdHR 16661 f. 21 17 June 1847.

Albert, Adam. Bavaria. NATN. Decl. intent in US Circ. Ct. 9 Sept. 1844. Wits: Ambrose Stockett and John Sevender. BA Ct. (Nat. Dkt.) 1 1796-1851 MSA C389-1 MdHR 18106 f. 257 13 Oct. 1846. See also " An Index ... ", p. 288.

Albert, Adam. Bavaria. NATN. Decl. intent in US Circ. Ct. 9 Sept. 1844. Wits: Ambrose Stockett and John Lavender. O&RA to King of Bavaria. BA Ct. (Nat. Rcd.) 4 1846-1851 MSA C391-2 MdHR 18109 f. 84 13 Oct. 1846. See also " An Index of ... ", Albert, Adain, p. 288.

Albert, Cornelius. Prussia. Arrived prior to 18 June 1812. Wits: Christopher Vonhollen/Von Hollen and Jacob Deems. BA Ct. (Nat. Dkt.) 1 1796-1851 MSA C389-1 MdHR 18106 f. 130 15 Sept. 1828.

Albert, Daniel. Hanover. NATN. Decl. intent in BC Ct. 17 June 1844. Wits: Andrea Hilderbrand and Joseph Ritzenburger. O&RA to King of Hanover. BC Ct. (Nat. Rcd.) 9 1845-1848 MSA C229-1 MdHR 18119 f. 62 30 Sept. 1846.

Albert, John. Germany. DI. BC Ct. (Dkt&Mins) 1840 MSA C184-7 MdHR 16664 f. 36 28 Sept. 1840.
Alberti, Henry F. Bremen. NATN. Decl. intent in US Circ. Ct. 3 Sept. 1847. Wits: William J. Cole and George Sander. O&RA to Hanseatic Government. BA Ct. (Nat. Rcd.) 4 1846-1851 MSA C391-2 MdHR 18109 f. 350 2 Oct. 1849. See also " An Index ... "p. 288.
Alberti, Henry F. Bremen. NATN. Decl. intent in US Circ. Ct. 3 Sept. 1847. Wits: William J. Cole and George Sander. BA Ct. (Nat. Dkt.) 1 1796-1851 MSA C389-1 MdHR 18106 f. 373 2 Oct. 1849. See also " An Index ... ", p. 288.
Alberts, John. Republic of Holland. BA Ct. (Nat. Dkt.) 1796-1851 MSA C389-1 MdHR 18106 f. 7 #129 19 Aug. 1797. Barnes, p. 60.
Alberz/Albers, Leuder/Louder. Germany. BA Ct. (Nat. Dkt.) 1 1796-1851 MSA C389-1 MdHR 18106 f. 10 #198 4 Dec. 1797. Barnes, p. 61
Albreght, Henry. Prussia. NATN. Decl. intent in US Circ. Ct. 13 Sept. 1844. Wits: Christian Troutman and John Haupt. O&RA to King of Prussia. BA Ct. (Nat. Rcd.) 4 1846-1851 MSA C391-2 MdHR 18109 f. 85 13 Oct. 1846. See also " An Index of ... ", Albrecht, Henry, p. 288.
Albright, Henry. Prussia. NATN. Decl. intent in US Circ. Ct. 13 Sept. 1844. Wits: Christian Troutman and John Haupt. BA Ct. (Nat. Dkt.) 1 1796-1851 MSA C389-1 MdHR 18106 f. 257 13 Oct. 1846. See also " An Index ... ", Albrecht, Henry p. 288.
Alcock, William J. England. BA Ct. (Nat. Dkt.) 1 1796-1851 MSA C389-1 MdHR 18106 f. 14 #281 16 March 1798. Barnes, p. 62.
Aldworth, Benjamin. England. BA Ct. (Nat. Dkt.) 1 1796-1851 MSA C389-1 MdHR 18106 f. 9 #179 11 Nov. 1797. Barnes, p. 61.
Alers, Henrich Wilhelm. Bremen. DI. Res. BC. Ren. alleg. to Emperor of . BC Ct. of O&T&GD (Dkt&Mins) 1812 MSA C183-7 MdHR 16655 f. 46 19 Aug. 1812.
Alexander, Joseph. Ireland. BA Ct. (Nat. Dkt.) 1 1796-1851 MSA C389-1 MdHR 18106 f. 41 #805 30 Nov. 1811.
Alexander, William. England. BA Ct. (Nat. Dkt.) 1 1796-1851 MSA C389-1 MdHR 18106 f. 18 #390 8 Dec. 1798. Barnes, p. 64.
Algie, James. Scotland. NATN. Decl. intent in US Dist. Ct. 1 Sept. 1838. Profession: Block cutter (1850 Census). Listed in 1850 Census with Jane, age 55 born Ireland. and Mary, age 20 born MD. Wits: William Birch and Benjamin M. Dennis. BA Ct. (Nat. Dkt.) 1 1796-1851 MSA C389-1 MdHR 18106 f. 203 16 Sept. 1840.
Algie, James. Scotland. NATN. Decl. intent in US Dist. Ct. 1 Sept. 1838. Res. BC. Wits: William S. Birch and Benjamin M. Dennis. O&RA to Queen of U.K. BA Ct. (Nat. Rcd.) 2 1832-1846 MSA C391-1 MdHR 18108 ff. 80-81 16 Sept. 1840. See also Scots, p. 3, "Algee, James".
Alhousen/Allhauser, John Earnst. Germany. BA Ct. (Nat. Dkt.) 1 1796-1851 MSA C389-1 MdHR 18106 f. 11 #226 11 Jan. 1798. Barnes, p. 62.
Allain, Lewis. France. BA Ct. (Nat. Dkt.) 1 1796-1851 MSA C389-1 MdHR 18106 f. 30 #569 11 Jan. 1805.
Allard, Edward. England. NATN. Decl. intent in open court. Arrived in U.S. 3 yrs. prior to age 21. Res. U.S. 5 yrs., including 3 of minority. Res. BC. Wits: Thomas Secombe and Samuel Kirby. O&RA to King of U.K. BC Ct. (Nat. Rcd. of Minors) 2 1832-1836 MSA C237-2 MdHR 18113 ff. 35-36 1 Oct. 1832.
Allard, Joseph. England. NATN. Decl. intent in open court. Arrived in U.S. 3 yrs. prior to age 21. Res. U.S. 5 yrs., including 3 of minority. Res. MD over 1 yr. Res. BC; res. 6th ward in 1850. Profession: Carpenter (1850 Census) Spouse: Amelia, born MD (1850 Census) . Children: (1) John, born MD, and (2) Joseph Jr., born MD (1850 Census) Wits: Thomas Secombe and Samuel Kirby. O&RA to King of U.K. BC Ct. (Nat. Rcd. of Minors) 2 1832-1836 MSA C237-2 MdHR 18113 f. 34 1 Oct. 1834.
Allard, Thomas B. England. NATN. Decl. intent in open court. Arrived in U.S. 3 yrs. prior to age 21. Res. U.S. 5 yrs., including 3 of minority. Res. MD over

1 yr. Res. BC. Profession: Carpenter (1850 Census) Wits: William H. Steuart and Thomas Secombe. O&RA to Queen of U.K. BC Ct. (Nat. Rcd. of Minors) 2 1832-1836 MSA C237-2 MdHR 18113 ff. 69-70 5 Oct. 1833.

Allard, William. England. NATN. Decl. intent in open court. Arrived in U.S. 3 yrs. prior to age 21. Res. U.S. 5 yrs., including 3 of minority. Res. MD over 1 yr. Res. BC. Profession: Carpenter (1850 Census) Spouse: Sarah, born MD (1850 Census) Wits: Samuel Kirby and Thomas Secombe. O&RA to King of U.K. BC Ct. (Nat. Rcd. of Minors) 2 1832-1836 MSA C237-2 MdHR 18113 f. 35 1 Oct. 1832.

Allegre, John Baptist Andrea. Republic of France. BA Ct. (Nat. Dkt.) 1 1796-8151 MSA C389-1 MdHR 18106 f. 18 #376 8 Nov. 1798. Barnes, p. 64.

Allen, David. Scotland. NATN. Decl. intent in BC Ct. 28 Sept. 1844. Wits: Henry P. Conn and William Baly. O&RA to Queen of U.K. BC Ct. (Nat. Rcd.) 9 1845-1848 MSA C229-1 MdHR 18119 f.334 2 Oct. 1847.

Allen, Francis. France. DI. Ren. alleg. to Emperor of France. BC Ct. of O&T&GD (Dkt&Mins) 1812 MSA C183-7 MdHR 16655 f. 25 7 March 1812.

Allen, Henry. England. NATN. Res. BC. Decl. intent in open court. Arrived in the U.S. 3 yrs. prior to age 21. Res. U.S. 5 yrs., including 3 of minority. Res. MD over 1 yr. Wits: Ruben Sewell and Luke Ensor. O&RA to King of U.K. BC Ct. (Nat. Rcd. of Minors) 1 1827-1832 MSA C237-1 MdHR 18112 ff. 214-215 4 Nov. 1828.

Allen, Job. England. DI. BA Ct. (Minutes) 1846-1851 MSA C386-17 MdHR 14405 ff. 292-293 10 Nov. 1851.

Allen, John D. Ireland. BA Ct. (Nat. Dkt.) 1 1796-1851 MSA C389-1 MdHR 18106 f. 41 #804 26 Nov. 1811. See also " An Index ... p. 287.

Allen, John. Scotland. NATN. Decl. intent in BA Ct. 15 Aug. 1828. Res. BC. Wits: Benjamin K. Hagger and Patrick Byrne. O&RA to King of U.K. BC Ct. (Nat. Rcd. of Minors) 1827-1832 MSA C237-1 MdHR 18112 ff. 375-376 1 Aug. 1831.

Allen, Parns. Hamburg. BA Ct. (Nat. Dkt.) 1 1796-1851 MSA C389-1 MdHR 18106 f. 40 #786 30 April 1811.

Allen, Samuel. Ireland. BA Ct. (Nat. Dkt.) 1 1796-1851 MSA C389-1 MdHR 18106 f. 24 #466 12 July 1803. Criminal Ct. Barnes, p. 65.

Allen, Sarah. Ireland. DI. BA Ct. (Minutes) 1827-1830 MSA C386-13 MdHR 14391 f. 238 4 April 1829.

Allen, Thomas Phillips. England. NATN. Decl. intent in Marine Ct. of New York 22 March 1828. Res. BC. Wits: Philip T. Tyson and Julius T. Ducatel. O&RA to King of U.K. BC Ct. (Nat. Rcd. of Minors) 2 1832-1836 MSA C237-2 MdHR 18113 f. 60 11 May 1833.

Allen, William. Ireland. NATN. Born Co. of Tyrone. Decl. intent in US Circ. Ct. 19 Nov. 1819. Wits: Alexander Scroges and Samuel Morrison. BA Ct. (Nat. Dkt.) 1 1796-1851 MSA C389-1 MdHR 18106 f. 93 18 April 1825. See also " An Index ... p. 287.

Allen, William. Ireland. DI. BA Ct. (Minutes, Rough) 1832-1835 MSA C420-1 MdHR 14396-2 f. 281 24 Sept. 1834.

Allen, William. Ireland. DI. BA Ct. (Minutes) 1832-1838 MSA C386 MdHR 14403 f. 118 24 Sept. 1834.

Allers, Claus. Hanover. NATN. Decl. intent in US Dist. Ct. 15 Oct. 1839. Wits: George Worthington and Benhard Klubacker. O&RA to King of Hanover. BC Ct. (Nat. Rcd.) 9 1845-1848 MSA C229-1 MdHR 18119 f. 807 6 Nov. 1848.

Almang, Philip. Bavaria. DI. BA Ct. (Minutes, Rough) 1836-1844 MSA C420-2 MdHR 14398 f. 209 16 Jan. 1840.

Alsmang, Philip. Bremen. DI. Ren. alleg. to King of Bavaria. BA Ct. (Minutes) 1839-1846 MSA C386-16 MdHR 14404 f. 37 16 Jan. 1840.

Alt, Michael. Prussia. NATN. Decl. intent in BC Ct. 1 Oct. 1844. Wits: Jacob Vogelsang and George Lammot. O&RA to King of Prussia. BA Ct. (Nat. Rcd.) 4 1846-1851 MSA C391-2 MdHR 18109 f. 57 13 Oct. 1846.

Alt, Michael. Prussia. NATN. Decl. intent in BC Ct. 1 Oct. 1844. Wits: Jacob

Voglesang and George Lamothe. BA Ct. (Nat. Dkt.) 1 1796-1851 MSA C389-1 MdHR 18106 f. 251 13 Oct. 1846.

Altherr, John Randolph. Germany. NATN. Res. U.S. 14 April 1802 - 18 June 1812. Res. Annapolis. Wits: Baltzer Schaffer and George Dunn. O&RA to Emperor of Germany. BC Ct. (Nat. Rcd. of Minors) 2 1832-1836 MSA C237-2 MdHR 18113 ff. 111-112 2 Oct. 1834.

Altrehoof, Charles. Germany. NATN. Res. BC. Decl. intent in open court. Arrived in the U.S. 3 yrs. prior to age 21. Res. U.S. 5 yrs., including 3 of minority. Res. MD over 1 yr. Wit: Nicholas Brewer. Takes oath. BC Ct. (Nat. Rcd. of Minors) 1 1827-1832 MSA C237-1 MdHR 18112 ff. 257-258 8 Nov. 1828.

Altrieth, Christian. Wurtemburg. NATN. Decl. intent in US Dist. Ct. 30 Sept. 1844. Wits: Michael Balach and David Lager. O&RA to King of Wurtemburg. BC Ct. (Nat. Rcd.) 9 1845-1848 MSA C229-1 MdHR 18119 f. 337 4 Oct. 1847. See also "An Index ... ", p. 288.

Alwick, Mansel. England. BA Ct. (Nat. Dkt.) 1 1796-1851 MSA C389-1 MdHR 18106 f. 14 #280 16 March 1798. Barnes, p. 62.

Amann, Andreas. Saxony. NATN. Decl. intent in US Circ. Ct. 6 Nov. 1848. Wits: Nicholas Kastner and John Lachs. O&RA to King of Saxony. BA Ct. (Nat. Rcd.) 4 1846-1851 MSA C391-2 MdHR 18109 f. 371 30 Sept. 1851.

Amarburg, William. Dutchy of Nassau. NATN. Decl. intent in BA Ct. 26 Oct. 1846. Wits: Lewis Servary and E. H. Myer. O&RA to Duke of Nassau. BC Ct. (Nat. Rcd.) 9 1845-1848 MSA C229-1 MdHR 18119 f. 855 6 Nov. 1848.

Ambush, Clemon. Grand Dutchy of Oldenburg. NATN. Arrived in U.S. 3 yrs. prior to age 21. Res. U.S. 5 yrs., including 3 of minority. Res. MD over 1 yr. Wits: John Heinett and Bernard Hemelt. O&RA to Grand Duke of Oldenburg. BC Ct. (Nat. Rcd. of Minors) 3 1845-1851 MSA C237-3 MdHR 18114-1 f. 165 1 Nov. 1848.

Amelong/Amelung, John Frederick Magnus. Hanover. BA Ct. (Nat. Dkt.) 1 1796-1851 MSA C389-1 MdHR 18106 f. 6 #109 13 April 1797. Barnes, p. 60.

Amer/Ames, Martin. Bavaria. NATN. Decl. intent in US Circ. Ct. 2 Sept. 1844. Wits: Martin Bombaugh and Horace Barger. O&RA to King of Bavaria. BA Ct. (Nat. Rcd.) 4 1846-1851 MSA C391-2 MdHR 18109 f. 85 13 Oct. 1846. See also " An Index of ... ", p. 288.

Amer, Martin. Bavaria. NATN. Decl. intent in US Circ. Ct. 2 Sept. 1844. Wits: Martin Bomberger and Horace Barger. BA Ct. (Nat. Dkt.) 1 1796-1851 MSA C389-1 MdHR 18106 f. 258 13 Oct. 1846. See also " An Index ... ", p. 288.

Amrein, John Thomas. Grand Dutchy of Hesse-Darmstadt. NATN. Arrived in U.S. 3 yrs. prior to age 21. Res. U.S. 5 yrs., including 3 of minority. Res. MD over 1 yr. Wits: Henry Amrein and John Amrein. O&RA to Grand Duke of Hesse-Darmstadt. BC Ct. (Nat. Rcd. of Minors) 3 1845-1851 MSA C237-3 MdHR 18114-1 f. 172 3 Nov. 1848.

Amsbach, Tilman. Germany. BA Ct. (Nat. Dkt.) 1 1796-1851 MSA C389-1 MdHR 18106 f. 28 #531 25 June 1804. Civil Ct.

Anberg, John. Electorate of Hesse-Cassel. NATN. Decl. intent in US Dist. Ct. 15 Sept. 1840. Wit: Laurence Biern/Bien (?). O&RA to Elector of Hesse-Cassel. BC Ct. (Nat. Rcd.) 9 1845-1848 MSA C229-1 MdHR 18119 f. 19 30 Sept. 1845.

Anderson, Andrew. Denmark. NATN. Decl. intent in BC Ct. 13 Nov. 1829. Wits: Edward C. Taylor and George H. Fritz. O&RA to King of Denmark. BC Ct. (Nat. Rcd.) 10 1849-1851 MSA C229-2 MdHR 18120 f. 49 21 february 1850.

Anderson, Hugh. Ireland. NATN. Res. BC. Res. U.S. 14 April 1802 - 18 June 1812. Wits: Nicholas Strike and Peter Fagan. O&RA to King of U.K. BC Ct. (Nat. Rcd. of Minors) 1 1827-1832 MSA C237-1 MdHR 18112 ff. 280-281 10 Nov. 1828.

Anderson, James J. Scotland. DI. BA Ct. (Minutes, Rough) 1836-1844 MSA C420-2 MdHR 14398 f. 357 3 Nov. 1842.

Anderson, James J. Scotland. DI. BA Ct. (Minutes) 1839-1846 MSA C386-16 MdHR 14404 f. 155 3 Nov. 1842.
Anderson, John. Sweden. DI. BA Ct. (Minutes) 1832-1838 MSA C386 MdHR 14403 f. 136 14 Jan. 1835.
Anderson, John. Sweden. DI. BA Ct. (Minutes, Rough) 1832-1835 MSA C420-1 MdHR 14396-2 f. 305 14 Jan. 1835.
Anderson, John. England. NATN. Decl. intent in US Dist. Ct. 31 Oct. 1848. Wits: Richard Armstrong and John D. Stewart. O&RA to Queen of U.K. BC Ct. (Nat. Rcd.) 10 1849-1851 MSA C229-2 MdHR 18120 f. 296 30 Sept. 1851.
Anderson, Nicholas. Denmark. BA Ct. (Nat. Dkt.) 1 1796-1851 MSA C389-1 MdHR 18106 f. 39 #766 24 April 1810.
Anderson, Samuel. Ireland. BA Ct. (Nat. Dkt.) 1 1796-1851 MSA C389-1 MdHR 18106 f. 25 #491 23 Feb. 1804. Civil Ct.
Anderson, Thomas David. Scotland. DI. BA Ct. (Minutes) 1839-1846 MSA C386-16 MdHR 14404 f. 155 3 Nov. 1842.
Anderson, Thomas David. Scotland. DI. BA Ct. (Minutes, Rough) 1836-1844 MSA C420-2 MdHR 14398 f. 357 3 Nov. 1842.
Anderson, William. Sweden. NATN. Res. BC. Decl. intent in US Circ. Ct. 10 Jan. 1826. Wits: Barney Crocker and William Webber. O&RA to King of Sweden. BC Ct. (Nat. Rcd. of Minors) 1 1827-1832 MSA C237-1 MdHR 18112 ff. 284-285 12 Feb. 1829.
Anderson, William. Sweden. NATN. Decl. intent in open court. Arrive in U.S. 3 yrs. prior to age 21. Res. U.S. 5 yrs., including 3 of minority. Res. MD over 1 yr. Res. BC. Wits: Hugh Farren and James Gibbons. O&RA to Prince of Sweden. BC Ct. (Nat. Rcd. of Minors) 2 1832-1836 MSA C237-2 MdHR 18113 ff. 150-151 28 Oct. 1834.
Andrae, Peter. Prussia. NATN. Decl. intent in BC Ct. 28 Sept. 1844. Wits: Lewis Kenzz and Edhard Eacken. O&RA to King of Prussia. BC Ct. (Nat. Rcd.) 9 1845-1848 MSA C229-1 MdHR 18119 f. 170 6 Oct. 1846.
Andress, Christoph Henry. Prussia. DI. BA Ct. (Minutes) 1822-1826 MSA C386-12 MdHR 14386 f. 218 22 Sept. 1824.
Andrew, Moses. Ireland. NATN. Born Co. of Tyrone. Arrived prior to 18 June 1812. Wits: John Robinson and David Nicol. BA Ct. (Nat. Dkt.) 1 1796-1851 MSA C389-1 MdHR 18106 f. 155 8 Nov. 1828.
Andrews, Edmund. England. DI. Res. BC. BC Ct. (Dkt&Mins) 1830 MSA C184-5 MdHR 16662 f. 40 9 Oct. 1830.
Andrews, Edmund. England. NATN. Decl. intent in BC Ct. 9 Oct. 1830. Res. BC. Wits: James H. Carlisle and Thomas Gardener. O&RA to King of U.K. BC Ct. (Nat. Rcd. of Minors) 2 1832-1836 MSA C237-2 MdHR 18113 ff. 50-51 29 Oct. 1832.
Andrews, George. England. NATN. Born near Plymouth. Decl. intent in BA Ct. Sept. term 1817. Wits: John M. Gray and Samuel T. Mallack. BA Ct. (Nat. Dkt.) 1 1796-1851 MSA C389-1 MdHR 18106 f. 58 14 Sept. 1822.
Andrews, George. England. DI. BA Ct. (Minutes) 1815-1820 MSA C386-11 MdHR 14381 f. 197 3 Oct. 1817.
Andrews, James. Ireland. NATN. Decl. intent in BC Ct. 4 Oct. 1844. Wits: William Rogers and Robert Moore. O&RA to Queen of U.K. BC Ct. (Nat. Rcd.) 10 1849-1851 MSA C229-2 MdHR 18120 f. 319 3 (?) Oct. 1851.
Andrews, James. England. NATN. Decl. intent in BC Ct. 8 Nov. 1845. Wits: James Robinson and John Irvin. O&RA to Queen of U.K. BC Ct. (Nat. Rcd.) 10 1849-1851 MSA C229-2 MdHR 18120 f. 299 30 Sept. 1851.
Ankenbrandt, George. Bavaria. NATN. Arrived under age 18. Wits: Johann Neumer and John Bang. BA Ct. (Nat. Dkt.) 1 1796-1851 MSA C389-1 MdHR 18106 f. 383 30 Sept. 1851.
Ankenbrandt, George. Bavaria. NATN. Arrived in U.S. 3 yrs. prior to age 21. Res. U.S. 5 yrs., including 3 of minority. Res. MD over 1 yr. Wits: Johann

Neune and John Banz. O&RA to King of Bavaria. BA Ct. (Nat. Rcd. of Minors) 3 1846-1851 MSA C392-1 MdHR 18110 f. 98 13 Sept. 1851.

Ankl, Carl. Electorate of Hesse-Cassel. NATN. Decl. intent in US Circ. Ct. 9 Oct. 1848. Wits: Robert Wilson and Benedict Hubel. BA Ct. (Nat. Dkt.) 1 1796-1851 MSA C389-1 MdHR 18106 f. 384 7 Oct. 1851.

Ano, Lewis. France. DI. BA Ct. (Minutes) 1827-1830 MSA C386-13 MdHR 14391 f. 78 12 April 1827.

Anschutz, Frederick. Prussia. NATN. Arrived in U.S. 3 yrs. prior to age 21. Res. U.S. 5 yrs., including 3 of minority. Res. MD over 1 yr. Wits: Henry Anschutz and Gerhart A. Seibertz. O&RA to King of Prussia. BA Ct. (Nat. Rcd. of Minors) 3 1846-1851 MSA C392-1 MdHR 18110 f. 2 6 Oct. 1846.

Anschutz, Frederick. Prussia. NATN. Decl. intent in open Ct. Arrived in U.S. prior to age 18. Wits: Henry Anschutz and Gerhard A. Leibertz. BA Ct. (Nat. Dkt.) 1 1796-1851 MSA C389-1 MdHR 18106 f. 238 6 Oct. 1846.

Anthony, Emanuel. Portugal. DI. BA Ct. (Minutes) 1827-1830 MSA C386-13 MdHR 14391 f. 160 7 Nov. 1828.

Anthony, Emanuel. Portugal. NATN. Decl. intent in BA Ct. 7 Nov. 1828. Res. BC, 11th Ward (1830 Census). Wits: Carey Southeant and Bartholomew Carogan. BA Ct. (Nat. Dkt.) 1 1796-1851 MSA C389-1 MdHR 18106 f. 167 2 Sept. 1831.

Anthony, Henry. Ireland. DI. BC Ct. (Dkt&Mins) 1839 MSA C184-6 MdHR 16663 f. 26 21 June 1839.

Anwander, Thaddeus. Bavaria. NATN. Decl. intent in BC Ct. 25 Aug. 1848. Wits: Frederick Crey and Anthony Smith. BA Ct. (Nat. Dkt.) 1 1796-1851 MSA C389-1 MdHR 18106 f. 376 1 Oct. 1850.

Anwander, Thaddeus. Bavaria. NATN. Decl. intent in BC Ct. 25 Aug. 1848. Wits: Frederick Grey and Anthony Smith. O&RA to King of Bavaria. BA Ct. (Nat. Rcd.) 4 1846-1851 MSA C391-2 MdHR 18109 f. 357 1 Oct. 1850.

Appel, Christian. Grand Dutchy of [Hesse-] Darmstadt. DI. BA Ct. (Minutes, Rough) 1836-1844 MSA C420-2 MdHR 14398 f. 242 16 Sept. 1840.

Appel, Christian. Grand Dutchy of [Hesse-] Darmstadt. DI. Res. BC. Profession: Cabinet Maker (1850 Census). BA Ct. (Minutes) 1839-1846 MSA C386-16 MdHR 14404 ff. 62-63 22 Sept. 1840. Listed in 1850 Census as "Christian Apple".

Appel, Thomas. Wurtemburg. NATN. Decl. intent in BC Ct. 31 Aug. 1844. Wits: Gotlieb Kimmell and George T. Fruntz. O&RA to King of Wurtemburg. BC Ct. (Nat. Rcd.) 9 1845-1848 MSA C229-1 MdHR 18119 f. 442 4 Oct. 1847.

Appell, John. Grand Dutchy of Hesse-Cassel. DI. Profession: Farmer (Tepper). Profession: Blacksmith (1850 Census). BA Ct. (Minutes) 1832-1838 MSA C386 MdHR 14403 f. 153 18 May 1835. Tepper, p. 10. Listed in 1850 Census as "John Appel" or "Appll".

Apple, Charles. Electorate of Hesse-Cassel. NATN. Decl. intent in BC Ct. 19 Oct. 1844. Wits: Peter Nagle and Henry Rabron. O&RA to Elector of Hesse-Cassel. BA Ct. (Nat. Rcd.) 4 1846-1851 MSA C391-2 MdHR 18109 f. 58 13 Oct. 1846.

Apple, Charles. Electorate of Hesse-Cassel. NATN. Decl. intent in BC Ct. 19 Sept. 1844. Wits: Peter Nagle and Henry Rabson. BA Ct. (Nat. Dkt.) 1 1796-1851 MSA C389-1 MdHR 18106 f. 251 13 Oct. 1846.

Appleman, Joseph. Bavaria. DI. BC Ct. (Dkt&Mins) 1847 MSA C184-10 MdHR 16667 f. 37 5 Oct. 1847.

Aramm, John. Ireland. NATN. Born Co. of Antrim. Decl. intent in BA Ct. 5 June 1822. Wits: John Scott and James Power. BA Ct. (Nat. Dkt.) 1 1796-1851 MSA C389-1 MdHR 18106 f. 71 21 Sept. 1824.

Ardin, David. Switzerland. NATN. Decl. intent in US Dist. Ct. 3 Oct. 1834. Res. BC. Wits: Nathan Richardson and William Duberman. O&RA to Republic of Switzerland. BC Ct. (Nat. Rcd. of Minors) 2 1832-1836 MSA C237-2 MdHR 18113 f. 220 3 Oct. 1836.

Arendt, Joseph. Poland. NATN. Decl. intent in BC Ct. 18 May 1849. Wits: Elias

Rosenthal and Laurence Louman. O&RA to Emperor of Russia. BC Ct. (Nat. Rcd.) 10 1849-1851 MSA C229-2 MdHR 18120 f. 166 27 May 1851.

Arendt, Joseph. Poland. DI. BC Ct. (Dkt&Mins) 1849 MSA C184-11 MdHR 16668 f. 11 18 May 1849.

Arens, Henry. Republic of Bremen. Decl. intent in US Circ. Ct. 29 May 1849. Wits: C. W. Lentz and Nelson Sparrier. O&RA to Republic of Bremen. BC Ct. (Nat. Rcd.) 10 1849-1851 MSA C229-2 MdHR 18120 f. 310 30 Sept. 1851.

Armitage, John. England. DI. BA Ct. (Minutes) 1839-1846 MSA C386-16 MdHR 14404 f. 249 6 Sept. 1844.

Armitage, John. England. DI. BA Ct. (Minutes, Rough) 1836-1844 MSA C420-2 MdHR 14398 f. 474 6 Sept. 1844.

Armstrong, Andrew. Ireland. NATN. Born Co. of Ferenanaugh. Decl. intent in Lancaster Co. Ct. PA, 20 Jan. 1823. Wits: John R. Conway and John A. Hamilton. BA Ct. (Nat. Dkt.) 1 1796-1851 MSA C389-1 MdHR 18106 f. 143 4 Oct. 1828.

Armstrong, George. Ireland. DI. BC Ct. (Dkt&Mins) 1830 MSA C184-5 MdHR 16662 f. 39 1 Oct. 1830.

Armstrong, George. Ireland. NATN. Decl. intent in BC Ct. 4 Oct. 1830. Res. BC. Wits: Samuel Carns and James Sheiry. O&RA to King of U.K. BC Ct. (Nat. Rcd. of Minors) 2 1832-1836 MSA C237-2 MdHR 18113 f. 93 18 Sept. 1834.

Armstrong, Henry. Scotland. NATN. Decl. intent in open Ct. Arrived in U.S. prior to age 18. Wits: Thomas Griffin and John Ward. BA Ct. (Nat. Dkt.) 1 1796-1851 MSA C389-1 MdHR 18106 f. 223 2 Nov. 1844.

Armstrong, Henry. Scotland. NATN. Decl. intent in open Ct. Arrived in U.S. 3 yrs. prior to age 21. Res. U.S. 5 yrs., including 3 of minority. Res. MD for 1 yr. Res. BC. Wits: Thomas Griffin and John Ward. O&RA to Queen of U.K. BA Ct. (Nat. Rcd.) 2 1832-1846 MSA C391-1 MdHR 18108 f.118 2 Nov. 1844.

Armstrong, James. Ireland. BA Ct. (Nat. Dkt.) 1 1796-1851 MSA C389-1 MdHR 18106 f. 22 #436 1 Jan. 1803. Barnes, p. 65.

Armstrong, James. Ireland. NATN. Decl. intent in open court. Arrived in U.S. 3 yrs. prior to age 21. Res. U.S. 5 yrs. including 3 yrs. of minority. Res. MD over 1 yr. Res. BC. Wit: John Higham. O&RA to Queen of U.K. BC Ct. (Dkt&Mins) 1839 MSA C184-6 MdHR 16663 (loose cert. of natn.) 1st Monday of Feb. 1839.

Arnold, John Adam Frederick. Electorate of Hesse-Cassel. NATN. Decl. intent in US Dist. Ct. 23 Sept. 1844. Wits: Christian Sytle and Frederick Bulchla. O&RA to Elector of Hesse-Cassel. BC Ct. (Nat. Rcd.) 9 1845-1848 MSA C229-1 MdHR 18119 f. 185 6 Oct. 1846. See also " An Index ... ", p. 288.

Arnold, John. Wurtemburg. NATN. Decl. intent in US Dist. Ct. Wits: Charles Wardner and Samuel Ruff. O&RA to King of Wurtemburg. BC Ct. (Nat. Rcd.) 9 1845-1848 MSA C229-1 MdHR 18119 f. 273 28 Sept. 1847.

Arnold, John. Bavaria. NATN. Decl. intent in US Circ. Ct. 26 Sept. 1844. Wits: Jacob Ruff and George F. Rentz. O&RA to King of Bavaria. BC Ct. (Nat. Rcd.) 9 1845-1848 MSA C229-1 MdHR 18119 f. 270 27 Sept. 1847. See also " An Index ... ", p. 288.

Arnold, Philip. Grand Dutchy of Hesse-Darmstadt. NATN. Decl. intent in US Circ. Ct. 31 Oct. 1848. Wits: William H. Hughes and Henry Lytsand. O&RA to Grand Duke of Hesse-Darmstadt. BC Ct. (Nat. Rcd.) 10 1849-1851 MSA C229-2 MdHR 18120 f. 344 27 Oct. 1851.

Arquit, Eli. France. NATN. Res. BC. Res. U.S. 14 April 1802 - 18 June 1812. Wits: Patrick Cooney and Thomas Smith. O&RA to King of France. BC Ct. (Nat. Rcd. of Minors) 1 1827-1832 MSA C237-1 MdHR 18112 ff. 173-174 6 Oct. 1828.

Arras, Adam. Grand Dutchy of [Hesse-] Darmstadt. DI. BC Ct. (Dkt&Mins) 1840 MSA C184-7 MdHR 16664 f. 31 8 Aug. 1840.

Arthurs, Robert. Ireland. NATN. Decl. intent in BC Ct. 30 Sept. 1844. Wits: Joseph Carroll and Abraham Dever. O&RA to Queen of U.K. BC Ct. (Nat.

Rcd.) 9 1845-1848 MSA C229-1 MdHR 18119 f. 151 5 Oct. 1846.

Artz, Nicholas. Bavaria. NATN. Arrived in U.S. under age 18. Wits: Adam Seltzer and John Codd. BA Ct. (Nat. Dkt.) 1 1796-1851 MSA C389-1 MdHR 18106 f. 352 1 Nov. 1848.

Artz, Nicholas. Bavaria. NATN. Arrived in U.S. 3 yrs. prior to age 21. Res. U.S. 5 yrs., including 3 of minority. Res. MD over 1 yr. Wits: Adam Seltzer and John Codd. O&RA to King of Bavaria. BA Ct. (Nat. Rcd. of Minors) 3 1846-1851 MSA C392-1 MdHR 18110 f. 74 1 Nov. 1848.

Ash, Lewis. Prussia. NATN. Decl. intent in Barks Co. (VA) Ct. 11 Nov. 1844. Wits: Israel Ash and Solomon Deleie. O&RA to King of Prussia. BC Ct. (Nat. Rcd.) 9 1845-1848 MSA C229-1 MdHR 18119 f. 366 4 Oct. 1847.

Ashton, Felix. England. DI. BA Ct. (Minutes, Rough) 1832-1835 MSA C420-1 MdHR 14396-2 f. 286 8 Oct. 1834.

Ashton, Felix. England. DI. BA Ct. (Minutes) 1832-1838 MSA C386 MdHR 14403 f. 123 8 Oct. 1834.

Ashton, Thomas. Ireland. DI. Profession: Smith (Tepper). BC Ct. (Dkt&Mins) 1839 MSA C184-6 MdHR 16663 f. 36 3 Oct. 1839. Tepper, p. 13

Ashworth, Robert. England. DI. BA Ct. (Minutes, Rough) 1832-1835 MSA C420-1 MdHR 14396-2 f. 305 14 Jan. 1835.

Ashworth, Robert. England. DI. BA Ct. (Minutes) 1832-1838 MSA C386 MdHR 14403 f. 136 14 Jan. 1835.

Askwell, William. England. BA Ct. (Nat. Dkt.) 1 1796-1851 MSA C389-1 MdHR 18106 f. 9 #174 10 Nov. 1797. Barnes, p. 61.

Aspenall, James. England. NATN. Res. BC. Decl. intent in US Circ. Ct. 4 Oct. 1828. Wits: Peter Mullen and Thomas Fitzgibbon. O&RA to King of U.K. BC Ct. (Nat. Rcd. of Minors) 1 1827-1832 MSA C237-1 MdHR 18112 ff. 332-333 4 Oct. 1830.

Aspey, John. Ireland. NATN. Res. BC. Decl. intent in BC Ct. 4 Oct. 1828. Wit: James Shuter. O&RA to King of U.K. BC Ct. (Nat. Rcd. of Minors) 1 1827-1832 MSA C237-1 MdHR 18112 ff. 359-360 9 Oct. 1830.

Aspey, John. Ireland. DI. BC Ct. (Dkt&Mins) 1828 MSA C184-4 MdHR 16661 f. 42 4 Oct. 1828.

Assell/Appell(?), John. Grand Dutchy [Electorate] of Hesse-Cassell. DI. BA Ct. (Minutes, Rough) 1832-1835 MSA C420-1 MdHR 14396-2 f. 329 18 May 1835. Tepper, p. 10 "Joh. Appell".

Asteroth, Frederick. Prussia. DI. BC Ct. (Dkt&Mins) 1849 MSA C184-11 MdHR 16668 f. 29 23 Oct. 1849.

Atcheson, George. Ireland. DI. BA Ct. (Minutes, Rough) 1832-1835 MSA C420-1 MdHR 14396-2 f. 280 23 Sept. 1834.

Atkinson, Henry. Ireland. NATN. Decl. intent in BC Ct. the 1st Monday of June 1829. Res. BC. Wits: Samuel Miles and George Donnan. O&RA do the King of U.K. BA Ct. (Nat. Rcd.) 2 1832-1846 MSA C391-1 MdHR 18108 f. 13 30 Sept. 1833.

Atkinson, Henry. Ireland. NATN. Decl. intent in BC Ct. the 1st Monday of June 1829. Wits: Samuel Mills and George Douncan. BA Ct. (Nat. Dkt.) 1 1796-1851 MSA C389-1 MdHR 18106 f. 175 30 Sept. 1833.

Atkinson, James. Ireland. NATN. Decl. intent in US Dist. Ct. 1 Oct. 1838. Res. BC. Wits: William Knox and Henry Atkinson. O&RA to Queen of U.K. BA Ct. (Nat. Rcd.) 2 1832-1846 MSA C391-1 MdHR 18108 f. 92 25 May 1842.

Atkinson, James. Ireland. NATN. Decl. intent in US Dist. Ct. 1 Oct. 1838. Wits: William Knox and Henry Atkinson. BA Ct. (Nat. Dkt.) 1 1796-1851 MSA C389-1 MdHR 18106 f. 208 25 May 1842.

Atler, Philip. Kingdom of Bian. NATN. Decl. intent in US Dist. Ct. 1 Sept. 1838. Res. BC. Wits: Herman Haar and Moses Cohen. O&RA to King of Bian. BA Ct. (Nat. Rcd.) 2 1832-1846 MSA C391-1 MdHR 18108 f. 80 16 Sept. 1840.

Attler/Atter/Atler, John. Principality of Hesse. BA Ct. (Nat. Dkt.) 1 1796-1851 MSA C389-1 MdHR 18106 f. 22 #452 9 April 1803. Barnes, p. 65.

Attler, Philip. Kingdom of Byron. Decl. intent in US Dist. Ct. 1 Sept. 1838.

Wits: Herman Haar and Moses Cohen. BA Ct. (Nat. Dkt.) 1 1796-1851 MSA C389-1 MdHR 18106 f. 203 16 Sept. 1840.
Auchmeloss, Jr. John Scotland. DI. Res. BC. BC Ct. of O&T&GD (Dkt&Mins) 1812 MSA C183-7 MdHR 1655 f. 6 21 Jan. 1812.
Aueman, Jacob. Prussia. NATN. Decl. intent in US Dist. Ct. 28 Oct. 1844. Wits: Peter Kreifs/Kreiss and Hardman Oethwein. O&RA to King of Prussia. BC Ct. (Nat. Rcd.) 9 1845-1848 MSA C229-1 MdHR 18119 f. 360 4 Oct. 1847. See also "An Index ... ", p. 288, "A(u)erman, Jacob."
Auer/Amer, Jacob. Prussia. NATN. Decl. intent in US Circ. Ct. 11 Sept. 1844. Wits: Maurice Bargher and Martin Bombaugh. O&RA to King of Prussia. BA Ct. (Nat. Rcd.) 4 1846-1851 MSA C391-2 MdHR 18109 f. 86 13 Oct. 1846. See also " An Index of ... ", Auer, Jacob, p. 288.
Auer, Jacob. Prussia. NATN. Decl. intent in US Circ. Ct. 11 Sept. 1844. Wits: Morris Barger and Martin Bomberger. BA Ct. (Nat. Dkt.) 1 1796-1851 MSA C389-1 MdHR 18106 f. 258 13 Oct. 1846. See also "An Index ... ", p. 288.
Augustine, William. Hanover. NATN. Arrived in U.S. 3 yrs. prior to age 21. Res. U.S. 5 yrs., including 3 of minority. Res. MD over 1 yr. Wit: Henry England. O&RA to King of Hanover. BC Ct. (Nat. Rcd. of Minors) 3 1845-1851 MSA C237-3 MdHR 18114-1 f. 337 4 Nov. 1851.
Auhl, Carl. Electorate of Hesse-Cassel. NATN. Decl. intent in US Circ. Ct. 9 Oct. 1848. Wits: Robert Wilson and Benedict Hubel. O&RA to Elector of Hesse-Cassel. BA Ct. (Nat. Rcd.) 4 1846-1851 MSA C391-2 MdHR 18109 f. 379 7 Oct. 1851.
Aulcorn, George. Ireland. DI. BC Ct. (Dkt&Mins) 1849 MSA C184-11 MdHR 16668 f. 29 13 Oct. 1849.
Auld, William. Great Britain. BA Ct. (Nat. Dkt.) 1 1796-1851 MSA C389-1 MdHR 18106 f. 16 #329 21 Aug. 1798. Barnes, p. 63.
Aull, Jacob. Kingdom [Republic] of Bremen. NATN. Decl. intent in BC Ct. 31 Oct. 1836. Profession: Farmer. Arrived in Port of Balt. 31 Dec. 1832. Wits: John Kenan and William D. Baden. BA Ct. (Nat. Dkt.) 1 1796-1851 MSA C389-1 MdHR 18106 f. 195 11 Sept. 1839. Tepper, p. 15, "Aul, Jacob".
Aull, Jacob. Kingdom of Beuren. NATN. Decl. intent in BC Ct. 31 Oct. 1836. Res. BC. Wits: John Lakeman (?) and William D. Baden. O&RA to King of Beuren. BA Ct. (Nat. Rcd.) 2 1832-1846 MSA C391-1 MdHR 18108 f. 64 11 Sept. 1839. Tepper, p. 15, "Aul, Jacob".
Ault, Samuel. England. NATN. Decl. intent in BC Ct. 8 May 1821. Res. BC. Wits: Jacob Carman and Henry Hardesty. O&RA to King of U.K. BC Ct. (Nat. Rcd. of Minors) 1827-1832 MSA C237-1 MdHR 18112 ff. 389-390 28 Jan. 1832.
Austin, Henry. England. NATN. Decl. intent in US Dist. Ct. 17 July 1845. Wits: William Leacke and Joseph G. Armor. O&RA to Queen of U.K. BC Ct. (Nat. Rcd.) 10 1849-1851 MSA C229-2 MdHR 18120 f. 3 10 April 1849. See also "An Index ... ", p. 288.
Austin, Joseph W. Nova Scotia. NATN. Arrived in U.S. 3 yrs. prior to age 21. Res. U.S. 5 yrs., including 3 of minority. Res. MD over 1 yr. Wits: John Taylor and James Powder. O&RA to Queen of U.K. BC Ct. (Nat. Rcd. of Minors) 3 1845-1851 MSA C237-3 MdHR 18114-1 f. 92 9 Oct. 1847.
Auzolle, John B. France. NATN. Decl. intent in BC Ct. 26 Sept. 1834. Res. BC. Wits: George Myers and Charles Laviolette. O&RA to King of French. BC Ct. (Nat. Rcd. of Minors) 2 1832-1836 MSA C237-2 MdHR 18113 f. 195 27 Sept. 1836.
Axel, John. Grand Dutchy of Hesse-Darmstadt. NATN. Decl. intent in US Circ. Ct. 30 Sept. 1844. Wits: Frederick Schwartz and Henry Baad. BA Ct. (Nat. Dkt.) 1 1796-1851 MSA C389-1 MdHR 18106 f. 335 3 Oct. 1848.
Axt/Axl, John. Grand Dutchy of Hesse-Darmstadt. NATN. Decl. intent in US Circ. Ct. 30 Sept. 1844. Wits: Frederick Schwartz and Henry Badd. O&RA to Grand Duke of Hesse-Darmstadt. BA Ct. (Nat. Rcd.) 4 1846-1851 MSA C391-2 MdHR 18109 f. 260 2 Oct. 1848. Name noted as corrected in 1856 by Ct. order. See

also " An Index ...", p. 288.

Ayat, John. Grand Dutchy of Baden. NATN. Decl. intent in US Dist. Ct. 23 Sept. 1844. Wits: Louis Habel and Michael Willinger. O&RA to Queen of U.K. BC Ct. (Nat. Rcd.) 9 1845-1848 MSA C229-1 MdHR 18119 f. 836 6 Nov. 1848. See also "An Index ... ", p. 288, "Aydt, John."

Ayme, Francis Samuel. France. BA Ct. (Nat. Dkt.) 1 1796-1851 MSA C389-1 MdHR 18106 f. 24 #465 8 July 1803. Barnes, p. 65.

Bach, Heinrich Jacob. Electorate of Hesse-Cassel. NATN. Decl. intent in US Circ. Ct. 30 Sept. 1844. Wits: Anthony Wheelock and Nicholas Marber. BA Ct. (Nat. Dkt.) 1 1796-1851 MSA C389-1 MdHR 18106 f. 378 8 Oct. 1850.

Bach, Heinrich Jacob. Electorate of Hesse-Cassel. NATN. Decl. intent in US Circ. Ct. 30 Sept. 1844. Wits: Anthony Wheelock and Nicholas Stauber. O&RA to Elector of Hesse-Cassel. BA Ct. (Nat. Rcd.) 4 1846-1851 MSA C391-2 MdHR 18109 f. 360 8 Oct. 1850.

Bach, Sebastian. Grand Dutchy of Hesse-Darmstadt. NATN. Arrived in U.S. 3 yrs. prior to age 21. Res. U.S. 5 yrs., including 3 of minority. Res. MD over 1 yr. Wits: John C. F. Klare and Ferdinand Klare. O&RA to Grand Duke of Hesse-Darmstadt. BC Ct. (Nat. Rcd. of Minors) 3 1845-1851 MSA C237-3 MdHR 18114-1 f. 151 21 Oct. 1848.

Bachrach, Eric. Bavaria. NATN. Decl. intent in US Circ. Ct. 26 Sept. 1846. Wits: Emanuel Weinman and Charles Franerman. O&RA to King of Bavaria. BA Ct. (Nat. Rcd.) 4 1846-1851 MSA C391-2 MdHR 18109 f. 240 2 Oct. 1848.

Bachrach, Eric. Bavaria. NATN. Decl. intent in US Circ. Ct. 26 Sept. 1846. Wits: Emanuel Weinman and Charles Framerman. BA Ct. (Nat. Dkt.) 1 1796-1851 MSA C389-1 MdHR 18106 f. 327 2 Oct. 1848.

Backer, Francis Helmig. United Provinces of Holland (Netherlands). BA Ct. (Nat. Dkt.) 1 1796 - 1851 MSA C389-1 MdHR 18106 f. 2 #14 27 Aug. 1796. Barnes, p. 59.

Backer, Francis Helmig. United Provinces of Holland (Netherlands). NATN. BA Ct. (Minutes) C386-7 MdHR 5052 f. 255 27 Aug. 1796

Backer, Gotlieb. Wurtemburg. NATN. Decl. intent in US Circ. Ct. 16 Oct. 1848. Wits: David Lair and Valentine Gephardt. O&RA to King of Wurtemburg. BC Ct. (Nat. Rcd.) 10 1849-1851 MSA C229-2 MdHR 18120 f. 407 4 Nov. 1851.

Backer, John. Bavaria. NATN. Decl. intent in US Circ. Ct. 8 Nov. 1848. Wits: Henry G. Seuger and Christian Leutzer. O&RA to King of Bavaria. BC Ct. (Nat. Rcd.) 10 1849-1851 MSA C229-2 MdHR 18120 f. 394 4 Nov. 1851.

Backer, John. Prussia. NATN. Arrived in U.S. 3 yrs. prior to age 21. Res. U.S. 5 yrs., including 3 of minority. Res. MD over 1 yr. Wits: John Paulus and Michael Thorne. O&RA to King of Prussia. BC Ct. (Nat. Rcd. of Minors) 3 1845-1851 MSA C237-3 MdHR 18114-1 f. 120 3 Oct. 1848.

Backman, Frederick. Hanover. NATN. Decl. intent in US Dist. Ct. 29 Sept. 1847. Wits: Henry W. Backman and Philip Lastener. O&RA to King of Hanover. BC Ct. (Nat. Rcd.) 10 1849-1851 MSA C229-2 MdHR 18120 f. 109 30 Sept. 1850.

Bacley, William. Ireland. NATN. Decl. intent in BC Ct. 23 June 1832. Res. BC. Wits: Edward L. Larnden and Maddison Whelen. O&RA to King of U.K. BC Ct. (Nat. Rcd. of Minors) 2 1832-1836 MSA C237-2 MdHR 18113 f. 89 26 July 1834.

Bacon, James. Ireland. NATN. Arrived in U.S. as a minor. Wits: Nathan Levering and John Wilson. BA Ct. (Nat. Dkt.) 1 1796-1851 MSA C389-1 MdHR 18106 f. 72 20 Sept. 1824.

Bacon, James. England. BA Ct. (Nat. Dkt.) 1 1796-1851 MSA C389-1 MdHR 18106 f. 30 #566 5 Jan. 1805.

Bactier, Henry. Bremen. NATN. Decl. intent in US Circ. Ct. 18 Dec. 1843.

Wits: Owen Burn and Jacob Crest. BA Ct. (Nat. Dkt.) 1 1796-1851 MSA C389-1 MdHR 18106 f. 258 13 Oct. 1846.
Bactier, Henry. Bremen. NATN. Decl. intent in US Dist. Ct. 18 Dec. 1843.
Wits: Owen Burn and Jacob Crish. O&RA to Hanseatic Government. BA Ct. (Nat. Rcd.) 4 1846-1851 MSA C391-2 MdHR 18109 f. 87 13 Oct. 1846.
Baecker, Mathias. Prussia. NATN. Decl. intent in US Circ. Ct. 13 Sept. 1844.
Wits: Joseph Seller and Frederick Warner. O&RA to King of Prussia. BA Ct. (Nat. Rcd.) 4 1846-1851 MSA C391-2 MdHR 18109 f. 86 13 Oct. 1846.
Baecker, Matthias. Prussia. NATN. Decl. intent in US Circ. Ct. 30 Sept. 1844.
Wits: Joseph Seller and Frederick Warner. BA Ct. (Nat. Dkt.) 1 1796-1851 MSA C389-1 MdHR 18106 f. 258 13 Oct. 1846.
Baen, Frederick. Prussia. DI. BA Ct. (Minutes) 1846-1851 MSA C386-16 MdHR 14405 ff. 269-270 2 June 1851.
Baer, John. Bavaria. NATN. Decl. intent in US Circ. Ct. 3 Oct. 1848. Wits: Caspar Eichelman and John Hartlein. O&RA to King of Bavaria. BA Ct. (Nat. Rcd.) 4 1846-1851 MSA C391-2 MdHR 18109 f. 389 3 Nov. 1851.
Baer, John. Bavaria. NATN. Decl. intent in US Dist. Ct. 19 Sept. 1844. Wits: Simon Liehtner and Frederick Bnschke. O&RA to King of Bavaria. BC Ct. (Nat. Rcd.) 9 1845-1848 MSA C229-1 MdHR 18119 f. 183 6 Oct. 1846.
Baer, John. Bavaria. NATN. Decl. intent in US Circ. Ct. 3 Oct. 1848. Wits: Caspar Eichelman and John Hartlein. BA Ct. (Nat. Dkt.) 1 1796-1851 MSA C389-1 MdHR 18106 f. 388 3 Nov. 1851.
Baer, Michael. Bavaria. NATN. Decl. intent in US Dist. Ct. 7 June 1844. Wits: Stephen Vanhill and Henry Vanhill. O&RA to King of Bavaria. BC Ct. (Nat. Rcd.) 9 1845-1848 MSA C229-1 MdHR 18119 f. 349 4 Oct. 1847.
Bahler, Francis. Wurtemburg. DI. BA Ct. (Minutes) 1827-1830 MSA C386-13 MdHR 14391 f. 1 5 May 1830.
Bahrens, Henry. (Country of origin not given; Germany ?). BA Ct. (Nat. Dkt.) 1 1796-1851 MSA C389-1 MdHR 18106 f. 35 #688 23 Oct. 1807.
Baier, George. Bavaria. NATN. Decl. intent in US Circ. Ct. 16 May 1844. Wits: Valentine Ott and Michael Volker. BA Ct. (Nat. Dkt.) 1 1796-1851 MSA C389-1 MdHR 18106 f. 305 5 Oct. 1847.
Baier, George. Bavaria. NATN. Decl. intent in US Circ. Ct. 16 May 1844. Wits: Valentine Ott and Michael Valker. O&RA to King of Bavaria. BA Ct. (Nat. Rcd.) 4 1846-1851 MSA C391-2 MdHR 18109 f. 185 5 Oct. 1847.
Bailey, Daniel. Ireland. NATN. Noted as age 21. Born Shire of Inverness. Presents petition and cert. of declaration and report and registration, filed in US Dist. Ct. 8 Sept. 1824. Res. BC. O&RA to King of U.K. Wits: Walter Frazier and John Campbell. BC Ct. (Nat. Rcd. of Minors) 1 1827-1832 MSA C237-1 MdHR 18112 ff. 3-5 Feb. 1827.
Bailey, Henry. Ireland. DI. BA Ct. (Minutes) 1832-1838 MSA C386 MdHR 14403 f. 172 23 Jan. 1836.
Bailey, John Roberts. England. NATN. Decl. intent in BA Ct. 1 April 1832. Res. BC. Wits: John Jillard and Michael Ruckett. O&RA to King of U.K. BC Ct. (Nat. Rcd. of Minors) 2 1832-1836 MSA C237-2 MdHR 18113 ff. 121-122 3 Oct. 1834.
Bailey, John. U.K. DI. BA Ct. (Minutes) 1810-1814 MSA C386-10 MdHR 14376 f. 118 29 Oct. 1811.
Bailey, John. Scotland. NATN. Decl. intent in Cecil Co. Ct. 3 Oct. 1844. Wits: Caleb Wilson and Thomas Wilson. O&RA to Queen of U.K. BC Ct. (Nat. Rcd.) 9 1845-1848 MSA C229-1 MdHR 18119 f. 546 2 Oct. 1848.
Bailey, Mary Rebecca. England. DI. BA Ct. (Minutes) 1822-1826 MSA C386-12 MdHR 14386 f. 129 5 Jan. 1824.
Bailey, Robert P. Ireland. NATN. Arrived in U.S. 3 yrs. prior to age 21. Res. U.S. 5 yrs., including 3 of minority. Res. MD over 1 yr. Wits: Benjamin F. Daley and James Haggerty. O&RA to Queen of U.K. BC Ct. (Nat. Rcd. of Minors) 3 1845-1851 MSA C237-3 MdHR 18114-1 f. 56 29 Sept. 1847.
Bailey, Thomas. U.K. DI. BA Ct. (Minutes) 1806-1809 MSA C386-9 MdHR 14372 f. 102

23 May 1807.
Bailey, William. England. NATN. Born Staffordshire. Arrived in the U.S. as a minor; declares intent in open Ct. Wits: Henry Vicars and David Gless. BA Ct. (Nat. Dkt.) 1 1796-1851 MSA C389-1 MdHR 18106 f. 143 4 Oct. 1828.
Bailie, William. Ireland. BA Ct. (Nat. Dkt.) 1 1796-1851 MSA C389-1 MdHR 18106 f. 28 #538 30 July 1804. Civil Ct.
Baily, George. England. NATN. Arrived in U.S. 3 yrs. prior to age 21. Res. U.S. 5 yrs., including 3 of minority. Res. MD over 1 yr. Wits: Charles B. Keyworth and Catherine Bean. O&RA to Queen of U.K. BC Ct. (Nat. Rcd. of Minors) 3 1845-1851 MSA C237-3 MdHR 18114-1 f. 100 24 Jan. 1848.
Baird, David Alexander. England. DI. Res. BC. BC Ct. (Dkt&Mins) 1846 MSA C184-9 MdHR 16666 f. 26 12 June 1846.
Baisler, Martin. Wurtemburg. NATN. Arrived in U.S. under age 18. Wits: John Inglehall and John Brener. BA Ct. (Nat. Dkt.) 1 1796-1851 MSA C389-1 MdHR 18106 f. 334 3 Oct. 1848.
Baisler, Martin. Wurtemburg. NATN. Arrived in U.S. 3 yrs. prior to age 21. Res. U.S. 5 yrs., including 3 of minority. Res. MD over 1 yr. Wits: John Inglehall and John Bremer. O&RA to King of Wurtemburg. BA Ct. (Nat. Rcd. of Minors) 3 1846-1851 MSA C392-1 MdHR 18110 f. 61 3 Oct. 1848.
Baker, Charles V. Dutchy of Brunswick. NATN. Decl. intent in BC Ct. 1 Oct. 1842. Wits: Gerhard Sybert and Charles Dagenhardt. O&RA to Queen of U.K. BC Ct. (Nat. Rcd.) 9 1845-1848 MSA C229-1 MdHR 18119 f. 477 5 Oct. 1847.
Baker, Frederick. Germany. NATN. Arrived in U.S. when a minor. Wits: Peter Hare and James Roache. BA Ct. (Nat. Dkt.) 1 1796-1851 MSA C389-1 MdHR 18106 f. 72 20 Sept. 1824.
Baker, Henry. Germany. NATN. Arrived in U.S. as a minor. Wits: Frederick Baker and Peter Hare. BA Ct. (Nat. Dkt.) 1 1796-1851 MSA C389-1 MdHR 18106 f. 72 20 Sept. 1824.
Baker, James. Ireland. NATN. Res. BC. Res. U.S. 14 April 1802 - 18 June 1812. Wits: John Baker and Thomas Baker. O&RA to King of U.K. BC Ct. (Nat. Rcd. of Minors) 1 1827-1832 MSA C237-1 MdHR 18112 ff. 114-115 25 Sept. 1828.
Baker, John Andrew. Hanover. NATN. Res. BC. Res. U.S. 14 April 1802 - 18 June 1812. Wits: Frederick Baker and James Roach. Takes oath. BC Ct. (Nat. Rcd. of Minors) 1 1827-1832 MSA C237-1 MdHR 18112 ff. 259-260 8 Nov. 1828.
Baker, John Henry. Hanover. NATN. Decl. intent in US Dist. Ct. 18 Dec. 1833. Wits: Henry Loggerman and Herman Seever. O&RA to King of Hanover. BC Ct. (Nat. Rcd.) 9 1845-1848 MSA C229-1 MdHR 18119 f. 220 12 July 1847.
Baker, John. Germany. Decl. intent in BA Ct. of O&T&GD 16 July 1814. Wit: Beale Randell . BA Ct. (Nat. Dkt.) 1 1796-1851 MSA C389-1 MdHR 18106 f. 56 20 Oct. 1821.
Baker, John. Prussia. DI. Res. BC. BC Ct. (Dkt&Mins) 1841 MSA C184-8 MdHR 16665 f. 22 15 June 1841.
Baker, Peter. Germany. DI. Ren. alleg. to Emperor of Germany. BA Ct. (Minutes) 1810-1814 MSA C386-10 MdHR 14376 f. 275 19 May 1813.
Baker, Thomas. Ireland. NATN. Born Co. of Kilkenney. Arrived in the U.S. as a minor. Wits: John Baker and James Baker. BA Ct. (Nat. Dkt.) 1 1796-1851 MSA C389-1 MdHR 18106 f. 93 5 April 1825.
Ball, Charles. Bavaria. NATN. Arrived in U.S. 3 yrs. prior to age 21. Res. U.S. 5 yrs., including 3 of minority. Res. MD over 1 yr. Wits: Levi Hoffman and Ormand Knight. O&RA to King of Bavaria. BC Ct. (Nat. Rcd. of Minors) 3 1845-1851 MSA C237-3 MdHR 18114-1 f. 197 6 Nov. 1848.
Ball, James. England. NATN. Arrived in U.S. 3 yrs. prior to age 21. Res. U.S. 5 yrs., including 3 of minority. Res. MD over 1 yr. Wits: James Murray and J. W. Bond. O&RA to Queen of U.K. BC Ct. (Nat. Rcd. of Minors) 3 1845-1851 MSA C237-3 MdHR 18114-1 f. 285 30 Aug. 1851.

Ball, William. England. DI. BC Ct. (Dkt&Mins) 1840 MSA C184-7 MdHR 16664 f. 37 1 Oct. 1840.
Ballach, Jacob. England. NATN. Decl. intent in BC Ct. 28 Feb. 1846. Wits: Isaac P. Cook and R. H. Heaton. O&RA to Queen of U.K. BC Ct. (Nat. Rcd.) 9 1845-1848 MSA C229-1 MdHR 18119 f. 589 5 Oct. 1848.
Ballach, William Alexander. Dutchy of Brunswick. NATN. Arrived in U.S. 3 yrs. prior to age 21. Res. U.S. 5 yrs., including 3 of minority. Res. MD over 1 yr. Wits: James Ballach and Richard H. Heaton. O&RA to Duke of Brunswick. BC Ct. (Nat. Rcd. of Minors) 3 1845-1851 MSA C237-3 MdHR 18114-1 f. 130 6 Oct. 1848.
Ballard, James. Ireland. NATN. Arrived in U.S. 3 yrs. prior to age 21. Res. U.S. 5 yrs., including 3 of minority. Res. MD over 1 yr. Wits: James Doland and Thomas Quinn. O&RA to Queen of U.K. BA Ct. (Nat. Rcd. of Minors) 3 1846-1851 MSA C392-1 MdHR 18110 f. 30 5 Oct. 1847.
Baller, Benhart. Germany. DI. Ren. alleg. to Emperor of Germany. BA Ct. (Minutes) 1822-1826 MSA C386-12 MdHR 14386 f. 224 12 Oct. 1824.
Ballman, Henry. Hanover. NATN. Decl. intent in US Circ. Ct. 2 Sept. 1844. Wits: Herman Snyder and John Long. BA Ct. (Nat. Dkt.) 1 1796-1851 MSA C389-1 MdHR 18106 f. 258 13 Oct. 1846.
Ballman, Henry. Hanover. NATN. Decl. intent in US Circ. Ct. 2 Sept. 1844. Wits: Herman Snyder and John Long. O&RA to King of Hanover. BA Ct. (Nat. Rcd.) 4 1846-1851 MSA C391-2 MdHR 18109 f. 87 13 Oct. 1846.
Balten, John. Ireland. NATN. Arrived in U.S. 3 yrs. prior to age 21. Res. U.S. 5 yrs., including 3 of minority. Res. MD over 1 yr. Wits: William H. Glover and William B. Carr. O&RA to Queen of U.K. BA Ct. (Nat. Rcd. of Minors) 3 1845-1851 MSA C392-1 MdHR 18110 f. 10 13 Oct. 1846.
Baltz, Anthony. Electorate of Hesse-Cassel. NATN. Decl. intent in US Circ. Ct. 2 Oct. 1843. Wits: Augustus Shroeder and Peter Trulip. BA Ct. (Nat. Dkt.) 1 1796-1851 MSA C389-1 MdHR 18106 f. 258 13 Oct. 1846.
Baltz, Anthony. Electorate of Hesse-Cassel. NATN. Decl. intent in US Circ. Ct. 2 Oct. 1843. Wits: Augustus Schroeder and Peter Trulip. O&RA to Elector of Hesse-Cassell. BA Ct. (Nat. Rcd.) 4 1846-1851 MSA C391-2 MdHR 18109 f. 88 13 Oct. 1846.
Baltz, Frederick. Grand Dutchy of Hesse-Darmstadt. NATN. Arrived in U.S. 3 yrs. prior to age 21. Res. U.S. 5 yrs., including 3 of minority. Res. MD over 1 yr. Wits: Christian Laudenslager and Henry Wolfe. O&RA to Grand Duke of Hesse-Darmstadt. BC Ct. (Nat. Rcd. of Minors) 3 1845-1851 MSA C237-3 MdHR 18114-1 f. 191 6 Nov. 1848.
Baltz, Henry A. Electorate of Hesse-Cassel. NATN. Decl. intent in US Circ. Ct. 23 Sept. 1844. Wits: Edward Pagels and William Ferry. BA Ct. (Nat. Dkt.) 1 1796-1851 MSA C389-1 MdHR 18106 f. 259 13 Oct. 1846.
Baltz, Henry. Electorate of Hesse-Cassell. NATN. Decl. intent in US Circ. Ct. 23 Sept. 1844. Wits: Edward Pagel and William Fenny. O&RA to Elector of Hesse-Cassel. BA Ct. (Nat. Rcd.) 4 1846-1851 MSA C391-2 MdHR 18109 f. 88 13 Oct. 1846.
Baltzer, Joseph. Bavaria. NATN. Decl. intent in US Circ. Ct. 12 Oct. 1846. Wits: Moritz Buger and Nicholas Pfertsch. O&RA to King of Bavaria. BC Ct. (Nat. Rcd.) 9 1845-1848 MSA C229-1 MdHR 18119 f. 738 1 Nov. 1848.
Bamberger, Elkan. Bavaria. NATN. Arrived in U.S. 3 yrs. prior to age 21. Res. U.S. 5 yrs., including 3 of minority. Res. MD over 1 yr. Wits: John W. Ende and Leon Lauer. O&RA to King of Bavaria. BC Ct. (Nat. Rcd. of Minors) 3 1845-1851 MSA C237-3 MdHR 18114-1 f. 211 22 Dec. 1845.
Banan, John. Ireland. NATN. Decl. intent in BC Ct. 2 Oct. 1834. Res. BC. Wits: Thomas Fitzpatrick and Thomas Queen. O&RA to King of U.K. BC Ct. (Nat. Rcd. of Minors) 2 1832-1836 MSA C237-2 MdHR 18113 f. 222 3 Oct. 1836.
Banbaugh, John. Germany. NATN. Decl. intent in US Dist. Ct. 29 Sept. 1847.

Wits: Patrick Doyle and Michael Kadin. O&RA to Emperor of Germany. BC Ct. (Nat. Rcd.) 10 1849-1851 MSA C229-2 MdHR 18120 f. 396 4 Nov. 1851.

Banbell, John. Ireland. DI. BA Ct. (Minutes) 1839-1846 MSA C386-16 MdHR 14404 f. 41 15 Feb. 1840.

Banchardt, William. Hanover. NATN. Decl. intent in US Dist. Ct. 5 Oct. 1847. Wits: Francis Bahler and D. Ratuikamp. O&RA to King of Hanover. BC Ct. (Nat. Rcd.) 10 1849-1851 MSA C229-2 MdHR 18120 f. 313 3 Oct. 1851.

Baner, Joseph. Bavaria. NATN. Decl. intent in US Circ. Ct. 26 Oct. 1848. Wits: John Winkler and B. Feleshaus. O&RA to King of Bavaria. BC Ct. (Nat. Rcd.) 10 1849-1851 MSA C229-2 MdHR 18120 f. 304 30 Sept. 1851.

Bangard, Joseph. Grand Dutchy of Baden. DI. Profession: Baker (?) (1850 Census). BA Ct. (Minutes) 1839-1846 MSA C386-16 MdHR 14404 f. 61 16 Sept. 1840. Tepper, p. 22, "Bangert, Joseph". Listed in 1850 Census as "Joseph Bangarts".

Bangard, Nicholas. Grand Dutchy of Baden. DI. BA Ct. (Minutes) 1839-1846 MSA C386-16 MdHR 14404 f. 61 16 Sept. 1840. Tepper, p.22, "Bangert, N.C."

Bangard, Philip. Grand Dutchy of Baden. NATN. Decl. intent in open court. Arrived in U.S. under age 18. Wits: Nicholas Bangard and Aaron Waglin. BA Ct. (Nat. Dkt.) 1 1796-1851 MSA C389-1 MdHR 18106 f. 201 16 Sept. 1840. Tepper, p. 22, "Bangert, Philip."

Barger, Maurice. Grand Dutchy of Baden. DI. BA Ct. (Minutes, Rough) 1832-1835 MSA C420-1 MdHR 14396-2 f. 261 19 May 1834.

Bangard, Philip. Grand Dutchy of Baden. NATN. Decl. intent in open court. Arrived in U.S. 3 yrs. prior to age 21. Res. U.S. 5 yrs., including 3 of minority. Res. MD over 1 yr. Res. BC. Wits: Nicholas Bangard and Aaron Weiglan. O&RA to Grand Duke of Baden. BA Ct. (Nat. Rcd.) 2 1832-1846 MSA C391-1 MdHR 18108 f. 79 16 Sept. 1840.

Bangard, Rudolph. Grand Dutchy of Baden. NATN. Decl. intent in open court. Arrived in U.S. under age 18. Profession: Hatter (1850 Census) Wits: Nicholas Bangard and Aaron Waglin. BA Ct. (Nat. Dkt.) 1 1796-1851 MSA C389-1 MdHR 18106 f. 203 16 Sept. 1840. Tepper, p. 22 "Bangert, Rudolph". Listed in 1850 Census as " Rudolph Bankard".

Bange/Bangs(?), Francis. Germany. BA Ct. (Nat. Dkt.) 1 1796-1851 MSA C389-1 MdHR 18106 f. 32 #623 21 Nov. 1805.

Bannan, Michael. Ireland. NATN. Decl. intent in US Dist. Ct. 4 Oct. 1844. Wits: John Bannan and Thomas Addet. O&RA to Queen of U.K. BC Ct. (Nat. Rcd.) 9 1845-1848 MSA C229-1 MdHR 18119 f. 837 6 Nov. 1848.

Bannan, Owen. Ireland. NATN. Decl. intent in Schenectady Co. (NY) Ct. 27 March 1844. Wits: Patrick Bannan and James Coe. O&RA to Queen of U.K. BC Ct. (Nat. Rcd.) 9 1845-1848 MSA C229-1 MdHR 18119 f. 753 1 Nov. 1848.

Bannerman, John. Scotland. BA Ct. (Nat. Dkt.) 1 1796-1851 MSA C389-1 MdhR 18106 f. 21 #410 6 Sept. 1802. Barnes, p. 64.

Bannettel, Bernard H. Hanover. NATN. Decl. intent in US Dist. Ct. 30 Sept. 1844. Witnesses Charles Rebstock and Herman Nottman. O&RA to King of Hanover. BC Ct. (Nat. Rcd.) 10 1849-1851 MSA C229-2 MdHR 18120 f. 17 29 Sept. 1849.

Bannister, Joseph. England. NATN. Res. BC. Decl. intent in US Dist. Ct. at New Castle 19 Nov. 1822. Wits: Thomas Wildy and James Rust. O&RA to King of U.K. BC Ct. (NATN Record of Minor) 1827-1832 MSA C237-1 MdHR 18112 ff. 272-273 10 Nov. 1828.

Bannon, Patrick. Ireland. NATN. Decl. intent in BC Ct. 12 Sept. 1844. Wits: Daniel Shannon and Thomas Conlan. O&RA to Queen of U.K. BC Ct. (Nat. Rcd.) 9 1845-1848 MSA C229-1 MdHR 18119 f. 415 4 Oct. 1847.

Banz, John. Bavaria. NATN. Decl. intent in US Dist. Ct. 23 Aug. 1844. Wits: John Seitz and Simon Gesner. O&RA to King of Bavaria. BC Ct. (Nat. Rcd.) 9 1845-1848 MSA C229-1 MdHR 18119 f. 824 6 Nov. 1848.

Baptista, Augustus Lopes. Brazil. DI. BC Ct. (Dkt&Mins) 1849 MSA C184-11 MdHR

16668 f. 19 18 July 1849.
Baptiste, Aug.e Lopes. Brazil. NATN. Decl. intent in BC Ct. 18 July 1849. Wits: H. Diffenderfer and Edward Mohler. O&RA to Emperor of Brazil. BA Ct. (Nat. Rcd.) 4 1846-1851 MSA C391-2 MdHR 18109 f. 367 12 Sept. 1851.
Baptistia, Augustus Lopes. Empire of Brazil. NATN. Decl. intent in BC Ct. 18 July 1849. Wits: H. Diffenderffer and Edward Mohler. BA Ct. (Nat. Dkt.) 1 1796-1851 MSA C389-1 MdHR 18106 f. 381 16 Sept. 1851.
Barbie, Anthony Conrad. Germany. BA Ct. (Nat. Dkt.) 1 1796-1851 MSA C389-1 MdHR 18106 f. 32 #616 25 July 1805.
Bardsof, Peter. Bavaria. NATN. Decl. intent in US Dist. Ct. 18 June 1841. Wits: Robert Sheppard and B. Stump. O&RA to King of Bavaria. BC Ct. (Nat. Rcd.) 10 1849-1851 MSA C229-2 MdHR 18120 f. 99 30 Sept. 1850.
Barger, Clement. Grand Dutchy of Baden. DI. BA Ct. (Minutes) 1832-1838 MSA C386 MdHR 14403 f. 103 19 May 1834.
Barger, Clement. Grand Dutchy of Baden. DI. BA Ct. (Minutes, Rough) 1832-1835 MSA C420-1 MdHR 14396-2 f. 261 19 May 1834.
Barger, Maurice. Grand Dutchy of Baden. DI. BA Ct. (Minutes) 1832-1838 MSA C386 MdHR 14403 f. 103 19 May 1834.
Barger, Maurice. Grand Dutchy of Baden. DI. BA Ct. (Minutes, Rough) 1832-1835 MSA C420-1 MdHR 14396-2 f. 261 19 May 1834.
Barker, Henry James. England. NATN. Born Co. of Lancashire. Arrived in U.S. 3 yrs. prior to age 21. Decl. intent in open Ct. Wits: John McGairity and John Barker. BA Ct. (Nat. Dkt.) 1 1796-1851 MSA C389-1 MdHR 18106 f. 116 25 Sept. 1827.
Barker, Henry James. England. Report and registration. Noted as age 21. Noted by Ct. as a minor. Born Co. of Lancashire. Res. BC. Arrived in BC March 1811. Wits: John Barker and John McGairity. BA Ct. (Misc. Ct. Papers) MSA C1-64 MdHR 50206-824 1827 item 359 25 Sept. 1827.
Barker, Thomas. England. BA Ct. (Nat. Dkt.) 1 1796-1851 MSA C389-1 MdHR 18106 f. 19 #392 11 Dec. 1798. Barnes, p. 64.
Barker, William. Ireland. NATN. Arrived in U.S. 3 yrs. prior to age 21. Res. U.S. 5 yrs., including 3 of minority. Res. MD over 1 yr. Wits: James Clark and Peter Ring. O&RA to Queen of U.K. BC Ct. (Nat. Rcd. of Minors) 3 1845-1851 MSA C237-3 MdHR 18114-1 f.83 4 Oct. 1847.
Barklie, Thomas. England. BA Ct. (Nat. Dkt.) 1 1796-1851 MSA C389-1 MdHR 18106 f. 13 #271 14 March 1798. Barnes, p. 62.
Barkman, John. Bremen. DI. Ren. alleg. to King of Hanover. BA Ct. (Minutes, Rough) 1836-1844 MSA C420-2 MdHR 14398 f. 21 16 April 1836.
Barkman, John. Bremen. DI. Ren. alleg. to King of Hanover. BA Ct. (Minutes) 1832-1838 MSA C386 MdHR 14403 f. 189 16 April 1836.
Barlach, John H. Germany. DI. BA Ct. (Minutes) 1822-1825 MSA C386-12 MdHR 14396 f. 336 8 Nov. 1825.
Barley, Henry. Ireland. DI. BA Ct. (Minutes, Rough) 1836-1844 MSA C420-2 MdHR 14398 f. 4 23 Jan. 1836.
Barner, William. Ireland. DI. BA Ct. (Minutes) 1832-1838 MSA C386 MdHR 14403 f. 39 9 March 1833.
Barnes, William. Ireland. NATN. Res. U.S. 14 April 1802 - 18 June 1812. Res. BC. Wits: Wells Chase and William Johnson. O&RA to King of U.K. BC Ct. (Nat. Rcd. of Minors) 2 1832-1836 MSA C237-2 MdHR 18113 f. 139 4 Oct. 1834.
Barnes, William. England. DI. BA Ct. (Minutes, Rough) 1832-1835 MSA C420-1 MdHR 14396-2 f. 172 9 March 1833
Barnet, William. Ireland. NATN. Decl. intent in BC Ct. 6 April 1831. Res. BC. Wits: Bernard Corkerry and John Till. O&RA to King of U.K. BC Ct. (Nat. Rcd. of Minors) 2 1832-1836 MSA C237-2 MdHR 18113 ff. 84-85 6 June 1834.
Barnett/Barrett, Eliza. Ireland. NATN. Decl. intent in BA Ct. 8 Sept. 1829. Wits: William H. Collins and Thomas Toland. BA Ct. (Nat. Dkt.) 1 1796-1851 MSA C389-1 MdHR 18106 f. 195 4 Sept. 1839.
Barnett, John. Ireland. DI. BA Ct. (Minutes, Rough) 1836-1841 MSA C420-2 MdHR

14398 f. 262 25 Jan. 1841.
Barnett, Richard. Ireland. DI. Res. BC. BC Ct. of O&T&GD (Dkt&Mins) 1816 MSA C183-9 MdHR 16657 (unpaginated) Jan. term 1816; 14 Feb. 1816.
Barnett, Sylvester. Switzerland. NATN. Born Canton of Argau. Decl. intent in US Dist. Ct. 4 March 1823. Wits: George Richstone and Maurice Shoemaker. BA Ct. (Nat. Dkt.) 1 1796-1851 MSA C389-1 MdHR 18106 f. 110 23 Sept. 1826.
Barr, John. Ireland. DI. BA Ct. (Minutes) 1827-1830 MSA C386-13 MdHR 14391 f. 78 25 Sept. 1827.
Barr, Samuel. Ireland. NATN. Born Co. of Tyrone. Decl. intent in BA Ct. the 3rd Monday of Sept. 1824. Wits: Robert Armstrong and John Easter. BA Ct. (Nat. Dkt.) 1 1796-1851 MSA C389-1 MdHR 18106 f. 105 20 Sept. 1826.
Barr, Samuel. Ireland. Report and Registration. Noted as age 28. Born Co. of Tyrone. Arrived in New York City Aug. 1816. Res. BC. Wits: Robert Armstrong and John Easter. BA Ct. (Misc. Ct. Papers) MSA C1-57 MdHR 50206-752 1823 item 336 21 Sept. 1824.
Barr, Samuel. Ireland. DI. BA Ct. (Minutes) 1822-1826 MSA C386-12 MdHR 14386 f. 215 21 Sept. 1824.
Barr, Samuel. Ireland. DI. BA Ct. (Misc. Ct. Papers) MSA C1-57 MdHR 50206-752 unnumbered 1823 item 21 Sept. 1824.
Barr, Samuel. Ireland. NATN. Decl. intent in US Dist. Ct. 1 Oct. 1844. Wits: Alonzo Lilly and Alexander McCormick. O&RA to Queen of U.K. BC Ct. (Nat. Rcd.) 9 1845-1848 MSA C229-1 MdHR 18119 f. 612 9 Oct. 1848.
Barr, William. Ireland. NATN. Born Co. of Tyrone. Decl. intent in BA Ct. the 3rd Monday of Sept. 1824. Wits: James Wilson and Robert Armstrong. BA Ct. (Nat. Dkt.) 1 1796-1851 MSA C389-1 MdHR 18106 f. 106 20 Sept. 1826.
Barr, William. Ireland. Report and registration. Noted as age 34. Born Co. of Tyrone. Arrived in Port of Newcastle Aug. 1810. Res. BC. BA Ct. (Misc. Ct. Papers) MSA C1-62 MdHR 50206-808 1826 item 394 20 Sept. 1826.
Barr, William. Ireland. DI. BA Ct. (Minutes) 1815-1820 MSA C386-11 MdHR 14381 f. 118 14 Oct. 1816.
Barreball, William. England. NATN. Born Co. of Devonshire. Decl. intent in US Dist. Ct. 5 Sept. 1820. Wits: Henry Vicary and Hiraim Wiley. BA Ct. (Nat. Dkt.) 1 1796-1851 MSA C389-1 MdHR 18106 f. 101 18 Sept. 1826.
Barrett/Barnett, Eliza. Ireland. NATN. Res. BC. Decl. intent in BA Ct. 8 Sept. 1829. Wits: William H. Collins and Thomas Toland. O&RA to Queen of U.K. BA Ct. (Nat. Rcd.) 2 1832-1846 MSA C391-1 MdHR 18108 f. 63 4 Sept. 1839.
Barrett, Edward. Ireland. DI. BA Ct. (Minutes) 1827-1830 MSA C386-13 MdHR 14391 f. 162 15 Sept. 1828.
Barrett, Eliza. Ireland. DI. BA Ct. (Minutes) 1827-1830 MSA C386-13 MdHR 14391 f. 238 8 Sept. 1829.
Barrett, John. Ireland. NATN. Decl. intent in US Circ. Ct. 24 Aug. 1846. Wits: William Cashman and Thomas Reiley. O&RA to Queen of U.K. BA Ct. (Nat. Rcd.) 4 1846-1851 MSA C391-2 MdHR 18109 f. 233 29 Sept. 1848.
Barrett, John. Ireland. DI. BA Ct. (Minutes) 1839-1846 MSA C386-16 MdHR 14404 f. 80 26 Jan. 1841.
Barrett, John. Ireland. NATN. Decl. intent in US Circ. Ct. 24 Aug. 1846. Wits: William Cashman and Thomas Reiley. BA Ct. (Nat. Dkt.) 1 1796-1851 MSA C389-1 MdHR 18106 f. 321 29 Sept. 1848.
Barrett, Maurice. Ireland. DI. BA Ct. (Minutes) 1827-1830 MSA C386-13 MdHR 14391 f. 78 12 April 1827.
Barrett, Maurice. Ireland. NATN. Decl. intent in BA Ct. 12 April 1827. Res. BC. Wits: John Scott and Charles Lebou. O&RA to King of U.K. BA Ct. (Nat. Rcd. of Minors) 2 1832-1836 MSA C237-2 MdHR 18113 f. 90 15 Sept. 1834.
Barrett, Patrick. Ireland. DI. BA Ct. (Minutes, Rough) 1832-1835 MSA C420-1 MdHR 14396-2 f. 286 8 Oct. 1834.
Barrett, Patrick. Ireland. DI. Profession: Gardener (1850 Census) BA Ct. (Minutes) 1832-1838 MSA C386 MdHR 14403 f. 123 8 Oct. 1834.

Barrett, Thomas. Ireland. DI. BA Ct. (Minutes) 1827-1830 MSA C386-13 MdHR 14391 f. 78 12 April 1827.
Barriball/Barraball, William. England. Report and registration. Noted as age 17. Born Co. of Devonshire. Res. BC. BA Ct. (Misc. Ct. Papers) MSA C1-51 MdHR 50206-694 unnumbered 1820 item 5 Sept. 1820.
Barriball/Barraball, William. England. DI. Res. BC. BA Ct. (Misc. Ct. Papers) MSA C1-51 MdHR 50206-694 1820 item 1080 5 Sept. 1820.
Barron, John. Ireland. BA Ct. (Nat. Dkt.) 1 1796-1851 MSA C389-1 MdHR 18106 f. 8 #144 26 Aug. 1797. Barnes, p. 61.
Barron/Parron, William. England. BA Ct. (Nat. Dkt.) 1 1796-1851 MSA C389-1 MdHR 18106 f. 14 #286 22 March 1798. Barnes, p. 62.
Barron, Peter. Ireland. DI. BA Ct. (Minutes) 1822-1826 MSA C386-12 MdHR 14386 f. 435 7 Oct. 1826.
Barron, Peter. Ireland. NATN. Res. BC. Decl. intent in BA Ct. 7 Oct. 1826. Wits: Robert Armstrong and William D. Ball. O&RA to King of U.K. BC Ct. (Nat. Rcd. of Minors) 1 1827-1832 MSA C237-1 MdHR 18112 ff. 178-179 7 Oct. 1828.
Barry, Garrett. Ireland. BA Ct.

Barry, Garrett. Ireland. NATN. BA Ct. (Minutes) 1792 - 1797 MSA C386-7 MdHR 5052 f. 255 27 Aug. 1796.
Barry, James C. Ireland. NATN. Born Co. of Cork. Decl. intent in US Dist. Ct. 7 June 1816. Wit: Robert Casey. BA Ct. (Nat. Dkt.) 1 1796-1851 MSA C389-1 MdHR 18106 f. 54 29 Sept. 1821.
Barry, John. Ireland. NATN. Decl. intent in open court. Arrived in U.S. 3 yrs. prior to age 21. Res. U.S. 5 yrs., including 3 of minority. Res. MD over 1 yr. Res. BC. Wits: Elias Cose and Daniel McGilton (?). O&RA to King of U.K. BC Ct. (Nat. Rcd. of Minors) 2 1832-1836 MSA C237-2 MdHR 18113 ff. 47-48 17 Oct. 1832.
Barry, Michael J. Ireland. DI. BA Ct. (Minutes, Rough) 1836-1844 MSA C420-2 MdHR 14398 ff. 479-480 11 Oct. 1844.
Barry, Michael T. Ireland. DI. BA Ct. (Minutes) 1839-1846 MSA C386-16 MdHR 14404 f. 253 11 Oct. 1844.
Barry, Robert. Great Britain. BA Ct. (Nat. Dkt.) 1 1796 - 1851 MSA C389-1 MdHR 18106 f. 3 #39 30 Nov. 1796. Barnes, p. 59
Barstow, Joshua. England. NATN. Arrived in U.S. 3 yrs. prior to age 21. Res. U.S. 5 yrs., including 3 of minority. Res. MD over 1 yr. Wits: Thomas Watson and Joshua Zimmerman. O&RA to Queen of U.K. BA Ct. (Nat. Rcd. of Minors) 3 1846-1851 MSA C392-1 MdHR 18110 f. 48 28 Sept. 1848.
Bartcheer, John. Holland. NATN. Res. BC . Decl. intent in open court. Arrived in the U.S. 3 yrs. prior to age 21. Res. U.S. 5 yrs., including 3 of minority. Res. MD over 1 yr. Wits: Andrew Musgrove and Moses A. Dysart. O&RA to Prince of Orange. BC Ct. (Nat. Rcd. of Minors) 1 1827-1832 MSA C237-1 MdHR 18112 ff. 66-67 17 Sept. 1828.
Bartel, John. Electorate of Hesse-Cassel. NATN. Arrived in U.S. 3 yrs. prior to age 21. Res. U.S. 5 yrs., including 3 of minority. Res. MD over 1 yr. Wits: Jacob Reis and George Bartel. O&RA to Elector of Hesse-Cassel. BC Ct. (Nat. Rcd. of Minors) 3 1845-1851 MSA C237-3 MdHR 18114-1 f. 242 30 Sept. 1850.
Barth, Daniel. Grand Dutchy of Hesse-Darmstadt. NATN. Decl. intent in US Dist. Ct. 3 Oct. 1843. Wits: Frederick Hefs/Hess and Daniel Lschen (?). O&RA to Grand Duke of Hesse-Darmstadt. BC Ct. (Nat. Rcd.) 9 1845-1848 MSA C229-1 MdHR 18119 f. 621 9 Oct. 1848.
Barth, John Henry. Poland. NATN. Arrived in U.S. 3 yrs. prior to age 21. Res. U.S. 5 yrs., including 3 of minority. Res. MD over 1 yr. Wit: Grace Gallagher. O&RA to King of Prussia. BC Ct. (Nat. Rcd. of Minors) 3 1845-1851 MSA C237-1 MdHR 18114-1 f. 2 20 March 1845.
Bartholomew, Christian G. Republic of Bremen. NATN. Decl. intent in BC Ct. 3 Oct. 1834. Res. BC. Wits: Charles Sater and Thomas W. Jay. O&RA to

Republic of Bremen. BA Ct. (Nat. Rcd.) 2 2 1832-1846 MSA C391-1 MdHR 18108 f. 55 24 Sept. 1838.

Bartholomew, Christian G. Republic of Bremen. NATN. Decl. intent in BC Ct. 3 Oct. 1824. Wits: Charles Suler and Thomas W. Jay. BA Ct. (Nat. Dkt.) 1 1796-1851 MSA C389-1 MdHR 18106 f. 192 24 Sept. 1838.

Barthwan, Valentine. Electorate of Hesse-Cassel. NATN. Decl. intent in US Dist. Ct. 30 Sept. 1844. Wits: Harman Schwartz and Augustus Lange. O&RA to Elector of Hesse-Cassel. BC Ct. (Nat. Rcd.) 9 1845-1848 MSA C229-1 MdHR 18119 f. 305 30 Sept. 1847.

Barton, Henry. England. NATN. Decl. intent in BC Ct. 3 Oct. 1834. Res. BC. Wits: Joseph Barley and H. S. Sanderfou. O&RA to King of U.K. BC Ct. (Nat. Rcd. of Minors) 2 1832-1836 MSA C237-2 MdHR 18113 f. 206 3 Oct. 1836.

Barton, Job. England. NATN. Decl. intent in US Circ. Ct. 3 Oct. 1834. Res. BC. Wits: Thomas Blanchard and Henry Duhel. O&RA to King of U.K. BC Ct. (Nat. Rcd. of Minors) 2 1832-1836 MSA C237-2 MdHR 18113 ff. 211-212 3 Oct. 1836.

Barton, Joshua. England. NATN. Arrived in U.S. under age 18. Wits: Thomas Watson and Joshua Zimmerman. BA Ct. (Nat. Dkt.) 1 1796-1851 MSA C389-1 MdHR 18106 f. 320 28 Sept. 1848.

Barton, Robert. Ireland. BA Ct. (Nat. Dkt.) 1 1796-1851 MSA C389-1 MdHR 18106 f. 43 #840 8 April 1814.

Basch, Frederick W. Hanover. Decl. intent in US Circ. Ct. 29 Sept. 1846. Wits: Frederick Klein and Henry Sorrey. BA Ct. (Nat. Dkt.) 1 1796-1851 MSA C389-1 MdHR 18106 f. 368 1 Oct. 1849.

Basch, Henry. Beirns. NATN. Born City of Worms. Decl. intent in US Dist. Ct. 11 June 1818. Wit: William Deu. BA Ct. (Nat. Dkt.) 1 1796-1851 MSA C389-1 MdHR 18106 f. 65 24 Sept. 1823.

Basch, Lorenz. Bavaria. NATN. Decl. intent in US Dist. Ct. 9 Sept. 1844. Wits: Martin Hurning (?) and John Carte. O&RA to King of Bavaria. BC Ct. (Nat. Rcd.) 9 1845-1848 MSA C229-1 MdHR 18119 f. 411 4 Oct. 1847.

Baslay, Charles. Bavaria. NATN. Decl. intent in US Circ. Ct. 30 Sept. 1844. Wits: Jacob Amer and Wendel Lautrim. O&RA to King of Bavaria. BA Ct. (Nat. Rcd.) 4 1846-1851 MSA C391-2 MdHR 18109 f. 90 13 Oct. 1846.

Bassy/Barry, Robert. Great Britain. NATN. BA Ct. (Minutes) 1792 - 1797 MSA C386-7 MdHR 5052 f. 264 30 Nov. 1796

Bates, George. Prussia. DI. BA Ct. (Misc. Ct. Papers) MSA C1-55 MdHR 50206-731 unnumbered 1822 item 4 Nov. 1822.

Bates, George. Prussia. Report and registration. Noted as age 35. Born town of Alshove. Arrived in BC Sept. 1818. Res. BC. Wits: John Schmidt and Frederick Grey. BA Ct. (Misc. Ct. Papers) MSA C1-55 MdHR 50206-731 1822 item 361 10 Oct. 1822.

Bates, George. Prussia. NATN. Born town of Alshove. Decl. intent in US Dist. Ct. 4 Nov. 1822. Wits: John Scmidt and Frederick Crey. BA Ct. (Nat. Dkt.) 1 1796-1851 MSA C389-1 MdHR 18106 f. 107 20 Sept. 1826.

Bates, Gustavus. Dutchy of Saxe-Coburg-Gotha. NATN. Arrived in U.S. 3 yrs. prior to age 21. Res. U.S. 5 yrs., including 3 of minority. Res. MD over 1 yr. Wits: William Bates and George Helfrich. O&RA to Duke of Saxe-Coburg-Gotha. BA Ct. (Nat. Rcd. of Minors) 3 1846-1851 MSA C392-1 MdHR 18110 f. 7 13 Oct. 1846.

Bates, James. England. DI. BA Ct. (Minutes) 1827-1830 MSA C386-13 MdHR 14391 f. 161 16 Oct. 1828.

Bates, John. England. Res. 1798 - 1802. BA Ct. (Nat. Dkt.) 1 1796-1851 MSA C389-1 MdHR 18106 f. 51 29 Sept. 1821.

Batess, Gustavus. Dutchy of Saxe-Coburg-Gotha. NATN. Arrived in U.S. under age 18. Wits: William Bates and George Helfrecht. BA Ct. (Nat. Dkt.) 1 1796-1851 MSA C389-1 MdHR 18106 f. 287 13 Oct. 1846.

Bathrst, John. Ireland. NATN. Decl. intent in open court. Arrived in U.S. 3 yrs. prior to age 21. Res. U.S. 5 yrs., including 3 of minority. Res. MD over 1 yr.

Res. BC. Wits: Richard W. Gill and George H. Stewart. O&RA to King of
U.K. BC Ct. (Nat. Rcd. of Minors) 2 1832-1836 MSA C237-2 MdHR 18113 ff. 25-26
29 Sept. 1832.
Bathurst, Matthew. Ireland. DI. Res. BC. BC Ct. (Dkt&Mins) 1828 MSA C184-4 MdHR
16661 f. 59 26 Dec. 1828.
Batzer, John. Bavaria. NATN. Decl. intent in US Circ. Ct. 12 May 1846. Wits:
Moritz Berger and Nicholas Pfertesch. O&RA to King of Bavaria. BC Ct.
(Nat. Rcd.) 9 1845-1848 MSA C229-1 MdHR 18119 f. 744 1 Nov. 1848.
Bauencis, Leonard. Bavaria. DI. Res. BC. BC Ct. (Dkt&Mins) 1849 MSA C184-11
MdHR 16668 f. 8 27 Feb. 1849.
Bauer, George. Grand Dutchy of Hesse-Darmstadt. NATN. Decl. intent in US
Circ. Ct. 21 Oct. 1846. Wits: Michael Mohr and George Bredbacker. BA Ct.
(Nat. Dkt.) 1 1796-1851 MSA C389-1 MdHR 18106 f. 353 1 Nov. 1848.
Bauer, George. Grand Dutchy of Hessen-Darmstadt. NATN. Decl. intent in US
Circ. Ct. 21 Oct. 1846. Wits: Michael Mohr and George Bredbacker. O&RA
to Grand Duke of Hessen-Darmstadt. BA Ct. (Nat. Rcd.) 4 1846-1851 MSA C391-
2 MdHR 18109 f. 305 1 Nov. 1848.
Bauer, George. Bavaria. NATN. Arrived in U.S. under age 18. Wits: Michael
Roth and John Rosiner, BA Ct. (Nat. Dkt.) 1 1796-1851 MSA C389-1 MdHR 18106
f. 350 30 Oct. 1848.
Bauer, Johan. Bavaria. NATN. Decl. intent in US Dist. Ct. 28 Sept. 1840. Res.
BC. Wits: Adam Synder and Hermann Malfeld. O&RA to King of Bavaria.
BA Ct. (Nat. Rcd.) 2 1832-1846 MSA C391-1 MdHR 18108 ff. 116-117 30 Oct. 1844.
Bauer, Johan. Bavaria. NATN. Decl. intent in US Dist. Ct. 28 Sept. 1840. Wits:
Adam Snyder and Herman Malfield. BA Ct. (Nat. Dkt.) 1 1796-1851 MSA C389-1
MdHR 18106 f. 222 30 Oct. 1844.
Bauer, John Jacob. Wurtemburg. Report and registration. Noted as age 38.
Born town of Marbarch. Res. BC. BA Ct. (Misc. Ct. Papers) MSA C1-51 MdHR
50206-694 1820 item 1081 15 Nov. 1820.
Bauer, John Jacob. Wurtemburg. DI. Ren. alleg. to King of Wurtemburg. BA
Ct. (Misc. Ct. Papers) MSA C1-51 MdHR 50206-694 unnumbered 1820 item 15 Nov.
1820.
Bauer, John Jacob. Wurtemburg. NATN. Born town of Marbach. Decl. intent
in US Circ. Ct. 18 Nov. 1820. Wits: John Supper and Frederick Cook. BA Ct.
(Nat. Dkt.) 1 1796-1851 MSA C389-1 MdHR 18106 f. 97 10 Nov. 1825.
Bauer, Jr., William. Bavaria. NATN. Arrived in U.S. 3 yrs. prior to age 21. Res.
U.S. 5 yrs., including 3 of minority. Res. MD over 1 yr. Wits: William Bauer,
Sr. and John Bann. O&RA to King of Bavaria. BA Ct. (Nat. Rcd. of Minors) 3
1846-1851 MSA C392-1 MdHR 18110 f. 49 28 Sept. 1848.
Bauer, Leonhard. Bavaria. NATN. Decl. intent in US Dist. Ct. 13 Oct. 1846.
Wits: Franz Schmidt and Marcus Breine. O&RA to King of Bavaria. BC Ct.
(Nat. Rcd.) 9 1845-1848 MSA C229-1 MdHR 18119 f. 764 2 Nov. 1848.
Bauer, William J. Bavaria. NATN. Arrived in U.S. under age 18. Wits: William
Bauer Sr. and John Bauer. BA Ct. (Nat. Dkt.) 1 1796-1851 MSA C389-1 MdHR
18106 f. 321 29 Sept. 1848.
Baufau/Bausau, Francis. Ireland. BA Ct. (Nat. Dkt.) 1 1796-1851 MSA C389-1 MdHR
18106 f. 31 #602 12 June 1805.
Baugard, Joseph. Grand Dutchy of Baden. DI. BA Ct. (Minutes, Rough) 1836-1844
MSA C420-2 MdHR 14398 f. 241 16 Sept. 1840.
Baugard, Nicholas. Grand Dutchy of Baden. DI. BA Ct. (Minutes, Rough) 1836-
1844 MSA C420-2 MdHR 14398 f. 241 16 Sept. 1840.
Baum, Henry. Bavaria. NATN. Decl. intent in US Dist. Ct. 24 Aug. 1844. Wits:
Moses Oettenger and M. Sternburg. O&RA to King of Bavaria. BC Ct. (Nat.
Rcd.) 9 1845-1848 MSA C229-1 MdHR 18119 f. 537 30 Sept. 1848.
Baumgart, Jacob. Electorate of Hesse-Cassel. NATN. Decl. intent in US Circ.
Ct. 1 Nov. 1848. Wits: George Cook and John Easman. O&RA to Elector of

Hesse-Cassel. BC Ct. (Nat. Rcd.) 10 1849-1851 MSA C229-2 MdHR 18120 f. 360 31 Oct. 1851.
Bauthof, Jacob. Electorate of Hesse-Cassel. NATN. Arrived in U.S. 3 yrs. prior to age 21. Res. U.S. 5 yrs., including 3 of minority. Res. MD over 1 yr. Wits: Henry Reidmiller and William young. O&RA to Elector of Hesse-Cassel. BA Ct. (Nat. Rcd. of Minors) 3 1846-1851 MSA C392-1 MdHR 18110 f. 96 8 Oct. 1850.
Bawer, George. Bavaria. NATN. Arrived in U.S. 3 yrs. prior to age 21. Res. U.S. 5 yrs., including 3 of minority. Res. MD over 1 yr. Wits: Michael Roth and John Rosimer. O&RA to King of Bavaria. BA Ct. (Nat. Rcd. of Minors) 3 1846-1851 MSA C392-1 MdHR 18110 f. 73 30 Oct. 1848.
Baxter, Collen. Scotland. DI. Res. BC. BC Ct. of O&T&GD (Dkt&Mins) 1816 MSA C183-9 MdHR 16657 (unpaginated) 20 March 1816.
Baxter, Philip. Ireland. DI. BC Ct. (Dkt&Mins) 1847 MSA C184-10 MdHR 16667 f. 37 12 Oct. 1847.
Bayer, Benedict. Grand Dutchy of Baden. DI. BA Ct. (Minutes, Rough) 1836-1844 MSA C420-2 MdHR 14398 f. 323 24 Feb. 1842.
Bayer, Benedict. Grand Dutchy of Baden. DI. BA Ct. (Minutes) 1839-1846 MSA C386-16 MdHR 14404 f. 128 24 Feb. 1842.
Bayles, William. England. NATN. Arrived in U.S. under age 18. Wits: Maurice Hughes and Charles B. Bayne. BA Ct. (Nat. Dkt.) 1 1796-1851 MSA C389-1 MdHR 18106 f. 343 9 Oct. 1848.
Bayles, William. England. NATN. Arrived in U.S. 3 yrs. prior to age 21. Res. U.S. 5 yrs., including 3 of minority. Res. MD over 1 yr. Wits: Maurice Hughes and Charles B. Bayne. O&RA to Queen of U.K. BA Ct. (Nat. Rcd. of Minors) 3 1846-1851 MSA C392-1 MdHR 18110 f. 66 9 Oct. 1848.
Bayless, Thomas. England. DI. BC Ct. (Dkt&Mins) 1846 MSA C184-9 MdHR 16666 f. 42 19 Oct. 1846.
Bayliss, Thomas. England. NATN. Decl. intent in BC Ct. 19 Oct. 1846. Wits: Charles Henley and William S. Lucas. O&RA to Queen of U.K. BC Ct. (Nat. Rcd.) 9 1845-1848 MSA C229-1 MdHR 18119 f. 701 23 Oct. 1848.
Beach, Thomas J. England. NATN. Decl. intent in BC Ct. 13 Feb. 1844. Wits: Nicholas Tracy and Thomas J. Dallner. O&RA to Queen of U.K. BC Ct. (Nat. Rcd.) 9 1845-1848 MSA C229-1 MdHR 18119 f. 212 19 March 1847.
Beadencopper, John H. Germany. NATN. Arrived in U.S. 3 yrs. prior to age 21. Res. U.S. 5 yrs., including 3 of minority. Res. MD over 1 yr. Wits: John Beadencopper and Martin Beadencopper. O&RA to Emperor of Germany. BC Ct. (Nat. Rcd. of Minors) 3 1845-1851 MSA C237-3 MdHR 18114-1 f. 90 9 Oct. 1847.
Beard, Thomas. Ireland. NATN. Decl. intent in US Circ. Ct. 12 Nov. 1844. Wits: Richard Halcroft and John Webster. O&RA to Queen of U.K. BA Ct. (Nat. Rcd.) 4 1846-1851 MSA C391-2 MdHR 18109 f. 229 22 Sept. 1848.
Beard, Thomas. Ireland. NATN. Decl. intent in US Circ. Ct. 12 Nov. 1844. Wits: Gerhard Holcroft and John Webster. BA Ct. (Nat. Dkt.) 1 1796-1851 MSA C389-1 MdHR 18106 f. 319 23 Sept. 1848.
Beaton, Henry. England. NATN. Decl. intent in US Circ. Ct. 5 Nov. 1836. Wits: William Warren. Benjamin Duffin. BA Ct. (Nat. Dkt.) 1 1796-1851 MSA C389-1 MdHR 18106 f. 197 21 Sept. 1839.
Beatson, Henry. England. NATN. Decl. intent in US Circ. Ct. 5 Nov. 1836. Res. BC. Wits: William Warron and Benjamin Daffen. O&RA to Queen of U.K. BA Ct. (Nat. Rcd.) 2 1832-1846 MSA C391-1 MdHR 18108 f. 67 25 Sept. 1839.
Beatty, George. Ireland. NATN. Born Co. of Farmanagh. Decl. intent in BA Ct. Sept. term 1821. Wits: Robert Armstrong and James B. Bosley. BA Ct. (Nat. Dkt.) 1 1796-1851 MSA C389-1 MdHR 18106 f. 83 1 Oct. 1824.
Beatty, John. Ireland. BA Ct. (Nat. Dkt.) 1 1796 - 1851 MSA C389-1 MdHR 18106 f. 1 #5 15 March 1796. Barnes, p. 59
Beaudesire, Lewis. Empire of France. DI. Ren. alleg. to Emperor of France and

the King of Italy. BA Ct. (Minutes) 1810-1814 MSA C386-10 MdHR 14376 f. 183 23 April 1812.
Beaudesire, Lewis. Isle of Bourbon (France). Decl. intent in BA Ct. March 1812. BA Ct. (Nat. Dkt.) 1 1796-1851 MSA C389-1 MdHR 18106 f. 46 20 Oct. 1815.
Bechner, John. Prussia. NATN. Arrived in U.S. 3 yrs. prior to age 21. Res. U.S. 5 yrs., including 3 of minority. Res. MD over 1 yr. Wits: George Millen and Frederick Kline. O&RA to King of Prussia. BA Ct. (Nat. Rcd. of Minors) 3 1846-1851 MSA C392-1 MdHR 18110 f. 8 13 Oct. 1846.
Bechtel, John Philip. Germany. NATN. Born town of Hanan. Decl. intent in US Circ. Ct. 16 Nov. 1822. Wits: Frederick C. Graf and Conrad H. Daumenen. BA Ct. (Nat. Dkt.) 1 1796-1851 MSA C389-1 MdHR 18106 f. 90 24 Nov. 1824.
Beck, Charles. Germany. DI. BC Ct. (Dkt&Mins) 1841 MSA C184-8 MdHR 16665 f. 27 4 Aug. 1841.
Beck, David. Scotland. NATN. Decl. intent in US Circ. Ct. 3 Sept. 1844. Wits: James R. Bryson and William Hopper. BA Ct. (Nat. Dkt.) 1 1796-1851 MSA C389-1 MdHR 18106 f. 350 30 Sept. 1848.
Beck, David. Scotland. NATN. Decl. intent in US Circ. Ct. 3 Sept. 1844. Wits: James R. Bryson and William Hopper. O&RA to Queen of U.K. BA Ct. (Nat. Rcd.) 4 1846-1851 MSA C391-2 MdHR 18109 f. 297 30 Oct. 1848.
Beck, Ernest. Electorate of Hesse-Cassel. NATN. Decl. intent in US Dist. Ct. 16 June 1846. Wits: J. H. Marrow and J. Marrow. O&RA to Elector of Hesse-Cassel. BC Ct. (Nat. Rcd.) 9 1845-1848 MSA C229-1 MdHR 18119 f. 661 10 Oct. 1848.
Beck, Frederick W. Republic of Franktfurt. NATN. Arrived in U.S. 3 yrs. prior to age 21. Res. U.S. 5 yrs., including 3 of minority. Res. MD over 1 yr. Wits: F. L. Brauns and Werner Dresel. O&RA to Republic of Franktfurt. BC Ct. (Nat. Rcd. of Minors) 3 1845-1851 MSA C237-3 MdHR 18114-1 f. 283 3 June 1851.
Beck, Frederick. Wurtemburg. NATN. Arrived in U.S. 3 yrs. prior to age 21. Res. U.S. 5 yrs., including 3 of minority. Res. MD over 1 yr. Wits: Eberhart Tauber and Christian Stenohfer. O&RA to King of Wurtemburg. BC Ct. (Nat. Rcd. of Minors) 3 1845-1851 MSA C237-3 MdHR 18114-1 f. 77 4 Oct. 1847.
Beck, George. Bavaria. NATN. Decl. intent in US Circ. Ct. 30 Sept. 1844. Wits: Adam Pebst and Balthaser Zerlauf. O&RA to King of Bavaria. BA Ct. (Nat. Rcd.) 4 1846-1851 MSA C391-2 MdHR 18109 f. 295 26 Oct. 1848.
Beck, George. Bavaria. NATN. Decl. intent in US Circ. Ct. 30 Sept. 1844. Wits: Adam Pebst and Balthaser Zulauf. BA Ct. (Nat. Dkt.) 1 1796-1851 MSA C389-1 MdHR 18106 f. 348 26 Oct. 1848.
Beck, John Godfrey Leberecht. Saxony. NATN. Res. U.S. 14 April 1802 - 18 June 1812. Wits: William W. Keyser and Thomas Finley. O&RA to King of Saxony. BC Ct. (Nat. Rcd. of Minors) 1 1827-1832 MSA C237-1 MdHR 18112 ff. 110-111 29 Sept. 1828.
Beck, John. Grand Dutchy of Hesse-Darmstadt. DI. Res. BC. BC Ct. (Dkt&Mins) 1846 MSA C184-9 MdHR 16666 f. 28 8 July 1846.
Beck, Joseph. Bavaria. NATN. Decl. intent in US Dist. Ct. 20 Oct. 1848. Wits: Isaac Webster and Victor Valette. O&RA to King of Bavaria. BC Ct. (Nat. Rcd.) 10 1849-1851 MSA C229-2 MdHR 18120 f. 289 29 Sept. 1851.
Becker, August. Electorate of Hesse-Cassel. NATN. Decl. intent in US Circ. Ct. 7 June 1844. Wits: John S. Ames and John M. Powers. O&RA to Elector of Hesse-Cassel. BA Ct. (Nat. Rcd.) 4 1846-1851 MSA C391-2 MdHR 18109 f. 89 13 Oct. 1846.
Becker, August. Electorate of Hesse-Cassel. NATN. Decl. intent in US Circ. Ct. 7 June 1844. Wits: John Hamer and John M. Power. BA Ct. (Nat. Dkt.) 1 1796-1851 MSA C389-1 MdHR 18106 f. 259 13 Oct. 1846.
Becker, George. Bavaria. NATN. Decl. intent in US Circ. Ct. 30 Sept. 1844. Wits: Johanna Baker and William Wardenburg. O&RA to King of Bavaria.

BA Ct. (Nat. Rcd.) 4 1846-1851 MSA C391-2 MdHR 18109 f. 43 6 Oct. 1846.
Becker, George. Bavaria. NATN. Decl. intent in US Circ. Ct. 30 Sept. 1844.
Wits: Johannes Becker and William Wardenburg. BA Ct. (Nat. Dkt.) 1 1796-1851 MSA C389-1 MdHR 18106 f. 245 6 Oct. 1846.
Becker, John. Bremen. DI. Ren. alleg. to Hanseatic Government. BA Ct. (Minutes) 1832-1838 MSA C386 MdHR 14403 f. 40 18 March 1833.
Becker, Nicholas. Bavaria. NATN. Decl. intent in US Dist. Ct. 2 June 1845.
Wits: Jacob Becker and Victor Becker. O&RA to King of Bavaria. BC Ct. (Nat. Rcd.) 10 1849-1851 MSA C229-2 MdHR 18120 f. 5 2 June 1845.
Becker, Simon. Germany. BA Ct. (Nat. Dkt.) 1 1796-1851 MSA C389-1 MdHR 18106 f. 29 #556 29 Nov. 1804. Civil Ct.
Becker, Victor. Republic of France. NATN. Arrived in U.S. 3 yrs. prior to age 21. Res. U.S. 5 yrs., including 3 of minority. Res. MD over 1 yr. Wits: Jacob Becker and Nicholas Becker. O&RA to Republic of France. BA Ct. (Nat. Rcd. of Minors) 3 1846-1851 MSA C392-1 MdHR 18110 f. 90 13 May 1850.
Becker, Victor. France. NATN. Arrived under age 18. Wits: Jacob Peicher and Nicholas Becker. BA Ct. (Nat. Dkt.) 1 1796-1851 MSA C389-1 MdHR 18106 f. 374 13 May 1850.
Bedel, Conrad. Bavaria. NATN. Arrived in U.S. 3 yrs. prior to age 21. Res. U.S. 5 yrs., including 3 of minority. Res. MD over 1 yr. Wits: George Brand and Godfrey Fredhoffer. O&RA to King of Bavaria. BA Ct. (Nat. Rcd. of Minors) 3 1846-1851 MSA C392-1 MdHR 18110 f. 26 5 Oct. 1847.
Bedford, John. England. DI. BA Ct. (Minutes) 1846-1851 MSA C386-16 MdHR 14405 f. 228 25 Sept. 1850.
Bedford, John. England. DI. BA Ct. (Minutes, Rough) 1845-1851 MSA C420-3 MdHR 14401 ff. 378-379 25 Sept. 1850.
Bedford, John. England. DI. BA Ct. (Minutes) 1846-1851 MSA C386-17 MdHR 14405 f. 228 25 Sept. 1850.
Beet/De Beet, Cornelius D. Holland. NATN. Res. BC. Res. U.S. 14 April 1802 - 18 June 1812. Wits: Francis M. Wells and Patrick Byrne. O&RA to Prince of Orange. BC Ct. (Nat. Rcd. of Minors) 1 1827-1832 MSA 237-7 MdHR 18112 ff. 73-74 19 Sept. 1828.
Behee, John. Kingdom of Byron. NATN. Decl. intent in US Circ. Ct. 3 Dec. 1832. Wits: Frederick Kline and Andrew Merker. BA Ct. (Nat. Dkt.) 1 1796-1851 MSA C389-1 MdHR 18106 f. 182 8 March 1836.
Behee, John. Kingdom of Byron. NATN. Decl. intent in US Dist. Ct. 3 Dec. 1832. Res. BC. Wits: Frederick Kline and Andrew Merker. O&RA to U.K. BA Ct. (Nat. Rcd.) 2 1832-1846 MSA C391-1 MdHR 18108 ff. 30-31 8 March 1836.
Beierly, John. Ireland. NATN. Decl. intent in US Dist. Ct. 17 June 1844. Wits: Horatio N. Granbrill and Henry Taylor. O&RA to Queen of U.K. BC Ct. (Nat. Rcd.) 9 1845-1848 MSA C229-1 MdHR 18119 f. 779 4 Nov. 1848.
Beines, John. England. DI. BA Ct. (Minutes) 1832-1838 MSA C386 MdHR 14403 f. 90 18 March 1834.
Beirmes, James. Ireland. NATN. Decl. intent in BC Ct. 4 Oct. 1844. Wits: Patrick Smith and Michael Collins. O&RA to Queen of U.K. BC Ct. (Nat. Rcd.) 9 1845-1848 MSA C229-1 MdHR 18119 f. 799 4 Nov. 1848.
Beitzel, Charles. Prussia. NATN. Decl. intent in BC Ct. 2 Nov. 1844. Wits: John Rohn and John Warner. O&RA to King of Prussia. BA Ct. (Nat. Rcd.) 4 1846-1851 MSA C391-2 MdHR 18109 f. 337 1 Oct. 1849.
Beitzl, Charles. Prussia. NATN. Decl. intent in BC Ct. 2 Nov. 1844. Wits: John Rohn and John Warner. BA Ct. (Nat. Dkt.) 1 1796-1851 MSA C389-1 MdHR 18106 f. 368 1 Oct. 1849.
Bell, George. Ireland. DI. DI. BC Ct. (Dkt&Mins) 1840 MSA C184-7 MdHR 16664 f. 43 5 Oct. 1840.
Bell, Hugh. Ireland. NATN. Decl. intent in BA Ct. 15 April 1828. Wits: Charles Farguharsen and John Anderson. BA Ct. (Nat. Dkt.) 1 1796-1851 MSA C389-1

MdHR 18106 f. 161 2 Sept. 1830. Tepper, p. 37.
Bell, Hugh. Ireland. DI. BA Ct. (Minutes) 1827-1830 MSA C386-13 MdHR 14391 f. 162 15 Sept. 1828.
Bell, Richard. Ireland. NATN. Born Co. of Down. Decl. intent in US Circ. Ct. 7 May 1819. Wits: Thomas W. Hall and William Gibson. BA Ct. (Nat. Dkt.) 1 1796-1851 MSA C389-1 MdHR 18106 f. 71 21 Sept. 1824.
Bell, Robert. England. BA Ct. (Nat. Dkt.) 1 1796-1851 MSA C389-1 MdHR 18106 f. 10 #185 21 Nov. 1797. Barnes, p. 61
Bell, William. England. NATN. Decl. intent in US Dist. Ct. 29 April 1833. Res. BC. Wits: Charles Brown and William Fowler. O&RA to King of U.K. BC Ct. (Nat. Rcd. of Minors) 2 1832-1836 MSA C237-2 MdHR 18113 f. 162 22 June 1835.
Bell, William. England. NATN. Decl. intent in BC Ct. 3 Oct. 1834. Res. BC. Wits: Jabez Gore and James B. George. O&RA to King of U.K. BC Ct. (Nat. Rcd. of Minors) 2 1832-1836 MSA C237-2 MdHR 18113 f. 225 4 Oct. 1836.
Bellenkamp, Johann G. Hanover. NATN. Decl. intent in US Circ. Ct. 22 April 1848. Wits: George Terburg and John G. Kemper. BA Ct. (Nat. Dkt.) 1 1796-1851 MSA C389-1 MdHR 18106 f. 380 30 April 1851.
Bellenkamp, Johann. G. Hanover. NATN. Decl. intent in US Circ. Ct. 22 April 1848. Wits: George Torburg and John G. Kemper. O&RA to King of Hanover. BA Ct. (Nat. Rcd.) 4 1846-1851 MSA C391-2 MdHR 18109 f. 365 30 April 1851.
Bellman, Emanuel. Prussia. NATN. Decl. intent in US Dist. Ct. 13 Sept. 1844. Wits: Joseph Simpson and John Schultzer. O&RA to King of Prussia. BC Ct. (Nat. Rcd.) 9 1845-1848 MSA C229-1 MdHR 18119 f. 384 4 Oct. 1847.
Bellwater, John Henry. Republic of Hamburg. DI. Res. BC. BC Ct. (Dkt&Mins) 1839 MSA C184-6 MdHR 16663 f. 13 22 March 1839.
Belon, Pasquell. Spain. NATN. Res. BC. Res. U.S. 14 April 1802 - 18 June 1812. Wit: John Biggert. O&RA to King of Spain. Noted as corrected and cert. of natn issued 31 Oct. 1844 in name of Pasquel Bailon. BC Ct. (Nat. Rcd. of Minors) 1 1827-1832 MSA C237-1 MdHR 18112 ff. 157-158 4 Oct. 1828.
Beltz, Hartman. Electorate of Hesse-Cassel. NATN. Decl. intent in US Dist. Ct. 13 May 1844. Wits: Aaron Wiglean and George Deran. O&RA to Elector of Hesse-Cassel. BC Ct. (Nat. Rcd.) 9 1845-1848 MSA C229-1 MdHR 18119 f. 137 5 Oct. 1846.
Beltzer, George. Beirn. DI. BC Ct. (Dkt&Mins) 1849 MSA C184-11 MdHR 16668 f. 9 9 April 1849.
Bemers, John. Bavaria. NATN. Decl. intent in BC Ct. 25 June 1844. Wits: John Burns (?) and John C. Armer. O&RA to King of Bavaria. BC Ct. (Nat. Rcd.) 9 1845-1848 MSA C229-1 MdHR 18119 f. 218 9 June 1847.
Bemmer, Daniel. Grand Dutchy of [Hesse-] Darmstadt. NATN. Decl. intent in BA Ct. 15 Jan. 1835. Wits: Henry Patterson and John A. Schemfs. BA Ct. (Nat. Dkt.) 1 1796-1851 MSA C389-1 MdHR 18106 f 187 9 April 1838.
Benard, Martin Marie. France. DI. BA Ct. (Minutes) 1832-1838 MSA C386 MdHR 14403 f. 182 19 March 1836.
Benard, Martin Marie. France. DI. BA Ct. (Minutes, Rough) 1836-1844 MSA C420-1 MdHR 14398 f. 14 19 March 1836.
Benche, John Anthony. Hanover. NATN. Decl. intent in BC Ct. 3 Nov. 1842. Wits: Ernst H. Meyer and Frederick Meyer. O&RA to King of Hanover. BC Ct. (Nat. Rcd.) 9 1845-1848 MSA C229-1 MdHR 18119 f. 156 5 Oct. 1846.
Benet, Nicholas Frederick. Sweden. NATN. Decl. intent in BC Ct. 23 May 1844. Wits: Edward Taylor and Paul Baylerr. O&RA to King of Sweden. BC Ct. (Nat. Rcd.) 9 1845-1848 MSA C229-1 MdHR 18119 f. 690 17 Oct. 1848.
Benjamin, James. England. BA Ct. (Nat. Dkt.) 1 1796-1851 MSA C389-1 MdHR 18106 f. 41 #806 30 March 1812.
Benjamin, Joseph. England. DI. BA Ct. (Minutes, Rough) 1836-1844 MSA C420-2 MdHR 14398 f. 131 1 June 1838.

Benjamin, Joseph. England. DI. BA Ct. (Minutes) 1832-1838 MSA C386 MdHR 14403 f. 292 1 June 1838.
Benjamin, Leir. Holland. DI. Ren. alleg. to Hanseatic Government. BA Ct. (Minutes) 1822-1826 MSA C386-12 MdHR 14386 f. 434 10 Nov. 1826.
Benjamin, Levi. Hanseatic Government. NATN. Born Amsterdam. Decl. intent in BA Ct. 10 Nov. 1826. Wits: John Pindell and Joseph Perrigo. BA Ct. (Nat. Dkt.) 1 1796-1851 MSA C389-1 MdHR 18106 f. 157 18 April 1829.
Benkrend, Carl(?)/Curel(?). Grand Dutchy [Electorate] of Hesse-Cassel. DI. BC Ct. (Dkt&Mins) 1849 MSA C184-11 MdHR 16668 f. 30 10 Nov. 1849.
Benna, John M. Bavaria. NATN. Decl. intent in US Dist. Ct. 22 Sept. 1849. Wits: George Doesch and John L. Bush. O&RA to King of Bavaria. BC Ct. (Nat. Rcd.) 10 1849-1851 MSA C229-2 MdHR 18120 f. 288 29 Sept. 1851.
Bennellant, Stephen. France. BA Ct. (Nat. Dkt.) 1 1796-1851 MSA C389-1 MdHR 18106 f. 32 #625 23 Nov. 1805.
Benner, Adam. Electorate of Hesse-Cassel. NATN. Decl. intent in US Dist. Ct. 3 Oct. 1842. Res. BC. Wits: John Dermult and Diederick Pralle. O&RA to Landgrave [Elector] of Hesse-Cassel. BA Ct. (Nat. Rcd.) 2 1832-1846 MSA C391-1 MdHR 18108 f. 114 19 Oct. 1844.
Benner, Daniel. Grand Dutchy of [Hesse-] Darmstadt. DI. BA Ct. (Minutes) 1832-1838 MSA C386 MdHR 14403 f. 26 15 Jan. 1835.
Benner, Daniel. Grand Dutchy of [Hesse-] Darmstadt. DI. BA Ct. (Minutes, Rough) 1832-1835 MSA C420-1 MdHR 14396-2 f. 305 15 Jan. 1835.
Benner, Frederick. Germany. DI. Res. BC. Ren. alleg. to Emperor of Germany. BC Ct. of O&T&GD (Dkt&Mins) 1812 MSA C183-7 MdHR 16655 f. 45 8 Aug. 1812.
Bennett, Edwin. England. NATN. Decl. intent in Alleghany Co. (PA) Ct. 18 Sept. 1846. Wits: Sarah Bennett and William Shirley. O&RA to Queen of U.K. BC Ct. (Nat. Rcd.) 9 1845-1848 MSA C229-1 MdHR 18119 f. 835 6 Nov. 1848.
Bennett, John. Germany. BA Ct. (Nat. Dkt.) 1 1796-1851 MSA C389-1 MdHR 18106 f. 8 #159 6 Nov. 1797. Barnes, p. 61.
Bennett, John. Electorate of Hesse-Cassel. NATN. Decl. intent in US Circ. Ct. 22 Oct. 1849. Wits: Henry Kremer and Emanuel Weinman. BA Ct. (Nat. Dkt.) 1 1796-1851 MSA C389-1 MdHR 18106 f. 385 1 Nov. 1851.
Bennett, John. Electorate of Hesse-Cassel. NATN. Decl. intent in US Circ. Ct. 22 Oct. 1849. Wits: Henry Kremer and Emanuel Weinman. O&RA to Elector of Hesse-Cassel. BA Ct. (Nat. Rcd.) 4 1846-1851 MSA C391-2 MdHR 18109 f. 384 31 Oct. 1851.
Bennett, John. England. NATN. Decl. intent in US Dist. Ct. 2 Nov. 1844. Wits: James Frainer and Samuel Stedle. O&RA to Queen of U.K. BC Ct. (Nat. Rcd.) 9 1845-1848 MSA C229-1 MdHR 18119 f. 775 3 Nov. 1848.
Bennett, Thomas. England. NATN. Res. BC. Res. U.S. 14 April 1802 - 18 June 1812. Wits: Frederick Summers and Charles Fox. O&RA to King of U.K. BC Ct. (Nat. Rcd. of Minors) 1 1827-1832 MSA C237-1 MdHR 18112 ff. 211-212 4 Nov. 1828.
Bennett, Thomas. England. DI. . BA Ct. (Minutes) 1827-1830 MSA C386-13 MdHR 14391 f. 78 25 Sept. 1827.
Bensinger, Mathias. Germany. NATN. Arrived in U.S. as a minor. Wits: James (?) Bensinger and Frederick Cacey. BA Ct. (Nat. Dkt.) 1 1796-1851 MSA C389-1 MdHR 18106 f. 82 1 Oct. 1824.
Benson, Peter. Hamburg. BA Ct. (Nat. Dkt.) 1 1796-1851 MSA C389-1 MdHR 18106 f. 10 #187 22 Nov. 1797. Barnes, p. 61.
Benswanger, Isador. Germany. NATN. Decl. intent in BC Ct. 10 Feb. 1844. Wits: Thomas P. Jenkins and Michael Heilbrun. BA Ct. (Nat. Dkt.) 1 1796-1851 MSA C389-1 MdHR 18106 f. 251 13 Oct. 1846.
Benswanger, Isadore. Germany. NATN. Decl. intent in BC Ct. 10 Feb. 1844. Wits: Thomas P. Jenkins and Michael Heilburn. O&RA to Emperor of Germany. BA Ct. (Nat. Rcd.) 4 1846-1851 MSA C391-2 MdHR 18109 f. 58 13 Oct.

1846.

Bentz, Frederick. Bavaria. NATN. Decl. intent in US Dist. Ct. 12 Aug. 1844. Wits: Frederick Kohlein and John Hudlern. O&RA to King of Bavaria. BC Ct. (Nat. Rcd.) 9 1845-1848 MSA C229-1 MdHR 18119 f. 813 6 Nov. 1848.

Bentz, John Leonhard. Prussia. NATN. Decl. intent in US Circ. Ct. 18 Sept. 1844. Wits: Neuman Rosenthal and John Muller. O&RA to King of Prussia. BC Ct. (Nat. Rcd.) 10 1849-1851 MSA C229-2 MdHR 18120 f. 77 30 Sept. 1850.

Benzenger, Mathias. Grand Dutchy of Baden. DI. BA Ct. (Minutes) 1822-1826 MSA C386-12 MdHR 14386 f. 194 31 March 1824.

Berel, Conrad. Bavaria. NATN. Arrived in U.S. under age 18. Wits: George Brand and Godfrey Frerhoffer. BA Ct. (Nat. Dkt.) 1 1796-1851 MSA C389-1 MdHR 18106 f. 298 5 Oct. 1847.

Berenger, Honor. France. BA Ct. (Nat. Dkt.) 1 1796-1851 MSA C389-1 MdHR 18106 f. 28 #532 27 June 1804. Civil Ct.

Berg, John. Grand Dutchy of Hesse-Darmstadt. NATN. Decl. intent in US Circ. Ct. 21 Sept. 1846. Wits: Francis Prohliter and Philip Valentine. O&RA to Grand Duke of Hesse-Darmstadt. BC Ct. (Nat. Rcd.) 9 1845-1848 MSA C229-1 MdHR 18119 f. 524 23 Sept. 1848.

Berger, John. Germany. DI. Res. BC. BC Ct. of O&T&GD (Dkt&Mins) 1816 MSA C183-9 MdHR 16657 (unpaginated) 21 Aug. 1816.

Berger, Michael. Electorate of Hesse-Cassel. NATN. Decl. intent in US Circ. Ct. 30 Sept. 1843. Wits: John Bregne and Emanuel Wineman. O&RA to Elector of Hesse-Cassel. BA Ct. (Nat. Rcd.) 4 1846-1851 MSA C391-2 MdHR 18109 f. 46 10 Oct. 1846.

Berger, Michael. Electorate of Hesse-Cassel. NATN. Decl. intent in US Circ. Ct. 30 Sept. 1843. Wits: John Breyne and Emanuel Wineman. BA Ct. (Nat. Dkt.) 1 1796-1851 MSA C389-1 MdHR 18106 f. 246 10 Oct. 1846.

Bernard, Stephen. France. NATN. Decl. intent in the Superior Ct. of Henrico Co., Virginia 31 March 1827. Res. BC. Wits: Louis Conain and Edward Garraud. O&RA to King of French. BC Ct. (Nat. Rcd. of Minors) 2 1832-1836 MSA C237-2 MdHR 18113 f. 203 1 Oct. 1836.

Berner, Daniel. Grand Dutchy of [Hesse-] Darmstadt. NATN. Decl. intent in BA Ct. 15 Jan. 1835. Res. BC. Wits: Henry Patterson and John A. Schimp. O&RA to Grand Duke of [Hesse-] Darmstadt. BA Ct. (Nat. Rcd.) 2 1832-1846 MSA C391-1 MdHR 18108 f. 44 9 April 1838.

Bernhard, Charles. Grand Dutchy of Hesse-Darmstadt. NATN. Arrived in U.S. 3 yrs. prior to age 21. Res. U.S. 5 yrs., including 3 of minority. Res. MD over 1 yr. Wits: John Bernhard and Valentine Bernhard. O&RA to Grand Duke of Hesse-Darmstadt. BC Ct. (Nat. Rcd. of Minors) 3 1845-1851 MSA C237-3 MdHR 18114-1 f. 135 9 Oct. 1848.

Berret, Joseph. France. BA Ct. (Nat. Dkt.) 1 1796-1851 MSA C389-1 MdHR 18106 f. 39 #760 29 March 1810.

Berry, Richard. England. NATN. Res. BC. Res. U.S. 14 April 1802 - 18 June 1812. Wits: Frederick Summers and William S. Young. O&RA to King of U.K. BC Ct. (Nat. Rcd. of Minors) 1 1827-1832 MSA C237-1 MdHR 18112 ff. 212-213 4 Nov. 1828.

Berry, William. Ireland. DI. BA Ct. (Minutes) 1839-1846 MSA C386-16 MdHR 14404 f. 7 26 Feb. 1839.

Berteau, Nicholas. St. Domingo (France). NATN. Res. BC. Res. U.S. 14 April 1802 - 18 June 1812. Wits: John Gill and Heuet Delachelle. O&RA to King of France. BC Ct. (Nat. Rcd. of Minors) 1 1827-1832 MSA C237-1 MdHR 18112 f. 193 25 Oct. 1828.

Berteau, Peter. St. Domingo (France) NATN. Res. BC. Res. U.S. 14 April 1802 - 18 June 1812. Wits: John Gill and Thomas Bailey. O&RA to King of France. BC Ct. (Nat. Rcd. of Minors) 1 1827-1832 MSA C237-1 MdHR 18112 ff. 189-190 21

Oct. 1828.

Bertrand, James Peter Felix. Empire of France. DI. Ren. alleg. to Emperor of France and King of Italy. BA Ct. (Minutes) 1810-1814 MSA C386-10 MdHR 14376 f. 281 9 Oct. 1813.

Bertrand, John Julius. France. NATN. Res. BC. Res. U.S. 14 April 1802 - 18 June 1812. Wits: Joseph Latey and William Baartcheer. O&RA to King of France. BC Ct. (Nat. Rcd. of Minors) 1 1827-1832 MSA C237-1 MdHR 18112 ff.174-175 6 Oct. 1828.

Bertz, William. Grand Dutchy of Hesse-Darmstadt. NATN. Decl. intent in US Dist. Ct. 1 Oct. 1845. Wits: Henry Bader and Conrad Bidel. O&RA to Grand Duke of Hesse-Darmstadt. BC Ct. (Nat. Rcd.) 9 1845-1848 MSA C229-1 MdHR 18119 f. 666 10 Oct. 1848.

Berzold, William. Saxony. NATN. Arrived in U.S. under age 18. Wits: William Schiebold and Charles Miller. BA Ct. (Nat. Dkt.) 1 1796-1851 MSA C389-1 MdHR 18106 f. 360 4 Nov. 1848.

Besanion, Joseph. France. NATN. Decl. intent in Superior Ct. of New York State 7 March 1845. Wits: Lewis Canege and Louis Servary. Takes oath. BC Ct. (Nat. Rcd.) 9 1845-1848 MSA C229-1 MdHR 18119 f. 215 29 April 1847.

Betroff, John. (Kingdom of?) Biein. DI. Res. BC. BC Ct. (Dkt&Mins) 1846 MSA C184-9 MdHR 16666 f. 30 31 Aug. 1846.

Betz, Andrew. Bavaria. NATN. Decl. intent in US Circ. Ct. 9 Sept. 1844. Wits: John Ward and Gottlieb Betz. BA Ct. (Nat. Dkt.) 1 1796-1851 MSA C389-1 MdHR 18106 f. 368 1 Oct. 1849.

Betz, Andrew. Bavaria. NATN. Decl. intent in US Circ. Ct. 9 Sept. 1844. Witnesses* John Ward and Gottlieb Betz. O&RA to King of Bavaria. BA Ct. (Nat. Rcd.) 4 1846-1851 MSA C391-2 MdHR 18109 f.337 1 Oct. 1849.

Betz, Frederick. Saxony. NATN. Arrived in U.S. 3 yrs. prior to age 21. Res. U.S. 5 yrs., including 3 of minority. Res. MD over 1 yr. Wits: William Betz and Charles Steinway. O&RA to King of Saxony. BC Ct. (Nat. Rcd. of Minors) 3 1845-1851 MSA C237-3 MdHR 18114-1 f. 175 3 Nov. 1848.

Betz, Gotlieb. Bavaria. NATN. Decl. intent in US Dist. Ct. 9 Sept. 1844. Wits: Michael Hergeurother and John Warner. O&RA to King of Bavaria. BC Ct. (Nat. Rcd.) 9 1845-1848 MSA C229-1 MdHR 18119 f. 829 6 Nov. 1848.

Betz, Wilhelm (Spelled as "William" in 1850 Census). Dutchy of Saxe-Coburg-Gotha. NATN. Res. BC. Decl. intent in US Circ. Ct. 9 Sept. 1844. Profession: Wheelwright (1850 Census). Spouse: Augusta, born Germany. Children: (1) Frederick, born Germany, (2) Augustus, born Germany, (3) Charles, born Germany, (4) Ernest, born Germany, (5) Bertha, born Germany (1850 Census). Wits: Donnell Sides and John Eilberger. O&RA to Duke of Saxe-Coburg-Gotha. BA Ct. (Nat. Rcd.) 4 1846-1851 MSA C391-2 MdHR 18109 f. 55 10 Oct. 1846.

Betz, Wilhelm. Dutchy of Saxe-Coburg-Gotha. NATN. Decl. intent in US Circ. Ct. 9 Sept. 1844. Wits: Donnell Sides and John Eilberger. BA Ct. (Nat. Dkt.) 1 1796-1851 MSA C389-1 MdHR 18106 f. 249 10 Oct. 1846.

Beuner, Adam. Electorate of Hesse-Cassel. NATN. Decl. intent in US Dist. Ct. 3 Oct. 1842. Wits: John Denath and Deiderick Pralle. BA Ct. (Nat. Dkt.) 1 1796-1851 MSA C389-1 MdHR 18106 f. 221 19 Oct. 1844.

Bevan, Samuel. England. NATN. Decl. intent in BA Ct. 25 June 1831. Res. BC. Wits: William Bevan and James Myers. O&RA to King of U.K. BC Ct. (Nat. Rcd. of Minors) 2 1832-1836 MSA C237-2 MdHR 18113 f. 81 3 April 1834.

Bevan, William. England. NATN. Noted as age 38. Born Shire of Rodney. Exhibits petition for natn and cert.s of decl. of intent and report and registration, filed in US Dist. Ct. 2 Oct. 1824. Arrived in BC Nov. 1817. Res. BC. O&RA to King of U.K. Wit: James Stronack. BC Ct. (Nat. Rcd. of Minors) 1 1827-1832 MSA C237-1 MdHR 18112 ff. 25-26 29 Sept. 1827.

Beyer, John. Bavaria. NATN. Decl. intent in US Dist. Ct. 7 Oct. 1846. Wits: Daniel Wittenbecker (?) and Valentine Ott. O&RA to King of Bavaria. BC Ct. (Nat. Rcd.) 9 1845-1848 MSA C229-1 MdHR 18119 f. 637 9 Oct. 1848.

Beziak, John. France. BA Ct. (Nat. Dkt.) 1 1796-1851 MSA C389-1 MdHR 18106 f. 31 #587 8 April 1805.

Bezold/Bizold, William. Saxony. NATN. Arrived in U.S. 3 yrs. prior to age 21. Res. U.S. 5 yrs., including 3 of minority. Res. MD over 1 yr. Wits: William Schiebold and Charles Miller. O&RA to King of Saxony. BA Ct. (Nat. Rcd. of Minors) 3 1846-1851 MSA 392-1 MdHR 18110 f. 79 4 Nov. 1848.

Bichmer, John. Bavaria. NATN. Decl. intent in US Circ. Ct. 1 Oct. 1844. Wits: David Opperheim and John Leffler. BA Ct. (Nat. Dkt.) 1 1796-1851 MSA C389-1 MdHR 18106 f. 327 2 Oct. 1848.

Bichrner, John. Bavaria. NATN. Decl. intent in US Circ. Ct. 1 Oct. 1844. Wits: David Oppenhein and John Leffler. O&RA to King of Bavaria. BA Ct. (Nat. Rcd.) 4 1846-1851 MSA C391-2 MdHR 18109 f. 240 30 Sept. 1848.

Bicker, John. Bremen. DI. BA Ct. (Minutes, Rough) 1832-1835 MSA C420-1 MdHR 14396-2 f. 174 18 March 1833.

Biding, Ernst W. Hanover. NATN. Decl. intent in Somerset Co. Ct. 23 May 1844. Wits: John McAdams and John Wellington. O&RA to King of Hanover. BC Ct. (Nat. Rcd.) 9 1845-1848 MSA C229-1 MdHR 18119 f. 277 28 Sept. 1847.

Biers, Richard. Ireland. NATN. Arrived in U.S. 3 yrs. prior to age 21. Res. U.S. 5 yrs., including 3 of minority. Res. MD over 1 yr. Wits: Thomas Clark and Richard Garrett. O&RA to Queen of U.K. BA Ct. (Nat. Rcd. of Minors) 3 1846-1851 MSA C392-1 MdHR 18110 f. 1 6 Oct. 1846.

Biers, Richard. Ireland. NATN. Decl. intent in open Ct. Arrived in U.S. under age 18. Wits: Thomas Clark and Richard Garrett. BA Ct. (Nat. Dkt.) 1 1796-1851 MSA C389-1 MdHR 18106 f. 237 6 Oct. 1846.

Bierwirth, Henry. Hanover. NATN. Decl. intent in US Circ. Ct. 7 Aug. 1845. Wits: William Hilderbrand and Henry Lolbach. BA Ct. (Nat. Dkt.) 1 1796-1851 MSA C389-1 MdHR 18106 f. 320 28 Sept. 1848.

Bierwirth, Henry. Hanover. NATN. Decl. intent in US Circ. Ct. 7 Aug. 1845. Wits: William Shedelbrand and Henry Zolbach. O&RA to King of Hanover. BA Ct. (Nat. Rcd.) 4 1846-1851 MSA C391-2 MdHR 18109 f. 230 22 Sept. 1848.

Bifsen, William. Isle of Man (U.K.). NATN. Arrived in U.S. 3 yrs. prior to age 21. Res. U.S. 5 yrs., including 3 of minority. Res. MD over 1 yr. Wits: John R. Riggins and John Schies. O&RA to Queen of U.K. BC Ct. (Nat. Rcd. of Minors) 3 1845-1851 MSA C237-3 MdHR 18114-1 f. 101 29 April 1848.

Bignall, William. Ireland. NATN. Decl. intent in BA Ct. 26 Sept. 1834. Res. BC. Wits: James Framer and Philip Foxe. O&RA to King of U.K. BC Ct. (Nat. Rcd. of Minors) 2 1832-1836 MSA C237-2 MdHR 18113 ff. 219-220 3 Oct. 1836.

Bignall, William. Ireland. DI. BA Ct. (Minutes) 1832-1838 MSA C386 MdHR 14403 f. 119 26 Sept. 1834.

Bignall, William. Ireland. DI. BA Ct. (Minutes, Rough) 1832-1835 MSA C420-1 MdHR 14396-2 f. 282 26 Sept. 1834.

Bine, John. Prussia. DI. BA Ct. (Minutes) 1846-1851 MSA C386-16 MdHR 14405 f. 70 25 Oct. 1847.

Bine, John. Prussia. DI. BA Ct. (Minutes, Rough) 1845-1851 MSA C420-3 MdHR 14401 f. 177 25 Oct. 1847.

Bing, Dennis. Ireland. DI. BA Ct. (Minutes, Rugh) 1836-1844 MSA C420-2 MdHR 14398 f. 292 10 Sept. 1841.

Bing, Dennis. Ireland. DI. BA Ct. (Minutes) 1839-1846 MSA C386-16 MSA C14404 f. 103 10 Sept. 1841.

Birchman, Clement. Grand Dutchy of Oldenburg. NATN. Decl. intent in US Circ. Ct. 12 Oct. 1846. Wits: Ferdinand Klimber and Mathias Darmner. O&RA to Grand Duke of Oldenburg. BA Ct. (Nat. Rcd.) 4 1846-1851 MSA C391-2 MdHR 18109 f. 306 1 Nov. 1848.

Birchoff, Carl Franz. Bremen. NATN. Decl. intent in US Circ. Ct. 20 Sept. 1844. Wits: Jacob Lentz and John Martin. BA Ct. (Nat. Dkt.) 1 1796-1851 MSA C389-1 MdHR 18106 f. 259 13 Oct. 1846.

Birchta, John. Wurtemburg. NATN. Decl. intent in US Dist. Ct. 29 Sept. 1832. Wits: Jacob Summer and Peter Douglass. BA Ct. (Nat. Dkt.) 1 1796-1851 MSA C389-1 MdHR 18106 f. 180 2 Oct. 1834.

Birnie, Clotsworthy/Clotworthy. Ireland. DI. Ren. alleg. to King of U.K. BA Ct. (Minutes) 1815-1820 MSA C386-11 MdHR 14381 f. 18 26 Sept. 1815. See also "British Aliens ... . ".

Bischoff, Carl Franz. Bremen. NATN. Decl. intent in US Circ. Ct. 20 Sept. 1844. Wits: Jacob Lentz and John Martin. O&RA to Hanseatic Government. BA Ct. (Nat. Rcd.) 4 1846-1851 MSA C391-2 MdHR 18109 f. 90 13 Oct. 1846.

Bischoff, Frederick Henry. Bremen. NATN. Decl. intent in US Circ. Ct. 16 Sept. 1834. Res. BC. Wits: Gotleip F. Buhne and George L. Oppermann. O&RA to Republic of Bremen. BC Ct. (Nat. Rcd. of Minors) 2 1832-1836 MSA C237-2 MdHR 18113 f. 194 27 Sept. 1836.

Bishop, George W. England. NATN. Decl. intent in open court. Arrived in U.S. 3 yrs. prior to age 21. Res. U.S. 5 yrs., including 3 of minority. Res. MD over 1 yr. Res. BC. Wits: William Adams and Matthew Murray. O&RA to Queen of U.K. BA Ct. (Nat. Rcd.) 2 1832-1846 MSA C391-1 MdHR 18108 f. 51 17 Sept. 1838.

Bishop, George W. England. NATN. Decl. intent in open court. Arrived in U.S. under age 18. Wits: William Adams and Matthew Murray. BA Ct. (Nat. Dkt.) 1 1796-1851 MSA C389-1 MdHR 18106 f. 190 17 Sept. 1838.

Bishop, Patrick. Ireland. NATN. Decl. intent in open court. Arrived in U.S. 3 yrs. prior to age 21. Res. U.S. 5 yrs., including 3 of minority. Res. MD over 1 yr. Res. BC. Wits: Archibald McAlise and Thomas Smith. O&RA to King of U.K. BC Ct. (Nat. Rcd. of Minors) 2 1832-1836 MSA C237-2 MdHR 18113 f. 116 2 Oct. 1834.

Bishop, William. Prussia. NATN. Decl. intent in US Dist. Ct. 20 Aug. 1847. Wits: James Flaharty and Charles Flaharty. O&RA to King of Prussia. BC Ct. (Nat. Rcd.) 10 1849-1851 MSA C229-2 MdHR 18120 f. 143 1 Oct. 1850.

Bitmore, Christopher. Germany. BA Ct. (Nat. Dkt.) 1 1796 - 1851 MSA C389-1 MdHR 18106 f. 1 #8 22 Aug. 1796. Barnes, p. 59

Blacker, Samuel. Ireland. DI. BA Ct. (Minutes) 1822-1826 MSA C386-12 MdHR 14386 f. 115 4 Oct. 1823.

Blackstone, Thomas. Ireland. NATN. Decl. intent in open court. Res. U.S. 14 April 1802 - 18 June 1812. Wits: Mary Welsh and Charles McCann. O&RA to King of U.K. BC Ct. (Nat. Rcd. of Minors) 2 1832-1836 MSA C237-2 MdHR 18113 ff. 123-124 3 Oct. 1834.

Blackwell, Francis. Ireland. NATN. BA Ct. (Minutes) 1792-1797 MSA C386-7 MdHR 5052 f. 25 23 Aug. 1796

Blade, Peter. Hanover. DI. BA Ct. (Minutes) 1832-1838 MSA C386 MdHR 14403 f. 172 20 Jan. 1836.

Blair, James. Ireland. NATN. Born Co. of Tyrone. Res. b 1798 - 1802. Wits: James W. Mitchell and Rowland Carr. BA Ct. (Nat. Dkt.) 1 1796-1851 MSA C389-1 MdHR 18106 f. 91 22 Jan. 1825.

Bland, Charles Henry. England. NATN. Decl. intent in US Dist. Ct. 9 Oct. 1840. Wits: James O. Price and Alexander Nesbet. O&RA to Queen of U.K. BC Ct. (Nat. Rcd.) 9 1845-1848 MSA C229-1 MdHR 18119 f. 519 21 Sept. 1848.

Blank, William. Prussia. NATN. Decl. intent in BC Ct. 6 Dec. 1845. Wits: Edward Leinkuhler and Albert Leinkuhler. O&RA to King of Prussia. BC Ct. (Nat. Rcd.) 9 1845-1848 MSA C229-1 MdHR 18119 f. 854 6 Nov. 1848.

Blatzmeyer, Robert. France. Born near Starsburg. Decl. intent in BA Ct. Sept. term 1824. Wits: John Gross and Anthony Gross. BA Ct. (Nat. Dkt.) 1 1796-

1851 MSA C389-1 MdHR 18106 f. 101 18 Sept. 1826.

Blatzmeyer, Robert. France. DI. BA Ct. (Minutes) 1822-1826 MSA C386-12 MdHR 14386 f. 213 20 Sept. 1824.

Blatzmeyer, Robert. France. Report and registration. Noted as age 24. Born near Strasbourg. Arrived in Annapolis Nov. 1818. Res. BC. Wits: John Gross and Lautly (?) Gross. BA Ct. (Misc. Ct. Papers) MSA C1-57 MdHR 50206-753 1823 item 337 20 Sept. 1824.

Blaunck, William. Scotland. DI. Res. BC. BC Ct. (Dkt&Mins) 1839 MSA C184-6 MdHR 16663 f. 22 3 June 1839.

Blcok, John. Republic of Bremen. NATN. Decl. intent in US Dist. Ct. 1 Oct. 1844. Wits: William Emach and Charles W. Lentz. O&RA to Republic of Bremen. BC Ct. (Nat. Rcd.) 9 1845-1848 MSA C229-1 MdHR 18119 f. 364 4 Oct. 1847.

Blendall, Malachi. Ireland. DI. BA Ct. (Minutes) 1832-1838 MSA C386 MdHR 14403 f. 297 14 Sept. 1838.

Blessing, Adam. Wurtemburg. NATN. Decl. intent in US Circ. Ct. 24 June 1844. Wits: William Miller and William Harsel. BA Ct. (Nat. Dkt.) 1 1796-1851 MSA C389-1 MdHR 18106 f. 259 13 Oct. 1846.

Blessing, Adam. Wurtemburg. NATN. Decl. intent in US Circ. Ct. 24 June 1844. Wits: William Miller and William Harcel. O&RA to King of Wurtemburg. BA Ct. (Nat. Rcd.) 4 1846-1851 MSA C391-2 MdHR 18109 f. 89 13 Oct. 1846.

Bleusinger, George M. Wurtemburg. DI. BA Ct. (Minutes) 1827-1830 MSA C386-13 MdHR 14391 f. 1 1 Oct. 1830.

Blochan, Mansbrough. Ireland. DI. BC Ct. (Dkt&Mins) 1841 MSA C184-8 MdHR 16665 f. 30 18 Sept. 1841.

Block, Louis. Germany. DI. BC Ct. (Dkt&Mins) 1849 MSA C184-11 MdHR 16668 f. 28 9 Oct. 1849.

Block, Simon. Kingdom of Bohemia (Austrian Empire). BA Ct. (Nat. Dkt.) 1 1796-1851 MSA C389-1 MdHR 18106 f. 16 #336 25 Aug. 1798. Barnes, p. 63.

Blome, John. Dutchy of Brunswick. NATN. Decl. intent in US Dist. Ct. 24 Oct. 1844. Wits: Peter Pfeel and Henry Bader. O&RA to Duke of Brunswick. BC Ct. (Nat. Rcd.) 9 1845-1848 MSA C229-1 MdHR 18119 f. 608 9 Oct. 1848.

Blondell, John M. St. Domingo (France). NATN. Res. BC. Res. U.S. 14 April 1802 - 18 June 1812. Wits: Andrew E. Warner and James Webb. O&RA to King of France. BC Ct. (Nat. Rcd. of Minors) 1 1827-1832 MSA C237-1 MdHR 18112 f. 244 8 Nov. 1828.

Bloom, Charles. Denmark. NATN. Decl. intent in BC Ct. 7 May 1833. Res. BC. Wits: Peter Hilditch and Charles Brown. O&RA to King of Denmark. BC Ct. (Nat. Rcd. of Minors) 2 1832-1836 MSA C237-2 MdHR 18113 f. 166 2 Sept. 1835. Tepper, p. 53 notes a Mr. Bloom, 1st name unknown, age 19 from Denmark, arriving at the Port of Balt. 30 Sept. 1824.

Bloom, Charles. Republic of France. NATN. Arrived in U.S. 3 yrs. prior to age 21. Res. U.S. 5 yrs., including 3 of minority. Res. MD over 1 yr. Wits: George Allender and Abraham Warterman. O&RA to Republic of France. BA Ct. (Nat. Rcd. of Minors) 3 1846-1851 MSA C392-1 MdHR 18110 f. 53 2 Oct. 1848.

Bloom, Charles. France. NATN. Arrived in U.S. under age 18. Wits: George Allender and Abraham Wasterman. BA Ct. (Nat. Dkt.) 1 1796-1851 MSA C389-1 MdHR 18106 f. 324 2 Oct. 1848.

Blum, Henry. Electorate of Hesse-Cassel. NATN. Arrived in U.S. 3 yrs. prior to age 21. Res. U.S. 5 yrs., including 3 of minority. Res. MD over 1 yr. Wits: Henry Keyser and Gideon Herbert. O&RA to Elector of Hesse-Cassel. BC Ct. (Nat. Rcd. of Minors) 3 1845-1851 MSA C237-3 MdHR 18114-1 f. 198 6 Nov. 1848.

Blum, John. Grand Dutchy [Electorate] of Hesse-Cassel. DI. BA Ct. (Minutes) 1832-1838 MSA C386 MdHR 14403 ff. 287-288 7 May 1838.

Blume, John. Grand Dutchy [Electorate] of Hesse-Cassell. DI. BA Ct. (Minutes, Rough) 1836-1844 MSA C420-2 MdHR 14398 f. 126 7 May 1838.

Blundin, James. Ireland. NATN. Born co. of Mead. Arrived in the U.S. as a

minor. Wits: Rosanna Blundin and Hugh O'Reilley. BA Ct. (Nat. Dkt.) 1 1796-1851 MSA C389-1 MdHR 18106 f. 84 2 Oct. 1824.
Bneker, William. Hanover. NATN. Decl. intent in US Dist. Ct. 16 Oct. 1843. Wits: William Hepmeyer and Gerhard A. Sybert. O&RA to King of Hanover. BC Ct. (Nat. Rcd.) 9 1845-1848 MSA C229-1 MdHR 18119 f. 139 5 Oct. 1846.
Bock, Frederick. Dutchy of Brunswick. NATN. Decl. intent in US Dist. Ct. 4 Oct. 1847. Wits: Jacob France and John Pfaff. O&RA to Duke of Brunswick. BC Ct. (Nat. Rcd.) 10 1849-1851 MSA C229-2 MdHR 18120 f. 130 1 Oct. 1850.
Boden, Francis. Ireland. NATN. Born Co. of Down. Arrived in U.S. 3 yrs. prior to age 21. Decl. intent in open Ct. Wits: Richard Robinson and James Boden. BA Ct. (Nat. Dkt.) 1 1796-1851 MSA C389-1 MdHR 18106 f. 156 8 Nov. 1828.
Boden, William. Ireland. NATN. Born Co. of Down. Arrived in U.S. 3 yrs. prior to age 21. Decl. intent in open Ct. Wits: Richard Robinson and James Boden. BA Ct. (Nat. Dkt.) 1 1796-1851 MSA C389-1 MdHR 18106 f. 156 8 Nov. 1828.
Boeckelmann, Henry. Bavaria. NATN. Decl. intent in US Dist. Ct. 23 Sept. 1844. Wits: Frederick Schroeder and Henry Johnson. O&RA to King of Bavaria. BC Ct. (Nat. Rcd.) 9 1845-1848 MSA C229-1 MdHR 18119 f. 408 4 Oct. 1847.
Boehm, George. Germany. DI. Res. BC. Ren. alleg. to Emperor of Germany. BC Ct. of O&T&GD (Dkt&Mins) 1812 MSA C183-7 MdHR 16655 f. 43 3 Aug. 1812.
Boerer, Christian. (Kingdom of?) Bein. DI. BC Ct. (Dkt&Mins) 1849 MSA C184-11 MdHR 16668 f. 8 6 March 1849.
Bofs, Lewis. Grand Dutchy of Hesse-Darmstadt. NATN. Decl. intent in US Circ. Ct. 31 Oct. 1844. Wits: William S. Gittinger and William Bremer. BA Ct. (Nat. Dkt.) 1 1796-1851 MSA C389-1 MdHR 18106 f. 305 5 Oct. 1847.
Bofse/Bosse, Johann. Bremen. DI. BA Ct. (Minutes) 1827-1830 MSA C386-13 MdHR 14391 f. 78 26 April 1827.
Bofser (?), Jacob. Grand Dutchy of Hesse-Darmstadt. NATN. Decl. intent in BC Ct. 23 Sept. 1844. Wits: John Stagmeyer and William Nicolls. O&RA to Grand Duke of Hesse-Darmstadt. BA Ct. (Nat. Rcd.) 4 1846-1851 MSA C391-2 MdHR 18109 f. 59 13 Oct. 1847.
Bogne, James. Ireland. NATN. Decl. intent in BC Ct. 3 Oct. 1842. Wits: Charles Donnelly and John O'Hara. O&RA to Queen of U.K. BA Ct. (Nat. Rcd.) 4 1846-1851 MSA C391-2 MdHR 18109 f. 323 3 Nov. 1848.
Bogue, Henry. Ireland. NATN. Decl. intent in US Circ. Ct. 24 Sept. 1845. Wits: James Blair and Henry Bogue, Jr. BA Ct. (Nat. Dkt.) 1 1796-1851 MSA C389-1 MdHR 18106 f. 305 5 Oct. 1847.
Bogue, Henry. Ireland. NATN. Decl. intent in US Circ. Ct. 24 Sept. 1844. Wits: James Blair and Henry Bogue, Jr. O&RA to Queen of U.K. BA Ct. (Nat. Rcd.) 4 1846-1851 MSA C391-2 MdHR 18109 5 Oct. 1847.
Bogue, James. Ireland. NATN. Decl. intent in BC Ct. 3 Oct. 1842. Wits: Charles Donnelly and John O'Hara. BA Ct. (Nat. Dkt.) 1 1796-1851 MSA C389-1 MdHR 18106 f. 360 4 Nov. 1848.
Bogue, John. Ireland. NATN. Decl. intent in US Dist. Ct. 1 Oct. 1839. Wits: William Barnet and James C. Murray. O&RA to Queen of U.K. BC Ct. (Nat. Rcd.) 9 1845-1848 MSA C229-1 MdHR 18119 f. 573 3 Oct. 1848.
Bohde, Herman Henry. Hanover. NATN. Decl. intent in US Dist. Ct. 27 Sept. 1844. Wits: William Bohde and Anthony Ostendorf. O&RA to King of Hanover. BC Ct. (Nat. Rcd.) 9 1845-1848 MSA C229-1 MdHR 18119 f. 87 3 Oct. 1846.
Bohile, William Henry. Hanover. DI. BC Ct. (Dkt&Mins) 1840 MSA C184-7 MdHR 16664 f. 35 25 Sept. 1840.
Boies, Jeremiah S. H. New Brunswick. NATN. Res. BC. Decl. intent in open court. Arrived in the U.S. 3 yrs. prior to age 21. Res. U.S. 5 yrs., including 3

of minority. Wits: Samuel Wyman and McClintock Young. O&RA to King of U.K. BC Ct. (Nat. Rcd. of Minors) 1 1827-1832 MSA C237-1 MdHR 18112 ff. 106-107 29 Sept. 1828.
Bokel, John G. Germany. DI. Res. BC. Profession: Tailor (1850 Census). Age:34 (1850 Census) BC Ct. (Dkt&Mins) 1839 MSA C184-6 MdHR 16663 f. 24 14 June 1839.
Bokel, John Henry. Grand Dutchy of Oldenburg. NATN. Decl. intent in US Dist. Ct. 28 Sept. 1846. Wits: John G. Bokel and Andrew Hartman. O&RA to Grand Duke of Oldenburg. BC Ct. (Nat. Rcd.) 9 1845-1848 MSA C229-1 MdHR 18119 f. 658 10 Oct. 1848.
Bokel, Theodore Anton. Grand Dutchy of Oldenburg. NATN. Decl. intent in US Dist. Ct. 28 Sept. 1846. Wits: John H. Bokel and John G. Bokel. BC Ct. (Nat. Rcd.) 9 1845-1848 MSA C229-1 MdHR 18119 f. 657 10 Oct. 1848.
Bolan, Michael. Ireland. NATN. Decl. intent in Frederick Co. Ct. 2 Feb. 1847. Wits: Daniel Gleson and John Ct. BA Ct. (Nat. Dkt.) 1 1796-1851 MSA C389-1 MdHR 18106 f. 375 1 Oct. 1850.
Boland, Michael. Ireland. NATN. Decl. intent in US Dist. Ct. 12 Dec. 1840. Wits: Patrick McLaughlin and John Mullen. BA Ct. (Nat. Dkt.) 1 1796-1851 MSA C389-1 MdHR 18106 f. 327 2 Oct. 1848.
Boland, Michael. Ireland. NATN. Decl. intent in US Dist. Ct. 12 Dec. 1840. Wits: Patrick McLaughlin and John Mullen. O&RA to Queen of U.K. BA Ct. (Nat. Rcd.) 4 1846-1851 MSA C391-2 MdHR 18109 f. 241 2 Oct. 1848.
Boling, Adam. Bavaria. NATN. Arrived in U.S. 3 yrs. prior to age 21. Res. U.S. 5 yrs., including 3 of minority. Res. MD over 1 yr. Wits: Valentine Gerhert and Jacob Gerhert. O&RA to King of Bavaria. BC Ct. (Nat. Rcd. of Minors) 3 1845-1851 MSA C237-1 MdHr 18114-1 f. 192 6 Nov. 1848.
Bollagh, Henry. Hanover. DI. Res. BC. BC Ct. (Dkt&Mins) 1846 MSA C184-9 MdHR 16666 f. 42 17 Oct. 1846.
Bollagh, Henry. Hanover. NATN. Decl. intent in BC Ct. 17 Oct. 1846. Wits: Bernard Schageman and Henry Krager. O&RA to King of Hanover. BA Ct. (Nat. Rcd.) 4 1846-1851 MSA C391-2 MdHR 18109 f. 305 1 Nov. 1848.
Bollman, George. Bremen. NATN. Decl. intent in open court. Arrived in U.S. 3 yrs. prior to age 21. Res. U.S. 5 yrs., including 3 of minority. Res. MD over 1 yr. Res. BC. Wits: William F. Rudenstein and Jacob Craft. O&RA to Hanseatic Government. BC Ct. (Nat. Rcd. of Minors) 2 1832-1836 MSA C237-2 MdHR 18113 ff. 140-141 4 Oct. 1834.
Bollugh, Henry. Hanover. NATN. Decl. intent in BA Ct. 15 Oct. 1846. Wits: Bernard Schageman and Henry Krager. BA Ct. (Nat. Dkt.) 1 1796-1851 MSA C389-1 MdHR 18106 f. 353 1 Nov. 1848.
Bolte, John. Germany. BA Ct. (Nat. Dkt.) 1 1796-1851 MSA C389-1 MdHR 18106 f. 15 #321 20 April 1798. Barnes, p. 63.
Bolton, Henry. Prussia. BA Ct. (Nat. Dkt.) 1 1796-1851 MSA C389-1 MdHR 18106 f. 22 #449 12 March 1803. Barnes, p. 65.
Bolton, Robert. Ireland. NATN. Res. BC. Decl. intent in Harford Co. Ct. 11 Sept. 1828. Wits: Robert T. Allen and James Griffith. O&RA to King of U.K. BC Ct. (Nat. Rcd. of Minors) 1827-1832 MSA C237-1 MdHR 18112 ff. 382-383 13 Sept. 1831.
Bomhoff, Henry William. Hanover. NATN. Decl. intent in US Circ. Ct. 28 Sept. 1844. Wits: Lewis Sulter and Henry Ortman. O&RA to King of Hanover. BA Ct. (Nat. Rcd.) 4 1846-1851 MSA C391-2 MdHR 18109 f. 186 5 Oct. 1847.
Bomhoff, Henry William. Hanover. NATN. Decl. intent in US Circ. Ct. 28 Sept. 1844. Wits: Lewis Sulker and Henry Ortman. BA Ct. (Nat. Dkt.) 1 1796-1851 MSA C389-1 MdHR 18106 f. 305 5 Oct. 1847.
Bon, William. Ireland. DI. BC Ct. (Dkt&Mins) 1840 MSA C184-7 MdHR 16764 f. 37 1 Oct. 1840.
Bond, James. Ireland. BA Ct. (Nat. Dkt.) 1 1796-1851 MSA C389-1 MdHR 18106 f. 24 #472 7 Nov. 1803. Noted as under Nov. Civil Ct. Barnes, p. 65.

Bond, James. England. NATN. Decl. intent in the Marine Ct. of New York City 3 May 1831. Res. BC. Wits: Alexander Turnbull and John H. Boodenbaugh. O&RA to King of U.K. BC Ct. (Nat. Rcd. of Minors) 2 1832-1836 MSA C237-2 MdHR 18113 f. 199 1 Oct. 1836.

Bonday, James. England. NATN. Res. BC. Res. U.S. 14 April 1802 - 18 June 1812. Wits: Thomas Galloway and William S. Young. O&RA to King of U.K. BC Ct. (Nat. Rcd. of Minors) 1 1827-1832 MSA C237-1 MdHR 18112 ff. 241-242 8 Nov. 1828.

Bone, Hugh. Scotland. NATN. Decl. intent in BC Ct. 2 May 1844. Wits: Joseph Barling and Henry Moore. O&RA to Queen of U.K. BC Ct. (Nat. Rcd.) 10 1849-1851 MSA C229-2 MdHR 18120 f. 63 26 Sept. 1850.

Bone, William. England. NATN. Born Co. of Cumberland. Decl. intent in US Circ. Ct. 4 Jan. 1825. Wits: William Crawford and Hugh Crawford. BA Ct. (Nat. Dkt.) 1 1796-1851 MSA C389-1 MdHR 18106 f. 115 17 Sept. 1827.

Bone, William. Ireland. DI. Res. BC. BA Ct. (Misc. Ct. Papers) MSA C1-60 MdHR 50206-792 1825 unnumbered item 4 Jan. 1825.

Bone, William. England. Report and registration. Noted as age 29. Born Co. of Cumberland. Arrived in New York City Aug. 1818. Res. BA Wits: William Crawford and Hugh Crawford. BA Ct. (Misc. Ct. Papers) MSA C1-60 MdHR 50206-792 1825 item 351 1 Jan. 1825.

Bonick, John. Prussia. DI. BC Ct. (Dkt&Mins) 1846 MSA C184-9 MdHR 16666 f. 40 15 Oct. 1846.

Bonick, John. Prussia. NATN. Decl. intent in BC Ct. 15 Oct. 1846. Wits: Henry Engelhausen and Charles Stenweg. O&RA to King of Prussia. BC Ct. (Nat. Rcd.) 9 1845-1848 MSA C229-1 MdHR 18119 f. 777 3 Nov. 1846.

Bonn/Bonne(?), Philip. France. BA Ct. (Nat. Dkt.) 1 1796-1851 MSA C389-1 MdHR 18106 f. 25 #492 23 Feb. 1804. Civil Ct.

Bonnefin, Nicholas. France. BA Ct. (Nat. Dkt.) 1 1796-1851 MSA C389-1 MdHR f. 24 #460 17 June 1803. Barnes, p. 65.

Bonner/Bonney (?), Theodore. Denmark. DI. BA Ct. (Minutes) 1827-1830 MSA C386-13 MdHR 14391 f. 1 5 Oct. 1830.

Bonnet, Joseph Lewis. France. NATN. Decl. intent in open court. Arrived in U.S. prior to age 21. Res. U.S. 5 yrs., including 3 of minority. Res. BC. Wits: Francis Deloste and Peter H. Terme. O&RA to King of French. BC Ct. (Nat. Rcd. of Minors) 2 1832-1836 MSA C237-2 MdHR 18113 ff. 93-94 19 Sept. 1834.

Bonnet, Joseph. France. BA Ct. (Nat. Dkt.) 1 1796-1851 MSA C389-1 MdHR 18106 f. 39 #778 27 Oct. 1810.

Bonney, Elias. England. DI. BC Ct. (Dkt&Mins) 1849 MSA C184-11 MdHR 16668 f. 31 8 december 1849.

Bonnez, Theodore. Denmark. NATN. Decl. intent in BA Ct. 5 Oct. 1830. Res. BC. Wits: John Jillard and Isaac Saville. O&RA to King of Denmark. BA Ct. (Nat. Rcd.) 2 1832-1846 MSA C391-1 MdHR 18108 ff. 11-12 29 June 1833.

Booth, George. England. NATN. Decl. intent in BA Ct. 2 Dec. 1837. Res. BC. Wits: Louis Brown and Edward River. O&RA to Queen of U.K. BA Ct. (Nat. Rcd.) 2 1832-1846 MSA C391-1 MdHR 18108 f. 70 13 May 1840.

Booth, George. England. NATN. Decl. intent in BA Ct. 2 Dec. 1837. Wits: Lewis Bowen and Edward Rider. BA Ct. (Nat. Dkt.) 1 1796-1851 MSA C389-1 MdHR 18106 f. 198 25 May 1840.

Booth, George. England. DI. BA Ct. (Minutes) 1832-1838 MSA C386 MdHR 14403 f. 269 2 Dec. 1837.

Booth, George. England. DI. BA Ct. (Minutes, Rough) 1836-1844 MSA C420-2 MdHR 14398 f. 104 2 Dec. 1837.

Booth, Mary C. A. Belgium. DI. BC Ct. (Dkt&Mins) 1849 MSA C184-11 MdHR 16668 f. 10 12 May 1849.

Booth, William. Ireland. BA Ct. (Nat. Dkt.) 1 1796-1851 MSA C389-1 MdHR 18106 f. 6 #103 6 April 1797. Barnes, p. 60.

Booth, William. Great Britain. BA Ct. (Nat. Dkt.) 1 1796-1851 MSA C389-1 MdHR 18106 f. 17 #348 7 Sept. 1798. Barnes, p. 63.

Booz, Benjamin. England. NATN. Born Co. of Aushire (?). Decl. intent in Dorchester Co. Ct. 24 Oct. 1820. Wits: Richard Mitchell and Aaron Mitchell. BA Ct. (Nat. Dkt.) 1 1796-1851 MSA C389-1 MdHR 18106 f. 75 24 Sept. 1824.

Bopp, Andreas. Wurtemburg. NATN. Decl. intent in US Circ. Ct. 29 Aug. 1844. Wits: James C. Murray and Samuel Lander. BA Ct. (Nat. Dkt.) 1 1796-1851 MSA C389-1 MdHR 18106 f. 249 10 Sept. 1846.

Bopp, Andreas. Wurtemburg. NATN. Decl. intent in US Circ. Ct. 29 Aug. 1844. Wits: James C, Munay and Samuel Lauder. O&RA to King of Wurtemburg. BA Ct. (Nat. Rcd.) 4 1846-1851 MSA C391-2 MdHR 18109 f. 56 10 Oct. 1846.

Bopp, Lorenz. Wurtemburg. NATN. Decl. intent in US Dist. Ct. 2 April 1844. Wits: James C. Murray and Samuel Lander. BA Ct. (Nat. Dkt.) 1 1796-1851 MSA C389-1 MdHR 18106 f. 250 10 Oct. 1846.

Bopp, Lorenz. Wurtemburg. NATN. Decl. intent in US Dist. Ct. 2 April 1844. Wits: James C. Munay and Samuel Lauder. O&RA to King of Wurtemburg. BA Ct. (Nat. Rcd.) 4 1846-1851 MSA C391-2 MdHR 18109 f. 57 10 Oct. 1846.

Borchers, George. Hamburg. DI. BA Ct. (Minutes, Rough) 1836-1844 MSA C420-2 MdHR 14398 f. 27a 1 Sept. 1836.

Borckers/Borchers, George. Free Hanseatic City of Bremen. DI. BA Ct. (Minutes) 1832-1838 MSA C386 MdHR 14403 f. 200 1 Sept. 1836.

Borez, John. Bavaria. NATN. Decl. intent in US Dist. Ct. 9 Sept. 1844. Wits: Conrad Kabefist and Adam Havener. O&RA to King of Bavaria. BC Ct. (Nat. Rcd.) 9 1845-1848 MSA C229-1 MdHR 18119 f. 135 5 Oct. 1846.

Borkle, William. Hanover. NATN. Decl. intent in US Dist. Ct. 26 Sept. 1844. Wits: Frederick Theainger and John Theainger. O&RA to King of Hanover. BC Ct. (Nat. Rcd.) 9 1845-1848 MSA C229-1 MdHR 18119 f. 340 4 Oct. 1847.

Borland, John. Ireland. DI. BA Ct. (Minutes) 1822-1826 MSA C386-12 MdHR 14386 f. 218 22 Sept. 1824.

Borland, Thomas. Ireland. BA Ct. (Nat. Dkt.) 1 1796-1851 MSA C389-1 MDHR 18106 f. 30 #577 13 Feb. 1805.

Bornemann, William G. Saxony. DI. BC Ct. (Dkt&Mins) 1849 MSA C184-11 MdHR 16668 f. 8 9 March 1849.

Borroeuch, Thomas. Italy (Kingdom of Naples). NATN. Decl. intent in US Dist. Ct. 22 Aug. 1844. Wits: George Borroeuch and Antonio Maretti. O&RA to King of Naples. BC Ct. (Nat. Rcd.) 9 1845-1848 MSA C229-1 MdHR 18119 f. 77 3 Oct. 1846.

Borshert, Henry. Electorate of Hesse-Cassel. NATN. Decl. intent in Circ. Ct. of D.C. 9 Oct. 1838. Wits: Thomas Baldwin and Christopher C. Clarke. O&RA to Elector of Hesse-Cassel. BC Ct. (Nat. Rcd.) 9 1845-1848 MSA C229-1 MdHR 18119 f. 275 28 Sept. 1847.

Boslary, Charles. Bavaria. NATN. Decl. intent in US Circ. Ct. 30 Sept. 1844. Wits: Jacob Auer and Wendel Lawer. BA Ct. (Nat. Dkt.) 1 1796-1851 MSA C389-1 MdHR 18106 f. 259 13 Oct. 1846.

Boss, Lewis. Grand Dutchy of Hesse-Darmstadt. NATN. Decl. intent in US Circ. Ct. 31 Oct. 1844. Wits: William S. Gittings and William Bremer. O&RA to Grand Duke of Hess-Darmstadt. BA Ct. (Nat. Rcd.) 4 1846-1851 MSA C391-2 MdHR 18109 f. 187 5 Oct. 1847.

Bosser, Jacob. Grand Dutchy of Hesse-Darmstadt. NATN. Decl. intent in BC Ct. 23 Sept. 1844. Wits: John Stagmeyer and William Nicholls. BA Ct. (Nat. Dkt.) 1 1796-1851 MSA C389-1 MdHR 18106 f. 251 13 Oct. 1846.

Boston, James. England. NATN. Decl. intent in Ct. of Common Pleas for the City and Co. of Philadelphia 25 June 1813. Res. BC. Wits: Caleb Shipley and Horatio Johnson. O&RA to King of U.K. BC Ct. (Nat. Rcd. of Minors) 2 1832-1836 MSA C237-2 MdHR 18113 f. 229 11 Oct. 1836.

Boszhamer, Henry. Electorate of Hesse-Cassel. NATN. Decl. intent in US Circ. Ct. 3 Sept. 1844. Wits: Jacob Koch and Adam Wever. O&RA to Elector of

Hanover. BA Ct. (Nat. Rcd.) 4 1846-1851 MSA C391-2 MdHR 18109 f. 241 2 Oct. 1848.

Boszler, Johannes Andreas. Wurtemburg. NATN. Decl. intent in US Circ. Ct. 11 Dec. 1840. Wits: John Yellott and John Volt. O&RA to King of Wurtemburg. BC Ct. (Nat. Rcd.) 9 1845-1848 MSA C229-1 MdHR 18119 f. 741 1 Nov. 1848.

Botefuhr, J. H. C. Hamburg. DI. Res. BC. Arrived in Balt. 23 April 1816 on Ananda, J. Ross, Master, from Hamburg. BC Ct. of O&T&GD (Dkt&Mins) 1816 MSA C183-9 MdHR 16657 (unpaginated) 23 April 1816.

Bothman, Charles. Hanover. NATN. Decl. intent in US Circ. Ct. 9 Oct. 1846. Wits: Sebastian Waldo and David Lair. O&RA to King of Hanover. BA Ct. (Nat. Rcd.) 4 1846-1851 MSA C391-2 MdHR 18109 f. 284 10 Oct. 1848.

Bothmann, Charles. Hanover. NATN. Decl. intent in US Circ. Ct. 9 Oct. 1846. Wits: Sebastian Valda and David Lair. BA Ct. (Nat. Dkt.) 1 1796-1851 MSA C389-1 MdHR 18106 f. 344 10 Oct. 1848.

Botthop (?), Jacob. Electorate of Hesse-Cassel. NATN. Arrived in U.S. under age 18. Wits: Henry Reidmiller and William Young. BA Ct. (Nat. Dkt.) 1 1796-1851 MSA C389-1 MdHR 18106 f. 379 8 Oct. 1850.

Bottivell, Thomas. England. NATN. Decl. intent in BA Ct. 13 July 1831. Res. BC. Wits: James Wm. McCulloch and Charles Boyce. O&RA to King of U.K. BC Ct. (Nat. Rcd. of Minors) 2 1832-1836 MSA C237-2 MdHR 18113 f. 143 9 Oct. 1834.

Bottivell, William. England. NATN. Decl. intent in BA Ct. 21 May 1831. Res. BC. Wits: Charles Boyce and William Lester. O&RA to King of U.K. BC Ct. (Nat. Rcd. of Minors) 2 1832-1836 MSA C237-2 MdHR 18113 f. 144 9 Oct. 1834.

Boucher, John. Grand Dutchy of Hesse-Darmstadt. NATN. Decl. intent in US Dist. Ct. 30 Sept. 1844. Wits: William Wardenburg and Peter Maher. O&RA to Grand Duke of Hesse-Darmstadt. BC Ct. (Nat. Rcd.) 9 1845-1848 MSA C229-1 MdHR 18119 f. 110 5 Oct. 1846.

Bouis, John. France. BA Ct. (Nat. Dkt.) 1 1796-1851 MSA C389-1 MdHR 18106 f. 37 #721 12 Nov. 1808.

Bounemann, Charles Albert. Saxony. DI. BC Ct. (Dkt&Mins) 1849 MSA C184-11 MdHR 16668 f. 28 5 Oct. 1849.

Bourg, Louis. France. BA Ct. (Nat. Dkt.) 1 1796-1851 MSA C389-1 MdHR 18106 f. 40 #795 10 Oct. 1811.

Bourke, Patrick. Ireland. NATN. Decl. intent in Inferior Ct. of Chatham Co., Georgia 21 Feb. 1828. Wits: James Baker and Bernard Gurm. BA Ct. (Nat. Dkt.) 1 1796-1851 MSA C389-1 MdHR 18106 f. 179 30 Sept. 1834.

Bourke, Patrick. Ireland. NATN. Decl. intent in Inferior Ct. of Chatham Co., Georgia 21 Feb. 1828. Res. BC. Wits: James Baker and Bernard Gunn. O&RA to King of U.K. BA Ct. (Nat. Rcd.) 2 1832-1846 MSA C391-1 MdHR 18108 f. 23 30 Sept. 1834.

Bourman, Henry. Prussia. BA Ct. (Nat. Dkt.) 1 1796-1851 MSA C389-1 MdHR 18106 f. 25 #494 25 Feb. 1804. Civil Ct.

Bouse, John. Ireland. NATN. Decl. intent in US Dist. Ct. 1 Sept. 1844. Wits: John Hays and James Finlay. O&RA to Queen of U.K. BC Ct. (Nat. Rcd.) 9 1845-1848 MSA C229-1 MdHR 18119 f. 70 2 Oct. 1846.

Bouzhauer, Henry. Electorate of Hesse-Cassel. NATN. Decl. intent in US Circ. Ct. 3 Sept. 1844. Wits: John Kock and Adam Wever. BA Ct. (Nat. Dkt.) 1 1796-1851 MSA C389-1 MdHR 18106 f. 327 2 Oct. 1848.

Bowden, John H. England. NATN. Arrived in U.S. 3 yrs. prior to age 21. Res. U.S. 5 yrs., including 3 of minority. Res. MD over 1 yr. Wit: John Bowden. O&RA to Queen of U.K. BC Ct. (Nat. Rcd. of Minors) 3 1845-1851 MSA C237-3 MdHR 18114-1 f. 5 14 July 1845.

Bowe, Dennis. Ireland. NATN. Decl. intent in US Circ. Ct. 7 Oct. 1844. Wits: Valentine Leitz and Michael Kienan. O&RA to Queen of U.K. BA Ct. (Nat.

Rcd.) 4 1846-1851 MSA C391-2 MdHR 18109 f. 54 10 Oct. 1846.
Bowe, Dennis. Ireland. NATN. Decl. intent in US Circ. Ct. 7 Oct. 1844. Wits: Valentine Lutz and Michael Keenan. BA Ct. (Nat. Dkt.) 1 1796-1851 MSA C389-1 MdHR 18106 f. 249 10 Oct. 1846.
Bower, Everhard C. Wurtemburg. NATN. Born town of Marbach. Decl. intent in US Circ. Ct. 15 Nov. 1820. Wits: John Kizenduffer and Frederick Kreig. BA Ct. (Nat. Dkt.) 1 1796-1851 MSA C389-1 MdHR 18106 f. 92 4 April 1825.
Bower, Frederick. Wurtemburg. NATN. Decl. intent in open Ct. Arrived in U.S. prior to age 18. Wits: George Mouller and Martin Kunkle/Henkle. BA Ct. (Nat. Dkt.) 1 1796-1851 MSA C389-1 MdHR 18106 f. 242 6 Oct. 1846.
Bower, Frederick. Wurtemburg. NATN. Arrived in U.S. 3 yrs. prior to age 21. Res. U.S. 5 yrs., including 3 of minority. Res. MD over 1 yr. Wits: George Moulter and Martin Henkle. O&RA to King of Wurtemburg. BA Ct. (Nat. Rcd. of Minors) 3 1846-1851 MSA C392-2 MdHR 18110 f. 3 6 Oct. 1846.
Bower, John Jacob. Wurtemburg. DI. BA Ct. (Minutes) 1815-1820 MSA C386-11 MdHR 14381 f. 108 3 Oct. 1816.
Bower, John. Bavaria. NATN. Decl. intent in US Circ. Ct. 16 Sept. 1844. Wits: Michael Deitzel and Frederick Erlinger. BA Ct. (Nat. Dkt.) 1 1796-1851 MSA C389-1 MdHR 18106 f. 259 13 Oct. 1846.
Bower, John. Bavaria. NATN. Arrived in U.S. 3 yrs. prior to age 21. Res. U.S. 5 yrs., including 3 of minority. Res. MD over 1 yr. Wits: Nicholas Smith and Mathias Smith. O&RA to King of Bavaria. BA Ct. (Nat. Rcd. of Minors) 3 1846-1851 MSA C392-1 MdHR 18110 f. 8 13 Oct. 1846.
Bower, John. Bavaria. NATN. Arrived in U.S. under age 18. Wits: Nicholas Smith and Mathias Smith. BA Ct. (Nat. Dkt.) 1 1796-1851 MSA C389-1 MdHR 18106 f. 287 13 Oct. 1846.
Bower, John. Bavaria. NATN. Decl. intent in US Circ. Ct. 16 Sept. 1844. Wits: Michael Deitzel and Frederick Eslinger. O&RA to King of Bavaria. BA Ct. (Nat. Rcd.) 4 1846-1851 MSA C391-2 MdHR 18109 f. 91 13 Oct. 1846.
Bower, Joseph. Bavaria. NATN. Decl. intent in US Dist. Ct. 8 July 1844. Wits: John Helwig and George Tilbert. O&RA to King of Bavaria. BC Ct. (Nat. Rcd.) 9 1845-1848 MSA 229-1 MdHR 18119 f. 306 30 Sept. 1847.
Bowerman, Henry. Ireland. NATN. Res. BC. Decl. intent in US Circ. Ct. 16 Nov. 1819. Wits: William Hanna and Jesse Fahnstock. O&RA to King of U.K. BC Ct. (Nat. Rcd. of Minors) 1 1827-1832 MSA C237-1 MdHR 18112 f. 186 18 Oct. 1828.
Bowman, Joseph. England. DI. BA Ct. (Minutes) 1822-1826 MSA C386-12 MdHR 14386 f. 105 24 May 1823.
Boyce, Charles. Ireland. DI. BA Ct. (Minutes) 1822-1826 MSA C386-12 MdHR 14386 f. 436 20 Sept. 1826.
Boyce, Charles. Ireland. NATN. Res. BC. Decl. intent in BA Ct. 20 Sept. 1826. Wits: James McKinnell and James Wilson. O&RA to King of U.K. BC Ct. (Nat. Rcd. of Minors) 1 1827-1832 MSA C237-1 MdHR 18112 ff. 118-119 29 Sept. 1828.
Boyce, Thomas. Ireland. NATN. Decl. intent in BC Ct. 19 Sept. 1844. Wits: William M. Starr and William H. Jackson. BA Ct. (Nat. Dkt.) 1 1796-1851 MSA C389-1 MdHR 18106 f. 305 5 Oct. 1847.
Boyce, Thomas. Ireland. NATN. Decl. intent in BC Ct. 19 Sept. 1844. Wits: William M. Starr and McWilliam H. Jackson. O&RA to Queen of U.K. BA Ct. (Nat. Rcd.) 4 1846-1851 MSA C391-2 MdHR 18109 f. 187 5 Oct. 1847.
Boyd, James. Ireland. DI. Ren. alleg. to King of U.K. BA Ct. (Minutes) 1815-1820 MSA C386-11 MdHR 14381 f. 14 23 Sept. 1815.
Boyd, John. Scotland. NATN. Born Sterlingshire. Decl. intent in US Circ. Ct. 14 Dec. 1818. Wits: William A. Speck and Duncan McCormack. BA Ct. (Nat. Dkt.) 1 1796-1851 MSA C389-1 MdHR 18106 f. 74 23 Sept. 1824.
Boyd, John. Ireland. DI. Report and registration filed in US Circ. Ct. 25 Nov.

1817. Ren. alleg. to King of U.K. BA Ct. (Minutes) 1815-1820 MSA C386-11 MdHR 14381 f. 216 27 Nov. 1817.
Boyd, John. Scotland. BA Ct. (Nat. Dkt.) 1 1796-1851 MSA C389-1 MdHR 18106 f. 28 #537 23 July 1804. Civil Ct. See also Scots, p. 14. Profession given as a Bottle Porter.
Boyd, John. Ireland. BA Ct. (Nat. Dkt.) 1 1796-1851 MSA C389-1 MdHR 18106 f. 17 #355 10 Sept. 1798. Barnes, p. 63.
Boyd, John. Ireland. DI. BA Ct. (Minutes) 1822-1826 MSA C386-12 MdHR 14386 f. 109 16 Sept. 1823.
Boyle, Abraham. Ireland. BA Ct. (Nat. Dkt.) 1 1796-1851 MSA C389-1 MdHR 18106 f. 25 #474 20 Nov. 1803. Civil Ct.
Boyle, Edward. Ireland. NATN. Res. BC. Res. U.S. 14 April 1802 - 18 June 1812. Wits: Robert Cowden and John Webster. O&RA to King of U.K. BC Ct. (Nat. Rcd. of Minors) 1 1827-1832 MSA C237-1 MdHR 18112 ff. 188-189 21 Oct. 1828.
Boyle, Edward. Ireland. NATN. Exhibits petition for natn. Arrived in the U.S. 3 yrs. prior to age 21. Decl. intent in open court. Res. U.S. 5 yrs., including 3 of minority. Res. MD over 1 yr. Res. BC. Wit: Francis McMahon. O&RA to King of U.K. BC Ct. (Nat. Rcd. of Minors) 1 1827-1832 MSA C237-1 MdHR 18112 ff. 36-37 4 Oct. 1827.
Boyle, Hugh. Ireland. Decl. intent 12 Sept. 1808 in Cecil Co. Ct. BA Ct. (Nat. Dkt.) 1 1796-1851 MSA C389-1 MdHR 18106 f. 41 #809 30 March 1812.
Boyle, John. Ireland. BA Ct. (Nat. Dkt.) 1 1796-1851 MSA C389-1 MdHR 18106 f. 36 #705 14 May 1808.
Boyle, John. Ireland. NATN. Decl. intent in BC Ct. 8 Oct. 1832. Res. BC. Wits: Edward Sheehy and Nicholas Jordan. O&RA to King of U.K. BC Ct. (Nat. Rcd. of Minors) 2 1832-1836 MSA C237-2 MdHR 18113 ff. 144-145 11 Oct. 1834.
Boyle, Michael. Ireland. NATN. Decl. intent in open court. Arrived in U.S. 3 yrs. prior to age 21. Res. U.S. 5 yrs., including 3 of minority. Res. MD over 1 yr. Res. BC. Wits: Alonzo W. Barnes and Patrick Gallagher. O&RA to King of U.K. BC Ct. (Nat. Rcd. of Minors) 2 1832-1836 MSA C237-2 MdHR 18113 f. 16 29 Sept. 1832.
Boyle, Patrick. Ireland. DI. BA Ct. (Minutes) 1822-1826 MSA C386-12 MdHR 14386 f. 223 2 Oct. 1824.
Boyle, Samuel. Republic of Haiti. NATN. Decl. intent in open court. Arrived in U.S. prior to age 21. Res. U.S. 5 yrs., including 3 of minority. Res. MD over 1 yr. Res. BC. Native of Port-au-Prince. Wits: Robert G. Stewart and Robert Stewart. O&RA to Pres. the Republic of Haiti. BC Ct. (Nat. Rcd. of Minors) 2 1832-1836 MSA C237-2 MdHR 18113 f. 130 4 Oct. 1834.
Boyle, Thomas. Ireland. NATN. Decl. intent in US Dist. Ct. 6 Nov. 1848. Wits: Michael Conley and S. Richardson. O&RA to Queen of U.K. BC Ct. (Nat. Rcd.) 10 1849-1851 MSA C229-2 MdHR 18120 f. 317 6 Oct. 1851.
Brackenridge, James. Ireland. NATN. Decl. intent in US Circ. Ct. 14 Oct. 1846. Wits: Thomas Brackenridge and James Johnson. O&RA to Queen of U.K. BA Ct. (Nat. Rcd.) 4 1846-1851 MA C391-2 MdHR 18109 f. 324 4 Nov. 1848.
Brackenridge, James. Ireland. NATN. Decl. intent in US Circ. Ct. 14 Oct. 1846. Wits: Thomas Brackenridge and James Johnson. BA Ct. (Nat. Dkt.) 1 1796-1851 MSA C389-1 MdHR 18106 f. 360 4 Nov. 1848.
Brackenridge, Thomas. Ireland. NATN. Decl. intent in US Circ. Ct. 22 Oct. 1844. Wits: James Johnson and Jon McCuey. O&RA to Queen of U.K. BA Ct. (Nat. Rcd.) 4 1846-1851 MSA C391-2 MdHR 18109 f. 233 29 Sept. 1848.
Brackerridge, Thomas. Ireland. NATN. Decl. intent in US Circ. Ct. 22 Oct. 1844. Wits: James (?) Johnson and John McAvey. BA Ct. (Nat. Dkt.) 1 1796-1851 MSA C389-1 MdHR 18106 f. 321 29 Sept. 1848.
Bradey, James. Ireland. DI. BA Ct. (Minutes) 1827-1830 MSA C386-13 MdHR 14391 f. 162 11 April 1828. Tepper, p. 67, "Brady, James".

Bradley, Andrew. Ireland. DI. BA Ct. (Minutes) 1827-1830 MSA C386-13 MdHR 14391 f. 339 15 Oct. 1830.
Bradley, James. Ireland. NATN. Arrived in U.S. 3 yrs. prior to age 21. Res. U.S. 5 yrs., including 3 of minority. Res. MD over 1 yr. Wits: Alexander Bradley and Susan Bradley. O&RA to Queen of U.K. BC Ct. (Nat. Rcd. of Minors) 3 1845-1851 MSA C237-3 MdHR 18114-1 f. 129 5 Oct. 1848.
Bradley, Newton. Ireland. NATN. Decl. intent in Superior Ct. of Virginia 22 April 1806. BA Ct. (Nat. Dkt.) 1 1796-1851 MSA C389-1 MdHR 18106 f. 43 12 April 1814.
Bradley, Patrick. Ireland. DI. BA Ct. (Minutes) 1827-1830 MSA C386-13 MdHR 14391 f. 339 15 Oct. 1830.
Bradshaw, James. England. NATN. Born Co. of Lancashire. Arrived in the U.S. as a minor. Wits: William Carrigan and William Carrigan, Jr. BA Ct. (Nat. Dkt.) 1 1796-1851 MSA C389-1 MdHR 18106 f. 81 30 Sept. 1824.
Bradshaw, John. Ireland. NATN. Arrived in U.S. 3 yrs. prior to age 21. Res. U.S. 5 yrs., including 3 of minority. Res. MD over 1 yr. Wits: John Erwin and Samuel Miles. O&RA to Queen of U.K. BC Ct. (Nat. Rcd. of Minors) 3 1845-1851 MSA C237-3 MdHR 18114-1 f. 204 6 Nov. 1848.
Brady, Bernard. Ireland. NATN. Decl. intent in Ct. of General Quarter Sessions for the City and Co. of Philadelphia 6 July 1843. Wits: James Donahue and William Carroll. O&RA to Queen of U.K. BA Ct. (Nat. Rcd.) 4 1846-1851 MSA C391-2 MdHR 18109 f. 174 13 Oct. 1846.
Brady, Bernard. Ireland. NATN. Decl. intent in the Ct. of General Quarter Sessions for the City and Co. of Philadelphia 6 July 1843. Wits: James Donahue and William Carroll. BA Ct. (Nat. Dkt.) 1 1796-1851 MSA C389-1 MdHR 18106 f. 292 13 Oct. 1846.
Brady, Dennis. Ireland. NATN. Decl. intent in US Dist. Ct. 30 Sept. 1843. Wits: Thomas Kelly and Michael Daugherty. O&RA to Queen of U.K. BC Ct. (Nat. Rcd.) 9 1845-1848 MSA C229-1 MdHR 18119 f. 402 4 Oct. 1847.
Brady, Hugh. Ireland. NATN. Decl. intent in Ct. of Common Pleas for New York City 14 May 1844. Wits: John Printy and James McGowan. O&RA to Queen of U.K. BC Ct. (Nat. Rcd.) 9 1845-1848 MSA C229-1 MdHR 18119 f. 633 9 Oct. 1848.
Brady, James. Ireland. NATN. Res. BC. Decl. intent in BA Ct. 11 April 1828. Wits: John McCormick and Samuel Carnes. O&RA to King of U.K. BC Ct. (Nat. Rcd. of Minors) 1 1827-1832 MSA C237-1 MdHR 18112 ff. 345-346 4 Oct. 1830.
Brady, James. Ireland. NATN. Decl. intent in Washington Co. Ct. 14 Jan. 1834. Res. BC. Wits: James Reilley and Andrew Freyer. O&RA to King of U.K. BA Ct. (Nat. Rcd.) 2 1832-1846 MSA C391-1 MdHR 18108 f. 34 7 Sept. 1836.
Brady, James. Ireland. NATN. Decl. intent in Washington Co. Ct. 14 Jan. 1834. Wits: James Reilley and Andrew Freyer. BA Ct. (Nat. Dkt.) 1 1796-1851 MSA C389-1 MdHR 18106 f. 183 7 Sept. 1836
Brady, John M. Ireland. DI. BC Ct. (Dkt&Mins) 1825 MSA C 184-2 MdHR 16659 f. 28 14 June 1825.
Brady, John. England. BA Ct. (Nat. Dkt.) 1 1796-1851 MSA C389-1 MdHR 18106 f. 9 #171 10 Nov. 1797. Barnes, p. 61.
Brady, Michael. Ireland. DI. BA Ct. (Minutes) 1827-1830 MSA C386-13 MdHR 14391 f. 162 11 April 1828
Brady, Michael. Ireland. NATN. Res. BC. Decl. intent in BA Ct. 11 April 1828. Wits: John Falon and John McCormick. O&RA to King of U.K. BC Ct. (Nat. Rcd. of Minors) 1 1827-1832 MSA C237-1 MdHR 18112 ff. 343-344 4 Oct. 1830.
Brady, Michael. Ireland. DI. BC Ct. (Dkt&Mins) 1849 MSA C184-11 MdHR 16668 f. 21 14 Aug. 1849.
Brady, Patrick. Ireland. DI. BA Ct. (Minutes) 1827-1830 MSA C386-13 MdHR 14391 f. 162 11 April 1828.
Brady, Patrick. Ireland. DI. BA Ct. (Minutes, Rough) 2 1836-1844 MSA C420-2 MdHR

14398 f. 143 16 Oct. 1838.

Brady, Patrick. Ireland. DI. BA Ct. (Minutes) 1832-1838 MSA C386 MdHR 14403 f. 301 13 Oct. 1838.

Brady, Peter. Hanover. DI. BA Ct. (Minutes, Rough) 1836-1844 MSA C420-2 MdHR 14398 f. 4 20 Jan. 1836.

Brady, Philip. Ireland. NATN. Decl. intent in BC Ct. 11 Oct. 1831. Res. BC. Wits: James Harwood and James Ridgely . O&RA to King of U.K. BC Ct. (Nat. Rcd. of Minors) 2 1832-1836 MSA C237-2 MdHR 18113 f. 83 29 April 1834.

Brady, Philip. Ireland. NATN. Decl. intent in US Circ. Ct. 3 July 1844. Wits: John McDonough and James Riley. BA Ct. (Nat. Dkt.) 1 1796-1851 MSA C389-1 MdHR 18106 f. 360 4 Nov. 1848.

Brady, Philip. Ireland. NATN. Decl. intent in US Circ. Ct. 3 July 1844. Wits: John McDough and James Riley. O&RA to Queen of U.K. BA Ct. (Nat. Rcd.) 4 1846-1851 MSA C391-2 MdHR 18109 f. 324 4 Nov. 1848.

Brady, Sylvester. Ireland. BA Ct. (Nat. Dkt.) 1 796-1851 MSA C389-1 MdHR 18106 f. 22 #438 7 Feb. 1803. Barnes, p. 65.

Bragshan, James. England. NATN. Decl. intent in BC Ct. 26 Nov. 1844. Wits: Lewis Weathered and John F. Weaver. O&RA to Queen of U.K. BC Ct. (Nat. Rcd.) 9 1845-1848 MSA C229-1 MdHR 18119 f. 214 29 April 1847.

Bragshaw, William. England. NATN. Decl. intent in BC Ct. 1 Oct. 1844. Wits: John Wethered and John Bailey. O&RA to Queen of U.K. BC Ct. (Nat. Rcd.) 9 1845-1848 MSA C229-1 MdHR 18119 f. 423 4 Oct. 1847.

Brand, Conrad. Prussia. NATN. Arrived in U.S. under age 18. Wits: Franz Brand and Jacob Williams. BA Ct. (Nat. Dkt.) 1 1796-1851 MSA C389-1 MdHR 18106 f. 343 10 Oct. 1848.

Brand, Conrad. Prussia. NATN. Arrived in U.S. 3 yrs. prior to age 21. Res. U.S. 5 yrs., including 3 of minority. Res. MD over 1 yr. Wits: Franz Brand and Jacob Williams. O&RA to King of Prussia. BA Ct. (Nat. Rcd. of Minors) 3 1846-1851 MSA C392-2 MdHR 18110 f. 67 10 Oct. 1848.

Brandel, Ferdinand. Bavaria. NATN. Decl. intent in BA Ct. 3 April 1832. Wits: Richard Peters and Jacob Sommer. BA Ct. (Nat. Dkt.) 1 1796-1851 MSA C389-1 MdHR 18106 f. 177 4 Sept. 1834.

Brandon, Frederick. Electorate of Hesse-Cassel. NATN. Arrived in U.S. 3 yrs. prior to age 21. Res. U.S. 5 yrs., including 3 of minority. Res. MD over 1 yr. Wits: Peter Buckheimer and Henry Meier. O&RA to Elector of Hesse-Cassel. BC Ct. (Nat. Rcd. of Minors) 3 1845-1851 MSA C237-3 MdHR 18114-1 f. 131 9 Oct. 1848.

Brandon, Gerhart. Electorate of Hesse-Cassel. NATN. Arrived in U.S. 3 yrs. prior to age 21. Res. U.S. 5 yrs., including 3 of minority. Res. MD over 1 yr. Wits: Edward C. Taylor and Christian Heiner. O&RA to Elector of Hesse-Cassel. BA Ct. (Nat. Rcd. of Minors) 3 1846-1851 MSA C392-1 MdHR 18110 f. 47 1 Feb. 1848.

Brandow, Gebhart. Electorate of Hesse-Cassel. NATN. Arrived in U.S. under age 18. Wits: Edward C. Taylor and Christian Heine. BA Ct. (Nat. Dkt.) 1 1796-1851 MSA C389-1 MdHR 18106 f. 318 1 Feb. 1848.

Brandt, Frederick. Principality [Grand Dutchy] of Oldenburg. DI. BC Ct. (Dkt&Mins) 1830 MSA C184-5 MdHR 16662 f. 35 31 July 1830.

Brandt, William. Germany. NATN. Born Hamburg. Arrived prior to 18 June 1812. Wits: William Wickersham and Michael Heddinger. BA Ct. (Nat. Dkt.) 1 1796-1851 MSA C389-1 MdHR 18106 f. 141 4 Oct. 1828.

Braney, Patrick. Ireland. DI. BA Ct. (Minutes) 1839-1846 MSA C389-16 MdHR 14404 f. 66 26 Oct. 1840.

Braney, Patrick. Ireland. DI. BA Ct. (Minutes, Rough) 1836-1844 MSA C420-2 MdHR 14398 f. 247 26 Oct. 1840.

Brannan, Patrick. Ireland. NATN. Res. BC. Decl. intent in BA 20 Sept. 1826. Wits: John Scott and Alexander Grier. O&RA to King of U.K. BC Ct. (Nat. Rcd. of Minors) 1 1827-1832 MSA C237-1 MdHR 18112 ff. 115-116 29 Sept. 1828.

Brannan, Peter. Ireland. NATN. Decl. intent in US Dist. Ct. 20 Aug. 1844. Wits: Thomas Young and Michael Duffa (? Duffy?). O&RA to Queen of U.K. BC Ct. (Nat. Rcd.) 9 1845-1848 MSA C229-1 MdHR 18119 f. 80 3 Oct. 1846.

Brant, Edward. England. NATN. Decl. intent in Ct. of Common Pleas, Hamilton Co. Ohio 2 Nov. 1836. Wits: Ellen Schau and Wolfort Brian. BA Ct. (Nat. Dkt.) 1 1796-1851 MSA C389-1 MdHR 18106 f. 363 30 June 1849.

Brant, Gerhard. Hanover. NATN. Decl. intent in BC Ct. 27 Sept. 1844. Wits: John H. Deckman and B. Kleibacker. O&RA to King of Hanover. BC Ct. (Nat. Rcd.) 9 1845-1848 MSA C229-1 MdHR 18119 f. 610 9 Oct. 1848.

Brantingham, George. England. BA Ct. (Nat. Dkt.) 1 1796-1851 MSA C389-1 MdHR 18106 f. 31 #592 22 May 1805.

Bratt, George. England. DI. BA Ct. (Minutes) 1832-1838 MSA C386 MdHR 14403 f. 119 29 Sept. 1834.

Bratt, George. England. DI. BA Ct. (Minutes, Rough) 1832-1835 MSA C420-1 MdHR 14396-2 f. 283 27 Sept. 1834.

Bratt, John. England. DI. BA Ct. (Minutes) 1822-1826 MSA C386-12 MdHR 14386 f. 335 26 Oct. 1825.

Bratt, John. England. NATN. Born Co. of Lancashire. Decl. intent in BA Ct. 26 Oct. 1825. Wits: John Boyd and Daniel Schwartzauer. BA Ct. (Nat. Dkt.) 1 1796-1851 MSA C389-1 MdHR 18106 f. 168 4 Oct. 1828.

Bratt, Maria. England. DI. BA Ct. (Minutes, Rough) 1832-1835 MSA C420-1 MdHR 14396-2 f. 284 2 Oct. 1834.

Bratt, Maria. England. DI. BA Ct. (Minutes) 1832-1838 MSA C386 MdHR 14403 ff. 120-121 2 Oct. 1834.

Bratt, Thomas. England. DI. BA Ct. (Minutes) 1832-1838 MSA C386 MdHR 14403 ff. 119-120 29 Sept. 1834.

Bratt, Thomas. England. DI. BA Ct. (Minutes, Rough) 1832-1835 MSA C420-1 MdHR 14396-2 f. 283 27 Sept. 1834.

Brayden, William. Ireland. NATN. Decl. intent in US Dist. Ct. 15 Sept. 1828. Wits: Peter Sauerwein and Richard Mason. BA Ct. (Nat. Dkt.) 1 1796-1851 MSA C389-1 MdHR 18106 f. 167 2 Sept. 1831.

Brebecker, George. Bavaria. NATN. Decl. intent in US Dist. Ct. 29 Sept. 1846. Wits: Henry Weigel and Martin Weigel. O&RA to King of Bavaria. BC Ct. (Nat. Rcd.) 9 1845-1848 MSA C229-1 MdHR 18119 f. 634 9 Oct. 1848.

Breck, Henry. Grand Dutchy [Electorate] of Hesse-Cassell. DI. BC Ct. (Dkt&Mins) 1840 MSA C184-7 MdHR 16664 f. 34 18 Sept. 1840.

Bredenmeyer, Frederick William Aug. Earnest. Grand Dutchy of Oldenburg. DI. BA Ct. (Minutes, Rough) 1832-1835 MSA C420-1 MdHR 14396-2 f. 162 30 Jan. 1833.

Bregel, Johann. Germany. NATN. Decl. intent in US Circ. Ct. 1 Oct. 1849. Wits: Joseph Weathers and P. Hankey. O&RA to Emperor of Germany. BC Ct. (Nat. Rcd.) 10 1849-1851 MSA C229-2 MdHR 18120 f. 349 30 Oct. 1851.

Bregel, John J. Germany. NATN. Arrived in U.S. 3 yrs. prior to age 21. Res. U.S. 5 yrs., including 3 of minority. Res. MD over 1 yr. Wits: Jacob Bregel and Ezekeil Bark. O&RA to Emperor of Germany. BC Ct. (Nat. Rcd. of Minors) 3 1845-1851 MSA C237-3 MdHR 18114-1 f. 88 4 Oct. 1847.

Bregel, Joseph. Germany. NATN. Arrived in U.S. 3 yrs. prior to age 21. Res. U.S. 5 yrs., including 3 of minority. Res. MD over 1 yr. Wits: Jacob Bregel and Ezekeil Bark. O&RA to Emperor of Germany. BC Ct. (Nat. Rcd. of Minors) 3 1845-1851 MSA C237-3 MdHR 18114-1 f. 86 4 Oct. 1847.

Breggman, John. Denmark. NATN. Decl. intent in US Dist. Ct. 23 July 1849. Wits: Alexander Myers and William Wardenburg. O&RA to King of Denmark. BC Ct. (Nat. Rcd.) 10 1849-1851 MSA C229-2 MdHR 18120 f. 177 2 Aug. 1851.

Brehm, Sebastian. Bavaria. NATN. Decl. intent in BC Ct. 8 Oct. 1849. Wits: Jacob Klug and Herman D. Webeb. BA Ct. (Nat. Dkt.) 1 1796-1851 MSA C389-1

Brehm, Sebastian. Bavaria. DI. BC Ct. (Dkt&Mins) 1849 MSA C184-11 MdHR 16668 f. 28 8 Oct. 1849.
Brehn, Sebastian. Bavaria. NATN. Decl. intent in BC Ct. 8 Oct. 1849. Wits: Jacob Kling and Herman D. Weber. O&RA to King of Bavaria. BA Ct. (Nat. Rcd.) 4 1846-1851 MSA C391-2 MdHR 18109 f. 386 3 Nov. 1851.
Breinflich, George. Bavaria. DI. BC Ct. (Dkt&Mins) 1847 MSA C184-10 MdHR 16667 f. 39 25 Oct. 1847.
Breitschwerdt, John. Bavaria. NATN. Decl. intent in US Dist. Ct. 16 Sept. 1844. Wits: Lenhart Schemes and John Vogt. O&RA to King of Bavaria. BC Ct. (Nat. Rcd.) 9 1845-1848 MSA C229-1 MdHR 18119 f. 679 16 Oct. 1848.
Breman, John Francis. Ireland. BA Ct. (Nat. Dkt.) 1 1796-1851 MSA C389-1 MdHR 18106 f. 26 #501 10 March 1804. Civil Ct.
Brememan, John Henry. Prussia. DI. BA Ct. (Minutes) 1839-1846 MSA C386-16 MdHR 14404 f. 60 7 Sept. 1840.
Bremen, Thomas B. Ireland. NATN. Born Co. of Wexford. Decl. intent in US Dist. Ct. 28 April 1819. Wits: Thomas Finley and Ebenezer L. Finley. BA Ct. (Nat. Dkt.) 1 1796-1851 MSA C389-1 MdHR 18106 f. 90 1 Dec. 1824.
Bremer, Andreas. Grand Dutchy of Hesse-Darmstadt. NATN. Decl. intent in US Circ. Ct. 2 Nov. 1844. Wits: William Bremer and Ludwig Walschmidt. BA Ct. (Nat. Dkt.) 1 1796-1851 MSA C389-1 MdHR 18106 f. 305 5 Oct. 1847.
Bremer, Andreas. Grand Dutchy of Hesse-Darmstadt. NATN. Decl. intent in US Circ. Ct. 2 Nov. 1844. Wits: William Bremer and Ludwig Waldschmidt. O&RA to Grand Duke of Hesse-Darmstadt. BA Ct. (Nat. Rcd.) 4 1846-1851 MSA C391-2 MdHR 18109 f. 188 5 Oct. 1847.
Bremer, Castin Henry. Hanover. NATN. Decl. intent in US Dist. Ct. 30 Sept. 1844. Wits: Charles McComas and Bernard Klibecker. O&RA to King of Hanover. BC Ct. (Nat. Rcd.) 10 1849-1851 MSA C229-2 MdHR 18120 f. 56 23 Sept. 1850.
Bremer, George. Grand Dutchy of Hesse-Darmstadt. NATN. Arrived in U.S. under age 18. Wits: William Bremer and Andrew Kuller. BA Ct. (Nat. Dkt.) 1 1796-1851 MSA C389-1 MdHR 18106 f. 287 13 Oct. 1846.
Bremer, John. Grand Dutchy of Hesse-Darmstadt. NATN. Arrived in U.S. 3 yrs. prior to age 21. Res. U.S. 5 yrs., including 3 of minority. Res. MD over 1 yr. Wits: John Inglehard and George Miller. O&RA to Grand Duke of Hesse-Darmstadt. BC Ct. (Nat. Rcd. of Minors) 3 1845-1851 MSA C237-3 MdHR 18114-1 f. 113 2 Oct. 1848.
Brenan, Francis X. Ireland. NATN. arrived in U.S. under age 18. Wits: William Ward and William B. Pryfer. BA Ct. (Nat. Dkt.) 1 1796-1851 MSA C389-1 MdHR 18106 f. 287 13 Oct. 1846.
Brenan, Francis X. Ireland. NATN. Arrived in U.S. 3 yrs. prior to age 21. Res. U.S. 5 yrs., including 3 of minority. Res. MD over 1 yr. Wits: William Ward and William B. Pyler. O&RA to Queen of U.K. BA Ct. (Nat. Rcd. of Minors) 3 1846-1851 MSA C392-1 MdHR 18110 f. 9 13 Oct. 1846.
Brenan, Michael. Ireland. NATN. Born Co. of Monaghan. Decl. intent in BA Ct. the 3rd Monday of Sept. 1824. Wits: Patrick Riley and Thomas Carroll. BA Ct. (Nat. Dkt.) 1 1796-1851 MSA C389-1 MdHR 18106 f. 10923 Sept. 1826.
Brenan, Michael. Ireland. DI. BA Ct. (Minutes) 1822-1826 MSA C386-12 MdHR 14386 f. 221 30 Sept. 1824.
Brenan, Peter. Ireland. DI. BA Ct. (Minutes) 1832-1838 MSA C386 MdHR 14403 ff. 17-18 10 Nov. 1832.
Brendel, George. Bavaria. NATN. Decl. intent in US Dist. Ct. 30 Sept. 1844. Wits: Mathias Brendel and George Mooz. O&RA to King of Bavaria. BC Ct. (Nat. Rcd.) 10 1849-1851 MSA C229-2 MdHR 18120 f. 140 1 Oct. 1850.
Brenenstein, Frederick. Bavaria. NATN. Decl. intent in US Circ. Ct. 6 Oct.

1848. Wits: George Friberger and John G. Hentemeyer. BA Ct. (Nat. Dkt.) 1 1796-1851 MSA C389-1 MdHR 18106 f. 378 8 Oct. 1850.

Brenenstien, Frederick. Bavaria. NATN. Decl. intent in US Circ. Ct. 6 Oct. 1848. Wits: George Foscberger and John G. Hintemeyer. O&RA to King of Bavaria. BA Ct. (Nat. Rcd.) 4 1846-1851 MSA C391-2 MdHR 18109 f. 361 8 Oct. 1850.

Brener, George. Grand Dutchy of Hesse-Darmstadt. NATN. Arrived in U.S. 3 yrs. prior to age 21. Res. U.S. 5 yrs., including 3 of minority. Res. MD over 1 yr. Wits: William Brener and Andrew Kuller. O&RA to Grand Duke of Hesse-Darmstadt. BA Ct. (Nat. Rcd. of Minors) 3 1846-1851 MSA C392-1 MdHR 18110 f. 9 13 Oct. 1846.

Brennan, Bernard. Ireland. DI. BC Ct. (Dkt&Mins) 830 MSA C184-5 MdHR 16662 f. 40 9 Oct. 1830.

Brennan, Patrick. Ireland. DI. BA Ct. (Minutes) 1822-1826 MSA C386-12 MdHR 14386 f. 436 20 Sept. 1826. Tepper, p. 71, " Brennan, P.".

Brennan, Peter. Ireland. DI. BA Ct. (Minutes, Rough) 1832-1835 MSA C420-1 MdHR 14396-2 f. 141 10 Nov. 1832.

Brewer, Lewis. Germany. NATN. Born Marburg. Arrived in U.S. 3 yrs. prior to age 21. Decl. intent in open Ct. Wits: James Curtean and Thomas Gleeson. BA Ct. (Nat. Dkt.) 1 1796-1851 MSA C389-1 MdHR 18106 f. 155 8 Nov. 1828.

Brian, Jr. John. France. BA Ct. (Nat. Rcd.) 1 1796-1851 MSA C389-1 MdHR 18106 f. 28 #540 3 Aug. 1804. Civil Ct.

Briant, Edward. England. NATN. Decl. intent in Ct. of Common Pleas for Hamilton Co., Ohio 23 Nov. 1836. Wits: Allen Shaw and Wilfort Briant. O&RA to Queen of U.K. BA Ct. (Nat. Rcd.) 4 1846-1851 MSA C391-2 MdHR 18109 f. 332 30 June 1849.

Brice, James. Ireland. Report and registration. Noted as age 34. Born Co. of Donegal. Res. BA BA Ct. (Misc. Ct. Papers) MSA C1-55 MdHR 50206-731 unnumbered 1822 item 4 May 1822.

Brice, James. Ireland. DI. Res. BA Ren. alleg. to King of U.K. Wits: John Hutson and Christopher Cook. BA Ct. (Misc. Ct. Papers) MSA C1-57 MdHR 50206-731 1822 item 362 4 May 1822.

Brick, Conrad. Grand Dutchy (Electorate) of Hessen-Cassel. DI. BA Ct. (Minutes, Rough) 1836-1844 MSA C420-2 MdHR 14398 f. 303 23 Oct. 1841.

Bride, Gustavus. Ireland. NATN. Decl. intent in BC Ct. 10 Aug. 1845. Wits: Cotter Bride and Henry Bayley. O&RA to Queen of U.K. BC Ct. (Nat. Rcd.) 10 1849-1851 MSA C229-2 MdHR 18120 f. 127 1 Oct. 1850.

Bride, John H. Ireland. NATN. Decl. intent in BC Ct. 1 Feb. 1845. Wits: Colter Bride and William McConkey. O&RA to Queen of U.K. BC Ct. (Nat. Rcd.) 9 1845-1848 MSA C229-1 MdHR 18119 f. 849 6 Nov. 1848.

Briefman, Abraham. Bavaria. NATN. Decl. intent in Halifax Co. (VA) Ct., 23 May 1848. Wit: Solomon Delevi. O&RA to King of Bavaria. BC Ct. (Nat. Rcd.) 10 1849-1851 MSA C229-2 MdHR 18120 f. 122 1 Oct. 1850.

Briel, Conrad. Grand Dutchy [Electorate] of Hesse-Cassel. DI. BA Ct. (Minutes) 1839-1846 MSA C386-16 MdHR 14404 ff. 110-111 23 Oct. 1841.

Brigerman, John Henry. Republic of Bremen. NATN. Arrived in U.S. 3 yrs. prior to age 21. Res. U.S. 5 yrs., including 3 of minority. Res. MD over 1 yr. Wits: George Slater and John White. O&RA to Republic of Bremen. BA Ct. (Nat. Rcd. of Minors) 3 1846-1851 MSA C392-1 MdHR 18110 f. 53 2 Oct. 1848.

Brigerman, John Henry. Bremen. NATN. Arrived in U.S. under age 18. Wits: George Slatter and John White. BA Ct. (Nat. Dkt.) 1 1796-1851 MSA C389-1 MdHR 18106 f. 325 2 Oct. 1848.

Bright, Richard. England. NATN. Decl. intent in US Dist. Ct. 30 Sept. 1844. Wits: John Peacock and George Smith. BC Ct. (Nat. Rcd.) 9 1845-1848 MSA C229-1 MdHR 18119 f. 376 4 Oct. 1847.

Brinckman, Henryck. Hanover. DI. BA Ct. (Minutes) 18221826 MSA C386-12 MdHR

14386 f. 335 30 Sept. 1825.

Brinkman, Bernard. Grand Dutchy of Oldenburg. NATN. Decl. intent in US Dist. Ct. 11 June 1844. Wits: John Myers and Henry Beets. O&RA to Grand Duke of Oldenburg. BC Ct. (Nat. Rcd.) 9 1845-1848 MSA C229-1 MdHR 18119 f. 206 6 Oct. 1846.

Brinnlett, William. England. DI. BA Ct. (Minutes) 1810-1814 MSA C386-10 MdHR 14376 f. 177A 30 March 1812.

Britschki, Vert. Bavaria. NATN. Decl. intent in US Dist. Ct. 9 Sept. 1844. Wits: George H. Meyers and John Wolfe. O&RA to King of Bavaria. BC Ct. (Nat. Rcd.) 9 1845-1848 MSA C229-1 MdHR 18119 f. 136 5 Oct. 1846.

Brittlebauk, Julius. British Guyana. NATN. Arrived in U.S. 3 yrs. prior to age 21. Res. U.S. 5 yrs., including 3 of minority. Res. MD over 1 yr. Wit: Louis Servary. O&RA to Queen of U.K. BC Ct. (Nat. Rcd. of Minors) 3 1845-1851 MSA C237-3 MdHR 18114-1 f. 339 4 Nov. 1851.

Broadbent, Gershom. England. NATN. Decl. intent in BC Ct. 4 Oct. 1844. Wits: John Glenn and Louis Servany. BA Ct. (Nat. Dkt.) 1 1796-1851 MSA C389-1 MdHR 18106 f. 306 5 Oct. 1847.

Broadbent, Gershom. England. NATN. Decl. intent in BC Ct. 4 Oct. 1844. Wits: John Gunn and Lewis Servany. O&RA to Queen of U.K. BA Ct. (Nat. Rcd.) 4 1846-1851 MSA C391-2 MdHR 18109 f. 188 5 Oct. 1847.

Broadbent, William. England. DI. BA Ct. (Minutes) 1827-1830 MSA C386-13 MdHR 14391 f. 77 16 Nov. 1827.

Broadbent, William. England. NATN. Decl. intent in BA Ct. 16 Nov. 1827. Res. BC. Wits: Thomas Flint and Aneas McFaul. O&RA to King of U.K. BC Ct. (Nat. Rcd. of Minors) 2 1832-1836 MSA C237-2 MdHR 18113 ff. 23-24 29 Sept. 1832.

Broadhurst, Joseph. England. NATN. Born Newcastle -on-the-Tyne. Decl. intent in Ct. of Common Pleas held at Philadelphia 24 Oct. 1816. Wits: Joseph Adams and Nathaniel Posey. BA Ct. (Nat. Dkt.) 1 1796-1851 MSA C389-1 MdHR 18106 f. 133 15 Feb. 1828.

Brock, Ferdinand. Germany. BA Ct. (Nat. Dkt.) 1 1796-1851 MSA C389-1 MdHR 18106 f. 49 1 Nov. 1819.

Brockelman, William. Germany. DI. Res. BC. Ren. alleg. to Emperor of Germany. BC Ct. of O&T&GD (Dkt&Mins) 1812 MSA C183-7 MdHR 16655 f. 5 17 Jan. 1812.

Brodbeck, William. Wurtemburg. NATN. Decl. intent in BC Ct. 4 Nov. 1848. Wits: Alexander Geddes and James Garland. O&RA to King of Wurtemburg. BC Ct. (Nat. Rcd.) 10 1849-1851 MSA C229-2 MdHR 18120 f. 284 25 Sept. 1851.

Brodemeyer, Frederick William Aug. Earnest. Grand Dutchy of Oldenburg. DI. BA Ct. (Minutes) 1832-1838 MSA C386 MdHR 14403 f. 32 30 Jan. 1833.

Broders, Anthony. Ireland. DI. BC Ct. (Dkt&Mins) 1849 MSA C184-11 MdHR 16668 f. 29 18 Oct. 1849.

Broders, James. Ireland. NATN. Arrived in U.S. 3 yrs. prior to age 21. Res. U.S. 5 yrs., including 3 of minority. Res. MD over 1 yr. Wits: Richard Bennett and Robert A. McAllister. O&RA to Queen of U.K. BC Ct. (Nat. Rcd. of Minors) 3 1845-1851 MSA C237-3 MdHR 18114-1 f. 223 20 Oct. 1849.

Broders, James. Ireland. DI. BC Ct. (Dkt&Mins) 1849 MSA C184-11 MdHR 16668 f. 29 18 Oct. 1849.

Brodie, Alexander. Scotland. NATN. Decl. intent in Albany Co. (NY) Ct. 18 April 1843. Wits: William Talbot, Robert Bryaely and John Brodie. O&RA to Queen of U.K. BC Ct. (Nat. Rcd.) 9 1845-1848 MSA C229-1 MdHR 18119 f. 508 20 July 1848.

Brondstaetter, George. Germany. DI. Res. BC. Ren. alleg. to King of France. BC Ct. (Dkt&Mins) 1828 MSA C184-4 MdHR 16661 f. 44 20 Oct. 1828.

Brook, Thomas. England. NATN. Decl. intent in US Dist. Ct. the 1st Tuesday of July 1811. BA Ct. (Nat. Dkt.) 1 1796-1851 MSA C389-1 MdHR 18106 f. 44 15 Oct. 1814.

Broome, Henry. England. DI. Res. BC. BC Ct. (Dkt&Mins) 1828 MSA C184-4 MdHR 16661 f. 11 29 April 1828.
Broron, John. France. NATN. Arrived in U.S. prior to 18 June 1812. Wits: Paul Gold and Nicholas Strike. BA Ct. (Nat. Dkt.) 1 1796-1851 MSA C389-1 MdHR 18106 f. 17410 Dec. 1832.
Brown, Andrew. Ireland. NATN. Arrived in U.S. 3 yrs. prior to age 21. Res. U.S. 5 yrs., including 3 of minority. Res. MD over 1 yr. Wits: Edward Brown and Jane Brown. O&RA to Queen of U.K. BA Ct. (Nat. Rcd. of Minors) 3 1846-1851 MSA C392-1 MdHR 18110 f. 94 1 Oct. 1850.
Brown, Andrew. Ireland. NATN. Arrived in U.S. under age 18. Wits: Edward Brown and James Brown. BA Ct. (Nat. Dkt.) 1 1796-1851 MSA C389-1 MdHR 18106 f. 377 1 Oct. 1850.
Brown, Charles. Prussia. NATN. Res. BC. Res. U.S. 14 April 1802 - 18 June 1812. Wits: Thomas Deshereaux and Frederick Summers. O&RA to King of Prussia. BC Ct. (Nat. Rcd. of Minors) 1 1827-1832 MSA C237-1 MdHR 18112 ff. 240-241 8 Nov. 1828.
Brown, Charles. Guernsey (Great Britain). NATN. Res. BC. Res. U.S. 14 April 1802 - 18 June 1812. Wits: Charles Fox and John Robb. O&RA to King of U.K. BC Ct. (Nat. Rcd. of Minors) 1 1827-1832 MSA C237-1 MdHR 1812 f. 243 8 Nov. 1828.
Brown, Charles. Sweden. DI. BC Ct. (Docket & Minutes) 1849 MSA C184-11 MdHR 16668 f. 25 22 Sept. 1849.
Brown, Christian Jacob. Wurtemburg. NATN. Decl. intent in open court. Arrived in U.S. 3 yrs. prior to age 21. Res. U.S. 5 yrs., including 3 of minority. Res. MD over 1 yr. Res. BC. Wits: John Schmidt and John W. Zigler. O&RA to King of Wurtemburg. BC Ct. (Nat. Rcd. of Minors) 2 1832-1836 MSA C237-2 MdHR 18113 f. 186 14 June 1836.
Brown, David. Scotland. NATN. Res. BC. Decl. intent in BA Ct. 10 Oct. 1826. Wit: John Miller. O&RA to King of U.K. BC Ct. (Nat. Rcd. of Minors) 1 1827-1832 MSA C237-1 MdHR 18112 ff. 223-224 6 Nov. 1828. See also Scots, p. 15. Profession given as blacksmith.
Brown, David. Scotland. DI. BA Ct. (Minutes) 1822-1826 MSA C386-12 MdHR 14386 f. 435 10 Oct. 1826. See also Scots, p. 15. Profession given as blacksmith.
Brown, Edward. Ireland. NATN. Born Co. of Donegal. Arrived in the U.S. as a minor. Wits: Neal McFadon and Charles Duffy. BA Ct. (Nat. Dkt.) 1 1796-1851 MSA C389-1 MdHR 18106 f. 76 27 Sept. 1824.
Brown, Francis W. Germany. DI. BC Ct. (Dkt&Mins) 1839 MSA C184-6 MdHR 16663 f. 29 1 July 1839.
Brown, Frederick. Prussia. NATN. Born Kemel. Decl. intent in US Circ. Ct. 8 Nov. 1819. Wits: Samuel McCoy and John G. Schlerck. BA Ct. (Nat. Dkt.) 1 1796-1851 MSA C389-1 MdHR 18106 f. 81 30 Sept. 1824.
Brown, George Frederich. Republic of Bremen. DI. Profession: Mariner (1850 Census) BA Ct. (Minutes) 1839-1846 MSA C386-16 MdHR 14404 f. 57 29 June 1840. 1850 Census gives birthplace of George F. Brown as Holland.
Brown, George. (No country given; Great Britain ?). NATN. Profession: Doctor. Comes into court, declares his belief in the Christian religion, and takes oath required by Act of July 1779. BA Ct. (Minutes) 1782 - 1786 MSA C386 MdHR 5050 f. 115 June 1784
Brown, George. Scotland. NATN. Born Ayreshire. Decl. intent in US Dist. Ct. 9 Nov. 1818. Wits: Malcolm Wright and Gammel Pabkinson. BA Ct. (Nat. Dkt.) 1 1796-1851 MSA C389-1 MdHR 18106 f2 5 Oct. 1822. See also Scots, p. 15.
Brown, George. Hanover. NATN. Arrived in U.S. 3 yrs. prior to age 21. Res. U.S. 5 yrs., including 3 of minority. Res. MD over 1 yr. Wits: Christian Heiner and Ernst Heiner. O&RA to King of Hanover. BA Ct. (Nat. Rcd. of Minors) 3 1846-1851 MSA C392-1 MdHR 18110 f. 67 10 Oct. 1848.
Brown, George. Hanover. NATN. Arrived in U.S. under age 18. Wits: Christian

Heiner and Ernst Heiner. BA Ct. (Nat. Dkt.) 1 1796-1851 MSA C389-1 MdHR 18106 f. 343 10 Oct. 1848.
Brown, Henry. DI. Great Britain. BA Ct. (Minutes) 1792 - 1797 MSA C386-7 MdHR 5052 f. 267 7 Dec. 1796
Brown, Henry. Electorate of Hesse-Cassel. NATN. Decl. intent in US Dist. Ct. 23 Sept. 1844. Wits: Henry Gunter and Jacob Fleishman. O&RA to Elector of Hesse-Cassel. BC Ct. (Nat. Rcd.) 9 1845-1848 MSA C229-1 MdHR 18119 f. 536 30 Sept. 1848.
Brown, Henry. England. NATN. Decl. intent in US Dist. Ct. 5 Oct. 1840. Wits: John Cooper and Charles Cooper. O&RA to Queen of U.K. BA Ct. (Nat. Rcd.) 4 1846-1851 MSA C391-2 MdHR 18109 f. 91 13 Oct. 1846.
Brown, Henry. Denmark. NATN. Decl. intent in US Dist. Ct. 10 Oct. 1848. Wits: John Thomas Wason and Charles Wales. O&RA to King of Denmark. BA Ct. (Nat. Rcd.) 4 1846-1851 MSA C391-2 MdHR 18109 f. 364 4 March 1851.
Brown, Henry. Denmark. NATN. Decl. intent in US Circ. Ct. 10 Oct. 1848. Wits: Thomas Wason and Charles Wiles. BA Ct. (Nat. Dkt.) 1 1796-1851 MSA C389-1 MdHR 18106 f. 380 4 March 1851.
Brown, Henry. England. NATN. Decl. intent in US Dist. Ct. 5 Oct. 1840. Wits: John Cooper and Charles Cooper. BA Ct. (Nat. Dkt.) 1 1796-1851 MSA C389-1 MdHR 18106 f. 260 13 Oct. 1846.
Brown, James. England. DI. BA Ct. (Minutes) 1827-1830 MSA C386-13 MdHR 14391 f. 162 29 May 1828.
Brown, James. Ireland. DI. BA Ct. (Minutes) 1822-1826 MSA C386-12 MdHR 14386 f. 215 21 Sept. 1824.
Brown, James. Ireland. DI. BA Ct. (Minutes) 1846-1851 MSA C386-17 MdHR 14405 f. 228-229 1 Oct. 1850.
Brown, James. Ireland. NATN. Born Co. of Down. Decl. intent in BA Ct. the 3rd Monday of Sept. 1824. Wits: James McIlhenney and Samuel McPherson. BA Ct. (Nat. Dkt.) 1 1796-1851 MSA C389-1 MdHR 18106 f. 105 20 Sept. 1826.
Brown, James. Ireland. NATN. Born co. of Antrim. Decl. intent in Cecil Co. Ct. April term 1817. Wits: William H. Ward and John Brown. BA Ct. (Nat. Dkt.) 1 17)6-1851 MSA C389-1 MdHR 18106 f. 87 2 Nov. 1824.
Brown, James. Ireland. Report and registration. Noted as age 31. Born Co. of Down. Arrived City Point, Virginia, May 1821. Res. BC. Wits: James McKhenny and Samuel McPherson. BA Ct. (Misc. Ct. Papers) MSA C1-57 MdHR 50206-753 1823 item 338 20 Sept. 1824.
Brown, James. Ireland. DI. BA Ct. (Misc. Ct. Papers) MSA C1-57 MdHR 50206-753 unnumbered 1823 item 21 Sept. 1824.
Brown, James. Ireland. DI. BA Ct. (Minutes) 1846-1851 MSA C386-16 MdHR 14405 ff. 228-229 10 Oct. 1850.
Brown, Jesse. England. Decl. intent in US Circ. Ct. 21 Nov. 1820. Wits: Daniel James and Luke Kiersted. BA Ct. (Nat. Dkt.) 1 1796-1851 MSA C389-1 MdHR 18106 f. 90 15 Nov. 1824.
Brown, John. Denmark. BA Ct. (Nat. Dkt.) 1 1796-1851 MSA C389-1 MdHR 18106 f. 35 #692 16 Nov. 1807.
Brown, John. Denmark. Decl. intent in US Circ. Ct. for D.C. for the Co. of Alexandria. Wits: John Frazier and John Park. BA Ct. (Nat. Dkt.) 1 1796-1851 MSA C389-1 MdHR 18106 f. 129 28 May 1828.
Brown, John. England. NATN. Born Glanmorganshire. Decl. intent in BA Ct. the 3rd Monday of Sept. 1819. Wits: Samuel Ellicott and William M. Ellicott. BA Ct. (Nat. Dkt.) 1 1796-1851 MSA C389-1 MdHR 18106 f. 133 15 Sept. 1828.
Brown, John. Denmark. DI. Noted as born Flensburg. Declaration filed in D.C., Co. of Alexandria. Wits: John Frazier and John Park. BA Ct. (Misc. Ct. Papers) MSA C1-66 MdHR 50206-848 1828 item 440 3 May 1826.
Brown, John. England. DI. Ren. alleg. to King of U.K. BA Ct. (Minutes) 1815-1820 MSA C386-11 MdHR 14381 f. 292 28 Oct. 1819.

Brown, John. France. NATN. Res. U.S. 14 April 1802 - 18 June 1812. Res. BC. Wits: Paul Gold and Nicholas Strike. O&RA to King of France. BA Ct. (Nat. Rcd.) 2 1832-1846 MSA C391-1 MdHR 18108 f. 10 10 Dec. 1832.

Brown, Joseph. England. NATN. Decl. intent in BA Ct. 29 May 1828. Res. BC. Wits: William Evans and William Reese. O&RA to King of U.K. BC Ct. (Nat. Rcd. of Minors) 2 1832-1836 MSA C237-2 MdHR 18113 ff. 5-6 11 Aug. 1832.

Brown, Michael. Ireland. DI. BA Ct. (Minutes) 1822-1826 MSA C386-12 MdHR 14386 f. 436 28 March 1826.

Brown, Michael. Ireland. NATN. Res. Anne Arundel Co. Decl. intent in BA Ct. 28 March 1826. Wit: Peter Ryan. O&RA to great Britain. BC Ct. (Nat. Rcd. of Minors) 182-1832 MSA C237-1 MdHR 18112 ff. 101-102 29 Sept. 1828.

Brown, Nicholas V. Ireland. DI. Res. BC. BC Ct. (Dkt&Mins) 1841 MSA C184-8 MdHR 16665 f. 27 17 July 1841.

Brown, Peter. Austrian Empire. DI. BA Ct. (Minutes) 1827-1830 MSA C386-13 MdHR 14391 f. 77 1 Feb. 1828.

Brown, Samuel. Ireland. NATN. Res. BC. Res. U.S. 14 April 1802 - 18 June 1812. Wits: Thomas Coates and Joseph McKeldin. O&RA to King of U.K. BC Ct. (Nat. Rcd. of Minors) 1 1827-1832 MSA C237-1 MdHR 18112 ff. 298-299 3 Oct. 1829.

Brown, Thomas. Ireland. NATN. Arrived in U.S. 3 yrs. prior to age 21. Res. U.S. 5 yrs., including 3 of minority. Res. MD over 1 yr. Wits: Edward Brown and Jane Brown. O&RA to Queen of U.K. BA Ct. (Nat. Rcd. of Minors) 3 1846-1851 MSA C392-1 MdHR 18110 f. 94 1 Oct. 1850.

Brown, Thomas. Ireland. NATN. Arrived in U.S. 3 yrs. prior to age 21. Res. U.S. 5 yrs., including 3 of minority. Res. MD over 1 yr. Wits: John Horn and Francis Butcher. O&RA to Queen of U.K. BA Ct. (Nat. Rcd. of Minors) 3 1846-1851 MSA C392-1 MdHR 18110 f. 83 1 Oct. 1849.

Brown, Thomas. Ireland. NATN. Arrived in U.S. under age 18. Wits: Edward Brown and James Brown. BA Ct. (Nat. Dkt.) 1 1796-1851 MSA C389-1 MdHR 18106 f.377 1 Oct. 1850.

Brown, Thomas. Ireland. NATN. Arrived in U.S. under age 18. Wits: John Horn and Francis Butcher. BA Ct. (Nat. Dkt.) 1 1796-1851 MSA C389-1 MdHR 18106 f. 365 1 Oct. 1849.

Browne, Henry. England. NATN. Res. BC. Exhibits petition for NATN and cert.s of report and registration. Decl. intent in US Dist. Ct. Born Co. of Warwick. Noted as age 37. Arrived in BC July 1801. Wits: Thomas Winwood and Ebenezer Hubball. O&RA to King of U.K. BC Ct. (Nat. Rcd. of Minors) 1 1827-1832 MSA C237-1 MdHR 18112 ff. 46-47 29 Feb. 1828.

Browning, John. England. DI. Res. BC. BC Ct. (Dkt&Mins) 1828 MSA C184-4 MdHR 16661 f. 33 8 July 1828.

Bruce, William. Scotland. DI. Res. BC. BC Ct. (Dkt&Mins) 1839 MSA C184-6 MdHR 16663 f. 35 28 Sept. 1839.

Bruchl, Daniel. Grand Dutchy of [Hesse-] Darmstadt. DI. Noted as a native of Hesse-Cassel. BA Ct. (Minutes) 1822-1826 MSA C386-12 MdHR 14386 f. 436 27 April 1826.

Brucks, Lewis. Poland. NATN. Arrived in U.S. 3 yrs. prior to age 21. Res. U.S. 5 yrs., including 3 of minority. Res. MD over 1 yr. Wits: Jacob Zerinzis and Elias Rosenzweig. O&RA to Emperor of Russia. BC Ct. (Nat. Rcd. of Minors) 3 1845-1851 MSA C237-3 MdHR 18114-1 f. 180 4 Nov. 1848.

Bruehl, Daniel. Grand Dutchy of [Hesse-] Darmstadt. NATN. Born town of Bridessraph in Hesse-Cassell. Decl. intent in BA Ct. the 4th Monday of March 1826. Wits: John F. Bush and John Benner. BA Ct. (Nat. Dkt.) 1 1796-1851 MSA C389-1 MdHR 18106 f. 136 16 Sept. 1828.

Brummer, John S. Bavaria. DI. BA Ct. (Minutes) 1839-1846 MSA C386-16 MdHR 14404 f. 151 27 Sept. 1842.

Brumundy, Martha. France. Res. 1798 - 1802. BA Ct. (Nat. Dkt.) 1 1796-1851

MSA C389-1 MdHR 18106 f. 57 22 July 1822.

Brune, Frederick William. Germany. NATN. Exhibits petition for admission to citizenship. Res. U.S. from 18 June 1798 to 14 April 1802. Res. MD for 5 yrs. O&RA to Emperor of Germany. BA Ct. (Nat. Dkt.) 1 1796-1851 MSA C389-1 MdHR 18106 ff. 26-27 5 April 1804.

Brunelot, Francois Bernardin. Republic of France. BA Ct. (Nat. Dkt.) 1 1796 - 1851 MSA C389-1 MdHR 18106 f. 2 #33 24 Nov. 1796. Barnes, p. 59

Brunetot, Francois Bernardin. Republic of France. NATN BA Ct. (Minutes) 1792 - 1797 MSA C386-7 MdHR 5052 f. 254 24 Nov. 1795. Barnes, p. 59.

Brunn, Andre. Grand Dutchy of Hesse-Darmstadt. DI. Res. BC. BC Ct. (Dkt&Mins) 1847 MSA C184-10 MdHR 16667 f. 9 12 March 1847.

Bruns, Bernard. Prussia. NATN. Decl. intent in US Dist. Ct. 6 Sept. 1841. Wits: Francis Cooper and Joseph Oswinger. O&RA to King of Prussia. BA Ct. (Nat. Rcd.) 4 1846-1851 MSA C391-2 MdHR 18109 f. 9 5 Oct. 1846.

Bruns, Bernard. Prussia. NATN. Decl. intent in US Dist. Ct. 6 Sept. 1841. Wits: Francis Cooper and Joseph Oswinger. BA Ct. (Nat. Dkt.) 1 1796-1851 MSA C389-1 MdHR 18106 f. 233 5 Oct. 1846.

Brusman, John. Ireland. NATN. Decl. intent in US Dist. Ct. 1 Oct. 1844. Wits: Owen McKimon and George B. Long. O&RA to Queen of U.K. BC Ct. (Nat. Rcd.) 10 1849-1851 MSA C229-2 MdHR 18120 f. 154 8 Oct. 1850.

Bryan/Bryman, Edward. England. BA Ct. NATN (Nat. dkt.) 1 1796-1851 MSA C389-1 MdHR 18106 f. 18 #377 8 Nov. 1798. Barnes, p. 64.

Bryan, John. Ireland. NATN. Decl. intent in Marine Ct. of New York City 12 Sept. 1838. Res. BC. Wits: Edward Dunn and Michael Gibson. O&RA to Queen of U.K. BA Ct. (Nat. Rcd.) 2 1832-1846 MSA C391-1 MdHR 18108 ff. 103-104 3 Oct. 1843.

Bryan, John. Ireland. NATN. Decl. intent in Marine Ct. of New York City 12 Sept. 1838. Wits: Edward Quinn and Michael Gibson. BA Ct. (Nat. Dkt.) 1 1796-1851 MSA C389-1 MdHR 18106 f. 215 3 Oct. 183.

Bryne, Matthew. Ireland. DI. BA Ct. (Minutes, Rough) 1832-1835 MSA C420-1 MdHR 14396-2 f. 158 15 Jan. 1833.

Brynes, Thomas. Ireland. DI. BC Ct. (Dkt&Mins) 1840 MSA C184-7 MdHR 16664 f. 35 22 Sept. 1840.

Buch/Bach, John M. Grand Dutchy of Baden. NATN. Arrived in U.S. 3 yrs. prior to age 21. Res. U.S. 5 yrs., including 3 of minority. Res. MD over 1 yr. Wits: John L. Burch and George Buch. O&RA to Grand Duke of Baden. BA Ct. (Nat. Rcd. of Minors) 3 1846-1851 MSA C392-1 MdHR 18110 f. 48 28 Sept. 1848.

Buchanan, James. (No country given; Great Britain?). NATN. Declares belief in the Christian religion and subscribes to oath required by Act of July Session of 1779. BA Ct. (Minutes) 1782 - 1786 MSA C386 MdHR 5050 f. 121 2 Aug. 1784

Buchanan, Robert. England. BA Ct. (Nat. Dkt.) 1 1796-1851 MSA C389-1 MdHR 18106 f. 14 #295 26 March 1798. Barnes, p. 63.

Buchner, John. Prussia. NATN. Arrived in U.S. under age 18. Wits: George Miller and Frederick Kline. BA Ct. (Nat. Dkt.) 1 1796-1851 MSA C389-1 MdHR 18106 f. 287 13 Oct. 1846.

Buchoss/Buchofs, Benjamin Frederick. Germany. BA Ct. (Nat. Dkt.) 1 1796-1851 MSA C389-1 MdHR 18106 f. 32 #621 17 Nov. 1805.

Buckheimer, George. Grand Dutchy of Hesse-Darmstadt. NATN. Decl. intent in US Dist. Ct. 4 Nov. 1844. Wits: Henry Weinzel and Peter Buckheimer. O&RA to Grand Duke of Hesse-Darmstadt. BC Ct. (Nat. Rcd.) 9 1845-1848 MSA C229-1 MdHR 18119 f. 816 6 Nov. 1848.

Buckler, Henry. Grand Dutchy of Baden. DI. BA Ct. (Minutes) 1832-1838 MSA C386 MdHR 14403 f. 135 7 Jan. 1835.

Buckler, Henry. Grand Dutchy of Baden. BA Ct. (Minutes, Rough) 1832-1835 MSA C420-1 MdHR 14396-2 f. 304 7 Jan. 1835.

Buckley, Edward. Ireland. NATN. Decl. intent in US Circ. Ct. 7 Sept. 1844.

Wit: Robert Wright. O&RA to Queen of U.K. BC Ct. (Nat. Rcd.) 10 1849-1851 MSA C229-2 MdHR 18120 f. 363 31 Oct. 1851.
Buckley, John. England. NATN. Arrived in U.S. 3 yrs. prior to age 21. Res. U.S. 5 yrs., including 3 of minority. Res. MD over 1 yr. Wits: William Pelkington and Thomas C. James. O&RA to Queen of U.K. BC Ct. (Nat. Rcd. of Minors) 3 1845-1851 MSA C237-3 MdHR 18114-1 f. 182 4 Nov. 1848.
Buckley, Thomas. Great Britain. BA Ct. NATN (Nat. Dkt.) 1 1796 - 1851 MSA C389-1 MdHR 18106 f. 2 #31 21 Nov. 1796. Barnes, p. 59
Buckley, Thomas. Great Britain. NATN. BA Ct. (Minutes) 1792-1797 MSA C386-7 MdHR 5052 f. 254 21 Nov. 1796.
Bucksbaum, John. Bavaria. NATN. Decl. intent in US Dist. Ct. 29 Sept. 1844. Wits: Moses Oettinger and Conrad Diegelman. O&RA to King of Bavaria. BC Ct. (Nat. Rcd.) 9 1845-1848 MSA C229-1 MdHR 18119 f. 540 30 Sept. 1848.
Buckta, John. Wurtemburg. NATN. Decl. intent in US Dist. Ct. 29 Sept. 1832. Res. BC. Wits: Jacob Surmmer and Peter Dougless. O&RA to King of U.K. BA Ct. (Nat. Rcd.) 2 1832-1846 MSA C391-1 MdHR 18108 f. 25 2 Oct. 1834.
Budd, Richard H. Ireland. DI. BA Ct. (Minutes) 1822-1826 MSA C386-12 MdHR 14386 f. 112 22 Sept. 1823.
Buderer, John George. Grand Dutchy of Baden. NATN. Arrived in U.S. 3 yrs. prior to age 21. Res. U.S. 5 yrs., including 3 of minority. Res. MD over 1 yr. Wits: George F. Brechtel and Charles Young. O&RA to Grand Duke of Baden. BC Ct. (Nat. Rcd. of Minors) 3 1845-1851 MSA C237-3 MdHR 18114-1 f. 215 1 Oct. 1849.
Buellman, Thomas. Bavaria. NATN. Decl. intent in US Dist. Ct. 13 Oct. 1846. Wits: Philip Begen and George Berry. O&RA to King of Bavaria. BC Ct. (Nat. Rcd.) 9 1845-1848 MSA C229-1 MdHR 18119 f. 700 23 Oct. 1848.
Buescher, Johann Wilhelm. Dutchy of Altenburg. NATN. Decl. intent in US Dist. Ct. 16 March 1843. Wits: George Fastie and Conrad Herghesheimer. O&RA to Duke of Altenburg. BC Ct. (Nat. Rcd.) 9 1845-1848 MSA C229-1 MdHR 18119 f. 705 23 Oct. 1848.
Builet, John. M. B. France. DI. BA Ct. (Minutes) 1822-1826 MSA C386-12 MdHR 14386 f. 436 20 Sept. 1826.
Bukner, Leonard. Bavaria. NATN. Decl. intent in US Dist. Ct. 26 Sept. 1844. Wits: Jacob Ruff and Gideon Herbert. O&RA to King of Bavaria. BC Ct. (Nat. Rcd.) 9 1845-1848 MSA C229-1 MdHR 18119 f. 254 24 Sept. 1847.
Buleman, John W. Prussia. NATN. Decl. intent in US Dist. Ct. 14 Oct. 1843. Wits: Frederick Gepmeyer and John Adolf. O&RA to King of Prussia. BC Ct. (Nat. Rcd.) 9 1845-1848 MSA C229-1 MdHR 18119 f. 150 5 Oct. 1846.
Bulling, Charles Theodore M. Grand Dutchy of Oldenburg. NATN. Decl. intent in US Dist. Ct. 22 June 1848. Wits: Charles W. Lentz and Nelson Spurrier. O&RA to Grand Duke of Oldenburg. BC Ct. (Nat. Rcd.) 10 1849-1851 MSA C229-2 MdHR 18120 f. 175 3 June 1851.
Bullock, Solomon. England. DI. BA Ct. (Minutes, Rough) 1836-1844 MSA C420-2 MdHR 14398 f. 480 11 Oct. 1844.
Bullock, Solomon. England. DI. BA Ct. (Minutes) 1839-1846 MSA C386-16 MdHR 14404 f. 253 11 Oct. 1844.
Bullock, Solomon. England. NATN. Decl. intent in BA Ct. 11 Oct. 1844. Wits: Pleasant Hunter and William Hunter. O&RA to Queen of U.K. BA Ct. (Nat. Rcd.) 4 1846-1851 MSA C391-2 MdHR 18109 f. 355 1 Oct. 1850.
Bullock, Solomon. England. NATN. Decl. intent in BA Ct. 11 Oct. 1844. Wits: Pleasant Hunter and William Hunter. BA Ct. (Nat. Dkt.) 1 1796-1851 MSA C389-1 MdHR 18106 f. 376 1 Oct. 1850.
Bundle, Jonathan. England. DI. BA Ct. (Minutes) 1832-1838 MSA C386 MdHR 14403 f. 115 13 Sept. 1834.
Buneman, John Henry. Prussia. DI. BA Ct. (Minutes, Rough) 1836-1844 MSA C420-2 MdHR 14398 f. 239 7 Sept. 1840.

Bunhard, Andrew. Germany. NATN. Decl. intent in BC Ct. 19 Sept. 1844.
Wits: Henry Faha and George Theil. O&RA to Emperor of Germany. BC Ct. (Nat. Rcd.) 9 1845-1848 MSA C229-1 MdHR 18119 f. 482 5 Oct. 1847.

Bunyie, Robert. Scotland. NATN. Res. U.S. 14 April 1802 - 18 June 1812. Res. BC. Wits: William Frick and John Cole. O&RA to King of U.K. BC Ct. (Nat. Rcd. of Minors) 2 1832-1836 MSA C237-2 MdHR 18113 f. 40 10 Oct. 1832.

Bunyie, William. Scotland. NATN. Res. U.S. 14 April 1802 - 18 June 1812. Res. BC. Wits: William Frick and John Cole. O&RA to King of U.K. BC Ct. (Nat. Rcd. of Minors) 2 1832-1836 MSA C237-2 MdHR 18113 ff. 39-40 10 Oct. 1832.

Buraun/Buraum, John F. Holland. DI. BA Ct. (Minutes) 1846-1851 MSA C386-16 MdHR 14405 f. 229 5 Oct. 1850.

Burch, John M. Grand Dutchy of Baden. NATN. Arrived in U.S. under age 18. Wits: John L. Burch and George Bach. BA Ct. (Nat. Dkt.) 1 1796-1851 MSA C389-1 MdHR 18106 f. 320 28 Sept. 1848.

Burger, John. Switzerland. NATN. Decl. intent in US Circ. Ct. 15 April 1845. Wits: Nicholas Burger and Jacob Gerhart. O&RA to Republic of Switzerland. BA Ct. (Nat. Rcd.) 4 1846-1851 MSA C391-2 MdHR 18109 f. 242 2 Oct. 1848.

Burger, John. Switzerland. NATN. Decl. intent in US Circ. Ct. 15 April 1845. Wits: Nicholas Burger and Jacob Gerhart. BA Ct. (Nat. Dkt.) 1 1796-1851 MSA C389-1 MdHR 18106 f. 328 2 Oct. 1848.

Burhelt, Michael. Grand Dutchy of Baden. NATN. Arrived in U.S. 3 yrs. prior to age 21. Res. U.S. 5 yrs., including 3 of minority. Res. MD over 1 yr. Wits: Charles Einbrott and William Lanahan. O&RA to Grand Duke of Baden. BC Ct. (Nat. Rcd. of Minors) 3 1845-1851 MSA C237-3 MdHR 18114-1 f. 116 3 Oct. 1848.

Burhill John Frederick. Hanover. DI. BC Ct. (Dkt&Mins) 1849 MSA C184-11 MdHR 16668 f. 32 8 Jan. 1850.

Burk, James. Ireland. NATN. Decl. intent in US Circ. Ct. 27 Sept. 1844. Wits: Anthony Flaherty and John Mitchell. O&RA to Queen of U.K. BA Ct. (Nat. Rcd.) 4 1846-1851 MSA C391-2 MdHR 18109 f. 92 13 Oct. 1846.

Burk, James. Ireland. NATN. Decl. intent in US Circ. Ct. 27 Sept. 1844. Wits: Anthony Flaherty and John Mitchell. BA Ct. (Nat. Dkt.) 1 1796-1851 MSA C389-1 MdHR 18106 f. 260 13 Oct. 1846.

Burke, David. Ireland. DI. BA Ct. (Minutes, Rough) 1836-1844 MSA C420-2 MdHR 14398 f. 108 9 Jan. 1838.

Burke, David. Ireland. DI. BA Ct. (Minutes) 1832-1838 MSA C386 MdHR 14403 f. 271 9 Jan. 1838.

Burke, Harman. Hanover. NATN. Arrived in U.S. 3 yrs. prior to age 21. Res. U.S. 5 yrs., including 3 of minority. Wits: George Puhl and Frederick G. Myers. O&RA to King of Hanover. BC Ct. (Nat. Rcd. of Minors) 3 1845-1851 MSA C237-3 MdHR 18114-1 f. 76 4 Oct. 1847.

Burke, James. Ireland. BA Ct. (Nat. Dkt.) 1 1796-1851 MSA C389-1 MdHR 18106 f. 6 #105 6 April 1797. Barnes, p. 60

Burke, John. Ireland. NATN. Res. BC. Wits: William B. Barney and Alfred W. Thompson. O&RA to King of U.K. BC Ct. (Nat. Rcd. of Minors) 2 1832-1836 MSA C237-2 MdHR 18113 f. 98 25 Sept. 1834.

Burke, Martin. England. NATN. Decl. intent in Marine Ct. of New York 26 June 1827. Res. BC. Wits: James Gallagher and John O'Harra. O&RA to King of U.K. BC Ct. (Nat. Rcd. of Minors) 2 1832-1836 MSA C237-2 MdHR 18113 ff. 77-78 6 Jan. 1834.

Burkert, George. Germany. NATN. Decl. intent in BC Ct. 30 Sept. 1844. Wits: George B. Long and Augustus Smith. BA Ct. (Nat. Dkt.) 1 1796-1851 MSA C389-1 MdHR 18106 f. 251 13 Oct. 1846.

Burkert, George. Germany. NATN. Decl. intent in BC Ct. 30 Sept. 1844. Wits: George B. Loug and Augustus Smith. O&RA to Emperor of Germany. BA Ct. (Nat. Rcd.) 4 1846-1851 MSA C391-2 MdHR 18109 f. 59 13 Oct. 1846.

Burnaum, John F. Holland. DI. BA Ct. (Minutes, Rough) 1845-1851 MSA C420-3 MdHR

14401 f. 381 5 Oct. 1850.

Burns, Edward. England. NATN. Decl. intent in the Marine Ct. of New York City 21 Sept. 1840. Wits: John M. Williams and Frederick S. Wilkerson. O&RA to Queen of U.K. BC Ct. (Nat. Rcd.) 9 1845-1848 MSA C229-1 MdHR 18119 f. 486 5 Oct. 1847.

Burns, James. Ireland. DI. BC Ct. (Dkt&Mins) 1840 MSA C184-7 MdHR 16664 f. 35 24 Sept. 1840.

Burns, John. England. DI. BA Ct. (Minutes) 1832-1838 MSA C386 MdHR 14403 f. 63 16 Sept. 1833.

Burns, John. England. DI. BA Ct. (Minutes, Rough) 1832-1835 MSA C420-1 MdHR 14396-2 f. 202 17 Sept. 1833.

Burns, John. Ireland. NATN. Decl. intent in BA Ct. 17 Sept. 1833. Res. BC. Wits: John Gillard and John Gillard, Sr. O&RA to Queen of U.K. BA Ct. (Nat. Rcd.) 2 1832-1846 MSA C391-1 MdHR 18108 f. 46 7 June 1838.

Burns, John. England. NATN. Decl. intent in BA Ct. 17 Sept. 1833. Wits: John Jillard and John Jillard Jr. BA Ct. (Nat. Dkt.) 1 1796-1851 MSA C389-1 MdHR 18106 f. 188 7 June 1838.

Burns, John. Ireland. NATN. Decl. intent in US Dist. Ct. 4 Oct. 1847. Wits: Martin Cain and Peter Manion. O&RA to Queen of U.K. BC Ct. (Nat. Rcd.) 10 1849-1851 MSA C229-2 MdHR 18120 f. 153 8 Oct. 1850.

Burns, Michael. Ireland. NATN. Arrived in U.S. 3 yrs. prior to age 21. Res. U.S. 5 yrs., including 3 of minority. Res. MD over 1 yr. Wit: George Lether. O&RA to Queen of U.K. BC Ct. (Nat. Rcd. of Minors) 3 1845-1851 MSA C237-3 MdHR 18114-1 f. 321 1 Nov. 1851.

Burns, Thomas. Ireland. DI. BA Ct. (Minutes, Rough) 1845-1851 MSA C420-3 MdHR 14401 f. 206 22 Feb. 1848.

Burns, Thomas. Ireland. DI. BA Ct. (Minutes) 1846-1851 MSA C386-16 MdHR 14405 f. 90 22 Feb. 1848.

Burns, Thomas. Ireland. DI. BA Ct. (Minutes) 1846-1851 MSA C386-17 MdHR 14405 f. 90 22 Feb. 1848.

Burns, William. Ireland. DI. BA Ct. (Minutes, Rough) 1832-1835 MSA C420-1 MdHR 14396-2 f. 240 10 March 1834.

Burns, William. Ireland. DI. BA Ct. (Minutes) 1832-1838 MSA C386 MdHR 14403 f. 90 10 March 1834.

Buros, George Frederick. Republic of Bremen. DI. BA Ct. (Minutes, Rough) 1836-1844 MSA C420-2 MdHR 14398 f. 235 20 June 1840.

Burrows, Isaac. Ireland. DI. Res. BC. BC Ct. of O&T&GD (Dkt&Mins) 1812 MSA C183-7 MdHR 16655 f. 10 6 Feb. 1812.

Bursh/Bush, Thomas. (Country of origin not given; Great Britain?) NATN. Comes into court and declares his belief in the Christian religion and takes the oath required by Act of July Session 1779. BA Ct. (Minutes) 178-1786 MSA C386-5 MdHR 5050 f. 130 7 Aug. 1784

Burton, William. England. NATN. Decl. intent in open court. Res. BC. Arrived in the U.S. 3 yrs. prior to age 21. Res. U.S. 5 yrs., including 3 of minority. Res. MD over 1 yr. Wits: James Martin and Victor Vallette. O&RA to King of U.K. BC Ct. (Nat. Rcd. of Minors) 1 1827-1832 MSA C237-1 MdHR 18112 f. 81 22 Sept. 1828.

Burum, John F. Netherlands. DI. BA Ct. (Minutes) 1846-1851 MSA C386-17 MdHR 14405 f. 229 5 Oct. 1850.

Buryear, John. France. NATN. Res. BC. Res. U.S. 14 April 1802 - 18 June 1812. Wits: Thomas Coale and Robert Bradley. O&RA to King of France. BC Ct. (Nat. Rcd. of Minors) 1 1827-1832 MSA C237-1 MdHR 18112 f. 206 3 Nov. 1828.

Busch, Lorenz. Bavaria. NATN. Decl. intent in US Circ. Ct. 9 Sept. 1844. Wits: John Busch and John M. Busch. O&RA to King of Bavaria. BA Ct. (Nat. Rcd.) 4 1846-1851 MSA C391-2 MdHR 18109 f. 334 29 Sept. 1849.

Busch, Lorenz. Bavaria. NATN. Decl. intent in US Circ. Ct. 9 Sept. 1844. Wits: John Busch and John M. Busch. BA Ct. (Nat. Dkt.) 1 1796-1851 MSA C389-1

MdHR 18106 f. 367 29 Sept. 1849.

Buschman, Clement. Grand Dutchy of Oldenburg. NATN. Decl. intent in US Circ. Ct. 12 Oct. 1846. Wits: Ferdinand Klimber and Mathias Damner. BA Ct. (Nat. Dkt.) 1 1796-1851 MSA C389-1 MdHR 18106 f. 353 1 Nov. 1848.

Bush, Frederick W. Hanover. NATN. Decl. intent in US Circ. Ct. 28 Sept. 1846. Wits: Frederick Klein and Henry Dorsey. O&RA to King of Hanover. BA Ct. (Nat. Rcd.) 4 1846-1851 MSA C391-2 MdHR 18109 f. 338 1 Oct. 1849.

Bush, Johanna. Hanseatic Government. BA Ct. (Nat. Dkt.) 1 1796-1851 MSA C389-1 MdHR 18106 f. 49 20 Oct. 1818.

Bush, John. England. DI. BA Ct. (Minutes, Rough) 1832-1835 MSA C420-1 MdHR 14396-2 f. 134 22 Oct. 1832.

Bush, John. England. DI. BA Ct. (Minutes) 1832-1838 MSA C386 MdHR 14403 f. 12 22 Oct. 1832.

Bush, Philip. Republic of France. DI. BA Ct. (Minutes) 1846-1851 MSA C386-16 MdHR 14405 f. 131 24 Oct. 1848.

Bush, Philip. Republic of France. DI. BA Ct. (Minutes, Rough) 1845-1851 MSA C420-3 MdHR 14401 f. 258 24 Oct. 1848.

Bush, Philip. Republic of France. DI. BA Ct. (Minutes) 1846-1851 MSA C386-17 MdHR 14405 f. 131 24 Oct. 1848.

Bush, Thomas. England. NATN. Decl. intent in US Circ. Ct. 30 Oct. 1844. Wits: Richard Bell and John MacCrombe. O&RA to Queen of U.K. BC Ct. (Nat. Rcd.) 9 1845-1848 MSA C229-1 MdHR 18119 f. 526 25 Sept. 1848.

Bush, William. England. NATN. Born London. Arrived prior to 18 June 1812. Wits: Daniel James and Sylvester Brown. BA Ct. (Nat. Dkt.) 1 1796-1851 MSA C389-1 MdHR 18106 f. 150 7 Nov. 1828.

Buskey, Conrad. Germany. DI. Profession: Cantor (1850 Census). Age: 40 (1850 Census). Listed in 1850 Census with wife Catherine, age 40, born Germany. BC Ct. (Dkt&Mins) 1839 MSA C184-6 MdHR 16663 f. 16 6 May 1839.

Buszhemor/Burzhemior, Philip. Germany. NATN. Arrived in U.S. 3 yrs. prior to age 21. Res. U.S. 5 yrs., including 3 of minority. Res. MD over 1 yr. Wits: Henry Burzhemior and Frederick Madfelt. O&RA to Emperor of Germany. BC Ct. (Nat. Rcd. of Minors) 3 1845-1851 MSA C237-3 MdHR 18114-1 f. 20 5 Oct. 1846.

Butler, John F. Wurtemburg. NATN. Arrived in U.S. under age 18. Wits: John Butler and Caspar Wolfram. BA Ct. (Nat. Dkt.) 1 1796-1851 MSA C389-1 MdHR 18106 f. 288 13 Oct. 1846.

Butler, John F. Wurtemburg. NATN. Arrived in U.S. 3 yrs. prior to age 21. Res. U.S. 5 yrs., including 3 of minority. Res. MD over 1 yr. Wits: John Butler and Caspar Wolfram. O&RA to King of Wurtemburg. BA Ct. (Nat. Rcd. of Minors) 3 1846-1851 MSA C392-1 MdHR 18110 f. 10 13 Oct. 46.

Butler, John. Ireland. NATN. Arrived in U.S. under age 18. Wits: William H. Glover and William B. Carr. BA Ct. (Nat. Dkt.) 1 1796-1851 MSA C389-1 MdHR 18106 f. 287 13 Oct. 1846.

Butler, John. Ireland. DI. Res. BC. BC Ct. (Dkt&Mins) 1841 MSA C184-8 MdHR 16665 f. 28 21 Aug. 1841.

Butler, Patrick. Ireland. NATN. Decl. intent in US Dist. Ct. 14 Oct. 1846. Wits: N. R. Smith and James Hall. O&RA to Queen of U.K. BC Ct. (Nat. Rcd.) 9 1845-1848 MSA C229-1 MdHR 18119 f. 847 6 Nov. 1848.

Butler, Pierce. Ireland. DI. BA Ct. (Minutes) 1832-1838 MSA C386 MdHR 14403 f. 254 25 Sept. 1837.

Butler, Prince. Ireland. DI. BA Ct. (Minutes, Rough) 1836-1844 MSA C420-2 MdHR 14398 f. 91 25 Sept. 1837.

Butler, Robert. Ireland. NATN. Arrived in U.S. 3 yrs. prior to age 21. Res. U.S. 5 yrs., including 3 of minority. Res. MD over 1 yr. Wits: Michael Moan and Catherine Butler. O&RA to Queen of U.K. BA Ct. (Nat. Rcd. of Minors) 3 1846-1851 MSA C392-1 MdHR 18110 f. 27 5 Oct. 1847.

Butler, Robert. Ireland. NATN. Arrived in U.S. under age 18. Wits: Michael Moon and Catherine Butler. BA Ct. (Nat. Dkt.) 1 1796-1851 MSA C389-1 MdHR 18106 f. 298 5 Oct. 1847.
Butschke, John. Bavaria. NATN. Decl. intent in US Dist. Ct. 9 Sept. 1844. Wits: Mathias Belzmeyer and John Ashbough. O&RA to King of Bavaria. BC Ct. (Nat. Rcd.) 9 1845-1848 MSA C229-1 MdHR 18119 f. 193 6 Oct. 1846.
Buttler, Joseph. Bavaria. NATN. Decl. intent in US Dist. Ct. 26 Sept. 1846. Wits: Joseph Schlett and Conrad Schlett. O&RA to King of Bavaria. BC Ct. (Nat. Rcd.) 9 1845-1848 MSA C229-1 MdHR 18119 f. 615 9 Oct. 1848.
Buttner, Michael. [Grand] Dutchy of Saxe-Weiner [Weimar]. DI. BA Ct. (Minutes) 1846-1851 MSA C386-16 MdHR 14405 f. 56 9 June 1847.
Byran, Francis. Ireland. NATN. Decl. intent in US Circ. Ct. 30 Sept. 1844. Wits: Patrick Farran and Patrick Cosgrove. O&RA to Queen of U.K. BA Ct. (Nat. Rcd.) 4 1846-1851 MSA C391-2 MdHR 18109 f. 328 4 Nov. 1848.
Byrne, Andrew. Ireland. DI. BC Ct. (Dkt&Mins) 1839 MSA C184-6 MdHR 16663 f. 16 14 May 1839.
Byrne, Charles. Ireland. Report and registration. Noted as age 24. Born Co. of Wicklon. Arrived in Alexandria Aug. 1818. Res. BC. BA Ct. (Misc. Ct. Papers) MSA C1-57 MdHR 50206-753 unnumbered 1823 item 20 Sept. 1824.
Byrne, Charles. Ireland. NATN. Born Co. of Wicklom. Decl. intent in BA Ct. Sept. term 1824. Wits: James Smith and Bernard Byrne. BA Ct. (Nat. Dkt.) 1 1796-1851 MSA C389-1 MdHr 18106 f. 125 9 Feb. 1828.
Byrne, Charles. Ireland. DI. Wits: James Smith and Bernard Byrne. BA Ct. (Misc. Ct. Papers) MSA C1-57 MdHR 50206-753 1823 item 209 Sept. 1824.
Byrne, Charles. Ireland. DI. BA Ct. (Minutes) 1822-1826 MSA C386-12 MdHR 14386 f. 213 20 Sept. 1824.
Byrne, Hasin. Ireland. NATN. Born Co. of Wicklow. Decl. intent in US Dist. Ct. March term 1819. Wits: Anthony Tau and John Fossett. BA Ct. (Nat. Dkt.) 1 1796-1851 MSA C389-1 MdHR 18106 f. 65 29 Sept. 1823.
Byrne, John. Ireland. DI. BC Ct. (Dkt&Mins) 1839 MSA C184-6 MdHR 16663 f. 16 14 May 1839.
Byrne, John. Ireland. DI. BA Ct. (Minutes, Rough) 1845-1851 MSA C420-3 MdHR 14401 f. 223 19 April 1848.
Byrne, John. Ireland. NATN. Decl. intent in US Circ. Ct. 30 Sept. 1844. Wits: Patrick Byrne and William Couland. BA Ct. (Nat. Dkt.) 1 1796-1851 MSA C389-1 MdHR 18106 f. 295 13 Oct. 1846.
Byrne, John. Ireland. NATN. Decl. intent in US Circ. Ct. 30 Sept. 1844. Wits: Patrick Byrne and William Conland. O&RA to Queen of U.K. BA Ct. (Nat. Rcd.) 4 1846-1851 MSA C391-2 MdHR 18109 f. 179 13 Oct. 1846.
Byrne, John. Ireland. DI. BA Ct. (Minutes) 1846-1851 MSA C386-17 MdHR 14405 f. 10# 19 April 1848.
Byrne, John. Ireland. DI. BA Ct. (Minutes) 1846-1851 MSA C386-16 MdHR 14405 f. 103 19 April 1848.
Byrne, Matthew. Ireland. NATN. Res. BC. Decl. intent in Harford Co. Ct. 12 June 1824. Wits: Patrick Gaffney and John Fitzpatrick. O&RA to King of U.K. BC Ct. (Nat. Rcd. of Minors) 1 1827-1832 MSA C237-1 MdHR 18112 ff. 314-315 20 Sept. 1830.
Byrne, Michael. Ireland. DI. BC Ct. (Dkt&Mins) 1839 MSA C184-6 MdHR 16663 f. 16 14 May 1839.
Byrne, Michael. Ireland. DI. BA Ct. (Minutes) 1846-1851 MSA C386-16 MdHR 14405 f. 230 8 Oct. 1850.
Byrne, Michael. Ireland. DI. BA Ct. (Minutes) 1846-1851 MSA C386-17 MdHR 14405 f. 230 8 Oct. 1850.
Byrne, Patrick. Ireland. NATN. Decl. intent in Jefferson Co. (VA) Ct. 21 Oct. 1844. Wits: Patrick Corrigan and Martin Bru(?) Urick. BA Ct. (Nat. Dkt.) 1 1796-1851 MSA C389-1 MdHR 18106 f. 350 30 Oct. 1848.
Byrne, Patrick. Ireland. NATN. Decl. intent in BC Ct. 16 June 1846. Wits:

John Byrne and John O'Neal. O&RA to Queen of U.K. BA Ct. (Nat. Rcd.) 4 1846-1851 MSA C391-2 MdHR 18109 f. 242 2 Oct. 1848.
Byrne, Patrick. Ireland. NATN. Decl. intent in BC Ct. 16 June 1846. Wits: John Byrne and John O'Neal. BA Ct. (Nat. Dkt.) 1 1796-1851 MSA C389-1 MdHR 18106 f. 328 2 Oct. 1848.
Byrne, Patrick. Ireland. DI. Res. BC. BC Ct. (Dkt&Mins) 1846 MSA C184-9 MdHR 16666 f. 26 18 June 1846.
Byrne, Patrick. Ireland. NATN. Decl. intent in Jefferson Co. Ct., VA. 21 Oct. 1844. Wits: Patrick Corrigan and Martin Broadrick. O&RA to Queen of U.K. BA Ct. (Nat. Rcd.) 4 1846-1851 MSA C391-2 MdHR 18109 f. 298 30 Oct. 1848.
Byrnes, John. Ireland. NATN. Decl. intent in US Dist. Ct. 4 Oct. 1834. Wits: William H. Freeman and Edward Duffy. BA Ct. (Nat. Dkt.) 1 1796-1851 MSA C389-1 MdHR 18106 f. 184 4 Oct. 1836.
Byrnes, John. Ireland. NATN. Decl. intent in US Circ. Ct. 4 Oct. 1834. Res. BC. Wits: William H. Freeman and Edward Duffy. O&RA to King of U.K. BA Ct. (Nat. Rcd.) 2 1832-1846 MSA C391-1 MdHR 18108 ff. 36-36 4 Oct. 1836.
Byrnes, Matthew. Ireland. DI. BA Ct. (Minutes) 1832-1838 MSA C386 MdHR 14403 f. 36 15 Jan. 1833.
Cadie, John. France. BA Ct. (Nat. Dkt.) 1 1796-1851 MSA C389-1 MdHR 18106 f. 34 #660 29 Oct. 1806.
Cadue, Eliza Moustey. France. BA Ct. (Nat. Dkt.) 1 1796-1851 MSA C389-1 MdHR 18106 f. 41 #818 16 July 1812.
Caffley, James. Ireland. DI. BC Ct. (Dkt&Mins) 1841 MSA C184-8 MdHR 16665 f. 37 4 Oct. 1841.
Caffrey, Philip. Ireland. DI. BA Ct. (Minutes) 1839-1846 MSA C386-16 MdHR 14404 f. 52 8 May 1840.
Caffrey, Philip. Ireland. DI. BA Ct. (Minutes, Rough) 1836-1844 MSA C420-2 MdHR 14398 f. 228 8 May 1840.
Cahill, James. Ireland. DI. Res. BC. BA Ct. (Misc. Ct. Papers) MSA C1-60 MdHR 50206-792 1825 unnumbered item 17 Sept. 1825.
Cahill, James. Ireland. NATN. Born Co. of Limmerick. Decl. intent in US Circ. Ct. 8 Dec. 1824. Wits: James Mullen and Bernard McColgan. BA Ct. (Nat. Dkt.) 1 1796-1851 MSA C389-1 MdHR 18106 f. 118 25 Sept. 1827.
Cahill, James. Ireland. Report and registration. Noted as age 26. Born Co. of Limmerick. Arrived in Perth Amboy Sept. 1818. Res. Frederick Co. Wits: James Mullen and Bernard McColgan. BA Ct. (Misc. Ct. Papers) MSA C1-60 MdHR 50206-792 1825 item 352 25 Sept. 1827.
Cain, John. Ireland. NATN. Decl. intent in US Dist. Ct. 7 Feb. 1844. Wits: Patrick Doyle and Bernard Hanna. O&RA to Queen of U.K. BA Ct. (Nat. Rcd.) 4 1846-1851 MSA C391-2 MdHR 18109 f. 27 6 Oct. 1846.
Cain, John. Ireland. NATN. Decl. intent in US Dist. Ct. 7 Feb. 1844. Wits: Patrick Doyle and Bernard Hanna. BA Ct. (Nat. Dkt.) 1 1796-1851 MSA C389-1 MdHR 18106 f. 238 6 Oct. 1846.
Cain, Michael. Ireland. NATN. Decl. intent in US Circ. Ct. 1 Nov. 1848. Wits: John Cain and John Turtle. O&RA to Queen of U.K. BC Ct. (Nat. Rcd.) 10 1849-1851 MSA C229-2 MdHR 18120 f. 361 31 Oct. 1851.
Cairon, Augustus. Republic of France. BA Ct. (Nat. Dkt.) 1 1796-1851 MSA C389-1 MdHR 18106 f. 12 #248 17 Jan. 1798. Barnes, p. 62.
Cakey, Patrick. England. BA Ct. (Nat. Dkt.) 1 1796-1851 MSA C389-1 MdHR 18106 f. 12 #239 15 Jan. 1798. Barnes, p. 62.
Calahan, Catherine. England. NATN. Arrived in the U.S. prior to 14 April 1802. Wits: Mary Cusie and Francis Coats. BA Ct. (Nat. Dkt.) 1 1796-1851 MSA C389-1 MdHR 18106 f. 128 2 April 1828.
Caldwell, Alexander. Ireland. DI. BA Ct. (Minutes, Rough) 1832-1835 MSA C420-1 MdHR 14396-2 f. 267 10 June 1834.
Caldwell, Alexander. Ireland. DI. BA Ct. (Minutes) 1832-1838 MSA C386 MdHR 14403 f. 107 10 June 1834.

Caldwell, Ann. Ireland. BA Ct. (Nat. Dkt.) 1 1796-1851 MSA C389-1 MdHR 18106 f. 40 #799 30 Oct. 1811.
Caldwell, James. Scotland. DI. BC Ct. (Dkt&Mins) 1840 MSA C184-7 MdHR 16664 f. 43 5 Oct. 1840.
Caldwell, William. Scotland. DI. BA Ct. (Minutes, Rough) 1836-1844 MSA C420-2 MdHR 14398 f. 357 3 Nov. 1842.
Caldwell, William. Scotland. DI. BA Ct. (Minutes) 1839-1846 MSA C386-16 MdHR 14404 f. 155 3 Nov. 1842.
Callaghan, William. BA Ct. (Nat. Dkt.) 1 1796-1851 MSA C389-1 MdHR 18106 f. 6 #107 7 April 1797. Barnes, p. 60.
Callahan, Daniel. Ireland. NATN. Arrived in U.S. 3 yrs. prior to age 21. Res. U.S. 5 yrs., including 3 of minority. Res. U.S. 5 yrs., including 3 of minority. Res. MD over 1 yr. Wits: Thomas Quinn and Neal Rock. O&RA to Queen of U.K. BA Ct. (Nat. Rcd. of Minors) 3 1846-1851 MSA C392-1 MdHR 18110 f. 27 5 Oct. 1847.
Callahan, Daniel. Ireland. NATN. Arrived in U.S. under age 18. Wits: Thomas Quinn and Neal Rock. BA Ct. (Nat. Dkt.) 1 1796-1851 MSA C389-1 MdHR 18106 f. 298 5 Oct. 1847.
Callahan, Peter. Ireland. BA Ct. (Nat. Dkt.) 1 1796-1851 MSA C389-1 MdHR 18106 f. 49 29 Oct. 1818.
Callan, James. Ireland. Decl. intent in US Circ. Ct. 7 Sept. 1844. Wits: Terence Moris and Bernard McShane. O&RA to Queen of U.K. BA Ct. (Nat. Rcd.) 4 1846-1851 MSA C391-2 MdHR 18109 f. 192 5 Oct. 1847.
Callehan, Charles. Ireland. BA Ct. (Nat. Dkt.) 1 1796-1851 MSA C389-1 MdHR 18106 f. 40 #794 3 Oct. 1811
Callen, John. Ireland. NATN. Decl. intent in US Dist. Ct. 26 July 1844. Wits: William Callen and Esa Needham. O&RA to Queen of U.K. BC Ct. (Nat. Rcd.) 9 1845-1848 MSA C229-1 MdHR 18119 f. 180 6 Oct. 1846.
Callyer, Joseph. England. DI. BC Ct. (Dkt&Mins) 1839 MSA C184-6 MdHR 16663 f. 16 9 May 1839.
Calman/Colman, Joseph. Germany. BA Ct. (Nat. Dkt.) MSA C389-1 MdHR 18106 f. 5 #87 29 March 1797. Barnes, p. 60
Cameron, Hugh. Nova Scotia. NATN. Decl. intent in BC Ct. 1 Oct. 1844. Wits: Daniel Shaw and James W. Owings. O&RA to Queen of U.K. BC Ct. (Nat. Rcd.) 9 1845-1848 MSA C229-1 MdHR 18119 f. 687 16 Oct. 1848.
Campagnon, Rene. Republic of France. BA Ct. (Nat. Dkt.) 1 1796-1851 MSA C389-1 MdHR 18106 f. 13 #274 15 March 1798. Barnes, p. 62.
Campbell, Allen. Ireland. NATN. Decl. intent in US Circ. Ct. 30 Sept. 1844. Wits: Christian Myers and John Vogelpohl. O&RA to Queen of U.K. BA Ct. (Nat. Rcd.) 4 1846-1851 MSA C391-2 MdHR 18109 f. 189 5 Oct. 1847.
Campbell, Andrew. Scotland. NATN. Born (?) City. Decl. intent in BA Ct. 18 April 1818. BA Ct. (Nat. Dkt.) 1 1796-1851 MSA C389-1 MdHR 18106 f. 55 29 Sept. 1821.
Campbell, Andrew. Ireland. NATN. Decl. intent in open court. Arrived in U.S. 3 yrs. prior to age 21. Wits: Robert Campbell and John Glens. BA Ct. (Nat. Dkt.) 1 1796-1851 MSA C389-1 MdHR 18106 f. 189 14 Sept. 1838.
Campbell, Andrew. Ireland. NATN. Decl. intent in open court. Arrived in U.S. 3 yrs. prior to age 21. Res. U.S. 5 yrs., including 3 of minority. Res. MD over 1 yr. Res. BC. Wits: Robert Campbell and John Glenn. O&RA to Queen of U.K. BA Ct. (Nat. Rcd.) 2 1832-1846 MSA C391-1 MdHR 18108 f. 50 14 Sept. 1838.
Campbell, Ann. Ireland. Res. 1798 - 1802. BA Ct. (Nat. Dkt.) 1 1796-1851 MSA C389-1 MdHR 18106 f. 56 1 April 1822.
Campbell, Ann. Ireland. NATN. Widow of Neal Campbell, who had decl. intent in BC Ct. the 1st Monday of June 1828. Neal Campbell deceased prior to natn; Ann Campbell naturalized under provisions of section two of NATN Act of 26 March 1804. Res. BC. Witnesses (of Neal Campbell): George Campbell

and Peter McKeuin. O&RA to King of U.K. BA Ct. (Nat. Rcd.) 2 1832-1846 MSA C391-1 MdHR 18108 ff. 9-10 28 Nov. 1832.

Campbell, Ann. Ireland. NATN. Widow of Neal Campbell, who had decl. intent in BC Ct. the 1st Monday of June 1828. Naturalized under provisions of the 2nd section of the NATN Act of 26 March 1804. Wits: George Campbell and Peter McKeuen. BA Ct. (Nat. Dkt.) 1 1796-1851 MSA C389-1 MdHR 18106 f. 174 28 Nov. 1832.

Campbell, Archibald. Ireland. NATN. Born Co. of Derry. Arrived in the U.S. as a minor. Wits: John Richard and James Campbell. BA Ct. (Nat. Dkt.) 1 1796-1851 MSA C389-1 MdHR 18106 f. 81 30 Sept. 1824.

Campbell, Arthur. Ireland. NATN. Decl. intent in BC Ct. 30 Jan. 1846. Wits: John Ennis and Thomas Dougherty. O&RA to Queen of U.K. BC Ct. (Nat. Rcd.) 10 1849-1851 MSA 229-2 MdHR 18120 f. 36 2 Oct. 1849.

Campbell, Arthur. Ireland. DI. BC Ct. (Dkt&Mins) 1841 MSA C184-9 MdHR 16666 f. 7 30 Jan. 1846.

Campbell, Francis. Ireland. NATN. Res. BC. Decl. intent in BC Ct. 28 Sept. 1830. Wits: Frederick Tensfield and John Fox. O&RA to King of U.K. BC Ct. (Nat. Rcd. of Minors) 1 1827-1832 MSA C237-1 MdHR 18112 ff. 319-320 28 Sept. 1830.

Campbell, Francis. Ireland. DI. Res. BC. BC Ct. (Dkt&Mins) 1828 MSA C184-4 MdHR 16661 f. 27 4 June 1828.

Campbell, Hector. Great Britain. BA Ct. (Nat. Dkt.) 1 1796-1851 MSA C389-1 MdHR 18106 f. 10 #205 7 Dec. 1797. Barnes, p. 61.

Campbell, Hugh. Scotland. NATN. Born Rosshire. Arrived in the U.S. prior to 18 June 1812. Wits: Frederick Bentzell and Samuel Ghoch. BA Ct. (Nat. Dkt.) 1 1796-1851 MSA C389-1 MdHR 18106 f. 147 3 Nov. 1828.

Campbell, James. Ireland. BA Ct. (Nat. Dkt.) 1 1796-1851 MS C389-1 MdHR 18106 f. 43 #836 25 Oct. 1813.

Campbell, James. Ireland. NATN. Decl. intent in BC Ct. 25 Nov. 1844. Wits: Constantine Daugherty and Patrick McLaughlin. O&RA to Queen of U.K. BC Ct. (Nat. Rcd.) 9 1845-1848 MSA C229-1 MdHR 18119 f. 231 10 Sept. 1847.

Campbell, John. Ireland. DI. BA Ct. (Minutes) 1822-1826 MS C386-12 MdHR 14386 f. 435 3 Oct. 1826.

Campbell, John. Scotland. DI. Noted as a native of Glascow. BA Ct. (Minutes) 1815-1820 MSA C386-11 MdHR 14381 f. 270 23 March 1819.

Campbell, John. Ireland. NATN. Born Co. of Armagh. Decl. intent in US Circ. Ct. 22 May 1828. Wits: Achibald McKeun and James Waddell. BA Ct. (Nat. Dkt.) 1 1796-1851 MSA C389-1 MdHR 18106 f. 163 16 Oct. 1830.

Campbell, John. Scotland. Report and registration. Noted as age 27. Born Inverness. Arrived in BC Nov. 1818. Res. BC. Wits: William McDonald and Walter Frazier. BA Ct. (Misc. Ct. Papers) MSA C1-57 MdHR 50206-753 1823 item 340 7 Sept. 1824. See also Scots, p. 24. Profession given as constable.

Campbell, John. Ireland. NATN. Born Co. of Down. Decl. intent in BA Ct. 3rd Monday of Sept. 1826. Wits: James H. Thomas and John Robb. BA Ct. (Nat. Dkt.) 1 1796-1851 MSA C389-1 MdHR 18106 f. 131 15 Sept. 1828.

Campbell, John. Scotland. DI. Ren. alleg. to King of U.K. BA Ct. (Misc. Ct. Papers) MSA C1-57 MdHR 50206-753 unnumbered 1823 item 7 Sept. 1824. See also Scots, p. 24. Profession given as farmer. Tepper, p. 93. Listed as arriving with wife Jonett/Janet and son John.

Campbell, John. Scotland. NATN. Born shire of Inverness. Decl. intent in US Dist. Ct. 7 Sept. 1824. Wits: William McDonald and Walter Frazier. BA Ct. (Nat. Dkt.) 1 1796-1851 MSA C389-1 MdHR 18106 f. 102 18 Sept. 1826.

Campbell, John. Ireland. NATN. Decl. intent in BC Ct. 16 Sept. 1834. Res. BC. Wits: Daniel McDonnell and Patrick Fox. O&RA to King of U.K. BC Ct. (Nat. Rcd. of Minors) 2 1832-1836 MSA C237-1 MdHR 18113 f. 197 29 Sept. 1836.

Campbell, John. Ireland. NATN. Decl. intent in BC Ct. 26 Sept. 1848. Wits: Andrew Crawford and William Gibson. O&RA to Queen of U.K. BC Ct. (Nat. Rcd.) 10 1849-1851 MSA C229-2 MdHR 18120 f. 112 30 Sept. 1850.

Campbell, Joseph. Great Britain. NATN. BA Ct. (Minutes) 1792 - 1797 MSA C386-7 MdHR 5052 f. 264 30 Nov. 1796
Campbell, Joseph. Great Britain. BA Ct. (Nat. Dkt.) 1 1796 - 1851 MSA C389-1 MdHR 18106 f. 3 #40 30 Nov. 1796. Barnes, p. 59
Campbell, Michael. England. BA Ct. (Nat. Dkt.) 1 1796-1851 MSA C389-1 MdHR 18106 f. 37 #719 7 Nov. 1808.
Campbell, Neal. Ireland. DI. Res. BC. BC Ct. (Dkt&Mins) 1828 MSA C184-4 MdHR 16661 f. 44 21 Oct. 1828.
Campbell, Patrick. Ireland. DI. BA Ct. (Minutes) 1827-1830 MSA C386-13 MdHR 14391 f. 2 11 Oct. 1830
Campbell, Patrick. Ireland. NATN. Decl. intent in BA Ct. 11 Oct. 1830. Res. BC. Wits: Daniel O'Keefe and James Stafford. O&RA to King of U.K. BC Ct. (Nat. Rcd. of Minors) 2 1832-1836 MSA C237-2 MdHR 18113 f. 54 9 Nov. 1832.
Campbell, Patrick. Ireland. DI. BC Ct. (Dkt&Mins) 1849 MSA C184-11 MdHR 16668 f. 29 12 Oct. 1849.
Campbell, Peter. Ireland. NATN. Decl. intent in US Circ. Ct. 30 Sept. 1844. Wits: Christian Hillmyer and John Vogelpohl. BA Ct. (Nat. Dkt.) 1 1796-1851 MSA C389-1 MdHR 18106 f. 306 5 Oct. 1847.
Campbell, Robert. Ireland. DI. BA Ct. (Minutes, Rough) 1832-1835 MSA C420-1 MdHR 14396-2 f. 306 16 Jan. 1835.
Campbell, Robert. Ireland. NATN. Decl. intent in BA Ct. 23 March 1833. Res. BC. Wits: William H. Collins and Henry S. Sanderson. O&RA to King of U.K. BC Ct. (Nat. Rcd. of Minors) 2 1832-1836 MSA C237-2 MdHR 18113 f. 176 3 Oct. 1835.
Campbell, Robert. Ireland. DI. BA Ct. (Minutes) 1832-1838 MSA C386 MdHR 14403 f. 40 23 March 1833.
Campbell, Robert. Ireland. DI. BA Ct. (Minutes) 1832-1838 MSA C386 MdHR 14403 f. 136 16 Jan. 1835.
Campbell, Thomas. Ireland. DI. Res. BC. BA Ct. (Misc. Ct. Papers) MSA C1-57 MdHR 50206-753 unnumbered 1823 item 2 March 1824.
Campbell, Thomas. Ireland. Report and registration. Noted as age 25. Born Co. of Armaugh. Arrived in New York City July 1819. Res. BC. Wits: John Fox and Patrick Riley. BA Ct. (Misc. Ct. Papers) MSA C1-57 MdHR 50206-753 1823 item 341 16 Feb. 1824.
Campbell, Thomas. Ireland. NATN. Born Co. of Armaugh. Decl. intent in US Dist. Ct. 2 March 1824. Wits: John Fox and Patrick Riley. BA Ct. (Nat. Dkt.) 1 1796-1851 MSA C389-1 MdHR 18106 f. 121 25 Sept. 1827.
Campbell, William. Ireland. NATN. BA Ct. (Minutes) 1792-1797 MSA C386-7 MdHR 5052 f. 254 2 Sept. 1796.
Campbell, William. Ireland. BA Ct. (Nat. Dkt.) 1 1796 - 1851 MSA C389-1 MdHR 18106 f.2 #26 2 Sept. 1796. Barnes, p. 59
Campbell, William. Ireland. NATN. Res. BC. Exhibits petition for natn and cert.s of report and registration. Decl. intent in BC Ct. 20 Feb. 1826. Filed report and registration in US Dist. Ct. 20 Feb. 1826. Born Co. of Donegal. Noted as age 25. Arrived in Port of New York City June 1818. Wits: Patrick Riley and Neal Campbell. O&RA to King of U.K. BC Ct. (Nat. Rcd. of Minors) 1 1827-1832 MSA 237-1 MdHR 18112 ff 52-54 5 May 1828.
Campbell, William. Ireland. DI and natn. Res. BC. Appears in open Ct. and takes oath. BC Ct. (Dkt&Mins) 1826 MSA C184-3 MdHR 16660 f. 6 20 Feb. 1826.
Campbell, William. England. NATN. Decl. intent in Harford Co. Ct. 21 Aug. 1837. Res. BC. Wits: Peter Havelen and Robert Henderson. O&RA to Queen of U.K. BA Ct. (Nat. Rcd.) 2 1832-1846 MSA C391-1 MdHR 18108 f. 66 20 Sept. 1839.
Campbell, William. England. NATN. Decl. intent in Harford Co. Ct. 21 Aug. 1837. Res. Harford Co. Wits: Peter Havelin and Robert Henderson. BA Ct. (Nat. Dkt.) 1 1796-1851 MSA C389-1 MdHR 18106 f. 196 20 Sept. 1839.
Canane, Michael. Ireland. DI. BA Ct. (Minutes) 1846-1851 MSA C386-16 MdHR 14405

f. 179 1 Oct. 1848.

Candolle/Andolle, Francis Andrew. Republic of France. BA Ct. (Nat. Dkt.) 1 1796-1851 MSA C389-1 MdHR 18106 f. 15 #315 14 April 1798. Barnes, p. 63.

Canfield, Hugh. Ireland. NATN. Decl. intent in US Circ. Ct. 1 Nov. 1848. Wit: Felix Kennedy. O&RA to Queen of U.K. BC Ct. (Nat. Rcd.) 10 1849-1851 MSA C229-2 MdHR 18120 f. 381 3 Nov. 1851.

Canghlan, Michael. Ireland. NATN. Decl. intent in BC Ct. 4 Oct. 1844. Wits: John Difley and Thomas Carrens. O&RA to Queen of U.K. BA Ct. (Nat. Rcd.) 4 1846-1851 MSA C391-2 MdHR 18109 f. 243 2 Oct. 1848.

Cannan, James. Ireland. NATN. Decl. intent in BC Ct. 1 Oct. 1844. Wits: Hugh Ryan and Timothy Dempsey. O&RA to Queen of U.K. BA Ct. (Nat. Rcd.) 4 1846-1851 MSA C391-2 MdHR 18109 f. 346 2 Oct. 1849.

Canne, Antoin. France. BA Ct. (Nat. Dkt.) 1 1796-1851 MSA C389-1 MdHR 18106 f. 42 #822 17 Oct. 1812.

Cannon, Daniel. Ireland. NATN. Decl. intent in BC Ct. 16 Oct. 1844. Wits: Daniel Shannon and Richard Ellwood. O&RA to Queen of U.K. BC Ct. (Nat. Rcd.) 9 1845-1848 MSA C229-1 MdHR 18119 f. 843 6 Nov. 1848.

Cannon, Dominic. Ireland. NATN. Arrived in U.S. prior to 18 June 1812. Wits: John Deloughy and Barry O'Donnell. BA Ct. (Nat. Dkt.) 1 1796-1851 MSA C389-1 MdHR 18106 f. 168 21 Sept. 1831.

Cannon, John. Ireland. NATN. Born Co. of Galaway. Decl. intent in US Circ. Ct. in Balt. 12 Nov. 1819. Wits: Barney Donoho and Thomas O'Neill. BA Ct. (Nat. Dkt.) 1 1796-1851 MSA C389-1 MdHR 18106 f. 83 1 Oct. 1824.

Capard, Gilbert. France. BA Ct. (Nat. Dkt.) 1 1796-1851 MSA C389-1 MdHR 18106 f. 36 #714 28 Oct. 1808.

Capito, George. Germany. BA Ct. (Nat. Dkt.) 1 1796-1851 MSA C389-1 MdHR 18106 f. 11 MSA C389-1 MdHR 18106 f.11 #227 11 Jan. 1798. Barnes, p. 62.

Capovella, Michael. Kingdom of Naples. NATN. Decl. intent in BC Ct. 1 Oct. 1844. Wits: Peregrine Gorsuch and Henry McKeonan. O&RA to King of Naples. BC Ct. (Nat. Rcd.) 9 1845-1848 MSA C229-1 MdHR 18119 f. 69 2 Oct. 1846.

Cardenaud, Edward. Santo Domingo (Republic of France). NATN BA Ct. (Minutes) 1792-1797 MSA C386-7 MdHR 5052 f. 254 31 Aug. 1796

Cardennaud/Cardenand, Edward. Santo Domingo (Republic of France). BA Ct. (Nat. Dkt.) 1 1796 - 1851 MSA C389-1 MdHR 18106 f. 2 #24 31 Aug. 1796. Barnes, p. 59

Care, Frederick. England. NATN. Res. BC. Decl. intent in BA Ct. 13 Oct. 1826. Wit: William Sovell. O&RA to King of U.K. BA Ct. (Nat. Rcd. of Minors) 1 1827-1832 MSA C237-1 MdHR 18112 ff. 215-216 4 Nov. 1828.

Care, Richard. England. DI. BA Ct. (Minutes) 1822-1826 MSA C386-12 MdHR 14386 f. 434 30 Oct. 1826.

Caress, Sampson. England. NATN. Decl. intent in open court. Res. BC. Arrived in the U.S. 3 yrs. prior to age 21. Res. the U.S. for 5 yrs., including 3 of minority. Res. MD over 1 yr. O&RA to King of U.K. BC Ct. (Nat. Rcd. of Minors) 1 1827-1832 MSA C237-1 MdHR 18112 ff. 285-286 2 March 1829.

Carle, John Henry. Wurtemburg. NATN. Arrived in U.S. under age 18. Wits: Jesse Hirch and Jacob Iseninger. BA Ct. (Nat. Dkt.) 1 1796-1851 MSA C389-1 MdHR 18106 f. 298 5 Oct. 1847.

Carle, John Henry. Wurtemburg. NATN. Arrived in U.S. 3 yrs. prior to age 21. Res. U.S. 5 yrs., including 3 of minority. Res. MD over 1 yr. Wits: Jesse Hunt and Jesse Iswanger. O&RA to King of Wurtemburg. BA Ct. (Nat. Rcd. of Minors) 3 1846-1851 MSA C392-1 MdHR 18110 f. 28 5 Oct. 1847.

Carle, John C. Wurtemburg. NATN. Decl. intent in US Dist. Ct. 1 Oct. 1844. Wits: Jacob Sauming and Philip Wagner. O&RA to King of Wurtemburg. BC Ct. (Nat. Rcd.) 9 1845-1848 MSA C229-1 MdHR 18119 f. 639 10 Oct. 1848.

Carley, Barney. Ireland. DI. Res. BC. BC Ct. (Dkt&Mins) 1847 MSA C184-10 MdHR 16667 f. 25 3 Aug. 1847.

Carman, James. Ireland. NATN. Decl. intent in BC Ct. 1 Oct. 1849. Wits: Hugh

Ryan and Timothy Dempsey. BA Ct. (Nat. Dkt.) 1 1796-1851 MSA C389-1 MdHR 18106 f. 371 2 Oct. 1849.
Carman, Peter. Grand Dutchy of Hesse-Darmstadt. DI. Res. BC. BC Ct. (Dkt&Mins) 1839 MSA C184-6 MdHR 16663 f. 36 30 Sept. 1839.
Carman, William. Germany. BA Ct. (Nat. Dkt.) 1 1796-1851 MSA C389-1 MdHR 18106 f. 39 #762 7 April 1810.
Carnes, Samuel. Ireland. Report and registration. Noted as age 30. Born Co. of Tyrone. Arrived in BC Nov. 1811. Res. BC. Wits: Samuel Erwin and Robert Armstrong. BA Ct. (Misc. Ct. Papers) MSA C1-62 MdHR 50206-808 1826 item 295 10 Sept. 1826.
Carnes, Samuel. Ireland. NATN. Born Co. of Tyrone. Arrived in U.S. 3 yrs. prior to age 21. Decl. intent in open Ct. Wits: Samuel Erwin and Robert Armstrong. BA Ct. (Nat. Dkt.) 1 1796-1851 MSA C389-1 MdHR 18106 f. 108 20 Sept. 1826.
Carney, Thomas. Ireland. BA Ct. (Nat. Dkt.) 1 1796-1851 MSA C389-1 MdHR 18106 f. 34 #671 25 April 1807.
Carnishaw, David. (Country not given; Scotland ?). NATN. Born shire of Agr. Arrived in the U.S. as a minor. Wits: Charles Carnishaw and David McIlvain. BA Ct. (Nat. Dkt.) 1 1796-1851 MSA C389-1 MdHR 18106 f. 86 25 Oct. 1824.
Carr, George. (No country given; Great Britain ?). NATN. Comes into court and takes the oath required by Act of July Session 1779. BA Ct. (Minutes) 1782 - 1786 MSA C386 MdHR 5050 f. 209 8 March 1785
Carr, Herman. England. NATN. Arrived in U.S. 3 yrs. prior to age 21. Res. U.S. 5 yrs., including 3 of minority. Res. MD over 1 yr. Wits: Edward Depperrh(?) and Lewis Eckart. O&RA to Queen of U.K. BA Ct. (Nat. Rcd. of Minors) 3 1846-1851 MSA C392-1 MdHR 18110 f. 28 5 Oct. 1847.
Carr, Herman. England. NATN. Arrived in U.S. under age 18. Wits: Edward Deppish and Lewis Eckhart. BA Ct. (Nat. Dkt.) 1 1796-1851 MSA C389-1 MdHR 18106 f. 298 5 Oct. 1847.
Carr, John. Scotland. NATN. Arrived in U.S. under age 18. Wits: George Himes and Samuel Hanna. BA Ct. (Nat. Dkt.) 1 1796-1851 MSA C389-1 MdHR 18106 f. 288 13 Oct. 1846.
Carr, John. England. NATN. Arrived in U.S. under age 18. Wits: Washington Falls and Emanuel Corbett. BA Ct. (Nat. Dkt.) 1 1796-1851 MSA C389-1 MdHR 18106 f. 379 8 Oct. 1850.
Carr, John. England. NATN. Arrived in U.S. 3 yrs. prior to age 21. Res. U.S. 5 yrs., including 3 of minority. Res. MD over 1 yr. Wits: Washington Fall and Emanuel Gosbelt. O&RA to Queen of U.K. BA Ct. (Nat. Rcd. of Minors) 3 1846-1851 MSA C392-1 MdHR 18110 f. 97 8 Oct. 1850.
Carr, John. Scotland. NATN. Arrived in U.S. 3 yrs. prior to age 21. Res. U.S. 5 yrs., including 3 of minority. Res. MD over 1 yr. Wits: George Hines and Samuel Hanna. O&RA to Queen of U.K. BA Ct. (Nat. Rcd. of Minors) 3 1846-1851 MSA C392-1 MdHR 18110 f. 11 13 Oct. 1846.
Carr, Joseph. Great Britain. BA Ct. (Nat. Dkt.) 1 1796-1851 MSA C389-1 MdHR 18106 f. 7 #136 21 Aug. 1797. Barnes, p. 60.
Carr, Samuel. Ireland. Report and registration and natn. Noted as age 25. Born Co. of Derry. Arrived in BC Aug. 1819. Res. U.S. 5 yrs. Res. MD over 1 yr. Res. BC. Filed report 7 March 1825. O&RA to King of U.K. Wits: Peter Dell and Henry Dell. BA Ct. (Misc. Ct. Papers) MSA C1-60 MdHR 50206-792 1825 unnumbered item 20 April 1827.
Carr, Samuel. Ireland. DI. BA Ct. (Minutes) 1822-1826 MSA C386-12 MdHR 14386 f. 335 7 April 1825.
Carr, Samuel. Ireland. DI. Wits: Peter Dell and Henry Dell. BA Ct. (Misc. Ct. Papers) MSA C1-60 MdHR 50206-792 1825 item 353 7 April 1825.
Carr, Samuel. Ireland. NATN. Born Co. of Derry. Decl. intent in BA Ct. March term 1825. Wits: Peter Dill and Henry Dill. BA Ct. (Nat. Dkt.) 1 1796-1851 MSA

C389-1 MdHR 18106 f. 114 19 April 1827.
Carr, Samuel. Ireland. Report and Registration. Noted as age 25. Born Co. of Derry. Arrived in BC Aug. 1819. Res. BC. Wits: Peter Dell and Henry Dell. BA Ct. (Misc. Ct. Papers) MSA C1-60 MdHR 50206-792 1825 unnumbered item 7 March 1825.
Carr, Thomas. Great Britain. BA Ct. (Nat. Dkt.) 1 1796-1851 MSA C389-1 MdHR 18106 f. 7 #137 21 Aug. 1797. Barnes, p. 60.
Carr, William. England. NATN. Decl. intent in BC Ct. 17 Feb. 1845. Wits: Bernard C. Bell and Robert Peel. O&RA to Queen of U.K. BC Ct. (Nat. Rcd.) 9 1845-1848 MSA C229-1 MdHr 18119 f. 373 4 Oct. 1847.
Carray, Thomas. Ireland. DI. BC Ct. (Dkt&Mins) 1849 MSA C184-11 MdHR 16668 f. 8 5 March 1849.
Carree, Joseph. Republic of France. BA Ct. (Nat. Dkt.) 1 1796-1851 MSA C389-1 MdHR 18106 f. 18 #387 1 Dec. 1798. Barnes, p. 64.
Carrick, Daniel. Great Britain. BA Ct. (Nat. Dkt.) 1 796-1851 MSA C389-1 MdHR 18106 f. 7 #138 23 Aug. 1797. Barnes, p. 60.
Carrick, James. Ireland. DI. BA Ct. (Minutes) 1832-1838 MSA C386 MdHR 14403 f. 75 19 Nov. 1833.
Carrick, James. Ireland. DI. BA Ct. (Minutes, Rough) 1832-1835 MSA C420-1 MdHR 14396-2 f. 220 19 Nov. 1833.
Carrick, Richard. Ireland. BA Ct. (Nat. Dkt.) 1 1796-1851 MSA C389-1 MdHR 18106 f. 30 #575 4 Feb. 1805.
Carrigan, Bartholomew. Ireland. DI. BA Ct. (Misc. Ct. Papers) MSA C1-57 MdHR 50206-753 unnumbered 1823 item 6 Jan. 1824.
Carrigan, Bartholomew. Ireland. DI. BA Ct. (Minutes) 1822-1826 MSA C386-12 MdHR 14386 f. 129 6 Jan. 1824.
Carrigan, Bartholomew. Ireland. Registration and report. Noted as age 26. Born Co. of Sligo. Arrived in Plattsburg Aug. 1817. Res. BC. Wits: Edward Quinn and David Gibb. BA Ct. (Misc. Ct. Papers) MSA C1-57 MdHR 50206-753 1823 item 342 6 Jan. 1824.
Carrigan, William. Ireland. DI. BA Ct. (Minutes) 1822-1826 MSA C386-12 MdHR 14386 f. 221 30 Sept. 1824.
Carrigan, William. Ireland. NATN. Born Co. of Antrim. Arrived in the U.S. as a minor. Wits: Edward Gray and William Carrigan. BA Ct. (Nat. Dkt.) 1 1796-1851 MSA C389-1 MdHR 18106 f. 80 30 Sept. 1824.
Carroll, Hugh. Scotland. DI. BA Ct. (Minutes) 1827-1830 MSA C386-13 MdHR 14391 f. 162 15 Sept. 1828.
Carroll, John W. H. Ireland. NATN. Born Co. of Kerry. Arrived in the U.S. prior to 18 June 1812. Wits: William H. Marriott and James B. Latimer. BA Ct. (Nat. Dkt.) 1 1796-1851 MSA C389-1 MdHR 18106 f. 139 4 Oct. 1828.
Carroll, John. Ireland. NATN. Decl. intent in US Circ. Ct. 7 Sept. 1844. Wits: Daniel Buckley and John North. BA Ct. (Nat. Dkt.) 1 1796-1851 MSA C389-1 MdHR 18106 f. 367 29 Sept. 1849.
Carroll, John. Ireland. NATN. Decl. intent in BC Ct. 13 Oct. 1842. Wits: William Gough and James Donnelly. O&RA to Queen of U.K. BA Ct. (Nat. Rcd.) 4 1846-1851 MSA C391-2 MdHR 18109 f. 18 6 Oct. 1846.
Carroll, John. Ireland. NATN. Decl. intent in BC Ct. 13 Oct. 1842. Wits: William Gough and John Dounelly. BA Ct. (Nat. Dkt.) 1 1796-1851 MSA C389-1 MdHR 18106 f. 236 6 Oct. 1846.
Carroll, John. Ireland. NATN. Decl. intent in US Circ. Ct. 7 Sept. 1844. Wits: Daniel Buckley and John Norton. O&RA to Queen of U.K. BA Ct. (Nat. Rcd.) 4 1846-1851 MSA C391-2 MdHR 18109 f. 335 29 Sept. 1849.
Carroll, Michael. Ireland. NATN. Arrived in U.S. 3 yrs. prior to age 21. Res. U.S. 5 yrs., including 3 of minority. Res. MD over 1 yr. Wits: Cornelius Ruck and Owen Donnelly. O&RA to Queen of U.K. BA Ct. (Nat. Rcd. of Minors) 3 1846-1851 MSA C392-1 MdHR 18110 f. 86 2 Oct. 1849.
Carroll, Michael. Ireland. NATN. Arrived in U.S. under age 18. Wits: Cornelius

Rock and Owen Donnelly. BA Ct. (Nat. Dkt.) 1 1796-1851 MSA C389-1 MdHR 18106 f. 366 2 Oct. 1849.
Carroll, Owen. Ireland. NATN. Res. U.S. 14 April 1802 - 18 June 1812. Res. BC. Formerly, res. Prince George's Co. Wits: Joseph Jameson and John Compten. O&RA to King of U.K. BC Ct. (Nat. Rcd. of Minors) 2 1832-1836 MSA C237-2 MdHR 18113 ff. 4-5 7 July 1832.
Carroll, William. Ireland. NATN. Decl. intent in BC Ct. 30 Sept. 1844. Wits: James Trainer and John Carroll. O&RA to Queen of U.K. BA Ct. (Nat. Rcd.) 4 1846-1851 MSA C391-2 MdHR 18109 f. 31 6 Oct. 1846.
Carroll, William. Ireland. NATN. Decl. intent in BC Ct. 30 Sept. 1844. Wits: James Trainer and John Carroll. BA Ct. (Nat. Dkt.) 1 1796-1851 MSA C389-1 MdHR 18106 f. 240 6 Oct. 1846.
Carron, Joseph. Ireland. DI. BA Ct. (Minutes, Rough) 1845-1851 MSA C420-3 MdHR 14401 f. 383 14 Oct. 1850.
Carron, Thomas. Ireland. DI. BC Ct. (Dkt&Mins) 1849 MSA C184-11 MdHR 16668 f. 20 28 July 1849.
Carruthers, Andrew. Scotland. DI. BA Ct. (Minutes) 1832-1838 MSA C386 MdHR 14403 f. 210 20 Oct. 1836.
Carruthers, Andrew. Scotland. DI. BA Ct. (Minutes, Rough) 1836-1844 MSA C420-2 MdHR 14398 f. 40 20 Oct. 1836.
Carson, Joseph. Ireland. DI. BA Ct. (Minutes) 1846-1851 MSA C386-17 MdHR 14405 f. 231 14 Oct. 1850.
Carson, Joseph. Ireland. DI. BA Ct. (Minutes) 1846-1851 MSA C386-16 MdHR 14405 f. 231 14 Oct. 1850.
Carter, Moses. Canada. NATN. Decl. intent in US Circ. Ct. 7 Oct. 1848. Wit: Peter Noland. O&RA to Queen of U.K. BC Ct. (Nat. Rcd.) 10 1849-1851 MSA C229-2 MdHR 18120 f. 379 3 Nov. 1851.
Cary, William F. England. NATN. Decl. intent in BC Ct. 7 Oct. 1844. Wits: Robert Brown and E. Thompson Baird. O&RA to Queen of U.K. BC Ct. (Nat. Rcd.) 9 1845-1848 MSA C229-1 MdHR 18119 f. 437 4 Oct. 1847.
Casey, Thomas. Ireland. NATN. Decl. intent in Marine Ct. of New York City 4 Sept. 1842. Res. BC. Wits: Andrew Leary and Patrick Casey. O&RA to Queen of U.K. BA Ct. (Nat. Rcd.) 2 1832-1846 MSA C391-1 MdHR 18108 ff. 124-125 30 Sept. 1845.
Casey, Thomas. Ireland. NATN. Decl. intent in the Marine Ct. of New York City 4 Nov. 1840. Wits: Andrew Leary and Patrick Casey. BA Ct. (Nat. Dkt.) 1 1796-1851 MSA C389-1 MdHR 18106 f. 226 30 Sept. 1845.
Cash, William. Prussia. NATN. Arrived in U.S. 3 yrs. prior to age 21. Res. U.S. 5 yrs., including 3 of minority. Res. MD over 1 yr. Wits: Peter Knight and Richard R. Bishop. O&RA to King of Prussia. BA Ct. (Nat. Rcd. of Minors) 3 1846-1851 MSA C392-1 MdHR 18110 f. 23 13 Oct. 1846.
Cashmyer, Philip. Germany. NATN. Arrived in U.S. 3 yr. prior to age 21. Res. U.S. 5 yrs., including 3 of minority. Res. MD over 1 yr. Wits: Peter Orp and Peter Cashmyer. O&RA to Emperor of Germany. BA Ct. (Nat. Rcd. of Minors) 3 1846-1851 MSA C392-1 MdHR 18110 f. 29 5 Oct. 1847.
Cashmyer, Philip. Germany. NATN. Arrived in U.S. under age 18. Wits: Peter Orp and Peter Cashmyer. BA Ct. (Nat. Dkt.) 1 1796-1851 MSA C389-1 MdHR 18106 f. 299 5 Oct. 1847.
Caspari, Charles. Hanover. NATN. Decl. intent in US Dist. Ct. 6 Oct. 1846. Wits: Edward J. Peters and Christian Stevenson. O&RA to King of Hanover. BC Ct. (Nat. Rcd.) 9 1845-1848 MSA C229-1 MdHR 18119 f. 605 7 Oct. 1848.
Casper, John. Hanover. DI. BC Ct. (Dkt&Mins) 1849 MSA C184-11 MdHR 16668 f. 25 24 Sept. 1849.
Cassady, Henry McGuire. Ireland. NATN. Decl. intent in US Dist. Ct. 22 Sept. 1840. Wits: Thomas Kehoe and James Murray. BA Ct. (Nat. Dkt.) 1 1796-1851 MSA C389-1 MdHR 18106 f. 215 23 Jan. 1843.
Cassady, Henry McGuire. Ireland. NATN. Decl. intent in US Dist. Ct. 22 Sept.

1840. Wits: Thomas Kehoe and James Mubray. O&RA to Queen of U.K. BA Ct. (Nat. Rcd.) 2 1832-1846 MSA C391-1 MdHR 18108 ff. 101-102 23 Jan. 1843.

Cassady, Patrick. Ireland. NATN. Decl. intent in US Circ. Ct. 2 Oct. 1844. Wits: Thomas Quinn and Timothy Dempsey. BA Ct. (Nat. Dkt.) 1 1796-1851 MSA C389-1 MdHR 18106 f. 335 3 Oct. 1848.

Cassady, Patrick. Ireland. NATN. Decl. intent in US Circ. Ct. 2 Oct. 1844. Wits: Thomas Quinn and Timothy Dempsey. O&RA to Queen of U.K. BA Ct. (Nat. Rcd.) 4 1846-1851 MSA C391-2 MdHR 1809 f. 261 3 Oct. 1848.

Cassidy, Andrew. Ireland. NATN. Decl. intent in BC Ct. 1 July 1848. Wits: John Kern and Patrick Cassidy. O&RA to Queen of U.K. BC Ct. (Nat. Rcd.) 10 1849-1851 MSA C229-2 MdHR 18120 f. 378 3 Nov. 1851.

Cassidy, Bernard. Ireland. NATN. Decl. intent in open court. Res. BC. Arrived in the U.S. 3 yrs. prior to age 21. Res. U.S. 5 yrs., including 3 of minority. Res. MD over 1 yr. Wit: John White. O&RA to King of U.K. BC Ct. (Nat. Rcd. of Minors) 1 1827-1832 MSA C237-1 MdHR 18112 ff. 246-247 8 Nov. 1828.

Cassidy, Laurence E. Ireland. NATN. Decl. intent in BA Ct. 5 April 1831. Res. BC. Wits: Hugh Bannan and Matthew Tracey. O&RA to King of U.K. BC Ct. (Nat. Rcd. of Minors) 2 1832-1836 MSA C237-2 MdHR 18113 ff. 167-168 4 Sept. 1835.

Cassidy, Martin. Ireland. NATN. Decl. intent in Bath Co. (VA) Ct. Oct. term 1842. Wits: John Mitchell and Peter Ahern. O&RA to Queen of U.K. BC Ct. (Nat. Rcd.) 9 1845-1848 MSA C229-1 MdHR 18119 f. 768 3 Nov. 1848.

Cassidy, Patrick. Ireland. NATN. Decl. intent in BC Ct. 8 Oct. 1844. Wits: Thomas Quinn and Patrick Cassidy. O&RA to Queen of U.K. BA Ct. (Nat. Rcd.) 4 1846-1851 MSA C391-2 MdHR 18109 f. 261 3 Oct. 1848.

Cassidy, Patrick. Ireland. NATN. Decl. intent in BC Ct. 8 Oct. 1844. Wits: Thomas Quinn and Patrick Cassady. BA Ct. (Nat. Dkt.) 1 1796-1851 MSA C389-1 MdHR 18106 f. 335 3 Oct. 1848.

Cathelin, John Baptiste. Republic of France. BA Ct. (Nat. Dkt.) 1 1796-1851 MSA C389-1 MdHR 18106 f. 16 #344 5 Sept. 1798. Barnes, p. 59.

Catimore/Catemose (?), Richard. England. DI. Res. BC. BC Ct. of O&T&GD (Dkt&Mins) 1816 MSA C183-9 MdHR 16657 (unpaginated) 29 July 1816.

Caufield, Hugh. Ireland. DI. BA Ct. (Minutes) 1822-1826 MSA C386-12 MdHR 14386 f. 335 6 Oct. 1825.

Caughery, Samuel. Ireland. NATN. Decl. intent in BC Ct. 22 Oct. 1832. Res. BC. Wits: Charles Buyces and William Braden. O&RA to King of U.K. BC Ct. (Nat. Rcd. of Minors) 2 1832-1836 MSA C237-2 MdHR 18113 ff. 165 1 Sept. 1835.

Caughey, Michael. Ireland. NATN. Born Co. of Down. Decl. intent in BC Ct. 10 Jan. 1817. Wits: John B. Hall and William Musgrove. BA Ct. (Nat. Dkt.) 1 1796-1851 MSA C389-1 MdHR 18106 f. 61 4 Oct. 1822.

Caughlan, Michael. Ireland. NATN. Decl. intent in BC Ct. 4 Oct. 1844. Wits: John Deffy and Thomas Carhens. BA Ct. (Nat. Dkt.) 1 1796-1851 MSA C389-1 MdHR 18106 f. 328 2 Oct. 1848.

Caune, Felix. Republic of France. NATN. BA Ct. (Minutes) 1792-1797 MSA C386-7 MdHR 5052 f. 248 March term 1795.

Caune, Felix. Republic of France. BA Ct. (Nat. Dkt.) 1 1796 - 1851 MSA C389-1 MdHR 18106 f. 1 #1 15 March 1796. Barnes, p. 59.

Cause, Francis Bartholomew. Republic of France. BA Ct. (Nat. Dkt.) 1 1796-1851 MSA C389-1 MdHR 18106 f. 17 #368 6 Nov. 1798. Barnes, p. 64.

Cavan, William. Ireland. NATN. Born Co. of Down. Decl. intent in Justices Ct. of the City and Co. of New York July 1818. Wits: Stevenson White and William Henry. BA Ct. (Nat. Dkt.) 1 1796-1851 MSA C389-1 MdHR 18106 f. 65 1 Oct. 1823.

Cavanagh, Bernard. Ireland. DI. Ren. alleg. to King of U.K. BA Ct. (Misc. Ct. Papers) MSA C1-53 MdHR 50206-713 1821 item 455 13 Nov. 1821.

Cavanagh, Bernard. Ireland. Report and registration. Noted as age 31. Born Co. of Monaghan. Res. BC. BA Ct. (Misc. Ct. Papers) MSA C1-53 MdHR 50206-713 1821 item 454 19 Oct. 1820.

Cavanagh, John L. Ireland. DI. BC Ct. (Dkt&Mins) 1849 MSA C184-11 MdHR 16668 f. 15 5 June 1849.
Cavanaugh, Bernard. Ireland. NATN. Born Co. of Monaghan. Decl. intent in US Circ. Ct. 13 Nov. 1821. Wits: Robert Howard and Robert Armstrong. BA Ct. (Nat. Dkt.) 1 1796-1851 MSA C389-1 MdHR 18106 f. 105 20 Sept. 1826.
Cavanaugh, Peter. Ireland. DI. BA Ct. (Minutes) 1810-1814 MSA C386-10 MdHR 14376 f. 186 1 May 1812.
Cavany, Toussaint. France. NATN. Born Parish Pheham. Arrived in the U.S. prior to 18 June 1812. Wits: John Freeberger and Hammel Moore. BA Ct. (Nat. Dkt.) 1 1796-1851 MSA C389-1 MdHR 18106 f. 136 16 Sept. 1828.
Cerby, Patrick. Ireland. DI. Res. BC. BC Ct. (Dkt&Mins) 1830 MSA C184-5 MdHR 16662 f. 49 1 Nov. 1830.
Chabanne/Chabannes, Louis. Republic of France. BA Ct. (Nat. Dkt.) 1 1796-1851 MSA C389-1 MdHR 18106 f. 15 #313 12 April 1798. Barnes, p. 63.
Chabert, Charles T. France. DI. Ren. alleg. to Emperor of France. BC Ct. of O&T&GD (Dkt&Mins) 1812 MSA C183-7 MdHR 16655 f. 24 18 March 1812.
Chabot, Gabriel H. France. NATN. Res. U.S. 14 April 1802 - 18 June 1812. Res. BC. Wits: Jacob Walter and Francis Deloste. O&RA to King of French. BA Ct. (Nat. Rcd.) 2 1832-1846 MSA C391-1 MdHR 18108 f. 52 17 Sept. 1838.
Chabot, Gabriel H. France. NATN. Res. U.S. 14 April 1802 - 18 June 1812. Wits: Jacob Waller and Francis Deloste. BA Ct. (Nat. Dkt.) 1 1796-1851 MSA C389-1 MdHR 18106 f. 190 17 Sept. 1838.
Chabriea/ Chabrieu, Jane. France. NATN. Born Bordeaux. Decl. intent in BA Ct. of O&T&GD 12 Jan. 1814. Wit: Margaret Weems. BA Ct. (Nat. Dkt.) 1 1796-1851 MSA C389-1 MdHR 18106 f. 56 5 Nov. 1821.
Chabrieu/Chabreia, Jane. France. NATN. Born Bordeaux. Decl. intent in BA Ct. of O&T&GD 12 Jan. 1814. Wit: Margh (?) Meeny (?). BA Ct. (Nat. Dkt.) 1 1796-1851 MSA C389-1 MdHR 18106 f. 52 29 Sept. 1821.
Chadwick, John. England. NATN. Born Co. of Lancashire. Decl. intent in BA Ct. 16 Sept. 1822. Wits: John Ogston and James Sergeant. BA Ct. (Nat. Dkt.) 1 1796-1851 MSA C389-1 MdHR 18106 f. 164 16 Oct. 1830.
Chadwick, John. England. DI. BA Ct. (Minutes) 1822-1826 MSA C386-12 MdHR 14386 f. 17 16 Sept. 1822.
Chaisly (?), Mary. Ireland. NATN. Res. U.S. 14 April 1802 - 18 June 1812. Wits: Ann McColgan and Agnes Brady. O&RA to Queen of U.K. BC Ct. (Nat. Rcd.) 10 1849-1851 MSA C229-2 MdHR 18120 f. 41 27 Oct. 1849.
Chaisty, Edward. Ireland. NATN. Born co. of Tipperara. Decl. intent in US Circ. Ct. 8 Nov. 1825. Wits: Neal Dougherty and James Dougherty. BA Ct. (Nat. Dkt.) 1 1796-1851 MSA C389-1 MdHR 18106 f. 98 24 Nov. 1825.
Chalamean, Charles Augustine. France. BA Ct. (Nat. Dkt.) 1 1796-1851 MSA C389-1 MdHR 18106 f. 39 #769 3 May 1810.
Chalburn, William. England. NATN. Arrived in U.S. 3 yrs. prior to age 21. Res. U.S. 5 yrs., including 3 of minority. Res. MD over 1 yr. Wits: Charles Ford and John Hyde. O&RA to Queen of U.K. BC Ct. (Nat. Rcd. of Minors) 3 1845-1851 MSA C237-3 MdHR 18114-1 f. 291 29 Sept. 1851.
Chamber, Ernst. Prussia. DI. BC Ct. (Dkt&Mins) 1849 MSA C184-11 MdHR 16668 f. 9 14 April 1849.
Chambers, David. Ireland. DI. BC Ct. of O&T&GD (Dkt&Mins) 1813 MSA C183-8 MdHR 16656 f. 38 3 Aug. 1813.
Chambers, Ernst. Prussia. NATN. Decl. intent in BC Ct. 14 April 1849. Wits: George Firlage and John Hartleine. O&RA to King of Prussia. BA Ct. (Nat. Rcd.) 4 1846-1851 MSA C391-2 MdHR 18109 f. 385 3 Nov. 1851.
Chambers, John. Ireland. NATN. Decl. intent in BC Ct. 6 June 1827. Res. BC. Wits: Hugh Jenkins and Nicholas Phelan. O&RA to King of U.K. BC Ct. (Nat. Rcd. of Minors) 1827-1832 MSA C237-1 MdHR 18112 ff. 369-370 24 Feb. 1831.
Chambers, Stewart. Ireland. NATN. Decl. intent in US Dist. Ct. 23 April 1843.

Wit: Aaron Jackson. O&RA to Queen of U.K. BC Ct. (Nat. Rcd.) 9 1845-1848 MSA C229-1 MdHR 18119 f. 17 30 Sept. 1845.

Chambes, Ernst. Prussia. NATN. Decl. intent in BC Ct. 14 April 1849. Wits: George Fislage and John Hartine. BA Ct. (Nat. Dkt.) 1 1796-1851 MSA C389-1 MdHR 18106 f. 386 3 Nov. 1851.

Champion, John. Ireland. Born on Island of Guernsey. Decl. intent in US Dist. Ct. 13 Sept. 1820. Wits: Peter Goshell and Andrew Dell. BA Ct. (Nat. Dkt.) 1 1796-1851 MSA C389-1 MdHR 18106 f. 94 26 Sept. 1825.

Champness, Joshua. England. NATN. Decl. intent in BC Ct. 18 Sept. 1844. Wits: Edward Horsey and Patrick McLaughlin. O&RA to Queen of U.K. BA Ct. (Nat. Rcd.) 4 1846-1851 MSA C391-2 MdHR 18109 f. 231 28 Sept. 1848.

Champress, Joshua. England. NATN. Decl. intent in BC Ct. 18 Sept. 1844. Wits: Edward Horne and Patrick McLaughlin. BA Ct. (Nat. Dkt.) 1 1796-1851 MSA C389-1 MdHR 18106 f. 320 28 Sept. 1848.

Chanberg, Joshua F. Ireland. BA Ct. (Nat. Dkt.) 1 1796-1851 MSA C389-1 MdHR 18106 f. 39 #779 14 Nov. 1810

Chanceauline, Martin. France. NATN. Born Co. of L'Air. Decl. intent in Ct. of Common Pleas for the City and Co. of Philadelphia, 13 Oct. 1823. Wits: Edward Priestly and Michael Jenkins. BA Ct. (Nat. Dkt.) 1 1796-1851 MSA C389-1 MdHR 18106 f. 148 3 Nov. 1828.

Chapains, John Baptist. France. BA Ct. (Nat. Dkt.) 1 1796-1851 MSA C389-1 MdHR 18106 f. 38 #755 20 Oct. 1809.

Chapeau, Anthony. Republic of France. BA Ct. (Nat. Dkt.) 1 1796 - 1851 MSA C389-1 MdHR 18106 f. 4 #59 16 March 1797. Barnes, p. 59

Chapman, Jonathan. England. DI. BC Ct. of O&T&GD (Dkt&Mins) 1813 MSA C183-8 MdHR 16656 f. 50 6 Oct. 1813.

Chapman, Jonathan. England. Decl. intent in BA Ct. of O&T&GD 6 Oct. 1813. BA Ct. (Nat. Dkt.) 1 1796-1851 MSA C389-1 MdHR 18106 f. 48 21 Oct. 1816.

Chark, Charles. Ireland. NATN. Decl. intent in Circ. Ct. for D.C., Co. of Washington 23 Dec. 1831. Wits: James Logue and Patrick Keirns. BA Ct. (Nat. Dkt.) 1 1796-1851 MSA C389-1 MdHR 18106 f. 181 30 April 1830.

Charles, Christopher. Sweden. BA Ct. (Nat. Dkt.) 1 1796-1851 MSA C389-1 MdHR 18106 f. 38 #745 5 June 1809.

Charles, Robert. England. BA Ct. (Nat. Dkt.) 1 1796-1851 MSA C389-1 MdHR 18106 f. 17 #361 11 Sept. 1798. Barnes, p. 64.

Charrier, John. Gaudeloupe. NATN. Decl. intent in open court. Arrived in U.S. 3 yrs. prior to age 21. Res. U.S. 5 yrs., including 3 of minority. Res. BC. Wits: Michael Jannart and Ephraim Larrabee. O&RA to King of France. BC Ct. (Nat. Rcd. of Minors) 2 1832-1836 MSA C237-2 MdHR 18113 ff. 119-120 3 Oct. 1834.

Charrier, Peter. Guadeloupe. NATN. Decl. intent in open court. Arrived in U.S. 3 yrs. prior to age 21. Res. U.S. 5 yrs., including 3 of minority. Res. MD over 1 yr. Res. BC. Wits: Michael Parnast and William Watkins. O&RA to King of French. BC Ct. (Nat. Rcd. of Minors) 1832-1836 MSA C237-2 MdHR 18113 ff. 136-137 4 Oct. 1834.

Chartres/Chartrer, Thomas. Scotland. NATN. Born Co. of Berwick. Decl. intent in BA Ct. 3rd Monday of Sept. 1826. Wits: James Towson and John Glenn. BA Ct. (Nat. Dkt.) 1 1796-1851 MSA C389-1 MdHR 18106 f. 131 15 Sept. 1828.

Chartres/Chartrer, Thomas. Scotland. DI. BA Ct. (Minutes) 1822-1826 MSA C386-12 MdHR 14386 f. 435 23 Sept. 1826.

Chason, George. Sweden. NATN. Decl. intent in BC Ct. 18 Oct. 1832. Res. BC. Wits: Thomas Baker and Jacob Myers. O&RA to Prince of Sweden. BC Ct. (Nat. Rcd. of Minors) 2 1832-1836 MSA C237-2 MdHR 18113 ff. 153-154 15 Nov. 1834.

Chassding, Edward. France. NATN. Res. BC. Arrived in the U.S. 3 yrs. prior to age 21. Res. U.S. 5 yrs., including 3 of minority. Wits: William Seton and Julius T. Ducatel. O&RA to King of France. BC Ct. (Nat. Rcd. of Minors) 1 1827-1832 MSA C237-1 MdHR 18112 f. 179 7 Oct. 1828.

Chasteau, Lewis Armand. France. Born on Isle de France. Decl. intent in US Dist. Ct. 18 Feb. 1816. Wits: William G. Schade and William Spear. BA Ct. (Nat. Dkt.) 1 1796-1851 MSA C389-1 MdHR 18106 f. 56 23 Oct. 1821.

Chatfield, Joseph. Great Britain. BA Ct. (Nat. Dkt.) 1 1796 - 1851 MSA C389-1 MdHR 18106 f.3 #41 30 Nov. 1796. Barnes, p. 59

Chesman, Henry. England. DI. BA Ct. (Minutes) 1822-1826 MSA C386-12 MdHR 14386 f. 436 8 April 1826.

Chevalier, John Abraham(?). France. BA Ct. (Nat. Dkt.) 1 1796-1851 MSA C389-1 MdHR 18106 f. 21 #429 30 Dec. 1802. Barnes, p. 65.

Chichester, George. Ireland. NATN. Decl. intent in BC Ct. 25 Sept. 1847. Wits: John H. Weaver and William Wooden. O&RA to Queen of U.K. BC Ct. (Nat. Rcd.) 10 1849-1851 MSA C229-2 MdHR 18120 f. 65 27 Sept. 1850.

Chiechester, George. Ireland. DI. BC Ct. (Dkt&Mins) 1847 MSA C184-10 MdHR 16667 f. 34 25 Sept. 1847.

Child, Henry. England. BA Ct. (Nat. Dkt.) 1 1796-1851 MSA C389-1 MdHR 18106 f. 20 #409 6 Sept. 1802. Barnes, p. 64.

Christen, John. Germany. NATN. Arrived in U.S. 3 yrs. prior to age 21. Res. U.S. 5 yrs., including 3 of minority. Res. MD over 1 yr. Wits: Moses Dysart and Charles L. Davis. O&RA to Emperor of Germany. BA Ct. (Nat. Rcd. of Minors) 3 1846-1851 MSA C392-1 MdHR 18110 f. 11 13 Oct. 1846.

Christian, James. Sweden. NATN. Decl. intent in BC Ct. 27 Feb. 1838. Res. BC. Wits: Peter M. Hilditch and Frederick Saunders. O&RA to King of Sweden. BA Ct. (Nat. Rcd.) 2 1832-1846 MSA C391-1 MdHR 18108 ff. 68-69 20 April 1840.

Christian, James. Sweden. NATN. Decl. intent in BC Ct. 27 Feb. 1838. Wits: Peter R. Hilditch and Frederick Summers. BA Ct. (Nat. Dkt.) 1 1796-1851 MSA C389-1 MdHR 18106 f. 197 20 April 1840.

Christopher, John. Denmark. NATN. Arrived in U.S. 3 yrs. prior to age 21. Res. U.S. 5 yrs., including 3 of minority. Res. MD over 1 yr. Wit: Edward C. Taylor. O&RA to King of Denmark. BC Ct. (Nat. Rcd. of Minors) 3 1845-1851 MSA C237-3 MdHR 18114-1 f. 3 23 March 1845.

Christy, George. Scotland. DI. BC Ct. (Dkt&Mins) 1825 MSA C184-2 MdHR 16659 f. 51 9 Nov. 1825.

Christy, George. Scotland. NATN. Res. BC. Decl. intent in BC Ct. 9 Nov. 1825. Wits: William Gorman and Walter Frazier. O&RA to King of U.K. BC Ct. (Nat. Rcd. of Minors) 1 1827-1832 MSA C237-1 MdHR 18112 ff. 311-312 12 June 1830

Chritser, John. Germany. NATN. Arrived in U.S. under age 18. Wits: Charles S. Davis and Moses Dysart. BA Ct. (Nat. Dkt.) 1 1796-1851 MSA C389-1 MdHR 18106 f. 288 13 Oct. 1846.

Chumley, James. Ireland. NATN. Decl. intent in BC Ct. 15 Nov. 1844. Wits: Samuel Blackburn and Elixander Stewart. O&RA to Queen of U.K. BC Ct. (Nat. Rcd.) 9 1845-1848 MSA C229-1 MdHR 18119 f. 303 30 Sept. 1847.

Cimmamon, George R. Ireland. DI. BC Ct. (Dkt&Mins) 1839 MSA C184-6 MdHR 16663 f. 18 18 May 1839.

Claran, Patrick. Ireland. DI. BA Ct. (Minutes) 1832-1838 MSA C386 MdHR 14403 f. 213 31 Oct. 1836.

Claran, Patrick. Ireland. DI. BA Ct. (Minutes, Rough) 1836-1844 MSA C420-2 MdHR 14398 f. 43 31 Oct. 1836.

Clare, Peter. France. NATN. Res. BC. Res. U.S. 14 April 1802 - 18 June 1812. Wits: Aquilla Jones and George Keyser. O&RA to King of France. BC Ct. (Nat. Rcd. of Minors) 1 1827-1832 MSA C237-1 MdHR 18112 f. 168 4 Oct. 1828.

Clark, Charles. Ireland. NATN. Decl. intent in US Circ. Ct. of D.C. 23 Dec. 1831. Res. BC. Wits: James Logue and Patrick Kerr. O&RA to King of U.K. BA Ct. (Nat. Rcd.) 2 1832-1846 MSA C391-1 MdHR 18108 ff. 28-29 30 April 1835.

Clark, John. Ireland. NATN. Res. BC. Res. the U.S. 14 April 1802 - 18 June 1812. Wits: Christian Capito and James Clark. O&RA to King of U.K. BC Ct. (Nat. Rcd. of Minors) 1 1827-1832 MSA C237-1 MdHR 18112 ff. 281-282 1 Dec. 1828.

Clark, John. England. DI. BC Ct. (Dkt&Mins) 1849 MSA C184-11 MdHR 16668 f. 16 11 June 1849.
Clark, John. England. NATN. Decl. intent in US Dist. Ct. 5 Sept. 1846. Wits: Thomas Nelson and Robert Seth. O&RA to Queen of U.K. BC Ct. (Nat. Rcd.) 10 1849-1851 MSA C229-2 MdHR 18120 f. 19 29 Sept. 1849.
Clark, Laurence. Ireland. NATN. Decl. intent in US Circ. Ct. 13 July 1844. Wits: Patrick Barron and Michael Cuprour (?). O&RA to Queen of U.K. BA Ct. (Nat. Rcd.) 4 1846-1851 MSA C391-2 MdHR 18109 f. 6 5 Oct. 1846.
Clark, Laurence. Ireland. NATN. Decl. intent in US Circ. Ct. 13 July 1844. Wits: Michael Curran and Patrick Barker. BA Ct. (Nat. Dkt.) 1 1796-1851 MSA C389-1 MdHR 18106 f. 232 5 Oct. 1846.
Clark, Martin. Ireland. NATN. Decl. intent in US Dist. Ct. 23 Sept. 1844. Wits: Timothy Kelley and Edward Boyle. O&RA to Queen of U.K. BC Ct. (Nat. Rcd.) 10 1849-1851 MSA C229-2 MdHR 18120 f. 35 2 Oct. 1849.
Clark, Patrick. Ireland. NATN. Born Co. of Dublin. Decl. intent in US Dist. Ct. April term 1819. Wits: Thomas G. Reyburn and Edward Quinn. BA Ct. (Nat. Dkt.) 1 1796-1851 MSA C389-1 MdHR 18106 f. 82 1 Oct. 1824.
Clark, Patrick. Ireland. DI. BA Ct. (Minutes) 1832-1838 MSA C386 MdHR 14403 ff. 149-150 30 April 1835.
Clark, Patrick. Ireland. DI. BA Ct. (Minutes) 1832-1838 MSA C386 MdHR 14403 f. 102 10 May 1834.
Clark, Patrick. Ireland. DI. BA Ct. (Minutes, Rough) 1832-1835 MSA C420-1 MdHR 14396-2 f. 324 30 April 1835.
Clark, Thomas. England. DI. BA Ct. (Minutes) 1822-1826 MSA C386-12 MdHR 14386 f. 13 20 May 1822.
Clark, Thomas. Ireland. NATN. Decl. intent in Harford Co. Ct. 25 Nov. 1843. Wits: Patrick Rofsel/ Rossel and Hugh Mollen. O&RA to Queen of U.K. BC Ct. (Nat. Rcd.) 9 1845-1848 MSA C229-1 MdHR 18119 f. 785 4 Nov. 1848.
Clarke, Henry. England. BA Ct. (Nat. Dkt.) 1 1796-1851 MSA C389-1 MdHR 18106 f. 13 #268 24 Jan. 1798. Barnes, p. 62.
Clarke, James Harris. England. BA Ct. (Nat. Dkt.) 1 1796-1851 MSA C389-1 MdHR 18106 f. 14 #294 26 March 1798. Barnes, p. 63.
Clarke, John. Ireland. BA Ct. (Nat. Dkt.) 1 1796-1851 MSA C389-1 MdHR 18106 f. 17 #354 10 Sept. 1798. Barnes, p. 63.
Clarke, Joshua. Ireland. BA Ct. (Nat. Dkt.) 1 1796-1851 MSA C389-1 MdHR 18106 f. 24 #471 7 Nov. 1803. Noted as under Nov. Civil Ct. Barnes, p. 65.
Clarke, Marcus. England. DI. BA Ct. (Minutes, Rough) 1836-1844 MSA C420-2 MdHR 14398 f. 30 12 Sept. 1836.
Clarke, Patrick. Ireland. DI. BA Ct. (Minutes, Rough) 1832-1835 MSA C420-1 MdHR 14396-2 f. 258 10 May 1834.
Clarke, Thomas. England. NATN. Born London. Decl. intent in BC Ct. 27 Feb. 1823. Wits: Edward Quinn and David Gibb. BA Ct. (Nat. Dkt.) 1 1796-1851 MSA C389-1 MdHR 18106 f. 95 1 Oct. 1825.
Clarke, Timothy. Ireland. NATN. Decl. intent in US Circ. Ct. 29 Oct. 1846. Wits: John Coyle and James Kiley. O&RA to Queen of U.K. BC Ct. (Nat. Rcd.) 10 1849-1851 MSA C229-2 MdHR 18120 f. 395 4 Nov. 1851.
Clarkson, John. England. NATN. Decl. intent in BC Ct. 3 Oct. 1844. Wits: John Aburn and James N. S. J. Wright. O&RA to Queen of U.K. BC Ct. (Nat. Rcd.) 9 1845-1848 MSA C229-1 MdHR 18119 f. 97 3 Oct. 1846.
Clarkson, Joseph. England. NATN. Decl. intent in open court. Arrived in U.S. 3 yrs. prior to age 21. Res. U.S. 5 yrs., including 3 of minority. Res. MD over 1 yr. Res. BC. Wits: William Toder and William Broadbent. O&RA to King of U.K. BA Ct. (Nat. Rcd.) 2 1832-1846 MSA C391-1 MdHR 18108 ff. 4-5 8 Nov. 1832.
Clarkson, Joseph. England. NATN. Decl. intent in open court. Arrived in U.S. 3 yrs. prior to age 21. Born Lincolnshire. Wits: William Toder and William Broadbent. BA Ct. (Nat. Dkt.) 1 1796-1851 MSA C389-1 MdHR 18106 f. 171 8 Nov.

1832.
Classer, John. Denmark. BA Ct. (Nat. Dkt.) 1 1796-1851 MSA C389-1 MdHR 18106 f. 29 #548 5 Nov. 1804. Criminal Ct.
Clavell, Edward. England. NATN. Decl. intent in US Dist. Ct. for the Dist. of Delaware 15 Aug. 1843. Wits: Robert Thompson and John T. Martiaeg (?). BA Ct. (Nat. Dkt.) 1 1796-1851 MSA C389-1 MdHR 18106 f. 306 5 Oct. 1847.
Clavell, Edward. England. NATN. Decl. intent in US Dist. Ct. for Delaware 15 Aug. 1843. Wits: Robert Thompson and John Tellartiacq. O&RA to Queen of U.K. BA Ct. (Nat. Rcd.) 4 1846-1851 MSA C391-2 MdHR 18109 f. 189 5 Oct. 1847.
Clavell, George. England. DI. BC Ct. (Dkt&Mins) 1849 MSA C184-11 MdHR 16668 f. 31 3 Dec. 1849.
Cleary, Maurice. Ireland. NATN. Decl. intent in US Dist. Ct. 13 Sept. 1832. Res. BC. Wits: John Welsh and Michael O'Neal. O&RA to King of U.K. BC Ct. (Nat. Rcd. of Minors) 2 1832-1836 MSA C237-2 MdHR 18113 f. 125 4 Oct. 1834.
Cleary, Thomas F. France. DI. . BA Ct. (minutes) 1815-1820 MSA C386-11 MdHR 14381 f. 24 20 Oct. 1815.
Cleaver, Charles. England. NATN. Decl. intent in BC Ct. 12 Oct. 1848. Wits: Isaac P. Cook and Thomas Coggins. O&RA to Queen of U.K. BC Ct. (Nat. Rcd.) 10 1849-1851 MSA C229-2 MdHR 18120 f. 169 2 June 1851.
Clegg, Joseph. England. DI. BA Ct. (Minutes, Rough) 1832-1835 MSA C420-1 MdHR 14396-2 f. 295 11 Nov. 1834.
Clegg, Joseph. England. DI. BA Ct. (Minutes) 1832-1838 MSA C386 MdHR 14403 f. 129 11 Nov. 1834.
Clephane, John. Scotland. NATN. Born Co. of Fifeshire. Decl. intent in Circ. Ct. for D.C., Co. of Washington 19 Jan. 1819. Wits: Samuel Evans and John McDonald. BA Ct. (Nat. Dkt.) 1 1796-1851 MSA C389-1 MdHR 18106 f. 60 30 Sept. 1822.
Clery, Marie Rose Mousnier. France. BA Ct. (Nat. Dkt.) 1 1796-1851 MSA C389-1 MdHR 18106 f. 37 #735 20 May 1809.
Cliffe, Henry. England. NATN. Decl. intent in open court. Res. BC. Arrived in the U.S. 3 yrs. prior to age 21. Res. U.S. 5 yrs., including 3 of minority. Res. MD for 1 yr. Wit: Frederick Jenkins. O&RA to King of U.K. BC Ct. (Nat. Rcd. of Minors) 1 1827-1832 MSA C237-1 MdHR 18112 ff. 61-62 18 Aug. 1828.
Clifford, Thomas. Ireland. DI. BA Ct. (Minutes, Rough) 1832-1835 MSA C420-1 MdHR 14396-2 f. 299 20 Dec. 1834.
Clifford, Thomas. Ireland. DI. BA Ct. (Minutes) 1832-1838 MSA C386 MdHR 14403 f. 132 20 Dec. 1834.
Cline, Gottlieb. Denmark. DI. Res. BC. Ren. alleg. to "the Potentate of Denmark". BC Ct. of O&T&GD (Dkt&Mins) 1816 MSA C183-9 MdHR 16657 (unpaginated) 4 March 1816.
Clippard, Caspar. Electorate of Hesse-Cassell. NATN. Decl. intent in BC Ct. 30 Sept. 1844. Wits: Charles Wediner and Edward Pagell. O&RA to Elector of Hesse-Cassel. BC Ct. (Nat. Rcd.) 9 1845-1848 MSA C229-1 MdHR 18119 f. 549 2 Oct. 1848.
Close, James. Ireland. NATN. Arrived in U.S. under age 18. Wits: Robert Close and Alex. Close. BA Ct. (Nat. Dkt.) 1 1796-1851 MSA C389-1 MdHR 18106 f. 358 3 Nov. 1848.
Close, James. Ireland. NATN. Arrived in U.S. 3 yrs. prior to age 21. Res. U.S. 5 yrs., including 3 of minority. Res. MD over 1 yr. Wit: Robert Alexander Close. O&RA to Queen of U.K. BA Ct. (Nat. Rcd. of Minors) 3 1846-1851 MSA C392-1 MdHR 18110 f. 77 3 Nov. 1848.
Close, Nicholas. Germany. NATN. Decl. intent in Allegany Co. Ct. 18 Oct. 1841. Wits: Cornelius fagan and Robert Spedden. O&RA to Emperor of Germany. BC Ct. (Nat. Rcd.) 9 1845-1848 MSA C229-1 MdHR 18119 f. 491 5 Oct. 1847.
Clottez/Clottes, Peter. Germany. BA Ct. (Nat. Dkt.) 1 1796-1851 MSA C389-1 MdHR 18106 f. 12 #241 15 january 1798. Barnes, p. 62.

Cloudsley, Thomas. England. BA Ct. (Nat. Dkt.) 1 1796-1851 MSA C389-1 MdHR 18106 f. 34 #656 14 Oct. 1806.
Club, William. Electorate of Hesse-Cassel. NATN. Arrived in U.S. 3 yrs. prior to age 21. Res. U.S. 5 yrs., including 3 of minority. Res. MD over 1 yr. Wits: Alexander Pappler and Jacob Staylor. O&RA to Elector of Hesse-Cassel. BC Ct. (Nat. Rcd. of Minors) 3 1845-1851 MSA C237-3 MdHR 18114-1 f. 247 30 Sept. 1850.
Coath, John Sargent. England. NATN. Born Cornwall. Decl. intent in BA Ct. Sept. term 1822. Wits: Edward Moon and Richard Simmons. BA Ct. (Nat. Dkt.) 1 1796-1851 MSA C389-1 MdHR 18106 f. 84 2 Oct. 1824.
Coath, William Sargent. England. DI. BA Ct. (Minutes) 1822-1826 MSA C386-12 MdHR 14386 f. 20 1 Oct. 1822.
Coath, William. England. NATN. Decl. intent in open court. Arrived in U.S. 3 yrs. prior to age 21. Wits: William S. Coath and Thomas D. Green. BA Ct. (Nat. Dkt.) 1 1796-1851 MSA C389-1 MdHR 18106 f. 187 18 April 1838.
Coath, William. England. NATN. Decl. intent in open court. Arrived in U.S. 3 yrs. prior to age 21. Res. U.S. 5 yrs., including 3 of minority. Res. MD over 1 yr. Res. BC. Wits: William S. Coath and Thomas D. Green. O&RA to Queen of U.K. BA Ct. (Nat. Rcd.) 2 1832-1846 MSA C391-1 MdHR 18108 ff. 44-45 18 April 1838.
Coburn, John. Sweden. NATN. Born Gottenburg. Arrived in Balt. Nov. 1814. Decl. intent in BA Ct. 28 Jan. 1828. Wits: John McGannon (?) and John Cuyack. BA Ct. (Nat. Dkt.) 1 1796-1851 MSA C389-1 MdHR 18106 f. 160 12 May 1830.
Coburn, John. Sweden. DI. BA Ct. (Minutes) 1827-1830 MSA C386-13 MdHR 14391 f. 77 28 Jan. 1828.
Coburn, Thomas. Ireland. NATN. Arrived in U.S. 3 yrs. prior to age 21. Res. U.S. 5 yrs., including 3 of minority. Res. MD over 1 yr. Wits: Joseph Legare and Richard Miller. O&RA to Queen of U.K. BC Ct. (Nat. Rcd. of Minors) 3 1845-1851 MSA C237-3 MdHR 18114-1 f. 290 29 Sept. 1851.
Cochran, John. Ireland. DI. BC Ct. (Dkt&Mins) 1839 MSA C184-6 MdHR 16663 f. 17 18 May 1839.
Cochran, William G. Great Britain. BA Ct. (Nat. Dkt.) 1 1796-1851 MSA C389-1 MdHR 18106 f. 21 #412 23 Nov. 1802. Barnes, p. 64.
Cochran, William. Scotland. DI. BA Ct. (Minutes, Rough) 1832-1835 MSA C420-1 MdHR 14396-2 f. 283 1 Oct. 1834. Tepper, p. 105.
Cochrane, James. Ireland. DI. Res. BC. BC Ct. (Dkt&Mins) 1841 MSA C184-8 MdHR 16665 f. 13 15 May 1841.
Cochrane, Richard. Ireland. DI. Res. BC. BC Ct. (Dkt&Mins) 1841 MSA C184-8 MdHR 16665 f. 47 18 Dec. 1841.
Cochrane, Robert M. Ireland. NATN. Decl. intent in BC Ct. 4 Oct. 1845. Wits: John Stewart and William Hamelton, Jr. BA Ct. (Nat. Dkt.) 1 1796-1851 MSA C389-1 MdHR 18106 f. 372 2 Oct. 1849.
Cochrin, William. Ireland. DI. BA Ct. (Minutes, Rough) 1832-1835 MSA C420-1 MdHR 14396-2 f. 139 6 Nov. 1832.
Cock (?), William. England. NATN. Born Portsmouth. Decl. intent in BA Ct. 7 Oct. 1828. Wits: Nicholas Sank and John Beard. BA Ct. (Nat. Dkt.) 1 1796-1851 MSA C389-1 MdHR 18106 f. 148 5 Nov. 1828.
Cock, William. England. DI. BA Ct. (Minutes) 1822-1826 MSA C386-12 MdHR 14386 f. 435 7 Oct. 1826.
Cockran, Robert M. Ireland. NATN. Decl. intent in BC Ct. 4 Oct. 1845. Wits: John Stewart and William Hamilton, Jr. O&RA to Queen of U.K. BA Ct. (Nat. Rcd.) 4 1846-1851 MSA C391-2 MdHR 18109 f. 347 2 Oct. 1849.
Cockran, William. Scotland. DI. BA Ct. (Minutes) 1832-1838 MSA C386 MdHR 14403 f. 120 1 Oct. 1834.
Cockrane, Richard. Ireland. NATN. Decl. intent in BC Ct. 18 Dec. 1841. Wits: Robert Renwick and Francis Stewart. O&RA to Queen of U.K. BC Ct. (Nat.

Rcd.) 10 1849-1851 MSA C229-2 MdHR 18120 f. 110 30 Sept. 1850.
Cockrill, Thomas. Great Britain. BA Ct. (Nat. Dkt.) 1 1796-1851 MSA C389-1 MdHR 18106 f. 10 #191 27 Nov. 1797. Barnes, p. 61
Cockrin, William. Ireland. DI. BA Ct. (Minutes) 1832-1838 MSA C386 MdHR 14403 f. 16 6 Nov. 1832.
Codd, John. Ireland. BA Ct. (Nat. Dkt.) 1 1796-1851 MSA C389-1 MdHR 18106 f. 33 #638 17 May 1806.
Cody, David. Ireland. NATN. Decl. intent in open court. Res. BC. Arrived in the U.S. 3 yrs. prior to age 21. Res. U.S. 5 yrs., including 3 of minority. Res. MD over 1 yr. Wits: James Morris and Robert H. Bradley. O&RA to King of U.K. BC Ct. (Nat. Rcd. of Minors) 1 1827-1832 MSA C237-1 MdHR 18112 ff. 179-180 13 Oct. 1828.
Coffield, Jeremiah. Ireland. DI. BC Ct. (Dkt&Mins) 1846 MSA C184-9 MdHR 16666 f. 45 16 Dec. 1846.
Coggins, Thomas. England. NATN. Decl. intent in BC Ct. 7 Feb. 1844. Wits:Henry Bell and Isaac P. Cook. BA Ct. (Nat. Dkt.) 1 1796-1851 MSA C389-1 MdHR 18106 f. 306 5 Oct. 1847.
Coggins, Thomas. England. NATN. Decl. intent in BC Ct. 7 Feb. 1845. Wits: Henry Bell and Isaac Plook. O&RA to Queen of U.K. BA Ct. (Nat. Rcd.) 4 1846-1851 MSA C391-2 MdHR 18109 f. 190 5 Oct. 1847.
Colahan, John. Ireland. DI. BA Ct. (Minutes, Rough) 1836-1844 MSA C420-2 MdHR 14398 f. 86 16 Sept. 1837.
Colby, John W. Wales. NATN. Arrived in U.S. 3 yrs. prior to age 21. Decl. intent in open Ct. Wits: George Colby, Jr. and John Oler. BA Ct. (Nat. Dkt.) 1 1796-1851 MSA C389-1 MdHR 18106 f. 146 25 Oct. 1828.
Cole, Frederick. Hanover. NATN. Res. BC. Res. U.S. 14 April 1802 - 18 June 1812. Wits: James Cloney and Matthew Kelly. Takes oath. BC Ct. (Nat. Rcd. of Minors) 1 1827-1832 MSA C237-1 MdHR 18112 ff. 199-200 29 Oct. 1828.
Cole, James Alexander. England. DI. Res. BC. BC Ct. of O&T&GD (Dkt&Mins) 1816 MSA C183-9 MdHR 16657 (unpaginated) 12 Aug. 1816.
Cole, Philip. Germany. NATN. Decl. intent in open Ct. Arrived in U.S. 3 yrs. prior to age 21. Res. U.S. 5 yrs., including 3 of minority. Res. MD for 1 yr. Res. BC. Wits: Emanuel Stocett and Emanuel Sions (?). O&RA to Emperor of Germany. BA Ct. (Nat. Rcd.) 2 1832-1846 MSA C391-1 MdHR 18108 f. 9 4 Oct. 1842.
Cole, Philip. Germany. NATN. Decl. intent in open Ct. Arrived 3 yrs. prior to age 21. Wits: Emanuel Stockett and Emanuel Irons. BA Ct. (Nat. Dkt.) 1 1796-1851 MSA C389-1 MdHR 18106 f. 213 4 Oct. 1842.
Cole, Thomas. England. DI. BA Ct. (Minutes) 1822-1826 MSA C386-12 MdHR 14386 f. 103 20 May 1823.
Colee, Thomas R. England. DI. Res. BC. BC Ct. (Dkt&Mins) 1830 MSA C184-5 MdHR 16662 f. 39 28 Sept. 1830.
Coleman, Joseph. Ireland. NATN. Decl. intent in US Dist. Ct. 19 Sept. 1845. Wits: Thomas Cassidy and William Murray. O&RA to Queen of U.K. BC Ct. (Nat. Rcd.) 9 1845-1848 MSA C229-1 MdHR 18119 f. 652 10 Oct. 1848.
Colfer, John. Ireland. BA Ct. (Nat. Dkt.) 1 1796-1851 MSA C389-1 MdHR 18106 f. 48 16 Oct. 1816.
Colgate, Robert. England. BA Ct. (Nat. Dkt.) 1 1796-1851 MSA C389-1 MdHR 18106 f. 22 #444 25 Feb. 1803. Barnes, p. 65.
Collahan, John B. Ireland. DI. BA Ct. (Minutes) 1832-1838 MSA C386 MdHR 14403 ff. 252-253 16 Sept. 1837.
Collam, Robert M. Ireland. NATN. Born Co. of Antrim. Decl. intent in BA Ct. the 3rd Monday of Sept. 1824. Wits: Robert Howard and Joseph Johnson. BA Ct. (Nat. Dkt.) 1 1796-1851 MSA C389-1 MdHR 18106 f. 104 20 Sept. 1826.
Collard, Peter. France. BA Ct. (Nat. Dkt.) 1 1796-1851 MSA C389-1 MdHR 18106 f. 32 #614 28 June 1805.
Collay, Jr. George. Wales. Report and registration. Noted as age 25. Born Montgomeryshire. Arrived in BC June 1818. Res. BA Wits: George Collay,

Sr. and John Oler. BA Ct. (Misc. Ct. Papers) MSA C1-64 MdHR 50206-824 1827 item 361 27 March 1827.
Colley, Jr. George. Wales. NATN. Born Montgomeryshire. Arrived in U.S. 3 yrs. prior to age 21. Decl. intent in open Ct. Wits: George Colley, Sr. and John Oler. BA Ct. (Nat. Dkt.) 1 1796-1851 MSA C389-1 MdHR 18106 f. 114 31 March 1827.
Collier, Charles. England. NATN. Decl. intent in BC Ct. 1 March 1844. Wits: Ralph Collier and George Brannaman. BA Ct. (Nat. Dkt.) 1 1796-1851 MSA C389-1 MdHR 18106 f. 251 13 Oct. 1846.
Collier, Charles. England. NATN. Decl. intent in BC Ct. 1 March 1844. Wits: Ralph Coller and george Bannaman. O&RA to Queen of U.K. BA Ct. (Nat. Rcd.) 4 1846-1851 MSA C391-2 MdHR 18109 f. 60 13 Oct. 1846.
Collier, Ralph. England. DI. BA Ct. (Minutes) 1827-1830 MSA C386-13 MdHR 14391 f. 238 6 June 1829.
Collier, Ralph. England. NATN. Decl. intent in BA Ct. 6 June 1829. Res. BC. Wits: Henry B. Jones and Joseph Barling. O&RA to King of U.K. BA Ct. (Nat. Rcd.) 2 1832-1846 MSA C391-1 MdHR 18108 f. 21 27 Sept. 1834.
Collier, Ralph. England. NATN. Decl. intent in BA Ct. 6 June 1829. Wits: Henry B. Jones and Joseph Burling. BA Ct. (Nat. Dkt.) 1 1796-1851 MSA C389-1 MdHR 18106 f. 178 27 Sept. 1834.
Collier, Robert. Great Britain. BA Ct. (Nat. Dkt.) 1 1796-1851 MSA C389-1 MdHR 18106 f. 6 #106 6 April 1797. Barnes, p. 60.
Collin, Andrew. Ireland. BA Ct. (Nat. Dkt.) 1 1796-1851 MSA C389-1 MdHR 18106 f. 6 #97 5 April 1797. Barnes, p. 60
Collins, Charles. Sweden. BA Ct. (Nat. Dkt.) 1 1796-1851 MSA C389-1 MdHR 18106 f. 38 #743 3 June 1809.
Collins, Edward. Ireland. BA Ct. (Nat. Dkt.) 1 1796-1851 MSA C389-1 MdHR 18106 f. 8 #153 6 Sept. 1797. Barnes, p. 61.
Collins, James. Ireland. BA Ct. (Nat. Dkt.) 1 1796-1851 MSA C389-1 MdHR 18106 f. 25 #477 5 Jan. 1804. Civil Ct.
Collins, Levy. Germany. DI. Ren. alleg. to Emperor of Germany. BC Ct. of O&T&GD (Dkt&Mins) 1812 MSA C183-7 MdHR 16655 f. 27 14 March 1812.
Collins, Michael. Ireland. NATN. Arrived in U.S. under age 18. Wits: Thomas Stanton and Patrick Collins. BA Ct. (Nat. Dkt.) 1 1796-1851 MSA C389-1 MdHR 18106 f. 299 5 Oct. 1847.
Collins, Michael. Ireland. NATN. Arrived in U.S. 3 yrs. prior to age 21. Res. U.S. 5 yrs., including 3 of minority. Res. MD over 1 yr. Wits: Thomas Stanton and Patrick Collins. O&RA to Queen of U.K. BA Ct. (Nat. Rcd. of Minors) 3 1846-1851 MSA C392-1 MdHR 18110 f. 29 5 Oct. 1847.
Collins, Patrick. Ireland. DI. BC Ct. (Dkt&Mins) 1828 MSA C184-4 MdHR 16661 f. 40 29 Sept. 1828.
Collins, Patrick. Ireland. DI. BC Ct. (Dkt&Mins) 1839 MSA C184-6 MdHR 16663 f. 32 28 July 1839.
Collins, Patrick. Ireland. DI. BC Ct. (Dkt&Mins) 1839 MSA C184-6 MdHR 16663 f. 32 28 Aug. 1839.
Collins, Patrick. Ireland. NATN. Decl. intent in BC Ct. 29 Sept. 1828. Res. BC. Wits: Patrick L Wrinn and Thomas Gorman. O&RA to King of U.K. BC Ct. (Nat. Rcd. of Minors) 2 1832-1836 MSA C237-2 MdHR 18113 f. 100 27 Sept. 1834.
Collins, Peter. Ireland. DI. BC Ct. (Dkt&Mins) 1846 MSA C184-9 MdHR 16666 f. 40 13 Oct. 1846.
Collins, Thomas. Ireland. NATN. Decl. intent in US Circ. Ct. 13 May 1844. Wits: Michael Mullin and George Barlow. O&RA to Queen of U.K. BA Ct. (Nat. Rcd.) 4 1846-1851 MSA C391-2 MdHR 18109 f. 325 4 Nov. 1848.
Collins, Thomas. Ireland. NATN. Decl. intent in US Circ. Ct. 13 May 1844. Wits: Michael Mullin and George Barlow. BA Ct. (Nat. Dkt.) 1 1796-1851 MSA C389-1 MdHR 18106 f. 350 4 Nov. 1848.
Collins, William J. England. NATN. Born Co. of Dorsetshire. Arrived in the U.S. 3 yrs. prior to age 21. Decl. intent in open Ct. Wits: John Davis and

Joseph Peirigo. BA Ct. (Nat. Dkt.) 1 1796-1851 MSA C389-1 MdHR 18106 f. 116 25 Sept. 1827.
Collins, William J. England. Registration and report. Noted as age 30. Noted by Ct. as a minor. Born Co. of Dorsetshire. Arrived in Robbins Town July 1809. Res. BC. Wits: John Davis and Joseph Perrigo. BA Ct. (Misc. Ct. Papers) MSA C1-64 MdHR 50206-824 1827 item 360 24 Sept. 1827.
Collmus, Levi. Bohemia (Austrian Empire). NATN. Decl. intent in US Dist. Ct. 21 Nov. 1822. Place of birth noted in 1850 census as Germany. Res. BC. Profession: Trader (1850 Census). Listed in 1850 census with Rachel, age 24 born MD and Rosina, age 20 born MD. Wits: Leon Dyer and George Diffenderffer. O&RA to Emperor of Germany. BC Ct. (Nat. Rcd. of Minors) 2 1832-1836 MSA C237-2 MdHR 18113 ff. 133-134 4 Oct. 1834.
Colt, William. England. DI. BC Ct. (Dkt&Mins) 1828 MSA C184-4 MdHR 16661 f. 43 18 Oct. 1828.
Colt, William. England. NATN. Decl. intent in BC Ct. 18 Oct. 1828. Res. BC. Wits: William Cullimore and Mordecai Kennedy. O&RA to King of U.K. BC Ct. (Nat. Rcd. of Minors) 1827-1832 MSA C237-1 MdHR 18112 ff. 386-387 10 Oct. 1831.
Colton, Frederick H. England. NATN. Arrived in U.S. 3 yrs. prior to age 21. Res. U.S. 5 yrs., including 3 of minority. Res. MD over 1 yr. Wits: William H. Colton and John Cooper. O&RA to Queen of U.K. BC Ct. (Nat. Rcd. of Minors) 3 1845-1851 MSA C237-3 MdHR 18114-1 f. 299 29 Sept. 1851.
Colton, Henry H. England. NATN. Arrived in U.S. 3 yrs. prior to age 21. Res. U.S. 5 yrs., including 3 of minority. Res. MD over 1 yr. Wits: John Cooper and P. Egleston. O&RA to Queen of U.K. BC Ct. (Nat. Rcd. of Minors) 3 1845-1851 MSA C237-3 MdHR 18114-1 f. 214 27 Sept. 1851.
Colton, William H. England. NATN. Decl. intent in the Superior Ct. of the Eastern Dist. of PA 31 Oct. 1848. Wits: Amos Lovejoy and John Cooper. O&RA to Queen of U.K. BC Ct. (Nat. Rcd.) 10 1849-1851 MSA C229-2 MdHR 18120 f. 311 30 Sept. 1851.
Commerill, Francis. Westenburg (Wurtemburg?). BA Ct. (Nat. Dkt.) 1 1796-1851 MSA C389-1 MdHR 18106 f. 39 #772 9 May 1810.
Conain, Lewis. France. Born on Island of St. Domingo. Decl. intent in US Circ. Ct. 5 May 1823. Wits: Edward Dennison and John M. B. Bullik. BA Ct. (Nat. Dkt.) 1 1796-1851 MSA C389-1 MdHR 18106 f. 104 20 Sept. 1826.
Condell, James. Ireland. BA Ct. (Nat. Dkt.) 1 1796-1851 MSA C389-1 MdHR 18106 f. 6 #102 6 April 1797. Barnes, p. 60.
Condon, Edward. Ireland. NATN. Decl. intent in BC Ct. 13 Oct. 1846. Wits: Joshua Hardeslen and John T. Egan. BA Ct. (Nat. Dkt.) 1 1796-1851 MSA C389-1 MdHR 18106 f. 350 30 Oct. 1848.
Condon, Edward. Ireland. DI. BC Ct. (Dkt&Mins) 1846 MSA C184-6 MdHR 16666 f. 40 13 Oct. 1846.
Condon, Edward. Ireland. NATN. Decl. intent in BC Ct. 13 Oct. 1846. Wits: Joshua Hardester and John T. Egan. O&RA to Queen of U.K. BA Ct. (Nat. Rcd.) 4 1846-1851 MSA C391-2 MdHR 18109 f. 298 30 Oct. 1848.
Condon, John. Ireland. NATN. Decl. intent in BC Ct. 13 May 1844. Wits: Patrick McLaughlin and Michael Boland. BA Ct. (Nat. Dkt.) 1 1796-1851 MSA C389-1 MdHR 18106 f. 328 2 Oct. 1848.
Condon, John. Ireland. NATN. Decl. intent in BC Ct. 13 May 1844. Wits: Patrick McLaughlin and Michael Boland. O&RA to Queen of U.K. BA Ct. (Nat. Rcd.) 4 1846-1851 MSA C391-2 MdHR 18109 f. 243 2 Oct. 1848.
Condon, Maurice. Ireland. NATN. Born Co. of Cork. Decl. intent in BA Ct. Sept. term 1822. Wits: John Fox and Patrick Corkery. BA Ct. (Nat. Dkt.) 1 1796-1851 MSA C389-1 MdHR 18106 f. 91 6 Jan. 1825.
Condon, Maurice. Ireland. DI. BA Ct. (Minutes) 1822-1826 MSA C386-12 MdHR 14386 f. 20 1 Oct. 1822.

Condon, Richard. Ireland. DI. BC Ct. (Dkt&Mins) 1846 MSA C184-9 MdHR 16666 f. 40 13 Oct. 1846.
Conghey, John. Ireland. NATN. Decl. intent in Ct. of Common Pleas for the City and Co. of New York 6 July 1846. Wits: Hugh Fitzmorris and George W. Aler. O&RA to Queen of U.K. BA Ct. (Nat. Rcd.) 4 1846-1851 MSA C391-2 MdHR 18109 f. 235 30 Sept. 1848.
Conglan, Cornelius. Ireland. NATN. Decl. intent in US Dist. Ct. 17 Aug. 1844. Wits: Thomas Clark and John Moran. O&RA to Queen of U.K. BC Ct. (Nat. Rcd.) 9 1845-1848 MSA C229-1 MdHR 18119 f. 47 22 Sept. 1846.
Conlahan, James C. Ireland. NATN. Decl. intent in Washington Co. Ct. 8 April 1833. Res. Alleghany Co. Wits: Charles McColgan and Christopher Dunn. O&RA to Queen of U.K. BA Ct. (Nat. Rcd.) 2 1832-1846 MSA C391-1 MdHR 18108 ff. 90-91 26 Nov. 1841.
Conlahan, James G. Ireland. NATN. Decl. intent in Washington Co. Ct. 8 April 1833. Res. Alleghany Co. Wits: Charles McColgan and Christopher Dunn. BA Ct. (Nat. Dkt.) 1 1796-1851 MSA C389-1 MdHR 18106 f. 208 26 Nov. 1841.
Conlan, Michael. Ireland. NATN. Decl. intent in BC Ct. 4 May 1848. Wits: Robert McElroy and P. Richardson. O&RA to Queen of U.K. BC Ct. (Nat. Rcd.) 10 1849-1851 MSA C229-2 MdHR 18120 f. 300 30 Sept. 1851.
Conlan, William. Ireland. NATN. Decl. intent in US Dist. Ct. 23 Sept. 1844. Wits: Lawrence Matthews and James Riley. O&RA to Queen of U.K. BC Ct. (Nat. Rcd.) 9 1845-1848 MSA C229-1 MdHR 18119 f. 147 5 Oct. 1846.
Conley, Owen. Ireland. NATN. Decl. intent in Howard Dist. Ct. 16 March 1841. Wits: Thomas Carrins and John Houser. O&RA to Queen of U.K. BA Ct. (Nat. Rcd.) 4 1846-1851 MSA C391-2 MdHR 18109 f. 244 2 Oct. 1848.
Conley, Owen. Ireland. NATN. Decl. intent in Howard Dist. Ct. 16 March 1841. Wits: Thomas Careins and Thomas O'Brien. BA Ct. (Nat. Dkt.) 1 1796-1851 MSA C389-1 MdHR 18106 f. 328 2 Oct. 1848.
Conn, William. Ireland. BA Ct. (Nat. Dkt.) 1 1796-1851 MSA C389-1 MdHR 18106 f. 41 #808 30 March 1812.
Connaford, Thomas. England. NATN. Born City of London. Decl. intent in US Dist. Ct. 15 March 1825. Wits: Sylvester Brown and John Frazier. BA Ct. (Nat. Dkt.) 1 1796-1851 MSA C389-1 MdHR 18106 f. 129 27 May 1828.
Connally, John. Ireland. DI. Noted as a res. BC. BA Ct. (Minutes) 1822-1826 MSA C386-12 MdHR 14386 f. 222 1 Oct. 1824.
Connell, Hugh. Scotland. NATN. Decl. intent in BA Ct. 15 Sept. 1828. Born Alyshire. Wits: James Wilson and Nathan W. Perrigay. BA Ct. (Nat. Dkt.) 1 1796-1851 MSA C389-1 MdHR 18106 f. 168 20 Sept. 1831.
Connell/McConnell, Thomas M. England. BA Ct. (Nat. Dkt.) 1 1796-1851 MSA C389-1 MdHR 18106 f. 15 #319 20 April 1798. Barnes, p. 63.
Connelly, Dennis. Ireland. NATN. Decl. intent in Ct. of Common Pleas for the City and Co. of New York 18 May 1846. Wits: Richard McColey and Francis Henry. BA Ct. (Nat. Dkt.) 1 1796-1851 MSA C389-1 MdHR 18106 f. 368 1 Oct. 1849.
Connelly, Dennis. Ireland. NATN. Decl. intent in Ct. of Common Pleas for the City and Co. of New York 18 May 1846. Wits: Richard McColly and Francis Henry. O&RA to Queen of U.K. BA Ct. (Nat. Rcd.) 4 1846-1851 MSA C391-2 MdHR 18109 f. 338 1 Oct. 1849.
Connelly, John. England. BA Ct. (Nat. Dkt.) 1 1796-1851 MSA C389-1 MdHR 18106 f. 15 #318 19 April 1798. Barnes, p. 63.
Connelly, John. Ireland. DI. BA Ct. (Minutes, Rough) 1836-1844 MSA C420-2 MdHR 14398 f. 47 21 Nov. 1836.
Connelly, John. Ireland. DI. BA Ct. (Minutes) 1832-1838 MSA C386 MdHR 14403 f. 216 21 Nov. 1836.
Connelly, Michael. Ireland. NATN. Decl. intent in Ct. of Common Pleas for the City and Co. of New York 1 Nov. 1844. Wits: Timothy Connelly and Timothy Dempsey. BA Ct. (Nat. Dkt.) 1 1796-1851 MSA C389-1 MdHR 18106 f. 322 29 Sept.

1848.
Connelly, Michael. Ireland. NATN. Decl. intent in Ct. of Common Pleas for the City and Co. of New York 1 Nov. 1844. Wits: Timothy Connelly and Timothy Dempsey. O&RA to Queen of U.K. BA Ct. (Nat. Rcd.) 4 1846-1851 MSA C391-2 MdHR 18109 f. 234 29 Sept. 1848.
Connelly, Thomas. Ireland. NATN. Decl. intent in US Dist. Ct. 28 Sept. 1844. Wits: Patrick Doyle and James Galvan. O&RA to Queen of U.K. BC Ct. (Nat. Rcd.) 9 1845-1848 MSA C229-1 MdHR 18119 f. 395 4 Oct. 1847.
Conner, Bernard. Ireland. NATN. Decl. intent in US Dist. Ct. 22 July 1844. Wits: Francis McKern and James Lynch. O&RA to Queen of U.K. BC Ct. (Nat. Rcd.) 9 1845-1848 MSA C229-1 MdHR 18119 f. 144 5 Oct. 1846.
Conner, Daniel. Ireland. NATN. Decl. intent in US Circ. Ct. 17 Sept. 1844. Wits: Daniel McWilliams and Michael McWilliams. O&RA to Queen of U.K. BA Ct. (Nat. Rcd.) 4 1846-1851 MSA C391-2 MdHR 18109 f. 92 13 Oct. 1846.
Conner, John. Great Britain. BA Ct. (Nat. Dkt.) 1 1796-1851 MSA C389-1 MdHR 18106 f. 20 #404 26 June 1802. Barnes, p. 64.
Conner, Michael. Ireland. NATN. Decl. intent in US Dist. Ct. 30 Sept. 1844. Wits: John Richardson and Richard Everett. O&RA to Queen of U.K. BC Ct. (Nat. Rcd.) 9 1845-1848 MSA C229-1 MdHR 18119 f. 129 5 Oct. 1846.
Conner, Thomas. England. BA Ct. (Nat. Dkt.) 1 1796-1851 MSA C389-1 MdHR 18106 f. 9 #178 11 Nov. 1797. Barnes, p. 61.
Conner, William. Scotland. DI. BA Ct. (Minutes) 1839-1846 MSA C386-16 MdHR 14404 f. 95 19 May 1841.
Connerly, Patrick. Ireland. DI. BA Ct. (Minutes) 1832-1838 MSA C386 MdHR 14403 f. 258 16 Oct. 1837.
Connford, Thomas. England. Report and registration. Noted as age 27. Born London. Arrived in Port of Alexandria May 1814. Res. BC. BA Ct. (Misc. Ct. Paper) MSA C1-60 MdHR 50206-792 1825 unnumbered item 16 March 1825.
Connford, Thomas. England. DI. Wits: Sylvester Brown and John Frazier. BA Ct. (Misc. Ct. Papers) MSA C1-60 MdHR 50206-792 1825 item 354 15 March 1825.
Connolly, Patrick. Ireland. DI. BA Ct. (Minutes, Rough) 1836-1844 MSA C420-2 MdHR 14398 f. 95 16 Oct. 1837.
Connolly, Timothy. Ireland. NATN. Decl. intent in US Circ. Ct. 6 Oct. 1846. Wits: Timothy Dempsey and Owen Dempsey. O&RA to Queen of U.K. BA Ct. (Nat. Rcd.) 4 1846-1851 MSA C391-2 MdHR 18109 f. 283 7 Oct. 1848.
Connolly, Timothy. Ireland. NATN. Decl. intent in US Circ. Ct. 6 Oct. 1846. Wits: Timothy Dempsey and Owen Dempsey. BA Ct. (Nat. Dkt.) 1 1796-1851 MSA C389-1 MdHR 18106 f. 343 9 Oct. 1848.
Connor, John. Ireland. NATN. Decl. intent in US Circ. Ct. 25 Sept. 1844. Wits: Bernard McGinnity and Henry McGinnity. BA Ct. (Nat. Dkt.) 1 1796-1851 MSA C389-1 MdHR 18106 f. 248 10 Oct. 1846.
Connor, John. Ireland. NATN. Decl. intent in US Circ. Ct. 25 Sept. 1844. Wits: Bernard McGinnity and Henry McGinnity. O&RA to Queen of U.K. BA Ct. (Nat. Rcd.) 4 1846-1851 MSA C391-2 MdHR 18109 f. 53 10 Oct. 1846.
Connor, John. Ireland. NATN. Arrived in U.S. 3 yrs. prior to age 21. Res. U.S. 5 yrs., including 3 of minority. Res. MD over 1 yr. Wits: Francis Hagner and William Kenney. O&RA to Queen of U.K. BA Ct. (Nat. Rcd. of Minors) 3 1846-1851 MSA C392-1 MdHR 18110 f. 50 29 Sept. 1848.
Connor, John. Ireland. NATN. Arrived in U.S. under age 18. Wits: Francis Hagner and William Kennedy. BA Ct. (Nat. Dkt.) 1 1796-1851 MSA C389-1 MdHR 18106 f. 321 29 Sept. 1848.
Connor, John. Ireland. NATN. Arrived in U.S. 3 yrs. prior to age 21. Res. U.S. 5 yrs., including 3 of minority. Res. MD over 1 yr. Wit: Charles Nichols. O&RA to Queen of U.K. BC Ct. (Nat. Rcd. of Minors) 3 1845-1851 MSA C237-3 MdHR 18114-1 f. 308 17 Oct. 1851.
Connor, Owen. Ireland. NATN. Decl. intent in BC Ct. 24 Sept. 1844. Wits:

Charles Griffin and John O'Donnell. O&RA to Queen of U.K. BC Ct. (Nat. Rcd.) 9 1845-1848 MSA C229-1 MdHR 18119 f. 302 30 Sept. 1847.

Connor, Patrick. Ireland. NATN. Decl. intent in US Dist. Ct. 17 Oct. 1847. Wits: Thomas Kilmartin and Michael Farral. O&RA to Queen of U.K. BC Ct. (Nat. Rcd.) 10 1849-1851 MSA C229-2 MdHR 18120 f. 132 1 Oct. 1850.

Connor, Thomas. England. BA Ct. (Nat. Dkt.) 1 1796-1851 MSA C389-1 MdHR 18106 f. 30 #583 9 March 1805

Conrad, Casimer. Grand Dutchy of Oldenburg. NATN. Decl. intent in US Circ. Ct. 9 Sept. 1844. Wits: Philip Schmidt and Frederick Schwartz. O&RA to Grand Duke of Oldenburg. BA Ct. (Nat. Rcd.) 4 1846-1851 MSA C391-2 MdHR 18109 f. 262 3 Oct. 1848.

Conrad, Casimir. Grand Dutchy of Oldenburg. NATN. Decl. intent in US Circ. Ct. 9 Sept. 1844. Wits: Philip Schmidt and Frederick Schwartz. BA Ct. (Nat. Dkt.) 1 1796-1851 MSA C389-1 MdHR 18106 f. 336 3 Oct. 1848.

Conrad, Henry. Germany. NATN. Res. U.S. 14 April 1802 - 18 June 1812. Res. BC. Profession: Hackdriver (1850 Census) Wits: Archibald McLean and James H. Deffers. O&RA to Hanseatic Government. BC Ct. (Nat. Rcd. of Minors) 2 1832-1836 MSA C237-2 MdHR 18113 ff. 146-147 15 Oct. 1834.

Conradt, Christian G. Germany. Decl. intent in open court. Arrived in U.S. 3 yrs. prior to age 21. Wits: George Jacob Conradt and George M. Conradt. BA Ct. (Nat. Dkt.) 1 1796-1851 MSA C389-1 MdHR 18106 f. 172 10 Nov. 1832.

Conradt, Christian. Germany. NATN. Decl. intent in open court. Arrived in U.S. 3 yrs. prior to age 21. Res. U.S. 5 yrs., including 3 of minority. Res. MD over 1 yr. Res. BC. Wits: George Jacob Conradt and George M. Conradt. O&RA to Emperor of Germany. BA Ct. (Nat. Rcd.) 2 1832-1846 MSA C391-1 MdHR 18108 f. 6 10 Nov. 1832.

Conroy, John. Ireland. DI. BA Ct. (Minutes) 1822-1826 MSA C386-12 MdHR 14386 f. 227 18 Oct. 1824.

Conry, Michael. Ireland. NATN. Res. BC. Decl. intent in Supreme Ct., Eastern Dist. of PA 25 March 1813. Wits: Charles Williams and John Pindell. Takes oath and ren. Great Britain. BC Ct. (Nat. Rcd. of Minors) 1 1827-1832 MSA C237-1 MdHR 18112 ff. 94-95 27 Sept. 1828.

Consindine, Patrick. Ireland. DI. BA Ct. (Minutes) 1822-1826 MSA C386-12 MdHR 14386 f. 220 29 Sept. 1824.

Conway, Henry. Ireland. BA Ct. (Nat. Dkt.) 1 1796-1851 MSA C389-1 MdHR 18106 f. 46 25 Oct. 1815.

Conway, Robert. Ireland. NATN. Res. BC. Res. U.S. 14 April 1802 - 18 June 1812. Wits: James P. Waite and Thomas Kelly. Takes oath and ren. Great Britain. BC Ct. (Nat. Rcd. of Minors) 1 1827-1832 MSA C237-1 MdHR 18112 ff. 96-97 29 Sept. 1828.

Conway, Thomas D. England. NATN. Decl. intent in BA Ct. March term 1810. BA Ct. (Nat. Dkt.) 1 1796-1851 MSA C389-1 MdHR 18106 f. 42 #833 9 Oct. 1813.

Conway, William. U.K. DI. BA Ct. (Minutes) 1810-1814 MSA C386-10 MdHR 141376 f. 7 15 March 1810.

Conworthy, Philip. Ireland. DI. BA Ct. (Minutes) 1822-1826 MSA C386-12 MdHR 14386 f. 216 22 Sept. 1824.

Cook, Frederick. Hanover. Decl. intent in US Circ. Ct. 2 May 1820. Wits: John Jacob Bauer and Daniel Uregard. BA Ct. (Nat. Dkt.) 1 1796-1851 MSA C389-1 MdHR 18106 f. 97 9 Nov. 1825.

Cook, Frederick. Hanover. DI. Wits: John Jacob Bauer and Daniel Wiegnan. BA Ct. (Misc. Ct. Papers) MSA C1-51 MdHR 50206-694 1820 item 1082 30 May 1820.

Cook, Frederick. Hanover. Report and registration. Noted as age 46. Res. BC. BA Ct. (Misc. Ct. Papers) MSA C1-51 MdHR 50206-694 unnumbered 1820 item 30 May 1820.

Cook, John. Germany. BA Ct. (Nat. Dkt.) 1 1796-1851 MSA C389-1 MdHR 18106 f. 27 #511 5 June 1804. Civil Ct.

Cook, John. Ireland. NATN. Decl. intent in BC Ct. 29 Sept. 1832. Res. BC. Wits: Thomas O'Mealey and John Whelan. O&RA to King of U.K. BC Ct. (Nat. Rcd. of Minors) 2 1832-1836 MSA C237-2 MdHR 18113 f. 105 1 Oct. 1834.
Cook, John. Electorate of Hessen-Cassel. NATN. Decl. intent in US Dist. Ct. 1 Oct. 1844. Wits: Valentine Plumb and Samuel Dale. O&RA to Elector of Hessen-Cassel. BC Ct. (Nat. Rcd.) 9 1845-1848 MSA C229-1 MdHR 18119 f. 711 25 Oct. 1848.
Cook, William. England. BA Ct. (Nat. Dkt.) 1 1798-1851 MSA C389-1 MdHR 18106 f. 15 #307 7 April 1798. Barnes, p. 63.
Cook, William. Bremen. NATN. Arrived in U.S. 3 yrs. prior to age 21. Res. U.S. 5 yrs., including 3 of minority. Res. MD over 1 yr. Wits: Samuel A. Titballs and H. R. Bainer. O&RA to Hanseatic Government. BA Ct. (Nat. Rcd. of Minors) 3 1846-1851 MSA C392-1 MdHR 18110 f. 92 1 Oct. 1850.
Cook, William. Bremen. NATN. Arrived under 18. Wits: Samuel A. Titballs and H. R. Rainer. BA Ct. (Nat. Dkt.) 1 1796-1851 MSA C389-1 MdHR 18106 f. 375 1 Oct. 1850.
Cook, William. Prussia. NATN. Decl. intent in BC Ct. 5 June 1844. Wits: Andrew Hartner and Conrad Bringhard. BA Ct. (Nat. Dkt.) 1 1796-1851 MSA C389-1 MdHR 18106 f. 288 13 Oct. 1846.
Cook, William. Prussia. NATN. Decl. intent in BC Ct. 5 June 1844. Wits: Andrew Hartner and Conrad Bringham. O&RA to King of Prussia. BA Ct. (Nat. Rcd.) 4 1846-1851 MSA C391-2 MdHR 18109 f. 172 13 Oct. 1846.
Cooke, George. Germany. DI. Res. BC. Ren. alleg. to Emperor of Germany. BC Ct. of O&T&GD (Dkt&Mins) 1812 MSA C183-7 MdHR 16655 f. 44 5 Aug. 1812.
Cooke, Peter. Grand Dutchy of Hesse-Darmstadt. NATN. Arrived in U.S. 3 yrs. prior to age 21. Res. U.S. 5 yrs., including 3 of minority. Res. MD over 1 yr. Wits: Michael Martin and John Albach. O&RA to Grand Duke of Hesse-Darmstadt. BC Ct. (Nat. Rcd. of Minors) 3 1845-1851 MSA C237-3 MdHR 18114-1 f. 315 29 Oct. 1851.
Cooman, Daniel. Ireland. NATN. Decl. intent in US Dist. Ct. 11 Sept. 1843. Wit: Patrick Mervane. O&RA to Queen of U.K. BC Ct. (Nat. Rcd.) 9 1845-1848 MSA C229-1 MdHR 18119 f. 15 30 Sept. 1845.
Coombs, Peter. England. NATN. Born Co. of Hampshire. Decl. intent in US Dist. Ct. 6 March 1821. Wits: James Mardlow and Edward Keer. BA Ct. (Nat. Dkt.) 1 1796-1851 MSA C389-1 MdHR 18106 f. 140 4 Oct. 1828.
Coonan, Daniel. Ireland. DI. BC Ct. (Dkt&Mins) 1830 MSA C184-5 MdHR 16662 f. 39 1 Oct. 1830.
Coonan, Michael. Ireland. DI. BC Ct. (Dkt&Mins) 1830 MSA C184-5 MdHR 16662 f. 39 1 Oct. 1830.
Cooper, Charles. England. NATN. Arrived in U.S. 3 yrs. prior to age 21. Res. U.S. 5 yrs., including 3 of minority. Res. MD over 1 yr. Wits: John Cooper and Edward H. Stewart. O&RA to Queen of U.K. BC Ct. (Nat. Rcd. of Minors) 3 1845-1851 MSA C237-3 MdHR 18114-1 f. 74 4 Oct. 1847.
Cooper, James. Ireland. DI. Res. BC. BC Ct. of O&T&GD (Dkt&Mins) 1812 MSA C183-7 MdHR 16655 f. 10 6 Feb. 1812.
Cooper, John. England. DI. BC Ct. (Dkt&Mins) 1840 MSA C184-7 MdHR 16664 f. 34 15 Sept. 1840.
Cooper, John. England. NATN. Decl. intent in BC Ct. 15 Sept. 1840. Wits: Henry Brown and Peter Frazer. O&RA to Queen of U.K. BC Ct. (Nat. Rcd.) 4 1846-1851 MSA C391-2 MdHR 18109 f. 60 13 Oct. 1846.
Cooper, John. England. NATN. Arrived in U.S. 3 yrs. prior to age 21. Res. U.S. 5 yrs., including 3 of minority. Res. MD over 1 yr. Wits: Robert St. John Stewart and Edward H. Stewart. O&RA to Queen of U.K. BC Ct. (Nat. Rcd. of Minors) 3 1845-1851 MSA C237-3 MdHR 18114-1 f. 106 28 Sept. 1848.
Cooper, John. England. NATN. Decl. intent in BC Ct. 15 Sept. 1840. Wits: Henry Brown and Walter Frazer. BA Ct. (Nat. Dkt.) 1 1796-1851 MSA C389-1

Cooper, Michael. Ireland. DI. BA Ct. (Minutes) 1839-1846 MSA C386-16 MdHR 14404 f. 80 26 Jan. 1841.
Cooper, Mitchell. Ireland. DI. BA Ct. (Minutes, Rough) 1836-1844 MSA C420-2 MdHR 14398 f. 262 25 Jan. 1841.
Cooper, Peter. U.K. NATN. Noted as age 40. Born Co. of Tyrone. Emigrated from Londonderry. Res. New York City. Decl. intent in Marine Ct. of New York. Profession: Labourer. BA Ct. (Misc. Ct. Papers) MSA C1-53 MdHR 50206-713 1821 item 456 29 March 1821.
Cooper, Robert. Scotland. NATN. Born Perthshire. Arrived in the U.S. prior to 18 June 1812. Wits: William Adams and Alexander MacDonald. BA Ct. (Nat. Dkt.) 1 1796-1851 MSA C389-1 MdHR 18106 f. 148 5 Nov. 1828.
Cooper, Samuel. Ireland. DI. BC Ct. (Dkt&Mins) 1840 MSA C184-7 MdHR 16664 f. 43 5 Oct. 1840.
Cooper, William. England. NATN. Arrived in U.S. 3 yrs. prior to age 21. Res. U.S. 5 yrs., including 3 of minority. Res. MD over 1 yr. Wits: Robert St. John Stewart and Edward H. Stewart. O&RA to Queen of U.K. BC Ct. (Nat. Rcd. of Minors) 3 1845-1851 MSA C237-3 MdHR 18114-1 f. 107 28 Sept. 1848.
Coor, Daniel. Ireland. NATN. Decl. intent in Howard Dist. Ct. 17 Sept. 1844. Wits: Bernard Deaney and Thomas Duffy. O&RA to Queen of U.K. BC Ct. (Nat. Rcd.) 9 1845-1848 MSA C229-1 MdHR 18119 f. 90 3 Oct. 1846.
Corbel, Patrick. Ireland. DI. BA Ct. (Minutes) 1846-1851 MSA C386-17 MdHR 14405 f. 182 15 Oct. 1849.
Corbet, Patrick. Ireland. DI. BA Ct. (Minutes, Rough) 1845-1851 MSA C420-3 MdHR 14401 f. 320 15 Oct. 1849.
Corbett/Corbet, Dennis. England. BA Ct. (Nat. Dkt.) 1 1796-1851 MSA C389-1 MdHR 18106 f. 17 #357 11 Sept. 1798. Barnes, p. 64.
Corcoran, Patrick. Ireland. NATN. Decl. intent in US Dist. Ct. 8 April 1844. Wits: Michael McCabe and Michael Kuhn. BA Ct. (Nat. Dkt.) 1 1796-1851 MSA C389-1 MdHR 18106 f. 347 14 Oct. 1848.
Corcoran, Patrick. Ireland. NATN. Decl. intent in US Dist. Ct. 8 April 1844. Wits: Michael McCabe and Michael Kuhn. O&RA to Queen of U.K. BA Ct. (Nat. Rcd.) 4 1846-1851 MSA C391-2 MdHR 18109 f. 292 14 Oct. 1848.
Cordes, John Diedrich. Hanover. DI. BC Ct. (Dkt&Mins) 1840 MSA C184-7 MdHR 16664 f. 36 30 Sept. 1840.
Corkery, Patrick. Ireland. Born Co. of Cork. Decl. intent in BA Ct. Sept. term 1822. Wits: John Fox and Maurice Condon. BA Ct. (Nat. Dkt.) 1 1796-1851 MSA C389-1 MdHR 18106 f. 91 6 Jan. 1825.
Corkery, Patrick. Ireland. DI. BA Ct. (Minutes) 1822-1826 MSA C386-12 MdHR 14386 f. 21 3 Oct. 1822.
Cormer, Daniel. Ireland. NATN. Decl. intent in US Circ. Ct. 17 Sept. 1844. Wits: Daniel McWilliams and Michael McWilliams. BA Ct. (Nat. Dkt.) 1 1796-1851 MSA C389-1 MdHR 18106 f. 260 13 Oct. 1846.
Corner, William. Ireland. NATN. Res. BC. Decl. intent in US Dist. Ct. 23 Sept. 1828. Wit: Robert Armstrong. O&RA to King of U.K. BC Ct. (Nat. Rcd. of Minors) 1 1827-1832 MSA C237-1 MdHR 18112 ff. 134-135 1 Oct. 1828.
Corrie, James. Scotland. NATN. Born shire of Galloway. Decl. intent Sept. 1815. Cert. and report and registration filed. Wit: Randall H. Moale. BA Ct. (Nat. Dkt.) 1 1796-1851 MSA C389-1 MdHR 18106 f. 51 29 Sept. 1821.
Corrigan, Bartholmew. Ireland. NATN. Born Co. of Sligo. Decl. intent in BA Ct. Sept. term 1823. Wits: Edward Quinn and David Gibb. BA Ct. (Nat. Dkt.) 1 1796-1851 MSA C389-1 MdHR 18106 f.95 1 Oct. 1825.
Corrigan, Patrick. Ireland. DI. BC Ct. (Dkt&Mins) 1840 MSA C184-7 MdHR 16664 f. 35 22 Sept. 1840.
Corsio, James. Scotland. DI. Note: Crossed out by court clerk. BA Ct. (Minutes) 1810-1814 MSA C386-10 MdHR 14376 f. 286 29 Oct. 1813.
Cosgrove, Patrick. Ireland. DI. Res. BC, 1st Ward. (1830 Census). BA Ct. (Minutes) 1827-1830 MSA C386-13 MdHR 14391 f. 1 9 Feb. 1830. Tepper, p. 113.

Cosgrove, Patrick. Ireland. NATN. Decl. intent in US Dist. Ct. 19 Oct. 1844. Wits: John Keer and Bernard Kerwin. O&RA to Queen of U.K. BC Ct. (Nat. Rcd.) 9 1845-1848 MSA C229-1 MdHR 18119 f. 345 4 Oct. 1847.

Cosgrove, Peter. Ireland. NATN. Born Co. of Tyrone. Decl. intent in Marine Ct. of New York City 29 March 1821. Wits: Charles Dellehunt and William McCann. BA Ct. (Nat. Dkt.) 1 1796-1851 MSA C389-1 MdHR 18106 f.103 18 Sept. 1826.

Cost, William. Prussia. NATN. Arrived in U.S. under age 18. Wits: Peter Knight and Richard R. Bishop. BA Ct. (Nat. Dkt.) 1 1796-1851 MSA C389-1 MdHR 18106 f. 294 13 Oct. 1846.

Costello, Edward. Ireland. NATN. Res. BC. Res. U.S. 14 April 1802 - 18 June 1812. Wits: Stephen Cunningham and James Whalen. O&RA to King of U.K. BC Ct. (Nat. Rcd. of Minors) 1 1827-1832 MSA C237-1 MdHR 18112 ff. 239-240 8 Nov. 1828.

Costello, John. Ireland. NATN. Decl. intent in BC Ct. 6 Feb. 1832. Res. BC. Wits: Daniel Conner and John C. Dunn. O&RA to King of U.K. BC Ct. (Nat. Rcd. of Minors) 2 1832-1836 MSA C237-2 MdHR 18113 ff. 182-183 8 March 1836.

Costigan, Sylvester. Ireland. DI. BA Ct. (Minutes, Rough) 1832-2835 MSA C420-1 MdHR 14396-2 f. 219 13 Nov. 1833.

Costigin, Sylvester. Ireland. DI. BA Ct. (Minutes) 1832-1838 MSA C386 MdHR 14403 f. 74 13 Nov. 1833.

Cothman, Catherine. Hanover. DI. BA Ct. (Minutes) 1815-1820 MSA C386-11 MdHR 14381 f. 13 16 May 1815.

Cotter, Richard. Ireland. DI. BC Ct. (Dkt&Mins) 1828 MSA C184-4 MdHR 16661 f. 53 18 Oct. 1828.

Cotterell, James. England. DI. BA Ct. (Minutes) 1827-1830 MSA C386-13 MdHR 14391 f. 161 4 Oct. 1828.

Cottler, Richard. Ireland. DI. Res. BC. BC Ct. (Dkt&Mins) 1828 MSA C184-4 MdHR 16661 f. 52 8 Nov. 1828.

Cottrell, James. England. NATN. Decl. intent in BA Ct. 4 Oct. 1828. Wits: David Stewart and Samuel Bickley. BA Ct. (Nat. Dkt.) 1 1796-1851 MSA C389-1 MdHR 18106 f. 166 1 Sept. 1831.

Coughay, Samuel. Ireland. BA Ct. (Nat. Dkt.) 1 1796-1851 MSA C389-1 MdHR 18106 f. 29 #549 13 Nov. 1804. Criminal Ct.

Coughery, John. Ireland. NATN. Decl. intent in Ct. of Common Pleas for the City and Co. of New York 6 July 1846. Wits: Hugh Fitzmorris and George W. Aler. BA Ct. (Nat. Dkt.) 1 1796-1851 MSA C389-1 MdHR 18106 f. 323 30 Sept. 1848.

Coughlin, Cornelius. Ireland. NATN. Decl. intent in US Dist. Ct. 3 Oct. 1842. Res. BC. Wits: John T. Piquell and Richard Leddin. O&RA to Queen of U.K. BA Ct. (Nat. Rcd.) 2 1832-1844 MSA C391-1 MdHR 18108 f. 108 18 Oct. 1844.

Coughlin, Cornelius D. Ireland. NATN. Decl. intent in US Dist. Ct. 3 Oct. 1842. Wits: John F. Piquetts and Richard Seddinu (?)/Leddin. BA Ct. (Nat. Dkt.) 1 1796-1851 MSA C389-1 MdHR 18106 f. 218 18 Oct. 1844.

Coughlin, Jeremiah. Ireland. NATN. Decl. intent in BC Ct. 12 May 1834. Res. BC. Wits: William McCoob and Daniel Coonan. O&RA to King of U.K. BC Ct. (Nat. Rcd. of Minors) 2 1832-1836 MSA C237-2 MdHR 18113 f. 184 23 May 1836.

Couley, Roderick. Ireland. NATN. Decl. intent in BC Ct. 13 March 1844. Wits: Thomas Cassidy and John Haley. O&RA to Queen of U.K. BC Ct. (Nat. Rcd.) 9 1845-1848 MSA C229-1 MdHR 18119 f. 756 2 Nov. 1848.

Courner (?), William. Scotland. DI. BA Ct. (Minutes, Rough) 1836-1841 MSA C420-2 MdHR 14398 f. 281 19 May 1841.

Ct.enay, James. Great Britain. BA Ct. (Nat. Dkt.) 1 1796-1851 MSA C389-1 MdHR 18106 f. 11 #210 11 Dec. 1797. Barnes, p. 61.

Ct.enay, Patrick. Ireland. DI. BA Ct. (Minutes) 1822-1826 MSA C386-12 MdHR 14386 f. 336 16 Nov. 1825.

Ct.eny, James. Ireland. NATN. Decl. intent in BC Ct. 15 Oct. 1845. Wits:

Patrick Ct.eny and Patrick King. O&RA to Queen of U.K. BC Ct. (Nat. Rcd.) 9 1845-1848 MSA C229-1 MdHR 18119 f. 498 22 May 1848.
Ct.nay, James. Ireland. NATN. Born Co. of Monaghan. Decl. intent in BA Ct. the 3rd Monday of Sept. 1824. Wits: James Doyle and Hugh Simpson. BA Ct. (Nat. Dkt.) 1 1796-1851 MSA C389-1 MdHR 18106 f. 121 25 Sept. 1827.
Ct.nay, James. Ireland. DI. BA Ct. (Minutes) 1822-1826 MSA C386-12 MdHR 14386 f. 223 2 Oct. 1824.
Ct.nay, James. Ireland. Report and registration. Noted as age 22. Born Co. of Mowagh. Arrived in Portland Maine Aug. 1819. Res. BC. Wits: James Doyle and Hugh Simpson. BA Ct. (Misc. Ct. Papers) MSA C1-57 MdHR 50206-753 1823 item 343 2 Oct. 1824.
Ct.nay, James. Ireland. DI. BA Ct. (Misc. Ct. Papers) MSA C1-57 MdHR 50206-753 unnumbered 1823 item 2 Oct. 1824.
Ct.ois, Bernard Arnold. France. NATN. Decl. intent in BA Ct. 23 Sept. 1833. Res. BC. Wits: Charles Mellor and Nathaniel Posey. O&RA to King of France. BC Ct. (Nat. Rcd. of Minors) 2 1832-1836 MSA C237-2 MdHR 18113 ff. 170-171 30 Sept. 1835.
Ct.ois, Bernard Almond(?). France. DI. BA Ct. (Minutes) 1832-1838 MSA C386 MdHR 14403 f. 64 23 Sept. 1833.
Ct.os, Bernard Arnold. France. DI. BA Ct. (Minutes, Rough) 1832-1835 MSA C420-1 MdHR 14396-2 f. 203 23 Sept. 1833.
Coury, John. Ireland. NATN. Decl. intent in US Circ. Ct. 1 Nov. 1848. Wit: Thomas Daugherty. O&RA to Queen of U.K. BC Ct. (Nat. Rcd.) 10 1849-1851 MSA C229-2 MdHR 18120 f. 380 3 Nov. 1851.
Coury, Michael. Ireland. NATN. Decl. intent in US Circ. Ct. 14 Oct. 1844. Wits: Michael Collins and Edward Kelly. BA Ct. (Nat. Dkt.) 1 1796-1851 MSA C389-1 MdHR 18106 f. 357 20 Nov. 1848.
Coury, Michael. Ireland. NATN. Decl. intent in US Circ. Ct. 14 Oct. 1844. Wits: Michael Collins and Edward Kelly. O&RA to Queen of U.K. BA Ct. (Nat. Rcd.) 4 1846-1851 MSA C391-2 MdHR 18109 f. 316 2 Nov. 1848.
Coury, Patrick. Ireland. DI. BC Ct. (Dkt&Mins) 1849 MSA C184-11 MdHR 16668 f. 25 24 Sept. 1849.
Coury, Patrick. Ireland. NATN. Decl. intent in US Circ. Ct. 6 Nov. 1848. Wit: Thomas Dougherty. O&RA to Queen of U.K. BC Ct. (Nat. Rcd.) 10 1849-1851 MSA C229-2 MdHR 18120 f. 372 3 Nov. 1851.
Coury, Patrick. Ireland. NATN. Decl. intent in BC Ct. 24 Sept. 1849. Wit: Andrew Daugherty. O&RA to Queen of U.K. BC Ct. (Nat. Rcd.) 10 1849-1851 MSA C229-2 MdHR 18120 f. 383 3 Nov. 1851.
Coury, Peter, Ireland. NATN. Decl. intent in BC Ct. 11 Oct. 1844. Wits: Owen Carney and John Murphy. BA Ct. (Nat. Dkt.) 1 1796-1851 MSA C389-1 MdHR 18106 f. 353 1 Nov. 1848.
Coury, Peter. Ireland. NATN. Decl. intent in BC Ct. 11 Oct. 1844. Wits: Owen Carney and John Murphy. O&RA to Queen of U.K. BA Ct. (Nat. Rcd.) 4 1846-1851 MSA C391-2 MdHR 18109 f. 306 1 Nov. 1848.
Coutter, Alexander. Great Britain. BA Ct. (Nat. Dkt.) 1 1796-1851 MSA C389-1 MdHR 18106 f. 5 #76 21 March 1797. Barnes, p. 60.
Cowan, Thomas. Scotland. NATN. Decl. intent in BC Ct. 6 Nov. 1848. Wits: Mathew Horn and Louis Servary. O&RA to Queen of U.K. BC Ct. (Nat. Rcd.) 10 1849-1851 MSA C229-2 MdHR 18120 f. 165 29 March 1851.
Coyle, James. Ireland. NATN. Decl. intent in BC Ct. 29 Sept. 1834. Res. BC. Wits: William McCann and Michael O'Neill. O&RA to King of U.K. BC Ct. (Nat. Rcd. of Minors) 2 1832-1836 MSA C237-2 MdHR 18113 f. 114 2 Oct. 1834.
Coyle, James. Ireland. NATN. Decl. intent in the Marine Ct. of the City of New York 27 March 1843. Res. Carroll Co. Wits: Robert Ryan and George E. Wampler. BA Ct. (Nat. Dkt.) 1 1796-1851 MSA C389-1 MdHR 18106 f. 318 13 Jan. 1848.
Coyle, John. Ireland. DI. BA Ct. (Minutes) 1822-1826 MSA C386-12 MdHR 14386 f. 221

30 Sept. 1824. Note: 1st of two John Coyles on this page.

Coyle, John. Ireland. NATN. Born Co. of Longford. Decl. intent in BA Ct. the 3rd Monday in Sept. 1824. Wits: John MacKim and James Dougan. BA Ct. (Nat. Dkt.) 1 1796-1851 MSA C389-1 MdHR 18106 f. 107 20 Sept. 1825.

Coyle, John. Ireland. NATN. Res. BC. Decl. intent in BA Ct. 8 Sept. 1824. Wits: Joseph White and Michael Riley. O&RA to King of U.K. BC Ct. (Nat. Rcd. of Minors) 1 1827-1832 MSA C237-1 MdHR 18112 ff. 254-255 8 Nov. 1828.

Coyle, John. Ireland. DI. BA Ct. (Minutes) 1822-1826 MSA C386-12 MdHR 14386 f. 221 30 Sept. 1824. Note: 2nd of two John Coyles on this page. Tepper, p. 114 "Coyle, J."

Coyle, John. Ireland. DI. BA Ct. (Misc. Ct. Papers) MSA C1-57 MdHR 50206-753 unnumbered 1823 item 30 Sept. 1824.

Coyle, John. Ireland. Report and registration. Noted as age 24. Born Co. of Longford. Arrived in BC April 1818. res. BC. Wits: James Mackin and James Douegan. BA Ct. (Misc. Ct. Papers) MSA C1-57 MdHR 50206-753 1823 item 344 30 Sept. 1824.

Coyle, John. Ireland. NATN. Decl. intent in US Circ. Ct. 30 Sept. 1844. Wits: Thomas Kelly and Michael Moan. O&RA to Queen of U.K. BA Ct. (Nat. Rcd.) 4 1846-1851 MSA C391-2 MdHR 18109 f. 93 13 Oct. 1846.

Coyle, John. Ireland. NATN. Decl. intent in US Circ. Ct. 30 Sept. 1844. Wits: Thomas Kelly and Michael Moan. BA Ct. (Nat. Dkt.) 1 1796-1851 MSA C389-1 MdHR 18106 f. 260 13 Oct. 1846.

Crady, John Z (?). Ireland. NATN. Decl. intent in open Ct. Arrived in U.S. prior to age 18. Wits: William Boyd and John Dougherty. BA Ct. (Nat. Dkt.) 1 1796-1851 MSA C389-1 MdHR 18106 f. 220 19 Oct. 1844.

Craggs, Jr. Jonathan W. England. NATN. Decl. intent in BC Ct. 29 Sept. 1832. Res. BC. Wits: Frederick Woodsworth and William F. Brown. O&RA to King of U.K. BC Ct. (Nat. Rcd. of Minors) 2 1832-1836 MSA C237-2 MdHR 18113 ff. 175-176 3 Oct. 1835.

Craif, John. Grand Dutchy of Baden. NATN. Decl. intent in US Circ. Ct. 29 Sept. 1846. Wits: John Dolan and John Houser. BA Ct. (Nat. Dkt.) 1 1796-1851 MSA C389-1 MdHR 18106 f. 328 2 Oct. 1848.

Craif, John. Grand Dutchy of Baden. NATN. Decl. intent in US Circ. Ct. 29 Sept. 1846. Wits: John Dolan and John Howser. O&RA to Grand Duke of Baden. BA Ct. (Nat. Rcd.) 4 1846-1851 MSA C391-2 MdHR 18109 f. 243 2 Oct. 1848.

Craig/Craige, Atkinson/Atcherson. England. BA Ct. (Nat. Dkt.) 1 1796-1851 MSA C389-1 MdHR 18106 f. 8 #149 5 Sept. 1797. Barnes, p. 61

Craig, John. Ireland. BA Ct. (Nat. Dkt.) 1 1796-1851 MSA C389-1 MdHR 18106 f. 28 #520 13 June 1804.

Cralty, John. Ireland. NATN. Arrived in U.S. 3 yrs. prior to age 21. Res. U.S. 5 yrs., including 3 of minority. Res. MD over 1 yr. Wits: Michael Murphy and Michael Thorne. O&RA to Queen of U.K. BC Ct. (Nat. Rcd. of Minors) 3 1845-1851 MSA C237-3 MdHR 18114-1 f. 127 3 Oct. 1848.

Cramforth, William H. Prussia. NATN. Arrived in U.S. 3 yrs. prior to age 21. Res. U.S. 5 yrs., including 3 of minority. Res. MD over 1 yr. Wits: Henry Yealdhall and William Buttler. O&RA to King of Prussia. BA Ct. (Nat. Rcd. of Minors) 3 1846-1851 MSA C392-1 MdHR 18110 f. 50 30 Sept. 1848.

Cranbardt, Hendrich. Electorate of Hesse-Cassel. NATN. Decl. intent in US Dist. Ct. 28 Sept. 1840. Wits: Andrea Reuter and Milchia Dralep. O&RA to Elector of Hesse-Cassel. BC Ct. (Nat. Rcd.) 9 1845-1848 MSA C229-1 MdHR 18119 f. 143 5 Oct. 1846.

Crawford, Alexander. Ireland. Decl. intent 7 June 1808 in US Dist. Ct. . BA Ct. (Nat. Dkt.) 1 1796-1851 MSA C389-1 MdHR 18106 f. 45 19 Sept. 1815.

Crawford, Andrew. Great Britain. BA Ct. (Nat. Dkt.) 1 1796-1851 MSA C389-1 MdHR 18106 f. 16 #342 5 Sept. 1798. Barnes, p. 63.

Crawford, Andrew. Ireland. NATN. Decl. intent in BC Ct. 25 Sept. 1848. Wits:

William Gibson and Samuel Williamson. O&RA to Queen of U.K. BC Ct. (Nat. Rcd.) 10 1849-1851 MSA C229-2 MdHR 18120 f. 116 30 Sept. 1850.
Crawford, Dixon. Ireland. NATN. Decl. intent in US Dist. Ct. 26 Sept. 1848. Wits: George Reilly and William McLean. O&RA to Queen of U.K. BC Ct. (Nat. Rcd.) 10 1849-1851 MSA C229-2 MdHR 18120 f. 83 30 Sept. 1850.
Crawford, Hugh. Ireland. NATN. Res. BC. Res. U.S. 14 April 1802 - 18 June 1812. Wits: Thomas Johnson and John Swartzour. O&RA to King of U.K. BC Ct. (Nat. Rcd. of Minors) 1 1827-1832 MSA C237-1 MdHR 18112 ff. 150-151
Crawford, James. Ireland. NATN. Born Co. of Derry. Decl. intent in BA Ct. 31 March 1818. Wit: John Brown. BA Ct. (Nat. Dkt.) 1 1796-1851 MSA C389-1 MdHR 18106 f. 55 29 Sept. 1821.
Crawford, James. Ireland. NATN. Decl. intent in US Dist. Ct. 6 June 1844. Wits: William McLang and Thomas Wollen. O&RA to Queen of U.K. BC Ct. (Nat. Rcd.) 9 1845-1848 MSA C229-1 MdHR 18119 f. 517 19 Sept. 1848.
Crawford, John. Ireland. DI. BA Ct. (Minutes) 1846-1851 MSA C386-17 MdHR 14405 f. 67 13 Oct. 1847.
Crawford, John. Ireland. DI. BA Ct. (Minutes) 1846-1851 MSA C386-16 MdHR 14405 f. 67 13 Oct. 1847.
Crawford, John. Ireland. DI. BA Ct. (Minutes, Rough) 1845-1851 MSA C420-3 MdHR 14401 f. 173 13 Oct. 1847.
Crawford, John. Ireland. NATN. Decl. intent in BA Ct. 13 Oct. 1847. Wits: Edward Brown and James Brown. BA Ct. (Nat. Dkt.) 1 1796-1851 MSA C389-1 MdHR 18106 f. 376 1 Oct. 1850.
Crawford, John. Ireland. NATN. Decl. intent in BA Ct. 13 Oct. 1847. Wits: Edward Brown and James Brown. O&RA to Queen of U.K. BA Ct. (Nat. Rcd.) 4 1846-1851 MSA C391-2 MdHR 18109 f. 357 1 Oct. 1850.
Crawford, William. Ireland. NATN. Res. BC. Res. U.S. 14 April 1802 - 18 June 1812. Wits: Thomas Jonson and Daniel Swartzour. O&RA to King of U.K. BC Ct. (Nat. Rcd. of Minors) 1 1827-1832 MSA C237-1 MSA C237-1 MdHR 18112 ff. 149-150 4 Oct. 1828.
Crawford, William. Ireland. NATN. Decl. intent in BC Ct. June term 1828. Born Co. of Farmagh. Wits: Andrew Humphreys and Hugh Humphreys. BA Ct. (Nat. Dkt.) 1 1796-1851 MSA C389-1 MdHR 18106 f. 165 11 Feb. 1831.
Crawforth, William H. Prussia. NATN. Arrived in U.S. under age 18. Wits: Henry Yealdhall and William Buttler. BA Ct. (Nat. Dkt.) 1 1796-1851 MSA C389-1 MdHR 18106 f. 322 30 Sept. 1848.
Cray, John. Ireland. BA Ct. (Nat. Dkt.) 1 1796-1851 MSA C389-1 MdHR 18106 f. 34 #670 20 April 1807.
Cray, Richard M. England. NATN. Decl. intent in open court. Res. BC. Arrived in the U.S. 3 yrs. prior to age 21. Res. U.S. 5 yrs., including 3 of minority. Res. MD over 1 yr. Wits: Thomas Cray and Valentine Bryan. O&RA to King of U.K. BC Ct. (Nat. Rcd. of Minors) 1 1827-1832 MSA C237-1 MdHR 18112 ff. 321-322 28 Sept. 1830.
Creager, Bernard H. Prussia. DI. BC Ct. (Dkt&Mins) 1(47 MSA C184-10 MdHR 16667 f. 37 5 Oct. 1847.
Creager, Henry. Kingdom of Holland. BA Ct. (Nat. Dkt.) 1 1796-1851 MSA C389-1 MdHR 18106 f. 38 #748 17 June 1809.
Creagh, John. Ireland. BA Ct. (Nat. Dkt.) 1 1796-1851 MSA C389-1 MdHR 18106 f. 13 #265 23 january 1798. Barnes, p. 62.
Creagh, John. Ireland. NATN. Born Co. of Cork. Decl. intent in BA Ct. Sept. term 1824. Wits: James Mahoney and Stephen Gersfield. BA Ct. (Nat. Dkt.) 1 1796-1851 MSA C389-1 MdHR 18106 f. 119 25 Sept. 1827.
Creagh, John. Ireland. DI. BA Ct. (Minutes) 1822-1826 MSA C386-12 MdHR 14386 f. 227 18 Oct. 1824.
Creagh, John. Ireland. Report and registration. Noted as age 30. Born Co. of Cork. Arrived in BC Sept. 1819. Res. BC. BA Ct. (Misc. Ct. Papers) MSA C1-57

Creagh, John. Ireland. DI. Wits: James Mahoney and Stephen Gersfield. BA Ct. (Misc. Ct. Papers) MSA C1-57 MdHR 50206-753 unnumbered 1823 item 18 Oct. 1818.
Creagh, John. Ireland. DI. Wits: James Mahoney and Stephen Gersfield. BA Ct. (Misc. Ct. Papers) MSA C1-57 MdHR 50206-753 1823 item 345 18 Oct. 1824.
Creamer, Elias. Wurtemburg. NATN. Decl. intent in Harford Co. Ct. 2 Oct. 1844. Wits: Peter Smith and Frederick Heret. O&RA to King of Wurtemburg. BC Ct. (Nat. Rcd.) 9 1845-1848 MSA C229-1 MdHR 18119 f. 89 3 Oct. 1846.
Creamer, Henry. Grand Dutchy of Hesse-Darmstadt. NATN. Arrived in U.S. 3 yrs. prior to age 21. Res. U.S. 5 yrs., including 3 of minority. Res. MD over 1 yr. Wits: Gustavus Betz and William Klaren. O&RA to Grand Duke of Hesse-Darmstadt. BC Ct. (Nat. Rcd. of Minors) 3 1845-1851 MSA C237-3 MdHR 18114-1 f. 310 28 Oct. 1851.
Creighton, Michael. Ireland. NATN. Decl. intent in US Circ. Ct. 16 Sept. 1847. Wits: Edward Kelly and Edward Dougherty. O&RA to Queen of U.K. BC Ct. (Nat. Rcd.) 10 1849-1851 MSA C229-2 MdHR 18120 f. 307 30 Sept. 1851.
Cremer, James J. Ireland. DI. Res. BC. BA Ct. (Misc. Ct. Papers) MSA C1-62 MdHR 50206-808 unnumbered 1826 item 7 Nov. 1823.
Cremer, John J. (James?). Ireland. Report and registration. Noted as age 30. Born Co. of Cork. Arrived in New London Aug. 1816. Res. BC. Wits: James C. Magauren and Frederick Grey. BA Ct. (Misc. Ct. Papers) MSA C1-62 MdHR 50206-808 1826 item 296 20 Sept. 1826.
Cremin, John J. Ireland. NATN. Born Co. of Cork. Decl. intent in US Circ. Ct. 24 Nov. 1823. Wits: James C. Magaurin and Frederick Crey. BA Ct. (Nat. Dkt.) 1 1796-1851 MSA C389-1 MdHR 18106 f. 107 20 Sept. 1826.
Crengle, John. Ireland. NATN. Decl. intent in BC Ct. the 1st Monday of Nov. 1829. Res. BC. Wits: John W. Walker and Charles Kennan. O&RA to King of U.K. BA Ct. (Nat. Rcd.) 2 1832-1846 MSA C391-1 MdHR 18108 f. 4 8 Nov. 1832.
Cresman, William. Bremen. NATN. Decl. intent in US Circ. Ct. 12 Sept. 1844. Wits: William Tatgenhorst and Gerhard Sybertz. BA Ct. (Nat. Dkt.) 1 1796-1851 MSA C389-1 MdHR 18106 f. 306 5 Oct. 1847.
Cressman, William. Republic of Bremen. NATN. Decl. intent in US Circ. Ct. 12 Sept. 1844. Wits: William Tatgenworsh and Gerhard Lybertz. O&RA to Republic of Bremen. BA Ct. (Nat. Rcd.) 4 1846-1851 MSA C391-2 MdHR 18109 f. 190 5 Oct. 1847.
Crey, Frederick. Germany. NATN. Born Village of Atheroth. Decl. intent in US Dist. Ct. for MD 1 Sept. 1818. Wits: Aquila Carroll and Christian Stemmer. BA Ct. (Nat. Dkt.) 1 1796-1851 MSA C389-1 MdHR 18106 f. 67 23 April 1824.
Cringle, John. Ireland. NATN. Decl. intent in BC Ct. the 1st Monday of Nov. 1829. Wits: John W. Walker and Charles Veenan. BA Ct. (Nat. Dkt.) 1 1796-1851 MSA C389-1 MdHR 18106 f. 171 8 Nov. 1832.
Crocker, Sampson. England. DI. Res. BC. BC Ct. (Dkt&Mins) 1828 MSA C184-4 MdHR 16661 f. 42 4 Oct. 1828.
Crocker, Sampson. England. NATN. Res. BC. Decl. intent in BC Ct. 4 Oct. 1828. Wits: Peter Stewart and Joseph Kruger. O&RA to King of U.K. BC Ct. (Nat. Rcd. of Minors) 1 1827-1832 MSA C237-1 MdHR 18112 ff. 335-336 4 Oct. 1830.
Crocket, Hugh. Ireland. NATN. Decl. intent in BA Ct. 5 Oct. 1827. Wits: Mordecai Kennedy and John Hogan. BA Ct. (Nat. Dkt.) 1 1796-1851 MSA C389-1 MdHR 18106 f. 171 6 Nov. 1832.
Crockett, George. England. BA Ct. (Nat. Dkt.) 1 1796-1851 MSA C389-1 MdHR 18106 f. 22 #445 25 Feb. 1803. Barnes, p. 65.
Crockett, Hugh. Ireland. DI. BA Ct. (Minutes) 1827-1830 MSA C386-13 MdHR 14391 f. 77 5 Oct. 1827.
Crockett, Hugh. Ireland. NATN. Decl. intent in BA Ct. 5 Oct. 1827. Res. BC. Wits: Mordecai Kennedy and John Hagan. O&RA to King of U.K. BA Ct. (Nat. Rcd.) 2 1832-1846 MSA C391-1 MdHR 18108 ff. 2-3 6 Nov. 1832.

Crockett, William. Ireland. BA Ct. (Nat. Dkt.) 1 1796-1851 MSA C389-1 MdHR 18106 f. 36 #703 14 May 1808.
Croft, James Robbins. England. DI. BA Ct. (Minutes) 1846-1851 MSA C386-16 MdHR 14405 f. 251 19 March 1851.
Crogne, Jacob. Ireland. DI. BA Ct. (Minutes, Rough) 1832-1835 MSA C420-1 MdHR 14396-2 f. 141 9 Nov. 1832.
Crogne, Jacob. Ireland. DI. BA Ct. (Minutes) 1832-1838 MSA C386 MdHR 14403 f. 17 9 Nov. 1832.
Crondale, William Henry. England. BA Ct. (Nat. Dkt.) 1 1796-1851 MSA C389-1 MdHR 18106 f. 28 #535 14 July 1804. Civil Ct.
Crone, William. Sweden. DI. Res. BC. BC Ct. (Dkt&Mins) 1839 MSA C184-6 MdHR 16663 f. 15 29 April 1839.
Crook, George. Great Britain. BA Ct. (Nat. Dkt.) 1 1796-1851 MSA C389-1 MdHR 18106 f. 5 #73 21 March 1797. Barnes, p. 60
Croper (?), John. Ireland. Decl. intent 1 July 1815 in US Circ. Ct. . Exhibits cert. of declaration. Wits: James McNully and William McCann. BA Ct. (Nat. Dkt.) 1 1796-1851 MSA C389-1 MdHR 18106 f. 49 28 Sept. 1818.
Crosdale, George. England. BA Ct. (Nat. Dkt.) 1 1796-1851 MSA C389-1 MDHR 18106 f. 13 #258 22 Jan. 1798. Barnes, p. 62.
Crosgrove, Patrick. Ireland. NATN. Decl. intent in BA Ct. 9 Feb. 1830. Res. BC. Wits: Keavin Bryne and Matthew O'Neale. O&RA to King of U.K. BC Ct. (Nat. Rcd. of Minors) 2 1832-1836 MSA C237-2 MdHR 18113 f. 43-44 13 Oct. 1832.
Cross, Edward. England. NATN. Arrived in U.S. under age 18. Wits: John A. Vorkann and David McDonald. BA Ct. (Nat. Dkt.) 1 1796-1851 MSA C389-1 MdHR 18106 f. 358 3 Nov. 1848.
Cross, Edward. England. NATN. Arrived in U.S. 3 yrs. prior to age 21. Res. U.S. 5 yrs., including 3 of minority. Res. MD over 1 yr. Wits: John Wonhann and David McDonald. O&RA to Queen of U.K. BA Ct. (Nat. Rcd. of Minors) 3 1846-1851 MSA C392-1 MdHR 18110 f. 77 3 Nov. 1848.
Cross, Robert. England. BA Ct. (Nat. Dkt.) 1 1796-1851 MSA C389-1 MDHR 18106 f. 13 #267 24 Jan. 1798. Barnes, p. 62.
Croughn, Thomas. Ireland. DI. BA Ct. (Minutes) 1839-1846 MSA C386-16 MdHR 14404 f. 244 14 June 1844.
Croughn, Thomas. Ireland. DI. BA Ct. (Minutes, Rough) 1836-1844 MSA C420-2 MdHR 14398 f. 465 14 June 1844.
Crow, Dennis. Ireland. NATN. Decl. intent in Washington Co. Ct. 31 March 1820. Res. BC. Wits: George Craft and Samuel Wilson. O&RA to Queen of U.K. BA Ct. (Nat. Rcd.) 2 1832-1846 MSA C391-1 MdHR 18108 ff. 49-50 13 Sept. 1838.
Crow, Dennis. Ireland. NATN. Decl. intent in Washington Co. Ct. 31 March 1820. Wits: George Craft and Samuel Wilson. BA Ct. (Nat. Dkt.) 1 1796-1851 MSA C389-1 MdHR 18106 f. 189 13 Sept. 1838.
Cruett, William. England. DI. BC Ct. (Dkt&Mins) 1828 MSA C184-4 MdHR 16661 f. 40 22 Sept. 1828.
Cruett, William. England. NATN. Decl. intent in BC Ct. 22 Sept. 1828. Res. BC. Wits: William Frick and Robert Bradley. O&RA to King of U.K. BC Ct. (Nat. Rcd. of Minors) 1827-1832 MSA C237-1 MdHR 18112 ff. 379-380 3 Sept. 1831.
Crusoller, Hyacinthe. France. BA Ct. (Nat. Dkt.) 1 1796-1851 MSA C389-1 MdHR 18106 f. 39 #771 30 May 1810.
Cubi y Soler, Mariano. Spain. NATN. Born province of Catalonia. Decl. intent in BA Ct. the 3rd Monday of Sept. 1824. Wits: William Gwynn and William Frick, Jr. BA Ct. (Nat. Dkt.) 1 1796-1851 MSA C389-1 MdHR 18106 f.156 10 Jan. 1829.
Cubi y Soler, Mariano. Spain. DI. BA Ct. (Minutes) 1822-1826 MSA C386-12 MdHR 14386 f. 220 29 Sept. 1824.
Cudehey, Michael. Ireland. DI. BA Ct. (Minutes, Rough) 1836-1844 MSA C420-2 MdHR 14398 f. 35 4 Oct. 1836.

Cudeky/Cudehy, Michael. Ireland. DI. BA Ct. (Minutes) 1832-1838 MSA C386 MdHR 14403 f. 206 4 Oct. 1836.
Cudlipp, Benjamin. England. NATN. Decl. intent in open court. Arrived in U.S. 3 yrs. prior to age 21. Res. U.S. 5 yrs., including 3 of minority. Res. MD over 1 yr. Res. BC. Wits: John Wilson and John G. Wilcose. O&RA to King of U.K. BC Ct. (Nat. Rcd. of Minors) 2 1832-1836 MSA C237-2 MdHR 18113 ff. 101-102 29 Sept. 1834.
Cughan, Patrick. Ireland. DI. Res. BC. BC Ct. (Dkt&Mins) 1847 MSA C184-10 MdHR 16667 f. 35 30 Sept. 1847.
Culbert, Thomas. Ireland. BA Ct. (Nat. Dkt.) 1 1796-1851 MSA C389-1 MdHR 18106 f. 36 #704 14 May 1808.
Cullan, James. Ireland. NATN. Decl. intent in US Circ. Ct. 7 Sept. 1847. Wits: Terrence Merin and Bernard McShane. BA Ct. (Nat. Dkt.) 1 1796-1851 MSA C389-1 MdHR 18106 f. 306 5 Oct. 1847.
Cullan, Michael. Ireland. DI. BC Ct. (Dkt&Mins) 1839 MSA C184-6 MdHR 16663 f. 35 23 Sept. 1839.
Cullen, John. Ireland. DI. BA Ct. (Minutes) 1832-1838 MSA C386 MdHR 14403 f. 257 13 Oct. 1837.
Cullen, John. Ireland. DI. BA Ct. (Minutes, Rough) 1836-1844 MSA C420-2 MdHR 14398 f. 94 13 Oct. 1837.
Cullimore, James. England. NATN. Decl. intent in open court. Arrived in U.S. 3 yrs. prior to age 21. Res. U.S. 5 yrs.,including 3 of minority. Res. MD over 1 yr. Res. BC. Wits: William Cullimore and Thomas Bond. O&RA to King of U.K. BC Ct. (Nat. Rcd. of Minors) 2 1832-1836 MSA C237-2 MdHR 18113 ff. 75-76. 11 Dec. 1833.
Cullin, Thomas. Ireland. BA Ct. (Nat. Dkt.) 1 1796-1851 MSA C389-1 MdHR 18106 f. 21 #428 29 Dec. 1802. Barnes, p. 65.
Culloden, George. England. BA Ct. (Nat. Dkt.) 1 1796-1851 MSA C389-1 MdHR 18106 f. 8 #157 9 Sept. 1797. Barnes, p. 61.
Cullon, Charles. Ireland. DI. BA Ct. (Minutes, Rough) 1836-1844 MSA C420-2 MdHR 14398 f. 247 26 Oct. 1840.
Cullon, Charles. Ireland. DI. BA Ct. (Minutes) 1839-1846 MSA C389-16 MdHR 14404 ff. 66-67 26 Oct. 1840.
Cullymire, William. England. DI. BA Ct. (minutes) 1827-1830 MSA C386-13 MdHR 14391 f. 77 28 Jan. 1828.
Cullymore, John. England. NATN. Res. BC. Decl. intent in BA Ct. 24 Oct. 1826. Wits: John Whitmarsh and Thomas Wildary. O&RA to King of U.K. BC Ct. (Nat. Rcd. of Minors) 1 1827-1832 MSA C237-1 MdHR 18112 f. 194 27 Oct. 1828.
Cullymore, John. England. DI. BA Ct. (Minutes) 1822-1826 MSA C386-12 MdHR 14386 f. 434 24 Oct. 1826.
Cullymore, William. England. NATN. Res. BC. Decl. intent in BA Ct. 28 Jan. 1828. Wit: Samuel Bickley. O&RA to King of U.K. BC Ct. (Nat. Rcd. of Minors) 1 1827-1832 MSA C237-1 MdHR 18112 ff. 304-305 30 Jan. 1830.
Cummane, Michael. Ireland. DI. BA Ct. (Minutes) 1846-1851 MSA C386-17 MdHR 14405 f. 179 1 Oct. 1849.
Cumming, Daniel. Scotland. DI. BA Ct. (Minutes) 1839-1846 MSA C386-16 MdHR 14404 f. 101 4 Sept. 1841.
Cumming, Daniel. Scotland. DI. BA Ct. (Minutes, Rough) 1836-1844 MSA C420-2 MdHR 14398 f. 290 4 Sept. 1841.
Cumming, John. Ireland. BA Ct. (Nat. Dkt.) 1 1796-1851 MSA C389-1 MdHR 18106 f. 40 #782 2 April 1811.
Cumming, Robert. Ireland. BA Ct. (Nat. Dkt.) 1 1796-1851 MSA C389-1 MdHR 18106 f. 35 #696 1 April 1808.
Cumming, Thomas. England. BA Ct. (Nat. Dkt.) 1 1796-1851 MSA C389-1 MdHR 18106 f. 14 #287 22 March 1798. Barnes, p. 53.
Cummings, Alexander. Ireland. NATN. Arrived in U.S. 3 yrs. prior to age 21. Res. U.S. 5 yrs., including 3 of minority. Res. MD over 1 yr. Wits: Malachi Blundel and Dennis Blundel. O&RA to Queen of U.K. BC Ct. (Nat. Rcd. of

Minors) 3 1845-1851 MSA C237-3 MdHR 18114-1 f. 258 30 Sept. 1850.

Cummings, John. England. BA Ct. (Nat. Dkt.) 1 1796-1851 MSA C389-1 MdHR 18106 f. 14 #292 23 March 1798. Barnes, p. 63.

Cummins, James. DI. Ireland. BA Ct. (Minutes) 1810-1814 MSA C386-10 MdHR 14376 f. 186 1 May 1812.

Cummins, Samuel. Ireland. NATN. Decl. intent in US Dist. Ct. 7 Sept. 1830. Res. BC. Wits: Jonathan Nisbet and William Robinson. O&RA to King of U.K. BC Ct. (Nat. Rcd. of Minors) 2 1832-1836 MSA C237-2 MdHR 18113 f. 28 1 Oct. 1832.

Cunnane, Michael. Ireland. DI. BA Ct. (Minutes, Rough) 1845-1851 MSA C420-3 MdHR 14401 f. 317 1 Oct. 1849.

Cunningham, Bridget. Ireland. Born co. of Down. Arrived in the U.S. prior to 18 June 1812. Wits: Mary McCann and Richard Cunningham. BA Ct. (Nat. Dkt.) 1 1796-1851 MSA C389-1 MdHR 18106 f. 138 27 Sept. 1828.

Cunningham, James. Ireland. NATN. Decl. intent in BC Ct. 30 Sept. 1844. Wits: Joseph Thompson and Thomas Early. BA Ct. (Nat. Dkt.) 1 1796-1851 MSA C389-1 MdHR 18106 f. 230 5 Oct. 1846.

Cunningham, James. Ireland. NATN. Decl. intent in BC Ct. 30 Sept. 1844. Wits: Joseph Thompson and Thomas Early. O&RA to Queen of U.K. BA Ct. (Nat. Rcd.) 4 1846-1851 MSA C391-2 MdHR 18109 f. 2 5 Oct. 1846.

Cunningham, John. Ireland. NATN. Decl. intent in US Circ. Ct. 6 Nov. 1848. Wits: Robert Gegan and Timothy Murphy. BA Ct. (Nat. Dkt.) 1 1796-1851 MSA C389-1 MdHR 18106 f. 388 3 Nov. 1851.

Cunningham, John. Ireland. NATN. Decl. intent in US Circ. Ct. 6 Nov. 1848. Wits: Robert Gegan and Timothy Murphy. O&RA to Queen of U.K. BA Ct. (Nat. Rcd.) 4 1846-1851 MSA C391-2 MdHR 18109 f. 391 3 Nov. 1851.

Cunningham, Martin. Ireland. Res. BC (1810 Census) BA Ct. (Nat. Dkt.) 1 1796-1851 MSA C389-1 MdHR 18106 f. 32 #618 23 Sept. 1805

Cunningham, Peter. Ireland. DI. BA Ct. (Minutes) 1846-1851 MSA C386-16 MdHR 14405 f. 103 24 April 1848.

Cunningham, Peter. Ireland. DI. BA Ct. (Minutes) 1846-1851 MSA C386-17 MdHR 14405 f. 103 24 April 1848.

Cunningham, Richard. Ireland. NATN. Born Cork. Arrived in the U.S. as a minor. Decl. intent in open Ct. Wits: Alex Caulter and James Waddell. BA Ct. (Nat. Dkt.) 1 1796-1851 MSA C389-1 MdHR 18106 f.138 27 Sept. 1828.

Cunningham, Stephen. Ireland. NATN. Res. U.S. 14 April 1802 - 18 June 1812. Wits: James Bayless and William C. Jenkins. O&RA to King of U.K. BC Ct. (Nat. Rcd. of Minors) 1 1827-1832 MSA C237-1 MdHR 18112 ff. 59-60 15 Aug. 1828.

Cunningham, Timothy. Ireland. NATN. Decl. intent in Supreme Ct. for New Castle Co. Delaware 24 March 1828. Res. BC. Wits: William Lambert and James O'Mealy. O&RA to King of U.K. BA Ct. (Nat. Rcd. of Minors) 2 1832-1836 MSA C237-2 MdHR 18113 f. 80 15 Feb. 1834.

Curran, Francis. Ireland. NATN. Arrived in U.S. 3 yrs. prior to age 21. Res. U.S. 5 yrs., including 3 of minority. Res. MD over 1 yr. Wits: Michael Keenan and Patrick Starr. O&RA to Queen of U.K. BA Ct. (Nat. Rcd. of Minors) 3 1846-1851 MSA C392-1 MdHR 18110 f. 7 10 Oct. 1846.

Curran, Francis. Ireland. NATN. Decl. intent in open Ct. Arrived in U.S. under age 18. Wits: Michael Keenan and Patrick Starrs. BA Ct. (Nat. Dkt.) 1 1796-1851 MSA C389-1 MdHR 18106 f. 250 10 Oct. 1846.

Curran, Nicholas. Ireland. DI. BA Ct. (Minutes) 1822-1826 MSA C386-12 MdHR 14386 f. 435 3 Oct. 1826.

Curry, Thomas R. Ireland. NATN. Decl. intent in BC Ct. 8 Oct. 1844. Wits: Daniel Dougherty and Nancy Dougherty. O&RA to Queen of U.K. BC Ct. (Nat. Rcd.) 9 1845-1848 MSA C229-1 MdHR 18119 f. 216 22 May 1847.

Curtaen, Jr. Thomas. Ireland. DI. BC Ct. (Dkt&Mins) 1825 MSA C184-2 MdHR 16659 f. 51 9 Nov. 1825.

Curtain, Jr. Thomas. Ireland. NATN. Res. BC. Exhibits petition for natn and cert.s of report and registration. Decl. intent in BC Ct. 9 Nov. 1825. Filed report and registration in US Dist. Ct. 7 Nov. 1825. Born Co. of Cork. Noted as age 24. Arrived in BC Sept. 1819. Wit: John Green. O&RA to King of U.K. BC Ct. (Nat. Rcd. of Minors) 1 1827-1832 MSA C237-1 MdHR 18112 ff. 47-49 10 March 1828.

Curtan, Jeremiah. Ireland. NATN. Decl. intent in the Ct. of the City and Co. of Philadelphia 21 Oct. 1839. Wits: Patrick Maguire and Jeremiah McCarty. O&RA to Queen of U.K. BC Ct. (Nat. Rcd.) 9 1845-1848 MSA C229-1 MdHR 18119 f. 92 3 Oct. 1846.

Cuttle, George. Ireland. NATN. Declared oath in Bedford Co. (PA) Ct. 4 June 1842. Wits: Jacob Hardtiner and James Crawford. O&RA to Queen of U.K. BC Ct. (Nat. Rcd.) 9 1845-1848 MSA C229-1 MdHR 18119 f. 587 5 Oct. 1848.

Cyrian, Bernard. Saxony. NATN. Decl. intent in BC Ct. 7 Sept. 1844. Wits: Aug. Bender and William Haltzman. BA Ct. (Nat. Dkt.) 1 1796-1851 MSA C389-1 MdHR 18106 f. 373 4 May 1850.

Cyrian, Bernhard. Saxony. Decl. intent in BC Ct. 27 Sept. 1844. Wits: Aug. Bender and William Haltzman. O&RA to King of Saxony. BA Ct. (Nat. Rcd.) 4 1846-1851 MSA C391-2 MdHR 18109 f. 351 4 May 1850.

Czakert, Peter. Bohemia. NATN. Res. BC. Decl. intent in Munroe Co. (NY) Ct., 21 May 1838. Wits: Mathias Bensinger and Anthony Kenning. O&RA to Emperor of Austria. BC Ct. (Nat. Rcd.) 9 1845-1848 MSA C229-1 MdHR 18119 f. 1 12 Feb. 1845.

Czirlkorrez (?), Abraham. Austrian Empire. NATN. Decl. intent in BC Ct. 21 May 1845. Wits: Joseph W. Clark and Francis Knutil (?). O&RA to Emperor of Austria. BC Ct. (Nat. Rcd.) 9 1845-1848 MSA C229-1 MdHR 18119 f. 500 3 June 1848.

Czuitkowiez, Alexander. Austrian Empire. DI. BA Ct. (Minutes, Rough) 1836-1841 MSA C420-2 MdHR 14398 f. 281 21 May 1841.

Czvitkoviez, Alexander. Austrian Empire. DI. BA Ct. (Minutes) 1839-1846 MSA C386-16 MdHR 14404 f. 95 21 May 1841.

D'Abrigney, Peter Paul Noel. France. DI. BA Ct. (Minutes) 1832-1838 MSA C386 MdHR 14403 f. 169 31 Dec. 1835.

D'Alvigny, Peter Paul Noel. France. DI. BA Ct. (Minutes, Rough) 1832-1835 MSA C420-1 MdHR 14396-2 f. 351 31 Dec. 1835.

D'Eberstein, Peter Frederick. Guernsey (U.K.). NATN. Arrived in U.S. 3 yrs. prior to age 21. Res. U.S. 5 yrs., including 3 of minority. Res. MD over 1 yr. Wits: Richard Kennard and William Espy. O&RA to Queen of U.K. BC Ct. (Nat. Rcd. of Minors) 3 1845-1851 MSA C237-3 MdHR 18114-1 f. 280 31 May 1851.

Dagan, Patrick. England. BA Ct. (Nat. Dkt.) 1 1796-1851 MSA C389-1 MdHR 18106 f. 12 #250 18 Jan. 1798. Barnes, p. 62.

Dahan, William. Germany. DI. Res. BC. Ren. alleg. to Emperor of Germany. BC Ct. of O&T&GD (Dkt&Mins) 1812 MSA C183-7 MdHR 16655 f. 49 4 Sept. 1812.

Dahl, Adam. Electorate of Hesse-Cassel. NATN. Arrived in U.S. 3 yrs. prior to age 21. Res. U.S. 5 yrs., including 3 of minority. Res. MD over 1 yr. Wits: Jacob Dahl and Philip Wagner. O&RA to Elector of Hesse-Cassel. BC Ct. (Nat. Rcd. of Minors) 3 1845-1851 MSA C237-3 MdHR 18114-1 f. 253 30 Sept. 1850.

Dahl, William. Principality of Hesse. NATN. Arrived in U.S. 3 yrs. prior to age 21. Res. U.S. 5 yrs. Noted as native of Frankfort on the Maine. Res. MD over 1 yr. Wits: John Ct.s and Henry Wolf. O&RA to Prince of Hesse. BA Ct. (Nat. Rcd. of Minors) 3 1846-1851 MSA C392-1 MdHR 18110 f. 49 28 Sept. 1848.

Dahle, Conrad. Hanover. DI. Ren. alleg. to King of England. BA Ct. (Minutes, Rough) 1832-1835 MSA C420-1 MdHR 14396-2 f. 304 7 Jan. 1835.

Dahle, Conrad. Hanover. DI. Ren. alleg. to King of Great Britain. BA Ct. (Minutes) 1832-1838 MSA C386 MdHR 14403 f. 135 7 Jan. 1835. Tepper, p. 120.

Dahle, William. Frankfurt-on-the-Main. NATN. Arrived in U.S. under age 18.

Wits: John Ct.s and Henry Wolk. BA Ct. (Nat. Dkt.) 1 1796-1851 MSA C389-1 MdHR 18106 f. 320 28 Sept. 1848.
Dahlweiner, Joseph. Bavaria. NATN. Decl. intent in US Dist. Ct. 25 Sept. 1843. Wits: George Werner and George Shaffer. O&RA to King of Bavaria. BA Ct. (Nat. Rcd.) 4 1846-1851 MSA C391-2 MdHR 18109 f. 94 13 Oct. 1846.
Dahlweiner, Joseph. Bavaria. NATN. Decl. intent in US Dist. Ct. 25 Sept. 1843. Wits: George Werner and George Schaffer. BA Ct. (Nat. Dkt.) 1 1796-1851 MSA C389-1 MdHR 18106 f. 260 13 Oct. 1846.
Daige, Eloy. Republic of France. NATN. Decl. intent in BC Ct. 22 Dec. 1845. Wits: Louis Sevary and Jeromia Sevary. O&RA to Republic of France. BC Ct. (Nat. Rcd.) 9 1845-1848 MSA C229-1 MdHR 18119 f. 509 20 July 1848.
Dailey, Peter. Ireland. NATN. Decl. intent in US Dist. Ct. 17 Oct. 1844. Wits: Patrick Doyle and Peter Murray. O&RA to Queen of U.K. BC Ct. (Nat. Rcd.) 9 1845-1848 MSA C229-1 MdHR 18119 f. 622 9 Oct. 1848.
Dairing, Valentine. Grand Dutchy of Hesse-Darmstadt. NATN. Decl. intent in BA Ct. 24 Oct. 1844. Wits: Daniel Stall and John Bower. O&RA to Grand Duke of Hesse-Darmstadt. BA Ct. (Nat. Rcd.) 4 1846-1851 MSA C391-2 MdHR 18109 f. 192 5 Oct. 1847.
Dairing, Valentine. Grand Dutchy of Hesse-Darmstadt. NATN. Decl. intent in BC Ct. 24 Oct. 1844. Wits: Daniel Stall and John Bower. BA Ct. (Nat. Dkt.) 1 1796-1851 MSA C389-1 MdHR 18106 f. 307 5 Oct. 1847.
Dairs, William. England. DI. BA Ct. (Minutes) 1822-1826 MSA C386-12 MdHR 14386 f. 435 4 Oct. 1826.
Dairs(?)/Davis(?), Francis. Scotland. DI. Res. BC. BC Ct. (Dkt&Mins) 1847 MSA C184-10 MdHR 16667 f. 25 7 Aug. 1847.
Dale, William. Ireland. DI. BA Ct. (Minutes, Rough) 1832-1835 MSA C420-1 MdHR 14396-2 f. 193 11 June 1833.
Dale, William. Ireland. DI. BA Ct. (Minutes) 1832-1838 MSA C386 MdHR 14403 f. 56 10 June 1833.
Dalek, George. Prussia. NATN. Born Anspack. Decl. intent in " the Circ. Ct. of the 4th Dist. of the Union States at Balt." 2 May 1820. Wits: John Gowan and Gotlieb Medinger BA Ct. (Nat. Dkt.) 1 1796-1851 MSA C389-1 MdHR 18106 f. 64 17 May 1823.
Dales, David. Ireland. NATN. Decl. intent in BC Ct. 1 Oct. 1844. Wits: Samuel Dales and George Merron. O&RA to Queen of U.K. BC Ct. (Nat. Rcd.) 9 1845-1848 MSA C229-1 MdHR 18119 f. 166 6 Oct. 1846.
Daley, Anthony. Ireland. NATN. Decl. intent in US Circ. Ct. 13 Sept. 1844. Wits: James Dounelly and James Donahue. O&RA to Queen of U.K. BA Ct. (Nat. Rcd.) 4 1846-1851 MSA C391-2 MdHR 18109 f. 93 13 Oct. 1846.
Daley, Daniel. Ireland. BA Ct. (Nat. Dkt.) 1 1796-1851 MSA C389-1 MdHR 18106 f. 31 #606 15 June 1805.
Daley, James. Ireland. DI. BA Ct. (Minutes) 1822-1826 MSA C386-12 MdHR 14386 f. 435 10 Oct. 1826. Tepper, p. 120 "Daly, James."
Daley, John. Ireland. Report and registration. Noted as age 27. Born Co. of Derry. Arrived in BC Aug. 1818. Res. BC. Wits: James Millen and Archibald McKleese. BA Ct. (Misc. Ct. Papers) MSA C1-57 MdHR 50206-753 1823 item 346 28 Sept. 1824.
Daley, John. Ireland. DI. BA Ct. (Minutes) 1822-1826 MSA C386-12 MdHR 14386 f. 220 28 Sept. 1824.
Daley, John. Ireland. NATN. Born Co. of Down. Decl. intent in BA Ct. of O&T&GD 5 Aug. 1815. Wits: John Scott and John McKInnell. Cert. and report filed. BA Ct. (Nat. Dkt.) 1 1796-1851 MSA C389-1 MdHR 18106 f. 75 25 Sept. 1824.
Daley, John. Ireland. NATN. Born Co. of Derry. Decl. intent in BA Ct. Sept. term 1824. Wits: James Mullen and Archibald McAliese. BA Ct. (Nat. Dkt.) 1 1796-1851 MSA C389-1 MdHR 18106 f. 120 25 Sept. 1827.
Daley, Michael. Ireland. NATN. Arrived in U.S. 3 yrs. prior to age 21. Res.

Daley, Stephen. [continued] U.S. 5 yrs., including 3 of minority. Res. MD over 1 yr. Wits: Patrick Daley and Thomas Glennan. O&RA to Queen of U.K. BC Ct. (Nat. Rcd. of Minors) 3 1845-1851 MSA C237-3 MdHR 18114-1 f. 66 4 Oct. 1847.
Daley, Stephen. Ireland. NATN. Noted as age 28. Born Co. of Cork. Exhibits petition, cert.s of report and registration and decl. of intent. DI filed US Dist. Ct. 2 Oct. 1824. DI filed BC Ct. June term 1824. Arrived in BC July 1819. Res. BC. O&RA to King of U.K. Witness; Patrick O'Donnell. BC Ct. (Nat. Rcd. of Minors) 1 1827-1832 MSA C237-1 MdHR 18112 ff. 29-30 29 Sept. 1827.
Dall, John. Bavaria. NATN. Arrived in U.S. 3 yrs. prior to age 21. Res. U.S. 5 yrs., including 3 of minority. Res. MD over 1 yr. Wits: John Kohle and Morsel Hook. O&RA to King of Bavaria. BC Ct. (Nat. Rcd. of Minors) 3 1845-1851 MSA C237-3 MdHR 18114-1 f. 248 30 Sept. 1850.
Dalrymple, John. Scotland. NATN. Decl. intent in US Dist. Ct. 1 Sept. 1845. Wits: James McIntyre and William D. Dalrymple. O&RA to Queen of U.K. BC Ct. (Nat. Rcd.) 9 1845-1848 MSA C229-1 MdHR 18119 f. 798 4 Nov. 1848.
Dalton, James. Ireland. NATN. Decl. intent in US Dist. Ct. 4 Oct. 1843. Wits: James Hesson and John Carr. BA Ct. (Nat. Dkt.) 1 1796-1851 MSA C389-1 MdHR 18106 f. 232 5 Oct. 1846.
Dalton, John. Ireland. NATN. Decl. intent in US Dist. Ct. 2 Nov. 1844. Wits: Daniel Shannon and Michael Ellwood. O&RA to Queen of U.K. BC Ct. (Nat. Rcd.) 9 1845-1848 MSA C229-1 MdHR 18119 f. 651 10 Oct. 1848.
Dalton, John. Ireland. NATN. Decl. intent in US Dist. Ct. 4 Oct. 1843. Wits: James Hesron (?) and John Carr. O&RA to Queen of U.K. BA Ct. (Nat. Rcd.) 4 1846-1851 MSA C391-2 MdHR 18109 f. 5 5 Oct. 1846.
Daly, Anthony. Ireland. NATN. Decl. intent in US Circ. Ct. 13 Sept. 1844. Wits: James Donnelly and James Donahae. BA (Nat. Dkt.) 1 1796-1851 MSA C389-1 MdHR 18106 f. 260 13 Oct. 1846.
Daly, Michael. Ireland. DI. BA Ct. (Minutes, Rough) 1836-1844 MSA C420-2 MdHR 14398 f. 87 21 Sept. 1837.
Daly, Michael. Ireland. DI. BA Ct. (Minutes) 1832-1838 MSA C386 MdHR 14403 f. 253 21 Sept. 1837.
Daly, Thomas. Ireland. DI. BC Ct. (Dkt&Mins) 1840 MSA C184-7 MdHR 16664 f. 37 2 Oct. 1840.
Daminann, Lewis. Prussia. DI. BC Ct. (Dkt&Mins) 1846 MSA C184-9 MdHR 16666 f. 40 13 Oct. 1846.
Dammann, Lewis. Prussia. NATN. Decl. intent in BC Ct. 13 Oct. 1846. Wits: Philip Shenkel and Joseph Mendeigue. O&RA to King of Prussia. BC Ct. (Nat. Rcd.) 9 1845-1848 MSA C229-1 MdHR 18119 f. 746 1 Nov. 1848.
Dammer, Sebastian. Bavaria. NATN. Decl. intent in BC Ct. 24 Sept. 1844. Wits: Mathias Dammer and Joseph Strohmyer. BA Ct. (Nat. Dkt.) 1 1796-1851 MSA C389-1 MdHR 18106 f. 251 13 Oct. 1846.
Dandell, Francis. Ireland. NATN. Decl. intent in US Dist. Ct. 28 May 1844. Wits: Joseph Hamilton and Nicholas Fallen. O&RA to Queen of U.K. BC Ct. (Nat. Rcd.) 9 1845-1848 MSA C229-1 MdHR 18119 f. 145 5 Oct. 1845.
Danderand, Peter Marie Alexander. France. NATN. Decl. intent in BC Ct. 13 Sept. 1843. Wits: Louis Servary and F. P. A. Devangis. O&RA to King of French. BC Ct. (Nat. Rcd.) 9 1845-1848 MSA C229-1 MdHR 18119 f. 13 17 Sept. 1845.
Dane, Jane Rose. France. BA Ct. (Nat. Dkt.) 1 1796-1851 MSA C389-1 MdHR 18106 f. 31 #597 30 May 1805.
Dane, Jean David. Republic of France. BA Ct. (Nat. Dkt.) 1 1796-1851 MSA C389-1 MdHR 18106 f. 5 #86 27 March 1797. Barnes, p. 60
Dane, Jean David. Republic of France. BA Ct. (Nat. Dkt.) 1 1796-1851 MSA C389-1 MdHR 18106 f. 5 #86 27 March 1797. Barnes, p. 60
Daneker/Danekar, Charles. Germany. BA Ct. (Nat. Dkt.) 1 1796-1851 MSA C389-1 Md HR 18106 f. 12 #232 12 Jan. 1798. Barnes, p. 62.

Daney/Duney, Michael. Republic of France. BA Ct. (Nat. Dkt.) 1 1798-1851 MSA C389-1 MdHR 18106 f. 14 #298 26 March 1798. Barnes, p. 63.
Dangers, Henry. Grand Dutchy of Hesse-Darmstadt. NATN. Decl. intent in US Dist. Ct. 11 Oct. 1843. Wits: Charles Dielesty and Henry Lurger. O&RA to Grand Duke of Hesse-Darmstadt. BC Ct. (Nat. Rcd.) 9 1845-1848 MSA C229-1 MdHR 18119 f. 195 6 Oct. 1846.
Daniels, Aaron. Germany. DI. Ren. alleg. to Emperor of Germany. BA Ct. (Minutes) 1815-1820 MSA C386-11 MdHR 14381 f. 207 27 Oct. 1817.
Danielson, Andrew. Denmark. DI. Res. BC. Ren. alleg. to "the Potentate of Denmark". BC Ct. of O&T&GD (Dkt&Mins) 1816 MS C183-9 MdHR 16657 (unpaginated) 4 March 1816.
Danmemann, Conrad Henry. Germany. DI. Ren. alleg. to Emperor of Germany. BA Ct. (Minutes) 1806-1809 MSA C386-9 MdHR 14372 f. 281 10 Oct. 1809.
Danner, Sebastian. Bavaria. NATN. Decl. intent in BC Ct. 24 Sept. 1844. Wits: Mathias Danner and Joseph Strohmeyer. O&RA to King of Bavaria. BA Ct. (Nat. Rcd.) 4 1846-1851 MSA C391-2 MdHR 18109 f. 61 13 Oct. 1846.
Danoville, Jr., Alexander. France. BA Ct. (Nat. Dkt.) 1 1796-1851 MSA C389-1 MdHR 18106 f. 30 #570 11 Jan. 1805.
Dare, Aaron. Turkish (Ottoman) Empire. BA Ct. (Nat. Dkt.) 1 1796-1851 MSA C389-1 MdHR 18106 f. #687 13 Oct. 1807.
Darper, Christian. Bavaria. DI. BC Ct. (Dkt&Mins) 1847 MSA C184-10 MdHR 16667 f 37 5 Oct. 1847.
Darrangh, Daniel. Ireland. NATN. Decl. intent in US Circ. Ct. 20 Sept. 1844. Wits: William Colton and Edward Clerry. BA Ct. (Nat. Dkt.) 1 1796-1851 MSA C389-1 MdHR 18106 f. 261 13 Oct. 1846.
Darraugh, Daniel. Ireland. NATN. Decl. intent in US Circ. Ct. 20 Sept. 1844. Wits: William Calton and Edward Clary. O&RA to Queen of U.K. BA Ct. (Nat. Rcd.) 4 1846-1851 MSA C391-2 MdHR 18109 f. 94 13 Oct. 1846.
Darraugh, James. Ireland. NATN. Arrived in U.S. 3 yrs. prior to age 21. Res. U.S. 5 yrs., including 3 of minority. Res. MD over 1 yr. Wits: Samuel Darraugh and James Sloan. O&RA to Queen of U.K. BC Ct. (Nat. Rcd. of Minors) 3 1845-1851 MSA C237-3 MdHR 18114-1 f. 89 4 Oct. 1847.
Darsey, James. England. BA Ct. (Nat. Dkt.) 1 1796-1851 MSA C389-1 MdHR 18106 f. 13 #259 22 Jan. 1798. Barnes, p. 62.
Darsey, Michael. England. BA Ct. (Nat. Dkt.) 1 1796-1851 MSA C389-1 MdHR 18106 f. 13 #262 22 Jan. 1798. Barnes, p. 62.
Daste, John Baptist. France. BA Ct. (Nat. Dkt.) 1 1796-1851 MSA C389-1 MdHR 18106 f. 26 #496 7 March 1804. Civil Ct.
Daub, Adam. Grand Dutchy of Hessen-Darmstadt. NATN. Decl. intent in BC Ct. 25 Sept. 1844. Wits: Leon Zigalemeyer and Andrew Merker. O&RA to Grand Duke of Hessen-Darmstadt. BC Ct. (Nat. Rcd.) 9 1845-1848 MSA C229-1 MdHR 18119 f. 168 6 Oct. 1846.
Daugherty, John. Great Britain. BA Ct. (Nat. Dkt.) 1 1796-1851 MSA C389-1 MdHR 18106 f. 4 #54 13 Jan. 1797. Barnes, p. 59
Daukourt/Daulcourt, Francis. Russia (?). BA Ct. (Nat. Dkt.) 1 1796-1851 MSA C389-1 MdHR 18106 f. 24 #467 19 July 1803. Criminal Ct.
Dautrick, John. Grand Dutchy of Hesse-Darmstadt. NATN. Decl. intent in US Circ. Ct. 3 Oct. 1848. Wits: Charles Peck and George Schaeffer. O&RA to Grand Duke of Hesse-Darmstadt. BC Ct. (Nat. Rcd.) 10 1849-1851 MSA C229-2 MdHR 18120 f. 342 25 Oct. 1851.
Davey/Danes, John. Great Britain. BA Ct. (Nat. Dkt.) 1 1796 - 1851 MSA C389-1 MdHR 18106 f. 5 #77 21 March 1797. Barnes, p. 60
Davidson, Abraham. Great Britain. BA Ct. (Nat. Dkt.) 1 1796-1851 MSA C389-1 MdHR 18106 f. 7 #135 21 Aug. 1797. Barnes, p. 60.
Davidson, James. Ireland. NATN. Born Co. of Tyrone. Decl. intent in US Circ. Ct. 2 May 1823. Wits: Conrad Keller and George Robertson. BA Ct. (Nat. Dkt.) 1 1796-1851 MSA C389-1 MdHR 18106 f. 147 29 Oct. 1828.

Davidson, Soloman K. Poland. DI. BC Ct. (Dkt&Mins) 1846 MSA C184-9 MdHR 16666 f. 21 13 May 1846.
Davidson, Solomon R. Poland. NATN. Decl. intent in BC Ct. 14 May 1846. Wits: S. M. Peiser and Adam Goldstein. O&RA to Emperor of Russia. BC Ct. (Nat. Rcd.) 9 1845-1848 MSA C229-1 MdHR 18119 f. 511 19 Aug. 1848.
Davidson, Thomas. England. DI. BA Ct. (Minutes) 1815-1820 MSA C386-11 MdHR 14381 f. 90 12 April 1816.
Davies, Henry. England. BA Ct. (Nat. Dkt.) 1 1796-1851 MSA C389-1 MdHR 18106 f. 30 #568 8 Jan. 1805.
Davies, Thomas. England. NATN. Res. BA Decl. intent, Supreme Ct. of Ohio, Co. of Muskingum 14 Nov. 1822. Wits: Margaret Matthews and Simon Hoddinott. O&RA to King of U.K. BC Ct. (Nat. Rcd. of Minors) 1 1827-1832 MSA C237-1 MdHR 18112 ff. 83-84 22 Sept. 1828.
Davis, David. Wales. NATN. Decl. intent in Cumberland Co. (NJ) Ct. 3 June 1845. Wits: Jeffrey Collins and John Montgomery. O&RA to Queen of U.K. BC Ct. (Nat. Rcd.) 9 1845-1848 MSA C229-1 MdHR 18119 f. 832 6 Nov. 1848.
Davis, Edward. England. DI. BA Ct. (Minutes, Rough) 1845-1851 MSA C420-3 MdHR 14401 f. 313 14 Sept. 1849.
Davis, Edward. England. DI. BA Ct. (Minutes) 1846-1851 MSA C386-17 MdHR 14405 f. 176 14 Sept. 1849
Davis, John. England. BA Ct. (Nat. Dkt.) 1 1796-1851 MSA C389-1 MdHR 18106 f. 33 #648 10 Oct. 1806.
Davis, John. England. DI. Res. BC. BC Ct. (Dkt&Mins) 1830 MSA C184-5 MdHR 16662 f. 17 5 June 1830.
Davis, John. Wales. NATN. Decl. intent in open court. Res. BC. Arrived in the U.S. 3 yrs. prior to age 21. Res. U.S. 5 yrs., including 3 of minority. Res. MD over 1 yr. Wits: William Winchester and William Trimble. O&RA to King of U.K. BC Ct. (Nat. Rcd. of Minors) 1 1827-1832 MSA C237-1 MdHR 18112 ff. 249-250 8 Nov. 1828.
Davis, Joseph. Republic of France. DI. BA Ct. (Minutes) 1846-1851 MSA C386-16 MdHR 14405 f. 292 4 Nov. 1851.
Davis, Joseph. France. DI. BA Ct. (Minutes) 1846-1851 MSA C386-16 MdHR 14405 f. 292 4 Nov. 1851.
Davis, Joseph. Spain. DI. BC Ct. (Dkt&Mins) 1849 MSA C184-11 MdHR 16668 f. 28 4 Oct. 1849.
Davis, Thomas Selcock. England. BA Ct. (Nat. Dkt.) 1 1796-1851 MSA C389-1 MdHR 18106 f. 28 #524 15 June 1804. Civil Ct.
Dawson, Jr. William. England. NATN. Born Yorkshire. Decl. intent Sept. 1816. Cert. and report filed. BA Ct. (Nat. Dkt.) 1 1796-1851 MSA C389-1 MdHR 18106 f. 52 29 Sept. 1821.
Dawson, Patrick. Ireland. NATN. Decl. intent in BC Ct. 31 Oct. 1844. Wits: Archibald Malone and Philip Dempsey. O&RA to Queen of U.K. BC Ct. (Nat. Rcd.) 9 1845-1848 MSA C229-1 MdHR 18119 f. 426 4 Oct. 1847.
Dawson, William. England. DI. BA Ct. (Minutes) 1815-1820 MSA C386-11 MdHR 14381 f. 106 24 Sept. 1816.
Day, Henry. Germany. BA Ct. (Nat. Dkt.) 1 1796-1851 MSA C389-1 MdHR 18106 f. 42 #823 13 April 1813.
De Bibory, Lewis L. Austria-Hungary. NATN. Decl. intent in the Dist. Ct. for the City and Co. of Philadelphia. Wits: Frederick F. Benzinger and James Malcolm. O&RA to Emperor of Austria and King of Hungary. BA Ct. (Nat. Rcd.) 4 1846-1851 MSA C391-2 MdHR 18109 f. 351 22 April 1850.
De Bilboury, Lewis C. Austria-Hungary. NATN. Decl. intent in US Dist. Ct. 3 April 1845. Wits: Frederick F. Benzinger and James Malcolm. BA Ct. (Nat. Dkt.) 1 1796-1851 MSA C389-1 MdHR 18106 f. 373 22 April 1850.
De Boer, Christian Harms. Hanover. DI. BA Ct. (Minutes, Rough) 1832-1835 MSA C420-1 MdHR 14396-2 f. 252 24 April 1834.
De Boer, Christian Hamms. Hanover. DI. BA Ct. (Minutes) 1832-1838 MSA C386 MdHR 14403 f. 97 24 April 1834.

De Caundry, Peter Daneil. Republic of France. BA Ct. (Nat. Dkt.) 1 1796-1851 MSA C389-1 MdHR 18106 f. 17 #365 5 Nov. 1798. Barnes, p. 64.

De Frouville, Frederick. Republic of France. DI. BA Ct. (Minutes) 1846-1851 MSA C386-17 MdHR 14405 f. 140 20 Dec. 1848.

De Frouville, Frederick. Republic of France. DI. BA Ct. (Minutes) 1846-1851 MSA C386-16 MdHR 14405 f. 140 20 Dec. 1848.

De Frouville, Frederick. Republic of France. DI. BA Ct. (Minutes, Rough) 1845-1851 MSA C420-3 MdHR 14401 f. 271 20 Dec. 1848.

De Gout, Laurent. St. Bartholomew (Sweden). NATN. Decl. intent in open court. Res. BC. Arrived in the U.S. 3 yrs. prior to age 21. Res. U.S. 5 yrs., including 3 of minority. Res. MD over 1 yr. Wit: John P. Danels. O&RA to King of Sweden. BC Ct. (Nat. Rcd. of Minors) 1 1827-1832 MSA C237-1 MdHR 18112 ff. 133-134 1 Oct. 1828.

De Gruchy/DeGruchy, Margaret. England. NATN. Res. BC. Res. U.S. 14 April 1802 -18 June 1812. Wits: William McMecken and George Williamson. O&RA to King of U.K. BC Ct. (Nat. Rcd. of Minors) 1 1827-1832 MSA C237-1 MdHR 18112 ff. 283-284 7 Jan. 1829.

De Gruchy/DeGruchy, John. England. DI. BA Ct. (Minutes) 1822-1826 MSA C386-12 MdHR 14386 f. 231 4 Nov. 1824.

De Gruchy/DeGruchy, John. England. Born on Island of Jersey. Decl. intent in BA Ct. Sept. term 1824. Wits: Ebenezer L. Finley and Charles L. Walsh. BA Ct. (Nat. Dkt.) 1 1796-1851 MSA C389-1 MdHR 18106 f. 113 22 Nov. 1826.

De La Hunt, Charles. Ireland. NATN. Born Co. of Carloo. Decl. intent in Supreme Judicial Ct. of Providence, Rhode Island Sept. 1812. Wits: John Wilson and Owen Grimes. BA Ct. (Nat. Dkt.) 1 1796-1851 MSA C389-1 MdHR 18106 f. 62 30 Dec. 1822.

De Reigne, Charles. England. DI. BC Ct. (Dkt&Mins) 1849 MSA C184-11 MdHR 16668 f. 28 9 Oct. 1849.

De Seicki, Isidore Alphonse. Poland. DI. Res. BC. Ren. alleg. to Emperor of Russia. BC Ct. (Dkt&Mins) 1841 MSA C184-8 MdHR 16665 f. 26 7 July 1841.

De Vergey, Frederick. France. NATN. Decl. intent in BC Ct. 9 July 1844. Wits: William Raine and Deidrich Pralle. O&RA to King of France. BC Ct. (Nat. Rcd.) 9 1845-1848 MSA C229-1 MdHR 18119 f. 285 29 Sept. 1847.

Deagan, Henry. Ireland. NATN. Decl. intent in US Dist. Ct. 23 Oct. 1844. Wits: James Galvan and Bermart Burns. O&RA to Queen of U.K. BC Ct. (Nat. Rcd.) 9 1845-1848 MSA C229-1 MdHR 18119 f. 356 4 Oct. 1847.

Dealy, James. Ireland. DI. BA Ct. (Minutes) 1810-1814 MSA C386-10 MdHR 14376 f. 184 24 April 1812.

Dealy, James. Ireland. NATN. Decl. intent in BA Ct. 24 April 1812. Wit: Hugh L. Beverough. BA Ct. (Nat. Dkt.) 1 1796-1851 MSA C389-1 MdHR 18106 f. 48 4 April 1818.

Dean, William. Ireland. DI. BA Ct. (Minutes) 1827-1830 MSA C386-13 MdHR 14391 f. 160 12 Nov. 1828.

Dearie, John. Scotland. DI. BA Ct. (Minutes) 1832-1838 MSA C386 MdHR 14403 f. 116 16 Sept. 1834.

Dearie, John. Scotland. DI. BA Ct. (Minutes, Rough) 1832-1835 MSA C420-1 MdHR 14396-2 f. 278 16 Sept. 1834.

Dearman, Joseph D. England. DI. BA Ct. (Minutes) 1822-1826 MSA C286-12 MdHR 14386 f. 213 20 Sept. 1824.

Dearman, Joseph D. England. NATN. Res. BC. Decl. intent in BA Ct. 20 Sept. 1824. Wit: William B. Ross. O&RA to King of U.K. BC Ct. (Nat. Rcd. of Minors) 1 1827-1832 MSA C237-1 MdHR 18112 ff. 161-162 4 Oct. 1828.

Deary, Michael. Ireland. NATN. Decl. intent in US Circ. Ct. 10 June 1844. Wits: Robert McClellan and John Sexton. BA Ct. (Nat. Dkt.) 1 1796-1851 MSA C389-1 MdHR 18106 f. 248 10 Oct. 1846.

Deary, Michael. Ireland. NATN. Decl. intent in US Circ. Ct. 10 June 1844.

Wits: Robert McCullan and John Sexton. O&RA to Queen of U.K. BA Ct. (Nat. Rcd.) 4 1846-1851 MSA C391-2 MdHR 18109 f. 52 10 Oct. 1846.
Deas/Dias/Deaz, Joseph Lopes/Lopez. Republic of France. NATN. BA (Minutes) 1792 - 1797 MSA C386-7 MdHR 5052 f. 255 27 Aug. 1796
Deaz/Deas/Dias, Joseph Lopez. Republic of France. BA Ct. (Nat. Dkt.) 1 1796 - 1851 MSA C389-1 MdHR 18106 f. 2 #13 27 Aug. 1796. Barnes, p. 59
Debaufe, James. England. NATN. Res. BC. Res. U.S. 14 April 1802 - 18 June 1812. Wits: William Comegys and Thomas D. Green. O&RA to King of U.K. BC Ct. (Nat. Rcd. of Minors) 1 1827-1832 MSA C237-1 MdHR 18112 ff. 279-280 10 Nov. 1828.
Deboue, Justin Alexander. France. DI. Res. BC. BC Ct. (Dkt&Mins) 1840 MSA C184-7 MdHR 16664 f. 33 2 Sept. 1840.
Debring, John Gerhard. Grand Dutchy of Oldenburg. NATN. Decl. intent in US Circ. Ct. 10 June 1844. Wits: Thomas Leonard and Edward Pagels. O&RA to Grand Duke of Oldenburg. BA Ct. (Nat. Rcd.) 4 1846-1851 MSA C391-2 MdHR 18109 f. 245 2 Oct. 1848.
Debring, John Gerhard. Grand Dutchy of Oldenburg. NATN. Decl. intent in US Circ. Ct. 10 June 1844. Wits: Thomas Leonard and Edward Pagels. BA Ct. (Nat. Dkt.) 1 1796-1851 MSA C389-1 MdHR 18106 f. 329 2 Oct. 1848.
Debus, Henry. Electorate of Hesse-Cassel. NATN. Decl. intent in BC Ct. 28 Sept. 1844. Wits: Henry Regler and Mathias Seible. O&RA to Elector of Hesse-Cassel. BC Ct. (Nat. Rcd.) 9 1845-1848 MSA C229-1 MdHR 18119 f. 691 17 Oct. 1848.
DeButts, James. Great Britain. BA Ct. (Nat. Dkt.) 1 1796 - 1851 MSA C389-1 MdHR 18106 f. 3 #37 25 Nov. 1796. Barnes, p. 59
DeButts, James. Great Britain. NATN. BA Ct. (Minutes) 1792 - 1797 MSA C386-7 MdHR 5052 f. 264 25 Nov. 1796
Deck, George Joseph. Grand Dutchy of Baden. NATN. Decl. intent in US Dist. Ct. 5 Oct. 1846. Wits: Sebastian Deck and Joseph Pfester. O&RA to Grand Duke of Baden. BC Ct. (Nat. Rcd.) 9 1845-1848 MSA C229-1 MdHR 18119 f. 770 3 Nov. 1848.
Deck, John Sebastian. Grand Dutchy of Baden. NATN. Decl. intent in US Circ. Ct. 5 Oct. 1846. Wits: Joseph Ffister and William Deck. O&RA to Grand Duke of Baden. BA Ct. (Nat. Rcd.) 4 1846-1851 MSA C391-2 MdHR 18109 f. 307 1 Nov. 1848.
Deck, John Sebastian. Grand Dutchy of Baden. NATN. Decl. intent in US Circ. Ct. 5 Oct. 1846. Wits: Joseph Pfister and William Deck. BA Ct. (Nat. Dkt.) 1 1796-1851 MSA C389-1 MdHR 18106 f. 354 1 Nov. 1848.
Decker, John. Germany. NATN. Arrived in U.S. 3 yrs. prior to age 21. Res. U.S. 5 yrs., including 3 of minority. Res. MD over 1 yr. Wit: William Lapp. O&RA to Emperor of Germany. BC Ct. (Nat. Rcd. of Minors) 3 1845-1851 MSA C237-3 MdHR 18114-1 f. 336 4 Nov. 1851.
Decrugy, Francis. France. DI. BA Ct. (Minutes) 1815-1820 MSA C386-11 MdHR 14381 f. 198 4 Oct. 1817.
Dedier Petit de Villiers, Francois. Republic of France. NATN. BA Ct. (Minutes) 1792-1797 MSA C386-7 MdHR 5052 f. 254 1 Sept. 1796 .
Deegan, James. Ireland. BA Ct. (Nat. Dkt.) 1 1796-1851 MSA C389-1 MdHR 18106 f. 36 #710 19 Oct. 1808.
DeFrais, Nicholas. Spain. DI. Note: Crossed through by clerk. BA Ct. (Minutes) 1806-1809 MSA C386-3 MdHR 14372 f. 107 15 Oct. 1807.
Defrias, Nicholas. Spain. BA Ct. (Nat. Dkt.) 1 1796-1851 MSA C389-1 MdHR 18106 f. 35 #689 28 Oct. 1807.
Degen, John. Prussia. NATN. Decl. intent in US Dist. Ct. 18 June 1844. Wits: Henry Schultz and Joseph Holde. O&RA to King of Prussia. BC Ct. (Nat. Rcd.) 9 1845-1848 MSA C229-1 MdHR 18119 f. 353 4 Oct. 1847.
Degenhard, Anthony. Hanover. NATN. Decl. intent in US Dist. Ct. Wits: Peter

Kreis and Gerhard A. Lybertz. O&RA to King of Hanover. BA Ct. (Nat. Rcd.) 4 1846-1851 MSA C391-2 MdHR 18109 f. 193 5 Oct. 1847.

Degenhard, Anthony. Hanover. NATN. Decl. intent in US Dist. Ct. 22 Jan. 1844. Wits: Gerhard A. Sybertz and Peter Kreis. BA Ct. (Nat. Dkt.) 1 1796-1851 MSA C389-1 MdHR 18106 f. 297 4 Oct. 1847.

Degenhard, Anthony. Hanover. NATN. Decl. intent in US Dist. Ct. 22 Jan. 1844. Wits: Gerhard A. Sybertz and Peter Kreis. BA Ct. (Nat. Dkt.) 1 1796-1851 MSA C389-1 MdHR 18106 f. 307 4 Oct. 1847.

Degenhard, Anthony. Hanover. NATN. Decl. intent in US Dist. Ct. 22 Jan. 1844. Wits: Peter Kreis and Gerhard A. Lyberts. O&RA to King of Hanover. BA Ct. (Nat. Rcd.) 4 1846-1851 MSA C391-2 MdHR 18109 f. 182 4 Oct. 1847.

DeGruchy, John. U.K. Report and registration. Noted as age 50. Born on Island of Jersey. Arrived in Philadelphia Oct. 1803. Res. BC. Wits: Charles J. Walsh and Ebenezer L. Fraley. BA Ct. (Misc. Ct. Papers) MSA C1-57 MdHR 50206-753 1823 item 347 22 Nov. 1826.

DeGruchy, John. England. DI. BA Ct. (Misc. Ct. Papers) MSA C1-57 MdHR 50206-753 unnumbered 1823 item (no date given).

Dehnhardt, John. Electorate of Hesse-Cassel. NATN. Arrived in U.S. 3 yrs. prior to age 21. Res. U.S. 5 yrs., including 3 of minority. Res. MD over 1 yr. Wits: Henry Denhardt and Peter Truleib. O&RA to Elector of Hesse-Cassel. BC Ct. (Nat. Rcd. of Minors) 3 1845-1851 MSA C237-3 MdHR 18114-1 f. 324 3 Nov. 1851.

Deiche, Charles. Germany. DI. BC Ct. (Dkt&Mins) 1840 MSA C184-7 MdHR 16664 f. 36 28 Sept. 1840.

Deiderich, Leonard. Electorate of Hesse-Cassel. NATN. Decl. intent in BC Ct. 19 Sept. 1844. Wits: Adolph Maum and Solomon Delevie. O&RA to Elector of Hesse-Cassel. BC Ct. (Nat. Rcd.) 9 1845-1848 MSA C229-1 MdHR 18119 f. 485 5 Oct. 1847.

Deiger, Joseph. Germany. NATN. Born town of Ebling. Decl. intent in BC Ct. the 3rd Monday of March 1817. Wits: Lewis Gross and John Gross. BA Ct. (Nat. Dkt.) 1 1796-1851 MSA C389-1 MdHR 18106 f. 119 25 Sept. 1827.

Deiger, Joseph. Germany. DI. Res. BC. Ren. alleg. to Emperor of Germany. Wits: John Gross and Lewis Gross. BA Ct. (Misc. Ct. Papers) MSA C1-64 MdHR 50206-824 1827 item 362, 9 May 1817

Deiger, Joseph. Germany. DI. Noted as age 42. Born town of Edling. Arrived in Philadelphia Dec. 1809. Res. BC. BA Ct. (Misc. Ct. Papers) MSA C1-64 MdHR 50206-824 unnumbered 1827 item 25 Sept. 1827.

Deihl, Henry. Grand Dutchy of Hesse-Darmstadt. NATN. Arrived in U.S. 3 yrs. prior to age 21. Res. U.S. 5 yrs., including 3 of minority. Res. MD over 1 yr. Wits:Andrew Deihl and John Warner. O&RA to Grand Duke of Hesse-Darmstadt. BA Ct. (Nat. Rcd. of Minors) 3 1846-1851 MSA C392-1 MdHR 18110 f. 2 6 Oct. 1846.

Deihl, Henry. Grand Dutchy of Hesse-Darmstadt. NATN. Decl. intent in open Ct. Arrived in U.S. prior to age 18. Wits: Andrew Deihl and John Warner. BA Ct. (Nat. Dkt.) 1 1796-1851 MSA C389-1 MdHR 18106 f. 241 6 Oct. 1846.

Deiterich, Martin. Germany. DI. BC Ct. (Dkt&Mins) 1840 MSA C184-7 MdHR 16664 f. 36 28 Sept. 1840.

Deitz, Christian. Grand Dutchy of [Hesse-] Darmstadt. DI. BA Ct. (Minutes, Rough) 1832-1835 MSA C420-1 MdHR 14396-2 f. 297 4 Dec. 1834.

Deitz, Christian. Grand Dutchy of [Hesse-] Darmstadt. DI. BA Ct. (Minutes) 1832-1838 MSA C386 MdHR 14403 f. 130 4 Dec. 1834.

Deitz, John Paul. [Grand] Dutchy of Saxe-Meinengen. DI. BA Ct. (Minutes) 1832-1838 MSA C386 MdHR 14403 f. 288 8 May 1838.

Deitz, John Paul. [Grand] Dutchy of Saxe-Meinengen. NATN. Decl. intent in BA Ct. 8 May 1838. Res. BC. Wits: Thomas Leib and George N. Fisher.

O&RA to [Grand] Duke of Saxe-Meiningen. BA Ct. (Nat. Rcd.) 2 1832-1846 MSA C391-1 MdHR 18108 f. 77 7 Sept. 1840.
Dejoye, Peter Francis. France. BA Ct. (Nat. Dkt.) 1 1796-1851 MSA C389-1 MdHR 18106 f. 29 #547 5 Nov. 1804. Criminal Ct.
Del Vecchio, Peter. Italian Republic. NATN. Listed in 1812 BC Directory as "Carver and gilder, picture frame maker, looking-glass and print seller". BA Ct. (Nat. Dkt.) 1 1796-1851 MSA C389-1 MdHR 18106 f. 31 #581 16 April 1805.
Delany, Michael. Ireland. NATN. Decl. intent in US Circ. Ct. 29 Dec. 1827. Born Co. of Kings. Wits: Joseph McCann and John McCormick. BA Ct. (Nat. Dkt.) 1 1796-1851 MSA C389-1 MdHR 18106 f. 169 1 Oct. 1831.
Delany, Peter M. Ireland. NATN. Decl. intent in BC Ct. 12 Sept. 1844. Wits: William Beatty and Thomas Moffett. O&RA to Queen of U.K. BC Ct. (Nat. Rcd.) 9 1845-1848 MSA C229-1 MdHR 18119 f. 301 30 Sept. 1847.
Delius, Charles. Prussia. NATN. Decl. intent in US Dist. Ct. 16 April 1846. Wits: Charles W. Lentz and Charles Lereu. O&RA to King of Prussia. BC Ct. (Nat. Rcd.) 9 1845-1848 MSA C229-1 MdHR 18119 f. 793 4 Nov. 1848.
Delius, George. Germany. DI. Ren. alleg. to Emperor of France. BA Ct. (Minutes) 1810-1814 MSA C386-10 MdHR 14376 f. 288 8 Nov. 1813.
Dell, Frederick. Grand Dutchy of Baden. NATN. Decl. intent in BC Ct. 20 Nov. 1848. Wits: Frederick Lewis Gruetter and John Paul Falk. O&RA to Grand Duke of Baden. BC Ct. (Nat. Rcd.) 10 1849-1851 MSA C229-2 MdHR 18120 f. 335 17 Oct. 1851.
Della, Gerard. Westphalia. NATN. Born Saxony. Arrived previous to 18 June 1812. Wits: Samuel Moore and George Gardner. BA Ct. (Nat. Dkt.) 1 1796-1851 MSA C389-1 MdHR 18106 f. 131 15 Sept. 1820.
Delmas, Theodore. France. NATN. Arrived in U.S. prior to 18 June 1812. Res. Harford Co. Wits: Stephen J. Raphael and James Rearden. BA Ct. (Nat. Dkt.) 1 1796-1851 MSA C389-1 MdHR 18106 f. 169 29 Sept. 1840.
Delohary/Delahary, John. Ireland. BA Ct. (Nat. Dkt.) 1 1796-1851 MSA C389-1 MdHR 18106 f. 7 #94 4 April 1797. Barnes, p. 60
Deloste, Francis. France. Born on island of St. Domingo. Decl. intent in BA Ct., March term 1818. Wits: Aquilla Carroll and Walter Simpson. Cert. and report filed. BA Ct. (Nat. Dkt.) 1 1796-1851 MSA C389-1 MdHR 18106 f. 87 1 Nov. 1824.
Deloubort, Louis. Republic of France. BA Ct. (Nat. Dkt.) 1 1796-1851 MSA C389-1 MdHR 18106 f. 11 #212 12 Dec. 1797. Barnes, p. 62.
Delozier, Ann. Ireland. BA Ct. (Nat. Dkt.) 1 1796-1851 MSA C389-1 MdHR 18106 f. 40 #787 8 May 1811.
Demelman, Joseph. Bavaria. NATN. Decl. intent in Washington Co. Ct. 6 May 1830. Res. BC. Wits: John M. Dyer and Joseph Dyer. O&RA to King of Bavaria. BC Ct. (Nat. Rcd. of Minors) 2 1832-1836 MSA C237-2 MdHR 18113 f. 133 4 Oct. 1834.
Demiun, Nicholas. France. BA Ct. (Nat. Dkt.) 1 1796-1851 MS C389-1 MdHR 18106 f. 38 #740 27 May 1809.
Dempsey, Francis. Ireland. Decl. intent 26 Aug. 1813 in Justice's Ct. of the City of New York. BA Ct. (Nat. Dkt.) 1 1796-1851 MSA C389-1 MDHR 18106 f. 47 5 Oct. 1816.
Dempsey, Peter. Ireland. NATN. Decl. intent in US Dist. Ct. 14 Sept. 1830. Res. BC. Wits: Francis Airey and Thomas Wilson. O&RA to King of U.K. BC Ct. (Nat. Rcd. of Minors) 2 1832-1836 MSA C237-2 MdHR 18113 ff. 12-13 15 Sept. 1832.
Denboer, Nicholas A. Netherlands. NATN. Born Zeeland. Arrived in co. 3 yrs. prior to age 21. Decl. intent in open Ct. Wits: William W. Waite and William S. Bolgiano. BA Ct. (Nat. Dkt.) 1 1796-1851 MSA C389-1 MdHR 18106 f. 117 25 Sept. 1827.
Denborr, Nicholas A. Holland. Report and registration. Noted as age 28. Noted

by Ct. as a minor. Born Zeeland. Arrived in Philadelphia Aug. 1803. Res. BC. Wits: William W. Waite and William G. Bolgiano. BA Ct. (Misc. Ct. Papers) MSA C1-64 MdHR 50206-824 1827 item 363 25 Sept. 1827.

Dengel, Valentine. Grand Dutchy of Hesse-Darmstadt. NATN. Arrived in U.S. 3 yrs. prior to age 21. Res. U.S. 5 yrs., including 3 of minority. Res. MD over 1 yr. Wits: Henry Dengel and Christ. Kefsel/Kessel. O&RA to Grand Duke of Hesse-Darmstadtr. BC Ct. (Nat. Rcd. of Minors) 3 1845-1851 MSA C237-3 MdHR 18114-1 f. 201 6 Nov. 1848.

Denhardt, Henry. Electorate of Hesse-Cassel. NATN. Decl. intent in US Dist. Ct. 25 Sept. 1848. Wits: George A. Sybert and Peter Treulip. O&RA to Elector of Hesse-Cassel. BC Ct. (Nat. Rcd.) 10 1849-1851 MSA C229-2 MdHR 18120 f. 323 7 Oct. 1851.

Denhler, George. Bavaria. NATN. Decl. intent in US Circ. Ct. 11 June 1844. Wits: Maurice Bopp and Adam Biddle. BA Ct. (Nat. Dkt.) 1 1796-1851 MSA C389-1 MdHR 18106 f. 261 13 Oct. 1846.

Denk, Jacob. Bavaria. NATN. Decl. intent in US Circ. Ct. 14 March 1846. Wits: Lewis P. Krein and Albert Heirsm. BA Ct. (Nat. Dkt.) 1 1796-1851 MSA C389-1 MdHR 18106 f. 329 2 Oct. 1848.

Denk, Jacob. Bavaria. NATN. Decl. intent in US Circ. Ct. 14 March 1846. Wits: Lewis P. Krein and Albert Heirn. O&RA to King of Bavaria. BA Ct. (Nat. Rcd.) 4 1846-1851 MSA C391-2 MdHR 18109 f. 245 2 Oct. 1848.

Denkler, George. Bavaria. NATN. Decl. intent in US Circ. Ct. 11 June 1844. Wits: Laurence Boop and Adam Biddle. O&RA to King of Bavaria. BA Ct. (Nat. Rcd.) 4 1846-1851 MSA C391-2 MdHR 18109 f. 95 13 Oct. 1846.

Denley, Joseph. Ireland. NATN. Decl. intent in US Circ. Ct. 23 Sept. 1844. Wits: William Roach and Laurence J. Walsh. BA Ct. (Nat. Dkt.) 1 1796-1851 MSA C389-1 MdHR 18106 f. 261 13 Oct. 1846.

Denmade, Adam. England. BA Ct. (Nat. Dkt.) 1 1796-1851 MSA C389-1 MdHR 18106 f. 8 #158 9 Sept. 1797. Barnes, p. 61.

Denner (?), Adam. Bavaria. NATN. Arrived under age 18. Wits: Caspar Eichelman and John Hartlein. BA Ct. (Nat. Dkt.) 1 1796-1851 MSA C389-1 MdHR 18106 f. 386 3 Nov. 1851.

Densmore, Samuel. Ireland. NATN. Decl. intent in BC Ct. 3 Oct. 1834. Res. BC. Wits: Thomas F. Thompson and Samuel Manning. O&RA to King of U.K. BC Ct. (Nat. Rcd. of Minors) 2 1832-1836 MSA C237-2 MdHR 18113 ff. 206-207 3 Oct. 1836.

Denvier, Felix. Ireland. NATN. Res. BC. Decl. intent in US Circ. Ct. 4 May 1822. Wits: John Crangle and Robert Starkey. O&RA to King of U.K. BC Ct. (Nat. Rcd. of Minors) 1 1827-1832 MSA C237-1 MdHR 18112 ff. 308-109 24 Feb. 1830.

Deppell, John. Electorate of Hesse-Cassell. NATN. Decl. intent in BC Ct. 23 Sept. 1844. Wits: Edward Pagel and Bernard Fame. BA Ct. (Nat. Dkt.) 1 1796-1851 MSA C389-1 MdHR 18106 f. 252 13 Oct. 1846.

Derbecker, Adam. Germany. DI. Res. BC. Ren. alleg. to Emperor of Germany. BC Ct. of O&T&GD (Dkt&Mins) 1812 MSA C183-7 MdHR 16655 f. 48 1 Sept. 1812.

Derr, George. Bavaria. NATN. Decl. intent in US Dist. Ct. 22 May 1844. Wits: Adam Leipp and Michael Young. O&RA to King of Bavaria. BC Ct. (Nat. Rcd.) 9 1845-1848 MSA C229-1 MdHR 18119 f. 585 3 Oct. 1848.

Derry, Hugh Edward. Ireland. NATN. Arrived in U.S. 3 yrs. prior to age 21. Res. U.S. 5 yrs., including 3 of minority. Res. MD over 1 yr. Wits: Joseph Files and John Peters. O&RA to Queen of U.K. BA Ct. (Nat. Rcd. of Minors) 3 1846-1851 MSA C392-1 MdHR 18110 f. 91 30 Sept. 1850.

Derry, Hugh Edward. Ireland. NATN. Arrived under 18. Wits: Joseph Files and Jonathan Peters. BA Ct. (Nat. Dkt.) 1 1796-1851 MSA C389-1 MdHR 18106 f. 374 30 Sept. 1850.

Derry, James. Ireland. NATN. Decl. intent in open court. Res. BC. Arrived in the U.S. 3 yrs. prior to age 21. Res. U.S. 5 yrs., including 3 of minority. Res.

MD over 1 yr. Wit: Christopher St. John. O&RA to King of U.K. BC Ct.
(Nat. Rcd. of Minors) 1 1827-1832 MSA C237-1 MdHR 18112 f. 233 7 Nov. 1828.
DeSainte, Simon. Republic of France. BA Ct. (Nat. Dkt.) 1 1796-1851 MSA C389-1 MdHR 18106 f. 8 #142 25 Aug. 1797. Barnes, p. 61.
Deser, Herman. Republic of Bremen. NATN. Arrived in U.S. 3 yrs. prior to age 21. Res. U.S. 5 yrs., including 3 of minority. Res. MD over 1 yr. Wits: Stephen Wellsagu and Peter Keefries. O&RA to Republic of Bremen. BC Ct.
(Nat. Rcd. of Minors) 3 1845-1851 MSA C237-3 MdHR 18114-1 f. 243 30 Sept. 1850.
Despeanse, Thomas. France. NATN. Born French Flanders. Decl. intent in US Dist. Ct. 5 Sept. 1820. Wits: Carey (?) Southcomb and Charles Bours. BA Ct.
(Nat. Dkt.) 1 1796-1851 MSA C389-1 MdHR 18106 f. 149 5 Nov. 1828.
Desremeaset, Paulin Martin. France. BA Ct. (Nat. Dkt.) 1 1796-1851 MSA C389-1 MdHR 18106 f. 22 #456 21 April 1803. Barnes, p. 65.
Desremeaset, Philip Martin. France. BA Ct. (Nat. Dkt.) 1 1796-1851 MSA C389-1 MdHR 18106 f. 23 #457 21 April 1803. Barnes, p. 65.
Detler, David. Germany. DI. Res. BC. BC Ct. of O&T&GD (Dkt&Mins) 1816 MSA C183-9 MdHR 16657 (unpaginated) 21 Aug. 1816.
Detlin, John. Ireland. NATN. Decl. intent in US Circ. Ct. 7 Oct. 1844. Wits: Patrick McCall and William Badden. O&RA to Queen of U.K. BA Ct. (Nat. Rcd.) 4 1846-1851 MSA C391-2 MdHR 18109 f. 95 13 Oct. 1846.
Detmore, Christopher. Germany. NATN. BA Ct. (Minutes) 1792 - 1797 MSA C386-7 MdHR 5052 f. 255 22 Aug. 1796
Detmore, Frederick. Germany. BA Ct. (Nat. Dkt.) 1 1796-1851 MSA C389-1 MdHR 18106 f. 21 #416 27 Nov. 1802. Barnes, p. 64.
Deuereaux, John. England. BA Ct. (Nat. Dkt.) 1 1796-1851 MSA C389-1 MdHR 18106 f. 30 #567 8 Jan. 1805.
Deuhelberger, Xavier. France. NATN. Decl. intent in BC Ct. 1 Oct. 1834. Res. BC. Wits: John Abbes and Frederick Stine. O&RA to King of French. BC Ct.
(Nat. Rcd. of Minors) 2 1832-1836 MSA C237-2 MdHR 18113 ff. 201-202 1 Oct. 1836.
Deust (?), John Felix. Switzerland. Decl. intent 13 March 1813 in US Dist. Ct. . BA Ct. (Nat. Dkt.) 1 1796-1851 MSA C389-1 MdHR 18106 f. 46 3 April 1816.
Devaus, John. Republic of France. NATN. Decl. intent in US Dist. Ct. 7 April 1845. Wits: Timothy Cammins and Jeremiah Hays. O&RA to Republic of France. BC Ct. (Nat. Rcd.) 9 1845-1848 MSA C229-1 MdHR 18119 f. 460 5 Oct. 1847.
Develin, Patrick. Ireland. BA Ct. (Nat. Dkt.) 1 1796-1851 MSA C389-1 MdHR 18106 f. 37 #592 7 Nov. 1808.
Deveraux, Joseph. Ireland. NATN. Decl. intent in BC Ct. 10 Feb. 1844. Wits: Robert Delaney and Peter Aherns. O&RA to Queen of U.K. BC Ct. (Nat. Rcd.) 9 1845-1848 MSA C229-1 MdHR 18119 f. 416 4 Oct. 1847.
Deveraux, Nicholas. Ireland. NATN. Decl. intent in BC Ct. 6 Sept. 1844. Wits: Joseph Deveraux and Peter O'Hara. O&RA to Queen of U.K. BC Ct. (Nat. Rcd.) 9 1845-1848 MSA C229-1 MdHR 18119 f. 417 4 Oct. 1847.
Devin, Patrick. Ireland. DI. BA Ct. (Minutes) 1822-1826 MSA C386-12 MdHR 14386 f. 246 27 Jan. 1825.
Devine, Hugh. Ireland. DI. BC Ct. (Docket & minutes) 1849 MSA C184-11 MdHR 16668 f. 32 8 Jan. 1850.
Devine, Thomas. Ireland. NATN. Decl. intent in US Circ. Ct. 2 Dec. 1844. Wits: Patrick Dolt and Terrence Mamin. O&RA to Queen of U.K. BA Ct. (Nat. Rcd.) 4 1846-1851 MSA C391-2 MdHR 18109 f. 193 5 Oct. 1847.
Devlin, John. Ireland. NATN. Decl. intent in US Circ. Ct. 7 Oct. 1844. Wits: Patrick McCall and William Boddern. BA Ct. (Nat. Dkt.) 1 1796-1851 MSA C389-1 MdHR 18106 f. 261 13 Oct. 1846.
Devougrs (?), Francois Pascal Alphonse. France. NATN. Res. BC. Decl. intent in BC Ct. 27 March 1843. Wit: Louis Servary. O&RA to King of French. BC Ct. (Nat. Rcd.) 9 1845-1848 MSA C229-1 MdHR 18119 f. 3 31 March 1845.
Dewald, Jacob. Grand Dutchy of Baden. DI. BA Ct. (Minutes) 1827-1830 MSA

C386-13 MdHR 14391 f. 1 3 June 1830.

Dhem, Andrew. Kingdom of Bian. DI. BA Ct. (Minutes, Rough) 1836-1844 MSA C420-2 MdHR 14398 f. 428 16 Dec. 1843.

Dhen, Antoine. Bavaria. NATN. Decl. intent in US Dist. Ct. 16 Dec. 1843. Wits: Anton Ostendorf and John Apalt. O&RA to King of Bavaria. BC Ct. (Nat. Rcd.) 9 1845-1848 MSA C229-1 MdHR 18119 f. 814 6 Nov. 1848.

Dhen, Astrose. Kingdom of Bian. DI. BA Ct. (Minutes) 1839-1846 MSA C386-16 MdHR 14404 f. 215 16 Dec. 1843.

Dial, William. Hanover. NATN. Decl. intent in open court. Arrived in U.S. 3 yrs. prior to age 21. Res. U.S. 5 yrs., including 3 of minority. Res. MD over 1 yr. Res. BC. Wits: George Lewis Opperman and Michael O'Laughlin. O&RA to King of U.K. BC Ct. (Nat. Rcd. of Minors) 2 1832-1836 MSA C237-2 MdHR 18113 ff. 99-100 27 Sept. 1834.

Dick, William. Grand Dutchy of Baden. NATN. Decl. intent in US Circ. Ct. 26 Sept. 1844. Wits: Maurice Barger and John Collnp (?). O&RA to Queen of U.K. BA Ct. (Nat. Rcd.) 4 1846-1851 MSA C391-2 MdHR 18109 f. 15 6 Oct. 1846.

Dick, William. Grand Dutchy of Baden. NATN. Decl. intent in US Circ. Ct. 26 Sept. 1844. Wits: Maurice Barger and John Collup. BA Ct. (Nat. Dkt.) 1 1796-1851 MSA C389-1 MdHR 18106 f. 235 6 Oct. 1846.

Dickey, William S. Ireland. NATN. Arrived in U.S. 3 yrs. prior to age 21. Res. U.S. 5 yrs., including 3 of minority. Res. MD over 1 yr. Wits: John Dickey and Samuel Miles. O&RA to Queen of U.K. BC Ct. (Nat. Rcd. of Minors) 3 1845-1851 MSA C237-3 MdHR 18114-1 f. 195 6 Nov. 1848.

Dickinson, William. England. NATN. Arrived in U.S. 3 yrs. prior to age 21. Res. U.S. 5 yrs., including 3 of minority. Res. MD over 1 yr. Wit: Thomas Holden of William. O&RA to Queen of U.K. BC Ct. (Nat. Rcd. of Minors) 3 1845-1851 MSA C237-3 MdHR 18114-1 f. 139 9 Oct. 1848.

Dickle, John Henry. Prussia. NATN. Born Witchenstein. Decl. intent in Frederick Co. Ct. 24 Feb. 1825. Wits: John Yosh Lody and Henry Kehlenhick. BA Ct. (Nat. Dkt.) 1 1796-1851 MSA C389-1 MdHR 18106 f. 128 21 April 1828.

Dickson, Benjamin. Ireland. NATN. Born Co. of Tyrone. Decl. intent in US Dist. Ct. for the Dist. of Philadelphia 20 April 1813. Cert. and report and registration filed. Wits: Alexander Smith. BA Ct. (Nat. Dkt.) 1796-1851 MSA C389-1 MdHR 18106 f. 51 29 Sept. 1821.

Dickson, Thomas. England. DI. BA Ct. (Minutes) 1822-1826 MSA C386-12 MdHR 14386 f. 435 17 Oct. 1826.

Dickson, William. Scotland. DI. BA Ct. (Minutes) 1827-1830 f. 77 1 Dec. 1827.

Dickson, William. Ireland. NATN. Decl. intent in open court. Res. U.S. 14 April 1802 -18 June 1812. Res. BC. Wits: Peter Boyd and Henry Staylor. O&RA to Queen of U.K. BA Ct. (Nat. Rcd.) 2 1832-1846 MSA C391-1 MdHR 18108 f. 54 19 Sept. 1838.

Dickson, William. Ireland. NATN. Arrived in U.S. 14 April 1802 - 18 June 1812. Wits: Peter Boyd and Henry Staylor. BA Ct. (Nat. Dkt.) 1 1796-1851 MSA C389-1 MdHR 18106 f. 191 19 Sept. 1838.

Didier Petit de Villers, Francois. Santo Domingo (Republic of France). BA Ct. (Nat. Dkt.) 1 1796 - 1851 MSA C389-1 MdHR 18106 f. 2 #25 1 Sept. 1796. Barnes, p. 59

Diechman, John Henry. Hanover. NATN. Decl. intent in US Dist. Ct. 2 July 1844. Wits: Thomas Steckman and Bernard Kubacher. O&RA to King of Hanover. BC Ct. (Nat. Rcd.) 9 1845-1848 MSA C229-1 MdHR 18119 f. 227 16 Aug. 1847.

Diehl, Andreas. Grand Dutchy of Hesse-Darmstadt. NATN. Decl. intent in US Dist. Ct. 7 Oct. 1843. Wits: John Wolf and John Warner. BA Ct. (Nat. Dkt.) 1 1796-1851 MSA C389-1 MdHR 18106 f. 243 6 Oct. 1846.

Diekle, Andrew. Grand Dutchy of Hesse-Darmstadt. NATN. Decl. intent in US

Dist. Ct. 7 Oct. 1843. Wits: John Wolf and John Warner. O&RA to Grand Duke of Hesse-Darmstadt. BA Ct. (Nat. Rcd.) 4 1846-1851 MSA C391-2 MdHR 18109 f. 37 6 Oct. 1846.

Dielman, Henry. Free City of Frankfurt on the Main. NATN. Arrived in U.S. 3 yrs. prior to age 21. Res. U.S. 5 yrs., including 3 of minority. Res. MD over 1 yr. Res. BC. Decl. intent in open court. Wits: John Cole and George F. Cole. O&RA to Free City of Frankfurt on the Main. BC Ct. (Nat. Rcd. of Minors) 2 1832-1836 MSA C237-2 MdHR 18113 ff. 89-90 30 Aug. 1834.

Diering, Henry Lewis. Germany. DI. Res. BC. BC Ct. (Dkt&Mins) 1840 MSA C184-7 MdHR 16664 f. 22 2 June 1840.

Dieterman, Herman. Germany. NATN. Decl. intent in US Dist. Ct. 25 April 1844. Wits: James Marley and Christopher Gess. O&RA to Emperor of Germany. BC Ct. (Nat. Rcd.) 9 1845-1848 MSA C229-1 MdHR 18119 f. 46 21 Sept. 1846.

Dietrich, Michael. Bavaria. NATN. Decl. intent in US Circ. Ct. 6 Nov. 1848. Wits: John Hartlein and John M. Grenmuller. BA Ct. (Nat. Dkt.) 1 1796-1851 MSA C389-1 MdHR 18106 f. 388 3 Nov. 1851.

Dietrick, Michael. Bavaria. NATN. Decl. intent in US Circ. Ct. 6 Nov. 1848. Wits: John Hartlein and John M. Grenmuller. O&RA to King of Bavaria. BA Ct. (Nat. Rcd.) 4 1846-1851 MSA C391-2 MdHR 18109 f. 390 3 Nov. 1851.

Dietsch, Frederick. Bavaria. NATN. Decl. intent in US Dist. Ct. 10 June 1844. Wits: Jacob Stahl, Jr and Henry L. Dorr. O&RA to King of Bavaria. BC Ct. (Nat. Rcd.) 9 1845-1848 MSA C229-1 MdHR 18119 f. 724 31 Oct. 1848.

Dietz, John Paul. Grand Dutchy of Saxe-Meininger. DI. BA Ct. (Minutes, Rough) 1836-1844 MSA C420-2 MdHR 14398 f. 127 8 May 1838.

Dietzell, Michael. Bavaria. NATN. Decl. intent in US Circ. Ct. 17 June 1844. Wits: John M. Bowers and Frederick Eslinger. O&RA to King of Bavaria. BA Ct. (Nat. Rcd.) 4 1846-1851 MSA C391-2 MdHR 18109 f. 96 13 Oct. 1846.

Dietzell, Michael. Bavaria. NATN. Decl. intent in US Circ. Ct. 17 June 1844. Wits: John M. Borven and Frederick Eslinger. BA Ct. (Nat. Dkt.) 1 1796-1851 MSA C389-1 MdHR 18106 f. 261 13 Oct. 1846.

Digman, Jerome. Ireland. NATN. Decl. intent in US Dist. Ct. 27 Sept. 1844. Wits: John Lyons and Bernard Burns. O&RA to Queen of U.K. BC Ct. (Nat. Rcd.) 9 1845-1848 MSA C229-1 MdHR 18119 f. 71 2 Oct. 1846.

Dill, Christian E. Norway. NATN. Decl. intent in BC Ct. 17 July 1830. Res. BC. Wits: Peter Hilditch and John Miller. O&RA to "the Crown Prince of Sweden." BC Ct. (Nat. Rcd. of Minors) 2 1832-1836 MSA C237-2 MdHR 18113 f. 75 9 Nov. 1833.

Dill, John. Nova Scotia. DI. BA Ct. (Minutes) 1822-1826 MSA C386-12 MdHR 14386 f. 436 22 May 1826.

Diller, Conrad. Bavaria. NATN. Decl. intent in US Dist. Ct. 15 July 1844. Wits: Adam Hohn and Philip Bauer. O&RA to King of Bavaria. BC Ct. (Nat. Rcd.) 9 1845-1848 MSA C229-1 MdHR 18119 f. 109 5 Oct. 1846.

Dillon, James. Ireland. DI. BA Ct. (Minutes) 1827-1830 MSA C386-13 MdHR 14391 f. 1 1 April 1830.

Dilworth, John. Ireland. DI. BA Ct. (Minutes, Rough) 1832-1835 MSA C420-1 MdHR 14396-2 f. 280 22 Sept. 1834.

Dilworth, John. Ireland. DI. BA Ct. (Minutes) 1832-1838 MSA C386 MdHR 14403 f. 118 22 Sept. 1834.

Dingel, John Philip. Grand Dutchy of Hesse-Darmstadt. NATN. Decl. intent in US Dist. Ct. 12 Feb. 1844. Wits: Henry Dingel and Frederick Needfelt. O&RA to Grand Duke of Hesse-Darmstadt. BA Ct. (Nat. Rcd.) 4 1846-1851 MSA C391-2 MdHR 18109 f. 96 13 Oct. 1846.

Dingel, John Philip. Grand Dutchy of Hesse-Darmstadt. NATN. Decl. intent in US Dist. Ct. 12 Feb. 1844. Wits: Henry Dingle and Frederick Neufelt. BA Ct. (Nat. Dkt.) 1 1796-1851 MSA C389-1 MdHR 18106 f. 261 13 Oct. 1846.

Dippell, John. Electorate of Hesse-Cassell. NATN. Decl. intent in BC Ct. 23 Sept. 1844. Wits: Edward Pagel and Bernard Fame. O&RA to Elector of Hesse_cassell. BA Ct. (Nat. Rcd.) 4 1846-1851 MSA C391-2 MdHR 18109 f. 61 13 Oct. 1846.
Ditzief, Frederick. Saxony. NATN. Decl. intent in US Dist. Ct. 18 Sept. 1848. Wits: Conrad Fox and Samuel Laudaner. O&RA to King of Saxony. BC Ct. (Nat. Rcd.) 10 1849-1851 MSA C229-2 MdHR 18120 f. 102 30 Sept. 1850.
Divens, Owen. Ireland. DI. BA Ct. (Minutes) 1839-3846 MSA C386-16 MdHR 14404 ff. 129-130 7 March 1842.
Divine, John. New Brunswick. NATN. Arrived in U.S. under age 18. Wits: Patrick Little and Mary Divine. BA Ct. (Nat. Dkt.) 1 1796-1851 MSA C389-1 MdHR 18106 f. 325 2 Oct. 1848.
Divine, John. New Brunswick. NATN. Arrived in U.S. 3 yrs. prior to age 21. Res. U.S. 5 yrs., including 3 of minority. Res. MD over 1 yr. Wits: Patrick Little and Mary Divine. O&RA to Queen of U.K. BA Ct. (Nat. Rcd. of Minors) 3 1846-1851 MSA C392-1 MdHR 18110 f. 54 2 Oct. 1848.
Divine, Thomas. Ireland. NATN. Decl. intent in US Circ. Ct. 2 Dec. 1844. Wits: Patrick Roth and Terrance Marrens. BA Ct. (Nat. Dkt.) 1 1796-1851 MSA C389-1 MdHR 18106 f. 307 5 Oct. 1847.
Dixon, William. Ireland. DI. BC Ct. (Dkt&Mins) 1828 MSA C184-4 MdHR 16661 f. 40 29 Sept. 1828.
Dixone, William John. Ireland. NATN. Arrived in U.S. 3 yrs. prior to age 21. Res. U.S. 5 yrs., including 3 of minority. Res. MD over 1 yr. Wits: William Pelkington and Alben G. Schaffer. O&RA to Queen of U.K. BC Ct. (Nat. Rcd. of Minors) 3 1845-1851 MSA C237-3 MdHR 18114-1 f. 34 6 Oct. 1846.
Dobbin, John. Ireland. NATN. Arrived in U.S. 3 yrs. prior to age 21. Res. U.S. 5 yrs., including 3 of minority. Res. MD over 1 yr. Wits: Robert McElroy and William Graham. O&RA to Queen of U.K. BC Ct. (Nat. Rcd. of Minors) 3 1845-1851 MSA C237-3 MdHR 18114-1 f. 268 1 Oct. 1850.
Dober, Conrad. Wurtemburg. NATN. Decl. intent in US Dist. Ct. 4 Oct. 1834. Res. BC. Wits: Herman Shellingbury and Christian Sturm. O&RA to King of Wurtemburg. BA Ct. (Nat. Rcd.) 2 1832-1846 MSA C391-1 MdHR 18108 f. 49 12 Sept. 1838.
Doberer, Conrad. Wurtemburg. NATN. Decl. intent in US Dist. Ct. 4 Oct. 1834. Wits: Herman Shettingberg and Christian Sturm. BA Ct. (Nat. Dkt.) 1 1796-1851 MSA C389-1 MdHR 18106 f. 189 12 Sept. 1838.
Doberman, John. Wurtemburg. DI. BA Ct. (Minutes) 1832-1838 MSA C386 MdHR 14403 f. 208 11 Oct. 1836.
Dobirer, John. Wurtemburg. DI. BA Ct. (Minutes, Rough) 1836-1844 MSA C420-2 MdHR 14398 f. 37 11 Oct. 1836.
Dobler, John. Germany. BA Ct. (Nat. Dkt.) 1 1796-1851 MSA C389-1 MdHR 18106 f. 21 #424 20 Dec. 1802. Barnes, p. 65.
Dods, Robert. Scotland. NATN. Decl. intent 13 Sept. 1810 in Frederick Co. Ct. BA Ct. (Nat. Dkt.) 1 1796-1851 MSA C389-1 MdHR 18106 f. 42 25 Sept. 1813.
Doefer, Casper Herman. Germany. NATN. Decl. intent in BC Ct. 7 April 1846. Wits: Frederick Gramling and Noah Cullison. BA Ct. (Nat. Dkt.) 1 1796-1851 MSA C389-1 MdHR 18106 f. 357 20 Nov. 1848.
Doer, John. Wurtemburg. NATN. Decl. intent in BC Ct. 19 Sept. 1844. Wits: Morris Schmidt and Adam Lepp. O&RA to King of Wurtemburg. BC Ct. (Nat. Rcd.) 9 1845-1848 MSA C229-1 MdHR 18119 f. 556 3 Oct. 1848.
Doerfer, Casper Herman. Germany. NATN. Decl. intent in BC Ct. 7 April 1846. Wits: Frederick Gramling and Noah Cullison. O&RA to Emperor of Germany. BA Ct. (Nat. Rcd.) 4 1846-1851 MSA C391-2 MdHR 18109 f. 317 2 Nov. 1848.
Doerfer, Casper Herman. Germany. DI. Res. BC. BC Ct. (Dkt&Mins) 1846 MSA C184-9 MdHR 16666 f. 11 7 April 1846.
Doerschel, William. Prussia. DI. BC Ct. (Dkt&Mins) 1849 MSA C184-11 MdHR 16668 f.

17 16 June 1849.

Dohn, John. Bavaria. NATN. Decl. intent in US Circ. Ct. 18 June 1844. Wits: John Gerlock and John Adam Kohlhepp. O&RA to King of Bavaria. BA Ct. (Nat. Rcd.) 4 1846-1851 MSA C391-2 MdHR 18109 f. 39 6 Oct. 1846.

Dolan, Brynn. Ireland. NATN. Decl. intent in BC Ct. 13 Dec. 1843. Wits: James Greburn and Patrick McLaughlin. O&RA to Queen of U.K. BC Ct. (Nat. Rcd.) 9 1845-1848 MSA C229-1 MdHR 18119 f. 434 4 Oct. 1847.

Dolan, James. Ireland. NATN. Arrived in U.S. under age 18. Wits: James Dolan and Thomas Quinn. BA Ct. (Nat. Dkt.) 1 1796-1851 MSA C389-1 MdHR 18106 f. 299 5 Oct. 1847.

Dolan, John. Ireland. NATN. Decl. intent in BC Ct. 11 Oct. 1831. Res. BC. Wits: James harwood and Philip Brady. O&RA to King of U.K. BC Ct. (Nat. Rcd. of Minors) 2 1832-1836 MSA C237-2 MdHR 18113 ff. 83-84 29 April 1834.

Dolan, Laurence. Ireland. DI. BA Ct. (Minutes) 1827-1830 MSA C386-13 MdHR 14391 f. 160 12 Nov. 1828.

Doleng, John. Hanover. NATN. Arrived in U.S. 3 yrs. prior to age 21. Res. U.S. 5 yrs., including 3 of minority. Res. MD over 1 yr. Wits: John Graff and John Houser. O&RA to King of Hanover. BA Ct. (Nat. Rcd. of Minors) 3 1846-1851 MSA C392-1 MdHR 18110 f. 54 2 Oct. 1848.

Dolfelder, Valentine. Bavaria. NATN. Decl. intent in US Dist. Ct. 30 Sept. 1844. Wits: George Myers and Valentine Kuhn. O&RA to King of Bavaria. BC Ct. (Nat. Rcd.) 9 1845-1848 MSA C229-1 MdHR 18119 f. 597 6 Oct. 1848.

Doling, John. Hanover. NATN. Arrived in U.S. under age 18. Wits: John Graff and John Houser. BA Ct. (Nat. Dkt.) 1 1796-1851 MSA C389-1 MdHR 18106 f. 325 2 Oct. 1848.

Doll, Peter. Sweden. DI. BA Ct. (Minutes) 1832-1838 MSA C386 MdHR 14403 f. 232 4 April 1837.

Doll, Peter. Sweden. DI. BA Ct. (Minutes, Rough) 1836-1844 MSA C420-2 MdHR 14398 f. 68 4 April 1837.

Doltz, Nicolas Christophe. Swedish Pomerania. BA Ct. (Nat. Dkt.) 1 1796-1851 MSA C389-1 MdHR 18106 f. 48 27 Oct. 1817.

Donaduer, Peter. France. NATN. Decl. intent in open court. Arrived in U.S. 3 yrs. prior to age 21. Res. U.S. 5 yrs., including 3 of minority. Res. MD over 1 yr. Res. BC. Wits: Peter Lafont and Francis Deloste. O&RA to King of French. BC Ct. (Nat. Rcd. of Minors) 2 1832-1836 MSA C237-2 MdHR 18113 f. 49 19 Oct. 1832.

Donahue, Rowen (?). Ireland. DI. BA Ct. (Minutes, Rough) 1845-1851 MSA C420-3 MdHR 14401 f. 328 30 Nov. 1849.

Donahue, Thomas. Ireland. DI. BA Ct. (Minutes) 1846-1851 MSA C386-17 MdHR 14405 f. 190 30 Nov. 1849.

Donahue, Thomas. Ireland. DI. BA Ct. (Minutes) 1846-1851 MSA C386-16 MdHR 14405 f. 190 30 Nov. 1849.

Donaldson, Daniel. Scotland. NATN. Decl. intent in BC Ct. 11 March 1848. Wits: Edward McWilliams and Hugh Ryan. O&RA to Queen of U.K. BC Ct. (Nat. Rcd.) 10 1849-1851 MSA C229-2 MdHR 18120 f. 128 1 Oct. 1850.

Donaldson, David. Scotland. DI. BA Ct. (Minutes) 1846-1851 MSA C386-16 MdHR 14405 f. 92 11 March 1848.

Donaldson, David. Scotland. DI. BA Ct. (Minutes, Rough) 1845-1851 MSA C420-3 MdHR 14401 f. 209 11 March 1848.

Donaldson, David. Scotland. DI. BA Ct. (Minutes) 1846-1851 MSA C386-17 MdHR 14405 f. 92 11 March 1848.

Donegan, Edward. Ireland. NATN. Decl. intent in US Dist. Ct. 4 Sept. 1843. Wits: Maurice Bush and John Callon. BA Ct. (Nat. Dkt.) 1 1796-1851 MSA C389-1 MdHR 18106 f. 227 4 Oct. 1845.

Donegan, John. Ireland. NATN. Decl. intent in Ct. of General Quarter Sessions for the City and Co. of Philadelphia, PA 28 Sept. 1842. Wits: Patrick McDonald and James Garvey. O&RA to Queen of U.K. BA Ct. (Nat. Rcd.) 4

1846-1851 MSA C391-2 MdHR 18109 f. 49 10 Oct. 1846.

Donegan, Luke. Ireland. NATN. Decl. intent in Ct. of General Quarter Sessions for the City and Co. of Philadelphia 28 Sept. 1842. Wits: Patrick McDonald and James Garvey. BA Ct. (Nat. Dkt.) 1 1796-1851 MSA C389-1 MdHR 18106 f. 247 10 Oct. 1846.

Donegin, Patrick. Ireland. DI. BC Ct. (Dkt&Mins) 1828 MSA C184-4 MdHR 16661 f. 41 3 Oct. 1828.

Donigan, Edward. Ireland. NATN. Decl. intent in US Dist. Ct. 8 Sept. 1843. Res. BC. Wits: Maurice Bush and John Callon. O&RA to Queen of U.K. BA Ct. (Nat. Rcd.) 2 1832-1846 MSA C391-1 MdHR 18108 f. 127 4 Oct. 1845.

Donlan, William. Ireland. NATN. Decl. intent in US Dist. Ct. 5 Oct. 1846. Wits: Thomas Sweeney and John Cain. O&RA to Queen of U.K. BC Ct. (Nat. Rcd.) 9 1845-1848 MSA C229-1 MdHR 18119 f. 644 10 Oct. 1848.

Donnel, Jacob. Bavaria. NATN. Arrived in U.S. under age 18. Wits: Powler Winnel and John Natcher. BA Ct. (Nat. Dkt.) 1 1796-1851 MSA C389-1 MdHR 18106 f. 379 8 Oct. 1850.

Donnell, James. Ireland. Report and registration. Noted as age 20. Born Co. of Tyrone. Arrived in Port of Lubick July 1822. Res. BC. John Don noted as Master. BA Ct. (Misc. Ct. Papers) MSA C1-55 MdHR 50206-731 unnumbered 1822 item 20 Nov. 1822.

Donnell, James. Ireland. DI. Res. BC. Wits: John A. Hamilton and Andrew Armstrong. BA Ct. (Misc. Ct. Papers) MSA C1-55 MdHR 50206-731 1822 item 363 21 Nov. 1822.

Donnell, James. Ireland. NATN. Born Co. of Tyrone. Decl. intent in US Circ. Ct. 21 Nov. 1822. Wits: John A. Hamilton and Andrew Armstrong. BA Ct. (Nat. Dkt.) 1 1796-1851 MSA C389-1 MdHR 18106 f. 126 22 Feb. 1828.

Donnell, Daniel. Ireland. BA Ct. (Nat. Dkt.) 1 1796-1851 MSA C389-1 MdHR 18106 f. 17 #352 8 Sept. 1798. Barnes, p. 63.

Donnelly, Hugh. Ireland. DI. BA Ct. (Minutes, Rough) 2 1836-1844 MSA C420-2 MdHR 14398 f. 142 8 Oct. 1838.

Donnelly, John. Ireland. DI. BA Ct. (Minutes) 1822-1826 MSA C386-12 MdHR 14386 f. 213 20 Sept. 1824.

Donnelly, John. Ireland. NATN. Noted as age 30. Born Co. of Kilkinney. Exhibits petition and cert.s of decl. of intent and report and registration, filed US Dist. Ct. 20 Sept. 1824. Arrived in Boston June 1827. O&RA to King of U.K. Wits: John Delahunty and Peter Bather. BC Ct. (Nat. Rcd. of Minors) 1 1827-1832 MSA C237-1 MdHR 18112 ff. 13-25 18 June 1827.

Donnelly, John. Ireland. NATN. Arrived in U.S. under age 18. Wits: Owen Donnelly and James Trainer. BA Ct. (Nat. Dkt.) 1 1796-1851 MSA C389-1 MdHR 18106 f. 322 30 Sept. 1848.

Donnelly, John. Ireland. NATN. Arrived in U.S. 3 yrs. prior to age 21. Res. U.S. 5 yrs., including 3 of minority. Res. MD over 1 yr. Wits: Michael Dunn and Patrick Dunn. O&RA to Queen of U.K. BA Ct. (Nat. Rcd. of Minors) 3 1846-1851 MSA C392-1 MdHR 18110 f. 51 30 Sept. 1848.

Donnelly, Patrick. Ireland. Report and registration. Noted as age 38. Born Co. of Tyrone. Arrived in New York City May 1818. Res. BC. Wits: Frederick Fouch and Joseph Adams. BA Ct. (Misc. Ct. Papers) MSA C1-57 MdHR 50206-753 1823 item 348 2 Oct. 1824. Note: There are two copies of this report and registration, the 2nd being an unnumbered 1823 item.

Donnelly, Patrick. Ireland. NATN. Born Co. of Tyrone. Decl. intent in BA Ct. Sept. term 1824. Wits: Stephen Dealy and Patrick O'Donnell. BA Ct. (Nat. Dkt.) 1 1796-1851 MSA C389-1 MdHR 18106 f. 103 18 Sept. 1826.

Donnelly, Patrick. Ireland. NATN. Born Co. of Tyrone. Decl. intent in BA Ct. the 3rd Monday of Sept. 1824. Wits: Frederick Teit and Joseph Adams. BA Ct. (Nat. Dkt.) 1 1796-1851 MSA C389-1 MdHR 18106 f. 106 20 Sept. 1826.

Donnelly, Patrick. Ireland. DI. BA Ct. (Minutes) 1822-1826 MSA C386-12 MDHR 14386

f. 223 2 Oct. 1824. Note: 2nd of two Patrick Donnellys on this page.
Donnelly, Patrick. Ireland. DI. Wits: Stephen Dealy and Patrick O'Donnell. BA Ct. (Misc. Ct. Papers) MSA C1-57 MdHR 50206-753 1823 item 349 2 Oct. 1824.
Donnelly, Patrick. Ireland. DI. BA Ct. (Minutes) 1822-1826 MSA C386-12 MdHR 14386 f. 223 2 Oct. 1824. Note: 1st of two Patrick Donnellys on this page.
Donnely, John. Ireland. NATN. Arrived in U.S. 3 yrs. prior to age 21. Res. U.S. 5 yrs., including 3 of minority. Res. MD over 1 yr. Wits: Francis Mallon and John Quinn. O&RA to Queen of U.K. BA Ct. (Nat. Rcd. of Minors) 3 1846-1851 MSA C392-1 MdHR 18110 f. 74 1 Nov. 1848.
Donnely, John. Ireland. NATN. Arrived in U.S. under age 18. Wits: Francis Mallon and John Quinn. BA Ct. (Nat. Dkt.) 1 1796-1851 MSA C389-1 MdHR 18106 f. 352 1 Nov. 1848.
Donoho, Barney. Ireland. DI. BA Ct. (Minutes) 1822-1826 MSA C386-12 MdHR 14386 f. 220 28 Sept. 1824.
Donohue, Patrick. Ireland. NATN. Arrived in U.S. 3 yrs. prior to age 21. Res. U.S. 5 yrs., including 3 of minority. Res. MD over 1 yr. Wits: William Towson and Francis King. O&RA to Queen of U.K. BA Ct. (Nat. Rcd. of Minors) 3 1846-1851 MSA C392-1 MdHR 18110 f. 12 13 Oct. 1846.
Donohue, Patrick. Ireland. NATN. Arrived in U.S. under age 18. Wits: William Towson and Francis King. BA Ct. (Nat. Dkt.) 1 1796-1851 MSA C389-1 MdHR 18106 f. 288 13 Oct. 1846.
Donovan, Bartholomew. Great Britain. BA Ct. (Nat. Dkt.) MSA C389-1 MdHR 18106 f. 5 #88 29 March 1797. Barnes, p. 60
Donovan, James. Ireland. NATN. Res. BC. Decl. intent US Dist. Ct. 5 March 1823. Wits: Thomas Oakley and James Stafford. O&RA to King of U.K. BC Ct. (Nat. Rcd. of Minors) 1 1827-1832 MSA C237-1 MdHR 18112 ff. 294-295 3 Oct. 1829.
Donovan, Michael. Ireland. NATN. Decl. intent in US Circ. Ct. 25 Sept. 1844. Wits: Michael Cain and Michael Hurley. O&RA to Queen of U.K. BA Ct. (Nat. Rcd.) 4 1846-1851 MSA C391-2 MdHR 18109 f. 194 5 Oct. 1847.
Donovan, Michael. Ireland. NATN. Decl. intent in US Circ. Ct. 25 Sept. 1844. Wits: Michael Hurley and Michael Cain. BA Ct. (Nat. Dkt.) 1 1796-1851 MSA C389-1 MdHR 18106 f. 307 5 Oct. 1847.
Donovan, Patrick. Ireland. NATN. Decl. intent in US Circ. Ct. 25 Sept. 1844. Wits: Michael Donovan and Michael Cane. BA Ct. (Nat. Dkt.) 1 1796-1851 MSA C389-1 MdHR 18106 f. 361 5 Nov. 1848.
Donovan, Patrick. Ireland. NATN. Decl. intent in US Circ. Ct. 25 Oct. 1844. Wits: Michael Donovan and Michael Carne. O&RA to Queen of U.K. BA Ct. (Nat. Rcd.) 4 1846-1851 MSA C391-2 MdHR 18109 f. 329 6 Nov. 1848.
Dooner, James. Ireland. NATN. Decl. intent in BC Ct. 27 Feb. 1844. Wits: Daniel Hagan and Peter Ahearn. O&RA to Queen of U.K. BC Ct. (Nat. Rcd.) 9 1845-1848 MSA C229-1 MdHR 18119 f. 436 4 Oct. 1847.
Dootet, Julian. Santo Dominque (Republic of France). Declaration of slaves. Arrived in Balt. Aug. 1793. BA Ct. (Misc. Ct. Papers) MSA C1-22 MdHR 50206 1794 item 156 18 July 1794.
Dorach, Laurence. Ireland. NATN. Decl. intent in US Dist. Ct. 1 Oct. 1844. Wits: George Riley and James Carr. O&RA to Queen of U.K. BC Ct. (Nat. Rcd.) 9 1845-1848 MSA C229-1 MdHR 18119 f. 194 6 Oct. 1846.
Doran, Richard. Ireland. DI. BC Ct. (Dkt&Mins) 1828 MSA C184-4 MdHR 16661 f. 42 6 Oct. 1828.
Dorger (?), John. Germany. NATN. Born Principality of Catlez. Decl. intent in BA Ct. of O&T&GD 21 April 1816. Wit: William Roney. Cert. and report filed. BA Ct. (Nat. Dkt.) 1 1796-1851 MSA C389-1 MdHR 18106 f. 53 29 Sept. 1821.
Dormer, George M. Wurtemburg. NATN. Decl. intent in US Circ. Ct. 3 Sept. 1844. Wits: John Keyser and Wesley B. Courey. BA Ct. (Nat. Dkt.) 1 1796-1851 MSA C389-1 MdHR 18106 f. 342 7 Oct. 1848.

Dormer, George M. Wurtemburg. NATN. Decl. intent in US Circ. Ct. 3 Sept. 1844. Wits: John Keyser and Wesley B. Conner. O&RA to King of Wurtemburg. BA Ct. (Nat. Rcd.) 4 1846-1851 MSA C391-2 MdHR 18109 f. 282 6 Oct. 1848.

Dorn, John. Grand Dutchy [Electorate] of Hesse-Cassel. DI. BC Ct. (Dkt&Mins) 1840 MSA C184-7 MdHR 16664 f. 37 1 Oct. 1840.

Dorn, John. Bavaria. NATN. Decl. intent in US Circ. Ct. 18 June 1844. Wits: John Gerlock and John Adam Kohlhepp. BA Ct. (Nat. Dkt.) 1 1796-1851 MSA C389-1 MdHR 18106 f. 244 6 Oct. 1846.

Dorr, Henry C. Grand Dutchy of Hesse-Darmstadt. NATN. Arrived in U.S. 3 yrs. prior to age 21. Res. U.S. 5 yrs., including 3 of minority. Res. MD over 1 yr. Wits: Gustavus Betz and George Eiter. O&RA to Grand Duke of Hesse-Darmstadt. BC Ct. (Nat. Rcd. of Minors) 3 1845-1851 MSA C237-3 MdHR 18114-1 f. 162 31 Oct. 1848.

Dorsey, Bartholomew. U.K. DI. BA Ct. (Minutes) 1810-1814 MSA C386-10 MdHR 14376 f. 183 24 April 1812.

Dorsey, Michael. Ireland. BA Ct. (Nat. Dkt.) 1 1796-1851 MSA C389-1 MdHR 18106 f. 29 #546 10 Sept. 1804. Civil Ct.

Dorsey, Thomas. England. DI. BC Ct. (Dkt&Mins) 1828 MSA C184-4 MdHR 16661 f. 52 8 Nov. 1828.

Dorsey, William. England. NATN. Decl. intent in open Ct. Arrived in U.S. 3 yrs. prior to age 21. Res. U.S. 5 yrs., including 3 of minority. Res. MD for 1 yr. Res. BC. Wits: David Emerick and Ann Emerick. O&RA to Queen of U.K. BA Ct. (Nat. Rcd.) 2 1832-1846 MSA C391-1 MdHR 18108 f. 117 2 Nov. 1844.

Dorsey, William. England. NATN. Decl. intent in open Ct. Arrived in U.S. prior to age 18. Wits: David Emerick and Amos Emerick. BA Ct. (Nat. Dkt.) 1 1796-1851 MSA C389-1 MdHR 18106 f. 223 2 Nov. 1844.

Dorst, Gustav Adolph. Bremen. DI. BC Ct. (Dkt&Mins) 1849 MSA C184-11 MdHR 16668 f. 21 18 Aug. 1849.

Doster, John. Wurtemburg. DI. BC Ct. (Dkt&Mins) 1830 MSA C184-5 MdHR 16662 f. 40 16 Oct. 1830.

Doster, John. Wurtemburg. NATN. Decl. intent in BC Ct. 16 Oct. 1830. Res. BC. Wits: Peter Wilson and Jacob Keller. O&RA to King of Wurtemburg. BC Ct. (Nat. Rcd. of Minors) 2 1832-1836 MSA C237-2 MdHR 18113 ff. 51-52 6 Nov. 1832.

Doubler, Jacob. Germany. DI. Res. BC. Ren. alleg. to Emperor of Germany. BC Ct. of O&T&GD (Dkt&Mins) 1812 MSA C183-7 MdHR 16655 f. 4 14 Jan. 1812.

Doud, Michael. Ireland. NATN. Decl. intent in open court. Arrived in U.S. 3 yrs. prior to age 21. Res. U.S. 5 yrs., including 3 of minority. Res. MD over 1 yr. Res. BC. Wits: William Duniringau (?) and Bartholomew Corrigan. O&RA to King of U.K. BC Ct. (Nat. Rcd. of Minors) 2 1832-1836 MSA C237-2 MdHR 18113 ff. 129-130 4 Oct. 1834.

Doude, John. France. BA Ct. (Nat. Dkt.) 1 1796-1851 MSA C389-1 MdHR 18106 f. 25 #475 28 Nov. 1803. Civil Ct.

Douegan, Patrick. Ireland. NATN. Born Co. of Longford. Decl. intent in BC Ct. 1 June 1828. Wits: Daniel O'Keefe and Andrew Smith. Cert. filed. BA Ct. (Nat. Dkt.) 1 1796-1851 MSA C389-1 MdHR 18106 f. 163 13 Oct. 1830.

Dougharty, James. Ireland. DI. BC Ct. (Dkt&Mins) 1828 MSA C184-4 MdHR 16661 f. 41 30 Sept. 1828.

Dougherty, James. Ireland. NATN. Decl. intent in US Dist. Ct. 13 Sept. 1844. Wits: Constantine Dougherty and Patrick McLaughlin. O&RA to Queen of United kingdom. BC Ct. (Nat. Rcd.) 9 1845-1848 MSA C229-1 MdHR 18119 f. 76 3 Oct. 1846.

Dougherty, John. Ireland. NATN. Res. BC. Res. U.S. from 14 April 1802 to 18 June 1812. Wits: Neale Dougherty and James Duffy. O&RA to King of U.K. BC Ct. (Nat. Rcd.) 1 1827-1832 MSA C237-1 MdHR 18112 ff. 68-69 18 Sept. 1828.

Dougherty, John. Ireland. DI. BA Ct. (Minutes) 1832-1838 MSA C386 MdHR 14403 f. 229 27 Feb. 1837.

Dougherty, Patrick. Ireland. NATN. Res. BC. Decl. intent in US Circ. Ct. 8 March 1821. Wit: James Mullen. O&RA to King of U.K. BC Ct. (Nat. Rcd. of Minors) 1 1827-1832 MSA C237-1 MdHR 18112 ff. 251-252 8 Nov. 1828.

Dougherty, Samuel. Ireland. NATN. Res. BC. Decl. intent in US Circ. Ct. 6 March 1819. Wits: Patrick Dougherty and James Mullen. O&RA to King of U.K. BC Ct. (Nat. Rcd. of Minors) 1 1827-1832 MSA C237-1 MdHR 18112 ff. 255-256 8 Nov. 1828.

Dougherty, Thomas. Ireland. NATN. Arrived in U.S. 3 yrs. prior to age 21. Res. U.S. 5 yrs., including 3 of minority. Res. MD over 1 yr. Wits: Andrew Dougherty and John Schaffer. O&RA to Queen of U.K. BC Ct. (Nat. Rcd. of Minors) 3 1845-1851 MSA C237-3 MdHR 18114-1 f. 221 2 Oct. 1849.

Doumader, Christian. Bavaria. DI. BC Ct. (Dkt&Mins) 1849 MSA C184-11 MdHR 16668 f. 32 29 Dec. 1849.

Dove, Alexander. Scotland. DI. . BA Ct. (Minutes) 1827-1830 MSA C386-13 MdHR 14391 f. 78 13 April 1827.

Dover, Henry. Hanover. NATN. Born town of Thulhugen. Arrived in the U.S. as a minor. Wits: Conrad Grafe and William Chambers. BA Ct. (Nat. Dkt.) 1 1796-1851 MSA C389-1 MdHR 18106 f. 88 3 Nov. 1824.

Dowd, Thomas. Ireland. DI. Res. BC. BC Ct. of O&T&GD (Dkt&Mins) 1816 MSA C183-9 MdHR 16657 (unpaginated) 9 Nov. 1816.

Downey, William. Scotland. DI. BA Ct. (Minutes, Rough) 1832-1835 MSA C420-1 MdHR 14396-2 f. 282 27 Sept. 1834.

Downey, William. Scotland. DI. BA Ct. (Minutes) 1832-1838 MSA C386 MdHR 14403 f. 119 29 Sept. 1834.

Doyle, James. Ireland. NATN. Born Co. of Kildare. Decl. intent in BA Ct. of O&T&GD 7 Sept. 1816. Wits: Hugh Simpson and Patrick Clarke. BA Ct. (Nat. Dkt.) 1 1796-1851 MSA C389-1 MdHR 18106 f. 144 4 Oct. 1828.

Doyle, James. Ireland. DI. Res. BC. BC Ct. of O&T&GD (Dkt&Mins) 1816 MSA C183-9 MdHR 16657 (unpaginated) Sept. term 7 Sept. 1816.

Doyle, James. Ireland. NATN. Decl. intent in open court. Arrived in U.S. 3 yrs. prior to age 21. Res. U.S. 5 yrs.,including 3 of minority. Res. MD over 1 yr. Res. BC. Wits: James Taylor and Michael H. Ginn. O&RA to King of U.K. BC Ct. (Nat. Rcd. of Minors) 2 1832-1836 MSA C237-2 MdHR 18113 ff. 72-73 17 Oct. 1833.

Doyle, James. Ireland. NATN. Arrived in U.S. 3 yrs. prior to age 21. Res. U.S. 5 yrs., including 3 of minority. Res. MD over 1 yr. Wits: Lewis Ensslin and Frederick Shoemaker. O&RA to Queen of U.K. BA Ct. (Nat. Rcd. of Minors) 3 1846-1851 MSA C392-1 MdHR 18110 f. 4 6 Oct. 1846.

Doyle, James. Ireland. NATN. Arrived in U.S. prior to age 18. Decl. intent in open Ct. Wits: Lewis Emmsken and Frederick Shoemaker. BA Ct. (Nat. Dkt.) 1 1796-1851 MSA C389-1 MdHR 18106 f. 243 6 Oct. 1846.

Doyle, James. Ireland. NATN. Decl. intent in Marince Ct. of New York City 27 March 1843. Wits: Robert Ryan and George Wampler. O&RA to Queen of U.K. BA Ct. (Nat. Rcd.) 4 1846-1851 MSA C391-2 MdHR 18109 f. 227 13 Jan. 1848.

Doyle, John. Ireland. DI. BA Ct. (Minutes, Rough) 1832-1835 MSA C420-1 MdHR 14396-2 f. 259 13 May 1834.

Doyle, John. Ireland. DI. BA Ct. (Minutes) 1832-1838 MSA C386 MdHR 14403 f. 102 13 May 1834.

Doyle, John. Ireland. DI. BA Ct. (Minutes, Rough) 1832-1835 MSA C420-1 MdHR 14396-2 f. 285 3 Oct. 1834.

Doyle, John. Ireland. NATN. Decl. intent in US Circ. Ct. 1 Feb. 1848. Wits: Andrew Dougherty and Michael Paslan. BA Ct. (Nat. Dkt.) 1 1796-1851 MSA C389-1 MdHR 18106 f. 377 5 Oct. 1850.

Doyle, John. Ireland. NATN. Decl. intent in US Circ. Ct. 1 Feb. 1848. Wits: Andrew Dougherty and Michael Faslau. O&RA to Queen of U.K. BA Ct.

Doyle, Laurence. Ireland. NATN. Decl. intent in open court. Res. BC. Arrived in the U.S. 3 yrs. prior to age 21. Res. U.S. 5 yrs., including 3 of minority. Res. MD over 1 yr. Wits: Peter Garrity and Hugh McDonnell. O&RA to King of U.K. BC Ct. (Nat. Rcd. of Minors) 1 1827-1832 MSA C237-1 MdHR 18112 ff. 180 -181 13 Oct. 1828. (Nat. Rcd.) 4 1846-1851 MSA C391-2 MdHR 18109 f. 358 5 Oct. 1850.

Doyle, Michael. Ireland. NATN. Decl. intent in US Circ. Ct. 30 Sept. 1844. Wits: Barney McShane and James Cullen. BA Ct. (Nat. Dkt.) 1 1796-1851 MSA C389-1 MdHR 18106 f. 361 4 Nov. 1848.

Doyle, Michael. Ireland. NATN. Decl. intent in US Circ. Ct. 30 Sept. 1844. Wits: Barney McShane and James Cullen. O&RA to Queen of U.K. BA Ct. (Nat. Rcd.) 4 1846-1851 MSA C391-2 MdHR 18109 f. 325 4 Nov. 1848.

Doyle, Patrick. Ireland. NATN. Born Wexford. Arrived in the U.S. prior to 18 June 1812. Wits: Joseph Perrigo and Robert Sclatter. BA Ct. (Nat. Dkt.) 1 1796-1851 MSA C389-1 MdHR 18106 f. 146 15 Oct. 1828.

Doyle, Peter. Ireland. DI. BA Ct. (Minutes) 1832-1838 MSA C386 MdHR 14403 f. 182 15 March 1836.

Doyle, Peter. Ireland. DI. BA Ct. (Minutes, Rough) 1836-1844 MSA C420-2 MdHR 14398 f. 13 16 March 1836.

Doyle, Thomas. Ireland. NATN. Decl. intent in US Dist. Ct. 22 Oct. 1846. Wits: Peter Doyle and James Butler. O&RA to Queen of U.K. BC Ct. (Nat. Rcd.) 9 1845-1848 MSA C229-1 MdHR 18119 f. 822 6 Nov. 1848.

Doyne/Dayne, John. Great Britain. BA Ct. (Nat. Dkt.) 1 1796-1851 MSA C389-1 MdHR 18106 f. 11 #207 9 Dec. 1797. Barnes, p. 61.

Drechsel, John. Bavaria. NATN. Decl. intent in BC Ct. 23 Sept. 1844. Wits: Mautia (?) Fraudenberg and Charles Weidener. O&RA to King of Wurtemburg. BC Ct. (Nat. Rcd.) 9 1845-1848 MSA C229-1 MdHR 18119 f. 422 4 Oct. 1847.

Drees, Bernard. Prussia. NATN. Decl. intent in US Dist. Ct. 23 Sept. 1844. Wits: Henry Smallbrook and Dominique Miller. O&RA to King of Prussia. BC Ct. (Nat. Rcd.) 9 1845-1848 MSA C229-1 MdHR 18119 f. 125 5 Oct. 1846.

Drenan, John. Ireland. DI. BA Ct. (Minutes, Rough) 1832-1835 MSA C420-1 MdHR 14396-2 f. 179 3 April 1833.

Drenan, John. Ireland. DI. BA Ct. (Minutes) 1832-1838 MSA C386 MdHR 14403 f. 44 4 April 1833.

Dresel, John. Bavaria. NATN. Decl. intent in US Circ. Ct. 30 Sept. 1844. Wits: John Meisner and John Baer. BA Ct. (Nat. Dkt.) 1 1796-1851 MSA C389-1 MdHR 18106 f. 344 10 Oct. 1848.

Dresel, John. Bavaria. NATN. Decl. intent in US Circ. Ct. 30 Sept. 1844. Wits: John Meiner and John Baer. O&RA to King of Bavaria. BA Ct. (Nat. Rcd.) 4 1846-1851 MSA C391-2 MdHR 18109 f. 284 10 Oct. 1848.

Dresel, John. Bavaria. NATN. Decl. intent in US Circ. Ct. 22 May 1844. Wits: John Meismer and John Baer. BA Ct. (Nat. Dkt.) 1 1796-1851 MSA C389-1 MdHR 18106 f. 345 10 Oct. 1848.

Dresel, Werner. Principality of Leppe-Detmold. NATN. Decl. intent in US Dist. Ct. 29 may 1849. Wits: F. L. Braun and Charles W. Lentz. O&RA to Prince of Leppe-Detmold. BC Ct. (Nat. Rcd.) 10 1849-1851 MSA C229-2 MdHR 18120 f. 173 3 June 1851.

Dreshfield, Lazanes. Bavaria. NATN. Decl. intent in US Circ. Ct. 14 Oct. 1848. Wits: Joshua M. Myers and Myers Steigerwald. O&RA to King of Bavaria. BC Ct. (Nat. Rcd.) 10 1849-1851 MSA C229-2 MdHR 18120 f. 351 30 Oct. 1851.

Dreyer, Ernst. Russia. DI. Res. BC (1850 Census). Profession: Fresco Painter (1850 Census). BA Ct. (Minutes, Rough) 1836-1844 MSA C420-2 MdHR 14398 f. 55 16 Jan. 1837.

Dreyer, Ernst. Russia. DI. Res. BC, 20th Ward (1850 Census). Profession: Fresco Painter (1850 Census). BA Ct. (Minutes) 1832-1838 MSA C386 MdHR 14403

f. 222 16 Jan. 1837.

Dreyer, John. F. C. Hanover. NATN. Decl. intent in BC Ct. 3 June 1844. Wits: John H. Krunne and John F. Rabe. O&RA to King of Hanover. BC Ct. (Nat. Rcd.) 9 1845-1848 MSA C229-1 MdHR 18119 f. 827 6 Nov. 1848.

Drezler, John. Prussia. NATN. Decl. intent in US Circ. Ct. 24 July 1847. Wits: Charles F. Kalkman and Frederick Tole. O&RA to King of Prussia. BC Ct. (Nat. Rcd.) 10 1849-1851 MSA C229-2 MdHR 18120 f. 74 30 Sept. 1850.

Drost, Derrick. Prussia. DI. BA Ct. (Minutes) 1822-1826 MSA C386-12 MdHR 14386 f. 29 18 Dec. 1822.

Druyer, John. Ireland. NATN. Decl. intent in US Circ. Ct. 26 Aug. 1844. Wits: John Purcell and John Byrne. BA Ct. (Nat. Dkt.) 1 1796-1851 MSA C389-1 MdHR 18106 f. 336 3 Oct. 1848.

Du Benard, William. France. NATN. Noted as age 26. Born City of Bordeaux. Exhibits petition for natn and cert.s of decl. of intent and report and registration, filed in Dist. Ct. of the U.S. 24 July 1827. Arrived in Annapolis Sept. 1817. Res. BC. O&RA to King of France. Wit: Paul Del Vecchia. BC Ct. (Nat. Rcd. of Minors) 1 1827-1832 MSA 237-1 MdHR 18112 ff. 20-21 24 July 1827.

Dubourg, William Lewis Valentine. Republic of France. BA Ct. (Nat. Dkt.) 1 1796-1851 MSA C389-1 MdHR 18106 f. 16 #324 15 Aug. 1798. Barnes, p. 63.

Dubus, Moritz. Electorate Hessen-Cassel. NATN. Decl. intent in US Dist. Ct. 23 Nov. 1848. Wits: Peter Mahr and Henry Peters. O&RA to Elector of Hesse-Cassel. BC Ct. (Nat. Rcd.) 10 1849-1851 MSA C229-2 MdHR 18120 f. 81 30 Sept. 1850.

Duddell, James. England. NATN. Res. BC. Res. U.S. 14 April 1802 - 18 June 1812. Wits: Lambert Thomas and David B. Ferguson. O&RA to King of U.K. BC Ct. (Nat. Rcd. of Minors) 1 1827-1832 MSA C237-1 MdHR 18112 ff. 204-205 1 Nov. 1828.

Dudley, Joseph. Ireland. NATN. Decl. intent in US Circ. Ct. 23 Sept. 1844. Wits: William Roach and Laurence J. Walsh. O&RA to Queen of U.K. BA Ct. (Nat. Rcd.) 4 1846-1851 MSA C391-2 MdHR 18109 f. 97 13 Oct. 1846.

Dudly, Henry. Ireland. DI. Ren. alleg. to King of U.K. BA Ct. (Minutes) 1815-1820 MSA C386-11 MdHR 14381 f. 382 26 Sept. 1820.

Duenn, Peter. Ireland. Report and registration. Noted as age 21. Born Co. of Kildare. Arrived in BC Sept. 1818. Res. BC. Wits: John Fox and Matthew Foley. BA Ct. (Misc. Ct. Papers) MSA C1-57 MdHR 50206-753 1823 item 351 5 March 1824.

Duenn, Peter. Ireland. DI. BA Ct. (Misc. Ct. Papers) MSA C1-57 MdHR 50206-753 unnumbered 1823 item 5 March 1824.

Duenn, Peter. Ireland. NATN. Born Co. of Kildare. Decl. intent in US Dist. Ct. 5 March 1824. Wits: John Fox and Matthew Foley. BA Ct. (Nat. Dkt.) 1 1796-1851 MSA C389-1 MdHR 18106 f. 123 26 Sept. 1827.

Duff, John. England. DI. BA Ct. (Minutes) 1827-1830 MSA C386-13 MdHR 14391 f. 238 18 June 1829.

Duffie, James. Ireland. Res. 1798 - 1802. Wits: Neil McFadon and Noah Moffett. BA Ct. (Nat. Dkt.) 1 1796-1851 MSA C389-1 MdHR 18106 f. 60 3 Oct. 1822.

Duffy, Edward. Ireland. NATN. Decl. intent in US Circ. Ct. 3 Oct. 1834. Res. BC. Wits: Edward McGraw and John Burns. O&RA to King of U.K. BC Ct. (Nat. Rcd. of Minors) 2 1832-1836 MSA C237-2 MdHR 18113 ff. 204-205 3 Oct. 1836.

Duffy, Henry. Ireland. NATN. Res. BC. Res. U.S. 14 April 1802 - 18 June 1812. Wits: John Marcellus Santmyer and Abraham Sellers. O&RA to King of U.K. BC Ct. (Nat. Rcd. of Minors) 1 1827-1832 MSA C237-1 MdHR 18112 ff. 176-177 6 Oct. 1828.

Duffy, Hugh. Ireland. NATN. Decl. intent in BC Ct. 30 Sept. 1844. Wits: John McMahon and Francis Henry. BA Ct. (Nat. Dkt.) 1 1796-1851 MSA C389-1 MdHR 18106 f. 329 2 Oct. 1848.

Duffy, Hugh. Ireland. NATN. Decl. intent in BC Ct. 30 Sept. 1844. Wits: John

McMahon and Francis Henry. O&RA to Queen of U.K. BA Ct. (Nat. Rcd.) 4 1846-1851 MSA C391-2 MdHR 18109 f. 246 2 Oct. 1848.

Duffy, James. Ireland. DI. BA Ct. (Minutes, Rough) 1832-1835 MSA C420-1 MdHR 14396-2 ff. 144-145 19 Nov. 1832.

Duffy, James. Ireland. DI. BA Ct. (Minutes) 1832-1838 MSA C386 MdHR 14403 f. 20 19 Nov. 1832.

Duffy, James. Ireland. DI. BC Ct. (Dkt&Mins) 1841 MSA C184-8 MdHR 16665 f. 12 4 May 1841.

Duffy, John. Ireland. NATN. Decl. intent in US Circ. Ct. 6 Nov. 1848. Wit: Owen Heegan. O&RA to Queen of U.K. BC Ct. (Nat. Rcd.) 10 1849-1851 MSA C229-2 MdHR 18120 f. 402 4 Nov. 1851.

Duffy, Owen. England. BA Ct. (Nat. Dkt.) 1 1796-1851 MSA C389-1 MdHR 18106 f. 15 #303 4 April 1798. Barnes, p. 63.

Dugan, Hugh. Ireland. DI. BA Ct. (Minutes) 1822-1826 MSA C386-12 MdHR 14386 f. 215 21 Sept. 1824.

Dugan, John. Ireland. NATN. Arrived in U.S. 3 yrs. prior to age 21. Res. U.S. 5 yrs., including 3 of minority. Res. MD over 1 yr. Wit: George Lonther. O&RA to Queen of U.K. BC Ct. (Nat. Rcd. of Minors) 3 1845-1851 MSA C237-3 MdHR 18114-1 f. 313 28 Oct. 1851.

Dugas, Lewis J(?). France. NATN. Res. U.S. 14 April 1802 - 18 June 1812. Res. BC. Wits: Lewis O. Dugas and William Baltzell. O&RA to King of French. BC Ct. (Nat. Rcd. of Minors) 2 1832-1836 MSA C237-2 MdHR 18113 ff. 157-158 31 Jan. 1835.

Dugos/Dagos, Francis. France. BA Ct. (Nat. Dkt.) 1 1796-1851 MSA C389-1 MdHR 18106 f. 25 #493 24 Feb. 1804. Noted as under Civil Ct.

Duhal, John Henry. Hanover. NATN. Decl. intent in US Dist. Ct. 3 Sept. 1833. Res. BC. Wits: Xavier Deuchelberger and Charles Souder. O&RA to King of Hanover. BC Ct. (Nat. Rcd. of Minors) 2 1832-1836 MSA C237-2 MdHR 18113 f. 213 3 Oct. 1836.

Duhe, James. Germany. DI. BC Ct. (Dkt&Mins) 1840 MSA C184-7 MdHR 16664 f. 36 28 Sept. 1840.

Dulany, John. Ireland. BA Ct. (Nat. Dkt.) 1 1796-1851 MSA C389-1 MdHR 18106 f. 25 #480 14 Jan. 1804. Criminal Ct.

Dulany, John. Ireland. BA Ct. (Nat. Dkt.) 1 1796-1851 MSA C389-1 MdHR 18106 f. 25 #480 14 Jan. 1804. Criminal Ct.

Dumas, Charles. France. BA Ct. (Nat. Dkt.) 1 1796-1851 MSA C389-1 MdHR 18106 f. 32 #615 25 June 1805.

Dumoulin, John Franklin. Ireland. DI. BA Ct. (Minutes) 1815-1820 MSA C386-11 MdHR 14381 f. 14 23 Sept. 1815.

Duncan, Christian. Holland. NATN. Res. BC. Decl. intent in US Circ. Ct. 8 Nov. 1828. Wits: Isaac Phillips and Henry McKinnell. O&RA to King of U.K. BC Ct. (Nat. Rcd. of Minors) 1 1827-1832 MSA C237-1 MdHR 18112 ff. 88-89 25 Sept. 1828.

Duncan, James. Ireland. NATN. Decl. intent in BC Ct. 18 June 1844. Wits: Madison Jeffen and Alexander Gould, Jr. O&RA to Queen of U.K. BC Ct. (Nat. Rcd.) 9 1845-1848 MSA C229-1 MdHR 18119 f. 167 6 Oct. 1846.

Duncan, Thomas S. Scotland. NATN. Arrived in U.S. 3 yrs. prior to age 21. Res. U.S. 5 yrs., including 3 of minority. Res. MD over 1 yr. Wits: James Duncan and Peter Ahern. O&RA to Queen of U.K. BC Ct. (Nat. Rcd. of Minors) 3 1845-1851 MSA C237-3 MdHR 18114-1 f. 26 6 Oct. 1846.

Duncan, William. Ireland. DI. BA Ct. (Minutes) 1827-1830 MSA C386-13 MdHR 14391 f. 161 7 Oct. 1828.

Duncan, William. Ireland. NATN. Decl. intent in BA Ct. 7 Oct. 1828. Res. BC. Wits: John Borley and Nicholas Tracy. O&RA to Queen of U.K. BA Ct. (Nat. Rcd.) 2 1832-1846 MSA C391-1 MdHR 18108 f. 42 16 Nov. 1837.

Duncan, William. Ireland. NATN. Decl. intent in BA Ct. 7 Oct. 1828. Wits: John Bosley and Nicholas Tracey. BA Ct. (Nat. Dkt.) 1 1796-1851 MSA C389-1 MdHR 18106 f. 186 16 Nov. 1837.

Dunderdale, John. England. DI. Res. BC. BC Ct. (Dkt&Mins) 1839 MSA C184-6 MdHR 16663 f. 15 20 April 1839.

Dunighan, William. England. NATN. Res. BC. Res. U.S. 14 April 1802 - 18 June 1812. Wits: Francis Alexander and John McGannon. O&RA to King of U.K. BC Ct. (Nat. Rcd. of Minors) 1 1827-1832 MSA C237-1 MdHR 18112 ff. 164-165 4 Oct. 1828.

Dunlap, Thomas. Ireland. NATN. Res. BC. Decl. intent in BC Ct. 4 Oct. 1824. Wits: James Kelly and Edward Calder. O&RA to King of U.K. BC Ct. (Nat. Rcd. of Minors) 1 1827-1832 MSA C237-1 MdHR 18112 ff. 170-171 6 Oct. 1828.

Dunlap, William. Ireland. DI. BA Ct. (Minutes) 1822-1826 MSA C386-12 MdHR 14386 f. 435 4 Oct. 1826.

Dunlop, John. Ireland. NATN. Decl. intent in BC Ct. 30 March 1843. Wit: Cyrus Gauet. O&RA to Queen of U.K. BC Ct. (Nat. Rcd.) 9 1845-1848 MSA C229-1 MdHR 18119 f. 22 30 Sept. 1845.

Dunn, Christopher. Ireland. NATN. Decl. intent in open Ct. Arrived in U.S. 3 yrs. prior to age 18. Wits: Thomas Agnew and Daniel Cooper. BA Ct. (Nat. Dkt.) 1 1796-1851 MSA C389-1 MdHR 18106 f. 213 4 Oct. 1842.

Dunn, Christopher. England. NATN. Decl. intent in open Ct. Arrived in U.S. 3 yrs. prior to age 21. Res. U.S. 5 yr., including 3 of minority. Res. MD for 1 yr. Res. BC. Wits: Thomas Agnew and Daniel Coonan. O&RA to Queen of U.K. BA Ct. (Nat. Rcd.) 2 1832-1846 MSA C391-1 MdHR 18108 f. 99 4 Oct. 1842.

Dunn, Edward. Ireland. DI. BA Ct. (Minutes) 1822-1826 MSA C386-12 MdHR 14386 f. 213 20 Sept. 1824.

Dunn, Edward. Ireland. NATN. Res. BC. Decl. intent in BA Ct. 20 Sept. 1824. O&RA to King of U.K. BC Ct. (Nat. Rcd. of Minors) 1 1827-1832 MSA C237-1 MdHR 18112 ff. 55-56 28 May 1828.

Dunn, Edward. Ireland. NATN. Decl. intent in BC Ct. 7 Jan. 1846. Wits: James McGinnis and James Dunn. O&RA to Queen of U.K. BC Ct. (Nat. Rcd.) 9 1845-1848 MSA C229-1 MdHR 18119 f. 569 3 Oct. 1848.

Dunn, John C. Ireland. NATN. Decl. intent in open court. Arrived in U.S. 3 yrs. prior to age 21. Res. U.S. 5 yrs., including 3 of minority. Res. MD over 1 yr. Res. BC. Wits: Philip Barry and Thomas B. Tainble. O&RA to King of U.K. BC Ct. (Nat. Rcd. of Minors) 2 1832-1836 MSA C237-2 MdHR 18113 ff. 64-65 12 Aug. 1833.

Dunn, John. Ireland. DI. BC Ct. (Dkt&Mins) 1828 MSA C184-4 MdHR 16661 f. 39 20 Sept. 1828.

Dunn, John. Ireland. NATN. Decl. intent in US Circ. Ct. 5 July 1849. Wits: Patrick H. Hefferman and Edward Dunn. O&RA to Queen of U.K. BC Ct. (Nat. Rcd.) 10 1849-1851 MSA C229-2 MdHR 18120 f. 347 27 Oct. 1851.

Dunn, Joseph. Ireland. NATN. Decl. intent in US Dist. Ct. 1 Oct. 1830. Res. BC. Wits: Patrick McDonnell and Hugh McDonnell. O&RA to King of U.K. BA Ct. (Nat. Rcd.) 2 1832-1846 MSA C391-1 MdHR 18108 f. 7 10 Nov. 1832.

Dunn, Michael. Ireland. DI. BA Ct. (Minutes) 1822-1826 MSA C386-12 MdHR 14386 f. 220 28 Sept. 1824.

Dunn, Michael. Ireland. NATN. Born Co. of Longford. Decl. intent in BA Ct. the 3rd Monday of Sept. 1824. Wits: George S. Wrunnell and Ezekiel Burke. BA Ct. (Nat. Dkt.) 1 1796-1851 MSA C389-1 MdHR 18106 f. 118 25 Sept. 1827.

Dunn, Michael. Ireland. Report and registration. Noted as age 30. Born Co. of Longford. Res. BC. BA Ct. (Misc. Ct. Papers) MSA C1-57 MdHR 50206-753 unnumbered 1823 item 25 Sept. 1821.

Dunn, Michael. Ireland. DI. Wits: George L. Winnell and Ezekiel Burke. BA Ct. (Misc. Ct. Papers) MSA C1-57 MdHR 50206-753 1823 item 350 28 Sept. 1824.

Dunn, Paul. Ireland. NATN. Arrived in U.S. under age 18. Wits: Michael Dunn and Patrick Dunn. BA Ct. (Nat. Dkt.) 1 1796-1851 MSA C389-1 MdHR 18106 f. 322 30 Sept. 1848.

Dunn, Paul. Ireland. NATN. Arrived in U.S. 3 yrs. prior to age 21. Res. U.S. 5

yrs., including 3 of minority. Res. MD over 1 yr. Wits: Michael Dunn and Patrick Dunn. O&RA to Queen of U.K. BA Ct. (Nat. Rcd. of Minors) 3 1846-1851 MSA C392-1 MdHR 18110 f. 51 30 Sept. 1848.

Dunn, Stephen. Ireland. NATN. Decl. intent in US Dist. Ct. 1 Oct. 1832. Wits: Patrick McDonnell and Hugh McDonnell. BA Ct. (Nat. Dkt.) 1 1796-1851 MSA C389-1 MdHR 18106 f. 173 10 Nov. 1832.

Dunn, William. Ireland. NATN. Res. BC. Decl. intent in BC Ct. 4 Oct. 1828. Wits: Hugh Crawford and James Getty. O&RA to King of U.K. BC Ct. (Nat. Rcd. of Minors) 1 1827-1832 MSA C237-1 MdHR 18112 ff. 347-348 4 Oct. 1830.

Dunn, William. Ireland. DI. BC Ct. (Dkt&Mins) 1828 MSA C184-4 MdHR 16661 f. 42 4 Oct. 1828.

Dunne, Daniel. Ireland. NATN. Decl. intent in US Circ. Ct. 17 June 1844. Wits: Edward J. Cooper and Daniel Shannon. BA Ct. (Nat. Dkt.) 1 1796-1851 MSA C389-1 MdHR 18106 f. 320 28 Sept. 1848.

Dunne, Daniel. Ireland. NATN. Decl. intent in US Circ. Ct. 17 June 1844. Wits: Edward J. Cooper and Daniel Shannon. O&RA to Queen of U.K. BA Ct. (Nat. Rcd.) 4 1846-1851 MSA C391-2 MdHR 18109 f. 231 28 Sept. 1848.

Dunnigan, James. Ireland. Arrived in the U.S. as a minor. Wits: Addison Booth and William Hensay. Report filed. BA Ct. (Nat. Dkt.) 1 1796-1851 MSA C389-1 MdHR 18106 f. 81 1 Oct. 1824.

Dunsford, Samuel. England. NATN. Decl. intent in BC Ct. 17 Dec. 1845. Wits: Louis Servary and Thomas Maddon. O&RA to Queen of U.K. BC Ct. (Nat. Rcd.) 9 1845-1848 MSA C229-1 MdHR 18119 f. 710 24 Oct. 1848.

Durain, James. France. NATN. Arrived in U.S. 3 yrs. prior to age 21. Res. U.S. 5 yrs., including 3 of minority. Res. MD over 1 yr. Wits: James Raymond and Thomas Baclden. O&RA to King of French. BC Ct. (Nat. Rcd. of Minors) 3 1845-1851 MSA C237-3 MdHR 18114-1 f. 18 3 Oct. 1846.

Durand, Martial Leonard. France. BA Ct. (Nat. Dkt.) 1 1796-1851 MSA C389-1 MdHR 18106 f. 29 #545 10 Sept. 1804. Civil Ct.

Durand, Peter. Switzerland. NATN. Res. BC. Res. U.S. 14 April 1802 - 18 June 1812. Wits: Julius Ducatel and Louis Conain. O&RA to Republic of Switzerland. BC Ct. (Nat. Rcd. of Minors) 1 1827-1832 MSA C237-1 MdHR 18112 ff. 237-238 8 Nov. 1828.

During, John S. Holland. NATN. Res. BC. Arrived in the U.S. 3 yrs. prior to age 21. Res. U.S. 5 yr., including 3 of minority. Res. MD over 1 yr. Wits: John Irwin and Stepen Cropper. O&RA to King of Holland. BC Ct. (Nat. Rcd. of Minors) 1 1827-1832 MSA C237-1 MdHR 18112 ff. 268-269 10 Nov. 1828.

Durning, Patrick. Ireland. DI. Res. BC. BC Ct. (Dkt&Mins) 1839 MSA C184-6 MdHR 16663 f. 10 28 Feb. 1839.

Durst, Francis. Switzerland. DI. BA Ct. (Minutes) 1822-1826 MSA C386-12 MdHR 14386 f. 3 27 March 1822.

Dutee, John. Electorate of Hesse-Cassel. NATN. Arrived in U.S. 3 yrs. prior to age 21. Res. U.S. 5 yrs., including 3 of minority. Res. MD over 1 yr. Wit: Abner Lewis. O&RA to Elector of Hesse-Cassel. BC Ct. (Nat. Rcd. of Minors) 3 1845-1851 MSA C237-3 MdHR 18114-1 f. 319 31 Oct. 1851.

Duval, Joseph Marie. Republic of France. NATN. BA Ct. (Minutes) 1792 - 1797 MSA C386-7 MdHR 5052 f. 255 29 Aug. 1796

Duval, Joseph Marie. Republic of France. BA Ct. (Nat. Dkt.) 1 1796 - 1851 MSA C389-1 MdHR 18106 f. 2 #18 28 Aug. 1796. Barnes, p. 59.

Duyer, John. Ireland. NATN. Decl. intent in US Circ. Ct. 26 Aug. 1844. Wits: John Purnell and John Byrne. O&RA to Queen of U.K. BA Ct. (Nat. Rcd.) 4 1846-1851 MSA C391-2 MdHR 18109 f. 262 3 Oct. 1848.

Duyer, William. Ireland. BA Ct. (Nat. Dkt.) 1 1796-1851 MSA C 389-1 MdHR 18106 f. 8 #143 26 Aug. 1797. Barnes, p. 61

Dvenyes, Conrad. Germany. NATN. Decl. intent in BC Ct. 12 Jan. 1844. Wits: Jacob Hildebrand and Christopher Dietuler. O&RA to Emperor of Germany. BC Ct. (Nat. Rcd.) 9 1845-1848 MSA C229-1 MdHR 18119 f. 58 29 Jan. 1846.

Dwen, Matthew. Ireland. NATN. Born Co. of Kildare. Arrived as a minor. Decl. intent in open Ct. Wits: Mark Enis and Matthew Foley. BA Ct. (Nat. Dkt.) 1 1796-1851 MSA C389-1 MdHR 18106 f. 134 15 Sept. 1828.

Dyer, John M. Austrian Empire. NATN. Born City of Mayence, Germany. Decl. intent in US Dist. Ct. 6 March 1819. Wits: Daniel Sprinkle and John W. W. Zigler. Cert. and report filed. BA Ct. (Nat. Dkt.) 1 1796-1851 MSA C389-1 MdHR 18106 f. 66 23 March 1824.

Dyson, George E. Scotland. DI. BA Ct. (Minutes) 1827-1830 MSA C386-13 MdHR 14391 f. 1 12 June 1830.

Dyson, George E. Scotland. NATN. Decl. intent in BA Ct. 12 June 1830. Res. BC. Wits: Alexander M. Cumming and Garrett Anderson. O&RA to King of U.K. BA Ct. (Nat. Rcd.) 2 1832-1846 MSA C391-1 MdHR 18108 f. 17 15 May 1834.

Dyson, George E. Scotland. NATN. Decl. intent in BA Ct. 12 June 1830. Wits: Alexander M. Cumming and Garrett Anderson. BA Ct. (Nat. Dkt.) 1 1796-1851 MSA C389-1 MdHR 18106 f. 176 15 May 1834.

Ealey, William Henry. England. NATN. Res. BC. Decl. intent in BA Ct. 4 Oct. 1828. Wits: William Espey and Richard Kennard. O&RA to King of U.K. BC Ct. (Nat. Rcd. of Minors) 1 1827-1832 MSA C237-1 MdHR 18112 ff. 344-345 4 Oct. 1830.

Ealey, William Henry. England. DI. BA Ct. (Minutes) 1827-1830 MS C386-13 MdHR 14391 f. 161 4 Oct. 1830.

Earengy/Erenzey, James. Great Britain. NATN. BA Ct. (Minutes) 1792 - 1797 MSA C386-7 MdHR 5052 f. 264 28 Nov. 1796

Earley, John. Ireland. DI. BC Ct. (Dkt&Mins) 1828 MSA C184-4 MdHr 16661 f. 40 29 Sept. 1828.

Easter, John. Ireland. DI. BA Ct. (Misc. Ct. Papers) MSA C1-57 MdHR 50206-753 unnumbered 1823 item 8 Sept. 1824.

Easter, John. Ireland. Report and registration. Noted as age 25. Born Co. of Tyrone. Arrived in Philadelphia Nov. 1819. Res. BC. Wits: Robert Armstrong and Samuel Barr. BA Ct. (Misc. Ct. Papers) MSA C1-57 MdHR 50206-753 1823 item 352 7 Sept. 1824.

Easter, John. Ireland. NATN. Born Co. of Tyrone. Decl. intent in US Dist. Ct. 8 Sept. 1824. Wits: Robert Armstrong and Samuel Barr. BA Ct. (Nat. Dkt.) 1 1796-1851 MSA C389-1 MdHR 18106 f. 105 20 Sept. 1826.

Eaton, Eli. England. NATN. Decl. intent in BC Ct. 1 Nov. 1844. Wits: Charles Collier and Albert Server (?). O&RA to Queen of U.K. BC Ct. (Nat. Rcd.) 9 1845-1848 MSA C229-1 MdHR 18119 f. 233 11 Sept. 1847.

Eaverson, James. Sweden. NATN. Decl. intent in BC Ct. 9 June 1829. Res. BC. Wit: Peter Hilditch. O&RA to Prince of Sweden. BC Ct. (Nat. Rcd. of Minors) 2 1832-1836 MSA C237-2 MdHR 18113 ff. 160-161 14 March 1835.

Ebberwaine, William. Germany. DI. Ren. alleg. to Emperor of Germany. BC Ct. of O&T&GD (Dkt&Mins) 1813 MSA C183-8 MdHR 16656 ff. 47-48 25 Sept. 1813.

Ebbs, Edward L. Ireland. NATN. Decl. intent in open court. Arrived in U.S. 3 yrs. prior to age 21. Res. U.S. 5 yrs., including 3 of minority. Res. MD over 1 yr. Res. BC. Wits: Daniel E. Reese and Samuel Gist. O&RA to King of U.K. BC Ct. (Nat. Rcd. of Minors) 2 1832-1836 MSA C237-2 MdHR 18113 f. 174 3 Oct. 1835.

Eberhardt, Antonio. Germany. DI. BC Ct. (Dkt&Mins) 1840 MSA C184-7 MdHR 16664 f. 31 17 Aug. 1840.

Eberhart, Conrad. Germany. NATN. Born Middle Paals (?). Arrived in country prior to 18 June 1812. Wits: John Harman and George W. Bailey. BA Ct. (Nat. Dkt.) 1 1796-1851 MSA C389-1 MdHR 18106 f. 155 8 Nov. 1828.

Eberle, Jacob. Wurtemburg. NATN. Decl. intent in US Dist. Ct. 30 Jan. 1844. Wits: David Jean and John Crook. BA Ct. (Nat. Dkt.) 1 1796-1851 MdHR 18106 f. 336 3 Oct. 1848.

Eberle, Jacob. Wurtemburg. NATN. Decl. intent in US Dist. Ct. 30 Jan. 1844.

Wits: David Jean and John Crooks. O&RA to King of Wurtemburg. BA Ct. (Nat. Rcd.) 4 1846-1851 MSA C391-2 MdHR 18109 f. 263 3 Oct. 1848.
Ebverin, Catherine. Prussia. NATN. Decl. intent in open court. Arrived in U.S. 3 yrs. prior to age 21. Res. U.S. 5 yrs., including 3 of minority. Res. MD over 1 yr. Res. BC. Wits: Jacob Schaub and Andrew Conrad. O&RA to King of Prussia. BC Ct. (Nat. Rcd. of Minors) 2 1832-1836 MSA C237-2 MdHR 18113 f. 56 1 Dec. 1832.
Echleman, Harman. Germany. NATN. Decl. intent in BC Ct. 14 June 1844. Wits: Christian Baeder and Henry Whisling. O&RA to Emperor of Germany. BC Ct. (Nat. Rcd.) 9 1845-1848 MSA C229-1 MdHR 18119 f. 53 25 Sept. 1846.
Eckhardt, William. Grand Dutchy of Hessen-Darmstadt. NATN. Decl. intent in US Dist. Ct. 2 Oct. 1846. Wits: William Lenhart and Philip Mertz. O&RA to Grand Duke of Hessen-Darmstadt. BC Ct. (Nat. Rcd.) 10 1849-1851 MSA C229-2 MdHR 18120 f. 25 1 Oct. 1849.
Eckrodt, Jodakus. Germany. DI. Res. BC. Ren. alleg. to Emperor of Germany. BC Ct. (Dkt&Mins) 1840 MSA C184-7 MdHR 16664 f. 30 20 July 1840.
Ecleston, James. England. NATN. Exhibits petition. Arrived in the U.S. 3 yrs. prior to age 18. Res. U.S. 5 yrs., including 3 of minority. Res. MD over 1 yr. Res. BC. O&RA to King of U.K. Wit: William Jefferson. BC Ct. (Nat. Rcd. of Minors) 1 1827-1832 MSA C237-1 MdHR 18112 ff. 28-29 29 Sept. 1827.
Edel, Philip. Bavaria. NATN. Decl. intent in BC Ct. 19 Sept. 1844. Wits: Adam Freasch and Valentine Ott. O&RA to King of Bavaria. BC Ct. (Nat. Rcd.) 9 1845-1848 MSA C229-1 MdHR 18119 f. 439 4 Oct. 1847.
Edeler, George. Prussia. NATN. Decl. intent in US Dist. Ct. 13 Oct. 1846. Wits: Frederick Stalforth and Stephen I. (J?) Vandill. O&RA to King of Prussia. BC Ct. (Nat. Rcd.) 9 1845-1848 MSA C229-1 MdHR 18119 f. 754 2 Nov. 1848.
Edwards, Henry. England. DI. BC Ct. (Dkt&Mins) 1839 MSA C184-6 MdHR 16663 f. 35 25 Sept. 1839.
Edwards, Henry. England. NATN. Decl. intent in BC Ct. 26 Sept. 1839. Res. BC. Wits: Henry Rutter and Joseph Perrigo. O&RA to Queen of U.K. BA Ct. (Nat. Rcd.) 2 1832-1846 MSA C391-1 MdHR 18108 ff. 93-94 24 Sept. 1842.
Edwards, Henry. England. NATN. Decl. intent in BC Ct. 26 Sept. 1839. Wits: Henry Rutter and Joseph Perrego. BA Ct. (Nat. Dkt.) 1 1796-1851 MSA C389-1 MdHR 18106 f. 209 24 Sept. 1842.
Edwards, Joh. Ireland. NATN. Decl. intent in the Ct. of Hustings for Lynchburg, VA, 2 Sept. 1844. Wits: Michael Moan and Laurence Flinn. BA Ct. (Nat. Dkt.) 1 1796-1851 MSA C389-1 MdHR 18106 f. 329 2 Oct. 1848.
Edwards, John. Ireland. NATN. Decl. intent in Ct. of Hustings for the Town of Lynchburg, VA 2 Sept. 1844. Wits: Michael Moan and Laurence Flinn. O&RA to Queen of U.K. BA Ct. (Nat. Rcd.) 4 1846-1851 MSA C391-2 MdHR 18109 f. 246 2 Oct. 1848.
Egan, Anthony. Ireland. NATN. Born King's Co. Decl. intent in BA Ct. of O&T&GD 27 July 1815. Wit: Seth Pollard. Cert. filed. BA Ct. (Nat. Dkt.) 1796-1851 MSA C389-1 MdHR 18106 f. 52 29 Sept. 1821. Duplicate entry on f. 57, dated 22 April 1822.
Egan, James. Ireland. NATN. Decl. intent in US Circ. Ct. 1 Oct. 1844. Wits: John Hartigan and Peter Aherns. O&RA to Queen of U.K. BA Ct. (Nat. Rcd.) 4 1846-1851 MSA C391-2 MdHR 18109 f. 263 3 Oct. 1848.
Egan, James. Ireland. NATN. Decl. intent in US Circ. Ct. 1 Oct. 1844. Wits: John Hartigan and Peter Ahern. BA Ct. (Nat. Dkt.) 1 1796-1851 MSA C389-1 MdHR 18106 f. 336 3 Oct. 1848.
Egar, David. Germany. DI. Res. BC. BC Ct. (Dkt&Mins) 1839 MSA C184-6 MdHR 16663 f. 14 11 April 1839.
Eggeling, Charles C. Hanover. NATN. Decl. intent in BA Ct. 17 Sept. 1839.

Res. BC. Wits: David Corban and John C. Lucas. O&RA to King of Hanover. BA Ct. (Nat. Rcd.) 2 1832-1842 MSA C391-1 MdHR 18108 ff. 97-98 4 Oct. 1842.

Eggeling, Charles. Hanover. NATN. Decl. intent in BA Ct. 10 Sept. 1839. Wits: David Corbon and John C. Lucas. BA Ct. (Nat. Dkt.) 1 1796-1851 MSA C389-1 MdHR 18106 f. 212 4 Oct. 1842.

Eggelsnz/Eggeling, Charles G. Hanover. DI. BA Ct. (Minutes, Rough) 1836-1844 MSA C420-2 MdHR 14398 f. 184 10 Sept. 1839.

Eggers, Harman. Hanover. NATN. Decl. intent in US Dist. Ct. 20 Sept. 1844. Wits: Frederick Germinger and Charles Cever. O&RA to King of Hanover. BC Ct. (Nat. Rcd.) 9 1845-1848 MSA C229-1 MdHR 18119 f. 132 5 Oct. 1846.

Eggers, Henry. Hanover. NATN. Decl. intent in BC Ct. 24 Sept. 1844. Wits: Thomas W. Levering and Leonidas Levering. O&RA to King of Hanover. BA Ct. (Nat. Rcd.) 4 1846-1851 MSA C391-2 MdHR 18109 f. 62 13 Oct. 1846.

Eggers, Henry. Hanover. NATN. Decl. intent in BC Ct. 24 Sept. 1844. Wits: Thomas W. Levering and Leonidas Levering. BA Ct. (Nat. Dkt.) 1 1796-1851 MSA C389-1 MdHR 18106 f. 252 13 Oct. 1846.

Eglin, William. England. Wits: Richard Waters (?) and Benjamin Matterson (?). BA Ct. (Nat. Dkt.) 1 1796-1851 MSA C389-1 MdHR 18106 f. 49 25 April 1821.

Eglin, William. England. DI. BA Ct. (Minutes) 1815-1820 MSA C386-11 MdHR 14381 f. 201 9 Oct. 1817.

Ehlen, Henry. Hanover. NATN. Decl. intent in US Dist. Ct. 3 Oct. 1833. Wits: John C. Rau and John H. Ehlen. BA Ct. (Nat. Dkt.) 1 1796-1851 MSA C389-1 MdHR 18106 f. 190 15 Sept. 1838.

Ehlen, Henry. Hanover. NATN. Decl. intent in US Dist. Ct. 3 Oct. 1833. Res. BC. Wits: John C. Rau and John H. Ehlen. O&RA to King of Hanover. BA Ct. (Nat. Rcd.) 2 1832-1846 MSA C391-1 MdHR 18108 ff. 50-51 15 Sept. 1838.

Ehlers, Henry. Hanover. DI. BA Ct. (Minutes) 1827-1830 MSA C386-13 MdHr 14391 f. 238 9 Dec. 1829.

Ehlers, Henry. Hanover. NATN. Decl. intent in BA Ct. 9 Dec. 1829. Res. BC; res. Tenth Ward, 1850. Profession: Tailor (1850 Census). Wits: George H. Wetter and John Abbes. O&RA to Elector [King] of Hanover. BA Ct. (Nat. Rcd.) 2 1832-1846 MSA C391-1 MdHR 18108 f. 48 10 Sept. 1838.

Ehlers, Henry. Hanover. NATN. Decl. intent in BA Ct. 9 Dec. 1829. Wits: George H(?)/A(?) Welher and John Abbes. BA Ct. (Nat. Dkt.) 1 1796-1851 MSA C389-1 MdHR 18106 f. 188 10 Sept. 1838.

Ehrenbeck, John Henry. Bremen. DI. Ren. alleg. to Hanseatic Government. BA Ct. (Minutes) 1827-1830 MSA C386-13 MdHR 14391 f. 238 7 Oct. 1829.

Ehrhard, George. Prussia. NATN. Decl. intent in US Circ. Ct. 17 June 1844. Wits: John Bower and Henry Tetinius. O&RA to King of Prussia. BA Ct. (Nat. Rcd.) 4 1846-1851 MSA C391-2 MdHR 18109 f. 20 6 Oct. 1846.

Ehrhard, George. Prussia. NATN. Decl. intent in US Circ. Ct. 17 June 1844. Wits: Henry Tetineus and John Bowers. BA Ct. (Nat. Dkt.) 1 1796-1851 MSA C389-1 MdHR 18106 f. 236 6 Oct. 1846.

Ehrman, George Michael. Wurtemburg. NATN. Decl. intent in McKean Co. (PA) Ct. 30 Jan. 1843. Wits: George A. Ehrman and George Wiggart. O&RA to King of Wurtemburg. BC Ct. (Nat. Rcd.) 9 1845-1848 MSA C229-1 MdHR 18119 f. 230 6 Sept. 1847.

Ehrman, Gottfried. Wurtemburg. NATN. Decl. intent in US Circ. Ct. 6 Oct. 1847. Wits: Andrea J. Slater and John Schaeffer. BA Ct. (Nat. Dkt.) 1 1796-1851 MSA C389-1 MdHR 18106 f. 379 8 Oct. 1850.

Ehrman, Gottlieb. Wurtemburg. NATN. Arrived in U.S. 3 yrs. prior to age 21. Res. U.S. 5 yrs., including 3 of minority. Res. MD over 1 yr. Wits: George A. Ehrman and George Wygart. O&RA to King of Wurtemburg. BC Ct. (Nat. Rcd. of Minors) 3 1845-1851 MSA C237-3 MdHR 18114-1 f. 42 6 Sept. 1847.

Ehsen, Henry. [Grand] Dutchy of [Saxe-] Altonberg. NATN. Decl. intent in open court. Arrived in U.S. 3 yrs. prior to age 21. Res. U.S. 5 yrs., including 3 of minority. Res. MD over 1 yr. Res. BC. Wits: John Smith and John W. Zigler. O&RA to [Grand] Duke of [Saxe-] Altonberg. BC Ct. (Nat. Rcd. of Minors) 2 1832-1836 MSA C237-2 MdHR 18113 f. 232 13 Oct. 1836.

Ehsen, John H. [Grand] Dutchy of [Saxe-] Altonberg. NATN. Decl. intent in open court. Arrived in U.S. 3 yrs. prior to age 21. Res. U.S. 5 yrs., including 3 of minority. Res. MD over 1 yr. Res. BC. Wits: John Smith and John W. Zigler. O&RA to [Grand] Duke of [Saxe-] Altonberg. BC Ct. (Nat. Rcd. of Minors) 2 1832-1836 MSA C237-2 MdHR 18113 ff. 231-232 13 Oct. 1836.

Eidel, Philip. Bavaria. NATN. Decl. intent in US Circ. Ct. 14 Sept. 1844. Wits: Frederick U. Sevigert and George Brand. O&RA to King of Bavaria. BA Ct. (Nat. Rcd.) 4 1846-1851 MSA C391-2 MdHR 18109 f. 194 5 Oct. 1847.

Eidel, Philip. Bavaria. NATN. Decl. intent in US Circ. Ct. 14 Sept. 1844. Wits: Frederick W. Sevigert and George Braun. BA Ct. (Nat. Dkt.) 1 1796-1851 MSA C389-1 MdHR 18106 f. 307 5 Oct. 1847.

Eiertoug, Henry. Electorate of Hesse-Cassel. NATN. Decl. intent in US Dist. Ct. 23 Sept. 1844. Wits: Charles Feller and Martin Heming. O&RA to Elector of Hesse-Cassel. BC Ct. (Nat. Rcd.) 9 1845-1848 MSA C229-1 MdHR 18119 f. 624 9 Oct. 1848.

Eillen, David. Grand Dutchy of Hesse-Darmstadt. NATN. Decl. intent in US Dist. Ct. 23 Feb. 1842. Wits: Peter B. Lucas and Hanfell Victor. O&RA to Grand Duke of Hesse-Darmstadt. BC Ct. (Nat. Rcd.) 9 1845-1848 MSA C229-1 MdHR 18119 f. 197 9 Oct. 1846.

Eimer, William. Kingdom of Bian. DI. BA Ct. (Minutes, Rough) 1836-1844 MSA C420-2 MdHR 14398 f. 364 15 Dec. 1842.

Eimer, William. Bavaria. NATN. Decl. intent in BA Ct. 15 March 1842. Wits: Jacob Ruff and George F. Remth (?). O&RA to King of Bavaria. BC Ct. (Nat. Rcd.) 9 1845-1848 MSA C229-1 MdHR 18119 f. 268 27 Sept. 1847.

Einer, William. Kingdom of Bian. DI. BA Ct. (Minutes) 1839-1846 MSA C386-16 MdHR 14404 f. 161 15 Dec. 1842.

Eirtt, Benjamin. Ireland. NATN. Born Co. of Farmanaugh. Decl. intent in US Dist. Ct. 10 March 1820. Wits: William McCleary and James P. Waite. BA Ct. (Nat. Dkt.) 1 1796-1851 MSA C389-1 MdHR 18106 f. 74 24 Sept. 1824.

Eisenbrandt, Christian H. Hanover. NATN. Born city of Gottingen. Decl. intent in BA Ct. the 4th Monday of March 1823. Wits: George Willey and Henry Hook. BA Ct. (Nat. Dkt.) 1 1796-1851 MSA C389-1 MdHR 18106 f. 135 16 Sept. 1828.

Eisenbrandt, Christian H. Hanover. DI. BA Ct. (Minutes) 1822-1826 MSA C386-12 MdHR 14386 f. 97 17 April 1823.

Eiser, John M. Bavaria. NATN. Decl. intent in US Circ. Ct. 23 Sept. 1844. Wits: John D. Hammer and Henry Bader. O&RA to King of Bavaria. BA Ct. (Nat. Rcd.) 4 1846-1851 MSA C391-2 MdHR 18109 f. 285 10 Oct. 1848.

Eiser, John U. Bavaria. NATN. Decl. intent in US Circ. Ct. 23 Sept. 1844. Wits: John D. Harman and Henry Bader. BA Ct. (Nat. Dkt.) 1 1796-1851 MSA C389-1 MdHR 18106 f. 345 10 Oct. 1848.

Eislin/Eislen, Frederick. Grand Dutchy of Wurtemberg. BA Ct. (Nat. Dkt.) 1 1796-1851 MSA C389-1 MdHR 18106 f. 16 #340 5 Sept. 1798. Barnes, p. 63.

Eitel, Jacob. Bavaria. DI. BC Ct. (Dkt&Mins) 1849 MSA C184-11 MdHR 16668 f. 8 26 Feb. 1849.

Eith, Fabiue. Wurtemburg. DI. BC Ct. (Dkt&Mins) 1840 MSA C184-7 MdHR 16664 f. 34 15 Sept. 1840.

Ekkert, John. Wurtemburg. NATN. Decl. intent in US Circ. Ct. 5 Sept. 1844. Wits: George M. Stoker and Simon Shaffer. O&RA to King of Wurtemburg. BA Ct. (Nat. Rcd.) 4 1846-1851 MSA C391-2 MdHR 18109 f. 98 13 Oct. 1846.

Ekkery, John. Wurtemburg. NATN. Decl. intent in US Circ. Ct. 9 Sept. 1844.

Wits: George M. Straker and Simon Schaffer. BA Ct. (Nat. Dkt.) 1 1796-1851 MSA C389-1 MdHR 18106 f. 262 13 Oct. 1846.
Elberswaine, William. Germany. Decl. intent in BA Ct. of O&T&GD 25 Sept. 1813. BA Ct. (Nat. Dkt.) 1 1796-1851 MSA C389-1 MdHR 18106 f. 48 21 Oct. 1816.
Elder, John. England. NATN. Decl. intent in Hartford Co. Ct., Connecticut 25 Aug. 1832. Res. BC. Wits: Hugh Torrence and James Rea. O&RA to King of U.K. BA Ct. (Nat. Rcd. of Minors) 2 1832-1836 MSA C237-2 MdHR 18113 f. 91 2 Oct. 1834.
Elenau, Gottfried. Wurtemburg. NATN. Decl. intent in US Circ. Ct. 6 Oct. 1847. Wits: Andrew J. Sleter and John Schaeffer. O&RA to King of Wurtemburg. BA Ct. (Nat. Rcd.) 4 1846-1851 MSA C391-2 MdHR 18109 f. 364 8 Oct. 1850.
Ellenger, Samuel. Germany. DI. Res. BC. Ren. alleg. to Emperor of Germany. BC Ct. (Dkt&Mins) 1841 MSA C184-8 MdHR 16665 f. 28 24 Aug. 1841.
Elles, William. Ireland. DI. BA Ct. (Minutes, Rough) 1832-1835 MSA C420-1 MdHR 14396-2 f. 286 8 Oct. 1834.
Ellicott, Harvey Margaret. Great Britain. NATN. Res. BC. Res. U.S. 14 April 1802 - 18 June 1812. Wits: Evan T. Ellicott and George M. Gill. O&RA to King of U.K. BC Ct. (Nat. Rcd. of Minors) 1 1827-1832 MSA C237-1 MdHR 18112 ff. 58-59 15 July 1828.
Ellicott, William. Ireland. DI. BA Ct. (Minutes) 1827-1830 MSA C386-13 MdHR 14391 f. 161 4 Oct. 1828.
Ellinger, Jacob. Bavaria. NATN. Decl. intent in US Circ. Ct. 25 Oct. 1847. Wits: George W. R. Boulden and John S. Riddison. O&RA to King of Bavaria. BA Ct. (Nat. Rcd.) 4 1846-1851 MSA C391-2 MdHR 18109 f. 354 1 Oct. 1850.
Ellinger, Jacob. Bavaria. NATN. Decl. intent in US Circ. Ct. 25 Oct. 1847. Wits: George W. R. Boulden and John S. Beddinger. BA Ct. (Nat. Dkt.) 1 1796-1851 MSA C389-1 MdHR 18106 f. 375 1 Oct. 1850.
Ellingfield, Caspaer. Bavaria. NATN. Decl. intent in US Circ. Ct. 28 May 1849. Wits: William Lehnhardt and Charles Roth. O&RA to King of Bavaria. BC Ct. (Nat. Rcd.) 10 1849-1851 MSA C229-2 MdHR 18120 f. 375 3 Nov. 1851.
Elliott, Thomas. Ireland. NATN. Res. BC. Res. U.S. 14 April 1802 - 18 June 1812. Wits: Matthew Blakely and William Carrigan. O&RA to King of U.K. BC Ct. (Nat. Rcd. of Minors) 1 1827-1832 MSA C237-1 MdHR 18112 f. 266 8 Nov. 1828
Elliott, Thomas. England. DI. BA Ct. (Minutes) 1832-1838 MSA C386 MdHR 14403 f. 67 5 Oct. 1833.
Elliott, Thomas. England. DI. BA Ct. (Minutes, Rough) 1832-1835 MSA C420-1 MdHR 14396-2 f. 208 5 Oct. 1833.
Elliott, Thomas. Ireland. NATN. Decl. intent in US Dist. Ct. 25 Sept. 1844. Wits: Thomas Murdock and Joseph Frazier. O&RA to Queen of U.K. BC Ct. (Nat. Rcd.) 9 1845-1848 MSA C229-1 MdHR 18119 f. 186 6 Oct. 1846.
Ellis, Bartholomew. Ireland. NATN. Decl. intent in US Circ. Ct. 4 Sept. 1844. Wits: Philip Laurenson and Paul Fellinger. BA Ct. (Nat. Dkt.) 1 1796-1851 MSA C389-1 MdHR 18106 f. 354 1 Nov. 1848.
Ellis, Batholomew. Ireland. NATN. Decl. intent in US Circ. Ct. 4 Sept. 1844. Wits: Philip Laurenson and Paul Fillinger. O&RA to Queen of U.K. BA Ct. (Nat. Rcd.) 4 1846-1851 MSA C391-2 MdHR 18109 f. 307 1 Nov. 1848.
Ellis, Charles. Ireland. NATN. Born Co. of Wickler. Arrived in the U.S. prior to 18 June 1812. Wits: Robert Sclater and Thomas Benmion. BA Ct. (Nat. Dkt.) 1 1796-1851 MSA C389-1 MdHR 18106 f. 151 7 Nov. 1828.
Ellis, John. Ireland. DI. Res. BC. BC Ct. (Dkt&Mins) 1828 MSA C184-4 MdHR 16661 f. 43 15 Oct. 1828.
Ellis, John. Ireland. NATN. Decl. intent in BC Ct. 15 Oct. 1828. Res. BC. Wits: Thomas G. Reyburn and James Blair. O&RA to King of U.K. BC Ct. (Nat. Rcd. of Minors) 2 1832-1836 MSA C237-2 MdHR 18113 f. 41 11 Oct. 1832.

Ellis, William. England. DI. BA Ct. (Minutes) 1832-1838 MSA C386 MdHR 14403 f. 123 8 Oct. 1834.

Ellwood, Michael. Ireland. NATN. Decl. intent in US Circ. Ct. 24 June 1844. Wits: Patrick Doyle and Matthew Kane. BA Ct. (Nat. Dkt.) 1 1796-1851 MSA C389-1 MdHR 18106 f. 262 13 Oct. 1846.

Ellwood, Michael. Ireland. NATN. Decl. intent in US Dist. Ct. 23 Sept. 1844. Wits: Thomas Sweeney and Patrick Doyle. O&RA to Queen of U.K. BC Ct. (Nat. Rcd.) 9 1845-1848 MSA C229-1 MdHR 18119 f. 352 4 Oct. 1847.

Ellwood, Michael. Ireland. NATN. Decl. intent in US Circ. Ct. 24 June 1844. Wits: Patrick Doyle and Matthew Kane. O&RA to Queen of U.K. BA Ct. (Nat. Rcd.) 4 1846-1851 MSA C391-2 MdHR 18109 f. 97 13 Oct. 1846.

Elsins/Elsing, William. England. BA Ct. (Nat. Dkt.) 1 1796-1851 MSA C389-1 MdHR 18106 f. 15 #309 9 April 1798. Barnes, p. 63.

Elwood, Francis. Ireland. NATN. Decl. intent in US Dist. Ct. for D.C., 31 May 1843. Wits: Anthony Flaherty and Martin Hunt. O&RA to Queen of U.K. BC Ct. (Nat. Rcd.) 9 1845-1848 MSA C229-1 MdHR 18119 f. 66 2 Oct. 1846.

Ely, Jacob. Wurtemburg. DI. Res. BC. BC Ct. (Dkt&Mins) 1828 MSA C184-4 MdHR 16661 f. 43 14 Oct. 1828.

Ely, Jacob. Wurtemburg. NATN. Res. BC. Decl. intent in BC Ct. 14 Oct. 1828. Wits: Pius Ziwisle and Jacob Sumners. O&RA to King of Wurtemburg. BC Ct. (Nat. Rcd. of Minors) 1 1827-1832 MSA C237-1 MdHR 18112 ff. 366-367 16 Oct. 1830.

Emann, Andrew. Saxony. NATN. Decl. intent in US Circ. Ct. 6 Nov. 1848. Wits: Nicholas Kastner and John Sacks. BA Ct. (Nat. Dkt.) 1 1796-1851 MSA C389-1 MdHR 18106 f. 382 30 Sept. 1851

Emert, Henry. Prussia. NATN. Born town of Trabel. Decl. intent in BA Ct. the 3rd Monday of Sept. 1826. Wits: Jacob Slouffer and Joseph Eachus. BA Ct. (Nat. Dkt.) 1 1796-1851 MSA C389-1 MdHR 18106 f. 137 27 Sept. 1828.

Emert, Henry. Prussia. DI. BA Ct. (Minutes) 1822-1826 MSA C386-12 MdHR 14386 f. 436 20 Sept. 1826.

Emerus, John. Grand Dutchy of Hesse-Darmstadt. NATN. Arrived in U.S. under age 18. Wits: Jesse Joyce and William Swain. BA Ct. (Nat. Dkt.) 1 1796-1851 MSA C389-1 MdHR 18106 f. 358 3 Nov. 1848.

Emge, Andreas. Bavaria. NATN. Decl. intent in US Dist. Ct. 7 Oct. 1843. Wits: Mathias Kullere and Christian Gerboth. O&RA to King of Bavaria. BA Ct. (Nat. Rcd.) 4 1846-1851 MSA C391-2 MdHR 18109. f. 46 10 Oct. 1846.

Emge, Andreas. Bavaria. NATN. Decl. intent in US Dist. Ct. 7 Oct. 1843. Wits: Mathias Mullere and Christian Gerbotts. BA Ct. (Nat. Dkt.) 1 1796-1851 MSA C389-1 MdHR 18106 f. 246 10 Oct. 1846.

Emierin, John. Grand Dutchy of Hesse-Darmstadt. NATN. Decl. intent in US Dist. Ct. 6 Nov. 1843. Wits: Jesse Joyce and William Swain. O&RA to Grand Duke of Hesse-Darmstadt. BA Ct. (Nat. Rcd.) 4 1846-1851 MSA C391-2 MdHR 18109 f. 320 3 Nov. 1848.

Emmenard, John Francis. France. BA Ct. (Nat. Dkt.) 1 1796-1851 MSA C389-1 MdHR 18106 f. 37 #724 18 Nov. 1808.

Engel, Peter Herman. Prussia. DI. BA Ct. (Minutes) 1827-1830 MSA C386-13 MdHr 14391 f. 339 22 Oct. 1830.

Engelhard, Ernst Franz. Dutchy of Saxe-Coburg. NATN. Arrived in U.S. 3 yrs. prior to age 21. Res. U.S. 5 yrs., including 3 of minority. Res. MD over 1 yr. Wit: Frederick Klin. O&RA to Duke of Saxe-Coburg. BC Ct. (Nat. Rcd. of Minors) 3 1845-1851 MSA C237-3 MdHR 18114-1 f. 287 16 Sept. 1851.

Engelhausen, Henry. Hanover. NATN. Decl. intent in BC Ct. 13 Oct. 1842. Res. BC. Wits: William Wardberg and Bernard Evering. O&RA to King of Hanover. BA Ct. (Nat. Rcd.) 2 1832-1846 MSA C391-1 MdHR 18108 f. 113 19 Oct. 1844.

Engelhausen, Henry. Hanover. NATN. Decl. intent in BC Ct. 13 Oct. 1842.

Wits: William Wardenburg and Bernard Evering. BA Ct. (Nat. Dkt.) 1 1796-
1851 MSA C389-1 MdHR 18106 f. 220 19 Oct. 1844.
England, Adam. Grand Dutchy [Electorate] of Hesse-Cassel. DI. BA Ct.
(Minutes) 1832-1838 MSA C386 MdHR 14403 f. 129 18 Oct. 1834. Tepper, p. 161,
"Engeland, Adam."
England, Adam. Grand Dutchy [Electorate] of Hesse-Cassell. DI. BA Ct.
(Minutes, Rough) 1832-1835 MSA C420-1 MdHR 14396-2 f. 295 18 Nov. 1834. Tepper,
p. 161, "Engeland, Adam."
Engle, Charles Ludwick. Germany. BA Ct. (Nat. Dkt.) 1 1796-1851 MSA C389-1
MdHR 18106 f. 39 #773 18 May 1810.
Engle, George. Bavaria. NATN. Decl. intent in US Circ. Ct. 23 Sept. 1844.
Wits: John Wolf and George Stene. BA Ct. (Nat. Dkt.) 1 1796-1851 MSA C389-1
MdHR 18106 f. 295 13 Oct. 1846.
Engle, George. Bavaria. NATN. Decl. intent in US Circ. Ct. 23 Sept. 1844.
Wits: John Wolf and George Steve. O&RA to King of Bavaria. BA Ct. (Nat.
Rcd.) 4 1846-1851 MSA C391-2 MdHR 18109 f. 180 13 Oct. 1846.
Englemyer, Solomon S. Bavaria. DI. BC Ct. (Dkt&Mins) 1846 MSA C184-9 MdHR 16666
f. 45 12 Dec. 1846.
Englerth, Stephen. Germany. DI. Res. BC. Ren. alleg. to Emperor of Germany.
BC Ct. (Dkt&Mins) 1841 MSA C184-8 MdHR 16665 f. 14 3 June 1841.
Ennis, Gregory. Ireland. NATN. Born Co. of Wexford. Decl. intent in US Dist.
Ct. 6 May 1817. Wit: Edward Quinn. Cert. and report filed. BA Ct. (Nat.
Dkt.) 1 1796-1851 MSA C389-1 MdHR 18106 f. 53 29 Sept. 1821.
Ennis, James. Ireland. DI. BA Ct. (Minutes) 1827-1830 MSA C386-13 MdHR 14391 f.
238 17 Sept. 1829.
Ennis, James. Ireland. NATN. Decl. intent in BA Ct. 17 Oct. 1829. Res. BC.
Wits: Price Hobbs and Peter Dempsey. O&RA to King of U.K. BC Ct. (Nat.
Rcd. of Minors) 2 1832-1836 MSA C237-2 MdHR 18113 ff. 168-169 30 Sept. 1835.
Ennis, Mark. Ireland. NATN. Born Co. of Wexford. Decl. intent in US Circ. Ct.
March 1821. Wits: John Scott and Roger McGuigen. Cert. and report filed.
BA Ct. (Nat. Dkt.) 1 1796-1851 MSA C389-1 MdHR 18106 f. 69 20 Sept. 1824.
Entz, Andrew. Prussia. NATN. Born town of Marienburg. Decl. intent in US
Dist. Ct. 11 March 1820. Wits: Christian Capito and Jacob Deems. BA Ct.
(Nat. Dkt.) 1 1796-1851 MSA C389-1 MdHR 18106 f. 101 18 Sept. 1826.
Entz, Andrew. Prussia. DI. BA Ct. (Misc. Ct. Papers) MSA C1-51 MdHR
50206-694 unnumbered 1820 item (no date given).
Entz, Andrew. Prussia. Report and registration. Noted as age 32. Born town of
Marienburg. Res. BC. Wits: Christian Capito and Jacob Deems. BA Ct. (Misc.
Ct. Papers) MSA C1-51 MdHR 50206-694 1820 item 1083 11 March 1820.
Entz, John Frederick. Switzerland. NATN. Decl. intent in US Dist. Ct. for the
City and Co. of Philadelphia 14 Oct. 1829. Res. BC. Wits: Lewis E. Pontier
and Benjamin M. Heighe. O&RA to Republic of Switzerland. BC Ct. (Nat.
Rcd. of Minors) 2 1832-1836 MSA C237-2 MdHR 18113 ff. 70-71 5 Oct. 1833.
Eoost, John. Grand Dutchy of Hesse-Darmstadt. NATN. Decl. intent in BA Ct.
7 Nov. 1832. Res. BC. Wits: Henry Brinkman and Adam Baker. O&RA to
Grand Duke of Hesse-Darmstadt. BA Ct. (Nat. Rcd.) 2 1832-1846 MSA C391-1
MdHR 18108 f. 27 7 Nov. 1834.
Eoost, John. Grand Dutchy of Hesse-Darmstadt. NATN. Decl. intent in BA Ct.
7 Nov. 1832. Wits: Henry Brinkman and Adam Baker. BA Ct. (Nat. Dkt.) 1
1796-1851 MSA C389-1 MdHR 18106 f. 181 7 Nov. 1834.
Eoost, John. Grand Dutchy of Hesse-Darmstadt. DI. BA Ct. (Minutes) MSA C386
MdHR 14403 f. 16 7 Nov. 1832.
Epaner, Martin. Grand Dutchy of Baden. DI. BC Ct. (Dkt&Mins) 1839 MSA C184-6
MdHR 16663 f. 36 11 Nov. 1839.
Erchelman, Caspar. Wurtemburg. NATN. Decl. intent in US Dist. Ct. 17 Sept.
1844. Wits: Jacob Kroft and Francis G. Y. Waltermyer. O&RA to King of

Wurtemburg. BC Ct. (Nat. Rcd.) 9 1845-1848 MSA C229-1 MdHR 18119 f. 568 3 Oct. 1848.
Erengy/Erenzey, James. Great Britain. BA Ct. (Nat. Dkt.) 1 1796 - 1851 MSA C389-1 MdHR 18106 f. 3 #38 28 Nov. 1796. Barnes, p. 59.
Erevine, Henry. Scotland. DI. BA Ct. (Minutes) 1822-1826 MSA C386-12 MdHR 14386 f. 335 6 May 1825.
Erickson, Erich. Sweden. NATN. Decl. intent in BA Ct. March term 1828. Wits: Daniel James and Peter R. Hilditch. BA Ct. (Nat. Dkt.) 1 1796-1851 MSA C389-1 MdHR 18106 f. 165 19 Feb. 1831.
Erickson, Erick. Sweden. DI. BA Ct. (Minutes) 1827-1830 MSA C386-13 MdHR 14391 f. 162 25 March 1828
Erickson, Parnel/Barnet. Denmark. BA Ct. (Nat. Dkt.) 1 1796-1851 MSA C389-1 MdHR 18106 f. 12 #239 15 Jan. 1798. Barnes, p. 62.
Erlinger, Frederick. Wurtemburg. NATN. Decl. intent in US Dist. Ct. 23 April 1844. Wits: John M. Bower and Michael Deitzel. BA Ct. (Nat. Dkt.) 1 1796-1851 MSA C389-1 MdHR 18106 f. 262 13 Oct. 1846.
Ernold, George. Wurtemburg. NATN. Decl. intent in US Dist. Ct. 12 Oct. 1846. Wits: Gottfried Wiediman and Jacob Hartzell. O&RA to King of Wurtemburg. BC Ct. (Nat. Rcd.) 9 1845-1848 MSA C229-1 MdHR 18119 f. 852 6 Nov. 1848.
Erwin, James. England. BA Ct. (Nat. Dkt.) 1 1796-1851 MSA C389-1 MdHR 18106 f. 24 #463 1 July 1803. Barnes, p. 65.
Esbel, John Rudolf. Prussia. DI. BA Ct. (Minutes, Rough) 2 1836-1844 MSA C420-2 MdHR 14398 f. 141 29 Sept. 1838.
Eslinger, Frederick. Wurtemburg. NATN. Decl. intent in US Dist. Ct. 23 April 1844. Wits: John M. Bower and Michael Deitzel. O&RA to King of Wurtemburg. BA Ct. (Nat. Rcd.) 4 1846-1851 MSA C391-2 MdHR 18109 f. 98 13 Oct. 1846.
Espay, John. Ireland. DI. BC Ct. (Dkt&Mins) 1828 MSA C184-4 MdHR 16661 f. 42 4 Oct. 1828.
Etterman, Frederick. Bremen. DI. Ren. alleg. to King of Hanover. Profession: Publican (1850 Census). BA Ct. (Minutes) 1832-1838 MSA C386 MdHR 14403 f. 281 28 March 1838.
Etterman, Frederick. Bremen. DI. Ren. alleg. to King of Hanover. Profession: Publican (1850 Census). BA Ct. (Minutes, Rough) 1836-1844 MSA C420-2 MdHR 14398 f. 120 28 March 1838.
Ettling, Louis. Grand Dutchy of Baden. DI. BA Ct. (Minutes, Rough) 1832-1835 MSA C420-1 MdHR 14396-2 f. 158 14 Jan. 1833.
Etton, William. Scotland. NATN. Decl. intent in Harford Co. Ct. 29 May 1844. Wits: Robert Selway and Richard Sappington. O&RA to Queen of U.K. BC Ct. (Nat. Rcd.) 9 1845-1848 MSA C229-1 MdHR 18119 f. 488 5 Oct. 1847.
Etzel, Adam. Bavaria. NATN. Decl. intent in US Dist. Ct. 9 Oct. 1843. Wits: John Wolf and Jacob Lucas. O&RA to King of Bavaria. BA Ct. (Nat. Rcd.) 4 1846-1851 MSA C391-2 MdHR 18109 f. 37 6 Oct. 1846.
Etzel, Adam. Bavaria. NATN. Decl. intent in US Dist. Ct. 7 Oct. 1843. Wits: John Wolf and Jacob Lucas. BA Ct. (Nat. Dkt.) 1 1796-1851 MSA C389-1 MdHR 18106 f. 243 6 Oct. 1846.
Eull, Christian. Electorate of Hesse-Cassel. NATN. Arrived in U.S. 3 yrs. prior to age 21. Res. U.S. 5 yrs., including 3 of minority. Res. MD over 1 yr. Wits: John Martin and Frederick Niedfeldt. O&RA to Elector of Hesse-Cassel. BA Ct. (Nat. Rcd. of Minors) 3 1846-1851 MSA C392-5 MdHR 18110 f. 1 5 Oct. 1846.
Eull, Christian. Electorate of Hesse-Cassel. NATN. Decl. intent in open Ct. Arrived in U.S. under age 18. Wits: John Martin and Frederick Niedfeldt. BA Ct. (Nat. Dkt.) 1 1796-1851 MSA C389-1 MdHR 18106 f. 233 5 Oct. 1846.
Eull, George. Electorate of Hesse-Cassel. NATN. Decl. intent in US Dist. Ct. 28 Sept. 1840. Wits: Frederick Mercke and Frederick Niedfeldt. O&RA to

Elector of Hesse-Cassel. BA Ct. (Nat. Rcd.) 4 1846-1851 MSA C391-2 MdHR 18109 f. 10 5 Oct. 1846.
Eull, George. Electorate of Hesse-Cassel. NATN. Decl. intent in US Dist. Ct. 28 Sept. 1840. Wits: Frederick Mescke and Frederick Niedfeldt. BA Ct. (Nat. Dkt.) 1 1796-1851 MSA C389-1 MdHR 18106 f. 233 5 Oct. 1846.
Eull, John. Republic of Hamburg. NATN. Decl. intent in BC Ct. 16 Sept. 1844. Wits: Frederick Mercke and Frederick Niedfeldt. O&RA to Republic of Hamburg. BA Ct. (Nat. Rcd.) 4 1846-1851 MSA C391-2 MdHR 18109 f. 10 5 Oct. 1846.
Eull, John. Hamburg. NATN. Decl. intent in BC Ct. 16 Sept. 1844. Wits: Frederick Mescke and Frederick Niedfeldt. BA Ct. (Nat. Dkt.) 1 1796-1851 MSA C389-1 MdHR 18106 f. 233 5 Oct. 1846.
Eurich, Casper. Wurtemburg. DI. BA Ct. (Minutes) 1822-1826 MSA C386-12 MdHR 14386 f. 434 19 Oct. 1826.
Evans, Daniel. Wales. BA Ct. (Nat. Dkt.) 1 1796-1851 MSA C389-1 MdHR 18106 f. 37 #733 28 April 1809.
Evans, John. Wales. NATN. Decl. intent in open court. Arrived in U.S. 3 yrs. prior to age 21. Res. U.S. 5 yrs., including 3 of minority. Res. MD over 1 yr. Res. BC. Wits: Hugh W. Evans and Samuel Jenkings. O&RA to King of Hanover. BC Ct. (Nat. Rcd. of Minors) 2 1832-1836 MSA C237-2 MdHR 18113 f. 168 29 Sept. 1835.
Evans, Reese. Wales. NATN. Res. BC. Decl. intent in BC Ct. 28 Sept. 1827. Wit: Benjamin Baker. O&RA to King of U.K. BC Ct. (Nat. Rcd. of Minors) 1 1827-1832 MSA C237-1 MdHR 18112 ff. 292-293 1 Oct. 1829. Tepper, p. 166, "Evans, Rees".
Evans, Thomas. England. NATN. Born Co. of Hereford. Decl. intent in BC Criminal Ct. 6 Nov. 1816. Wits: James Hargist and Thomas Lewis. BA Ct. (Nat. Dkt.) 1 1796-1851 MSA C389-1 MdHR 18106 f. 88 2 Nov. 1824.
Evans, Thomas. England. DI. Res. BC. BC Ct. of O&T&GD (Dkt&Mins) 1816 MSA C183-9 MdHR 16657 (unpaginated) 6 Nov. 1816.
Evans, Thomas. Wales. BA Ct. (Nat. Dkt.) 1 1796-1851 MSA C389-1 MdHR 18106 f. 46 12 Oct. 1815.
Everett, Thomas. England. BA Ct. (Nat. Dkt.) 1 1796-1851 MSA C389-1 MdHR 18106 f. 35 #691 14 Nov. 1807.
Everson, Alexander. Denmark. BA Ct. (Nat. Dkt.) 1 1796-1851 MSA C389-1 MdHR 18106 f. 35 #694 19 Nov. 1807.
Ewalt, Caspar. Germany. NATN. Decl. intent in Washington Co. Ct. 24 Sept. 1844. Wits: George Shubbin and John Node. O&RA to Emperor of Germany. BC Ct. (Nat. Rcd.) 9 1845-1848 MSA C229-1 MdHR 18119 f. 454 4 Oct. 1847.
Eytirige (?), Simon. Holland. NATN. Decl. intent in BC Ct. 2 Feb. 1832. Res. BC. Wits: William Henry and Nicholas U. Chaffee. O&RA to King of Holland. BC Ct. (Nat. Rcd. of Minors) 2 1832-1836 MSA C237-2 MdHR 18113 f. 95 20 Sept. 1834.
Face, Charles. Germany. DI. Ren. alleg. to Emperor of France and King of Italy. BA Ct. (Minutes) 1810-1814 MSA C386-10 MdHR 14376 f. 119 1 Nov. 1811.
Fagan, Owen. Ireland. NATN. Decl. intent in US Circ. Ct. 19 Sept. 1844. Wits: Patrick M. (Mc?) Carrol and Henry Wood. O&RA to Queen of UK. BA Ct. (Nat. Rcd.) 4 1846-1851 MSA C391-2 MdHR 18109 f. 27 6 Oct. 1846.
Fagan, Owen. Ireland. NATN. Decl. intent in US Circ. Ct. 19 Sept. 1844. Wits: Patrick McCarroll and Henry Woods. BA Ct. (Nat. Dkt.) 1 1796-1851 MSA C389-1 MdHR 18106 f. 238 6 Oct. 1846.
Fagan, Peter. Ireland. NATN. Res. BC. Res. US 14 April 1802 - 18 June 1812. Wits: Aaron Clapp and Asa Crocker. O&RA to King of UK. BC Ct. (Nat. Rcd. of Minors) 1 1827-1832 MSA C237-1 MdHR 18112 ff. 122-123 30 Sept. 1828.
Fagar, John P. Bavaria. NATN. Arrived in US 3 yrs. prior to age 21. Res. US for 5 yrs., including 3 of minority. Res. MD over 1 yr. Wits: Cornelius Fagar and Nicholas Close. O&RA to King of Bavaria. BC Ct. (Nat. Rcd. of Minors) 3

1845-1851 MSA C237-3 MdHR 18114-1 f. 94 9 Oct. 1847.

Faguers/Fauquer, Francis. NATN. Santo Domingo (Republic of France) BA Ct. (Minutes) 1792-1797 MSA C386-7 MdHR 5052 f. 254 30 Aug. 1796

Faha, Henry. Germany. NATN. Decl. intent in BC Ct. 19 Sept. 1844. Wits: George Sherel and Andrea Boliard. O&RA to the Emperor of Germany. BC Ct. (Nat. Rcd.) 9 1845-1848 MSA C229-1 MdHR 18119 f. 478 5 Oct. 1847.

Fahaan, Peter. Ireland. DI. BA Ct. (Minutes) 1839-1846 MSA C386-16 MdHR 14404 f. 3 23 Jan. 1839.

Fahay, John. Ireland. DI. BC Ct. (Dkt&Mins) 1849 MSA C184-11 MdHR 16668 f. 16 14 June 1849.

Fahay, Owen. Ireland. DI. BC Ct. (Dkt&Mins) 1849 MSA C184-11 MdHR 16668 f. 6 6 Feb. 1849.

Fahey, Henry. Ireland. NATN. Res. BA. Res. US 14 April 1802 - 18 June 1812. Wit: John Maxwell. O&RA to King of UK. BC Ct. (Nat. Rcd. of Minors) 1 1827-1832 MSA C237-1 MdHR 18112 ff.124-125 30 Sept. 1828.

Fahwan, Peter. Ireland. DI. BA Ct. (Minutes, Rough) 1836-1844 MSA C420-2 MdHR 14398 f. 159 23 Jan. 1839.

Fahy, Martin. Ireland. NATN. Born in Co. of Galway. Decl. intent in Charles Co. Ct. Aug. 1822. Wits: Patrick Considine and Edmund Flahert. Certificate and report filed. BA Ct. (Nat. Dkt.) 1 1796-1851 MSA C389-1 MdHR 18106 f. 79 29 Sept. 1824.

Falck, Caspar W. Bavaria. NATN. Decl. intent in US Circ. Ct. 16 May 1844. Wits: Conrad Leaeman and Christopher Hoppe. O&RA to King of Bavaria. BA Ct. (Nat. Rcd.) 4 1846-1851 MSA C391-2 MdHR 18109 f. 195 13 Oct. 1847.

Falck, Casper William. Bavaria. NATN. Decl. intent in US Circ. Ct. 16 May 1844. Wits: Conrad Seaeman and Christopher Hoppe. BA Ct. (Nat. Dkt.) 1 1796-1851 MSA C389-1 MdHR 18106 f. 307 13 Oct. 1847.

Falconer, John. Scotland. DI. BA Ct. (Minutes) 1839-1846 MSA C386-16 MdHR 14404 ff. 154-155 3 Nov. 1842.

Falconer, John. Scotland. DI. BA Ct. (Minutes, Rough) 1836-1844 MSA C420-2 MdHR 14398 f. 357 3 Nov. 1842.

Fallenlin, Philip. Grand Dutchy of Hesse-Darmstadt. NATN. Decl. intent in US Circ. Ct. 30 Sept. 1844. Wits: Adam Ciern and John Steinberger. BA Ct. (Nat. Dkt.) 1 1796-1851 MSA C389-1 MdHR 18106 f. 262 13 Oct. 1847.

Fallentin, Philip. Grand Dutchy of Hesse-Darmstadt. NATN. Decl. intent in US Circ. Ct. 30 Sept. 1844. Wits: Adam Clem and John Hensberger. O&RA to the Grand Duke of Hesse-Darmstadt. BA Ct. (Nat. Rcd.) 4 1846-1851 MSA C391-2 MdHR 18109 f. 99 13 Oct. 1846.

Fallon, John. Ireland. DI. BA Ct. (Minutes) 1827-1830 MSA C386-13 MdHR 14391 f. 161 15 Sept. 1828.

Fallon, John. UK. NATN. Res. BC. Decl. intent in BA Ct. 15 Sept. 1828. Wits: Matthew Lawless and John Russell. O&RA to King of UK. BC Ct. (Nat. Rcd. of Minors) 1 1827-1832 MSA C237-1 MdHR 18112 ff. 354-355 4 Oct. 1830.

Fallon, Michael. Ireland. NATN. Decl. intent in US Dist. Ct. 13 Aug. 1844. Wits: Peter Brannan and Edward Kiler. O&RA to Queen of UK. BC Ct. (Nat. Rcd.) 9 1845-1848 MSA C229-1 MdHR 18119 f. 79 3 Oct. 1846.

Falls, Alexander. Ireland. DI. Res. BC. BC Ct. (Dkt&Mins) 1830 MSA C184-5 MdHR 16662 f. 38 18 Sept. 1830.

Falls, Alexander. Ireland. NATN. Decl. intent in BC Ct. the 1st Monday of June 1830. Res. BC. Wits: Elias Ellicott and Righter Levering. O&RA to King of UK. BA Ct. (Nat. Rcd.) 2 1832-1846 MSA C391-1 MdHR 18108 f2 08 13 Oct. 1832.

Falls, Alexander. Ireland. NATN. Decl. intent in BC Ct. the 1st Monday of June 1830. Wits: Elias Elicott and Righter Levering. BA Ct. (Nat. Dkt.) 1 1796-1851 MSA C389-1 MdHR 18106 f. 170 13 Oct. 1832.

Falter, John. Bavaria. NATN. Decl. intent in BC Ct. 4 Oct. 1844. Wits: John Camper and William Gerhardt. O&RA to King of Bavaria. BA Ct. (Nat. Rcd.)

4 1846-1851 MSA C391-2 MdHR 18109 f. 299 30 Oct. 1848.
Falter, John. Bavaria. NATN. Decl. intent in BC Ct. 4 Oct. 1844. Wits: John Camper and William Gerhard. BA Ct. (Nat. Dkt.) 1 1796-1851 MSA C389-1 MdHR 18106 f. 350 30 Oct. 1848.
Fannef, Philip. Grand Dutchy of Hesse-Darmstadt. NATN. Decl. intent in US Dist. Ct. 12 Aug. 1844. Wits: John G. Erner and Jacob Reuen. O&RA to the Grand Duke of Hesse-Darmstadt. BC Ct. (Nat. Rcd.) 9 1845-1848 MSA C229-1 MdHR 18119 f. 50 23 Sept. 1846.
Farber, Hammon P. Denmark. BA Ct. (Nat. Dkt.) 1 1796-1851 MSA C389-1 MdHR 18106 f. 40 #801 22 Nov. 1811.
Farber, Henry J. Bavaria. NATN. Arrived in US 3 yrs. prior to age 21. Res. US for 5 yrs., including 3 of minority. Res. MD over 1 yr. Wits: Simon Herfich and Joseph Pouder. O&RA to King of Bavaria. BC Ct. (Nat. Rcd. of Minors) 3 1845-1851 MSA C237-3 MdHR 18114-1 f. 335 4 Nov. 1851.
Farman, Peter. Ireland. DI. BC Ct. (Dkt&Mins) 1839 MSA C184-6 MdHR 16663 f. 35 27 Sept. 1839.
Farmer, James. Ireland. NATN. Decl. intent in BA Ct. 1 June 1830. Res. BC. Wits: James Owings and Percy G. Mercer. O&RA to King of UK. BC Ct. (Nat. Rcd. of Minors) 2 1832-1836 MSA C237-2 MdHR 18113 f. 2 11 June 1832.
Farrell, James. England. BA Ct. (Nat. Dkt.) 1 1796-1851 MSA C389-1 MdHr 18106 f. 9 #181 13 Nov. 1797. Barnes, p. 61.
Farrell, Mary Ann. England. DI. BA Ct. (Minutes) 1822-1826 MSA C386-12 MdHR 14386 f. 129 5 Jan. 1824.
Farrell, Michael. Ireland. NATN. Decl. intent in US Dist. Ct. 2 Nov. 1844. Wits: Patrick Doyle and Martin McNeal. O&RA to Queen of UK. BC Ct. (Nat. Rcd.) 9 1845-1848 MSA C229-1 MdHR 18119 f. 355 4 Oct. 1847.
Farrell, Thomas. Ireland. NATN. Decl. intent in US Circ. Ct. 29 Sept. 1849. Wit: Michael Kadin. O&RA to Queen of UK. BC Ct. (Nat. Rcd.) 10 1849-1851 MSA C229-2 MdHR 18120 f. 397 4 Nov. 1851.
Fastie, Henry Albert. Grand Dutchy of Oldenburg. NATN. Decl. intent in US Dist. Ct. 22 Aug. 1842. Wits: George Fastie and John Martin. O&RA to the Grand Duke of Oldenburg. BC Ct. (Nat. Rcd.) 9 1845-1848 MSA C229-1 MdHR 18119 f. 36 21 May 1846.
Fauner, Christian. Germany. BA Ct. (Nat. Dkt.) 1 1796-1851 MSA C389-1 MdHR 18106 f. 13 #263 22 Jan. 1798. Barnes, p. 62.
Fauquer, Francis. Santo Domingo (Republic of France) BA Ct. (Nat. Dkt.) 1 1796 - 1851 MSA C389-1 MdHR 18106 f. 2 #22. Barnes, p. 59.
Faurie/Laurie (?), Joseph. Republic of France. BA Ct. (Nat. Dkt.) 1 1796-1851 MSA C389-1 MdHR 18106 f. 2 #33 24 Nov. 1796. Barnes, p. 59
Faurie/Laurie(?), Joseph. NATN. Republic of France. BA Ct. (Minutes) 1792-1797 MSA C386-7 MdHR 5052 f. 254 24 Nov. 1795. Barnes, p. 59.
Fawcett, David. England. NATN. Decl. intent in Montgomery Co. Ct. 10 Nov. 1845. Wits: Samuel Moore and John Grahan. O&RA to Queen of UK. BC Ct. (Nat. Rcd.) 9 1845-1848 MSA C229-1 MdHR 18119 f. 543 2 Oct. 1848.
Fay, James. Ireland. DI. BC Ct. (Dkt&Mins) 1840 MSA C184-7 MdHR 16664 f. 37 2 Oct. 1840.
Faze, Peter. France. NATN. Born in Strasburg. Arrived in the US as a minor. Decl. intent in open ct. Wits: Jacob Roberts and Charles Faze. BA Ct. (Nat. Dkt.) 1 1796-1851 MSA C389-1 MdHR 18106 f. 124 2 Nov. 1827.
Faze, Peter. France. Registration and report. Noted as age 35. Born near Strasbourg. Arrived in Baltimore Oct. 1803. Res. BC. Wits: Jacob Roberts and Charles Faze. BA Ct. (Misc. Ct. Papers) MSA C1-64 MdHR 50206-824 1827 item 364 2 Nov. 1827.
Feaket, Dominick. England. BA Ct. (Nat. Dkt.) 1 1796-1851 MSA C89-1 MdHR 18106 f. 33 #639 30 May 1806.
Feast, Samuel. England. DI. BA Ct. (Minutes, Rough) 1832-1835 MSA C420-1 MdHR 14396-2 f. 285 4 Oct. 1834.
Febelman, John George. Bremen. DI. BA Ct. (Minutes, Rough) 1832-1835 MSA

C420-1 MdHR 14396-2 f. 158 15 Jan. 1833.
Federolf, Frederick B. Germany. DI. Ren. alleg. to the Emperor of Germany. BA Ct. (Minutes) 1810-1814 MSA C386-10 MdHR 14376 f. 274 14 May 1813.
Fehnst, Samuel. Grand Dutchy of Baden. NATN. Decl. intent in BC Ct. 26 Dec. 1848. Wits: Frederick Lewis Graretter and John Paul Falk. O&RA to the Grand Duke of Baden. BC Ct. (Nat. Rcd.) 10 1849-1851 MSA C229-2 MdHR 18120 f. 336 17 Oct. 1851.
Feige, Frederick. Principality of Waldec(k). NATN. Decl. intent in US Circ. Ct. 26 Oct. 1846. Wits: John Neuberth and William Klein. O&RA to the Prince of Waldec(k). BA Ct. (Nat. Rcd.) 4 1846-1851 MSA C391-2 MdHR 18109 f. 300 30 Oct. 1848.
Feige, Frederick. Principality of Waldec(k). NATN. Decl. intent in US Circ. Ct. 26 Oct. 1846. Wits: John Neuberth and William Klein. BA Ct. (Nat. Dkt.) 1 1796-1851 MSA C389-1 MdHR 18106 f. 351 30 Oct. 1848.
Feigler, John Lonhart (?), Germany. BA Ct. (Nat. Dkt.) 1 1796-1851 MSA C389-1 MdHR 18106 f. 40 #789 16 May 1811.
Feigler, John V. Germany. BA Ct. (Nat. Dkt.) 1 1796-1851 MSA C389-1 MdHR 18106 f. 40 #790 16 May 1811.
Feisbaugh, John Hunter. Germany. BA Ct. (Nat. Dkt.) 1 1796-1851 MSA C389-1 MdHR 18106 f. 12 #235 12 Jan. 1798. Barnes, p. 62.
Feitz, William. Grand Dutchy of Hesse-Darmstadt. NATN. Arrived in US under age 18. Wits: Peter Marr and Henry Snowden. BA Ct. (Nat. Dkt.) 1 1796-1851 MSA C389-1 MdHR 18106 f. 365 29 Sept. 1849.
Feitz, William. Grand Dutchy of Hesse-Darmstadt. NATN. Arrived in US 3 yrs. prior to age 21. Res. US for 5 yrs., including 3 of minority. Res. MD over 1 yr. Wits: Peter Marr and Henry Snowden. O&RA to the Grand Duke of Hesse-Darmstadt. BA Ct. (Nat. Rcd. of Minors) 3 1846-1851 MSA C392-1 MdHR 18110 f. 81 29 Sept. 1849.
Felbinger, Adam. Bavaria. NATN. Decl. intent in BA Ct. 11 July 1844. Wits: Augustus Seemuller and Henry Bader. BA Ct. (Nat. Dkt.) 1 1796-1851 MSA C389-1 MdHR 18106 f. 249 10 Oct. 1846.
Feldhous, Ferdinand. NATN. Decl. intent in Marine Ct. of New York City 28 April 1841. Wits: Francis S. Feldhaus and Theodor A. Baker. BC Ct. (Nat. Rcd.) 9 1845-1848 MSA C229-1 MdHR 18119 f. 361 4 Oct. 1847.
Feleshaus, Bernard. Grand Dutchy of Oldenburg. NATN. Decl. intent in BC Ct. 13 Feb. 1849. Wits: J. Kathman and Jno. Winkle. O&RA to the Grand Duke of Oldenburg. BC Ct. (Nat. Rcd.) 10 1849-1851 MSA C229-2 MdHR 18120 f. 305 30 Sept. 1851.
Felethaus, Dernard. Grand Dutchy of Oldenburg. DI. BC Ct. (Dkt&Mins) 1849 MSA C184-11 MdHR 16668 f. 7 13 Feb. 1849.
Felgner, William. Saxony. DI. BA Ct. (Minutes, Rough) 132-1835 MSA C420-1 MdHR 14396-2 f. 286 7 Oct. 1834.
Fell, Caspar. Bavaria. NATN. Decl. intent in US Dist. Ct. 13 Sept. 1844. Wits: Stephen J. Vanbill and Henry M. Vanbill. O&RA to King of Bavaria. BC Ct. (Nat. Rcd.) 9 1845-1848 MSA C229-1 MdHR 18119 f. 148 5 Oct. 1846.
Feller, Charles. Grand Dutchy of Hesse-Darmstadt. NATN. Decl. intent in US Dist. Ct. 3 June 1844. Wits: Philip Kasmeyer and Samuel Jager. O&RA to the Grand Duke of Hesse-Darmstadt. BC Ct. (Nat. Rcd.) 9 1845-1848 MSA C229-1 MdHR 18119 f. 620 9 Oct. 1848.
Feller, Valentine. Bavaria. NATN. Decl. intent in US Circ. Ct. 1 Nov. 1848. Wits: Lewis Snyder and John Kevas. O&RA to King of Bavaria. BC Ct. (Nat. Rcd.) 10 1849-1851 MSA C229-2 MdHR 18120 f. 371 3 Nov. 1851.
Fellinger, Adam. Bavaria. NATN. Decl. intent in US Circ. Ct. 11 July 1844. Wits: Augustus Seeimuller and Henry Bader. O&RA to King of Bavaria. BA Ct. (Nat. Rcd.) 4 1846-1851 MSA C391-2 MdHR 18109 f. 54 10 Oct. 1846.
Fellink, Henry. Hanover. NATN. Arrived in US 3 yrs. prior to age 21. Res. US

for 5 yrs., including 3 of minority. Res. MD over 1 yr. Wits: Anthony Remare and Richard Walker. O&RA to the Emperor of Germany. BC Ct. (Nat. Rcd. of Minors) 3 1845-1851 MSA C237-3 MdHR 18114-1 f. 45 17 Sept. 1817.

Fenly, Lamuel. England. BA Ct. (Nat. Dkt.) 1 1796-1851 MSA C389-1 MdHR 18106 f. 29 #555 23 Nov. 1804. Civil Ct.

Fennell, John. England. BA Ct. (Nat. Dkt.) 1 1796-1851 MSA C389-1 MdHR 18106 f. 19 #393 11 Dec. 1798. Barnes, page 64.

Fenner, George. Germany. BA Ct. (Nat. Dkt.) 1 1796-1851 MSA C389-1 MDHR 18106 f. 9 #175 11 Nov. 1795.

Fenner, Richard S. England. NATN. Born in Co. of Kent. Decl. intent in BC Ct. 3 April 1817. Wits: William Cook and John W. Harris. Certificate and report filed. BA Ct. (Nat. Dkt.) 1 1796-1851 MSA C389-1 MdHR 18106 f. 80 30 Sept. 1824.

Fensley, William. Ireland. NATN. Arrived in US under age 18. Wits: Levi Perry and James W. Cherry. BA Ct. (Nat. Dkt.) 1 1796-1851 MSA C389-1 MdHR 18106 f. 365 1 Oct. 1849.

Fenton, Eugune. Ireland. NATN. Born in Co. of King. Decl. intent in BC Ct. 5 March 1817. Wits: William O'Barnes and Hugh McDonald. Certificate and report filed. BA Ct. (Nat. Dkt.) 1 1796-1851 MSA C389-1 MdHR 18106 f. 64 17 May 1823.

Ferguson, Andrew. Ireland. NATN. Arrived in US 3 yrs. prior to age 21. Res. US for 5 yrs., including 3 of minority. Res. MD over 1 yr. Wits: John W. Hinkle and Thomas Laughlin. O&RA to Queen of UK. BC Ct. (Nat. Rcd. of Minors) 3 1845-1851 MSA C237-3 MdHR 18114-1 f. 232 26 Sept. 1850.

Ferguson, Duncan. Scotland. NATN. Decl. intent in BA Ct. 12 April 1830. Res. BC. Wits: Alexander Smith and John Boyd. O&RA to King of UK. BC Ct. (Nat. Rcd. of Minors) 2 1832-1836 MSA C237-2 MdHR 18113 f. 52 6 Nov. 1832.

Ferguson, Duncan. Scotland. DI. BA Ct. (Minutes) 1827-1830 MSA C386-13 MdHR 14391 f. 1 12 April 1830.

Ferguson, James. Ireland. NATN. Decl. intent in US Dist. Ct. 3 Oct. 1834. Res. BC. Wits: James Felix and John Ragan. O&RA to King of UK. BC Ct. (Nat. Rcd. of Minors) 2 1832-1836 MSA C237-2 MdHR 18113 f. 212 3 Oct. 1836.

Ferguson, John. Ireland. NATN. Decl. intent in BC Ct. 26 Oct. 1844. Wits: Thomas Moore and Mitchell B. Fields. O&RA to Queen of UK. BC Ct. (Nat. Rcd.) 9 1845-1848 MSA C229-1 MdHR 18119 f. 292 29 Sept. 1847.

Ferguson, Robert. Ireland. NATN. Res. BC. Arrived in the US 3 yrs. prior to age 21. Res. US for 5 yrs., including 3 of minority. Witness: James Towson. O&RA to King of UK. BC Ct. (Nat. Rcd. of Minors) 1 1827-1832 MSA C237-1 MdHR 18112 ff. 216-217 5 Nov. 1828.

Ferguson, Stephen. Norway (Sweden). NATN. Res. BC. Decl. intent in US Circ. Ct. 15 Dec. 1826. Wits: James Hooper and Peter R. Hilditch. O&RA to King of Denmark. BC Ct. (Nat. Rcd. of Minors) 1 1827-1832 MSA C237-1 MdHR 18112 ff. 305-306 30 Jan. 1830.

Ferguson, William. Ireland. BA Ct. (Nat. Dkt.) 1 1796-1851 MSA C389-1 MdHR 18106 f. 25 #484 2 Feb. 1804. Criminal Ct.

Feriere, Peter. France. BA Ct. (Nat. Dkt.) 1 1796-1851 MSA C389-1 MdHR 18106 f. 29 #544 10 Sept. 1804. Civil Ct.

Ferman, Bernard. Ireland. NATN. Decl. intent in US Dist. Ct. 27 July 1846. Wits: Peter Ferman and Mathew O'Reilley. O&RA to Queen of UK. BC Ct. (Nat. Rcd.) 9 1845-1848 MSA C229-1 MdHR 18119 f. 707 24 Oct. 1848.

Ferme, Bernard. Prussia. NATN. Decl. intent in US Circ. Ct. 23 Oct. 1844. Wits: Conrad Wierhamer and John Uhlorn. O&RA to King of Prussia. BA Ct. (Nat. Rcd.) 4 1846-1851 MSA C391-2 MdHR 18109 f. 99 13 Oct. 1846.

Ferme, Bernard. Prussia. NATN. Decl. intent in US Circ. Ct. 23 Sept. 1844. Wits: Conrad Wierharmer and John Uhlorn. BA Ct. (Nat. Dkt.) 1 1796-1851 MSA C389-1 MdHR 18106 f. 262 13 Oct. 1846.

Ferrier, Peter. France. BA Ct. (Nat. Dkt.) 1 1796-1851 MSA C389-1 MdHR 18106 f.

30 #580 27 Feb. 1805.

Ferris, Baldo. Austrian Empire. NATN. Decl. intent in US Dist. Ct. 1 Nov. 1848. Wits: Thomas Barrowick and Andrew Shes. O&RA to the Emperor of Austria. BC Ct. (Nat. Rcd.) 10 1849-1851 MSA C29-2 MdHR 18120 f. 170 3 June 1851.

Ferry, Matthew. Ireland. DI. BC Ct. (Dkt&Mins) 1840 MSA C184-7 MdHR 16664 f. 37 2 Oct. 1840.

Fertsch, Nicholas. Kingdom of Bian. DI. BA Ct. (Minutes) 1846-1851 MSA C386-16 MdHR 14405 ff. 132-133 1 Nov. 1848.

Fertsch, Nicholas. Kingdom of Bian. DI. BA Ct. (Minutes, Rough) 1845-1851 MSA C420-3 MdHR 14401 f. 260 1 Nov. 1848.

Fertsch, Nicholas. Kingdom of Bian. DI. BA Ct. (Minutes) 1846-1851 MSA C386-17 MdHR 14405 ff. 132-133 1 Nov. 1848.

Fetherridge, James F. England. DI. Res. BC. BC Ct. (Dkt&Mins) 1839 MSA C184-6 MdHR 16663 f. 25 18 June 1839.

Fetter, George. Wurtemburg. NATN. Decl. intent in US Circ. Ct. 30 Sept. 1844. Wits: Adam Bedel and Morris Smith. O&RA to King of Wurtemburg. BA Ct. (Nat. Rcd.) 4 1846-1851 MSA C391-2 MdHR 18109 f. 299 30 Oct. 1848.

Fetter, George. Wurtemburg. NATN. Decl. intent in US Circ. Ct. 30 Sept. 1844. Wits: Adam Bedel and Morris Smith. BA Ct. (Nat. Dkt.) 1 1796-1851 MSA C389-1 MdHR 18106 f. 350 30 Oct. 1848.

Fetterling, Jacob. Great Britain. BA Ct. (Nat. Dkt.) 1 1796 - 1851 MSA C389-1 MdHR 18106 f. 4 #56 17 Jan. 1797. Barnes, p. 59

Fetzberger, Henry. Grand Dutchy of Hesse-Darmstadt. NATN. Decl. intent in US Circ. Ct. 13 Oct. 1846. Wits: James Clark and John W. Woods. BA Ct. (Nat. Dkt.) 1 1796-1851 MSA C389-1 MdHR 18106 f. 359 3 Nov. 1848.

Feuss, Frederick H. Hanover. NATN. Decl. intent in US Dist. Ct. 16 Sept. 1839. Res. BC. Wits: Deiderich Pralle and John Henry Hill. O&RA to King of Hanover. BA Ct. (Nat. Rcd.) 2 1832-1842 MSA C391-1 MdHR 18108 f. 98 4 Oct. 1842.

Fevour, John Baptist Marie. France. BA Ct. (Nat. Dkt.) 1 1796-1851 MSA C389-1 MdHR 18106 f. 43 #839 27 Nov. 1813.

Fey, Joseph. Prussia. DI. BA Ct. (Minutes) 1839-1846 MSA C386-16 MdHR 14404 f. 128 24 Feb. 1842.

Fhofs/Shoss, Mary. Hanover. DI. BA Ct. (Minutes) 1822-1826 MSA C386-12 MdHR 14386 f. 3 27 March 1822

Fidd, Samuel. Ireland. NATN. Res. BC. Res. US 14 April 1802 - 18 June 1812. Wits: William A. Murray and Richard C. Murray. O&RA to King of UK. BC Ct. (Nat. Rcd. of Minors) 1 1827-1832 MSA C237-1 MdHR 18112 ff. 218-219 5 Nov. 1828.

Fieche, Frederick. [Grand] Dutchy of Brunswick. DI. BC Ct. (Dkt&Mins) 1847 MSA C184-10 MdHR 16667 f. 39 23 Oct. 1847.

Fields, Thomas. England. NATN. Decl. intent in open court. Arrived in US 3 yrs. prior to age 21. Res. US for 5 yrs., including 3 of minority. Res. MD over 1 yr. Res. BC. Wits: Robert Foder and James Halfpenney. O&RA to King of UK. BC Ct. (Nat. Rcd. of Minors) 2 1832-1836 MSA C237-1 MdHr 18113 f. 124 3 Oct. 1834.

Fierman, Patrick. Ireland. DI. BA Ct. (Minutes, Rough) 1832-1835 MSA C420-1 MdHR 14396-2 f. 285 3 Oct. 1834.

Fiermian, Patrick. Ireland. DI. BA Ct. (Minutes) 1822-1826 MSA C386-12 MdHR 14386 f. 435 4 Oct. 1826.

Fiernly, Samuel. Ireland. DI. Res. BC. BC Ct. (Dkt&Mins) 1839 MSA C184-6 MdHR 16663 f. 30 19 July 1839.

Fifer, Godfrey. Wurtemburg. NATN. Decl. intent in open ct. Arrived in US prior to age 18. Wits: Mathias Snyder and Christopher Fifer. BA Ct. (Nat. Dkt.) 1 1796-1851 MSA C389-1 MdHR 18106 f. 222 30 Oct. 1844.

Filber, George. Bavaria. NATN. Decl. intent in US Circ. Ct. 27 May 1844. Wits:

Jacob Loritz and Michael Baner. BA Ct. (Nat. Dkt.) 1 1796-1851 MSA C389-1 MdHR 18106 f. 262 13 Oct. 1846.

Filber, George. Bavaria. NATN. Decl. intent in US Circ. Ct. 27 May 1844. Wits: Jacob Loritz and Michael Bauer. O&RA to King of Bavaria. BA Ct. (Nat. Rcd.) 4 1846-1851 MSA C391-2 MdHR 18109 f. 100 13 Oct. 1846.

Filchner, Christian. Hanover. NATN. Decl. intent in US Circ. Ct. 1 Oct. 1844. Wits: Emanuel Weinman and Charles Woodman. O&RA to King of Hanover. BA Ct. (Nat. Rcd.) 4 1846-1851 MSA C391-2 MdHR 18109 f. 247 2 Oct. 1848.

Filchner/Felchner, Christian. Hanover. NATN. Decl. intent in US Circ. Ct. 1 Oct. 1844. Wits: Emanuel Wienman and Charles Wodman. BA Ct. (Nat. Dkt.) 1 1796-1851 MSA C389-1 MdHR 18106 f. 329 2 Oct. 1848.

Filey, Francis. England. NATN. Res. BC. Decl. intent in US Circ. Ct. 29 Dec. 1824. Wits: Frederick Munder and Joshua Marriott. O&RA to King of UK. BC Ct. (Nat. Rcd. of Minors) 1 1827-1832 MSA C237-1 MdHR 18112 ff. 69-70 18 Sept. 1828.

Filla, Gerald. Westphalia. DI. BA (Minutes) 1827-1830 MSA C386-13 MdHR 14391 f. 77 25 Sept. 1827.

Fillenger, Mathias. France. DI. BA Ct. (Minutes) 1815-1820 MSA C386-11 MdHR 14381 f. 369 21 April 1820.

Filman/Zilman, John. Germany. BA Ct. (Nat. Dkt.) 1 1796-1851 MSA C389-1 MdHR 18106 f. 23 #459 9 June 1803. Barnes, p. 65.

Finch, Francis. England. NATN. Decl. intent in US Dist. Ct. 21 Feb. 1843. Wits: William S. Peterson and George L. L. Davis. O&RA to Queen of UK. BC Ct. (Nat. Rcd.) 9 1845-1848 MSA C229-1 MdHR 18119 f. 33 14 Feb. 1846.

Finchmann, Henry. [Grand Dutchy of Hesse-] Darmstadt. DI. BA Ct. (Minutes) 1822-1826 MSA C386-12 MdHR 14386 f. 217 22 Sept. 1824.

Finchnauer, Henry. [Grand Dutchy of Hesse-] Darmstadt. DI. BA Ct. (Misc. Ct. Papers) MSA C1-57 MdHR 50206-753 unnumbered 1823 item 23 Sept. 1824.

Finchnaur, Henry. Germany. NATN. Born in town of Oldersheim. Decl. intent in BA Ct. the 3rd Monday of Sept. 1824. Wits: John Harryman and Maurice Shoemaker. BA Ct. (Nat. Dkt.) 1 1796-1851 MSA C389-1 MdHR 18106 f. 110 23 Sept. 1826.

Finchnaur, Henry. Darmstadt. Report and registration. Noted as age 25. Born in town of Oderkeine. Arrived in Philadelphia Oct. 1815. Res. BC. Wits: John Harryman and Maurice Shoemaker. BA Ct. (Misc. Ct. Papers) MSA C1-57 MdHR 50206-753 1823 item 353 23 Sept. 1824.

Finck, Henry. Bavaria. NATN. Decl. intent in US Circ. Ct. 3 Nov. 1845. Wits: Adam Weir and John Hoffman. BA Ct. (Nat. Dkt.) 1 1796-1851 MSA C389-1 MdHR 18106 f. 384 30 Sept. 1851.

Finck, Henry. Bavaria. NATN. Decl. intent in US Circ. Ct. 3 Nov. 1848. Wits: Adam Weir and John Hoffman. O&RA to King of Bavaria. BA Ct. (Nat. Rcd.) 4 1846-1851 MSA C391-2 MdHR 18109 f. 377 30 Sept. 1851.

Fingle, Henry. England. NATN. Born in Co. of Northhampton. Decl. intent in BA Ct. 31 Oct. 1826. Wits: Luther Davies and James Hance. BA Ct. (Nat. Dkt.) 1 1796-1851 MSA C389-1 MdHR 18106 f. 152 8 Nov. 1828.

Finigan, Owen. Ireland. DI. BC Ct. (Dkt&Mins) 1847 MSA C184-10 MdHR 16667 f. 36 4 Oct. 1847.

Finley, James. England. BA Ct. (Nat. Dkt.) 1 1796-1851 MSA C389-1 MdHR 18106 f. 17 #358 11 Sept. 1798. Barnes, p. 64.

Finley, Thomas. Ireland. DI. BA Ct. (Minutes) 1822-1826 MSA C386-12 MdHR 14386 f. 436 20 Sept. 1826.

Finley, Thomas. Ireland. NATN. Res. BC. Decl. intent in BA Ct. 20 Sept. 1826. Wits: John McKinnell and John Rogers. O&RA to King of UK. BC Ct. (Nat. Rcd. of Minors) 1 1827-1832 MSA C237-1 MdHr 18112 ff. 119-120 29 Sept. 1828.

Finn, James. Ireland. NATN. Decl. intent in BC Ct. 30 may 1847. Wits: Matthew Lyons and John Young. O&RA to Queen of UK. BC Ct. (Nat. Rcd.)

10 1849-1851 MSA C229-2 MdHR 18120 f. 50 23 Feb. 1850.

Finn, James. Ireland. DI. Res. BC. BC Ct. (Dkt&Mins) 1847 MSA C184-10 MdHR 16667 f. 16 18 May 1847.

Finn, John. Ireland. DI. BC Ct. (Dkt&Mins) 1849 MSA C184-11 MdHR 16668 f. 29 16 Oct. 1849.

Finnegan, Laurence. Ireland. NATN. Decl. intent in BC Ct. 6 Oct. 1848. Wits: James Trainer and Owen Reiley. BA Ct. (Nat. Dkt.) 1 1796-1851 MSA C389-1 MdHR 18106 f. 377 8 Oct. 1850.

Finnerman, Hugh. Ireland. NATN. Decl. intent in US Circ. Ct. 29 Sept. 1847. Wits: Patrick Doyle and Michael Kaden. O&RA to Queen of UK. BC Ct. (Nat. Rcd.) 10 1849-1851 MSA C229-2 MdHR 18120 f. 404 4 Nov. 1851.

Finsterer, Levinhart. Bavaria. NATN. Decl. intent in US Circ. Ct. 26 Sept. 1844. Wits: John Kenninger and George Geyer. BA Ct. (Nat. Dkt.) 1 1796-1851 MSA C389-1 MdHR 18106 f. 336 3 Oct. 1848.

Fipose/Fipore (?), Louis. Kingdom of Sardinia. DI. BA Ct. (Minutes, Rough) 1832-1835 MSA C420-1 MdHR 14396-2 f. 169 19 Feb. 1833.

Firand, Louis. France. BA Ct. (Nat. Dkt.) 1 1796-1851 MSA C389-1 MdHR 18106 f. 35 #682 23 May 1806.

Fircher, Ernst. Grand Dutchy of Baden. NATN. Decl. intent in US Circ. Ct. 26 Sept. 1844. Wits: Charles Woodman and Christian Felchner. O&RA to the Grand Duke of Baden. BA Ct. (Nat. Rcd.) 4 1846-1851 MSA C391-2 MdHR 18109 f. 247 2 Oct. 1848.

Firsby/Firley, John. England. BA Ct. (Nat. Dkt.) 1 1796-1851 MSA C389-1 MdHR 18106 f. 16 #338 30 Aug. 1798. Barnes, p. 53.

Firsterer, Leonhardt. Wurtemburg. NATN. Decl. intent in US Circ. Ct. 26 Sept. 1844. Wits: John Hennenger and George Geyer. O&RA to King of Wurtemburg. BA Ct. (Nat. Rcd.) 4 1846-1851 MSA C391-2 MdHR 18109 f. 264 3 Oct. 1848.

Fischer, Christian F. [Grand] Dutchy of Saxe-Weimar. NATN. Arrived in US 3 yrs. prior to age 21. Res. US for 5 yrs., including 3 of minority. Res. MD over 1 yr. Wits: Conrad Roetter and Joseph Priller. O&RA to the [Grand] Duke of Saxe-Weimar. BA Ct. (Nat. Rcd. of Minors) 3 1846-1851 MSA C392-1 MdHR 18110 f. 75 1 Nov. 1848.

Fischer, Christian F. [Grand] Dutchy of Saxe-Weiner/Weimar. NATN. Arrived in US under age 18. Wits: Conrad Raetter and Joseph Pailler. BA Ct. (Nat. Dkt.) 1 1796-1851 MSA C389-1 MdHR 18106 f. 352 1 Nov. 1848.

Fischer, Ernst. Grand Dutchy of Baden. NATN. Decl. intent in US Circ. Ct. 26 Sept. 1844. Wits: Charles Wodman and Christian Felchner. BA Ct. (Nat. Dkt.) 1 1796-1851 MSA C389-1 MdHR 18106 f. 329 2 Oct. 1848.

Fisher, Caspar. Grand Dutchy of Hesse-Darmstadt. DI. BC Ct. (Dkt&Mins) 1840 MSA C184-7 MdHR 16664 f. 36 30 Sept. 1840.

Fisher, Charles. Sweden. DI. BA Ct. (Minutes) 1822-1826 MSA C386-12 MdHR 14386 f. 104 22 May 1823.

Fisher, Francis. Bavaria. NATN. Decl. intent in US Dist. Ct. 30 May 1845. Wits: Frederick Crey and John H. Barth. O&RA to King of Bavaria. BC Ct. (Nat. Rcd.) 9 1845-1848 MSA C229-1 MdHR 18119 f. 501 5 June 1848.

Fisher, John G. Bremen. DI. Ren. alleg. to the Hanseatic Government. BA Ct. (Misc. Ct. Papers) MSA C1-57 MdHR 50206-754 unnumbered 1823 item 25 Sept. 1824.

Fisher, John G. Bremen. Report and registration. Noted as age 26. Born in Bremen. Arrived in BC May 1817. Res. BC. Wits: Isaac Welsh and Jeremiah W. Harrison. BA Ct. (Misc. Ct. Papers) MSA C1-57 MdHR 50206-754 1823 item 354 28 Sept. 1824.

Fisher, John F. Bremen. NATN. Born in city of Bremen. Decl. intent in BA Ct. Sept. term 1824. Wits: Isaac West and Jeremiah W. Harrison. BA Ct. (Nat. Dkt.) 1 1796-1851 MSA C389-1 MdHR 18106 f. 118 25 Sept. 1827.

Fisher, John F. Bremen. DI. Ren. alleg. to the Hanseatic Government. BA Ct. (Minutes) 1822-1826 MSA C386-12 MdHR 14386 f. 220 29 Sept. 1824.

Fisher, John B. Grand Dutchy of Hesse-Darmstadt. NATN. Decl. intent in US

Dist. Ct. 30 Sept. 1844. Wits: Charles Widener and Frederick Ruff. O&RA to the Grand Duke of Hesse-Darmstadt. BC Ct. (Nat. Rcd.) 9 1845-1848 MSA C229-1 MdHR 18119 f. 472 5 Oct. 1847.

Fisher, John Frederick. Wurtemburg. NATN. Decl. intent in Ct. of Common Pleas for Clark Co., Ohio 8 March 1842. Wits: Eliza Deitz and Elizabeth Day. O&RA to King of Wurtemburg. BA Ct. (Nat. Rcd.) 4 1846-1851 MSA C391-2 MdHR 18109 f. 330 28 March 1849.

Fisher, John Frederick. Wurtemburg. NATN. Decl. intent in the Ct. of Common Pleas, Clark Co. Ohio 8 March 1842. Wits: Eliza Deitz and Elizabeth Day. BA Ct. (Nat. Dkt.) 1 1796-1851 MSA C389-1 MdHR 18106 f. 362 28 March 1849.

Fisher, Martin. Grand Dutchy [Electorate] of Hesse-Cassell. DI. BA Ct. (Minutes, Rough) 1836-1844 MSA C420-2 MdHR 14398 f. 38 13 Oct. 1836.

Fisher, Peter. Grand Dutchy of Baden. NATN. Decl. intent in US Dist. Ct. 25 Sept. 1844. Wits: Alexander Gould, Jr. and Joseph Mentghenalty. O&RA to the Grand Duke of Baden. BC Ct. (Nat. Rcd.) 9 1845-1848 MSA C229-1 MdHR 18119 f. 131 5 Oct. 1846.

Fishmyer, Frederick. Prussia. NATN. Res. BC. Decl. intent in US Circ. Ct. 20 May 1819. Wits: James Q. Grimes and Lambert Thomas. O&RA to King of Prussia. BC Ct. (Nat. Rcd. of Minors) 1 1827-1832 MSA C237-1 MdHR 18112 ff. 338-339 4 Oct. 1830.

Fisk, John H. Bavaria. NATN. Decl. intent in BC Ct. 30 Sept. 1844. Wits: George H. Mittnacht and Peter Kreis. O&RA to King of Bavaria. BC Ct. (Nat. Rcd.) 9 1845-1848 MSA C229-1 MdHR 18119 f. 297 30 Sept. 1847.

Fislage, George. Prussia. NATN. Decl. intent in US Dist. Ct. 4 Sept. 1838. Res. BC. Wits: John Brinker and Henry Sims. O&RA to King of Prussia. BA Ct. (Nat. Rcd.) 2 1832-1846 MSA C391-1 MdHR 18108 f. 85 24 Oct. 1840.

Fislage, George, of Anne Arundel Co.. Prussia. NATN. Decl. intent in US Dist. Ct. 4 Sept. 1838. Wits: John Brenker and Henry Sims. BA Ct. (Nat. Dkt.) 1 1796-1851 MSA C389-1 MdHR 18106 f. 206 24 Oct. 1840.

Fissone, Louis. Kingdom of Sardinia. DI. BA Ct. (Minutes) 1832-1838 MSA C386 MdHR 14403 f. 36 19 Feb. 1833.

Fitard, Adrian. France. BA Ct. (Nat. Dkt.) 1 1796-1851 MSA C389-1 MdHR 18106 f. 35 #677 12 May 1806.

Fitheradge, James F. England. NATN. Decl. intent in BC Ct. 18 June 1839. Wits: Charles Higinbothom and Edward Higinbothome. BA Ct. (Nat. Dkt.) 1 1796-1851 MSA C389-1 MdHR 18106 f. 208 6 Nov. 1841.

Fitheradge, James F. England. NATN. Decl. intent in BC Ct. 18 June 1839. Res. BC. Wits: Charles Higginbothom and Edward Higginbothom. O&RA to Queen of UK. BA Ct. (Nat. Rcd.) 2 1832-1846 MSA C391-1 MdHR 18108 ff. 89-90 6 Nov. 1841.

Fitheradge, James. England. DI. Res. BC. BC Ct. (Dkt&Mins) 1839 MSA C184-6 MdHR 16663 f. 25 18 June 1839.

Fitzberger, Henry. Grand Dutchy of Hesse-Darmstadt. NATN. Decl. intent in US Circ. Ct. 13 Oct. 1846. Wits: James W. Clark and John W. Woods. O&RA to the Grand Duke of Hesse-Darmstadt. BA Ct. (Nat. Rcd.) 4 1846-1851 MSA C391-2 MdHR 18109 f. 321 3 Nov. 1848.

Fitze, John. Great Britain. BA Ct. (Nat. Dkt.) 1 1796-1851 MSA C389-1 MdHR 18106 f. 7 #126 18 Aug. 1797. Barnes, p. 60

Fitze, William. Great Britain. BA Ct. (Nat. Dkt.) 1 1796-1851 MSA C389-1 MdHR 18106 f. 7 #128 18 Aug. 1797. Barnes, p. 60.

Fitzgerald, Edward. UK. DI. BA Ct. (Minutes) 1806-1809 MSA C386-9 MdHR 14372 f. 101 17 May 1807.

Fitzgerald, Garnett. Ireland. DI. BA Ct. (Minutes) 1846-1851 MSA C386-17 MdHR 14405 f. 240 16 Nov. 1850.

Fitzgerald, Garrett. Ireland. DI. BA Ct. (Minutes) 1846-1851 MSA C386-16 MdHR 14405 f. 240 16 Nov. 1850.

Fitzgerald, Henry. Ireland. NATN. Decl. intent in US Dist. Ct. 5 Aug. 1844. Wits: Andrew Martin and John McCuey. O&RA to Queen of UK. BC Ct. (Nat. Rcd.) 9 1845-1848 MSA C229-1 MdHR 18119 f. 60 30 Sept. 1846.
Fitzgerald, John. Ireland. NATN. Res. BC. Arrived in the US 3 yrs. prior to age 21. Res. US for 5 yrs., including 3 of minority. Res. MD over 1 yr. Wits: Thomas Russell and Edward Fitzgerald. O&RA to King of UK. BC Ct. (Nat. Rcd. of Minors) 1 1827-1832 MSA C237-1 MdHR 18112 ff. 276-277 10 Nov. 1828.
Fitzgerald, John. Ireland. NATN. Decl. intent in Ct. of Common Pleas, Allegheny Co., PA 30 Aug. 1844. Wits: Daniel Smith and William Haney. BA Ct. (Nat. Dkt.) 1 1796-1851 MSA C389-1 MdHR 18106 f. 354 1 Nov. 1848.
Fitzgerald, John. Ireland. NATN. Decl. intent in Ct. of Common Pleas for Alleghany Co., PA 30 Aug. 1844. Wits: David Smith and William Haney. O&RA to Queen of UK. BA Ct. (Nat. Rcd.) 4 1846-1851 MSA C391-2 MdHR 18109 f.308 1 Nov. 1848.
Fitzgerald, Thomas. Ireland. NATN. Arrived in US 3 yrs. prior to age 21. Res. US for 5 yrs., including 3 of minority. Res. MD over 1 yr. Wits: Felix Trainer and James Shaney. O&RA to Queen of UK. BC Ct. (Nat. Rcd. of Minors) 3 1845-1851 MSA C237-3 MdHR 18114-1 f. 41 15 Aug. 1847.
Fitzgibbon, Maurice. Ireland. DI. Res. BC. BC Ct. (Dkt&Mins) 1821 MSA C184-1 MdHR 16658 f. 32 23 June 1821.
Fitzgibbon, Thomas. Ireland. NATN. Res. BC. Decl. intent in BC Ct. 3 Oct. 1828. Wits: Stephen H. Ford and Maurice Fitzgibbon. O&RA to King of UK. BC Ct. (Nat. Rcd. of Minors) 1 1827-1832 MSA C237-1 MdHR 18112 ff. 325-326 4 Oct. 1830.
Fitzgibbon, Thomas. Ireland. DI. BC Ct. (Dkt&Mins) 1828 MSA C184-4 MdHR 16661 f. 42 4 Oct. 1828.
Fitzmorris, Luke. Ireland. DI. BA Ct. (Minutes, Rough) 1845-1851 MSA C420-3 MdHR 14401 f. 163 7 July 1847.
Fitzmorris, Luke. Ireland. DI. BA Ct. (Minutes) 1846-1851 MSA C386-17 MdHR 14405 f. 60 7 July 1847.
Fitzpatrick, Hugh. Ireland. NATN. Decl. intent in US Circ. Ct. 9 Dec. 1844. Wits: James Fitzpatrick and Owen Riley. BA Ct. (Nat. Dkt.) 1 1796-1851 MSA C389-1 MdHR 18106 f. 363 12 May 1849.
Fitzpatrick, Hugh. Ireland. NATN. Decl. intent in US Circ. Ct. 9 Dec. 1844. Wits: James Fitzpatrick and Owen Riley. O&RA to Queen of UK. BA Ct. (Nat. Rcd.) 4 1846-1851 MSA C391-2 MdHR 18109 f. 331 12 May 1849.
Fitzpatrick, William. Ireland. NATN. Decl. intent in BC Ct. 24 Oct. 1846. Wits: Peter A. Kerr and Daniel Conan. O&RA to Queen of UK. BC Ct. (Minutes) 9 1845-1848 MSA C229-1 MdHR 18119 f. 719 28 Oct. 1848.
Fitzsimmons, Pearce. England. BA Ct. (Nat. Dkt.) 1 1796-1851 MSA C389-1 MdHR 18106 f. 12 #247 16 Jan. 1798. Barnes, p. 62.
Fix, Conrad. Electorate of Hesse-Cassel. NATN. Decl. intent in US Dist. Ct. 14 Oct. 1846. Wits: Jacob Kesner and Charles Frausch. O&RA to the Elector of Hesse-Cassel. BC Ct. (Nat. Rcd.) 9 1845-1848 MSA C229-1 MdHR 18119 f. 791 4 Nov. 1848.
Flaget, Benedict Joseph. France. BA Ct. (Nat. Dkt.) 1 1796-1851 MSA C389-1 MdHR 18106 f. 26 #499 9 March 1804. Civil Ct.
Flaherty, Brian. Ireland. NATN. Decl. intent in BC Ct. 26 Sept. 1844. Wits: Edmund Flaherty and John Huey. O&RA to Queen of UK. BC Ct. (Nat. Rcd.) 9 1845-1848 MSA C229-1 MdHR 18119 f. 106 3 Oct. 1846.
Flaherty, Edward. Ireland. DI. BA Ct. (Minutes) 1822-1826 MSA C386-12 MdHR 14386 f. 220 29 Sept. 1824.
Flaherty, James. Ireland. NATN. Decl. intent in BC Ct. 6 Oct. 1828. Res. BC. Wits: Michael Flaherty and Patrick Welsh. BC Ct. (Nat. Rcd. of Minors) 2 1832-1836 MSA C237-2 MdHR 18113 ff. 41-42 11 Oct. 1832.
Flaherty, Michael. Ireland. NATN. Decl. intent in US Dist. Ct. 14 Sept. 1830.

Res. BC. Wits: John Manuel and Michael Whelan. O&RA to King of UK. BC Ct. (Nat. Rcd. of Minors) 2 1832-1836 MSA C237-2 MdHR 18113 ff. 9-10 15 Sept. 1832.

Flaherty, Morgen. Ireland. NATN. Born in Co. of Galway. Arrived in the US 3 yrs. prior to age 21. Wits: Michael Whalen and Patrick Whalen. BA Ct. (Nat. Dkt.) 1 1796-1851 MSA C389-1 MdHR 18106 f. 162 6 Oct. 1830.

Flaherty, Thomas. Ireland. NATN. Decl. intent in BC Ct. 1 Oct. 1834. Res. BC. Wits: Walter Frazier and Martin Fahy. O&RA to King of UK. BC Ct. (Nat. Rcd. of Minors) 2 1832-1836 MSA C237-2 MdHR 18113 f. 200 1 Oct. 1836.

Flanigan, Luke. Ireland. NATN. Decl. intent in BC Ct. 11 Sept. 1844. Wits: James C. Barry and Thomas Mullen. O&RA to Queen of UK. BC Ct. (Nat. Rcd.) 9 1845-1848 MSA C229-1 MdHR 18119 f. 41 14 Sept. 1846.

Flaxkom, William. Germany. DI. Ren. alleg. to the Emperor of France and the King of Italy. BA Ct. (Minutes) 1810-1814 MSA C386-10 MdHR 14376 f. 211 20 Nov. 1812.

Flaxom, William. Germany. NATN. Born in town of Nauwaid. Decl. intent in BA Ct. Oct. term 1812. Wits: John West and John G. Schring. Certificate and report filed. BA Ct. (Nat. Dkt.) 1 1796-1851 MSA C389-1 MdHR 18106 f. 60 1 Oct. 1822.

Fleming, Emanuel. Grand Dutchy of Hesse-Darmstadt. NATN. Decl. intent in US Circ. Ct. 2 Oct. 1848. Wits: Philip Schmidt and Edward Pagel. BA Ct. (Nat. Dkt.) 1 1796-1851 MSA C389-1 MdHR 18106 f. 382 30 Sept. 1851.

Flemming, Emanuel. Grand Duthcy of Hesse-Darmstadt. NATN. Decl. intent in US Circ. Ct. 2 Oct. 1848. Wits: Philip Schmidt and Edward Pagel. O&RA to the Grand Duke of Hesse-Darmstadt. BA Ct. (Nat. Rcd.) 4 1846-1851 MSA C391-2 MdHR 18109 f. 372 30 Sept. 1851.

Flemming, Matthew. Sweden. BA Ct. (Nat. Dkt.) 1 1796-1851 MSA C389-1 MdHR 18106 f. 38 #742 2 June 1809.

Flemming, William. Ireland. NATN. Arrived in US 3 yrs. prior to age 21. Res. US for 5 yrs., including 3 of minority. Res. MD over 1 yr. Wits: Michael Nash and William Thompson. O&RA to Queen of UK. BC Ct. (Nat. Rcd. of Minors) 3 1845-1851 MSA C237-3 MdHR 18114-1 f. 229 17 Sept. 1850.

Flershman, Simon. Kingdom of Bian. DI. BA Ct. (Minutes) 1839-1846 MSA C389-16 MdHR 14404 f. 69 14 Nov. 1840.

Fleshman, Simon. Kingdom of Bian. DI. BA Ct. (Minutes, Rough) 1836-1844 MSA C420-2 MdHR 14398 f. 252 14 Nov. 1840.

Fletcher, Edward. Ireland. DI. BA Ct. (Minutes) 1846-1851 MSA C386-16 MdHR 14405 f. 171 6 July 1849.

Fletcher, Edward. Ireland. DI. BA Ct. (Minutes, Rough) 1845-1851 MSA C420-3 MdHR 14401 f. 307 6 July 1849.

Fletcher, James. Ireland. NATN. Decl. intent in BC Ct. 4 Nov. 1848. Wits: Louis Servary and H. T. Laws. O&RA to Queen of UK. BC Ct. (Nat. Rcd.) 10 1849-1851 MSA C229-2 MdHR 18120 f. 279 26 Aug. 1851.

Fletcher, Samuel Jonas. Ireland. DI. BA Ct. (Minutes, Rough) 1836-1844 MSA C420-2 MdHR 14398 f. 320 31 Jan. 1842.

Fletcher, Samuel James. Ireland. DI. BA Ct. (Minutes) 1839-1846 MSA C386-16 MdHR 14404 f. 126 31 Jan. 1842.

Fletcher, Samuel James. Ireland. NATN. Decl. intent in BA Ct. 31 Jan. 1842. Wits: Edward Robinson and Brantz Meyer. O&RA to Queen of UK. BC Ct. (Nat. Rcd.) 10 1849-1851 MSA C229-2 MdHR 18120 f. 1 4 Jan. 1849.

Fleury, Bertrand. France. BA Ct. (Nat. Dkt.) 1 1796-1851 MSA C389-1 MdHR 18106 f. 28 #539 1 Aug. 1804. Civil Ct.

Flint, William. England. Registration and report. Noted as age 26. Born in Co. of Derby. Arrived in BC June 1816. res. BC. Wits: Andrew Hook and Thomas P. Harrison. BA Ct. (Misc. Ct. Papers) MSA C1-64 MdHR 50206-824 1827 item 365 28 Sept. 1827.

Flint, William. England. Born in Co. of Derby. Arrived in the US as a minor.

Decl. intent in open ct. Wits: Andrew Hook and Thomas P. Harrison. BA Ct. (Nat. Dkt.) 1 1796-1851 MSA C389-1 MdHR 18106 f. 124 25 Oct. 1827.

Flivegau, Laurence. Ireland. NATN. Decl. intent in BC Ct. 6 Oct. 1848. Wits: James Trainer and Owen Reilley. O&RA to Queen of UK. BA Ct. (Nat. Rcd.) 4 1846-1851 MSA C391-2 MdHR 18109 f. 359 8 Oct. 1850.

Flock, Andrew. Saxony. DI. BC Ct. (Dkt&Mins) 1849 MSA C184-11 MdHR 16668 f. 4 25 Jan. 1849.

Flood, Michael. Ireland. DI. BA Ct. (Minutes, Rough) 1832-1835 MSA C420-1 MdHR 14396-2 f. 326 4 May 1835.

Flook, John. Prussia. NATN. Res. BC. Res. US 14 April 1802 - 18 June 1812. Wits: John H. Bell and John D. Foy. O&RA to King of Prussia. BC Ct. (Nat. Rcd. of Minors) 1827-1832 MSA C237-1 MdHR 18112 ff. 166-167 4 Oct. 1828.

Flop, William. Bavaria. DI. Res. BC. BC Ct. (Dkt&Mins) 1846 MSA C184-9 MdHR 16666 f. 31 2 Sept. 1846.

Flory, Thomas. England. DI. BC Ct. (Dkt&Mins) 1839 MSA C184-6 MdHR 16663 f. 36 1 Oct. 1839.

Floyd, Charles. England. BA Ct. (Nat. Dkt.) 1 1796-1851 MSA C389-1 MdHR 18106 f. 14 #290 23 March 1798. Barnes, p. 63.

Flynn, Laurence. Ireland. NATN. Decl. intent in US Dist. Ct. 1 Sept. 1844. Wits: Michael Moon and James Dolan. O&RA to Queen of UK. BC Ct. (Nat. Rcd.) 9 1845-1848 MSA C229-1 MdHR 18119 f. 465 5 Oct. 1847.

Foch, John Bernhard. Hanover. DI. BC Ct. (Dkt&Mins) 1840 MSA C184-7 MdHR 16664 f. 34 15 Sept. 1840.

Fogelman, George. Austrian Empire. NATN. Res. BC, 9th ward (1850 Census). Res. US 14 April 1802 - 18 June 1812. Wits: Charles Lebon and John T. Ovare. O&RA to the Emperor of Austria. BC Ct. (Nat. Rcd. of Minors) 1 1827-1832 MSA C237-1 MdHR 18112 f. 105 29 Sept. 1828.

Foget, John. France. BA Ct. (Nat. Dkt.) 1 1796-1851 MSA C389-1 MdHR 18106 f. 26 #497 7 March 1804. Civil Ct.

Foley, Bernard. Ireland. BA Ct. (Nat. Dkt.) 1 1796-1851 MSA C389-1 MdHR 18106 f. 37 #734 19 May 1809.

Foley, Jeremiah. England. BA Ct. (Nat. Dkt.) 1 1796-1851 MSA C389-1 MdHR 18106 f. 12 #255 20 Jan. 1798. Barnes, p. 62.

Foley, John. England. BA Ct. (Nat. Dkt.) 1 1796-1851 MSA C389-1 MdHR 18106 f. 12 #254 20 Jan. 1798. Barnes, p. 62.

Foley, Matthew. Ireland. Report and registration. Noted as age 36. Born in Co. of Wexford. Arrived in BC July 1820. Res. BC. Wits: John Fox and Nicholas Phelan. BA Ct. (Misc. Ct. Papers) MSA C1-57 MdHR 50206-754 1823 item 355 21 Oct. 1822.

Foley, Matthew. Ireland. NATN. Born in Co. of Wexford. Decl. intent in BA Ct. the 3rd Monday of Sept. 1824. Wits: Nicholas Phelan and John Fox. BA Ct. (Nat. Dkt.) 1 1796-1851 MSA C389-1 MdHR 18106 f. 122 26 Sept. 1827.

Foley, Matthew. Ireland. DI. BA Ct. (Misc. Ct. Papers) MSA C1-57 MdHR 50206-754 unnumbered 1823 item 21 Sept. 1824.

Foley, Matthew. Ireland. DI. BA Ct. (Minutes) 1822-1826 MSA C386-12 MdHR 14386 f. 215 21 Sept. 1824.

Foley, Timothy. England. BA Ct. (Nat. Dkt.) 1 1796-1851 MSA C389-1 MdHR 18106 f. 13 #256 20 Jan. 1798. Barnes, p. 62.

Folle, John F. C. Hanover-Eng. Tenant 1798 to 1802. BA Ct. (Nat. Dkt.) 1 1796-1851 MSA C389-1 MdHR 18106 f. 50 28 Sept. 1821.

Follman, Martin. Germany. NATN. Res. BC. Res. US 14 April 1802 - 18 June 1812. Wits: William Young and Thomas Galloway. Takes oath. BC Ct. (Nat. Rcd. of Minors) 1 1827-1832 MSA C237-1 MdHR 18112 ff. 227-228 6 Nov. 1828.

Fooley, James M. Ireland. NATN. Born in Co. of Tyrone. Arrived in the US 3 yrs. prior to age 21. Decl. intent in open ct. BA Ct. (Nat. Dkt.) 1 1796-1851 MSA C389-1 MdHR 18106 f. 108 20 Sept. 1826.

Forbes, James L. Nova Scotia. NATN. Arrived in US 3 yrs. prior to age 21. Res. US for 5 yrs., including 3 of minority. Res. MD over 1 yr. Wits: Job

Evans and W.T.C. Rivers. O&RA to Queen of UK. BC Ct. (Nat. Rcd. of Minors) 3 1845-1851 MSA C237-3 MdHR 18114-1 f. 194 6 Nov. 1848.
Forbes, James. Ireland. DI. BC Ct. (Dkt&Mins) 1839 MSA C184-6 MdHR 16663 f. 36 1 Oct. 1839.
Ford, Denham L. Ireland. DI. BA Ct. (Minutes) 1822-1826 MSA C386-12 MdHR 14386 f. 213 20 Sept. 1824.
Forke, John Peter Frederick. Hanover. BA Ct. (Nat. Dkt.) 1 1796-1851 MSA C389-1 MdHR 18106 f. 8 #156 6 Sept. 1797. Barnes, p. 61.
Fornbach, Henry. Bavaria. NATN. Decl. intent in US Dist. Ct. (no date given). Wits: Adam Adam and John Suchorn. O&RA to King of Bavaria. BA Ct. (Nat. Rcd.) 4 1846-1851 MSA C391-2 MdHR 18109 f. 179 13 Oct. 1846.
Forney, Carten. Germany. NATN. Born in town of Bexhoxede. Decl. intent in US Dist. Ct. 2 Nov. 1822. Wits: Henry Kehlenbeck and Andrew Hildebrand. BA Ct. (Nat. Dkt.) 1 1796-1851 MSA C389-1 MdHR 18106 f. 107 20 Sept. 1826.
Forrell, Frederick. Germany. DI. BC Ct. (Dkt&Mins) 1840 MSA C184-7 MdHR 16664 f. 34 18 Sept. 1840.
Forrester, Robert. Ireland. NATN. Decl. intent in US Dist. Ct. 6 Oct. 1846. Wits: Peter Doyle and John Doyle. O&RA to Queen of UK. BC Ct. (Nat. Rcd.) 9 1845-1848 MSA C229-1 MdHR 18119 f. 647 10 Oct. 1848.
Forster, Anthony. Bavaria. NATN. Decl. intent in US Circ. Ct. 26 Sept. 1846. Wits: Caspar Meinhart and George Meinhart. O&RA to King of Bavaria. BA Ct. (Nat. Rcd.) 4 1846-1851 MSA C391-2 MdHR 18109 f. 264 3 Oct. 1848.
Forster, Anthony. Bavaria. NATN. Decl. intent in US Circ. Ct. 26 Sept. 1846. Wits: Casper Meinhart and George Meinhart. BA Ct. (Nat. Dkt.) 1 1796-1851 MSA C389-1 MdHR 18106 f. 336 3 Oct. 1848.
Forster, Francis. England. NATN. Decl. intent US Dist. Ct. 2 Dec. 1807. BA Ct. (Nat. Dkt.) 1 1796-1851 MSA C389-1 MdHR 18106 f. 42 #827 24 Sept. 1813.
Forsyth, Alexander. Ireland. NATN. Decl. intent in US Dist. Ct. 10 March 1845. Wits: John Blake and James Forsyth. O&RA to Queen of UK. BC Ct. (Nat. Rcd.) 10 1849-1851 MSA C229-2 MdHR 18120 f. 399 4 Nov. 1851.
Forsyth, Andrew. Ireland. NATN. Decl. intent in US Dist. Ct. 1 Oct. 1830. Res. BC. Wits: John Hanson and William Ennis. O&RA to King of UK. BC Ct. (Nat. Rcd. of Minors) 2 1832-1836 MSA C237-2 MdHR 18113 f. 30 1 Oct. 1832.
Forsyth, James. Ireland. DI. BA Ct. (Minutes) 1832-1838 MSA C386 MdHR 14403 f. 76 25 Nov. 1833.
Forsyth, James. Ireland. DI. BA Ct. (Minutes, Rough) 1832-1835 MSA C420-1 MdHR 14396-2 f. 222 25 Nov. 1833.
Forsyth, Victor. Ireland. NATN. Decl. intent in Philadelphia City Ct. 23 June 1845. Wits: William Joseph and Henry Staylor. O&RA to Queen of UK. BC Ct. (Nat. Rcd.) 9 1845-1848 MSA C229-1 MdHR 18119 f. 544 2 Oct. 1848.
Fortman, Adolphus. Hanover. NATN. Arrived in US under age 18. Wits: Joseph Teymeyer and William Weeks. BA Ct. (Nat. Dkt.) 1 1796-1851 MSA C389-1 MdHR 18106 f. 289 13 Oct. 1846.
Fortman, Adolphus. Hanover. NATN. Arrived in US 3 yrs. prior to age 21. Res. US for 5 yrs., including 3 of minority. Res. MD over 1 yr. Wits: John Teymeyer and William Weeks. O&RA to King of Hanover. BA Ct. (Nat. Rcd. of Minors) 3 1846-1851 MSA C392-1 MdHR 18110 f. 13 13 Oct. 1846.
Fortman, Bernard. Germany. NATN. Decl. intent in BC Ct. 19 Sept. 1844. Wits: Henry Ralvogele and Clement Kraeger. O&RA to the Emperor of Germany. BC Ct. (Nat. Rcd.) 9 1845-1848 MSA C229-1 MdHR 18119 f. 481 5 Oct. 1847.
Fortune, James. Ireland. NATN. Decl. intent in BC Ct. 11 Feb. 1846. Wits: James Burns and John Mullen, Jr. BA Ct. (Nat. Dkt.) 1 1796-1851 MSA C389-1 MdHR 18106 f. 330 2 Oct. 1848.
Fortune, James. Ireland. NATN. Decl. intent in BC Ct. 11 Feb. 1846. Wits:

John Burns and James Fortune. O&RA to Queen of UK. BA Ct. (Nat. Rcd.) 4 1846-1851 MSA C391-2 MdHR 18109 f. 248 2 Oct. 1848.
Fosbenner, David. Germany. NATN. Res. US 14 April 1802 - 18 June 1812. Res. BC. Wits: Garret Delly and Anna Delly. O&RA to the Hanseatic Government. BC Ct. (Nat. Rcd. of Minors) 2 1832-1836 MSA C237-2 MdHR 18113 f. 152 31 Oct. 1834.
Fosbiner, Peter. Germany. BA Ct. (Nat. Dkt.) 1 1796-8151 MSA C389-1 MdHR 18106 f. 21 #414 24 Nov. 1802. Barnes, p. 64.
Fosler, William L. England. NATN. Born in Co. of Nothingham. Decl. intent in US Circ. Ct. 2 May 1822. Wits: John Boyd and Michael Prink. BA Ct. (Nat. Dkt.) 1 1796-1851 MSA C389-1 MdHR 18106 f. 111 3 Oct. 1826.
Fossler, Henry. Germany. DI. BC Ct. (Dkt&Mins) 1840 MSA C184-7 MdHR 16664 f. 37 2 Oct. 1840.
Fotzauer, Louis. France. DI. BC Ct. (Dkt&Mins) 1839 MSA C184-6 MdHR 16663 f. 16 9 May 1839.
Fouble, Daniel. Germany. DI. Res. BC. Ren. alleg. to the Emperor of Germany. BC Ct. of O&T&GD (Dkt&Mins) 1812 MSA C183-7 MdHR 16655 f. 47 24 Aug. 1812.
Foulard/Fowlard, Charles. Hamburg. DI. BC Ct. (Dkt&Mins) 1849 MSA C184-11 MdHR 16668 f. 7 20 Feb. 1849.
Foulds, James. Great Britain. BA Ct. (Nat. Dkt.)1 1796-1851 MSA 389-1 MdHR 18106 f. 6. #98 5 April 1797. Barnes, p. 60
Fourbach, Henry. Bavaria. NATN. Decl. intent in US Dist. Ct. 17 Oct. 1843. Wits: Adam Adams and John Ulhorn. BA Ct. (Nat. Dkt.) 1 1796-1851 MSA C389-1 MdHR 18106 f. 294 13 Oct. 1846.
Fowler, David. Wales. NATN. Res. US 14 April 1802 - 18 June 1812. Res. BC. Wits: Abraham Baldwin and Joseph Perrigo. O&RA to King of UK. BA Ct. (Nat. Rcd.) 2 1832-1846 MSA C391-1 MdHR 18108 ff. 20-21 24 Sept. 1834.
Fowler, David. Wales. NATN. Decl. intent in open court. Arrived in US prior to 18 June 1812. Wits: Abraham Baldwin and Joseph Perrigo. BA Ct. (Nat. Dkt.) 1 1796-1851 MSA C389-1 MdHR 18106 f. 178 24 Sept. 1834.
Fowler, Francis M. England. DI. BA Ct. (Minutes, Rough) 1832-1835 MSA C420-1 MdHR 14396-2 f. 330 25 May 1835.
Fox, Charles. England. NATN. Born in Co. of Ligonshire. Decl. intent in BA Ct. of O&T&GD 10 March 1815. Witness: William Gilberthorp. Certificate and report filed. BA Ct. (Nat. Dkt.) 1 1796-1851 MSA C389-1 MDHR 18106 f. 55 4 Oct. 1821.
Fox, Conrad. Saxony. NATN. Decl. intent in US Dist. Ct. 13 Oct. 1846. Wits: Samuel Landauer and Moritz Schmidt. O&RA to King of Saxony. BC Ct. (Nat. Rcd.) 9 1845-1848 MSA C229-1 MdHR 18119 f. 713 26 Oct. 1848.
Fox, Hugh. Ireland. NATN. Decl. intent in BC Ct. 29 Sept. 1832. Res. BC. Wits: Martin Duffy and Miles Heorris (?). O&RA to King of UK. BC Ct. (Nat. Rcd. of Minors) 2 1832-1836 MSA C237-2 MdHR 18113 f. 146 15 Oct. 1834.
Fox, John. Ireland. NATN. Born in Co. of Longford. Decl. intent in BA Ct. Sept. term 1824. Wits: Thomas Campbell and Patrick Riley. BA Ct. (Nat. Dkt.) 1 1796-1851 MSA C389-1 MdHR 18106 f. 121 25 Sept. 1827.
Fox, John. Ireland. Report and registration. Noted as age 35. Born in Co. of Longford. Arrived in New York City Nov. 1810. Res. BC. Wits: Thomas Campbell and Patrick Riley. BA Ct. (Misc. Ct. Papers) MSA C1-57 MdHR 50206-754 1823 item 356 21 July 1823.
Fox, John. Ireland. DI. BA Ct. (Minutes) 1822-1826 MSA C386-12 MdHR 14386 f. 223 2 Oct. 1824.
Fox, John. Ireland. DI. BA Ct. (Misc. Ct. Papers) MSA C1-57 MdHR 50206-754 unnumbered 1823 item 2 Oct. 1824.
Fox, John. Grand Dutchy of Hesse-Darmstadt. NATN. Decl. intent in US Circ. Ct. 10 Oct. 1840. Wits: Peter Bartman and Peter Trueleib. O&RA to the Grand Duke of Hesse-Darmstadt. BC Ct. (Nat. Rcd.) 10 1849-1851 MSA C229-2 MdHR 18120 f. 373 3 Nov. 1851.

Foy, Frederick. Bavaria. BA Ct. (Nat. Dkt.) 1 1796-1851 MSA C389-1 MdHR 18106 f. 38 #757 27 Nov. 1809.
Foyard, Peter. France. NATN. Res. BC. Res. US 14 April 1802 - 18 June 1812. Wits: Edward Garraud and Emanuel Valdor. O&RA to King of France. BC Ct. (Nat. Rcd. of Minors) 1 1827-1832 MSA C237-1 MdHR 18112 ff. 229-230 7 Nov. 1828.
Foy, John. Bavaria. BA Ct. (Nat. Dkt.) 1 1796-1851 MSA C389-1 MdHR 18106 f. 38 #758 27 Nov. 1809.
Frair, Robert. Republic of France. BA Ct. (Nat. Dkt.) 1 1796-1851 MSA C389-1 MdHR 18106 f. 7 #117 June 1797. Barnes, p. 60.
Fraizer, James. Ireland. NATN. Decl. intent in the Circ. Ct. for the Dist. of Columbia, Co. of Washington 9 Aug. 1844. Res. BC. Wits: Richard Robinson and Edward Calver. O&RA to Queen of UK. BA Ct. (Nat. Rcd.) 2 1832-1846 MSA C391-1 MdHR 18108 f. 130 30 Sept. 1846.
France, Jacob. Electorate of Hesse-Cassel. NATN. Arrived in US 3 yrs. prior to age 21. Res. US for 5 yrs., including 3 of minority. Res. MD over 1 yr. Wits: Charles John and Frederick R. Keipard. O&RA to the Elector of Hesse-Cassel. BC Ct. (Nat. Rcd. of Minors) 3 1845-1851 MSA C237-3 MdHR 18114-1 f. 255 30 Sept. 1850.
Franchi, Andrew. Italy (Austrian Empire). NATN. Res. BC. Res. US 14 April 1802 - 18 June 1812. Profession: Artificial flowerist (1827 and 1829 BC Directories) Wits: Peter Smith and Elizabeth Dwyer. O&RA to the Emperor of Austria. BC Ct. (Nat. Rcd. of Minors) 1 1827-1832 MS C237-1 MdHR 18112 ff. 167-168 4 Oct. 1828.
Francis, Anthony. Germany. Res. 1798 - 1802. BA Ct. (Nat. Dkt.) 1 1796-1851 MSA C389-1 MdHR 18106 f. 56 24 Dec. 1821.
Francis, Fleetwood. England. DI. BC Ct. (Dkt&Mins) 1828 MSA C184-4 MdHR 16661 f. 41 3 Oct. 1828.
Francis, Fleetwood. England. NATN. Decl. intent in BC Ct. 3 Oct. 1828. Res. BC. Wits: Daniel Weaver and Frederick Otto. O&RA to King of UK. BC Ct. (Nat. Rcd. of Minors) 2 1832-1836 MSA C237-2 MdHR 18113 f. 36 2 Oct. 1832.
Francis, Henry. England. NATN. Arrived under 18. Wits: John W. Simpson and Reuben D. Saman. BA Ct. (Nat. Dkt.) 1 1796-1851 MSA C389-1 MdHR 18106 f. 374 23 Sept. 1850.
Francis, James. Scotland. DI. BA Ct. (Minutes, Rough) 1836-1844 MSA C420-2 MdHR 14398 f. 227 2 May 1840.
Francis, James. Ireland. DI. BA Ct. (Minutes) 1839-1846 MSA C386-16 MdHR 14404 f. 51 1 May 1840.
Francis, James. Ireland. NATN. Decl. intent in BA Ct. 2 May 1840. Wits: Isaac Campher and Thomas Francis. BA Ct. (Nat. Dkt.) 1 1796-1851 MSA C389-1 MdHR 18106 f. 216 21 Dec. 1843.
Francis, James. Ireland. NATN. Decl. intent in BA Ct. 2 May 1840. Res. Queen Anne's Co. Wits: Isaac Carmpher (?) and Thomas Francis. O&RA to Queen of UK. BA Ct. (Nat. Rcd.) 2 1832-1846 MSA C391-1 MdHR 18108 f. 105 21 Dec. 1843.
Francis, John. England. NATN. Decl. intent in BC Ct. 18 Nov. 1843. Wits: Gabriel Tubman and Henry Diggs. O&RA to Queen of UK. BC Ct. (Nat. Rcd.) 9 1845-1848 MSA C229-1 MdHR 18119 f. 205 10 Oct. 1846.
Francis, Thomas. England. DI. BA Ct. (Minutes, Rough) 1836-1844 MSA C420-2 MdHR 14398 f. 127 9 May 1838.
Francis, Thomas. England. DI. BA Ct. (Minutes) 1832-1838 MSA C386 MdHR 14403 f. 288 9 May 1838.
Francis. Henry. England. NATN. Arrived in US 3 yrs. prior to age 21. Res. US for 5 yrs., including 3 of minority. Res. MD over 1 yr. Wits: John W. Sempers and Reuben D. Janar. O&RA to Queen of UK. BA Ct. (Nat. Rcd. of Minors) 3 1846-1851 MSA C392-1 MdHR 18110 f. 90 23 Sept. 1850.
Franck, Frederick M. Bavaria. NATN. Decl. intent in US Dist. Ct. 12 Oct.

131

1846. Wits: Joseph Kelan and Henry Bader. O&RA to King of Bavaria. BC Ct. (Nat. Rcd.) 9 1845-1848 MSA C229-1 MdHR 18119 f. 786 4 Nov. 1848.

Frank, John Frederick. Wurtemburg. NATN. Decl. intent in US Dist. Ct. 3 Oct. 1843. Wits: Gerhart A. Sybertz and Peter Martel. BA Ct. (Nat. Dkt.) 1 1796-1851 MSA C389-1 MdHR 18106 f. 263 13 Oct. 1846.

Frank, John Frederick. Wurtemburg. NATN. Decl. intent in US Dist. Ct. 3 Oct. 1843. Wits: Gerhard A. Lyberts and Peter Martel. O&RA to King of Wurtemburg. BA Ct. (Nat. Rcd.) 4 1846-1851 MSA C391-2 MdHR 18109 f. 100 13 Oct. 1846.

Frank, Louis. Bavaria. NATN. Decl. intent in US Dist. Ct. 17 Oct. 1842. Res. BC. Wits: Emmanuel Weinnman and Henry Engelhausen. O&RA to King of Bavaria. BA Ct. (Nat. Rcd.) 2 1832-1846 MSA C391-1 MdHR 18108 f. 113 19 Oct. 1844.

Frank, Louis. Bavaria. NATN. Decl. intent in US Dist. Ct. 17 Sept. 1842. Wits: Emanuel Weinman and Henry Engelhausen. BA Ct. (Nat. Dkt.) 1 1796-1851 MSA C389-1 MdHR 18106 f. 220 19 Oct. 1844.

Frank, Otto H. Hanover. NATN. Decl. intent in US Dist. Ct. 5 June 1843. Wits: Charles L. Kraft and Albert B. Nilson. O&RA to King of Hanover. BC Ct. (Nat. Rcd.) 9 1845-1848 MSA C229-1 MdHR 18119 10 Sept. 1847.

Frankenberger, Charles. Bavaria. NATN. Arrived in US under age 18. Wits: Francis Dink and Valentine Ott. BA Ct. (Nat. Dkt.) 1 1796-1851 MSA C389-1 MdHR 18106 f. 299 5 Oct. 1847.

Frankenburger, Charles. Bavaria. NATN. Arrived in US 3 yrs. prior to age 21. Res. US for 5 yrs., including 3 of minority. Res. MD over 1 yr. Wits: Francis Dink and Valentine Ott. O&RA to King of Bavaria. BA Ct. (Nat. Rcd. of Minors) 3 1846-1851 MSA C392-1 MdHR 18110 f. 30 5 Oct. 1847.

Frankenstein, Samuel. Germany. NATN. Decl. intent in BC Ct. 23 March 1844. Wits: Emanuel Weinman and Marune (Maurice ?) Goldsmith. BA Ct. (Nat. Dkt.) 1 1796-1851 MSA C389-1 MdHR 18106 f. 297 4 Oct. 1846.

Frankenstein, Samuel. Germany. NATN. Decl. intent in BC Ct. 23 March 1844. Wits: Emanuel Wineman and Marum(?) Goldsmith. O&RA to the Emperor of Germany. BA Ct. (Nat. Rcd.) 4 1846-1851 MSA C391-2 MdHR 18109 f. 184 4 Oct. 1847.

Frankhauser, George. France. NATN. Born in Lonagne. Decl. intent in US Circ. Ct. 7 May 1819. Witness: George E. Weaver. BA Ct. (Nat. Dkt.) 1 1796-1851 MSA C389-1 MdHR 18106 f. 76 27 Sept. 1824.

Franz, John. Principality (Dutchy) of Saxe-Coburg-Gotha. DI. BC Ct. (Dkt&Mins) 1840 MSA C184-7 MdHR 16664 f. 37 2 Oct. 1840.

Franz, Leopold. Bavaria. NATN. Decl. intent in US Dist. Ct. 4 Oct. 1844. Wits: Paul Marden and Adam Warner. O&RA to King of Bavaria. BC Ct. (Nat. Rcd.) 9 1845-1848 MSA C229-1 MdHR 18119 f. 672 12 Oct. 1848.

Frasch, John W. Grand Dutchy of Baden. NATN. Decl. intent in BC Ct. 16 Sept. 1844. Wits: Henry Baer and Adam Filington. O&RA to the Grand Duke of Baden. BC Ct. (Nat. Rcd.) 9 1845-1848 MSA C229-1 MdHR 18119 f. 580 3 Oct. 1848.

Frauh, Henry. Beirn. DI. BC Ct. (Dkt&Mins) 1840 MSA C184-7 MdHR 16664 f. 36 28 Sept. 1840.

Frazie, John. England. BA Ct. (Nat. Dkt.) 1 1796-1851 MSA C389-1 MdHR 18106 f. 27 #518 11 June 18104. Civil Ct.

Frazier, Alexander. Scotland. NATN. Noted as age 27. Born in Town of Grennoch. Exhibits petition and certificates of declaration of intent and report and registration, filed US Dist. Ct. 23 March 1825. Arrived in BC June 1816. Res. BC. O&RA to King of UK. Witness: Hugh McDonald. BC Ct. (Nat. Rcd. of Minors) 1 1827-1832 MSA C237-1 MdHR 18112 ff. 15-17 27 June 1827.

Frazier, Daniel. Nova Scotia. NATN. Decl. intent in BC Ct. 18 Sept. 1844 .

Wits: Daniel Shaw and James W. Owings. O&RA to Queen of UK. BC Ct. (Nat. Rcd.) 9 1845-1848 MSA C229-1 MdHR 18119 f. 688 16 Oct. 1848.
Frazier, James. England. BA Ct. (Nat. Dkt.) 1 1796-1851 MSA C389-1 MdHR 18106 f. 34 #669 4 April 1807.
Frazier, James. Ireland. NATN. Decl. intent in the Circ. Ct. of the Dist. of Columbia, Co. of Washington, 9 Aug. 1844. Wits: Richard Robertson and Edward Culden. BA Ct. (Nat. Dkt.) 1 1796-1851 MSA C389-1 MdHR 18106 f. 228 30 Sept. 1846.
Frazier, Walter. Scotland. DI. BA Ct. (Minutes) 1822-1826 MSA C386-12 MdHR 14386 f. 114 30 Sept. 1823.
Frede, John H. Germany. NATN. Decl. intent in US Dist. Ct. 1 Oct. 1844. Wits: Philip Manley and Joseph Reitzenberger. O&RA to the Emperor of Germany. BC Ct. (Nat. Rcd.) 10 1849-1851 MSA C229-2 MdHR 18120 f. 94 30 Sept. 1850.
Frederchschott, Johan. Electorate of Hesse-Cassel. NATN. Decl. intent in US Circ. Ct. 4 Oct. 1847. Wits: John C. (?) and John Shappy. BA Ct. (Nat. Dkt.) 1 1796-1851 MSA C389-1 MdHR 18106 f. 378 8 Oct. 1850.
Frederick, Christopher. Grand Dutchy of Hesse-Darmstadt. NATN. Decl. intent in US Dist. Ct. 9 Sept. 1844. Wits: William Volkman and George Volkman. O&RA to the Grand Duke of Hesse-Darmstadt. BC Ct. (Nat. Rcd.) 9 1845-1848 MSA C229-1 MdHR 18119 f. 190 6 Oct. 1846.
Frederick, Henry. Republic of Hamburg. NATN. Arrived in US 3 yrs. prior to age 21. Res. US for 5 yrs., including 3 of minority. Res. MD over 1 yr. Wits: John Frederick and Louis Servary. O&RA to the Republic of Hamburg. BC Ct. (Nat. Rcd. of Minors) 3 1845-1851 MSA C237-3 MdHR 18114-1 f. 212 20 Sept. 1849.
Frederick, John G. Germany. NATN. Decl. intent in Franklin Co. (PA) Ct. 15 Aug. 1843. Wits: Peter Trenlieb and Henry Bader. BA Ct. (Nat. Dkt.) 1 1796-1851 MSA C389-1 MdHR 18106 f. 345 10 Oct. 1848.
Frederick, John G. Germany. NATN. Decl. intent in Franklin Co. Ct., Pennsylvania, 15 Aug. 1843. Wits: Peter Treislieb and Henry Bader. O&RA to the Emperor of Germany. BA Ct. (Nat. Rcd.) 4 1846-1851 MSA C391-2 MdHR 18109 f. 286 10 Oct. 1848.
Frederick, John. Hamburg. DI. Ren. alleg. to the Grand Duke of [Hesse-] Darmstadt. BA Ct. (Minutes) 1832-1838 MSA C386 MdHR 14403 f. 115 13 Sept. 1834.
Frederick, John. Prussia. NATN. Decl. intent in US Dist. Ct. 30 Sept. 1844. Wits: August Schroeder and Lewis Houser. O&RA to King of Prussia. BC Ct. (Nat. Rcd.) 9 1845-1848 MSA C229-1 MdHR 18119 f. 575 3 Oct. 1848.
Frederick, Jr., Michael. Republic of France. BA Ct. (Nat. Dkt.) 1 1796-1851 MSA C389-1 MdHR 18106 f. 12 #253 19 Jan. 1798. Barnes, p. 62.
Frederick, Jr. Joseph. Grand Dutchy of Baden. NATN. Arrived in US 3 yrs. prior to age 21. Res. US for 5 yrs., including 3 of minority. Res. MD over 1 yr. Wits: Joseph Frederick and Jacob Kritesman. O&RA to the Grand Duke of Baden. BA Ct. (Nat. Rcd. of Minors) 3 1846-1851 MSA C392-1 MdHR 18110 f. 12 13 Oct. 1846.
Frederick, Laurence. Prussia. Res. 1798 - 1802. BA Ct. (Nat. Dkt.) 1 1796-1851 MSA C389-1 MdHR 18106 f. 59 30 Sept. 1822.
Frederick, Levi. Bavaria. DI. BC Ct. (Dkt&Mins) 1849 MSA C184-11 MdHR 16668 f. 7 15 Feb. 1849.
Frederick, Sr., Michael. France. BA Ct. (Nat. Dkt.) 1 1796-1851 MSA C389-1 MdHR 18106 f. 12 #252 19 Jan. 1798. Barnes, p. 62.
Freehoover, Godfried. Wurtemburg. NATN. Decl. intent in BC Ct. 17 Sept. 1834. Res. BC. Wits: John F. Exe and James L. Maguire. O&RA to King of Wurtemburg. BC Ct. (Nat. Rcd. of Minors) 2 1832-1836 MSA C237-2 MdHR 18113 f. 193 26 Sept. 1836.

Freeman, Henry. Electorate of Hesse-Cassel. NATN. Arrived in US 3 yrs. prior to age 21. Res. US for 5 yrs., including 3 of minority. Res. MD over 1 yr. Wits: Thomas Baldwin and John Freeman, Sr. O&RA to the Elector of Hesse-Cassel. BC Ct. (Nat. Rcd. of Minors) 3 1845-1851 MSA C237-3 MdHR 18114-1 f. 54 28 Sept. 1847.

Freeman, James. England. NATN. Decl. intent in US Circ. Ct. 28 Oct. 1845. Wits: Moses G. Hinds and John L. Reese. O&RA to Queen of UK. BC Ct. (Nat. Rcd.) 10 1849-1851 MSA C229-2 MdHR 18120 f. 68 28 Sept. 1850.

Freeman, John. Electorate of Hesse-Cassel. NATN. Decl. intent in the Circ. Ct. of the Dist. of Columbia 10 Aug. 1844. Wits: Thomas Baldwin and Christopher C. Clarke. O&RA to the Elector of Hesse-Cassel. BC Ct. (Nat. Rcd.) 9 1845-1848 MSA C229-1 MdHR 18119 f. 274 28 Sept. 1847.

Freeman, Jr., John. Electorate of Hesse-Cassel. NATN. Arrived in US 3 yrs. prior to age 21. Res. US for 5 yrs., including 3 of minority. Res. MD over 1 yr. Wits: Christopher C. Clarke and John Freeman, Sr. O&RA to the Elector of Hesse-Cassel. BC Ct. (Nat. Rcd. of Minors) 3 1845-1851 MSA C237-3 MdHR 18114-1 f. 53 28 Sept. 1847.

Freeman, Thomas. England. NATN. Decl. intent in US Circ. Ct. 6 Jan. 1846. Wits: George Rodgers and William Clemmons. O&RA to Queen of UK. BC Ct. (Nat. Rcd.) 9 1845-1848 MSA C229-1 MdHR 18119 f. 529 28 Sept. 1848.

Freidburger, John. Switzerland. NATN. Born in Canton of Basle. Arrived in the US prior to 18 June 1812. Wits: Daniel Schwartzauer and Andrew Hildebrand. BA Ct. (Nat. Dkt.) 1 1796-1851 MSA C389-1 MdHR 18106 f. 145 9 Oct. 1828.

Freise, John Henry. Germany. BA Ct. (Nat. Dkt.) 1 1796-1851 MSA C389-1 MdHR 18106 f. 5 #81 23 March 1797. Barnes, p. 60.

Frendenrisch, Aaron. Bavaria. NATN. Decl. intent in US Dist. Ct. 10 June 1844. Wits: Nicholas Zigler and Leopold Hemel. O&RA to King of Bavaria. BC Ct. (Nat. Rcd.) 9 1845-1848 MSA C229-1 MdHR 18119 f. 676 14 Oct. 1848.

Frentman, John E. Prussia. NATN. Decl. intent in US Dist. Ct. 9 June 1844. Wits: Henry Schultzer and Joseph Knolde. O&RA to King of Prussia. BC Ct. (Nat. Rcd.) 9 1845-1848 MSA C229-1 MdHR 18119 f. 354 4 Oct. 1847.

Frezier, Alexander. Scotland. DI. BA Ct. (Minutes) 1822-1826 MSA C386-12 MdHR 14386 f. 335 29 March 1825.

Friary, Patrick. Ireland. DI. BA Ct. (Minutes, Rough) 1836-1844 MSA C420-2 MdHR 14398 f. 16 25 Feb. 1836.

Friday, John. Germany. BA Ct. (Nat. Dkt.) 1 1796-1851 MSA C389-1 MdHR 18106 f. 13 #264 23 Jan. 1798. Barnes, p. 62.

Friderich, John. Hamburg. DI. Ren. alleg. to the Grand Duke of [Hesse-]Darmstadt. BA Ct. (Minutes, Rough) 1832-1835 MSA C420-1 MdHR 14396-2 f. 276 13 Sept. 1834.

Friedwald, Jonas. Grand Dutchy of Hesse-Darmstadt. DI. BA Ct. (Minutes) 1832-1838 MSA C386 MdHR 14403 f. 28 4 Jan. 1833.

Friedwald, Jonas. Grand Dutchy of Hesse-Darmstadt. DI. BA Ct. (Minutes, Rough) 1832-1835 MSA C420-1 MdHR 14396-2 f. 155 4 Jan. 1833.

Friend, John. Bavaria. NATN. Arrived in US 3 yrs. prior to age 21. Res. US for 5 yrs., including 3 of minority. Res. MD over 1 yr. Wits: Abraham Wannitz and Joshua M. Myers. O&RA to King of Bavaria. BC Ct. (Nat. Rcd. of Minors) 3 1845-1851 MSA C237-3 MdHR 18114-1 f. 271 1 Oct. 1850.

Fries, Peter. Prussia. NATN. Decl. intent in BC Ct. 1 Oct. 1844. Wits: Alexander McCoy and Jacob Fogleman. O&RA to King of Prussia. BC Ct. (Nat. Rcd.) 9 1845-1848 MSA C229-1 MdHR 18119 f. 242 18 Sept. 1847.

Friese, Ernst. Prussia. NATN. Decl. intent in US Dist. Ct. 14 Sept. 1844. Wits: August Ballaup and Solomon Delivie. O&RA to King of Prussia. BC Ct. (Nat. Rcd.) 9 1845-1848 MSA C229-1 MdHR 18119 f. 328 2 Oct. 1847.

Friese, Nicholas. Grand Dutchy of Oldenburg. NATN. Decl. intent in BC Ct. 19 Sept. 1844. Wits: E. O. D. Poor and Morris Smith. O&RA to the Grand Duke of Oldenburg. BC Ct. (Nat. Rcd.) 9 1845-1848 MSA C229-1 MdHR 18119 f. 558 3 Oct. 1848.
Friez, Gotlieb. Wurtemburg. NATN. Decl. intent in US Dist. Ct. 19 Sept. 1844. Wits: John Otto and Charles M. Stieff. O&RA to King of Wurtemburg. BC Ct. (Nat. Rcd.) 9 1845-1848 MSA C229-1 MdHR 18119 f. 116 5 Oct. 1846.
Frika, Casper. Bremen. DI. BA Ct. (Minutes, Rough) 1836-1841 MSA C420-2 MdHR 14398 f. 281 21 May 1841.
Frillen, George. Grand Dutchy of Hessen-Darmstadt. NATN. Decl. intent in US Dist. Ct. 3 Oct. 1848. Wits: George Fushsberg and M. Walter. O&RA to the Grand Duke of Hessen-Darmstadt. BC Ct. (Nat. Rcd.) 10 1849-1851 MSA C229-2 MdHR 18120 f. 157 8 Oct. 1850.
Frind, Jacob. Germany. DI. Res. BC. BC Ct. (Dkt&Mins) 1847 MSA C184-10 MdHR 16667 f. 23 12 July 1847.
Frindell, John Joseph. Bavaria. NATN. Decl. intent in US Dist. Ct. 27 Aug. 1847. Wits: A.H. Hittenek and John Letz. O&RA to King of Bavaria. BC Ct. (Nat. Rcd.) 10 1849-1851 MSA C229-2 MdHR 18120 f. 24 1 Oct. 1849.
Frindenwich, Ephraim. Bavaria. NATN. Decl. intent in US Dist. Ct. 14 Oct. 1843. Wits: Joseph Richenburger and Emanuel Rhinehart. O&RA to King of Bavaria. BC Ct. (Nat. Rcd.) 9 1845-1848 MSA C229-1 MdHR 18119 f. 32 2 Feb. 1846.
Frisch, John Heinrich. Electorate of Hesse-Cassel. NATN. Decl. intent in US Circ. Ct. 31 Oct. 1846. Wits: Henry Fischer and Peter Werning. O&RA to the Elector of Hesse-Cassel. BA Ct. (Nat. Rcd.) 4 1846-1851 MSA C391-2 MdHR 18109 f. 317 2 Nov. 1848.
Frisch, John Heinrich. Electorate of Hesse-Cassel. NATN. Decl. intent in US Circ. Ct. 31 Oct. 1846. Wits: Henry Fischer and Peter Werming. BA Ct. (Nat. Dkt.) 1 1796-1851 MSA C389-1 MdHR 18106 f. 357 20 Nov. 1848.
Frischlein, Andreas. Bavaria. NATN. Decl. intent in US Circ. Ct. 26 Sept. 1844. Wits: Morris Berger and Peter Kreis. BA Ct. (Nat. Dkt.) 1 1796-1851 MSA C389-1 MdHR 18106 f. 263 13 Oct. 1846.
Frischlein, Andreas. Bavaria. NATN. Decl. intent in US Circ. Ct. 26 Sept. 1844. Wits: Morris Barger and Peter Kreis. O&RA to King of Bavaria. BA Ct. (Nat. Rcd.) 4 1846-1851 MSA C391-2 MdHR 18109 f. 101 13 Oct. 1846.
Frissa/Frefsa, Elizabeth. France. BA Ct. (Nat. Dkt.) 1 1796-1851 MSA C389-1 MdHR 18106 f. 29 #559 6 Dec. 1804. Civil Ct.
Fritz, George H. Hanover. NATN. Decl. intent in BC Ct. 17 July 1830. Res. BC. Wits: John Miller and Henry Harrod. O&RA to King of UK. BC Ct. (Nat. Rcd. of Minors) 2 1832-1836 MSA C237-2 MdHR 18113 f. 57 15 Dec. 1832.
Fritz, Joseph. Portugal. BA Ct. (Nat. Dkt.) 1 1796-8151 MSA C389-1 MdHR 18106 f. 16 #333 23 Aug. 1798. Barnes, p. 63.
Frobose, John Christian. Germany. BA Ct. (Nat. Dkt.) 1 1796-1851 MSA C389-1 MdHR 18106 f. 11 #211 11 Dec. 1797. Barnes, p. 61
Froderstrom, John Johnson. Gottenberg (Sweden). DI. BC Ct. (Dkt&Mins) 1828 MSA C184-4 MdHR 16661 f. 39 19 Sept. 1828.
Frout/Trout, Claude Joseph. Republic of France. BA Ct. (Nat. Dkt.) 1 1796-1851 MSA C389-1 MdHR 18106 f. 6 #110 14 April 1797. Barnes, p. 60.
Fry/Fay, Robert. Great Britain. BA Ct. (Nat. Dkt.) 1 1796-1851 MSA C389-1 MdHR 18106 f. 18 #384 21 Nov. 1798. Barnes, p. 64.
Fryar, William. Hanover. NATN. Arrived in US 3 yrs. prior to age 21. Res. US for 5 yrs., including 3 of minority. Res. MD over 1 yr. Wits: Frederick Fryar and William Fensley. O&RA to King of Hanover. BA Ct. (Nat. Rcd. of Minors) 3 1846-1851 MSA C392-1 MdHR 18110 f. 92 30 Sept. 1850.
Fryer, William. Hanover. NATN. Arrived under age 18. Wits: Frederick Tryan and William Fensley. BA Ct. (Nat. Dkt.) 1 1796-1851 MSA C389-1 MdHR 18106 f. 374 30 Sept. 1850.

Fuchs, John. Bavaria. NATN. Decl. intent in US Circ. Ct. 27 Oct. 1844. Wits: Edward Pagels and Otto Miller. BA Ct. (Nat. Dkt.) 1 1796-1851 MSA C389-1 MdHR 18106 f. 330 2 Oct. 1848.

Fuchs, John. Bavaria. NATN. Decl. intent in US Circ. Ct. 27 Oct. 1844. Wits: Edward Pagels and Otto Miller. O&RA to King of Bavaria. BA Ct. (Nat. Rcd.) 4 1846-1851 MSA C391-2 MdHR 18109 f. 248 2 Oct. 1848.

Fuhr, Michael. Grand Dutchy of Hesse-Darmstadt. NATN. Decl. intent in US Dist. Ct. 16 Aug. 1843. Wits: Michael Stips and Isaac Taylor. O&RA to the Grand Duke of Hesse-Darmstadt. BC Ct. (Nat. Rcd.) 9 1845-1848 MSA C229-1 MdHR 18119 f. 459 5 Oct. 1847.

Fulfram, Andrew. Scotland. NATN. Decl. intent in US Dist. Ct. 20 June 1845. Wits: James J. Wilson and Edward F. Hiltae (?). O&RA to Queen of UK. BC Ct. (Nat. Rcd.) 9 1845-1848 MSA C229-1 MdHR 18119 f. 223 7 Aug. 1847.

Fulgman, Caspar. Bavaria. DI. BC Ct. (Dkt&Mins) 1849 MSA C184-11 MdHR 16668 f. 28 2 Oct. 1849.

Fullarton, Archibald. Ireland. DI. BA Ct. (Minutes) 1822-1826 MSA C386-12 MdHR 14386 f. 223 2 Oct. 1824.

Fullarton, Archibald. Ireland. DI. Wits: James Holmes and Patrick Riley. BA Ct. (Misc. Ct. Papers) MSA C1-57 MdHR 50206-754 1823 item 357 2 Oct. 1824.

Fullarton, Archibald. Ireland. Report and registration. Noted as age 27. Born in Co. of Londonderry. Arrived in BC Oct. 1818. Res. BC. BA Ct. (Misc. Ct. Papers) MSA C1-57 MdHR 50206-754 unnumbered 1823 item 2 Oct. 1824.

Fullarton, Archibald. Ireland. NATN. Born in Co. of Londonderry. Decl. intent in BA Ct. the 3rd Monday of Sept. 1824. Wits: James Holmes and Patrick Kelly. BA Ct. (Nat. Dkt.) 1 1796-1851 MSA C389-1 MdHR 18106 f. 119 25 Sept. 1827.

Fuller, Joseph. Electorate of Hesse-Cassel. NATN. Arrived in US 3 yrs. prior to age 21. Res. US for 5 yrs., including 3 of minority. Res. MD over 1 yr. Wits: Francis Rohleter and John Lauer. O&RA to the Elector of Hesse-Cassel. BC Ct. (Nat. Rcd. of Minors) 3 1845-1851 MSA C237-3 MdHR 18114-1 f. 327 3 Nov. 1851.

Fulton, Alexander. Great Britain. BA Ct. (Nat. Dkt.) 1 1796 - 1851 MSA C389-1 MdHR 18106 f. 5 #78 21 March 1797. Barnes, p. 60

Fulton, Moses. Ireland. NATN. Decl. intent in US Circ. Ct. 25 Sept. 1844. Wits: Robert McElray and James Neal. BA Ct. (Nat. Dkt.) 1 1796-1851 MSA C389-1 MdHR 18106 f. 235 6 Oct. 1846.

Fulton, Moses. Ireland. NATN. Decl. intent in US Circ. Ct. for the 4th Circ. 25 Sept. 1844. Wits: Robert McElroy and James Neal. O&RA to Queen of UK. BA Ct. (Nat. Rcd.) 4 1846-1851 MSA C391-2 MdHr 18109 f. 14 6 Oct. 1846.

Fulton, Thomas. Ireland. NATN. Decl. intent in open court. Arrived in US 3 yrs. prior to age 21. Res. US for 5 yrs., including 3 of minority. Res. MD over 1 yr. Res. BC. Wits: George J. Diffenderffer and James Hamilton. O&RA to King of UK. BC Ct. (Nat. Rcd. of Minors) 2 1832-1836 MSA C237-2 MdHR 18113 ff. 105-106 1 Oct. 1834.

Fulton, William. Ireland. BA Ct. (Nat. Dkt.) 1 1796-1851 MSA C389-1 MdHR 18106 f. 29 #543 13 Aug. 1804. Civil Ct.

Fumaley, Thomas Nelson. England. DI. BC Ct. (Dkt&Mins) 1828 MSA C184-4 MdHR 16661 f. 41 2 Oct. 1828.

Funk, Jacob. Bavaria. NATN. Decl. intent in US Dist. Ct. 14 Oct. 1843. Wits: John Serf and Laurence Bopp. BA Ct. (Nat. Dkt.) 1 1796-1851 MSA C389-1 MdHR 18106 f. 263 13 Oct. 1846.

Funk, Jacob. Bavaria. NATN. Decl. intent in US Dist. Ct. 14 Oct. 1843. Wits: John Liafe and Laurence Bopp. O&RA to King of Bavaria. BA Ct. (Nat. Rcd.) 4 1846-1851 MSA C391-2 MdHR 18109 f. 101 13 Oct. 1846.

Furel, John. St. Domingo (France). NATN. Res. BC. Res. US 14 April 1802 - 18 June 1812. Wits: Edmund Gibson and Alexis A. Delmas. O&RA to King of

France. BC Ct. (Nat. Rcd. of Minors) 1 1827-1832 MS C237-1 MdHR 18112 f. 130 1 Oct. 1828.
Fuschberger, Falden. Biern. NATN. Decl. intent in BC Ct. 2 Nov. 1844. Wits: Joseph Ninwegan and John Schobert. BA Ct. (Nat. Dkt.) 1 1796-1851 MSA C389-1 MdHR 18106 f. 354 1 Nov. 1848.
Fuschberger, Falden. Biern. NATN. Decl. intent in BC Ct. 2 Nov. 1844. Wits: Joseph Nimulgen and John Schobert. O&RA to King of Biern. BA Ct. (Nat. Rcd.) 4 1846-1851 MSA C391-2 MdHR 18109 f. 308 1 Nov. 1848.
Fuss/Tuss (?), John G. Germany. BA Ct. (Nat. Dkt.) 1 1796-1851 MSA C389-1 MdHR 18106 f. 42 #825 8 May 1813.
Gabel, John. Wurtemburg. NATN. Decl. intent in US Dist. Ct. 6 Oct. 1848. Wits: Conrad Rau and Wolfgang Albrecht. O&RA to King of Wurtemburg. BC Ct. (Nat. Rcd.) 10 1849-1851 MSA C229-2 MdHR 18120 f. 159 8 Oct. 1850.
Gabler, Jr. Charles. Saxony. NATN. Decl. intent in US Dist. Ct. 5 Oct. 1842. Wits: Joseph Kluck and Charles Gabler, Sr. O&RA to King of Saxony. BC Ct. (Nat. Rcd.) 9 1845-1848 MSA C229-1 MdHR 18119 f. 515 16 Sept. 1848.
Gacklem Henry. Hanover. NATN. Decl. intent in US Dist. Ct. 27 Sept. 1843. Wits: George Willig and J. T. Stoddard. O&RA to King of Hanover. BC Ct. (Nat. Rcd.) 9 1845-1848 MSA C229-1 MdHR 18119 f. 664 10 Oct. 1848.
Gade, John. Prussia. BA Ct. (Nat. Dkt.) 1 1796-1851 MSA C389-1 MdHR 18106 f. 35 #681 20 May 1806.
Gaffery, John. Ireland. NATN. Decl. intent in US Circ. Ct. 16 Oct. 1846. Wits: James Galvan and John Conroy. O&RA to Queen of UK. BA Ct. (Nat. Rcd.) 4 1846-1851 MSA C391-2 MdHR 18109 f. 309 1 Nov. 1848.
Gaffey, John. Ireland. NATN. Decl. intent in US Circ. Ct. 16 Oct. 1846. Wits: James Galvan and John Couror. BA Ct. (Nat. Dkt.) 1 1796-1851 MSA C389-1 MdHR 18106 f. 354 1 Nov. 1848.
Gaffney, Patrick. Ireland. DI. BA Ct. (Misc. Ct. Papers) MSA C1-57 MdHR 50206-754 1823 unnumbered item 20 Sept. 1824.
Gaffney, Patrick. Ireland. NATN. Born in Co. of Rosscommier. Decl. intent in BA Ct. the 3rd Monday of Sept. 1824. Profession: Merchant Tailor (1829 BC Directory). Wits: James Cullagaurin and Griffith Jones. BA Ct. (Nat. Dkt.) 1 1796-1851 MSA C389-1 MdHR 18106 f. 110 23 Sept. 1826.
Gaffney, Patrick. Ireland. DI. BA Ct. (Minutes) 1822-1826 MSA C386-12 MdHR 14386 f. 213 20 Sept. 1824.
Gaffney, Patrick. Ireland. Report and registration. Noted as age 30. Born in Co. of Roscommon. Emigrated from Jutland. Arrived in BC May 1818. Res. BC. BA Ct. (Misc. Ct. Papers) MSA C1-57 MdHR 50206-754 1823 item 358 20 Sept. 1824.
Gager, John Philip. Bavaria. DI. BC Ct. (Dkt&Mins) 1849 MSA C184-11 MdHR 16668 f. 26 29 Sept. 1849.
Gahstram, John Frederick. Sweden. DI. BA Ct. (Minutes) 1827-1830 MSA C386-13 MdHR 14391 f. 160 21 Oct. 1828.
Gailand, John Baptist. France. BA Ct. (Nat. Dkt.) 1 1796-1851 MSA C389-1 MdHR 18106 f. 29 #558 1 Dec. 1804. Civil Ct.
Gainniey, Jean. (Country of origin not given; Republic of France?). NATN. Declares belief in the Christian religion and takes oath of alleg. to the State of MD. Recorded in BA Ct., Nov. term, 1798. MD State Papers (Series Z-Scharf Collection) MSA S1005 MdHR 19999-5-132 31 Jan. 1799.
Gairhand, Edward. France. NATN. Arrived in US prior to 18 June 1812. Wits: John B. Garland and William Morrow. BA Ct. (Nat. Dkt.) 1 1796-1851 MSA C389-1 MdHR 18106 f. 133 15 Sept. 1828.
Gallaga/Gellega (Spelled as "Galliga, 1830 Census), Francis. Kingdom of Sardinia. NATN. Noted as age 33. Born on island of Sardinia. Presents petition and certificates of declaration of intent and report and registration, filed in US Dist. Ct. 9 July 1827. Res. BC. Res. 1st Ward in 1830 Census. O&RA to King of Sardinia. Wits: Richard Johns and Samuel Fernandis. BC

Ct. (Nat. Rcd. of Minors) 1 1827-1832 MSA C237-1 MdHR 18112 ff. 18-20 10 July 1827.
Gallagher, Frederick. Ireland. BA Ct. (Nat. Dkt.) 1 1796-1851 MSA C389-1 MdHR 18106 f. 28 #527 21 June 1804.
Gallagher, Hugh D. Ireland. DI. BA Ct. (Minutes) 1822-1826 MSA C386-12 MdHR 14386 f. 201 26 April 1824. Tepper, p. 194
Gallagher, James T. Ireland. NATN. Decl. intent in open ct. Arrived in the US prior to age 18. Wits: James Gallagher and Peter Cosgrove. BA Ct. (Nat. Dkt.) 1 1796-1851 MS C3891-1 MdHR 18106 f. 216 14 Oct. 1843.
Gallagher, James J. Ireland. NATN. Decl. intent in open ct. Arrived in US 3 yrs. prior to age 21. Res. US for 5 yrs., including 3 of minority. Res. BC. Wits: James Gallagher and Peter Cosgrove. O&RA to Queen of UK. BA Ct. (Nat. Rcd.) 2 1832-1846 MSA C391-1 MdHR 18108 f. 104-105 14 Oct. 1843.
Gallagher, John. Ireland. NATN. Arrived in US as a minor. Wits: Noah Moffett and James Harwood. Report filed. BA Ct. (Nat. Dkt.) 1 1796-1851 MSA C389-1 MdHR 18106 f. 73 22 Sept. 1824.
Gallagher, John. Ireland. NATN. Decl. intent in US Dist. Ct. 2 Oct. 1840. Wits: John McCormick and Robert Moore. O&RA to Queen of UK. BC Ct. (Nat. Rcd.) 9 1845-1848 MSA C229-1 MdHR 18119 f. 65 1 Oct. 1846.
Gallagher, Jr. Patrick. Ireland. NATN. Decl. intent in open court. Arrived in US 3 yrs. prior to age 21. Wits: James Mullen and William McCann. BA Ct. (Nat. Dkt.) 1 1796-1851 MSA C389-1 MdHR 18106 f. 178 30 Sept. 1834.
Gallagher, Jr. Patrick. Ireland. NATN. Decl. intent in open court. Arrived in US 3 yrs. prior to age 21. Res. US for 3 yrs., including 3 of minority. Res. MD over 1 yr. Res. BC. O&RA to King of UK. BA Ct. (Nat. Rcd.) 2 1832-1846 MSA C391-1 MdHR 18108 ff. 21-22 30 Sept. 1834.
Gallagher, Michael. Ireland. NATN. Decl. intent in BC Ct. 28 Sept. 1832. Res. BC. Wits: Samuel Carns and Patrick Gallagher. O&RA to King of UK. BC Ct. (Nat. Rcd. of Minors) 2 1832-1836 MSA C237-2 MdHR 18113 f. 128 4 Oct. 1834.
Gallagher, Michael. Ireland. NATN. Decl. intent in BC Ct. 29 Sept. 1843. Wits: Peter E. Harron and Michael Laddy. BA Ct. (Nat. Dkt.) 1 1796-1851 MSA C389-1 MdHR 18106 f. 240 6 Oct. 1846.
Gallagher, Patrick. Ireland. NATN. Decl. intent in US Dist. Ct. 15 Sept. 1828. Born in Co. of Tyrone. Wits: Samuel Carnes and Michael Boyle. BA Ct. (Nat. Dkt.) 1 1796-1851 MSA C389-1 MdHR 18106 f. 166 1 Sept. 1831.
Gallagher, Patrick. Ireland. NATN. Decl. intent in BC Ct. 2 Oct. 1834. Res. BC. Wits: William Burnett and Peter Cosgrove. O&RA to King of UK. BC Ct. (Nat. Rcd. of Minors) 2 1832-1836 MSA C237-2 MdHR 18113 ff. 205-206 3 Oct. 1836.
Gallagher, Patrick. Ireland. DI. BA Ct. (Minutes) 1832-1838 MSA C386 MdHR 14403 f. 120 2 Oct. 1834.
Gallagher, Patrick. Ireland. NATN. Res. BC. Decl. intent in BA Ct. 15 Sept. 1828. Wits: Nicholas Stafford and Hugh Miskelly. O&RA to King of UK. BC Ct. (Nat. Rcd. of Minors) 1 1827-1832 MSA C237-1 MdHR 18112 ff. 333-334 4 Oct. 1830. Tepper, p. 195.
Gallagher, Patrick. Ireland. DI. BA Ct. (Minutes, Rough) 1832-1835 MSA C420-1 MdHR 14396-2 f. 284 2 Oct. 1834.
Gallagher, Richard. Ireland. NATN. Decl. intent in BA Ct. 2 Feb. 1837. Wits: Daniel Crook and Samuel River. BA Ct. (Nat. Dkt.) 1 1796-1851 MSA C389-1 MdHR 18106 f. 194 7 Feb. 1839.
Gallagher, Richard. Ireland. NATN. Decl. intent in BA Ct. 2 Feb. 1837. Wits: Daniel Crook and Samuel Hiser. O&RA to Queen of UK. BA Ct. (Nat. Rcd.) 2 1832-1846 MSA C391-1 MdHR 18108 ff. 59-60 7 Feb. 1839.
Gallaher, Richard. Ireland. DI. BA Ct. (Minutes, Rough) 1836-1844 MSA C420-2 MdHR 14398 f. 57 2 Feb. 1837.
Gallaugher, Patrick. Ireland. DI. BA Ct. (Minutes) 1827-1830 MSA C386-13 MdHR 14391 f. 162 15 Sept. 1828.

Gallega/Gellega, Francis. Kingdom of Sardinia. DI. BA Ct. (Minutes) 1822-1826
MSA C386-12 MdHR 14386 f. 131 9 Jan. 1824.
Gallegher, Michael. Ireland. NATN. Decl. intent in BC Ct. 29 Sept. 1843. Wits: Peter E. Herron and Michael Laddy. O&RA to Queen of United Kingdom. BA Ct. (Nat. Rcd.) 4 1846-1851 MSA C391-2 MdHR 18109 f. 29 6 Oct. 1846.
Galletin, Daniel. Swedish Pomerania (Prussia). DI. Ren. alleg. to King of Prussia. BA Ct. (Minutes) 1815-1820 MSA C386-11 MdHR 14381 f. 277 13 April 1819.
Galloway, William. England. BA Ct. (Nat. Dkt.) 1 1796-1851 MSA C389-1 MdHR 18106 f. 9 #164 6 Nov. 1797. Barnes, p. 61.
Galt, Thomas. Ireland. DI. BA Ct. (Misc. Ct. Papers) MSA C1-57 MdHR 50206-754 1823 unnumbered item 4 May 1824.
Galt, Thompson. Ireland. NATN. Born in Co. of Londonderry. Decl. intent in US Circ. Ct. 4 May 1824. Wits: Thomas A. Norris and Robert Howard. BA Ct. (Nat. Dkt.) 1 1796-1851 MSA C389-1 MdHR 18106 f. 104 20 Sept. 1826.
Galt, Thompson. Ireland. Report and registration. Noted as age 28. Born in Co. of Londonderry. Arrived in New York City Nov. 1815. Res. BC. Wits: Thomas A. Norris and Robert Howard. BA Ct. (Misc. Ct. Papers) MSA C1-57 MdHR 50206-754 1823 item 359 25 March 1824.
Galway, Robert. Ireland. DI. BA Ct. (Minutes) 1822-1826 MSA C386-12 MdHR 14386 f. 216 22 Sept. 1824.
Gamer, Christian. Wurtemburg. NATN. Decl. intent in US Circ. Ct. 30 Sept. 1844. Wits: David Lair and John Carle. BA Ct. (Nat. Dkt.) 1 1796-1851 MSA C389-1 MdHR 18106 f. 345 10 Oct. 1848.
Gammell, David. England. BA Ct. (Nat. Dkt.) 1 1796-1851 MSA C389-1 MdHR 18106 f. 8 #146 2 Sept. 1797.
Ganer, Christian. Wurtemburg. NATN. Decl. intent in US Circ. Ct. 30 Sept. 1844. Wits: David Lair and John Carle. O&RA to King of Wurtemburg. BA Ct. (Nat. Rcd.) 4 1846-1851 MSA C391-2 MdHR 18109 f. 286 10 Oct. 1848.
Gannon, Michael. Ireland. NATN. Decl. intent in US Circ. Ct. 31 May 1844. Wits: Owen Riley and James Finley. BA Ct. (Nat. Dkt.) 1 1796-1851 MSA C389-1 MdHR 18106 f. 263 13 Oct. 1846.
Gannon, Michael. Ireland. NATN. Decl. intent in US Circ. Ct. 31 May 1844. Wits: Owen Riley and James Finley. O&RA to Queen of UK. BA Ct. (Nat. Rcd.) 4 1846-1851 MSA C391-2 MdHR 18109 f. 102 13 Oct. 1846.
Gardener, Francis. Ireland. NATN. Decl. intent in US Dist. Ct. 16 Sept. 1834. Res. BC. Wits: Hugh C.T. Hughes and James Kidd. O&RA to King of UK. BC Ct. (Nat. Rcd. of Minors) 2 1832-1836 MSA C237-2 MdHR 18113 f. 215 3 Oct. 1836.
Gardener, William. Ireland. DI. BA Ct. (Minutes, Rough) 1836-1844 MSA C420-2 MdHR 14398 f. 109 11 Jan. 1838.
Gardere, Alexis. Republic of France. NATN. BA Ct. (Minutes) 1792-1797 MSA C386-7 MdHR 5052 f. 104 Aug. term 1793
Gardner, Henry. Denmark. BA Ct. (Nat. Dkt.) 1 1796-1851 MSA C389-1 MdHR 18106 f. 45 20 April 1815.
Garland, James D. Ireland. NATN. Decl. intent in US Dist. Ct. 5 May 1845. Wits: George Simpson and Nathaniel Munn. O&RA to Queen of UK. BC Ct. (Nat. Rcd.) 9 1845-1848 MSA C229-1 MdHR 18119 f. 495 23 March 1848.
Garland, James. England. BA Ct. (Nat. Dkt.) 1 1796-1851 MSA C389-1 MdHR 18106 f. 9 #176 11 Nov. 1797. Barnes, p. 61.
Garner, Thomas W. England. NATN. Decl. intent in open court. Arrived in US 3 yrs. prior to age 21. Res. US for 5 yrs., including 3 of minority. Res. MD over 1 yr. Res. BC. Wits: Samuel H. Shaw and William Chessnut. O&RA to King of UK. BC Ct. (Nat. Rcd. of Minors) 2 1832-1836 MSA C237-2 MdHR 18113 f. 126 4 Oct. 1834.
Garrett, Anthony. Ireland. NATN . Decl. intent in open ct. Arrived in US prior

to age 18. Wits: Thomas Clark and Richard Garrett. BA Ct. (Nat. Dkt.) 1
1796-1851 MSA C389-1 MdHR 18106 f. 242 6 Oct. 1846.
Garrett, Anthony. Ireland. NATN. Arrived in US 3 yrs. prior to age 21. Res.
US for 5 yrs., including 3 of minority. Res. MD over 1 yr. Wits: Thomas
Clark and Richard Garrett. O&RA to Queen of UK. BA Ct. (Nat. Rcd. of
Minors) 3 1845-1851 MSA C392-1 MdHR 18110 f. 3 6 Oct. 1846.
Garrett, Richard. Ireland. NATN. Decl. intent in US Dist. Ct. 1 Aug. 1844.
Wits: Matthew Kane and Patrick Noonan. O&RA to Queen of UK. BC Ct.
(Nat. Rcd.) 9 1845-1848 MSA C229-1 MdHR 18119 f. 78 3 Oct. 1846.
Garthing, Ferdinand. Grand Dutchy of Baden. NATN. Decl. intent in US Dist.
Ct. 4 Oct. 1847. Robert Shipper and Michael Steip. O&RA to the Grand
Duke of Baden. BC Ct. (Nat. Rcd.) 10 1849-1851 MSA C229-2 MdHR 18120 f. 135 1
Oct. 1850.
Gartride, Eli. UK. DI. BA Ct. (Minutes) 1810-1814 MSA C386-10 MdHR 14376 f. 111 8
Oct. 1811.
Gartside/Garsida, William. England. DI. BA Ct. (Misc. Ct. Papers) MSA C1-57 MdHR
50206-754 1823 unnumbered item 2 March 1824.
Gartside/Gartsida, William. England. Report and registration. Noted as age 56.
Born in Lancashire. Arrived in BC Aug. 1816. res. BA. Wits: John Gartside
and James Gartside. BA Ct. (Misc. Ct. Papers) MSA C1-57 MdHR 50206-754 1823
item 361 2 March 1824.
Gartside, James. England. NATN. Born in Co. of Lancashire. Arrived in the US
as a minor. Decl. intent in open ct. Wits: William Gartside and John
Gartiside. BA Ct. (Nat. Dkt.) 1 1796-1851 MS C389-1 MdHR 18106 f. 127 29 March
1828.
Gartside, James. England. Report and registration. Noted as age 24. Noted by
Ct. as a minor. Born in Co. of Lancashire. Arrived in Philadelphia Oct. 1817.
Res. BA. Wits: John Gartside and William Gartside. BA Ct. (Misc. Ct. Papers)
MSA C1-66 MdHR 50206-848 1828 item 441 29 March 1828.
Gartside, John. England. DI. BA Ct. (Minutes) 1822-1826 MSA C386-12 MdHR 14386
f. 335 4 April 1825.
Gartside, John. England. NATN. Born in Co. of Lancashire. Arrived in the US
as a minor. Decl. intent in open ct. Wits: William Gartside and James
Gartside. BA Ct. (Nat. Dkt.) 1 1796-1851 MS C389-1 MdHR 18106 f. 127 25 March
1828.
Gartside, John. England. Report and registration. Noted as age 22. Noted as a
minor. Born in Co. of Lancashire. Arrived in Philadelphia Oct. 1817. Res. BA.
Wits: James Gartside and William Gartside. BA Ct. (Misc. Ct. Papers) MSA C1-
66 MdHR 50206-848 1828 item 442 29 March 1828.
Gartside, William. England. NATN. Born in Co. of Lancashire. Decl. intent in
US Dist. Ct. 2 March 1821. Wits: John Gartside and James Gartside. BA Ct.
(Nat. Dkt.) 1 1796-1851 MSA C389-1 MdHR 18106 f. 127 29 March 1828.
Garvin, Patrick. Ireland. NATN. Decl. intent in US Circ. Ct. 30 Sept. 1844.
Wits: John Mitchell and Matthew Kane. O&RA to Queen of UK. BA Ct. (Nat.
Rcd.) 4 1846-1851 MSA C391-2 MdHR 18109 f. 102 13 Oct. 1846.
Gates, John. Germany. BA Ct. (Nat. Dkt.) 11796-1851 MSA C389-1 MdHR 18106 f. 15
#302 4 April 1798. Barnes, p. 62.
Gates, Joseph. Germany. BA Ct. (Nat. Dkt.) 1 1796-1851 MSA C389-1 MdHR 18106 f.
27 #519 12 June 1804. Civil Ct.
Gates, Stephen. England. NATN. Born in London. Decl. intent in "a Special
Dist. Ct. at Philadelphia in and for the Eastern Dist. of Pennsylvania" 24 Dec.
1819. Wits: John Chapman and Robert Lotte. BA Ct. (Nat. Dkt.) 1 1796-1851
MSA C389-1 MdHR 18106 f. 89 4 Nov. 1824.
Gauken, William. England. NATN. Decl. intent in open court. Res. BC. Arrived
in the US 3 yrs. prior to age 21. Res. US for 5 yrs., including 3 of minority.
Witness: Edward Webb. O&RA to King of UK. BC Ct. (Nat. Rcd. of Minors) 1

1827-1832 MSA C237-1 MdHR 18112 ff. 175-176 6 Oct. 1828.
Gault, Robert. Ireland. DI. BC Ct. (Dkt&Mins) 1839 MSA C184-6 MdHR 166623 f. 36 1 Oct. 1839.
Gauther, Joseph. Prussia. NATN. Decl. intent in US Dist. Ct. 4 Nov. 1846. Witness: Charles W. Lentz. O&RA to King of Prussia. BC Ct. (Nat. Rcd.) 9 1845-1848 MSA C229-1 MdHR 18119 f. 792 4 Nov. 1848.
Gaven, Patrick. Ireland. NATN. Decl. intent in US Circ. Ct. 30 Sept. 1844. Wits: John Mitchell and Matthew Kane. BA Ct. (Nat. Dkt.) 1 1796-1851 MSA C389-1 MdHR 18106 f. 263 13 Oct. 1846.
Geanty, Lewis. Republic of France. BA Ct. (Nat. Dkt.) 1 1796-1851 MSA C389-1 MdHR 18106 f. 18 #386 30 Nov. 1798. Barnes, p. 64.
Gearhardt, John C. F. Electorate of Hesse-Cassel. NATN. Arrived in US 3 yrs. prior to age 21. Res. US for 5 yrs., including 3 of minority. Res. MD over 1 yr. Wits: Cornelius Green and Jacob Ritrace. O&RA to the Duke [Elector] of Hesse-Cassel. BC Ct. (Nat. Rcd. of Minors) 1845-1851 MSA C237-3 MdHR 18114-1 f. 141 10 Oct. 1848.
Geddes, John. Scotland. NATN. Arrived in US 3 yrs. prior to age 21. Res. US for 5 yrs., including 3 of minority. Res. MD over 1 yr. Wits: Adam Geddes and R. Edwards, Jr. O&RA to Queen of UK. BC Ct. (Nat. Rcd. of Minors) 3 1845-1851 MSA C237-3 MdHR 18114-1 f. 202 6 Nov. 1848.
Geddis/Geddie, James. Scotland. NATN. Born in Aberdeen. Arrived in the US as a minor. Wits: Godfrey Myer and Joseph W. Stewart. Certificate and report filed. BA Ct. (Nat. Dkt.) 1 1796-1851 MSA C389-1 MdHR 18106 f. 78 28 Sept. 1824. See also Scots, p. 54. Profession given as a farmer.
Geddis, John. Ireland. DI. BA Ct. (Minutes) 1827-1830 MSA C386-13 MdHR 14391 f. 238 13 July 1829.
Gefsel/Gessel, Leopold. Dutchy of Saxe-Coburg-Gotha. NATN. Native of Gotha. Arrived in US 3 yrs. prior to age 21. Res. US for 5 yrs., including 3 of minority. Res. MD over 1 yr. Wits: William Gachle and Samuel F. Schorey. O&RA to the Duke of Saxe-Coburg-Gotha. BA Ct. (Nat. Rcd. of Minors) 3 1846-1851 MSA C392-1 MdHR 18110 f. 86 2 Oct. 1849.
Gegan, Michael. Ireland. NATN. Decl. intent in US Dist. Ct. for the Dist. of Delaware 8 Nov. 1842. Wits: Michael Nugent and George S. Pumphrey. BA Ct. (Nat. Dkt.) 1 1796-1851 MSA C389-1 MdHR 18106 f. 354 1 Nov. 1848.
Gegen, Michael. Ireland. NATN. Decl. intent in US Dist. Ct. 8 Nov. 1842. Wits: Michael Nugent and George S. Pumphrey. O&RA to Queen of UK. BA Ct. (Nat. Rcd.) 4 1846-1851 MSA C391-2 MdHR 18109 f. 309 1 Nov. 1848.
Gegg, John. Ireland. BA Ct. (Nat. Dkt.) 1 1796-1851 MSA C389-1 MdHR 18106 f. 22 #440 9 Feb. 1803. Barnes, p. 65.
Geickeleman, Andrew. Bavaria. NATN. Decl. intent in US Circ. Ct. 6 June 1844. Wits: Henry David Schmidt and Joseph Rousch. BA Ct. (Nat. Dkt.) 1 1796-1851 MSA C389-1 MdHR 18106 f. 230 5 Oct. 1846.
Geiger, John. Electorate of Hesse-Cassel. NATN. Decl. intent in open ct. Arrived in US prior to age 18. Wits: Joseph Rogers, Jr. and William Geiger. BA Ct. (Nat. Dkt.) 1 1796-1851 MSA C389-1 MdHR 18106 f. 227 30 Sept. 1845.
Geiger, John. Electorate of Hesse-Cassel. NATN. Decl. intent in open ct. Arrived in US 3 yrs. prior to age 21. Res. US for 5 yrs., including 3 of minority. Res. MD for 1 yr. Res. BC. Wits: Joseph Rogers, Jr. and William Geiger. O&RA to the Landgrave [Elector] of Hesse-Cassel. BA Ct. (Nat. Rcd.) 2 1832-1846 MSA C391-1 MdHR 18108 f. 126 30 Sept. 1845.
Geisler, George Deiderick. Germany. NATN. Born in (City of ?) Humbrexen. Res. 1798 - 1802. Wits: Andrew Brummer and Jacob Deike. BA Ct. (Nat. Dkt.) 1 1796-1851 MSA C389-1 MdHR 18106 f. 91 24 Jan. 1825.
Gekler, Godfrey. Germany. NATN. Res. US 14 April 1802 - 18 June 1812. Res. BC. Wits: Frederick Cook and John Krier. O&RA to the Emperor of

Germany. BA Ct. (Nat. Rcd.) 2 1832-1846 MSA C391-1 MdHR 18108 ff. 26-27 8 Oct. 1834.
Gekler, Godfrey. Germany. NATN. Decl. intent in open court. Arrived in US prior to 18 June 1812. Wits: Frederick Cook and John Krier. BA Ct. (Nat. Dkt.) 1 1796-1851 MSA C389-1 MdHR 18106 f. 181 8 Oct. 1834.
Gelbach, Christian. Germany. DI. Res. BC. Ren. alleg. to the Emperor of Germany. BC Ct. of O&T&GD (Dkt&Mins) 1812 MSA C183-7 MdHR 16655 f. 42 25 July 1812.
Gelborn, William. Ireland. DI. BC Ct. (Dkt&Mins) 1828 MSA C184-4 MdHR 16661 f. 41 3 Oct. 1828.
Gengenbach, Joshua. Germany. NATN. Arrived in US 3 yrs. prior to age 21. Res. US for 5 yrs., including 3 of minority. Res. MD over 1 yr. Wits: Adam Trusch and John Decker. O&RA to the Emperor of Germany. BC Ct. (Nat. Rcd. of Minors) 3 1845-1851 MSA C237-3 MdHR 18114-1 f. 294 30 Sept. 1851.
Gention, Francis. Ireland. NATN. Decl. intent in open ct. Res. BC. Arrived in the US 3 yrs. prior to age 21. Res. US for 5 yrs., including 3 of minority. Res. MD over 1 yr. Wits: Thomas Barrett and Lewis Bromley. O&RA to King of UK. BC Ct. (Nat. Rcd. of Minors) 1 1827-1832 MSA C237-1 MdHR 18112 ff. 205-206 1 Nov. 1828.
George, Conrad. Electorate of Hesse-Cassel. NATN. Decl. intent in US Dist. Ct. 12 Oct. 1846. Wits: Frederick Hoffman and Frederick Dregler. O&RA to the Elector of Hesse-Cassel. BC Ct. (Nat. Rcd.) 9 1845-1848 MSA C229-1 MdHR 18119 f. 683 16 Oct. 1848.
George, John. Grand Dutchy of Hesse-Darmstadt. NATN. Decl. intent in US Dist. Ct. 17 Nov. 1842. Wits: Thomas Baldwin and Andrew B. Crofs/Cross. O&RA to the Grand Duke of Hesse-Darmstadt. BC Ct. (Nat. Rcd.) 9 1845-1848 MSA C229-1 MdHR 18119 f. 588 5 Oct. 1848.
Gepel, Leopold. [Grand] Dutchy of Saxe-Coburg-Gotha. NATN. Arrived in US under age 18. Wits: William Gachle and Samuel F. Shoney. BA Ct. (Nat. Dkt.) 1 1796-1851 MSA C389-1 MdHR 18106 f. 366 2 Oct. 1849.
Geraghty, Peter. Ireland. DI. BA Ct. (Misc. Ct. Papers) MSA C1-57 MdHR 50206-75 1823 unnumbered item 8 Sept. 1824.
Gerahty, Peter. Ireland. NATN. Born in Dublin. Decl. intent in US Dist. Ct. 7 Sept. 1824. Wits: John Purviance and Eli Despeaux. BA Ct. (Nat. Dkt.) 1 1796-1851 MSA C389-1 MdHR 18106 f. 102 18 Sept. 1826.
Gerahty, Peter. Ireland. Report and registration. Noted as age 29. Born in Dublin. Arrived in BC Nov. 1815. Res. BC. Wits: John Purviance and Eli Despraux. BA Ct. (Misc. Ct. Papers) MSA C1-57 MdHR 50206-754 1823 item 360 5 July 1819.
Gerard, August. Santo Domingo (Noted as under the jurisdiction of Great Britain) BA Ct. (Nat. Dkt.) 1 1796- 1851 MSA C389-1 MdHR 18106 f. 2 #27 3 Sept. 176. Barnes, p. 59
Gerard, August. Santo Domingo (Noted as under the jurisdiction of Great Britain). NATN. BA Ct. (Minutes) 1792 - 1797 MSA C386-7 MdHR 5052 f. 254 3 Sept. 1796
Gerboth, Christian. Dutchy of Saxe-Coburg. NATN. Decl. intent in US Circ. Ct. 7 Oct. 1843. Wits: Gerhart A. Sybertz and Mathias Kullere. BA Ct. (Nat. Dkt.) 1 1796-1851 MSA C389-1 MdHR 18106 f. 248 10 Oct. 1846.
Gerboth, Christian. Dutchy of Saxe-Coburg. NATN. Decl. intent in US Dist. Ct. 7 Oct. 1843. Wits: Gerhart A. Lyberts and Mathias Mullere. O&RA to the Duke of Saxe-Coburg. BA Ct. (Nat. Rcd.) 4 1846-1851 MSA C391-2 MdHR 18109 f. 53 10 Oct. 1846.
Gerlech, Conrad. Electorate of Hesse-Cassel. NATN. Decl. intent in US Circ. Curt 28 Sept. 1847. Wits: George C. Spies and Robert Clackner. O&RA to the Elector of Hesse-Cassel. BA Ct. (Nat. Rcd.) 4 1846-1851 MSA C391-2 MdHR 18109 f. 347 2 Oct. 1849.

Gerlich, Conrad. Electorate of Hesse-Cassel. NATN. Decl. intent in US Circ. Ct. 2 Sept. 1847. Wits: George C. Spies and Robert Clacker. BA Ct. (Nat. Dkt.) 1 1796-1851 MSA C389-1 MdHR 18106 f. 372 2 Oct. 1849.
Gerlock, John. Bavaria. NATN. Decl. intent in US Circ. Ct. 11 Sept. 1844. Wits: Maurice Barger and John Houran. BA Ct. (Nat. Dkt.) 1 1796-1851 MSA C389-1 MdHR 18106 f. 244 6 Oct. 1846.
Germanhausen, Franz. Hanover. NATN. Decl. intent in US Dist. Ct. 30 Sept. 1843. Wits: Francis Cooper and Bernard Bruns. BA Ct. (Nat. Dkt.) 1 1796-1851 MSA C389-1 MdHR 18106 f. 233 5 Oct. 1846.
Germerhausen, Franz. Hanover. NATN. Decl. intent in US Dist. Ct. 30 Sept. 1843. Wits: Francis Cooper and Bernard Brirns. O&RA to King of Hanover. BA Ct. (Nat. Rcd.) 4 1846-1851 MSA C391-2 MdHR 18109 f. 8 5 Oct. 1846.
Gervin, James. Ireland. DI. BA Ct. (Minutes) 1822-1826 MSA C386-12 MdHR 14386 f. 436 20 Sept. 1826.
Gerwig, Daniel. Wurtemburg. NATN. Res. BC. Decl. intent in BA Ct. 3 Oct. 1826. Wits: David Mumma and William Nunsen. O&RA to King of UK. BC Ct. (Nat. Rcd. of Minors) 1 1827-1832 MSA C237-1 MdHR 18112 ff. 196-197 27 Oct. 1828.
Gesner, Simon. Bavaria. NATN. Decl. intent in US Circ. Ct. 27 Sept. 1844. Wits: Joseph Ninwegen and Godfried Meuschke. BA Ct. (Nat. Dkt.) 1 1796-1851 MSA C389-1 MdHR 18106 f. 351 30 Oct. 1848.
Gessner, Simon. Bavaria. NATN. Decl. intent in US Circ. Ct. 27 Sept. 1844. Wits: Joseph Nenwegen and F. Godfried Meurchke. O&RA to King of Bavaria. BA Ct. (Nat. Rcd.) 4 1846-1851 MSA C391-2 MdHR 18109 f. 300 30 Oct. 1848.
Getrose, Adam. Grand Dutchy of Hesse-Darmstadt. NATN. Arrived in US 3 yrs. prior to age 21. Res. US for 5 yrs., including 3 of minority. Res. MD over 1 yr. O&RA to the Grand Duke of Hesse-Darmstadt. BC Ct. (Nat. Rcd. of Minors) 3 1845-1851 MSA C237-3 MdHR 18114-1 f. 170 2 Nov. 1848.
Gets, Simon. Grand Dutchy of Baden. NATN. Decl. intent in US Dist. Ct. 11 Nov. 1839. Res. BA. Wits: John Bourman and Gilbert Adams. O&RA to the Grand Duke of Baden. BA Ct. (Nat. Rcd.) 2 1832-1842 MSA C391-1 MdHR 18108 f. 97 3 Oct. 1842.
Getty, James. Ireland. DI. BC Ct. (Dkt&Mins) 1828 MSA C184-4 MdHR 16661 f. 42 4 Oct. 1828.
Getty, James. Ireland. NATN. Res. BC. Decl. intent in BC Ct. 4 Oct. 1828. Wits: Hugh Crawford and William Lorman. O&RA to King of UK. BC Ct. (Nat. Rcd. of Minors) 1 1827-1832 MSA C237-1 MdHR 18112 ff. 355-356 4 Oct. 1830.
Getty, Robert. Ireland. NATN. Decl. intent in BC Ct. 27 Sept. 1849. Wits: Robert McElroy and George Spence. O&RA to Queen of UK. BC Ct. (Nat. Rcd.) 10 1849-1851 MSA C229-2 MdHR 18120 f. 330 9 Oct. 1851.
Getty, Robert. Ireland. DI. BC Ct. (Dkt&Mins) 1849 MSA C184-11 MdHR 16668 f. 25 27 Sept. 1849.
Getz, Simon. Gardn Dutchy of Baden. NATN. Decl. intent in US Dist. Ct. 11 Nov. 1837. Res. BA. Wits: John Bowman and Gilbert Adams. BA Ct. (Nat. Dkt.) 1 1796-1851 MSA C389-1 MdHR 18106 f. 212 3 Oct. 1842.
Gewan/Sewan(?), Benjamin. France. BA Ct. (Nat. Dkt.) 1 1796-1851 MSA C389-1 MdHR 18106 f. 28 #536 17 July 1804. Civil Ct.
Geyer, George. Bavaria. NATN. Decl. intent in US Circ. Ct. 13 Jan. 1844. Wits: Elsion Gardner and Valentine Gerhart. O&RA to King of Bavaria. BA Ct. (Nat. Rcd.) 4 1846-1851 MSA C391-2 MdHR 18109 f. 265 3 Oct. 1848.
Geyer, George. Bavaria. NATN. Decl. intent in US Circ. Ct. 13 July 1844. Wits: Alison Gardner and Valentine Gehart. BA Ct. (Nat. Dkt.) 1 1796-1851 MSA C389-1 MdHR 18106 f. 337 3 Oct. 1848.
Gibb, Adam. Saxony. NATN. Decl. intent in US Dist. Ct. 12 Aug. 1844. Wits: Charles Worthman and Christopher Seip. O&RA to King of Saxony. BC Ct.

(Nat. Rcd.) 9 1845-1848 MSA C229-1 MdHR 18119 f. 790 4 Nov. 1848.
Gibb, David. Scotland. Report and registration. Noted as age 31. Born in Fifeshire. BA Ct. (Misc. Ct. Papers) MSA C1-51 MdHR 50206-694 unnumbered 1820 item 15 Feb. 1820.
Gibb, David. Scotland. NATN. Born in Fifeshire. Decl. intent in BC Ct. 15 Feb. 1820. Wits: George King and Thomas Clarke. BA Ct. (Nat. Dkt.) 1 1796-1851 MSA C389-1 MdHR 18106 f. 95 1 Oct. 1825.
Gibb, David. Scotland. DI. Res. BC. Wits: George King and Thomas Clarke. BA Ct. (Misc. Ct. Papers) MSA C1-51 MdHR 50206-694 1820 item 1084 16 Feb. 1820.
Gibbert, Joseph. France. NATN. Born in Louent (?). Arrived in the US prior to 18 June 1812. Wits: Peter Feuty and Louis Caperwit (?). BA Ct. (Nat. Dkt.) 1 1796-1851 MSA C389-1 MdHR 18106 f. 140 4 Oct. 1828.
Gibbing, John. England. DI. BC Ct. (Dkt&Mins) 1828 MSA C184-4 MdHR 16661 f. 41 3 Oct. 1828.
Gibbon, Peter. Ireland. NATN. Decl. intent in US Circ. Ct. 25 March 1848. Wits: Nicholas McCubbin and Terence Doyle. O&RA to Queen of UK. BA Ct. (Nat. Rcd.) 4 1846-1851 MSA C391-2 MdHR 18109 f. 352 7 May 1850.
Gibbons, Laurence. Ireland. DI. Res. BC. BC Ct. of O&T&GD (Dkt&Mins) 1816 MSA C183-9 MdHR 16657 (unpaginated) 26 Aug. 1816.
Gibbons, William. Ireland. NATN. Decl. intent in BC Ct. 3 Oct. 1828. Res. BC. Wits: John H. B. Latrobe and John Mann. O&RA to King of UK. BC Ct. (Nat. Rcd. of Minors) 2 1832-1836 MSA C237-2 MdHR 18113 f. 50 22 Oct. 1832.
Gibbs, John. England. DI. BA Ct. (Minutes) 1827-1830 MSA C386-13 MdHR 14391 f. 162 26 March 1828.
Gibbs, John. England. NATN. Born in Co. of Sussex. Decl. intent in BA Ct. 26 March 1828. Wits: William Gibbs and William Gibbs, Jr. BA Ct. (Nat. Dkt.) 1 1796-1851 MSA C389-1 MdHR 18106 f. 162 5 Oct. 1830.
Gibbs Jr, William . England. DI. BA Ct. (Minutes) 1827-1830 MSA C386-13 MdHR 14391 f. 162 26 March 1828.
Gibbs, Jr. William. England. NATN. Born in Co. of Sussex. Decl. intent in BA Ct. 26 March 1828. Wits: William Gibbs and John Gibbs. BA Ct. (Nat. Dkt.) 1 1796-1851 MSA C389-1 MdHR 18106 f. 162 5 Oct. 1830. Tepper, p. 206.
Gibbs, Levi. England. NATN. Born in Co. of Sussex. Arrived in the US as a minor. Decl. intent in open ct. Wits: William Gibbs, Sr. and Spencer Gibbs. BA Ct. (Nat. Dkt.) 1 1796-1851 MSA C389-1 MdHR 18106 f. 126 27 March 1828.
Gibbs, Spencer. England. NATN. Born in Co. of Sussex. Arrived in country as a minor. Decl. intent in open ct. Wits: William Gibbs, Sr. and Levi Gibbs. BA Ct. (Nat. Dkt.) 1 1796-1851 MSA C389-1 MdHR 18106 f. 126 27 March 1828.
Gibbs, Spencer. England. Report and registration. Noted as age 28. Born in Co. of Sussex. Arrived in Philadelphia Aug. 1818. Res. BA. Wits: William Gibbs, Sr. and William Gibbs, Jr. BA Ct. (Misc. Ct. Papers) MSA C1-66 MdHR 50206-848 1828 item 443 27 March 1828.
Gibbs, Sr., William England. DI. BA Ct. (Minutes) 1822-1826 MSA C386-12 MdHR 14386 f. 335 6 Oct. 1825.
Gibbs, Sr., William. England. DI. Wits: William Gibbs, Jr. and James Marder. BA Ct. (Misc. Ct. Papers) MSA C1-60 MdHR 50206-792 1825 item 355 6 Oct. 1825.
Gibbs Sr., William. England. Report and registration. Noted as age 56. Born in Co. of Sussex. Arrived in Philadelphia Aug. 1818. res. BA. BA Ct. (Misc. Ct. Papers) MSA C1-60 MdHR 50206-792 unnumbered 1825 item 6 Oct. 1825.
Gibbs, Sr. William. England. NATN. Born in Co. of Sussex. Decl. intent in BA Ct. Sept. term 1825. Wits: William Gibbs, Jr. and James Marden. BA Ct. (Nat. Dkt.) 1 1796-1851 MSA C389-1 MdHR 18106 f. 126 26 March 1828.
Gibbs, Stephen. England. Report and registration. Noted as age 25. Born in Co. of Sussex. Arrived in Philadelphia Aug. 1828. Res. BC. Wits: William Gibbs, Sr. and William Gibbs, Jr. BA Ct. (Misc. Ct. Papers) MSA C1-66 MdHR 50206-848 1828 item 444 26 March 1828.

Gibbs, Stephen. England. NATN. Born in Co. of Sussex. Arrived in the US as a minor. Decl. intent in open ct. Wits: William Gibbs, Sr. and William Gibbs, Jr. BA Ct. (Nat. Dkt.) 1 1796-1851 MSA C389-1 MdHR 18106 f. 126 26 March 1828.

Gibherd, John Frederick. Germany. BA Ct. (Nat. Dkt.) 1 1796-1851 MSA C389-1 MdHR 18106 f. 25 #487 9 Feb. 1804. Civil Ct.

Gibson, Andrew. England. NATN. Decl. intent in BC Ct. 25 Sept. 1848. Wits: William Gibson and Samuel Williamson. O&RA to Queen of UK. BC Ct. (Nat. Rcd.) 10 1849-1851 MSA C229-2 MdHR 18120 f. 115 30 Sept. 1850.

Gibson, James A. Ireland. NATN. Arrived in US 3 yrs. prior to age 21. Res. US for 5 yrs., including 3 of minority. Res. MD over 1 yr. Wits: Alexander E. Gibson and Samuel Magers. O&RA to Queen of UK. BC Ct. (Nat. Rcd. of Minors) 3 1845-1851 MSA C237-3 MdHR 18114-1 f. 179 4 Nov. 1848.

Gibson, James. Great Britain. BA Ct. (Nat. Dkt.) 1 1796 - 1851 MSA C389-1 MdHR 18106 f. 4 #57 15 March 1797. Barnes, p. 59

Gibson, Joseph. Ireland. NATN. Decl. intent in open court. Arrived in US 3 yrs. prior to age 21. Res. US for 5 yrs., including 3 of minority. Res. MD over 1 yr. Res. BC. Wits: James McIlvey and Samuel Moore. O&RA to King of UK. BC Ct. (Nat. Rcd. of Minors) 2 1832-1836 MSA C237-2 MdHR 18113 ff. 139-140 4 Oct. 1834.

Gibson, Peter. Ireland. NATN. Decl. intent in US Circ. Ct. 25 March 1848. Wits: Nicholas McCubbin and Terence P. Coyle. BA Ct. (Nat. Dkt.) 1 1796-1851 MSA C389-1 MdHR 18106 f. 373 4 May 1850.

Gibson, Robert. Ireland. DI. BC Ct. (Dkt&Mins) 1840 MSA C184-7 MdHR 16664 f. 17 26 May 1840.

Gibson, Samuel. Ireland. DI. BA Ct. (Minutes, Rough) 1832-1835 MSA C420-1 MdHR 14396-2 f. 175 27 March 1833.

Gibson, Samuel. Ireland. DI. BA Ct. (Minutes) 1832-1838 MSA C386 MdHR 14403 f. 41 23 March 1833.

Gibson, William. Ireland. NATN. Arrived in US 3 yrs. prior to age 21. Res. US for 5 yrs., including 3 of minority. Res. MD over 1 yr. Wits: Thomas McDowell and James Wier. O&RA to Queen of UK. BC Ct. (Nat. Rcd. of Minors) 3 1845-1851 MSA C237-3 MdHR 18114-1 f. 50 25 Sept. 1847.

Giddane, John. Ireland. NATN. Res. US 14 April 1802 - 18 June 1812. Res. BC. Wits: Alexander McDonnell and Neal McFadden. O&RA to King of UK. BC Ct. (Nat. Rcd. of Minors) 1827-1832 MSA C237-1 MdHR 18112 ff. 391-392 10 March 1832.

Giegrich, Ignatz. Bavaria. NATN. Decl. intent in US Dist. Ct. 7 Oct. 1843. Wits: Frederick Lorkin and Emanuel Weinman. O&RA to King of Bavaria. BA Ct. (Nat. Rcd.) 4 1846-1851 MSA C391-2 MdHR 18109 f. 195 5 Oct. 1847.

Giegrich, Ignatz. Bavaria. NATN. Decl. intent in US Dist. Ct. 7 Oct. 1843. Wits: Emanuel Weinman and Frederick K. Zorhin. BA Ct. (Nat. Dkt.) 1 1796-1851 MSA C389-1 MdHR 18106 f. 308 5 Oct. 1847.

Giemer, Christoff. Germany. DI. Res. BC. BC Ct. of O&T&GD (Dkt&Mins) 1816 MSA C183-9 MdHR 16657 (unpaginated) 6 Sept. 1816.

Gies, John. Grand Dutchy of Hesse-Darmstadt. NATN. Decl. intent in US Dist. Ct. 28 Oct. 1844. Wits: Jacob Dall and John List. O&RA to the Grand Duke of Hesse-Darmstadt. BC Ct. (Nat. Rcd.) 9 1845-1848 MSA C229-1 MdHR 18119 f. 315 1 Oct. 1847.

Giese, Lewis William Henry. Empire of France. DI. Note: Originally written as Empire of Germany. Germany crossed out by clerk. Ren. alleg. to Emperor of France and King of Italy. BA Ct. (Minutes) 1806-1809 MSA C386-9 MdHR 14372 f. 281 10 Oct. 1809.

Gill, Law. England. DI. BA Ct. (Minutes) 1822-1826 MSA C386-12 MdHR 14386 f. 129 5 Jan. 1824.

Gillaspy, Patrick. Ireland. NATN. Decl. intent in BC Ct. 28 Sept. 1844. Wits:

Thomas Cassidy and Roderick Couley. O&RA to Queen of UK. BC Ct. (Nat. Rcd.) 9 1845-1848 MSA C229-1 MdHR 18119 f. 757 2 Nov. 1848.

Gillems, Peter. Ireland. NATN. Decl. intent in US Circ. Ct. 9 Sept. 1844. Wits: James Clark and James McGivney. O&RA to Queen of UK. BA Ct. (Nat. Rcd.) 4 1846-1851 MSA C391-2 MdHR 18109 f. 103 13 Oct. 1846.

Gillens, Peter. Ireland. NATN. Decl. intent in US Circ. Ct. 9 Sept. 1844. Wits: James Clark and James McGivney. BA Ct. (Nat. Dkt.) 1 1796-1851 MSA C389-1 MdHR 18106 f. 263 13 Oct. 1846.

Gilles, Henry N. France. NATN. Noted as age 45. Born in Paris. Exhibits petition and certificates of declaration and report and registration, filed US Dist. Ct. 2 Aug. 1824. DI filed US Dist. Ct. 24 Feb. 1827. Arrived, Port of New York Nov. 1814. Res. BC. O&RA to King of France. Wits: Charles S. Marsh and Joseph M. Finley. BC Ct. (Nat. Rcd. of Minors) 1 1827-1832 MSA 237-1 MdHR 18112 ff. 5-6 Feb. term 1827.

Gillespy, Edward. Ireland. NATN. Res. BC. Res. US 14 April 1802 - 18 June 1812. Wits: Thomas McKinley and Charles McManus. O&RA to King of UK. BC Ct. (Nat. Rcd. of Minors) 1 1827-1832 MSA C237-1 MdHR 18112 ff. 153-154 4 Oct. 1828.

Gillher, Edward James. England. DI. BA Ct. (Minutes, Rough) 1832-1835 MSA C420-1 MdHR 14396-2 f. 181 16 April 1833.

Gillison, John A. Great Britain. BA Ct. (Nat. Dkt.) 1 1796-1851 MSA C389-1 MdHR 18106 f. 20 #397 13 June 1802. Barnes, p. 64.

Gillson, Edward James. England. DI. BA Ct. (Minutes) 1832-1838 MSA C386 MdHR 14403 f. 46 16 April 1833

Gilmayer, Frederick. Prussia. NATN. Decl. intent in US Dist. Ct. 12 Oct. 1843. Wits: Augustus Schoder and William Wardenburg. O&RA to King of Prussia. BC Ct. (Nat. Rcd.) 9 1845-1848 MSA C229-1 MdHR 18119 f. 108 5 Oct. 1846.

Gimmerhausen, Ludwig. Hanover. NATN. Decl. intent in US Circ. Ct. 30 Sept. 1844. Wits: Francis Germerhausen and Franz Jenhoser. O&RA to King of Hanover. BA Ct. (Nat. Rcd.) 4 1846-1851 MSA C391-2 MdHR 18109 f. 266 3 Oct. 1848.

Ginckleman, Andrew. Bavaria. NATN. Decl. intent in US Circ. Ct. 6 June 1844. Wits: Henry David Schmidt and Joseph Rousch. O&RA to King of Bavaria. BA Ct. (Nat. Rcd.) 4 1846-1851 MSA C391-2 MdHR 18109 f. 1 5 Oct. 1846.

Gise, John. Germany. NATN. Arrived in US 3 yrs. prior to age 21. Res. US for 5 yrs., including 3 of minority. Res. MD over 1 yr. Wits: Frederick W. Grey and William H. Stewart. O&RA to the Emperor of Germany. BC Ct. (Nat. Rcd. of Minors) 3 1845-1851 MSA C237-3 MdHR 18114-1 f. 17 3 Oct. 1846.

Glaab, George. Republic of Bremen. NATN. Decl. intent in US Dist. Ct. 29 Sept. 1840. Wits: George Honlia and L. B. Krein. O&RA to the Republic of Bremen. BC Ct. (Nat. Rcd.) 9 1845-1848 MSA C229-1 MdHR 18119 f. 393 4 Oct. 1847.

Glaab, Peter. Bavaria. NATN. Decl. intent in US Dist. Ct. 4 Oct. 1847. Wits: Paul Wagner and George Earhardt. O&RA to King of Bavaria. BC Ct. (Nat. Rcd.) 10 1849-1851 MSA C229-2 MdHR 18120 f. 136 1 Oct. 1850.

Gladzel, Anton. Prussia. NATN. Decl. intent in US Circ. Ct. 17 June 1844. Wits: Conrad Moser and Henry Hoffman. BA Ct. (Nat. Dkt.) 1 1796-1851 MSA C389-1 MdHR 18106 f. 237 6 Oct. 1846.

Gladzel, Anton. Prussia. NATN. Decl. intent in US Circ. Ct. 17 June 1844. Wits: Conrad Moser and Henry Hoffman. O&RA to King of Prussia. BA Ct. (Nat. Rcd.) 4 1846-1851 MSA C391-2 MdHR 18109 f. 22 6 Oct. 1846.

Glarm, John. Prussia. NATN. Arrived in US under age 18. Wits: Peter Glarm and George Bryard. BA Ct. (Nat. Dkt.) 1 1796-1851 MSA C389-1 MdHR 18106 f. 299 5 Oct. 1847.

Glass, Thomas. Scotland. DI. BA Ct. (Minutes) 1822-1826 MSA C386-12 MdHR 14386

f. 435 3 Oct. 1826.

Glaum, John. Prussia. NATN. Arrived in US 3 yrs. prior to age 21. Res. US for 5 yrs., including 3 of minority. Res. MD over 1 yr. Wits: Peter Glaum and George Byard. O&RA to King of Prussia. BA Ct. (Nat. Rcd. of Minors) 3 1846-1851 MSA C392-1 MdHr 18110 f. 31 5 Oct. 1847.

Gleghorn, John. Ireland. DI. Res. BC. BC Ct. (Dkt&Mins) 1841 MSA C184-8 MdHR 16665 f. 20 7 June 1841.

Glenn, John. Ireland. NATN. Decl. intent in US Dist. Ct. 28 Sept. 1848. Wits: Patrick Collins and Martin Kennedy. O&RA to Queen of UK. BC Ct. (Nat. Rcd.) 10 1849-1851 MSA C229-2 MdHR 18120 f. 92 30 Sept. 1850.

Gluck, Christian. Saxony. NATN. Decl. intent in US Dist. Ct. 10 Sept. 1838. Wits: Walter Crook and John C. B. Jaeckel. BA Ct. (Nat. Dkt.) 1 1796-1851 MSA C389-1 MdHR 18106 f. 204 24 Sept. 1840.

Gluck, Christian. Saxony. NATN. Decl. intent in US Dist. Ct. 10 Sept. 1838. Res. BC. Wits: William Crook and John B. C. Jaeckel. O&RA to King of Saxony. BA Ct. (Nat. Rcd.) 2 1832-1846 MSA C391-1 MdHR 18108 f. 80 24 Sept. 1840.

Gluck, John B. Wurtemburg. NATN. Decl. intent in Wilmington Co., DE, Ct. 23 July 1846. Wits: William Gilmor and Charles Gilmor. O&RA to King of Wurtemburg. BC Ct. (Nat. Rcd.) 10 1849-1851 MSA C229-2 MdHR 18120 f. 47 1 Feb. 1850.

Gluick, Carl Frederick. Grand Dutchy of Baden. BC Ct. (Dkt&Mins) 1849 MSA C184-11 MdHR 16665 f. 25 24 Sept. 1849.

Glynn, John William of (?). Great Britain. BA Ct. (Nat. Dkt.) 1 1796 - 1851 MSA C389-1 MdHR 18106 f. 5 #75 21 March 1797. Barnes, p. 60

Gnader, Ludwig. Dutchy of Saxe-Delmold. NATN. Decl. intent in US Circ. Ct. 24 Sept. 1849. Witness: Benedict Wolfraun. O&RA to the Duke of Saxe-Delmold. BC Ct. (Nat. Rcd.) 10 1849-1851 MSA C229-2 MdHR 18120 f. 418 4 Nov. 1851.

Goahan, John. Scotland. NATN. Arrived in US 3 yrs. prior to age 21. Res. US for 5 yrs., including 3 of minority. Res. MD over 1 yr. Wits: James Wilson and Alexander Ferguson. O&RA to Queen of UK. BC Ct. (Nat. Rcd. of Minors) 3 1845-1851 MSA C237-3 MdHR 18114-1 f. 181 4 Nov. 1848.

Gocking, John Gerhard Anton. Prussia. NATN. Decl. intent in US Circ. Ct. 26 Sept. 1844. Wits: Gerhard Schamhof and Gerhard Seibertz. O&RA to King of Prussia. BC Ct. (Nat. Rcd.) 9 1845-1848 MSA C229-1 MdHR 18119 f. 737 1 Nov. 1848.

Godefroy, John Maximilian Maurice. France. BA Ct. (Nat. Dkt.) 1 1796-1851 MSA C389-1 MdHR 18106 f. 44 25 April 1814.

Godfrey, Nicholas. Greece. NATN. Res. BC. Decl. intent in BC Ct. 11 July 1827. Profession: Tailor (1850 Census and 1851 BC Directory) Wits: Charles Williams and Allinger Underwood. O&RA to the Republic of Greece. BC Ct. (Nat. Rcd. of Minors) 1 1827-1832 MSA C237-1 MdHR 18112 ff. 309-310 27 April 1830.

Goebbern, John. Bavaria. NATN. Arrived in US 3 yrs. prior to age 21. Res. US for 5 yrs., including 3 of minority. Res. MD over 1 yr. Wits: Frederick Dolfeld and Bernard Evering. O&RA to King of Bavaria. BA Ct. (Nat. Rcd. of Minors) 3 1846-1851 MSA C392-1 MdHR 18110 f. 55 2 Oct. 1848.

Goeblein, John. Bavaria. NATN. Arrived in US under age 18. Wits: Frederick Doefeld and Bernard Evering. BA Ct. (Nat. Dkt.) 1 1796-1851 MSA C389-1 MdHR 18106 f. 325 2 Oct. 1848.

Goeg, Lorenz Hanson. Denmark. DI. BA Ct. (Minutes) 1832-1838 MSA C386 MdHR 14403 f. 97 24 April 1834.

Goetschy, Michael. France. DI. BC Ct. (Dkt&Mins) 1828 MSA C184-4 MdHR 16661 f. 39 20 Sept. 1828.

Goff, John. Ireland. DI. BA Ct. (Minutes, Rough) 1832-1835 MSA C420-1 MdHR 14396-2 ff. 169-170 21 Feb. 1833.

Goff, John. Ireland. DI. BA Ct. (Minutes) 1832-1838 MSA C386 MdHR 14403 f. 37 21 Feb. 1833. Tepper, p. 219. Age given as 2-5. Arrived in BC 31 March 1830.
Gofs/(Goss), Robert. England. NATN. Decl. intent in BC Ct. 27 Oct. 1849. Witness: William H. Gatchell. O&RA to Queen of UK. BC Ct. (Nat. Rcd.) 10 1849-1851 MSA C229-2 MdHR 18120 f. 420 4 Nov. 1851.
Goldenberg, Levi. Grand Dutchy of Hesse-Darmstadt. NATN. Arrived in US 3 yrs. prior to age 21. Res. US for 5 yrs., including 3 of minority. Res. MD over 1 yr. Wits: Reuben Hecht and Asher Hecht. O&RA to King of Bavaria. BC Ct. (Nat. Rcd. of Minors) 3 1845-1851 MSA C237-3 MdHR 18114-1 f. 263 1 Oct. 1850.
Goldsborough. John. Ireland. DI. BC Ct. (Dkt&Mins) 1849 MSA C184-11 MdHR 16668 f. 32 29 Dec. 1849.
Goldstein, Aaron. Poland. NATN. Decl. intent in BC Ct. 6 Feb. 1844. Wits: S.M. Peiser and Philip Emevage. O&RA to the Emperor of Russia. BC Ct. (Nat. Rcd.) 9 1845-1848 MSA C229-1 MdHR 18119 f. 234 16 Sept. 1847.
Goldstone, Baruch. Germany. DI. BC Ct. (Dkt&Mins) 1840 MSA C184-7 MdHR 16664 f. 37 2 Oct. 1840. 1850 Census lists a "B. Goldstone", age 36, male. Place of birth given as Holland.
Goller, Christian. Bavaria. NATN. Decl. intent in US Circ. Ct. 21 S1 Sept. 1844. Wits: David Jean and William Steukel. O&RA to King of Bavaria. BA Ct. (Nat. Rcd.) 4 1846-1851 MSA C391-2 MdHR 18109 f. 265 3 Oct. 1848.
Goller, Christian. Bavaria. NATN. Decl. intent in US Circ. Ct. 21 Sept. 1844. Wits: David Jean and William Steckel. BA Ct. (Nat. Dkt.) 1 1796-1851 MSA C389-1 MdHR 18106 f. 337 3 Oct. 1848.
Goller, Johann M. Wurtemburg. NATN. Decl. intent in US Circ. Ct. 7 Sept. 1844. Wits: George Burger and Peter Treulieb. BA Ct. (Nat. Dkt.) 1 1796-1851 MSA C389-1 MdHR 18106 f. 330 2 Oct. 1848.
Goller, Johann M. Wurtemburg. NATN. Decl. intent in US Circ. Ct. 57 Sept. 1844. Wits: George Burger and Peter Trenlieb. O&RA to King of Wurtemburg. BA Ct. (Nat. Rcd.) 4 1846-1851 MSA C391-2 MdHR 18109 f. 249 2 Oct. 1848.
Gonnice, Jacob. Switzerland. DI. BA Ct. (Minutes) 1822-1826 MSA C386-12 MdHR 14386 f. 213 20 Sept. 1824.
Gonter, Joseph. Grand Dutchy of Baden. NATN. Decl. intent in BA Ct. 17 March 1834. Res. BC. Wits: Henry Houck and Jacob Houck. O&RA to the Grand Duke of Baden. BA Ct. (Nat. Rcd.) 2 1832-1846 MSA C391-1 MdHR 18108 f. 31 17 March 1836.
Gonter, Joseph. Grand Dutchy of Baden. NATN. Decl. intent in BA Ct. 17 March 1834. Wits: Henry Honch and Jucir Honch. BA Ct. (Nat. Dkt.) 1 1796-1851 MSA C389-1 MdHR 18106 f. 182 17 March 1836.
Gonter, Joseph. Grand Dutchy of Baden. DI. BA Ct. (Minutes) 1832-1838 MSA C386 MdHR 14403 f. 90 17 March 1834.
Gonter, Joseph. Grand Dutchy of Baden. DI. BA Ct. (Minutes, Rough) 1832-1835 MSA C420-1 MdHR 14396-2 f. 241 17 March 1834.
Good, Patrick. Ireland. DI. BC Ct. (Dkt&Mins) 1841 MSA C184-8 MdHR 16665 f. 37 4 Oct. 1841.
Goode, John B. Ireland. DI. BA Ct. (Minutes) 1839-1846 MSA C386-16 MdHR 14404 f. 107 1 Oct. 1841.
Goodisson, John. Ireland. NATN. Decl. intent in open court. Arrived in US 3 yrs. prior to age 21. Res. US for 5 yrs., including 3 of minority. Res. MD over 1 yr. Res. BC. Wits: Nathaniel Knight and William H. Watson. O&RA to Queen of UK. BA Ct. (Nat. Rcd.) 2 1832-1846 MSA C391-1 MdHR 18108 ff. 74-75 3 Sept. 1840.
Goolfson, John. Ireland. NATN. Decl. intent in open court. Arrived in US under age 18. Wits: Nath. Knight and William H. Watson. BA Ct. (Nat. Dkt.) 1 1796-1851 MSA C389-1 MdHR 18106 f. 200 3 Sept. 1840.
Gootman, Moses. Bavaria. NATN. Decl. intent in BC Ct. 1 Oct. 1844. Wits:

Lewis Ash and Bernard Rosenweik. O&RA to King of Bavaria. BC Ct. (Nat. Rcd.) 9 1845-1848 MSA C229-1 MdHR 18119 f. 590 5 Oct. 1848.
Gorde, John Henry. Germany. BA Ct. (Nat. Dkt.) 1 1796-1851 MSA C389-1 MdHR 18106 f. 37 #732 27 April 1809.
Gordon, John. Scotland. DI. BA Ct. (Minutes) 1846-1851 MSA C386-16 MdHR 14405 f. 236 5 Nov. 1850.
Gordon, John. Scotland. DI. BA Ct. (Minutes) 1846-1851 MSA C386-17 MdHR 14405 f. 236 6 Nov. 1850.
Gordon, John. Scotland. DI. BA Ct. (Minutes, Rough) 1845-1851 MSA C420-3 MdHR 14401 f. 391 6 Nov. 1850.
Gorff/Gorss, George. Hanover. DI. BA Ct. (Minutes) 1822-1826 MSA C386-12 MdHR 14386 f. 434 26 Oct. 1826.
Gorlack, John. Bavaria. NATN. Decl. intent in US Circ. Ct. 11 Sept. 1844. Wits: Maurice Barger and John Hohmann. O&RA to King of Bavaria. BA Ct. (Nat. Rcd.) 4 1846-1851 MSA C391-2 MdHR 18109 f. 41 6 Oct. 1846.
Gorman, Brian. Ireland. NATN. Decl. intent in US Circ. Ct. 4 Oct. 1844. Wits: George McGlove and James Kelly. BA Ct. (Nat. Dkt.) 1 1796-1851 MSA C389-1 MdHR 18106 f. 264 13 Oct. 1846.
Gorman, Brian. Ireland. NATN. Decl. intent in US Circ. Ct. 4 Oct. 1844. Wits: George McGlone and James Kelly. O&RA to Queen of UK. BA Ct. (Nat. Rcd.) 4 1846-1851 MSA C391-2 MdHR 18109 f. 103 13 Oct. 1846.
Gorman, Nicholas. Ireland. DI. BA Ct. (Minutes) 1827-1830 MSA C386-13 MdhR 14391 f. 77 3 Oct. 1827.
Gorman, Terrance. Ireland. DI. BA Ct. (Minutes) 1822-1826 MSA C386-12 MdHR 14386 f. 435 3 Oct. 1826.
Gormdley, William. Ireland. BA Ct. (Nat. Dkt.) 1 1796-1851 MSA C389-1 MdHR 18106 f. 39 #763 14 April 1810.
Goshell, Peter. France. NATN. Born in city of Malos. Decl. intent in BC Ct. 13 June 1822. Wits: Edward Quinn and Joseph Perego. Certificate and report filed. BA Ct. (Nat. Dkt.) 1 1796-1851 MSA C389-1 MdHR 18106 f. 83 1 Oct. 1824.
Goss, Robert. Ireland. DI. BC Ct. (Dkt&Mins) 1849 MSA C184-11 MdHR 16668 f. 30 27 Oct. 1849.
Gotterl, Leonard. Wurtemburg. NATN. Decl. intent in US Circ. Ct. 30 Sept. 1840. Wits: George A. Ehrmann and James L. Metcalf. BA Ct. (Nat. Dkt.) 1 1796-1851 MSA C389-1 MdHR 18106 f. 319 22 Sept. 1848.
Gotterl, Leonhard. Wurtemburg. NATN. Decl. intent in US Circ. Ct. 30 Sept. 1844. Wits: George A. Ehrmann and James L. Metcalf. O&RA to King of Wurtemburg. BA Ct. (Nat. Rcd.) 4 1846-1851 MSA C391-2 MdHR 18109 f. 229 22 Sept. 1848.
Gouarnigou, Louis. France. BA Ct. (Nat. Dkt.) 1 1796-1851 MSA C389-1 MdHR 18106 f. 39 #775 26 May 1810.
Gourley, Alexander. Scotland. DI. BA Ct. (Minutes) 1832-1838 MSA C386 MdHR 14403 f. 117 22 Sept. 1834.
Gourley, Alexander. Scotland. DI. BA Ct. (Minutes, Rough) 1832-1835 MSA C420-1 MdHR 14396-2 ff. 279-280 22 Sept. 1834.
Gourley, George. Ireland. NATN. Decl. intent in US Dist. Ct. 5 Oct. 1843. Wits: James Hermann and William Joseph. BA Ct. (Nat. Dkt.) 1 1796-1851 MSA C389-1 MdHR 18106 f. 264 13 Oct. 1846.
Gourly, George. Ireland. NATN. Decl. intent in US Dist. Ct. 5 Oct. 1843. Wits: James Herman and William Joseph. O&RA to Queen of UK. BA Ct. (Nat. Rcd.) 4 1846-1851 MS C391-2 MdHR 18109 f. 104 13 Oct. 1846.
Goverts, Peter D. Germany. NATN. BA Ct. (Minutes) 1792 - 1797 MSA C386-7 MdHR 5052 f. 264 5 Dec. 1796
Goverty, Peter P. German Empire. BA Ct. (Nat. Dkt.)1 1796-1851 MSA C389-1 MdHR 18106 f. 4 #45 Dec. 1796. Barnes, p. 59
Gow, James. England. NATN. Decl. intent in open court. Arrived in US 3 yrs. prior to age 21. Res. US for 5 yrs., including 3 of minority. Res. MD over 1 yr. Res. BC. Wits: John Boyd and Elijah Stansbury. O&RA to Queen of UK.

BA Ct. (Nat. Rcd.) 2 1832-1846 MSA C391-1 MdHR 18108 f.54 18 Sept. 1838.
Gow, James. England. NATN. Decl. intent in open court. Arrived in US prior to age 21. Wits: John Boyd and Elijah Stansbury. BA Ct. (Nat. Dkt.) 1 1796-1851 MSA C389-1 MdHR 18106 f. 191 18 Sept. 1838.
Gowan, James. Ireland. NATN. Decl. intent in US Dist. Ct. 3 Oct. 1842. Res. BC. Wits: William H. Phipps and John Robinson. O&RA to Queen of UK. BA Ct. (Nat. Rcd.) 2 1832-1846 MSA C391-1 MdHR 18108 ff. 108-109 18 Oct. 1844.
Graber, Jacob. Switzerland. DI. BA Ct. (Minutes) 1822-1826 MSA C386-12 MdHR 14386 f. 434 27 Nov. 1826.
Grace, John. Ireland. DI. BA Ct. (Minutes) 1839-1846 MSA C386-16 MdHR 14404 f. 256 2 Nov. 1844.
Grace, John. Ireland. DI. BA Ct. (Minutes, Rough) 1836-1844 MSA C420-2 MdHR 14398 f. 483 2 Nov. 1844.
Grace, Redmund. Ireland. BA Ct. (Nat. Dkt.) 1 1796-1851 MSA C389-1 MdHR 18106 f. 35 #633 16 April 1806.
Gracen, John. Ireland. NATN. Decl. intent in US Circ. Ct. 10 April 1834. Wits: William Kellin and Michael Dorsey. BA Ct. (Nat. Dkt.) 1 1796-1851 MSA C389-1 MdHR 18106 f. 190 18 Sept. 1838.
Gracey, William. Ireland. DI. Res. BC. BC Ct. (Dkt&Mins) 1847 MSA C184-10 MdHR 16667 f. 21 22 June 1847.
Graecin, John. Ireland. NATN. Decl. intent in US Circ. Ct. for the 4th Circ. 10 April 1834. Res. BC. Wits: William Keller and Michael Dorsey. O&RA to Queen of UK. BA Ct. (Nat. Rcd.) 2 1832-1846 MSA C391-1 MdHR 18108 ff. 52-53 18 Sept. 1838.
Graham, Felix. Ireland. NATN. Decl. intent in BC Ct. 22 Dec. 1842. Wits: William Gaff and Owen Mulhare. O&RA to Queen of UK. BA Ct. (Nat. Rcd.) 4 1846-1851 MSA C391-2 MdHR 18109 f. 62 13 Oct. 1846.
Graham, Felix. Ireland. NATN. Decl. intent in BC Ct. 22 Dec. 1842. Wits: William Goff and Owen Mulhair. BA Ct. (Nat. Dkt.) 1 17916-1851 MSA C389-1 MdHR 18106 f. 252 13 Oct. 1846.
Graham, George B. England. DI. BC Ct. (Dkt&Mins) 1826 MSA C184-3 MdHR 16660 f. 30 29 June 1826.
Graham, George B. England. NATN. Decl. intent in BC Ct. June term 1826. Res. BC. Wits: David B. Dickerson and John Jellard. O&RA to King of UK. BC Ct. (Nat. Rcd. of Minors) 1827-1832 MSA C237-1 MdHR 18112 ff. 374-375 18 June 1831.
Graham, John. Ireland. NATN. Decl. intent in open ct.Res. BC. Arrived in the US 3 yrs. prior to age 21. Res. US for 5 yrs., including 3 of minority. Res. MD over 1 yr. Wits: Nicholas Hobbs and Samuel Mumma, O&RA to King of UK. BC Ct. (Nat. Rcd. of Minors) 1 1827-1832 MSA C237-1 MdHR 18112 ff. 140-141 3 Oct. 1828.
Graham, John. England. NATN. Decl. intent in Ct. of Common Pleas for the City and Co. of Philadelphia, 6 Oct. 1827. Res. BC. Wits: Mark Truman and Joseph Jones. O&RA to King of UK. BC Ct. (Nat. Rcd. of Minors) 2 1832-1836 MSA C237-2 MdHR 18113 f. 108 1 Oct. 1834.
Graham, John. Ireland. NATN. Decl. intent in BC Ct. 1 Oct. 1844. Wits: William Watson and Joseph Watson. O&RA to Queen of UK. BC Ct. (Nat. Rcd.) 9 1845-1848 MSA C229-1 MdHR 18119 f. 429 4 Oct. 1847.
Graham, Michael. Ireland. BA Ct. (Nat. Dkt.) 1 1796-1851 MSA C389-1 MdHR 18106 f. 31 #603 12 June 1805.
Graham, Robert. England. BA Ct. (Nat. Dkt.) 1 1796-1851 MSA C389-1 MDHR 18106 f. 12 #240 15 Jan. 1798. Barnes, p. 62.
Graham, Robert. Ireland. DI. BA Ct. (Minutes) 1827-1830 MSA C386-13 MdHr 14391 f. 339 15 Oct. 1830.
Graham, Robert. Ireland. NATN. Decl. intent in BA Ct. 1830. Res. BC. Wits: Morris Coudon and John Kean. O&RA to King of UK. BC Ct. (Nat. Rcd. of

Minors) 2 1832-1836 MSA C237-2 MdHR 18113 ff. 46-47 16 Oct. 1832.

Graham, Samuel. Ireland. NATN. Decl. intent in US Circ. Ct. 30 Oct. 1844. Wits: Robert Gregg and John Parks. O&RA to Queen of UK. BC Ct. (Nat. Rcd.) 9 1845-1848 MSA C229-1 MdHR 18119 f. 256 1 Oct. 1847.

Grahan, William. Ireland. NATN. Decl. intent in US Dist. Ct. 5 Oct. 1847. Wits: William Torrence and David Reese. O&RA to Queen of UK. BC Ct. (Nat. Rcd.) 10 1849-1851 MSA C229-2 MdHR 18120 f. 88 30 Sept. 1850.

Gramberg/Grambery, John. Germany. BA Ct. (Nat. Dkt.) 1 796-1851 MSA C389-1 MdHR 18106 f. 7 #121 14 Aug. 1797. Barnes, p. 60

Graminger, Joseph. Grand Dutchy of Hesse-Darmstadt. NATN. Decl. intent in US Dist. Ct. 14 Sept. 1844. Wits: John Graminger and Charles F. Peck. O&RA to the Grand Dutchy of Hesse-Darmstadt. BC Ct. (Nat. Rcd.) 9 1845-1848 MSA C229-1 MdHR 18119 f. 117 5 Oct. 1846.

Granagar, John. Republic of Switzerland. NATN. Decl. intent in BC Ct. 26 Oct. 1829. Res. BC. Wits: John Guisenderffer and Henry Watters. O&RA to the Republic of Switzerland. BC Ct. (Nat. Rcd. of Minors) 2 1832-1836 MSA C237-2 MdHR 18113 f. 66 13 Sept. 1833.

Grandroot/Grandvoot, Gustavus. Sweden. NATN. Decl. intent in US Dist. Ct. 29 Sept. 1832. Res. BC. Wits: Robert Wilson and Joseph Share. O&RA to the Prince of Sweden. BC Ct. (Nat. Rcd. of Minors) 2 1832-1836 MSA C237-2 MdHR 18113 ff. 169-170 30 Sept. 1835.

Granier, Peter Stanislaus. France. BA Ct. (Nat. Dkt.) 1 1796-1851 MSA C389-1 MdHR 18106 f. 45 4 Oct. 1815.

Granmyer, John. Grand Dutchy of Hesse-Darmstadt. NATN. Decl. intent in BC Ct. 21 Sept. 1844. Wits: Joseph Keller and Charles F. Peck. O&RA to Queen of UK. BC Ct. (Nat. Rcd.) 9 1845-1848 MSA C229-1 MdHR 18119 f. 153 5 Oct. 1846.

Grant, Henry. Ireland. BA Ct. (Nat. Dkt.) 1 1796-1851 MSA C389-1 MdHR 18106 f. 41 #811 3 April 1812.

Grant, John. Ireland. DI. Res. BC. BC Ct. (Dkt&Mins) 1830 MSA C184-5 MdHR 16662 f. 29 1 July 1830. Tepper, p. 221.

Grant, John. Ireland. NATN. Decl. intent in BC Ct. 1 July 1830. Res. BC. Wits: William Evans and William Reese. O&RA to King of UK. BA Ct. (Nat. Rcd. of Minors) 2 1832-1836 MSA C237-2 MdHR 18113 ff. 6-7 15 Sept. 1832.

Grant, Lewis. Scotland. BA Ct. (Nat. Dkt.) 1 1796-1851 MSA C389-1 MdHR 18106 f. 34 #674 28 April 1806.

Grasbender, John S. Bavaria. NATN. Decl. intent in US Circ. Ct. 16 Sept. 1844. Wits: David Sayer and Andrew Hagger. BA Ct. (Nat. Dkt.) 1 1796-1851 MSA C389-1 MdHR 18106 f. 264 13 Oct. 1846.

Grasbinder, John L. Bavaria. NATN. Decl. intent in US Circ. Ct. 16 Sept. 1844. Wits: David Lager and Andrew Hagger. O&RA to King of Bavaria. BA Ct. (Nat. Rcd.) 4 1846-1851 MSA C391-2 MdHR 18109 f. 104.

Graser, Augustus. Germany. NATN. Arrived in US under age 18. Wits: William Gailor and Joseph Loudenback. BA Ct. (Nat. Dkt.) 1 1796-1851 MSA C389-1 MdHR 18106 f. 299 5 Oct. 1847.

Graser, Augustus. Germany. NATN. Arrived in US 3 yrs. prior to age 21. Res. US for 5 yrs., including 3 of minority. Res. MD over 1 yr. Wits: William Gaynor and Joseph Loudenbach. O&RA to the Emperor of Germany. BA Ct. (Nat. Rcd. of Minors) 3 1846-1851 MSA C392-1 MdHR 18110 f. 31 5 Oct. 1847.

Gray, Francis. Ireland. NATN. Born in Co. of Derry. Arrived in the US prior to 1 June 1812. Wits: William Gwynn and Fielding Lucas, Jr. BA Ct. (Nat. Dkt.) 1 1796-1851 MSA C389-1 MdHR 18106 f. 151 7 Nov. 1828.

Gray, George Lewis. Ireland. BA Ct. (Nat. Dkt.) 1 1796-1851 MSA C389-1 MdHR 18106 f. 8 #154 6 Sept. 1797. Barnes, p. 61.

Gray, George. Ireland. BA Ct. (Nat. Dkt.) 1 1796-1851 MSA C389-1 MdHR 18106 f. 36 #698 7 April 1808.

Gray, James. Ireland. NATN. Decl. intent in US Dist. Ct. 13 Sept. 1844. Wits: David Jean and Christopher Steinhagan. O&RA to Queen of UK. BC Ct.

Gray, James. Ireland. NATN. Decl. intent in US Circ. Ct. 4 Sept. 1844. Wits: George Irwin and Allen Campbell. BA Ct. (Nat. Dkt.) 1 1796-1851 MSA C389-1 MdHR 18106 f. 308 5 Oct. 1847.

Gray, James. Ireland. NATN. Decl. intent in US Circ. Ct. 4 Sept. 1844. Wits: George Lewis and Allen Campbell. O&RA to Queen of UK. BA Ct. (Nat. Rcd.) 4 1846-1851 MSA C391-2 MdHR 18109 f. 196 5 Oct. 1847.

Gray, John. Denmark. NATN. Res. BC. Res. US 14 April 1802 - 18 June 1812. Wits: William Young and Thomas Galoway. O&RA to King of Denmark. BC Ct. (Nat. Rcd. of Minors) 1 1827-1832 MSA C237-1 MdHr 18112 ff. 226-227 6 Nov. 1828.

Gray, Jr., James. Ireland. NATN. Arrived in US 3 yrs. prior to age 21. Res. US for 5 yrs., including 3 of minority. Res. MD over 1 yr. Wits: James Gray and David Jean. O&RA to Queen of UK. BC Ct. (Nat. Rcd. of Minors) 3 1845-1851 MSA C237-3 MdHR 18114-1 f. 13 22 Sept. 1846.

Greable, George. Bavaria. NATN. Decl. intent in BC Ct. 30 March 1844. Wits: Joseph Aker and David Steetr (?). O&RA to King of Bavaria. BC Ct. (Nat. Rcd.) 9 1845-1848 MSA C229-1 MdHR 18119 f. 304 30 Sept. 1847.

Greaver, Sylvester. Bremen. DI. Ren. alleg. to the Hanseatic Government. BA Ct. (Minutes, Rough) 1832-1835 MSA C420-1 MdHR 14396-2 ff. 310-311 3 Feb. 1835.

Greb, Peter. Prussia. DI. BC Ct. (Dkt&Mins) 1849 MSA C184-11 MdHR 16668 f. 30 8 Nov. 1849.

Green, Charles. Ireland. NATN. Arrived in US 3 yrs. prior to age 21. Res. US for 5 yrs., including 3 of minority. Res. MD over 1 yr. Wits: David Vanee and Christopher C. Walter. O&RA to Queen of UK. BA Ct. (Nat. Rcd. of Minors) 3 1846-1851 MSA C392-1 MdHR 18110 f. 13 13 Oct. 1846.

Green, Charles. Ireland. NATN. Arrived in US under age 18. Wits: David Vance and Christopher C. Walter. BA Ct. (Nat. Dkt.) 1 1796-1851 MSA C389-1 MdHR 18106 f. 289 13 Oct. 1846.

Green, John. England. BA Ct. (Nat. Dkt.) 1 1796-1851 MSA C389-1 MdHR 18106 f. 40 #788 13 May 1811.

Green, John. Ireland. NATN. Arrived in US under age 18. Wits: David Vance and Christopher C. Walter. BA Ct. (Nat. Dkt.) 1 1796-1851 MSA C389-1 MdHR 18106 f. 289 13 Oct. 1846.

Green, John. Ireland. NATN. Arrived in US 3 yrs. prior to age 21. Res. US for 5 yrs., including 3 of minority. Res. MD over 1 yr. Wits: David Vanee and Christopher C. Walter. O&RA to Queen of UK. BA Ct. (Nat. Rcd. of Minors) 3 1846-1851 MSA C392-1 MdHR 18110 f. 14 13 Oct. 1846.

Green, Michael. Ireland. NATN. Arrived in US under age 18. Wits: James A. Bruce and Patrick Monegan. BA Ct. (Nat. Dkt.) 1 1796-1851 MSA C389-1 MdHR 18106 f. 365 29 Sept. 1849.

Green, Michael. Ireland. NATN. Arrived in US 3 yrs. prior to age 21. Res. US for 5 yrs., including 3 of minority. Res. MD over 1 yr. Wits: James A. Bruce and Patrick Monigan. O&RA to Queen of UK. BA Ct. (Nat. Rcd. of Minors) 3 1846-1851 MSA C392-1 MdHR 18110 f. 82 29 Sept. 1849.

Green, Patrick. Ireland. DI. BC Ct. (Dkt&Mins) 1839 MSA C184-6 MdHR 16663 f. 35 23 Sept. 1839.

Green, Peter. England. BA Ct. (Nat. Dkt.) 1 1796-1851 MSA C389-1 MdHR 18106 f. 37 #736 23 May 1809.

Green, Thomas. England. DI. BA Ct. (Minutes, Rough) 1832-1835 MSA C420-1 MdHR 14396-2 f. 151 18 Dec. 1832.

Green, Thomas. Ireland. NATN. Decl. intent in US Dist. Ct. 27 Sept. 1844. Wits: Bernard McDononigh and Thomas Murdock. O&RA to Queen of UK. BC Ct. (Nat. Rcd.) 10 1849-1851 MSA C229-2 MdHR 18120 f. 32 2 Oct. 1849.

Green, William. Ireland. NATN. Res. BC. Res. US 14 April 1802 - 18 June 1812. Wits: Nicholas Strike and John Hutson. O&RA to King of UK. BC Ct.

(Nat. Rcd. of Minors) 1 1827-1832 MSA C237-1 MdHR 18112 ff. 289-190 14 April 1829.
Greenbaum, Isaac. Bavaria. NATN. Decl. intent in US Dist. Ct. 19 Oct. 1844. Wits: Solomon Goldschmidt and Henry Bader. O&RA to King of Bavaria. BC Ct. (Nat. Rcd.) 9 1845-1848 MSA C229-1 MdHR 18119 f. 781 4 Nov. 1848.
Greenbaum, Wolf. Bavaria. NATN. Decl. intent in US Dist. Ct. 13 Oct. 1833. Wits: Leon Dyer and Simon Frank. O&RA to King of Bavaria. BC Ct. (Nat. Rcd.) 9 1845-1848 MSA C229-1 MdHR 18119 f. 311 1 Oct. 1847.
Greenfeldter, Simon. Bavaria. NATN. Arrived in US 3 yrs. prior to age 21. Res. US for 5 yrs., including 3 of minority. Res. MD over 1 yr. Wits: Raphel Goldsmith and Philip Emerrich. O&RA to King of Bavaria. BC Ct. (Nat. Rcd. of Minors) 3 1845-1851 MSA C237-3 MdHR 18114-1 f. 48 21 Sept. 1847.
Greer, Alexander. Ireland. NATN. Decl. intent in US Circ. Ct. 24 Sept. 1844. Wits: John McDonald and John McMahon. BA Ct. (Nat. Dkt.) 1 1796-1851 MSA C389-1 MdHR 18106 f. 235 6 Oct. 1846.
Greer, Alexander. Ireland. NATN. Decl. intent in US Circ. Ct. 24 Sept. 1844. Wits: John McDonnell and John McMahan. O&RA to Queen of UK. BA Ct. (Nat. Rcd.) 4 1846-1851 MSA C391-2 MdHR 18109 f. 16 6 Oct. 1846.
Gregg, Robert. Ireland. NATN. Decl. intent in BC Ct. 26 Oct. 1844. Wits: John Ferguson and Thomas Moore. O&RA to Queen of UK. BC Ct. (Nat. Rcd.) 9 1845-1848 MSA C229-1 MdHR 18119 f. 295 29 Sept. 1847.
Gregg, Samuel. Ireland. NATN. Decl. intent in Worcester Co. Ct. 6 May 1844. Wits: James Holbrook and James Neale. O&RA to Queen of UK. BC Ct. (Nat. Rcd.) 9 1845-1848 MSA C229-1 MdHR 18119 f. 490 5 Oct. 1847.
Greis, John G. Bavaria. NATN. Decl. intent in US Circ. Ct. 22 July 1844. Wits: Henry Wisebaugh and John Voneiff. BA Ct. (Nat. Dkt.) 1 1796-1851 MSA C389-1 MdHR 18106 f. 264 13 Oct. 1846.
Greis, John G. Bavaria. NATN. Decl. intent in US Circ. Ct. 22 July 1844. Wits: Henry Wisbaugh and John Voneff. O&RA to King of Bavaria. BA Ct. (Nat. Rcd.) 4 1846-1851 MSA C391-2 MdHR 18109 f. 105 13 Oct. 1846.
Gremm, Joseph. Bavaria. NATN. Decl. intent in US Circ. Ct. 30 Sept. 1844. Wits: Henry Woods and Maurice Barger. O&RA to King of Bavaria. BA Ct. (Nat. Rcd.) 4 1846-1851 MSA C391-2 MdHR 18109 f. 11 5 Oct. 1846.
Grenbeck, John. Sweden. BA Ct. (Nat. Dkt.) 1 1796-1851 MSA C389-1 MdHR 18106 f. 38 #749 17 June 1809.
Grenmuller, John Michael. Bavaria. NATN. Decl. intent in US Circ. Ct. 13 Sept. 1849. Wits: John Hartlein and George Kilian. BA Ct. (Nat. Dkt.) 1 1796-1851 MSA C389-1 MdHR 18106 f. 388 3 Nov. 1851.
Grenmuller, John Michael. Bavaria. NATN. Decl. intent in US Circ. Ct. 13 Sept. 1849. Wits: John Hartlein and George Kilian. O&RA to King of Bavaria. BA Ct. (Nat. Rcd.) 4 1846-1851 MSA C391-2 MdHR 18109 f. 390 3 Nov. 1851.
Grermm, Joseph. Bavaria. NATN. Decl. intent in US Circ. Ct. 30 Sept. 1844. Wits: Henry Woods and Maurice Barger. BA Ct. (Nat. Dkt.) 1 1796-1851 MSA C389-1 MdHR 18106 f. 234 5 Oct. 1846.
Grewe, Henri. France. BA Ct. (Nat. Dkt.) 1 1796-1851 MSA C389-1 MdHR 18106 f. 40 #798 26 Oct. 1811.
Grey, Peter. Ireland. NATN. Res. BC. Decl. intent in Morgan Co. (VA) Ct. 28 Nov. 1840. Witness: Owen Heslin. O&RA to Queen of UK. BC Ct. (Nat. Rcd.) 9 1845-1848 MSA C229-1 MdHR 18119 f. 8 16 July 1845.
Grice, Richard. England. BA Ct. (Nat. Dkt.) 1 1796-1851 MSA C389-1 MdHR 18106 f. 24 #462 21 June 1803.
Griek, William. Ireland. NATN. Decl. intent in open court. Arrived in US 3 yrs. prior to age 21. Res. US for 5 yrs., including 3 of minority. Res. MD over 1 yr. Res. BC. Wits: Nathan Rogers and Andrew Gregg. O&RA to Queen of UK. BA Ct. (Nat. Rcd.) 2 1832-1846 MSA C391-1 MdHR 18108 ff. 42-43 27 Jan.

1838.
Grier, Alexander. Ireland. Report and registration. Note as age 23. Born in Co. of Donegal. Arrived in BC Dec. 1819. Res. BC. Wits: Nathan Rogers and John McKInnell. BA Ct. (Misc. Ct. Papers) MSA C1-62 MdHR 50206-808 1826 item 297 20 Sept. 1826.
Grier, Alexander. Ireland. NATN. Born in Co. of Donegal. Arrived in the US 3 yrs. prior to age 21. Decl. intent in open ct. Wits: Nathan Rogers and John McKinnell. BA Ct. (Nat. Dkt.) 1 1796-1851 MSA C389-1 MdHR 18106 f. 108-09 20 Sept. 1826.
Grier, William. Ireland. NATN. Decl. intent in open court. Arrived in US 3 yrs. prior to age 21. Wits: Nathan Rogers and Andrew Gregg. BA Ct. (Nat. Dkt.) 1 1796-1851 MSA C389-1 MdHR 18106 f. 186 27 Jan. 1838.
Griffin, James. Ireland. NATN. Decl. intent in US Dist. Ct. 3 Oct. 1834. Res. BC. Wits: John Simpson and Samuel Myles. O&RA to King of UK. BC Ct. (Nat. Rcd. of Minors) 2 1832-1836 MSA C237-2 MdHR 18113 f. 217 3 Oct. 1836.
Griffin, John. Ireland. NATN. Decl. intent in open court. Res. BC. Arrived in the US 3 yrs. prior to age 21. Res. US for 5 yrs., including 3 yrs. of minority. Res. MD over 1 yr. Witness: Thomas Griffin. O&RA to King of UK. BC Ct. (Nat. Rcd. of Minors) 1 1827-1832 MSA C237-1 MdHR 18112 f. 221 5 Nov. 1828.
Griffin, John. Ireland. DI. BC Ct. (Dkt&Mins) 1828 MSA C184-4 MdHR 16661 f. 40 26 Sept. 1828.
Griffin, Martin. BA Ct. (Nat. Dkt.) 1 1796-1851 MSA C389-1 MdHR 18106 f. 38 #753 6 Oct. 1809.
Griffin, William. Ireland. NATN. Res. BC. Arrived in the US 3 yrs. prior to age 21. Res. US for 5 yrs., including 3 of minority. Res. MD over 1 yr. Witness: William Carrigan. O&RA to King of UK. BC Ct. (Nat. Rcd. of Minors) 1 1827-1832 MSA C237-1 MdHR 18112 ff. 225-226 6 Nov. 1828.
Griffith, Joseph James. England. NATN. Decl. intent in US Dist. Ct. 11 Sept. 1838. Wits: Orville Horwitz and Charles Akeas (?). O&RA to Queen of UK. BC Ct. (Nat. Rcd.) 9 1845-1848 MSA C229-1 MdHR 18119 f. 44 16 Sept. 1846.
Griffith, Jr. Richard. England. NATN. Born in Co. of Shropeshire. Decl. intent in Supreme Ct. of Ohio for the Co. of Hamilton 9 June 1818. Wits: John Anderson and David Whitson. Certificate and report filed. BA Ct. (Nat. Dkt.) 1 1796-1851 MSA C389-1 MdHR 18106 f. 69 20 Sept. 1824.
Griffith, Michael. England. NATN. Decl. intent in BC Ct. 12 March 1847. Wits: James Wiley and Peter Collins. O&RA to Queen of UK. BA Ct. (Nat. Rcd.) 4 1846-1851 MSA C391-2 MdHR 18109 f. 363 8 Oct. 1850.
Griffith, Michael. England. DI. BC Ct. (Dkt&Mins) 1847 MSA C184-10 MdHR 16667 f. 9 12 March 1847.
Griffith, Michael. England. NATN. Decl. intent in BC Ct. 12 March 1847. Wits: James Wiley and Peter Collins. BA Ct. (Nat. Dkt.) 1 1796-1851 MSA C389-1 MdHR 18106 f. 378 8 Oct. 1850.
Griffith, Thomas F. B. Ireland. Report and registration. Noted as age 38. Born in Dublin. Arrived in Boston Aug. 1811. Res. BC. Wits: William McCann and James Mirren. BA Ct. (Misc. Ct. Papers) MSA C1-57 MdHR 50206-754 1823 item 362 26 June 1822.
Griffith, Thomas F. Ireland. NATN. Born in Dublin. Decl. intent in US Circ. Ct. 5 May 1824. Wits: William McCann and James Morris. BA Ct. (Nat. Dkt.) 1 1796-1851 MSA C389-1 MdHR 18106 f. 101 18 Sept. 1826.
Griffith, Thomas F. B. Ireland. DI. BA Ct. (Misc. Ct. Papers) MSA C1-57 MdHR 50206-754 1823 unnumbered item 5 May 1824.
Grigg, Alexander. Scotland. BA Ct. (Nat. Dkt.) 1 1796-1851 MSA C389-1 MdHR 18106 f. 29 #560 7 Dec. 1804. Civil Docket.
Grigg/Gregg, Andrew. Ireland. NATN. Decl. intent in US Dist. Ct. on 1st the Tuesday of Sept. 1809. BA Ct. (Nat. Dkt.) 1 1796-1851 MSA C389-1 MdHR 18106 f. 43 #834 23 Oct. 1813.

Grim, Daniel. Empire of France. DI. Ren. alleg. to Emperor of France and King of Italy. BA Ct. (Minutes) 1810-1814 MSA C386-10 MdHR 14376 f. 102 15 May 1811.
Grim, Powell. Germany. DI. Ren. alleg. to Queen of UK. BA Ct. (Minutes) 1839-1846 MSA C386-16 MdHR 14404 ff. 68-69 10 Nov. 1840.
Griman, John Adam. Bavaria. NATN. Decl. intent in US Dist. Ct. 20 March 1848. Wits: Philip Walter and Jacob France. BC Ct. (Nat. Rcd.) 10 1849-1851 MSA C229-2 MdHR 18120 f. 133 1 Oct. 1850.
Grimes, Owen. Ireland. DI. Res. BC. BC Ct. of O&T&GD (Dkt&Mins) 1816 MSA C183-9 MdHR 16657 (unpaginated) 23 Aug. 1816.
Grimes, Owen. Ireland. NATN. Born in Co. of Monaghan. Decl. intent in BA Ct. of O&T&GD 23 Aug. 1816. Wits: John Wilson and Charles Delahunt. Certificate and report filed. BA Ct. (Nat. Dkt.) 1 1796-1851 MSA C389-1 MdHR 18106 f. 63 31 Dec. 1822.
Grimes, Richard. Ireland. DI. BA Ct. (Minutes) 1822-1826 MSA C386-12 MdHR 14386 f. 435 4 Oct. 1826.
Grimke, Henry. Hanover. NATN. Decl. intent in US Circ. Ct. 30 Sept. 1844. Wits: Augustus Schroeder and Mathias Kallere. O&RA to King of Hanover. BA Ct. (Nat. Rcd.) 4 1846-1851 MSA C391-2 MdHR 1809 f. 35 #685 9 Oct. 1807.
Grin, Powell. Grand Dutchy [Electorate] of Hesse-Cassell. DI. BA Ct. (Minutes, Rough) 1836-1844 MSA C420-2 MdHR 14398 f. 251 10 Nov. 1840.
Grlinghorst, John. Republic of Bremen. NATN. Decl. intent in US Dist. Ct. 27 Sept. 1847. Wits: Horman Duprman and Conrad Fresh. O&RA to the Republic of Bremen. BC Ct. (Nat. Rcd.) 10 1849-1851 MSA C229-2 MdHR 18120 f. 44 29 Dec. 1849.
Groder, William. Prussia. NATN. Arrived in US 3 yrs. prior to age 21. Res. US for 5 yrs., including 3 of minority. Res. MD over 1 yr. Wits: William Meise and Peter Polock. O&RA to King of Prussia. BC Ct. (Nat. Rcd. of Minors) 3 1845-1851 MSA C237-3 MdHR 18114-1 f. 78 4 Oct. 1847.
Groe, Catherine May. Empire of France and Kingdom of Italy. BA Ct. (Nat. Dkt.) 1 1796-1851 MSA C389-1 MdHR 18106 f. 18 #371 6 Nov. 1798. Barnes, p. 63.
Groe, John Anthony. Republic of France. BA Ct. (Nat. Dkt.) 1 1796-1851 MSA C389-1 MdHR 18106 f. 18 #371 6 Nov. 1798. Barnes, p. 63.
Groeninger, John. Grand Dutchy of Hesse-Darmstadt. NATN. Arrived in US 3 yrs. prior to age 21. Res. US for 5 yrs., including 3 of minority. Res. MD over 1 yr. Wits: J.P. Mitchell and Henry Pryor. O&RA to the Grand Dutchy of Hesse-Darmstadt. BC Ct. (Nat. Rcd. of Minors) 3 1845-1851 MSA C237-3 MdHR 18114-1 f. 156 25 Oct. 1848.
Groff/Gross, Adam. Electorate of Hesse-Cassel. NATN. Decl. intent in BC Ct. 25 Oct. 1844. Wits: Virgil Dalrymple and Frederick Niedfeelt. O&RA to the Elector of Hesse-Cassel. BC Ct. (Nat. Rcd.) 9 1845-1848 MSA C229-1 MdHR 18119 f. 95 3 Oct. 1846.
Grofs/Gross, Francis. Republic of France. NATN. Arrived in US 3 yrs. prior to age 21. Res. US for 5 yrs., including 3 of minority. Res. MD over 1 yr. Wits: Thomas Spedden and James Grangle. O&RA to the Republic of France. BC Ct. (Nat. Rcd. of Minors) 3 1845-1851 MSA C237-3 MdHR 18114-1 f. 235 27 Sept. 1850.
Grofse/Grosse, Lewis. Republic of France. BA Ct. (Nat. Dkt.) 1 1796-1851 MSA C389-1 MdHR 18106 f. 11 #217 9 Jan. 1798. Barnes, p. 62.
Grogan, James J. Ireland. NATN. Decl. intent in BC Ct. 29 June 1836. Wits: Thomas Ferguson and William D. Thompson. BA Ct. (Nat. Dkt.) 1 1796-1851 MSA C389-1 MdHR 18106 f. 191 18 Sept. 1838.
Grogan, James J. Ireland. NATN. Decl. intent in BC Ct. 29 June 1836. Res. BC. Wits: Thomas Fergenson and William D. Thompson. O&RA to Queen of UK. BA Ct. (Nat. Rcd.) 2 1832-1846 MSA C391-1 MdHR 18108 f. 53 18 Sept. 1838.
Gross, Christian. Austrian Empire. NATN. Born in village of Sherwinga (?),

Hungary. Decl. intent in BA Ct. Sept. term 1821. Wits: Frederick Grey and John J. Bailey. Certificate and report filed. BA Ct. (Nat. Dkt.) 1 1796-1851 MSA C389-1 MdHR 18106 f. 82 1 Oct. 1824.

Gross, John. Republic of France. BA Ct. (Nat. Dkt.) 1 1796 - 1851 MSA C389-1 MdHR 18106 f. 5 #71 20 March 1797. Barnes, p. 60

Gross, Jr. William. Republic of Frankfurt. NATN. Arrived in US 3 yrs. prior to age 21. Res. US for 5 yrs., including 3 of minority. Res. MD over 1 yr. Wits: William Gross, Sr. and Peter Gross. O&RA to the Republic of Frankfurt. BC Ct. (Nat. Rcd. of Minors) 3 1845-1851 MSA C237-3 MdHR 18114-1 f. 200 6 Nov. 1848.

Grover, Alex. England. DI. BA Ct. (Minutes) 1822-1826 MSA C386-12 MdHR 14386 f. 219 24 Sept. 1824.

Grover, Alexander. England. DI. BA Ct. (Misc. Ct. Papers) MSA C1-57 MdHR 50206-754 1823 unnumbered item 25 Sept. 1824.

Grover, Alexander. England. NATN. Born in Kent. Decl. intent in BA Ct. Sept. term 1824. Wits: James M. Buchanan and James Hill McGulch, Jr. BA Ct. (Nat. Dkt.) 1 1796-1851 MSA C389-1 MdHR 18106 f. 113 17 Nov. 1826.

Grover, Alexander. England. Report and registration. Noted as age 24. Born in Co. of Kent. Arrived in New York City Oct. 1816. Res. BC. Wits: James M. Buchanan and James H. McCulloh, Jr. BA Ct. (Misc. Ct. Papers) MSA C1-57 MdHR 50206-754 1823 item 363 25 Sept. 1824.

Groverman, Anthony. Dutchy of Oldenburg. NATN. BA Ct. (Minutes) 1792 - 1797 MSA C386-7 MdHR 5052 f. 264 8 Dec. 1796.

Groverman, Anthony. Dutchy of Oldenburg. BA Ct. (Nat. Dkt.) 1 1796 - 1851 MSA C389-1 MdHR 18106 f. 4 #49 8 Dec. 1796. Barnes, p. 59

Gruber, Jacob. Switzerland. NATN. Decl. intent in BA Ct. the 3rd Monday of Sept. 1826. Born in Canton of Basel. Wits: John Scott and John Felix Durst. BA Ct. (Nat. Dkt.) 1 1796-1851 MSA C389-1 MdHR 18106 f. 172 9 Nov. 1832.

Gruber, Jacob. Switzerland. NATN. Decl. intent in BA Ct. the 3rd Monday of Sept. 1826. Res. BC. Wits: John Scott and John Felix Durst. O&RA to the Republic of Switzerland. BA Ct. (Nat. Rcd.) 2 1832-1846 MSA C391-1 MdHR 18108 f. 5 9 Nov. 1832.

Grueble, George. Germany. NATN. Decl. intent in Ct. of General Quarter Sessions for the City and Co. of Philadelphia 14 Oct. 1845. Wits: James V. Wagner and Charles Waltz. O&RA to the Emperor of Germany. BA Ct. (Nat. Rcd.) 4 1846-1851 MSA C391-2 MdHR 18109 f. 321 3 Nov. 1848.

Grueble, George. Germany. NATN. Decl. intent in the Ct. of General Quarter Sessions for the City and Co. of Philadelphia 14 Oct. 1845. Wits: James V. Wagner and Charles Waltz. BA Ct. (Nat. Dkt.) 1 1796-1851 MSA C389-1 MdHR 18106 f. 359 3 Nov. 1848.

Grumke, Henry. Hanover. NATN. Decl. intent in US Circ. Ct. 30 Sept. 1844. Wits: Augustus Schroeder and Mathias Kulhere. BA Ct. (Nat. Dkt.) 1 1796-1851 MSA C389-1 MdHR 18106 f. 245 6 Oct. 1846.

Grun, Charles Robert. Saxony. DI. BC Ct. (Dkt&Mins) 1849 MSA C184-11 MdHR 16668 f. 28 5 Oct. 1849.

Grupy, Francis. Dutchy of Brunswick. BA Ct. (Nat. Dkt.) 1 1796-1851 MSA C389-1 MdHR 18106 f. 16 #337 25 Aug. 1798. Barnes, p. 63.

Gublar, John. Switzerland. DI. BC Ct. (Dkt&Mins) 1828 MSA C184-4 MdHR 16661 f. 41 30 Sept. 1828.

Gudder, Andrew. Bavaria. NATN. Decl. intent in US Circ. Ct. 12 Feb. 1846. Wits: Peter Klengle and Christian Mechand. BA Ct. (Nat. Dkt.) 1 1796-1851 MSA C389-1 MdHR 18106 f. 362 6 Nov. 1848.

Gueran, Francis. France. NATN. Decl. intent in BC Ct. 30 Sept. 1844. Wits: Louis Servany and F.P.H. Devenge. BA Ct. (Nat. Dkt.) 1 1796-1851 MSA C389-1 MdHR 18106 f. 252 10 Oct. 1846.

Guerand, Francis. France. NATN. Decl. intent in BC Ct. 30 Sept. 1844. Wits: Louis Servary and F. P. A. Devouges. O&RA to King of France. BA Ct. (Nat.

Rcd.) 4 1846-1851 MSA C391-2 MdHR 18109 f. 63 13 Oct. 1846.
Guiger, William. Dutchy of Hesse-Cassel. NATN. Decl. intent in BC Ct. 3 Oct. 1844. Wits: Joseph Strohmeyer and David Robmeyer. BA Ct. (Nat. Dkt.) 1 1796-1851 MSA C389-1 MdHR 18106 f. 252 13 Oct. 1846.
Guiger, William. Electorate of Hesse-Cassel. NATN. Decl. intent in BC Ct. 3 Oct. 1844. Wits: Joseph Strohmeyer and David Rormeyer. O&RA to the Elector of Hesse-Cassel. BA Ct. (Nat. Rcd.) 4 1846-1851 MSA C391-2 MdHR 18109 f. 63 13 Oct. 1846.
Guildener, Charles. Germany. BA Ct. (Nat. Dkt.) 1 1796-1851 MSA C389-1 MdHR 18106 f. 24 #464 6 July 1803. Barnes, p. 65.
Guiramand, Jr., Jean Marie Morel. France. BA Ct. (Nat. Dkt.) 1 1796-1851 MSA C389-1 MdHR 18106 f. 35 #676 5 May 1806.
Guisenduffer, Justus. Germany. NATN. Born in town of Hanan. Arrived in the US Jan. 1798 as a minor. Wits: Frederick Kreig and John Keisenduffer. BA Ct. (Nat. Dkt.) 1 1796-1851 MSA C389-1 MdHR 18106 f. 92 4 April 1825.
Gun, Alexander. England. BA Ct. (Nat. Dkt.) 1 1796-1851 MSA C389-1 MdHR 18106 f. 18 #378 Nov. 1798. Barnes, p. 64.
Gunderman, John Dederick. Hanover. BA Ct. (Nat. Dkt.) 1 1796-1851 MSA C389-1 MdHR 18106 f. 20 #405 3 July 1802. Barnes, p. 64.
Gundlach/Gerndlack, John George. Electorate of Hesse-Cassel. NATN. Decl. intent in BC Ct. 8 Oct. 1844. Wits: Gottlieb Father and Philip Father. O&RA to the Elector of Hesse-Cassel. BA Ct. (Nat. Rcd.) 4 1846-1851 MSA C391-2 MdHR 18109 f. 64 13 Oct. 1846.
Gundlack, John George. Dutchy (Electorate) of Hessen-Cassell. NATN. Decl. intent in BC Ct. 8 Oct. 1844. Wits: Gotlieb Father and Philip Father. BA Ct. (Nat. Dkt.) 1 1796-1851 MSA C389-1 MdHR 18106 f. 252 13 Oct. 1846.
Gunn, Bernard. Ireland. DI. Res. BC. BC Ct. (Dkt&Mins) 1830 MSA C184-5 MdHR 16662 f. 35 31 July 1830.
Gunn, John. Ireland. NATN. Decl. intent in BC Ct. 1 July 1844. Wits: William Watson and Patrick McGlarney. O&RA to Queen of UK. BC Ct. (Nat. Rcd.) 9 1845-1848 MSA C229-1 MdHR 18119 f. 105 3 Oct. 1846.
Gunnerhauser, Ludwig. Hanover. NATN. Decl. intent in US Circ. Ct. 30 Sept. 1844. Wits: Francis Germerhauser and Franz Isenhorver (?). BA Ct. (Nat. Dkt.) 1 1796-1851 MSA C389-1 MdHR 18106 f. 337 3 Oct. 1848.
Gunter, Henry. Grand Dutchy of Baden. NATN. Decl. intent in US Circ. Ct. 11 June 1844. Wits: William Tatgenhrst and Peter Treleib. O&RA to the Grand Duke of Baden. BA Ct. (Nat. Rcd.) 4 1846-1851 MSA C391-2 MdHR 18109 f. 105 13 Oct. 1846.
Gunter, Henry. Grand Dutchy of Baden. NATN. Decl. intent in US Circ. Ct. 11 June 1844. Wits: William Satzenhorst and Peter Treleib. BA Ct. (Nat. Dkt.) 1 1796-1851 MSA C389-1 MdHR 18106 f. 264 13 Oct. 1846.
Gunther, Conrad. Bavaria. NATN. Decl. intent in BA Ct. 17 Oct. 1842. Res. BC. Wits: Laurence Myer and Peter Helderick. O&RA to King of Bavaria. BA Ct. (Nat. Rcd.) 2 1832-1846 MSA C391-1 MdHR 18108 f. 120 2 Nov. 1844.
Gunther, Conrad. Bavaria. DI. BA Ct. (Minutes) 1839-1846 MSA C386-16 MdHR 14840 f. 153 17 Oct. 1842.
Gunther, Conrad. Bavaria. NATN. Decl. intent in BA Ct. 17 Oct. 1842. Wits: Laurence Myer and Alexander Hubbard. BA Ct. (Nat. Dkt.) 1 1796-1851 MSA C389-1 MdHR 18106 f. 224 2 Nov. 1844.
Gunther, Ludolph W. Hanover. NATN. Decl. intent in BC Ct. 29 Sept. 1843. Wits: Charles W. Lentz and Ferdinand S. Drouers (?). BA Ct. (Nat. Dkt.) 1 1796-1851 MSA C389-1 MdHR 18106 f. 226 30 Sept. 1845.
Gunther, Ludolph W. Hanover. NATN. Decl. intent in BC Ct. 29 Sept. 1843. Res. BC. Wits: Charles Lentz and Ferdinand L. Brauns. O&RA to King of Hanover. BA Ct. (Nat. Rcd.) 2 1832-1846 MSA C391-1 MdHR 18108 f. 123 30 Sept. 1845.

Gursman, Simon. Germany. DI. BC Ct. (Dkt&Mins) 1840 MSA C184-7 MdHR 16664 f. 36 28 Sept. 1840.
Gutermoot, John. Bavaria. NATN. Decl. intent in US Circ. Ct. 13 Oct. 1846. Wits: Sebastian Miller and Conrad Fischer. O&RA to King of Bavaria. BC Ct. (Nat. Rcd.) 9 1845-1848 MSA C229-1 MdHR 18119 f. 734 1 Nov. 1848.
Guttgesalc (?), George. [Grand] Dutchy of Saxe-Coburg. DI. Res. BC. BC Ct. (Dkt&Mins) 1841 MSA C184-8 MdHR 16665 f. 10 15 March 1841.
Guy, Francis. England. BA Ct. (Nat. Dkt.) 1 1796-1851 MSA C389-1 MdHR 18106 f. 41 #816 27 April 1812.
Gwynn, Robert. Great Britain. BA Ct. (Nat. Dkt.) 1 1796-1851 MSA C389-1 MdHR 18106 f. 7 #133 21 Aug. 1797. Barnes, p. 60.
Haake, Philip. England. DI. BA Ct. (Minutes, Rough) 1836-1844 MSA C420-2 MdHR 14398 f. 115 12 Feb. 1838.
Haathorn, James. England. NATN. Decl. intent in US Dist. Ct. 16 May 1845. Wits: Charles D. Nicol and John Brews. O&RA to Queen of UK. BC Ct. (Nat. Rcd.) 10 1849-1851 MSA C229-2 MdHR 18120 f. 4 4 May 1849.
Hack, George C. Electorate of Hesse-Cassel. NATN. Arrived in US 3 yrs. prior to age 21. Res. US for 5 yrs., including 3 of minority. Res. MD over 1 yr. Wits: Deiderich Katen Kamp and Francis Bahler. O&RA to the Elector of Hesse-Cassel. BC Ct. (Nat. Rcd. of Minors) 3 1845-1851 MSA C237-3 MdHR 18114-1 f. 298 29 Sept. 1851.
Hackett, James. Ireland. DI. . BA Ct. (Minutes) MSA C386-13 MdHR 14391 f. 78 30 March 1827.
Hackett, James. Ireland. NATN. Born in Co. of Tipperara. Decl. intent in BA Ct. 30 March 1827. Wits: George Howard and Nicholas R. Kennedy. BA Ct. (Nat. Dkt.) 1 1796-1851 MSA C389-1 MdHR 18106 f. 157 1 April 1829.
Haden, Francis. Ireland. NATN. Decl. intent in the Municipal Ct. of the State of New York 20 Dec. 1848. Wits: Thomas Duffy and John Murray. O&RA to Queen of UK. BC Ct. (Nat. Rcd.) 10 1849-1851 MSA C229-2 MdHR 18120 f. 391 4 Nov. 1851.
Hadlen, Henry. Germany. DI. BC Ct. (Dkt&Mins) 1840 MSA C184-7 MdHR 16664 f. 37 1 Oct. 1840.
Haefler, Valentine. Bavaria. NATN. Decl. intent in US Dist. Ct. 30 Sept. 1844. Wits: Martin Ebner and Adam Leip. O&RA to King of Bavaria. BC Ct. (Nat. Rcd.) 9 1845-1848 MSA C229-1 MdHR 18119 f. 566 3 Oct. 1848.
Haeslar, Philip Schmitt. Germany. DI. BC Ct. (Dkt&Mins) 1828 MSA C184-4 MdHR 16661 f. 44 20 Oct. 1828.
Hafner, Charles. Grand Dutchy of Baden. NATN. Arrived in US 3 yrs. prior to age 21. Res. US for 5 yrs., including 3 of minority. Res. MD over 1 yr. Wits: Andrew Truske and Valentine Hafner. O&RA to the Grand Duke of Baden. BA Ct. (Nat. Rcd. of Minors) 3 1846-1851 MSA C392-1 MdHR 18110 f. 32 5 Oct. 1847.
Hafner, Charles. Grand Dutchy of Baden. NATN. Arrived in US under age 18. Wits: Andrew Trnst (?) and Valentine Hafner. BA Ct. (Nat. Dkt.) 1 1796-1851 MSA C389-1 MdHR 18106 f. 300 5 Oct. 1847.
Hafson/Hasson, John. Ireland. DI. BA Ct. (Minutes) 1822-1826 MSA C386-12 MdHR 14386 f. 436 20 Sept. 1826.
Hafson/Hasson, John. Ireland. NATN. Res. BC. Decl. intent in BA Ct. 20 Sept. 1826. Wits: William Crawford and Robert Armstrong. O&RA to King of UK. BC Ct. (Nat. Rcd. of Minors) 1 1827-1832 MSA C237-1 MdHR 18112 ff. 78-79 20 Sept. 1828.
Hagan, Charles. Ireland. NATN. Decl. intent in BC Ct. 30 Sept. 1844. Wits: James T. Wilkerson and John Wright. O&RA to Queen of UK. BA Ct. (Nat. Rcd.) 4 1846-1851 MSA C391-1 MdHR 18109 f. 44 6 Oct. 1846.
Hagan, Charles. Ireland. NATN. Decl. intent in BC Ct. 30 Sept. 1844. Wits: James T. Wilkerson and John Wright. BA Ct. (Nat. Dkt.) 1 1796-1851 MSA C389-1 MdHR 18106 f. 245 6 Oct. 1846.

Hagan, Charles. Ireland. NATN. Decl. intent in US Dist. Ct. 28 June 1843. Wits: James Trainer and Owen Donnelly. BA Ct. (Nat. Dkt.) 1 1796-1851 MSA C389-1 MdHR 18106 f. 247 10 Oct. 1846.
Hagan, Charles. Ireland. NATN. Decl. intent in US Dist. Ct. 28 June 1843. Wits: James Trainer and Owen Donnelly. O&RA to Queen of UK. BA Ct. (Nat. Rcd.) 4 1846-1851 MSA C391-2 MdHR 18109 f. 50 10 Oct. 1846.
Hagan, Henry. Great Britain. BA Ct. (Nat. Dkt.) 1 1796-1851 MSA C389-1 MdHR 18106 f. 10 #197 4 Dec. 1797. Barnes, p. 61
Hagan, Owen. Ireland. NATN. Decl. intent in BC Ct. 16 Sept. 1834. Res. BC. Wits: Ezekiel Burke and Samuel Myers. O&RA to King of UK. BC Ct. (Nat. Rcd. of Minors) 2 1832-1836 MSA C237-2 MdHR 18113 f. 191 17 Sept. 1836.
Hagan, Thomas. Ireland. NATN. Decl. intent in US Dist. Ct. 26 July 1844. Wits: Patrick Keelan and James McConnell. O&RA to Queen of UK. BC Ct. (Nat. Rcd.) 9 1845-1848 MSA C229-1 MdHR 18119 f. 181 6 Oct. 1846.
Haggerty, Thomas. Ireland. DI. BA Ct. (Minutes) 1846-1851 MSA C386-16 MdHR 14405 f. 18 31 Oct. 1846.
Haggerty, Thomas. Ireland. DI. BA Ct. (Minutes) 1846-1851 MSA C386-17 MdHR 14405 f. 18 31 october 1846.
Haggerty, Thomas. Ireland. DI. BA Ct. (Minutes, Rough) 1845-1851 MSA C420-3 MdHR 14401 f. 112 31 Oct. 1846.
Hahn, Henry. England. NATN. Res. BC. Res. US 14 April 1802 - 18 June 1812. Wits: James Cannighan and Samuel Pickering. O&RA to King of UK. BC Ct. (Nat. Rcd. of Minors) 1 1827-1832 MSA C237-1 MdHR 18112 ff. 238-239 8 Nov. 1828.
Hahn, John Adam. Prussia. BA Ct. (Nat. Dkt.) 1 1796-1851 MSA C389-1 MdHR 18106 f. 9 #162 6 Nov. 1797. Barnes, p. 61.
Hahn, John. England. BA Ct. (Nat. Dkt.) 1 1796-1851 MSA C389-1 MdHR 18106 f. 44 15 Oct. 1814.
Hahn, John. Bavaria. NATN. Arrived in US 3 yrs. prior to age 21. Res. US for 5 yrs., including 3 of minority. Res. MD over 1 yr. Wits: John Kahlkapp and Andreas Hinkefman. O&RA to King of Bavaria. BC Ct. (Nat. Rcd. of Minors) 3 1845-1851 MSA C237-3 MdHR 18114-1 f. 259 1 Oct. 1850.
Haig, James M. England. NATN. Arrived in US under age 18. Wits: C. B. Heyworth and E. S. Dryden. BA Ct. (Nat. Dkt.) 1 1796-1851 MSA C389-1 MdHR 18106 f. 289 13 Oct. 1846.
Haig, James. England. NATN. Arrived in US 3 yrs. prior to age 21. Res. US for 5 yrs., including 3 of minority. Res. MD over 1 yr. Wits: G. B. Keywerth and E.L. Dryden. O&RA to Queen of UK. BA Ct. (Nat. Rcd. of Minors) 3 1846-1851 MSA C392-1 MdHR 18110 f. 14 13 Oct. 1846.
Haim, John. Electorate of Hesse-Cassel. NATN. Decl. intent in US Dist. Ct. 27 Sept. 1844. Wits: Edward Pagel and Andrew Trash. O&RA to the Elector of Hesse-Cassel. BA Ct. (Nat. Rcd.) 4 1846-1851 MSA C391-2 MdHR 18109 f. 183 4 Oct. 1847.
Haimilton, Edward. Ireland. NATN. Born in co. of Antrim. Decl. intent in BA Ct. Sept. term 1822. Wits: Peter Boyd and Jacob Heald. Certificate and report filed. BA Ct. (Nat. Dkt.) 1 1796-1851 MSA C389-1 MdHR 18106 f. 85 18 Oct. 1824.
Hain, John. Electorate of Hesse-Cassel. NATN. Decl. intent in US Dist. Ct. 28 Sept. 1844. Wits: Edward Pagles and Andrew Trosh. BA Ct. (Nat. Dkt.) 1 1796-1851 MSA C389-1 MdHR 18106 f. 297 4 Oct. 1847.
Haisenepe/Haisnepe, William. Great Britain. BA Ct. (Nat. Dkt.) 1 1796-1851 MSA C389-1 MdHR 18106 f. 16 #343 5 Sept. 1798. Barnes, p. 63.
Halbert, George. Ireland. NATN. Res. BC. Arrived in the US 3 yrs. prior to age 21. Res. US for 5 yrs., including 3 of minority. Res. MD over 1 yr. Witness: Thomas Y. Nicoll. O&RA to King of UK. BC Ct. (Nat. Rcd. of Minors) 1 1827-1832 MSA C237-1 MdHR 18112 ff. 349-350 4 Oct. 1830.
Halbert, John. Ireland. DI. BA Ct. (Minutes) 1822-1826 MSA C386-12 MdHR 14386 f. 223 2 Oct. 1824.

Halbert, John. Ireland. NATN. Res. BC. Decl. intent in BA Ct. 2 Oct. 1824. Witness: James Gibson. O&RA to King of UK. BC Ct. (Nat. Rcd. of Minors) 1 1827-1832 MSA C237-1 MdHR 18112 ff. 271-272 10 Nov. 1828.

Haley, Michael. Ireland. NATN. Res. BC. Res. US 14 April 1802 - 18 June 1812. Wits: William Dunnighan and John McGannon. O&RA to King of UK. BC Ct. (Nat. Rcd. of Minors) 1 1827-1832 MSA C237-1 MdHR 18112 ff. 171-172 6 Oct. 1828.

Halfpenny, James. England. DI. BA Ct. (Minutes) 1822-1826 MSA C386-12 MdHR 14386 f. 335 30 Sept. 1825.

Hall, Charles. Ireland. NATN. Decl. intent in US Circ. Ct. 4 May 1824. Res. BC. Wits: Benjamin McCenly and Thomas Hall. O&RA to King of UK. BC Ct. (Nat. Rcd. of Minors) 2 1832-1836 MSA C237-2 MdHR 18113 ff. 27-28 29 Sept. 1832.

Hall, Enoch. Ireland. BA Ct. (Nat. Dkt.) 1 1796-1851 MSA C389-1 MdHR 18106 f. 31 #596 27 May 1805.

Hall, John. Ireland. BA Ct. (Nat. Dkt.) 1 1796-1851 MSA C389-1 MdHR 18106 f. 32 #627 30 Nov. 1805.

Hall, Simon. Bavaria. NATN. Arrived in US 3 yrs. prior to age 21. Res. US for 5 yrs., including 3 of minority. Res. MD over 1 yr. Wits: Leon Dyer and Nathan Greenbaum. O&RA to King of Bavaria. BC Ct. (Nat. Rcd. of Minors) 3 1845-1851 MSA C237-3 MdHR 18114-1 f. 59 1 Oct. 1847.

Hall, Thomas. Ireland. DI. BA Ct. (Minutes, Rough) 1832-1835 MSA C420-1 MdHR 14396-2 ff. 278-179 18 Sept. 1834.

Hall, Thomas. Ireland. DI. BA Ct. (Minutes) 1832-1838 MSA C386 MdHR 14403 f, 117 18 Sept. 1834.

Hall, William C. England. BA Ct. (Nat. Dkt.) 1 1796-1851 MSA C389-1 MdHR 18106 f. 31 #591 22 May 1805.

Hall, William. Great Britain. BA Ct. (Nat. Dkt.) 1 1796-1851 MSA C389-1 MDHR 18106 f. 10 #194 30 Nov. 1797. Barnes, p. 61

Hall, Wilson. Ireland. DI. BC Ct. (Dkt&Mins) 1840 MSA C184-7 MdHR 16664 f. 25 25 Sept. 1840.

Halland, Henry. Germany. NATN. Arrived in US 3 yrs. prior to age 21. Res. US for 5 yrs., including 3 of minority. Res. MD over 1 yr. Native of Schwartburg. Wits: Frederick Burch and John Hendline. O&RA to the Emperor of Germany. BA Ct. (Nat. Rcd. of Minors) 3 1846-1851 MSA C392-1 MdHR 18110 f. 99 30 Sept. 1851.

Haller, Conrad. Grand Dutchy of Hesse-Darmstadt. NATN. Arrived in US 3 yrs. prior to age 21. Res. US for 5 yrs., including 3 of minority. Res. MD over 1 yr. Wits: Jacob Dall and Conrad Wehrhein. O&RA to the Grand Duke of Hesse-Darmstadt. BC Ct. (Nat. Rcd. of Minors) 3 1845-1851 MSA C237-3 MdHR 18114-1 f. 249 30 Sept. 1850.

Hallett, James. Ireland. NATN. Decl. intent in BA Ct. 8 Oct. 1830. Res. BC. Wits: James Mullin and William McCann. O&RA to King of UK. BA Ct. (Nat. Rcd.) 2 1832-1846 MSA C391-1 MdHR 18108 f. 24 2 Oct. 1834. See also BA Ct. (Minutes) 1832-1838 MSA C386-15 MdHR 14403 f. 121 2 Oct. 1834.

Hallett, James. Ireland. NATN. Decl. intent in BA Ct. 8 Oct. 1830 under the name of James Hammett. Wits: James Mullin and William McCann. BA Ct. (Nat. Dkt.) 1 1796-1851 MSA C389-1 MdHR 18106 f. 179 2 Oct. 1834. See also BA Ct. (Minutes) 1832-1838 MSA C386-15 MdHR 14403 f. 121 2 Oct. 1834.

Hallforth, Frederick William. Bremen. DI. ren. alleg. to the Hanseatic Government. BA Ct. (Minutes) 1822-1826 MSA C386-12 MdHR 14386 f. 210 10 June 1824.

Hallman, Joseph. Grand Dutchy of Oldenburg. NATN. Decl. intent in BC Ct. 30 Oct. 1848. Wits: F. Klumprer and Anthony Osdendorf. O&RA to the Grand Duke of Oldenburg. BC Ct. (Nat. Rcd.) 10 1849-1851 MSA C229-2 MdHR 18120 f. 355 31 Oct. 1851.

Hallmeyer, John T. Germany. NATN. Decl. intent in the Supreme Ct. of and for the Eastern Dist. of Pennsylvania 11 May 1844. Wits: Conrad Rhode and

Frederick Whitticker. BA Ct. (Nat. Dkt.) 1 1796-1851 MSA C389-1 MdHR 18106 f. 293 13 Oct. 1846.
Hallmeyer, John P. Germany. NATN. Decl. intent in the Supreme Ct. of Pennsylvania in and for the Eastern Dist. 11 May 1844. Wits: Conrad Rode and Frederick Whitaker. O&RA to the Emperor of Germany. BA Ct. (Nat. Rcd.) 4 1846-1851 MSA C391-2 MdHR 18109 f. 174 13 Oct. 1846.
Halloran, William. Ireland. BA Ct. (Nat. Dkt.) 1 1796-1851 MSA C389-1 MdHR 18106 f. 6 #104 6 April 1797. Barnes, p. 60.
Halpen, James. Ireland. DI. BC Ct. (Dkt&Mins) 1839 MSA C184-6 MdHR 16663 f. 36 30 Sept. 1839.
Halter, Charles. Ireland. NATN. Decl. intent in BC Ct. 8 April 1847. Wits: James Callan and Henry McMahon. O&RA to Queen of UK. BC Ct. (Nat. Rcd.) 10 1849-1851 MSA C229-2 MdHR 18120 f. 146 4 Oct. 1850.
Halter, John. Hanover. NATN. Arrived in US 3 yrs. prior to age 21. Res. US for 5 yrs., including 3 of minority. Res. MD over 1 yr. Wits: Peter Mahr and Frederick Kline. O&RA to King of Hanover. BC Ct. (Nat. Rcd. of Minors) 3 1845-1851 MSA C237-3 MdHR 18114-1 f. 240 30 Sept. 1850.
Halter, John. Ireland. NATN. Decl. intent in BC Ct. 1 Nov. 1847. Wits: John Callan and Henry McMahon. O&RA to Queen of UK. BC Ct. (Nat. Rcd.) 10 1849-1851 MSA C229-2 MdHR 18120 f. 145 4 Oct. 1850.
Halton, Charles. Ireland. DI. Res. BC. BC Ct. (Dkt&Mins) 1847 MSA C184-10 MdHR 16667 f. 11 7 April 1847.
Halton/Hatten, James. Great Britain. BA Ct. (Nat. Dkt.) 1 1796 - 1851 MSA C389-1 MdHR 18106 f. 1 #4 15 March 1796. Barnes p. 59
Halven, Ernest A. Hanover. NATN. Decl. intent in US Dist. Ct. 20 July 1847. Wits: Louis E. Baurn and Henry D. Brook. O&RA to King of Hanover. BC Ct. (Nat. Rcd.) 9 1845-1848 MSA C229-1 MdHR 18119 f. 379 4 Oct. 1847.
Halwadl (?)/Halwaldt, (Spelled as Halvadt in 1829 BC Directory). Charles. Westphalia (Noted as Prussia in 1850 Census). NATN. Born in Exter. Res. BC, 11th ward (1830 Census) Arrived in the US prior to 18 June 1812. Profession: Porter in Mechanic's Bank (1829 BC Directory). Profession: Bank Officer (1850 Census) Wits: Leopold Dousce and George Popplein. BA Ct. (Nat. Dkt.) 1 1796-1851 MSA C389-1 MdHR 18106 f. 133 15 Sept. 1828.
Halwersen, Laurens. Norway (Kingdom of Sweden). NATN. Decl. intent in BC Ct. 28 Jan. 1830. Res. BC. Wits: Joseph Stewart and Peter Hilditch. O&RA to King of Sweden. BC Ct. (Nat. Rcd. of Minors) 2 1832-1836 MSA C237-1 MdHR 18113 ff. 58-59 22 Feb. 1833.
Hambrla, John. Grand Dutchy of Baden. NATN. Arrived in US 3 yrs. prior to age 21. Res. US for 5 yrs., including 3 of minority. Res. MD over 1 yr. Wits: Ernst Scherbel and Benjamin F. Owens. O&RA to the Grand Duke of Baden. BC Ct. (Nat. Rcd. of Minors) 3 1845-1851 MSA C237-3 MdHR 18114-1 f. 292 30 Sept. 1851.
Hamburger, Abram. Bavaria. NATN. Decl. intent in US Dist. Ct. 28 Oct. 1844. Wits: Michael Berg and John Anneson. O&RA to King of Bavaria. BC Ct. (Nat. Rcd.) 9 1845-1848 MSA C229-1 MdHR 18119 f. 720 28 Oct. 1848.
Hamel, Ernst. Prussia. NATN. Decl. intent in US Dist. Ct. 31 Oct. 1848. Wits: William Raine and Frederick Kline. O&RA to King of Prussia. BC Ct. (Nat. Rcd.) 10 1849-1851 MSA C229-2 MdHR 18120 f. 163 37 Feb. 1851.
Hamel, John. Germany. DI. BA Ct. (Minutes, Rough) 1836-1844 MSA C420-2 MdHR 14398 f. 32 17 Sept. 1836.
Hamel, John. Grand Dutchy of [Hesse-] Darmstadt. DI. BA Ct. (Minutes) 1832-1838 MSA C386 MdHR 14403 f. 203 17 Sept. 1836.
Hamel, Wilhelm. Dutchy of Nassau. NATN. Decl. intent in US Circ. Ct. 24 June 1844. Wits: William Bramer and Peter Kreis. O&RA to the Duke of Nassau. BA Ct. (Nat. Rcd.) 4 1846-1851 MSA C391-2 MdHR 18109 f. 107 13 Oct. 1846.

Hamell, Bernard. Ireland. NATN. Decl. intent in BC Ct. 22 Oct. 1844. Wits: John Callan and Bernard Kerwin. O&RA to Queen of UK. BC Ct. (Nat. Rcd.) 9 1845-1848 MSA C229-1 MdHR 18119 f. 418 4 Oct. 1847.

Hamell, John. Ireland. DI. BA Ct. (Minutes) 1832-1838 MSA C386 MdHR 14403 f. 297 13 Sept. 1838.

Hamelton, David. Ireland. NATN. Born in Co. of Down. Arrived in the US 3 yrs. prior to age 21. Wits: William J. Hamilton and Benjamin Horner. BA Ct. (Nat. Dkt.) 1 1796-1851 MSA C389-1 MdHR 18106 f. 161 29 Sept. 1830.

Hamelton, George. Prussia. DI. BA Ct. (Minutes) 1822-1826 MSA C386-12 MdHR 14386 f. 435 3 Oct. 1826.

Hamersley, Thomas. England. BA Ct. (Nat. Dkt.) 1 1796-1851 MSA C389-1 MdHR 18106 f. 13 #270 13 March 1798. Barnes, p. 62.

Hames, Thomas. Ireland. Res. 1798 - 1802. Wits: John Scott and James Hames. BA Ct. (Nat. Dkt.) 1 1796-1851 MSA C389-1 MdHR 18106 f. 66 1 Dec. 1823.

Hamill, John. Ireland. DI. BA Ct. (Minutes, Rough) 1836-1844 MSA C420-2 MdHR 14398 f. 138 13 Sept. 1838.

Hamilton, Edward. Ireland. DI. BA Ct. (Minutes) 1822-1826 MSA C386-12 MdHr 14386 f. 21 3 Oct. 1822.

Hamilton, Hugh. Ireland. NATN. Born in Co. of Armagh. Arrived in the US prior to 18 June 1812. Wits: Michael Haettinger and William Guryon. BA Ct. (Nat. Dkt.) 1 1796-1851 MSA C389-1 MdHR 18106 f. 144 8 Oct. 1828.

Hamilton, Hugh. Ireland. NATN. Arrived in US 3 yrs. prior to age 21. Res. US for 5 yrs., including 3 of minority. Res. MD over 1 yr. Wits: George A. Crookham and James Johnson. O&RA to Queen of UK. BC Ct. (Nat. Rcd. of Minors) 3 1845-1851 MSA C237-3 MdHR 18114-1 f. 265 1 Oct. 1850.

Hamilton, James. Ireland. BA Ct. (Nat. Dkt.) 1 1796-1851 MSA C389-1 MdHR 18106 f. 27 #507 11 April 1804. Civil Ct.

Hamilton, James. Ireland. NATN. Decl. intent in BC Ct. 18 Feb. 1830. Res. BC. Wits: Joseph Nelson and John Fullan/Fallan (?). O&RA to King of UK. BC Ct. (Nat. Rcd. of Minors) 2 1832-1836 MSA C237-2 MdHR 18113 f. 59 20 April 1833.

Hamilton, James. Ireland. NATN. Decl. intent in BC Ct. 1 June 1844. Wits: William Callon and William Crawford. O&RA to Queen of UK. BC Ct. (Nat. Rcd.) 9 1845-1848 MSA C229-1 MdHR 18119 f. 420 4 Oct. 1847.

Hamilton, John. Scotland. NATN. Noted as age 54. Born in Shire of Linnock. Exhibits petition and certificates of declaration of intent and report and registration, filed Dist. Ct. of the US 2 Oct. 1823. Arrived in New York City May 1817. Res. BC. O&RA to King of UK. Witness: William Cook. BC Ct. (Nat. Rcd. of Minors) 1 1827-1832 MSA C237-1 MdHR 18112 ff. 21-23 28 Sept. 1827.

Hamilton, John. Scotland. DI. BA Ct. (Minutes) 1822-1826 MSA C386-12 MdHR 14386 f. 335 7 Oct. 1825.

Hamilton, John. Ireland. NATN. Arrived in US 3 yrs. prior to age 21. Res. US for 5 yrs., including 3 of minority. Res. MD over 1 yr. Wits: William P. Elliott and Charles McComas. O&RA to Queen of UK. BC Ct. (Nat. Rcd. of Minors) 3 1845-1851 MSA C237-3 MdHR 18114-1 f. 250 30 Sept. 1850.

Hamilton, Jr. James. Ireland. NATN. Born in Co. of Tyrone. Decl. intent in BA Ct. 1818. Witness: John Rogers. BA Ct. (Nat. Dkt.) 1 1796-1851 MSA C389-1 MdHR 18106 f. 55 29 Sept. 1821.

Hamilton, Jr. James . UK. DI. BA Ct. (Minutes) 1810-1814 MSA C386-10 MdHR 14376 ff. 113-114 18 Oct. 1811

Hamilton, Robert. Scotland. NATN. Born in Leunoxshire. Arrived in the US as a minor. Decl. intent in open ct. Wits: John Boyd and John Hamilton. BA Ct. (Nat. Dkt.) 1 1796-1851 MSA C389-1 MdHR 18106 f. 141 4 Oct. 1828.

Hamilton, Robert. Ireland. NATN. Decl. intent in open court. Arrived in US 3 yrs. prior to age 21. Res. US for 5 yrs., including 3 of minority. Res. MD over 1 yr. Res. BC. Wits: Henry Meyes and Andrew Armstrong. O&RA to King of UK. BC Ct. (Nat. Rcd. of Minors) 2 1832-1836 MSA C237-2 MdHR 18113 ff. 177-178

Hamilton, Thomas. England. BA Ct. (Nat. Dkt.) 1 1796-1851 MSA C389-1 MdHR 18106 f. 27 #516 7 June 1804. Civil Ct.
Hamilton, William. Ireland. DI. BA Ct. (Minutes) 1822-1826 MSA C386-12 MdHR 14386 f. 335 5 Oct. 1825.
Hammell, Jacob. France. NATN. Exhibits petition for citizenship. Res. US 18 June 1798 - 14 April 1802. Res. Frederick Co. Wits: John Gross and Phelix Wise. O&RA to King of France. BC Ct. (Dkt&Mins) 1821 MSA C184-1 MdHR 16658 f. 9 8 March 1821.
Hammell, James. Ireland. DI. BA Ct. (Minutes) 1827-1830 MSA C386-13 MdHR 14391 f. 1 8 Oct. 1830.
Hammell, Robert. Ireland. NATN. Decl. intent in BC Ct. 30 Sept. 1844. Wits: Joshua H. Brown and Henry McKeown. O&RA to Queen of UK. BC Ct. (Nat. Rcd.) 9 1845-1848 MSA C229-1 MdHR 18119 f. 329 2 Oct. 1847.
Hammelman, Frederick. Germany. DI. Res. BC. BC Ct. (Dkt&Mins) 1830 MSA C184-5 MdHR 16662 f. 57 6 Jan. 1831.
Hammer, David. Wurtemburg. NATN. Decl. intent in US Dist. Ct. 4 Oct. 1834. Res. BC. Wits: John Guesenderffer and Jacob Gerber. O&RA to King of Wurtemburg. BC Ct. (Nat. Rcd. of Minors) 2 1832-1836 MSA C237-2 MdHR 18113 ff. 226-227 8 Oct. 1836.
Hammer, Gerhard. France. NATN. Decl. intent in BC Ct. 3 Oct. 1834. Res. BC. Wits: Philip J. Tracey and Israel Perry. O&RA to King of French. BA Ct. (Nat. Rcd.) 2 1832-1846 MSA C391-1 MdHR 18108 f. 37 17 Oct. 1836.
Hammer, Gerhard. France. NATN. Decl. intent in BC Ct. 3 Oct. 1834. Wits: Philip J. Tracey and Israel Perry. BA Ct. (Nat. Dkt.) 1 1796-1851 MSA C389-1 MdHR 18106 f. 185 17 Oct. 1836.
Hammer, Peter. Denmark. DI. BA Ct. (Minutes) 1827-1830 MSA C386-13 MdHR 14391 f. 162 9 April 1828.
Hammer, Peter. Ireland. DI. Res. BC. BC Ct. (Dkt&Mins) 1839 MSA C184-6 MdHR 16663 f. 35 21 Sept. 1839.
Hammer, Peter. Denmark. NATN. Decl. intent in BA Ct. 9 April 1828. Res. BC. Wits: Erasmus Peterson and Peter Hilditch. O&RA to King of Denmark. BC Ct. (Nat. Rcd. of Minors) 1827-1832 MSA C237-1 MdHR 18112 f. 372 12 May 1831.
Hammer, Peter. Ireland. DI. Res. BC. BC Ct. (Dkt&Mins) 1839 MSA C184-6 MdHR 16663 f. 35 21 Sept. 1839.
Hammond, Elizabeth. Ireland. BA Ct. (Nat. Dkt.) 1 1796-1851 MSA C389-1 MdHR 18106 f. 31 #588 10 April 1805.
Hammond, Henry. Ireland. NATN. Res. US for two yrs. and of good character. BA Ct. (Minutes) 1792-1797 MSA C386-7 MdHR 5052 f. 25 March term 1792
Hamph, Henry. Saxony. NATN. Decl. intent in US Circ. Ct. 25 May 1844. Wits: Gerhard A. Lyberts and William Waggner. O&RA to King of Saxony. BA Ct. (Nat. Rcd.) 4 1846-1851 MSA C391-2 MdHR 18109 f. 108 13 Oct. 1846.
Hancock, John. England. NATN. Decl. intent in US Dist. Ct. 25 Sept. 1845. Wits: John Bailey and George F. Gauner. O&RA to Queen of UK. BC Ct. (Nat. Rcd.) 9 1845-1848 MSA C229-1 MdHR 18119 f. 386 4 Oct. 1847.
Hancock, Robert. England. BA Ct. (Nat. Dkt.) 1 1796-1851 MSA C389-1 MdHR 18106 f. 18 #380 9 Nov. 1798. Barnes, p. 64.
Hand, Alexander. Ireland. DI. Res. BC. BC Ct. (Dkt&Mins) 1830 MSA C184-5 MdHR 16662 f. 37 28 Aug. 1830.
Hand, Alexander. Ireland. NATN. Decl. intent in BC Ct. 28 Aug. 1830. Res. BC. Wits: Edward Boyle and George Riggs. O&RA to King of UK. BC Ct. (Nat. Rcd. of Minors) 2 1832-1836 MSA C237-2 MdHR 18113 f. 24 29 Oct. 1832.
Hand, Moses. England. BA Ct. (Nat. Dkt.) 1 1796-1851 MSA C389-1 MdHR 18106 f. 15 #323 21 April 1798. Barnes, p. 63.
Hane, Richard. England. NATN. Decl. intent in Belmont Co. (OH) Ct. 15 March 1842. Wits: Mathew O'Brein and Henry P. Brooke. O&RA to Queen of UK. BC Ct. (Nat. Rcd.) 9 1845-1848 MSA C229-1 MdHR 18119 f. 758 2 Nov. 1848.

Haney, John. England. DI. Res. BC. BC Ct. (Dkt&Mins) 1841 MSA C184-8 MdHR 16665 f. 6 9 Feb. 1841.
Hanichenn, August. NATN. Arrived in US 3 yrs. prior to age 21. Res. US for 5 yrs., including 3 of minority. Res. MD over 1 yr. Wits: August Gehrman and John Schneider. O&RA. BC Ct. (Nat. Rcd. of Minors) 3 1845-1851 MSA C237-3 MdHR 18114-1 f. 331 3 Nov. 1851.
Hanley, Charles. Sweden. BA Ct. (Nat. Dkt.) 1 1796-1851 MSA C389-1 MdHR 18106 f. 31 #599 4 June 1805.
Hanna, Alexander. UK. DI. BA Ct. (Minutes) 1810-1814 MSA C386-10 MdHR 14376 f. 109 1 Oct. 1811.
Hanna, James. Ireland. Decl. intent in BA Ct. 18 Sept. 1826. Wits: James McIntire and Thomas Finley. BA Ct. (Nat. Dkt.) 1 1796-1851 MSA C389-1 MdHR 18106 f. 155 8 Nov. 1828.
Hanna, Oliver. Ireland. DI. Res. BC. BC Ct. (Dkt&Mins) 1830 MSA C184-5 MdHR 16662 f. 57 1 Jan. 1831.
Hanna, Oliver. Ireland. NATN. Decl. intent in BC Ct. 1 Jan. 1831. Res. BC. Wits: Thomas Herritage and James Mollinix. O&RA to King of UK. BC Ct. (Nat. Rcd. of Minors) 2 1832-1836 MSA C237-2 MdHR 18113 f. 185 13 June 1836.
Hanne, Heide. Dutchy of Brunswick. NATN. Decl. intent in US Circ. Ct. 3 Oct. 1848. Wits: Mathias Kullere and Martin Huffnagle. O&RA to the Duke of Brunswick. BA Ct. (Nat. Rcd.) 4 1846-1851 MSA C391-2 MdHR 18109 f. 376 30 Sept. 1851.
Hannegan, Thomas. Ireland. NATN. Decl. intent in US Dist. Ct. 30 Sept. 1844. Wits: Elisha Cooper and Francis Gallagher. O&RA to Queen of UK. BC Ct. (Nat. Rcd.) 9 1845-1848 MSA C229-1 MdHR 18119 f. 73 2 Oct. 1846.
Hannegan, William. Ireland. NATN. Decl. intent in US Circ. Ct. 11 Sept. 1844. Wits: William Keinan and John McCaey. O&RA to Queen of UK. BA Ct. (Nat. Rcd.) 4 1846-1851 MSA C391-2 MdHR 18109 f. 36 6 Oct. 1846.
Hannegan, William. Ireland. NATN. Decl. intent in US Circ. Ct. 11 Sept. 1844. Wits: William Kieman and John McCuey. BA Ct. (Nat. Dkt.) 1 1796-1851 MSA C389-1 MdHR 18106 f. 242 6 Oct. 1846.
Hanney, Jacob. England. NATN. Decl. intent in US Circ. Ct. for the 4th Dist. 5 March 1808. BA Ct. (Nat. Dkt.) 1 1796-1851 MSA C389-1 MdHR 18106 f. 41 #819 17 July 1812.
Hannigan, Thomas. Ireland. Res. Prince George's Co. Decl. intent in BC Ct. 28 Feb. 1820. Wits: Richard H. Hall and John Fitzpatrick. O&RA to King of UK. BA Ct. (Nat. Rcd. of Minors) 1 1827-1832 MSA C237-1 MdHR 18112 ff. 63-64 6 Sept. 1828
Hanold, George. Prussia. DI. BC Ct. (Dkt&Mins) 1849 MSA C184-11 MdHR 16668 f. 30 31 Oct. 1849.
Hanson, Hans P. Norway (Kingdom of Sweden). NATN. Decl. intent in BC Ct. 22 Aug. 1833. Res. BC. Wits: John Miller and Peter Hilditch. O&RA to the Crown Prince of Norway. BC Ct. (Nat. Rcd. of Minors) 2 1832-1836 MSA C237-2 MdHR 18113 ff. 183-184 21 April 1836.
Hanson, Lorentz. Denmark. DI. BA Ct. (Minutes, Rough) 1832-1835 MSA C420-1 MdHR 14396-2 f. 252 24 April 1834.
Hanson, Oliver. Sweden. DI. Noted as age 32. Born in Gohenburg. Res. BC. Profession: Mariner. Ren. alleg. to "His Catholic Majesty, the King of Sweden". BA Ct. (Misc. Ct. Papers) MSA C1-64 MdHR 50206-824 unnumbered 1827 item 15 March 1825.
Hanson, Oliver. Sweden. Report and registration. Noted as age 39. Born in Gottenburg. Arrived in BC July 1817. Res. BC. Wits: James Wilson and James Gibson. BA Ct. (Misc. Ct. Papers) MSA C1-64 MdHR 50206-824 1827 item 366 25 Sept. 1827.
Hanson, Oliver. Sweden. NATN. Born in Gottenburg. Decl. intent in Superior Ct. of Bristol Co., Rhode Island 15 March 1825. Wits: James Wilson and

James Gibson. BA Ct. (Nat. Dkt.) 1 1796-1851 MSA C389-1 MdHR 18106 f. 117 25 Sept. 1827.

Hanson, Thomas. Hanover. NATN. Arrived in US 3 yrs. prior to age 21. Res. US for 5 yrs., including 3 of minority. Res. MD over 1 yr. Wits: Theodore Heiner and Peter Walker. O&RA to King of Hanover. BC Ct. (Nat. Rcd. of Minors) 3 1845-1851 MSA C237-3 MdHR 18114-1 f. 226 20 July 1850.

Hanzsche, John T. Saxony. NATN. Decl. intent in BC Ct. 3 Oct. 1831. Res. BC. Wits: Thomas Ruckle and Christian G. Peters. O&RA to King of Saxony. BC Ct. (Nat. Rcd. of Minors) 2 1832-1836 MSA C237-2 MdHR 18113 ff. 113-114 2 Oct. 1834.

Hapard, Thomas. Ireland. DI. Wits: Stewart Brown and James Curley. BA Ct. (Misc. Ct. Papers) MSA C1-57 MdHR 50206-754 1823 item 366 1 Oct. 1824.

Hapard, Thomas. Ireland. NATN. Born in Co. of Farmanagh. Decl. intent in BA Ct. the 3rd Monday of Sept. 1824. Wits: Stewart Brown and James Curley. BA Ct. (Nat. Dkt.) 1 1796-1851 MSA C389-1 MdHR 18106 f. 106 20 Sept. 1826.

Hapard, Thomas. Ireland. Report and registration. Noted as age 28. NATN. Born in Co. of Farmanagh . Arrived in Perth Amboy Sept. 1817. Res. BC. BA Ct. (Misc. Ct. Papers) MSA C1-57 MdHR 50206-754 1823 unnumbered item 1 Oct. 1824.

Harander, Dominick Leon. Republic of France. NATN. BA Ct. (Minutes) 1792 - 1797 MSA C386-7 MdHR 5052 f. 255 29 Aug. 1796

Haraneder, Dominick Leon. Republic of France. BA Ct. (Nat. Dkt.) 1 1796 - 1851 MSA C389-1 MdHR 18106 f. 2 #19 . Barnes, p. 59

Harban, Thomas. England. DI. . BA Ct. (Minutes) 1827-1830 MSA C386-13 MdHR 14391 f. 78 24 May 1827.

Harban, Thomas. England. NATN. Res. BC. Decl. intent in BA Ct. 24 May 1829. Wits: Henry Hall and William T. Peachy. O&RA to King of UK. BC Ct. (Nat. Rcd. of Minors) 1 1827-1832 MSA C237-1 MdHR 18112 ff. 301-302 19 Oct. 1829.

Harden, Samuel. England. BA Ct. (Nat. Dkt.) 1 1796-1851 MSA C389-1 MdHR 18106 f. 33 #654 14 Oct. 1806.

Harder, Ignatius. Republic of France. BA Ct. (Nat. Dkt.) 1 1796-1851 MSA C389-1 MdHR 18106 f. 11 #221 9 Jan. 1798. Barnes, p. 62.

Hardesty, John. Ireland. DI. BA Ct. (Minutes) 1832-1838 MSA C386 MdHR 14403 f. 210 17 Oct. 1836.

Hardesty, John. England. DI. BA Ct. (Minutes, Rough) 1836-1844 MSA C420-2 MdHR 14398 f. 39 17 Oct. 1836.

Hardtmar, Jacob. Wurtemburg. NATN. Arrived in US as a minor. Wits: Charles G. Robb and Helmer Schumaker. Report filed. BA Ct. (Nat. Dkt.) 1 1796-1851 MSA C389-1 MdHR 18106 f. 72 20 Sept. 1824.

Hardy, John. Ireland. NATN. Res. BA. Res. US 14 April 1802 - 18 June 1812. Wits: John McGinn and Michael Brown. O&RA to King of UK. BC Ct. (Nat. Rcd. of Minors) 1 1827-1832 MSA C237-1 MdHR 18112 ff. 102-103 29 Sept. 1828.

Hare, John P. Grand Dutchy of Hesse-Darmstadt. NATN. Arrived in US 3 yrs. prior to age 21. Res. US for 5 yrs., including 3 of minority. Res. MD over 1 yr. Witness: Valentine Hare. O&RA to the Grand Duke of Hesse-Darmstadt. BC Ct. (Nat. Rcd. of Minors) 3 1845-1851 MSA C237-3 MdHR 18114-1 f. 6 30 Sept. 1845.

Hargan, John. Ireland. NATN. Res. Talbot Co. Arrived in the US 3 yrs. prior to age 21. Res. US for 5 yrs., including 3 of minority. Wits: Thomas Welsh and Joseph F. Ford. O&RA to King of UK. BC Ct. (Nat. Rcd. of Minors) 1 1827-1832 MSA C237-1 MdHR 18112 f. 87 24 Sept. 1828.

Hargan, Michael. Ireland. NATN. Res. Talbot Co. Arrived in the US 3 yrs. prior to age 21. Res. US for 5 yrs., including 3 of minority. Wits: Thomas Welsh and John Hargan. O&RA to King of UK. BC Ct. (Nat. Rcd. of Minors) 1 1827-1832 MSA C237-1 MdHR 18112 ff. 87-88 24 Sept. 1828.

Hargest, James. England. DI. Res. BC. BC Ct. of O&T&GD (Dkt&Mins) 1816 MSA C183-9 MdHR 16657 (unpaginated); 6 Nov. 1816.

Hargist, James. England. NATN. Born in Co. of Herford. Decl. intent in BC Criminal Ct. 6 Nov. 1816. Wits: Thomas Lewis and Thomas Evans. BA Ct. (Nat. Dkt.) 1 1796-1851 MSA C389-1 MdHR 18106 f. 88. 2 Nov. 1824.

Harken, Henry. Germany. DI. BA Ct. (Minutes, Rough) 1832-1835 MSA C420-1 MdHR 14396-2 f. 143 16 Nov. 1832.

Harker, Henry. Germany. DI. Ren. alleg. to the Emperor of Germany. BA Ct. (Minutes) 1832-1838 MSA C386 MdHR 14403 ff. 18-19 16 Nov. 1832.

Harlebein, John A. Bavaria. NATN. Decl. intent in BC Ct. 17 Sept. 1844. Wits: John Martin and Martin Tanefelser. O&RA to King of Bavaria. BC Ct. (Nat. Rcd.) 9 1845-1848 MSA C229-1 MdHR 18119 f. 636 9 Oct. 1848.

Harley, Joseph Willis. England. NATN. Res. BC. Res. US 14 April 1802 - 18 June 1812. Wits: Joseph Share and Charles Fox. O&RA to King of UK. BC Ct. (Nat. Rcd. of Minors) 1 1827-1832 MSA C237-1 MdHR 18112 ff. 228-229 6 Nov. 1828.

Harman/Haman, John Lucas Gottfried. Germany. DI. Ren. alleg. to the Emperor of France. BA Ct. (Minutes) 1810-1814 MSA C386-10 MdHR 14376 f. 286 30 Oct. 1813.

Harman, Jacob. Germany. DI. Ren. alleg. to the Emperor of Germany. BA Ct. (Minutes) 1822-1826 MSA C386-12 MdHR 14386 f. 2 26 March 1822.

Harman, John. Germany. DI. Res. BC. Ren. alleg. to the Emperor of Germany. BC Ct. of O&T&GD (Dkt&Mins) 1812 MSA C183-7 MdHR 16655 f. 8 29 Jan. 1812.

Harman, John. Germany. DI. BC Ct. (Dkt&Mins) 1840 MSA C184-7 MdHR 16664 f. 31 17 Aug. 1840.

Harman, Samuel. Bavaria. NATN. Decl. intent in US Circ. Ct. 17 Sept. 1847. Wits: Michael Jacob and John W. Frisch. BA Ct. (Nat. Dkt.) 1 1796-1851 MSA C389-1 MdHR 18106 f. 372 2 Oct. 1849.

Harman, Samuel. Bavaria. NATN. Decl. intent in US Circ. Ct. 17 Sept. 1847. Wits: Michael Jacob and John W. Frisch. O&RA to King of Bavaria. BA Ct. (Nat. Rcd.) 4 1846-1851 MSA C391-2 MdHR 18109 f. 348 2 Oct. 1849.

Harmeil, Henry. Hanover. NATN. Decl. intent in US Dist. Ct. 5 Oct. 1840. Wits: John Bamslager and George Pool. O&RA to King of Hanover. BC Ct. (Nat. Rcd.) 9 1845-1848 MSA C229-1 MdHR 18119 f. 191 6 Oct. 1846.

Harmeman, Ludwig. Bavaria. NATN. Decl. intent in US Dist. Ct. 3 June 1844. Wits: George Ratzenberger and John Adam Wehr. O&RA to King of Bavaria. BC Ct. (Nat. Rcd.) 9 1845-1848 MSA C229-1 MdHR 18119 f. 618 9 Oct. 1848.

Harms, John. Hanover. NATN. Decl. intent in US Dist. Ct. 4 Sept. 1844. Wits: Christian Bolsler and Adolphe Dane. O&RA to King of Hanover. BC Ct. (Nat. Rcd.) 9 1845-1848 MSA C229-1 MdHR 18119 f. 211 9 Feb. 1847.

Harmy, Jacob. Germany. BA Ct. (Nat. Dkt.) 1 1796-1851 MSA C389-1 MdHR 18106 f. 16 #339 4 Sept. 1798. Barnes, p. 63.

Harn, Henry. Grand Dutchy of Hesse-Darmstadt. NATN. Arrived in US 3 yrs. prior to age 21. Res. US for 5 yrs., including 3 of minority. Res. MD over 1 yr. Wits: Conrad Wah and John Omyer. O&RA to the Grand Duke of Hesse-Darmstadt. BC Ct. (Nat. Rcd. of Minors) 3 1845-1851 MSA C237-3 MdHR 18114-1 f. 330 3 Nov. 1851.

Harpel, John N. Prussia. NATN. Decl. intent in US Dist. Ct. 1 Nov. 1844. Wits: Conrad Wehrhart and Henry D. Schmidt. O&RA to King of Prussia. BC Ct. (Nat. Rcd.) 9 1845-1848 MSA C229-1 MdHR 18119 f. 642 10 Oct. 1848.

Harper, Franz. Grand Dutchy of Oldenburg. NATN. Decl. intent in US Circ. Ct. 20 May 1844. Wits: Michael Emerine and Charles A. Masterman. BA Ct. (Nat. Dkt.) 1 1796-1851 MSA C389-1 MdHR 18106 f. 234 5 Oct. 1846.

Harper, Joseph. England. NATN. Res. BC. Res. US 14 April 1802 - 18 June 1812. Wits: George T. Harrison and William H. Collins. Takes oath and renounce alleg. to King of UK. BC Ct. (Nat. Rcd. of Minors) 1 1827-1832 MSA C237-1 MdHR 18112 f. 95 27 Sept. 1828.

Harper, Samuel. England. BA Ct. (Nat. Dkt.) 1 1796-1851 MSA C389-1 MdHR 18106

f. 14 #282 16 March 1798. Barnes, p. 62.

Harrig, Joseph. Hanover. NATN. Arrived in US 3 yrs. prior to age 21. Res. US for 5 yrs., including 3 of minority. Res. MD over 1 yr. Wits: George Fergusson and John B. Harney. O&RA to King of Hanover. BC Ct. (Nat. Rcd. of Minors) 3 1845-1851 MSA C237-3 MdHR 18114-1 f. 25 6 Oct. 1846.

Harrington, John. England. DI. Res. BC. BC Ct. of O&T&GD (Dkt&Mins) 1812 MSA C183-7 MdHR 16655 f. 39 15 July 1812.

Harrington, Robert. Ireland. NATN. Arrived in US 3 yrs. prior to age 21. Res. US for 5 yrs., including 3 of minority. Res. MD over 1 yr. Wits: George Slatter and John H. Brigerman. O&RA to Queen of UK. BA Ct. (Nat. Rcd. of Minors) 3 1846-1851 MSA C392-1 MdHR 18110 f. 55 2 Oct. 1848.

Harrington, Robert. Ireland. NATN. Arrived in US under age 18. Wits: George Slatter and John H. Brigerman. BA Ct. (Nat. Dkt.) 1 1796-1851 MSA C389-1 MdHR 18106 f. 325 2 Oct. 1848.

Harrion, Joseph. Republic of France. BA Ct. (Nat. Dkt.) 1 1796-1851 MSA C389-1 MdHR 18106 f. 1' #366 5 Nov. 1798. Barnes, p. 64.

Harris, George. England. NATN. Decl. intent in BC Ct. 16 Jan. 1849. Wits: William Coles and Robert B. Griffith. O&RA to Queen of UK. BC Ct. (Nat. Rcd.) 10 1849-1851 MSA C229-2 MdHR 18120 f. 367 3 Nov. 1851.

Harris, George. England. DI. BC Ct. (Dkt&Mins) 1849 MSA C184-11 MdHR 16668 f. 2 16 Jan. 1849.

Harris, Joseph. England. NATN. Born in Oxfordshire. Decl. intent in US Circ. Ct. 16 Nov. 1819. Wits: James Holmes and Joseph McKeldin. Certificate and report filed. BA Ct. (Nat. Dkt.) 1 1796-1851 MSA C389-1 MdHR 18106 f. 85 2 Oct. 1824.

Harrison, John. Denmark. DI. Res. BC. BC Ct. of O&T&GD (Dkt&Mins) 1812 MSA C183-7 MdHR 16655 f. 41 20 July 1812.

Harrison, Jr. William. England. NATN. Arrived in US 3 yrs. prior to age 21. Declares intent in open ct. Wits: John W. H. Carroll and John W. H. Carroll, Jr. BA Ct. (Nat. Dkt.) 1 1796-1851 MSA C389-1 MdHR 18106 f. 157 14 Feb. 1829.

Harrison, William. England. DI. BC Ct. (Dkt&Mins) 1828 MSA C184-4 MdHR 16661 f. 39 19 Sept. 1828. Tepper, p. 249.

Harrison, William. England. NATN. Res. BC. Decl. intent in BC Ct. 19 Sept. 1828. Wits: Marmaduke Wynelle and Robert Fish. O&RA to King of UK. BC Ct. (Nat. Rcd. of Minors) 1 1827-1832 MSA C237-1 MdHR 18112 ff. 315-316 20 Sept. 1830.

Harsepe, Matthew. England. BA Ct. (Nat. Dkt.) 1 1796-1851 MSA C389-1 MdHR 18106 f. 18 #369 6 Nov. 1798. Barnes, p. 64.

Hart, Andrew. Germany. DI. Res. BC. BC Ct. (Dkt&Mins) 1847 MSA C184-10 MdHR 16667 f. 2 11 Jan. 1847.

Hart, Francis. Ireland. DI. BA Ct. (Minutes) 1827-1830 MSA C386-13 MdHR 14391 f. 339 28 Oct. 1830.

Hart, Francis. Ireland. NATN. Decl. intent in BA Ct. 28 Oct. 1830. Res. BC. Wits: Thomas Fulton and James Hamilton. O&RA to King of UK. BA Ct. (Nat. Rcd.) 2 1832-1846 MSA C391-1 MdHR 18108 f. 26 3 Oct. 1834.

Hart, Francis. Ireland. NATN. Decl. intent in BA Ct. 28 Oct. 1830. Wits: Thomas Fulton and James Hamilton. BA Ct. (Nat. Dkt.) 1 1796-1851 MSA C389-1 MdHR 18106 f. 180 3 Oct. 1834.

Hart, Francis. Ireland. NATN. Arrived in US 3 yrs. prior to age 21. Res. US for 5 yrs., including 3 of minority. Res. MD over 1 yr. Wits: Francis Hart, Sr. and Edwin H. Docura. O&RA to Queen of UK. BC Ct. (Nat. Rcd. of Minors) 3 1845-1851 MSA C237-3 MdHR 18114-1 f. 159 28 Oct. 1848.

Hartellin, Michael. Germany. DI. BC Ct. (Dkt&Mins) 1840 MSA C184-7 MdHR 16664 f. 36 29 Sept. 1840.

Hartemster, Jacob. Wurtemburg. NATN. Decl. intent in Ct. of Common Pleas for Lancaster Co. (PA) 13 May 1844. Wits: Peter Tralib and Merchoir Tralib.

O&RA to King of Wurtemburg. BC Ct. (Nat. Rcd.) 9 1845-1848 MSA C229-1 MdHR 18119 f. 312 1 Oct. 1847.
Hartge, Emile. Dutchy of Saxe-Gotha. NATN. Arrived in US 3 yrs. prior to age 21. Res. US for 5 yrs., including 3 of minority. Res. MD over 1 yr. Wits: Charles C. Rinehardt and Ernst F. Engethardt. O&RA to the Duke of Saxe-Gotha. BC Ct. (Nat. Rcd. of Minors) 3 1845-1851 MSA C237-3 MdHR 18114-1 f. 302 6 Oct. 1851.
Hartigan, John. Ireland. NATN. Res. BC. Decl. intent in BA Ct. 20 Sept. 1824. Witness: John Daley. O&RA to King of UK. BC Ct. (Nat. Rcd. of Minors) 1 1827-1832 MSA C237-1 MdHR 18112 ff. 160-161 4 Oct. 1828.
Hartigen, John. Ireland. DI. BA Ct. (Minutes) 1822-1826 MSA C386-12 MdHR 14386 f. 213 20 Sept. 1824.
Hartkin, Henry. Grand Dutchy of Oldenburg. NATN. Decl. intent in US Dist. Ct. 13 Oct. 1846. Wits: John Kemper and Joseph Miller. O&RA to the Grand Duke of Oldenburg. BC Ct. (Nat. Rcd.) 9 1845-1848 MSA C229-1 MdHR 18119 f. 838 6 Nov. 1848.
Hartley, George. Ireland. NATN. Decl. intent in US Dist. Ct. 30 Nov. 1847. Wits: Eliza Hartley and James Johnston. O&RA to Queen of UK. BC Ct. (Nat. Rcd.) 10 1849-1851 MSA C229-2 MdHR 18120 f. 129 1 Oct. 1850.
Hartley, James. England. NATN. Decl. intent in US Circ. Ct. 2 Oct. 1847. Wits: Richard B. Logan and Eliza Hartley. O&RA to Queen of UK. BC Ct. (Nat. Rcd.) 10 1849-1851 MSA C229-2 MdHR 18120 f. 73 28 Sept. 1850.
Hartley, John. England. NATN. Decl. intent in US Circ. Ct. 2 Oct. 1847. Wits: Richard B. Logan and Eliza Hartley. O&RA to Queen of UK. BC Ct. (Nat. Rcd.) 10 1849-1851 MSA C229-2 MdHR 18120 f. 72 28 Sept. 1850.
Hartman, Andreas. Bavaria. NATN. Decl. intent in US Circ. Ct. 18 Sept. 1844. Wits: Adam Biddle and John Sempt. BA Ct. (Nat. Dkt.) 1 1796-1851 MSA C389-1 MdHR 18106 f. 264 13 Oct. 1846.
Hartman, George Joseph. Bavaria. NATN. Decl. intent in US Dist. Ct. 27 May 1844. Wits: Benedict Hoovel and John Bunechlagel. O&RA to King of Bavaria. BC Ct. (Nat. Rcd.) 9 1845-1848 MSA C229-1 MdHR 18119 f. 177 6 Oct. 1846.
Hartman, Hean (?). Bavaria. NATN. Decl. intent in US Dist. Ct. 17 Sept. 1844. Wits: Abraham Dyer and Philip Adler. O&RA to King of Bavaria. BC Ct. (Nat. Rcd.) 9 1845-1848 MSA C229-1 MdHR 18119 f. 224 7 Aug. 1847.
Hartman, John. Germany. NATN. Arrived in US 3 yrs. prior to age 21. Res. US for 5 yrs., including 3 of minority. Res. MD over 1 yr. Wits: George Seibutz and Henry Schwabrook. O&RA to the Emperor of Germany. BC Ct. (Nat. Rcd. of Minors) 3 1845-1851 MSA C237-3 MdHR 18114-1 f. 22 5 Oct. 1846.
Hartman, John. Grand Dutchy of Hesse-Darmstadt. NATN. Decl. intent in US Circ. Ct. 25 Sept. 1844. Wits: Adam Dittirck and Philip Zimmer. O&RA to the Grand Duke of Hesse-Darmstadt. BA Ct. (Nat. Rcd.) 4 1846-1851 MSA C391-2 MdHR 18109 f. 106 13 Oct. 1846.
Hartman, John. Grand Dutchy of Hesse-Darmstadt. NATN. Decl. intent in US Circ. Ct. 28 Sept. 1844. Wits: Adam Dittrich and Philip Linner. BA Ct. (Nat. Dkt.) 1 1796-1851 MSA C389-1 MdHR 18106 f. 265 13 Oct. 1846.
Hartman, Philip. Hanover. DI. Res. BC. BC Ct. (Dkt&Mins) 1847 MSA C184-10 MdHR 16667 f. 38 18 Oct. 1847.
Hartogensis, Herodes S. Holland. DI. BC Ct. (Dkt&Mins) 1849 MSA C184-11 MdHR 16668 f. 26 2 Oct. 1849.
Hartsmann, Andreas. Bavaria. NATN. Decl. intent in US Circ. Ct. 18 Sept. 1843. Wits: Adam Biddle and John Leuffe. O&RA to King of Bavaria. BA Ct. (Nat. Rcd.) 4 1846-1851 MSA C391-2 MdHR 18109 f. 106 13 Oct. 1846.
Hartung, George. Bavaria. NATN. Decl. intent in US Dist. Ct. 13 Oct. 1846. Wits: Ludwig Schneider and John Schneider. O&RA to King of Bavaria. BC Ct. (Nat. Rcd.) 9 1845-1848 MSA C229-1 MdHR 18119 f. 796 4 Nov. 1848.

Hartzberg, Myer. Grand Dutchy of Baden. DI. BA Ct. (Minutes) 1839-1846 MSA C386-16 MdHR 14404 f. 50 1 May 1840.
Hartzburg, Samuel. Germany. DI. BC Ct. (Dkt&Mins) 1847 MSA C184-10 MdHR 16667 f. 9 12 March 1847.
Harvey, James. Scotland. NATN. Born in town of Greenock. Arrived prior in country to 18 June 1812. Wits: Thomas Bemmons and John Munroe. BA Ct. (Nat. Dkt.) 1 1796-1851 MSA C389-1 MdHR 18106 f. 145 10 Oct. 188.
Harvey, John. Ireland. NATN. Decl. intent in US Circ. Ct. 25 Sept. 1844. Wits: Matthew McElroy and John Whitten. BA Ct. (Nat. Dkt.) 1 1796-1851 MSA C389-1 MdHR 18106 f. 244 6 Oct. 1846.
Harvey, Thomas. Ireland. NATN. Born in Co. of Donegal. Decl. intent in BA Ct. the 3rd Monday of Sept. 1823. Wits: Henry Lawn and Thomas Finley. BA Ct. (Nat. Dkt.) 1 1796-1851 MSA C389-1 MdHR 18106 f. 108 20 Sept. 1826.
Harvey, William. England. NATN. Born in City of Bath. Arrived in US 3 yrs. prior to age 21. Decl. intent in open ct. Wits: John Boyd and Peter Harr. BA Ct. (Nat. Dkt.) 1 1796-1851 MSA C389-1 MdHR 18106 f. 115 25 Sept. 1827.
Harvey, William. England. Report and registration. Noted as age 23. Born in City of Bath. Arrived in Philadelphia Nov. 1818. Res. BC. Wits: John Boyd and Peter Harr. BA Ct. (Misc. Ct. Papers) MSA C1-57 MdHR 50206-754 1823 item 364 28 Sept. 1824.
Harwood, James. Ireland. DI. BA Ct. (Misc. Ct. Papers) MSA C1-57 MdHR 50206-754 1823 unnumbered item 22 Sept. 1824.
Harwood, James. Ireland. DI. BA Ct. (Minutes) 1822-1826 MSA C386-12 MdHR 14386 f. 216 22 Sept. 1824.
Harwood, James. Ireland. NATN. Born in Co. of Donegal. Decl. intent in BA Ct. Sept. term 1824. Wits: William Gibson and John McKinnell. BA Ct. (Nat. Dkt.) 1 1796-1851 MSA C389-1 MdHR 18106 f. 103 20 Sept. 1826.
Harwood, James. Ireland. Report and registration. Noted as age 41. Born in Co. of Donegal. Arrived in New York City July 1803. Res. BC. Wits: William Gibson and John McKennell. BA Ct. (Misc. Ct. Papers) MSA C1-57 MdHR 50206-754 1823 item 365 21 Sept. 1824.
Harwood, Thomas. Ireland. BA Ct. (Nat. Dkt.) 1 1796-1851 MSA C389-1 MdHR 18106 f. 42 #829 1 Oct. 1813.
Haschert, John. Republic of Bremen. NATN. Decl. intent in US Dist. Ct. 27 Sept. 1843. Wits: Henry Reipsane and Casper Snyder. O&RA to the Republic of Bremen. BC Ct. (Nat. Rcd.) 9 1845-1848 MSA C229-1 MdHR 18119 f. 640 10 Oct. 1848.
Hasckert, Adam. Republic of Bremen. NATN. Decl. intent in US Dist. Ct. 4 Oct. 1843. Wits: Henry Reipsen and Joshua M. Myers. O&RA to the Republic of Bremen. BC Ct. (Nat. Rcd.) 10 1849-1851 MSA C229-2 MdHR 18120 f. 291 29 Sept. 1851.
Hasfros, Francis. Kingdom of France. NATN. Arrived in US 3 yrs. prior to age 21. Res. US for 5 yrs., including 3 of minority. Res. MD over 1 yr. Wits: Andrew Trush and P. Barth. O&RA to King of French. BC Ct. (Nat. Rcd. of Minors) 3 1845-1851 MSA C237-3 MdHR 18114-1 f.82 4 Oct. 1847.
Haslem, John. England. BA Ct. (Nat. Dkt.) 1 1796-1851 MSA C389-1 MdHR 18106 f. 42 #831 2 Oct. 1813.
Haslett, Alexander. Great Britain. BA Ct. (Nat. Dkt.) 1 1796-1851 MSA C389-1 MdHR 18106 f. 11 #207 9 Dec. 1797. Barnes, p. 61.
Hassard, Thomas. Ireland. DI. BA Ct. (Minutes) 1822-1826 MSA C386-12 MdHR 14386 f. 222 1 Oct. 1824.
Hassauer, John G. Bavaria. NATN. Decl. intent in US Circ. Ct. 2 Aug. 1844. Wits: Jacob Sieger and William Hoxell. BA Ct. (Nat. Dkt.) 1 1796-1851 MSA C389-1 MdHR 18106 f. 265 13 Oct. 1846.
Hasselburger, George. Kingdom of Bevern (?). DI. BA Ct. (Minutes, Rough) 1836-1844 MSA C420-2 MdHR 14398 ff. 122-123 9 April 1838.

Hassett, Patrick. Ireland. DI. BA Ct. (Minutes) 1832-1838 MSA C386 MdHR 14403 f. 121 3 Oct. 1834.
Hassett, Patrick. Ireland. DI. BA Ct. (Minutes, Rough) 1832-1835 MSA C420-1 MdHR 14396-2 f. 285 3 Oct. 1834.
Hassner, John G. Bavaria. NATN. Decl. intent in US Circ. Ct. 2 Aug. 1844. Wits: Jacob Leeger and William Hoxell. O&RA to King of Bavaria. BA Ct. (Nat. Rcd.) 4 1846-1851 MSA C391-2 MdHR 18109 f. 107 13 Oct. 1846.
Hates (?), David. Germany. BA Ct. (Nat. Dkt.) 1 1796-1851 MSA C389-1 MdHR 18106 f. 32 #630 27 March 1806.
Hauckoti, John Frederick Willam. Hanover. DI. BA Ct. (Minutes, Rough) 1836-1844 MSA C420-2 MdHR 14398 f. 218 13 March 1840.
Hauckoti, John Frederick William. Hanover. DI. BA Ct. (Minutes) 1839-1846 MSA C386-16 MdHR 14404 f. 44 13 March 1840.
Hauff, Christopher Frederick. Wurtemburg. NATN. Decl. intent in BC Ct. 3 Oct. 1843. Wits: George Joseph and George Osterly. O&RA to King of Wurtemburg. BC Ct. (Nat. Rcd.) 9 1845-1848 MSA C229-1 MdHR 18119 f. 531 29 Sept. 1848.
Haugh, John. Scotland. NATN. Arrived in US 3 yrs. prior to age 21. Res. US for 5 yrs., including 3 of minority. Res. MD over 1 yr. Wits: Joshua H. Hynes and Benjamin Jeffrey. O&RA to Queen of UK. BA Ct. (Nat. Rcd. of Minors) 3 1846-1851 MSA C392-1 MdHR 18110 f. 89 10 Oct. 1849.
Haugh, John. Scotland. NATN. Arrived in US under age 18. Wits: Joshua A. Hynes and Benjamin Leffrey. BA Ct. (Nat. Dkt.) 1 1796-1851 MSA C389-1 MdHR 18106 f. 369 1 Oct. 1849.
Haughreys, Bernard. Ireland. NATN. Decl. intent in US Dist. Ct. 26 Sept. 1832. Res. BC. Wits: Richard McAleese and Hugh McAvoy. O&RA to King of UK. BA Ct. (Nat. Rcd.) 2 1832-1846 MSA C391-1 MdHR 18108 f. 38 17 Oct. 1836.
Haupt, Henry. Saxony. NATN. Decl. intent in US Circ. Ct. 25 May 1844. Wits: Gerhard A. Sybertz and William Wagner. BA Ct. (Nat. Dkt.) 1 1796-1851 MSA C389-1 MdHR 18106 f. 265 13 Oct. 1846.
Hauptman, John. Germany. BA Ct. (Nat. Dkt.) 1 1796-1851 MSA C389-1 MdHR 18106 f. 39 #768 30 April 1810.
Haxell(?)/Hoxell(?)/Harpel(?), Wilhelm. Principality of Nassau. NATN. Decl. intent in US Circ. Ct. 24 June 1844. Wits: William Brarmer and Peter Kries. BA Ct. (Nat. Dkt.) 1 1796-1851 MSA C389-1 MdHR 18106 f. 265 13 Oct. 1846.
Hayes, William. Ireland. NATN. Decl. intent in open court. Arrived in US 3 yrs. prior to age 21. Res. US for 5 yrs., including 3 of minority. Res. MD over 1 yr. Res. BC. Wits: Jarrett Ball and Archibald Heulett. O&RA to King of UK. BC Ct. (Nat. Rcd. of Minors) 1832-2836 MSA C237-2 MdHR 18113 ff. 228-229 10 Oct. 1836.
Hays, William. England. BA Ct. (Nat. Dkt.) 1 1796-1851 MSA C389-1 MdHR 18106 f. 21 #415 25 Nov. 1802. Barnes, p. 64.
Hazelton, George. Ireland. BA Ct. (Nat. Dkt.) 1 1796-1851 MSA C389-1 MdHR 18106 f. 39 #780 17 Nov. 1810.
Hazelton, Hugh. Ireland. BA Ct. (Nat. Dkt.) 1 1796-1851 MSA C389-1 MdHR 18106 f. 28 #521 13 June 1804.
Headleston, James. England. NATN. Decl. intent in US Circ. Ct. 4 Nov. 1844. Wits: R. A. McCallister and James Steward. O&RA to Queen of UK. BC Ct. (Nat. Rcd.) 9 1845-1848 MSA C229-1 MdHR 18119 f. 530 28 Sept. 1848.
Headman, George. Scotland. NATN. Arrived in US 3 yrs. prior to age 21. Res. US for 5 yrs., including 3 of minority. Res. MD over 1 yr. Wits: Walter Frazier and Richard Walker. O&RA to Queen of UK. BC Ct. (Nat. Rcd. of Minors) 3 1845-1851 MSA C237-3 MdHR 18114-1 f. 46 21 Sept. 1847.
Heagan, Mark. Ireland. NATN. Decl. intent in BC Ct. 9 April 1832. Res. BC. Wits: Simeon Hayes and Henry S. Sanderson. O&RA to King of UK. BC Ct. (Nat. Rcd. of Minors) 2 1832-1836 MSA C237-2 MdHR 18113 f. 92 17 Sept. 1834.

Heal, William. England. NATN. Res. BC. Res. US 14 April 1802 - 18 June 1812. Wits: Robert St. John Stewart and William Porter. O&RA to King of UK. BC Ct. (Nat. Rcd. of Minors) 1 1827-1832 MSA C237-1 MdHR 18112 f. 113 29 Sept. 1828.

Healey, Thomas A. Ireland. NATN. Decl. intent in open court. Arrived in US 3 yrs. prior to age 21. Res. US for 5 yrs., including 3 of minority. Res. MD over 1 yr. Res. BC. Wits: Stanley H. Fleetwood and Michael Healey. O&RA to King of UK. BC Ct. (Nat. Rcd. of Minors) 2 1832-1836 MSA C237-2 MdHR 18113 f. 112 2 Oct. 1834.

Healy, Patrick. Ireland. NATN. Decl. intent in US Dist. Ct. 13 Oct. 1843. Wits: Daniel Broderick and James McGinnis. O&RA to Queen of UK. BC Ct. (Nat. Rcd.) 9 1845-1848 MSA C229-1 MdHR 18119 f. 31 13 Nov. 1845.

Heanna, James. Ireland. DI. BA Ct. (Minutes) 1822-1826 MSA C386-12 MdHR 14386 f. 436 18 Sept. 1826.

Heaps, James. England. DI. BA Ct. (Minutes) 1822-1826 MSA C386-12 MdHR 14386 f. 213 20 Sept. 1824.

Heaps, James. England. NATN. Res. BC. Decl. intent in BA Ct. 20 Sept. 1824. Wits: John Inman and Charles Looney. O&RA to King of UK. BC Ct. (Nat. Rcd. of Minors) 1 1827-1832 MSA C237-1 MdHR 18112 ff. 200-201 1 Nov. 1828.

Heaps, John. England. NATN. Decl. intent in open court. Arrived in US 3 yrs. prior to age 21. Res. US for 5 yrs., including 3 of minority. Res. MD over 1 yr. Res. BC. Wits: Thomas C. Watkins and John Hirst. O&RA to King of UK. BC Ct. (Nat. Rcd. of Minors) 1827-1832 MSA C237-1 MdHR 18112 ff. 384-385 26 Sept. 1831.

Heathcote, John. England. DI. Res. BC. BC Ct. (Dkt&Mins) 1847 MSA C184-10 MdHR 16667 f 5 30 Jan. 1847.

Heavens, Anthony. Ireland. NATN. Decl. intent in BC Ct. 17 Aug. 1840. Wits: Thomas J. Carmichael and Thomas Mullsa. O&RA to Queen of UK. BC Ct. (Nat. Rcd.) 9 1845-1848 MSA C229-1 MdHR 18119 f. 296 30 Sept. 1847.

Heck, John. England. DI. BA Ct. (Minutes) 1827-1830 MSA C386-13 MdHR 14391 f. 160 2 March 1829.

Heckeuheimer, Henry. Electorate of Hesse-Cassel. NATN. Decl. intent in BC Ct. 24 Sept. 1844. Wits: Christian Saltner and Francis Kupee(?). O&RA to the Elector of Hesse-Cassel. BC Ct. (Nat. Rcd.) 9 1845-1848 MSA C229-1 MdHR 18119 f. 282 29 Sept. 1847.

Hector, John. Sweden. NATN. Decl. intent in BA Ct. 18 June 1831. Res. BC. Wits: Peter Hilditch and Harold Segerman. O&RA to the Crown Prince of Sweden. BA Ct. (Nat. Rcd. of Minors) 2 1832-1836 MSA C237-2 MdHR 18113 ff. 82-83 28 April 1834.

Hedrich, Henry. Grand Dutchy of Hesse-Darmstadt. NATN. Decl. intent in US Dist. Ct. 14 Oct. 1845. Wits: Conrad Schlott and Frederick Henry. O&RA to the Grand Duke of Hesse-Darmstadt. BC Ct. (Nat. Rcd.) 9 1845-1848 MSA C229-1 MdHR 18119 f. 591 5 Oct. 1848.

Hedrick, Anton. Germany. NATN. Arrived in US 3 yrs. prior to age 21. Res. US for 5 yrs., including 3 of minority. Res. MD over 1 yr. Wits: William Ulrich and William Laymand. O&RA to the Emperor of Germany. BC Ct. (Nat. Rcd. of Minors) 3 1845-1851 MSA C237-3 MdHR 18114-1 f. 70 4 Oct. 1847.

Heffman, Henry. Electorate of Hesse-Cassel. NATN. Decl. intent in BC Ct. 5 July 1844. Wits: George Pool and John Lutz. O&RA to the Elector of Hesse-Cassel. BC Ct. (Nat. Rcd.) 9 1845-1848 MSA C229-1 MdHR 18119 f. 160 6 Oct. 1846.

Hefling, George. Saxony. NATN. Arrived under age 18. Wits: William Shanner and Adam Esbirke. BA Ct. (Nat. Dkt.) 1 1796-1851 MSA C389-1 MdHR 18106 f. 375 1 Oct. 1850.

Hefling/Hesling, George. Saxony. NATN. Arrived in US 3 yrs. prior to age 21. Res. US for 5 yrs., including 3 of minority. Res. MD over 1 yr. Wits: William

Shaumer and Adam Estrike. O&RA to King of Saxony. BA Ct. (Nat. Rcd. of Minors) 3 1846-1851 MSA C392-1 MdHR 18110 f. 93 1 Oct. 1850.

Hefs/Hess, Charles. Germany. NATN. Decl. intent in BC Ct. 1 Oct. 1844. Wits: Frederick Hefs/Hess and Daniel Bart. O&RA to the Emperor of Germany. BC Ct. (Nat. Rcd.) 9 1845-1848 MSA C229-1 MdHR 18119 f. 845 6 Nov. 1848.

Heideback, John H. Hanover. BA Ct. (Nat. Dkt.) 1 1796-1851 MSA C389-1 MdHR 18106 f. 34 #665 21 Nov. 1806.

Heigh, John. England. BA Ct. (Nat. Dkt.) 1 1796-1851 MSA C389-1 MdHR 18106 f. 39 #764 17 April 1810.

Height, Archer. Electorate of Hesse-Cassel. NATN. Decl. intent in US Circ. Ct. 21 Sept. 1844. Wits: Reuben Hensche and Joseph Plymane. O&RA to the Elector of Hesse-Cassel. BA Ct. (Nat. Rcd.) 4 1846-1851 MSA C391-2 MdHR 18109 f. 196 5 Oct. 1847.

Height, Archer. Electorate of Hesse-Cassel. NATN. Decl. intent in US Circ. Ct. 21 Sept. 1844. Wits: Reuben Henicke and Joseph Benjamin. BA Ct. (Nat. Dkt.) 1 1796-1851 MSA C389-1 MdHR 18106 f. 308 5 Oct. 1847.

Heilbrun, Seligman. Bavaria. DI. BC Ct. (Dkt&Mins) 1849 MSA C184-11 MdHR 16668 f. 2 13 Jan. 1849.

Heim, Albert. Bavaria. NATN. Decl. intent in US Circ. Ct. 28 Sept. 1844. Wits: Jacob Gerhart and Greenburg Dieter. BA Ct. (Nat. Dkt.) 1 1796-1851 MSA C389-1 MdHR 18106 f. 330 2 Oct. 1848.

Heim, Albert. Bavaria. NATN. Decl. intent in US Circ. Ct. 28 Sept. 1844. Wits: Jacob Gerhart and Greenbury Dieter. O&RA to King of Bavaria. BA Ct. (Nat. Rcd.) 4 1846-1851 MSA C391-2 MdHR 18109 f. 249 2 Oct. 1848.

Heim, Nicholas. Bavaria. NATN. Decl. intent in US Circ. Ct. 13 May 1844. Wits: John Spilk and Joseph Werp. BA Ct. (Nat. Dkt.) 1 1796-1851 MSA C389-1 MdHR 18106 f. 266 13 Oct. 1846.

Heim, Sebastian. Bavaria. NATN. Decl. intent in US Dist. Ct. 20 Sept. 1847. Wits: Casper Ewald and John Lawer. O&RA to King of Bavaria. BC Ct. (Nat. Rcd.) 10 1849-1851 MSA C229-2 MdHR 18120 f. 30 2 Oct. 1849.

Heimendinger, Jacob. Wurtemburg. NATN. Decl. intent in Supreme Ct. of Pennsylvania in and for the Eastern Dist. 6 Nov. 1848. Wits: John Wand and John Seitz. BA Ct. (Nat. Dkt.) 1 1796-1851 MSA C389-1 MdHR 18106 f. 385 27 Oct. 1851.

Heimer, John Henry. Dutchy of Saxe-Coburg-Gotha. NATN. Arrived in US 3 yrs. prior to age 21. Res. US for 5 yrs., including 3 of minority. Res. MD over 1 yr. Wits: Peter Trenlieb and William Mier. O&RA to the Duke of Saxe-Coburg-Gotha. BC Ct. (Nat. Rcd. of Minors) 3 1845-1851 MSA C237-3 MdHR 18114-1 f. 79 4 Oct. 1847.

Heimerdinger, Jacob. Dutchy of Wurtemburg. NATN. Decl. intent in Supreme Ct. of Pennsylvania for and in the Eastern Dist. 6 Nov. 1848. Wits: John Ward and John Seitz. O&RA to the Duke of Wurtemburg. BA Ct. (Nat. Rcd.) 4 1846-1851 MSA C391-2 MdHR 18109 f. 383 27 Oct. 1851.

Heimyelman, Mathew. Wurtemburg. NATN. Decl. intent in US Dist. Ct. 23 Sept. 1844. Wits: Mathias Tarmmar and Philip Myer. O&RA to King of Wurtemburg. BC Ct. (Nat. Rcd.) 9 1845-1848 MSA C229-1 MdHR 18119 f. 542 2 Oct. 1848.

Hein, Nicholas. Bavaria. NATN. Decl. intent in US Circ. Ct. 13 May 1844. Wits: John Spelk and Joseph Werp. O&RA to King of Bavaria. BA Ct. (Nat. Rcd.) 4 1846-1851 MSA C391-2 MdHR 18109 f. 109 13 Oct. 1846.

Heinchen/Heineler, Christian A. Bremen. DI. Ren. alleg. to the Hanseatic Government. BA Ct. (Minutes) 1822-1826 MSA C386-12 MdHR 14386 f. 335 29 March 1825.

Heindle/Hindle, James. England. NATN. Res. US 14 April 1802 - 18 June 1812. Res. BC. Wits: William Conway and Thomas Fulton. O&RA to King of UK.

BC Ct. (Nat. Rcd. of Minors) 2 1832-1836 MSA C237-2 MdHR 18113 f. 141 4 Oct. 1834.

Heine, Frederick. Prussia. NATN. Arrived in US 3 yrs. prior to age 21. Res. US for 5 yrs., including 3 of minority. Res. MD over 1 yr. Wits: William Barmeister and Gerhardt Schonhoff. O&RA to King of Prussia. BA Ct. (Nat. Rcd. of Minors) 3 1846-1851 MSA C392-1 MdHR 18110 f. 100 30 Sept. 1851.

Heine, Frederick. Prussia. NATN. Arrived under age 18. Wits: William Barmeister and Gerhardt Schamhoff. BA Ct. (Nat. Dkt.) 1 1796-1851 MSA C389-1 MdHR 18106 f. 383 30 Sept. 1851.

Heineler/Heinchen, Christian A. Bremen. NATN. Res. BC. Decl. intent in BA Ct. 29 March 1825. Witness: William F. Murdoch. O&RA to the Hanseatic Government. BC Ct. (Nat. Rcd. of Minors) 1 1827-1832 MSA C237-1 MdHR 18112 ff. 155-156 4 Oct. 1828.

Heiner, George. Grand Dutchy of Hesse-Darmstadt. NATN. Decl. intent in US Dist. Ct. 11 June 1844. Wits: Peter Krefs/Kress and Conrad Schlott. O&RA to the Grand Duke of Hesse-Darmstadt. BC Ct. (Nat. Rcd.) 9 1845-1848 MSA C229-1 MdHR 18119 f. 246 21 Sept. 1847.

Heiner, John Frederick. Saxony. NATN. Arrived in US 3 yrs. prior to age 21. Res. US for 5 yrs., including 3 of minority. Res. MD over 1 yr. Wits: Christian Heiner and Henry Peters. O&RA to King of Saxony. BC Ct. (Nat. Rcd. of Minors) 3 1845-1851 MSA C237-3 MdHR 18114-1 f. 234 27 Sept. 1850.

Heiniche/Heineche, Frederick. Prussia. BA Ct. (Nat. Dkt.) 11796-1851 MSA C389-1 MdHR 18106 f.7 #124 16 Aug. 1797. Barnes, p. 60

Heinlen, Michael. Bavaria. NATN. Decl. intent in BC Ct. 19 Sept. 1844. Wits: William Lieder and Adam Feloniger. O&RA to King of Bavaria. BC Ct. (Nat. Rcd.) 9 1845-1848 MSA C229-1 MdHR 18119 f. 557 3 Oct. 1848.

Heinman, Emmanuel. Grand Dutchy of Baden. DI. BC Ct. (Dkt&Mins) 1849 MSA C184-11 MdHR 16668 f. 6 7 Feb. 1849.

Heiser, Henry. Principality of Waldeck. NATN. Arrived in US 3 yrs. prior to age 21. Res. US for 5 yrs., including 3 of minority. Res. MD over 1 yr. Wits: Frederick Frank and Lewis Flaher. O&RA to the Prince of Waldeck. BC Ct. (Nat. Rcd. of Minors) 3 1845-1851 MSA C237-3 MdHR 18114-1 f. 245 30 Sept. 1850.

Heislen, Thomas. Germany. BA Ct. (Nat. Dkt.) 1 1796-1851 MSA C389-1 MdHR 18106 f. 11 #228 11 Jan. 1798. Barnes, p. 62.

Heisner, Ernst. Saxony. NATN. Arrived in US 3 yrs. prior to age 21. Res. US for 5 yrs., including 3 of minority. Res. MD over 1 yr. Wits: George Brown and Christian Heise. O&RA to King of Saxony. BC Ct. (Nat. Rcd. of Minors) 3 1845-1851 MSA C237-3 MdHR 18114-1 f. 144 10 Oct. 1848.

Heldebrand, John Andrew Henry. Hanover. DI. BA Ct. (Minutes) 1810-1814 MSA C386-10 MdHR 14376 f. 343 15 April 1814.

Heldmann, Henry. Electorate of Hesse-Cassel. NATN. Decl. intent in US Circ. Ct. 18 Oct. 1844. Wits: James Lauron and John Wurst. O&RA to the Elector of Hesse-Cassel. BA Ct. (Nat. Rcd.) 4 1846-1851 MSA C391-2 MdHR 18109 f. 266 3 Oct. 1848.

Heldmann, Henry. Electorate of Hesse-Cassell. NATN. Decl. intent in US Circ. Ct. 18 Oct. 1844. Wits: James Laurona and John Wurst. BA Ct. (Nat. Dkt.) 1 1796-1851 MSA C389-1 MdHR 18106 f. 337 3 Oct. 1848.

Heldmuth, Gustavus. Electorate of Hesse-Cassel. NATN. Decl. intent in US Dist. Ct. 30 Sept. 1844. Wits: John Connor and Peter Reecham. O&RA to the Elector of Hesse-Cassel. BC Ct. (Nat. Rcd.) 9 1845-1848 MSA C229-1 MdHR 18119 f. 341 4 Oct. 1847.

Helinkur, John C. Hanover. DI. BA Ct. (Minutes) 1822-1826 MSA C386-12 MdHR 14386 f. 435 23 Sept. 1826.

Helliney, Henry D. Prussia. NATN. Arrived in US under age 18. Wits: William Musel and Ernest H. Myer. BA Ct. (Nat. Dkt.) 1 1796-1851 MSA C389-1 MdHR 18106 f. 289 13 Oct. 1846.

Helling, Christopher. Saxony. NATN. Decl. intent in US Dist. Ct. 4 Nov. 1844. Wits: Charles Plitt and Jacob Messersmith. O&RA to King of Saxony. BC Ct. (Nat. Rcd.) 9 1845-1848 MSA C229-1 MdHR 18119 f. 474 5 Oct. 1847.
Hellman, Gerhardt J. Grand Dutchy of Oldenburg. NATN. Decl. intent in US Circ. Ct. 20 May 1844. Wits: Laurence Myer and Ferdinand Klemper. BA Ct. (Nat. Dkt.) 1 1796-1851 MSA C389-1 MdHR 18106 f. 265 13 Oct. 1844.
Hellwig, George. Grand Dutchy of Hesse-Darmstadt. NATN. Decl. intent in US Circ. Ct. 25 Sept. 1844. Wits: John Shafer and George Werner. BA Ct. (Nat. Dkt.) 1 1796-1851 MSA C389-1 MdHR 18106 f. 265 13 Oct. 1846.
Hellwig, George. Grand Dutchy of Hesse-Darmstadt. NATN. Decl. intent in US Circ. Ct. 25 Sept. 1844. Wits: John Shafer and George Werner. O&RA to the Grand Duke of Hesse-Darmstadt. BA Ct. (Nat. Rcd.) 4 1846-1851 MSA C391-2 MdHR 18109 f. 109 13 Oct. 1846.
Hellwig, Henry D. Prussia. NATN. Arrived in US 3 yrs. prior to age 21. Res. US for 5 yrs., including 3 of minority. Res. MD over 1 yr. Wits: William Muref and Enerhst Myer. O&RA to King of Prussia. BA Ct. (Nat. Rcd. of Minors) 3 1846-1851 MSA C390-1 MdHR 18110 f. 15 13 Oct. 1846.
Helmkin, And(rew?) (Frederick?). Germany. Decl. intent in US Dist. Ct. of Philadelphia 10 Oct. 1812. BA Ct. (Nat. Dkt.) 1 1796-1851 MSA C389-1 MdHR 18106 f. 47 27 Sept. 1816.
Helmpraecht, Joseph. Bavaria. DI. BA Ct. (Minutes, Rough) 1845-1851 MSA C420-3 MdHR 14401 f. 125 11 Jan. 1847.
Helth/Helk(?); John R. Germany. NATN. Arrived in US 3 yrs. prior to age 21. Res. US for 5 yrs., including 3 of minority. Res. MD over 1 yr. Wits: William Helth and James Maddox. O&RA to the Emperor of Germany. BC Ct. (Nat. Rcd. of Minors) 3 1845-1851 MSA C237-3 MdHR 18114-1 f. 44 13 Sept. 1847.
Heltz, Charles W. Republic of Frankfurt-on-the-Maine. NATN. Arrived in US 3 yrs. prior to age 21. Res. US for 5 yrs., including 3 of minority. Res. MD over 1 yr. Wits: William L. Keller and Charles Woods. O&RA to the Republic of Frankfurt-on-the-Maine. BC Ct. (Nat. Rcd. of Minors) 3 1845-1851 MSA C237-3 MdHR 18114-1 f. 252 30 Sept. 1850.
Helvig, August. Germany. NATN. Decl. intent in BC Ct. 28 Sept. 1843. Wits: John Sutter and John Tremeyer. BA Ct. (Nat. Dkt.) 1 1796-1851 MSA C389-1 MdHR 18106 f. 252 13 Oct. 1846.
Helwig, August. Germany. NATN. Decl. intent in BC Ct. 28 Sept. 1844. Wits: John Sutter and John Tremeger. O&RA to the Emperor of Germany. BA Ct. (Nat. Rcd.) 4 1846-1851 MSA C391-2 MdHR 18109 f. 65 13 Oct. 1846.
Helwig, Louis. Germany. DI. BC Ct. (Dkt&Mins) 1839 MSA C184-6 MdHR 16663 f. 36 1 Oct. 1839.
Hemelt, Bernhart. Prussia. NATN. Arrived in US 3 yrs. prior to age 21. Res. US for 5 yrs., including 3 of minority. Res. MD over 1 yr. Wits: John Hemelt and George S. Chanhof. O&RA to King of Prussia. BC Ct. (Nat. Rcd. of Minors) 3 1845-1851 MSA C237-3 MdHR 18114-1 f. 166 1 Nov. 1848.
Hemmis, Frederick. Wurtemburg. NATN. Born in City of Brachinhein. Decl. intent in BA Ct. of O&T&GD 23 July 1814. Witness: Michael Heddinger. Certificate and report filed. BA Ct. (Nat. Dkt.) 1 1796-1851 MSA C389-1 MdHR 18106 f. 53 29 Sept. 1821.
Henchel, August. Hanover. NATN. Decl. intent in US Circ. Ct. 30 Sept. 1844. Wits: George D. Youse and James Ruhl. BA Ct. (Nat. Dkt.) 1 1796-1851 MSA C389-1 MdHR 18106 f. 345 10 Oct. 1848.
Henckel, August. Hanover. NATN. Decl. intent in US Circ. Ct. 30 Sept. 1844. Wits: John P. Youse and James Ruhl. O&RA to King of Hanover. BA Ct. (Nat. Rcd.) 4 1846-1851 MSA C391-2 MdHR 18109 f. 287 10 Oct. 1848.
Henderlig, Jacob. Switzerland. DI. Res. BC. Ren. alleg. to the Emperor of France. BC Ct. of O&T&GD (Dkt&Mins) 1812 MSA C183-7 MdHR 16655 f. 5 17 Jan. 1812.

Henderson, James. Ireland. BA Ct. (Nat. Dkt.) 1 1796-1851 MSA C389-1 MdHR 18106 f. 42 #832 2 Oct. 1813.

Henderson, John. Ireland. NATN. Born in Co. of Farmanaugh. Decl. intent in BA Ct. Sept. 1821. Wits: Barney Donoho and Joseph Louman. Certificate and report filed. BA Ct. (Nat. Dkt.) 1 1796-1851 MSA C389-1 MdHR 18106 f. 78 28 Sept. 1824.

Henhelman, Henry. Electorate of Hesse-Cassel. NATN. Decl. intent in US Dist. Ct. 6 Nov. 1848. Wits: Frederick Hillberg and Louis Servary. O&RA to the Elector of Hesse-Cassel. BA Ct. (Nat. Rcd.) 10 1849-1851 MSA C229-2 MdHR 18120 f. 172 3 June 1851.

Henkalman, Frederich. Electorate of Hesse-Cassel. NATN. Decl. intent in BC Ct. 13 Sept. 1844. Wits: Alexander Henry and F. W. Felzner. O&RA to the Elector of Hesse-Cassel. BC Ct. (Nat. Rcd.) 9 1845-1848 MSA C229-1 MdHR 18119 f. 412 4 Oct. 1847.

Henkel, Philip. Saxony. DI. BC Ct. (Dkt&Mins) 1847 MSA C184-10 MdHR 16667 f. 39 23 Oct. 1847.

Henkle, Baltzer. Saxony. DI. BC Ct. (Dkt&Mins) 1847 MSA C184-10 MdHR 16667 f. 39 23 Oct. 1847.

Henly, Robert. Ireland. NATN. Decl. intent in Harford Co. Ct. 22 Sept. 1849. Wits: James Jones and Anthony Keenan. BA Ct. (Nat. Dkt.) 1 1796-1851 MSA C389-1 MdHR 18106 f. 384 7 Oct. 1851.

Hennelsman, William. Grand Dutchy [Electorate] of Hesse-Cassell. DI. BC Ct. (Dkt&Mins) 1849 MSA C184-11 MdHR 16668 f. 20 8 July 1849.

Henry, Jacob. Wurtemburg. NATN. Arrived in US 3 yrs. prior to age 21. Decl. intent in open ct. Wits: Daniel B. Crawford and Henry Foreman. BA Ct. (Nat. Dkt.) 1 1796-1851 MSA C389-1 MdHR 18106 f. 116 25 Sept. 1827.

Henry, Jacob. Wurtemburg. Report and registration. Noted as age 22. Arrived in BC Feb. 1819. res. BC. Wits: Daniel B. Crawford and Henry Foreman. BA Ct. (Misc. Ct. Papers) MSA C1-64 MdHR 50206-824 1827 item 367 25 Sept. 1827.

Henry, James. Ireland. DI. BC Ct. (Dkt&Mins) 1849 MSA C184-11 MdHR 16668 f. 26 2 Oct. 1849.

Henry, John. Great Britain. BA Ct. (Nat. Dkt.) 1 1796-1851 MSA C389-1 MdhR 18106 f. 16 #330 22 Aug. 1798. Barnes, p. 63.

Henry, Michael. Ireland. NATN. Decl. intent in Erie Co. (NY) Ct. 24 Oct. 1848. Witness: Edward Carroll. O&RA to Queen of UK. BC Ct. (Nat. Rcd.) 10 1849-1851 MSA C229-2 MdHR 18120 f. 366 3 Nov. 1851.

Henry, Robert. Ireland. NATN. Decl. intent in Harford Co. Ct. 22 Sept. 1849. Wits: James Jones and Anthony Keenan. O&RA to Queen of UK. BA Ct. (Nat. Rcd.) 4 1846-1851 MSA C391-2 MdHR 18109 f. 381 7 Oct. 1851.

Henry, William. Ireland. NATN. Noted as age 32. Born in Co. of Down. Exhibits petition for naturalization and certificates of declaration of intent and report and registration, filed in US Dist. Ct. 17 Dec. 1821. Res. BC. O&RA to King of UK. Witness: John C. Richards. BC Ct. (Nat. Rcd. of Minors) 1 1827-1832 MSA C237-1 MdHR 18115 ff. 23-25 29 Sept. 1827.

Henschen, Christoph. Republic of Bremen. NATN. Decl. intent in US Dist. Ct. 28 Dec. 1847. Wits: Carson Torney and James Sheldan. O&RA to the Republic of Bremen. BC Ct. (Nat. Rcd.) 10 1849-1851 MSA C229-2 MdHR 18120 f. 121 30 Sept. 1850.

Henschen, Christopher. Bremen. DI. Res. BC. BC Ct. (Dkt&Mins) 1847 MSA C184-10 MdHR 16667 f. 44 27 Dec. 1847.

Hentemeyer, John George. Bavaria. NATN. Decl. intent in US Circ. Ct. 13 Sept. 1848. Wits: George Fichberger and Frederick Brenenstein. BA Ct. (Nat. Dkt.) 1 1796-1851 MSA C389-1 MdHR 18106 f. 378 8 Oct. 1850.

Henze, Henry. Hanover. NATN. Arrived in US 3 yrs. prior to age 21. Res. US for 3 yrs., including 3 of minority. Res. MD over 1 yr. Wits: Isaac Hartzman and Samuel Robinson. O&RA to King of Hanover. BC Ct. (Nat. Rcd. of

Minors) 3 1845-1851 MSA C237-3 MdHR 18114-1 f. 27 6 Oct. 1846.

Hepmer, Henry. Bieyn. NATN. Decl. intent in BC Ct. 17 Sept. 1844. Wits: Peter Crecher and Martin Hattel. BA Ct. (Nat. Dkt.) 1 1796-1851 MSA C389-1 MdHR 18106 f. 369 1 Oct. 1849.

Hepp, Adam. Bavaria. NATN. Decl. intent in US Dist. Ct. 23 Oct. 1843. Wits: Frederick Hepemeyer and John Adult. O&RA to King of Hanover. BC Ct. (Nat. Rcd.) 9 1845-1848 MSA C229-1 MdHR 18119 f. 114 5 Oct. 1846.

Herbert, Adam. Bavaria. NATN. Decl. intent in US Circ. Ct. 11 Nov. 1848. Wits: Frederick Lempsh and Valentine Hornenk. BA Ct. (Nat. Dkt.) 1 1796-1851 MSA C389-1 MdHR 18106 f. 383 30 Sept. 1851.

Herbert, Adam. Bavaria. NATN. Decl. intent in US Circ. Ct. 11 Nov. 1848. Wits: Frederick Leark and Valentine Hornenk. O&RA to King of Bavaria. BA Ct. (Nat. Rcd.) 4 1846-1851 MSA C391-2 MdHR 18109 f. 372 30 Sept. 1851.

Herbert, Nicholas. Bavaria. NATN. Decl. intent in US Dist. Ct. 13 Oct. 1843. Wits: John W. Baberman and John G. Kober. O&RA to King of Bavaria. BC Ct. (Nat. Rcd.) 9 1845-1848 MSA C229-1 MdHR 18119 f. 119 5 Oct. 1846.

Herder, Nicholas. Grand Dutchy of Baden. NATN. Decl. intent in US Dist. Ct. 18 June 1844. Wits: Charles Volkman and Peter Betzel. O&RA to the Grand Duke of Baden. BC Ct. (Nat. Rcd.) 9 1845-1848 MSA C229-1 MdHR 18119 f. 188 6 Oct. 1846.

Herdlain, John. Bein. DI. BC Ct. (Dkt&Mins) 1849 MSA C184-11 MdHR 16668 f. 8 6 March 1849.

Hergenrather, Jacob. Bavaria. NATN. Arrived in US 3 yrs. prior to age 21. Res. US for 5 yrs., including 3 of minority. Res. MD over 1 yr. Wits: Lewis Hergenrather and John Grace. O&RA to King of Bavaria. BA Ct. (Nat. Rcd. of Minors) 3 1846-1851 MSA C392-1 MdHR 18110 f. 99 30 Sept. 1851.

Hergenrather, Jacob. Bavaria. NATN. Arrived under age 18. Wits: Louis Hergenrather and John Grace. BA Ct. (Nat. Dkt.) 1 1796-1851 MSA C389-1 MdHR 18106 f. 383 30 Sept. 1851.

Herklein, John. Bavaria. NATN. Decl. intent in US Circ. Ct. 24 Sept. 1844. Wits: Jacob Shriver and John Brod. O&RA to King of Bavaria. BA Ct. (Nat. Rcd.) 4 1846-1851 MSA C391-2 MdHR 18109 f. 250 2 Oct. 1848.

Herklein, Peter. Bavaria. NATN. Decl. intent in US Circ. Ct. 24 Sept. 1844. Wits: Jacob Schreiver and John Brod. O&RA to King of Bavaria. BA Ct. (Nat. Rcd.) 4 1846-1851 MSA C391-2 MdHR 18109 f. 250 2 Oct. 1848.

Herman, John. Bavaria. NATN. Arrived in US 3 yrs. prior to age 21. Res. US for 5 yrs., including 3 of minority. Res. MD over 1 yr. Wits: George F. Medinger and Michael Martin. O&RA to King of Bavaria. BC Ct. (Nat. Rcd. of Minors) 3 1845-1851 MSA C237-3 MdHR 18114-1 f. 220 2 Oct. 1849.

Herman, Michael. Bavaria. NATN. Decl. intent in US Circ. Ct. 7 Oct. 1843. Wits: Peter Nagle (?) and Henry Rubson (?). BA Ct. (Nat. Dkt.) 1 1796-1851 MSA C389-1 MdHR 18106 f. 266 13 Oct. 1846.

Herman, Michael. Bavaria. NATN. Decl. intent in US Dist. Ct. 7 Oct. 1843. Wits: Peter Nugle and Henry Rubson. O&RA to King of Bavaria. BA Ct. (Nat. Rcd.) 4 1846-1851 MSA C391-2 MdHR 18109 f. 110 13 Oct. 1846.

Hermiller, Paul. Electorate of Hesse-Cassel. NATN. Arrived in US 3 yrs. prior to age 21. Res. US for 5 yrs., including 3 of minority. Res. MD over 1 yr. Wits: Joseph Hefs/Hess and Henry Heynmiller. O&RA to the Elector of Hesse-Cassel. BC Ct. (Nat. Rcd. of Minors) 3 1845-1851 MSA C237-3 MdHR 18114-1 f. 33 6 Oct. 1846.

Hern, William. England. BA Ct. (Nat. Dkt.) 1796-1851 MSA C389-1 MdHR 18106 f. 18 #375 8 Nov. 1798. Barnes, p. 64.

Herning, Andrew. Bavaria. DI. BC Ct. (Dkt&Mins) 1847 MSA C184-10 MdHR 16667 f. 35 1 Oct. 1847.

Herold, George Christopher Detrick. Germany. BA Ct. (Nat. Dkt.) 1 1796-1851 MSA C389-1 MdHR 18106 f. 33 #634 19 April 1806.

Herold, John. Bavaria. NATN. Decl. intent in US Circ. Ct. 3 Oct. 1848. Wits: George Freberger and Mathias Kochnlein. BA Ct. (Nat. Dkt.) 1 1796-1851 MSA C389-1 MdHR 18106 f. 378 8 Oct. 1850.
Herold, Peter. Bavaria. NATN. Decl. intent in US Circ. Ct. 17 June 1844. Wits: John F. Teanber and John Bower, Sr. BA Ct. (Nat. Dkt.) 1 1796-1851 MSA C389-1 MdHR 18106 f. 266 13 Oct. 1846.
Herold, Peter. Bavaria. NATN. Decl. intent in US Circ. Ct. 17 June 1844. Wits: John F. Teauber and John Bower, Sr. O&RA to King of Bavaria. BA Ct. (Nat. Rcd.) 4 1846-1851 MSA C391-2 MdHR 18109 f. 110 13 Oct. 1846.
Herquel, Robert. France. DI. BA Ct. (Minutes) 1827-1830 MSA C386-13 MdHR 14391 f. 78 25 Sept. 1827.
Herron, Robert. England. BA Ct. (Nat. Dkt.) 1 1796-1851 MSA C389-1 MdHR 18106 f. 17 #359 11 Sept. 1798. Barnes, p. 64.
Herschberg, Isaac. Bavaria. NATN. Decl. intent in US Dist. Ct. 13 Oct. 1843. Wits: Nathan Hirchberg and John Betz. O&RA to King of Bavaria. BC Ct. (Nat. Rcd.) 9 1845-1848 MSA C229-1 MdHR 18119 f. 697 21 Oct. 1848.
Hertlein, John Peter. Bavaria. NATN. Decl. intent in US Circ. Ct. 9 Oct. 1844. Wits: George Foxenburg and Laurence Ritaker. BA Ct. (Nat. Dkt.) 1 1796-1851 MSA C389-1 MdHR 18106 f. 308 5 Oct. 1847.
Hertlein, John Peter. Bavaria. NATN. Decl. intent in US Dist. Ct. 9 Oct. 1844. Wits: George Fanesburg and Laurence Ritaker. O&RA to King of Bavaria. BA Ct. (Nat. Rcd.) 4 1846-1851 MSA C391-2 MdHR 18109 f. 198 5 Oct. 1847.
Hertlein, John. Bavaria. NATN. Decl. intent in US Circ. Ct. 24 Sept. 1844. Wits: Jacob Schriver and John Brod. BA Ct. (Nat. Dkt.) 1 1796-1851 MSA C389-1 MdHR 18106 f. 330 2 Oct. 1848.
Hertlein, Peter. Bavaria. NATN. Decl. intent in US Circ. Ct. 24 Sept. 1844. Wits: Jacob Schriver and John Brod. BA Ct. (Nat. Dkt.) 1 1796-1851 MSA C389-1 MdHR 18106 f. 330 2 Oct. 1848.
Hertmiller, Henry. Hanover. NATN. Arrived in US under age 18. Wits: John H. K. Gummes and Gottlieb Remsnider. BA Ct. (Nat. Dkt.) 1 1796-1851 MSA C389-1 MdHR 18106 f. 366 2 Oct. 1849.
Hertmiller, Henry. Hanover. NATN. Arrived in US 3 yrs. prior to age 21. Res. US for 5 yrs., including 3 of minority. Res. MD over 1 yr. Wits: John H. Krumme and Gotlieb Reruensnider. O&RA to King of Hanover. BA Ct. (Nat. Rcd. of Minors) 3 1846-1851 MSA C392-1 MdHR 18110 f. 87 2 Oct. 1849.
Hertzberger, Jacob. Bavaria. NATN. Decl. intent in US Dist. Ct. 7 Sept. 1844. Wits: Moses Ottinger and Gerson Schoenfaber. O&RA to King of Bavaria. BC Ct. (Nat. Rcd.) 10 1849-1851 MSA C229-2 MdHR 18120 f. 14 22 Sept. 1849.
Hertzman, Mathias. Germany. NATN. Decl. intent in BC Ct. 24 Oct. 1844. Wits: John Spaelt and Frederick Kraft. O&RA to the Emperor of Germany. BC Ct. (Nat. Rcd.) 9 1845-1848 MSA C229-1 MdHR 18119 f. 810 6 Nov. 1848.
Hertzog, Adam H. Bavaria. NATN. Arrived in US 3 yrs. prior to age 21. Res. US for 5 yrs., including 3 of minority. Res. MD over 1 yr. Wits: Peter Wier and Moris Schmidt. O&RA to King of Bavaria. BC Ct. (Nat. Rcd. of Minors) 3 1845-1851 MSA C237-3 MdHR 18114-1 f. 123 3 Oct. 1848.
Hertzog, George. Switzerland. DI. BA Ct. (Minutes) 1822-1826 MSA C386-12 MdHR 14386 f. 434 19 Oct. 1826.
Hertzog, Jacob Frederick. Frankfurt. DI. Ren. alleg. to the Emperor of Germany. BA Ct. (Minutes) 1810-1814 MSA C386-10 MdHR 14376 f. 342 11 April 1814.
Hervey/Harvey, Thomas. Ireland. DI. BA Ct. (Minutes) 1822-1826 MSA C386-12 MdHR 14386 f. 111 20 Sept. 1823.
Herwig, Jacob. France. NATN. Res. BC. Res. US 14 April 1802 - 18 June 1812. Wits: Frederick Gumwalt and John C. Debbish. O&RA to King of France. BC Ct. (Nat. Rcd. of Minors) 1 1827-1832 MSA C237-1 MdHR 18112 ff. 230231 7 Nov.

1828.

Herzinger, Jacob. Electorate of Hesse-Cassel. NATN. Decl. intent in US Circ. Ct. 5 Oct. 1847. Wits: Diedrick Gerlach and Emanuel Weinman. O&RA to the Elector of Hesse-Cassel. BA Ct. (Nat. Rcd.) 4 1846-1851 MSA C391-2 MdHR 18109 f. 384 31 Oct. 1851.

Herzinger, Jacob. Electorate of Hesse-Cassel. NATN. Decl. intent in US Circ. Ct. 5 Oct. 1847. Wits: Diederich Gerlach and Emanuel Weinman. BA Ct. (Nat. Dkt.) 1 1796-1851 MSA C389-1 MdHR 18106 f. 385 31 Oct. 1851.

Herzog, John. Bavaria. NATN. Arrived in US 3 yrs. prior to age 21. Res. US for 5 yrs., including 3 of minority. Res. MD over 1 yr. Wits: Adam Herzog and Joseph Thalkemier. O&RA to King of Bavaria. BC Ct. (Nat. Rcd. of Minors) 3 1845-1851 MSA C237-3 MdHR 181140-1 f. 257 30 Sept. 1850.

Herzog, Valentine. Bavaria. NATN. Arrived in US 3 yrs. prior to age 21. Res. US for 5 yrs., including 3 of minority. Res. MD over 1 yr. Wits: John Wlesch and John Tracy. O&RA to King of Bavaria. BC Ct. (Nat. Rcd. of Minors) 3 1845-1851 MSA C237-3 MdHR 18114-1 f. 297 29 Sept. 1851.

Heslin, Owen. Ireland. NATN. Res. BC. Decl. intent in Marine Ct. of New York City 4 May 1842. Witness: Peter Gray. O&RA to Queen of UK. BC Ct. (Nat. Rcd.) 9 1845-1848 MSA C229-1 MdHR 18119 f. 9 16 July 1845.

Hesold, John. Bavaria. NATN. Decl. intent in US Circ. Ct. 3 Oct. 1848. Wits: George Foscberger and Matthias Koehmlein. O&RA to King of Bavaria. BA Ct. (Nat. Rcd.) 4 1846-1851 MSA C391-2 MdHR 18109 f. 362 8 Oct. 1848.

Hessmer, Henry. Biern. NATN. Decl. intent in BC Ct. 17 Sept. 1844 . Wits: Peter Crecker and Martin Hattel. O&RA to King of Bian. BA Ct. (Nat. Rcd.) 4 1846-1851 MSA C391-2 MdHR 18109 f. 339 1 Oct. 1849.

Hesta, Anthony. Spain. NATN. Decl. intent in US Dist. Ct. 18 July 1842. Wits: Aquila D. Hinchcomb and William Gardner. O&RA to King of Spain. BC Ct. (Nat. Rcd.) 9 1845-1848 MSA C229-1 MdHR 18119 f. 209 9 Jan. 1847.

Hetzell, John. Wurtemburg. NATN. Decl. intent in open ct. Arrived in US prior to age 18. Wits: Christian Gross and William Broadbeck. BA Ct. (Nat. Dkt.) 1 1796-1851 MSA C389-1 MdHR 18106 f. 223 2 Nov. 1844.

Heutemeyer, John George. Bavaria. NATN. Decl. intent in US Circ. Ct. Aug. 1848. Wits: George Fossberger and Frederick Bienenstien. O&RA to the Elector of Hesse-Cassel. BA Ct. (Nat. Rcd.) 4 1846-1851 MSA C391-2 MdHR 18109 f. 361 8 Oct. 1850.

Heyl, John B. Germany. BA Ct. (Nat. Dkt.) 1 796-8151 MSA C389-1 MdHR 18106 f. 42 #824 5 May 1813.

Heysisch, Simon. Bavaria. NATN. Decl. intent in US Dist. Ct. 28 Oct. 1844. Wits: Steven Kloser and Daniel Albert. O&RA to King of Bavaria. BC Ct. (Nat. Rcd.) 9 1845-1848 MSA C229-1 MdHR 18119 f. 625 9 Oct. 1848.

Hicken, John William. Republic of Hamburg. NATN. Decl. intent in US Dist. Ct. 18 Nov. 1844. Wits: Henry W. Ellicott and William Krank. O&RA to the Republic of Hamburg. BC Ct. (Nat. Rcd.) 9 1845-1848 MSA C229-1 MdHR 18119 f. 804 4 Nov. 1848.

Hickey, Martin. Ireland. NATN. Decl. intent in US Circ. Ct. 14 Oct. 1844. Wits: James Somerville and Francis Luke. BA Ct. (Nat. Dkt.) 1 1796-1851 MSA C389-1 MdHR 18106 f. 308 5 Oct. 1847.

Hickey, Martin. Ireland. NATN. Decl. intent in US Circ. Ct. 14 Oct. 1844. Wits: James Lormerville (?) and Francis Lake. O&RA to Queen of UK. BA Ct. (Nat. Rcd.) 4 1846-1851 MSA C391-2 MdHR 18109 f. 198 5 Oct. 1847.

Hickey, Michael J. Ireland. NATN. Decl. intent in BC Ct. 2 Jan. 1844. Wits: Thomas Kelly and Thomas McGuire. O&RA to Queen of UK. BA Ct. (Nat. Rcd.) 4 1846-1851 MSA C391-2 MdHR 18109 f. 64 13 Oct. 1846.

Hickey, Michael J. Ireland. NATN. Decl. intent in BC Ct. 2 Jan. 1844. Wits: Thomas Kelly and Thomas McGuire. BA Ct. (Nat. Dkt.) 1 1796-1851 MSA C389-1 MdHR 18106 f. 252 13 Oct. 1846.

Hickley, Sebastian. Republic of France. BA Ct. (Nat. Dkt.) 1 1796-1851 MSA C389-1 MdHR 18106 f. 11 #222 9 Jan. 1798. Barnes, p. 62.
Hickman, Frederick. Hanover. NATN. Decl. intent in US Dist. Ct. 22 Aug. 1844. Wits: Gerhardt A. Sybert and (?) Harman. O&RA to King of Hanover. BC Ct. (Nat. Rcd.) 9 1845-1848 MSA C229-1 MdHR 18119 f. 82 3 Oct. 1846.
Hiebner, Henry. Bavaria. NATN. Decl. intent in US Dist. Ct. 3 Oct. 1843. Wits: John Wolf and John Werner. BA Ct. (Nat. Dkt.) 1 1796-1851 MSA C389-1 MdHR 18106 f. 242 6 Oct. 1846.
Hiery, John. Germany. BA Ct. (Nat. Dkt.) 1 1796-1851 MSA C389-1 MdHR 18106 f. 12 #233 12 Jan. 1798. Barnes, p. 62.
Higgins, Daniel. Ireland. DI. BA Ct. (Minutes) 1822-1826 MSA C386-12 MdHR 14386 f. 221 29 Sept. 1824.
Higgins, Daniel. Ireland. NATN. Decl. intent in BA Ct. 29 Sept. 1824. Res. BC. Wits: James Lemmon and Thomas Collins. O&RA to King of UK. BC Ct. (Nat. Rcd. of Minors) 2 1832-1836 MSA C237-2 MdHR 18113 ff. 31-32 1 Oct. 1832.
Higgins, William. Ireland. DI. BA Ct. (Minutes) 1822-1826 MSA C386-12 MdHR 14386 f. 221 29 Sept. 1824.
Highmiller, Henry. Grand Dutchy of Hessen-Darmstadt. NATN. Decl. intent in open court. Arrived in US under age 18. Wits: George Lanhart and Thomas Leib. BA Ct. (Nat. Dkt.) 1 1796-1851 MSA C389-1 MdHR 18106 f. 202 7 Sept. 1840.
Highmiller, Henry. Grand Dutchy of Hesse-Darmstadt. NATN. Decl. intent in open court. Arrived in US 3 yrs. prior to age 21. Res. US for 5 yrs., including 3 of minority. Res. MD over 1 yr. Res. BC. Wits: George Lanehart and Thomas Leib. O&RA to the Grand Duke of Hesse-Darmstadt. BA Ct. (Nat. Rcd.) 2 1832-1846 MSA C391-1 MdHR 18108 f. 76 7 Sept. 1840.
Hikchen, William R. England. DI. BC Ct. (Dkt&Mins) 1840 MSA C184-7 MdHR 16664 f. 52 12 Nov. 1840.
Hilbert, John. Grand Dutchy of Hesse-Darmstadt. NATN. Decl. intent in US Dist. Ct. 4 Sept. 1844. Wits: John Spaelt and John Roll. O&RA to the Grand Duke of Hesse-Darmstadt. BC Ct. (Nat. Rcd.) 9 1845-1848 MSA C229-1 MdHR 18119 f. 844 6 Nov. 1848.
Hilbert, Laurence. Germany. DI. BC Ct. (Dkt&Mins) 1840 MSA C184-7 MdHR 16664 f. 52 10 Nov. 1840.
Hild, Adam. Austrian Empire. (Birthplace listed as Germany in 1850 Census). NATN. Decl. intent in Harford Co. Ct. 7 Sept. 1840. Res. Harford Co. Wits: James Scarff and William Carroll. O&RA to the Emperor of Austria. BA Ct. (Nat. Rcd.) 2 1832-1842 MSA C391-1 MdHR 18108 ff. 95-96 28 Sept. 1842.
Hild, Adam. Austrian Empire. NATN. Decl. intent in Harford Co. Ct. 7 Sept. 1840. Res. Harford Co. Wits: James Scarff and William Carroll. BA Ct. (Nat. Dkt.) 1 1796-1851 MSA C389-1 MdHR 18106 f. 211 28 Sept. 1842.
Hild, Anthony. Electorate of Hesse-Cassel. NATN. Arrived in US 3 yrs. prior to age 21. Res. US for 5 yrs., including 3 of minority. Res. MD over 1 yr. Wits: Joseph Hild and John M. Frederick. O&RA to the Elector of Hesse-Cassel. BC Ct. (Nat. Rcd. of Minors) 3 1845-1851 MSA C237-3 MdHR 18114-1 f. 155 23 Oct. 1848.
Hild, Jacob. Austrian Empire. NATN. Decl. intent in Harford Co. Ct. 7 Sept. 1840. Res. Harford Co. Wits: James Scarff and William Carroll. BA Ct. (Nat. Dkt.) 1 1796-1851 MSA C389-1 MdHR 18106 f. 210 28 Sept. 1842.
Hild, Jacob. Austrian Empire. (Noted as a native of Germany in 1850 Census). NATN. Decl. intent in Harford Co. Ct. 7 Sept. 1840. Res. Harford Co. Profession: Carpenter (1850 Census). Wits: James Scarff and William Carroll. O&RA to the Emperor of Austria. BA Ct. (Nat. Rcd.) 2 1832-1846 MSA C391-1 MdHR 18108 ff. 94-95 28 Sept. 1842.
Hild, John. Austrian Empire. NATN. Decl. intent in Harford Co. Ct. 7 Sept. 1840. Res. Harford Co. Wits: James Scarff and William Carroll. BA Ct. (Nat.

Dkt.) 1 1796-1851 MSA C389-1 MdHR 18106 f. 210 28 Sept. 1842.

Hild, John. Austrian Empire. (Birthplace listed as Germany in 1850 Census). NATN. Decl. intent in Harford Co. Ct. 7 Sept. 1840. Res. Harford Co. Profession: Shoemaker (1850 Census). Spouse: Sarah, born in MD (1850 Census). Children: (1), William, born in MD and (2) John, born in MD (1850 Census). Wits: James Schraff and William Carroll. O&RA to the Emperor of Austria. BA Ct. (Nat. Rcd.) 2 1832-1842 MSA C391-1 MdHR 18108 f. 95 28 Sept. 1842.

Hildebrand, Christopher. Wurtemburg. NATN. Decl. intent in BC Ct. 9 Sept. 1844. Wits: John Hammond and William Clackland. O&RA to King of Wurtemburg. BC Ct. (Nat. Rcd.) 9 1845-1848 MSA C229-1 MdHR 18119 f. 163 6 Oct. 1846.

Hildebrand, Jacob. Grand Dutchy of [Hesse-] Darmstadt. DI. BA Ct. (Minutes, Rough) 1836-1844 MSA C420-2 MdHR 14398 f. 87 19 Sept. 1837.

Hildebrand, John. Grand Dutchy of [Hesse-] Darmstadt. DI. BA Ct. (Minutes) 1832-1838 MSA C386 MdHR 14403 f. 253 19 Sept. 1837.

Hildebrandt, John A. H. Hanover. NATN. Born in town of Gottingen. Decl. intent in BA Ct. March 1814. Wits: John West and John Gosh Lody (?) . Certificate and report filed. BA Ct. (Nat. Dkt.) 1 11796-1851 MSA C389-1 MdHR 18106 f. 62 19 Nov. 1822.

Hildebrandt, William. Hanover. DI. Res. BC. BC Ct. (Dkt&Mins) 1847 MSA C184-10 MdHR 16667 f. 17 18 May 1847.

Hildgartner, George. Grand Dutchy of Hesse-Darmstadt. NATN. Decl. intent in US Circ. Ct. 6 Oct. 1843. Wits: Peter Maner and Peter Kratz. BA Ct. (Nat. Dkt.) 1 1796-1851 MSA C389-1 MdHR 18106 f. 295 13 Oct. 1846.

Hilditch, Peter R. Sweden. DI. Wits: John Frazier and Hugh McDonnell. BA Ct. (Misc. Ct. Papers) MSA C1-57 MdHR 50206-755 1823 item 367 7 Nov. 1823.

Hilditch, Peter R. Norway (Sweden). Report and registration. Noted as age 25. Born in Christina, Norway. Ren. alleg. to King of Sweden. BA Ct. (Misc. Ct. Papers) MSA C1-57 MdHR 50206-755 1827 unnumbered item 22 Sept. 1821.

Hill, Alexander. Ireland. NATN. Res. BC. Decl. intent in US Circ. Ct. 9 Sept. 1818. Wits: Joshua Sindell and Thomas Carroll. O&RA to King of UK. BC Ct. (Nat. Rcd. of Minors) 1 1827-1832 MSA C237-1 MdHR 18112 ff. 252-253 8 Nov. 1828.

Hill, David. Ireland. DI. BA Ct. (Minutes) 1822-1826 MSA C386-12 MdHR 14386 f. 335 7 Oct. 1825.

Hill, John H. Grand Dutchy of [Hesse-] Darmstadt. DI. BA Ct. (Minutes) 1832-1838 MSA C386 MdHR 14403 f. 203 17 Sept. 1836.

Hill, John H. Grand Dutchy of [Hesse-] Darmstadt. DI. BA Ct. (Minutes, Rough) 1836-1844 MSA C420-2 MdHR 14398 f. 31 17 Sept. 1836.

Hill, John. England. DI. BA Ct. (Minutes) 1827-1830 MSA C386-13 MdHR 14391 f. 1 7 Oct. 1830.

Hill, Richard. Ireland. NATN. Decl. intent in BC Ct. 26 Oct. 1844. Wits: John Kittlewell and M. J. Foley. O&RA to Queen of UK. BC Ct. (Nat. Rcd.) 9 1845-1848 MSA C229-1 MdHR 18119 f. 599 6 Oct. 1848.

Hill, Samuel Waddam. England. DI. BA Ct. (Minutes, Rough) 1832-1835 MSA C420-1 MdHR 14396-2 f. 328 18 May 1835.

Hill, Samuel Wadden. England. DI. BA Ct. (Minutes) 1832-1838 MSA C386 MdHR 14403 f. 153 18 May 1835.

Hill, Thomas. Ireland. NATN. Decl. intent in BC Ct. 2 Sept. 1849. Wits: James Mercer and William H. Kellman. O&RA to Queen of UK. BC Ct. (Nat. Rcd.) 10 1849-1851 MSA C229-2 MdHR 18120 f. 425 4 Nov. 1851.

Hill, Thomas. Ireland. DI. BC Ct. (Dkt&Mins) 1849 MSA C184-11 MdHR 16668 f. 26 2 Oct. 1849.

Hill, William Park. England. BA Ct. (Nat. Dkt.) 1 1796-1851 MSA C389-1 MdHR 18106 f. 28 #534 3 July 1804. Civil Ct.

Hilleman, Christian. Germany. DI. BC Ct. (Dkt&Mins) 1839 MSA C184-6 MdHR 16663

f. 35 23 Sept. 1839.
Hillert, James. England. NATN. Decl. intent in US Circ. Ct. 27 April 1842.
Wits: Edmund Taylor and John Taylor. O&RA to Queen of UK. BC Ct. (Nat. Rcd.) 10 1849-1851 MSA C229-2 MdHR 18120 f. 76 30 Sept. 1850.
Hillert, John. Sweden. BA Ct. (Nat. Dkt.) 1 17961851 MSA C389-1 MdHR 18106 f. 36 #706 16 May 1808.
Hillgartner, George. Grand Dutchy of Hesse-Darmstadt. NATN. Decl. intent in US Circ. Ct. 6 Oct. 1843. Wits: Peter Manses and Peter Gatz. O&RA to the Grand Duke of Hesse-Darmstadt. BA Ct. (Nat. Rcd.) 4 1846-1851 MSA C391-2 MdHR 18109 f. 181 13 Oct. 1846.
Hillman, Gerhardt J. Grand Dutchy of Oldenburg. NATN. Decl. intent in US Circ. Ct. 20 May 1844. Wits: Laurence Myer and Ferdinand Klemper. O&RA to the Grand Duke of Oldenburg. BA Ct. (Nat. Rcd.) 4 1846-1851 MSA C391-2 MdHR 18109 f. 108 13 Oct. 1846.
Hilmkin, John C. Hanover. NATN. Decl. intent in BA Ct. 17 Sept. 1826. Res. BC. Wits: Ezekiel Burke and Christian Diehl. O&RA to King of UK. BC Ct. (Nat. Rcd. of Minors) 2 1832-1836 MSA C237-2 MdHR 18113 f. 45 13 Oct. 1832.
Himman, John. England. NATN. Born in Yorkshire. Decl. intent in US Dist. Ct. 30 Dec. 1817. Wits: Joshuah Batchelder and William Grant. BA Ct. (Nat. Dkt.) 1 1796-1851 MSA C389-1 MdHR 18106 f. 96 24 Oct. 1825.
Himmers, Nicholas. Hanover. NATN. Decl. intent in US Dist. Ct. 17 July 1847. Wits: Horman Duprman and Conrad Fresh. O&RA to King of Hanover. BC Ct. (Nat. Rcd.) 10 1849-1851 MSA C229-2 MdHR 18120 f. 45 29 Sept. 1849.
Hinchel/Hinckel(?), John. Electorate of Hesse-Cassel. NATN. Decl. intent in US Dist. Ct. 22 July 1844. Wits: Valentine Reberg and Valentine Klein Schmidt. O&RA to the Elector of Hesse-Cassel. BC Ct. (Nat. Rcd.) 9 1845-1848 MSA C229-1 MdHR 18119 f. 718 28 Oct. 1848.
Hinder, Frederick. Wurtemburg. NATN. Arrived in US under 18. Wits: Peter Knight and Richard R. Bishop. BA Ct. (Nat. Dkt.) 1 1796-1851 MSA C389-1 MdHR 18106 f. 295 13 Oct. 1846.
Hinder, Frederick. Wurtemburg. NATN. Arrived in US 3 yrs. prior to age 21. Res. US for 5 yrs., including 3 of minority. Res. MD over 1 yr. Wits: Peter Knight and Richard R. Bishop. O&RA to King of Wurtemburg. BA Ct. (Nat. Rcd. of Minors) 3 1846-1851 MSA C392-1 MdHR 18110 f. 24 13 Oct. 1846.
Hinderlick, Jacob. Germany. DI. Ren. alleg. to the Emperor of Germany. BC Ct. of O&T&GD (Dkt&Mins) 1813 MSA C183-8 MdHR 16656 f. 51 9 Oct. 1813
Hinderman, Augustus. Hanseatic Government (Bremen? Hamburg?). NATN. Arrived in US under age 18. Wits: Henry Mortimer and George W. Moubray. BA Ct. (Nat. Dkt.) 1 1796-1851 MSA C389-1 MdHR 18106 f. 289 13 Oct. 1846.
Hinderman, Augustus. Hanseatic Government (Bremen? Hamburg?). NATN. Arrived in US 3 yrs. prior to age 21. Res. US for 5 yrs., including 3 of minority. Res. MD over 1 yr. Wits: Henry Mortimer and George W. Moubray. O&RA to the Hanseatic Government. BA Ct. (Nat. Rcd. of Minors) 3 1846-1851 MSA C390-1 MdHR 18110 f. 15 13 Oct. 1846.
Hindon/Hindos (?), Peter. Hanover. NATN. Decl. intent in BC Ct. 11 Aug. 1843. Wits: Edward Kirby and William Wagner. O&RA to King of Hanover. BC Ct. (Nat. Rcd.) 9 1845-1848 MSA C229-1 MdHR 18119 f. 12 6 Sept. 1845.
Hine, Bernard. Ireland. NATN. Decl. intent in BA Ct. the 3rd Monday of Sept. 1824. Born in Co. of Longford. Wits: James Edwards and John Haubert. BA Ct. (Nat. Dkt.) 1 1796-1851 MSA C389-1 MdHR 18106 f.173 10 Nov. 1832.
Hine, Mathias. Germany. DI. BC Ct. (Dkt&Mins) 1840 MSA C184-7 MdHR 16664 f. 36 28 Sept. 1840.
Hine, Peter. Grand Dutchy [Electorate] of Hesse-Cassel. NATN. Decl. intent in BA Ct. 10 Nov. 1832. Wits: William F. Johnson and John M. Dyer. BA Ct.

(Nat. Dkt.) 1 1796-1851 MSA C389-1 MdHR 18106 f. 183 13 Sept. 1836.
Hines, Andrew. Ireland. BA Ct. (Nat. Dkt.) 1 1796-1851 MSA C389-1 MdHR 18106 f. 35 #693 16 Nov. 1807.
Hinkhouse, Henry. Hanover. NATN. Decl. intent in Ct. of Common Pleas, Adams Co. PA, 3 Nov. 1845. Wits: Bernard Evering and Leir Bloomingdale. BA Ct. (Nat. Dkt.) 1 1796-1851 MSA C389-1 MdHR 18106 f. 331 2 Oct. 1848.
Hinkhouse, Henry. Hanover. NATN. Decl. intent in Ct. of Common Pleas, Avamen (?) Co., Pennsylvania 3 Nov. 1845. Wits: Bernard Evering and Levi Bloomingdale. O&RA to King of Hanover. BA Ct. (Nat. Rcd.) 4 1846-1851 MSA C391-2 MdHR 18109 f. 251 2 Oct. 1848.
Hinman, John. England. Report and registration. Noted as age 36. Born in Yorkshire. Arrived in BC Nov. 1817. Res. BC. BA Ct. (Misc. Ct. Papers) MSA C1-60 MdHR 50206-792 unnumbered 1825 item 22 Oct. 1825.
Hinman, John. England. DI. Wits: Joshua F. Batchelor and William Grant. BA Ct. (Misc. Ct. Papers) MSA C1-60 MdHR 50206-792 1825 item 356 22 Oct. 1825.
Hintze, August. Hanover. DI. BA Ct. (Minutes) 1839-1846 MSA C386-16 MdHR 14404 f. 60 7 Sept. 1840.
Hinze, August. Hanover. DI. BA Ct. (Minutes, Rough) 1836-1844 MSA C420-2 MdHR 14398 f. 239 7 Sept. 1840.
Hipps, John George. Wurtemburg. DI. BA Ct. (Minutes) 1846-1851 MSA C386-17 MdHR 14405 f. 58 23 June 1847.
Hipwell/Hiswell(?), Humphrey. England. BA Ct. (Nat. Dkt.) 1 1798-1851 MSA C389-1 MdHR 18106 f. 15 #306 6 April 1798. Barnes, p. 63.
Hirebenn, Daniel. Grand Dutchy of Hesse-Darmstadt. NATN. Decl. intent in Ct. of Common Pleas for York Co., PA 7 Oct. 1844. Wits: Otto Rendel and Michael Meyer. O&RA to the Grand Duke of Hesse-Darmstadt. BA Ct. (Nat. Rcd.) 4 1846-1851 MSA C391-2 MdHR 18109 f. 301 30 Oct. 1848.
Hishel/Hiskel (?), Charles. Germany. DI. BC Ct. (Dkt&Mins) 1840 MSA C184-7 MdHR 16664 f. 37 3 Oct. 1840.
Hiss, John Joseph. Ireland. DI. BC Ct. (Dkt&Mins) 1840 MSA C184-7 MdHR 16664 f. 37 2 Oct. 1840.
Hitman, John Laurence. Hamburg. NATN. Decl. intent in BC Ct. 29 Aug. 1831. Res. BC. Wits: Charles Brown and Henry Harrod. O&RA to the Free and Imperial City of Hamburg. BC Ct. (Nat. Rcd. of Minors) 2 1832-1836 MSA C237-2 MdHR 18113 ff. 162-163 24 June 1835.
Hitzel, Henry P. Free City of Franford (Frankfort). NATN. Decl. intent in BC Ct. 20 Feb. 1845. Wits: J. T. Stoddard and Henry Jackle. O&RA to the Government of the Free City of Frankford. BC Ct. (Nat. Rcd.) 9 1845-1848 MSA C229-1 MdHR 18119 f. 648 10 Oct. 1848.
Hitzell, John. Wurtemburg. NATN. Decl. intent in open ct. Arrived in US 3 yrs. prior to age 21. Res. US for 5 yrs., including 3 of minority. Res. MD for 1 yr. Res. BC. Wits: Christian Gross and William Brodbeck. O&RA to King of Wurtemburg. BA Ct. (Nat. Rcd.) 2 1832-1846 MSA C391-1 MdHR 18108 ff. 117-118 2 Nov. 1844.
Hitzler, John. Westphalia. DI. Ren. alleg. to King of Westphalia. BA Ct. (Minutes) 1810-1814 MSA C389-10 MdHR 14376 f. 24 8 Oct. 1810.
Hnibber, Godfrey. Wurtemburg. NATN. Decl. intent in BC Ct. 10 April 1834. Wits: Joseph Gonter and Jacob Sellars. BA Ct. (Nat. Dkt.) 1 1796-1851 MSA C389-1 MdHR 18106 f. 183 20 April 1836.
Hoan (?), Hugh. Ireland. DI. BC Ct. (Dkt&Mins) 1846 MSA C184-9 MdHR 16666 f. 5 15 Jan. 1846.
Hobman, Matthias. Electorate of Hesse-Cassel. NATN. Decl. intent in US Circ. Ct. 26 Sept. 1844. Wits: David Jean and Jacob Eberle. O&RA to the Elector of Hesse-Cassel. BA Ct. (Nat. Rcd.) 4 1846-1851 MSA C391-2 MdHR 18109 f. 267 3 Oct. 1848.
Hochreth, Andreas. France. NATN. Decl. intent in US Circ. Ct. 9 Sept. 1844.

Wits: George Steever and Emanuel Weinman. BA Ct. (Nat. Dkt.) 1 1796-1851 MSA C389-1 MdHR 18106 f. 308 5 Oct. 1847.
Hochreth, Andreas. France. NATN. Decl. intent in US Circ. Ct. 9 Sept. 1844. Wits: George Steiver and Emanuel Weinman. O&RA to King of France. BA Ct. (Nat. Rcd.) 4 1846-1851 MSA C391-2 MdHR 18109 f. 199 5 Oct. 1847.
Hoddincott, Simon. England. DI. BA Ct. (Minutes) 1822-1826 MSA C386-12 MdHR 14386 f. 434 22 Jan. 1827.
Hoddinott, Simon. England. NATN. Res. BC. Decl. intent in BA Ct. 22 Jan. 1827. Wits: William Wincester and Robert Carlon. O&RA to King of UK. BC Ct. (Nat. Rcd. of Minors) 1 1827-1832 MSA C237-1 MDHR 18112 ff. 293-294 1 Oct. 1829
Hodgkinson, John. England. NATN. Arrived in US 3 yrs. prior to age 21. Res. US for 5 yrs., including 3 of minority. Res. MD over 1 yr. O&RA to Queen of UK. BC Ct. (Nat. Rcd. of Minors) 3 1845-1851 MSA C237-3 MdHR 18114-1 f. 64 2 Oct. 1847.
Hoen, Augustus. Dutchy of Nassau. NATN. Arrived in US 3 yrs. prior to age 21. Res. US for 5 yrs., including 3 of minority. Res. MD over 1 yr. Res. BC, 11th Ward (1850 Census). Profession: Lithographer (1850 Census). Wits: Daniel Melcher and Raymond G. Forsythe. O&RA to the Duke of Nassau. BA Ct. (Nat. Rcd. of Minors) 3 1846-1851 MSA C392-1 MdHR 18110 f., 32 5 Oct. 1847.
Hoen, Augustus. Dutchy of Nassau. NATN. Arrived in US under age 18. Wits: Daniel Melshner and Raymond G. Forsythe. BA Ct. (Nat. Dkt.) 1 1796-1851 MSA C389-1 MdHR 18106 f. 300 5 Oct. 1847.
Hoen, Ernst. [Grand] Dutchy of Nassau. NATN. Arrived in US 3 yrs. prior to age 21. Res. US for 5 yrs., including 3 of minority. Res. MD over 1 yr. Wits: Henry Hoen and Charles Sweizer. O&RA to the [Grand] Duke of Nassau. BA Ct. (Nat. Rcd. of Minors) 3 1846-1851 MSA C392-1 MdHR 18110 f. 84 1 Oct. 1849.
Hoen, Ernst. [Grand] Dutchy of Nassau. NATN. Arrived in US under age 18. Wits: Henry Hoen and Charles Schweizer. BA Ct. (Nat. Dkt.) 1 1796-1851 MSA C389-1 MdHR 18106 f. 293 1 Oct. 1849.
Hoen, John Martin. Germany. NATN. Decl. intent in Ct. of Common Pleas, McKean Co. PA 9 Jan. 1843. Wits: George Kolb and James Ruhl. BA Ct. (Nat. Dkt.) 1 1796-1851 MSA C389-1 MdHR 18106 f. 345 10 Oct. 1848.
Hoen, John Martin. Germany. NATN. Decl. intent in Ct. of Common Pleas for McKean Co., Pennsylvania 9 Jan. 1843. Wits: George Kolh and James Ruhle. O&RA to the Emperor of Germany. BA Ct. (Nat. Rcd.) 4 1846-1851 MSA C391-2 MdHR 18109 f. 287 10 Oct. 1848.
Hoff, John Michael. Wurtemburg. NATN. Res. BC. Arrived in the US 3 yrs. prior to age 21. Res. US for 5 yrs., including 3 of minority. Res. MD over 1 yr. Wits: John Joseph Reekers and George Blensinger. O&RA to King of UK. BC Ct. (Nat. Rcd. of Minors) 1 1827-1832 MSA C237-1 MdHR 18112 f. 287 5 March 1829.
Hoff, Sylvester. Grand Dutchy of Baden. NATN. Decl. intent in Ct. of General Quarter Sessions for the City and Co. of Philadelphia 19 June 1844. Wits: Eloise Ebendschoer and William Baldenbach. O&RA to the Grand Duke of Baden. BC Ct. (Nat. Rcd.) 9 1845-1848 MSA C229-1 MdHR 18119 f. 579 3 Oct. 1848.
Hofflen, Nathaniel. Bavaria. NATN. Arrived in US 3 yrs. prior to age 21. Res. US for 5 yrs., including 3 of minority. Res. MD over 1 yr. Wits: Julius Adler and Henry Nusbaum. O&RA to King of Bavaria. BC Ct. (Nat. Rcd. of Minors) 3 1845-1851 MSA C237-3 MdHR 18114-1 f. 224 22 May 1850.
Hoffman, Conrad. Bavaria. NATN. Decl. intent in BC Ct. 1 Oct. 1844. Wits: August Schmidt and Anthony Keyser. O&RA to King of Bavaria. BC Ct. (Nat. Rcd.) 9 1845-1848 MSA C229-1 MdHR 18119 f. 750 1 Nov. 1848.

Hoffman, Conrad. Bremen. DI. Ren. alleg. to King of Hanover. Profession: Box Maker (1850 Census) BA Ct. (Minutes) 1832-1838 MSA C386 MdHR 14403 f. 189 16 April 1836.
Hoffman, Conrad. Bremen. DI. BA Ct. (Minutes, Rough) 1836-1844 MSA C420-2 MdHR 14398 f. 21 16 April 1836.
Hoffman, George Nicholas. Bavaria. NATN. Decl. intent in US Circ. Ct. 31 Oct. 1846. Wits: Mathias Schmeider and Adam Schneider. BA Ct. (Nat. Dkt.) 1 1796-1851 MSA C389-1 MdHR 18106 f. 359 3 Nov. 1848.
Hoffman, George Nicholas. Bavaria. NATN. Decl. intent in US Circ. Ct. 31 Oct. 1846. Wits: Mathias Schnieder and Adam Schneider. O&RA to King of Bavaria. BA Ct. (Nat. Rcd.) 4 1846-1851 MSA C391-2 MdHR 18109 f. 322 3 Nov. 1848.
Hoffman, Jacob. Wurtemburg. DI. BA Ct. (Minutes) 1822-1826 MSA C386-12 MdHR 14386 f. 436 14 April 1826.
Hoffman, John Joseph. Germany. DI. Res. BC. BC Ct. (Dkt&Mins) 1830 MSA C184-5 MdHR 16662 f. 38 20 Sept. 1830.
Hoffman, John. Bavaria. NATN. Decl. intent in US Circ. Ct. 3 Oct. 1848. Wits: Adam Weir and Henry Finck. O&RA to King of Bavaria. BA Ct. (Nat. Rcd.) 4 1846-1851 MSA C391-2 MdHR 18109 f. 377 30 Sept. 1851.
Hoffman, John. Bavaria. NATN. Decl. intent in US Circ. Ct. 3 Oct. 1848. Wits: Adam Weir and Henry Finck. BA Ct. (Nat. Dkt.) 1 1796-1851 MSA C389-1 MdHR 18106 f. 384 30 Sept. 1851.
Hoffman, John. Germany. DI. Res. BC. Ren. alleg. to the Emperor of Germany. BC Ct. (Dkt&Mins) 1841 MSA C184-8 MdHR 16665 f. 37 5 Oct. 1841.
Hoffman, William. Germany. BA Ct. (Nat. Dkt.) 1 1796-1851 MSA C389-1 MdHR 18106 f. 6 #101 6 April 1797. Barnes, p. 60.
Hofman, George. Bavaria. NATN. Decl. intent in US Circ. Ct. 5 July 1844. Wits: John Wagner and Austin Clifford. BA Ct. (Nat. Dkt.) 1 1796-1851 MSA C389-1 MdHR 18106 f. 337 3 Oct. 1848.
Hofman, George. Bavaria. NATN. Decl. intent in US Circ. Ct. 5 July 1844. Wits: John Wagner and Austin Clifford. O&RA to King of Bavaria. BA Ct. (Nat. Rcd.) 4 1846-1851 MSA C391-2 MdHR 18109 f. 267 3 Oct. 1848.
Hogan, Daniel. Ireland. NATN. Decl. intent in US Circ. Ct. 19 Oct. 1844. Wits: Thomas Bears and Thomas Clarke. O&RA to Queen of UK. BA Ct. (Nat. Rcd.) 4 1846-1851 MSA C391-2 MdHR 18109 f. 200 5 Oct. 1847.
Hogan, Daniel. Ireland. NATN. Decl. intent in US Circ. Ct. 19 Oct. 1844. Wits: Thomas Bearn and Thomas Clark. BA Ct. (Nat. Dkt.) 1 1796-1851 MSA C389-1 MdHR 18106 f. 309 5 Oct. 1847.
Hogan, John. Ireland. NATN. Res. BC. Decl. intent in BA Ct. 5 Oct. 1827. Wits: John Mellsock and Mordecai Kennedy. O&RA to King of UK. BC Ct. (Nat. Rcd. of Minors) 1 1827-1832 MSA C237-1 MdHR 18112 f. 300-301 16 Oct. 1829.
Hogan, John. Ireland. DI. BA Ct. (Minutes) 1827-1830 MSA C386-13 MdHR 14391 f. 77 5 Oct. 1827.
Hogan, John. Prussia. BA Ct. (Nat. Dkt.) 1 1796-1851 MSA C389-1 MdHR 18106 f. 39 #759 23 Dec. 1809.
Hogg, Lamuel, Ireland. NATN. Decl. intent in open court. Arrived in US 3 yrs. prior to age 21. Res. US for 5 yrs., including 3 of minority. Res. MD over 1 yr. Res. BC. Wits: John M. Bryson and Edmund A. Bryson. O&RA to King of UK. BC Ct. (Nat. Rcd. of Minors) 2 1832-1836 MSA C237-2 MdHR 18113 f. 113 2 Oct. 1834.
Hohenstine, Leonard. Grand Dutchy of Hesse-Darmstadt. NATN. Decl. intent in Washington Co. Ct. 2 Nov. 1844. Wits: Valentine Schmidt and Conrad Belle. O&RA to the Grand Duke of Hesse-Darmstadt. BC Ct. (Nat. Rcd.) 9 1845-1848 MSA C229-1 MdHR 18119 f. 616 9 Oct. 1848.
Hohn, Antonio. Bavaria. NATN. Decl. intent in BC Ct. 26 Oct. 1840. Wits: Lewis Schneider and John Schneider. O&RA to King of Bavaria. BC Ct. (Nat.

Rcd.) 9 1845-1848 MSA C229-1 MdHR 18119 f. 552 3 Oct. 1848.

Hohurau, John. Electorate of Hesse-Cassel. NATN. Decl. intent in US Circ. Ct. 16 Sept. 1844. Wits: Joseph Rousch and Andrew Kingelman. BA Ct. (Nat. Dkt.) 1 1796-1851 MSA C389-1 MdHR 18106 f. 230 5 Oct. 1846.

Hoiste, Peter. Bremen. DI. . BA Ct. (Minutes) 1827-1830 MSA C386-13 MdHR 14391 f. 78 4 May 1827.

Hokump, Joseph. Grand Dutchy of Oldenburg. NATN. Decl. intent in US Circ. Ct. 1 July 1844. Wits: Frederick Stalferth and John Martin. O&RA to the Grand Duke of Oldenburg. BC Ct. (Nat. Rcd.) 9 1845-1848 MSA C229-1 MdHR 18119 f. 736 1 Nov. 1848.

Holcroft, Richard. England. NATN. Decl. intent in BC Ct. 16 March 1844. Wits: John Webster and Thomas Lawson. O&RA to Queen of England. BA Ct. (Nat. Rcd.) 4 1846-1851 MSA C391-2 MdHR 18109 f. 65 13 Oct. 1846.

Holden, James. England. NATN. Arrived in US 3 yrs. prior to age 21. Res. US for 5 yrs., including 3 of minority. Res. MD over 1 yr. Wits: Joseph W. Hatcher and Edward Tayler. O&RA to Queen of UK. BC Ct. (Nat. Rcd. of Minors) 3 1845-1851 MSA C237-3 MdHR 18114-1 f. 55 28 Sept. 1844.

Holet(?)rom, Conrad. Sweden. DI. BA Ct. (Minutes) 1822-186 MSA C386-12 MdHR 14386 f. 435 12 Oct. 1826.

Holland, Henry. Principality of Schwartzberg. NATN. Arrived under age 18. Wits: Frederick Busch and John Hendline. BA Ct. (Nat. Dkt.) 1 1796-1851 MSA C389-1 MdHR 18106 f. 383 3- Sept. 1851.

Holland, William F. England. DI. BA Ct. (Minutes) 1846-1851 MSA C386-17 MdHR 14405 f. 131 21 Oct. 1848.

Holland, William F. Ireland. DI. BA Ct. (Minutes) 1846-1851 MSA C386-16 MdHR 14405 f. 131 21 Oct. 1848.

Hollander, Alexander. Kingdom of Bian. DI. BA Ct. (Minutes, Rough) 1836-1844 MSA C420-2 MdHR 14398 f. 246 17 Oct. 1840.

Hollander, Alexander. Kingdom of Bian. DI. BA Ct. (Minutes) 1839-1846 MSA C386-16 MdHR 14404 f. 65 17 Oct. 1840.

Hollander, Charles. Brion (?). DI. BA Ct. (Minutes) 1846-1851 MSA C386-16 MdHR 14405 f. 293 10 Nov. 1851.

Hollander, Charles. Kingdom of Bian. Listed in 1850 Census as a native of Bavaria. DI. Res. BC, 4th ward. Profession: Cabinet Maker (1850 Census). Spouse: Roulta (?), born in Hanover (1850 Census). BA Ct. (Minutes) 1846-1851 MSA C386-17 MdHR 14405 f. 293 10 Nov. 1851.

Hollander, William. England. DI. BA Ct. (Minutes, Rough) 1845-1851 MSA C420-3 MdHR 14401 f. 257 21 Oct. 1848.

Holler, John. Germany. NATN. Arrived in US 3 yrs. prior to age 21. Res. US for 5 yrs., including 3 of minority. Res. MD over 1 yr. Wits: George Volkman and William Volkman. O&RA to the Emperor of Germany. BC Ct. (Nat. Rcd. of Minors) 3 1845-1851 MSA C237-3 MdHR 18114-1 f. 24 6 Oct. 1846.

Hollins, William. England. BA Ct. (Nat. Dkt.) 1 1796-1851 MSA C389-1 MdHR 18106 f. 22 #447 7 March 1803. Barnes, p. 65.

Hollis, Peter. England. NATN. Born in Co. of Sussex. Decl. intent in BC Ct. 11 Nov. 1824. Wits: John Fisher and William S. Coath. BA Ct. (Nat. Dkt.) 1 1796-1851 MSA C389-1 MdHR 18106 f. 122 26 Sept. 1827.

Hollis, Peter. England. DI. Wits: John Fisher and William S. Coath. BA Ct. (Misc. Ct. Papers) MSA C1-57 MdHR 50206-755 1823 item 368 6 Jan. 1825.

Hollis, Peter. England. Report and registration. Noted as age 45. Born in Co. of Sussex. Arrived in BC June 1817. res. BC. Decl. intent in BC Ct. 11 Nov. 1824. BA Ct. (Misc. Ct. Papers) MSA C1-57 MdHR 50206-755 1823 unnumbered item 14 Oct. 1824.

Holman, John. Grand Dutchy [Electorate] of Hesse-Cassel. Decl. intent in US Circ. Ct. 16 Sept. 1844. Res. BC. Wits: Joseph Rourch and Andrew Kingelman. O&RA to the Grand Duke (Elector) of Hesse-Cassel. BA Ct. (Nat. Rcd.) 2 1832-1846 MSA C391-1 MdHR 18108 f. 133 5 Oct. 1846.

Holman, Mathias. Electorate of Hesse-Cassel. NATN. Decl. intent in US Circ.

Ct. 26 Sept. 1844. Wits: David Jean and Jacob Eberle. BA Ct. (Nat. Dkt.) 1 1796-1851 MSA C389-1 MdHR 18106 f. 336 3 Oct. 1848.
Holmes, Daniel. Ireland. NATN. Decl. intent in US Circ. Ct. 1 Oct. 1844. Wits: Thomas Sweaney and David Porter. O&RA to Queen of UK. BA Ct. (Nat. Rcd.) 4 1846-1851 MSA C391-2 MdHR 18109 f. 355 1 Oct. 1850.
Holmes, Daniel. Ireland. NATN. Decl. intent in US Circ. Ct. 1 Oct. 1844. Wits: Thomas Guscaney and David Porter. BA Ct. (Nat. Dkt.) 1 1796-1851 MSA C389-1 MdHR 18106 f. 376 1 Oct. 1850.
Holmes, Gabriel. Ireland. BA Ct. (Nat. Dkt.) 1 1796-1851 MSA C389-1 MdHR 18106 f. 21 #417 27 Nov. 1802. Barnes, p. 64.
Holmes, James. Ireland. Decl. intent 6 Nov. 1809 in US Circ. Ct. . Wits: (?) Jenkins and William Hall. BA Ct. (Nat. Dkt.) 1 1796-1851 MSA C389-1 MdHR 18106 f. 49 30 Sept. 1818.
Holmes, Victor. Ireland. BA Ct. (Nat. Dkt.) 1 1796-1851 MSA C389-1 MdHR 18106 f. 32 #612 25 June 1805.
Holmrim (?), Casper Adam. Germany. DI. Res. BC. BC Ct. (Dkt&Mins) 1846 MSA C184-9 MdHR 16666 f. 37 14 Sept. 1846.
Holste, Peter. Hanseatic Government. NATN. Born in City of Bremen. Decl. intent in BA Ct. 4 May 1827. Wits: Robert Carey Long and Upton A. Heath. BA Ct. (Nat. Dkt.) 1 1796-1851 MSA C389-1 MdHR 18106 f. 159 3 Oct. 1829.
Holt, Enoch. England. NATN. Decl. intent in BC Ct. 12 June 1824. Res. BC. Wits: Samuel Sands and William Young. O&RA to King of UK. BC Ct. (Nat. Rcd. of Minors) 2 1832-1836 MSA C237-2 MdHR 18113 f. 115 2 Oct. 1834.
Holter, Lewis. Cuba (Spain). NATN. Noted as age 22. Born on the island of St. Jago de Cuba. Exhibits petition and certificates of declaration of intent and report and registration filed in US Dist. Ct. 12 June 1827 Arrived in Philadelphia in 1803. Res. BC. O&RA to King of Spain. Wits: John Gross and Lewis Gross. BC Ct. (Nat. Rcd. of Minors) 1 1827-1832 MSA C237-1 MdHR 18112 ff. 11-13 12 June 1827.
Holthman, William. Republic of Bremen. NATN. Decl. intent in US Circ. Ct. 17 Sept. 1844. Wits: William Raine and Diedrich Pralle. O&RA to the Hanseatic Government. BC Ct. (Nat. Rcd.) 9 1845-1848 MSA C229-1 MdHR 18119 f. 284 29 Sept. 1847.
Holtz, Henry Frederick. Germany. NATN. Decl. intent in BC Ct. 1 Oct. 1832. Res. BC. Wits: William Patterson and Samuel Manning. O&RA to the Hanseatic Government. BC Ct. (Nat. Rcd. of Minors) 2 1832-1836 MSA C237-2 MdHR 18113 ff. 135-136 4 Oct. 1834. The 1850 Census lists a "Frederick Holtz", born in Germany. Profession: Cooper.
Holtzermann, William. Germany. DI. Res. BC. Ren. alleg. to the Emperor of Germany. BC Ct. of O&T&GD (Dkt&Mins) 1812 MSA C183-7 MdHR 16655 f. 62 10 Oct. 1812.
Holzhausen, Lewis F. Hanover. DI. Res. BC. BC Ct. (Dkt&Mins) 1841 MSA C184-8 MdHR 16665 f. 43 28 Oct. 1841.
Hommart, Henry. Germany. DI. Res. BC. Ren. alleg. to the Emperor of Germany. BC Ct. (Dkt&Mins) 1840 MSA C184-7 MdHR 16664 f. 24 13 June 1840.
Homrighous, William. Germany. BA Ct. (Nat. Dkt.) 1 1796-1851 MSA C389-1 MdHR 18106 f. 37 #722 18 Nov. 1808.
Hook, Andrew. England. DI. BA Ct. (Minutes) 1827-1830 MSA C386-13 MdHR 14391 f. 77 23 Oct. 1827. Tepper, p. 289
Hook, Apalla. Germany. NATN. Arrived in US 3 yrs. prior to age 21. Res. US for 5 yrs., including 3 of minority. Res. MD over 1 yr. Wits: Jacob Koontz and William Knapp. O&RA to the Emperor of Germany. BA Ct. (Nat. Rcd. of Minors) 3 1846-1851 MSA C390-1 MdHR 18110 f. 16 13 Oct. 1846.
Hook, Morel. Grand Dutchy of Baden. NATN. Arrived in US under age 18. Wits: Anthony Keyser and John W. Davis. BA Ct. (Nat. Dkt.) 1 1796-1851 MSA C389-1 MdHR 18106 f. 365 1 Oct. 1849.

Hook, Morsel. Grand Dutchy of Baden. NATN. Arrived in US 3 yrs. prior to age 21. Res. US for 5 yrs., including 3 of minority. Res. MD over 1 yr. Wits: Anthony Keyser and John W. Davis. O&RA to the Grand Duke of Baden. BA Ct. (Nat. Rcd. of Minors) 3 1846-1851 MSA C392-1 MdHR 18110 f. 82 1 Oct. 1849.
Hook, Nicholas. Germany. NATN. Arrived in US 3 yrs. prior to age 21. Res. US for 5 yrs., including 3 of minority. Res. MD over 1 yr. Wits: John W. Davis and Anthony Keyzer. O&RA to the Emperor of Germany. BC Ct. (Nat. Rcd. of Minors) 3 1845-1851 MSA C237-3 MdHR 18114-1 f. 93 9 Oct. 1847.
Hopkins, John. Ireland. NATN. Born in Co. of Longford. Decl. intent in US Circ. Ct. 2 March 1819. Wits: Thomas McConnell and Henry McArdle. Certificate and report filed. BA Ct. (Nat. Dkt.) 1 1796-1851 MSA C389-1 MdHR 18106 f. 69 20 Sept. 1824.
Hopkins, John. Ireland. NATN. Decl. intent in Frederick Co. Ct. 25 Oct. 1841. Wits: James Leeson and Richard Loftus. O&RA to Queen of UK. BA Ct. (Nat. Rcd.) 4 1846-1851 MSA C391-2 MdHR 18109 f. 175 13 Oct. 1846.
Hopkins, John. Ireland. NATN. Decl. intent in Frederick Co. Ct. 25 Oct. 1841. Wits: James Leeson and Richard Loftus. BA Ct. (Nat. Dkt.) 1 1796-1851 MSA C389-1 MdHR 18106 f. 293 13 Oct. 1846.
Hoppe, Herman. Hanover. NATN. Decl. intent in US Dist. Ct. 29 May 1849. Wits: E. Hogenslness and Alexander Miller. O&RA to King of Hanover. BC Ct. (Nat. Rcd.) 10 1849-1851 MSA C229-2 MdHR 18120 f. 331 9 Oct. 1851.
Horan, James. Ireland. NATN. Arrived in US under age 18. Wits: Hugh McCall and William Kenney. BA Ct. (Nat. Dkt.) 1 1796-1851 MSA C389-1 MdHR 18106 f. 325 2 Oct. 1848.
Horan, James. Ireland. NATN. Arrived in US 3 yrs. prior to age 21. Res. US for 5 yrs., including 3 of minority. Res. MD over 1 yr. Wits: Hugh McCall and William Kenney. O&RA to Queen of UK. BA Ct. (Nat. Rcd. of Minors) 3 1846-1851 MSA C392-1 MdHR 18110 f. 56 2 Oct. 1848.
Horbe, Casper. Grand Dutchy of Hesse-Darmstadt. NATN. Decl. intent in BC Ct. 25 Sept. 1844. Wits: Lorenz Albert and John M. Bower. O&RA to the Grand Duke of Hesse-Darmstadt. BA Ct. (Nat. Rcd.) 4 1846-1851 MSA C391-2 MdHR 18109 f. 66 13 Oct. 1846.
Horbe, Casper. Grand Dutchy of Hessen-Darmstadt. NATN. Decl. intent in BC Ct. 25 Sept. 1844. Wits: Lorenz Albert and John M. Bowers. BA Ct. (Nat. Dkt.) 1 1796-1851 MSA C389-1 MdHR 18106 f. 253 13 Oct. 1846.
Horen, Rodger. Ireland. DI. BC Ct. (Dkt&Mins) 1840 MSA C184-7 MdHR 16664 f. 43 5 Oct. 1840.
Horgan, Patrick. Ireland. Report and registration. Noted as age 28. Born in Co. of Cork. Res. BC. BA Ct. (Misc. Ct. Papers) MSA C1-53 MdHR 50206-713 1821 item 456 22 Sept. 1821.
Horming, Andrew. Bavaria. NATN. Decl. intent in BC Ct. 1 Oct. 1847. Wits: Joseph Starr and William Hunter. O&RA to King of Bavaria. BA Ct. (Nat. Rcd.) 4 1846-1851 MSA C391-2 MdHR 18109 f. 339 1 Oct. 1849.
Horn, Christopher. Germany. BA Ct. (Nat. Dkt.) 1 1796-1851 MSA C389-1 MdHR 18106 f. 14 #300 2 April 1798. Barnes, p. 63.
Horn, Philip. Germany. BA Ct. (Nat. Dkt.) 1 1796-1851 MSA C389-1 MdHR 18106 f. 22 #439 8 Feb. 1803. Barnes, p. 65.
Hornby, Gaulter. England. BA Ct. (Nat. Dkt.) 1 1796-1851 MSA C389-1 MdHR 18106 f. 9 #180 13 Nov. 1797. Barnes, p. 61
Hornich, George. Bavaria. NATN. Decl. intent in US Circ. Ct. 4 Nov. 1844. Wits: Joseph Acker and Tragener. O&RA to King of Bavaria. BA Ct. (Nat. Rcd.) 4 1846-1851 MSA C391-2 MdHR 18109 f. 288 10 Oct. 1848.
Hornich, John. Bavaria. NATN. Decl. intent in US Circ. Ct. 4 Nov. 1844. Wits: Joseph Acker and George Trageser. BA Ct. (Nat. Dkt.) 1 1796-1851 MSA C389-1 MdHR 18106 f. 346 10 Oct. 1848.
Horning, Andrew. Bavaria. NATN. Decl. intent in BC Ct. 1 Oct. 1847. Wits:

Joseph Starr and William Hunter. BA Ct. (Nat. Dkt.) 1 1796-1851 MSA C389-1 MdHR 18106 f. 369 1 Oct. 1849.

Hosefrots/Hossfross, George. Republic of France. BA Ct. (Nat. Dkt.) 1 1796 - 1851 MSA C389-1 MdHR 18106 f. 5 #72 20 March 1797. Barnes, p. 60

Hoselging (?), Johan. Sweden. BA Ct. (Nat. Dkt.) 1 1796-1851 MSA C389-1 MdHR 18106 f. 37 #738 26 May 1809.

Hosgood, William. England. BA Ct. (Nat. Dkt.) 1 1796-1851 MSA C389-1 MdHR 18106 f. 30 #564 29 Dec. 1804.

Hoting, Martin. Grand Dutchy of Oldenburg. NATN. Arrived in US 3 yrs. prior to age 21. Res. US for 5 yrs., including 3 of minority. Res. MD over 1 yr. Wits: Josiah Feidler, Jr. and John J. Latty. O&RA to the Grand Duke of Oldenburg. BC Ct. (Nat. Rcd. of Minors) 3 1845-1851 MSA C237-3 MdHR 18114-1 f. 288 19 Sept. 1851.

Hottz, Christian. Prussia. NATN. Res. BC. Res. US 14 April 1802 - 18 June 1812. Wits: Charles Fox and George L. Opperman. O&RA to King of Prussia. BC Ct. (Nat. Rcd. of Minors) 1 1827-1832 MSA C237-1 MdHR 18112 ff. 224-225 6 Nov. 1828.

Houn/Horn. Alexander. Scotland. NATN. Decl. intent in US Dist. Ct. 21 May 1846. Wits: John Williamson and James Cochran. O&RA to Queen of UK. BC Ct. (Nat. Rcd.) 9 1845-1848 MSA C229-1 MdHR 18119 f. 805 4 Nov. 1848. Name ordered changed to Horn by BC Ct. 9 July 1888.

Houston, Andrew. Ireland. NATN. Arrived in US 3 yrs. prior to age 21. Res. US for 5 yrs., including 3 of minority. Res. MD over 1 yr. Wits: William Houston and William Gibson. O&RA to Queen of UK. BC Ct. (Nat. Rcd. of Minors) 3 1845-1851 MSA C237-3 MdHR 18114-1 f. 230 19 Sept. 1850.

Houston, Robert. Ireland. BA Ct. (Nat. Dkt.) 1 1796-1851 MSA C389-1 MdHR 18106 f. 43 #838 8 Nov. 1813.

Houston, Samuel. Ireland. NATN. Arrived in US 3 yrs. prior to age 21. Res. US for 5 yrs., including 3 of minority. Res. MD over 1 yr. Wits: William Houston and James Weir. O&RA to Queen of UK. BC Ct. (Nat. Rcd. of Minors) 3 1845-1851 MSA C237-3 MdHR 18114-1 f. 110 30 Sept. 1848.

Houston, William. Ireland. NATN. Decl. intent in Oneida Co. (NY) Ct. of Common Pleas 26 June 1844. Wits: William Wier and James Wier. O&RA to Queen of UK. BC Ct. (Nat. Rcd.) 9 1845-1848 MSA C229-1 MdHR 18119 f. 262 25 Sept. 1847.

Howard, Thomas. Ireland. NATN. Born in Co. of Antrim. Arrived in the US 3 yrs. prior to age 21. Decl. intent in open ct. Wits: Robert Howard and Joseph Howard. BA Ct. (Nat. Dkt.) 11796-1851 MSA C389-1 MdHR 18106 f. 109 20 Sept. 1826.

Howard, Thomas. Ireland. Report and registration. Noted as age 22. Born in Co. of Auburn. Arrived in BC Aug. 1818. Res. BC. BA Ct. (Misc. Ct. Papers) MSA C1-62 MdHR 50206-808 1826 item 298 20 Sept. 1826.

Howard, Thomas. Ireland. DI. BA Ct. (Minutes, Rough) 1836-1844 MSA C420-2 MdHR 14398 f. 352 24 Sept. 1842.

Howard, Thomas. Ireland. DI. BA Ct. (Minutes) 1839-1846 MSA C386-16 MdHR 14404 f. 150 24 Sept. 1842.

Howe, Patrick. Ireland. NATN. Decl. intent in BC Ct. (no date given). Wits: Patrick McDonnell and Malachi Lally. BA Ct. (Nat. Dkt.) 1 1796-1851 MSA C3891-1 MdHR 18106 f. 217 17 Oct. 1844.

Howe, Patrick. Ireland. NATN. Decl. intent in BC Ct. (date of declaration not given). Res. BC. Wits: Patrick McDonnell and Malachi Sully. O&RA to Queen of UK. BA Ct. (Nat. Rcd.) 2 1832-1846 MSA C391-1 MdHR 18108 ff. 107-108 17 Oct. 1844.

Hoyl, John Casper. Grand Dutchy of Mickleburgh. NATN. Decl. intent in BC Ct. 7 June 1831. Res. BC. Wits: Peter R. Hilditch and John Miller. O&RA to the Grand Duke of Mickleburgh. BC Ct. (Nat. Rcd. of Minors) 2 1832-1836 MSA

C237-2 MdHR 18113 ff. 61-62 20 July 1833.

Hoyle, John. England. DI. Res. BC. BC Ct. of O&T&GD (Dkt&Mins) 1816 MSA C183-9 MdHR 16657 (unpaginated) Jan. term 1826; 23 Jan. 1816.

Hoyle, Jr., Charles. Ireland. BA Ct. (Nat. Dkt.) 1 1796-1851 MSA C389-1 MdHR 18106 f. 36 #715 29 Oct. 1808.

Hubbert, John. Ireland. DI. BA Ct. (Minutes) 1822-1826 MSA C386-12 MdHR 14386 f. 223 2 Oct. 1826.

Hubel, John. France. NATN. Decl. intent in Superior Ct. of New York City 26 Feb. 1849. Wits: James Jones and Anthony Keenain. O&RA to the Republic of France. BA Ct. (Nat. Rcd.) 4 1846-1851 MSA C391-2 MdHR 18109 f. 380 7 Oct. 1851.

Hubel, John. France. NATN. Decl. intent in the Superior Ct. of New York City 26 Feb. 1849. Wits: Benedict Hubel and Christian Jacob Schaeffer. BA Ct. (Nat. Dkt.) 1 1796-1851 MSA C389-1 MdHR 18106 f. 384 7 Oct. 1851.

Huberoft, Michael. England. NATN. Decl. intent in BC Ct. 16 March 1844. Wits: John Webster and Thomas Lawson. BA Ct. (Nat. Dkt.) 1 1796-1851 MSA C389-1 MdHR 18106 f. 253 13 Oct. 1846.

Hubner, (?) Simon. Bavaria. DI. BA Ct. (Minutes, Rough) 1836-1844 MSA C420-2 MdHR 14398 f. 258 8 Jan. 1841.

Hubner, Adam. Bavaria. NATN. Decl. intent in BC Ct. 30 Sept. 1844. Wits: George H. Mittnacht and Joseph Simpson. O&RA to King of Bavaria. BC Ct. (Nat. Rcd.) 9 1845-1848 MSA C229-1 MdHR 18119 f. 298 30 Sept. 1847.

Hubner, John Nicholas. Grand Dutchy of Baden. NATN. Decl. intent in BC Ct. 20 Sept. 1848. Wits: David Hammubacker and John Gunall. O&RA to the Grand Duke of Baden. BC Ct. (Nat. Rcd.) 10 1849-1851 MSA C229-2 MdHR 18120 f. 306 30 Sept. 1851.

Hubner, John Simon. Bavaria. DI. BA Ct. (Minutes) 1839-1846 MSA C386-16 MdHR 14404 f. 76 8 Jan. 1841.

Hudson, Adam. Ireland. Report and registration. Noted as age 34. Born in Co. of Louth. Arrived in Port of Philadelphia May 1818. Res. BC. BA Ct. (Misc. Ct. Papers) MSA C1-57 MdHR 50206-755 1823 unnumbered item 1 Oct. 1824.

Hudson, Adam. Ireland. DI. BA Ct. (Minutes) 1822-1826 MSA C386-12 MdHR 14386 f. 222 1 Oct. 1824.

Hudson, Adam. Ireland. DI. Wits: John Dealy and Alex MacDonald. BA Ct. (Misc. Ct. Papers) MSA C1-57 MdHR 50206-755 1823 item 369 1 Sept. 1824.

Hudson, Adam. Ireland. NATN. Born in Co. of South (?). Decl. intent in BA Ct. Sept. term 1824. Wits: John Dealy and Alex McDonald. BA Ct. (Nat. Dkt.) 1 1796-1851 MSA C389-1 MdHR 18106 f. 120 25 Sept. 1827.

Huebner, Daniel. Grand Dutchy of Hesse-Darmstadt. NATN. Decl. intent in the Ct. of Common Pleas, York Co. PA 7 Oct. 1844. Wits: Otto Rindel and Michael Meyer. BA Ct. (Nat. Dkt.) 1 1796-1851 MSA C389-1 MdHR 18106 f. 351 30 Oct. 1848.

Huet, Auguste. France. NATN. Decl. intent in Ct. of the City and Co. of Philadelphia 23 Jan. 1834. Wits: John W. Sanders and Benedict J. Sanders. O&RA to King of France. BC Ct. (Nat. Rcd.) 9 1845-1851 MSA C229-1 MdHR 18119 f. 207 19 Oct. 1846.

Huey, Henry. Ireland. NATN. Decl. intent in US Dist. Ct. 26 Sept. 1844. Wits: Henry McKeiman and Alexander McKinler. O&RA to Queen of UK. BC Ct. (Nat. Rcd.) 9 1845-1848 MSA C229-1 MdHR 18119 f. 61 30 Sept. 1846.

Huey, Thomas. Ireland. NATN. Arrived in US 3 yrs. prior to age 21. Res. US for 5 yrs., including 3 of minority. Res. MD over 1 yr. Wits: Jonathan Jackson and John Banning. O&RA to Queen of UK. BA Ct. (Nat. Rcd. of Minors) 3 1846-1851 MSA C392-1 MdHR 18110 f. 65 7 Oct. 1848.

Huey, Thomas. Ireland. NATN. Arrived in US under age 18. Wits: Jonathan Jackson and John Banning. BA Ct. (Nat. Dkt.) 1 1796-1851 MSA C389-1 MdHR 18106 f. 342 7 Oct. 1848.

Hufnagle, Conrad. Electorate of Hesse-Cassel. NATN. Decl. intent in US Dist.

Ct. 11 Sept. 1844. Wits: Benhart Baetholt and John Schuelise. O&RA to the Elector of Hesse-Cassel. BC Ct. (Nat. Rcd.) 9 1845-1848 MSA C229-1 MdHR 18119 f. 359 4 Oct. 1847.

Hufnagle, John. Grand Dutchy of Baden. NATN. Decl. intent in US Circ. Ct. 18 Aug. 1847. Wits: Frederick Klein and Sebastian Hufnagle. O&RA to the Grand Duke of Baden. BA Ct. (Nat. Rcd.) 4 1846-1851 MSA C391-2 MdHR 18109 f. 333 28 Sept. 1849.

Hufnagle, John. Grand Dutchy of Baden. NATN. Decl. intent in US Circ. Ct. 18 Aug. 1847. Wits: Frederick Klein and Sebastian Hufnagle. BA Ct. (Nat. Dkt.) 1 1796-1851 MSA C389-1 MdHR 18106 f. 364 28 Sept. 1849.

Hufnagle. Martin. Bavaria. NATN. Decl. intent in US Circ. Ct. 13 Oct. 1846. Wits: Charles Schalegel and Martias Kullere. BA Ct. (Nat. Dkt.) 1 1796-1851 MSA C389-1 MdHR 18106 f. 382 30 Sept. 1851.

Hufnaglem Martin. Bavaria. NATN. Decl. intent in US Circ. Ct. 13 Oct. 1846. Wits: Charles Schalegel and Mathias Kullere. O&RA to King of Bavaria. BA Ct. (Nat. Rcd.) 4 1846-1851 MSA C391-2 MdHR 18109 f. 373 30 Sept. 1851.

Hugel, John. Bavaria. NATN. Arrived in US 3 yrs. prior to age 21. Res. US for 5 yrs., including 3 of minority. Res. MD over 1 yr. Wits: Peter Kreifs/Kreiss and Charles Wedener. O&RA to King of Bavaria. BC Ct. (Nat. Rcd. of Minors) 3 1845-1851 MSA C237-3 MdHR 18114-1 f. 91 9 Oct. 1847.

Hughes, Evan. England. DI. Res. BC. BC Ct. (Dkt&Mins) 1828 MSA C184-4 MdHR 16661 f. 43 18 Oct. 1828.

Hughes, Evan. England. NATN. Decl. intent in BC Ct. 18 Oct. 1828. Res. BC. Wits: George Neilson and Owen Dempsey. O&RA to King of UK. BC Ct. (Nat. Rcd. of Minors) 2 1832-1836 MSA C237-2 MdHR 18113 ff. 85-86 6 June 1834.

Hughes, Hugh C.T. Ireland. NATN. Born in Dublin. Decl. intent in BA Ct. of O&T&GD 9 March 1815. Certificate and report and registration filed. Witness: Edward Quinn. BA Ct. (Nat. Dkt.) 1796-1851 MSA C1389-1 MdHR 18106 f. 51 29 Sept. 1821.

Hughes, John. Ireland. DI. . BA Ct. (Minutes) 1827-1830 MSA C386-13 MdHR 14391 f. 78 25 Sept. 1827.

Hughes, John. Ireland. NATN. Res. BC. Decl. intent in BA Ct. 25 Sept. 1827. Wits: John Hogan and John Fallon. O&RA to King of UK. BC Ct. (Nat. Rcd. of Minors) 1 1827-1832 MSA C237-1 MdHR 18112 ff. 342-343 4 Oct. 1830.

Hughes, John. Ireland. NATN. Decl. intent in BC Ct. 3 July 1846. Wits: Thomas Breckenridge and James McKeever. O&RA to Queen of UK. BA Ct. (Nat. Rcd.) 4 1846-1851 MSA C391-2 MdHR 18109 f. 268 3 Oct. 1848.

Hughes, John. Ireland. NATN. Decl. intent in BC Ct. 3 July 1846. Wits: Thomas Breckinridge and James McKever. BA Ct. (Nat. Dkt.) 1 1796-1851 MSA C389-1 MdHR 18106 f. 338 3 Oct. 1848.

Hughes, Luke. Ireland. DI. BA Ct. (Minutes) 1832-1838 MSA C386 MdHR 14403 ff. 90-91 18 March 1834.

Hughes, Luke. Ireland. DI. BA Ct. (Minutes, Rough) 1832-1835 MSA C420-1 MdHR 14396-2 f. 241 18 March 1834.

Hughes, Mark. Ireland. DI. BC Ct. (Dkt&Mins) 1849 MSA C184-11 MdHR 16668 f. 32 26 Dec. 1849.

Hughes, Matthew. Ireland. DI. BA Ct. (Minutes) 1827-1830 MSA C386-13 MdHR 14391 f. 77 11 Oct. 1827. Tepper, p. 297.

Hughes, Patrick. Ireland. NATN. Decl. intent in US Circ. Ct. 22 April 1837. Res. BC. Wits: James McClanagan and John McEwin. O&RA to King of UK. BA Ct. (Nat. Rcd.) 2 1832-1846 MSA C391-1 MdHR 18108 f. 64 11 Sept. 1839.

Hughes, Patrick. Ireland. DI. BA Ct. (Minutes) 1832-1838 MSA C386 MdHR 14403 f. 13 29 Oct. 1832.

Hughes, Patrick. Ireland. NATN. Decl. intent in US Circ. Ct. 22 April 1837. Wits: John McClanagan and John McEarn. BA Ct. (Nat. Dkt.) 1 1796-1851 MSA C389-1 MdHR 18106 f. 195 11 Sept. 1839.

Hughes, Patrick. Ireland. DI. BA Ct. (Minutes, Rough) 1832-1835 MSA C420-1 MdHR 14396-2 f. 136 29 Oct. 1832.
Hughes, Patrick. Ireland. NATN. Decl. intent in BC Ct. 7 Sept. 1831. Res. BC. Wits: William Shipley and Ely R. Palmer. O&RA to King of UK. BC Ct. (Nat. Rcd. of Minors) 2 1832-1836 MSA C237-2 MdHR 18113 ff. 67-68 14 Sept. 1833.
Hughes, Patrick. Ireland. DI. BC Ct. (Dkt&Mins) 1841 MSA C184-8 MdHR 16665 f. 29 17 Sept. 1841.
Hughes, Robert. Ireland. NATN. Decl. intent in BC Ct. 25 Sept. 1848. Wits: John Campbell and Anthony Henderson. O&RA to Queen of UK. BA Ct. (Nat. Rcd.) 4 1846-1851 MSA C391-2 MdHR 18109 f. 358 1 Oct. 1850.
Hughes, Robert. Ireland. NATN. Decl. intent in BC Ct. 25 Sept. 1848. Wits: John Campbell and Anthony Henderson. BA Ct. (Nat. Dkt.) 1 1796-1851 MSA C389-1 MdHR 18106 f. 377 1 Oct. 1850.
Hughs, John. Ireland. DI. Res. BC. BC Ct. (Dkt&Mins) 1846 MSA C184-9 MdHR 16666 f. 28 3 July 1846.
Huisler, Anthony. Bavaria. BA Ct. (Nat. Dkt.) 1 1796-1851 MSA C389-1 MdHR 18106 f. 18 #372 6 Nov. 1798. Barnes, p. 64.
Hulder, Lewis A. Spain. Born on Island of St. Jago De Cuba. Arrived in the US as a minor. Wits: John Diffendale and Samuel Diffendale. Report filed. BA Ct. (Nat. Dkt.) 1 1796-1851 MSA C389-1 MdHR 18106 f. 77 28 Sept. 1824.
Hulls, John. England. NATN. Decl. intent in US Circ. Ct. 7 Nov. 1818. Witness: Edward L. Peters. O&RA to King of UK. BC Ct. (Nat. Rcd. of Minors) 1 1827-1832 MSA C237-1 MdHR 18112 ff. 198-199 28 Oct. 1828.
Hulme, John. England. NATN. Decl. intent in US Dist. Ct. 11 Oct. 1847. Wits: George Carrick and William Harrison. O&RA to Queen of UK. BC Ct. (Nat. Rcd.) 10 1849-1851 MSA C229-2 MdHR 18120 f. 95 30 Sept. 1850.
Humichean, Frederick. Republic of Bremen. NATN. Arrived in US 3 yrs. prior to age 21. Res. US for 5 yrs., including 3 of minority. Res. MD over 1 yr. Wits: John Humicheun and John Snyder. O&RA to the Republic of Bremen. BC Ct. (Nat. Rcd. of Minors) 3 1845-1851 MSA C237-3 MdHR 18114-1 f. 236 30 Sept. 1850.
Humphreys, Bernard. Ireland. NATN. Decl. intent in US Dist. Ct. 26 Sept. 1832. Wits: Archibald McAlesse and Hugh McAvoy. BA Ct. (Nat. Dkt.) 1 1796-1851 MSA C389-1 MdHR 18106 f. 184 17 Oct. 1836.
Humphries, Carr. Ireland. BA Ct. (Nat. Dkt.) 1 1796-1851 MSA C389-1 MdHR 18106 f. 21 #433 31 Dec. 1802. Barnes, p. 65.
Humphries, Hugh. Ireland. NATN. Decl. intent in open court. Arrived in US 3 yrs. prior to age 21. Res. US for 5 yrs., including 3 of minority. Res. BC. Wits: Lammel Lucas and Elizabeth Humphreys. O&RA to King of UK. BC Ct. (Nat. Rcd. of Minors) 2 1832-1836 MSA C237-2 MdHR 18113 f.121 3 Oct. 1834.
Hundorf, Caspar. Austrian Empire. NATN. Born in town of Ruden. Decl. intent in US Dist. Ct. 4 Nov. 1820. Wits: John Schmidt and Frederick Crey. BA Ct. (Nat. Dkt.) 1 1796-1851 MSA C389-1 MdHR 18106 f. 107 20 Sept. 1826.
Hunt, German. England. NATN. Decl. intent in BC Ct. 23 May 1832. Res. BC. Wits: John Watchman and Henry Staylor. O&RA to King of UK. BC Ct. (Nat. Rcd. of Minors) 2 1832-1836 MSA C237-2 MdHR 18113 f. 96 22 Sept. 1834.
Hunt, Henry. England. NATN. Res. BC. Arrived in the US 3 yrs. prior to age 21. Res. US for 5 yrs., including 3 of minority. Res. MD over 1 yr. Wits: William McCulloh and John Marsh. O&RA to King of UK. BC Ct. (Nat. Rcd. of Minors) 1 1827-1832 MSA C237-1 MdHR 18112 ff. 362-363 12 Oct. 1830.
Hunt, James. Great Britain. BA Ct. (Nat. Dkt.) 1 1796-1851 MSA C389-1 MdHR 18106 f.5 #99 5 April 1797. Barnes, p. 60.
Hunt, John. England. NATN. Born in town of Portsmouth. Decl. intent in US Circ. Ct. Dec. 1818. Wits: George Warfield and Daniel Williams. BA Ct. (Nat. Dkt.) 1 1796-1851 MSA C389-1 MdHR 18106 f. 129 26 May 1828.
Hunt, John. England. DI. Res. BC. Wits: George Warfield and David Williams.

BA Ct. (Misc. Ct. Papers) MSA C1-46 MdHR 50206-635 1818 item 461 Dec. 1818.
Hunt, John. England. Registration and report. Noted as age 30. Born in Portsmouth. Res. BC. BA Ct. (Misc. Ct. Papers) MSA C1-46 MdHR 50206-365 unnumbered 1818 item 14 Oct. 1818.
Hunt, John. England. NATN. Decl. intent in open court. Arrived in US as a minor. Wits: John G. Boren and Benj. R. Zopp. BA Ct. (Nat. Dkt.) 1 1796-1851 MSA C389-1 MdHR 18106 f. 175 17 Sept. 1833.
Hunt, Joshua. England. BA Ct. (Nat. Dkt.) 1 1796-1851 MSA C389-1 MdHR 18106 f. 33 #643 9 Oct. 1806.
Huntemuller, Hermann Frederick. Hanover. NATN. Decl. intent in BC Ct. 2 July 1832. Res. BC. Profession: Merchant (1850 Census) Spouse: Matilda, born in Germany (1850 Census). Wits: Alexander Turnbal and Frederick Focke. O&RA to King of UK. BC Ct. (Nat. Rcd. of Minors) 2 1832-1836 MSA C237-2 MdHR 18113 ff. 125-126 4 Oct. 1834.
Hunter, Hammer R. Germany. DI. BC Ct. (Dkt&Mins) 1839 MSA C184-6 MdHR 16663 f. 28 24 June 1839.
Hunter, James. Ireland. DI. BA Ct. (Minutes) 1815-1820 MSA C386-11 MdHR 14381 f. 24 26 Oct. 1815.
Hunter, James. Ireland. DI. Res. BC. BC Ct. of O&T&GD (Dkt&Mins) 1816 MSA C183-9 MdHR 16657 (unpaginated) 14 March 1816.
Hunter, James. Ireland. NATN. Born in Co. of Antrim. Noted as age 22. Res. BC. Emigrated from Ireland. 17 Jan. 1820, arrived in New York City 26 March 1820. Decl. intent and filed report and registration in Ct. of Common Pleas, Lancaster Co., PA 2 Nov. 1820. Witness: Nathan G. Bryson. O&RA to King of UK. BC Ct. (Nat. Rcd. of Minors) 1 1827-1832 MSA C237-1 MdHR 18112 ff. 32-34 2 Oct. 1827.
Hunter, John. Ireland. NATN. Born in Co. of Down. Decl. intent in BA Ct. Sept. term 1822. Wits: Hugh McEldrery and Samuel Rankin. BA Ct. (Nat. Dkt.) 1 1796-1851 MSA C389-1 MdHR 18106 f. 94 26 Sept. 1825.
Hunter, John. Ireland. DI. BA Ct. (Minutes) 1822-1826 MSA C386-12 MdHR 14386 f. 20 1 Oct. 1822.
Hunter, Joseph. Gottenberg (Sweden). DI. BC Ct. (Dkt&Mins) 1828 MSA C184-4 MdHR 16661 f. 39 19 Sept. 1828.
Hunter, Joseph. Gottenberg. NATN. Decl. intent in BC Ct. 19 Sept. 1828. Res. BC. Wits: Peter Hilditch and Henry Harrod. Takes oath. BC Ct. (Nat. Rcd. of Minors) 1827-1832 MSA C237-1 MdHR 18112 ff. 387-388 2 Nov. 1831.
Hunter, Richard. Ireland. DI. BA Ct. (Minutes, Rough) 1845-1851 MSA C420-3 MdHR 14401 f. 203 4 Feb. 1848.
Hunter, Richard. Ireland. DI. BA Ct. (Minutes) 1846-1851 MSA C386-17 MdHR 14405 f. 88 4 Feb. 1848.
Hunter, Richard. Ireland. DI. BA Ct. (Minutes) 1846-1851 MSA C386-16 MdHR 14405 f. 88 4 Feb. 1848.
Hunter, Thomas. Ireland. NATN. Decl. intent in BC Ct. 1 Oct. 1844. Wits: Thomas S. Woollen and J. E. Elder. O&RA to Queen of UK. BC Ct. (Nat. Rcd.) 9 1845-1848 MSA C229-1 MdHR 18119 f. 826 6 Nov. 1848.
Hurathal, Benjamin. Germany. NATN. Born in City of Remscheid. Decl. intent in BA Ct. March term 1817. Wits: John Pret and James Biscoe. BA Ct. (Nat. Dkt.) 1 1796-1851 MSA C389-1 MdHR 18106 f. 89 6 Nov. 1824.
Hurathall, Benjamin. Germany. DI. Ren. alleg. to the Emperor of Germany. BA Ct. (Minutes) 1815-1820 MSA C386-11 MdHR 14381 f. 168 26 March 1817.
Hurndorf, Casper. Austrian Empire. Report and registration. Noted as age 52. Born in town of Ruden. Arrive in BC Feb. 1816. Res. BC. BA Ct. (Misc. Ct. Papers) MSA C1-55 MdHR 50206-732 1822 item 364 10 Oct. 1822.
Hurndorf, Casper. Austrian Empire. DI. BA Ct. (Misc. Ct. Papers) MSA C1-55 MdHR 50206-732 unnumbered 1822 item 10 Oct. 1822.
Hurnthal, Lewis. Germany. Decl. intent in BA Ct. of O&T&GD 8 July 1811. BA Ct. (Nat. Dkt.) 1 1796-1851 MSA C389-1 MdHR 18106 f. 46 20 Oct. 1815.

Hurst, John. Germany. NATN. Arrived in US 3 yrs. prior to age 21. Res. US for 5 yrs., including 3 of minority. Res. MD over 1 yr. Wits: Martin Weitzel and Benedict Hutul (?). O&RA to the Emperor of Germany. BC Ct. (Nat. Rcd. of Minors) 3 1845-1851 MSA C237-3 MdHR 18114-1 f.97 5 Oct. 1847.

Hutchinson, John. Scotland. BA Ct. (Nat. Dkt.) 1 1796-1851 MSA C389-1 MdHR 18106 f. 29 #561 8 Dec. 1804. Civil Ct.

Huttmer, John F. France. NATN. Born in Strasburg. Decl. intent in US Dist. Ct. 15 Sept. 1820. Wits: Nathaniel Williams and Conrad Schultz. Certificate and report filed. BA Ct. (Nat. Dkt.) 1 1796-1851 MSA C389-1 MdHR 18106 f. 86 27 Oct. 1824.

Hyde, John. England. NATN. Decl. intent in BC Ct. 7 Jan. 1833. Res. BC. Wits: John Watchman and Michael Morgan. O&RA to King of UK. BC Ct. (Nat. Rcd. of Minors) 2 1832-1836 MSA C237-2 MdHR 18113 f. 167 3 Sept. 1835.

Hymes, Francis. Ireland. BA Ct. (Nat. Dkt.) 1 1796-1851 MSA C389-1 MdHR 18106 f. 31 #594 23 May 1805.

Hzken (?)/Hyken (?), Philip. Waldeck (Noted as "Alleg. of France"). BA Ct. (Nat. Dkt.) 1 1796-1851 MSA C389-1 MDHR 18106 f. 36 #699 8 April 1808.

Ide, Joseph R. Grand Dutchy of Baden. DI. BA Ct. (Minutes, Rough) 1832-1835 MSA C420-1 MdHR 14396-2 f. 208 5 Oct. 1833.

Ides, Joseph. Grand Dutchy of Baden. DI. BA Ct. (Minutes) 1832-1838 MSA C386 MdHR 14403 f. 67 5 Oct. 1833.

Ihde, Henry W. Hanover. NATN. Decl. intent in US Dist. Ct. 23 Oct. 1848. Witness: Masses(?)/(Moses?) Kiesel. O&RA to King of Hanover. BC Ct. (Nat. Rcd.) 10 1849-1851 MSA C229-2 MdHR 18120 f. 295 30 Sept. 1851.

Ilburgh, Christopher. Germany. NATN. Res. BC. Res. US 14 April 1802 - 18 June 1812. Wits: Charles Gordon and Frederick Summers. BC Ct. (Nat. Rcd. of Minors) 1 1827-1832 MSA C237-1 MdHR 18112 ff. 263-264 8 Nov. 1828.

Immeler, Charles Andrew. Switzerland. DI. BC Ct. (Dkt&Mins) 1849 MSA C184-11 MdHR 16668 f. 17 16 June 1849.

Imorde, Frederick. Hanover. NATN. Decl. intent in US Circ. Ct. 1 Oct. 1844. Wits: William Tatgenhorsh and Peter Frelieh. O&RA to King of Hanover. BA Ct. (Nat. Rcd.) 4 1846-1851 MSA C391-2 MdHR 18109 f. 111 13 Oct. 1846.

Imorde, Frederick. Hanover. NATN. Decl. intent in US Circ. Ct. 1 Oct. 1844. Wits: William Tatzenhorst and Peter Treleib. BA Ct. (Nat. Dkt.) 1 1796-1851 MSA C389-1 MdHR 18106 f. 266 13 Oct. 1846.

Imwolde/Imwold, John. Hanover. NATN. Decl. intent in US Dist. Ct. 30 Sept. 1843. Witness: William McLaughlin. O&RA to King of Hanover. BC Ct. (Nat. Rcd.) 9 1845-1848 MSA C229-1 MdHR 18119 f. 20 30 Sept. 1845.

Inesmer, Peter Nicholas. France. NATN. Arrived in US prior to 18 June 1812. Wits: James Webb and James McDonald. BA Ct. (Nat. Dkt.) 1 1796-1851 MSA C389-1 MdHR 18106 f. 134 16 Sept. 1828.

Ireland, Hans. Ireland. NATN. Arrived in US under age 18. Wits: James B. George and William J. Van Ness. BA Ct. (Nat. Dkt.) 1 1796-1851 MSA C389-1 MdHR 18106 f. 326 2 Oct. 1848.

Ireland, Hans. Ireland. NATN. Arrived in US 3 yrs. prior to age 21. Res. US for 5 yrs., including 3 of minority. Res. MD over 1 yr. Wits: James B. George and William J. Van Ness. O&RA to Queen of UK. BA Ct. (Nat. Rcd. of Minors) 3 1846-1851 MSA C392-1 MdHR 18110 f. 56 2 Oct. 1848.

Irvimie, Henry C. Ireland. NATN. Born in Co. of Farmanagh. Decl. intent in US Dist. Ct. 16 April 1819. Wits: William Gywyner (?) and Benjamin Hilkillikin (?). BA Ct. (Nat. Dkt.) 1 1796-1851 MSA C389-1 MdHR 18106 f. 89 5 Nov. 1824.

Irvin, John. Ireland. NATN. Res. BC. Arrived in the US 3 yrs. prior to age 21. Res. US for 5 yrs., including 3 of minority. Res. MD over 1 yr. Wits: Nicholas Hobbs and Samuel Mumma, O&RA to King of UK. BC Ct. (Nat. Rcd. of Minors) 1 1827-1832 MSA C237-1 MdHR 18112 ff. 141-142 3 Oct. 1828.

Irvine, William. Ireland. DI. BC Ct. (Dkt&Mins) 1828 MSA C184-4 MdHR 16661 f.39 19 Sept. 1828.
Irwin, George. Ireland. NATN. Decl. intent in US Circ. Ct. 30 Oct. 1844. Wits: Christian H. Myers and John Vogelpael. O&RA to Queen of UK. BA Ct. (Nat. Rcd.) 4 1846-1851 MSA C391-2 MdHR 18109 f. 200 5 Oct. 1847.
Irwin, George. Ireland. NATN. Decl. intent in US Circ. Ct. 30 Sept. 1844. Wits: Christian H. Myers and John Vogelpael. BA Ct. (Nat. Dkt.) 1 1796-1851 MSA C389-1 MdHR 18106 f. 309 5 Oct. 1847.
Irwin, Henry J. Ireland. NATN. Arrived in US 3 yrs. prior to age 21. Res. US for 5 yrs., including 3 of minority. Res. MD over 1 yr. Wits: Hugh Jenkins and Samuel L. Gerdon. O&RA to Queen of UK. BC Ct. (Nat. Rcd. of Minors) 3 1845-1851 MSA C237-3 MdHR 18114-1 f. 176 4 Nov. 1848.
Irwin, John. Ireland. NATN. Res. BC. Res. US 12 April 1802 - 18 June 1812. Wits: John McCormick and Henry Staylor. O&RA to King of UK. BC Ct. (Nat. Rcd. of Minors) 1 1827-1832 MSA C237-1 MdHR 18112 ff. 203-204 1 Nov. 1828.
Ittner, John A. Bavaria. NATN. Decl. intent in US Circ. Ct. 31 Aug. 1844. Wits: George A. Shafer and George Wimer. BA Ct. (Nat. Dkt.) 1 1796-1851 MSA C389-1 MdHR 18106 f. 266 13 Oct. 1846.
Ittner, John A. Bavaria. NATN. Decl. intent in US Circ. Ct. 31 Aug. 1844. Wits: George A. Shafey and George Wemar. O&RA to King of Bavaria. BA Ct. (Nat. Rcd.) 4 1846-1851 MSA C391-2 MdHR 18109 f. 111 13 Oct. 1846.
Jaburg, John Henry. Hanover. BA Ct. (Nat. Dkt.) 1 1796-1851 MSA C389-1 MdHR 18106 f. 34 #668 4 April 1807.
Jackson, Collin. England. BA Ct. (Nat. Dkt.) 1 1796-1851 MSA C389-1 MdHR 18106 f. 8 #148 4 Sept. 1797. Barnes, p. 61.
Jackson, George. Ireland. NATN. Decl. intent in BC Ct. 28 Sept. 1844. Wits: Samuel Russell and James Jackson. O&RA to Queen of UK. BA Ct. (Nat. Rcd.) 4 1846-1851 MSA C391-2 MdHR 18109 f. 66 13 Oct. 1846.
Jackson, George. Ireland. NATN. Decl. intent in BC Ct. 28 Sept. 1844. Wits: Samuel Russell and James Jackson. BA Ct. (Nat. Dkt.) 1 1796-1851 MSA C389-1 MdHR 18106 f. 253 13 Oct. 1846.
Jackson, Hector. Scotland. NATN. Res. BC. Decl. intent in US Dist. Ct. 8 Dec. 1824. Witness: Stephen Acworth. O&RA to King of UK. BC Ct. (Nat. Rcd. of Minors) 1 1827-1832 MSA C237-1 MdHR 18112 ff. 295-296 3 Oct. 1829.
Jackson, Ralph. England. NATN. Decl. intent in Howard Dist. Ct. 28 Sept. 1846. Wits: James Braychew and John Brown. BA Ct. (Nat. Dkt.) 1 1796-1851 MSA C389-1 MdHR 18106 f. 357 20 Nov. 1848.
Jackson, Ralph. England. NATN. Decl. intent in Howard Dist. Ct. 28 Sept. 1846. Wits: James Brayrchen and John Brown. O&RA to Queen of UK. BA Ct. (Nat. Rcd.) 4 1846-1851 MSA C391-2 MdHR 18109 f. 318 2 Nov. 1848.
Jackson, Thomas. England. NATN. Decl. intent in US Dist. Ct. for MD 5 July 1806. BA Ct. (Nat. Dkt.) 1 1796-1851 MSA C389-1 MdHR 18106 f. 43 #837 27 Oct. 1813.
Jackson, William. England. DI. BA Ct. (Minutes) 1822-1826 MSA C386-12 MdHR 14386 f. 30 2 Jan. 1823.
Jackson, William. Great Britain. BA Ct. (Nat. Dkt.) 1 1796-1851 MSA C389-1 MdHR 18106 f. 10 #206 8 Dec. 1797. Barnes, p. 61.
Jacob, John. Electorate of Hesse-Cassel. NATN. Decl. intent in US Circ. Ct. 26 Sept. 1844. Wits: Philip Hraff and Conrad French. BA Ct. (Nat. Dkt.) 1 1796-1851 MSA C389-1 MdHR 18106 f. 234 5 Oct. 1846.
Jacob, John. Electorate of Hesse-Cassell. NATN. Decl. intent in US Circ. Ct. 26 Sept. 1844. Wits: Philip Kraff and Conrad French. O&RA to the Elector of Hesse-Cassel. BA Ct. (Nat. Rcd.) 4 1846-1851 MSA C391-2 MdHR 18109 f. 12 5 Oct. 1846.
Jacob, Lorens. Bavaria. NATN. Decl. intent in US Dist. Ct. 12 Oct. 1846. Wits: Jacob Doruf and Philip Wagner. O&RA to King of Bavaria. BC Ct. (Nat. Rcd.)

10 1849-1851 MSA C229-2 MdHR 18120 f. 93 30 Sept. 1850.

Jacobi, Jacob. Prussia. NATN. Decl. intent in US Dist. Ct. 6 Oct. 1843. Wits: Peter Martell and John Wolfrann. BA Ct. (Nat. Dkt.) 1 1796-1851 MSA C389-1 MdHR 18106 f. 266 13 Oct. 1846.

Jacobi, Jacob. Prussia. NATN. Decl. intent in US Dist. Ct. 6 Oct. 1843. Wits: Peter Martel and John Wolfran. O&RA to King of Prussia. BA Ct. (Nat. Rcd.) 4 1846-1851 MSA C391-2 MdHR 18109 f. 112 13 Oct. 1846.

Jacobs/Jacobz, George. Electorate of Hesse-Cassel (Noted as "Alleg. of France"; Cassel spelled "Castle" by clerk). BA Ct. (Nat. Dkt.) 1 1796-1851 MSA C389-1 MdHR 18106 f. 36 #700 9 April 1808.

Jacobs, John. Bavaria. NATN. Decl. intent in US Dist. Ct. 11 Oct. 1846. Wits: Philip Wagner and John Torner. O&RA to King of Bavaria. BC Ct. (Nat. Rcd.) 10 1849-1851 MSA C229-2 MdHR 18120 f. 118 30 Sept. 1850.

Jagler, Samuel. Grand Dutchy of Hesse-Darmstadt. NATN. Decl. intent in US Dist. Ct. 3 June 1844. Wits: Valentines Fuchs and Conrad Hefs/Hess. O&RA to the Grand Duke of Hesse-Darmstadt. BC Ct. (Nat. Rcd.) 9 1845-1848 MSA C229-1 MdHR 18119 f. 380 4 Oct. 1847.

Jamart, Michael. France. NATN. Res. BC. Decl. intent in BA Ct. 11 April 1818. Witness: George Miller. O&RA to King of France. BC Ct. (Nat. Rcd. of Minors) 1 1827-1832 MSA C237-1 MdHR 18112 f. 154 4 Oct. 1828.

Jambu (?), Magloire/Maglor. Republic of France. NATN. BA Ct. (Minutes) 1792 - 1797 MSA C386-7 MdHR 5052 f. 255 26 Aug. 1796

James, Robert F. Ireland. NATN. Born in City of Limmerick. Arrived in the US prior to 18 June 1812. Wits: Daniel James, William Mosher and William Baartscheer. BA Ct. (Nat. Dkt.) 1 1796-1851 MSA C389-1 MdHR 18106 f. 159 6 Oct. 1829.

James, Thomas. England. NATN. Decl. intent in King's Co. Ct., New York State, 24 Jan. 1829. Res. BC. Wits: Sammuel McClellan and James V. Wagner. O&RA to King of UK. BC Ct. (Nat. Rcd. of Minors) 2 1832-1836 MSA C237-2 MdHR 18113 f. 175 3 Oct. 1835.

James, William. Wales. DI. BC Ct. (Dkt&Mins) 1849 MSA C184-11 MdHR 16668 f. 10 23 April 1849.

Jameson, James. Ireland. NATN. Arrived in US 3 yrs. prior to age 21. Res. US for 5 yrs., including 3 of minority. Res. MD over 1 yr. Wits: Andrew Jameson and Charles Cooper. O&RA to Queen of UK. BC Ct. (Nat. Rcd. of Minors) 3 1845-1851 MSA C237-3 MdHR 18114-1 f. 72 4 Oct. 1847.

Jameson, John. England. DI. Produces certificate of report and registration, filed US Ct. for Dist. of MD 25 Nov. 1817. Ren. alleg. to King of UK. BA Ct. (Minutes) 1815-1820 MSA C386-11 MdHR 14381 f. 215 26 Nov. 1817.

Jameson, Jr., Andrew. NATN. Arrived in US 3 yrs. prior to age 21. Res. US for 5 yrs., including 3 of minority. Res. MD over 1 yr. Wits: Andrew Jameson, Sr. and Samuel Steele. O&RA to Queen of UK. BC Ct. (Nat. Rcd. of Minors) 3 1845-1851 MSA C237-3 MdHR 18114-1 f.85 4 Oct. 1847.

Jameson, Samuel. England. DI. Produces certificate of report and registration, filed US Ct. for Dist. of MD 25 Nov. 1817. Ren. alleg. to King of UK. BA Ct. (Minutes) 1815-1820 MSA C386-11 MdHR 14381 f. 215 26 Nov. 1817.

Jameson, Samuel. Ireland. NATN. Born in Co. of Down. Decl. intent in BA Ct. Sept. term 1817. Wits: William McClearly and Leslie Gallagher. Certificate and report filed. BA Ct. (Nat. Dkt.) 1 1796-1851 MSA C389-1 MdHR 18106 f. 84 2 Oct. 1824.

Jameson, William. Ireland. NATN. Arrived in US 3 yrs. prior to age 21. Res. US for 5 yrs., including 3 of minority. Res. MD over 1 yr. Wits: Samuel Stehl and Andrew Jameson. O&RA to Queen of UK. BC Ct. (Nat. Rcd. of Minors) 3 1845-1851 MSA C237-3 MdHR 18114-1 f. 239 30 Sept. 1850.

Jamieson, Robert. Ireland. NATN. Arrived in US 3 yrs. prior to age 21. Res. US for 5 yrs., including 3 of minority. Res. MD over 1 yr. Wits: Thomas

Taland and Francis O'Neill. O&RA to Queen of UK. BA Ct. (Nat. Rcd. of Minors) 3 1846-1851 MSA C392-1 MdHR 18110 f. 5 10 Oct. 1846.

Jamieson, Robert. Ireland. NATN. Decl. intent in open ct. Arrived in US under age 18. Wits: Thomas Toland and Francis O'Neill. BA Ct. (Nat. Dkt.) 1 1796-1851 MSA C389-1 MdHR 18106 f. 250 10 Oct. 1846.

Jamison, William. Scotland. DI. BA Ct. (Minutes, Rough) 1832-1835 MSA C420-1 MdHR 14396-2 f. 190 24 May 1833.

Janch, Christian. Germany. NATN. Decl. intent in BC Ct. 13 Sept. 1844. Wits: John Pryor and Andrew Weinhunt. BA Ct. (Nat. Dkt.) 1 1796-1851 MSA C389-1 MdHR 18106 f. 309 5 Oct. 1847.

Jauch, Christian. Germany. NATN. Decl. intent in BC Ct. 13 Sept. 1844. Wits: John Pryor and Andrew Weinkirnt. O&RA to the Emperor of Germany. BA Ct. (Nat. Rcd.) 4 1846-1851 MSA C391-2 MdHR 18109 f. 199 5 Oct. 1847.

Jeckel, John. Grand Dutchy [Electorate] of Hesse-Cassel. DI. BA Ct. (Minutes, Rough) 1836-1844 MSA C420-2 MdHR 14398 f. 31 16 Sept. 1836.

Jeckel, John. Grand Dutchy [Electorate] of Hesse-Cassel. DI. BA Ct. (Minutes) 1832-1838 MSA C386 MdHR 14403 f. 203 16 Sept. 1836.

Jenkins, Hugh. Ireland. NATN. Born in city of Waterford. Decl. intent in BA Ct. 23 March 1824. Wits: Thomas G. Reyburn and Francis M. Wells . BA Ct. (Nat. Dkt.) 1 1796-1851 MSA C389-1 MdHR 18106 f. 102 18 Sept. 1826.

Jenkins, Hugh. Ireland. DI. BA Ct. (Misc. Ct. Papers) MSA C1-57 MdHR 50206-754 1823 item 370 23 March 1824.

Jenkins, Hugh. Ireland. Report and registration. Noted as age 25. Born in Waterford. Arrived in BC Nov. 1820. Res. BC. Wits: Thomas G. Reyburn and Francis M. Wells. BA Ct. (Misc. Ct. Papers) MSA C1-57 MdHR 50206-755 1823 item 371.

Jenkins, Hugh. Ireland. DI. BA Ct. (Minutes) 1822-1826 MSA C386-12 MdHR 14386 f. 192 23 March 1824.

Jennings, James. Great Britain. BA Ct. (Nat. Dkt.) 1 1796-1851 MSA C389-1 MdHR 18106 f. 17 #350 7 Sept. 1798. Barnes, p. 63.

Jennings, Laban. England. DI. Res. BC. BC Ct. (Dkt&Mins) 1830 MSA C184-5 MdHR 16662 f. 27 16 June 1830.

Jenrick, John. Germany. NATN. Born in city of Peltz. Decl. intent in Ct. of General Quarter Sessions of Philadelphia 2 March 1813. Wits: Benedict J. Sanders and Jeremiah Fittle. Certificate and report filed. BA Ct. (Nat. Dkt.) 1 1796-1851 MSA C389-1 MdHR 18106 f. 61 4 Oct. 1822.

Jensen, Peter. Denmark. DI. Res. BC. BC Ct. (Dkt&Mins) 1847 MSA C184-10 MdHR 16667 f. 38 15 Oct. 1847.

Jenson, Peter. Denmark. NATN. Decl. intent in BC Ct. 15 Oct. 1847. Wits: James Rodgers and William Cross. O&RA to King of Denmark. BC Ct. (Nat. Rcd.) 10 1849-1851 MSA C229-2 MdHR 18120 f. 40 24 Oct. 1849.

Jespersen, Borck. Denmark. DI. BA Ct. (Minutes, Rough) 1832-1835 MSA C420-1 MdHR 14396-2 ff. 222-223 30 Nov. 1833.

Jespersen, Borck. Denmark. DI. BA Ct. (Minutes) 1832-1838 MS AC386 MdHR 14403 f. 76 30 Nov. 1833.

Jewess, Charles. Republic of Bremen. NATN. Arrived in US under age 18. Wits: Henry Eckle and Charles Schuttze. BA Ct. (Nat. Dkt.) 1 1796-1851 MSA C389-1 MdHR 18106 f. 300 5 Oct. 1847.

Jienger (?), Christian. Prussia. NATN. Decl. intent in US Dist. Ct. 4 Nov. 1830. Res. BC. Wits: Joseph A. Strischkia and Joseph F. Kreager. O&RA to King of Prussia. BC Ct. (Nat. Rcd. of Minors) 2 1832-1836 MSA C237-2 MdHR 18113 f. 227 10 Oct. 1836.

Joe/Jae, John. Bavaria. NATN. Decl. intent in BC Ct. 30 Sept. 1844. Wits: Henry Lenker and George Joseph. O&RA to King of Bavaria. BA Ct. (Nat. Rcd.) 4 1846-1851 MSA C391-2 MdHR 18109 f. 67 13 Oct. 1846.

Joe, John. Bavaria. NATN. Decl. intent in BC Ct. 30 Aug. 1844. Wits: Henry Linker and George Joseph. BA Ct. (Nat. Dkt.) 1 1796-1851 MSA C389-1 MdHR

18106 f. 253 13 Oct. 1846.
Joh, Philip. Grand Dutchy of Baden. NATN. Decl. intent in US Dist. Ct. 10 Oct. 1846. Wits: John Spek and Conrad Hoffman. O&RA to the Grand Duke of Baden. BC Ct. (Nat. Rcd.) 9 1845-1848 MSA C229-1 MdHR 18119 f. 659 10 Oct. 1848.
Johanning, Frederick. Hanover. NATN. Decl. intent in US Dist. Ct. 13 Oct. 1846. Wits: Moritz Schmidt and Henry Middendorf. O&RA to King of Hanover. BC Ct. (Nat. Rcd.) 9 1845-1848 MSA C229-1 MdHR 18119 f. 685 16 Oct. 1848.
Johneson, Henry. Holland. NATN. Born in Amsterdam. Decl. intent in US Dist. Ct. 6 March 1819. Wits: Thomas Warell and Joseph Lane. Certificate and report filed. BA Ct. (Nat. Dkt.) 1 1796-1851 MSA C389-1 MDHR 18106 f. 68 10 May 1824.
Johnson, Andrew. Denmark. DI. BA Ct. (Minutes) 1822-1826 MSA C386-12 MdHR 14386 f. 230 1 Nov. 1824.
Johnson, Arthur J. Ireland. NATN. Arrived in US under age 18. Wits: Henry Moore and James Johnson. BA Ct. (Nat. Dkt.) 1 1796-1851 MSA C389-1 MdHR 18106 f. 290 13 Oct. 1846.
Johnson, Arthur Y. Ireland. NATN. Arrived in US 3 yrs. prior to age 21. Res. US for 5 yrs., including 3 of minority. Res. MD over 1 yr. Wits: Henry Moore and Jane Johnson. O&RA to Queen of UK. BA Ct. (Nat. Rcd. of Minors) 3 1846-1851 MSA C392-1 MdHR 18110 f. 16 13 Oct. 1846.
Johnson, Frederick. Ireland. NATN. Born in Co. of Donegal. Decl. intent in US Dist. Ct. 28 April 1819. Wits: Neal McFaden and Adam Virtue. Certificate and report filed. BA Ct. (Nat. Dkt.) 1 1796-1851 MSA C389-1 MdHR 18106 f. 82 1 Oct. 1824.
Johnson, George Christopher. Norway (Kingdom of Sweden). NATN. Decl. intent in open court. Arrived in US 3 yrs. prior to age 21. Res. US for 5 yrs., including 3 of minority. Res. MD over 1 yr. Res. BC. Wits: Peter Hilditch and John Brown. Takes oath and forswears alleg. to "the Crown Prince of Sweden". BC Ct. (Nat. Rcd. of Minors) 2 1832-1836 MSA C237-2 MdHR 18113 f. 68 14 Sept. 1833.
Johnson, George C. England. NATN. Res. US 14 April 1802 - 18 June 1812. Res. BC. Wits: William Johnson and Alexander Waters. O&RA to King of UK. BC Ct. (Nat. Rcd. of Minors) 2 1832-1836 MSA C237-2 MdHR 18113 ff. 131-132 4 Oct. 1834.
Johnson, Henry. Prussia. DI. Res. BC. BC Ct. (Dkt&Mins) 1846 MSA C184-9 MdHR 16666 f. 11 10 April 1846.
Johnson, Hiram. Ireland. DI. Res. BC. BC Ct. (Dkt&Mins) 1841 MSA C184-8 MdHR 16665 f. 27 20 July 1841.
Johnson, Isaac. Ireland. NATN. Decl. intent in US Dist. Ct. 1 Oct. 1830. Res. BC. Wits: Townsend Scott and Samuel Rankin. O&RA to King of UK. BC Ct. (Nat. Rcd. of Minors) 2 1832-1836 MSA C237-2 MdHR 18113 f. 31 1 Oct. 1834.
Johnson, James. England. DI. BA Ct. (Minutes) 1815-1820 MSA C386-11 MdHR 14381 f. 378 1 June 1820.
Johnson, James. Ireland. Res. 1798 - 1802. BA Ct. (Nat. Dkt.) 1 1796-1851 MSA C389-1 MdHR 18106 f. 53 29 Sept. 1821.
Johnson, James. England. BA Ct. (Nat. Dkt.) 1 1796-1851 MSA C389-1 MdHR 18106 f. 9 #177 11 Nov. 1797. Barnes, p. 61.
Johnson, James. Ireland. DI. BA Ct. (Minutes) 1846-1851 MSA C386-16 MdHR 14405 f. 17 23 Oct. 1846.
Johnson, James. Ireland. DI. BA Ct. (Minutes) 1846-1851 MSA C386-17 MdHR 14405 f. 17 23 Oct. 1846.
Johnson, James. Ireland. DI. BA Ct. (Minutes, Rough) 1845-1851 MSA C420-3 MdHR 14401 f. 109 23 Oct. 1846.
Johnson, John. Sweden. NATN. Arrived in the US prior to 18 June 1812. Wits:

John Johnson and William J. Collins. BA Ct. (Nat. Dkt.) 1 1796-1851 MSA C389-1 MdHR 18106 f. 153 8 Nov. 1828.

Johnson, John. Ireland. NATN. Born in Co. of Tyrone. Arrived in the US prior to 18 June 1812. Wits: Francis Murray and Daniel Sprinkle. BA Ct. (Nat. Dkt.) 1 1796-1851 MSA C389-1 MdHR 18106 f. 154 8 Nov. 1828.

Johnson, John. Holland. BA Ct. (Nat. Dkt.) 1 1796-1851 MSA C389-1 MdHR 18106 f. 40 #800 18 Nov. 1811.

Johnson, Joseph. Ireland. NATN. Born in Co. of Antrim. Decl. intent in BA Ct. 23 Sept. 1823. Wits: Robert Howard and Edward Griffith. Certificate and report filed. BA Ct. (Nat. Dkt.) 1 1796-1851 MSA C389-1 MdHr 18106 f. 74 24 Sept. 1824.

Johnson, Joseph. Ireland. DI. BA Ct. (Minutes) 1822-1826 MSA C386-12 MdHR 14386 f. 19 23 Sept. 1822.

Johnson, Lauritz Peter. Denmark. DI. BC Ct. (Dkt&Mins) 1849 MSA C184-11 MdHR 16668 f. 30 15 Nov. 1849.

Johnson, Matthew. England. BA Ct. (Nat. Dkt.) 1 1796-1851 MSA C389-1 MdHR 18106 f. 24 #469 22 July 1803. Noted under Criminal Ct. Barnes, p. 65.

Johnson, Neville. England. NATN. Decl. intent in US Dist. Ct. 2 Oct. 1847. Wits: John Madeira and Alexander R. Madeira. O&RA to Queen of UK. BC Ct. (Nat. Rcd.) 10 1849-1851 MSA C229-2 MdHR 18120 f. 33 2 Oct. 1849.

Johnson, Peter. Sweden. BA Ct. (Nat. Dkt.) 1 1796-1851 MSA C389-1 MdHR 18106 f. 31 #595 27 May 1805.

Johnson, Peter. Prussia. Decl. intent 4 Sept. 1811 in US Dist. Ct. . BA Ct. (Nat. Dkt.) 1 1796-1851 MSA C389-1 MdHR 18106 f. 45 29 Sept. 1815.

Johnson, Peter. Sweden. BA Ct. (Nat. Dkt.) 1 1796-1851 MSA C389-1 MdHR 18106 f. 40 #793 2 Oct. 1811.

Johnson, Robert. Kingdom of Holland. BA Ct. (Nat. Dkt.) 1 1796-1851 MSA C389-1 MdHR 18106 f. 38 #747 17 June 1809.

Johnson, Thomas. Ireland. NATN. Decl. intent in BC Ct. 19 Sept. 1844. Wits: John Loftus and Jon Crockland. O&RA to Queen of UK. BC Ct. (Nat. Rcd.) 9 1845-1848 MSA C229-1 MdHR 18119 f. 152 5 Oct. 1846.

Johnson, William John. Ireland. NATN. Decl. intent in US Dist. Ct. 27 Sept. 1844. Wits: Thomas Brown and Samuel Russell. O&RA to Queen of UK. BC Ct. (Nat. Rcd.) 10 1849-1851 MSA C229-2 MdHR 18120 f. 23 1 Oct. 1849.

Johnson, William. Great Britain. DI. BA Ct. (Minutes) 1815-1820 MSA C386-11 MdHR 14381 f. 6 20 April 1815.

Johnston, Henry. Republic of Bremen. NATN. Arrived in US 3 yrs. prior to age 21. Res. US for 5 yrs., including 3 of minority. Res. MD over 1 yr. Wits: John Troutfelter and Edward Seiter. O&RA to the Republic of Bremen. BC Ct. (Nat. Rcd. of Minors) 3 1845-1851 MSA C237-3 MdHR 18114-1 f. 108 29 Sept. 1848.

Johnston, James. Ireland. NATN. Decl. intent in US Dist. Ct. 30 Sept. 1845. Wits: David McGraw and Henry McKeoun. O&RA to Queen of UK. BC Ct. (Nat. Rcd.) 9 1845-1848 MSA C229-1 MdHR 18119 f. 322 2 Oct. 1847.

Johnston, James. Ireland. NATN. Arrived in US 3 yrs. prior to age 21. Res. US for 5 yrs., including 3 of minority. Res. MD over 1 yr. Wits: William Whiteside and John Mulgrew. O&RA to Queen of UK. BC Ct. (Nat. Rcd. of Minors) 3 1845-1851 MSA C237-3 MdHR 18114-1 f. 276 8 Oct. 1850.

Johnston, John M. England. NATN. Res. BC. Decl. intent in BC Ct. 5 Jan. 1843. Wits: John N. Murphy and Richard Coupland. O&RA to Queen of UK. BC Ct. (Nat. Rcd.) 9 1845-1848 MSA C229-1 MdHR 18119 f. 4 2 April 1845.

Johnston, William. Ireland. NATN. Res. BC. Res. US 14 April 1802 - 18 June 1812. Wits: James Johnston and John Rogers. O&RA to King of UK. BC Ct. (Nat. Rcd. of Minors) 1 1827-1832 MSA C229-1 MdHR 18112 f. 62-63 21 Aug. 1828.

Johnston, William. Ireland. NATN. Decl. intent in US Circ. Ct. 15 Oct. 1844. Wits: Arthur Thompson and Robert Samuel. O&RA to Queen of UK. BA Ct. (Nat. Rcd.) 4 1846-1851 MSA C391-2 MdHR 18109 f. 201 5 Oct. 1847.

Johnston, William. Ireland. NATN. Decl. intent in US Circ. Ct. 15 Oct. 1844. Wits: Arthur Thompson and Robert Hanwell. BA Ct. (Nat. Dkt.) 1 1796-1851 MSA C389-1 MdHR 18106 f. 309 5 Oct. 1847.
Jolly, Claude. France. BA Ct. (Nat. Dkt.) 1 1796-1851 MSA C389-1 MdHR 18106 f. 28 #533 30 June 1804. Civil Ct.
Jones, David. Ireland. NATN. Decl. intent in US Dist. Ct. 3 June 1848. Wits: David Williams and William Smith. O&RA to Queen of UK. BC Ct. (Nat. Rcd.) 10 1849-1851 MSA C229-2 MdHR 18120 f. 71 28 Sept. 1850.
Jones, David. England. DI. BA Ct. (Minutes) 1846-1851 MSA C386-16 MdHR 14405 f. 129 12 Oct. 1848.
Jones, David. Wales. DI. BA Ct. (Minutes, Rough) 1845-1851 MSA C420-3 MdHR 14401 f. 255 12 Oct. 1848.
Jones, David. Wales. DI. BA Ct. (Minutes) 1846-1851 MSA C386-17 MdHR 14405 f. 129 12 Oct. 1848.
Jones, Elizabeth. England. NATN. Arrived in the US prior to 14 April 1802. Wits: Francis Coats and Thomas Galloway. BA Ct. (Nat. Dkt.) 1 1796-1851 MSA C389-1 MDHR 18106 f. 128 7 April 1828.
Jones, Elizabeth. England. BA Ct. (Nat. Dkt.) 1 1796-1851 MSA C389-1 MdHR 18106 f. 46 21 Oct. 1815.
Jones, Evan. England. BA Ct. (Nat. Dkt.) 1 1796-1851 MSA C389-1 MdHR 18106 f. 33 #650 10 Oct. 1806.
Jones, Francis. Bermuda. NATN. Decl. intent in BC Ct. 25 Aug. 1831. Res. BC. Wits: John Bach and George F.M. Bell. O&RA to King of UK. BC Ct. (Nat. Rcd. of Minors) 2 1832-1836 MSA C237-2 MdHR 18113 f. 101 27 Sept. 1834.
Jones, James. England. NATN. Born in South Wales. Decl. intent in BA Ct. Sept. term 1825. Wits: Shadrack Hurst and Arlhain Hurst. BA Ct. (Nat. Dkt.) 1 1796-1851 MSA C389-1 MDHR 18106 f. 125 14 Nov. 1827.
Jones, James. England. DI. BA Ct. (Misc. Ct. Papers) MSA C1-60 MdHR 50206-792 unnumbered 1825 item 18 Oct. 1825.
Jones, James. England. Report and registration. Noted as age 36. Born in South Wales. Res. BC. Wits: Benedict Hursh and William Hursh. BA Ct. (Misc. Ct. Papers) MSA C1-60 MdHR 50206-792 1825 item 357 18 Oct. 1825.
Jones, James. England. DI. BA Ct. (Minutes) 1822-1826 MSA C386-12 MdHR 14386 f. 335 18 Oct. 1825.
Jones, John. Scotland. BA Ct. (Nat. Dkt.) 1 1796-1851 MSA C389-1 MdHR 18106 f. 26 #503 15 March 1804. Civil Ct.
Jones, John. England. BA Ct. (Nat. Dkt.) 1 1796-1851 MSA C389-1 MdHR 18106 f. 36 #708 24 May 1808.
Jones, John. Great Britain. BA Ct. (Nat. Dkt.) 1 1796-1851 MSA C389-1 MdHR 18106 f. 16 #331 23 Aug. 1798. Barnes, p. 4.
Jones, Joseph. Wales. NATN. Decl. intent in open court. Arrived in US 3 yrs. prior to age 21. Res. US for 5 yrs., including 3 of minority. Res. MD over 1 yr. Res. BC. Wits: Mark Fresman and John Graham. O&RA to King of UK. BC Ct. (Nat. Rcd. of Minors) 2 1832-1836 MSA C237-2 MdHR 18113 ff. 107-108 1 Oct. 1834.
Jones, Peter. Denmark. NATN. Decl. intent in BC Ct. Feb. 1829. Born in city of Flanesburg. Wits: Thomas Phillips and Charles Carron. BA Ct. (Nat. Dkt.) 1 1796-1851 MSA C389-1 MdHR 18106 f. 165 5 April 1831.
Jones, Richard E. England. NATN. Res. 1798 - 1802. BA Ct. (Nat. Dkt.) 1 1796-1851 MSA C389-1 MdHR 18106 f. 58 24 Sept. 1822.
Jones, Richard. Great Britain. BA Ct. (Nat. Dkt.) 1 1796-1851 MSA C389-1 MdHR 18106 f. 7 #127 18 Aug. 1797. Barnes, p. 60.
Jones, Robert. Wales. DI. BA Ct. (Minutes, Rough) 1832-1835 MSA C420-1 MdHR 14396-2 f. 146 24 Nov. 1832.
Jones, Roger. England. BA Ct. (Nat. Dkt.) 1 1796-1851 MSA C389-1 MdHR 18106 f. 33 #649 10 Oct. 1806.
Jones, Samuel. England. DI; refers to petition in appearance bundle. BA Ct. (Nat. Dkt.) 1 1796-1851 MSA C389-1 MdHR 18106 f. 33 23 March 1807
Jones, Samuel. Ireland. NATN. Decl. intent in BA Ct. 25 March 1807. BA Ct.

199

(Nat. Dkt.) 1 1796-1851 MSA C389-1 MdHR 18106 f. 40 #783 9 April 1811.
Jones, Samuel. (Country of origin not given; Great Britain?). Noted as having applied to become a citizen. See minutes for oath. BA Ct. (Nat. Dkt.) 1 1796-1851 MSA C389-1 MdHR 18106 f. 34 #666 March 1807.
Jones, Samuel. UK. DI. BA Ct. (Minutes) 1806-1809 MSA C386-9 MdHR 14372 f. 88 23 March 1807.
Jones, Thomas B. England. NATN. "Born in the Island of Bermuda in England." Decl. intent in BA Ct. 16 April 1828. Wits: James Douman and Thomas Linten. BA Ct. (Nat. Dkt.) 1 1796-1851 MSA C389-1 MdHR 18106 f. 161 2 Sept. 1830. Tepper, p. 314.
Jones, Thomas B. England. DI. BA Ct. (Minutes) 1827-1830 MSA C386-13 MdHR 14391 f. 162 16 April 1828.
Jones, Thomas. England. BA Ct. (Nat. Dkt.) 1 1796-1851 MSA C389-1 MdHR 18106 f. 33 #646 10 Oct. 1806.
Jones, William. England. BA Ct. (Nat. Dkt.) 1 1796-1851 MSA C389-1 MdHR 18106 f. 33 #652 11 Oct. 1806.
Jordan, John Henry. Prussia. NATN. Decl. intent in US Dist. Ct. 13 Sept. 1844. Wits: Berthold Bernhold and Bernard Nufsel/Nussel. O&RA to King of Prussia. BC Ct. (Nat. Rcd.) 9 1845-1848 MSA C229-1 MdHR 18119 f. 388 4 Oct. 1847.
Jordan, Levi. Bavaria. NATN. Decl. intent in US Circ. Ct. 1 June 1844. Wits: Henry Baum and Emanuel Weinman. O&RA to King of Bavaria. BA Ct. (Nat. Rcd.) 4 1846-1851 MSA C391-2 MdHR 18109 f. 236 30 Sept. 1848.
Jordan, Nicholas. England. NATN. Res. BC. Arrived in the US 3 yrs. prior to age 21. Res. US for 5 yrs., including 3 of minority. Res. MD over 1 yr. Wits: William Carrigan and James Carrigan. O&RA to King of UK. BC Ct. (Nat. Rcd. of Minors) 1 1827-1832 MSA C237-1 MdHR 18112 f. 207 3 Nov. 1828.
Jorden, Jr. Frederick. Grand Dutchy of Gothenburg. NATN. Decl. intent in US Circ. Ct. 10 May 1820. Wits: George H. Urmmell and John George Schleich. Certificate and report filed. BA Ct. (Nat. Dkt.) 1 1796-1851 MSA C389-1 MdHR 18106 f. 70 20 Sept. 1824.
Josehanse, Charles Christopher. Germany. NATN. Decl. intent in BC Ct. 14 Oct. 1842. Profession: Butcher (1850 Census). Res. BC, 18th Ward in 1850 Census. Wits: Thomas Rush and George Stein. O&RA to the Emperor of Germany. BA Ct. (Nat. Rcd.) 4 1846-1851 MSA C391-2 MdHR 18109 f. 67 13 Oct. 1846.
Josenhaus, Charles Christopher. Germany. NATN. Decl. intent in BC Ct. 14 Oct. 1842. Wits: Thomas Rush and George Stein. BA Ct. (Nat. Dkt.) 1 1796-1851 MSA C389-1 MdHR 18106 f. 253 13 Oct. 1846.
Joseph, Emanuel. Portugal. DI. Res. BC. BC Ct. of O&T&GD (Dkt&Mins) 1816 MSA C183-9 MdHR 16657 (unpaginated) 15 Aug. 1816.
Joseph, Jr. Frederick. Grand Dutchy of Baden. NATN. Arrived in US under age 18. Wits: Joseph Frederick and Jacob Kritman. BA Ct. (Nat. Dkt.) 1 1796-1851 MSA C389-1 MdHR 18106 f. 288 13 Oct. 1846.
Joseph, William. Ireland. NATN. Decl. intent in US Dist. Ct. 5 Oct. 1843. Wits: James Harman and Walter Frazier. O&RA to Queen of UK. BA Ct. (Nat. Rcd.) 4 1846-1851 MSA C391-2 MdHR 18109 f. 112 13 Oct. 1846.
Joseph, William,. Ireland. NATN. Decl. intent in US Dist. Ct. 5 Oct. 1843. Wits: James Harman and Walter Frazier. BA Ct. (Nat. Dkt.) 1 1796-1851 MSA C389-1 MdHR 18106 f. 267 13 Oct. 1846.
Joung, Frederick. Grand Dutchy of Baden. NATN. Decl. intent in US Circ. Ct. 2 Oct. 1844. Wits: Michael Joung and Peter Trinelieb. O&RA to the Grand Duke of baden. BA Ct. (Nat. Rcd.) 4 1846-1851 MSA C391-2 MdHR 18109 f. 268 3 Oct. 1848.
Joung, Frederick. Grand Dutchy of Baden. NATN. Decl. intent in US Circ. Ct. 2 Oct. 1844. Wits: Michael Jermg (?) and Peter Truelieb. BA Ct. (Nat. Dkt.) 1

1796-1851 MSA C389-1 MdHR 18106 f. 338 3 Oct. 1848.
Jourdan, Frederick. Germany. DI. Res. BC. Ren. alleg. to the Emperor of Germany BC Ct. of O&T&GD (Dkt&Mins) 1812 MSA C183-7 MdHR 16655 f. 43 3 Aug. 1812.
Juder(?)/Juden, John. England. BA Ct. (Nat. Dkt.) 1 1796-1851 MSA 389-1 MdHR 18106. f. 22 #454 12 April 1803. Barnes, p. 65.
Judge, James. England. DI. BA Ct. (Minutes, Rough) 1836-1844 MSA C420-2 MdHR 14398 f. 47 19 Nov. 1836.
Judge, James. England. DI. BA Ct. (Minutes) 1832-1838 MSA C386 MdHR 14403 f. 216 19 Nov. 1836.
Judkin, Andrew F. France. NATN. Res. US 14 April 1802 - 18 June 1812. Res. BC. Wits: George Stewart and John Hursh. O&RA to King of French. BC Ct. (Nat. Rcd. of Minors) 1832-1836 MSA C237-2 MdHR 18113 f. 131 4 Oct. 1834.
Juedefield (?), John. Saxony. NATN. Arrived in the US prior to 18 June 1812. Wits: Philip Uhler and John Harman. BA Ct. (Nat. Dkt.) 1 1796-1851 MSA C389-1 MdHR 18106 f. 149 5 Nov. 1828.
Jung, David. Bavaria. DI. BC Ct. (Dkt&Mins) 1849 MSA C184-11 MdHR 16668 f. 32 4 Jan. 1850.
Jung, Johan A. A. Prussia. NATN. Decl. intent in US Circ. Ct. 8 Oct. 1844. Wits: Bernard Evering and Henry Torborg. BA Ct. (Nat. Dkt.) 1 1796-1851 MSA C389-1 MdHR 18106 f. 331 2 Oct. 1848.
Jung, Johan A. A. Prussia. NATN. Decl. intent in US Circ. Ct. 8 Oct. 1844. Wits: Bernard Evering and Henry Torborg. O&RA to King of Prussia. BA Ct. (Nat. Rcd.) 4 1846-1851 MSA C391-2 MdHR 18109 f. 251 2 Oct. 1848.
Jurgans, John. Prussia. NATN. Decl. intent in US Dist. Ct. 30 Sept. 1844. Wits: Anton Kloke/Klohe and Joseph Gronigis. O&RA to King of Prussia. BC Ct. (Nat. Rcd.) 9 1845-1848 MSA C229-1 MdHR 18119 f. 141 5 Oct. 1846.
Kaase, Frederick. Hanover. NATN. Decl. intent in US Dist. Ct. 24 Aug. 1842. Witness: Charles A. Letmate. O&RA to King of Hanover. BC Ct. (Nat. Rcd.) 9 1845-1848 MSA C229-1 MdHR 18119 f. 7 27 May 1845.
Kabllfeisch (?), Conrad. Electorate of Hesse-Cassell. NATN. Decl. intent in US Dist. Ct. 20 Sept. 1844. Wits: John Bauns and Frederick Kepmeyer. O&RA to the Elector of Hesse-Cassel. BC Ct. (Nat. Rcd.) 9 1845-1848 MSA C229-1 MdHR 18119 f. 140 5 Oct. 1846.
Kaefal, Nicholas. Germany. BA Ct. (Nat. Dkt.) 1 1796-1851 MSA C389-1 MdHR 18106 f. 17 #362 11 Sept. 1798. Barnes, p. 64.
Kafman, Joseph. Dutchy of Brein. NATN. Decl. intent in BC Ct. 1 Aug. 1844. Wits: Wilhelm Betts and Alexander Gold. BC Ct. (Nat. Dkt.) 1 1796-1851 MSA C389-1 MdHR 18106 f. 253 13 Oct. 1846.
Kafmann, Joseph. Kingdom of Bian. NATN. Decl. intent in BC Ct. 1 Aug. 1844. Wits: William Betts and Alexander Gald. O&RA to King of Bian. BA Ct. (Nat. Rcd.) 4 1846-1851 MSA C391-2 MdHR 18109 f. 68 13 Oct. 1846.
Kahler, Adam. Bavaria. NATN. Native of Franstein. Arrived in US 3 yrs. prior to age 21. Res. US for 5 yrs., including 3 of minority. Res. MD over 1 yr. Witness: Henry Wentz. O&RA to King of Bavaria. MD State Archives (Special Collections) MSA SC493-2 Backer Collection 18 Sept. 1838.
Kahler, Adam. Bavaria. NATN. Native of village of Franstein. Arrived in US 3 yrs. prior to age 21. Res. US for 5 yrs., including 3 of minority. Res. MD for 1 yr. Witness: Henry Wentz. O&RA to King of Bavaria. Recorded in BC Ct. 18 Sept. 1838. Special Collections (Backer Collection) MSA SC 493-2.
Kahler, Jacob. Bavaria. NATN. Decl. intent in BC Ct. 6 Aug. 1844. Wits: Adam Kehler and John Gibson. O&RA to King of Bavaria. BC Ct. (Nat. Rcd.) 9 1845-1848 MSA C229-1 MdHR 18119 f. 503 10 June 1848.
Kahler, William. Germany. DI. BC Ct. (Dkt&Mins) 1847 MSA C184-10 MdHR 16667 f. 33 21 Sept. 1847.
Kahlert, Charles. Prussia. NATN. Arrived in US 3 yrs. prior to age 21. Res. US

for 5 yrs., including 3 of minority. Res. MD over 1 yr. Wits: Anton Mechan and Peter Touleib. O&RA to King of Prussia. BC Ct. (Nat. Rcd. of Minors) 3 1845-1851 MSA C237-3 MdHR 18114-1 f. 320 31 Oct. 1851.
Kahlert, George Christoph. Germany. DI. Res. BC. BC Ct. (Dkt&Mins) 1847 MSA C184-10 MdHR 16667 f. 9 11 March 1847.
Kahn, Nathan. Germany. DI. Res. BC. BC Ct. (Dkt&Mins) 1846 MSA C184-9 MdHR 16666 f. 38 24 Sept. 1846.
Kain, Patrick. Ireland. NATN. Decl. intent in US Dist. Ct. 27 Sept. 1844. Wits: Patrick Bradley and Patrick Keney. O&RA to Queen of UK. BC Ct. (Nat. Rcd.) 9 1845-1848 MSA C229-1 MdHR 18119 f. 797 4 Nov. 1848.
Kalb, Jacob. Grand Dutchy of Baden. NATN. Decl. intent in US Circ. Ct. 30 Sept. 1844. Wits: Henry Baddel and Augustus Slugu (?). O&RA to the Grand Duke of Baden. BC Ct. (Nat. Rcd.) 9 1845-1848 MSA C229-1 MdHR 18119 f. 670 10 Oct. 1848.
Kamiensky, John Christopher. Germany. BA Ct. (Nat. Dkt.) 1 1796-1851 MSA C389-1 MdHR 18106 f. 27 #515 7 June 1804. Civil Ct.
Kamp, John Folnau. Germany. DI. BC Ct. (Dkt&Mins) 1846 MSA C184-9 MdHR 16666 f. 40 10 Oct. 1846.
Kampe, John Frederick. Hanover. NATN. Arrived in US under age 18. Wits: William Hayes and Michael Volker. BA Ct. (Nat. Dkt.) 1 1796-1851 MSA C389-1 MdHR 18106 f. 300 5 Oct. 1847.
Kane, Dakelan. Ireland. NATN. Decl. intent in US Dist. Ct. 6 Aug. 1849. Witness: Bernard McFeely. O&RA to Queen of UK. BC Ct. (Nat. Rcd.) 10 1849-1851 MSA C229-2 MdHR 18120 f. 280 6 Sept. 1851.
Kane, Henry. Ireland. NATN. Decl. intent in BC Ct. 7 Sept. 1831. Res. BC. Wits: William Shipley and Ely R.Palmer. O&RA to King of UK. BC Ct. (Nat. Rcd. of Minors) 2 1832-1836 MSA C237-2 MdHR 18113 ff. 66-67 14 Sept. 1833.
Kane, Jacob/John (?) M. Ireland. BA Ct. (Nat. Dkt.) 1 1796-1851 MSA C389-1 MdHR 18106 f. 22 #435 1 Jan. 1803. Barnes, p. 65.
Kane, Michael. Ireland. NATN. Decl. intent in US Circ. Ct. 30 Sept. 1844. Wits: Michael Harley and Michael Horn. BA Ct. (Nat. Dkt.) 1 1796-1851 MSA C389-1 MdHR 18106 f. 248 10 Oct. 1846.
Kane, Micheal. Ireland. NATN. Decl. intent in US Circ. Ct. 30 Sept. 1844. Wits: Michael Hurley and Michael Horn. O&RA to Queen of UK. BA Ct. (Nat. Rcd.) 4 1846-1851 MSA C391-2 MdHR 18109 f. 51 10 Oct. 1846.
Kane, Patrick. Ireland. NATN. Decl. intent in BC Ct. 14 Oct. 1843. Wits: James McGibney and Richard McCancay. O&RA to Queen of UK. BA Ct. (Nat. Rcd.) 4 1846-1851 MSA C391-2 MdHR 18109 f. 68 13 Oct. 1846.
Kane, Patrick. Ireland. NATN. Decl. intent in BC Ct. 14 Oct. 1843. Wits: James McGibney and Richard McCauley. BA Ct. (Nat. Dkt.) 1 1796-1851 MSA C389-1 MdHR 18106 f. 253 13 Oct. 1846.
Kane, Thomas. Ireland. NATN. Decl. intent in US Circ. Ct. 29 Sept. 1849. Wits: James Quinn and Peter Quinn. BA Ct. (Nat. Dkt.) 1 1796-1851 MSA C389-1 MdHR 18106 f. 389 4 Nov. 1851.
Kane, Thomas. Ireland. NATN. Decl. intent in US Circ. Ct. 29 Sept. 1849. Wits: James Quinn and Peter Quinn. O&RA to Queen of UK. BA Ct. (Nat. Rcd.) 4 1846-1851 MSA C391-2 MdHR 18109 f. 392 4 Nov. 1851.
Kane, Thomas. Ireland. NATN. Decl. intent in US Circ. Ct. 26 Sept. 1849. Wits: James Quinn and Peter Quinn. BA Ct. (Nat. Dkt.) 1 1796-1851 MSA C389-1 MdHR 18106 f. 389 4 Nov. 1851.
Kangler, Charles. Bavaria. NATN. Arrived in US 3 yrs. prior to age 21. Res. US for 5 yrs., including 3 of minority. Res. MD over 1 yr. Wits: Adam Treush and John Klielem. O&RA to King of Bavaria. BC Ct. (Nat. Rcd. of Minors) 3 1845-1851 MSA C237-3 MdHR 18114-1 f. 163 31 Oct. 1848.
Kanter, Meyer. Grand Dutchy of Baden. NATN. Decl. intent in BC Ct. 21 Sept. 1844. Wits: Marcus Polack and Moses Oetinger. O&RA to King of Bavaria. BC Ct. (Nat. Rcd.) 9 1845-1848 MSA C229-1 MdHR 18119 f. 237 18 Sept. 1847.

Kaper, Franz. Grand Dutchy of Oldenburg. NATN. Decl. intent in US Circ. Ct. 20 May 1844. Wits: Micheal Emrine and Charles A. Masterman. O&RA to the Grand Duke of Oldenburg. BA Ct. (Nat. Rcd.) 4 1846-1851 MSA C391-2 MdHR 18109 f. 11 5 Oct. 1846.

Kararn, Thomas. Ireland. DI. BA Ct. (Minutes) 1822-1826 MSA C386-12 MdHR 14386 f. 220 29 Sept. 1824.

Karcher, Jacob. Grand Dutchy of Baden. DI. BC Ct. (Dkt&Mins) 1846 MSA C184-9 MdHR 16666 f. 40 16 Oct. 1846.

Karlhaus, Frederick William. Germany. BA Ct. (Nat. Dkt.) 1 1796-1851 MSA C389-1 MdHR 18106 f. 44 #844 14 April 1814.

Karnes, John. Ireland. NATN. Decl. intent in US Dist. Ct. 29 Aug. 1848. Wits: Edward Karnes and John McMahon. O&RA to Queen of UK. BC Ct. (Nat. Rcd.) 10 1849-1851 MSA C229-2 MdHR 18120 f. 105 30 Sept. 1850.

Karney, John. Ireland. NATN. Decl. intent in US Circ. Ct. 25 Sept. 1844. Wits: Mallherr McElroy and John Whitten. O&RA to Queen of UK. BA Ct. (Nat. Rcd.) 4 1846-1851 MSA C391-2 MdHR 18109 f. 41 6 Sept. 1846.

Karr, John. Ireland. NATN. Decl. intent in BC Ct. 24 Sept. 1844. Wits: John Duffy and William Harrison. O&RA to Queen of UK. BA Ct. (Nat. Rcd.) 4 1846-1851 MSA C391-2 MdHR 18109 f. 14 6 Oct. 1846.

Karr, John. Ireland. NATN. Decl. intent in BC Ct. 24 Sept. 1844. Wits: John Diffley and William Harrison. BA Ct. (Nat. Dkt.) 1 1796-1851 MSA C389-1 MdHR 18106 f. 235 6 Oct. 1846.

Karrney, Andrew. Ireland. DI. Res. BC. BC Ct. (Dkt&Mins) 1839 MSA C184-6 MdHR 16663 f. 15 22 April 1839.

Kastner, Nicholas. Bavaria. NATN. Decl. intent in US Circ. Ct. 23 April 1849. Wits: Martin Hoffnagle and Peter Cashman. BA Ct. (Nat. Dkt.) 1 1796-1851 MSA C389-1 MdHR 18106 f. 382 30 Sept. 1851.

Kastner, Nicholas. Bavaria. NATN. Decl. intent in US Circ. Ct. 23 April 1847. Wits: Martin Hoffnagle and Peter Cashmere. O&RA to King of Bavaria. BA Ct. (Nat. Rcd.) 4 1846-1851 MSA C391-2 MdHR 18109 f. 372 30 Sept. 1851.

Kater/Kates, James. Scotland. NATN. Born in city of Edinburgh. Decl. intent in US Dist. Ct. 4 Sept. 1822. Wits: Anthony Tall and Matthew Murray. Certificate and report filed. BA Ct. (Nat. Dkt.) 1 1796-1851 MSA C389-1 MdHR 18106 f. 87 1 Nov. 1824.

Katz, John. Bremen. NATN. Decl. intent in US Circ. Ct. 2 Oct. 1844. Wits: Richard Hall and W. Kent Hall. O&RA to the Republic of Bremen. BA Ct. (Nat. Rcd.) 4 1846-1851 MSA C391-2 MdHR 18109 f. 201 5 Oct. 1847.

Katz, John. Bremen. NATN. Decl. intent in US Circ. Ct. 2 Oct. 1844. Wits: Richard Hall and W. Kent Hall. BA Ct. (Nat. Dkt.) 1 1796-1851 MSA C389-1 MdHR 18106 f. 309 5 Oct. 1847.

Katz, Marcus. Grand Dutchy [Electorate] of Hesse-Cassell. DI. BC Ct. (Dkt&Mins) 1849 MSA C184-11 MdHR 16668 f. 26 29 Sept. 1849.

Kaufman, Frederick. Bavaria. NATN. Decl. intent in US Circ. Ct. 9 Sept. 1844. Wits: Adam Biddle and Joseph Kaufman. O&RA to King of Bavaria. BA Ct. (Nat. Rcd.) 4 1846-1851 MSA C391-2 MdHR 18109 f. 113 10 Oct. 1846.

Kaufman, Frederick. Bavaria. NATN. Decl. intent in US Circ. Ct. 9 Sept. 1844. Wits: Adam Riddle and Joseph Kauffman. BA Ct. (Nat. Dkt.) 1 1796-1851 MSA C389-1 MdHR 18106 f. 267 13 Oct. 1846.

Kavanagh, Thomas. Ireland. NATN. Decl. intent in US Dist. Ct. 26 Oct. 1846. Wits: Martin Neal and Patrick Murray. O&RA to Queen of UK. BC Ct. (Nat. Rcd.) 9 1845-1848 MSA C229-1 MdHR 18119 f. 761 2 Nov. 1848.

Kay, James. England. NATN. Decl. intent in open court. Arrived in US 3 yrs. prior to age 21. Res. US for 5 yrs., including 3 of minority. Res. MD over 1 yr. Res. BC. Wits: John Chadwick and James Amor. O&RA to Queen of UK. BA Ct. (Nat. Rcd.) 2 1832-1846 MSA C391-1 MdHR 18108 f. 84 14 Oct. 1840.

Kayser, Herman Heinrich. Hanover. DI. BA Ct. (Minutes, Rough) 1836-1844 MSA

C420-2 MdHR 14398 f. 137 10 Sept. 1838.

Keady, John. Ireland. NATN. Decl. intent in open ct. Arrived in US 3 yrs. prior to age 21. Res. US for 5 yrs., including 3 of minority. Res. MD for 1 yr. Res. BC. Wits: William Boyd and John Dougherty. O&RA to Queen of UK. BA Ct. (Nat. Rcd.) 2 1832-1846 MSA C391-1 MdHR 18108 f. 112 19 Oct. 1844.

Keagen, James. Ireland. NATN. Decl. intent in BC Ct. 13 Sept. 1844. Wits: Richard Garrett and Michael Conner. O&RA to Queen of UK. BC Ct. (Nat. Rcd.) 9 1845-1848 MSA C229-1 MdHR 18119 f. 154 5 Oct. 1846.

Kean, John. Ireland. BA Ct. (Nat. Dkt.) 1 1796-1851 MSA C389-1 MdHR 18106 f. 28 #530 25 June 1804. Civil Ct.

Kean, Laurence. Ireland. DI. Res. BC. BC Ct. (Dkt&Mins) 1846 MSA C184-9 MdHR 16665 f. 5 15 Jan. 1846.

Kean, Thomas. England. BA Ct. (Nat. Dkt.) 1 1796-1851 MSA C389-1 MdHR 18106 f. 13 #257 20 Jan. 1798. Barnes, p. 62.

Kearney, Andrew. Ireland. NATN. Decl. intent in US Dist. Ct. 27 March 1848. Wits: Patrick Kane and Patrick Kearney. O&RA to Queen of UK. BC Ct. (Nat. Rcd.) 10 1849-1851 MSA C229-2 MdHR 18120 f. 87 30 Sept. 1850.

Kearney, John. Ireland. NATN. Decl. intent in Augusta Co. (VA) Ct. 21 May 1844. Wits: Gabriel Cawford and James Crichand. BA Ct. (Nat. Dkt.) 1 1796-1851 MSA C389-1 MdHR 18106 f. 369 1 Oct. 1849.

Kearry, Thomas. England. DI. BA Ct. (Minutes, Rough) 1836-1844 MSA C420-2 MdHR 14398 ff. 74-75 8 May 1837.

Kebler, Frederick. Wurtemburg. NATN. Decl. intent in US Dist. Ct. 13 July 1844. Wits: Charles Weidner and Martin Frundenburg. O&RA to King of Wurtemburg. BC Ct. (Nat. Rcd.) 9 1845-1848 MSA C229-1 MdHR 18119 f. 372 4 Oct. 1847.

Keefe/O'Keefe, Daniel. Ireland. NATN. Noted as "otherwise called Daniel O"Keefe". Decl. intent in Mayor's Ct. of Philadelphia 6 Sept. 1819. Wits: Thomas Welsh and Urthan (?) Musgrove. Certificate and report filed. BA Ct. (Nat. Dkt.) 1 1796-1851 MSA C389-1 MdHR 18106 f. 70 21 Sept. 1824.

Keeman, Daniel. Ireland. DI. BC Ct. (Dkt&Mins) 1847 MSA C184-10 MdHR 16667 f. 33 22 Sept. 1847.

Keenan, Bernard. Ireland. DI. BA Ct. (Minutes, Rough) 1845-1851 MSA C420-3 MdHR 14401 f. 380 1 Oct. 1850.

Keenan, Bernard. Ireland. DI. BA Ct. (Minutes) 1846-1851 MSA C386-16 MdHR 14405 f. 228 10 Oct. 1850.

Keenan, Bernard. Ireland. DI. BA Ct. (Minutes) 1846-1851 MSA C386-17 MdHR 14405 f. 228 1 Oct. 1850.

Keenan, Charles. Ireland. NATN. Born in Co. of Down. Decl. intent in BA Ct. the 3rd Monday of Sept. 1813. Wits: Peter Nicholas Inmer and James Wells. BA Ct. (Nat. Dkt.) 1 1796-1851 MSA C389-1 MdHR 18106 f. 160 7 April 1830.

Keenan, Daniel. England. NATN. Decl. intent in BC Ct. 22 Sept. 1847. Wits: William P. Preston and William Alexander. BA Ct. (Nat. Dkt.) 1 1796-1851 MSA C389-1 MdHR 18106 f. 375 1 Oct. 1850.

Keenan, James. Ireland. NATN. Born in Co. of Tyrone. Arrived in US 3 yrs. prior to age 21. Decl. intent in open ct. Wits: John McCalden and Robert Moore. BA Ct. (Nat. Dkt.) 1 1796-1851 MSA C389-1 MdHR 18106 f. 115 25 Sept. 1827.

Keenan, Patrick. Ireland. DI. BC Ct. (Dkt&Mins) 1839 MSA C184-6 MdHR 16663 f. 34 19 Sept. 1839.

Keetter, Frederick A. Hanover. NATN. Arrived in US 3 yrs. prior to age 21. Res. US for 5 yrs., including 3 of minority. Res. MD over 1 yr. Wits: Henry Peters and Robert J. Dutton. O&RA to King of Hanover. BC Ct. (Nat. Rcd. of Minors) 3 1845-1851 MSA C237-3 MdHR 18114-1 f. 222 2 Oct. 1849.

Keffer, Nicholas. Prussia. NATN. Arrived in US under age 18. Wits: Peter Vogt and Peter Graber. BA Ct. (Nat. Dkt.) 1 1796-1851 MSA C389-1 MdHR 18106 f. 356 2 Nov. 1848.

Keffer, Nicholas. Prussia. NATN. Arrived in US 3 yrs. prior to age 21. Res. US for 5 yrs., including 3 of minority. Res. MD over 1 yr. Wits: Peter Vogh and Peter Graber. O&RA to King of Prussia. BA Ct. (Nat. Rcd. of Minors) 3 1846-1851 MSA C392-1 MdHR 18110 f. 76 2 Nov. 1848.

Kefsick/Kessick, Henry. Ireland. NATN. Decl. intent in US Dist. Ct. 19 Sept. 1845. Wits: David McGaw and George Morrow. O&RA to Queen of UK. BC Ct. (Nat. Rcd.) 9 1845-1848 MSA C229-1 MdHR 18119 f. 327 2 Oct. 1847.

Kehlenbeck, Henry. Hanover. NATN. Born in village of Dreye. Decl. intent in US Dist. Ct. 1 Nov. 1822. Wits: Andrew Hildebrand and Frederick Klese. BA Ct. (Nat. Dkt.) 1 1796-1851 MSA C389-1 MdHR 18106 f. 106 20 Sept. 1826.

Kehn, Conrad. Bavaria. NATN. Arrived in US 3 yrs. prior to age 21. Res. US for 5 yrs., including 3 of minority. Res. MD over 1 yr. Wits: Adam Kehn and Conrad Fise. O&RA to King of Bavaria. BC Ct. (Nat. Rcd. of Minors) 3 1845-1851 MSA C237-3 MdHR 18114-1 f. 178 4 Nov. 1845.

Keilholtz, John. Germany. BA Ct. (Nat. Dkt.) 1 1796-1851 MSA C389-1 MDHR 18106 f. 11 #229 11 Jan. 1798. Barnes, p. 62.

Keir, Joseph. Ireland. NATN. Born in Co. of Down. Decl. intent BA Ct. 3rd Monday of Sept. 1826. Wits: John Hamilton and John Berryman. BA Ct. (Nat. Dkt.) 1 1796-1851 MSA C389-1 MdHR 18106 f. 132 15 Sept. 1828.

Keisor, Henry. Republic of Bremen. NATN. Decl. intent in US Dist. Ct. 16 Sept. 1844. Wits: Levi Hoffman and Armand Knight. O&RA to the Republic of Bremen. BC Ct. (Nat. Rcd.) 9 1845-1848 MSA C229-1 MdHR 18119 f. 823 6 Nov. 1848.

Keitzinger, Frederick. Germany. NATN. Decl. intent in BC Ct. 28 Sept. 1843. Wits: William Lanehart and John Casper Reeder. BA Ct. (Nat. Dkt.) 1 1796-1851 MSA C389-1 MdHR 18106 f. 247 10 Oct. 1846.

Keitzinger, Frederick. Germany. NATN. Decl. intent in BC Ct. 28 Sept. 1843. Wits: William Lanehart and John Casper Reeder. O&RA to the Emperor of Germany. BA Ct. (Nat. Rcd.) 4 1846-1851 MSA C391-2 MdHR 18109 f. 47 10 Oct. 1846.

Keller, George. Germany. DI. Res. BC. Ren. alleg. to the Emperor of Germany. BC Ct. of O&T&GD (Dkt&Mins) 1812 MSA C183-7 MdHR 16655 f. 58 22 Sept. 1812.

Keller, George. Germany. NATN. Decl. intent 22 Sept. 1812 in BA Ct. of O&T&GD. BA Ct. (Nat. Dkt.) 1 1796-1851 MSA C389-1 MdHR 18106 f. 45 30 Sept. 1815.

Keller, John F. Grand Dutchy of Baden. NATN. Decl. intent in US Circ. Ct. 27 May 1844. Wits: Michael Boner and Jacob Loritz. BA Ct. (Nat. Dkt.) 1 1796-1851 MSA C389-1 MdHR 18106 f. 267 13 Oct. 1846.

Keller, John F. Grand Dutchy of Baden. NATN. Decl. intent in US Circ. Ct. 27 May 1844. Wits: Michael Bower and Jacob Loritz. O&RA to the Grand Duke of Baden. BA Ct. (Nat. Rcd.) 4 1846-1851 MSA C391-2 MdHR 18109 f. 113 13 Oct. 1846.

Keller, William. Electorate of Hessen-Cassel. NATN. Decl. intent in US Dist. Ct. 6 Sept. 1848. Wits: Henry Trot and John Kromen. O&RA to the Elector of Hessen-Cassel. BC Ct. (Nat. Rcd.) 10 1849-1851 MSA C229-2 MdHR 18120 f. 67 28 Sept. 1850.

Kelley, Francis. Ireland. NATN. Decl. intent in BC Ct. 24 Oct. 1843. Wits: Edward Flaherty and William Lindsay. O&RA to Queen of UK. BC Ct. (Nat. Rcd.) 9 1845-1848 MSA C229-1 MdHR 18119 f. 68 2 Oct. 1846.

Kelley, James. Ireland. NATN. Decl. intent in US Dist. Ct. 16 June 1838. Witness: George Morrow. O&RA to Queen of UK. BC Ct. (Nat. Rcd.) 9 1845-1848 MSA C229-1 MdHR 18119 f. 21 30 Sept. 1845.

Kelley, John A. Ireland. NATN. Arrived in US 3 yrs. prior to age 21. Res. US for 5 yrs., including 3 of minority. Res. MD over 1 yr. Wits: Arch G. Ridgely.

O&RA to Queen of UK. BC Ct. (Nat. Rcd. of Minors) 3 1845-1851 MSA C237-3 MdHR 18114-1 f. 295 29 Sept. 1851.
Kelley, Peter. Ireland. NATN. Decl. intent in US Dist. Ct. 11 July 1845. Wits: John Peskin and Martin Wright. O&RA to Queen of UK. BC Ct. (Nat. Rcd.) 9 1845-1848 MSA C229-1 MdHR 18119 f. 833 6 Nov. 1848.
Kelling, Lewis. Bremen. DI. Res. BC. BC Ct. (Dkt&Mins) 1841 MSA C184-8 MdHR 16665 f. 6 10 Feb. 1841.
Kelly, Darby. Ireland. DI. BA Ct. (Minutes) 1846-1851 MSA C386-17 MdHR 14405 f. 202 14 Feb. 1850.
Kelly, Darby. Ireland. DI. BA Ct. (Minutes) 1846-1851 MSA C386-16 MdHR 14405 f. 202 14 Feb. 1850.
Kelly, James. Ireland. NATN. Res. BC. Arrived in the US 3 yrs. prior to age 21. Res. US for 5 yrs., including 3 of minority. Wits: Christopher Raborg and Thomas C. Jenkins. O&RA to King of UK. BC Ct. (Nat. Rcd. of Minors) 1 1827-1832 MSA C237-1 MdHR 18112 ff. 99-100 29 Sept. 1828.
Kelly, James. Ireland. DI. BA Ct. (Minutes) 1832-1838 MSA C386 MdHR 14403 f. 120 29 Sept. 1834.
Kelly, James. Ireland. DI. BA Ct. (Minutes, Rough) 1832-1835 MSA C420-1 MdHR 14396-2 f. 283 27 Sept. 1834.
Kelly, James. Ireland. DI. BA Ct. (Minutes) 1832-1838 MSA C386 MdHR 14403 f. 120 29 Sept. 1834.
Kelly, James. Ireland. NATN. Arrived in US under age 18. Wits: James Morrow and David Langhorn. BA Ct. (Nat. Dkt.) 1 1796-1851 MSA C389-1 MdHR 18106 f. 367 2 Oct. 1849.
Kelly, James. Ireland. NATN. Arrived in US 3 yrs. prior to age 21. Res. US for 5 yrs., including 3 of minority. Res. MD over 1 yr. Wits: Samuel Morrow and David Loughlin/Laughlin. O&RA to Queen of UK. BA Ct. (Nat. Rcd. of Minors) 3 1846-1851 MSA C392-1 MdHR 18110 f. 87 2 Oct. 1849.
Kelly, John. Great Britain. BA Ct. (Nat. Dkt.) 1 1796-1851 MSA C389-1 MdHR 18106 f. 20 #398 14 June 1802. Barnes,p. 64.
Kelly, John. Ireland. NATN. Decl. intent in open court. Arrived in US 3 yrs. prior to age 21. Res. US for 5 yrs., including 3 of minority. Res. MD over 1 yr. Res. BC. Wits: James Kelly and Patrick McDonnell. O&RA to King of UK. BA Ct. (Nat. Rcd.) 2 1832-1846 MSA C391-1 MdHR 18108 ff. 5-6 10 Nov. 1832.
Kelly, John. Ireland. NATN. Decl. intent in open court. Arrived in US 3 yrs. prior to age 21. Born in Co. of Armah. Wits: James Kelly and Patrick McDonnell. BA Ct. (Nat. Dkt.) 1 1796-1851 MSA C389-1 MdHR 18106 f. 172 10 Nov. 1832.
Kelly, John. Ireland. DI. BA Ct. (Minutes, Rough) 1832-1835 MSA C420-1 MdHR 14396-2 f. 347 11 Dec. 1835.
Kelly, John. Ireland. NATN. Decl. intent in BC Ct. 4 Oct. 1842. Wits: James Kelly and Thomas Caffry. O&RA to Queen of UK. BA Ct. (Nat. Rcd.) 4 1846-1851 MSA C391-2 MdHR 18109 f. 69 13 Oct. 1846.
Kelly, John. Ireland. NATN. Decl. intent in BC Ct. 4 Oct. 1842. Wits: James Kelly and Thomas Caffrey. BA Ct. (Nat. Dkt.) 1 1796-1851 MSA C389-1 MdHR 18106 f. 253 13 Oct. 1846.
Kelly, Martin. Ireland. NATN. Decl. intent in BC Ct. 19 June 1832. Res. BC. Wits: John Kelso and Samuel Manning. O&RA to King of UK. BC Ct. (Nat. Rcd. of Minors) 2 1832-1836 MSA C237-2 MdHR 18113 ff. 161-162 2 June 1835.
Kelly, Michael. Ireland. NATN. Decl. intent in US Circ. Ct. 23 Sept. 1844. Wits: John Mitchell and Timothy Dempsey. BA Ct. (Nat. Dkt.) 1 1796-1851 MSA C389-1 MdHR 18106 f. 323 30 Sept. 1848.
Kelly, Michael. Ireland. NATN. Decl. intent in US Circ. Ct. 23 Sept. 1844. Wits: John Mitchell and Timothy Dempsey. O&RA to Queen of UK. BA Ct. (Nat. Rcd.) 4 1846-1851 MSA C391-2 MdHR 18109 f. 236 30 Sept. 1848.
Kelly, Patrick. Ireland. NATN. Born in Co. of Donegal. Res. 1798 - 1802. Wits:

Terrance Kelly and Arlhain McCain. BA Ct. (Nat. Dkt.) 1 1796-1851 MSA C389-1 MdHR 18106 f. 77 28 Sept. 1824.
Kelly, Patrick. England. BA Ct. (Nat. Dkt.) 1 1796-1851 MSA C389-1 MdHR 18106 f. 13 #260 22 Janaury 1798. Barnes, p. 62.
Kelly, Richard. Ireland. NATN. Decl. intent in US Dist. Ct. 1 Oct. 1844. Wits: Timothy Dempsey and Patrick Cosgrove. O&RA to Queen of UK. BC Ct. (Nat. Rcd.) 9 1845-1848 MSA C229-1 MdHR 18119 f. 225 14 Aug. 1847.
Kelly, Terrance. Ireland. NATN. Born in Co. of Farmanaugh. Res. 1798 - 1802. Wits: Patrick Kelly and William McCaan. BA Ct. (Nat. Dkt.) 1 1796-1851 MSA C389-1 MdHR 18106 f. 77 28 Sept. 1824.
Kelly, Thomas. Ireland. NATN . Noted as age 21. Born in Co. of Dublin. Presents certificate declaration and report and registration, filed in the US Dist. Ct. 23 April 1821. Arrived in Boston March 1821. Res. BC. Res. US for 5 yrs. and of MD for 1 yr. O&RA to King of UK. BC Ct. (Nat. Rcd. of Minors) 1 1827-1832 MSA C237-1 MdHR 18112 ff. 1-3 11 April 1823.
Kelly, Thomas. Ireland. NATN. Decl. intent in US Dist. Ct. 24 March 1842. Wits: John Moran and Thomas Kane. BA Ct. (Nat. Dkt.) 1 1796-1851 MSA C389-1 MdHR 18106 f. 267 13 Oct. 1846.
Kelly, Thomas. Ireland. NATN. Decl. intent in US Dist. Ct. 24 March 1842. Wits: John Morn and Thomas Kane. O&RA to Queen of UK. BA Ct. (Nat. Rcd.) 4 1846-1851 MSA C391-2 MdHR 18109 f. 114 13 Oct. 1846.
Kelly, Timothy. Ireland. DI. BA Ct. (Minutes) 1822-1826 MSA C386-12 MdHR 14386 f. 435 3 Oct. 1826.
Kelly, William. Ireland. DI. BA Ct. (Minutes) 1822-1826 MSA C386-12 MdHR 14386 f. 104 23 May 1823.
Kelsall, George. England. NATN. Born in Co. of Cheshire. Decl. intent in US Circ. Ct. 16 May 1826. Wits: Henry Vicary and Jonah Cobb. BA Ct. (Nat. Dkt.) 1 1796-1851 MSA C389-1 MdHR 18106 f. 158 3 Oct. 1828.
Kelso, Thomas. Ireland. BA Ct. (Nat. Dkt.) 1 1796-1851 MSA C389-1 MdHR 18106 f. 33 #635 12 May 1806.
Kelsoe, Charles. Great Britain. BA Ct. (Nat. Dkt.) 1 1796-1851 MSA C389-1 MdHR 18106 f. 16 #332 23 Aug. 1798. Barnes, p. 63.
Kemp, Obadiah. England. DI. BA Ct. (Minutes, Rough) 1845-1851 MSA C420-3 MdHR 14401 f. 176 23 Oct. 1847.
Kemp, Obadieh. England. DI. BA Ct. (Minutes) 1846-1851 MSA C386-16 MdHR 14405 f. 70 23 Oct. 1847.
Kemp, Simon. Ireland. NATN. Decl. intent in US Dist. Ct. 1 Oct. 1830. Res. BC. Wits: George Riggs and Robert Gott. O&RA to King of UK. BC Ct. (Nat. Rcd. of Minors) 2 1832-1836 MSA C237-1 MdHR 18113 ff. 45-46 13 Oct. 1832.
Kemp, Thomas. England. DI. BA Ct. (Minutes) 1827-1830 MSA C386-13 MdHR 14391 f. 77 7 Nov. 1827.
Kemper, John Gerhard. Prussia. NATN. Decl. intent in BC Ct. 1 Nov. 1844. Wits: W. Waldmann and Joseph Miller. O&RA to King of Prussia. BC Ct. (Nat. Rcd.) 9 1845-1848 MSA C229-1 MdHR 18119 f. 600 6 Oct. 1848.
Ken, George. Scotland. DI. BA Ct. (Minutes) 1839-1846 MSA C386-16 MdHR 14404 f. 60 9 Sept. 1840.
Kendle/Kirk (?), Henry. Germany. BA Ct. (Nat. Dkt.) 1 1796 - 1851 MSA C389-1 MdHR 18106 f. 1 #6 22 Aug. 1796. Barnes, p. 59
Kene/Kine, Bernard. Ireland. DI. BA Ct. (Minutes) 1822-1826 MSA C386-12 MdHR 14386 f. 238 12 Dec. 1824.
Kene, Richard. Ireland. NATN. Decl. intent in BA Ct. the 3rd Monday of Sept. 1824. Res. BC. Wits: James Edwards and John Haubert. O&RA to King of UK. BA Ct. (Nat. Rcd.) 2 1832-1846 MSA C391-1 MdHR 18108 ff. 7-8 10 Nov. 1832.
Kenedy, John. Ireland. NATN. Born in Co. of Kilkenney. Decl. intent 25 Oct. 1822 in the Circ. Ct. of St. Louis Co., Missouri. Wits: Thomas B. Brenen and Charles Goddard. BA Ct. (Nat. Dkt.) 1 1796-1851 MSA C389-1 MdHR 18106 f. 100 24 April 1826.
Kennedy, Cornelius. Ireland. NATN. Decl. intent in BC Ct. 25 Sept. 1845.

Wits: Francis Latchford and George Hamilton. O&RA to Queen of UK. BC
Ct. (Nat. Rcd.) 9 1845-1848 MSA C229-1 MdHR 18119 f. 413 4 Oct. 1847.
Kennedy, Dennis. Ireland. DI. Res. BC. BC Ct. of O&T&GD (Dkt&Mins) 1816 MSA
C183-9 MdHR 16657 (unpaginated) 23 Aug. 1816.
Kennedy, Dennis. Ireland. NATN. Arrived in US under age 18. Wits: Michael
Moan and George Gordon. BA Ct. (Nat. Dkt.) 1 1796-1851 MSA C389-1 MdHR
18106 f. 334 3 Oct. 1848.
Kennedy, Henry. Ireland. NATN. Decl. intent in US Dist. Ct. 2 Oct. 1849.
Witness: Felix Kennedy. O&RA to Queen of UK. BC Ct. (Nat. Rcd.) 10 1849-
1851 MSA C229-2 MdHR 18120 f. 382 3 Nov. 1851.
Kennedy, John Fitzgerald. England. BA Ct. (Nat. Dkt.) 1 1796-1851 MSA C389-1
MdHR 18106 f. 8 #147 2 Sept. 1797. Barnes, p. 61.
Kennedy, John. Ireland. DI. BA Ct. (Misc. Ct. Papers) MSA C1-62 MdHR 50206-808
unnumbered 1826 item Oct. 25 1822; 31 Janaury 1823.
Kennedy, John. Ireland. Report and registration. Noted as age 30. Born in Co.
of Tipperara. Arrived Port of Boston Jan. 1815. Res. BC. Wits: Edward
Chaisty and Owen Brannan. BA Ct. (Misc. Ct. Papers) MSA C1-57 MdHR 50206-755
1823 item 372 3 Oct. 1822.
Kennedy, John. Ireland. DI. BA Ct. (Misc. Ct. Papers) MSA C1-57 MdHR 50206-755
1823 unnumbered item 21 Sept. 1824.
Kennedy, John. Ireland. Report and registration. Noted as age 32. Born in Co.
of Kilkenney. Arrived in Boston June 1816. Res. BC. Wits: Thomas B.
Brenan and Charles Gostard. BA Ct. (Misc. Ct. Papers) MSA C1-62 MdHR 50206-
808 1826 item 299 15 April 1826.
Kennedy, John. Ireland. NATN. Born in Co. of Tippera. Decl. intent in BA Ct.
Sept. term 1824. Wits: Edward Chaisty and Owen Brauman. BA Ct. (Nat.
Dkt.) 1 1796-1851 MSA C389-1 MdHR 18106 f. 111 3 Oct. 1826.
Kennedy, John. Ireland. DI. BA Ct. (Minutes) 1822-1826 MSA C386-12 MdHR 14386 f.
215 21 Sept. 1824.
Kennedy, John. Ireland. NATN. Decl. intent in BC Ct. 2 Oct. 1834. Res. BC.
Wits: William B. Shipley and John Sweeney. O&RA to King of UK. BC Ct.
(Nat. Rcd. of Minors) 2 1832-1836 MSA C237-2 MdHR 18113 f. 209 3 Oct. 1834.
Kennedy, Martin. Ireland. NATN. Arrived in US 3 yrs. prior to age 21. Res.
US for 5 yrs., including 3 of minority. Res. MD over 1 yr. Wits: Bridget
Kennedy and Andrew Hery. O&RA to Queen of UK. BC Ct. (Nat. Rcd. of
Minors) 3 1845-1851 MSA C237-3 MdHR 18114-1 f. 183 4 Nov. 1848.
Kennedy, Patrick. Ireland. DI. BA Ct. (Minutes, Rough) 1845-1851 MSA C420-3 MdHR
14401 f. 361 6 May 1850.
Kennedy, Patrick. Ireland. DI. BA Ct. (Minutes) 1846-1851 MSA C386-16 MdHR 14405
f. 215 6 May 1850.
Kennedy, Patrick. Ireland. DI. BA Ct. (Minutes) 1846-1851 MSA C386-17 MdHR 14405
f. 215 6 May 1850.
Kennedy, Robert. Ireland. NATN. Res. BC. Decl. intent in Marine Ct. of the
City of New York 5 Sept. 1821. Witness: John O'Hara. O&RA to King of UK.
BC Ct. (Nat. Rcd. of Minors) 1 1827-1832 MSA C237-1 MdHR 18112 ff. 286-287 3
March 1829.
Kennedy, Thomas. Ireland. DI. BA Ct. (Minutes) 1832-1838 MSA C386 MdHR 14403
ff. 107-108 10 June 1834.
Kennedy, William. Ireland. BA Ct. (Nat. Dkt.) 1 1796-1851 MSA C389-1 MdHR 18106
f. 6 #113 7 June 1797. Barnes, p. 60.
Kennedy, William. Ireland. BA Ct. (Nat. Dkt.) 1 1796-1851 MSA C389-1 MdHR 18106
f. 43 #835 25 Oct. 1813.
Kennedy, William. Ireland. DI. BC Ct. (Dkt&Mins) 1839 MSA C184-6 MdHR 16663 f.
16 9 May 1839.
Kennelly, William. Ireland. DI. BA Ct. (Minutes, Rough) 1832-1835 MSA C420-1 MdHR
14396-2 f. 287 13 Oct. 1834.
Kennelsmann, Andreas. Bavaria. NATN. Decl. intent in US Circ. Ct. 9 Sept.

1844. Wits: Zerkeus Merz and Emanuel Weinman. BA Ct. (Nat. Dkt.) 1 1796-1851 MSA C389-1 MdHR 18106 f. 322 29 Sept. 1848.
Kenner, Frederick. Ireland. NATN. Born in Co. of Antrim. Decl. intention Ct. of Common Pleas, Lancaster Co., PA 16 Aug. 1813. Wits: Richard Bevan and Richard Griffith. BA Ct. (Nat. Dkt.) 1 1796-1851 MSA C389-1 MdHR 18106 f. 99 5 April 1826.
Kennery, Dennis. Ireland. NATN. Arrived in US 3 yrs. prior to age 21. Res. US for 5 yrs., including 3 of minority. Res. MD over 1 yr. Wits: Michael Moan and George Gordon. O&RA to Queen of UK. BA Ct. (Nat. Rcd. of Minors) 3 1846-1851 MSA C392-1 MdHR 18110 f. 61 3 Oct. 1848.
Kenney, Patrick. Ireland. DI. BA Ct. (Minutes) 1832-1838 MSA C386-15 MdHR 14403 f. 125 17 Oct. 1834.
Kenny, Francis J. Ireland. DI. BA Ct. (Minutes) 1839-1846 MSA C386-16 MdHR 14404 f. 59 4 Sept. 1840.
Kenny, Francis J. Ireland. DI. BA Ct. (Minutes, Rough) 1836-1844 MSA C420-2 MdHR 14398 f. 238 4 Sept. 1840.
Kenny, Patrick. Ireland. DI. BA Ct. (Minutes, Rough) 1832-1835 MSA C420-1 MdHR 14396-2 f. 288 17 Oct. 1834.
Kenser, Nicholas. Prussia. NATN. Arrived in US 3 yrs. prior to age 21. Res. US for 5 yrs., including 3 of minority. Res. MD over 1 yr. Wits: Peter Kenser and Jacob Aough. O&RA to King of Prussia. BC Ct. (Nat. Rcd. of Minors) 3 1845-1851 MSA C237-3 MdHR 18114-1 f. 47 21 Sept. 1847.
Kenter, Charles Frederick. Germany. BA Ct. (Nat. Dkt.) 1 1796- 1851 MSA C389-1 MdHR 18106 f. 5 #80 22 March 1797. Barnes, p. 60
Kenttemeyer/Kentlemeyer, John. Germany. BA Ct. (Nat. Dkt.) 1 1796-1851 MSA C389-1 MdHR 18106 f. 17 #356 11 Sept. 1798. Barnes, p. 64.
Kepler, John T. (J?). Germany. BA Ct. (Nat. Dkt.) 1 1796-1851 MSA C389-1 MdHR 18106 f. 13 #273 15 March 1798. Barnes, p. 62.
Kepp/Repp, John. Germany. BA Ct. (Nat. Dkt.) 1 1796-1851 MSA C389-1 MdHR 18106 f. 10 #202 6 Dec. 1797. Barnes, p. 61
Ker(?)/Kesa (?), George H. Hanover. NATN. Decl. intent in US Circ. Ct. 16 Aug. 1844. Wits: John Muirsman and Henry Myers. BA Ct. (Nat. Dkt.) 1 1796-1851 MSA C389-1 MdHR 18106 f. 267 13 Oct. 1846.
Kercher, John. Grand Dutchy of Hesse-Darmstadt. NATN. Decl. intent in US Circ. Ct. 9 Sept. 1844. Wits: John Beck and John Reager. BA Ct. (Nat. Dkt.) 1 1796-1851 MSA C389-1 MdHR 18106 f. 331 2 Oct. 1848.
Kercher, John. Grand Dutchy of Hesse-Darmstadt. NATN. Decl. intent in US Circ. Ct. 9 Sept. 1844. Wits: John Beck and John Reager. O&RA to the Grand Duke of Hesse-Darmstadt. BA Ct. (Nat. Rcd.) 4 1846-1851 MSA C391-2 MdHR 18109 f. 252 2 Oct. 1848.
Kercher, Kilian. Electorate of Hesse-Cassel. NATN. Decl. intent in US Circ. Ct. 24 Sept. 1844. Wits: Joseph Leitsch and John Horman. O&RA to the Elector of Hesse-Cassel. BA Ct. (Nat. Rcd.) 4 1846-1851 MSA C391-2 MdHR 18109 f. 318 2 Nov. 1848.
Kercher, Kilian. Electorate of Hesse-Cassel. NATN. Decl. intent in US Circ. Ct. 24 Sept. 1844. Wits: Joseph Leitch and John Herman. BA Ct. (Nat. Dkt.) 1 1796-1851 MSA C389-1 MdHR 18106 f. 357 20 Nov. 1848.
Kerchner, Francis William. Grand Dutchy of Baden. NATN. Arrived in US 3 yrs. prior to age 21. Res. US for 5 yrs., including 3 of minority. Res. MD over 1 yr. Wits: Joseph Thalheiman and Adam Hartzog. O&RA to the Grand Duke of Baden. BC Ct. (Nat. Rcd. of Minors) 3 1845-1851 MSA C237-3 MdHR 18114-1 f. 238 30 Sept. 1850.
Kerkland, Alexander. Ireland. DI. Res. BC. BC Ct. of O&T&GD (Dkt&Mins) 1812 MSA C183-7 MdHR 16655 f. 10 6 Feb. 1812.
Kern, Charles. Electorate of Hesse-Cassel. NATN. Decl. intent in US Circ. Ct. 6 June 1844. Wits: Reinhart Schumacher and Daniel Leitz. BA Ct. (Nat. Dkt.) 1 1796-1851 MSA C389-1 MdHR 18106 f. 355 1 Nov. 1848.

Kern, Charles. Electorate of Hesse-Cassel. NATN. Decl. intent in US Circ. Ct. 6 June 1844. Wits: Reinhart Schumaker and Daniel Leitz. O&RA to the Elector of Hesse-Cassel. BA Ct. (Nat. Rcd.) 4 1846-1851 MSA C391-2 MdHR 18109 f. 310 1 Nov. 1848.

Kern, Frederick. Grand Dutchy of Baden. NATN. Decl. intent in US Dist. Ct. 18 Feb. 1845. Wits: Andrea Frush and John A. Schamp. O&RA to the Grand Duke of Baden. BC Ct. (Nat. Rcd.) 9 1845-1848 MSA C229-1 MdHR 18119 f. 357 4 Oct. 1847.

Kerr, Edward. England. NATN. Born in Co. of Surrey. Decl. intent 2 Dec. 1820 in Ct. of Common Pleas, Cumberland Co., Pennsylvania. Wits: Joseph K. Stapleton and Henry Vicars. BA Ct. (Nat. Dkt.) 1 1796-1851 MSA C 389-1 MdHR 18106 f. 139 4 Oct. 1828.

Kerr, George. Scotland. DI. BA Ct. (Minutes, Rough) 1836-1844 MSA C420-2 MdHR 14398 f. 240 10 Sept. 1840.

Kerr, John. England. NATN. Decl. intent in BC Ct. 4 Oct. 1834. Res. BC. Wits: James McNally and James McManus. O&RA to King of UK. BC Ct. (Nat. Rcd. of Minors) 1832-1386 MSA C237-2 MdHR 18113 ff. 232-233 13 Oct. 1836.

Kerr, Joseph. Ireland. DI. BA Ct. (Minutes) 1822-1826 MSA C386-12 MdHR 14386 f. 434 23 Oct. 1826.

Kerr, Joseph. Grand Dutchy of Baden. DI. BA Ct. (Minutes) 1846-1851 MSA C386-16 MdHR 14405 f. 13 10 Oct. 1846.

Kerr, Olivier. Ireland. BA Ct. (Nat. Dkt.) 1 1796-1851 MSA C389-1 MdHR 18106 f. 21 #418 30 Nov. 1802. Barnes, p. 65.

Kerr, Robert. Ireland. NATN. Arrived in US 3 yrs. prior to age 21. Res. US for 5 yrs., including 3 of minority. Res. MD over 1 yr. Wits: James Kerr and Robert Kerr. O&RA to Queen of UK. BA Ct. (Nat. Rcd. of Minors) 3 1846-1851 MSA C392-1 MdHR 18110 f. 57 2 Oct. 1848.

Kerr, Robert. Ireland. NATN. Arrived in US under age 18. Wits: James Kerr and Robert Kerr. BA Ct. (Nat. Dkt.) 1 1796-1851 MSA C389-1 MdHR 18106 f. 326 2 Oct. 1848.

Kers, Edwin. England. NATN. Arrived in US 3 yrs. prior to age 21. Res. US for 5 yrs., including 3 of minority. Res. MD over 1 yr. Witness: Charles Akers. O&RA to Queen of UK. BC Ct. (Nat. Rcd. of Minors) 3 1845-1851 MSA C237-3 MdHR 18114-1 f. 1 12 March 1845.

Kerschmaier, Peter. Bavaria. NATN. Decl. intent in US Circ. Ct. 27 May 1844. Wits: Laurence Elbreath and James O'Hara. BA Ct. (Nat. Dkt.) 1 1796-1851 MSA C389-1 MdHR 18106 f. 267 13 Oct. 1846.

Kerschmaier, Peter. Bavaria. NATN. Decl. intent in US Circ. Ct. 27 May 1844. Wits: Laurence Elbert and James O'Hara. O&RA to King of Bavaria. O&RA to King of Bavaria. BA Ct. (Nat. Rcd.) 4 1846-1851 MSA C391-2 MdHR 18109 f. 114 13 Oct. 1846.

Kes/Kepa (Kefa?), George H. Hanover. NATN. Decl. intent in US Circ. Ct. 16 Aug. 1844. Wits: John Mussman and Henry Myer. O&RA to King of Hanover. BA Ct. (Nat. Rcd.) 4 1846-1851 MSA C391-2 MdHR 18109 f. 115 13 Oct. 1846.

Kesler, John. Prussia. NATN. Res. BC. Res. US 14 April 1802 - 18 June 1812. Wits: George Zimmerman and Leonard T. Wardell. O&RA to King of Prussia. BC Ct. (Nat. Rcd. of Minors) 1 1827-1832 MSA C237-1 MdHR 18112 f. 266-267 10 Nov. 1828.

Kesseling, Franz. Bavaria. NATN. Decl. intent in US Dist. Ct. 2 Sept. 1844. Wits: John Eger and Henry Zinkard. O&RA to King of Bavaria. BC Ct. (Nat. Rcd.) 10 1849-1851 MSA C229-2 MdHR 18120 f. 22 1 Oct. 1849.

Kester, Joseph. Germany. Arrived in the US 3 yrs. prior to age 21. Declares intent in open ct. Wits: Jacob Gordon and Jacob Miller. BA Ct. (Nat. Dkt.) 1 1796-1851 MSA C389-1 MdHR 18106 f. 149 5 Nov. 1828.

Kever, Charles. Germany. NATN. Decl. intent in Harford Co. Ct. 22 May 1844.

Wits: John S. Mumschke and Gotlieb Boerman. O&RA to the Emperor of Germany. BC Ct. (Nat. Rcd.) 9 1845-1848 MSA C229-1 MdHR 18119 f. 453 4 Oct. 1847.
Key, Frederick (?). Prussia. DI. BC Ct. (Dkt&Mins) 1849 MSA C184-11 MdHR 16668 f. 32 24 Dec. 1849.
Key, John Joseph. France. BA Ct. (Nat. Dkt.) 1 1796-1851 MSA C389-1 MdHR 18106 f. 37 #723 18 Nov. 1808.
Key, James. England. NATN. Decl. intent in open court. Arrived in US under age 18. Wits: John Chadwich and James Amos. BA Ct. (Nat. Dkt.) 1 1796-1851 MSA C389-1 MdHR 18106 f. 205 14 Oct. 1840.
Keys, John. Ireland. DI. Res. BC. BC Ct. of O&T&GD (Dkt&Mins) 1816 MSA C183-9 MdHR 16657 (unpaginated) Janaury term 1816; 5 Feb. 1816.
Keys, John. Ireland. NATN. Res. BC. Res. US 14 April 1802 - 18 June 1812. Wits: James Holmes and Archibald Campbell. O&RA to King of UK. BC Ct. (Nat. Rcd. of Minors) 1 1827-1832 MSA C237-1 MdHR 18112 ff. 64-65 17 Sept. 1828.
Keys, Thomas. Ireland. NATN. Decl. intent in US Dist. Ct. 3 Oct. 1834. Res. BC. O&RA to King of UK. BC Ct. (Nat. Rcd. of Minors) 2 1832-1836 MSA C237-3 MdHR 18113 f. 214 3 Oct. 1836.
Keys, William. England. DI. BA Ct. (Minutes) 1827-1830 MSA C386-13 MdHR 14391 f. 161 16 Sept. 1828.
Keyser, Nicholas. Republic of France. NATN. Arrived in US 3 yrs. prior to age 21. Res. US for 5 yrs., including 3 of minority. Res. MD over 1 yr. Wits: Anthony Keyser and Lewis Gray. O&RA to the Republic of France. BC Ct. (Nat. Rcd. of Minors) 3 1845-1851 MSA C237-3 MdHR 18114-1 f. 273 1 Oct. 1850.
Keyworth, Charles B. England. NATN. Arrived in US 3 yrs. prior to age 21. Decl. intent in open court. Wits: James M. Andrews and Absalom Butler. BA Ct. (Nat. Dkt.) 1 1796-1851 MSA C389-1 MdHR 18106 f. 169 28 Sept. 1840.
Kiarnay, John. Ireland. NATN. Decl. intent in Augusta Co. (VA) Ct. 21 May 1844. Wits: Gabriel Crawford and James Crickland. O&RA to Queen of UK. BA Ct. (Nat. Rcd.) 4 1846-1851 MSA C 391-2 MdHR 18109 f. 340 1 Oct. 1849.
Kibber, Frederich. Wurtemburg. NATN. Arrived in US 3 yrs. prior to age 21. Res. US for 5 yrs., including 3 of minority. Res. MD over 1 yr. Wits: Joseph Gerbrick and John L. Giffer. O&RA to King of Wurtemburg. BC Ct. (Nat. Rcd. of Minors) 3 1845-1851 MSA C237-3 MdHR 18114-1 f. 115 3 Oct. 1848.
Kichlenbeck, Henry. Hanover. Report and registration. Noted as age 30. Born in village of Dreye. Arrived in BC Nov. 1810. Res. BC. BA Ct. (Misc. Ct. Papers) MS C1-55 MdHR 50206-732 unnumbered 1822 item 1 Nov. 1822.
Kidd, Lydia. England. NATN. Arrived in US 3 yrs. prior to age 21. Res. US for 5 yrs., including 3 of minority. Res. MD over 1 yr. Wits: Jacob Daley and Louis Terrany. O&RA to Queen of UK. BC Ct. (Nat. Rcd. of Minors) 3 1845-1851 MSA C237-3 MdHR 18114-1 f. 11 17 April 1846.
Kiefe, William. Ireland. DI. Res. BC. BC Ct. of O&T&GD (Dkt&Mins) 1816 MSA C183-9 MdHR 16657 (unpaginated) 5 Sept. 1816.
Kiel, John H. Hanover. DI. BC Ct. (Dkt&Mins) 1849 MSA C184-11 MdHR 16668 f. 7 16 Feb. 1849.
Kielly, John. Ireland. NATN. Decl. intent in US Dist. Ct. 16 Aug. 1837. Res. BC. Wits: John A. Worsham and George Gordon. O&RA to Queen of UK. BA Ct. (Nat. Rcd.) 2 1832-1846 MSA C391-1 MdHR 18108 f. 74 29 June 1840.
Kielly, John. Ireland. NATN. Decl. intent in US Dist. Ct. 16 Aug. 1837. Wits: John A. Worsham and George Gordon. BA Ct. (Nat. Dkt.) 1 1796-1851 MSA C389-1 MdHR 18106 f. 200 29 June 1840.
Kieman, Daniel. England. Decl. intent in BC Ct. 22 Sept. 1847. Wits: William P. Preston and William Alexander. O&RA to Queen of UK. BA Ct. (Nat. Rcd.) 4 1846-1851 MSA C391-2 MdHR 18109 f. 353 1 Oct. 1850.
Kieman, James. Ireland. Report and registration. Noted as age 26. NATN. Born in co. of Tyrone. Arrived in BC Oct. 1819. Res. BC. Wits: John

McGeadern (?) and Robert Moore. BA Ct. (Misc. Ct. Papers) MSA C1-64 MdHR 50206-824 1827 item 368 25 Sept. 1827.
Kienan, Anthony. Ireland. DI. BA Ct. (Minutes) 1822-1826 MSA C386-12 MdHR 14386 f. 435 3 Oct. 1826.
Kienan, Patrick. Ireland. DI. BC Ct. (Dkt&Mins) 1839 MSA C184-6 MdHR 16663 f. 34 19 Sept. 1839.
Kierman, Michael. Ireland. NATN. Decl. intent in Morgan Co. (VA) Ct. 22 Feb. 1841. Witness: George Ledchford. O&RA to Queen of UK. BC Ct. (Nat. Rcd.) 9 1845-1848 MSA C229-1 MdHR 18119 f. 23 30 Sept. 1845.
Kierman, Thomas. Ireland. NATN. Born in Co. of Longford. Decl. intent in BA Ct. Sept. term 1824. Wits: James McKire and Dennis Nead. BA Ct. (Nat. Dkt.) 1 1796-1851 MSA C389-1 MdHR 18106 f. 113 21 Nov. 1826.
Kiernan, Thomas. Ireland. DI. BA Ct. (Minutes) 1822-1826 MSA C386-12 MdHR 14386 f. 225 13 Oct. 1824.
Kiernan, Thomas. Ireland. Report and registration. Noted as age 26. Born in Co. of Longford. Arrived in BC April 1819. Res. BC. Wits: James Mackin and Dennis Nead. BA Ct. (Misc. Ct. Papers) MSA C1-57 MdHR 50206-755 30 Sept. 1824.
Kigel, William. Hanover. NATN. Decl. intent in US Circ. Ct. 14 Oct. 1846. Wits: Edward Engelhard and Christian J. Schaffer. O&RA to King of Hanover. BC Ct. (Nat. Rcd.) 9 1845-1848 MSA C229-1 MdHR 18119 f. 739 1 Nov. 1848.
Kigne, Patrick. Ireland. NATN. Decl. intent in open court. Arrived in US prior to age 18. Wits: John Cockarty and John Griffin. BA Ct. (Nat. Dkt.) 1 1796-1851 MSA C389-1 MdHR 18106 f. 194 .
Kigne, Patrick. Ireland. NATN. Decl. intent in open court. Arrived in US prior to age 18. Wits: John Cockarty and John Griffin. BA Ct. (Nat. Dkt.) 1 1796-1851 MSA C389-1 MdHR 18106 f. 194 15 April 1839.
Kildoff, Patrick. Ireland. NATN. Decl. intent in US Circ. Ct. 27 Sept. 1844. Wits: James Murray and Arthur Kildoff. O&RA to Queen of UK. BA Ct. (Nat. Rcd.) 4 1846-1851 MSA C391-2 MdHR 18109 f. 202 5 Oct. 1847.
Kildoff, Patrick. Ireland. NATN. Decl. intent in US Circ. Ct. 27 Sept. 1844. Wits: James Murray and Arthur Kildoff. BA Ct. (Nat. Dkt.) 1 1796-1851 MSA C389-1 MdHR 18106 f. 309 5 Oct. 1847.
Kilmartin, Thomas. Ireland. NATN. Decl. intent in US Circ. Ct. 12 Aug. 1844. Wits: Patrick Doyle and John Mitchell. BA Ct. (Nat. Dkt.) 1 1796-1851 MSA C389-1 MdHR 18106 f. 310 5 Oct. 1847.
Kilmartin, Thomas. Ireland. NATN. Decl. intent in US Circ. Ct. 12 Aug. 1844. Wits: Patrick Doyle and John Mitchell. O&RA to Queen of UK. BA Ct. (Nat. Rcd.) 4 1846-1851 MSA C391-2 MdHR 18109 f. 202 5 Oct. 1847.
Kilpatrick, John. Ireland. BA Ct. (Nat. Dkt.) 1 1796-1851 MSA C389-1 MdHR 18106 f. 31 #601 12 June 1805.
Kilpatrick, William. Ireland. DI. BC Ct. (Dkt&Mins) 1828 MSA C184-4 MdHR 16661 f. 40 29 Sept. 1828.
Kilpatrick, William. Ireland. NATN. Decl. intent in BC Ct. 29 Sept. 1828. Res. BC. Wits: William Hurst and James Doyle. O&RA to King of UK. BC Ct. (Nat. Rcd. of Minors) 2 1832-1836 MSA C237-2 MdHR 18113 ff. 152-153 6 Nov. 1834.
Kimble, Henry. Germany. NATN. Res. the US since 29 Jan. 1795. BA Ct. (Minutes) 1792 - 1797 MSA C386-7 MdHR 5052 f. 255 22 Aug. 1796
Kimes, John. Bavaria. NATN. Res. BC. Res. US 14 April 1802 - 18 June 1812. Wits: Philip Muth and Francis Marshall. O&RA to King of Bavaria. BC Ct. (Nat. Rcd. of Minors) 1 1827-1832 MSA C237-1 MdHR 18112 ff. 65-66 17 Sept. 1828.
Kimmelman, Andreas. Bavaria. NATN. Decl. intent in US Circ. Ct. 9 Sept. 1844. Wits: Zeracus Merz and Emanuel Weinman. O&RA to King of Bavaria. BA Ct. (Nat. Rcd.) 4 1846-1851 MSA C391-2 MdHR 18109 f.234 29 Sept. 1848.
Kimser, Peter. Prussia. NATN. Decl. intent in US Dist. Ct. 21 Oct. 1844. Wits: Bentley Lauer and Jacob Aough. O&RA to King of Bavaria. BC Ct. (Nat.

Rcd.) 9 1845-1848 MSA C229-1 MdHR 18119 f. 244 21 Oct. 1847.
Kin, Jacob. Wurtemburg. NATN. Decl. intent in US Circ. Ct. 3 Oct. 1848. Wits: George T. Munch and Henry Fisher. O&RA to King of Wurtemburg. BC Ct. (Nat. Rcd.) 10 1849-1851 MSA C229-2 MdHR 18120 f. 403 4 Nov. 1851.
Kinart, George. Prussia. DI. BA Ct. (Minutes) 1839-1846 MSA C386-16 MdHR 14404 f. 60 7 Sept. 1840.
King, Benjamin. Republic of France. BA Ct. (Nat. Dkt.) 1 1796 - 1851 MSA C389-1 MdHR 18106 f. 4 #50 10 Jan. 1797. Barnes p. 59
King, Charles. Republic of France. NATN. Arrived in US 3 yrs. prior to age 21. Res. US for 5 yrs., including 3 of minority. Res. MD over 1 yr. Wits: Charles Myers and Edward A. Miller. O&RA to the Republic of France. BC Ct. (Nat. Rcd. of Minors) 3 1845-1851 MSA C237-3 MdHR 18114-1 f. 281 2 June 1851.
King, David. Ireland. NATN. Decl. intent in US Dist. Ct. 30 Sept. 1844. Wits: Jaemaah Kahen and Michael Tener. O&RA to Queen of UK. BC Ct. (Nat. Rcd.) 9 1845-1848 MSA C229-1 MdHR 18119 f. 189 6 Oct. 1846.
King, George. Scotland. NATN. Born in Glasgow. Decl. intent in Talbot Co. Ct. 26 Nov. 1821. Wits: David Gibb and Isabella Gibb. BA Ct. (Nat. Dkt.) 1 1796-1851 MSA C389-1 MdHR 18106 f. 95 1 Oct. 1825.
King, George. Scotland. NATN. Decl. intent in Talbot Co. Ct. 26 Nov. 1821. Noted as age 22. Born in Glascow. Declares his intent to settle in Talbot Co. O&RA to King of UK. BA Ct. (Misc. Ct. Papers) MSA C1-53 MdHR 50206-713 1821 item 457 26 Nov. 1821.
King, John. Ireland. NATN. Res. BC. Decl. intent in BC Ct. 4 Oct. 1828. Wits: Hugh Crawford and William Crawford. O&RA to King of UK. BC Ct. (Nat. Rcd. of Minors) 1 1827-1832 MSA C237-1 MdHR 18112 f. 357-358 4 Oct. 1830.
King, John. Ireland. DI. BC Ct. (Dkt&Mins) 1828 MSA C184-4 MdHR 16661 f. 42 4 Oct. 1828.
King, Michael. Germany. DI. Res. BC. Ren. alleg. to the Emperor of Germany. BC Ct. of O&T&GD (Dkt&Mins) 1812 MSA C183-7 MdHR 16655 f. 43 3 Aug. 1812.
King, Peter. Ireland. NATN. Arrived in US 3 yrs. prior to age 21. Res. US for 5 yrs., including 3 of minority. Res. MD over 1 yr. Wits: George W. King and Alexander Stayman. O&RA to Queen of UK. BC Ct. (Nat. Rcd. of Minors) 3 1845-1851 MSA C237-3 MdHR 18114-1 f. 68 4 Oct. 1851.
King, Richard. Ireland. NATN. Born in Co. of East Maid (?). Arrived in the US prior to 18 June 1812. Wits: Isaac Marrow and Joseph S. Crane. BA Ct. (Nat. Dkt.) 1 1796-1851 MSA C389-1 MdHR 18106 f. 143 4 Oct. 1828.
King, Thomas. Ireland. DI. BA Ct. (Minutes) 1815-1820 MSA C386-11 MdHR 14381 f. 10 4 May 1815.
King, William. Ireland. BA Ct. (Nat. Dkt.) 1 1796-1851 MSA C389-1 MdHR 18106 f. 27 #506 11 April 1804. Civil Ct.
Kinghorn, William. England. NATN. Res. BA. Exhibits petition for naturalization and certificates of report and registration. Decl. intent in US Dist. Ct. 28 Feb. 1824. Born in Co. of Northumberland. Noted as age 36. Arrived in BC Aug. 1820. Profession: Farmer. Witness: Evan Poultney. O&RA to King of UK. BC Ct. (Nat. Rcd. of Minors) 1 1827-1832 MSA C237-1 MdHR 18112 ff. 41-43 26 Feb. 1828.
Kingsburg, John. Ireland. Decl. intent in Turnbull (?) Co. Superior Ct. 25 Oct. 1848. Wits: Arthur Trainer and John Elliott. O&RA to Queen of UK. BC Ct. (Nat. Rcd.) 10 1849-1851 MSA C229-2 MdHR 18120 f. 308 30 Sept. 1851.
Kinney, Alexander. Ireland. BA Ct. (Nat. Dkt.) 1 1796-1851 MSA C389-1 MdHR 18106 f. 8 #152 6 Sept. 1797. Barnes, p. 61.
Kinnier, Frederick. Ireland. DI. Filed in Ct. of Common Pleas,Lancaster Co. Pennsylvania. BA Ct. (Misc. Ct. Papers) MSA C1-62 MdHR 50206-808 unnumbered 1826 item 16 Aug. 1813.
Kinnier, Frederick. Ireland. Report and registration. Noted as age 50. Born in Co. of Antrim. Arrived in New York City Dec. 1804. Res. New York City.

Wits: Richard Bevan and Richard Griffith. BA Ct. (Misc. Ct. Papers) MSA C1-62 MdHR 50206-808 1826 item 300 30 March 1826.
Kinslay, John Jacob. Wurtemburg. DI. BA Ct. (Minutes) 1832-1838 MSA C386 MdHR 14403 f. 129 18 Oct. 1834.
Kinsley, John Jacob. Wurtemburg. DI. BA Ct. (Minutes, Rough) 1832-1835 MSA C420-1 MdHR 14396-2 f. 295 18 Nov. 1834.
Kinter, Charles Frederick. Germany. BA Ct. (Nat. Dkt.) 1 1796-1851 MSA C389-1 MdHR 18106 f. 5 #80 22 March 1797. Barnes, p. 60.
Kirby, Edward. Ireland. DI. BA Ct. (Minutes) 182-1826 MSA C386-12 MdHR 14386 f. 435 4 Oct. 1826.
Kirby, John. England. DI. BA Ct. (Minutes, Rough) 1832-1835 MSA C420-1 MdHR 14396-2 f. 134 22 Oct. 1832.
Kirby, John. England. DI. BA Ct. (Minutes) 1832-1838 MSA C386 MdHR 14403 f. 12 22 Oct. 1832.
Kircher, Antoni. Kingdom (Dutchy) of Saxe-Weimar. NATN. Decl. intent in US Circ. Ct. 23 Sept. 1844. Wits: Laurence Elberth and Andrew Schaletzke. BA Ct. (Nat. Dkt.) 1 1796-1851 MSA C389-1 MdHR 18106 f. 268 13 Oct. 1846.
Kircher, Antoui (?). [Grand] Dutchy of Saxe-Weimar. NATN. Decl. intent in US Circ. Ct. 23 Sept. 1844. Wits: Laurence Elberth and Andrea Schalitzke. O&RA to the [Grand] Duke of Saxe-Weimar. BA Ct. (Nat. Rcd.) 4 1846-1851 MSA C391-2 MdHR 18109 f. 115 13 Oct. 1846.
Kirchren, William. Saxony. NATN. Decl. intent in BC Ct. 29 Sept. 1834. Wits: Samuel Delevil and Frederick Gorman. O&RA to King of Saxony. BC Ct. (Nat. Rcd.) 10 1849-1851 MSA C229-2 MdHR 18120 f. 10 20 Sept. 1849.
Kirkland, David. Ireland. NATN. Born in Co. of Tyrone. Arrived in the US as a minor. Wits: John Essender and John Gowan. Report filed. BA Ct. (Nat. Dkt.) 1 1796-1851 MSA C389-1 MdHR 18106 f. 73 23 Sept. 1824.
Kirkpatrick, Hugh. Ireland. NATN. Decl. intent in BC Ct. 26 Sept. 1829. Res. BC. Wits: Patrick Caughey and Louis Lerpentur. O&RA to King of UK. BC Ct. (Nat. Rcd. of Minors) 1827-1832 MSA C237-1 MdHR 18112 ff. 385-386 26 Sept. 1831.
Kirkpatrick, James. Ireland. NATN. Arrived in US 3 yrs. prior to age 21. Res. US for 5 yrs., including 3 of minority. Res. MD over 1 yr. O&RA to Queen of UK. BC Ct. (Nat. Rcd. of Minors) 3 1845-1851 MSA C237-3 MdHR 18114-1 f. 63 2 Oct. 1847.
Kirling, Henry. Germany. DI. BC Ct. (Dkt&Mins) 1840 MSA C184-7 MdHR 16664 f. 36 29 Sept. 1840.
Kirnan, Thomas. Ireland. DI. BA Ct. (Misc. Ct. Papers) MSA C1-57 MdHR 50206-755 1823 unnumbered item 15 Oct. 1824.
Kirngman, George. Bavaria. NATN. Decl. intent in US Circ. Ct. 7 Oct. 1843. Wits: John Barker and Frederick Lockus. O&RA to King of Bavaria. BA Ct. (Nat. Rcd.) 4 1846-1851 MSA C391-2 MdHR 18109 f. 204 5 Oct. 1846.
Kirschbaum, Joseph. Hanover. NATN. Decl. intent in BC Ct. 7 Oct. 1844. Wits: Charles Degenhard and Anthony Degenhard. O&RA to King of Hanover. BA Ct. (Nat. Rcd.) 4 1846-1851 MSA C391-2 MdHR 18109 f. 203 5 Oct. 1847.
Kirschbaum, Joseph. Hanover. NATN. Decl. intent in BC Ct. 7 Oct. 1844. Wits: Charles Degenhard and Anthony Degenhard. BA Ct. (Nat. Dkt.) 1 1796-1851 MSA C389-1 MdHR 18106 f. 310 5 Oct. 1847.
Kirszensky, Ernst Adam. Grand Dutchy of Hesse-Darmstadt. NATN. Decl. intent in US Circ. Ct. 17 June 1844. Wits: Frederick Becker and Gerhart Liebertz. O&RA to the Grand Duke of Hesse-Darmstadt. BA Ct. (Nat. Rcd.) 4 1846-1851 MSA C391-2 MdHR 18109 f. 25 6 Oct. 1846.
Kirszinsky, Ernst Adam. Grand Dutchy of Hesse-Darmstadt. NATN. Decl. intent in US Circ. Ct. 17 June 1844. Wits: Frederick Baker and Gerhard H. Leibertz. BA Ct. (Nat. Dkt.) 1 1796-1851 MSA C389-1 MdHR 18106 f. 238 6 Oct. 1846.

Kirting, John. Bremen. DI. BC Ct. (Dkt&Mins) 1840 MSA C184-7 MdHR 16664 f. 35 22 Sept. 1840.

Kister, Lewis. Germany. NATN. Res. BC. Arrived in the US 3 yrs. prior to age 21. Res. US for 5 yrs., including 3 of minority. Res. MD over 1 yr. Wits: Anthony Sheeler and Jacob Gordon. Takes oath . BC Ct. (Nat. Rcd. of Minors) 1 1827-1832 MSA C237-1 MdHR 18112 ff. 233-234 7 Nov. 1828.

Kittel, Joseph. Bohemia (Austrian Empire) (Country of origin given as Germany in 1850 Census). NATN. Res. BC, 2nd Ward, in 1850. Profession: Sailmaker (1850 Census). Decl. intent in US Circ. Ct. 6 Jan. 1845. Wits: Charles W. Lentz and Amos Lovejoy. O&RA to King of Bohemia (Emperor of Austria). BA Ct. (Nat. Rcd.) 4 1846-1851 MSA C391-2 MdHR 18109 f. 203 5 Oct. 1847.

Kittel, Joseph. Bohemia (Austrian Empire). NATN. Decl. intent in US Circ. Ct. 6 Jan. 1845. Wits: Charles W. Lentz and Amos Lovejoy. BA Ct. (Nat. Dkt.) 1 1796-1851 MSA C389-1 MdHR 18106 f. 310 5 Oct. 1847.

Kitzer/Kitzner, Jacob. Bavaria. NATN. Decl. intent in US Dist. Ct. 30 Sept. 1844. Wits: Mathias Gallery and Henry Apple. O&RA to King of Bavaria. BC Ct. (Nat. Rcd.) 9 1845-1848 MSA C229-1 MdHR 18119 f. 629 9 Oct. 1848.

Klaper, Charles. Prussia. DI. Native of Pomerania. Res. BC. Wits: Samuel McClellan and William Gibson. BA Ct. (Misc. Ct. Papers) MSA C1-46 MdHR 50206-635 1818 item 462 11 June 1818

Klaper, Charles. Prussia. Registration and report. Noted as age 34. Born in village of Cashow, Pomerania. Migrated from city of Bremen. Res. BC. BA Ct. (Misc. Ct. Papers) MSA C1-46 MdHR 50206-635 unnumbered 1818 item 11 June 1818.

Klapmen, Charles. Prussia. NATN. Born in village of Cashow in Pomerania. Decl. intent in US Dist. Ct. 11 June 1818. Wits: Samuel McClellan and William Gibson. BA Ct. (Nat. Dkt.) 1 1796-1851 MSA C389-1 MdHR 18106 f. 121 25 Sept. 1827.

Klatsenstein, (?) Frederick. Dutchy of Nassau. Decl. intent in US Circ. Ct. 1 Oct. 1849. Wits: George T. Munch and John M. Freise. BA Ct. (Nat. Dkt.) 1 1796-1851 MSA C389-1 MdHR 18106 f. 388 3 Nov. 1851.

Klaunsburg, Augustus K. Hanover. NATN. Decl. intent in US Circ. Ct. 30 July 1844. Wits: Gilbert D. Wood and Alexander L. Fulford. O&RA to King of Hanover. BA Ct. (Nat. Rcd.) 4 1846-1851 MSA C391-2 MdHR 18109 f. 269 3 Oct. 1848.

Klee, John. Germany. Decl. intent 11 March 1812 in BA Ct. of O&T&GD. BA Ct. (Nat. Dkt.) 1 1796-1851 MSA C389-1 MdHR 18106 f. 45 25 April 1815.

Klee, John. Germany. DI. Ren. alleg. to the Emperor of Germany. BC Ct. of O&T&GD (Dkt&Mins) 1812 MSA C183-7 MdHR 16655 f. 26 11 March 1812.

Klefsele, Stephen. Saxony. NATN. Decl. intent in US Dist. Ct. 28 Oct. 1844. Wits: William Watson and John Klefsele. O&RA to King of Saxony. BC Ct. (Nat. Rcd.) 9 1845-1848 MSA C229-1 MdHR 18119 f. 602 6 Oct. 1848.

Klege, William. Prussia. NATN. Decl. intent in US Circ. Ct. 25 Sept. 1848. Wits: Charles G. Kronberger and Philip Weyffarth. O&RA to King of Prussia. BC Ct. (Nat. Rcd.) 10 1849-1851 MSA C229-2 MdHR 18120 f. 374 3 Nov. 1851.

Klehm, Henry. Hesse-Casel. NATN. Decl. intent in US Dist. Ct. 19 Oct. 1843. Wits: George Bull and Adam Klenn. BA Ct. (Nat. Dkt.) 1 1796-1851 MSA C389-1 MdHR 18106 f. 268 13 Oct. 1846.

Klehn, Henry. Electorate of Hesse-Cassel. NATN. Decl. intent in US Dist. Ct. 19 Oct. 1843. Wits: George Bull and Adam Khlen. O&RA to the Elector of Hesse-Cassel. BA Ct. (Nat. Rcd.) 4 1846-1851 MSA C391-2 MdHR 18109 f. 116 13 Oct. 1846.

Klein, Frederick. Wurtemburg. Report and registration. Noted as age 33. Born

in Wurtemburg. Arrived in Philadelphia Oct. 1817. Res. BC. Wits: Peter
Sauerwein, Jr. and Peter C. Holste. BA Ct. (Misc. Ct. Papers) MSA C1-57 MdHR
50206-755 1823 item 374 15 May 1824.
Klein, Frederick. Wurtemburg. Decl. intent in BA Ct. 17 May 1824. Wits: Peter
Sauerwain and Peter C. Holste. BA Ct. (Nat. Dkt.) 1 1796-1851 MSA C389-1 MdHR
18106 f. 103 18 Sept. 1826.
Klein, Frederick. Wurtemburg. DI. BA Ct. (Misc. Ct. Papers) MSA C1-57 MdHR
50106-755 1823 unnumbered item 17 May 1824.
Klein, Frederick. Wurtemburg. DI. BA Ct. (Minutes) 1822-1826 MSA C386-12 MdHR
14386 f. 206 17 May 1824.
Klein, Frederick. Principality of Reufs. Decl. intent in US Dist. Ct. 1 Oct. 1844.
Wits: Godfred Uhickneithe and William Rause. Takes oath of alleg. to the
US. BC Ct. (Nat. Rcd.) 9 1845-1848 MSA C229-1 MdHR 18119 f. 100 3 Oct. 1846.
Klein, John. Grand Dutchy of Baden. NATN. Decl. intent in US Dist. Ct. 5 Oct.
1847. Wits: Francis Miller and Mathias Ehrman. O&RA to the Grand Duke
of Baden. BC Ct. (Nat. Rcd.) 10 1849-1851 MSA C229-2 MdHR 18120 f. 96 30 Sept.
1850.
Kleine, Martin. Ireland. NATN. Decl. intent in US Dist. Ct. 4 Sept. 1848. Wits:
John Barns and Peter Manion. O&RA to Queen of UK. BC Ct. (Nat. Rcd.) 10
1849-1851 MSA C229-2 MdHR 18120 f. 155 8 Oct. 1850.
Klemel, Johan. Dutchy of Saxe-Coburg. NATN. Decl. intent in US Circ. Ct. 11
June 1844. Wits: Adam Biddle and William Betz. O&RA to the Duke of Saxe-
Coburg. BA Ct. (Nat. Rcd.) 4 1846-1851 MSA C391-2 MdHR 18109 f. 116 13 Oct.
1846.
Klemel, Johan. Dutchy of Saxe-Coburg. NATN. Decl. intent in US Circ. Ct. 11
June 1844. Wits: Adam Biddle and William Betz. BA Ct. (Nat. Dkt.) 1 1796-
1851 MSA C389-1 MdHR 18106 f. 268 13 Oct. 1846.
Klemm, John. Bavaria. NATN. Decl. intent in US Dist. Ct. 9 Sept. 1844. Wits:
John Myers and Henry Hoffman. O&RA to King of Bavaria. BC Ct. (Nat.
Rcd.) 9 1845-1848 MSA C229-1 MdHR 18119 f. 699 23 Oct. 1848.
Klemour, Henry. Republic of Bremen. NATN. Decl. intent in BC Ct. 12 Oct.
1846. Wits: Jacob Schmitt and John Gerlicher. O&RA to the Republic of
Bremen. BC Ct. (Nat. Rcd.) 9 1845-1848 MSA C229-1 MdHR 18119 f. 694 21 Oct.
1848.
Klemple, John. Saxony. NATN. Decl. intent in US Dist. Ct. 22 July 1837. Wits:
Thomas Lict and George A. Fisher. BA Ct. (Nat. Dkt.) 1 1796-1851 MSA C389-1
MdHR 18106 f. 202 7 Sept. 1840.
Klemple, John. Saxony. NATN. Decl. intent in US Dist. Ct. 22 July 1837. Res.
BC. Wits: Thomas Leib and George N. Fisher. O&RA to King of Saxony. BA
Ct. (Nat. Rcd.) 2 1832-1846 MSA C391-1 MdHR 18108 ff. 76-77 7 Sept. 1840.
Klence, Frederick. Kingdom of Byron. NATN. Decl. intent in open court.
Arrived in US under age 18. Wits: Henry Klein and John Mager. BA Ct.
(Nat. Dkt.)
Klevenhufen, Albert. Bremen. Report and registration. Noted as age 35. Born
in City of Bremen. BA Ct. (Misc. Ct. Papers) MSA C1-66 MdHR 50206-848
unnumbered 1828 item 7 June 1828.
Klevenhufser, Albert. Bremen. DI. Wits: William Baatscheer and Barnard
Roschen. BA Ct. (Misc. Ct. Papers) MSA C1-66 MdHR 50206-848 1828 item 445 25
March 1828.
Klevenhussen, Albert. Bremen (Hanseatic Government). Decl. intent in BA Ct.,
Sept. term 1818. Wits: William Baartsokeir and Barnard Roschen. BA Ct.
(Nat. Dkt.) 1 1796-1851 MSA C389-1 MdHR 18106 f. 127 1 April 1828.
Kliebacher, Clare E. Hanover. NATN. Arrived in US 3 yrs. prior to age 21.
Res. US for 5 yrs., including 3 of minority. Res. MD over 1 yr. Wits: E. H.
Myer and H. H. Meyer. O&RA to King of Hanover. BC Ct. (Nat. Rcd. of

Kline, Frederick. Kingdom of Byron. NATN. Decl. intent in open court. Arrived 3 yrs. prior to age 21. Res. US for 5 yrs., including 3 of minority. Res. MD over 1 yr. Res. BC. Wits: Henry Klein and John Mager. O&RA to King of Byron. BA Ct. (Nat. Rcd.) 2 1832-1846 MSA C391-1 MdHR 18108 f. 73 25 June 1840.
Kling, Jacob. Germany. DI. BC Ct. (Dkt&Mins) 1840 MSA C184-7 MdHR 16664 f. 36 28 Sept. 1840.
Klockgether, Deoderick. Germany. NATN. Born in Oldenburg. Decl. intent in US Dist. Ct. 12 March 1818. Wits: John Reese and Samuel McClellan. Certificate and report filed. BA Ct. (Nat. Dkt.) 1 1796-1851 MSA C389-1 MdHR 18106 f. 63 6 Jan. 1823.
Klump, Jacob. Germany. NATN. Decl. intent in BC Ct. 13 Sept. 1843. Wits: John Schaeffy and George Schaffer. O&RA to the Emperor of Germany. BC Ct. (Nat. Rcd.) 9 1845-1848 MSA C229-1 MdHR 18119 f. 202 10 Sept. 1846.
Klunburg, Augustus F. Hanover. NATN. Decl. intent in US Circ. Ct. 30 July 1844. Wits: Gilbert D. Wood and Alex[ander?] S. Fulford. BA Ct. (Nat. Dkt.) 1 1796-1851 MSA C389-1 MdHR 18106 f. 338 3 Oct. 1848.
Knabe, Martin Christopher. Prussia. NATN. Arrived in US 3 yrs. prior to age 21. Res. US for 5 yrs., including 3 of minority. Res. MD over 1 yr. Wits: Henry Fitzburger and Christopher Reintz. O&RA to King of Prussia. BC Ct. (Nat. Rcd. of Minors) 3 1845-1851 MSA C237-3 MdHR 18114-1 f. 329 3 Nov. 1851.
Knapp, John. Switzerland. NATN. Decl. intent in BC Ct. 1 Oct. 1844. Native of Canton of Berne. Wits: Ludwig P. Kirk and Paulus Wurst. O&RA to the Government of Switzerland. BC Ct. (Nat. Rcd.) 9 1845-1848 MSA C229-1 MdHR 155 5 Oct. 1846.
Knapp, William. Electorate of Hesse-Cassel. NATN. Decl. intent in US Circ. Ct. 20 Sept. 1844. Wits: Jacob Niebling and George Romaser. O&RA to the Elector of Hesse-Cassel. BA Ct. (Nat. Rcd.) 4 1846-1851 MSA C391-2 MdHR 18109 f. 117 13 Oct. 1846.
Knapp, William. Electorate of Hesse-Cassel. NATN. Decl. intent in US Circ. Ct. 20 Sept. 1844. Wits: Jacob Niebling and George Rommer. BA Ct. (Nat. Dkt.) 1 1796-1851 MSA C389-1 MdHR 18106 f. 268 13 Oct. 1846.
Knapple, Conrad. Bavaria. DI. BC Ct. (Dkt&Mins) 1849 MSA C184-11 MdHR 16668 f. 7 12 Feb. 1849.
Knecht, Francis Joseph. Switzerland. Arrived as a minor. Wits: Henry Malrtz and William Ball. Report filed. BA Ct. (Nat. Dkt.) 1 1796-1851 MSA C389-1 MdHR 18106 f. 72 20 Sept. 1824.
Knecht, John. Bavaria. NATN. Arrived in US 3 yrs. prior to age 21. Res. US for 5 yrs., including 3 of minority. Res. MD over 1 yr. Wits: Francis Weld and Peter Noble. O&RA to King of Bavaria. BA Ct. (Nat. Rcd. of Minors) 3 1846-1851 MSA C392-1 MdHR 18110 f. 34 5 Oct. 1847.
Kneen, Thomas. Isle of Man (UK). NATN. Decl. intent in US Circ. Ct. 12 Sept. 1844. Wits: Robert Beachman and Philip McGuinnis. O&RA to Queen of UK. BA Ct. (Nat. Dkt.) 4 1846-1851 MSA C391-2 MdHR 18109 f. 269 3 Oct. 1848.
Kneif(?)/Kniess(?), Peter. Grand Dutchy of Hesse-Darmstadt. DI. BC Ct. (Dkt&Mins) 1847 MSA C184-10 MdHR 16667 f. 33 20 Sept. 1847.
Kneller, Godfrey. Wurtemburg. NATN. Decl. intent in BC Ct. 10 April 1834. Res. BC. Wits: Joseph Gonter and Jacob Sellers. O&RA to King of Wurtemburg. BA Ct. (Nat. Rcd.) 2 1832-1846 MSA C391-1 MdHR 18108 f. 33 20 April 1836.
Knicht, John. Bavaria. NATN. Arrived in US under age 18. Wits: Francis Wild and Peter Noble. BA Ct. (Nat. Dkt.) 1 1796-1851 MSA C389-1 MdHR 18106 f. 300 5 Oct. 1847.
Knien, Thomas. Isle of Man (Great Britain) NATN. Decl. intent in US Circ. Ct.

12 Sept. 1844. Wits: Robert Beacham and Philip McGinnis BA Ct. (Nat. Dkt.) 1 1796-1851 MSA C389-1 MdHR 18106 f. 338 3 Oct. 1848.

Knight, John. England. NATN. Decl. intent in BC Ct. 16 July 1832. Res. BC. Wits: John K. Smith and Bernard McColgan. O&RA to King of UK. BC Ct. (Nat. Rcd. of Minors) 2 1832-1836 MSA C237-2 MdHR 18113 ff. 155-156 22 Dec. 1834.

Knoblsch, Christian. Bavaria. DI. BA Ct. (Minutes) 1827-1830 MSA C386-13 MdHR 14391 f. 162 8 May 1828.

Knockell, Christian. Bavaria. NATN. Decl. intent in US Dist. Ct. 26 Sept. 1846. Wits: Jacob Mehmig and Mathias Kullen. O&RA to King of Bavaria. BC Ct. (Nat. Rcd.) 9 1845-1848 MSA C229-1 MdHR 18119 f. 561 3 Oct. 1848.

Knoebel, Gregar. Germany. DI. BC Ct. (Dkt&Mins) 1840 MSA C184-7 MdHR 16664 f. 37 2 Oct. 1840.

Knoimeur, Franz. Hanover. NATN. Decl. intent in US Circ. Ct. 28 Sept. 1844. Wits: Joseph Nenwegen and Erhart Leirkuler. BA Ct. (Nat. Dkt.) 1 1796-1851 MSA C389-1 MdHR 18106 f. 357 20 Nov. 1848.

Knolmeier, Franz. Hanover. NATN. Decl. intent in US Circ. Ct. 28 Aug. 1844. Wits: Joseph Ninwegan and Erhart Leinkuhler. O&RA to King of Hanover. BA Ct. (Nat. Rcd.) 4 1846-1851 MSA C391-2 MdHR 18109 f. 319 2 Nov. 1848.

Knox, William. Ireland. DI. BA Ct. (Minutes) 1822-1826 MSA C386-12 MdHR 14386 f. 220 29 Sept. 1824.

Knox, William. Ireland. DI. Wits: William Frich and Johu Glenn. BA Ct. (Misc. Ct. Papers) MSA C1-57 MdHR 50206-755 1823 item 375 29 Sept. 1824.

Knox, William. Ireland. NATN. Born in Co. of Antrim. Decl. intent in BA Ct. Sept. term 1824. Wits: William Frick and John Glen. BA Ct. (Nat. Dkt.) 1 1796-1851 MSA C389-1 MdHR 18106 f. 120 25 Sept. 1827.

Knox, William. Ireland. Report and registration. Noted as age 45. Born in Co. of Antrim. Arrived in BC Feb. 1812. Res. BC. BA Ct. (Misc. Ct. Papers) MSA C1-57 MdHR 50206-755 1823 unnumbered item.29 Sept. 1824

Koaler, William Frederick. Wurtemburg. NATN. Decl. intent in BC Ct. 14 Feb. 1844. Wits: James C. Cann and Peter Vandersmith. O&RA to King of Wurtemburg. BC Ct. (Nat. Rcd.) 9 1845-1848 MSA C229-1 MdHR 18119 f.313 1 Oct. 1847.

Kobb, John. Bavaria. NATN. Decl. intent in US Circ. Ct. 10 Oct. 1848. Wits: John Davenre and John Ward. O&RA to King of Bavaria. BC Ct. (Nat. Rcd.) 10 1849-1851 MSA C229-2 MdHR 18120 f. 341 25 Oct. 1851.

Kobe, John G. Prussia. NATN. Decl. intent in US Dist. Ct. 21 Sept. 1844. Wits: Harman Eggers and Henry Adolf. O&RA to King of Prussia. BC Ct. (Nat. Rcd.) 9 1845-1848 MSA C229-1 MdHR 18119 f. 107 5 Oct. 1846.

Kobel, Anthony. France. DI. BA Ct. (Minutes) 1827-1830 MSA C386-13 MdHR 14391 f.161 10 Oct. 1828.

Kobeski, Michael. Russia. DI. BA Ct. (Minutes) 1822-1826 MSA C386-12 MdHR 14386 f. 117 13 Oct. 1823.

Kobold, Henry. Hanover. NATN. Decl. intent in US Circ. Ct. 1 Oct. 1849. Wits: Robert Reed and Charles Buchanan. O&RA to King of Hanover. BC Ct. (Nat. Rcd.) 10 1849-1851 MSA C229-2 MdHR 18120 f. 385 3 Nov. 1851.

Koburg, Richard. Germany. BA Ct. (Nat. Dkt.) 1 1796-1851 MSA C389-1 MdHR 18106 f. 28 #522 14 June 1804.

Koch, Johann. Republic of Bremen. NATN. Decl. intent in US Circ. Ct. 8 Oct. 1844. Wits: Holfgang Kumer and John Bellis. O&RA to the Republic of Bremen. BC Ct. (Nat. Rcd.) 10 1849-1851 MSA C229-2 MdHR 18120 f,. 398 4 Nov. 1851.

Koch, John. Hanover. NATN. Decl. intent in US Circ. Ct. 12 Sept. 1848. Wits: Herman Bradelkemp and John Reimicher. O&RA to King of Hanover. BC Ct. (Nat. Rcd.) 10 1849-1851 MSA C229-2 MdHR 18120 f. 364 31 Oct. 1851.

Kochling, Antonio. Prussia. DI. BC Ct. (Dkt&Mins) 1840 MSA C184-7 MdHR 16664 f. 23 9 June 1840.

Koen, Henry. Dutchy of Nassau. NATN. Arrived in US 3 yrs. prior to age 21.

Res. US for 5 yrs., including 3 of minority. Res. MD over 1 yr. Wits: James Rahl and George Nahl. O&RA to the Duke of Nassau. BC Ct. (Nat. Rcd. of Minors) 3 1845-1851 MSA C237-3 MdHR 18114-1 f. 128 3 Oct. 1848.
Koenstein, Mathias. Bavaria. NATN. Decl. intent in US Circ. Ct. 3 Oct. 1848. Wits: George Friberger and John G. Hentemeyer. BA Ct. (Nat. Dkt.) 1 1796-1851 MSA C389-1 MdHR 18106 f. 378 8 Oct. 1850.
Koermer, John. Bavaria. NATN. Decl. intent in US Dist. Ct. 18 Jan. 1843. Wits: William W. Ruggin and Daniel Setz. BA Ct. (Nat. Dkt.) 1 1796-1851 MSA C389-1 MdHR 18106 f. 226 29 Sept. 1845.
Koerner, John. Bavaria. NATN. Decl. intent in US Dist. Ct. 16 Jan. 1843. Res. BC. Wits: William U. Riggins and Daniel Sitz. O&RA to King of Bavaria. BA Ct. (Nat. Rcd.) 2 1832-1846 MSA C391-1 MdHR 18108 ff. 122-123 29 Sept. 1845.
Koffer, Frederick. Wurtemburg. Decl. intent in BA Ct. of O&T&GD 23 July 1814. Wits: Richard Bevan and Alexander Rogers. BA Ct. (Nat. Dkt.) 1 1796-1851 MSA C389-1 MdHR 18106 f. 99 25 March 1825.
Kohl, Burchard. Germany. BA Ct. (Nat. Dkt.) 1 1796 - 1851 MSA C389-1 MdHR 18106 f. 4 #46 Dec. 1796. Barnes, p. 59
Kohl, Burchard. Germany. NATN. BA Ct. (Minutes) 1792 - 1797 MSA C386-7 MdHR 5052 f. 264 5 Dec. 1796
Kohlein, Frederick. Bavaria. NATN. Decl. intent in BC Ct. 2 Sept. 1844. Wits: Jacob Kraff and Paul Ragenburger. O&RA to King of Bavaria. BC Ct. (Nat. Rcd.) 9 1845-1848 MSA C229-1 MdHR 18119 f. 749 1 Nov. 1848.
Kohlhepp, John Adam. Bavaria. NATN. Decl. intent in US Circ. Ct. 11 Sept. 1841. Wits: John Hohmann and Maurice Barger. O&RA to King of Bavaria. BA Ct. (Nat. Rcd.) 4 1846-1851 MSA C391-2 MdHR 18109 f. 39 6 Oct. 1846.
Kohlhepp, John Adam. Bavaria. NATN. Decl. intent in US Circ. Ct. 11 Sept. 1844. Wits: John Kohmann and Maurice Barger. BA Ct. (Nat. Dkt.) 1 1796-1851 MSA C389-1 MdHR 18106 f. 244 6 Oct. 1846
Koler, Anthony. Germany. BA Ct. (Nat. Dkt.) 1 1796-1851 MSA C389-1 MdHR 18106 f. 15 #310 9 April 1798. Barnes, p. 63.
Kolhnleis, Matthias. Bavaria. NATN. Decl. intent in US Circ. Ct. 3 Oct. 1848. Wits: George Fosberger and John G. Hintemeyer. O&RA to King of Bavaria. BA Ct. (Nat. Rcd.) 4 1846-1851 MSA C391-2 MdHR 18109 f. 362 8 Oct. 1850.
Kollenberg, Henry. Prussia. NATN. Decl. intent in US Dist. Ct. 30 Sept. 1844. Wits: Christian Kollenberg and John Bauer. O&RA to King of Prussia. BC Ct. (Nat. Rcd.) 9 1845-1848 MSA C229-1 MdHR 18119 f. 841 6 Nov. 1848.
Kollenberg/Kallenberg, Anton. Prussia. NATN. Arrived in US 3 yrs. prior to age 21. Res. US for 5 yrs., including 3 of minority. Res. MD over 1 yr. Wits: Christian Kollenberg and John Bauer. O&RA to King of Prussia. BC Ct. (Nat. Rcd. of Minors) 3 1845-1851 MSA C237-3 MdHR 18114-1 f. 189 6 Nov. 1848.
Kollenburg, Theodore. Prussia. NATN. Arrived in US 3 yrs. prior to age 21. Res. US for 5 yrs., including 3 of minority. Res. MD over 1 yr. Wits: Christian Kollenberg and John Bauer. O&RA to King of Prussia. BC Ct. (Nat. Rcd. of Minors) 3 1845-1851 MSA C237-3 MdHR 18114-1 f. 196 6 Nov. 1848.
Koneche/Konecke, John Godfrey. Hanover. BA Ct. (Nat. Dkt.) 1 1796-1851 MSA C389-1 MdHR 18106 f. 7 #131 19 Aug. 1797. Barnes, p. 60.
Konig, Frederick. Hanover. BA Ct. (Nat. Dkt.) 1 1796-1851 MSA C389-1 MdHR 18106 f. 9 #166 8 Nov. 1797. Barnes, p. 61.
Konig, George. France. NATN. Born in Alsace. Arrived in the US as a minor. Wits: John Kizenduffer and Conrad Johannes. Report filed. BA Ct. (Nat. Dkt.) 1 1796-1851 MSA C389-1 MdHR 18106 f. 76 27 Sept. 1824.
Konig, Henry. NATN. Hanover. BA Ct. (Minutes) 1792-1797 MSA C386-7 MdHR 5052 f. 254 10 Aug. 1796.
Konig, Henry. Hanover. BA Ct. (Nat. Dkt.) 1 1796 - 1851 MSA C389-1 MdHR 18106 f. 2 #21 29 Aug. 1796. Barnes, p. 59.
Konig, Jacob. Germany. DI. Profession: Blacksmith (1850 Census). Age: 35

(1850 Census) BC Ct. (Dkt&Mins) 1840 MSA C184-7 MdHR 16664 f. 36 28 Sept. 1840.
Konig, Philip. Grand Dutchy of Baden. NATN. Decl. intent in US Circ. Ct. 21 Oct. 1846. Wits: John Betz and Bernhard Evering. O&RA to the Grand Duke of Baden. BC Ct. (Nat. Rcd.) 9 1845-1848 MSA C229-1 MdHR 18119 f. 696 21 Oct. 1848.
Konig, Sebastian. France. NATN. Born in Alsace. Arrived in the US as a minor. Wits: John Kizenduffer and Conrad Johannes. Report filed. BA Ct. (Nat. Dkt.) 1 1796-1851 MSA C389-1 MdHR 18106 f. 76 27 Sept. 1824.
Konig. Lewis/Levin Augustus Christopher. Hanover. BA Ct. (Nat. Dkt.) 1 1796-1851 MSA C389-1 MdHR 18106 f. 18 #373 6 Nov. 1798. Barnes, p. 64.
Konigsbower, Joseph. Germany. DI. Ren. alleg. to the Emperor of Germany. BA Ct. (Minutes) 1815-1820 MSA C386-11 MdHR 14381 f. 10 4 May 1815.
Koock, Andreas. Hanover. BA Ct. (Nat. Dkt.) 1 1796-1851 MSA C389-1 MdHR 18106 f. 37 #731 21 April 1809.
Koperstamm, Aaron. Bavaria. DI. BA Ct. (Minutes) 1839-1846 MSA C386-16 MdHR 14404 f. 76 8 Jan. 1841
Koppelman, John Herman. Hanover. DI. BA Ct. (Minutes, Rough) 1836-1844 MSA C420-2 MdHR 14398 f. 137 10 Sept. 1838.
Kopustann(?)/Kopuslann (?), Aaron. Bavaria. DI. BA Ct. (Minutes, Rough) 1836-1844 MSA C420-2 MdHR 14398 f. 258 8 Jan. 1841.
Kornmaul, Gustav. Grand Dutchy [Kingdom] of Saxony. DI. BA Ct. (Minutes, Rough) 1836-1844 MSA C420-2 MdHR 14398 f. 400 17 May 1843.
Kornmaul, Gustav. Grand Dutchy [Kingdom] of Saxony. DI. BA Ct. (Minutes) 1839-1846 MSA C386-16 MdHR 14404 f. 191 17 May 1843.
Koster, Deiderick. Germany. NATN. Born near Bremen. Decl. intent in US Circ. Ct. 3 June 1826. Wits: Shippard C. Leakin and William H. Gatchell. BA Ct. (Nat. Dkt.) 1 1796-1851 MSA C389-1 MdHR 18106 f. 135 16 Sept. 1828.
Koth, Michael. Bavaria. NATN. Decl. intent in US Dist. Ct. 7 Sept. 1844. Wits: George Schelbon and Peter Kreifs/Kreiss. O&RA to King of Bavaria. BC Ct. (Nat. Rcd.) 9 1845-1848 MSA C229-1 MdHR 18119 f. 381 4 Oct. 1847.
Kraechele, Philip. Grand Dutchy of Baden. NATN. Decl. intent in US Dist. Ct. 27 Sept. 1844. Wits: Frederick Henis and Mathias Brandel. O&RA to the Grand Duke of Baden. BC Ct. (Nat. Rcd.) 9 1845-1848 MSA C229-1 MdHR 18119 f. 771 3 Nov. 1848.
Kraft, George. Prussia. NATN. Decl. intent in US Dist. Ct. 11 March 1844. Wits: Jacob Hilderbrand and Christopher Derteler. O&RA to King of Prussia. BC Ct. (Nat. Rcd.) 9 1845-1848 MSA C229-1 MdHR 18119 f. 57 29 Sept. 1846.
Kraft, Henry. Electorate of Hesse-Cassel. NATN. Decl. intent in US Circ. Ct. 30 Sept. 1844. Wits: George Ball and William Musel. BA Ct. (Nat. Dkt.) 1 1796-1851 MSA C389-1 MdHR 18106 f. 268 13 Oct. 1846.
Kraft, Henry. Electorate of Hesse-Cassel. NATN. Decl. intent in US Circ. Ct. 30 Sept. 1843. Wits: George Ball and William Masel. O&RA to the Elector of Hesse-Cassel. BA Ct. (Nat. Rcd.) 4 1846-1851 MSA C391-2 MdHR 18109 f. 117 13 Oct. 1846.
Kraft, Jacob. Germany. NATN. Res. BC. Arrived in the US 3 yrs. prior to age 21. Res. United Stated for 5 yrs., including 3 of minority. Res. MD over 1 yr. Witness: William Mumsen . O&RA to the Prince of Orange. BC Ct. (Nat. Rcd. of Minors) 1 1827-1832 MSA C237-1 MdHR 18112 ff. 288-289 23 March 1829.
Kraft, Jacob. Electorate of Hesse-Cassel. NATN. Decl. intent in US Dist. Ct. 1 Oct. 1844. Wits: C. Degelman and Caspar Igelman (Degelman?). O&RA to the Elector of Hesse-Cassel. BC Ct. (Nat. Rcd.) 9 1845-1848 MSA C229-1 MdHR 18119 f. 563 3 Oct. 1848.
Kraft, John. Grand Dutchy of Hesse-Darmstadt. NATN. Decl. intent in US Circ. Ct. 30 Sept. 1843. Wits: Martin Hinkle and Frederick Bower. BA Ct. (Nat. Dkt.) 1 1796-1851 MSA C389-1 MdHR 18106 f. 245 6 Oct. 1846.

Kraft, John. Grand Dutchy of Hesse-Darmstadt. NATN. Decl. intent in US Circ. Ct. 30 Sept. 1843. Wits: Martin Henkle and Frederick Bower. O&RA to the Grand Duke of Hesse-Darmstadt. BA Ct. (Nat. Rcd.) 4 1846-1851 MSA C391-2 MdHR 18109 f, 42 6 Oct. 1846.

Kraft, Michael. Bavaria. NATN. Decl. intent in US Dist. Ct. 13 Oct. 1846. Wits: Jacob Kester and Conrad Fix. O&RA to King of Bavaria. BC Ct. (Nat. Rcd.) 9 1845-1848 MSA C229-1 MdHR 18119 f. 795 4 Nov. 1848.

Kramer, Frederick. Germany. DI. BC Ct. (Dkt&Mins) 1840 MSA C184-7 MdHR 16664 f. 24 13 June 1840.

Kramer, Frederick. Germany. NATN. Decl. intent in Marine Ct. of New York City 26 Oct. 1843. Wits: Frederick Devries and Joseph Forschel. O&RA to the Emperor of Germany. BC Ct. (Nat. Rcd.) 10 1849-1851 MSA C229-2 MdHR 18120 f. 37 2 Oct. 1849.

Krater, Conrad F. Wurtemburg. NATN. Decl. intent in BC Ct. 14 Feb. 1844. Wits: William Link and Frederick Schwartz. O&RA to King of Wurtemburg. BC Ct. (Nat. Rcd.) 9 1845-1848 MSA C229-1 MdHR 18119 f. 584 3 Oct. 1848.

Kratsinstein, Frederick. Dutchy of Nassau. NATN. Decl. intent in US Circ. Ct. 1 Oct. 1849. Wits: George Tillench and John H. Friese. O&RA to the Duke of Nassau. BA Ct. (Nat. Rcd.) 4 1846-1851 MSA C391-2 MdHR 18109 f. 392 3 Nov. 1851.

Kratz, Henry. Grand Dutchy of Hesse-Darmstadt. NATN. Decl. intent in US Dist. Ct. 25 Sept. 1844. Wits: Henry Winege and Michael Fuhr. O&RA to the Grand Duke of Hesse-Darmstadt. BC Ct. (Nat. Rcd.) 9 1845-1848 MSA C229-1 MdHR 18119 f. 766 3 Nov. 1848.

Kratz, John Nicholas. Grand Dutchy of Hesse-Darmstadt. DI. BC Ct. (Dkt&Mins) 1849 MSA C184-11 MdHR 16668 f. 26 1 Oct. 1849.

Krause, William. Bavaria. NATN. Decl. intent in US Dist. Ct. 11 June 1844. Wits: Gerhard Sybert and Godfried Wiegand. O&RA to King of Bavaria. BC Ct. (Nat. Rcd.) 9 1845-1848 MSA C229-1 MdHR 18119 f. 101 3 Oct. 1846.

Kreamer, John Jacob. Wurtemburg. NATN. Decl. intent in BA Ct. 9 Oct. 1839. Res. BC. Wits: John Duffner and George Sickle. O&RA to Queen of Wurtemburg. BA Ct. (Nat. Rcd.) 2 1832-1846 MSA C391-1 MdHR 18108 f. 107 15 June 1844.

Krebler, Rudolph. Hanover. BA Ct. (Nat. Dkt.) 1 1796-1851 MSA C389-1 MdHR 18106 f. 13 #276 15 March 1798. Barnes, p. 62.

Krebner, Henry. Bavaria. NATN. Decl. intent in US Dist. Ct. 7 Oct. 1843. Wits: John Wolf and John Werner. O&RA to King of Bavaria. BA Ct. (Nat. Rcd.) 4 1846-1851 MSA C391-2 MdHR 18109 f. 35 6 Oct. 1846.

Kreger, Clement. Grand Dutchy of Oldenburg. NATN. Arrived in US under age 18. Wits: Henry Kalbflacker and Bernard Fordman. BA Ct. (Nat. Dkt.) 1 1796-1851 MSA C389-1 MdHR 18106 f. 300 5 Oct. 1847.

Kreig, Frederick. Germany. NATN. Born near Lauden. Decl. intent in US Dist. Ct. 4 Oct. 1809. Wits: George Everhart and John Stevenson. Certificate and report filed. BA Ct. (Nat. Dkt.) 1 1796-1851 MSA C389-1 MdHR 18106 f. 85 13 Oct. 1824.

Kreiger, Lewis. Prussia. NATN. Decl. intent in US Dist. Ct. 1 Nov. 1844. Wits: Henry Meyers and John Digan. O&RA to King of Prussia. BC Ct. (Nat. Rcd.) 9 1845-1848 MSA C229-1 MdHR 18119 f. 374 4 Oct. 1847.

Kreil, John G. Wurtemburg. DI. BA Ct. (Misc. Ct. Papers) MSA C1-51 MdHR 50206-694 unnumbered 1820 item 30 May 1820.

Kreil, John G. Wurtemburg. NATN. Decl. intent in US Circ. Ct. 1 May 1820. Wits: George B. Gumwalt and William Wickershan. BA Ct. (Nat. Dkt.) 1 1796-1851 MSA C389-1 MdHR 18106 f. 119 25 Sept. 1827.

Kreile/Kriel, John G. Wurtemburg. Report and registration. Noted as age 31. res. BC. Wits: George B. Gerinwalt (?) and William Wickersham. BA Ct.

(Misc. Ct. Papers) MSA C1-51 MdHR 50206-694 1820 item 1085 30 May 1820.
Krein, John. Bavaria. NATN. Decl. intent in US Dist. Ct. 4 Nov. 1842. Wits: Louis Servany and F.P. A. Devouge. O&RA to King of Bavaria. BA Ct. (Nat. Rcd.) 4 1846-1851 MSA C391-2 MdHR 18109 f. 118 13 Oct. 1846.
Krein, John. Bavaria. NATN. Decl. intent in US Dist. Ct. 4 Nov. 1842. Wits: Louis Servany and F. P. A. Devirige. BA Ct. (Nat. Dkt.) 1 1796-1851 MSA C389-1 MdHR 18106 f. 268 13 Oct. 1846.
Kreis, Johannes. Wurtemburg. NATN. Decl. intent in US Circ. Ct. 10 May 1844. Wits: George Romoser and Jacob Romoser. BA Ct. (Nat. Dkt.) 1 1796-1851 MSA C389-1 MdHR 18106 f. 269 13 Oct. 1846.
Krem, Leonhardt. Switzerland. DI. BC Ct. (Dkt&Mins) 1849 MSA C184-11 MdHR 16668 f. 18 25 June 1849.
Kremelberg, J. D. Republic of Bremen. NATN. Decl. intent in US Dist. Ct. 29 May 1849. Wits: F. L. Braun and Werner Dresel. O&RA to the Republic of Bremen. BC Ct. (Nat. Rcd.) 10 1849-1851 MSA C229-2 MdHR 18120 f. 174 3 June 1851.
Kremer/(Kramer), John/(Johann) Jacob. Wurtemburg. DI.Profession: Butcher BA Ct. (Minutes) 1839-1846 MSA C386-16 MdHR 14404 f. 27 9 Oct. 1839. See also Kanely, "Passenger Lists" MGSB
Kremer, Charles. Grand Dutchy of Baden. DI. BC Ct. (Dkt&Mins) 1849 MSA C184-11 MdHR 16668 f. 26 2 Oct. 1849.
Kremer, John Jacob. Wurtemburg. DI. BA Ct. (Minutes, Rough) 1836-1844 MSA C420-2 MdHR 14398 f. 189 9 Oct. 1839.
Kremer, John Jacob. Wurtemburg. NATN. Decl. intent in BA Ct. 9 Oct. 1849. Wits: John Duffner and George Sickle. BA Ct. (Nat. Dkt.) 1 1796-1851 MSA C389-1 MdHR 18106 f. 217 15 June 1844.
Krentzer, Henry. Electorate of Hesse-Cassel. NATN. Decl. intent in BC Ct. 18 Sept. 1844. Wits: Lenhard Dederick and P. Schmidt. O&RA to the Elector of Hesse-Cassel. BC Ct. (Nat. Rcd.) 9 1845-1848 MSA C229-1 MdHR 18119 f. 669 10 Oct. 1848.
Kres, Peter. Bavaria. NATN. Decl. intent in US Dist. Ct. 7 Oct. 1843. Wits: Peter Mahr and George Huergarther. BA Ct. (Nat. Dkt.) 1 1796-1851 MSA C389-1 MdHR 18106 f. 269 13 Oct. 1846.
Kres, Peter. Bavaria. NATN. Decl. intent in US Dist. Ct. 7 Oct. 1843. Wits: Peter Mahr and George Hurdgaither. O&RA to King of Bavaria. BA Ct. (Nat. Rcd.) 4 1846-1851 MSA C391-2 MdHR 18109 f. 118 13 Oct. 1846.
Kriebe, Andreas. Bavaria. NATN. Decl. intent in US Circ. Ct. 8 Nov. 1848. Wits: Ernst Rubert and John Beamer. O&RA to King of Bavaria. BC Ct. (Nat. Rcd.) 10 1849-1851 MSA C229-2 MdHR 18120 f. 326 7 Oct. 1851.
Krieg, Peter. Bavaria. NATN. Decl. intent in US Circ. Ct. 5 Oct. 1849. Wits: Adam Krouser and Nicholas Hefflem. O&RA to King of Bavaria. BC Ct. (Nat. Rcd.) 10 1849-1851 MSA C229-2 MdHR 18120 f. 334 16 Oct. 1851.
Krieger, George. Grand Dutchy of Hesse-Darmstadt. NATN. Decl. intent in US Circ. Ct. 30 Sept. 1844. Wits: Herman Kemper and Jacob Schreiver. O&RA to the Grand Duke of Hesse-Darmstadt. BA Ct. (Nat. Rcd.) 4 1846-1851 MSA C391-2 MdHR 18109 f. 252 2 Oct. 1848.
Krieger, George. Grand Dutchy of Hesse-Darmstadt. NATN. Decl. intent in US Circ. Ct. 30 Sept. 1844. Wits: Herman Kemper and Jacob Schrever. BA Ct. (Nat. Dkt.) 1 1796-1851 MSA C389-1 MdHR 18106 f. 331 2 Oct. 1848.
Kries, Johannes. Wurtemburg. NATN. Decl. intent in US Circ. Ct. 10 May 1843. Wits: George Romaser and Jacob Romaser. O&RA to King of Wurtemburg. BA Ct. (Nat. Rcd.) 4 1846-1851 MSA C391-2 MdHR 18109 f. 119 13 Oct. 1846.
Krieterman, Jacob. France. NATN. Arrived in US 3 yrs. prior to age 21. Res. US for 5 yrs., including 3 of minority. Res. MD over 1 yr. Wits: Joseph Frederick and Jacob Kriterman, Jr. O&RA to King of France. BA Ct. (Nat.

Rcd. of Minors) 3 1846-1851 MSA C392-1 MdHR 18110 f. 17 13 Oct. 1846.

Krietzer, Caspar. Bavaria. NATN. Arrived in US 3 yrs. prior to age 21. Res. US for 5 yrs., including 3 of minority. Res. MD over 1 yr. Wits: Charles L. Davis and John Krietner. O&RA to King of Bavaria. BC Ct. (Nat. Rcd. of Minors) 3 1845-1851 MSA C237-3 MdHR 18114-1 f. 146 10 Oct. 1848.

Kriger, Clement. Grand Dutchy of Oldenburg. NATN. Arrived in US 3 yrs. prior to age 21. Res. US for 5 yrs., including 3 of minority. Res. MD over 1 yr. Wits: Henry Kalbflacker and Bernard Fordman. O&RA to the Grand Duke of Oldenburg. BA Ct. (Nat. Rcd. of Minors) 3 1846-1851 MSA C392-1 MdHR 18110 f. 34 5 Oct. 1847.

Kriteman, Jacob. France. NATN. Arrived in US under age 18. Wits: Joseph Fenrich and Jacob Kriteman, Sr. BA Ct. (Nat. Dkt.) 1 1796-1851 MSA C389-1 MdHR 18106 f. 290 13 Oct. 1846.

Kriz, Philip. Bavaria. NATN. Decl. intent in US Dist. Ct. 20 Sept. 1844. Wits: George Mooz and John M. Beandel. O&RA to King of Bavaria. BC Ct. (Nat. Rcd.) 10 1849-1851 MSA C229-2 MdHR 18120 f. 138 1 Oct. 1850.

Kron, Stephen. Bavaria. NATN. Decl. intent in US Circ. Ct. 10 July 1844. Wits: Francis Kone and Adam Adams. O&RA to King of Bavaria. BA Ct. (Nat. Rcd.) 4 1846-1851 MSA C391-2 MdHR 18109 f. 119 13 Oct. 1846.

Kron, Stephen. Bavaria. NATN. Decl. intent in US Circ. Ct. 10 July 1844. Wits: Francis Kone and Adam Adams. BA Ct. (Nat. Dkt.) 1 1796-1851 MSA C389-1 MdHR 18106 f. 269 13 Oct. 1846.

Kroneberger, Charles J. Electorate of Hesse-Cassel. NATN. Arrived in US 3 yrs. prior to age 21. Res. US for 5 yrs., including 3 of minority. Res. MD over 1 yr. Wits: Charles G. Kroneberger and Edward Voglesang. O&RA to the Elector of Hesse-Cassel. BC Ct. (Nat. Rcd. of Minors) 3 1845-1851 MSA C237-3 MdHR 18114-1 f. 164 31 Oct. 1848.

Kroneberger, John. Bavaria. NATN. Arrived in US under age 18. Wits: Francis Dink and Charles Frankenberger. BA Ct. (Nat. Dkt.) 1 1796-1851 MSA C389-1 MdHR 18106 f. 301 5 Oct. 1847.

Kroneburger, John. Bavaria. NATN. Arrived in US 3 yrs. prior to age 21. Res. US for 5 yrs., including 3 of minority. Res. MD over 1 yr. Wits: Francis Dink and Charles Frankenberger. O&RA to King of Bavaria. BA Ct. (Nat. Rcd. of Minors) 3 1846-1851 MSA C392-1 MdHR 18110 f. 35 5 Oct. 1847.

Kropel. Frederick. Germany. NATN. Decl. intent in US Dist. Ct. 21 Oct. 1844. Wits: Martin Getman and George Fagenlaush. O&RA to the Emperor of Germany. BC Ct. (Nat. Rcd.) 9 1845-1848 MSA C229-1 MdHR 18119 f. 410 4 Oct. 1847.

Krouse, Christian. Germany. BA Ct. (Nat. Dkt.) 1 1796-1851 MSA C389-1 MdHR 18106 f. 9 #161 6 Nov. 1797. Barnes, p. 61.

Kruger, Frederick Joseph. Hanover. NATN. Res. BC. Res. US 14 April 1802 - 18 June 1812. Wits: John Schroeder and John O'Hare. O&RA to King of UK. BC Ct. (Nat. Rcd. of Minors) 1 1827-1832 MSA C237-1 MdHR 18112 ff. 103-104 29 Sept. 1828.

Krumm, Frederick Christian Andrew. Grand Dutchy of Hesse-Darmstadt. NATN. Decl. intent in US Dist. Ct. 3 Oct. 1843. Wits: John M. Mulhiffer and Theodore Smith. O&RA to the Grand Duke of Hesse-Darmstadt. BC Ct. (Nat. Rcd.) 9 1845-1848 MSA C229-1 MdHR 18119 f. 199 10 Oct. 1846.

Krutel, Francis. Austrian Empire. NATN. Decl. intent in Marine Ct. of New York City 4 Feb. 1844. Wits: Peter Cromesburger and Francis Fisher. O&RA to the Emperor of Austria. BC Ct. (Nat. Rcd.) 9 1845-1848 MSA C229-1 MdHR 18119 f. 506 1 July 1848.

Kuchner, Henry Charles Albert. Prussia. NATN. Decl. intent in US Dist. Ct. 7 July 1849. Wits: John Curlett and John Walker. O&RA to King of Prussia. BC Ct. (Nat. Rcd.) 10 1849-1851 MSA C229-2 MdHR 18120 f. 297 30 Sept. 1851.

Kuebrt, John. Bavaria. NATN. Decl. intent in US Circ. Ct. 3 Oct. 1848. Wits: Frederick Lempk and Valentine Horwenk. O&RA to King of Bavaria. BA Ct. (Nat. Rcd.) 4 1846-1851 MSA C391-2 MdHR 18109 f. 375 30 Sept. 1851.

Kuebst, John. Bavaria. NATN. Decl. intent in US Circ. Ct. 3 Oct. 1848. Wits: Frederick Lemph and Valentine Hornenk. BA Ct. (Nat. Dkt.) 1 1796-1851 MSA C389-1 MdHR 18106 f. 383 30 Sept. 1851.

Kuhlenbeck, Henry. Hanover. DI. Wits: Andrew Hildebrand and Frederick Kline. BA Ct. (Misc. Ct. Papers) MSA C1-55 MdHR 50206-732 1822 item 365 1 Nov. 1822.

Kuhn, August Christian. Westphalia. NATN. Born in Saxony. Decl. intent in US Dist. Ct. 31 July 1812. Wits: Andrew Hildebrand and Valerius Dukehart. BA Ct. (Nat. Dkt.) 1 1796-1851 MSA C389-1 MdHR 18106 f. 118 25 Sept. 1827.

Kuhn, August Christian. Saxony. Report and registration. Noted as age 50. Born in Saxony. Arrived in Philadelphia Sept. 1804. Res. BC. BA Ct. (Misc. Ct. Papers) MSA C1-64 MdHR 50206-824 unnumbered 1827 item (no date given).

Kuhn, August Christian. Saxony. DI. Ren. alleg. to King of Westphalia. Res. BC. Wits: Andrew Hildebrand and Valerius Dukehart. BA Ct. (Misc. Ct. Papers) MSA C1-64 MdHR 50206-824 1827 item 369 4 Aug. 1812.

Kuhn, George Franz. Bavaria. NATN. Decl. intent in US Circ. Ct. 17 June 1844. Wits: Adam Fresch and Henry Schombs. O&RA to King of Bavaria. BA Ct. (Nat. Rcd.) 4 1846-1851 MSA C391-2 MdHR 18109 f. 120 13 Oct. 1846.

Kuhn, Joseph. Wurtemburg. NATN. Decl. intent in BC Ct. 24 June 1845. Wits: John Kuhn and Philip Wagner. O&RA to King of Wurtemburg. BC Ct. (Nat. Rcd.) 9 1845-1848 MSA C229-1 MdHR 18119 f. 653 10 Oct. 1848.

Kuhnle, John G. Germany. DI. Ren. alleg. to the Emperor of Germany. BA Ct. (Minutes) 1827-1830 f. 340 9 Jan. 1830.

Kuhr, George Franz. Bavaria. NATN. Decl. intent in US Circ. Ct. 17 June 1844. Wits: Adam Trisch and Henry Schomber. BA Ct. (Nat. Dkt.) 1 1796-1851 MSA C389-1 MdHR 18106 f. 269 13 Oct. 1846.

Kull, Anna Florentine. Germany. BA Ct. (Nat. Dkt.) 1 1796-1851 MSA C389-1 MdHR 18106 f. 44 #845 20 April 1814.

Kull, Frederick. Germany. NATN. Arrived in US 3 yrs. prior to age 21. Res. US for 5 yrs., including 3 of minority. Res. MD over 1 yr. Wits: Charles Widener and Frederick Ruff. O&RA to the Emperor of Germany. BC Ct. (Nat. Rcd. of Minors) 3 1845-1851 MSA C237-3 MdHR 18114-1 f. 73 4 Oct. 1847.

Kuman, William. Ireland. NATN. Res. BC. Res. US 14 April 1802 - 18 June 1812. Witness: John Sweeting. O&RA to King of UK. BC Ct. (Nat. Rcd. of Minors) 1 1827-1832 MSA C237-1 MdHR 18112 ff. 290-291 (no date of month given) June 1829.

Kummeh, Philip. Bavaria. NATN. Decl. intent in US Circ. Ct. 27 May 1844. Wits: John Lietz and Wendel Lauer. O&RA to King of Bavaria. BA Ct. (Nat. Rcd.) 4 1846-1851 MSA C391-2 MdHR 18109 f. 120 13 Oct. 1846.

Kummel, Philip. Bavaria. NATN. Decl. intent in US Circ. Ct. 27 May 1844. Wits: John Seitz and Wendel Lower. BA Ct. (Nat. Dkt.) 1 1796-1851 MSA C389-1 MdHR 18106 f. 269 13 Oct. 1846.

Kummer, Everhart. Kingdom of Bian. DI. BA Ct. (Minutes, Rough) 1836-1844 MSA C420-2 MdHR 14398 f. 242 16 Sept. 1840.

Kummer, Everhart. Kingdom of Bian. DI. BA Ct. (Minutes) 1839-1846 MSA C386-16 MdHR 14404 f. 63 22 Sept. 1840.

Kummer, John. Austrian Empire. DI. Res. BC. Ren. alleg. to the Emperor of Austria. BC Ct. of O&T&GD (Dkt&Mins) 1812 MSA C183-7 MdHR 16655 f. 44 4 Aug. 1812.

Kummett, Caspar. Bavaria. NATN. Decl. intent in BC Ct. 27 Sept. 1844. Wits: Philip Kummett and Leonard Kummett. O&RA to King of Bavaria. BC Ct. (Nat. Rcd.) 9 1845-1848 MSA C229-1 MdHR 18119 f. 492 13 Nov. 1847.

Kump, Peter. Grand Dutchy of Hesse-Darmstadt. NATN. Decl. intent in US

Dist. Ct. 10 Sept. 1844. Wits: Ernst Storeff and Henry Schaffer. O&RA to the Grand Duke of Hesse-Darmstadt. BC Ct. (Nat. Rcd.) 9 1845-1848 MSA C229-1 MdHR 18119 f. 405 4 Oct. 1847.
Kunart, George. Prussia. DI. BA Ct. (Minutes, Rough) 1836-1844 MSA C420-2 MdHR 14398 f. 239 7 Sept. 1840.
Kung, Jacob. Electorate of Hesse-Cassel. NATN. Decl. intent in US Circ. Ct. 30 Sept. 1844. Wits: Henry Deitrich and Conrad Schlott. BA Ct. (Nat. Dkt.) 1 1796-1851 MSA C389-1 MdHR 18106 f. 269 13 Oct. 1846.
Kung, Jacob. Electorate of Hesse-Cassel. NATN. Decl. intent in US Circ. Ct. 30 Sept. 1844. Wits: Henry Deitrick and Conrad Schlott. O&RA to the Elector of Hesse-Cassel. BA Ct. (Nat. Rcd.) 4 1846-1851 MSA C391-2 MdHR 18109 f. 121 13 Oct. 1846.
Kunkel, Joseph. Bavaria. NATN. Decl. intent in US Circ. Ct. 4 Oct. 1844. Wits: Michael Werner and Michael Bower. BA Ct. (Nat. Dkt.) 1 1796-1851 MSA C389-1 MdHR 18106 f. 310 5 Oct. 1847.
Kunkel, Joseph. Bavaria. NATN. Decl. intent in US Circ. Ct. 4 Oct. 1844. Wits: Michael Werner and Michael Bower. O&RA to King of Bavaria. BA Ct. (Nat. Rcd.) 4 1846-1851 MSA C391-2 MdHR 18109 f. 204 5 Oct. 1847.
Kunzman, George. Bavaria. NATN. Decl. intent in US Circ. Ct. 7 Oct. 1847. Wits: Frederick Zookus and John Barker. BA Ct. (Nat. Dkt.) 1 1796-1851 MSA C389-1 MdHR 18106 f. 310 5 Oct. 1847.
Kyle, Christian. Prussia. DI. Res. BC. BC Ct. (Dkt&Mins) 1847 MSA C184-10 MdHR 16667 f. 23 15 July 1847.
Kyle, Thomas. Ireland. DI. BA Ct. (Minutes) 1827-1830 MSA C386-13 MdHR 14391 f. 161 4 Oct. 1828.
Kyne of Thomas, Patrick. Ireland. DI. BA Ct. (Minutes) 1839-1846 MSA C386-16 MdHR 14404 f. 12 15 April 1839.
Kyne, Patrick. Ireland. NATN. Decl. intent in open court. Arrived in US 3 yrs. prior to age 21. Res. US for 5 yrs., including 3 of minority. Res. MD over 1 yr. Res. BC. Wits: John Cloarty and John Griffin. O&RA to Queen of UK. BA Ct. (Nat. Rcd.) 2 1832-1846 MSA C391-1 MdHR 18108 f. 61 15 April 1839.
Kyne, Peter. Ireland. NATN. Decl. intent in BC Ct. 29 Sept. 1845. Wits: Michael Keyser and Francis Latchford. O&RA to Queen of UK. BC Ct. (Nat. Rcd.) 9 1845-1848 MSA C229-1 MdHR 18119 f. 441 4 Oct. 1847.
Lablein, Frederick. Germany. DI. BC Ct. (Dkt&Mins) 1847 MSA C184-10 MdHR 16667 f. 9 15 Mar. 1847.
Labroquire, Bernard F. France. NATN. Res. BC. Res. US 14 April 1802 - 18 June 1812. Wits: Lewis Cassard and Henry Placid. O&RA to the King of France. BC Ct. (Nat. Rcd. of Minors) 1 1827-1832 MSA C237-1 MdHR 18112 ff. 145-146 3 Oct. 1828.
Lacaze, William. Republic of France. BA Ct. (Nat. Dkt.) 1 1796-1851 MSA C389-1 MdHR 18106 f. 8 #140 23 Aug. 1797. Barnes, p. 61.
Lachenmayer, Joseph. Switzerland. NATN. Decl. intent in US Circ. Ct. 23 Sept. 1847. Wits: Mathias Snyder and George Wetterkint. O&RA to the Confederated Republic of Switzerland. BA Ct. (Nat. Rcd.) 4 1846-1851 MSA C391-2 MdHR 18109 f. 340 1 Oct. 1849.
Lachenmayer, Joseph. Switzerland. NATN. Decl. intent in US Circ. Ct. 27 Sept. 1847. Wits: Mathias Snyder and George Wetterkind. BA Ct. (Nat. Dkt.) 1 1796-1851 MSA C38-1 MdHR 18106 f. 369 1 Oct. 1849.
Lacks, John. Grand Dutchy of Hesse-Darmstadt. NATN. Decl. intent in US Circ. Ct. 25 Sept. 1849. Wits: John Charles Long and Martin Hoffnagle. O&RA to Grand Duke of Hesse-Darmstadt. BA Ct. (Nat. Rcd.) 4 1846-1851 MSA C391-2 MdHR 18109 f. 371 30 Sept. 1851.
Laclair, Lewis. France. BA Ct. (Nat. Dkt.) 1 1796-1851 MSA C389-1 MdHR 18106. f. 36 #713 27 Oct. 1808.

Lacombe, Mary. Republic of France. BA Ct. (Nat. Dkt.) 1 1796-1851 MSA C389-1 MdHR 18106 f. 7 #125 18 Aug. 1797.
Lacoon, William. Ireland. DI. BA Ct. (Minutes, Rough) 1836-1844 MSA C420-2 MdHR 14398 f. 251 10 Nov. 1840.
Ladomus, William. Austrian Empire. DI. BA Ct. (Minutes, Rough) 1845-1851 MSA C420-3 MdHR 14401 f. 126 22 Jan. 1847.
Ladomus, William. Austrian Empire. DI. BA Ct. (Minutes) 1846-1851 MSA C386-17 MdHR 14405 f. 28 22 Jan. 1847.
Ladomus, William. Austrian Empire. NATN. Decl. intent in BA Ct. 21 Jan. 1847. Wits: Henry Bersh, Sr. and Henry Bersh, Jr. O&RA to the Emperor of Austria. BC Ct. (Nat. Rcd.) 10 1849-1851 MSA C229-2 MdHR 18120 f. 6 22 May 1849.
Lafferty, Hugh. Ireland. NATN. Decl. intent in US Circ. Ct. 2 Oct. 1844. Wits: William Stewart and Francis McMahon. BA Ct. (Nat. Dkt.) 1 1796-1851 MSA C389-1 MdHR 18106 f. 363 6 July 1849.
Lafferty, Hugh. Ireland. NATN. Decl. intent in US Circ. Ct. 2 Oct. 1844. Wits: William Stewart and Francis McMahan. O&RA to the Queen of the UK. BA Ct. (Nat. Rcd.) 4 1846-1851 MSA C391-2 MdHR 18109 f. 333 6 July 1847.
Lafleur, Joseph. France. NATN. Res. BC. Res. US 14 April 1802 - 18 June 1812. Wits: Isaac Phillips and Nicholas R. Kennedy. O&RA to the King of France. BC Ct. (Nat. Rcd. of Minors) 1 1827-1832 MSA C237-1 MdHR 18112 ff. 97-98 29 Sept. 1828.
Lafure, Joseph. France. DI. BC Ct. (Dkt&Mins) 1828 MSA C184-4 MdHR 16661 f. 40 25 Sept. 1828.
Laha, John. Ireland. NATN. Born in Co. of Cork. Arrived in the US prior to 18 June 1812. Wits: Carry Southcomb and James Cartean. BA Ct. (Nat. Dkt.) 1 1796-1851 MSA C389-1 MdHR 18106 f. 154 8 Nov. 1828.
Lalnave, Bernard. France. BA Ct. (Nat. Dkt.) 1 1796-1851 MSA C389-1 MdHR 18106 f. 34 #673 27 April 1806.
Lamb, John. Ireland. NATN. Decl. intent in BC Ct. 25 Sept. 1844. Wits: Joseph Thompson and William Walton. O&RA to the Queen of the UK. BA Ct. (Nat. Rcd.) 4 1846-1851 MSA C391-2 MdHR 18109 f. 69 13 Oct. 1846.
Lamb, John. Ireland. NATN. Decl. intent in BC Ct. 25 Sept. 1844. Wits: Joseph Thompson and William Watson. BA Ct. (Nat. Dkt.) 1 1796-1851 MSA C389-1 MdHR 18106 f. 253 13 Oct. 1846.
Lamb, Joseph. Ireland. DI. BC Ct. (Dkt&Mins) 1839 MSA C184-6 MdHR 16663 f. 36 1 Oct. 1839.
Lambert, John P. Grand Dutchy of Hesse-Darmstadt. NATN. Arrived in US 3 yrs. prior to age 21. Res. BC. Res. US for 5 yrs., including 3 of minority. Res. MD over 1 yr. Wits: Uriah F. Causey and Valentine Harwood. O&RA to the Grand Duke of Hesse-Darmstadt. BA Ct. (Nat. Rcd. of Minors) 3 1846-1851 MSA C392-1 MdHR 18110 f. 89 10 Oct. 1849.
Lambert, John P. Grand Dutchy of Hesse-Darmstadt. NATN. Arrived under age 18. Wits: Uriah F. Causey and Valentine Harwood. BA Ct. (Nat. Dkt.) 1 1796-1851 MSA C389-1 MdHR 18106 f. 369 1 Oct. 1849.
Lambrecht, Henry. Germany. DI. Res. BC. Ren. alleg. to the Emperor of Germany. BC Ct. (Dkt&Mins) 1839 MSA C184-6 MdHR 16663 f. 12 13 Mar. 1839.
Lamprecht, Wilhelm. Grand Dutchy of Baden. NATN. Decl. intent in US Dist. Ct. 19 Sept. 1838. Res. BC. Wits: Gotleib Erdman and Peter Rathvercht. O&RA to the Grand Duke of Baden. BA Ct. (Nat. Rcd.) 2 1832-1846 MSA C391-1 MdHR 18108 f. 83 26 Sept. 1840.
Lamprecht, Wilhelm. Grand Dutchy of Baden. NATN. Decl. intent in US Dist. Ct. 15 Sept. 1838. Wits: Gotlieb Erdman and Peter Rathvescht. BA Ct. (Nat. Dkt.) 1 1796-1851 MSA C389-1 MdHR 18106 f. 205 26 Sept. 1840.
Lanamee, John Baptiste. France. NATN. Born in Marseilles. Decl. intent in open Ct. Arrived in the US as a minor. Wits: Giles Williams and Alexander

Cumming. BA Ct. (Nat. Dkt.) 1 1796-1851 MSA C389-1 MdHR 18106 f. 137 27 Sept. 1828.
Lanchart, Peter. Grand Dutchy of Hessen-Darmstadt. NATN. Decl. intent in open ct. Arrived in US under age 18. Wits: George Lanehard and Thomas Leib. BA Ct. (Nat. Dkt.) 1 1796-1851 MSA C389-1 MdHR 18106 f. 202 7 Sept. 1840.
Lanckoe, John C. Hamburg. NATN. Decl. intent in BC Ct. 1 Oct. 1844. Wits: Stephen Deaver and Francis A. Phoden. O&RA to the Republic of Hamburg. BA Ct. (Nat. Rcd.) 4 1846-1851 MSA C391-2 MdHR 18109 f. 205 5 Oct. 1847.
Landais, Philip. Republic of France. BA Ct. (Nat. Dkt.) 1 1796-1851 MSA C389-1 MdHR 18106 f. 18 #3819 Nov. 1798. Barnes,p. 64.
Landman, August Ernst H. Dutchy of Brunswick. NATN. Decl. intent in US Circ. Ct. 23 Oct. 1848. Wits: Casper Stockton and Adam Verbe. BA Ct. (Nat. Dkt.) 1 1796-1851 MSA C389-1 MdHR 18106 f. 383 30 Sept. 1851.
Landman, August Ernst. Dutchy of Brunswick. NATN. Decl. intent in US Circ. Ct. 23 Oct. 1848. Wits: Casper Stockton and Adam Vere. O&RA to the Duke of Brunswick. BA Ct. (Nat. Rcd.) 4 1846-1851 MSA C391-2 MdHR 18109 f. 376 30 Sept. 1851.
Lanehart, Peter. Grand Dutchy of Hesse-Darmstadt. NATN. Decl. intent in open ct. Arrived in US 3 yrs. prior to age 21. Res. US for 5 yrs., including 3 of minority. Res. MD over 1 yr. Res. BC. Wits: George Lanehart and Thomas Leib. O&RA to the Grand Duke of Hesse-Darmstadt. BA Ct. (Nat. Rcd.) 2 1832-1846 MSA C391-1 MdHR 18108 ff. 75-76 7 Sept. 1840.
Lanekoe, John C. Grand Dutchy of Oldenburg. NATN. Decl. intent in BC Ct. 10 Oct. 1844. Wits: Francis A. Phoebus and Steapen Deaver. BA Ct. (Nat. Dkt.) 1 1796-1851 MSA C389-1 MdHR 18106 f. 310 5 Oct. 1847.
Laner, Henry. Bavaria. DI. BA Ct. (Minutes) 1846-1851 MSA C386-16 MdHR 14405 f. 59 24 June 1847.
Laner, Henry. Bavaria. DI. BA Ct. (Minutes) 1846-1851 MSA C386-17 MdHR 14405 f. 59 24 June 1847.
Laner, Wendel. Prussia. NATN. Decl. intent in BC Ct. 16 Sept. 1844. Wits: Rudolph Bateman and Conrad Ruperhe. O&RA to the King of Prussia. BA Ct. (Nat. Rcd.) 4 1846-1851 MSA C391-2 MdHR 18109 f. 70 13 Oct. 1846.
Lang, William F. Grand Dutchy of Baden. NATN. Decl. intent in US Dist. Ct. 9 May 1842. Wits: Charles Peck and Henry Schneider. O&RA to the Grand Duke of Baden. BC Ct. (Nat. Rcd.) 10 1849-1851 MSA C229-2 MdHR 18120 f. 339 25 Oct. 1851.
Lange, John Hermann. Germany. DI. BC Ct. (Dkt&Mins) 1840 MSA C184-7 MdHR 16664 f. 34 16 Sept. 1840.
Langkam, John. Electorate of Hesse-Cassel. NATN. Decl. intent in US Dist. Ct. 12 Oct. 1846. Wits: Frederick Otto and Christian Landerslay. O&RA to the Elector of Hesse-Cassel. BC Ct. (Nat. Rcd.) 9 1845-1848 MSA C229-1 MdHR 18119 f. 842 6 Nov. 1848.
Lanhardt, George. Kingdom of Bian. NATN. Arrived in US under age 18. Wits: Jacob Wilhelm and Thomas Lanhardt. BA Ct. (Nat. Dkt.) 1 1796-1851 MSA
Lanhardt, George. Kingdom of Bian? NATN. Arrived in US 3 yrs. prior to age 21. Res. US for 5 yrs., including 3 of minority. Res. MD over 1 yr. Wits: Jacob Wilhelm and Thomas Lanhardt. O&RA to the King of Bian. BA Ct. (Nat. Rcd. of Minors) 3 1846-1851 MSA C392-1 MdHR 18110 f. 35 5 Oct. 1847.
Laninell, Samcock/Lancock(?). Wales. NATN. Res. US 1798 - 1802. BA Ct. (Nat. Dkt.) 1 1796-1851 MSA C389-1 MdHR 18106 f. 49 26 Sept. 1821.
Lanney/Lannoy, Loud (?) Isaac. Republic of France. BA Ct. (Nat. Dkt.) 1 1796-1851 MSA C389-1 MdHR 18106 f. 6 #111 14 April 1797. Barnes, p. 60.
Lantry, William. England. BA Ct. (Nat. Dkt.) 1 1796-1851 MSA C389-1 MdHR 18106 f. 34 #657 18 Oct. 1806.

Lantz, John George. Germany. NATN. Arrived in US 3 yrs. prior to age 21. Res. US for 5 yrs., including 3 of minority. Res. MD over 1 yr. Wits: John Martin and Joseph Hufshall. O&RA to the Emperor of Germany. BC Ct. (Nat. Rcd. of Minors) 3 1845-1851 MSA C237-3 MdHR 18114-1 f. 15 2 Oct. 1846.

Lapentier, Louis Auguste. France. NATN. Res. BC. Arrived in the US 3 yrs. prior to age 21. Res. US for 5 yrs., including 3 of minority. Res. MD over 1 yr. Wits: Henry W. Rogers and Louis Benoist Larpentier. O&RA to the King of France. BC Ct. (Nat. Rcd. of Minors) 1 1827-1832 MSA C237-1 MdHR 18112 ff. 222-223 5 June 1828.

Lapont, Peter. France. NATN. Res. BC. Res. US 14 April 1802 - 18 June 1812. Wits: Julius Ducatel and Louis Conain. O&RA to the King of France. BC Ct. (Nat. Rcd. of Minors) 1 1827-1832 MSA C237-1 MdHR 18112 ff. 236-237 8 Nov. 1828.

Lapp, Francis. Bavaria. DI. BC Ct. (Dkt&Mins) 1840 MSA C184-7 MdHR 16664 f. 36 29 Sept. 1840.

Lapp, George. Grand Dutchy of Hesse-Darmstadt. NATN. Decl. intent in US Dist. Ct. 5 Sept. 1844. Wits: George Pfifer and John Drechred. O&RA to the Grand Duke of Hesse-Darmstadt. BC Ct. (Nat. Rcd.) 9 1845-1848 MSA C229-1 MdHR 18119 f. 403 4 Oct. 1847.

Lareintrie, John Lewis. France. BA Ct. (Nat. Dkt.) 1 1796-1851 MSA C389-1 MdHR 18106 f. 38 #739 26 May 1809.

Larfentier/Larsentier, Louis Benvist. France. DI. BA Ct. (Minutes) 1822-1826 MSA C386-12 MdHR 14386 f. 434 18 Oct. 1826.

Larkein, Stephen. Ireland. NATN. Decl. intent in US Circ. Ct. 26 Oct. 1844. Wits: William Downing and Edward Kelly. BA Ct. (Nat. Dkt.) 1 1796-1851 MSA C389-1 MdHR 18106 f. 311 5 Oct. 1847.

Larkin, Moses. Ireland. DI. BC Ct. (Dkt&Mins) 1839 MSA C184-6 MdHR 16663 f. 34 19 Sept. 1839.

Larkin, Moses. Ireland. DI. BC Ct. (Dkt&Mins) 1839 MSA C184-6 MdHR 16663 f. 34 19 Sept. 1839.

Larkin, Stephen. Ireland. NATN. Decl. intent in US Circ. Ct. 26 Oct. 1844. Wits: William Downing and Edward Kelly. O&RA to the Queen of the UK. BA Ct. (Nat. Rcd.) 4 1846-1851 MSA C391-2 MdHR 18109 f. 205 5 Oct. 1847.

Larless/Lawless, Matthew. Ireland. NATN. Born in Co. of Naeth. Decl. intent in Ct. of Common Pleas, York Co., Pennsylvania 8 Nov. 1814. Wits: Thomas Watson and James Arre. Certificate and report filed. BA Ct. (Nat. Dkt.) 1 1796-1851 MSA C389-1 MdHR 18106 f. 73 23 Sept. 1824.

Larmour, William B. Ireland. NATN. Arrived in US 3 yrs. prior to age 21. Res. US for 5 yrs., including 3 of minority. Res. MD over 1 yr. Wits: M.S. Brown and Robert Brown. O&RA to the Queen of the UK. BC Ct. (Nat. Rcd. of Minors) 3 1845-1851 MSA C237-3 MdHR 18114-1 f. 282 3 June 1851.

Larogue, Edward. St. Domingo (France). NATN. Res. BC. Arrived in the US 3 yrs. prior to age 21. Res. US for 5 yrs.,including 3 of minority. Witness: William G(?). Small. O&RA to the King of France. BC Ct. (Nat. Rcd. of Minors) 1 1827-1832 MSA C237-1 MdHR 18112 ff. 278-1279 10 Nov. 1828.

Laroque, John M. Haiti. NATN. Decl. intent in open ct. Arrived in US 3 yrs. prior to age 21. Res. US for 5 yrs., including 3 of minority. Res. MD over 1 yr. Res. BC. Native of St. Domingo. Profession: Druggist (1850 Census) Wits: James H. Deffers and Ezekiel Burke. O&RA to the Republic of Haiti. BC Ct. (Nat. Rcd. of Minors) 2 1832-1836 MSA C237-2 MdHR 18113 ff. 159-160 5 Mar. 1835. Listed in 1850 Census as " J.M. Laroque."

Larpentier, Louis Benoist. France. NATN. Res. BC. Decl. intent in BA Ct. 18 Oct. 1826. Witness: Henry W. Rogers. O&RA to the King of France. BC Ct. (Nat. Rcd. of Minors) 1 1827-1832 MSA C237-1 MdHR 18112 ff.221-222 5 Nov. 1828.

Larry, Andrew. Ireland. NATN. Decl. intent in Inferior Ct. of Bibb Co., GA. 29 Dec. 1841. Wits: Thomas Casey and Patrick Casey. BA Ct. (Nat. Dkt.) 1 1796-1851 MSA C389-1 MdHR 18106 f. 226 30 Sept. 1845.

Larry, Andrew. Ireland. NATN. Decl. intent in Inferior Ct. of Bibb Co., Georgia, 29 Dec. 1841. Res. BC. Wits: Thomas Casey and Patrick Casey. O&RA to the Queen of the UK. BA Ct. (Nat. Rcd.) 2 1832-1846 MSA C391-1 MdHR 18108 f. 125 30 Sept. 1845.
Larshe, Heronimus. Germany. BA Ct. (Nat. Dkt.) 1 1796-1851 MSA C389-1 MdHR 18106 f. 21 #413 24 Nov. 1802. Barnes, p. 64.
Laruet, Philip. Germany. BA Ct. (Nat. Dkt.) 1 1796-1851 MSA C389-1 MdHR 18106 f. 32 #628 30 Nov. 1805.
Lash, George. Germany. DI. Res. BC. Ren. alleg. to the Emperor of Germany. BC Ct. of O&T&GD (Dkt&Mins) 1812 MSA C183-7 MdHR 16655 f. 47 22 Aug. 1812.
Latch, Gerlach. Prussia. DI. BC Ct. (Dkt&Mins) 1825 MSA C184-2 MdHR 16659 f. 28 14 June 1825.
Latchford, John D. Ireland. NATN. Decl. intent in US Circ. Ct. 28 Nov. 1844. Wits: Michael Lynch and James Neil. O&RA to Queen of UK. BC Ct. (Nat. Rcd.) 9 1845-1848 MSA C229-1 MdHR 18119 f. 257 1 Oct. 1847.
Latich, Gerlack. Prussia. NATN. Born in village of Hardauf. Noted as age 45. Res. BC. Exhibits petition for naturalization and certificates of report and registration. Decl. intent and filed report and registration in US Dist. Ct. 1 July 1825. Arrived in BC Sept. 1819. Witness: Andrew Hilderbrand. O&RA to the King of Prussia. BC Ct. (Nat. Rcd. of Minors) 1 1827-1832 MSA C237-1 MdHR 18112 ff. 34-35 3 Oct. 1827.
Latouch, James W. Republic of France. BA Ct. (Nat. Dkt.) 1 1796-1851 MSA C389-1 MdHR 18106 f. 17 #367 5 Nov. 1798. Barnes, p. 64.
Latour, John. France. BA Ct. (Nat. Dkt.) 1 1796-1851 MSA C389-1 MdHR 18106 f. 33 #636 13 May 1806.
Latouraudais, Joseph Auguste. Santo Domingo (Republic of France). NATN. BA Ct. (Minutes) 1792- 1797 SA C386-7 MdHR 5052 f. 255 27 Aug. 1796.
Latourdais, Joseph Auguste. Santo Domingo (Republic of France) BA Ct. (Nat. Dkt.) 1 1796 - 1851 MSA C389-1 MdHR 18106 f. 2 #16 27 Aug. 1796. Barnes, p. 59.
Lauage/Sauage(?), George. Ireland. BA Ct. (Nat. Dkt.) 1 1796-1851 MSA C389-1 MdHR 18106 f. 27 #510 13 April 1804. Civil Ct.
Lauer, Levi. Bavaria. NATN. Decl. intent in BC Ct. 27 July 1844. Wits: Elias Rosensurg and Louis Sevary. O&RA to the King of Bavaria. BC Ct. (Nat. Rcd.) 9 1845-1848 MSA C229-1 MdHR 18119 f. 507 10 July 1848.
Lauer, Wendel. Prussia. NATN. Decl. intent in BC Ct. 16 Sept. 1844. Wits: Rudolph Bateman and Conrad Rupert. BA Ct. (Nat. Dkt.) 1 1796-1851 MSA C389-1 MdHR 18106 f. 254 13 Oct. 1846.
Laugghlin, David. Ireland. NATN. Decl. intent in BC Ct. 23 Oct. 1843. Wits: Henry Taylor and George Merron. O&RA to the Queen of the UK. BC Ct. (Nat. Rcd.) 9 1845-1848 MSA C229-1 MdHR 18119 f. 165 6 Oct. 1846.
Laughlen, David. Ireland. NATN. Arrived in US under age 18. Wits: Samuel Morrow and James McElroy. BA Ct. (Nat. Dkt.) 1 1796-1851 MSA C389-1 MdHR 18106 f. 367 2 Oct. 1849.
Laughlin, David. Ireland. NATN. Arrived in US 3 yrs. prior to age 21. Res. US for 5 yrs., including 3 of minority. Res. MD over 1 yr. Wits: Samuel Morrow and James McElroy. O&RA to the Queen of the UK. BA Ct. (Nat. Rcd. of Minors) 3 1846-1851 MSA C392-1 MdHR 18110 f. 88 2 Oct. 1849.
Laughlin, James. Ireland. NATN. Decl. intent in BC Ct. 25 Nov. 1848. Wits: William J. Dickey and Samuel Mills. O&RA to the Queen of the UK. BC Ct. (Nat. Rcd.) 10 1849-1851 MSA C229-2 MdHR 18120 f. 422 4 Nov. 1851.
Laughlin, Robert Black. Ireland. NATN. Decl. intent in BC Ct. 3 Oct. 1834. Res. BC. Wits: James Kelly and James Robinson. O&RA to the King of UK. BC Ct. (Nat. Rcd. of Minors) 2 1832-1836 MSA C237-2 MdHR 18113 f. 208 3 Oct. 1836.
Laughlin, Thomas. Ireland. NATN. Decl. intent in BC Ct. 25 Sept. 1848. Wits: Thomas Ruskill and Lewis A. Buely. O&RA to the Queen of the UK. BC Ct.

(Nat. Rcd.) 10 1849-1851 MSA C229-2 MdHR 18120 f. 59 26 Sept. 1850.
Laumeing, Justus Henry. Germany. BA Ct. (Nat. Dkt.) 1 1796-1851 MSA C389-1 MdHR 18106 f. 32 #613 25 June 1805.
Laumier, Benjamin. France. NATN. Decl. intent in the Ct. of the City and Co. of Philadelphia 16 May 1842. Wits: Thomas Bouldin and James Reynolds. O&RA to the King of France. BC Ct. (Nat. Rcd.) 9 1845-1848 MSA C229-1 MdHR 18119 f. 98 3 Oct. 1846.
Laurence, Henry. England. NATN. Born in London. Decl. intent in US Circ. Ct. for the 4th Dist. of the US. Witness: Edward J. Coale. Certificate and report filed. BA Ct. (Nat. Dkt.) 1 1796-1851 MSA C389-1 MdHR 18106 f. 66 10 Oct. 1823.
Laurence, John. Great Britain. BA Ct. (Nat. Dkt.) 1 1796-1851 MSA C389-1 MdHR 18106 f. 5 #90 3 April 1797. Barnes, p. 60
Laurence/Lawrence, Athelstan Dawson. Great Britain. NATN. Res. US since 29 Jan. 1795. Res. MD for two yrs.. Exhibits petition for naturalization . Ren. alleg. to King of UK and takes oath. BA Ct. (Nat. Dkt.) 1 1796-1851 MSA C389-1 MdHR 18106 ff. 19-20 June term 1802. Barnes, p. 64.
Laurence, Robert. Ireland. Report and registration. Noted as age 30. Born in Co. of Londonderry. Res. BC. Wits: Jacob Adams and George Hayne. BA Ct. (Misc. Ct. Papers) MSA C1-46 MdHR 50206-635 1818 item 463 3 Nov. 1818.
Laurence, Robert. Ireland. NATN. Born in Co. of Londonderry. Decl. intent in US Circ. Ct. 7 Nov. 1818. Wits: George Hayne and Jacob Adams. BA Ct. (Nat. Dkt.) 1 1796-1851 MSA C389-1 MdHR 18106 f. 100 12 April 1826.
Laurence, Robert. Ireland. DI. Res. BC. BA Ct. (Misc. Ct. Papers) MSA C1-46 MdHR 150206-635 unnumbered 1818 item 11 Nov. 1818.
Laurence, William R. England. NATN. Arrived in US under age 18. Wits: William S. Laurence and William L. Thornten. BA Ct. (Nat. Dkt.) 1 1796-1851 MSA C389-1 MdHR 18106 f. 301 5 Oct. 1847.
Laurence, William R. England. NATN. Arrived in US 3 yrs. prior to age 21. Res. US for 5 yrs., including 3 of minority. Res. MD over 1 yr. Wits: William G. Laurence and William G. Thornton. O&RA to the Queen of the UK. BA Ct. (Nat. Rcd. of Minors) 3 1846-1851 MSA C392-1 MdHR 18110 f. 36 5 Oct. 1847.
Laurenson, Philip. England. BA Ct. (Nat. Dkt.) 1 1796-1851 MSA C389-1 MdHR 18106 f. 30 #582 5 Mar. 1805.
Lauson, Robert. Great Britain. BA Ct. (Nat. Dkt.) 1 1796-1851 MSA C389-1 MdHR 18106 f. 22 #442 19 Feb. 1803. Barnes, p. 65.
Lauter, Philip. Grand Dutchy of Baden. NATN. Arrived in US 3 yrs. prior to age 21. Res. US for 5 yrs., including 3 of minority. Res. MD over 1 yr. Wits: John B. Bannerman and Stephen Hetzelberger. O&RA to the Grand Duke of Baden. BC Ct. (Nat. Rcd. of Minors) 3 1845-1851 MSA C237-3 MdHR 18114-1 f. 216 1 Oct. 1849.
Law, George. Ireland. BA Ct. (Nat. Dkt.) 1 1796-1851 MSA C389-1 MdHR 18106 f. 30 #579 22 Feb. 1805.
Law, Henry. Ireland. NATN. Res. BC. Decl. intent in BA Ct. 20 Sept. 1826. Wits: Barney O'Donnell and Thomas Harvey. O&RA to the King of UK. BC Ct. (Nat. Rcd. of Minors) 1 1827-1832 MSA C237-1 MdHR 18112 ff. 116-117 29 Sept. 1828.
Law/Low, James. Ireland. BA Ct. (Nat. Dkt.) 1 1796-1851 MSA C389-1 MdHR 18106 f. 8 #150 6 Sept. 1797. Barnes, p. 61.
Law, Thomas. Ireland. DI. BA Ct. (Minutes) 1846-1851 MSA C386-16 MdHR 14405 f. 55 5 June 1847.
Lawer, Henry. Bavaria. DI. BA Ct. (Minutes, Rough) 1845-1851 MSA C420-3 MdHR 14401 f. 162 24 June 1847.
Lawless, John. Ireland. BA Ct. (Nat. Dkt.) 1 1796-1851 MSA C389-1 MdHR 18106 f. 38 #751 17 June 1809.
Lawless, Richard. Ireland. NATN. Res. BC. Decl. intent in US Circ. Ct. 4 Oct. 1828. Wits: Matthew Lawless and John Fallon. O&RA to the King of UK. BC

Ct. (Nat. Rcd. of Minors) 1 1827-1832 MSA C237-1 MdHR 18112 ff. 353-354 4 Oct. 1830.

Lawn, Henry. Ireland. DI. BA Ct. (Minutes) 1822-1826 MSA C386-12 MdHR 14386 f. 436 20 Sept. 1826.

Lawson, Thomas. England. NATN. Decl. intent in BC Ct. 24 Oct. 1843. Wits: Richard Holcroft and John Webster. BA Ct. (Nat. Dkt.) 1 1796-1851 MSA C389-1 MdHR 18106 f. 319 22 Sept. 1848.

Lawson, Thomas. England. NATN. Decl. intent in BC Ct. 24 Oct. 1843. Wits: Richard Hollcraft and John Webster. O&RA to the Queen of the UK. BA Ct. (Nat. Rcd.) 4 1846-1851 MSA C391-2 MdHR 18109 f. 230 22 Sept. 1848.

Layer, Mathew. Germany. NATN. Arrived in US 3 yrs. prior to age 21. Res. US for 5 yrs., including 3 of minority. Res. MD over 1 yr. Wits: David Layer and Michael Bulock. O&RA to the Emperor of Germany. BC Ct. (Nat. Rcd. of Minors) 3 1845-1851 MSA C237-3 MdHR 18114-1 f. 65 4 Oct. 1847.

Laymen, Raphael Begrone. Spain. BA Ct. (Nat. Dkt.) 1 1796-1851 MSA C389-1 MdHR 18106 f. 33 #645 10 Oct. 1806.

Le Coq, John. Republic of France. BA Ct. (Nat. Dkt.) 1 1796-1851 MSA C389-1 MdHR 18106 f. 18 #370 6 Nov. 1798. Barnes, p. 64.

Le Lachuer/LeLachuer, William. England. NATN. Born on Island of Guernsay. Decl. intent in Ct. of Common Pleas, Alleghany Co., PA 12 Aug. 1812. Wits: John Norwood and James May. BA Ct. (Nat. Dkt.) 1 1796-1851 MSA C389-1 MdHR 18106 f. 100 6 April 1826.

Le Maithe, Rene. France. Decl. intent in BA Ct. 27 Sept. 1813. BA Ct. (Nat. Dkt.) 1 1796-1851 MSA C389-1 MdHR 18106 f. 47 28 Sept. 1816.

Le Maitre, Rene. Empire of France. DI. BA Ct. (Minutes) 1810-1814 MSA C386-10 MdHR 14376 f. 279 27 Sept. 1813.

Leache, Francis. Italy. BA Ct. (Nat. Dkt.) 1 1796-1851 MSA C389-1 MdHR 18106 f. 41 #812 9 April 1812.

Leakey, John. England. BA Ct. (Nat. Dkt.) 1 1796-1851 MSA C389-1 MdHR 18016 f. 12 #237 13 Jan. 1798. Barnes, p. 62.

Leakin, John. Ireland. DI. BC Ct. (Dkt&Mins) 1840 MSA C184-7 MdHR 16664 f. 43 5 Oct. 1840.

Leam, James. (No country given; Great Britain?). NATN. Declares belief in the Christian religion and subscribes to oath required by the Act of July Session of 1779 BA Ct. (Minutes) 1782 - 1786 MSA C386 MdHR 5050 f. 121 2 Aug. 1784

Leary, Timothy. Ireland. NATN. Exhibits petition for naturalization. Res. US from 29 Jan. 1795 to 18 June 1798. Res. US for 5 yrs.. Res. MD for 1 yr. O&RA to the King of UK. BA Ct. (Nat. Dkt.) 1 1796-1851 MSA C389-1 MdHR 18106 ff.23-24 17 June 1803. Barnes,p. 65.

Leary, William B. Ireland. NATN. Decl. intent in US Circ. Ct. of the Dist. of Columbia. Res. BC. Wits: Richard Cottrell and Joseph Walker. O&RA to the King of UK. BA Ct. (Nat. Rcd.) 2 1832-1846 MSA C391-1 MdHR 18108 ff. 31-32 2 April 1836.

Leary, William B. Ireland. NATN. Decl. intent in US Circ. Ct. for the Dist. of the City and Co. of Alexandria. Wits: Richard Cottrill and Joseph Walker. BA Ct. (Nat. Dkt.) 1 1796-1851 MSA C389-1 MdHR 18106 f. 182 2 April 1836.

Lebendn (?), John. Bavaria. NATN. Decl. intent in US Circ. Ct. 9 Sept. 1844. Wits: Simon Schaeffer and Wendel Lower. BA Ct. (Nat. Dkt.) 1 1796-1851 MSA C389-1 MdHR 18106 f. 270 13 Oct. 1846.

Leblein, Frederick. Germany. NATN. Decl. intent in BC Ct. 15 Mar. 1847. Wits: Henry Baskey and Benjamin G. Gill. O&RA to the Emperor of Germany. BC Ct. (Nat. Rcd.) 10 1849-1851 MSA C229-2 MdHR 18120 f. 2 10 April 1849.

Lechenstedder, Jacob. Germany. DI. Res. BC. BC Ct. (Dkt&Mins) 1839 MSA C184-6 MdHR 16663 f. 43 12 Oct. 1839.

Lecolier, Joseph. France. BA Ct. (Nat. Dkt.) 1 1796-1851 MSA C389-1 MdHR 18106 f.

40 #796 14 Oct. 1811.

Lederum, Benjamin. Hanover. NATN. Arrived in US under age 18. Wits: Henryck Vanbill and Charles Griffith. BA Ct. (Nat. Dkt.) 1 1796-1851 MSA C389-1 MdHR 18106 f. 374 26 Sept. 1850.

Ledienthal, Frederick. Germany. NATN. Res. BC. Decl. intent in BC Ct. 8 Oct. 1840. Witness: Louis W. H. Grese. O&RA to the Emperor of Germany. BC Ct. (Nat. Rcd.) 9 1845-1848 MSA C229-1 MdHR 18119 f. 10 25 Aug. 1845.

Ledoyen, John Baptiste. France. NATN. Decl. intent in open ct. Arrived in US 3 yrs. prior to age 21. Res. US for 5 yrs., including 3 of minority. Res. MD over 1 yr. Res. BC. Wits: Nicholas U. Chafee and John C. Blackburn. O&RA to the King of French. BA Ct. (Nat. Rcd.) 2 1832-1846 MSA C391-1 MdHR 18108 f. 66 17 Sept. 1839.

Ledoyen, John Baptiste. France. NATN. Arrived in US 3 yrs. prior to age 21. Decl. intent in open ct. Wits: Nicholas M. Chafee and John C. Blackburn. BA Ct. (Nat. Dkt.) 1 1796-1851 MSA C389-1 MdHR 18106 f. 196 17 Sept. 1839.

Ledwig, Johannes. Electorate of Hesse-Cassel. NATN. Decl. intent in US Dist. Ct. 12 Aug. 1844. Wits: Philip Laufies and Frederick Getter. O&RA to the Elector of Hesse-Cassel. BC Ct. (Nat. Rcd.) 9 1845-1848 MSA C229-1 MdHR 18119 f. 404 4 Oct. 1847.

Lee, Archibald. Ireland. NATN. Decl. intent in US Dist. Ct. 17 Feb. 1844. Wits: William Patton and Patrick Quinn. O&RA to the Queen of the UK. BA Ct. (Nat. Rcd.) 4 1846-1851 MSA C391-2 MdHR 18109 f. 122 13 Oct. 1846.

Lee, Archibald. Ireland. NATN. Decl. intent in US Dist. Ct. 20 Feb. 1844. Wits: William Patton and Patrick Quinn. BA Ct. (Nat. Dkt.) 1 1796-1851 MSA C389-1 MdHR 18106 f. 270 13 Oct. 1846.

Lee, Charles. Great Britain. NATN. Decl. intent in Marine Ct. of New York City 9 April 1839. Wits: Francis Mallon and (?) Mether. BA Ct. (Nat. Dkt.) 1 1796-1851 MSA C389-1 MdHR 18106 f. 362 6 Nov. 1848.

Lee, George. Great Britain. BA Ct. (Nat. Dkt.) 1 1796 - 1851 MSA C389-1 MdHR 18106 f. 4 #60 16 Mar. 1797. Barnes, p. 59.

Lee, James. Great Britain. NATN. Decl. intent in Marine Ct. of New York City 9 April 1839. Wits: Francis Mallon and William Mether. O&RA to the Queen of the UK. BA Ct. (Nat. Rcd.) 4 1846-1851 MSA C391-2 MdHR 18109 f. 329 6 Nov. 1848.

Lee, James. England. BA Ct. (Nat. Dkt.) 1 1796-1851 MSA C389-1 MdHR 18106 f. 14 #285 21 Mar. 1798. Barnes, p. 62.

Lee, John. Ireland. NATN. Decl. intent in US Circ. Ct. 2 Oct. 1847. Wits: John Neil and Hugh McCoy. O&RA to the Queen of the UK. BC Ct. (Nat. Rcd.) 10 1849-1851 MSA C229-2 MdHR 18120 f. 66 27 Sept. 1850.

Leeland/Seeland (?), Gerhard H. Hanover. NATN. Decl. intent in US Circ. Ct. 2 Oct. 1849. Wits: John H. Bunker and Henry Regling. O&RA to the King of Hanover. BC Ct. (Nat. Rcd.) 10 1849-1851 MSA C229-2 MdHR 18120 f. 417 4 Nov. 1851.

Leemerchant, Joseph. England. NATN. Decl. intent in BC Ct. 9 Aug. 1845. Wits: William J. Roules and Thomas Donaldson. O&RA to the Queen of the UK. BC Ct. (Nat. Rcd.) 10 1849-1851 MSA C229-2 MdHR 18120 f. 46 12 Jan. 1850.

Leeson, James George. Ireland. NATN. Decl. intent in BC Ct. 27 Jan. 1846. Wits: James Shannely and Thomas Sullivan. O&RA to the Queen of the UK. BC Ct. (Nat. Rcd.) 10 1849-1851 MSA C229-2 MdHR 18120 f. 11 21 Sept. 1849.

Leeson, James. Ireland. NATN. Decl. intent in BC Ct. 7 Sept. 1844. Wits: Richard Loftus and John Crochard. O&RA to the Queen of the UK. BC Ct. (Nat. Rcd.) 9 1845-1848 MSA C229-1 MdHR 18119 f. 161 6 Oct. 1846.

Leeson, John. Ireland. NATN. Decl. intent in BC Ct. 7 Sept. 1844. Wits: James Leeson and Richard Loftus. BA Ct. (Nat. Dkt.) 1 1796-1851 MSA C389-1 MdHR

Leeton/Seeton, John. Scotland. BA Ct. (Nat. Dkt.) 1 1796-1851 MSA C389-1 MdHR 18106 f. 9 #169 9 Nov. 1797. Barnes, p. 61.
Lefeure, Lewis. France. BA Ct. (Nat. Dkt.) 1 1796-1851 MSA C389-1 MdHR 18106 f. 38 #744 3 June 1809.
Legan, Philip. Ireland. DI. BC Ct. (Dkt&Mins) 1846 MSA C184-9 MdHR 16666 f. 39 16 Oct. 1846.
Legrand, Samuel David. England. BA Ct. (Nat. Dkt.) 1 1796-1851 MSA C389-1 MdHR 18106 f. 30 #573 25 Jan. 1805.
Leguen, Anne. France. DI. Ren. alleg. to King of France. BA Ct. (Minutes) 1815-1820 MSA C386-11 MdHR 14381 f. 117 26 Oct. 1816.
Leguin, John B. Santo Domingo (Republic of France) Declaration of slaves. Arrived Baltimore 10 Aug. 1793. BA Ct. (Misc. Ct. Papers) MSA C1-22 MdHR 50206 1794 item 161 1 July 1794
Lehman, Nicholas. Germany. NATN. Decl. intent in US Dist. Ct. 7 June 1820. Wits: Benjamin M. Hughes and George S. Wimmel. BA Ct. (Nat. Dkt.) 1 1796-1851 MSA C389-1 MdHR 18106 f. 221 26 Oct. 1844.
Lehman, Nicholas. Germany. NATN. Decl. intent in US Dist. Ct. 7 June 1820. Res. BC. Wits: Benjamin M. Heighe and George S. Winnell. O&RA to the Emperor of Germany. BA Ct. (Nat. Rcd.) 2 1832-1846 MSA C391-1 MdHR 18108 f. 115 26 Oct. 1844.
Lehn, Valentine. Prussia. NATN. Decl. intent in US Circ. Ct. 2 Sept. 1844. Wits: John Lindenfelzer and Edwar(d?) Phler. O&RA to the King of Prussia. BA Ct. (Nat. Rcd.) 4 1846-1851 MSA C391-2 MdHR 18109 f. 253 2 Oct. 1848.
Lehn, Valentine. Prussia. NATN. Decl. intent in US Circ. Ct. 2 Sept. 1844. Wits: John Lindenfelzer and Edward Philips. BA Ct. (Nat. Dkt.) 1 1796-1851 MSA C389-1 MdHR 18106 f. 331 2 Oct. 1848.
Lehner, George. Bavaria. NATN. Decl. intent in US Dist. Ct. 30 Sept. 1844. Wits: William Broadbeck and Adam Daub. O&RA to the King of Bavaria. BC Ct. (Nat. Rcd.) 9 1845-1848 MSA C229-1 MdHR 18119 f. 187 6 Oct. 1846.
Lehner, Peter. Prussia. NATN. Decl. intent in US Dist. Ct. 30 Sept. 1843. Wits: Christian Shubert and William Bramer. BA Ct. (Nat. Dkt.) 1 1796-1851 MSA C389-1 MdHR 18106 f. 270 13 Oct. 1846.
Lehner, Peter. Prussia. NATN. Decl. intent in US Dist. Ct. 30 Sept. 1843. Wits: Christian Schubert and William Bramer. O&RA to the King of Prussia. BA Ct. (Nat. Rcd.) 4 1846-1851 MSA C391-2 MdHR 18109 f. 122 13 Oct. 1846.
Lehr, Conrad. Germany. DI. BC Ct. (Dkt&Mins) 1840 MSA C184-7 MdHR 16664 f. 36 28 Sept. 1840.
Lehrn, John. Bavaria. NATN. Decl. intent in US Dist. Ct. 10 Oct. 1843. Wits: Johannes Baker and Frederick Baker. O&RA to the King of Bavaria. BA Ct. (Nat. Rcd.) 4 1846-1851 MSA C391-2 MdHR 18109 f. 16 6 Oct. 1846.
Leibender, John. Bavaria. NATN. Decl. intent in US Circ. Ct. 9 Sept. 1844. Wits: Simon Schaeffer and Wendel Lauer. O&RA to the King of Bavaria. BA Ct. (Nat. Rcd.) 4 1846-1851 MSA C391-2 MdHR 18109 f. 121 13 Oct. 1846.
Leicht, Jacob. Bavaria. DI. BC Ct. (Dkt&Mins) 1847 MSA C184-10 MdHR 16667 f. 34 27 Sept. 1847.
Leickt, Jacob. Bavaria. NATN. Decl. intent in US Dist. Ct. 31 Sept. 1847. Wits: Gideine Hubbard and Charles F. Kalkman. O&RA to the King of Prussia. BC Ct. (Nat. Rcd.) 10 1849-1851 MSA C229-2 MdHR 18120 f. 78 30 Sept. 1850.
Leifsig/Leisseg/Leissig, John Henry. Saxony. NATN. Arrived in US 3 yrs. prior to age 21. Res. US for 5 yrs., including 3 of minority. Res. MD over 1 yr. Wits:John G. Leissig and John C. Leissig. O&RA to the King of Saxony. BC Ct. (Nat. Rcd. of Minors) 3 1845-1851 MSA C237-3 MdHR 18114-1 f. 118 3 Oct. 1848.
Leiftner/Leistner, John. Bavaria. NATN. Arrived in US 3 yrs. prior to age 21. Res. US for 5 yrs., including 3 of minority. Res. MD over 1 yr. Wits: John

Kuhlhib and Andrew Hack. O&RA to the King of Bavaria. BC Ct. (Nat. Rcd. of Minors) 3 1845-1851 MSA C237-3 MdHR 18114-1 f. 134 9 Oct. 1848.
Leigois, Louis. Holland. BA Ct. (Nat. Dkt.) 1 1796-1851 MSA C389-1 MdHR 18106 f. 39 #761 5 April 1810.
Leimann, Conrad. Hanover. NATN. Decl. intent in US Circ. Ct. 23 Sept. 1843. Wits: William Snyder and Frederick Niedfeldt. O&RA to the King of Hanover. BA Ct. (Nat. Rcd.) 4 1846-1851 MSA C391-2 MdHR 18109 f. 123 13 Oct. 1846.
Leimann, Conrad. Hanover. NATN. Decl. intent in US Circ. Ct. 23 Sept. 1843. Wits: Herman Snyder and Frederick Heifeldt. BA Ct. (Nat. Dkt.) 1 1796-1851 MSA C389-1 MdHR 18106 f. 270 13 Oct. 1846.
Leinkuhler, Albert. Hanover. NATN. Decl. intent in US Dist. Ct. 16 Sept. 1844. Wits: Edward Leinkuhler and Frany Knollmier. O&RA to the King of Hanover. BC Ct. (Nat. Rcd.) 9 1845-1848 MSA C229-1 MdHR 18119 f. 812 6 Nov. 1848.
Leinkuhler, Everd. Hanover. NATN. Decl. intent in US Circ. Ct. 14 Oct. 1844. Wits: Francis Warms and John C. Lohman. O&RA to the King of Hanover. BA Ct. (Nat. Rcd.) 4 1846-1851 MSA C391-2 MdHR 18109 f. 310 1 Nov. 1848.
Leinroth, Conrad. Electorate of Hesse-Cassel. NATN. Decl. intent in US Dist. Ct. 30 Sept. 1844. Wits: Conrad Schleichter and Henry Eiestang. O&RA to the Elector of Hesse-Cassel. BC Ct. (Nat. Rcd.) 9 1845-1848 MSA C229-1 MdHR 18119 f. 623 9 Oct. 1848.
Leipps, John Frederick. Germany. NATN. Decl. intent in BC Ct. 26 Sept. 1844. Wits: Gerhart A. Lyberts and Edward Pager. O&RA to the Emperor of Germany. BA Ct. (Nat. Rcd.) 4 1846-1851 MSA C391-2 MdHR 18109 f.79 13 Oct. 1846.
Leirnkuhler, Everd. Hanover. NATN. Decl. intent in US Circ. Ct. 14 Oct. 1844. Wits: Francis Warms and John C. Lohman. BA Ct. (Nat. Dkt.) 1 1796-1851 MSA C389-1 MdHR 18106 f. 355 1 Nov. 1848.
Leison, John. Ireland. NATN. Decl. intent in BC Ct. 7 Sept. 1844. Wits: James Leison and Richard Loftus. O&RA to the Queen of the UK. BA Ct. (Nat. Rcd.) 4 1846-1851 MSA C391-2 MdHR 18109 f. 70 11 Nov. 1846.
Leitch, Joseph. Bavaria. NATN. Decl. intent in US Circ. Ct. 24 Sept. 1844. Wits: Johan Meiller and John Pfisy. BA Ct. (Nat. Dkt.) 1 1796-1851 MSA C389-1 MdHR 18106 f. 342 7 Oct. 1848.
Leitsch, Joseph. Bavaria. NATN. Decl. intent in US Circ. Ct. 24 Sept. 1844. Wits: Johan Meiller and John Pfirz. O&RA to the King of Bavaria. BA Ct. (Nat. Rcd.) 4 1846-1851 MSA C391-2 MdHR 18109 f. 282 6 Oct. 1848.
Leitz, Daniel. Grand Dutchy of Baden. NATN. Decl. intent in US Circ. Ct. 23 Sept. 1844. Wits: Edward Voglesong and Anthony Gladzel. BA Ct. (Nat. Rcd.) 4 1846-1851 MSA C391-2 MdHR 18109 f. 123 13 Oct. 1846.
Leitz, Daniel. Grand Dutchy of Baden. NATN. Decl. intent in US Circ. Ct. 23 Sept. 1844. Wits: Edward Voglesong and Anthony Gladzel. BA Ct. (Nat. Dkt.) 1 1796-1851 MSA C389-1 MdHR 18106 f. 270 13 Oct. 1846.
Leitz, Jacob. Bavaria. NATN. Decl. intent in US Circ. Ct. 12 Oct. 1846. Wits: Daniel Leitz and Michael Klumpp. BA Ct. (Nat. Dkt.) 1 1796-1851 MSA C389-1 MdHR 18106 f. 355 1 Nov. 1848.
Leitz, Jacob. Bavaria. NATN. Decl. intent in US Circ. Ct. 12 Oct. 1846. Wits: Daniel Leitz and Michael Klumpp. O&RA to the King of Bavaria. BA Ct. (Nat. Rcd.) 4 1846-1851 MSA C391-2 MdHR 18109 f. 311 1 Nov. 1848.
Leiye/Leuyle (?), Thurman/Thomas (?). England. BA Ct. (Nat. Dkt.) 1 1796-1851 MSA C389-1 MdHR 18106 f. 22 #455 19 April 1803. Barnes, p. 65.
LeLacheur/Le Lachuer, William. DI. Filed in Ct. of Common Pleas, Alleghany Co. Pennsylvania. BA Ct. (Misc. Ct. Papers) MSA C1-62 MdHR 50206-808 unnumbered 1826 item 3 June 1825.
LeLacheur, William. Great Britain. Report and registration. Noted as age 62.

Born on Isle of Guernsey. Arrived in Norfolk April 1807. Res. BC. Wits: John Norwood and James Airey. BA Ct. (Misc. Ct. Papers) MSA C1-62 MdHR 50206-808 1826 item 301 6 April 1826.
Leland/Lesand, John. Republic of France. BA Ct. (Nat. Dkt.) 1 1796-1851 MSA C389-1 MdHR 18106 f. 22 #223 10 Jan. 1798. Barnes, p. 62.
Lemche, Dettlef Henry. Denmark. NATN. Decl. intent in US Dist. Ct. 26 Sept. 1844. Wits: Enoch Warfield and John W. Hawkins. O&RA to the King of Denmark. BC Ct. (Nat. Rcd.) 9 1845-1848 MSA C229-1 MdHR 18119 f. 174 6 Oct. 1846.
Lemmon, James. Scotland. NATN. Decl. intent in Philadelphia Co. (PA) Ct. 3 Oct. 1842. Witness: James Johnston. O&RA to Queen of UK. BC Ct. (Nat. Rcd.) 9 1845-1848 MSA C229-1 MdHR 18119 f. 25 30 Sept. 1845.
Lemmon, John. Great Britain. BA Ct. (Nat. Dkt.) 1 1796 - 1851 MSA C389-1 MdHR 18106 f. 4 #53 12 Jan. 1797. Barnes, p. 59
Lemmon, Thomas. Ireland. NATN. Decl. intent in US Circ. Ct. 20 Sept. 1844. Wits: Arthur Fagan and James Garvey. O&RA to the Queen of the UK. BA Ct. (Nat. Rcd.) 4 1846-1851 MSA C391-2 MdHR 18109 f. 40 6 Oct. 1846.
Lenburg, George. Electorate of Hesse-Cassel. NATN. Arrived in US 3 yrs. prior to age 21. Res. US for 5 yrs., including 3 of minority. Res. MD over 1 yr. Wits: Lorenz Schneider and John Bear. O&RA to the Elector of Hesse-Cassel. BA Ct. (Nat. Rcd. of Minors) 3 1846-1851 MSA C392-1 MdHR 18110 f. 62 3 Oct. 1848.
Lendenman, Conrad. Grand Dutchy of Baden. DI. BA Ct. (Misc. Ct. Papers) MSA C1-57 MdHR 50206-755 1823 unnumbered item 21 Sept. 1824.
Lendenman, Conrad. Grand Dutchy of Baden. Report and registration. Noted as age 36. Born in village of Neirfirn. Arrived in BC Feb. 1819. Res. BC. Wits: Charles Zellander and Philip Maul. BA Ct. (Misc. Ct. Papers) MSA C1-57 MdHR 50206-755 1823 item 376 21 Sept. 1824.
Lenehan, Peter. Ireland. DI. BA Ct. (Minutes, Rough) 1836-1844 MSA C420-2 MdHR 14398 f. 162 26 Feb. 1839.
Lenhof, Peter. Prussia. NATN. Decl. intent in US Circ. Ct. 5 Aug. 1844. Wits: Jacob Wilhelm and Charles Rebstock. O&RA to the King of Prussia. BA Ct. (Nat. Rcd.) 4 1846-1851 MSA C391-2 MdHR 18109 f. 206 5 Oct. 1847.
Lenhof, Peter. Prussia. NATN. Decl. intent in US Circ. Ct. 5 Aug. 1844. Wits: Jacob Willhelm and Charles Rebstock. BA Ct. (Nat. Dkt.) 1 1796-1851 MSA C389-1 MdHR 18106 f. 311 5 Oct. 1847.
Lennard, John. Ireland. NATN. Decl. intent in US Circ. Ct. 30 Sept. 1844. Wits: Thomas Quynn and John Quynn. O&RA to the Queen of the UK. BA Ct. (Nat. Rcd.) 4 1846-1851 MSA C391-2 MdHR 18109 f. 206 5 Oct. 1844.
Lennard, John. Ireland. NATN. Decl. intent in US Circ. Ct. 30 Sept. 1844. Wits: Thomas Quynn and John Quynne. BA Ct. (Nat. Dkt.) 1 1796-1851 MSA C389-1 MdHR 18106 f. 311 5 Oct. 1847.
Lenon, Thomas. Ireland. NATN. Decl. intent in US Circ. Ct. 20 Sept. 1844. Wits: Arthur Fagan and James Gassey. BA Ct. (Nat. Dkt.) 1 1796-1851 MSA C389-1 MdHR 18106 f. 244 6 Oct. 1846.
Lentz, Henry. Grand Dutchy of Hesse-Darmstadt. NATN. Decl. intent in US Dist. Ct. 27 May 1844. Wits: Valentine Fuchs and Conrad Stefs/Stess. O&RA to the Grand Duke of Hesse-Darmstadt. BC Ct. (Nat. Rcd.) 9 1845-1848 MSA C229-1 MdHR 18119 f. 409 4 Oct. 1847.
Lentz, John. Bavaria. NATN. Decl. intent in US Dist. Ct. 16 Sept. 1844. Wits: Valentine Fuchs and Conrad Hefs/Hess. O&RA to the King of Bavaria. BC Ct. (Nat. Rcd.) 9 1845-1848 MSA C229-1 MdHR 18119 f. 383 4 Oct. 1847.
Lenzner, Henry G. Saxony. NATN. Decl. intent in US Circ. Ct. 7 Nov. 1848. Witness: Christian Lancer. O&RA to the King of Saxony. BC Ct. (Nat. Rcd.) 10 1849-1851 MSA C229-2 MdHR 18120 f. 401 4 Nov. 1851.

Leonard, Hugh. Ireland. NATN. Res. BC. Res. US 14 April 1802 - 18 June 1812. Wits: Robert W. Wheeler and Henry Staylor. O&RA to the King of UK. BC Ct. (Nat. Rcd. of Minors) 1 1827-1832 MSA C237-1 MdHR 18112 ff. 202-203 1 Nov. 1828.
Leonard, John. Ireland. NATN. Decl. intent in Supreme Ct. of Bibb Co. Ohio 9 Dec. 1841. Wits: Bernard Harman and John Kane. O&RA to the Queen of the UK. BA Ct. (Nat. Rcd.) 4 1846-1851 MSA C391-2 MdHR 18109 f. 175 13 Oct. 1846.
Leonard, John. Ireland. NATN. Decl. intent in the Superior Ct. for Bibb Co. Georgia, 9 Dec. 1841. Wits: Bernard Haman and John Kane. BA Ct. (Nat. Dkt.) 1 1796-1851 MSA C389-1 MdHR 18106 f. 293 13 Oct. 1846.
Leonard, Thomas. Ireland. NATN. Decl. intent in Ct. of General Quarter Sessions for the City and Co. of Philadelphia 5 Oct. 1844. Wits: Hugh McCall and George Carrick. O&RA to the Queen of the UK. BA Ct. (Nat. Rcd.) 4 1846-1851 MSA C391-2 MdHR 18109 f. 253 2 Oct. 1848.
Leonard, Thomas. Ireland. NATN. Decl. intent in Ct. of General Quarter Sessions of the City and Co. of Philadelphia 5 Oct. 1844. Wits: Hugh McCall and George Carrick. BA Ct. (Nat. Dkt.) 1 1796-1851 MSA C389-1 MdHR 18106 f. 331 2 Oct. 1848.
Leone, Gaspard. England. BA Ct. (Nat. Dkt.) 1 1796-1851 MSA C389-1 MdHR 18106 f. 39 #777 23 Oct. 1810.
Leone, Joseph Charles. Jamaica. BA Ct. (Nat. Dkt.) 1 1796-1851 MSA C389-1 MdHR 18106 f. 35 #684 23 May 1807.
Lepper, Philip. Grand Dutchy of Hesse-Darmstadt. NATN. Decl. intent in US Circ. Ct. 28 Sept. 1847. Wits: John Warett and Gottlieb Betz. O&RA to the Grand Duke of Hesse-Darmstadt. BA Ct. (Nat. Rcd.) 4 1846-1851 MSA C391-2 MdHR 18109 f. 341 1 Oct. 1849.
Lepper, Philip. Grand Dutchy of Hesse-Darmstadt. NATN. Decl. intent in US Circ. Ct. 28 Sept. 1847. Wits: John Wantt and Gottlieb Ritz. BA Ct. (Nat. Dkt.) 1 1796-1851 MSA C389-1 MdHR 18106 f. 370 1 Oct. 1849.
Lerch, August. Prussia. NATN. Decl. intent in Anne Arundel Co. Ct. 3 July 1847. Wits: Henry L. Dorr and Charles Vogele. O&RA to the King of Prussia. BC Ct. (Nat. Rcd.) 10 1849-1851 MSA C229-2 MdHR 18120 f. 111 30 Sept. 1850.
Leslie, John. Scotland. NATN. Born in Co. of Fairford. Arrived in the US prior to 18 June 1812. Wits: James Gibson and Matthew Kelley. BA Ct. (Nat. Dkt.) 1 1796-1851 MSA C389-1 MdHR 18106 f. 147 31 Oct. 1828. See also Scots p. 83. Profession given as cabinet maker.
Leslie, Robert. Scotland. DI. Res. BC. BC Ct. of O&T&GD (Dkt&Mins) 1816 MSA C183-9 MdHR 16657 {unpaginated} 19 Aug. 1816.
Letterman, Joseph. Germany. DI. BC Ct. (Dkt&Mins) 1841 MSA C184-8 MdHR 16665 f. 2 2 Feb. 1841.
Leutner, Frederick. Grand Dutchy of Hesse-Darmstadt. NATN. Decl. intent in BC Ct. 12 Oct. 1846. Wits: John Bertirle and Eberhard Molle. O&RA to the Grand Duke of Hesse-Darmstadt. BC Ct. (Nat. Rcd.) 9 1845-1848 MSA C229-1 MdHR 18119 f. 780 4 Nov. 1848.
Leutner, Frederick. Grand Dutchy of Hesse-Darmstadt. DI. BC Ct. (Dkt&Mins) 1846 MSA C184-9 MdHR 16666 f. 40 12 Oct. 1846.
Levenkamp, Henry. Hanover. NATN. Decl. intent in US Dist. Ct. 23 Sept. 1844. Wits: Conrad Schleuster and John Reigers. O&RA to the King of Hanover. BC Ct. (Nat. Rcd.) 9 1845-1848 MSA C229-1 MdHR 18119 f. 613 9 Oct. 1848.
Leverding, Andrew. Electorate of Hesse-Cassel. NATN. Decl. intent in US Circ. Ct. 23 Sept. 1844. Wits: Frederick Hieny and George W. Aler. BA Ct. (Nat. Dkt.) 1 1796-1851 MSA C389-1 MdHR 18106 f. 324 30 Sept. 1848.
Levery, James. Ireland. NATN. Decl. intent in BC Ct. 1 Sept. 1845. Wits: Thomas Casey and Patrick Casey. BA Ct. (Nat. Dkt.) 1 1796-1851 MSA C389-1

MdHR 18106 f. 311 5 Oct. 1847.
Lewey, James. Ireland. NATN. Decl. intent in BC Ct. 1 Sept. 1845. Wits: Thomas Casey and Patrick Casey. O&RA to the Queen of the UK. BA Ct. (Nat. Rcd.) 4 1846-1851 MSA C391-2 MdHR 18109 f. 207 5 Oct. 1847.
Lewis, Arthur. Ireland. DI. BA Ct. (Minutes) 1832-1838 MSA C386 MdHR 14403 f. 254 26 Sept. 1837.
Lewis, Arthur. Ireland. DI. BA Ct. (Minutes, Rough) 1836-1844 MSA C420-2 MdHR 14398 f. 91 26 Sept. 1837.
Lewis, George. England. DI. BC Ct. of O&T&GD (Dkt&Mins) 1812 MSA C183-7 MdHR 16655 f. 16 24 Feb. 1812.
Lewis, John. Germany. DI. Ren. alleg. to the Emperor of Germany. BC Ct. of O&T&GD (Dkt&Mins) 1812 MSA C183-7 MdHR 16655 f. 25 4 Mar. 1812.
Lewis, Richard. South Wales (UK). NATN. Takes oath to support the Constitution. BA Ct. (Minutes) 1792 - 1797 MSA C386-7 MdHR 5052 f. 244 Mar. term 1796.
Lewis, Thomas. England. NATN. Born in Co. of Herford. Decl. intent in BC Criminal Ct. 6 Nov. 1826. Wits: Thomas Evans and James Hargist. BA Ct. (Nat. Dkt.) 1 1796-1851 MdHR 18106 f. 88 2 Nov. 1824.
Lewis, Thomas. England. DI. Res. BC. BC Ct. of O&T&GD (Dkt&Mins) 1816 MSA C183-9 MdHR 16657 (unpaginated); 6 Nov. 1816.
Leypold, Samuel Frederick. Germany. BA Ct. (Nat. Dkt.) 1 1796-1851 MSA C389-1 MdHR 18106 f. 21 #422 20 Dec. 1802. Barnes, p. 65.
Lichtenberger, Francis. Bavaria. DI. BA Ct. (Minutes) 1846-1851 MSA C386-17 MdHR 14405 f. 216 13 May 1850.
Lichtenberger, Francis. Bavaria. DI. BA Ct. (Minutes) 1846-1851 MSA C386-16 MdHR 14405 f. 216 13 May 1850.
Lichtenberger, Francis. Bavaria. DI. BA Ct. (Minutes, Rough) 1845-1851 MSA C420-3 MdHR 14401 f. 363 13 May 1850.
Lichtenstedder, Jacob. Germany. DI. Res. BC. Ren. alleg. to the Emperor of Germany. BC Ct. (Dkt&Mins) 1839 MSA C184-6 MdHR 16663 f. 43 12 Oct. 1839.
Licke, David. Ireland. DI. BA Ct. (Minutes) 1810-1814 MSA C386-10 MdHR 14376 f. 181 17 April 1812.
Liddle, Joseph. England. NATN. Decl. intent in US Dist. Ct. 23 Sept. 1844. Wits: Robert Liddle and Levi Leaf. O&RA to the Queen of the UK. BC Ct. (Nat. Rcd.) 9 1845-1848 MSA C229-1 MdHR 18119 f. 339 4 Oct. 1847.
Liddle, Mary. England. NATN. Res. BC. Widow of William Liddle, who had decl. intent in BA Ct. 6 April 1832; deceased prior to naturalization. Naturalized under provisions of " Act in Addition to an Act . . . to establish an uniform . . . of NATN" of 26 Mar. 1804. Wits. (of William Liddle): Samuel Sands and John P. Taylor. Declares intent in open ct., takes oath and ren. alleg. to King of UK. BA Ct. (Misc. Ct. Papers) MSA C1-79 MdHR 50206 1834 item 581 10 Mar. 1834.
Liddle, Mary. England. NATN. Widow of William Liddle who had decl. intent in BA Ct. 6 April 1832. Naturalized under provisions of 2nd section of NATN Act of 26 Mar. 1804. Wits: Samuel Sands and John Taylor. BA Ct. (Nat. Dkt.) 1 1796-1851 MSA C389-1 MdHR 18106 f. 176 10 Mar. 1834.
Liddle, Mary. England. NATN. Widow of William Liddle, who had decl. intent in BA Ct. 6 April 1832; deceased prior to naturalization. Mary Liddle naturalized under provisions of Section II of NATN Act of 26 Mar. 1804. Res. BC. Wits. (of William Liddle) : Samuel Sands and John P. Taylor. O&RA to the King of UK. BA Ct. (Nat. Rcd.) 2 1832-1846 MSA C391-1 MdHR 18108 ff. 15-16 10 Mar. 1834.
Liddle, Thomas. England. NATN. Decl. intent in BC Ct. 9 Oct. 1833. Res. BC. Wits: Andrew Gibson and Samuel Sands. O&RA to the King of UK. BC Ct. (Nat. Rcd. of Minors) 2 1832-1836 MSA C237-2 MdHR 18813 f. 178 20 Oct. 1835.
Liddy, John. Ireland. NATN. Decl. intent in BC Ct. 27 Nov. 1833. Res. BC.

Wits: Jona. W. Marriott and James W. Taylor. O&RA to the King of UK. BC Ct. (Nat. Rcd. of Minors) 2 1832-1836 MSA C237-2 MdHR 18113 f. 196 29 Sept. 1836.
Liemsden, Jr. John Scotland. NATN. Decl. intent in open ct. Arrived in US under age 18. Wits: Joseph Roman, Jr. and Charles R. White. BA Ct. (Nat. Dkt.) 1 1796-1851 MSA C389-1 MdHR 18106 f. 201 14 Sept. 1840.
Liggat, Alexander. UK. DI. BA Ct. (Minutes) 1810-1814 MSA C386-10 MdHR 14376 f. 96 19 April 1811.
Liggett, John. Ireland. BA Ct. (Nat. Dkt.) 1 1796-1851 MSA C389-1 MdHR 18106 f. 11 #25 10 Jan. 1798. Barnes, p. 62.
Limbery, William. Bavarian Republic. BA Ct. (Nat. Dkt.) 1 1796-1851 MSA C389-1 MdHR 18106 f. 30 #576 12 Feb. 1805.
Limburg, George. Electorate of Hesse-Cassel. NATN. Arrived in US under age 18. Wits: Lorenz Schneiver and John Bear. BA Ct. (Nat. Dkt.) 1 1796-1851 MSA C389-1 MdHR 18106 f. 334 3 Oct. 1848.
Limmer, Conrad. Bavaria. NATN. Decl. intent in US Dist. Ct. 4 Oct. 1844. Wits: George Limmer and Martin Heinlen. O&RA to the King of Bavaria. BC Ct. (Nat. Rcd.) 9 1845-1848 MSA C229-1 MdHR 18119 f. 229 20 Aug. 1847.
Linan, John. Ireland. NATN. Decl. intent in open Ct. Arrived in US 3 yrs. prior to age 21. Res. US for 5 yrs., including 3 of minority. Res. MD for 1 yr. Res. BC. Wits: Thomas Riley and Maurice Bush. O&RA to the Queen of the UK. BA Ct. (Nat. Rcd.) 2 1832-1846 MSA C391-1 MdHR 18108 ff. 99-100 11 Oct. 1842.
Linchan, Patrick. Ireland. NATN. Decl. intent in BA Ct. 24 Mar. 1829. Wits: Joseph D. Leaineal and Maurice Barrett. BA Ct. (Nat. Dkt.) 1 1796-1851 MSA C389-1 MdHR 18106 f. 167 3 Sept. 1831.
Lindeman, John. Denmark. NATN. Decl. intent in BC Ct. 4 Sept. 1844. Wits: John Aviss and William Wardelburg. BA Ct. (Nat. Dkt.) 1 1796-1851 MSA C389-1 MdHR 18106 f. 236 6 Oct. 1846.
Lindemann, John. Denmark. NATN. Decl. intent in BC Ct. 4 Sept. 1844. Wits: John Aviss and William Wardeburg. O&RA to the King of Denmark. BA Ct. (Nat. Rcd.) 4 1846-1851 MSA C391-2 MdHR 18109 f. 18 6 Oct. 1846.
Lindemman, Conrad. Germany. NATN. Born in village of Arefern. Decl. intent in BA Ct. Sept. term 1824. Wits: Charles Fellunder and Philip Maul. BA Ct. (Nat. Dkt.) 1 1796-1851 MSA C389-1 MdHR 18106 f. 102 18 Sept. 1826.
Lindenman, Conrad. Grand Dutchy of Baden. DI. BA Ct. (Minutes) 1822-1826 MSA C386-12 MdHR 14386 f. 215 21 Sept. 1824.
Lindlein, Earhardt. Bavaria. NATN. Decl. intent in US Circ. Ct. 9 Oct. 1848. Wits: George Folk and Joseph Reichenberger. BA Ct. (Nat. Dkt.) 1 1796-1851 MSA C389-1 MdHR 18106 f. 381 30 Sept. 1851.
Lindlein, Earhardt. Bavaria. NATN. Decl. intent in US Circ. Ct. 9 Oct. 1848. Wits: George Falk and Joseph Reichenberger. O&RA to the King of Bavaria. BA Ct. (Nat. Rcd.) 4 1846-1851 MSA C391-2 MdHR 18109 f. 369 30 Sept. 1851.
Lindner, Michael. Bavaria. NATN. Decl. intent in BC Ct. 1 Oct. 1844. Wits: Jacob Saltzer and Ralph Brandt. O&RA to the King of Bavaria. BC Ct. (Nat. Rcd.) 9 1845-1848 MSA C229-1 MdHr 18119 f. 169 6 Oct. 1846.
Lindsay, James W. England. NATN. Arrived in US 3 yrs. prior to age 21. Res. US for 5 yrs., including 3 of minority. Res. MD over 1 yr. Wits: James Banan and Thomas Duncan. O&RA to the Queen of the UK. BC Ct. (Nat. Rcd. of Minors) 3 1845-1851 MSA C237-3 MdHR 18114-1 f. 28 6 Oct. 1846.
Lindsey, William. Ireland. NATN. Decl. intent in BC Ct. 1 Oct. 1833. Res. BC. Wits: Jacob Miller and John Weigart. O&RA to the King of UK. BC Ct. (Nat. Rcd. of Minors) 2 1832-1836 MSA C237-2 MdHR 18113 ff. 173-174 2 Oct. 1835.
Lineham, Peter. Ireland. DI. BA Ct. (Minutes) 1839-1846 MSA C386-16 MdHR 14404 ff. 6-7 26 Feb. 1839.
Lingeman, Henry. Hanover. NATN. Decl. intent in US Dist. Ct. 30 Sept. 1844. Wits: Philip Wagner and Henry Schulter. O&RA to the King of Hanover. BC

Ct. (Nat. Rcd.) 9 1845-1848 MSA C229-1 MdHR 18119 f. 316 1 Oct. 1847.

Linker, Henry. Grand Dutchy of Hesse-Darmstadt. NATN. Decl. intent in BC Ct. 30 Sept. 1844. Wits: John Laner and George Joseph. O&RA to the Grand Duke of Hesse-Darmstadt. BA Ct. (Nat. Rcd.) 4 1846-1851 MSA C391-2 MdHR 18109 f. 71 13 Oct. 1846.

Linker, Henry. Grand Dutchy of Hesse-Darmstadt. NATN. Decl. intent in BC Ct. 30 Sept. 1844. Wits: John Lauer (or Laner) and George Joseph. BA Ct. (Nat. Dkt.) 1 1796-1851 MSA C389-1 MdHR 18106 f. 254 13 Oct. 1846.

Linnott, John D. Ireland. NATN. Decl. intent BA Ct. 30 Mar. 1812. BA Ct. (Nat. Dkt.) 1 1796-1851 MSA C389-1 MdHR 18106 f. 47 25 Sept. 1816.

Lintner, Adam. Bavaria. NATN. Arrived in US 3 yrs. prior to age 21. Res. US for 5 yrs., including 3 of minority. Res. MD over 1 yr. Wits: Caspar Eichelman and John Hartlein. O&RA to the King of Bavaria. BA Ct. (Nat. Rcd. of Minors) 3 1846-1851 MSA C392-1 MdHR 18110 f. 101 3 Nov. 1851.

Linton, Nathaniel. Ireland. NATN. Decl. intent in open ct. Arrived in US 3 yrs. prior to age 21. Res. US for 5 yrs., including 3 of minority. Res. BC. Wits: Francis Linton (Sinton?) and John Miller. O&RA to the King of UK. BC Ct. (Nat. Rcd. of Minors) 2 1832-1836 MSA C237-2 MdHR 18113 ff. 154-155 13 Dec. 1834.

Linun, John. Ireland. NATN. Decl. intent in open Ct. Arrived 3 yrs. prior to age 21. Wits: Thomas Riley and Maurice Bush. BA Ct. (Nat. Dkt.) 1 1796-1851 MSA C389-1 MdHR 18106 f. 214 11 Oct. 1842.

Lisechan, Patrick. Ireland. DI. BA Ct. (Minutes) 1827-1830 MSA C386-13 MdHR 14391 f. 238 24 Mar. 1829.

Litenberger, Michael. Grand Dutchy of Baden. NATN. Decl. intent in BC Ct. 10 Oct. 1848. Wits: John Bangs and Frederick Ahlseger. O&RA to the Grand Duke of Baden. BC Ct. (Nat. Rcd.) 10 1849-1851 MSA C229-2 MdHR 18120 f. 345 27 Oct. 1851.

Litterding, John G. Hanover. NATN. Decl. intent in US Dist. Ct. 6 June 1846. Wits: John Copperman and John H. Dierning. O&RA to the King of Hanover. BC Ct. (Nat. Rcd.) 9 1845-1848 MSA C229-1 MdHR 18119 f. 801 4 Nov. 1848.

Little, Andrew. Scotland. NATN. Decl. intent in open ct. Arrived in US 3 yrs. prior to age 21. Wits: John Frazier and Henry Harrod. BA Ct. (Nat. Dkt.) 1 1796-1851 MSA C389-1 MdHR 18106 f. 178 15 Sept. 1834.

Little, Andrew. Scotland. NATN. Decl. intent in open ct. Arrived in US 3 yrs. prior to age 21. Res. US for 5 yrs., including 3 of minority. Res. MD over 1 yr. Res. BC. Wits: John Frazier and Henry Harred. O&RA to the King of UK. BA Ct. (Nat. Rcd.) 2 1832-1846 MSA C391-1 MdHR 18108 f. 20 15 Sept. 1834.

Little, John. Ireland. NATN. Decl. intent in open Ct. Arrived in US prior to age 18. Wits: William Simms and Robert Little. BA Ct. (Nat. Dkt.) 1 1796-1851 MSA C389-1 MdHR 18106 f. 227 30 Sept. 1845.

Little, John. Ireland. NATN. Decl. intent in open Ct. Arrived in US 3 yrs. prior to age 21. Res. US for 5 yrs., including 3 of minority. Res. MD for 1 yr. Res. BC. Wits: William Simms and Robert Little. O&RA to the Queen of the UK. BA Ct. (Nat. Rcd.) 2 1832-1846 MSA C391-1 MdHR 18108 ff. 125-126 30 Sept. 1845.

Little, Patrick. Ireland. NATN. Decl. intent in US Circ. Ct. 1 Oct. 1844. Wits: John Casrion and John MacNastry. O&RA to the Queen of the UK. BA Ct. (Nat. Rcd.) 4 1846-1851 MSA C391-2 MdHR 18109 f. 237 30 Sept. 1848.

Little, Patrick. Ireland. NATN. Decl. intent in US Circ. Ct. 1 Oct. 1844. Wits: John Cassidy and John MacNastry. BA Ct. (Nat. Dkt.) 1 1796-1851 MSA C389-1 MdHR 18106 f. 323 30 Sept. 1848.

Little, Thomas. Ireland. DI. BA Ct. (Minutes) 1815-1820 MSA C386-11 MdHR 14381 f. 115 15 Oct. 1816.

Lloyd, John. England. NATN. Born in Co. of Sussex. Arrived in the US 3 yrs. prior to age 21. Decl. intent in open Ct. Wits: James P. Waite and Elianor

Anderson. BA Ct. (Nat. Dkt.) 1 1796-1851 MSA C389-1 MdHR 18106 f. 113 13 Nov. 1826.

Lloyd, John. England. Report and registration. Noted as age 22. Born in Co. of Sallop. Arrived in BC Dec. 1818. Res. BC. Wits: James P. Waite and Eleanor Auderson. BA Ct. (Misc. Ct. Papers) MSA C1-62 MdHR 50206-808 1826 item 302 11 Nov. 1826.

Lloyd of BA, Thomas. Wales. NATN. Decl. intent in BA Ct. 16 Oct. 1838. Wits: William Williams and Lloyd Whitaker. BA Ct. (Nat. Dkt.) 1 1796-1851 MSA C389-1 MdHR 18106 f. 206 26 Oct. 1840.

Lloyd, Thomas. England. NATN. Res. BC. Arrived in the US 3 yrs. prior to age 21. Res. US for 5 yrs., including 3 of minority. Res. MD over 1 yr. Wits: Richard North and Edward B. Coopers. O&RA to the King of UK. BC Ct. (Nat. Rcd. of Minors) 1 1827-1832 MSA C237-1 MdHR 18112 ff. 248-249 8 Nov. 1828.

Lloyd, Thomas. Wales. DI. BA Ct. (Minutes) 1832-1838 MSA C386 MdHR 14403 f. 301 13 Oct. 1838.

Lloyd, Thomas. England. NATN. Decl. intent in BA Ct. 16 Oct. 1838. Res. BC. Wits: William Williams and Lloyd Whitaker. O&RA to the Queen of the UK. BA Ct. (Nat. Rcd.) 2 1832-1846 MSA C391-1 MdHR 18108 ff. 85-86 26 Oct. 1840.

Lloyd, Thomas. Wales. DI. BA Ct. (Minutes, Rough) 2 1836-1844 MSA C420-2 MdHR 14398 f. 143 16 Oct. 1838.

Lloyd, William. Ireland. NATN. Res. Frederick Co. Res. US 14 April 1802 - 18 June 1812. Wits: Laurence Frederick and Sebastian Pursear (Nursear?). O&RA to the King of UK. BC Ct. (Nat. Rcd. of Minors) 1 1827-1832 MSA C237-1 MdHR 18112 f. 139 3 Oct. 1828.

Lnghbach, John. Hanover. Decl. intent in Ct. of Common Pleas, Franklin Co. PA, 10 Nov. 1845. Wits: John Erdman and John Otto. BA Ct. (Nat. Dkt.) 1 1796-1851 MSA C389-1 MdHR 18106 f. 355 1 Nov. 1848.

Loan, Daniel. Ireland. NATN. Decl. intent in BC Ct. 2 Oct. 1849. Wits: Richard Simmons and James McLaughlen. O&RA to Queen of UK. BA Ct. (Nat. Rcd.) 4 1846-1851 MSA C391-2 MdHR 18109 f. 379 7 Oct. 1851.

Loan, Daniel. Ireland. NATN. Decl. intent in BC Ct. 2 Oct. 1849. Wits: Richard Simmons and James McLaughlin. BA Ct. (Nat. Dkt.) 1 1796-1851 MSA C389-1 MdHR 18106 f. 384 7 Oct. 1851.

Loane, Edmund. England. NATN. Born in Portsmouth. Decl. intent in US Circ. Ct., 29 April 1819. Wits: Arthur Preston and James Roach. Certificate and report filed. BA Ct. (Nat. Dkt.) 1 1796-1851 MSA C389-1 MdHR 18106 f. 68 20 Sept. 1824.

Locebecker, John. Electorate of Hesse-Cassel. NATN. Decl. intent in US Dist. Ct. for the City of Washington, DC 5 May 1846. Wits: Conrad Bettle and Bernard Evering. O&RA to the Elector of Hesse-Cassel. BC Ct. (Nat. Rcd.) 9 1845-1848 MSA C229-1 MdHR 18119 f. 601 6 Oct. 1848.

Locher, Albert. Switzerland. NATN. Arrived in US 3 yrs. prior to age 21. Res. US for 5 yrs., including 3 of minority. Wits: Thomas Garner and James C. Boswell. O&RA to the Confederated Republic of Switzerland. BC Ct. (Nat. Rcd. of Minors) 3 1845-1851 MSA C237-3 MdHR 18114-1 f. 5 3 June 1845.

Loeffler, George. Bavaria. NATN. Decl. intent in US Dist. Ct. 29 Sept. 1843. Wits: George Werner and Frederick Guntz. O&RA to the King of Bavaria. BA Ct. (Nat. Rcd.) 4 1846-1851 MSA C391-2 MdHR 18109 f. 254 2 Oct. 1848.

Loeffler, Joseph. Bavaria. NATN. Decl. intent in US Dist. Ct. 29 Sept. 1843. Wits: George Werner and Frederick Gunstl. BA Ct. (Nat. Dkt.) 1 1796-1851 MSA C389-1 MdHR 18106 f. 332 2 Oct. 1848. See also "Passenger Lists".

Loffler, Philip. Grand Dutchy of Baden. NATN. Decl. intent in US Dist. Ct. 30 Sept. 1846. Wits: Frederick Loefs/Loess and Thomas Pindle. O&RA to the Grand Duke of Baden. BC Ct. (Nat. Rcd.) 9 1845-1848 MSA C229-1 MdHR 18119 f. 539 30 Sept. 1848.

Loftus, Edward. Ireland. NATN. Decl. intent in US Dist. Ct. 26 Oct. 1845.
Wits: John Coates and Richard Loftus. O&RA to the Queen of the UK. BC
Ct. (Nat. Rcd.) 10 1849-1851 MSA C229-2 MdHR 18120 f. 34 2 Oct. 1849.
Loftus, Nathaniel. Ireland. NATN. Decl. intent in US Dist. Ct. 28 Sept. 1844.
Wits: Michael McClaskey and Richard Loftus. O&RA to the Queen of the
UK. BC Ct. (Nat. Rcd.) 9 1845-1848 MSA C229-1 MdHR 18119 f. 394 4 Oct. 1847.
Logan, James. Ireland. DI. BA Ct. (Minutes) 1822-1826 MSA C386-12 MdHR 14386 f.
435 4 Oct. 1826.
Logan, James. Ireland. NATN. Decl. intent in BA Ct. 4 Oct. 1830. Res. BC.
Wits: Walter Frazier and Robert Forsthe. O&RA to the King of UK. BC Ct.
(Nat. Rcd. of Minors) 2 1832-1836 MSA C237-2 MdHR 18113 f. 119 3 Oct. 1834.
Logan, John. Ireland. BA Ct. (Nat. Dkt.) 1 1796-1851 MSA C389-1 MdHR 18106 f. 17
#346 6 Sept. 1798. Barnes, p. 63.
Logie, John. Scotland. NATN. Res. BC. Decl. intent in Prince William Co. Ct.,
Virginia 4 Nov. 1818. Wits: William F. Murdoch and William Kelly. O&RA to
the King of UK. BC Ct. (Nat. Rcd. of Minors) 1 1827-1832 MSA C237-1 MdHR 18112
ff. 131-132 1 Oct. 1828.
Logue, John. Ireland. DI. BA Ct. (Minutes, Rough) 1832-1835 MSA C420-1 MdHR
14396-2 f. 275 8 Sept. 1834.
Logue, John. Ireland. NATN. Decl. intent in BA Ct. 8 Sept. 1834. Res. BC.
Wits: William Logue and Peter Logue. O&RA to the King of UK. BC Ct.
(Nat. Rcd. of Minors) 2 1832-1836 MSA C237-1 MdHR 18113 ff. 194-195 27 Sept.
1834.
Logue, Michael. Ireland. DI. Wits: Thomas Atrou (?) and Anthony Atrou (?).
BA Ct. (Misc. Ct. Papers) MSA C1-60 MdHR 50206-792 1825 item 358 28 Sept. 1825.
Logue, Michael. Ireland. DI. BA Ct. (Minutes) 1822-1826 MSA C386-12 MdHR 14386 f.
335 28 Sept. 1825.
Logue, Michael. Ireland. Report and registration. Noted as age 35. Born in
Derry. Arrived in Boston Sept. 1821. Res. BC. BA Ct. (Misc. Ct. Papers) MSA
C1-60 MdHR 50206-792 unnumbered 1825 item 27 Sept. 1825.
Lohman, Ernst. Grand Dutchy of Oldenburg. NATN. Decl. intent in US Circ.
Ct. 1 Oct. 1844. Wits: John Miller and Joseph Ninwegan. O&RA to the
Grand Duke of Oldenburg. BA Ct. (Nat. Rcd.) 4 1846-1851 MSA C391-2 MdHR
18109 f. 319 2 Nov. 1848.
Lohman, Ernst. Grand Dutchy of Oldenburg. NATN. Decl. intent in US Circ.
Ct. 1 Oct. 1844. Wits: John Miller and Joseph Ninwegen. BA Ct. (Nat. Dkt.)
1 1796-1851 MSA C389-1 MdHR 18106 f. 358 2 Nov. 1848.
Lohmann, John Christian. Grand Dutchy of Oldenburg. NATN. Decl. intent in
BC Ct. 27 Sept. 1844. Wits: John P. Brotherston and Peter Heppel. BA Ct.
(Nat. Dkt.) 1 1796-1851 MSA C389-1 MdHR 18106 f. 311 5 Oct. 1847.
Lohmann, John Christian. Grand Dutchy of Oldenburg. NATN. Decl. intent in
BC Ct. 27 Sept. 1844. Wits: Peter Heppel and John Brotheiter. O&RA to the
Grand Duke of Oldenburg. BA Ct. (Nat. Rcd.) 4 1846-1851 MSA C391-2 MdHR
18109 f. 207 5 Oct. 1847.
Lohmiller, Henry. Germany. DI. BC Ct. (Dkt&Mins) 1840 MSA C184-7 MdHR 16664 f.
35 21 Sept. 1840.
Lohmiller, Thomas. Germany. DI. BC Ct. (Dkt&Mins) 1840 MSA C184-7 MdHR 16664
f. 35 22 Sept. 1840.
Lohnein, Johann. Bavaria. DI. BC Ct. (Dkt&Mins) 1849 MSA C184-11 MdHR 16668 f. 7
12 Feb. 1849.
Lohrfinch, Lewis. Bavaria. NATN. Decl. intent in US Dist. Ct. 28 May 1844.
Wits: Frederick Schwartz and William Link. O&RA to the King of Bavaria.
BC Ct. (Nat. Rcd.) 9 1845-1848 MSA C229-1 MdHR 18119 f. 562 3 Oct. 1848.
Lohse, Charles A. Saxony. NATN. Decl. intent in US Dist. Ct. 23 April 1838.
Witness: Robert S. Buckmiller . O&RA to the King of Saxony. BC Ct. (Nat.
Rcd.) 9 1845-1848 MSA C229-1 MdHR 18119 f. 856 6 Nov. 1848.

Lohse, William H. Saxony. NATN. Decl. intent in Southern Dist. Ct. of New York State 23 June 1842. Wits: Charles A. Lohse and Charles G. Sthale. O&RA to the King of Saxony. BC Ct. (Nat. Rcd.) 9 1845-1848 MSA C229-1 MdHR 18119 f. 722 28 Oct. 1848.

Loiseau. Francis. NATN. Res. BC. Res. US 14 April 1802 - 18 June 1812. Wits: John Berger and Francis Pascall. O&RA to the King of France. BC Ct. (Nat. Rcd. of Minors) 1 1827-1832 MSA C237-1 MdHR 18112 f. 288 19 Mar. 1829.

Lolger, Michael. Bavaria. NATN. Decl. intent in US Dist. Ct. 15 Mar. 1844. Wits: Valentine Ott and Adam Frush. O&RA to the King of Bavaria. BC Ct. (Nat. Rcd.) 9 1845-1848 MSA C229-1 MdHR 18119 f. 342 4 Oct. 1847.

Lomine, Mary. France. BA Ct. (Nat. Dkt.) 1 1796-1851 MSA C389-1 MdHR 18106 f. 25 #473 19 Nov. 1803. Civil Ct.

Lomma, Benjamin. Ireland. DI. BA Ct. (Minutes) 1822-1826 MSA C386-2 MdHR 14386 f. 112 22 Sept. 1823.

Loney, Charles. Ireland. DI. BA Ct. (Minutes) 1822-1826 MSA C386-12 MdHR 14386 f. 213 20 Sept. 1824.

Loney, Charles. Ireland. Report and Registration. Noted as age 62. Born in Belfast. Arrived in BC July 1819. Res. BC. Wits: Thomas Quay and John Bangs. BA Ct. (Misc. Ct. Papers) MSA C1-57 MdHR 50206-755 1823 item 377 20 Sept. 1824.

Loney, Charles. Ireland. NATN. Born in Belfast. Decl. intent in BA Ct. the 3rd Monday of Sept. 1824. Wits: Thomas Quay and John Banges. BA Ct. (Nat. Dkt.) 1 1796-1851 MSA C389-1 MdHR 18106 f. 109 23 Sept. 1826.

Loney, Charles. Ireland. DI. BA Ct. (Misc. Ct. Papers) MSA C1-57 Mdhr 50206-755 1823 unnumbered item 20 Sept. 1824.

Long, Henry. Ireland. BA Ct. (Nat. Dkt.) 1 1796-1851 MSA C389-1 MdHR 18106 f. 9 #168 9 Nov. 1797. Barnes, p. 61.

Long, John. Electorate of Hesse-Cassel. NATN. Decl. intent in US Dist. Ct. 6 April 1844. Wits: Nicholas Hahn and William Waggner. O&RA to the Elector of Hesse-Cassel. BC Ct. (Nat. Rcd.) 9 1845-1848 MSA C229-2 MdHR 18119 f. 83 3 Oct. 1846.

Long, Kennedy. Ireland. BA Ct. (Nat. Dkt.) 1 1796-1851 MSA C389-1 MdHR 18106 f. 8 #151 6 Sept. 1797. Barnes, p. 61.

Long, Michael. Bavaria. NATN. Decl. intent in US Dist. Ct. 20 Sept. 1844. Wits: John Ott and Henry Bader. O&RA to the King of Bavaria. BC Ct. (Nat. Rcd.) 9 1845-1848 MSA C229-1 MdHR 18119 f. 787 4 Nov. 1848.

Long, Richard D. England. DI. BA Ct. (Minutes) 1822-1826 MSA C386-12 MdHR 14386 f. 436 8 May 1826.

Long, Richard D. England. NATN. Born in Co. of Nottingham. Decl. intent in BA Ct. Mar. term 1825. Wits: James Taylor and William Midge. BA Ct. (Nat. Dkt.) 1 1796-1851 MSA C389-1 MdHR 18106 f. 128 15 May 1828.

Long, Richard D. England. Report and registration. Noted as age 39. Born in Co. of Nottingham. Arrived in BC July 1819. Res. BC. Wits: James Taylor and William Mudge. BA Ct. (Misc. Ct. Papers) MSA C1-62 MdHR 50206-808 1826 item 303 8 May 1826.

Long, Richard D. England. DI. BA Ct. (Misc. Ct. Papers) MSA C1-62 MdHR 50206-808 unnumbered 1826 item 8 May 1826.

Longer, John. Principality of Schwatzburg-Rusolstein. NATN. Decl. intent in US Circ. Ct. 27 Sept. 1845. Wits: William Bosley and Jacob Breger. BA Ct. (Nat. Dkt.) 1 1796-1851 MSA C389-1 MdHR 18109 f. 311 5 Oct. 1847.

Longer, John. Principality of Schwartzburg-Rudelstein. NATN. Decl. intent in US Circ. Ct. 27 Sept. 1845. Wits: William Bosley and Jacob Briger. O&RA to the Prince of Schwartzburg-Rudelstein. BA Ct. (Nat. Rcd.) 4 1846-1851 MSA C391-2 MdHR 18109 f. 208 5 Oct. 1847.

Longhback, John. Hanover. NATN. Decl. intent in Ct. of Common Pleas for Franklin Co., PA 10 Nov. 1845. Wits: John Erdman and John Otto. O&RA to

the King of Hanover. BA Ct. (Nat. Rcd.) 4 1846-1851 MSA C391-2 MdHR 18109 f. 311 1 Nov. 1848.
Longler, August. Germany. NATN. Decl. intent in BC Ct. 1 Oct. 1844. Wits: Augustus Ballaup and Solomon Delivie. O&RA to the Emperor of Germany. BC Ct. (Nat. Rcd.) 9 1845-1848 MSA C229-1 MdHR 18119 f. 330 2 Oct. 1847.
Longwall, David. Ireland. NATN. Arrived in US 3 yrs. prior to age 21. Res. US for 5 yrs., including 3 of minority. Res. MD over 1 yr. Wits: Samuel Fenton and P. McCurian. O&RA to the Queen of the UK. BC Ct. (Nat. Rcd. of Minors) 3 1845-1851 MSA C237-3 MdHR 18114-1 f. 275 1 Oct. 1850.
Lonniborn, Abraham. Grand Dutchy of Hesse-Darmstadt. NATN. Decl. intent in US Circ. Ct. 2 Oct. 1849. Wits: Nathan Weinburg and Joseph Stern. O&RA to the Grand Duke of Hesse-Darmstadt. BA Ct. (Nat. Rcd.) 4 1846-1851 MSA C391-2 MdHR 18109 f. 385 31 Oct. 1851.
Looney, Charles. Germany. NATN. Res. BC. Arrived 3 yrs. prior to age 21. Res. US for 5 yrs., including 3 yrs. of minority. Witness: George Suter. O&RA to the Emperor of Germany. Recorded in BC Ct. 23 Sept. 1841. MD State Papers (Series Z-Scharf Collection) MSA S1005 MdHR 19999-111-2.
Looney, James. England. NATN. Born in Manchester. Arrived in the US 3 yrs. prior to age 21. Decl. intent in open Ct. Wits: Joseph Walker and Charles Looney. BA Ct. (Nat. Dkt.) 1 1796-1851 MSA C389-1 MdHR 18106 f. 152 8 Nov. 1828.
Lorman, John. Ireland. NATN. Born in Co. of Derry. Decl. intent in US Dist. Ct. 4 Sept. 1822. Wits: John McKinnell and Benjamin Abbott. Certificate and report filed. BA Ct. (Nat. Dkt.) 1 1796-1851 MSA C389-1 MdHR 18106 f. 79 28 Sept. 1824.
Lorman, William. Ireland. NATN. Res. BC. Res. US 14 April 1802 - 18 June 1812. Wits: John McKinnell and Robert Ewing. O&RA to the King of UK. BC Ct. (Nat. Rcd. of Minors) 1 1827-1832 MSA C237-1 MdHR 18112 ff. 100-101 29 Sept. 1828.
Lornentz, John R. Prussia. NATN. Decl. intent in BC Ct. 30 Aug. 1844. Wits: Henry Corman and Henry Bey. BA Ct. (Nat. Dkt.) 1 1796-1851 MSA C389-1 MdHR 18106 f. 254 13 Oct. 1846.
Lorrentz, John G. Prussia. NATN. Decl. intent in BC Ct. 30 Aug. 1844. Wits: Henry Corman and Henry Bey. O&RA to the King of Prussia. BA Ct. (Nat. Rcd.) 4 1846-1851 MSA C391-2 MdHR 18109 f. 71 13 Oct. 1846.
Lorry, Hugh. Ireland. NATN. Decl. intent in US Dist. Ct. 3 Oct. 1844. Wits: John Hubbard and William Bell. O&RA to the Queen of the UK. BC Ct. (Nat. Rcd.) 9 1845-1848 MSA C229-1 MdHR 18119 f. 126 5 Oct. 1846.
Lou, John. Ireland. NATN. Decl. intent in US Dist. Ct. 20 Feb. 1843. Wits: John Kearn and James Logan. O&RA to the Queen of the UK. BA Ct. (Nat. Rcd.) 4 1846-1851 MSA C391-2 MdHR 18109 f. 124 13 Oct. 1846.
Louakamp, Charles. Hanover. NATN. Decl. intent in US Dist. Ct. 6 Oct. 1844. Wits: Henry Louakamp and John Diger. O&RA to the King of Hanover. BC Ct. (Nat. Rcd.) 9 1845-1848 MSA C229-1 MdHR 18119 f. 611 9 Oct. 1848.
Louder, George. Switzerland. DI. BA Ct. (Minutes) 1815-1820 MSA C386-11 MdHR 14381 f. 272 29 Mar. 1819.
Louer, John. Bavaria. NATN. Decl. intent in Frederick Co. Ct. 27 Sept. 1838. Wits: Gerhard A. Lybertz and Franz Roulader. O&RA to the King of Bavaria. BA Ct. (Nat. Rcd.) 4 1846-1851 MSA C391-2 MdHR 18109 f. 176 13 Oct. 1846.
Lough, Joseph. Ireland. NATN. Born in Co. of Antrim. Arrived in US 3 yrs. prior to age 21. Decl. intent in open Ct. Wits: Thomas P. Alricks and John Barr. BA Ct. (Nat. Dkt.) 1 1796-1851 MSA C389-1 MdHR 18106 f. 115 25 Sept. 1827.
Lough, Joseph. Ireland. Report and registration. Noted as age 22. Born in Co. of Antrim. Arrived in BC Aug. 1818. Res. BC. Wits: Thomas P. Aldrich and

John Barr. BA Ct. (Misc. Ct. Papers) MSA C1-64 MdHR 50206-825 1827 item 370 20 Sept. 1827.
Loughridge, Robert. Ireland. DI. BC Ct. (Dkt&Mins) 1828 MSA C184-4 MdHR 16661 f. 41 3 Oct. 1828.
Louis, Frederick. Principality of Waldeck. NATN. Decl. intent in US Dist. Ct. 30 Sept. 1844. Wits: George Strakler and John Roper. O&RA to the Prince of Waldeck. BC Ct. (Nat. Rcd.) 9 1845-1848 MSA C229-1 MdHR 18119 f. 846 6 Nov. 1848.
Louler, John. Ireland. NATN. Decl. intent in the Ct. of Common Pleas, Lancaster Co., PA 7 Aug. 1845. Matthew Douney and James Collins. Baltimore co. Ct. (Nat. Dkt.) 1 1796-1851 MSA C389-1 MdHR 18106 f. 312 5 Oct. 1847.
Louman, Francis. Holland. NATN. Res. BC. Res. US 14 April 1802 - 18 June 1812. Wits: William Wierman and Jonathan H. Elliott. O&RA to the King of Holland. BC Ct. (Nat. Rcd. of Minors) 1 1827-1832 MSA C237-1 MdHR 18112 f. 185 17 Oct. 1828.
Louman, Joseph. Ireland. NATN. Born in Co. of Londonderry. Decl. intent in BA Ct. Sept. 1821. Wits: John Henderson and Barney Donoho. Certificate and report filed. BA Ct. (Nat. Dkt.) 1 1796-1851 MSA C389-1 MdHR 18106 f. 78 28 Sept. 1824.
Lourenson, James. England. NATN. Res. BC. Arrived in the US 3 yrs. prior to age 21. Res. US for 5 yrs., including 3 of minority. Res. MD over 1 yr. Wits: Edward J. Cole and Thomas P. Stran. O&RA to the King of UK. BC Ct. (Nat. Rcd. of Minors) 1 1827-1832 MSA C237-1 MdHR 18112 ff. 147-148 4 Oct. 1828.
Lourzae, Bernard. France. BA Ct. (Nat. Dkt.) 1 1796-1851 MSA C389-1 MdHR 18106 f. 34 #675 4 May 1806.
Lovell, Jr., William. England. BA Ct. (Nat. Dkt.) 1 1796-1851 MSA C389-1 MdHR 18106 f. 37 #702 4 May 1808.
Lovell, William. England. BA Ct. (Nat. Dkt.) 1 1796-1851 MSA C389-1 MdHR 18106 f. 36 #701 4 May 1808.
Low, John. Ireland. NATN. Decl. intent in US Dist. Ct. 20 Feb. 1843. Wits: John Kearn and James Logan. BA Ct. (Nat. Dkt.) 1 1796-1851 MSA C389-1 MdHR 18106 f. 270 13 Oct. 1846.
Lower, John. Bavaria. NATN. Decl. intent in Frederick Co. Ct. 27 Sept. 1838. Wits: Gerhard A. Syberts and Franz Roulader. BA Ct. (Nat. Dkt.) 1 1796-1851 MSA C389-1 MdHR 18106 f. 293 13 Oct. 1846.
Lowler, John. Ireland. NATN. Decl. intent in Ct. of Common Pleas, Lancaster Co., PA 9 Aug. 1845. Wits: Matthew Downey and James Collins. O&RA to the Queen of the UK. BA Ct. (Nat. Rcd.) 4 1846-1851 MSA C391-2 MdHR 18109 f. 208 5 Oct. 1847.
Lowry, John. England. BA Ct. (Nat. Dkt.) 1 1796-1851 MSA C389-1 MdHR 18106 f. 12 #244 16 Jan. 1798. Barnes, p. 62.
Lowry, John. Ireland. NATN. Decl. intent in BC Ct. 3 Oct. 1834. Res. BC. Wits: John Reed and Samuel Miles. O&RA to the King of UK. BC Ct. (Nat. Rcd. of Minors) 2 1832-1836 MSA C237-2 MdHR 18113 ff. 208-209 3 Oct. 1836.
Lowry/Loury, John. Ireland. NATN. Res. BC. Res. US 14 April 1802 - 18 June 1812. Wits: Richard W. Gill and George M. Gill. O&RA to the King of UK. BC Ct. (Nat. Rcd. of Minors) 1 1827-1832 MSA C237-1 MdHR 18112 f. 138 3 Oct. 1828.
Lubauf, Conrad. Grand Dutchy of Hesse-Darmstadt. DI. BC Ct. (Dkt&Mins) 1840 MSA C184-7 MdHR 16664 f. 36 29 Sept. 1840.
Lubrey, Isaac. Poland. NATN. Decl. intent in BC Ct. 27 June 1844. Wits: Philip Emerage and Isaac Peiser. Profession: Clothier (1850 Census). O&RA to the Emperor of Russia. BC Ct. (Nat. Rcd.) 9 1845-1848 MSA C229-1 MdHR 18119 f. 235 16 Sept. 1847.
Lubrin, Patrick. Ireland. DI. BC Ct. (Dkt&Mins) 1828 MSA C184-4 MdHR 16661 f. 41 3

Oct. 1828.
Lucas, Jacob. Prussia. NATN. Decl. intent in US Circ. Ct. 30 Sept. 1844. Wits: Frederick Kline and John Wolf. BA Ct. (Nat. Dkt.) 1 1796-1851 MSA C389-1 MdHR 18106 f. 241 6 Oct. 1846.
Lucas, Jacob. Prussia. NATN. Decl. intent in US Circ. Ct. 30 Sept. 1844. Wits: Frederick Klein and John Wolf. O&RA to the King of Prussia. BA Ct. (Nat. Rcd.) 4 1846-1851 MSA C391-2 MdHR 18109 f. 34 6 Oct. 1846.
Luck, Jacob. England. NATN. Res. BC. Arrived in the US 3 yrs. prior to age 21. Res. US for 5 yrs., including 3 of minority. Res. MD over 1 yr. Wits: John W. W. Hawkens and John G. Cassidy. O&RA to the King of UK. BC Ct. (Nat. Rcd. of Minors) 1 1827-1832 MSA C237-1 MdHR 18112 ff. 363-364 15 Oct. 1830.
Lucy, John. Ireland. DI. BC Ct. (Dkt&Mins) 1849 MSA C184-11 MdHR 16668 f. 29 23 Oct. 1849.
Ludwig, Adam. Bavaria. NATN. Decl. intent in US Dist. Ct. 4 Oct. 1844. Wits: John Kohlhopp and Andrew Bath. O&RA to the King of Bavaria. BC Ct. (Nat. Rcd.) 9 1845-1848 MSA C229-1 MdHR 18119 f. 406 4 Oct. 1847.
Ludwig, Andrew. Electorate of Hesse-Cassel. NATN. Decl. intent in US Circ. Ct. 23 Sept. 1844. Wits: Frederick Heinz and George W. Aler. O&RA to the Elector of Hesse-Cassel. BA Ct. (Nat. Rcd.) 4 1846-1851 MSA C391-2 MdHR 18109 f. 237 30 Sept. 1848.
Luftman, Arnold. Grand Dutchy of Oldenburg. NATN. Decl. intent in US Dist. Ct. 13 Oct. 1846. Wits: Joseph Hellman and Henry Bader. O&RA to the Grand Duke of Oldenburg. BC Ct. (Nat. Rcd.) 9 1845-1848 MSA C229-1 MdHR 18119 f. 767 3 Nov. 1848.
Lugan, Simon. France. BA Ct. (Nat. Dkt.) 1 1796-1851 MSA C389-1 MdHR 18106 f. 31 #593 23 May 1805.
Luire/Suire, Edmons/Edmond. Republic of France. BA Ct. (Nat. Dkt.) 1 1796-1851 MSA C389-1 MdHR 18106 f. 7 #120 11 Aug. 1797. Barnes, p. 60
Luispold, Charles. Bremen. DI. BC Ct. (Dkt&Mins) 1849 MSA C184-11 MdHR 16668 f. 28 5 Oct. 1849.
Lund, Barthol Jorgen. Denmark. DI. BC Ct. of O&T&GD (Dkt&Mins) 1812 MSA C183-7 MdHR 16655 f. 24 2 Mar. 1812.
Lund, Claus Hanson. Denmark. NATN. Decl. intent in open Ct. Arrived in US prior to age 18. Wits: Peter Hilditch and Charles F. Miller. BA Ct. (Nat. Dkt.) 1 1796-1851 MSA C389-1 MdHR 18106 f. 225 15 Nov. 1844.
Lundstrum Peter. Sweden. DI. BA Ct. (Minutes) 1822-1826 MSA C386-12 MdHR 14386 f. 231 4 Nov. 1824.
Lune, William. Ireland. DI. BA Ct. (Minutes, Rough) 1832-1835 MSA C420-1 MdHR 14396-2 f. 288 17 Oct. 1834.
Lurick, John Henry. Germany. BA Ct. (Nat. Dkt.) 1 1796-1851 MSA C389-1 MdHR 18106 f. 34 #672 25 April 1806.
Lurmsden (Lumsden?) Jr., John. Scotland. NATN. Decl. intent in open ct. Arrived in US 3 yrs. prior to age 21. Res. US for 5 yrs., including 3 of minority. Res. MD over 1 yr. Res. BC. Wits: Joseph Roman and Charles B. White. O&RA to the Queen of the UK. BA Ct. (Nat. Rcd.) 2 1832-1846 MSA C391-1 MdHR 18108 f. 78 14 Sept. 1840.
Lury, John. Wurtemburg. NATN. Decl. intent in US Circ. Ct. 26 July 1844. Wits: Adam Bitter and Laurence Bopp. O&RA to the King of Wurtemburg. BA Ct. (Nat. Rcd.) 4 1846-1851 MSA C391-2 MdHR 18109 f. 124 13 Oct.1846.
Lury, John. Wurtemburg. NATN. Decl. intent in US Circ. Ct. 26 July 1844. Wits: Adam Bitter and Laurence Bopp. BA Ct. (Nat. Dkt.) 1 1796-1851 MSA C389-1 MdHR 18109 f. 271 13 Oct. 1846.
Luss, Franz. Bavaria. NATN. Decl. intent in US Circ. Ct. 30 Sept. 1844. Wits: Jacob Bregel and Joseph Frederick. O&RA to the King of Bavaria. BA Ct. (Nat. Rcd.) 2 1846-1851 MSA C391-2 MdHR 18109 f. 9 5 Oct. 1846.
Lusseroth, Ludwig Christian. Germany. DI. BA Ct. (Minutes) 1815-1820 MSA C386-11 MdHR 14381 f. 168 26 Mar. 1817.

Lutchfors/Lutchford(?), George. Ireland. DI. BA Ct. (Minutes, Rough) 1832-1835 MSA C420-1 MdHR 14396-2 f. 151 18 Dec. 1832.
Lutenberger, Michael. Grand Dutchy of Baden. DI. BC Ct. (Dkt&Mins) 1849 MSA C184-11 MdHR 16668 f. 29 10 Oct. 1849.
Luther, Christian William. Saxony. NATN. Decl. intent in BC Ct. 9 Sept. 1844. Wits: Henry Dengel and Lewis Annan. O&RA to King of Saxony. BC Ct. (Nat. Rcd.) 9 1845-1848 MSA C229-1 MdHR 18119 f. 848 6 Nov. 1848.
Luttig, John Christian. Prussia. BA Ct. (Nat. Dkt.) 1 1796-1851 MSA C389-1 MdHR 18106 f. 10 #189 25 Nov. 1797. Barnes, p. 61.
Lutz, Conrad Frederick. Bavaria. NATN. Arrived in US 3 yrs. prior to age 21. Res. US for 5 yrs., including 3 of minority. Res. MD over 1 yr. Wits: George Stump and John C. Ernold. O&RA to the King of Bavaria. BC Ct. (Nat. Rcd. of Minors) 3 1845-1851 MSA C237-3 MdHR 18114-1 f. 161 28 Oct. 1848.
Lutz, Frederick. Germany. NATN. Decl. intent in US Dist. Ct. 27 May 1844. Wits: Mathius Snyder and Frederick Ruff. O&RA to the Emperor of Germany. BC Ct. (Nat. Rcd.) 9 1845-1848 MSA C229-1 MdHR 18119 f. 458 5 Oct. 1847.
Lutz, Henry. Grand Dutchy of Hesse-Darmstadt. NATN. Arrived in US 3 yrs. prior to age 21. Res. US for 5 yrs., including 3 of minority. Res. MD over 1 yr. Wits: Peter Moore and John W. Treadway. O&RA to the Grand Duke of Hesse-Darmstadt. BC Ct. (Nat. Rcd. of Minors) 3 1845-1851 MSA C237-3 MdHR 18114-1 f. 322 1 Nov. 1851.
Lutz, John. Austrian Empire. NATN. Decl. intent in Harford Co. Ct. 7 Sept. 1842. Res. Harford Co. Wits: James Scarff and William Carroll. O&RA to the Emperor of Austria. BA Ct. (Nat. Rcd.) 2 1832-1842 MSA C391-1 MdHR 18108 f. 96 28 Sept. 1842.
Lutz, John. Austrian Empire. NATN. Decl. intent in Harford Co. Ct. 7 Sept. 1840. Res. Harford Co. Wits: James Scarff and William Carroll. BA Ct. (Nat. Dkt.) 1 1796-1851 MSA C389-1 MdHR 18106 f. 211 24 Sept. 1842.
Lutz, Martin. Grand Dutchy of Hesse-Darmstadt. NATN. Arrived in US under age 18. Wits: Philip Redding and Israel Sheppard. BA Ct. (Nat. Dkt.) 1 1796-1851 MSA C389-1 MdHR 18106 f. 301 5 Oct. 1847.
Lutz, Martin. Grand Dutchy of Hesse-Darmstadt. NATN. Arrived in US 3 yrs. prior to age 21. Res. US for 5 yrs., including 3 of minority. Res. MD over 1 yr. Wits: Philip Redding and Israel Sheppard. O&RA to the Grand Duke of Hesse-Darmstadt. BA Ct. (Nat. Rcd. of Minors) 3 1846-1851 MSA C392-1 MdHr 18110 f. 36 5 Oct. 1847.
Lyall, Thomas. Scotland. NATN. Decl. intent in US Dist. Ct. 1 Oct. 1844. Wits: Adam Duncan and William Lyall. O&RA to the Queen of the UK. BC Ct. (Nat. Rcd.) 9 1845-1848 MSA C229-1 MdHR 18119 f. 208 7 Nov. 1846.
Lycett, Edward. England. DI. BA Ct. (Minutes, Rough) 1832-1835 MSA C420-1 MdHR 14396-2 f. 181 16 April 1833.
Lyman, Michael. Ireland. DI. Res. BC. BC Ct. (Dkt&Mins) 1839 MSA C184-6 MdHR 16663 f. 45 21 Oct. 1839.
Lynch, Francis. Ireland. NATN. Decl. intent in Marine Ct. of New York City 8 Jan. 1829. Res. BC. Wits: Michael Boyle and Matthias McElroy. O&RA to the King of UK. BC Ct. (Nat. Rcd. of Minors) 2 1832-1836 MSA C237-2 MdHR 18113 f. 117 2 Oct. 1834.
Lynch, James. Ireland. NATN. Decl. intent in BA Ct. 16 Sept. 1834. Res. BC. Wits: Michael Dugan and John Lynch. O&RA to the King of UK. BC Ct. (Nat. Rcd. of Minors) 2 1832-1836 MSA C237-2 MdHR 18113 ff. 191-192 17 Sept. 1836.
Lynch, James. Ireland. DI. BA Ct. (Minutes, Rough) 1832-1835 MSA C420-1 MdHR 14396-2 f. 278 16 Sept. 1834.
Lynch, James. Ireland. DI. BA Ct. (Minutes) 1832-1838 MSA C386 MdHR 14403 ff. 116-117 16 Sept. 1834.
Lynch, Michael. Ireland. NATN. Decl. intent in Alleghany Co. Ct. 1 Oct. 1844.

Wits: Thomas Clark and Anthony Garrett. O&RA to the Queen of the UK. BA Ct. (Nat. Rcd.) 4 1846-1851 MSA C391-2 MdHR 18109 f. 33 6 Oct. 1846.
Lynch, Peter. Ireland. DI. BA Ct. (Minutes) 1822-1826 MSA C386-12 MdHR 14386 f. 215 21 Sept. 1824.
Lynch, William. Ireland. NATN. Decl. intent in Allegany Co. Ct. 1 Oct. 1844. Wits: Thomas Clark and Anthony Garrett. BA Ct. (Nat. Dkt.) 1 1796-1851 MSA C389-1 MdHR 18106 f. 241 6 Oct. 1846.
Lynn, Bernard. Ireland. DI. BC Ct. (Dkt&Mins) 1849 MSA C184-11 MdHR 16668 f. 8 12 Mar. 1849.
Lynn, Bernard. Ireland. NATN. Decl. intent in BC Ct. 12 Mar. 1849. Witness: Patrick Cosgrove. O&RA to the Queen of the UK. BC Ct. (Nat. Rcd.) 10 1849-1851 MSA C229-2 MdHR 18120 f. 423 4 Nov. 1851.
Lyon, Alexander. Ireland. NATN. Arrived in US 3 yrs. prior to age 21. Res. US for 5 yrs., including 3 of minority. Res. MD over 1 yr. Wits: William Culley and Walter Burk. O&RA to the Queen of the UK. BC Ct. (Nat. Rcd. of Minors) 3 1845-1851 MSA C237-3 MdHR 18114-1 f. 254 30 Sept. 1850.
Lyon, Joseph. Ireland. NATN. Arrived in US as a minor. Wits: Sheppard C. Leaken and John C. Debbish. BA Ct. (Nat. Dkt.) 1 1796-1851 MSA C389-1 MdHR 18106 f. 81 1 Oct. 1824.
Lyon/Lyone, Matthew. Ireland. NATN. Decl. intent in US Dist. Ct. 30 Sept. 1844. Wits: Stephen Tevist and Michael Horan. O&RA to the Queen of the UK. BC Ct. (Nat. Rcd.) 9 1845-1848 MSA C229-1 MdHR 18119 f. 118 5 Oct. 1846.
Lyon, Michael. Ireland. NATN. Decl. intent in US Dist. Ct. 25 Sept. 1844. Wits: Timothy Donevan and Patrick O'Kiel. O&RA to the Queen of the UK. BC Ct. (Nat. Rcd.) 10 1849-1851 MSA C229-2 MdHR 18120 f. 51 23 Feb. 1850.
Lyon, Robert. Ireland. DI. BA Ct. (Minutes) 1846-1851 MSA C386-16 MdHR 14405 f. 228 10 Oct. 1850.
Lyon, Robert. Scotland. DI. BA Ct. (Minutes) 1846-1851 MSA C386-16 MdHR 14405 f. 228 10 Oct. 1850.
Lyon, Robert. Ireland. DI. BA Ct. (Minutes) 1846-1851 MSA C386-17 MdHR 14405 f. 228 1 Oct. 1850.
Lyon, Robert. Scotland. DI. BA Ct. (Minutes, Rough) 1845-1851 MSA C420-3 MdHR 14401 ff. 379-380 1 Oct. 1850.
Lyon, Thomas. Scotland. Report and registration. Noted as age 33. Born in Glasgow. Arrived in New York City May 1801. Res. BC. Wits: Nicholas Strike and William Vaud (?). BA Ct. (Misc. Ct. Papers) MSA C1-62 MdHR 50206-808 1826 item 304 3 May 1826. See also Scots, p. 87.
Lyon, Thomas. Scotland. NATN. Born in Glascow. Arrived in the US as a minor. Decl. intent in BA Ct. 3 May 1826. Wits: Nicholas Strike and William Vance. BA Ct. (Nat. Dkt.) 1 1796-1851 MSA C389-1 MdHR 18106 f. 101 3 May 1826.
Lyons, Cornelius. Ireland. DI. BC Ct. (Dkt&Mins) 1841 MSA C184-8 MdHR 16665 f. 13 17 May 1841.
Lyons, Peter. Ireland. DI. BC Ct. (Dkt&Mins) 1839 MSA C184-6 MdHR 16663 f. 36 1 Oct. 1839.
Maas, Laues. Bavaria. NATN. Decl. intent in US Circ. Ct. 28 Sept. 1844. Wits: John Graenenges and Benedict Hubel. O&RA to the King of Bavaria. BA Ct. (Nat. Rcd.) 4 1846-1851 MSA C391-2 MdHR 18109 f. 125 13 Oct. 1846.
Maas, Lues (?). Bavaria. NATN. Decl. intent in US Circ. Ct. 28 Sept. 1844. Wits: John Groemenger and Benedict Hiebel. BA Ct. (Nat. Dkt.) 1 1796-1851 MSA C389-1 MdHR 18106 f. 271 13 Oct. 1846.
Macary, Lewis Samuel. France. BA Ct. (Nat. Dkt.) 1 1796-1851 MSA C389-1 MdHR 18106 f. 31 #604 15 June 1805.
MacCaskell, Robert D.T. Ireland. DI. BC Ct. (Dkt&Mins) 1849 MSA C184-11 MdHR 16668 f. 29 15 Oct. 1849.
Machanzer/Machanger, William. Great Britain. BA Ct. (Nat. Dkt.) 1 1796-1851 MSA C389-1 MdHR 18106 f. 18 #385 29 Nov. 1798. Barnes, p. 64.

MacKensyee (?), Alexander. Scotland. DI. BA Ct. (Minutes) 1815-1820 MSA C386-11 MdHR 14381 f. 19 27 Sept. 1815.
Mackie, George. England. BA Ct. (Nat. Dkt.) 1 1796-1851 MSA C389-1 MdHR 18106 f. 15 #322 21 April 1798. Barnes, p. 63.
Mackintish, William. Scotland. NATN. Arrived in US 3 yrs. prior to age 21. Res. US for 5 yrs., including 3 of minority. Res. MD over 1 yr. Wits: Alexander Smith and James McPherson. O&RA to the Queen of the UK. BC Ct. (Nat. Rcd. of Minors) 3 1845-1851 MSA C237-3 MdHR 18114-1 f. 36 6 Oct. 1846.
Macklin, William. England. NATN. Decl. intent in US Circ. Ct. for the Seventh Circ., Dist. of East Tennessee 11 Oct. 1820. Res. BC. Wits: Benjamin Eageston and Christian Adreon. O&RA to the King of UK. BC Ct. (Nat. Rcd. of Minors) 2 1832-1836 MSA C237-2 MdHR 18113 ff. 32-33 9 Oct. 1832.
MacManus, Owen. Ireland. BA Ct. (Nat. Dkt.) 1 1796-1851 MSA C389-1 MdHR 18106 f. 21 #426 20 Dec. 1802.Barnes, p. 65.
Madeira, John. Portugal. DI. BC Ct. (Dkt&Mins) 1839 MSA C184-6 MdHR 16663 f. 34 14 Sept. 1839.
Maegead, Henry. Electorate of Hesse-Cassel. NATN. Arrived in US 3 yrs. prior to age 21. Res. US for 5 yrs., including 3 of minority. Res. MD over 1 yr. Wits: John Schaefer and William Schaefer. O&RA to the Electore of Hesse-Cassel. BA Ct. (Nat. Rcd. of Minors) 3 1846-1851 MSA C392-1 MdHR 18110 f. 97 8 Oct. 1850.
Maen, William. Ireland. NATN. Decl. intent in US Circ. Ct. 2 Oct. 1848. Wits: John D. O'Hara and Daniel Mullen. BA Ct. (Nat. Dkt.) 1 1796-1851 MSA C389-1 MdHR 18106 f. 381 29 Sept. 1851.
Mafs/Mass, Andrew. Prussia. DI. Res. BC. BC Ct. of O&T&GD (Dkt&Mins) 1812 MSA C183-7 MdHR 16655 f. 41 20 July 1812.
Magee, Bernard. Ireland. DI. BA Ct. (Minutes) 1832-1838 MSA C386 MdHR 14403 f. 17 8 Nov. 1832.
Magee, James. Ireland. NATN. Decl. intent in BC Ct. 16 Oct. 1832. Res. BC. Wits: Hugh C.T. Hughes and John Magee. O&RA to the King of UK. BC Ct. (Nat. Rcd. of Minors) 2 1832-1836 MSA C237-2 MdHR 18113 f. 147 17 Oct. 1834.
Magee, John. Ireland. NATN. Decl. intent in BC Ct. 2 Oct. 1848. Wits: E. Cockey and J. Power. O&RA to the Queen of the UK. BC Ct. (Nat. Rcd.) 10 1849-1851 MSA C229-2 MdHR 18120 f. 147 8 Oct. 1851.
Magee, John. Ireland. NATN. Born in Co. of Antrim. Arrived prior to 18 June 1812. Wits: Ashton Alexander and William McKenzie. BA Ct. (Nat. Dkt.) 1 1796-1851 MSA C389-1 MdHR 18106 f. 136 16 Sept. 1828.
Magee, John. Ireland. DI. BA Ct. (Minutes) 1839-1846 MSA C386-16 MdHR 14404 f. 52 14 May 1840.
Magee, Patrick. Ireland. DI. BA Ct. (Minutes, Rough) 1832-1835 MSA C420-1 MdHR 14396-2 ff. 140-141 8 Nov. 1832.
Magee, Richard. Ireland. DI. BA Ct. (Minutes) 1832-1838 MSA C386 MdHR 14403 f. 17 8 Nov. 1832.
Mager, John Ludolph Frederick. Germany. NATN. Decl. intent in BA Ct. of O&T&GD 3 Aug. 1812. Wits: James Thompson and Philip Ermick. BA Ct. (Nat. Dkt.) 1 1796-1851 MSA C389-1 MdHR 18106 f. 312 5 Oct. 1847.
Mager, John Ludolph Frederick. Germany. NATN. Decl. intent in BA Ct. of O&T&GD 3 Aug. 1812. Wits: Jacob Thompson and Philip Emerick. O&RA to the Emperor of Germany. BA Ct. (Nat. Rcd.) 4 1846-1851 MSA C391-2 MdHR 18109 f. 209 5 Oct. 1847.
Mager, John Ludolph Frederick. Germany. DI. Res. BC. Ren. alleg. to the Emperor of Germany. BC Ct. of O&T&GD (Dkt&Mins) 1812 MSA C183-7 MdHR 16655 f. 43 3 Aug. 1812.
Mager, Martin. Kingdom of Bian. NATN. Decl. intent in BC Ct. 17 Sept. 1844. Wits: Joshua Vansant and Rudolph Baughman. O&RA to the King of Bian. BA Ct. (Nat. Rcd.) 4 1846-1851 MSA C391-2 MdHR 18109 f. 72 13 Oct. 1846.

Mager, Martin. Bian. NATN. Decl. intent in BC Ct. 17 Sept. 1844. Wits: Joshua Vansant and Rudolph Baughman. BA Ct. (Nat. Dkt.) 1 1796-1851 MSA C389-1 MdHR 18106 f. 254 13 Oct. 1846.

Magill, Charles. Newfoundland. DI. Res. BC. Ren. alleg. to the Queen of the UK. BC Ct. (Dkt&Mins) 1840 MSA C184-7 MdHR 16664 f. 33 29 Aug. 1840.

Magu, John. Ireland. DI. BA Ct. (Minutes, Rough) 1836-1844 MSA C420-2 MdHR 14398 f. 229 14 May 1840.

Maguire, Charles. Ireland. NATN. Decl. intent in open ct. Arrived in US 3 yrs. prior to age 21. Res. US for 5 yrs., including 3 of minority. Res. MD over 1 yr. Res. BC. Wits: Hugh McDonald and John Henderson. O&RA to the King of UK. BC Ct. (Nat. Rcd. of Minors) 2 1832-1836 MSA C237-2 MdHR 18113 ff. 60-61 13 July 1833.

Mahan, Patrick. Ireland. NATN. Decl. intent in US Circ. Ct. 11 July 1844. Wits: Andrew McCormick and Laurence Matthews. BA Ct. (Nat. Dkt.) 1 1796-1851 MSA C389-1 MdHR 18106 f. 271 13 Oct. 1846.

Mahan, Patrick. Ireland. NATN. Decl. intent in US Circ. Ct. 11 July 1844. Wits: Andrew McCormick and Laurence Matthews. O&RA to the Queen of the UK. BA Ct. (Nat. Rcd.) 4 1846-1851 MSA C391-2 MdHR 18109 f. 125 13 Oct. 1846.

Mahar, James. Ireland. DI. BC Ct. (Dkt&Mins) 1839 MSA C184-6 MdHR 16663 f. 35 23 Sept. 1839.

Maher, James. Ireland. DI. BC Ct. (Dkt&Mins) 1839 MSA C184-6 MdHR 16663 f. 35 23 Sept. 1839.

Maher, Martin. Ireland. DI. BA Ct. (Minutes) 1839-1846 MSA C386-16 MdHR 14404 f. 156 8 Nov. 1842.

Maher, Martin. Ireland. DI. BA Ct. (Minutes, Rough) 1836-1844 MSA C420-2 MdHR 14398 f. 360 8 Nov. 1842.

Maher, Thomas H. Ireland. NATN. Decl. intent in BA Ct. 19 Oct. 1832. Res. BC. Wits: Hugh McAlvoy and William Gibbons. O&RA to the Queen of the UK. BA Ct. (Nat. Rcd.) 2 1832-1846 MSA C391-1 MdHR 18108 ff. 119-120 2 Nov. 1844.

Maher, Thomas H. Ireland. NATN. Decl. intent in BA Ct. 19 Oct. 1832. Wits: Hugh McAvoy and William Scflos. BA Ct. (Nat. Dkt.) 1 1796-1851 MSA C389-1 MdHR 18106 f. 224 2 Nov. 1844.

Maher, Thomas H. Ireland. DI. BA Ct. (Minutes) 1832-1838 MSA C386 MdHR 14403 f. 11 19 Oct. 1832.

Maher, Thomas H. Ireland. DI. BA Ct. (Minutes, Rough) 1832-1835 MSA C420-1 MdHR 14396-2 f. 133 19 Oct. 1832.

Mahery, Samuel. Ireland. NATN. Arrived in US 3 yrs. prior to age 21. Res. US for 5 yrs., including 3 of minority. Res. MD over 1 yr. Wits: William Falkner and Daniel O'Connor. O&RA to the Queen of the UK. BC Ct. (Nat. Rcd. of Minors) 3 1845-1851 MSA C237-3 MdHR 18114-1 f. 296 29 Sept. 1851.

Mahler, Herman. Grand Dutchy of Hesse-Darmstadt. NATN. Decl. intent in US Dist. Ct. 12 Oct. 1846. Wits: Henry Appel and Valentine Hase (Hax?). O&RA to the Grand Duke of Hesse-Darmstadt. BC Ct. (Nat. Rcd.) 9 1845-1848 MSA C229-1 MdHR 18119 f. 714 28 Oct. 1848.

Mahoney, James. Ireland. DI. BA Ct. (Misc. Ct. Papers) MSA C1-57 MdHR 50206-755 1823 unnumbered item 18 Oct. 1824.

Mahoney, James. Ireland. Born in Co. of Cork. Decl. intent in BA Ct. Sept. term 1824. Wits: John Creigh and Stephen Searchfield. BA Ct. (Nat. Dkt.) 1 1796-1851 MSA C389-1 MdHR 18106 f. 117 25 Oct. 1827.

Mahoney, James. Ireland. Report and registration. Noted as age 65. Born in Co. of Cork. Arrived in Perth Amboy April of 1818. Res. BC. Wits: John Creigh and Stephen Searchfield. BA Ct. (Misc. Ct. Papers) MSA C1-57 MdHR 50206-755 1823 item 379 18 Oct. 1824.

Mahony, James. Ireland. DI. BA Ct. (Minutes) 1822-1826 MSA C386-12 MdHR 14386 f. 227 18 Oct. 1824.
Mahr, Deter. Grand Dutchy of Hesse-Darmstadt. NATN. Decl. intent in US Dist. Ct. 5 Sept. 1844. Wits: John A. Hoehn and William Wardenburg. O&RA to the Grand Duke of Hesse-Darmstadt. BC Ct. (Nat. Rcd.) 9 1845-1848 MSA C229-1 MdHR 18119 f. 128 5 Oct. 1846.
Mahr, John. Grand Dutchy of Hesse-Darmstadt. NATN. Decl. intent in US Dist. Ct. 19 Oct. 1844. Wits: Philip Laufies and Valentine Ott. O&RA to the Grand Duke of Hesse-Darmstadt. BC Ct. (Nat. Rcd.) 9 1845-1848 MSA C229-1 MdHR 18119 f. 348 4 Oct. 1847.
Mahr, Philip. Dutchy of Nassau. NATN. Decl. intent in US Dist. Ct. 27 May 1844. Wits: Philip Laufus and John Meiskey. O&RA to the Duke of Nassau. BC Ct. (Nat. Rcd.) 9 1845-1848 MSA C229-1 MdHR 18119 f. 387 4 Oct. 1847.
Maidlow, James. England. NATN. Born in Co. of Hampshire. Decl. intent in Vanderhugh Co. Ct., Indiana 6 Mar. 1820. Wits: Henry Vicary and John Flanagan. BA Ct. (Nat. Dkt.) 1 1796-1851 MSA C389-1 MdHR 18106 f. 139 4 Oct. 1828.
Mailen, Peter. Ireland. NATN. Res. BC. Decl. intent in US Circ. Ct. 4 Oct. 1828. Wits: Richard Lawless and James Mullen. O&RA to the King of UK. BC Ct. (Nat. Rcd. of Minors) 1 1827-1832 MSA C237-1 MdHR 18112 ff. 324-325 4 Oct. 1830.
Maimalke, Henry. Hanover. NATN. Decl. intent in US Dist. Ct. 20 April 1844. Wits: Anthony Ostendorf and Alexander Riley. O&RA to the King of Hanover. BC Ct. (Nat. Rcd.) 9 1845-1848 MSA C229-1 MdHR 18119 f. 88 3 Oct. 1846.
Mainley, Thomas. England. NATN. Res. BC. Decl. intent in Justice's Ct. of New York City 17 Aug. 1815. Wits: Clement Bosley and Joseph Blackstone. O&RA to the King of UK. BC Ct. (Nat. Rcd. of Minors) 1 1827-1832 MSA C237-1 MdHR 18112 ff. 82-83 22 Sept. 1828.
Maisel, Ferdinand L. Bavaria. NATN. Decl. intent in US Dist. Ct. 17 Sept. 1844. Wits: Eberhart Sauer and Christopher Musner. O&RA to the King of Bavaria. BC Ct. (Nat. Rcd.) 9 1845-1848 MSA C229-1 MdHR 18119 f. 369 4 Oct. 1847.
Majer, Frederick. Germany. DI. Ren. alleg. to the Emperor of Germany. BA Ct. (Minutes) 1832-1838 MSA C386 MdHR 14403 f. 121 2 Oct. 1834.
Major, Arthur. Ireland. DI. Res. BC. BC Ct. of O&T&GD (Dkt&Mins) 1816 MSA C183-9 MdHR 16657 {unpaginated} 14 Sept. 1816.
Makeney/Maheney, Florence. Ireland. NATN. Decl. intent in US Dist. Ct. 17 Aug. 1844. Wits: Dennis Hurley and Michael Hurley. O&RA to the Queen of the UK. BC Ct. (Nat. Rcd.) 9 1845-1848 MSA C229-1 MdHR 18119 f. 72 2 Oct. 1846.
Malcolm, Peter. Scotland. NATN. Decl. intent in BA Ct. 3 Oct. 1826. Res. BC. Wits: Elixender Fridge and Henry Green. O&RA to the King of UK. BC Ct. (Nat. Rcd. of Minors) 2 1832-1836 MSA C237-2 MdHR 18113 f. 43 13 Oct. 1832.
Malcomson, John. Ireland. NATN. Decl. intent in BC Ct. 29 Sept. 1832. Res. BC. Arrived in Port of Baltimore 30 June 1827 (Tepper). Wits: Francis Airey and Crandal McDougal. O&RA to the King of UK. BC Ct. (Nat. Rcd. of Minors) 2 1832-1836 MSA C237-2 MdHR 18113 f. 122 3 Oct. 1834. Tepper, p. 406.
Maleon, Peter. Scotland. DI. BA Ct. (Minutes) 1822-1826 MSA C386-12 MdHR 14386 f. 435 3 Oct. 1826.
Maleval, William. France. DI. Res. BC. BC Ct. of O&T&GD (Dkt&Mins) 1816 MSA C183-9 MdHR 1657 {unpaginated}; 9 Nov. 1816.
Maller, John Henry. Hanover. NATN. Decl. intent in US Circ. Ct. 21 Sept. 1846. Wits: John Berg and Emanuel Weinman. BA Ct. (Nat. Dkt.) 1 1796-1851 MSA C389-1 MdHR 18106 f. 341 5 Oct. 1848.
Maller/Muller, Lewis C. High Dutchy of Baaden (sic.; Baden). Ren. alleg. to

High Duke of Baaden. BA Ct. (Minutes) 1810-1814 MSA C386-10 MdHR 14376 f. 30 25 Oct. 1810.
Mallman, John. Scotland. DI. BA Ct. (Minutes) 1832-1838 MSA C386 MdHR 14403 f. 229 22 Feb. 1837.
Mallon, Augustus. England. DI. Res. BC. BC Ct. of O&T&GD (Dkt&Mins) 1816 MSA C183-9 MdHR 16657 {unpaginated} 21 Mar. 1816.
Mallory, John. England. BA Ct. (Nat. Dkt.) 1 1796-1851 MSA C389-1 MdHR 18106 f. 13 #269 13 Mar. 1798. Barnes, p. 62.
Malloy, Charles. Ireland. BA Ct. (Nat. Dkt.) 1 1796-1851 MSA C389-1 MdHR 18106 f. 30 #574 29 Jan. 1805.
Maloy, Edward. England. BA Ct. (Nat. Dkt.) 1 1796-1851 MSA C389-1 MdhR 18106 f. 8 #141 25 Aug. 1797. Barnes, p. 61.
Maltman/Mattman, John. Scotland. DI. BA Ct. (Minutes, Rough) 1836-1844 MSA C420-2 MdHR 14398 f. 62 22 Feb. 1837.
Maltz, John. Wurtemburg. NATN. Arrived in US under age 18. Wits: John S. Meddinger and John Hohn. BA Ct. (Nat. Dkt.) 1 1796-1851 MSA C389-1 MdHR 18106 f. 352 31 Oct. 1848.
Mandelbaum, Henry. Bavaria. NATN. Decl. intent in US Dist. Ct. 12 June 1844. Wits: William Mason and T. L. Carmichael. O&RA to the King of Bavaria. BC Ct. (Nat. Rcd.) 10 1849-1851 MSA C229-2 MdHR 18120 f. 287 29 Sept. 1851.
Mandelbaum, Lotz. Bavaria. NATN. Decl. intent in US Dist. Ct. 3 Dec. 1844. Wits: Moses Ottinger and M. Stineberger. O&RA to the King of Bavaria. BC Ct. (Nat. Rcd.) 9 1845-1848 MSA C229-1 MdHR 18119 f. 645 10 Oct. 1848.
Manden, James. England. DI. BA Ct. (Minutes) 1822-1826 MSA C386-12 MdHR 14386 f. 223 2 Oct. 1824.
Mane, James. Ireland. DI. BA Ct. (Minutes) 1832-1838 MSA C386 MdHR 14403 f. 257 13 Oct. 1837.
Mane, James. Ireland. DI. BA Ct. (Minutes, Rough) 1836-1844 MSA C420-2 MdHR 14398 f. 94 13 Oct. 1837.
Mank(?), Dennis. Bremen. DI. BA Ct. (Minutes) 1839-1846 MSA C386-16 MdHR 14404 f. 127 15 Feb. 1842.
Manley, John. Ireland. NATN. Decl. intent in BC Ct. 17 Sept. 1844. Wits: Miles Mcgerhan and Robert C. Gregg. O&RA to the Queen of the UK. BC Ct. (Nat. Rcd.) 9 1845-1848 MSA C229-1 MdHR 18119 f. 431 4 Oct. 1847.
Mann, Johan Heinrich. Dutchy of Nassau. NATN. Decl. intent in US Circ. Ct. 8 July 1844. Wits: Emanuel Weinman and George Ritgnes. O&RA to the Duke of Nassau. BA Ct. (Nat. Rcd.) 4 1846-1851 MSA C391-2 MdHR 18109 f. 127 13 Oct. 1846.
Mann, John. Ireland. DI. BA Ct. (Minutes) 1822-1826 MSA C386-12 MdHR 14386 f. 22 (no date given)
Mann, Thomas W. England. NATN. Decl. intent in US Dist. Ct. 7 Jan. 1843. Wits: Archer Ropes and Henry W. S. Evans. O&RA to the Queen of the UK. BC Ct. (Nat. Rcd.) 9 1845-1848 MSA C229-1 MdHR 18119 f. 560 3 Oct. 1848.
Manning, Bartholomew. Ireland. NATN. Born in Co. of Kilkenney. Decl. intent in US Dist. Ct. 5 Mar. 1823. Wits: Alexander MacDonald and John Gleeson. BA Ct. (Nat. Dkt.) 1 1796-1851 MSA C389-1 MdHR 18106 f. 92 30 Mar. 1825.
Manning, Edward. Ireland. DI. BA Ct. (Minutes) 1822-1826 MSA C386-12 MdHR 14386 f. 435 4 Oct. 1826.
Mannion, Peter. Ireland. NATN. Decl. intent in US Circ. Ct. 27 Sept. 1844. Wits: Matthew Kane and James Mulley. O&RA to the Queen of the UK. BA Ct. (Nat. Rcd.) 4 1846-1851 MSA C391-2 MdHR 18109 f. 126 13 Oct. 1846.
Mannion, Peter. Ireland. NATN. Decl. intent in US Circ. Ct. 27 Sept. 1844. Wits: Matthew Kane and James Mulligan. BA Ct. (Nat. Dkt.) 1 1796-1851 MSA C389-1 MdHR 18106 f. 271 13 Oct. 1846.
Manr, Johan Heinrich. [Grand] Dutchy of Nassau. NATN. Decl. intent in US

Circ. Ct. 8 July 1844. Wits: Emanuel Weinman and George Ritzner. BA Ct. (Nat. Dkt.) 1 1796-1851 MSA C389-1 MdHR 18106 f. 271 13 Oct. 1846.
Manron/Manson, William A. Scotland. DI. BA Ct. (Minutes) 1839-1846 MSA C386-16 MdHR 14404 f. 2 9 Jan. 1839.
Mansfield, John. Ireland. BA Ct. (Nat. Dkt.) 1 1796-1851 MSA C389-1 MDHR 18106 f. 41 #814 18 April 1812.
Manson/Manron, William A. Scotland. DI. BA Ct. (Minutes, Rough) 1836-1844 MSA C420-2 MdHR 14398 f. 157 9 Jan. 1839.
Manuel, John. Ireland. NATN. Decl. intent in US Circ. Ct. 13 Sept. 1830. Res. BC. Wits: Patrick Whelan and Michael Whelan. O&RA to the King of UK. BC Ct. (Nat. Rcd. of Minors) 2 1832-1836 MSA C237-2 MdHR 18113 ff. 7-8 15 Sept. 18
Marburg, William August. [Grand] Dutchy of Nassau. DI. Res. BC in 1850 Census. Profession: Liquor Merchant (?) (1850 Census). BA Ct. (Minutes, Rough) 1845-1851 MSA C420-3 MdHR 14401 f. 110 26 Oct. 1846.
Marburry/Marberry/Marburg (?), William August. [Grand] Dutchy of Nassau. DI. BA Ct. (Minutes) 1846-1851 MSA C386-17 MdHR 14405 ff. 17-18 26 Oct. 1846.
Mar., John Michael. Prussia. DI. BA Ct. (Minutes) 1810-1814 MSA C386-10 MdHR 14376 f. 19 2 Oct. 1810.
Mar.ant, Peter Stephen. Republic of France. BA Ct. (Nat. Dkt.) 1 1796-1851 MSA C389-1 MdHR 18106 f. 18 #374 8 Nov. 1798. Barnes, p. 64.
Marcilly, Francis. France. BA Ct. (Nat. Dkt.) 1 1796-1851 MSA C389-1 MdHR 18106 f. 31 #605 15 June 1805.
Marcusi, Mathew. Prussia. DI. Res. BC. BC Ct. (Dkt&Mins) 1846 MSA C184-9 MdHR 16666 f. 37 16 Sept. 1846.
Marden, William. England. DI. BA Ct. (Minutes) 1822-1826 MSA C386-12 MdHR 14386 f. 436 15 May 1826.
Marder, Charles. England. DI. . BA Ct. (Minutes) 1827-1830 MSA C386-13 MdHR 14391 f. 78 20 Sept. 1827.
Marechal, Ambrose. France. NATN. Profession: Archbishop of Baltimore. Res. 1798 - 1802. BA Ct. (Nat. Dkt.) 1 1796-1851 MSA C389-1 MdHR 18106 f. 62 30 Dec. 1822.
Marker, John. Hanover. (Noted as "under the King of England."). BA Ct. (Nat. Dkt.) 1 1796-1851 MSA C389-1 MdHR 18106 f. 6 #112 14 April 1797. Barnes, p. 60
Markey, Patrick. Ireland. NATN. Decl. intent in US Dist. Ct. 23 June 1845. Wits: Thomas Cassidy and John Haley. O&RA to the Queen of the UK. BC Ct. (Nat. Rcd.) 9 1845-1848 MSA C229-1 MdHR 18119 f. 755 2 Nov. 1848.
Marklaen, John Jacob. Republic of Bremen. DI. BA Ct. (Minutes, Rough) 1845-1851 MSA C420-3 MdHR 14401 f. 222 18 April 1848.
Marklaen, John Jacob. Republic of Bremen. DI. BA Ct. (Minutes) 1846-1851 MSA C386-16 MdHR 14405 f. 103 18 April 1848.
Marman/Uarman (?), Thomas. England. DI. Res. Montgomery Co. BC Ct. (Dkt&Mins) 1821 MSA C184-1 MdHR 16658 f. 65 10 Dec. 1821.
Marmelstein, Carl Frederick August. Prussia. DI. BA Ct. (Minutes, Rough) 1836-1844 MSA C420-2 MdHR 14398 f. 126 8 May 1838.
Marmelstein, Carl Frederick August. Prussia. DI. BA Ct. (Minutes) 1832-1838 MSA C386 MdHR 14403 f. 288 5 May 1838.
Marr, Henry. Germany. DI. BC Ct. (Dkt&Mins) 1840 MSA C184-7 MdHR 16664 f. 25 22 June 1840.
Marrin, Patrick. Ireland. NATN. Decl. intent in BC Ct. 8 Oct. 1833. Res. BC. Wits: Archibald McKeeween and Neal Rocks. O&RA to the King of UK. BC Ct. (Nat. Rcd. of Minors) 2 1832-1836 MSA C237-2 MdHR 18113 ff. 229-230 12 Oct. 1836.
Marrow, William. Ireland. NATN. Arrived in US 3 yrs. prior to age 21. Res. US for 5 yrs., including 3 of minority. Res. MD over 1 yr. Wits: William Heise and Charles Young. O&RA to the Queen of the UK. BA Ct. (Nat. Rcd. of Minors) 3 1846-1851 MSA C392-1 MdHR 18110 f. 95 8 Oct. 1850.
Marsden, James. England. Report and registration. Noted as age 26. Born in Lancashire. Arrived in BC Nov. 1817. res. BA. BA Ct. (Misc. Ct. Papers)

MSA C1-57 MdHR 50206-757 1823 unnumbered item 2 Oct. 1824.
Marsden, James. England. DI. Wits: Noah Cullison and Nicholas Dorsey. BA Ct. (Misc. Ct. Papers) MSA C1-57 MdHR 50206-757 1823 item 380 2 Oct. 1824.
Marsden, James. England. NATN. Born in Co. of Lancashire. Decl. intent the 3rd Monday of Sept. 1824. Wits: Noah Cullison and Nicholas Dorsey. BA Ct. (Nat. Dkt.) 1 1796-1851 MSA C389-1 MdHR 18106 f. 112 16 Oct. 1826.
Marsden, William. England. NATN. Res. BC. Decl. intent in BA Ct. 15 May 1826. Wits: Samuel Kilbourn and Isaac Marrow. O&RA to King of UK. BC Ct. (Nat. Rcd. of Minors) 1 1827-1832 MSA C237-1 MdHR 18112 ff. 95-96 27 Sept. 1828.
Marsh, Philip. Grand Dutchy of Hesse-Darmstadt. NATN. Arrived in US 3 yrs. prior to age 21. Res. US for 5 yrs., including 3 of minority. Res. MD over 1 yr. Wits: Hiram Albaugh and Joseph Richenbereger. O&RA to the Grand Duke of Hesse-Darmstadt. BC Ct. (Nat. Rcd. of Minors) 3 1845-1851 MSA C237-3 MdHR 18114-1 f. 270 1 Oct. 1850.
Marsh, William. Great Britain. BA Ct. (Nat. Dkt.) 1 1796 - 1851 MSA C389-1 MdHR 18106 f. 4 #66 18 Mar. 1797. Barnes, p. 60.
Marshall, Francis. Principality of the Palatine. BA Ct. (Nat. Dkt.) 1 1796-1851 MSA C389-1 MdHR 18106 f. 25 #490 22 Feb. 1804. Civil Ct.
Marshall, John. Ireland. NATN. Arrived in US under age 18. Wits: Joseph Thompson and Thomas Early. BA Ct. (Nat. Dkt.) 1 1796-1851 MSA C389-1 MdHR 18106 f. 290 13 Oct. 1846.
Marshall, John. Ireland. NATN. Arrived in US 3 yrs. prior to age 21. Res. US for 5 yrs., including 3 of minority. Res. MD over 1 yr. Wits: Joseph Thompson and Thomas Earley. O&RA to the Queen of the UK. BA Ct. (Nat. Rcd. of Minors) 3 1846-1851 MSA C392-1 MdHR 18110 f. 17 13 Oct. 1846.
Marshall, William. England. DI. Res. BC. BC Ct. (Dkt&Mins) 1846 MSA C184-9 MdHR 16666 f. 31 5 Sept. 1846.
Marshall, William. England. NATN. Decl. intent in BC Ct. 5 Sept. 1846. Wits: Thomas Woodfield and D. M. Whitehouse. O&RA to the Queen of the UK. BC Ct. (Nat. Rcd.) 9 1845-1848 MSA C229-1 MdHR 18119 f. 760 2 Nov. 1848.
Marsk/Marsh, Dennis. Republic of Bremen. DI. BA Ct. (Minutes, Rough) 1836-1844 MSA C420-2 MdHR 14398 f. 322 15 Feb. 1842.
Marteaiq, John. France. BA Ct. (Nat. Dkt.) 1 1796-1851 MSA C389-1 MdHR 18106 f. 26 #498 7 Mar. 1804. Civil Ct.
Martenet, Jonas. Prussia. DI. BA Ct. (Minutes) 1827-1830 MSA C386-13 MdHR 14391 f. 339 29 Oct. 1830.
Martens, Harman. Germany. DI. Res. BC. Ren. alleg. to the Emperor of Germany. BC Ct. of O&T&GD (Dkt&Mins) 1812 MSA C183-7 MdHR 16655 f. 49 4 Sept. 1812.
Martin, Alexander. Ireland. NATN. Decl. intent in open ct. Arrived in US 3 yrs. prior to age 21. Res. US for 5 yrs., including 3 of minority. Res. MD over 1 yr. Res. BC. Wits: Robert Martin and John Starr. O&RA to the King of UK. BC Ct. (Nat. Rcd. of Minors) 2 1832-1836 MSA C237-2 MdHR 18113 ff. 130-131 4 Oct. 1834.
Martin, Charles. Ireland. DI. Wits: Christopher Johnston and George Urmnell. BA Ct. (Misc. Ct. Papers) MSA C1-66 MdHR 50206-694 1828 item 446 20 Jan. 1826.
Martin, Charles. Ireland. Born Co. of Sligo. Decl. intent in US Circ. Ct. 19 Jan. 1826. Wits: Christopher Johnson and George S. Wimmell. BA Ct. (Nat. Dkt.) 1 1796-1851 MSA C389-1 MdHR 18106 f. 125 23 Jan. 1828.
Martin, Charles. Ireland. Report and registration. Noted as age 35. Born in Co. of Sligo. Arrived Port of New York City June 1815. res. BC. BA Ct. (Misc. Ct. Papers) MSA C1-66 MdHR 50206-848 unnumbered 1828 item.

Martin, Hugh. England. BA Ct. (Nat. Dkt.) 1 1796-1851 MSA C389-1 MdHR 18106 f. 12 #251 19 Jan. 1798. Barnes, p. 62.
Martin, James, Ireland. NATN. Decl. intent in US Dist. Ct. 31 Jan. 1843. Wits: James McCormick and Charles Patterson. BA Ct. (Nat. Dkt.) 1 1796-1851 MSA C389-1 MdHR 18106 f. 347 12 Oct. 1848.
Martin, James. Ireland. NATN. Decl. intent in US Dist. Ct. 31 Jan. 1843. Wits: James McCormick and Charles Patterson. O&RA to the Queen of the UK. BA Ct. (Nat. Rcd.) 4 1846-1851 MSA C391-2 MdHR 18109 f. 292 12 Oct. 1848.
Martin, John. Wurtemburg. NATN. Arrived in US 3 yrs. prior to age 21. Res. US for 5 yrs., including 3 of minority. Res. MD over 1 yr. Wits: Louis Thomas and Paul Martin. O&RA to the King of Wurtemburg. BC Ct. (Nat. Rcd. of Minors) 3 1845-1851 MSA C237-3 MdHR 18114-1 f. 184 4 Nov. 1848.
Martin, John. Austro-Hungarian Empire. NATN. Arrived in US 3 yrs. prior to age 21. Res. US for 5 yrs., including 3 of minority. Res. MD over 1 yr. Wits: George A. Martin and Charles McComas. O&RA to the Emperor of Austria-Hungary. BC Ct. (Nat. Rcd. of Minors) 3 1845-1851 MSA C237-3 MdHR 18114-1 f. 317 30 Oct. 1851.
Martin, John. England. BA Ct. (Nat. Dkt.) 1 1796-1851 MSA C389-1 MdHR 18106 f. 14 #284 20 Mar. 1798. Barnes, p. 62.
Martin, John. Germany. NATN. Res. BC. Decl. intent in US Circ. Ct. 5 Mar. 1823. Witness: Daniel Snyder and Robert Gott. Takes oath. BC Ct. (Nat. Rcd. of Minors) 1 1827-1832 MSA C237-1 MdHR 18112 ff. 312-313 2 July 1830.
Martin, John. Sweden. NATN. Decl. intent in BC ct. the 1st Monday of Nov. 1829. Wits: Jacob Myers Jr. and Jacob Myers Sr. BA Ct. (Nat. Dkt.) 1 1796-1851 MSA C389-1 MdHR 18106 f. 177 4 Sept. 1834.
Martin, John. Sweden. NATN. Decl. intent in BC Ct. 23 Nov. 1829. Res. BC. Wits: Jacob Myers, Sr. and Jacob Myers, Jr. O&RA to the King of Sweden. BA Ct. (Nat. Rcd.) 2 1832-1846 MSA C391-1 MdHR 18108 f. 19 4 Sept. 1834.
Martin, Joseph. Bavaria. NATN. Decl. intent in US Dist. Ct. 4 Oct. 1842. Wits: John Heibner and Barnard Barthold. BA Ct. (Nat. Dkt.) 1 1796-1851 MSA C389-1 MdHR 18106 f. 219 18 Oct. 1844.
Martin, Joseph. Bavaria. NATN. Decl. intent in US Dist. Ct. 4 Oct. 1842. Res. BC. Wits: John Heibner and Bernard Barthold. O&RA to the King of Bavaria. BA Ct. (Nat. Rcd.) 2 1832-1846 MSA C391-1 MdHR 18108 ff. 109-110 18 Oct. 1844.
Martin, Joseph. England. DI. BA Ct. (Minutes, Rough) 1836-1844 MSA C420-2 MdHR 14398 f. 247 23 Oct. 1840.
Martin, Joseph. England. DI. BA Ct. (Minutes) 1839-1846 MSA C389-16 MdHR 14404 f. 66 23 Oct. 1840.
Martin, Michael. Bavaria. NATN. Decl. intent in US Circ. Ct. 26 June 1844. Wits: Alexander Gifford and Henry Shael. BA Ct. (Nat. Dkt.) 1 1796-1851 MSA C389-1 MdHR 18106 f. 312 5 Oct. 1847.
Martin, Michael. Bavaria. NATN. Decl. intent in US Circ. Ct. 26 June 1844. Wits: Henry Shad and Alexander Gifford. O&RA to the King of Bavaria. BA Ct. (Nat. Rcd.) 4 1846-1851 MSA C391-2 MdHR 18109 f. 209 5 Oct. 1847.
Martin, Nathan. Ireland. Report and registration. Noted as age 28. Born in Co. of Donegal. Arrive in BC June 1815. Res. BC. Wits: Isaac M. Chesbough and John Nelson. BA Ct. (Misc. Ct. Papers) MSA C1-62 MdHR 50206-808 1826 item 305 23 Sept. 1826.
Martin, Nathan. Ireland. NATN. Born in Co. of Donegal. Arrived in US 3 yrs. prior to age 21. Decl. intent in open Ct. Wits: Isaac M. Chesbrough and John Nelson. BA Ct. (Nat. Dkt.) 1 1796-1851 MSA C389-1 MdHR 18106 f. 111 23 Sept. 1826.
Martin, Peter. Bavaria. NATN. Decl. intent in US Circ. Ct. 4 May 1844. Wits:

Adam Traesch and Gerhard Seibert. BA Ct. (Nat. Dkt.) 1 1796-1851 MSA C389-1 MdHR 18106 f. 271 13 Oct. 1846.
Martin, Peter. Bavaria. NATN. Decl. intent in US Circ. Ct. 4 May 1844. Wits: Adam Freisch and Gerhard Lybert. O&RA to the King of Bavaria. BA Ct. (Nat. Rcd.) 4 1846-1851 MSA C391-2 MdHR 18109 f. 126 13 Oct. 1846.
Martin, Robert. Ireland. DI. Wits: Peter Snyder and Charles McManly. BA Ct. (Misc. Ct. Papers) MSA C1-57 MdHR 50206-757 1823 item 381 13 Oct. 1824.
Martin, Robert. Ireland. Report and registration. Noted as age 45. Born in Co. of Antrim. Arrived in New York City July 1815. res. BC. BA Ct. (Misc. Ct. Papers) MSA C1-57 MdHR 50206-757 1823 unnumbered item 13 Oct. 1824.
Martin, Robert. Ireland. DI. BA Ct. (Minutes) 1822-1826 MSA C386-12 MdHR 14386 f. 225 13 Oct. 1824.
Martin, Robert. Ireland. Born in Co. of Antrim. Decl. intent in BA Ct. the 3rd Monday of Sept. 1824. Wits: Peter Synder and Charles McManus. BA Ct. (Nat. Dkt.) 1 1796-1851 MSA C389-1 MdHR 18106 f. 118 25 Sept. 1827.
Martin, Thomas. Great Britain. BA Ct. (Nat. Dkt.) 1 1796-1851 MSA C389-1 MdHR 18106 f. 11 #108 11 April 1797. Barnes, p. 60.
Martin. Patrick. Ireland. NATN. Decl. intent in US Dist. Ct. 26 Jan. 1848. Wits: P. W. Ruley and Patrick Mullen. O&RA to the Queen of the UK. BC Ct. (Nat. Rcd.) 10 1849-1851 MSA C229-2 MdHR 18120 f. 142 1 Oct. 1850.
Martinet, Jonas. Prussia. NATN. Decl. intent in BA Ct. 29 Oct. 1830. Res. BC. Wits: Walter Mercer and Lewis A. Jenkins. O&RA to the King of Prussia. BC Ct. (Nat. Rcd. of Minors) 2 1832-1836 MSA C237-2 MdHR 18113 ff. 53-54 9 Nov. 1832.
Masener, Jacob. Germany. NATN. Arrived in US 3 yrs. prior to age 21. Res. US for 5 yrs., including 3 of minority. Res. MD over 1 yr. Wits: James Devareaux and Mathias Masener. O&RA to the Emperor of Germany. BA Ct. (Nat. Rcd. of Minors) 3 1846-1851 MSA C392-1 MdHR 18110 f. 26 4 Oct. 1847.
Masener, Jacob. Germany. NATN. Arrived in US under age 18. Wits: James Devereux and Mathias Masener. BA Ct. (Nat. Dkt.) 1 1796-1851 MSA C389-1 MdHR 18106 f. 297 4 Oct. 1847.
Mash, William. England. NATN. Decl. intent in US Dist. Ct. 6 Oct. 1840. Res. BC. Wits: Ephraim Mash and John Jeury. O&RA to the Queen of the UK. BA Ct. (Nat. Rcd.) 2 1832-1846 MSA C391-1 MdHR 18108 ff. 100-101 17 Oct. 1842.
Mash, William. England. NATN. Decl. intent in US Dist. Ct. 6 Oct. 1840. Wits: Ephraim Nash and John Jeury. BA Ct. (Nat. Dkt.) 1 1796-1851 MSA C389-1 MdHR 18106 f. 214 17 Oct. 1842.
Mason, John. England. DI. BA Ct. (Minutes, Rough) 1836-1844 MSA C420-2 MdHR 14398 ff. 348-349 17 Dec. 1835.
Masterman, Charles A. Grand Dutchy of Oldenburg. NATN. Decl. intent in US Circ. Ct. 23 Sept. 1844. Wits: Andrew Martin and John Jeroens. BA Ct. (Nat. Dkt.) 1 1796-1851 MSA C389-1 MdHR 18106 f. 231 5 Oct. 1846.
Masterman, Charles A. Grand Dutchy of Oldenburg. NATN. Decl. intent in US Circ. Ct. 23 Sept. 1844. Profession: Baker (1850 Census; BC Directory, 1849-1850) Wits: Andrew Martin and John Scroens. O&RA to the Grand Duke of Oldenburg. BA Ct. (Nat. Rcd.) 4 1846-1851 MSA C391-2 MdHR 18109 f. 4 5 Oct. 1846.
Masterson, Charles. England. DI. BC Ct. (Dkt&Mins) 1828 MSA C184-4 MdHR 16661 f. 41 2 Oct. 1828.
Matchett, Richard. Ireland. NATN. Res. BC. Arrived in the US 3 yrs. prior to age 21. Res. US for 5 yrs., including 3 of minority. Res. MD over 1 yr.Wits: James Lovegrove and John H. Bell. O&RA to the King of UK. BC Ct. (Nat. Rcd. of Minors) 1 1827-1832 MSA C237-1 MdHR 18112 ff. 367-368 (?) Nov. 1830.
Mathews, Patrick. Great Britain. BA Ct. (Nat. Dkt.) 1 1796-1851 MSA C389-1 MdHR 18106 f. 5 #70 19 Mar. 1797.Barnes, p. 60

Mathews, Patrick. Ireland. BA Ct. (Nat. Dkt.) 1 1796-1851 MSA C389-1 MdHR 18106 f. 32 #617 23 Sept. 1805.
Matthews, Edward. England. BA Ct. (Nat. Dkt.) 1 1796-1851 MSA C389-1 MdHR 18106 f. 42 #830 1 Oct. 1813.
Matthews, James. Great Britain. BA Ct. (Nat. Dkt.) 1 1796-1851 MSA C389-1 MdHR 18106 f. 17 #345 6 Sept. 1798. Barnes, p. 63.
Matthews, Michael. Ireland. NATN. Decl. intent in US Dist. Ct. 28 Sept. 1832. Res. BC. Wits: Mary Matthews and Samuel Carns. O&RA to the King of UK. BC Ct. (Nat. Rcd. of Minors) 2 1832-1836 MSA C237-2 MdHR 18113 ff. 127-128 4 Oct. 1834.
Matthys, John. Sweden. NATN. Decl. intent in BC Ct. 26 May 1831. Wits: Charles Brown and Peter Hilditch. O&RA to the [Crown] Prince of Sweden. BC Ct. (Nat. Rcd. of Minors) 2 1832-1836 MSA C237-2 MdHR 18113 ff. 87-88 24 June 1834.
Mattley, George. England. BA Ct. (Nat. Dkt.) 1 1796-1851 MSA C389-1 MdHR 18106 f. 31 #590 19 April 1805.
Mau, John Baptist Rene. Cape Francois (Republic of France). NATN. BA Ct. (Minutes) 1792 - 1797 MSA C386-7 MdHR 5052 f. 255 22 Aug. 1796
Maul/Mave, Philip. Grand Dutchy of [Hesse-] Darmstadt. NATN. Res. BC. Decl. intent in BA Ct. 21 Sept. 1824. Wits: James Jones and John F. Fisher. O&RA to the Grand Duke of Darmstadt. BC Ct. (Nat. Rcd. of Minors) 1 1827-1832 MSA C237-1 MdHR 18112 ff.98-99 29 Sept. 1828.
Maurast/Marrast, John. Republic of France. BA Ct. (Nat. Dkt.) 1 1796-1851 MSA C389-1 MdHR 18106 f. 7 #119 June 1797. Barnes, p. 60
Mave/Maul, Philip. Grand Dutchy of [Hesse-] Darmstadt. DI. BA Ct. (Minutes) 1822-1826 MSA C386-12 MdHR 14386 f. 215 21 Sept. 1824.
Maxwell, Alexander. Ireland. NATN. Born in Co. of Down. Arrived in the US 3 yrs. prior to age 21. Decl. intent in open Ct. Wits: Adam Mungan and John Maxwell. BA Ct. (Nat. Dkt.) 1 1796-1851 MSA C389-1 MdHR 18106 f. 160 8 May 1830.
Maxwell, John Washington. DI. BA Ct. (Minutes) 1832-1838 MSA C386 MdHR 14403 ff. 64-65 24 Sept. 1833.
Maxwell, John Washington. Ireland. DI. BA Ct. (Minutes, Rough) 1832-1835 MSA C420-1 MdHR 14396-2 f. 204 24 Sept. 1833.
Maxwell, John. Ireland. NATN. Decl. intent in US Dist. Ct. 26 June 1843. Wits: John Kerr and Patrick Starrs . BA Ct. (Nat. Dkt.) 1 1796-1851 MSA C389-1 MdHR 18106 f. 231 5 Oct. 1846.
Maxwell, John. Ireland. NATN. Decl. intent in US Dist. Ct. 26 June 1843. Wits: John Kerr and Patrick Harrs (?). O&RA to the Queen of the UK. BA Ct. (Nat. Rcd.) 2 1836-1851 MSA C391-2 MdHR 18109 f. 3 5 Oct. 1846.
Maxwell, John. Ireland. NATN. Born in Co. of Down. Decl. intent in BA Ct. 23 April 1827. Wits: James Harwood and Joseph Stewart. BA Ct. (Nat. Dkt.) 1 1796-1851 MSA C389-1 MdHR 18106 f. 158 9 May 1829. Tepper, p. 418.
Maxwell, John. England. DI. . BA Ct. (Minutes) 1827-1830 MSA C386-13 MdHR 14391 f. 78 23 April 1827.
Maxwell, Marshall Tenny. Ireland. NATN. Decl. intent in open ct. Arrived in US under age 18. Wits: Mary Anne Maxwell and Catherine Nugent. BA Ct. (Nat. Dkt.) 1 1796-1851 MSA C389-1 MdHR 18106 f. 206 12 Dec. 1840.
Maxwell, Marshall Tenny. Ireland. NATN. Decl. intent in open ct. Arrived in US 3 yrs. prior to age 21. Res. US for 5 yrs., including 3 of minority. Res. MD over 1 yr. Res. BC. Wits: Catherine Nugent and Mary Anne Maxwell. O&RA to the Queen of the UK. BA Ct. (Nat. Rcd.) 2 1832-1846 MSA C391-1 MdHR 18108 f. 86 12 Dec. 1840.
Maxwell, Robert. Great Britain. BA Ct. (Nat. Dkt.) 1 1796-1851 MSA C389-1 MdHR 18106 f. 5 #83 24 Mar. 1797. Barnes, p. 60
Maxwell, Robert. Great Britain. BA Ct. (Nat. Dkt.) 1 1796-1851 MSA C389-1 MdHR 18106 f. 5. #83 24 Mar. 1797. Barnes, p. 60

Maxwell, William G. Ireland. NATN. Arrived in US 3 yrs. prior to age 21. Res. US for 5 yrs., including 3 of minority. Res. MD over 1 yr. Wits: Henry B. Fields and Philip L. Harnson. O&RA to the Queen of the UK. BC Ct. (Nat. Rcd. of Minors) 3 1845-1851 MSA C237-3 MdHR 18114-1 f. 52 28 Sept. 1847.

May, Lewis. England. NATN. Decl. intent in the Ct. of Common Pleas for York Co. (PA), 28 Nov. 1844. Wits: Charles Widener and M. Litchenburger. O&RA to the Queen of the UK. BC Ct. (Nat. Rcd.) 9 1845-1848 MSA C229-1 MdHR 18119 f. 489 5 Oct. 1847.

May, Frederick. Germany. NATN. Decl. intent in BC Ct. 2 Aug. 1843. Wits: William Heilrebrand and Henry Zolbach. O&RA to the Emperor of Germany. BA Ct. (Nat. Rcd.) 4 1846-1851 MSA C391-2 MdHR 18109 f. 232 28 Sept. 1848.

May, Frederick. Republic of Switzerland. BA Ct. (Nat. Rcd.) 1 1796-1851 MSA C389-1 MdHR 18106 f. 17 #360 11 Sept. 1798. Barnes, p. 64.

May, John. Bavaria. NATN. Decl. intent in open Ct. Arrived in US prior to age 18. Wits: Solomon May and Emanuel Weinman. BA Ct. (Nat. Rcd.) 1 1796-1851 MSA C389-1 MdHR 18106 f. 221 26 Oct. 1844.

May, John. Bavaria. NATN. Decl. intent in open Ct. Arrived in US 3 yrs. prior to age 21. Res. US for 5 yrs., including 3 of minority. Res. MD for 1 yr. Res. BC. Wits: Solomon May and Emanuel Weinman. O&RA to the King of Bavaria. BA Ct. (Nat. Rcd.) 2 1832-1846 MSA C391-1 MdHR 18108 ff. 114-115 26 Oct. 1844.

May, William. Hanover. DI. Ren. alleg. to King of Great Britain. BA Ct. (Minutes) 1832-1838 MSA C386 MdHR 14403 f. 135 7 Jan. 1835.

May, William. Hanover. DI. Ren. alleg. to King of England. BA Ct. (Minutes, Rough) 1832-1835 MSA C420-1 MdHR 14396-2 f. 304 7 Jan. 1835.

Mayer, Charles. Germany. NATN. Decl. intent in the Supreme Ct. in and for the Eastern Dist. of Pennsylvania, 30 Sept. 1845. Wits: George Peppler and Adam Benner. BA Ct. (Nat. Dkt.) 1 1796-1851 MSA C389-1 MdHR 18106 f. 355 1 Nov. 1848.

Mayer, Charles. Germany. NATN. Decl. intent in the Supreme Ct. of Pennsylvania in and for the Eastern Dist. 30 Sept. 1845. Wits: George Pepper and Adam Benner. O&RA to the Emperor of Germany. BA Ct. (Nat. Rcd.) 4 1846-1851 MSA C391-2 MdHR 18109 f. 313 1 Nov. 1848.

Mayer, Christian. Hanover. NATN. Decl. intent in US Circ. Ct. 1 Oct. 1844. Wits: George H. Brown and Ernest H. Mayer. O&RA to the King of Hanover. BA Ct. (Nat. Rcd.) 4 1846-1851 MSA C391-2 MdHR 18109 f. 128 13 Oct. 1846.

Mayer, Christian. Hanover. NATN. Decl. intent in US Circ. Ct. 1 Oct. 1844. Wits: George W. Brown and Earnest H. Mayer. BA Ct. (Nat. Dkt.) 1 1796-1851 MSA C389-1 MdHR 18106 f. 272 13 Oct. 1846.

Mayer, Frederick. Germany. DI. Profession: Tailor (1850 Census). Age: 42 (1850 Census) BA Ct. (Minutes, Rough) 1832-1835 MSA C420-1 MdHR 14396-2 f. 284 2 Oct. 1834.

Mayer, Max. Wurtemburg. DI. Res. BC. BC Ct. (Dkt&Mins) 1839 MSA C184-6 MdHR 16663 f. 12 14 Mar. 1839.

Mayer, Michael. Bavaria. NATN. Decl. intent in Ct. of Common Pleas for York Co. (PA) 7 Oct. 1844. Wits: Francis Rohliter and George Schup. O&RA to the King of Bavaria. BC Ct. (Nat. Rcd.) 9 1845-1848 MSA C229-1 MdHR 18119 f. 518 20 Sept. 1848.

Mayfield, Thomas. England. NATN. Res. BC. Res. US 14 April 1802 - 18 June 1812. Wits: Boswell (?) Noble and John Gowan. O&RA to the King of UK. BC Ct. (Nat. Rcd. of Minors) 1 1827-1832 MSA C237-1 MdHR 18112 ff. 182-183 16 Oct. 1828.

Mayger, Charles. Ireland. DI. BA Ct. (Minutes) 1822-1826 MSA C386-12 MdHR 14386 f. 213 20 Sept. 1824.

Mayger, Charles. Ireland. Report and registration. Noted as age 22. Born Co. of

Cork. Arrived in port of Boston May 1818. Res. BC. Wits: Anthony Egan and Luke Wiley. BA Ct. (Misc. Ct. Papers) MSA C1-57 MdHR 50206-755 1823 item 378 20 Sept. 1824.

Mayger, Charles. Ireland. DI. BA Ct. (Misc. Ct. Papers) MSA C1-57 MdHR 50206-755 1823 unnumbered item 20 Sept. 1824.

Mayger, Charles. Ireland. NATN. Born in Co. of Cork. Decl. intent in BA Ct. Sept. term 1824. Wits: Anthony Egan and Luke Urley. BA Ct. (Nat. Dkt.) 1 1796-1851 MSA C389-1 MdHR 18106 f. 112 12 Oct. 1826.

Mayger, Richard. England. NATN. Res. BC. Arrived in the US 3 yrs. prior to age 21. Res. US for 5 yrs., including 3 of minority. Witness: John Felix Durst. O&RA to the King of UK. BC Ct. (Nat. Rcd. of Minors) 1 1827-1832 MSA C237-1 MdHR 18112 ff. 123-124 30 Sept. 1828.

Maypole, John Jacob. Wurtemburg. NATN. Arrived in US 3 yrs. prior to age 21. Res. US for 5 yrs., including 3 of minority. Res. MD over 1 yr. Wits: Thomas Moody and William Shock. O&RA to the King of Wurtemburg. BA Ct. (Nat. Rcd. of Minors) 3 1846-1851 MSA C392-1 MdHR 18110 f. 37 5 Oct. 1847.

Maypole, John Jacob. Wurtemburg. NATN. Arrived in US under age 18. Wits: Thomas Moody and William Shock. BA Ct. (Nat. Dkt.) 1 1796-1851 MSA C389-1 MdHR 18106 f. 301 5 Oct. 1847.

Mayran, Owen. Ireland. DI. BA Ct. (Minutes, Rough) 2 1836-1844 MSA C420-2 MdHR 14398 f. 141 29 Sept. 1838.

McA'Nally, Patrick. Ireland. DI. BA Ct. (Minutes, Rough) 1832-1835 MSA C420-1 MdHR 14396-2 f. 288 16 Oct. 1834.

McAdam, Barney. Ireland. NATN. Decl. intent in US Dist. Ct. 30 Sept. 1842. Wits: James Trainer and Michael Donnelly. O&RA to the Queen of the UK. BA Ct. (Nat. Rcd.) 4 1846-1851 MSA C391-2 MdHR 18109 f. 131 13 Oct. 1846.

McAdam, Barney. Ireland. NATN. Decl. intent in US Dist. Ct. 30 Sept. 1842. Wits: James Tramer and Michael Donnelly. BA Ct. (Nat. Dkt.) 1 1796-1851 MSA C389-1 MdHR 18106 f. 273 13 Oct. 1846.

McAdam, Owen. Ireland. NATN. Decl. intent in US Dist. Ct. 19 Oct. 1849. Wits: John B. Dalton and William Casey. O&RA to the Queen of the UK. BC Ct. (Nat. Rcd.) 10 1849-1851 MSA C229-2 MdHR 18120 f. 352 30 Oct. 1851.

McAleese, Archibald. Ireland. NATN. Res. BC. Decl. intent in US Circ. Ct. 4 Oct. 1828. Wits: Peter Mullen and James Mullen. O&RA to the King of UK. BC Ct. (Nat. Rcd. of Minors) 1 1827-1832 MSA C237-1 MdHR 18112 ff. 330-331 4 Oct. 1830.

McAleese, Richard. Ireland. NATN. Res. BC. Decl. intent in BC Ct. 4 Oct. 1828. Wits: Peter Mullen and James Mullen. O&RA to the King of UK. BC Ct. (Nat. Rcd. of Minors) 1 1827-1832 MSA C237-1 MdHR 18112 ff. 329-330 4 Oct. 1830.

McAlister, Archibald. Ireland. NATN. Decl. intent in BA Ct. 8 Oct. 1830. Wits: John McAlister and James Mullen. BA Ct. (Nat. Dkt.) 1 1796-1851 MSA C389-1 MdHR 18106 f.170 14 Oct. 1832.

McAllister, Archibald. Ireland. DI. BA Ct. (Minutes) 1827-1830 MSA C386-13 MdHR 14391 f. 2 8 Oct. 1830

McAllister, Daniel. Ireland. NATN. Decl. intent in US Dist. Ct. 1 Nov. 1844. Wits: Robert McElevy and Moses Fulton. O&RA to the Queen of the UK. BC Ct. (Nat. Rcd.) 9 1845-1848 MSA C229-1 MdHR 18119 f. 456 5 Oct. 1847.

McAllister, Daniel. Ireland. NATN. Decl. intent in Montgomery Co. Ct. 2 July 1844. Wits: Charles Coyle and Thomas Grindell. O&RA to the Queen of the UK. BA Ct. (Nat. Rcd.) 4 1846-1851 MSA C391-2 MdHR 18109 f. 210 5 Oct. 1847.

McAllister, Daniel. Ireland. NATN. Decl. intent in Montgomery Co. Ct. 2 July

1844. Wits: Charles Coyle and Thomas Grewell. BA Ct. (Nat. Dkt.) 1 1796-1851 MSA C389-1 MdHR 18106 f. 312 5 Oct. 1847.
McAllister, Richard. Ireland. NATN. Res. BC. Res. US 14 April 1802 - 18 June 1812. Wits: Ephraim Smith and Thomas Carroll. O&RA to the King of UK. BC Ct. (Nat. Rcd. of Minors) 1 1827-1832 MSA C237-1 MdHR 18112 ff. 148-149 4 Oct. 1828.
McAlper, John. Ireland. BA Ct. (Nat. Dkt.) 1 1796-1851 MSA C389-1 MdHR 18106 f. 27 #509 13 April 1804. Civil Ct.
McAlvey, Alexander. Ireland. DI. BC Ct. (Dkt&Mins) 1847 MSA C184-10 MdHR 16667 f. 36 4 Oct. 1847.
McAlvey, William. Ireland. DI. BC Ct. (Dkt&Mins) 1847 MSA C184-10 MdHR 16667 f. 37 5 Oct. 1847.
McAndrew, Thomas. Ireland. DI. BA Ct. (Minutes) 1846-1851 MSA C386-16 MdHR 14405 f. 234 31 Oct. 1850.
McAndrew, Thomas. Ireland. DI. BA Ct. (Minutes, Rough) 1845-1851 MSA C420-3 MdHR 14401 f. 388 31 Oct. 1850.
McAndrew, Thomas. Ireland. DI. BA Ct. (Minutes) 1846-1851 MSA C386-17 MdHR 14405 f. 234 31 Oct. 1850.
McArdee, John. Ireland. NATN. Born in Co. of Monanaghan. Decl. intent in US Dist. Ct. Sept. 1818. Witness: Thomas McConnell. Certificate and report filed. BA Ct. (Nat. Dkt.) 1 1796-1851 MSA C389-1 MdHR 18106 f. 65 3 Oct. 1823.
McArdle, Henry. Ireland. Decl. intent in Marine Ct. of New York City 16 Aug. 1821. Wits: Patrick Gaffney and John Hopkins. Certificate and report filed. BA Ct. (Nat. Dkt.) 1 1796-1851 MSA C389-1 MdHR 18106 f. 68 20 Sept. 1824.
McAtee, Christopher. Ireland. DI. Res. BC. BC Ct. (Dkt&Mins) 1841 MSA C184-5 MdHR 16665 f. 49 31 Jan. 1842.
McAvoy, Hugh. Ireland. NATN. Res. Anne Arundel Co. Decl. intent in US Dist. Ct. 10 Sept. 1828. Wits: Charles Boyce and William Reeside. O&RA to the King of UK. BC Ct. (Nat. Rcd. of Minors) 1 1827-1832 MSA C237-1 MdHR 18112 ff. 317-318 20 Sept. 1830.
McBirney, Clalan. Ireland. NATN. Decl. intent in BC Ct. 6 Oct. 1834. Wits: Samuel Bowden and William Bowden. BA Ct. (Nat. Dkt.) 1 1796-1851 MSA C389-1 MdHR 18106 f. 184 17 Oct. 1836.
McBlair, Michael. Ireland. NATN. Res. BC. Arrived in the US 3 yrs. prior to age 21. Res. US for 5 yrs., including 3 of minority. Res. MD over 1 yr. Witness: William Ronney. O&RA to the King of UK. BC Ct. (Nat. Rcd. of Minors) 1 1827-1832 MSA C237-1 MdHR 18112 ff. 190-191 21 Oct. 1828.
McBride, James. Ireland. NATN. Decl. intent in US Circ. Ct. 25 May 186. Wits: Michael Kelley and Thomas Kelley. O&RA to the Queen of the UK. BC Ct. (Nat. Rcd.) 10 1849-1851 MSA C229-1 MdHR 18120 f. 376 3 Nov. 1851.
McBride, Patrick. Ireland. DI. BC Ct. (Dkt&Mins) 1849 MSA C184-11 MdHR 16668 f. 32 8 Jan. 1850.
McBride, William. Ireland. NATN. Decl. intent in US Circ. Ct. 30 Sept. 1844. Wits: Michael Moan and Patrick Mooney. BA Ct. (Nat. Dkt.) 1 1796-1851 MSA C389-1 MdHR 18106 f. 247 10 Oct. 1846.
McBride, William. Ireland. NATN. Decl. intent in US Circ. Ct. 30 Sept. 1844. Wits: Michael Moan and Patrick Mooney. O&RA to the Queen of the UK. BA Ct. (Nat. Rcd.) 4 1846-1851 MSA C391-2 MdHR 18109 f. 50 10 Oct. 1846.
McBurney, Claland. Ireland. NATN. Decl. intent in BC Ct. 6 Oct. 1834. Res. BC. Wits: Samuel Bowden and William Bowden. O&RA to the King of UK. BA Ct. (Nat. Rcd.) 2 1832-1846 MSA C391-1 MdHR 18108 f. 37 17 Oct. 1836.
Mccabe, Michael. Ireland. NATN. Decl. intent in US Dist. Ct. 23 Sept. 1844. Wits: Henry McGinnity and Barney McGinnity. O&RA to the Queen of the UK. BC Ct. (Nat. Rcd.) 9 1845-1848 MSA C229-1 MdHR 18119 f. 336 4 Oct. 1847.
McCabe, Hugh. Ireland. NATN. Born in Dublin. Decl. intent US Dist. Ct. .

Certificate and report and registration filed. Witness: William Murray. BA Ct. (Nat. Dkt.) 1 1796-1851 MSA C389-1 MdHR 18106 f. 50 29 Sept. 1821.
McCabe, John. Ireland. NATN. Decl. intent in Somerset Co. Ct. 28 June 1844. Wits: Felix McGinnity and J. John McCullough. O&RA to the Queen of the UK. BC Ct. (Nat. Rcd.) 9 1845-1848 MSA C229-1 MdHR 18119 f.43 16 Sept. 1846.
McCabe, Peter. Ireland. NATN. Decl. intent in BC Ct. 3 Oct. 1834. Res. BC. Wits: James Fields and John Ragan. O&RA to the King of UK. BC Ct. (Nat. Rcd. of Minors) 2 1832-1836 MSA C237-2 MdHR 18113 ff. 222-223 3 Oct. 1836.
McCadden, John. Ireland. NATN. Born in Co. of Donegal. Decl. intent in BA Ct. 25 Sept. 1827. Wits: William Kilpatrick and James Kieman. BA Ct. (Nat. Dkt.) 1 1796-1851 MSA C389-1 MdHR 18106 f. 158 2 Oct. 1829.
McCaddon, John. Ireland. DI. BA Ct. (Minutes) 1827-1830 MSA C386-13 MdHR 14391 f. 77 25 Sept. 1827.
McCaffrey, Arthur. Ireland. DI. BA Ct. (Minutes) 1832-1838 MSA C386 MdHR 14403 f. 18 12 Nov. 1832.
McCaffrey, Arthur. Ireland. DI. BA Ct. (Minutes, Rough) 1832-1835 MSA C420-1 MdHR 14396-2 f. 142 10 Nov. 1832.
McCaffrey, Felix. Ireland. Report and registration. Noted as age 38. Born in Co. of Tyrone. Arrived in BC July 1819. Res. BC. BA Ct. (Misc. Ct. Papers) MSA C1-57 MdHR 50206-757 1823 item 382 20 Sept. 1824.
McCaffrey, Felix. Ireland. DI. BA Ct. (Minutes) 1822-1826 MSA C386-12 MdHR 14386 f. 213 20 Sept. 1824.
McCaffrey, Felix. Ireland. NATN. Born in Co. of Tyrone. Decl. intent in BA Ct. Sept. term 1824. Wits: Francis Kean and John Donnelly. BA Ct. (Nat. Dkt.) 1 1796-1851 MSA C389-1 MdHR 18106 f. 112 19 Oct. 1826.
McCaffrey, Felix. Ireland. DI. Wits: Francis Kean and John Donnelly. BA Ct. (Misc. Ct. Papers) MSA C1-57 MdHR 50206-757 1823 unnumbered item 20 Sept. 1824.
McCaffrey, James. Ireland. DI. BA Ct. (Minutes) 1822-1826 MSA C386-12 MdHR 14386 f. 17 16 Sept. 1822.
McCaffrey, Patrick. Ireland. NATN. Decl. intent in Ct. of Common Pleas, Franklin Co. PA 10 Nov. 1832. Res. BC. Wits: Peter Cosgrove and Francis Boyd. O&RA to the King of UK. BC Ct. (Nat. Rcd. of Minors) 2 1832-1836 MSA C237-2 MdHR 18113 f. 123 3 Oct. 1834.
McCalgan, Edward. Ireland. NATN. Decl. intent in US Circ. Ct. 26 Dec. 1848. Wits: T. Parkin Scott and John McKeen. BA Ct. (Nat. Dkt.) 1 1796-1851 MSA C389-1 MdHR 18106 f. 381 12 Sept. 1851.
McCall, Hugh. Ireland. NATN. Decl. intent in the Ct. of General Quarter Sessions for the City and Co. of Philadelphia 4 April 1844. Wits: Thomas Leonard and Owen McDonald. BA Ct. (Nat. Dkt.) 1 1796-1851 MSA C389-1 MdHR 18106 f. 293 13 Oct. 1846.
McCall, Hugh. Ireland. NATN. Decl. intent in the Ct. of General Quarter Sessions for the City and Co. of Philadelphia 4 April 1844. Wits: Thomas Leonard and Owen McDonald. O&RA to the Queen of the UK. BA Ct. (Nat. Rcd.) 4 1846-1851 MSA C391-2 MdHR 18109 f. 176 13 Oct. 1846.
McCall, Patrick. Ireland. NATN. Decl. intent in US Dist. Ct. 5 Aug. 1848. Wits: Hugh McCall and Thomas Kelly. O&RA to the Queen of the UK. BC Ct. (Nat. Rcd.) 10 1849-1851 MSA C229-2 MdHR 18120 f. 353 30 Oct. 1851.
McCall, Patrick. Ireland. NATN. Decl. intent in US Dist. Ct. 1 Oct. 1830. Res. BC. Wits: Abraham Seyvier and Daniel Lynch. O&RA to the King of UK. BC Ct. (Nat. Rcd. of Minors) 2 1832-1836 MSA C237-2 MdHR 18113 ff. 37-38 2 Oct. 1832.
McCann, Hugh. Ireland. DI. BA Ct. (Minutes) 1822-1826 MSA C386-12 MdHR 14386 f. 223 2 Oct. 1824.
McCann, James. Ireland. BA Ct. (Nat. Dkt.) 1 1796-1851 MSA C389-1 MdHR 18106 f. 21 #420 17 Dec. 1802. Barnes, p. 65.

McCann, Mary. Ireland. NATN. Born in Cork. Arrived in the US as a minor. Decl. intent in open Ct. Wits: Richard Cunningham and James Waddell. BA Ct. (Nat. Dkt.) 1 1796-1851 MSA C389-1 MdHR 18106 f. 138 27 Sept. 1828.
McCann, Michael. Ireland. DI. BC Ct. (Dkt&Mins) 1839 MSA C184-6 MdHR 16663 f. 33 4 Sept. 1839.
McCanna, Thomas. Ireland. NATN. Decl. intent in US Circ. Ct. 3 June 1843. Wits: William Winchester and F.R. Lovegrove. O&RA to the Queen of the UK. BC Ct. (Nat. Rcd.) 9 1845-1848 MSA C229-1 MdHR 18119 f. 527 25 Sept. 1848.
McCarron, Barnabus. Ireland. NATN. Born in Co. of Tyrone. Decl. intent Ct. of Common Pleas for Washington Co. (PA) Sept. term 1820. Wits: Bernard McCafrey and James Kienan. BA Ct. (Nat. Dkt.) 1 1796-1851 MSA C389-1 MdHR 18106 f. 135 16 Sept. 1828.
McCarron, Patrick. Ireland. NATN. Decl. intent in US Dist. Ct. 4 Oct. 1844. Wits: Thomas Quinn and Patrick McClaskey. BA Ct. (Nat. Dkt.) 1 1796-1851 MSA C389-1 MdHR 18106 f. 312 5 Oct. 1847.
McCarron, Patrick. Ireland. NATN. Decl. intent in US Dist. Ct. 4 Oct. 1840. Wits: Thomas Quinn and Patrick McClaskey. O&RA to the Queen of the UK. BA Ct. (Nat. Rcd.) 4 1846-1851 MSA C391-2 MdHR 18109 f. 210 5 Oct. 1847.
McCarthy, Charles. Ireland. NATN. Decl. intent in BC Ct. 17 Feb. 1834. Res. BC. Wits: John McColgan and Samuel Lucas. O&RA to the King of UK. BC Ct. (Nat. Rcd. of Minors) 2 1832-1836 MSA C237-2 MdHR 18113 ff. 198-199 30 Sept. 1836.
McCarthy, Redmond. Ireland. NATN. Decl. intent in BC Ct. 3 Sept. 1845. Wits: James Mullen and William Cashman. O&RA to the Queen of the UK. BA Ct. (Nat. Rcd.) 4 1846-1851 MSA C391-2 MdHR 18109 f. 235 29 Sept. 1848.
McCartney, Nicholas. Ireland. BA Ct. (Nat. Dkt.) 1 1796-1851 MSA C389-1 MdHR 18106 f. 39 #765 18 April 1810.
McCarty, Redmond. Ireland. NATN. Decl. intent in BC Ct. 3 Sept. 1845. Wits: James Mullen, Jr. and William Cashman. BA Ct. (Nat. Dkt.) 1 1796-1851 MSA C389-1 MdHR 18106 f. 322 29 Sept. 1848.
McCaul, Laurence. Ireland. NATN. Decl. intent in Philadelphia City Ct. 15 July 1844. Wits: Joseph Sharp and Hugh McCaul. O&RA to the Queen of the UK. BC Ct. (Nat. Rcd.) 9 1845-1848 MSA C229-1 MdHR 18119 f. 487 5 Oct. 1847.
McCauley, Benard. Ireland. DI. BA Ct. (Minutes) 1827-1830 MSA C386-13 MdHR 14391 f. 339 13 Oct. 1830.
McCauly, Alexander. Ireland. BA Ct. (Nat. Dkt.) 1 1796-1851 MSA C389-1 MdHR 18106 f. 21 #432 31 Dec. 1802. Barnes, p. 65.
McCaun, William. Ireland. DI. BA Ct. (Minutes) 1827-1830 MSA C386-13 MdHR 14391 f. 160 7 Nov. 1828.
McCawley, Robert. Ireland. DI. BA Ct. (Minutes, Rough) 1832-1836 MSA C420-1 MdHR 14396-2 f. 164 5 Feb. 1833.
McClain, Charles. Ireland. DI. Res. BC. BC Ct. of O&T&GD (Dkt&Mins) 1812 MSA C183-7 MdHR 16655 f. 10 6 Feb. 1812.
McClain, Laughlan. Scotland. DI. BA Ct. (Minutes) 1827-1830 MSA C386-13 MdHR 14391 f. 339 14 Oct. 1830.
McClary, William. Ireland. BA Ct. (Nat. Dkt.) 1 1796-1851 MSA C389-1 MdHR 18106 f. 17 #351 7 Sept. 1798. Barnes, p. 63.
McClatchy, John. Ireland. NATN. Res. BC. Arrived in the US 3 yrs. prior to age 21. Res. US for 5 yrs., including 3 of minority. Res. MD over 1 yr. Witness: James Davidson. O&RA to the King of UK. BC Ct. (Nat. Rcd. of Minors) 1 1827-1832 MSA C237-1 MdHR 18112 f. 316-317 20 Sept. 1830.
McClatcky, Jane. Ireland. NATN. Arrived in US 3 yrs. prior to age 21. Res. US for 5 yrs., including 3 of minority. Res. MD over 1 yr. Wits: Thomas Dunlap and Richard Robinson. O&RA to the Queen of the UK. BC Ct. (Nat. Rcd. of Minors) 3 1845-1851 MSA C237-3 MdHR 18114-1 f. 228 9 Sept. 1850.
McClean, Charles. Ireland. NATN. Born in Co. of Down. Decl. intent in BC

Criminal Ct. 17 June 1822. Wits: Beale Israel and Samuel McClean. BA Ct. (Nat. Dkt.) 1 1796-1851 MSA C389-1 MdHR 18106 f. 93 23 Sept. 1825.
McClean, Timothy. Ireland. DI. BA Ct. (Minutes) 1832-1838 MSA C386 MdHR 14403 f. 76 25 Nov. 1833.
McClean, Timothy. Ireland. DI. BA Ct. (Minutes, Rough) 1832-1835 MSA C420-1 MdHR 14396-2 f. 222 25 Nov. 1833.
McClean, William. Ireland. NATN. Arrived in US as a minor. Wits: Joseph McKeldin and David Monsarat. Report filed. BA Ct. (Nat. Dkt.) 1 1796-1851 MSA C389-1 MdHR 18106 f. 82 1 Oct. 1824.
McCleese, Richard. Ireland. DI. BC Ct. (Dkt&Mins) 1828 MSA C184-4 MdHR 16661 f. 42 4 Oct. 1828.
McCleester, John. Ireland. NATN. Exhibits petition for naturalization. Arrived in the US as a minor. Res. US for 5 yrs., including 3 of minority. Res. BC. Witness: Nathan G. Bryson. O&RA to the King of UK. BC Ct. (Nat. Rcd. of Minors) 1 1827-1832 MSA C237-1 MdHR 18112 ff. 35-36 4 Oct. 1827.
McClein, Moses. Hanseatic Government. NATN. Born in City of Amsterdam. Decl. intent in BA Ct. 23 Sept. 1826. Wits: John Pindell and Isaac Cooper. BA Ct. (Nat. Dkt.) 1 1796-1851 MSA C389-1 MdHR 18106 f. 159 16 Oct. 1829.
McClellan, Henry. Ireland. DI. BA Ct. (Minutes) 1827-1830 MSA C386-13 MdHR 14391 f. 160 5 Nov. 1828.
McClelland, Robert. Ireland. DI. BA Ct. (Minutes) 1832-1838 MSA C386 MdHR 14403 ff. 11-12 22 Oct. 1832.
McClelland, Robert. Ireland. DI. BA Ct. (Minutes, Rough) 1832-1835 MSA C420-1 MdHR 14396-2 f 134 22 Oct. 1832.
McClintock, Andrew. Ireland. NATN. Decl. intent in BC Ct. 4 Oct. 1844. Wits: Robert Mills and George Suiger. BA Ct. (Nat. Dkt.) 1 1796-1851 MSA C389-1 MdHR 18106 f. 231 5 Oct. 1846.
McClintock, Andrew. Ireland. NATN. Decl. intent in BC Ct. 4 Oct. 1844. Wits: Robert Mills and George Linger. O&RA to the Queen of the UK. BA Ct. (Nat. Rcd.) 2 1846-1851 MSA C391-2 MdHR 18109 f. 4 5 Oct. 1846.
McClogan, Edward. Ireland. NATN. Decl. intent in US Circ. Ct. 26 Dec. 1848. Wits: T. Parkin Scott and John McKlein. O&RA to the Queen of the UK. BA Ct. (Nat. Rcd.) 4 1846-1851 MSA C391-2 MdHR 18109 f. 366 12 Sept. 1851
McClosker, Daniel. Ireland. DI. BA Ct. (Minutes, Rough) 1832-1835 MSA C420-1 MdHR 14396-2 f. 285 3 Oct. 1834.
McCluney, Thomas. Ireland. NATN. Decl. intent in BC Ct. 14 Oct. 1842. Res. BC. Wits: James Waddle and Asbury Danaker. O&RA to the Queen of the UK. BA Ct. (Nat. Rcd.) 2 1832-1846 MSA C391-1 MdHR 18108 f. 111 11 Oct. 1844.
McClure, Edward. Ireland. NATN. Decl. intent in US Circ. Ct. for the 4th Dist. 5 Dec. 1807. BA Ct. (Nat. Dkt.) 1 1796-1851 MSA C389-1 MdHR 18106 f. 41 #810 1 April 1812.
McClure, Robert. Great Britain. DI, filed in Marine Ct. of the City of New York. Noted as age 25. Born on Isle of Man. Emigrated from Liverpool. Res. New York City. Profession: Mariner. BA Ct. (Misc. Ct. Papers) MSA C1-55 MdHR 50206-732 1822 item 366 16 Feb. 1822.
McClure, Robert. England. Born on Isle of Man. Decl. intent in Marine Ct. of New York City. 14 Feb. 1822. Wits: John Hutson and John Frazier. BA Ct. (Nat. Dkt.) 1 1796-1851 MSA C389-1 MdHR 18106 f. 97 10 Nov. 1825.
McCluskey, Thomas. Ireland. NATN. Decl. intent in BC Ct. 14 Oct. 1842. Wits: James Waddle and Asbury Dansher. BA Ct. (Nat. Dkt.) 1 1796-1851 MSA C389-1 MdHR 18106 f. 220 19 Oct. 1844.
McClusky, James. Ireland. NATN. Decl. intent in BC Ct. 14 June 1843. Wits: Edward Woods and Patrick Woods. O&RA to the Queen of the UK. BC Ct. (Nat. Rcd.) 9 1845-1848 MSA C229-1 MdHR 18119 f. 433 4 Oct. 1847.
McClustser, Henry. Ireland. BA Ct. (Nat. Dkt.) 1 1796-1851 MSA C389-1 MdHR 18106 f. 32 #629 30 Nov. 1805.

McCobb, William. Ireland. NATN. Decl. intent in US Dist. Ct. 16 Dec. 1834. Res. BC. Wits: Francis Gardener and James Fields. O&RA to the King of UK. BC Ct. (Nat. Rcd. of Minors) 2 1832-1836 MSA C237-3 MdHR 18113 ff. 214-215 3 Oct. 1836.

McColgan, Ann. Ireland. NATN. Arrived in US 3 yrs. prior to age 21. Res. US for 5 yrs., including 3 of minority. Res. MD over 1 yr. Wits: Agnes V. Brady and Agnes A. Brady. O&RA to the Queen of the UK. BC Ct. (Nat. Rcd. of Minors) 3 1845-1851 MSA C237-3 MdHR 18114-1 f. 103 12 June 1848.

McCollam Robert. Ireland. DI. BA Ct. (Minutes) 1822-1826 MSA C386-12 MdHR 14386 f. 217 22 Sept. 1824.

McCollan, Miles. Ireland. NATN. Decl. intent in BC Ct. 2 Oct. 1840. Wits: William Goff and Miles McBride. BA Ct. (Nat. Dkt.) 1 1796-1851 MSA C389-1 MdHR 18106 f. 224 2 Nov. 1844.

McCollan, Miles. Ireland. NATN. Decl. intent in BC Ct. 2 Oct. 1840. Res. BC. Wits: William Goff and Miles McBride. O&RA to the Queen of the UK. BA Ct. (Nat. Rcd.) 2 1832-1846 MSA C391-1 MdHR 18108 f. 119 2 Nov. 1844.

McCollan, Miles. Ireland. DI. BC Ct. (Dkt&Mins) 1840 MSA C184-7 MdHR 16664 f. 37 2 Oct. 1840.

McCollan, Robert. Ireland. Report and registration. Noted as age 25. Born in Co. of Antrim. Arrived in BC Aug. 1818. Res. BC. Wits: Robert Howard and Joseph Johnson. BA Ct. (Misc. Ct. Papers) MSA C1-57 MdHR 50206-757 1823 item 383 23 Sept. 1824.

McCollan, Robert. Ireland. DI. BA Ct. (Misc. Ct. Papers) MSA C1-57 MdHR 50206-757 1823 unnumbered item 22 Sept. 1824.

McConn, John. Ireland. NATN. Decl. intent in BC Ct. 11 Feb. 1834. Res. BC. Wits: Felix Denvier and Andrew Forysthe. O&RA to the King of UK. BC Ct. (Nat. Rcd. of Minors) 2 1832-1836 MSA C237-2 MdHR 18113 f. 187 20 Aug. 1836.

McConn, Patrick. Ireland. NATN. Decl. intent in US Dist. Ct. 4 Oct. 1822. Res. BC. Wits: John Nixon and Felix McCaffrey. O&RA to the King of UK. BC Ct. (Nat. Rcd. of Minors) 2 1832-1836 MSA C237-2 MdHR 18113 ff. 126-127 4 Oct. 1834.

McConn, Richard M. Ireland. NATN. Decl. intent in US Circ. Ct. 29 Sept. 1832. Res. BC. Wits: John W. Walker and William Barnet. O&RA to the King of UK. BC Ct. (Nat. Rcd. of Minors) 2 1832-1836 MSA C237-2 MdHR 18113 ff. 128-129 4 Oct. 1834.

McConnell, Robert. Scotland. BA Ct. (Nat. Dkt.) 1 1796-1851 MSA C389-1 MdHR 18106 f. 36 #697 2 April 1808.

McConvey, Henry. Ireland. NATN. Arrived in US 3 yrs. prior to age 21. Res. US for 5 yrs., including 3 of minority. Res. MD over 1 yr. Wits: Patrick J. Torney and John P. Dunn. O&RA to the Queen of the UK. BC Ct. (Nat. Rcd. of Minors) 3 1845-1851 MSA C237-3 MdHR 18114-1 f. 225 24 May 1850.

McCorker, Daniel. Ireland. DI. BA Ct. (Minutes) 1832-1838 MSA C386 MdHR 14403 f. 121 3 Oct. 1834.

McCormick, Alexander. Ireland. NATN. Decl. intent in BC Ct. 28 Sept. 1844. Wits: William Oliver and John Neal. BA Ct. (Nat. Dkt.) 1 1796-1851 MSA C389-1 MdHR 18106 f. 255 13 Oct. 1846.

McCormick, Alexander. Ireland. NATN. Decl. intent in BC Ct. 28 Sept. 1844. Wits: William Oliver and John Neal. O&RA to the Queen of the UK. BA Ct. (Nat. Rcd.) 4 1846-1851 MSA C391-2 MdHR 18109 f. 74 13 Oct. 1846.

McCormick, Andrew. Ireland. NATN. Decl. intent in US Dist. Ct. 13 Nov. 1844. Wits: Lawrence Maltheus and William Giff. O&RA to the Queen of the UK. BC Ct. (Nat. Rcd.) 9 1845-1848 MSA C229-1 MdHR 18119 f. 149 5 Oct. 1846.

McCormick, Henry. Ireland. DI. BA Ct. (Minutes, Rough) 1832-1835 MSA C420-1 MdHR 14396-2 f. 280 22 Sept. 1834.

McCormick, Henry. Ireland. NATN. Decl. intent in BA Ct. 22 Sept. 1834. Res.

BC. Wits: William Dell and James Sargent. O&RA to the King of UK. BC Ct. (Nat. Rcd. of Minors) 2 1832-1836 MSA C237-2 MdHR 18113 ff. 197-198 29 Sept. 1836.
McCormick, James. Great Britain. BA Ct. (Nat. Dkt.) 1 1796 - 1851 MSA C389-1 MdHR 18106 f. 4 #52 11 Jan. 1797. Barnes, p. 59
McCormick, James. Great Britain. NATN. BA Ct. (Minutes) 1792- 1797 MSA C386-7 MdHR 5052 f. 264 25 Nov. 1796
McCormick, James. Great Britain. BA Ct. (Nat. Dkt.) 1 1796 - 1851 MSA C389-1 MdHR 18106 f. 3 #36 25 Nov. 1796. Barnes, p. 59.
McCormick, James. Ireland. NATN. Decl. intent in open ct. Arrived in US 3 yrs. prior to age 21. Res. US for 5 yrs., including 3 of minority. Res. MD over 1 yr. Res. BC. Wits: Patrick McLainey and Joseph McCann. O&RA to the King of UK. BA Ct. (Nat. Rcd. of Minors) 2 1832-1836 MSA C237-2 MdHR 18113 ff. 78-79 7 Jan. 1834.
McCormick, John. Ireland. NATN. Decl. intent in BC Ct. 28 Sept. 1844. Wits: William Oliver and John Neal. O&RA to the Queen of the UK. BA Ct. (Nat. Rcd.) 4 1846-1851 MSA C391-2 MdHR 18109 f. 75 13 Oct. 1846.
McCormick, John. Ireland. NATN. Decl. intent in BC Ct. 28 Sept. 1844. Wits: William Oliver and John Neal. BA Ct. (Nat. Dkt.) 1 1796-1851 MSA C389-1 MdHR 18106 f. 255 13 Oct. 1846.
McCormick, John. Ireland. NATN. Res. BC. Decl. intent in US Circ. Ct. 29 Dec. 1827. Wits: Patrick McDonald and John Hogan. O&RA to the King of UK. BC Ct. (Nat. Rcd. of Minors) 1 1827-1832 MSA C237-1 MdHR 18112 ff. 346-347 4 Oct. 1830.
McCormick/McCormack, Duncan. Scotland. NATN. Born in Argyleshire. Decl. intent in US Circ. Ct. 14 Dec. 1818. Wits: William A. Speck and John Boyd. Certificate and report filed. BA Ct. (Nat. Dkt.) 1 1796-1851 MSA C389-1 MdHR 18106 f. 74 23 Sept. 1824.
McCormick, Patrick. Ireland. NATN. Decl. intent in US Circ. Ct. 7 Sept. 1847. Wits: John Mullan and Daniel McCoy. O&RA to the Queen of the UK. BA Ct. (Nat. Rcd.) 4 1846-1851 MSA C391-2 MdHR 18109 f. 348 2 Oct. 1849.
McCormick, Patrick. Ireland. NATN. Decl. intent in US Circ. Ct. 7 Sept. 1847. Wits: John Mullen and Daniel McCoy. BA Ct. (Nat. Dkt.) 1 1796-1851 MSA C389-1 MdHR 18106 f. 372 2 Oct. 1849.
McCormick, Patrick. Ireland. NATN. Decl. intent in Frederick Co. Ct. 22 Jan. 1833. Res. BC. Wits: William Flannagan and Robert Moore. O&RA to the Queen of the UK. BA Ct. (Nat. Rcd.) 2 1832-1846 MSA C391-1 MdHR 18108 f. 41 20 Sept. 1837.
McCormick, Patrick. Ireland. NATN. Decl. intent in Frederick Co. Ct. 22 Jan. 1833. Wits: William Flannagain and Robert Moore. BA Ct. (Nat. Dkt.) 1 1796-1851 MSA C389-1 MdHR 18106 f. 186 30 Sept. 1837.
McCormick, William. Ireland. NATN. Decl. intent in BC Ct. 3 Oct. 1844. Wits: John McMahon and James Twaddle. O&RA to the Queen of the UK. BC Ct. (Nat. Rcd.) 9 1845-1848 MSA C229-1 MdHR 18119 f. 204 10 Oct. 1846.
McCormick, William. Ireland. BA Ct. (Nat. Dkt.) 1 1796-1851 MSA C389-1 MdHR 18106 f. 22 #434 1 Jan. 1803. Barnes,p. 65.
McCt., John. Ireland. DI. BA Ct. (Minutes) 1827-1830 MSA C386-13 MdHR 14391 f. 77 25 Sept. 1827.
McCt., John. Ireland. NATN. Born in Co. of Farmanaugh. Decl. intent in BA Ct. 25 Sept. 1827. Wits: John Hogan and James McCt.nay. BA Ct. (Nat. Dkt.) 1 1796-1851 MSA C389-1 MdHR 18106 f. 162 1 Oct. 1830.
McCoy, Hugh. Ireland. NATN. Decl. intent in US Circ. Ct. 30 Aug. 1844. Wits: Robert Kerr and James Fields. O&RA to the Queen of the UK. BA Ct. (Nat. Rcd.) 4 1846-1851 MSA C391-2 MdHR 18109 f. 296 28 Oct. 1848.
McCoy, Hugh. Ireland. NATN. Decl. intent in US Circ. Ct. 30 Aug. 1844. Wits: Robert Kerr and James Fields. BA Ct. (Nat. Dkt.) 1 1796-1851 MSA C389-1 MdHR

18106 f. 348 28 Oct. 1848.

McCoy, James. Ireland. NATN. Decl. intent in US Circ. Ct. 30 Aug. 1844. Wits: Robert Kerr and James Fields. BA Ct. (Nat. Dkt.) 1 1796-1851 MSA C389-1 MdHR 18106 f. 349 28 Oct. 1848.

McCoy, James. Ireland. NATN. Decl. intent in US Circ. Ct. 30 Aug. 1844. Wits: Robert Kerr and James Fields. O&RA to the Queen of the UK. BA Ct. (Nat. Rcd.) 4 1846-1851 MSA C391-2 MdHR 18109 f. 296 28 Oct. 1848.

McCracklin, Robert. Ireland. NATN. Arrived in US 3 yrs. prior to age 21. Res. US for 5 yrs., including 3 of minority. Wits: John Lancaster, R. Hammet and James Lawson. O&RA to the Queen of the UK. BC Ct. (Nat. Rcd. of Minors) 3 1845-1851 MSA C237-3 MdHR 18114-1 f. 121 3 Oct. 1848.

McCraken, Alexander. Ireland. DI. BA Ct. (Minutes, Rough) 1836-1844 MSA C420-2 MdHR 14398 f. 45 8 Nov. 1836.

McCready, Charles. Ireland. NATN. Res. US 14 April 1802 - 18 June 1812. Wits: John McGee and William McKenzie. O&RA to the King of UK. BC Ct. (Nat. Rcd. of Minors) 1 1827-1832 MSA C237-1 MdHR 18112 f. 80 20 Sept. 1828.

McCready, Francis. Ireland. NATN. Born in Co. of Donegal. Decl. intent in Queen Anne's Co. Ct. 24 Oct. 1817. Wits: John McGee and Walter Thomas Ker. Certificate filed. BA Ct. (Nat. Dkt.) 1 1796-1851 MSA C389-1 MdHR 18106 f. 61 4 Oct. 1822.

McCready, George. Scotland. DI. BA Ct. (Minutes) 1846-1851 MSA C386-16 MdHR 14405 f. 128 5 Oct. 1848.

McCready, George. Scotland. DI. BA Ct. (Minutes) 1846-1851 MSA C386-17 MdHR 14405 f. 128 5 Oct. 1848.

McCreeny, James. Ireland. NATN. Decl. intent in BA Ct. 10 May 1849. Wits: John McEldowney and Robert Fullerton. O&RA to the Queen of the UK. BA Ct. (Nat. Rcd.) 4 1846-1851 MSA C391-2 MdHR 18109 f. 365 20 May 1851.

McCreery, James. Ireland. DI. BA Ct. (Minutes) 1846-1851 MSA C386-17 MdHR 14405 f. 163 10 May 1849.

McCreery, James. Ireland. DI. BA Ct. (Minutes, Rough) 1845-1851 MSA C420-3 MdHR 14401 f. 298 10 May 1849.

McCreery, James. Ireland. NATN. Decl. intent in BA Ct. 10 May 1849. Wits: James McEldowney and Robert Fullerton. BA Ct. (Nat. Dkt.) 1 1796-1851 MSA C389-1 MdHR 18106 f. 380 20 May 1851

McCreery, James. Ireland. DI. BA Ct. (Minutes) 1846-1851 MSA C386-16 MdHR 14405 f. 163 10 May 1849.

McCron (?)/McCrone, John. Scotland. DI. BA Ct. (Minutes) 1827-1830 MSA C386-13 MdHR 14391 f. 162 15 Sept. 1828. See also Scots, p. 90. Profession given as iron-manufacturer.

McCron, John. Scotland. NATN. Decl. intent in BA Ct. 15 Oct. 1828. Res. BC. Wits: Evan Ellicott and Philip T. Ellicott. O&RA to the King of UK. BC Ct. (Nat. Rcd. of Minors) 2 1832-1836 MSA C237-2 MdHR 18113 f. 38 5 Oct. 1832. See also Scots, p. 90, "McCrone, John".

McCulloh, John. Ireland. DI. BA Ct. (Minutes) 1827-1830 MSA C386-13 MdHR 14391 f. 161 15 Sept. 1828.

McCullough, Hugh. Ireland. DI. BA Ct. (Minutes) 1822-1826 MSA C386-12 MdHR 14386 f. 436 20 Sept. 1826.

McCullungh, Charles. Ireland. NATN. Decl. intent in US Dist. Ct. 18 Aug. 1840. Wits: Thomas Clark and James Clark. O&RA to the Queen of the UK. BC Ct. (Nat. Rcd.) 9 1845-1848 MSA C229-1 MdHR 18119 f. 37 25 May 1846.

McCurdy, James. Ireland. DI. Res. BC. BC Ct. (Dkt&Mins) 1841 MSA C184-8 MdHR 16665 f. 30 1 Oct. 1841.

McDavett, Cornelius. Ireland. NATN. Arrived in US under age 18. Wits: Lewis Einslein and Charles Coleman. BA Ct. (Nat. Dkt.) 1 1796-1851 MSA C389-1 MdHR 18106 f. 290 13 Oct. 1846.

McDavitt, Cornelius. Ireland. NATN. Arrived in US 3 yrs. prior to age 21. Res. US for 5 yrs., including 3 of minority. Res. MD over 1 yr. Wits: Lewis

Einslein and Charles Coleman. O&RA to the Queen of the UK. BA Ct. (Nat. Rcd. of Minors) 3 1846-1851 MSA C392-1 MdHR 18110 f. 18 13 Oct. 1846.

McDermott, Henry. England. BA Ct. (Nat. Dkt.) 1 1796-1851 MSA C389-1 MdHR 18106 f. 15 #316 14 April 1798. Barnes, p. 63.

McDermott, Jane. Ireland. NATN. Arrived in US 3 yrs. prior to age 21. Res. US for 5 yrs., including 3 of minority. Res. MD over 1 yr. Wits: Patrick Smith and John Colton/Coulton. O&RA to the Queen of the UK. BA Ct. (Nat. Rcd. of Minors) 3 1848-1851 MSA C392-1 MdHR 18110 f. 81 13 Nov. 1849; duplicate entry filed f. 88 of this record.

McDermott, Jane. Ireland. NATN. Arrived in US under age 18. Wits: Patrick Smith and John Colton. BA Ct. (Nat. Dkt.) 1 1796-1851 MSA C389-1 MdHR 18106 f. 364 13 Nov. 1849.

McDermott, Jane. Ireland. NATN. Arrived in US under age 18. Wits: Patrick Smith and John Coulton. BA Ct. (Nat. Dkt.) 1 1796-1851 MSA C389-1 MdHR 18106 f. 367 13 Nov. 1849.

McDermott, John. Ireland. NATN. Born in Belfast. Arrived in the US 3 yrs. prior to age 18. Decl. intent in open Ct. Wits: James Laurbie and Robert Blunt. BA Ct. (Nat. Dkt.) 1 1796-1851 MSA C389-1 MdHR 18106 f. 150 6 Nov. 1828.

McDermott, Mary. Ireland. NATN. Decl. intent in open Ct. Arrived prior to age 18. Wits: Batholomew Carrigan and William F. Frick. BA Ct. (Nat. Dkt.) 1 1796-1851 MSA C389-1 MdHR 18106 f. 215 2 May 1843.

McDermott, Mary. Ireland. NATN. Decl. intent in open Ct. Arrived in US 3 yrs. prior to age 21. Res. US for 5 yrs., including 3 of minority. Res. MD for 1 yr. Res. BC. Wits: Bartholmew Carrigan and William F. Frick. O&RA to the Queen of the UK. BA Ct. (Nat. Rcd.) 2 1832-1846 MSA C391-1 MdHR 18108 ff. 102-103 2 May 1843.

McDermott, Thomas. England. BA Ct. (Nat. Dkt.) 1 1796-1851 MSA C389-1 MdHR 18106 f. 18 #379 8 Nov. 1798. Barnes, p. 64.

McDevitt, John. Ireland. NATN. Res. BC. Res. US 14 April 1802 - 18 June 1812. Wits: John Anderson and Patrick Riley. O&RA to the King of UK. BC Ct. (Nat. Rcd. of Minors) 1 1827-1832 MSA C237-1 MdHR 18112 ff. 135-136 2 Oct. 1828.

McDonald, David. Scotland. NATN. Decl. intent in open ct. Arrived in US 3 yrs. prior to age 21. Wits: John T. Thomas and Henry Harrod. BA Ct. (Nat. Dkt.) 1 1796-1851 MSA C389-1 MdHR 18106 f. 176 4 April 1834.

McDonald, David. Scotland. NATN. Decl. intent in open ct. Arrived in US 3 yrs. prior to age 21. Res. US for 5 yrs., including 3 of minority. Res. MD over 1 yr. Res. BC. Wits: John T. Thomas and Henry Harrod. O&RA to the King of UK. BA Ct. (Nat. Rcd.) 2 1832-1846 MSA C391-1 MdHR 18108 f. 16 4

McDonald, Domminck. Scotland. NATN. Decl. intent in BC Ct. 20 Dec. 1830. Res. BC. Wits: Benjamin Jennings and Edwin Sturr. O&RA to the King of UK. BC Ct. (Nat. Rcd. of Minors) 2 1832-1836 MSA C237-2 MdHR 18113 ff. 57-58 9 Jan. 1833.

McDonald, Domminick. Scotland. DI. Res. BC. BC Ct. (Dkt&Mins) 1830 MSA C184-5 MdHR 16662 f. 57 20 Dec. 1830.

McDonald, James. Ireland. NATN. Arrived in US 3 yrs. prior to age 21. Res. US for 5 yrs., including 3 of minority. Res. MD over 1 yr. Wits: J. Thompson Laws and Louis Servary. O&RA to the Queen of the UK. BC Ct. (Nat. Rcd. of Minors) 3 1845-1851 MSA C237-3 MdHR 18114-1 f. 105 28 Sept. 1848.

McDonald, James. Ireland. Res. 1798 - 1802. BA Ct. (Nat. Dkt.) 1796-1851 MSA C389-1 MdHR 18106 f. 50 29 Sept. 1821.

McDonald, James. Ireland. Res. 1798 - 1802. BA Ct. (Nat. Dkt.) 1 1796-1851 MSA C389-1 MdHR 18106 f. 55 29 Sept. 1821.

McDonald, John. Ireland. NATN. Decl. intent in BC Ct. 24 Sept. 1844. Wits:

James Riely and Sylvester Riley. BA Ct. (Nat. Dkt.) 1 1796-1851 MSA C389-1 MdHR 18106 f. 240 6 Oct. 1846.

McDonald, John. Ireland. NATN. Decl. intent in BC Ct. 24 Sept. 1844. Wits: James Riley and Sylvester Riley. O&RA to the Queen of the UK. BA Ct. (Nat. Rcd.) 4 1846-1851 MSA C391-2 MdHR 18109 f. 31 6 Oct. 1846.

McDonald, John. Ireland. NATN. Decl. intent in US Circ. Ct. 28 Sept. 1844. Wits: James Kerr and James Thayer. BA Ct. (Nat. Dkt.) 1 1796-1851 MSA C389-1 MdHR 18106 f. 237 6 Oct. 1846.

McDonald, John. Ireland. NATN. Decl. intent in US Circ. Ct. 28 Sept. (yr. not given). Wits: James Kerr and James Trainer. O&RA to the Queen of the UK. BA Ct. (Nat. Rcd.) 4 1846-1851 MSA C391-2 MdHR 18109 f. 22 6 Oct. 1846.

McDonald, Jr. Alexander. Ireland. NATN. Res. BC. Res. US 14 April 1802 - 18 June 1812. Wits: James Scott and Matthew Murray. O&RA to the King of UK. BC Ct. (Nat. Rcd. of Minors) 1 1827-1832 MSA C237-1 MdHR 18112 ff. 75-76 19 Sept. 1828.

McDonald/McDonnall, Winifred. Ireland. NATN. Born in Co. of Wicklow. Decl. intent in BA Ct. 10 Oct. 1827. Wits: Charles Fox and Hugh C. J. Hughes. BA Ct. (Nat. Dkt.) 1 1796-1851 MSA C389-1 MdHR 18106 f. 159 10 Oct. 1829.

McDonald, Owen. Ireland. NATN. Decl. intent in BC Ct. 7 Oct. 1844. Wits: James Donnelly and Patrick Sloan. BA Ct. (Nat. Dkt.) 1 1796-1851 MSA C389-1 MdHR 18106 f. 367 29 Sept. 1849

McDonald, Owen. Ireland. NATN. Decl. intent in BC Ct. 7 Oct. 1844. Wits: James McDonald and Patrick Stran. O&RA to the Queen of the UK. BA Ct. (Nat. Rcd.) 4 1846-1851 MSA C391-2 MdHR 18109 f. 335 29 Sept. 1849.

McDonald, Patrick. Ireland. NATN. Decl. intent in US Dist. Ct. 27 Sept. 1844. Wits: Hugh Green and Edward Kelly. O&RA to the Queen of the UK. BC Ct. (Nat. Rcd.) 9 1845-1848 MSA C229-1 MdHR 18119 f. 59 30 Sept. 1846.

McDonald, Patrick. Ireland. DI. Forswears alleg. to the King of UK. BA Ct. (Minutes) 1827-1830 MSA C386-13 MdHR 14391 f. 78 29 Mar. 1827.

McDonald, Patrick. Ireland. NATN. Decl. intent in BA Ct. the 4th Monday of Mar. 1827. Res. BC. Wits: Patrick McGaffney and Patrick McDonald. O&RA to the King of UK. BA Ct. (Nat. Rcd.) 2 1832-1846 MSA C391-1 MdHR 18108 f. 9 24 Nov. 1832.

McDonald, Patrick. Ireland. NATN. Decl. intent in BA Ct. the 4th Monday of Mar. 1827. Born in Co. of Louth. Wits: Patrick Gaffney and Patrick McDonald. BA Ct. (Nat. Dkt.) 1 1796-1851 MSA C389-1 MdHR 18106 f. 173 24 Nov. 1832.

McDonald, Patrick. Ireland. DI. BC Ct. (Dkt&Mins) 1840 MSA C184-7 MdHR 16664 f. 37 2 Oct. 1840.

McDonald, Peter. Ireland. NATN. Decl. intent in Lancaster Co. (PA) Ct. 9 Oct. 1841. Wits: Francis Dowling and Archibald Maloney. O&RA to the Queen of the UK. BC Ct. (Nat. Rcd.) 9 1845-1848 MSA C229-1 MdHR 18119 f. 581 3 Oct. 1848.

McDonald, Peter. Scotland. NATN. Arrived in US 3 yrs. prior to age 21. Res. US for 5 yrs., including 3 of minority. Res. MD over 1 yr. Wits: James Mitchell and Robert C. Barly. O&RA to the Queen of the UK. BC Ct. (Nat. Rcd. of Minors) 3 1845-1851 MSA C237-3 MdHR 18114-1 f. 75 4 Oct. 1847.

McDonald, William. England. DI. BC Ct. (Dkt&Mins) 1826 MSA C184-3 MdHR 16660 f. 30 10 June 1826.

McDonall/McDonald, Winifred. Ireland. DI. BA Ct. (Minutes) 1827-1830 MSA C386-13 MdHR 14391 f. 77 10 Oct. 1827.

McDonnell, Joseph. Ireland. DI. BA Ct. (Minutes, Rough) 1832-1835 MSA C420-1 MdHR 14396-2 f. 307 20 Jan. 1835.

McDonnell, Patrick. Ireland. NATN. Decl. intent in US Circ. Ct. 27 Sept. 1844. Wits: Francis O'Neill and Arthur Fagan. O&RA to the Queen of the UK. BA Ct. (Nat. Rcd.) 4 1846-1851 MSA C391-2 MdHR 18109 f. 21 Oct. 1846.

McDonnell, Richard. Ireland. NATN. Born in Co. of Wicklow. Arrived in US 3 yrs. prior to age 21. Decl. intent in open Ct. Wits: Noah Fowler and Hugh C.T. Hughes. BA Ct. (Nat. Dkt.) 1 1796-1851 MSA C389-1 MdHR 18106 f. 115 17 Sept. 1827.

McDonnell, Richard. Ireland. Report and registration. Noted as age 21. Born in Co. of Wicklon. Arrived in New York City Nov. 1811. Res. BC. Wits: Noah Fowles and Hugh C.T. Hughes. BA Ct. (Misc. Ct. Papers) MSA C1-64 MdHR 50206-825 1827 item 371 17 Sept. 1827.

McDonnell, Susan. Ireland. NATN. Res. US 14 April 1802 - 18 June 1812. Res. BC. Wits: Edward Quinn and Patrick Riley. O&RA to the King of UK. BC Ct. (Nat. Rcd. of Minors) 1827-1832 MSA C237-1 MdHR 18112 ff. 368-369 22 Jan. 1831.

McDonough, Bernard. Ireland. NATN. Decl. intent in BC Ct. 17 Oct. 1834. Res. BC. Wits: Hugh T.C. Hughes and John Olvis. O&RA to the King of UK. BA Ct. (Nat. Rcd.) 2 1832-1846 MSA C391-1 MdHR 18108 f. 36 17 Oct. 1836.

McDonough, Bernard. Ireland. NATN. Decl. intent in BC Ct. 17 Oct. 1834. Wits: Hugh T.C. Hughes and John Oliver. BA Ct. (Nat. Dkt.) 1 1796-1851 MSA C389-1 MdHR 18106 f. 184 17 Oct. 1836.

McDonough, Laurence. Ireland. NATN. Decl. intent in US Circ. Ct. 10 May 1846. Wits: John McDonough and James Riley. BA Ct. (Nat. Dkt.) 1 1796-1851 MSA C389-1 MdHR 18106 f. 361 4 Nov. 1848.

McDonough, Laurence. Ireland. NATN. Decl. intent in US Circ. Ct. 16 May 1846. Wits: John McDonough and James Riley. O&RA to the Queen of the UK. BA Ct. (Nat. Rcd.) 4 1846-1851 MSA C391-2 MdHR 18109 f. 327 4 Nov. 1848.

McDougal, Alexander. Scotland. NATN. Decl. intent in open ct. Arrived in US 3 yrs. prior to age 21. Res. US for 5 yrs.,including 3 of minority. Res. MD over 1 yr. Res. BC. Wits: Randal McDougal and John N. Murphy. O&RA to the King of UK. BA Ct. (Nat. Rcd.) 2 1832-1846 MSA C391-1 MdHR 18108 ff. 24-25 2 Oct. 1834.

McDougall, Alexander. Scotland. NATN. Decl. intent in open ct. Arrived in US 3 yrs. prior to age 21. Wits: Randall McDougal and John McMurphy. BA Ct. (Nat. Dkt.) 1 1796-1851 MSA C389-1 MdHR 18106 f. 180 2 Oct. 1834.

McDounell, James. Ireland. DI. BA Ct. (Minutes) 1827-1830 MSA C386-13 MdHR 14391 f. 160 8 Nov. 1828.

McDounell, Patrick. Ireland. NATN. Decl. intent in US Circ. Ct. 27 Sept. 1844. Wits: Francis O'Neil and Arthur Fagan. BA Ct. (Nat. Dkt.) 1 1796-1851 MSA C389-1 MdHR 18106 f. 237 6 Oct. 1846.

McDowall, James. Ireland. DI. BA Ct. (Minutes) 1815-1820 MSA C386-11 MdHR 14381 f. 203 16 Oct. 1817.

McDowell, Hamilton. Ireland. BA Ct. (Nat. Dkt.) 1 1796-1851 MSA C389-1 MdHR 18106 f. 37 #729 10 April 1809.

McDowell, Samuel. Ireland. NATN. Res. BC. Arrived in the US 3 yrs. prior to age 21. Res. for 5 yrs., including 3 of minority. Wits: Luther Davis and Amos West. O&RA to the King of UK. BC Ct. (Nat. Rcd. of Minors) 1 1827-1832 MSA C237-1 MdHR 18112 ff. 109-110 21 Sept. 1828.

McElaster, Archibald. Ireland. NATN. Decl. intent in BA Ct. 8 Oct. 1830. Res. BC. Wits.; John McAllister and James Mullen. O&RA to the King of UK. BA Ct. (Nat. Rcd.) 2 1832-1846 MSA C391-1 MdHR 18108 ff. 1-2 10 Oct. 1832.

McEldowney, John. Ireland. NATN. Decl. intent in US Dist. Ct. 31 Aug. 1844. Wits: Louis Sevary and Charles H. Pitts. O&RA to the Queen of the UK. BC Ct. (Nat. Rcd.) 9 1845-1848 MSA C229-1 MdHR 18119 f. 321 2 Oct. 1847.

McEldowney, Robert. Ireland. NATN. Decl. intent in BC Ct. 31 Aug. 1839. Wits: Louis Servary and Charles H. Pitts. O&RA to the Queen of the UK. BC Ct. (Nat. Rcd.) 9 1845-1848 MSA C229-1 MdHR 320 2 Oct. 1847.

McEldowney, Robert. Ireland. DI. BC Ct. (Dkt&Mins) 1839 MSA C184-6 MdHR 16663 f. 32 31 Aug. 1839.
McElheney, Gustavus. Ireland. DI. Wits: Abraham Stewart and Edward Parker. BA Ct. (Misc. Ct. Papers) MSA C1-57 MdHR 50206-757 1823 item 384 1 Nov. 1824.
McElheney, Gustavus. Ireland. Report and registration. Noted as age 30. Born in Co. Donegal. Arrived in Philadelphia June 1818. Res. BC. BA Ct. (Misc. Ct. Papers) MSA C1-57 MdHR 50206-757 1823 unnumbered item 1 Nov. 1824.
McElheny, Gustavus. Ireland. DI. BA Ct. (Minutes) 1822-1826 MSA C386-12 MdHR 14386 f. 230 1 Nov. 1824.
McElheny/McIllheny, George. Great Britain. BA Ct. (Nat. Dkt.) 1 1796-1851 MSA C389-1 MdHR 18106 f. 16 #341 5 Sept. 1798. Barnes, p. 63.
McElhiney, Gustavus. Ireland. NATN. Born in Co. of Donegal. Decl. intent in BA Ct. Sept. term 1824. Wits: Abraham C. Stewart and Edward Parker. BA Ct. (Nat. Dkt.) 1 1796-1851 MSA C389-1 MdHR 18106 f. 123 25 Oct. 1827.
McEllister, George. Ireland. DI. BA Ct. (Minutes, Rough) 2 1836-1844 MSA C420-2 MdHR 14398 f. 141 29 Sept. 1838.
McElray, John. Ireland. NATN. Decl. intent in BC Ct. 19 Oct. 1837. Wits: Thomas Campbell and Louis Servary. O&RA to the Queen of the UK. BC Ct. (Nat. Rcd.) 10 1849-1851 MSA C229-2 MdHR 18120 f. 53 22 July 1850.
McElrea, Crawford. Ireland. NATN. Decl. intent in US Circ. Ct. 3 Oct. 1834. Res. BC. Wits: John Reed and Samuel Miles. BC Ct. (Nat. Rcd. of Minors) 2 1832-1836 MSA C237-2 MdHR 18113 ff. 210-211 3 Oct. 1836.
McElroy, James. Ireland. NATN. Res. BC. Arrived in the US 3 yrs. prior to age 21. Res. US for 5 yrs., including 3 of minority. Res. MD over 1 yr.Wits: John Moore and John Johnson. O&RA to the King of UK. BC Ct. (Nat. Rcd. of Minors) 1 1827-1832 MSA C237-1 MdHR 18112 f. 274 10 Nov. 1828.
McElroy, John B. Ireland. NATN. Arrived in US 3 yrs. prior to age 21. Res. US for 5 yrs., including 3 of minority. Res. MD over 1 yr. Wits: John B. Dalton and Matthew McElroy. O&RA to the Queen of the UK. BC Ct. (Nat. Rcd. of Minors) 3 1845-1851 MSA C237-3 MdHR 18114-1 f. 318 30 Oct. 1851.
McElroy, Matthew. Ireland. NATN. Decl. intent in BC Ct. 2 Oct. 1836. Res. BC. Wits: James H. Siffers and James Kidd. O&RA to the King of UK. BC Ct. (Nat. Rcd. of Minors) 2 1832-1836 MSA C237-2 MdHR 18113 f. 224 3 Oct. 1836.
McElroy, Patrick. Ireland. NATN. Decl. intent in BC Ct. 24 Aug. 1844. Wits: John Goodman and Patrick Carr. O&RA to the Queen of the UK. BC Ct. (Nat. Rcd.) 9 1845-1848 MSA C229-1 MdHR 18119 f. 64 1 Oct. 1846.
McElvaney, Bernard. Ireland. NATN. Decl. intent in open ct. Arrived in US 3 yrs. prior to age 21. Res. US for 5 yrs., including 3 of minority. Res. MD over 1 yr. Res. BC. Wits: Daniel Hayden and James McElvaney. O&RA to the Queen of the UK. BA Ct. (Nat. Rcd.) 2 1832-1846 MSA C391-1 MdHR 18108 ff. 45-46 20 April 1838.
McElvaney, Bernard. Ireland. NATN. Decl. intent in open ct. Arrived in US 3 yrs. prior to age 21. Wits: Daniel Hayden and James McElvaney. BA Ct. (Nat. Dkt.) 1 1796-1851 MSA C389-1 MdHR 18106 f. 187 20 April 1838.
McElwain, Donald. Scotland. NATN. Born in shire of Inverness. Arrived in the US as a minor. Wits: James Campbell and Alex Fridge. Report filed. BA Ct. (Nat. Dkt.) 1 1796-1851 MSA C389-1 MdHR 18106 f. 84 2 Oct. 1824.
McEnnis, John. Ireland. NATN. Decl. intent in BC Ct. 4 Oct. 1834. Res. BC. Wits: George McNeir and Thomas J. Thompson. O&RA to the Queen of the UK. BC Ct. (Nat. Rcd. of Minors) 2 1832-1836 MSA C237-2 MdHR 18113 f. 228 10 Oct. 1836.
McEntee, John. Ireland. NATN. Born in Co. of Monaghan. Decl. intent in US

Circ. Ct. 8 Nov. 1823. Wits: Patrick Riley and Thomas Carroll. BA Ct. (Nat. Dkt.) 1 1796-1851 MSA C389-1 MdHR 18106 f. 110 23 Sept. 1826.
McFadden, Samuel. Ireland. DI. BC Ct. (Dkt&Mins) 1849 MSA C184-11 MdHR 16668 f. 18 25 June 1849.
McFaden, Hugh. England. BA Ct. (Nat. Dkt.) 1 1796-1851 MSA C389-1 MdHR 18106 f. 30 #584 12 Mar. 1805.
McFarland, John. Ireland. NATN. Decl. intent in BC Ct. 26 Oct. 1844. Wits: Thomas Moore and Mitchell B. Fields. O&RA to the Queen of the UK. BC Ct. (Nat. Rcd.) 9 1845-1848 MSA C229-1 MdHR 18119 f. 293 29 Sept. 1847.
McFaul, Eneas. Ireland. NATN. Born in Co. of Antrim. Decl. intent in US Dist. Ct. 12 July 1817. Wits: William Ball and Charles P. Walsh. Certificate and report filed. BA Ct. (Nat. Dkt.) 1 1796-1851 MSA C389-1 MdHR 18106 f. 59 30 Sept. 1822.
McFee, John. Ireland. DI. BC Ct. (Dkt&Mins) 1828 MSA C184-4 MdHR 16661 f. 40 22 Sept. 1828.
McFier, Alexander. Great Britain. BA Ct. (Nat. Dkt.) 1796-1851 MSA C389-1 MdHR 18106 f. 10 #203 6 Dec. 1797. Barnes, p. 61.
McGannon, John. Ireland. NATN. Res. BC. Res. US 14 April 1802 - 18 June 1812. Wits: Francis A. Alexander and Hugh C.T. Hughes. O&RA to the King of UK. BC Ct. (Nat. Rcd. of Minors) 1 1827-1832 MSA C237-1 MdHR 18112 ff. 125-126 30 Nov. 1828.
McGarr, Francis. Ireland. DI. BA Ct. (Minutes) 1822-1826 MSA C386-12 MdHR 14386 f. 17 16 Sept. 1822.
McGarrigle, John. Ireland. DI. BA Ct. (Minutes) 1822-1826 MSA C386-12 MdHR 14386 f. 335 23 April 1825.
McGarrity, James. Ireland. NATN. Decl. intent in BC Ct. 3 Oct. 1829. Res. BC. Wits: Felix McGaffrey and William Ryan. O&RA to the King of UK. BC Ct. (Nat. Rcd. of Minors) 2 1832-1836 MSA C237-2 MdHR 18113 f. 135 4 Oct. 1834.
McGaw, Bernard. Ireland. DI. BA Ct. (Minutes) 1832-1838 MSA C386 MdHR 14403 f. 119 25 Sept. 1835.
McGee, Abel. Ireland. NATN. Arrived in US 3 yrs. prior to age 21. Res. US for 5 yrs., including 3 of minority. Res. MD over 1 yr. Wits: Francis O'Neill and James Mooney. O&RA to the Queen of the UK. BC Ct. (Nat. Rcd. of Minors) 3 1845-1851 MSA C237-3 MdHR 18114-1 f. 277 8 Oct. 1850.
McGee, Daniel. Ireland. NATN. Res. BC. Decl. intent in Somerset Co. Ct. 30 Nov. 1824. Wits: Patrick Riley and Dennis McHenry. O&RA to the King of UK. BC Ct. (Nat. Rcd. of Minors) 1 1827-1831 MSA C237-1 MdHR 18112 ff. 60-61 16 Aug. 1828.
McGee, Thomas. Ireland. DI. BC Ct. (Dkt&Mins) 1828 MSA C184-4 MdHR 16661 f. 52 8 Nov. 1828.
McGee, William. Ireland. NATN. Arrived in US under age 18. Wits: Margaret Eaton and Robert Tubman. BA Ct. (Nat. Dkt.) 1 1796-1851 MSA C389-1 MdHR 18106 f. 294 13 Oct. 1846.
McGee, William. Ireland. NATN. Arrived in US 3 yrs. prior to age 21. Res. US for 5 yrs., including 3 of minority. Res. MD over 1 yr. Wits: Margaret Eaton and Robert Tubman. O&RA to the Queen of the UK. BA Ct. (Nat. Rcd. of Minors) 3 1846-1851 MSA C392-1 MdHR 18110 f. 24 13 Oct. 1846.
McGeeney, Owen. Ireland. NATN. Decl. intent in US Circ. Ct. 6 Mar. 1846. Wits: James McGiniss and Patrick Roden. O&RA to the Queen of the UK. BA Ct. (Nat. Rcd.) 4 1846-1851 MSA C391-2 MdHR 18109 f. 270 3 Oct. 1848.
McGeeney, Owen. Ireland. NATN. Decl. intent in US Circ. Ct. 6 Mar. 1846. Wits: James McGinnis and Patrick Roden. BA Ct. (Nat. Dkt.) 1 1796-1851 MSA C389-1 MdHR 18106 f. 338 3 Oct. 1848.
McGeeny, James. Ireland. NATN. Decl. intent in BC Ct. 6 Nov. 1843. Wits: Owen Donnelly and Patrick Roden. BA Ct. (Nat. Dkt.) 1 1796-1851 MSA C389-1 MdHR 18106 f. 295 13 Oct. 1846.

McGieny, James. Ireland. NATN. Decl. intent in BC Ct. 6 Nov. 1843. Wits: Owen Donnely and Patrick Roden. O&RA to the Queen of the UK. BA Ct. (Nat. Rcd.) 4 1846 MSA C391-2 MdHR 18109 f. 180 13 Oct. 1846.

McGillen, James. Ireland. DI. BA Ct. (Minutes) 1822-1826 MSA C386-12 MdHR 14386 f. 220 29 Sept. 1824.

McGinness, John. Ireland. BA Ct. (Nat. Dkt.) 1 1796-1851 MSA C389-1 MdHR 18106 f. 33 #653 13 Oct. 1806.

McGinnity, Felix. Ireland. DI. BA Ct. (Minutes, Rough) 1832-1835 MSA C420-1 MdHR 14396-2 f. 276 12 Sept. 1834.

McGinty, Felix. Ireland. DI. BA Ct. (Minutes) 1832-1838 MSA C386 MdHR 14403 f. 115 12 Sept. 1834.

McGivern, Bernard. Ireland. NATN. Res. BC. Exhibits petition for naturalization and certificates of report and registration. Decl. intent and filed report and registration in US Dist. Ct. 14 Feb. 1826. Born in co. of Down. Noted as age 24. Arrived in BC Sept. 1820. Witness: Thomas T. Meredith. O&RA to the King of UK. BC Ct. (Nat. Rcd. of Minors) 1 1827-1832 MSA C237-1 MdHR 18112 ff. 43-44 26 Feb. 1828.

McGivnay, John. Ireland. NATN. Decl. intent in BC Ct. 14 Oct. 1844. Wits: James McGivney and Peter Hern. O&RA to the Queen of the UK. BA Ct. (Nat. Rcd.) 4 1846-1851 MSA C391-2 MdHR 18109 f. 75 13 Oct. 1846.

McGivney, John. Ireland. NATN. Decl. intent in BC Ct. 14 Oct. 1844. Wits: James McGivney and Peter Hern. BA Ct. (Nat. Dkt.) 1 1796-1851 MSA C389-1 MdHR 18106 f. 255 13 Oct. 1846.

McGivney, Thomas. Ireland. NATN. Decl. intent in US Circ. Ct. 5 Oct. 1846. Wits: Patrick Kerman and Peter Ahern. O&RA to the Queen of the UK. BC Ct. (Nat. Rcd.) 10 1849-1851 MSA C229-2 MdHR 18120 f. 410 4 Nov. 1851.

McGlenn, John. Ireland. NATN. Decl. intent in US Circ. Ct. 3 July 1847. Witness: Ellis Smith. O&RA to the Queen of the UK. BC Ct. (Nat. Rcd.) 10 1849-1851 MSA C229-2 MdHR 18120 f. 405 4 Nov. 1851.

McGlone, George. Ireland. NATN. Decl. intent in US Circ. Ct. 14 May 1844. Wits: Cyrus Gault and David Stewart. BA Ct. (Nat. Dkt.) 1 1796-1851 MSA C89-1 MdHR 18106 f. 229 1 Oct. 1846.

McGlone, George. Ireland. NATN. Decl. intent in US Circ. Ct. 14 May 1844. Res. BC. Wits: Cyrus Garett and David Stewart. O&RA to the Queen of the UK. BA Ct. (Nat. Rcd.) 2 1832-1846 MSA C391-1 MdHR 18108 f. 131 1 Oct. 1846.

McGolgin, Bernard. Ireland. NATN. Res. BC. Res. US 14 April 1802 - 18 June 1812. Wits: James Collins and John McDevitt. O&RA to the King of UK. BC Ct. (Nat. Rcd. of Minors) 1 1827-1832 MSA C237-1 MdHR 18112 ff. 144-145 3 Oct. 1828.

McGouin (?), Patrick. Ireland. NATN. Decl. intent in US Dist. Ct. 13 Oct. 1846. Wits: John B. Ray and Edward Rottigan. O&RA to the Queen of the UK. BC Ct. (Nat. Rcd.) 10 1849-1851 MSA C229-2 MdHR 18120 f. 100 30 Sept. 1850.

McGovran, James. Ireland. NATN. Decl. intent in US Circ. Ct. 30 Sept. 1844. Wits: John Coury and Thomas Collins. O&RA to the Queen of the UK. BA Ct. (Nat. Rcd.) 4 1846-1851 MSA C391-2 MdHR 18109 f. 327 4 Nov. 1848.

McGowan, Andrew. Ireland. NATN. Res. BC. Decl. intent in US Circ. Ct. for the 4th Circ. 4 May 1824. Witness: Barney McDonnell. O&RA to the King of UK. BC Ct. (Nat. Rcd. of Minors) 1 1827-1832 MSA C237-1 MdHR 18112 f. 220 5 Nov. 1828.

McGowan, James. Ireland. NATN. Decl. intent in US Circ. Ct. 30 Sept. 1844. Wits: John Couray and Thomas Collins. BA Ct. (Nat. Dkt.) 1 1796-1851 MSA C389-1 MdHR 18106 f. 361 4 Nov. 1848.

McGowan, Terrance. Ireland. BA Ct. (Nat. Dkt.) 1 1796-1851 MSA C389-1 MdHR 18106 f. 29 #553 22 Nov. 1804. Civil Ct.

McGowans, James. Ireland. NATN. Decl. intent in US Dist. Ct. 3 Oct. 1842. Wits: William H. Phipps and John Robinson. BA Ct. (Nat. Dkt.) 1 1796-1851 MSA C389-1 MdHR 18106 f. 218 18 Oct. 1844.

McGrail, Patrick. Ireland. NATN. Decl. intent in US Circ. Ct. 1 Oct. 1844. Wits: Patrick Noon and John Clark. O&RA to the Queen of the UK. BA Ct. (Nat. Rcd.) 4 1846-1851 MSA C391-2 MdHR 18109 f. 313 1 Nov. 1848.

McGrail, Patrick. Ireland. NATN. Decl. intent in US Circ. Ct. 1 Oct. 1844. Wits: Patrick Noon and John Clark. BA Ct. (Nat. Dkt.) 1 1796-1851 MSA C389-1 MdHR 18106 f. 355 1 Nov. 1848.

McGrath, James. Ireland. NATN. Arrived in US 3 yrs. prior to age 21. Res. US for 5 yrs., including 3 of minority. Res. MD over 1 yr. Wits: Edward McGrath and Samuel Cairns. O&RA to the Queen of the UK. BC Ct. (Nat. Rcd. of Minors) 3 1845-1851 MSA C237-3 MdHR 18114-1 f. 23 5 Oct. 1846.

McGraw, Barnard. Ireland. DI. BA Ct. (Minutes, Rough) 1832-1835 MSA C420-1 MdHR 14396-2 f. 281 25 Sept. 1834.

McGraw, Domminck S. Ireland. NATN. Decl. intent in BC Ct. 17 Sept. 1828. Res. BC. Wits: Edward Gorman and Thomas McGuire. O&RA to the King of UK. BC Ct. (Nat. Rcd. of Minors) 2 1832-1836 MSA C237-2 MdHR 18113 f. 42 13 Oct. 1832.

McGraw, Dommimick S. Ireland. DI. BC Ct. (Dkt&Mins) 1828 MSA C184-4 MdHR 16661 f. 39 17 Sept. 1828.

McGraw, John. Ireland. NATN. Decl. intent in BC Ct. 2 Oct. 1849. Wits: Richard Simmons and James McLaughlin. O&RA to the Queen of the UK. BA Ct. (Nat. Rcd.) 4 1846-1851 MSA C391-2 MdHR 18109 f. 380 7 Oct. 1851.

McGraw, John. Ireland. DI. BC Ct. (Dkt&Mins) 1849 MSA C184-11 MdHR 16668 f. 26 2 Oct. 1849.

McGraw, John. Ireland. NATN. Decl. intent in BC Ct. 2 Oct. 1849. Wits: Richard Simmons and James McLaughlin. BA Ct. (Nat. Dkt.) 1 1796-1851 MSA C389-1 MdHR 18106 f. 384 7 Oct. 1851.

McGraw, John. Ireland. DI. BC Ct. (Dkt&Mins) 1839 MSA C184-6 MdHR 16663 f. 36 1 Oct. 1839.

McGraw, Margaret. Ireland. DI. Res. BC. BC Ct. (Dkt&Mins) 1841 MSA C184-8 MdHR 16665 f. 48 6 Jan. 1842.

McGraw, Thomas. Ireland. DI. BA Ct. (Minutes) 1822-1826 MSA C386-12 MdHR 14386 f. 111 20 Sept. 1823.

McGreen, John A. Ireland. NATN. Decl. intent in open ct. Arrived in US 3 yrs. prior to age 21. Res. US for 5 yrs., including 3 of minority. Res. MD over 1 yr. Res. BC. Wits: John Mann and James Dougherty. O&RA to Great Britain. BC Ct. (Nat. Rcd. of Minors) 1827-1832 MSA C237-1 MdHR 18112 ff. 380-381 3 Sept. 1831.

McGreevy, James. Ireland. DI. Noted as res. BA. BC Ct. (Dkt&Mins) 1828 MSA C184-4 MdHR 16661 f. 42 8 Oct. 1828.

McGregor, George. Scotland. NATN. Decl. intent in BC Ct. 29 Sept. 1832. Res. BC. Wits: Robert Harkins and William Lloyd. O&RA to the King of UK. BC Ct. (Nat. Rcd. of Minors) 2 1832-1836 MSA C237-2 MdHR 18113 f. 107 1 Oct. 1834.

McGucken, Anthony. Ireland. NATN. Decl. intent in US Dist. Ct. 4 Oct. 1842. Wits: Anthony Spellman and John McGannon. O&RA to the Queen of the UK. BA Ct. (Nat. Rcd.) 4 1846-1851 MSA C391-2 MdHR 18109 f. 132 13 Oct. 1846.

McGucken, Anthony. Ireland. NATN. Decl. intent in US Dist. Ct. 4 Oct. 1842. Wits: Patrick Spellman and John McGlennan. BA Ct. (Nat. Dkt.) 1 1796-1851 MSA C389-1 MdHR 18106 f. 273 13 Oct. 1846.

McGuigin, Roger. Ireland. NATN. Born in Co. of Armagh. Decl. intent in BC Ct. 8 June 1818. Certificate and report and registration filed. Wit: James Holmes. BA Ct. (Nat. Dkt.) 1796-1851 MSA C389-1 MdHR 18106 f. 51 29 Sept. 1821.

McGuirck, Henry. Ireland. NATN. Decl. intent in BC Ct. 30 Sept. 1844. Wits:

John McLaughlin and Charles Coyle. O&RA to the Queen of the UK. BA Ct. (Nat. Rcd.) 4 1846-1851 MSA C391-2 MdHR 18109 f. 360 8 Oct. 1850.
McGuire, Patrick. Ireland. DI. BC Ct. (Dkt&Mins) 1839 MSA C184-6 MdHR 16663 f. 36 1 Oct. 1839.
McGuire, Thomas. Ireland. NATN. Decl. intent in US Dist. Ct. 1 Oct. 1830. Res. BC. Wits: James Keenan and Francis Kane. O&RA to the King of UK. BC Ct. (Nat. Rcd. of Minors) 2 1832-1836 MSA C237-2 MdHR 18113 f. 37 1 Oct. 1832.
McGuirk, Arthur. Ireland. NATN. Decl. intent in US Circ. Ct. 19 June 1844. Wits: Patrick Pern and Owen Donnelly. BA Ct. (Nat. Dkt.) 1 1796-1851 MSA C389-1 MdHR 18106 f. 232 5 Oct. 1846.
McGuirk, Arthur. Ireland. NATN. Decl. intent in US Circ. Ct. 19 June 1844. Wits: Patrick Firn and Owen Donnelley. O&RA to the Queen of the UK. BA Ct. (Nat. Rcd.) 4 1846-1851 MSA C391-2 MdHR 18109 f. 8 5 Oct. 1846.
McGuirk, Henry. Ireland. NATN. Decl. intent in BA Ct. 30 Sept. 1844. Wits: John McLaughlin and Charles Coyle. BA Ct. (Nat. Dkt.) 1 1796-1851 MSA C389-1 MdHR 18106 f. 377 8 Oct. 1850.
McGully, James. Ireland. BA Ct. (Nat. Dkt.) 1 1796-1851 MSA C389-1 MdHR 18106 f. 42 #826 21 Sept. 1813.
McHarry, Joseph. Ireland. DI. Res. BC. BC Ct. (Dkt&Mins) 1847 MSA C184-10 MdHR 16667 f. 28 31 Aug. 1847.
McIhenny, John. Ireland. NATN. Decl. intent in BC Ct. 30 Sept. 1828. Res. BC. Wits: Alexander Hand and Randal H. Moale. O&RA to the King of UK. BC Ct. (Nat. Rcd. of Minors) 2 1832-1836 MSA C237-2 MdHR 18113 f. 25 29 Sept. 1832.
McIlheney, John. Ireland. DI. BC Ct. (Dkt&Mins) 1828 MSA C184-4 MdHR 16661 f. 41 30 Sept. 1828.
McIlhenney, Alexander. Ireland. NATN. Res. BC. Res. US 14 April 1802 - 18 June 1812. Wits: John McKennell and William Lorman. O&RA to the King of UK. BC Ct. (Nat. Rcd. of Minors) 1 1827-1832 MSA C237-1 MdHR 18112 ff. 111-112 29 Sept. 1828
McIntire, David. Ireland. NATN. Born in Co. of Tyrone. Decl. intent in Supreme Ct. of the Eastern Dist. of Pennsylvania 6 Mar. 1813. Wits: James McIntire and Michael Loner. Certificate and report filed. BA Ct. (Nat. Dkt.) 1 1796-1851 MSA C389-1 MdHR 18106 f. 80 29 Sept. 1824.
McIntire, James. England. BA Ct. (Nat. Dkt.) 1 1796-1851 MSA C389-1 MdHR 18106 f. 10 #184 21 Nov. 1797. Barnes, p. 61.
McIntire, James. Ireland. DI. BA Ct. (Minutes) 1822-1826 MSA C386-12 MdHR 14386 f. 220 29 Sept. 1824.
McIntire, James. Ireland. NATN. Files petition for naturalization and certificates of report and registration. Decl. intent in US Dist. Ct. 29 Dec. 1824. Born in Co. of Tyrone. Noted as age 28. Res. BC. Arrived in Port of Perth Amboy May 1816. Wits: David McIntire and Michael Toner. O&RA to the King of UK. BC Ct. (Nat. Rcd. of Minors) 1 1827-1832 MSA C237-1 MdHR 18112 ff. 37-39 10 Nov. 1827.
McIntire, John. Great Britain. BA Ct. (Nat. Dkt.) 1 1796-1851 MSA C389-1 MdHR 18106 f. 11 #209 9 Dec. 1797. Barnes, p. 61.
McIntire, Patrick. Ireland. DI. BC Ct. (Dkt&Mins) 1846 MSA C184-9 MdHR 16666 f. 44 9 Nov. 1846.
McIntire, Philip. Ireland. DI. BC Ct. (Dkt&Mins) 1846 MSA C184-9 MdHR 16666 f. 44 9 Nov. 1846.
McIntosh, John. Scotland. NATN. Decl. intent in US Dist. Ct. 21 Sept. 1838. Wits: James McPherson and Alexander Smith. BA Ct. (Nat. Dkt.) 1 1796-1851 MSA C389-1 MdHR 18106 f. 205 2 Oct. 1840.
McIntosh, John. Scotland. NATN. Decl. intent in US Dist. Ct. 21 Sept. 1838. Res. BC. Wits: James McPherson and Alexander Smith. O&RA to the Queen

of the UK. BA Ct. (Nat. Rcd.) 2 1832-1846 MSA C391-1 MdHR 18108 f. 83 2 Oct. 1840.

McKahan, Peter. Ireland. NATN. Decl. intent in US Circ. Ct. 4 Oct. 1844. Wits: James Trainer and James Kerr. BA Ct. (Nat. Dkt.) 1 1796-1851 MSA C389-1 MdHR 18106 f. 235 6 Oct. 1846.

McKahan, Peter. Ireland. NATN. Decl. intent in US Circ. Ct. 4 Oct. 1844. Wits: James trainer and James Kerr. O&RA to the Queen of the UK. BA Ct. (Nat. Rcd.) 4 1846-1851 MSA C391-2 MdHR 18109 f. 15 6 Oct. 1846.

McKaig, James. Ireland. DI. BA Ct. (Minutes, Rough) 1832-1835 MSA C420-1 MdHR 14396-2 f. 233 7 Feb. 1834.

McKane, Thomas. Ireland. NATN. Born in Co. of Armagh. Arrived in the US as a minor. Decl. intent in open Ct. Wits: John McKane and Archibald McKane. BA Ct. (Nat. Dkt.) 1 1796-1851 MSA C389-1 MdHR 18106 f. 117 25 Sept. 1827.

McKanna, Patrick. Ireland. NATN. Born in Co. of Monaghan. Decl. intent in BC Criminal Ct. 13 Nov. 1818. Wits: Neal Nugent and Barney O'Donnell. BA Ct. (Nat. Dkt.) 1 1796-1851 MSA C389-1 MdHR 18106 f. 89 5 Nov. 1824

McKay, James. Ireland. DI. BC Ct. (Dkt&Mins) 1828 MSA C184-4 MdHR 16661 f. 40 29 Sept. 1828.

McKay, James. Ireland. NATN. Decl. intent in BC Ct. 29 Sept. 1829. Res. BC. Wits: John McGannon and James Dougherty. O&RA to the King of UK. BC Ct. (Nat. Rcd. of Minors) 2 1832-1836 MSA C237-1 MdHR 18113 f. 3 18 June 1832.

McKaye/McKay, John. England. BA Ct. (Nat. Dkt.) 1 1796-1851 MSA C389-1 MdHR 18106 f. 9 #165 6 Nov. 1797. Barnes, p. 61.

McKean, Henry. Ireland. NATN. Decl. intent in Superior Ct. of Chatham Co., Georgia 18 April 1827. Res. BC. Wits: Patrick McDonald and Hugh Barming. O&RA to the King of UK. BC Ct. (Nat. Rcd. of Minors) 2 1832-1836 MSA C237-2 MdHR 18113 f. 192 24 Sept. 1836. Also referred to in text of naturalization as "Henry McNeal".

McKean, John. Ireland. DI. BA Ct. (Minutes) 1822-1826 MSA C386-12 MdHR 14386 f. 221 30 Sept. 1824.

McKee, Andrew. Ireland. NATN. Res. US 14 April 1802 - 18 June 1812. Res. BC. Wits: James Sheldon and John Heaey. O&RA to the King of UK. BC Ct. (Nat. Rcd. of Minors) 2 1832-1836 MSA C237-2 MdHR 18113 f. 204 1 Oct. 1836.

McKee, John. Ireland. NATN. Arrived in US under age 18. Wits: Peter Mullen and Joseph Hankey. BA Ct. (Nat. Dkt.) 1 1796-1851 MSA C389-1 MdHR 18106 f. 326 2 Oct. 1848.

McKee, John. Ireland. NATN. Arrived in US 3 yrs. prior to age 21. Res. US for 5 yrs., including 3 of minority. Res. MD over 1 yr. Wits: Peter Mullen and Joseph Hankey. O&RA to the Queen of the UK. BA Ct. (Nat. Rcd. of Minors) 3 1846-1851 MSA C392-1 MdHR 18110 f. 57 2 Oct. 1848.

McKee, John. England. BA Ct. (Nat. Dkt.) 1 1796-1851 MSA C389-1 MdHR 18106 f. 33 #640 7 Oct. 1806.

McKee, Patrick. Ireland. NATN. Decl. intent in Schuylkill Co. (PA) Ct. 25 Mar. 1846. Wits: John Connory and Bernard McKee. O&RA to the Queen of the UK. BC Ct. (Nat. Rcd.) 10 1849-1851 MSA C229-2 MdHR 18120 f. 9 19 Sept. 1849.

McKee, Patrick. Ireland. NATN. Decl. intent in open ct. Arrived in US 3 yrs. prior to age 21. Born in Co. of Donegal. Wits: Ann Gorman and Robert McKee. BA Ct. (Nat. Dkt.) 1 1796-1851 MSA C389-1 MdHR 18106 f. 180 3 Oct. 1834.

McKee, Patrick. Ireland. NATN. Decl. intent in open ct. Arrived in US 3 yrs. prior to age 21. Res. US for 5 yrs.,including 3 of minority. Res. MD over 1 yr. Res. BC. Wits: Ann Gorman and Robert McKee. O&RA to the King of UK. BA Ct. (Nat. Rcd.) 2 1832-1846 MSA C391-1 MdHR 18108 ff. 25-26 3 Oct. 1834.

McKee, Thomas. Ireland. NATN. Res. BC. Arrived in the US 3 yrs. prior to age

21. Res. US for 5 yrs., including 3 of minority. Wits: Thomas P. Alricks and Francis W. Alricks. O&RA to the King of UK. BC Ct. (Nat. Rcd. of Minors) 1 1827-1832 MSA C237-1 MdHR 18112 ff. 245-246 8 Nov. 1828.

McKeever, George. Ireland. DI. BA Ct. (Minutes) 1839-1846 MSA C386-16 MdHR 14404 ff. 107-108 2 Oct. 1841.

McKeller, John. Scotland. Res. 1798 - 1802. Wits: Jacob Meyer and John Wells. BA Ct. (Nat. Dkt.) 1 1796-1851 MSA C389-1 MdHR 18106 f. 68 17 May 1824.

McKenna, Arthur. Ireland. NATN. Decl. intent in US Dist. Ct. 5 Oct. 1844. Wits: Sylvester Riley and James Riley. O&RA to the Queen of the UK. BC Ct. (Nat. Rcd.) 9 1845-1848 MSA C229-1 MdHR 18119 f. 115 5 Oct. 1846.

McKenna, Barney. Ireland. DI. BA Ct. (Minutes) 1827-1830 MSA C386-13 MdHR 14391 f. 161 16 Sept. 1828.

McKenna, James. Ireland. DI. BA Ct. (Minutes) 1822-1826 MSA C386-12 MdHR 14386 f. 223 2 Oct. 1824.

McKenna, John. Ireland. DI. BC Ct. (Dkt&Mins) 1830 MSA C184-5 MdHR 16662 f. 13 18 Mar. 1830.

McKenna, Owen. Ireland. NATN. Decl. intent in US Dist. Ct. 3 Oct. 1843. Wits: William McKenna and Francis O'Neill. O&RA to the Queen of the UK. BA Ct. (Nat. Rcd.) 4 1846-1851 MSA C391-2 MdHR 18109 f. 13 6 Oct. 1846.

McKenna, Owen. Ireland. NATN. Decl. intent in US Dist. Ct. 3 Oct. 1843. Wits: William McKenna and Francis O'Neill. BA Ct. (Nat. Dkt.) 1 1796-1851 MSA C389-1 MdHR 18106 f. 234 5 Oct. 1846.

McKenna, William. Ireland. NATN. Decl. intent in BC Ct. 29 Sept. 1834. Res. BC. Wits: Edmund Butler and Samuel Kilbourne. O&RA to the King of UK. BC Ct. (Nat. Rcd. of Minors) 2 1832-1836 MSA C237-2 MdHR 18113 f. 198 30 Sept. 1836.

McKenzie, James. Scotland. NATN. Arrived in US prior to 18 June 1812. Wits: Henry W. Bool and Christian Garbel. BA Ct. (Nat. Dkt.) 1 1796-1851 MSA C389-1 MdHR 18106 f. 193 12 Oct. 1838.

McKenzie, James. Scotland. NATN. Decl. intent in open ct. Res. US 14 April 1802 - 18 June 1812. Wits: Henry W. Bool, Jr. and Christian Garbel. O&RA to the Queen of the UK. BA Ct. (Nat. Rcd.) 2 1832-1846 MSA C391-1 MdHR 18108 f. 59 12 Oct. 1838.

McKenzie, John. Scotland. NATN. Born in Shire of Inverness. Decl. intent in BA Ct. 10 Oct. 1827. Wits: John P. McKenzie and George Ducan. BA Ct. (Nat. Dkt.) 1 1796-1851 MSA C389-1 MdHR 18106 f. 159 12 Oct. 1829.

McKenzie, John. Scotland. DI. BA Ct. (Minutes) 1827-1830 MSA C386-13 MdHR 14391 f. 77 10 Oct. 1827.

McKeowen, Henry M. Ireland. NATN. Decl. intent in US Dist. Ct. 7 Sept. 1830. Res. BC. Wits: Jonathan Nisbet and William Robinson. O&RA to the King of UK. BC Ct. (Nat. Rcd. of Minors) 2 1832-1836 MSA C237-2 MdHR 18113 f. 29 1 Oct. 1832.

McKeuen, John. Ireland. NATN. Born in Co. of Armagh. Decl. intent in BA Ct. the 3rd Monday of Sept. 1824. Wits: John McKeuen and Archibald McKeuen. BA Ct. (Nat. Dkt.) 1 1796-1851 MSA C389-1 MdHR 18106 f. 118 25 Sept. 1827.

McKew, Patrick. Ireland. NATN. Res. BC. Decl. intent in BC Ct. 21 Jan. 1820. Wits: John Fox and Domminck Cannon. O&RA to the King of UK. BC Ct. (Nat. Rcd. of Minors) 1 1827-1832 MSA C237-1 MdHR 18112 ff. 270-271 10 Nov. 1828.

McKewan, John. Ireland. DI. BA Ct. (Misc. Ct. Papers) MSA C1-57 MdHR 50206-757 1823 unnumbered item 30 Sept. 1824.

McKewan, John. Ireland. Report and registration. Noted as age 24. Born in Co. of Armagh. Arrived in BC July 1821. Res. BC. Wit: John McKewan and Archibald McKewan. BA Ct. (Misc. Ct. Papers) MSA C1-57 MdHR 50206-757 1823 item 385 30 Sept. 1824.

McKiever, George. Ireland. DI. BA Ct. (Minutes, Rough)_ 1836-1844 MSA C420-2 MdHR 14398 f. 298 2 Oct. 1841.
McKim, Edward. Great Britain. BA Ct. (Nat. Dkt.) 1 1796-1851 MSA C389-1 MdHR 18106 f. 10 #200 4 Dec. 1797. Barnes, p. 61
McKim, Robert E. Ireland. NATN. Res. BC. Arrived in the US 3 yrs. prior to age 21. Res. US for 5 yrs., including 3 of minority. Wits: Richard Good and William Deane. O&RA to the King of UK. BC Ct. (Nat. Rcd. of Minors) 1 1827-1832 MSA C237-1 MdHR 18112 ff. 277-278 10 Nov. 1828.
Mckinley, William. Ireland. NATN. Arrived in US 3 yrs. prior to age 21. Res. US for 5 yrs., including 3 of minority. Res. MD over 1 yr. Wits: Thomas B. Gaither and James Sefford. O&RA to the Queen of the UK. BC Ct. (Nat. Rcd. of Minors) 3 1845-1851 MSA C237-3 MdHR 18114-1 f. 98 5 Oct. 1847.
McKinley, Mathew. Ireland. NATN. Arrived in US 3 yrs. prior to age 21. Res. US for 5 yrs., including 3 of minority. Res. MD over 1 yr. Wits: Michael Galager and Robert McKinley. O&RA to the Queen of the UK. BC Ct. (Nat. Rcd. of Minors) 3 1845-1851 MSA C237-3 MdHR 18114-1 f. 199 6 Nov. 1848.
McKinley, Robert. Ireland. NATN. Decl. intent in US Dist. Ct. 30 Sept. 1844. Wits: Edward McClellan and Henry Hush. O&RA to the Queen of the UK. BC Ct. (Nat. Rcd.) 9 1845-1848 MSA C229-1 MdHR 18119 f. 782 4 Nov. 1848.
McKiterick, Michael. Ireland. NATN. Decl. intent in BC Ct. 28 Feb. 1839. Wits: William Gough and Owen Mulhair. BA Ct. (Nat. Dkt.) 1 1796-1851 MSA C389-1 MdHR 18106 f. 255 13 Oct. 1846.
McKitrick, Michael. Ireland. NATN. Decl. intent in BC Ct. 23 Feb. 1844. Wits: William Gough and Owen Mulhair. O&RA to the Queen of the UK. BA Ct. (Nat. Rcd.) 4 1846-1851 MSA C391-2 MdHR 18109 f. 76 13 Oct. 1846.
McKitrick, Michael. Ireland. DI. BC Ct. (Dkt&Mins) 1839 MSA C184-6 MdHR 16663 f. 9 23 Feb. 1839.
McKitrick, Thomas. Ireland. DI. Res. BC. BC Ct. (Dkt&Mins) 1839 MSA C184-6 MdHR 16663 f. 9 23 Feb. 1839.
McKittrick, Philip. Ireland. NATN. Born in Co. of Monahan. Decl. intent in Ct. of Common Pleas, Lancaster Co., Pennsylvania 22 Aug. 1823. Wits: John Yates and Patrick O'Conner. BA Ct. (Nat. Dkt.) 1 1796-1851 MSA C389-1 MdHR 18106 f. 132 15 Sept. 1828.
McKlima, Edward. Ireland. DI. BC Ct. (Dkt&Mins) 1847 MSA C184-10 MdHR 16667 f. 37 5 Oct. 1847.
McKnight, James. Ireland. DI. BA Ct. (Minutes) 1827-1830 MSA C386-13 MdHR 14391 f. 161 16 Sept. 1828.
McKnight, James. Ireland. NATN. Res. BC. Decl. intent in BA Ct. 16 Sept. 1828. Wits: James O'Neal and Felix McCaffrey. O&RA to the King of UK. BC Ct. (Nat. Rcd. of Minors) 1827-1832 MSA C237-1 MdHR 18112 ff. 381-382 9 Sept. 1831.
McKowan, Archibald. Ireland. NATN. Born in Co. of Armargh. Decl. intent in US Dist. Ct. 7 Mar. 1821. Wits: Neal Nugent and Thomas Campbell. Certificate and report filed. BA Ct. (Nat. Dkt.) 1 1796-1851 MSA C389-1 MdHR 18106 f. 82 1 Oct. 1824.
McKraken, John. Ireland. DI. BA Ct. (Minutes) 1822-1826 MSA C386-12 MdHR 14386 f. 435 23 Sept. 1826.
McKrakin, John. Ireland. NATN. Born in Co. of Antrim. Decl. intent in BA Ct. 3rd Monday of Sept. 1826. Wits: John Hodgkinson and William Bartlett. BA Ct. (Nat. Dkt.) 1 1796-1851 MSA C389-1 MdHR 18106 f. 130 15 Sept. 1828.
McKuen, John. Ireland. DI. BA Ct. (Minutes) 1827-1830 MSA C386-13 MdHR 14391 f. 161 4 Oct. 1828.
McKuen, Peter. Ireland. NATN. Born in Co. of Armagh. Arrived in the US 3 yrs. prior to age 21. Decl. intent in open Ct. Wits: John McKuen and Archibald McKuen. BA Ct. (Nat. Dkt.) 1 1796-1851 MSA C389-1 MdHR 18106 f. 116 25 Sept. 1827.

McKune, Peter. Ireland. Noted as age 22. Noted by Ct. as a minor. Born in Co. of Armagh. Arrived in BC Jan. 1821. Res. BC. Wits: John McKuen and Archibald McKuen. BA Ct. Misc. Ct. Papers) MSA C1-64 MdHR 50206-825 1827 item 372 25 Sept. 1827.

McKune, Thomas. Ireland. Report and registration. Noted as age 23. Born in Co. of Armagh. Arrived in BC July 1821. Res. BC. Wits: John McKune and Archibald McKune. BA Ct. (Misc. Ct. Papers) MSA C1-64 MdHR 50206-825 1827 item 373 25 Sept. 1827.

McKvain/McIlvain, Donald. Scotland. DI. BA Ct. (Minutes) 1822-1826 MSA C386-12 MdHr 14386 f. 195 31 Mar. 1824.

McLanahan, Patrick. Ireland. NATN. Decl. intent in open ct. Arrived in US 3 yrs. prior to age 21. Born in Co. of Tyrone. Wits: Owen Donoho and James McLanahan. BA Ct. (Nat. Dkt.) 1 1796-1851 MSA C389-1 MdHR 18106 f. 177 2 Sept. 1834.

McLanahan, Patrick. Ireland. NATN. Decl. intent in open ct. Arrived in US 3 yrs. prior to age 21. Res. US for 5 yrs., including 3 of minority. Res. MD over 1 yr. Res. BC. Wits: Owen Donoho and James McLanahan. O&RA to the King of UK. BA Ct. (Nat. Rcd.) 2 1832-1846 MSA C391-1 MdHR 18108 ff. 18-19 2 Sept. 1834.

McLane, Donald. Scotland. NATN. Decl. intent in BA Ct. 14 Jan. 1835. Res. BC. Wits: William McLane and James McLane. O&RA to the Queen of the UK. BA Ct. (Nat. Rcd.) 2 1832-1846 MSA C391-1 MdHR 18108 ff. 88-89 1 Sept. 1841.

McLane, Donald. Scotland. NATN. Decl. intent in BA Ct. 14 Jan. 1835. Wits: William McLane and James McLane. BA Ct. (Nat. Dkt.) 1 1796-1851 MSA C389-1 MdHR 18106 f. 207 1 Sept. 1841.

McLane, Donald. Scotland. DI. BA Ct. (Minutes, Rough) 1832-1835 MSA C420-1 MdHR 14396-2 f. 305 14 Jan. 1835.

McLane, Donald. Scotland. DI. BA Ct. (Minutes) 1832-1838 MSA C386 MdHR 14403 f. 136 14 Jan. 1835.

McLane, Oswald. Scotland. DI. BA Ct. (Minutes) 1832-1838 MSA C386 MdHR 14403 f. 136 14 Jan. 1835.

McLaney, Patrick. Ireland. NATN. Decl. intent in US Dist. Ct. 8 June 1832. Res. BC. Wits: Walter Frazier and Peter Dempsey. O&RA to the King of UK. BC Ct. (Nat. Rcd. of Minors) 2 1832-1836 MSA C237-2 MdHR 18113 ff. 109-110 1 Oct. 1834.

McLaughlin, Anthony. Ireland. NATN. Decl. intent in King's Co. (NY) Ct. 4 Nov. 1836. Wits: Matthew Kane and Richard Garrett. O&RA to the Queen of the UK. BC Ct. (Nat. Rcd.) 9 1845-1848 MSA C229-1 MdHR 18119 f. 102 3 Oct. 1846.

McLaughlin, James. Ireland. NATN. Decl. intent in US Circ. Ct. 22 Aug. 1849. Wits: James Donnelly and John B. Dalton. BA Ct. (Nat. Dkt.) 1 1796-1851 MSA C389-1 MdHR 18106 f. 381 29 Sept. 1851.

McLaughlin, James. Ireland. NATN. Decl. intent in US Circ. Ct. 22 Aug. 1849. Wits: James Donnelly and John B. Dalton. O&RA to the Queen of the UK. BA Ct. (Nat. Rcd.) 4 1846-1851 MSA C391-2 MdHR 18109 f. 368 29 Sept. 1851.

McLaughlin, Thomas. Ireland. NATN. Decl. intent in Ct. of the City and Co. of Philadelphia 18 June 1844. Wits: Thomas Young and Michael Duffy. O&RA to the Queen of the UK. BC Ct. (Nat. Rcd.) 9 1845-1848 MSA C229-1 MdHR 18119 f. 103 3 Oct. 1846.

McLean, Arthur. England. NATN. Res. BC. Arrived in the US 3 yrs. prior to age 21. Res. US for 5 yrs., including 3 of minority. Res. MD for 1 yr. Witness: Laurence Laughlan. O&RA to the King of UK. BC Ct. (Nat. Rcd. of Minors) 1 1827-1832 MSA C237-1 MdHR 18112 ff. 247-248 8 Nov. 1828.

McLean, Daniel. Scotland. NATN. Arrived in US 3 yrs. prior to age 21. Res. US for 5 yrs., including 3 of minority. Res. MD over 1 yr. Wits: Stewart Chambers and Allen Atkinson. O&RA to the Queen of the UK. BC Ct. (Nat. Rcd. of Minors) 3 1845-1851 MSA C237-3 MdHR 18114-1 f. 142 10 Oct. 1848.
McLean, William. Scotland. DI. Res. BC. BC Ct. (Dkt&Mins) 1839 MSA C184-6 MdHR 16663 f. 33 10 Sept. 1839.
McLean, William. Ireland. DI. BA Ct. (Minutes, Rough) 1836-1844 MSA C420-2 MdHR 14398 f. 103 28 Nov. 1838.
McLean, William. Scotland. DI. Res. BC. BC Ct. (Dkt&Mins) 1839 MSA C184-6 MdHR 16663 f. 33 10 Sept. 1839.
McMahon, Henry. Ireland. NATN. Decl. intent in US Dist. Ct. 22 Oct. 1844. Wits: James Callan and John A. McGuire. O&RA to the Queen of the UK. BC Ct. (Nat. Rcd.) 9 1845-1848 MSA C229-1 MdHR 18119 f. 656 10 Oct. 1848.
McMahon, James. Ireland. NATN. Decl. intent in US Circ. Ct. 3 Oct. 1834. Res. BC. Wits: John McKeener and John Mathias. O&RA to the King of UK. BC Ct. (Nat. Rcd. of Minors) 2 1832-1836 MSA C237-2 MdHR 18113 ff. 216-217 3 Oct. 1836.
McMahon, John. Ireland. NATN. Decl. intent in US Dist. Ct. 27 Oct. 1844. Wits: Patrick Doyle and John Gunn. O&RA to the Queen of the UK. BC Ct. (Nat. Rcd.) 9 1845-1848 MSA C229-1 MdHR 18119 f. 717 28 Oct. 1848.
McMahon, Patrick Henry. Ireland. NATN. Decl. intent in open ct. Arrived in US 3 yrs. prior to age 21. Res. US for 5 yrs., including 3 of minority. Res. MD over 1 yr. Res. BC. Wits: Nicholas U. Chaffee and William W. Carter. O&RA to the King of UK. BC Ct. (Nat. Rcd. of Minors) 2 1832-1836 MSA C237-2 MdHR 18113 ff. 95-96 20 Sept. 1834.
McMahon, Thomas. Ireland. DI. BC Ct. (Dkt&Mins) 1840 MSA C184-7 MdHR 16664 f. 35 21 Sept. 1840.
McManus, Alexander. Ireland. DI. BA Ct. (Minutes) 1822-1826 MSA C386-12 MdHR 14386 f. 335 2 May 1825.
McManus, Alexander. Ireland. NATN. Born in Co. of Down. Decl. intent in BA Ct. 2 May 1825. Wits: William Munce and Bartholomew Downey. BA Ct. (Nat. Dkt.) 1 1796-1851 MSA C389-1 MdHR 18106 f. 142 4 Oct. 1828.
McManus, Charles. Ireland. DI. BA Ct. (Minutes) 1822-1826 MSA C386-12 MdHR 14386 f. 436 20 Sept. 1826.
McManus, Charles. Ireland. NATN. Res. BC. Decl. intent in BA Ct. 20 Sept. 1828. Wits: John McGee and Robert Starke. O&RA to the King of UK. BC Ct. (Nat. Rcd. of Minors) 1 1827-1832 MSA C237-1 MdHR 18112 ff. 79-80 20 Sept. 1828.
McManus, Thomas. Ireland. NATN. Decl. intent in Alleghany Co. Ct. 12 Oct. 1840. Wits: Patrick Cain and Philip Riley. O&RA to the Queen of the UK. BA Ct. (Nat. Rcd.) 4 1846-1851 MSA C391-2 MdHR 18109 f. 29 6 Oct. 1846.
McManus, Thomas. Ireland. NATN. Decl. intent in Allegany Co. Ct. 12 Oct. 1840. Wits: Patrick Cain and Philip Riley. BA Ct. (Nat. Dkt.) 1 1796-1851 MSA C389-1 MdHR 18106 f. 240 6 Oct. 1846.
McMechen, Thomas. Ireland. NATN. Born in Co. of West Maid (?). Arrived in the US prior to 18 June 1812. Wits: John Bush and Jacob Counselman. BA Ct. (Nat. Dkt.) 1 1796-1851 MSA C389-1 MdHR 18106 f. 141 4 Oct. 1828.
McMillan, John. Ireland. DI. BA Ct. (Minutes) 1822-1826 MSA C386-12 MdHR 14386 f. 335 5 Oct. 1825. Tepper, p. 441.
McMillan, John. Ireland. NATN. Born in Co. of Down. Decl. intent in BA Ct. 3rd Monday in Sept. 1825. Wits: William McClain and Charles W. McClain. BA Ct. (Nat. Dkt.) 1 1796-1851 MSA C389-1 MdHR 18106 f. 130 15 Sept. 1828. Tepper, p. 441.
McMillen, John. Ireland. NATN. Decl. intent in US Circ. Ct. 30 Sept. 1844. Wits: Thomas McCann and Edward McGran. O&RA to the Queen of the UK.

BA Ct. (Nat. Rcd.) 4 1846-1851 MSA C391-2 MdHR 18109 f, 40 6 Oct. 1846.
McMillen, John. Ireland. NATN. Decl. intent in US Circ. Ct. 30 Sept. 1844. Wits: Thomas McCann and Edward McGraw. BA Ct. (Nat. Dkt.) 1 1796-1851 MSA C389-1 MdHR 18106 f. 244 6 Oct. 1846.
McMillen, Thomas. Ireland. NATN. Res. BC. Res. US 14 April 1802 - 18 June 1812. Wits: William Musgrave and William McMillen. O&RA to the King of UK. BC Ct. (Nat. Rcd. of Minors) 1 1827-1832 MSA C237-1 MdHR 18112 ff. 184-185 16 Oct. 1828.
McMillen, William. Ireland. NATN. Res. BC. Res. US 14 April 1802 - 18 June 1812. Wits: William Musgrave and Samuel Carnes. O&RA to the King of UK. BC Ct. (Nat. Rcd. of Minors) 1 1827-1832 MSA C237-1 MdHR 18112 ff. 183-184 16 Oct. 1828.
McMines, John. Ireland. NATN. Decl. intent in US Dist. Ct. 24 Sept. 1844. Wits: John Carr and James Twaddle. O&RA to the Queen of the UK. BC Ct. (Nat. Rcd.) 9 1845-1848 MSA C229-1 MdHR 18119 f. 120 5 Oct. 1846.
McNally, James. Ireland. NATN. Decl. intent in BA Ct. 24 Sept. 1834. Res. BC. Wits: William Rieside and Mark Hagan. O&RA to the King of UK. BC Ct. (Nat. Rcd. of Minors) 2 1832-1836 MSA C237-2 MdHR 18113 ff. 192-193 24 Sept. 1836.
McNally, Michael Rogerson. Ireland. DI. BA Ct. (Minutes, Rough) 1836-1844 MSA C420-2 MdHR 14398 f. 7 16 Feb. 1836.
McNally, Patrick. Ireland. DI. BA Ct. (Minutes) 1832-1838 MSA C386-15 MdHR 14403 f. 124 16 Oct. 1834.
McNally, Patrick. Ireland. NATN. Decl. intent in Frederick Co. Ct. 21 May 1832. Wits: John Farmer and Patrick Hughes. BA Ct. (Nat. Dkt.) 1 1796-1851 MSA C389-1 MdHR 18106 f. 181 25 May 1835.
McNally, William. Ireland. DI. Res. BC. BC Ct. (Dkt&Mins) 1846 MSA C184-9 MdHR 16666 f. 38 22 Sept. 1846.
McNally, William. Scotland. NATN. Decl. intent in BC Ct. 22 Sept. 1846. Wits: William Gray and Luther Temanus. O&RA to the Queen of the UK. BC Ct. (Nat. Rcd.) 9 1845-1848 MSA C229-1 MdHR 18119 f. 532 29 Sept. 1848.
McNamee, James. Ireland. NATN. Decl. intent in BC Ct. 14 Aug. 1843. Wits: Michael Moan and Francis O'Neill. O&RA to the Queen of the UK. BA Ct. (Nat. Rcd.) 4 1846-1851 MSA C391-2 MdHR 18109 f. 48 10 Oct. 1846.
McNamee, James. Ireland. NATN. Decl. intent in BC Ct. 11 Aug. 1843. Wits: Michael Moan and Francis O'Neill. BA Ct. (Nat. Dkt.) 1 1796-1851 MSA C389-1 MdHR 18106 f. 247 10 Oct. 1846.
McNamee, John. Ireland. NATN. Arrived in US under age 18. Wits: William Cashman and Samuel S. Logan. BA Ct. (Nat. Dkt.) 1 1796-1851 MSA C389-1 MdHR 18106 f. 301 5 Oct. 1847.
McNamee, John. Ireland. NATN. Arrived in US 3 yrs. prior to age 21. Res. US for 5 yrs., including 3 of minority. Res. MD over 1 yr. Wits: William Cashman and Samuel L. Logan. O&RA to the Queen of the UK. BA Ct. (Nat. Rcd. of Minors) 3 1846-1851 MSA C392-1 MdHR 18110 f. 37 5 Oct. 1847.
McNeal, Daniel. Great Britain. BA Ct. (Nat. Dkt.) 1 1796-1851 MSA C389-1 MdHR 18106 f. 20 #400 24 June 1802. Barnes, p. 64.
McNeal, James Jr. Ireland. DI. BA Ct. (Minutes) 1810-1814 MSA C386-10 MdHR 14376 f. 188 7 May 1812
McNeal, Matthew. Ireland. NATN. Decl. intent in US Dist. Ct. 1 Aug. 1846. Wits: William Bailey and Jacob Fifes. O&RA to the Queen of the UK. BC Ct. (Nat. Rcd.) 9 1845-1848 MSA C229-1 MdHR 18119 f. 840 6 Nov. 1848.
McNeice, Thomas. Ireland. NATN. Decl. intent in US Circ. Ct. 17 Sept. 1844. Wits: Owen Donnelly and William Donnelly. BA Ct. (Nat. Dkt.) 1 1796-1851 MSA C389-1 MdHR 18106 f. 312 5 Oct. 1847.
McNevan, Martin. Ireland. NATN. Decl. intent in Allegany Co. Ct. 19 Oct. 1839. Wits: Daniel Shannon and Patrick Doyle. O&RA to the Queen of the UK. BC Ct. (Nat. Rcd.) 9 1845-1848 MSA C229-1 MdHR 18119 f. 452 4 Oct. 1847.

McNicoll, Daniel. Ireland. NATN. Decl. intent in US Dist. Ct. 22 Aug. 1843.
Wits: John Mallone and James Price. O&RA to the Queen of the UK. BC Ct.
(Nat. Rcd.) 9 1845-1848 MSA C229-1 MdHR 18119 f. 708 24 Oct. 1848.
McNiece, Thomas. Ireland. NATN. Decl. intent in US Circ. Ct. 17 Sept. 1844.
Wits: Owen Donnelly and William Donnelly. O&RA to the Queen of the UK.
BA Ct. (Nat. Rcd.) 4 1846-1851 MSA C391-2 MdHR 18109 f. 211 5 Oct. 1847.
McNully, James. Ireland. DI. BA Ct. (Minutes, Rough) 1832-1835 MSA C420-1 MdHR 14396-2 f. 281 24 Sept. 1834.
McNully, William. Ireland. DI. BA Ct. (Minutes) 1832-1838 MSA C386 MdHR 14403 f. 118 24 Sept. 1834.
McNulty, Neal. Ireland. NATN. Decl. intent in US Dist. Ct. 7 Oct. 1843. Wits: John Harp and Thomas P. Davis. O&RA to the Queen of the UK. BC Ct.
(Nat. Rcd.) 9 1845-1848 MSA C229-1 MdHR 18119 f. 343 4 Oct. 1847.
McNulty, Patrick. Ireland. BA Ct. (Nat. Dkt.) 1 1796-1851 MSA C389-1 MdHR 18106 f. 39 #774 20 May 1810.
McPherson, John. Ireland. DI. BA Ct. (Minutes) 1815-1820 MSA C386-11 MdHR 14381 f. 116 21 Oct. 1816.
McPherson, Samuel. Ireland. DI. BA Ct. (Minutes) 1822-1826 MSA C386-12 MdHR 14386 f. 215 21 Sept. 1824.
McPherson, Samuel. Ireland. DI. Wits: John McKennell and James McIlhenny. BA Ct. (Misc. Ct. Papers) MSA C1-57 MdHR 50206-757 1823 item 386 21 Sept. 1824.
McPherson, Samuel. Ireland. Report and registration. Noted as age 22. Born in Co. of Antrim. Arrived in East Port July 1821. Res. BC. BA Ct. (Misc. Ct. Papers) MSA C1-57 MdHR 50206-757 1823 unnumbered item 20 Sept. 1824.
McPherson, Samuel. Ireland. NATN. Born in Co. of Antrim. Decl. intent in BA Ct. the 3rd Monday of Sept. 1824. Wits: John McKinnel and James McIlhenney. BA Ct. (Nat. Dkt.) 1 1796-1851 MSA C389-1 MdHR 18106 f. 104 20 Sept. 1826.
McPherson, William. Scotland. DI. BA Ct. (Minutes) 1827-1830 MSA C386-13 MdHR 14391 f. 78 17 Sept. 1827. See also Scots, p. 105.
McPhillips, James. Ireland. NATN. Decl. intent in US Circ. Ct. 23 Sept. 1844.
Wits: Thomas Caffrey and Philip McIntire. O&RA to the Queen of the UK.
BA Ct. (Nat. Rcd.) 4 1846-1851 MSA C391-2 MdHR 18109 f. 132 13 Oct. 1846.
McPhillips, James. Ireland. NATN. Decl. intent in US Circ. Ct. 23 Sept. 1844.
Wits: Thomas Caffrey and Philip McIntee. BA Ct. (Nat. Dkt.) 1 1796-1851 MSA C389-1 MdHR 18106 f. 273 13 Oct. 1846.
McQuin, William. England. BA Ct. (Nat. Dkt.) 1 1796-1851 MSA C389-1 MdHR 18106 f. 12 #249 18 Jan. 1798. Barnes, p. 62.
McQuinn, John. Ireland. NATN. Born in Co. of Wexford. Decl. intent in BC Ct. 5 June 1818. Witness: John Mackey. Certificate and report filed. BA Ct. (Nat. Dkt.) 1 1796-1851 MSA C389-1 MdHR 18106 f. 54 29 Sept. 1821.
McQuinn, Michael. Ireland. DI. BC Ct. (Dkt&Mins) 1830 MSA C184-5 MdHR 16662 f. 38 25 Sept. 1830.
McQuinn, William. Ireland. DI. BC Ct. (Dkt&Mins) 1830 MSA C184-5 MdHR 16662 f. 38 25 Sept. 1830.
McQuinn, William. Ireland. NATN. Decl. intent in BC Ct. the 1st Monday of June 1830. Born in Co. of Wexford. Wits: John Walsh and Thomas Parkin Scott. BA Ct. (Nat. Dkt.) 1 1796-1851 MSA C389-1 MdHR 18106 f. 174 17 Sept. 1833.
McQuinn, William. Ireland. NATN. Decl. intent in BC Ct. the 1st Monday of June 1830. Res. BC. Wits: John Welsh and Thomas Parken Scott. O&RA to the King of UK. BA Ct. (Nat. Rcd.) 2 832-1846 MSA C391-1 MdHR 18108 f. 12 17 Sept. 1833.
McQuley, John. Scotland. NATN. Decl. intent in US Dist. Ct. 9 Oct. 1848.
Wits: W. P. H. Worthington and Washington Brown. O&RA to the Queen of

the UK. BC Ct. (Nat. Rcd.) 10 1849-1851 MSA C229-2 MdHR 18120 f. 290 29 Sept. 1851.
McQuown, William. Ireland. NATN. Decl. intent in open ct. Arrived in US 3 yrs. prior to age 21. Res. US for 5 yrs., including 3 of minority. Res. MD over 1 yr. Res. BC. Wits: Peter Mullen and Richard McAleese. O&RA to the King of UK. BC Ct. (Nat. Rcd. of Minors) 2 1832-1836 MSA C237-2 MdHR 18113 f. 53 6 Nov. 1832.
McRae, Garvin. Scotland. NATN. Decl. intent in US Dist. Ct. 6 Sept. 1843. Witness: Alexander Hopkins. O&RA to the Queen of the UK. BC Ct. (Nat. Rcd.) 9 1845-1848 MSA C229-1 MdHR 18119 f. 24 30 Sept. 1845.
McRee, Alexander. Ireland. DI. BC Ct. (Dkt&Mins) 1846 MSA C184-9 MdHR 16666 f. 43 28 Oct. 1846.
McRoberts, John. Ireland. DI. Res. BC. BC Ct. (Dkt&Mins) 1840 MSA C184-7 MdHR 16664 f. 49 31 Oct. 1840.
McShane, Barney. Ireland. NATN. Decl. intent in US Dist. Ct. 14 June 1844. Wits: Henry Woods and Patrick Woods. O&RA to the Queen of the UK. BC Ct. (Nat. Rcd.) 9 1845-1848 MSA C229-1 MdHR 18119 f. 111 5 Oct. 1846.
McShaw, James. Ireland. NATN. Decl. intent in US Dist. Ct. 1 Oct. 1840. Wits: George L. Wimmell and Thomas Quinn. BA Ct. (Nat. Dkt.) 1 1796-1851 MSA C389-1 MdHR 18106 f. 213 4 Oct. 1842.
McSoarley, Patrick. Ireland. NATN. Res. BC. Decl. intent in US Circ. Ct. 4 Oct. 1828. Wits: Maurice Fitzgibbon and Thomas Oakley. O&RA to the King of UK. BC Ct. (Nat. Rcd. of Minors) 1 1827-1832 MSA C237-1 MdHR 18112 ff. 356-357 4 Oct. 1830.
McStoker, Thomas. Ireland. NATN. Arrived in US 3 yrs. prior to age 21. Res. US for 5 yrs., including 3 of minority. Res. MD over 1 yr. Witness: William Wardenburg. O&RA to the Queen of the UK. BC Ct. (Nat. Rcd. of Minors) 3 1845-1851 MSA C237-3 MdHR 18114-1 f. 316 29 Oct. 1851.
McTaggart, James. Ireland. NATN. Decl. intent in BC Ct. 30 Sept. 1844. Wits: John E. Hill and James McTaggart. O&RA to the Queen of the UK. BC Ct. (Nat. Rcd.) 9 1845-1848 MSA C229-1 MdHR 18119 f. 299 30 Sept. 1847.
McWade, James. Ireland. NATN. Decl. intent in US Dist. Ct. 31 July 1843. Wits: James Goodwin and Barney Trainer. O&RA to the Queen of the UK. BA Ct. (Nat. Rcd.) 4 1846-1851 MS C391-2 MdHR 18109 f. 6 5 Oct. 1846.
McWerter, Archibald. Ireland. NATN. Decl. intent in US Dist. Ct. 6 Nov. 1848. Wits: Joseph Thompson and George Chichester. O&RA to the Queen of the UK. BC Ct. (Nat. Rcd.) 10 1849-1851 MSA C229-2 MdHR 18120 f. 286 27 Sept. 1851.
McWhinney, James. Ireland. NATN. Arrived in US 3 yrs. prior to age 21. Res. US for 5 yrs., including 3 of minority. Res. MD over 1 yr. Wits: Arthur Adams and David McWhinney. O&RA to the Queen of the UK. BC Ct. (Nat. Rcd. of Minors) 3 1845-1851 MSA C237-3 MdHR 18114-1 f. 338 4 Nov. 1851.
McWhirter, John. Ireland. DI. BC Ct. (Dkt&Mins) 1840 MSA C184-7 MdHR 16664 f. 37 2 Oct. 1840.
McWilliam, William A. Ireland. NATN. Arrived in US 3 yrs. prior to age 21. Res. US for 5 yrs., including 3 of minority. Res. MD over 1 yr. Wits: William Lanahan and Thomas Tennant. O&RA to the Queen of the UK. BA Ct. (Nat. Rcd. of Minors) 3 1846-1851 MSA C237-3 MdHR 18114-1 f. 19 13 Oct. 1846.
McWilliams, Edward. Ireland. NATN. Decl. intent in BC Ct. 9 Dec. 1842. Wits: Anthony Jackman (?) and Robert McWilliams. O&RA to the Queen of the UK. BC Ct. (Nat. Rcd.) 9 1845-1848 MSA C229-1 MdHR 18119 f. 290 29 Sept. 1847.
McWilliams, John. Ireland. NATN. Decl. intent in US Circ. Ct. 6 April 1832. Res. BC. Wits: William Brown and William Tucker. O&RA to the King of UK. BC Ct. (Nat. Rcd. of Minors) 2 1832-1836 MSA C237-2 MdHR 18113 f. 181 3 Feb. 1836.

McWilliams, William A. Ireland. NATN. Arrived in US under age 18. Wits: William Lanahan and Thomas Tennant. BA Ct. (Nat. Dkt.) 1 1796-1851 MSA C389-1 MdHR 18106 f. 291 13 Oct. 1846.

McWilliams, William. Ireland. NATN. Decl. intent in US Circ. Ct. 9 Sept. 1844. Wits: James Trainer and William Carroll. BA Ct. (Nat. Dkt.) 1 1796-1851 MSA C389-1 MdHR 18106 f. 248 10 Oct. 1846.

McWilliams, William. Ireland. NATN. Decl. intent in US Circ. Ct. 9 Sept. 1844. Wits: James Trainer and William Carroll. O&RA to the Queen of the UK. BA Ct. (Nat. Rcd.) 4 1846-1851 MSA C391-2 MdHR 18109 f. 51 10 Oct. 1846.

Meadley, James. Ireland. DI. BC Ct. (Dkt&Mins) 1828 MSA C184-4 MdHR 16661 f. 41 30 Sept. 1828.

Mealley, James. Ireland. NATN. Decl. intent in BC Ct. 13 Sept. 1828. Res. BC. Wits: Richard Brenton and Patrick Heuitt. O&RA to the King of UK. BC Ct. (Nat. Rcd. of Minors) 2 1832-1836 MSA C237-2 MdHR 18113 ff. 65-66 9 Sept. 1833.

Mearlutze, Nicholas. Kingdom of Naples. NATN. Res. BC. Arrived in the US 3 yrs. prior to age 21. Res. US for 5 yrs., including 3 of minority. Res. MD over 1 yr. Wits: William George Read and Benjamin C. Howard. O&RA to the King of Naples. BC Ct. (Nat. Rcd. of Minors) 1 1827-1832 MSA C237-1 MdHR 18112 ff. 341-342 4 Oct. 1830.

Mechan, Christian. Saxony. NATN. Decl. intent in US Circ. Ct. 22 July 1844. Wits: Henry Ribertz and Gerhard A. Lybertz. O&RA to the King of Saxony. BA Ct. (Nat. Rcd.) 4 1846-1851 MSA C391-2 MdHR 18109 f. 128 13 Oct. 1846.

Mechan, Christian. Saxony. NATN. Decl. intent in US Circ. Ct. 22 July 1844. Wits: Henry Rebertz and Gerhard A. Sybertz. BA Ct. (Nat. Dkt.) 1 1796-1851 MSA C389-1 MdHR 18106 f. 272 13 Oct. 1846.

Medai, Charles. Hanover. NATN. Decl. intent in BC Ct. 8 Oct. 1844. Wits: Edward Pagell and Frederick Williams. O&RA to the King of Hanover. BA Ct. (Nat. Rcd.) 4 1846-1851 MSA C391-2 MdHR 18109 f. 81 13 Oct. 1846.

Medden, John M. Germany. DI. Res. BC. Ren. alleg. to the Emperor of Germany. BC Ct. of O&T&GD (Dkt&Mins) 1812 MSA C183-7 MdHR 16655 f. 47 25 Aug. 1812.

Meddinger, Christopher A. Wurtemburg. NATN. Born in village of Staten. Decl. intent in US Dist. Ct. 9 Mar. 1821. Wits: Nicholas Smith and Israel Meddinger. Certificate and report filed. BA Ct. (Nat. Dkt.) 1 1796-1851 MSA C389-1 MdHR 18106 f. 85 2 Oct. 1824.

Meddinger, Israel. Wurtemburg. NATN. Born in village of Staten. Decl. intent in US Dist. Ct. 9 Mar. 1821. Wits: Nicholas Smith and Christopher A. Meddinger. Certificate and report filed. BA Ct. (Nat. Dkt.) 1 1796-1851 MSA C389-1 MdHR 18106 f. 84 2 Oct. 1824.

Medinger, Gotleib (Spelled as "Gotilieb" in 1850 Census). F. Wurtemburg. NATN. Res. BC. Arrived in the US 3 yrs. prior to age 21. Res. US for 5 yrs., including 3 of minority. Profession: Butcher (1850 Census). Wits: Philip Muth and Adam Weimyer. O&RA to the King of Wurtemburg. BC Ct. (Nat. Rcd. of Minors) 1 1827-1832 MSA C237-1 MdHR 18112 ff. 77-78 20 Sept. 1828.

Medinger, Gottlieb F. Wurtemburg. DI. BA Ct. (Minutes) 1822-1826 MSA C386-12 MdHR 14386 f. 435 3 Oct. 1826.

Medinger, Jacob. Wurtemburg. Decl. intent in Ct. of Common Pleas, Lancaster Co. Pennsylvania. Wits: Christoph Medinger and (?) Medinger. BA Ct. (Misc. Ct. Papers) MSA C1-57 MdHR 50206-757 1823 item 387 31 Aug. 1824.

Medinger, Jacob. Wurtemburg. Report and registration. Filed in Ct. of Common Pleas, Lancaster Co. Pennsylvania. Noted as age 28. Emigrated from Wurtemburg May 1816; arrived in Philadelphia Sept. 1816. Declares intent to reside in Lancaster Co. Profession: Laborer. BA Ct. (Misc. Ct. Papers) MSA C1-57 MdHR 50206-757 1823 unnumbered item 31 Aug. 1824.

Medinger/Meddinger, Jacob. Wurtemburg. Decl. intent in Ct. of Common Pleas, Lancaster Co., PA. 31 Aug. 1824. Wits: Christoph(er) A. Medinger and Israel Medinger. BA Ct. (Nat. Dkt.) 1 1796-1851 MSA C389-1 MdHR 18106 f. 110 23 Sept. 1826

Medler, John G. Austrian Empire. NATN. Born in Ettinger. Decl. intent in BA Ct. of O&T&GD 25 Aug. 1812. Wits: R. H. Moale and John Allen. BA Ct. (Nat. Dkt.) 1 1796-1851 MSA C389-1 MdHR 18106 f. 54 29 Sept. 1821.

Megri, Vincent. Malta. NATN. Res. BC. Res. US 14 April 1802 - 18 June 1812. Wits: Edward Garraud and Francis Deloste. Takes oath. BC Ct. (Nat. Rcd. of Minors) 1 1827-1832 MSA C237-1 MdHR 18112 ff. 207-208 3 Nov. 1828.

Meier, Conrad. Grand Dutchy of Hesse-Darmstadt. NATN. Decl. intent in US Circ. Ct. 4 Sept. 1844. Wits: Theodore Munch and Philip Weiggner. BA Ct. (Nat. Dkt.) 1 1796-1851 MSA C389-1 MdHR 18106 f. 272 13 Oct. 1846.

Meier, Conrad. Grand Dutchy of Hesse-Darmstadt. NATN. Decl. intent in US Circ. Ct. 4 Sept. 1844. Wits: Theodore Munch and Philip Weigger. O&RA to the Grand Duke of Hesse-Darmstadt. BA Ct. (Nat. Rcd.) 4 1846-1851 MSA C391-2 MdHR 18109 f. 127 13 Oct. 1846.

Meier, Nathan. Bavaria. NATN. Decl. intent in US Dist. Ct. 7 Sept. 1844. Wits: Aaron Scheidling and Julius Stiefel. O&RA to the King of Bavaria. BC Ct. (Nat. Rcd.) 10 1849-1851 MSA C229-2 MdHr 18120 f. 18 29 Sept. 1849.

Mein, Henry Gustav. Hanover. DI. BC Ct. (Dkt&Mins) 1849 MSA C184-11 MdHR 16668 f. 9 29 Mar. 1849.

Meise, Henry. Electorate of Hesse-Cassel. NATN. Decl. intent in US Dist. Ct. 28 Sept. 1846. Wits: William Link and Frederick Schwartz. O&RA to the Elector of Hesse-Cassel. BC Ct. (Nat. Rcd.) 9 1845-1848 MSA C229-1 MdHR 18119 f. 565 3 Oct. 1848.

Meissner, John. Grand Dutchy of Hesse-Darmstadt. DI. BC Ct. (Dkt&Mins) 1840 MSA C184-7 MdHR 16664 f. 37 30 Sept. 1840.

Meister, George. Germany. NATN. Decl. intent in Allegany Co. Ct. 21 Nov. 1844. Wits: William Lenhardt and Philip Walker. O&RA to the Emperor of Germany. BC Ct. (Nat. Rcd.) 9 1845-1848 MSA C229-1 MdHR 18119 f. 447 4 Oct. 1847.

Melcher, Charles. Prussia. NATN. Arrived in US 3 yrs. prior to age 21. Res. US for 5 yrs., including 3 of minority. Res. MD over 1 yr. Wits: Thomas Watson and William McCorrley. O&RA to the King of Prussia. BA Ct. (Nat. Rcd. of Minors) 3 1846-1851 MSA C392-1 MdHR 18110 f. 38 5 Oct. 1847.

Melcher, Charles. Prussia. NATN. Arrived in US under age 18. Wits: Thomas Watson and William McCauley. BA Ct. (Nat. Dkt.) 1 1796-1851 MSA C389-1 MdHR 18106 f. 302 5 Oct. 1847.

Melcher, Ferdinand. Prussia. NATN. Arrived in US under age 18. Wits: John S. Biddison and Daniel Melcher. BA Ct. (Nat. Dkt.) 1 1796-1851 MSA C389-1 MdHR 18106 f. 302 5 Oct. 1847.

Melcher, Ferdinand. Prussia. NATN. Arrived in US 3 yrs. prior to age 21. Res. US for 5 yrs., including 3 of minority. Res. MD over 1 yr. Wits: John G. Biddison and Daniel Melcher. O&RA to the King of Prussia. BA Ct. (Nat. Rcd. of Minors) 3 1846-1851 MSA C392-1 MdHR 18110 f. 38 5 Oct. 1847.

Melchors, Jacob. Germany. DI. Res. BC. Ren. alleg. to the Emperor of Germany. BC Ct. of O&T&GD (Dkt&Mins) 1812 MSA C183-7 MdHR 16655 f. 43 3 Aug. 1812.

Melird/Melvid, David. Great Britain. BA Ct. (Nat. Dkt.) 1 1796-1851 MSA C389-1 MdHR 18106 f. 7 #132 21 Aug. 1797. Barnes, p. 60.

Mellon, Francis. Ireland. NATN. Decl. intent in BA Ct. 2 Dec. 1837. Wits: Joseph McCann and Stephen H. Moore. BA Ct. (Nat. Dkt.) 1 1796-1851 MSA C389-1 MdHR 18106 f. 198 30 May 1840.

Mellon, Francis. Ireland. DI. BA Ct. (Minutes, Rough) 1836-1844 MSA C420-2 MdHR 14398 f. 104 2 Dec. 1837.

Mellon, Francis. Ireland. DI. BA Ct. (Minutes) 1832-1838 MSA C386 MdHR 14403 f. 269 2 Dec. 1837.
Mellon, Francis. Ireland. NATN. Decl. intent in BA Ct. 2 Dec. 1837. Res. BC. Wits: Joseph McCann and Stephen H. Moore. O&RA to the Queen of the UK. BA Ct. (Nat. Rcd.) 2 1832-1846 MSA C391-1 MdHR 18108 f. 71 30 May 1840.
Mellon, Mark. England. NATN. Decl. intent in BA Ct. 27 Sept. 1837. Res. BC. Wits: Levi Slade and John W. Wilson. O&RA to the Queen of the UK. BA Ct. (Nat. Rcd.) 2 1832-1846 MSA C391-1 MdHR 18108 f. 72 12 June 1840.
Mellor, Augustus C. England. NATN. Born in borough of Derby. Decl. intent in Criminal Ct. for BA 21 Mar. 1816. Wits: James Boyle and John Gowan. Certificate and report filed. BA Ct. (Nat. Dkt.) 1 1796-1851 MSA C389-1 MdHR 18106 f. 84 2 Oct. 1824.
Mellor, Mark. England. DI. BA Ct. (Minutes, Rough) 1836-1844 MSA C420-2 MdHR 14398 f. 91 27 Sept. 1837.
Mellor, Mark. England. NATN. Decl. intent in BA Ct. 27 Sept. 1837. Wits: Levi Strade and John M. Wilson. BA Ct. (Nat. Dkt.) 1 1796-1851 MSA C389-1 MdHR 18106 f. 199 12 June 1840.
Melville, John. Scotland. NATN. Arrived in US 3 yrs. prior to age 21. Res. US for 5 yrs., including 3 of minority. Res. MD over 1 yr. Wits: S. Wethered and James Bragshaw. O&RA to the Queen of the UK. BC Ct. (Nat. Rcd. of Minors) 3 1845-1851 MSA C237-3 MdHR 18114-1 f. 112 2 Oct. 1848.
Mendlein, Lewis. Dutchy [Kingdom] of Wurtemburg. NATN. Decl. intent in US Circ. Ct. 5 Dec. 1848. Wits: Jacob Ruff and Gotfried Londer. O&RA to the Duke [King] of Wurtemburg. BA Ct. (Nat. Rcd.) 4 1846-1851 MSA C391-2 MdHR 18109 f. 381 7 Oct. 1851.
Mendlein, Louis. Wurtemburg. NATN. Decl. intent in US Circ. Ct. 5 Dec. 1848. Wits: Jacob Ruff and Godfried Londer. BA Ct. (Nat. Dkt.) 1 1796-1851 MSA C389-1 MdHR 18106 f. 385 25 Oct. 1851.
Menz, William Ludomus. Austrian Empire. DI. BA Ct. (Minutes, Rough) 1836-1844 MSA C420-2 MdHR 14398 f. 459 22 May 1844.
Menz, William Ladomus. Austrian Empire. DI. BA Ct. (Minutes) 1839-1846 MSA C386-16 MdHR 14404 f. 239 22 May 1844.
Meponnier (?), Francis M. Switzerland. BA Ct. (Nat. Dkt.) 1 1796-1851 MSA C389-1 MdHR 18106 f. 34 #664 13 Nov. 1806.
Meponnier, Francis. Switzerland. Report and registration. Noted as age 26. Born in Neuchatel. Arrived in BC Nov. 1818. Res. BC. Wits: John Carrese, Sr. and John Carrese, Jr. BA Ct. (Misc. Ct. Papers) MSA C1-64 MdHR 50206-825 1827 item 374.
Mepps, John George. Wurtemburg. DI. BA Ct. (Minutes) 1846-1851 MSA C386-16 MdHR 14405 f. 58 23 June 1847.
Merceret, Francis. Republic of France. NATN. Arrived in US 3 yrs. prior to age 21. Res. US for 5 yrs., including 3 of minority. Res. MD over 1 yr. Wits: Basil L. Elder and Robert C. Barry. O&RA to the Republic of France. BC Ct. (Nat. Rcd. of Minors) 31 1845-1851 MSA C237-3 MdHR 18114-1 f. 266 1 Oct. 1850.
Merceret/Mercevet, Louis. Republic of France. NATN. Arrived in US 3 yrs. prior to age 21. Res. US for 5 yrs., including 3 of minority. Res. MD over 1 yr. Wits: Basil L. elder and Robert C. Barry. O&RA to the Republic of France. BC Ct. (Nat. Rcd. of Minors) 3 1845-1851 MSA C237-3 MdHR 18114-1 f. 267 1 Oct. 1850.
Merceron, Daniel Simon. England. NATN. Decl. intent in BA Ct. 10 Sept. 1833. Res. BA. Wits: John Harlam/Haslam (?) and George Clautice. O&RA to the King of UK. BA Ct. (Nat. Rcd.) 2 1832-1846 MSA C391-1 MdHR 18108 ff. 38-39 8 April 1837.
Merceron, Daniel Simon. England. NATN. Decl. intent in BA Ct. 10 Sept. 1833.

Wits: John Haslam and George Clautice. BA Ct. (Nat. Dkt.) 1 1796-1851 MSA C389-1 MdHR 18106 f. 185 8 April 1837.
Mercerson, Daniel Simon. England. DI. BA Ct. (Minutes, Rough) 1832-1835 MSA C420-1 MdHR 14396-2 f. 200 10 Sept. 1833.
Mercevet/Merceret, Nathaniel. Republic of France. NATN. Decl. intent in US Circ. Ct. 22 Dec. 1841. Wits: Basil F. Elder and Louis Servary. O&RA to the Republic of France. BC Ct. (Nat. Rcd.) 10 1849-1851 MSA C229-2 MdHR 18120 f. 42 3 Nov. 1849.
Merefolk/Merefolt, John. Germany. BA Ct. (Nat. Dkt.) 1 1796-1851 MSA C389-1 MdHR 18106 f. 21 #423 20 december 1802. Barnes, p. 65.
Merett, Samuel F. England. DI. BA Ct. (Minutes) 1810-1814 MSA C386-10 MdHR 14376 f. 346 30 April 1814.
Merhencha, John Herman. Hanover. NATN. Decl. intent in US Circ. Ct. 16 Nov. 1844. Wits: John Huppelman and John Mussman. BA Ct. (Nat. Dkt.) 1 1796-1851 MSA C389-1 MdHR 18106 f. 313 5 Oct. 1847.
Merin, John. Austrian Empire. NATN. Decl. intent in US Dist. Ct. 17 July 1848. Wits: Baldo Ferris and John Valentine. O&RA to the Emperor of Austria. BC Ct. (Nat. Rcd.) 10 1849-1851 MSA C229-2 MdHR 18120 f. 60 26 Sept. 1850.
Merin, Michael. Ireland. NATN. Decl. intent in BC Ct. 11 Oct. 1844. Wits: Martin McNeal and Dennis Barnes. O&RA to the Queen of the UK. BC Ct. (Nat. Rcd.) 9 1845-1848 MSA C229-1 MdHR 18119 f. 516 16 Sept. 1848.
Merkencher, John Herman. Hanover. NATN. Decl. intent in US Circ. Ct. 16 Nov. 1841. Wits: John Mussman and John Huppelman. O&RA to the King of Hanover. BA Ct. (Nat. Rcd.) 4 1846-1851 MSA C391-2 MdHR 18109 f. 211 5 Oct. 1847.
Merkle, Joseph. Wurtemburg. NATN. Decl. intent in US Circ. Ct. 4 Nov. 1848. Witness: Anton Leibin. O&RA to the King of Wurtemburg. BC Ct. (Nat. Rcd.) 10 1849-1851 MSA C229-2 MdHR 18120 f. 362 31 Oct. 1851.
Merrison, Thomas. Ireland. DI. BA Ct. (Minutes, Rough) 1836-1844 MSA C420-2 MdHR 14398 f. 173 8 May 1839.
Merritt, John. Poland. NATN. Decl. intent in US Circ. Ct. 9 Nov. 1819. Wits: Jonathan Whalen and William Jenkins. Certificate and report filed. BA Ct. (Nat. Dkt.) 1 1796-1851 MSA C389-1 MdHR 18106 f. 83 1 Oct. 1824.
Merritt, John. Poland. DI. Res. BC. Ren. alleg. to "the Potentate of Poland". BC Ct. of O&T&GD (Dkt&Mins) 1816 MSA C183-9 MdHR 16657 {unpaginated} 30 July 1816.
Mersfelter, Charles. Germany. NATN. Arrived in US 3 yrs. prior to age 21. Res. US for 5 yrs., including 3 of minority. Res. MD over 1 yr. Wits: Simon Mersfelter and Mertz Welich. O&RA to the Emperor of Germany. BC Ct. (Nat. Rcd. of Minors) 3 1845-1851 MSA C237-3 MdHR 18114-1 f. 62 2 Oct. 1847.
Mertel, John. Bavaria. NATN. Decl. intent in US Circ. Ct. 6 Nov. 1848. Wits: Caspar Eichelman and John Hartlein. BA Ct. (Nat. Dkt.) 1 1796-1851 MSA C389-1 MdHR 18106 f. 387 3 Nov. 1851.
Mertel, John. Bavaria. NATN. Decl. intent in US Circ. Ct. 6 Nov. 1848. Wits: Caspar Eichelman and John Hartlein. O&RA to the King of Bavaria. BA Ct. (Nat. Rcd.) 4 1846-1851 MSA C391-2 MdHR 18109 f. 388 3 Nov. 1851.
Mesch, John J. Bavaria. NATN. Decl. intent in US Circ. Ct. 3 Nov. 1848. Wits: John Hoffman and Daniel Hoffman. O&RA to the King of Bavaria. BA Ct. (Nat. Rcd.) 4 1846-1851 MSA C391-2 MdHR 18109 f. 382 27 Oct. 1851.
Mesner, John. Bavaria. NATN. Decl. intent in US Dist. Ct. 19 Dec. 1842. Wits: Charles Waidman and Philip Wagner. O&RA to the King of Bavaria. BC Ct. (Nat. Rcd.) 9 1845-1848 MSA C229-1 MdHR 18119 f. 368 4 Oct. 1847.
Mesponnier/Messonier, Henry. Prussia. BA Ct. (Nat. Dkt.) 1 1796-1851 MSA C389-1 MdHR 18106 f. 14 #293 26 Mar. 1798. Barnes, p. 63
Mess, John. Prussia. DI. BC Ct. (Dkt&Mins) 1847 MSA C184-10 MdHR 16667 f. 20 8 June 1847.

Messerschmidt, Emanuel. Grand Dutchy of Hesse-Darmstadt. NATN. Decl. intent in US Circ. Ct. 31 Oct. 1844. Wits: John Stock and Charles Ylett(?). O&RA to the Grand Duke of Hesse-Darmstadt. BA Ct. (Nat. Rcd.) 4 1846-1851 MSA C391-2 MdHR 18109 f. 185 4 Oct. 1847.

Messerschmidt, Emanuel. Grand Dutchy of Hesse-Darmstadt. NATN. Decl. intent in US Circ. Ct. 31 Oct. 1844. Wits: John Stock and Charles Hett. BA Ct. (Nat. Dkt.) 1 1796-1851 MSA C389-1 MdHR 18106 f. 298 4 Oct. 1847.

Messomnier, Francis. Switzerland. NATN. Born in Neuchalet. Arrived in the US as a minor. Decl. intent in open Ct. Wits: John Carrere, Sr. and John Carrere, Jr. BA Ct. (Nat. Dkt.) 1 1796-1851 MSA C389-1 MdHR 18106 f. 123 26 Sept. 1827.

Metcalf, Charles S. Ireland. NATN. Arrived in US 3 yrs. prior to age 21. Res. US for 5 yrs., including 3 of minority. Res. MD over 1 yr. Wits: Charles F. Thielhe and John Kerr. O&RA to the Queen of the UK. BA Ct. (Nat. Rcd. of Minors) 3 1846-1851 MSA C392-1 MdHR 18110 f. 47 22 Sept. 1848.

Metcalf, James W. Ireland. NATN. Arrived in US under age 18. Wits: Charles F. Thielke and John Kerr. BA Ct. (Nat. Dkt.) 1 1796-1851 MSA C389-1 MdHR 18106 f. 319 22 Sept. 1848.

Mettinger, Jacob. Wurtemburg. BA Ct. (Nat. Dkt.) 1 1796-1851 MSA C389-1 MdHR 18106 f. 36 #712 24 Oct. 1808.

Metz, Augustus. Grand Dutchy [Electorate] of Hesse-Cassel. DI. Res. BC. Profession: Professor of Music (1850 Census). BC Ct. (Dkt&Mins) 1840 MSA C184-7 MdHR 16664 f. 16 8 May 1840.

Metz, John. Germany. DI. BC Ct. (Dkt&Mins) 1840 MSA C184-7 MdHR 16664 f. 35 25 Sept. 1840.

Meurs, Henry. Hanover. NATN. Decl. intent in US Dist. Ct. 29 Sept. 1845. Wits: Ferdinand Klumper and Henry Fosborg. O&RA to the King of Hanover. BC Ct. (Nat. Rcd.) 9 1845-1848 MSA C229-1 MdHR 18119 f. 671 10 Oct. 1848.

Meuschle, John Gottfried. Saxony. DI. BC Ct. (Dkt&Mins) 1840 MSA C184-7 MdHR 16664 f. 35 25 Sept. 1840.

Meyer, Albert. Germany. BA Ct. (Nat. Dkt.) 1 1796-1851 MSA C389-1 MdHR 18106 f. 32 #624 23 Nov. 1805.

Meyer, Antoinette Margaretha Christina. Hanover. NATN. Decl. intent in BC Ct. 5 June 1847. Wits: Harman H. Meyer and George A. Kennedy. BA Ct. (Nat. Dkt.) 1 1796-1851 MSA C389-1 MdHR 18106 f. 363 9 June 1849.

Meyer, Antoinette Margaretha Christina. Hanover. NATN. Decl. intent in BC Ct. 5 June 1847. Wits: Hannah H. Mayer and George A. Kennedy. O&RA to the King of Hanover. BA Ct. (Nat. Rcd.) 4 1846-1851 MSA C391-2 MdHR 18109 f. 332 9 June 1849.

Meyer, Antoinette Margaretha Christina. Hanover. DI. BC Ct. (Dkt&Mins) 1847 MSA C184-10 MdHR 16667 f. 20 5 June 1847.

Meyer, Burchard. Hanseatic Government. NATN. Born in town of Walle near Bremen. Decl. intent in US Circ. Ct. 17 Dec. 1828. Wits: Jacob Albert and Frederick Konig. Certificate filed. BA Ct. (Nat. Dkt.) 1 1796-1851 MSA C389-1 MdHR 18106 f. 164 15 Dec. 1830.

Meyer, Charles J. Ferdinand. Germany. DI. Res. BC. Ren. alleg. to the Emperor of Germany. BC Ct. (Dkt&Mins) 1839 MSA C184-6 MdHR 16663 f. 24 15 June 1839.

Meyer, George. Bavaria. NATN. Arrived in US 3 yrs. prior to age 21. Res. US for 5 yrs., including 3 of minority. Res. MD over 1 yr. Wits: Valentine Kohn and Valentine Delfeldt. O&RA to the King of Bavaria. BA Ct. (Nat. Rcd. of Minors) 3 1846-1851 MSA C392-1 MdHR 18110 f. 64 6 Oct. 1848.

Meyer, John G. Hanover. NATN. Decl. intent in US Dist. Ct. 1 June 1844. Wits: B. Heachbacher and E. H. Meyer. O&RA to the King of Hanover. BC Ct. (Nat. Rcd.) 9 1845-1848 MSA C229-1 MdHR 18119 f. 475 5 Oct. 1847.

Meyer, John Henry. Hanover. NATN. Decl. intent in US Circ. Ct. 13 Oct. 1846. Wits: William Lanehard and Casper Reeder. Noted by clerk as not granted. BA Ct. (Nat. Dkt.) 1 1796-1851 MSA C389-1 MdHR 18106 f. 313 5 Oct. 1847.
Meyer, John Lewis. Spain. DI. BA Ct. (Minutes) 1822-1826 MSA C386-12 MdHR 14386 f. 335 29 Mar. 1825.
Meyer, John Edwin. Hanover. DI. BA Ct. (Minutes, Rough) 1836-1844 MSA C420-2 MdHR 14398 f. 29 10 Sept. 1836.
Meyer, John. Bavaria. NATN. Decl. intent in US Dist. Ct. 9 Oct. 1843. Wits: John Smith and Henry Singer. BA Ct. (Nat. Dkt.) 1 1796-1851 MSA C389-1 MdHR 18106 f. 272 13 Oct. 1846.
Meyer, John. Bavaria. NATN. Decl. intent in US Dist. Ct. 9 Oct. 1843. Wits: John Smith and Henry Singer. O&RA to the King of Bavaria. BA Ct. (Nat. Rcd.) 4 1846-1851 MSA C391-2 MdHR 18109 f. 129 13 Oct. 1846.
Meyer, Joseph Heinrich. Grand Dutchy of Oldenburg. DI. BC Ct. (Dkt&Mins) 1840 MSA C184-7 MdHR 16664 f. 36 30 Sept. 1840.
Meyer, Lazarus. Grand Dutchy of Baden. NATN. Decl. intent in BC Ct. 18 Sept. 1847. Wits: Marcus Polack and Moses Ottinger. O&RA to the Grand Duke of Baden. BC Ct. (Nat. Rcd.) 9 1845-1848 MSA C229-1 MdHR 18119 f. 238 18 Sept. 1847.
Meyer, William. Bavaria. NATN. Decl. intent in US Dist. Ct. 28 Sept. 1840. Wits: Joseph Simpson and Andreas Washower. O&RA to the King of Bavaria. BC Ct. (Nat. Rcd.) 9 1845-1848 MSA C229-1 MdHR 18119 f. 351 4 Oct. 1847.
Meyers, George. Bavaria. NATN. Arrived in US under age 18. Wits: Valentine Kohn and Valentine Delfeldt. BA Ct. (Nat. Dkt.) 1 1796-1851 MSA C389-1 MdHR 18106 f. 341 6 Oct. 1848.
Meyers, George. Republic of France. NATN. Decl. intent in US Dist. Ct. 13 Sept. 1847. Wits: Ortho W. Eichelberger and Zebuelon Watters. O&RA to the Republic of France. BC Ct. (Nat. Rcd.) 10 1849-1851 MSA C229-2 MdHR 18120 f. 26 1 Oct. 1849.
Meyers, George. Bavaria. NATN. Decl. intent in US Circ. Ct. 12 Oct. 1846. Wits: Jacob Kraff (Kraft?) and Conrad Fisher. O&RA to the King of Bavaria. BC Ct. (Nat. Rcd.) 9 1845-1848 MSA C229-1 MdHR 18119 f. 735 1 Nov. 1848.
Meyers, Joseph Godfrey. England. DI. BA Ct. (Minutes) 1846-1851 MSA C386-16 MdHR 14405 f. 235 4 Nov. 1850.
Micte, Henry A. Germany. NATN. Decl. intent in BC Ct. 13 May 1844. Wits: Herman Schneider and Theodore Holdhans. BA Ct. (Nat. Dkt.) 1 1796-1851 MSA C389-1 MdHR 18106 f. 332 2 Oct. 1848.
Middendorf, Herman Diederich. Hanover. NATN. Decl. intent in US Circ. Ct. 13 June 1844. Wits: Martin Herming and Anton Pfad. O&RA to the King of Hanover. BA Ct. (Nat. Rcd.) 4 1846-1851 MSA C391-2 MdHR 18109 f. 288 10 Oct. 1848.
Middendorf, Herman Diederick. NATN. Decl. intent in US Circ. Ct. 13 June 1844. Wits: Martin Herming and Anton Pfad. BA Ct. (Nat. Dkt.) 1 1796-1851 MSA C389-1 MdHR 18106 f. 346 10 Oct. 1848.
Mie, George. Grand Dutchy of Baden. DI. BC Ct. (Dkt&Mins) 1849 MSA C184-11 MdHR 16668 f. 26 2 Oct. 1849.
Miergah, George. Prussia. BA Ct. (Nat. Dkt.) 1 1796-1851 MSA C389-1 MdHR 18106 f. 49 7 Oct. 1818.
Miete, Henry A. Germany. NATN. Decl. intent in BC Ct. 13 May 1844. Wits: Herman Schneider and Theodore Holdman. O&RA to the Emperor of Germany. BA Ct. (Nat. Rcd.) 4 1846-1851 MSA C391-2 MdHR 18109 f. 254 2 Oct. 1848.
Mieur, William. Hanover. NATN. Decl. intent in US Circ. Ct. 1 Oct. 1838. Wits: Gerhard A. Sybertz and Joseph Menosy. BA Ct. (Nat. Dkt.) 1 1796-1851 MSA C389-1 MdHR 18106 f. 376 1 Oct. 1850.

Milar, George. Germany. DI. BC Ct. (Dkt&Mins) 1840 MSA C184-7 MdHR 16664 f. 37 3 Oct. 1840.
Miles, John. Scotland. DI. Res. BC. BC Ct. (Dkt&Mins) 1830 MSA C184-5 MdHR 16662 f. 28 23 June 1830.
Miles, John. Scotland. NATN. Decl. intent in BC Ct. 23 June 1830. Res. BC. Wits: John Fallon and Alexander McDonald. O&RA to the King of UK. BC Ct. (Nat. Rcd. of Minors) 2 1832-1836 MSA C237-2 MdHR 18113 f. 47 10 Oct. 1832.
Miles, Thomas. Ireland. NATN. Arrived in US 3 yrs. prior to age 21. Res. US for 5 yrs., including 3 of minority. Res. MD over 1 yr. Wits: Samuel Miles and James Johnson. O&RA to the Queen of the UK. BC Ct. (Nat. Rcd. of Minors) 3 1845-1851 MSA C237-3 MdHR 18114-1 f.84 4 Oct. 1847.
Millard, Joseph Lee. England. BA Ct. (Nat. Dkt.) 1 1796-1851 MSA C389-1 MdHR 18106 f. 28 #526 20 June 1804. Civil Ct.
Millen, James. England. NATN. Decl. intent in US Dist. Ct. 13 Oct. 1845. Wits: Nicholas Shaw and Enward Ruark. O&RA to the Queen of the UK. BC Ct. (Nat. Rcd.) 10 1849-1851 MSA C229-2 MdHR 18120 f. 98 30 Sept. 1850.
Millen, Joseph. Wurtemburg. NATN. Arrived in US 3 yrs. prior to age 21. Res. US for 5 yrs., including 3 of minority. Res. MD over 1 yr. Wits: John Millen and John Miller. O&RA to the King of Wurtemburg. BA Ct. (Nat. Rcd. of Minors) 3 1846-1851 MSA C392-1 MdHR 18110 f. 18 13 Oct. 1846.
Miller, Albin. France. DI. BA Ct. (Minutes) 1827-1830 MSA C386-13 MdHR 14391 f. 77 1 Feb. 1828.
Miller, Alexander. Ireland. NATN. Decl. intent in US Dist. Ct. 29 Oct. 1844. Wits: Samuel Steele and Peter A. Hamen. O&RA to the Queen of the UK. BC Ct. (Nat. Rcd.) 9 1845-1848 MSA C229-1 MdHR 18119 f. 567 3 Oct. 1848.
Miller, Charles. England. DI. BA Ct. (Minutes) 1827-1830 MSA C386-13 MdHR 14391 f. 339 20 Dec. 1830.
Miller, Charles. Germany. DI. BC Ct. (Dkt&Mins) 1839 MSA C184-6 MdHR 16663 f. 29 1 July 1839.
Miller, Charles. England. NATN. Decl. intent in BA Ct. 20 Nov. 1830. Res. BC. Wits: William Jenkins and William Warren. O&RA to the King of UK. BA Ct. (Nat. Rcd.) 2 1832-1846 MSA C391-1 MdHR 18108 ff. 14-15 7 Nov. 1833.
Miller, Charles. England. NATN. Decl. intent in BA Ct. 20 Dec. 1830. Wits: William Warren and William Jenkins. BA Ct. (Nat. Dkt.) 1 1796-1851 MSA C389-1 MdHR 18106 f. 175 7 Nov. 1833.
Miller, Christian. Bavaria. NATN. Arrived in US 3 yrs. prior to age 21. Res. US for 5 yrs., including 3 of minority. Res. MD over 1 yr. Wits: William Smith and James L. Hewell. O&RA to the King of Bavaria. BC Ct. (Nat. Rcd. of Minors) 3 1845-1851 MSA C237-3 MdHR 18114-1 f. 301 30 Sept. 1851.
Miller, Conrad. Electorate of Hesse-Cassel. NATN. Decl. intent in US Circ. Ct. 20 Nov. 1844. Wits: Peter Kreis and William Link. O&RA to the Elector of Hesse-Cassel. BA Ct. (Nat. Rcd.) 4 1846-1851 MSA C391-2 MdHR 18109 f. 238 30 Sept. 1848.
Miller, Conrad. Electorate of Hesse-Cassel. NATN. Decl. intent in US Circ. Ct. 20 Nov. 1844. Wits: Peter Kreis and William Link. BA Ct. (Nat. Dkt.) 1 1796-1851 MSA C389-1 MdHR 18106 f. 324 30 Sept. 1848.
Miller, Conrad. Principality of Hesse. BA Ct. (Nat. Dkt.) 1 1796-1851 MSA C389-1 MdHR 18106 f. 22 #443 24 Feb. 1803. Barnes, p. 65.
Miller, Frederick William. Prussia. DI. BC Ct. (Dkt&Mins) 1849 MSA C184-11 MdHR 16668 f. 7 20 Feb. 1849.
Miller, George Michael. Bavaria. NATN. Arrived in US 3 yrs. prior to age 21. Res. US for 5 yrs., including 3 of minority. Res. MD over 1 yr. Wits: Michael Martin and Charles McComas. O&RA to the King of Bavaria. BC Ct. (Nat. Rcd. of Minors) 3 1845-1851 MSA C237-3 MdHR 18114-1 f. 267 10 Oct. 1851.
Miller, George. Bavaria. NATN. Arrived in US under age 18. Wits: Valentine Gerhardt and Conrad Schroff. BA Ct. (Nat. Dkt.) 1 1796-1851 MSA C389-1 MdHR

18106 f. 302 5 Oct. 1847.
Miller, George. Bavaria. NATN. Arrived in US 3 yrs. prior to age 21. Res. US for 5 yrs., including 3 of minority. Res. MD over 1 yr. Wits: Valentine Gerhart and Conrad Schroff. O&RA to the King of Bavaria. BA Ct. (Nat. Rcd. of Minors) 3 1846-1851 MSA C392-1 MdHR 18110 f. 39 5 Oct. 1847.
Miller, Henry Jacob. Hanover. NATN. Decl. intent in US Dist. Ct. 9 Feb. 1846. Wits: Henry Engelhauser and Bernard Evering. O&RA to the King of Hanover. BC Ct. (Nat. Rcd.) 9 1845-1848 MSA C229-1 MdHR 18119 f. 635 9 Oct. 1848.
Miller, Henry. Hanover. NATN. Decl. intent in US Circ. Ct. 9 Oct. 1848. Wits: John Bachheiner and Joshua M. Myers. O&RA to the King of Hanover. BC Ct. (Nat. Rcd.) 10 1849-1851 MSA C229-2 MdHR 18120 f. 350 30 Oct. 1851.
Miller, Henry. Hanover. NATN. Decl. intent in US Dist. Ct. 6 May 1844. Wits: Henry Meyer and John Strolle. O&RA to the King of Hanover. BC Ct. (Nat. Rcd.) 9 1845-1848 MSA C229-1 MdHR 18119 f. 853 6 Nov. 1848.
Miller, Herman. Electorate of Hesse-Cassel. NATN. Decl. intent in BC Ct. 12 Sept. 1844. Wits: Patrick Brady and John Hopkins. O&RA to the Elector of Hesse-Cassel. BC Ct. (Nat. Rcd.) 9 1845-1848 MSA C229-1 MdHR 18119 f. 723 28 Oct. 1848.
Miller/Hornmiller, Jacob Horn. Germany. BA Ct. (Nat. Dkt.) 1 1796-1851 MSA C389-1 MdHR 18106 f. 6 #96 5 April 1797. Barnes, p. 60
Miller, Jacob. Electorate of Hesse-Cassel. NATN. Decl. intent in US Dist. Ct. 24 Mar. 1846. Wits: Henry Reepen and Andrew Strupelt. O&RA to the Elector of Hesse-Cassel. BC Ct. (Nat. Rcd.) 9 1845-1848 MSA C229-1 MdHR 18119 f. 660 10 Oct. 1848.
Miller, Jacob. Switzerland. NATN. Res. BC. Arrived in the US 3 yrs. prior to age 21. Res. US for 5 yrs., including 3 of minority. Res. MD over 1 yr. Wits: Abraham Seltzer and Nicholas Smith. O&RA to the Republic of Switzerland. BC Ct. (Nat. Rcd. of Minors) 1 1827-1832 MSA C237-1 MdHR 18112 ff. 209-210 3 Nov. 1828.
Miller, James. Great Britain. BA Ct. (Nat. Dkt.) 1 1796-1851 MSA C389-1 MdHR 18106 f. 4 #44 Dec. 1796. Barnes, p. 59.
Miller, James. Great Britain. NATN. BA Ct. (Minutes) 1792 - 1797 MSA C386-7 MdHR 5052 f. 264 5 Dec. 1796.
Miller, John A. Electorate of Hesse-Cassel. NATN. Decl. intent in US Circ. Ct. 10 Dec. 1846. Wits: Benedict Wolfun and Jacob Miller. O&RA to the Elector of Hesse-Cassel. BC Ct. (Nat. Rcd.) 10 1849-1851 MSA C229-2 MdHR 18120 f. 416 4 Nov. 1851.
Miller, John N. Germany. NATN. Res. BC. Res. US 14 April 1802 - 18 June 1812. Wits: William P. Miller and Thomas Dukehart. Takes oath. BC Ct. (Nat. Rcd. of Minors) 1 1827-1832 MSA C237-1 MdHR 18112 ff.143-144 3 Oct. 1828.
Miller, John. Grand Dutchy of Hesse-Darmstadt. DI. BA Ct. (Minutes) 1846-1851 MSA C386-16 MdHR 14405 f. 132 1 Nov. 1848.
Miller, John. Grand Dutchy of Hesse-Darmstadt. DI. BA Ct. (Minutes) 1846-1851 MSA C386-17 MdHR 14405 f. 132 1 Nov. 1848.
Miller, John. Grand Dutchy of Hesse-Darmstadt. DI. BA Ct. (Minutes, Rough) 1845-1851 MSA C420-3 MdHR 14401 f. 260 1 Nov. 1848.
Miller, John. Bavaria. NATN. Decl. intent in Queen Anne's Co. Ct. 10 Dec. 1844. Wits: John Thompson and John L. Bentz. O&RA to the Queen of the UK. BC Ct. (Nat. Rcd.) 10 1849-1851 MSA C229-2 MdHR 18120 f. 101 30 Sept. 1850.
Miller, John. Grand Dutchy of Baden. NATN. Arrived in US 3 yrs. prior to age 21. Res. US for 5 yrs., including 3 of minority. Res. MD over 1 yr. Wits: Albert D. Miller and Ann Marks. O&RA to the Grand Duke of Baden. BC Ct. (Nat. Rcd. of Minors) 3 1845-1851 MSA C237-3 MdHR 18114-1 f.80 4 Oct. 1847.
Miller, John. Ireland. NATN. Decl. intent in BC Ct. 17 Mar. 1845. Wits: William A. Carter and Jesse Clou. O&RA to the Queen of the UK. BC Ct.

Miller, John. Germany. DI. BA Ct. (Minutes) 1827-1830 MSA C386-13 MdHR 14391 f. 77 5 Oct. 1827.
Miller, John. Germany. NATN. Res. BC. Decl. intent in BA Ct. 5 Sept. 1827. Witness: Peter Hilditch. Takes oath. BC Ct. (Nat. Rcd. of Minors) 1 1827-1832 MSA C237-1 MdHR 18112 ff. 313-314 17 July 1830.
Miller, John. Scotland. NATN. Res. BC. Res. US 14 April 1802 - 18 June 1812. Wits: Christian Glemmer and John Boyd. O&RA to the King of UK. BC Ct. (Nat. Rcd. of Minors) 1 1827-1832 MSA C237-1 MdHR 18112 ff. 142-143 3 Oct. 1828.
Miller, John. Ireland. NATN. Born in Co. of Down. Decl. intent in Cecil Co. Ct. the 1st Monday of Sept. 1816. Wits: Hugh Crawford and Nathan Lackland. BA Ct. (Nat. Dkt.) 1 1796-1851 MSA C389-1 MdHR 18106 f. 151 7 Nov. 1828.
Miller, Joseph. Bavaria. DI. BC Ct. (Dkt&Mins) 1849 MSA C184-11 MdHR 16668 f. 30 1 Nov. 1849.
Miller, Joseph. Wurtemburg. NATN. Arrived in US under age 18. Wits: John Miller and John Miller. BA Ct. (Nat. Dkt.) 1 1796-1851 MSA C389-1 MdHR 18106 f. 290 13 Oct. 1846.
Miller, Justiana. Hanover. DI. BA Ct. (Minutes) 1822-1826 MSA C386-12 MdHR 14386 f. 3 27 Mar. 1822.
Miller, Justina. Hanover. DI. BA Ct. (Minutes) 1822-1826 MSA C386-12 MdHR 14386 f. 3 27 Mar. 1822.
Miller, Laurence. Wurtemburg. NATN. Arrived in US 3 yrs. prior to age 21. Res. US for 5 yrs., including 3 of minority. Res. MD over 1 yr. Wits: Joseph Miller and Anthony Haumein. O&RA to the King of Wurtemburg. BA Ct. (Nat. Rcd. of Minors) 3 1846-1851 MSA C392-1 MdHR 18110 f. 85 1 Oct. 1849.
Miller, Laurence. Wurtemberg. NATN. Arrived in US under age 18. Wits: Joseph Miller and Anthony Hawmeir. BA Ct. (Nat. Dkt.) 1 1796-1851 MSA C389-1 MdHR 18106 f. 366 1 Oct. 1849.
Miller, Laurence. Grand Dutchy of Hesse-Darmstadt. NATN. Decl. intent in US Dist. Ct. 13 Oct. 1846. Wits: Henry Appel and Michael Michlhow. O&RA to the Grand Duke of Hesse-Darmstadt. BC Ct. (Nat. Rcd.) 9 1845-1848 MSA C229-1 MdHR 18119 f. 674 14 Oct. 1848.
Miller, Lorens. Denmark. DI. Res. BC. Ren. alleg. to the "Potentate of Denmark". BC Ct. of O&T&GD (Dkt&Mins) 1816 MSA C183-9 MdHR 16657 {unpaginated} 4 April 1816.
Miller, Michael. Germany. NATN. Decl. intent in BA Ct. 16 Nov. 1844. Wits: R. H. Lowe and Cornelius Jacobs. O&RA to the Emperor of Germany. BC Ct. (Nat. Rcd.) 9 1845-1848 MSA C229-1 MdHR 18119 f. 586 5 Oct. 1846.
Miller, Michael. Grand Dutchy of Baden. NATN. Arrived in US 3 yrs. prior to age 21. Res. US for 5 yrs., including 3 of minority. Res. MD over 1 yr. Wits: Barnhart Ritter and Christian Gamer. O&RA to the Grand Duke of Baden. BC Ct. (Nat. Rcd. of Minors) 3 1845-1851 MSA C237-3 MdHR 18114-1 f. 188 6 Nov. 1848.
Miller, Michael. Kingdom of Bian. DI. BA Ct. (Minutes) 1839-1844 MSA C386-16 MdHR 14404 f. 258 16 Nov. 1844.
Miller, Michael. France. BA Ct. (Nat. Dkt.) 1 1796-1851 MSA C389-1 MdHR 18106 f. 25 #482 20 Jan. 1804. Criminal Ct.
Miller, Micheal. Kingdom of Bian. DI. BA Ct. (Minutes, rough) 1836-1844 MSA C420-2 MdHR 14398 f. 488 15 Nov. 1844.
Miller, Nicholas. Prussia. NATN. Arrived in US 3 yrs. prior to age 21. Res. US for 5 yrs., including 3 of minority. Res. MD over 1 yr. Wits: John Inglehall and John Bremer. O&RA to the King of Prussia. BA Ct. (Nat. Rcd. of Minors) 3 1846-1851 MSA C392-1 MdHR 18110 f. 62 3 Oct. 1848.
Miller, Nicholas. Bavaria. NATN. Arrived in US under age 18. Wits: John Inglehall and John Brener. BA Ct. (Nat. Dkt.) 1 1796-1851 MSA C389-1 MdHR 18106 f. 334 3 Oct. 1848.

Miller, Philip. Grand Dutchy of Baden. DI. BA Ct. (Minutes, Rough) 1832-1835 MSA C420-1 MdHR 14396-2 f. 196 29 June 1833.
Miller, Rinehart. Germany. NATN. Decl. intent in BC Ct. 29 Sept. 1847. Wits: Wells Cooper and Richard B. Deale. O&RA to the Emperor of Germany. BC Ct. (Nat. Dkt.) 10 1849-1851 MSA C229-2 MdHR 18120 f. 57 25 Sept. 1850.
Miller, Rinehart. Germany. DI. Res. BC. BC Ct. (Dkt&Mins) 1847 MSA C184-10 MdHR 16667 f. 35 29 Sept. 1847.
Miller, Robert. Great Britain. BA Ct. (Nat. Dkt.) 1 1796 - 1851 MSA C389-1 MdHR 18106 f.1 #3 15 Mar. 1796. Barnes p. 59
Miller, Samuel. Ireland. DI. BA Ct. (Misc. Ct. Papers) MSA C1-57 MdHR 50106-757 1823 unnumbered item 28 Sept. 1824.
Miller, Samuel. Ireland. NATN. Born in Co. of Londonderry. Decl. intent in BA Ct. the 3rd Monday of Sept. 1824. Wits: Timothy S. Richard and George S. Wimmell. BA Ct. (Nat. Dkt.) 1 1796-1851 MSA C389-1 MdHR 18106 f. 104 20 Sept. 1826.
Miller, Samuel. Ireland. Report and registration. Noted as age 43. Born in Londonderry. Arrived in BC Oct. 1817. Res. BC. Wits: Timothy S. Richards and George S. Winnell. BA Ct. (Misc. Ct. Papers) MSA C1-57 MdHR 50206-757 1823 item 388 29 Sept. 1824.
Miller, Samuel. Ireland. DI. BA Ct. (Minutes) 1822-1826 MSA C386-12 MdHR 14386 f. 220 29 Sept. 1824.
Miller, Sebastian. Germany. NATN. Arrived in US 3 yrs. prior to age 21. Res. US for 5 yrs., including 3 of minority. Res. MD over 1 yr. Wits: John W. Schump and Frederick Kern. O&RA to the Emperor of Germany. BC Ct. (Nat. Rcd. of Minors) 3 1845-1851 MSA C237-1 MdHR 18114-1 f. 71 4 Oct. 1847.
Miller, Theodore. Poland. NATN. Arrived under age 18. Wits: Edward G. Penny and Henry Schultze. BA Ct. (Nat. Dkt.) 1 1796-1851 MSA C389-1 MdHR 18106 f. 383 30 Sept. 1851.
Miller, Theodore. Poland. NATN. Res. 1st Dist., BA (1850 Census). Decl. intent in BC Ct. 23 May 1849. Profession: Carpenter (1850 Census). Wits: Edward G. Penney and Henry Schmltze. O&RA to the Emperor of Russia. BA Ct. (Nat. Rcd.) 4 1846-1851 MSA C391-2 MdHR 18109 f. 375 30 Sept. 1851.
Miller, Theodore. Poland. DI. Res. BA. Profession: Carpenter (1850 Census). BC Ct. (Dkt&Mins) 1849 MSA C184-11 MdHR 16668 f. 14 23 May 1849.
Miller, Wilhelm. Grand Dutchy of Hesse-Darmstadt. NATN. Decl. intent in US Circ. Ct. 3 June 1844. Wits: Adam Blessing and William Maxwell. BA Ct. (Nat. Dkt.) 1 1796-1851 MSA C389-1 MdHR 18106 f. 272 13 Oct. 1846.
Miller, Wilhelm. Grand Dutchy of Hesse-Darmstadt. NATN. Decl. intent in US Circ. Ct. 3 June 1844. Wits: Adam Blessing and William Harcell. O&RA to the Grand Duke of Hesse-Darmstadt. BA Ct. (Nat. Rcd.) 4 1846-1851 MSA C391-2 MdHR 18109 f. 129 13 Oct. 1846.
Miller, William P. Bavaria. NATN. Res. BC. Arrived in the US 3 yrs. prior to age 21. Res. US for 5 yrs., including 3 of minority. Witness: John Rothrock. O&RA to the King of Bavaria. BC Ct. (Nat. Rcd. of Minors) 1 1827-1832 MSA C237-1 MdHR 18112 ff. 132-133 1 Oct. 1828.
Miller, William. Electorate of Hesse-Cassel. NATN. Arrived in US 3 yrs. prior to age 21. Res. US for 5 yrs., including 3 of minority. Res. MD over 1 yr. Wits: Margaret N. Miller, Moses Sitber, and Henry D. Smith. O&RA to the Elector of Hesse-Cassel. BC Ct. (Nat. Rcd. of Minors) 3 1845-1851 MSA C237-3 MdHR 18114-1 f. 147 10 Oct. 1848.
Miller, William. Prussia. BA Ct. (Nat. Dkt.) 1 1796-1851 MSA C389-1 MdHR 18106 f. 39 #776 12 Oct. 1810.
Miller, William. (Country of origin not given; Germany?). NATN. Decl. intent in BC Ct. of O&T&GD 5 Sept. 1811. BA Ct. (Nat. Dkt.) 1 1796-1851 MSA C389-1

MdHR 18106 f. 44 5 Dec. 1814.

Miller, William. (Country not given; England. ?). Decl. intent in BA Ct. of O&T&GD. BA Ct. (Nat. Dkt.) 1 1796-1851 MSA C389-1 MdHR 18106 f. 44 5 Dec. 1814.

Millias, Moses. Hanseatic Government. DI. BA Ct. (Minutes) 1822-1826 f. 435 23 Sept. 1826.

Millier, Alban. France. NATN. Decl. intent in BA Ct. 1 Feb. 1828. Born in Lyons. Wits: Philip Lamenson and John P. Bechtel. BA Ct. (Nat. Dkt.) 1 1796-1851 MSA C389-1 MdHR 18106 f. 166 1 Sept. 1831.

Millon, William. England. NATN. Arrived in US 3 yrs. prior to age 21. Res. US for 5 yrs., including 3 of minority. Res. MD over 1 yr. Wits: George Gray and William Cooper. O&RA to the Queen of the UK. BC Ct. (Nat. Rcd. of Minors) 3 1845-1851 MSA C237-3 MdHR 18114-1 f. 109 29 Sept. 1848.

Mills, Andrew. Ireland. NATN. Born in Co. of Donegal. Arrived in the US prior to 18 June 1812. Wits: George Konig and John Guisenderffer. BA Ct. (Nat. Dkt.) 1 1796-1851 MSA C389-1 MdHR 18106 f. 144 4 Oct. 1828.

Mills, Benjamin. England. DI. BA Ct. (Minutes, Rough) 1832-1835 MSA C420-1 MdHR 14396-2 f. 206 28 Sept. 1833.

Mills, William. Ireland. DI. BA Ct. (Minutes) 1822-1826 MSA 386-12 MdHR 14386 f. 436 10 April 1826.

Minifie, James. England. NATN. Decl. intent in BC Ct. 30 Oct. 1848. Wits: Philip Tursfield and Martin Haney. O&RA to the Queen of the UK. BC Ct. (Nat. Rcd.) 10 1849-1851 MSA C229-2 MdHR 18120 f. 328 7 Oct. 1851.

Minifrie, William. England. NATN. Decl. intent in BC Ct. 18 Oct. 1831. Res. BC. Wits: John D. Babb and William Cook. O&RA to the King of UK. BC Ct. (Nat. Rcd. of Minors) 2 1832-1836 MSA C237-2 MdHR 18113 ff. 97-98 23 Sept. 1834.

Mirth, Adam. Bavaria. NATN. Decl. intent in US Circ. Ct. 26 Aug. 1842. Wits: George Engle and Peter Wagner. BA Ct. (Nat. Dkt.) 1 1796-1851 MSA C389-1 MdHR 18106 f. 273 13 Oct. 1846.

Misch, John J. Bavaria. NATN. Decl. intent in US Circ. Ct. 3 Nov. 1848. Wits: John Hoffman and Daniel Hoffman. BA Ct. (Nat. Dkt.) 1 1796-1851 MSA C389-1 MdHR 18106 f. 385 27 Oct. 1851.

Misel, Frederick. Bavaria. NATN. Arrived in US 3 yrs. prior to age 21. Res. US for 5 yrs., including 3 of minority. Res. MD over 1 yr. Wits: John Nicholas Raab and Jacob Ruff. O&RA to the King of Bavaria. BC Ct. (Nat. Rcd. of Minors) 3 1845-1851 MSA C237-3 MdHR 18114-1 f. 51 27 Sept. 1847.

Miskelly, Hugh. Ireland. DI. BC Ct. (Dkt&Mins) 1828 MSA C184-4 MdHR 16661 f. 42 4 Oct. 1828.

Miskelly, Hugh. Ireland. NATN. Res. BC. Decl. intent in BC Ct. 4 Oct. 1828. Wits: John Russell and John Johnson. O&RA to the King of UK. BC Ct. (Nat. Rcd. of Minors) 1 1827-1832 MSA C237-1 MdHR 18112 ff. 352-353 4 Oct. 1830.

Mitchell, Abbe/Able(?). England. NATN. Decl. intent in BC Ct. 12 April 1847. Wits: James G. Heuchell and Benjamin Schoolfield. BA Ct. (Nat. Dkt.) 1 1796-1851 MSA C389-1 MdHR 18106 f. 364 29 Sept. 1849.

Mitchell, Abbs/Abbe/Able (?). England. DI. Res. BC. BC Ct. (Dkt&Mins) 1847 MSA C184-10 MdHR 16661 f. 11 12 April 1847.

Mitchell, Able. England. NATN. Decl. intent in BC Ct. 12 April 1847. Wits: James G. Henchell and Benjamin Schoolfield. O&RA to the Queen of the UK. BA Ct. (Nat. Rcd.) 4 1846-1851 MSA C391-2 MdHR 18109 f. 334 29 Sept. 1849.

Mitchell, Henry Carter. Ireland. NATN. Decl. intent in BC Ct. 11 May 1843. Wits: James Herman and William J. Hamilton. O&RA to the Queen of the UK. BC Ct. (Nat. Rcd.) 9 1845-1848 MSA C229-1 MdHR 18119 f. 510 1 Aug. 1848.

Mitchell, James Barney. England. DI. BC Ct. (Dkt&Mins) 1840 MSA C184-7 MdHR 16664 f. 37 1 Oct. 1840.

Mitchell, Peter. Republic of France. BA Ct. (Nat. Dkt.) 1 1796-1851 MSA C389-1 MdHR 18106 f. 17 #364 5 Nov. 1798. Barnes, p. 64.

Mitchell, William. Ireland. NATN. Decl. intent in BC Ct. 9 Sept. 1844. Wits:

Robert Gregg and Alexander Glascow. O&RA to the Queen of the UK. BC Ct. (Nat. Rcd.) 9 1845-1848 MSA C229-1 MdHR 18119 f. 335 2 Oct. 1847.

Mitchell, William. Ireland. DI. BC Ct. (Dkt&Mins) 1830 MSA C184-5 MdHR 16662 f. 40 18 Oct. 1830.

Mitten, John. Great Britain. BA Ct. (Nat. Dkt.) 1 1796 - 1851 MSA C389-1 MdHR 18106 . 1 #2 15 Mar. 1796. Barnes p. 59

Mitten, John. Great Britain. NATN. BA Ct. (Minutes) 1792-1797 MSA C386-7 MdHR 5052 f. 248 Mar. term 1795

Mitzger/Metzger, Daniel. France. BA Ct. (Nat. Dkt.) 1 1796-1851 MSA C389-1 MdHR 18106 f. 42 #821 12 Oct. 1812.

Mix, Thomas. Bavaria. NATN. Decl. intent in US Circ. Ct. 6 Nov. 1848. Wits: John Stord and Charles McComas. O&RA to the King of Bavaria. BC Ct. (Nat. Rcd.) 10 1849-1851 MSA C229-2 MdHR 18120 f. 387 3 Nov. 1851.

Mobers, Henry. Grand Dutchy of Hesse-Darmstadt. NATN. Decl. intent in US Circ. Ct. 5 Oct. 1846. Wits: Francis Weld and John Napp. O&RA to the Grand Duke of Hesse-Darmstadt. BA Ct. (Nat. Rcd.) 4 1846-1851 MSA C391-2 MdHR 18109 f. 281 3 Oct. 1848.

Mobus, Henry. Grand Dutchy of Hesse-Darmstadt. NATN. Decl. intent in US Circ. Ct. 5 Oct. 1846. Wits: Francis Wild and John Napp. BA Ct. (Nat. Dkt.) 1 1796-1851 MSA C389-1 MdHR 18106 f. 341 6 Oct. 1848.

Moen, William. Ireland. NATN. Decl. intent in US Circ. Ct. 2 Oct. 1848. Wits: John D. O'Shea and Daniel Mullen. O&RA to the Queen of the UK. BA Ct. (Nat. Rcd.) 4 1846-1851 MSA C391-2 MdHR 18109 f. 369 29 Sept. 1851.

Moffat, Archibald. Scotland. DI. Res. BC. BC Ct. (Dkt&Mins) 1828 MSA C184-4 MdHR 16661 f. 39 17 Sept. 1828.

Mohlsler, John Henry. Bremen. DI. Ren. alleg. to King of Hanover. BA Ct. (Minutes) 1839-1846 MSA C386-16 MdHR 14404 f. 3 18 Jan. 1839.

Mohlsten, John Henry. Bremen. DI. Ren. alleg. to King of Hanover. BA Ct. (Minutes, Rough) 1836-1844 MSA C420-2 MdHR 14398 f. 158 18 Jan. 1839.

Mohr, Michael. Bavaria. NATN. Arrived in US 3 yrs. prior to age 21. Res. US for 5 yrs., including 3 of minority. Res. MD over 1 yr. Wits: George Brebecher and John Blattner. O&RA to the King of Bavaria. BC Ct. (Nat. Rcd. of Minors) 3 1845-1851 MSA C237-3 MdHR 18114-1 f. 138 9 Oct. 1848.

Moir, James. Scotland. NATN. Decl. intent in BA Ct. 4 Oct. 1827. Res. BC. Wits: Alexander Smith and John Boyd. O&RA to the King of UK. BC Ct. (Nat. Rcd. of Minors) 1827-1832 MSA C237-1 MdHR 18112 ff. 377-378 2 Sept. 1831.

Mollory, Gerrald. Ireland. DI. BC Ct. (Dkt&Mins) 1849 MSA C184-11 MdHR 16668 f. 25 24 Sept. 1849.

Molos (?), Hooh (?). Germany. NATN. Arrived in US under age 18. Wits: Jacob Koontz and William Knapp. BA Ct. (Nat. Dkt.) 1 1796-1851 MSA C389-1 MdHR 18106 f. 290 13 Oct. 1846.

Molynise, James. Ireland. DI. BA Ct. (Minutes, Rough) 1832-1835 MSA C420-1 MdHR 14396-2 f. 176 13 Feb. 1833.

Momanerile, John Francis. France. BA Ct. (Nat. Dkt.) 1 1796-1851 MSA C389-1 MdHR 18106 f. 26 #500 9 Mar. 1804. Civil Ct.

Monaghan, John. Ireland. DI. BC Ct. (Dkt&Mins) 1849 MSA C184-11 MdHR 16668 f. 21 18 Aug. 1849.

Monckton, William. England. DI. BA Ct. (Minutes) 1822-1826 MSA C386-12 MdHR 14386 f. 19 23 Sept. 1822.

Mondel, William. Great Britain. BA Ct. (Nat. Dkt.) 1 1796-1851 MSA C389-1 MdHR 18106 f. 5 #100 5 April 1797.Barnes, p. 60

Mondesir, John. Republic of France. BA Ct. (Nat. Dkt.) 1 1796-1851 MSA C389-1 MdHR 18106 f. 17 #347 7 Sept. 1798. Barnes, p. 63.

Moneghen/Monaghan, Patrick. Ireland. NATN. Decl. intent in BC Ct. 25 Sept. 1844. Wits: John Monaghan and James McCormick. O&RA to the Queen of the UK. BC Ct. (Nat. Rcd.) 9 1845-1848 MSA C229-1 MdHR 18119 f. 158 5 Oct. 1846.

Money, Thomas. Ireland. DI. BA Ct. (Minutes) 1827-1830 MSA C386-13 MdHR 14391

f. 162 15 Sept. 1828.

Monmonier, Francis. France. NATN. Arrived in US 1798 - 1802. Wits: Peter Foy and Robert Walsh. BA Ct. (Nat. Dkt.) 1 1796-1851 MSA C389-1 MdHR 18106 f. 112 10 Oct. 1826.

Monroe, John L. Ireland. DI. BA Ct. (Minutes) 1822-1826 MSA C386-12 MdHR 14386 f. 434 5 Dec. 1826.

Monsarrat, Nicholas. Ireland. DI. Res. BC. BC Ct. (Dkt&Mins) 1830 MSA C184-5 MdHR 16662 f. 36 21 Aug. 1830.

Monsarrat, Nicholas. Ireland. NATN. Decl. intent 21 Aug. 1830. Res. BC. Wits: John Cole and Hugh W. Evans. O&RA to the King of UK. BC Ct. (Nat. Rcd. of Minors) 2 1832-1836 MSA C237-2 MdHR 18113 ff. 29-30 2 Oct. 1832.

Montagne, Michael. Ireland. NATN. Decl. intent in BC Ct. 30 Mar. 1842. Wits: John McGahan and Matthew McElroy. O&RA to the Queen of the UK. BA Ct. (Nat. Rcd.) 4 1846-1851 MSA C391-2 MdHR 18109 f. 72 13 Oct. 1846.

Montague, John. England. NATN. Declares intent in open ct. Arrived in US 3 yrs. prior to age 21. Res. US for 5 yrs., including 3 of minority. Res. BC. Wits: William Montague and Richard Phillips. O&RA to the King of UK. BC Ct. (Nat. Rcd. of Minors) 2 1832-1836 MSA C237-2 MdHR 18113 ff. 103-104 30 Sept. 1834.

Montague, Michael. Ireland. NATN. Decl. intent in BC Ct. 30 Mar. 1842. Wits: John McGaham and Matthew McElroy. BA Ct. (Nat. Dkt.) 1 1796-1851 MSA C389-1 MdHR 18106 f. 254 13 Oct. 1846.

Montague, Paul. Ireland. NATN. Decl. intent in BC Ct. 1 Nov. 1848. Wits: John McMahon and John McCall. O&RA to the Queen of the UK. BC Ct. (Nat. Rcd.) 10 1849-1851 MSA C229-2 MdHR 18120 f. 365 31 Nov. 1851.

Montague, William. England. NATN. Decl. intent in BA Ct. 30 July 1832. Res. BC. Wits: James Sargeant and Richard Phillips. O&RA to the King of UK. BC Ct. (Nat. Rcd. of Minors) 2 1832-1836 MSA C237-2 MdHR 18113 f. 103 30 Sept. 1834.

Montague, William. England. DI. BA Ct. (Minutes, Rough) 1832-1835 MSA C420-1 MdHR 14396-2 f. 127 30 July 1832.

Montague, William. England. NATN. Decl. intent in open ct. Arrived in US 3 yrs. prior to age 21. Res. US for 5 yrs., including 3 of minority. Res. MD over 1 yr. Res. BC. Wits: John Hayes and James Hickey. O&RA to the King of UK. BC Ct. (Nat. Rcd. of Minors) 2 1832-1836 MSA C237-2 MdHR 18113 ff. 132-133 4 Oct. 1834.

Monteith, John. Ireland. BA Ct. (Nat. Dkt.) 1 1798-1851 MSA C389-1 MdHR 18106 f. 17 #353 Sept. 1798. Barnes, p. 63.

Monteith, Robert. Ireland. NATN. Born in Co. of Tyrone. Decl. intent in US Dist. Ct. 21 April 1809. Wits: Benjamin Taylor and William H. Freeman. Certificate and report filed. BA Ct. (Nat. Dkt.) 1 1796-1851 MSA C389-1 MdHR 18106 f. 71 22 Sept. 1824.

Montell, Edwin A. England. NATN. Decl. intent in open ct. Arrived in US 3 yrs. prior to age 21. Res. US for 5 yrs., including 3 of minority. Res. MD over 1 yr. Res. BC. Wits: John Hanan and Charles Wizman (?). O&RA to the Queen of the UK. BA Ct. (Nat. Rcd.) 2 1832-1846 MSA C391-1 MdHR 18108 ff. 69-70 9 May 1840.

Montell, Edwin A. England. NATN. Arrived in US under age 18. Decl. intent in open ct. Noted as a native of the Dutchy of Nassau. Wits: John Haman and Charles Wisgman. BA Ct. (Nat. Dkt.) 1 1796-1851 MSA C389-1 MdHR 18106 f. 198 9 May 1840.

Montgomery, John. Ireland. DI. Ren. alleg. to King of UK. BA Ct. (Misc. Ct. Papers) MSA C1-42 MdHR 50206-574 1816 item 261 20 Jan. 1816.

Montgomery, Richard. Ireland. NATN. Decl. intent in BC Ct. 21 Sept. 1844. Wits: Thomas McMahon and Richard Brooks. O&RA to the Queen of the

UK. BC Ct. (Nat. Rcd.) 9 1845-1848 MSA C229-1 MdHR 18119 f. 476 5 Oct. 1847.
Moog, George. Bavaria. NATN. Decl. intent in US Dist. Ct. 26 Oct. 1846. Wits: Nicholas Hoffman and James Sayre. O&RA to the King of Bavaria. BC Ct. (Nat. Rcd.) 9 1845-1848 MSA C229-1 MdHR 18119 f. 819 6 Nov. 1848.
Mooney, John. Ireland. NATN. Decl. intent in the General Ct. of Quarter Sessions for the City and Co. of Philadelphia 19 Oct. 1840. Res. BC. Wits: Terance Green and Thomas Ray. O&RA to the Queen of the UK. BA Ct. (Nat. Rcd.) 2 1832-1846 MSA C391-1 MdHR 18108 ff. 105-106 13 May 1844.
Mooney, John. Ireland. NATN. Decl. intent in Ct. of General Quarter Sessions for the City and Co. of Philadelphia 19 Oct. 1840. Wits: Terrance Green and Thomas Ray. BA Ct. (Nat. Dkt.) 1 1796-1851 MSA C389-1 MdHR 18106 f. 216 13 May 1844.
Mooney, Patrick. Ireland. DI. BA Ct. (Minutes, Rough) 1832-1835 MSA C420-1 MdHR 14396-2 f. 288 17 Oct. 1834.
Mooney, Patrick. Ireland. DI. BA Ct. (Minutes) 1832-1838 MSA C386-15 MdHR 14403 f. 124 17 Oct. 1834.
Mooney, Terrance. Ireland. NATN. Born in Co. of Monaghan. arrived in the US as a minor. Decl. intent in open Ct. Wits: Arthur J. Baxter and Susan McAlsesse. BA Ct. (Nat. Dkt.) 1 1796-1851 MSA C389-1 MdHR 18106 f. 138 27 Sept. 1828.
Mooney, Thomas. Ireland. NATN. Decl. intent in US Dist. Ct. 8 Oct. 1842. Wits: Patrick Gaitler and John Mitchell. O&RA to the Queen of the UK. BC Ct. (Nat. Rcd.) 9 1845-1848 MSA C229-1 MdHR 18119 f. 27 6 Oct. 1845.
Mooran, Daniel. Ireland. BA Ct. (Nat. Dkt.) 1 1796-1851 MSA C389-1 MdHR 18106 f. 35 #679 18 May 1806.
Moore, Anthony. Ireland. DI. BA Ct. (Minutes) 1822-1826 MSA C386-12 MdHR 14386 f. 435 23 Sept. 1826.
Moore, George. Ireland. NATN. Arrived in US 3 yrs. prior to age 21. Res. US for 5 yrs., including 3 of minority. Res. MD over 1 yr. Wits: John Denuth and J. C. Golden. O&RA to the Queen of the UK. BC Ct. (Nat. Rcd. of Minors) 3 1845-1851 MSA C237-3 MdHR 18114-1 f. 30 6 Oct. 1846.
Moore, George. Ireland. DI. BC Ct. (Dkt&Mins) 1828 MSA C184-4 MdHR 16661 f. 41 1 Oct. 1828.
Moore, Henry. Ireland. NATN. Decl. intent in BC Ct. 8 Nov. 1832. Res. BC. Wits: James Brown and David Hays. O&RA to the King of UK. BC Ct. (Nat. Rcd. of Minors) 2 1832-1836 MSA C237-2 MdHR 18113 ff. 165-166 1 Sept. 1835.
Moore, James. Ireland. BA Ct. (Nat. Dkt.) 1 1796-1851 MSA C389-1 MdHR 18106 f. 25 #483 20 Jan. 1804. Criminal Ct.
Moore, John. Ireland. DI. BA Ct. (Minutes, Rough) 1836-1844 MSA C420-2 MdHR 14398 f. 472 2 Sept. 1844.
Moore, John. Ireland. DI. BA Ct. (Minutes) 1839-1846 MSA C386-16 MdHR 14404 f. 248 2 Sept. 1844.
Moore, John. Ireland. NATN. Res. BC. Arrived in the US 3 yrs. prior to age 21. Res. US for 5 yrs., including 3 of minority. Res. MD over 1 yr. Wits: John Johnson and James McElroy. O&RA to the King of UK. BC Ct. (Nat. Rcd. of Minors) 1 1827-1832 MSA C237-1 MdHR 18112 ff. 275-276 10 Nov. 1828.
Moore, Jonathan. England. BA Ct. (Nat. Dkt.) 1 1796-1851 MSA C389-1 MdHR 18106 f. 32 #619 4 Oct. 1805.
Moore, Lamuel. Ireland. DI. BA Ct. (Minutes) 1846-1851 MSA C386-17 MdHR 14405 f. 135 14 Nov. 1848.
Moore, Robert. Ireland. DI. BC Ct. (Dkt&Mins) 1849 MSA C184-11 MdHR 16668 f. 18 18 June 1849.
Moore, Samuel. Ireland. NATN. Decl. intent in BA Ct. 14 Nov. 1848. Wits: Robert Close and Charles F. Clonde. O&RA to the Queen of the UK. BA Ct. (Nat. Rcd.) 4 1846-1851 MSA C391-2 MdHR 18109 f. 366 31 May 1851.
Moore, Samuel. Ireland. DI. BA Ct. (Minutes, Rough) 1845-1851 MSA C420-3 MdHR 14401 f. 264 14 Nov. 1848.

Moore, Samuel. Ireland. NATN. Decl. intent in BA Ct. 22 Nov. 1848. Wits: Robert Close and Charles Flelond. BA Ct. (Nat. Dkt.) 1 1796-1851 MSA C389-1 MdHR 18106 f. 380 31 May 1851.

Moore, Thomas. Ireland. NATN. Decl. intent in Orange Co. (NY) Ct. 15 Sept. 1844. Wits: Nicholas German and Samuel Moore. O&RA to the Queen of the UK. BC Ct. (Nat. Rcd.) 9 1845-1848 MSA C229-1 MdHR 18119 f. 99 3 Oct. 1846.

Moorhous, William. Ireland. Report and registration. Noted as age 30. Born in Dublin. Arrived in New York City June 1811. Res. BC. Wits: James Dull and Charles Hawkshammer. BA Ct. (Misc. Ct. Papers) MSA C1-60 MdHR 50206-792 1825 item 359 20 Oct. 1825.

Moorhouse, William. Ireland. NATN. Born in Dublin. Arrived in the US as a minor. Decl. intent in open Ct. Wits: James Dull and Charles Harkeshammer. BA Ct. (Nat. Dkt.) 1 1796-1851 MSA C389-1 MdHR 18106 f. 96 25 Oct. 1825.

Morale, Joseph. France. NATN. Res. BC. Res. US 14 April 1802 - 18 June 1812. Wits: William Chandlee and John Gray. O&RA to King of France. BC Ct. (Nat. Rcd. of Minors) 1 1827-1832 MSA C237-1 MdHR 18112 ff. 92-93 26 Sept. 1828.

Moran, Owen. Ireland. NATN. Decl. intent in US Circ. Ct. 30 Aug. 1844. Wits: Thomas Quinn and Thomas Casselly. O&RA to the Queen of the UK. BA Ct. (Nat. Rcd.) 4 1846-1851 MSA C391-2 MdHR 18109 f. 270 3 Oct. 1848.

Moran, Owen. Ireland. NATN. Decl. intent in US Circ. Ct. 30 Aug. 1844. Wits: Thomas Quinn and Thomas Casselly. BA Ct. (Nat. Dkt.) 1 1796-1851 MSA C389-1 MdHR 18106 f. 338 3 Oct. 1848.

Moran, William. Ireland. NATN. Decl. intent in US Dist. Ct. 20 Sept. 1844. Wits: John Robinson and Thomas Love. O&RA to the Queen of the UK. BC Ct. (Nat. Rcd.) 9 1845-1848 MSA C229-1 MdHR 18119 f. 75 3 Oct. 1846.

Morehead, John. Ireland. NATN. Born in Co. of Antrim. Arrived in the US prior to 18 June 1812. Wits: Joseph Reed and David Polk. BA Ct. (Nat. Dkt.) 1 1796-1851 MSA C389-1 MdHR 18106 f. 155 8 Nov. 1828.

Morehead, William. Ireland. NATN. Res. Baltimore city. arrived in the US 3 yrs. prior to age 21. Res. US for 5 yrs. including 3 of minority. Res. MD over 1 yr.Witness: John Black. O&RA to the King of UK. BC Ct. (Nat. Rcd. of Minors) 1 1827-1832 MSA C237-1 MdHR 18112 f. 256 8 Nov. 1828.

Moreton, Jr. Samuel. England. NATN. Born in Derbyshire. Arrived prior to 18 June 1812. Wits: Luke Tierman and John Kelso. BA Ct. (Nat. Dkt.) 1 1796-1851 MSA C389-1 MdHR 18106 f. 140 4 Oct. 1828.

Morgan, Daniel. England. DI. BA Ct. (Minutes) 1822-1826 MSA C386-12 MdHR 14386 f. 203 3 May 1824.

Morgan, David. Wales. Request from Robert Cade, Postmaster of Versailles, Woodford Co. KY, requesting copy of David Morgan's declaration of intent from 1824 or 1825. BA Ct. (Misc. Ct. Papers) MSA C1-100 MdHR 50206-1181 1844 item 478 23 Dec. 1844.

Morgan, John. Ireland. DI. BA Ct. (Minutes) 1822-1826 MSA C386-12 MdHR 14386 f. 115 3 Oct. 1823.

Morgan, Joseph. England. DI. BC Ct. (Dkt&Mins) 1828 MSA C184-4 MdHR 16661 f. 39 19 Sept. 1828.

Morgan, Joseph. England. NATN. Res. BC. Decl. intent in BC Ct. 19 Sept. 1828. Wits: Henry H. Bool and Ebenezer Hubball. O&RA to the King of UK. BC Ct. (Nat. Rcd. of Minors) 1 1827-1832 MSA C237-1 MdHR 18112 ff. 318-319 25 Sept. 1830.

Morgan, Jr. Joseph. England. NATN. Decl. intent in open ct. Arrived in US 3 yrs. prior to age 21. Res. US for 5 yrs., including 3 of minority. Res. MD over 1 yr. Res. BC. Witness: Mary Morgan. O&RA to the Queen of the UK. BA Ct. (Nat. Rcd.) 2 1832-1846 MSA C391-1 MdHR 18108 ff. 47-48 10 Sept. 1838.

Morgan, Jr. Joseph . England. NATN. Decl. intent in open ct. Arrived in US 3 yrs. prior to age 21. Witness: Mary Morgan. BA Ct. (Nat. Dkt.) 1 1796-1851 MSA C389-1 MdHR 18106 f. 188 10 Sept. 1838.
Morgan, Thomas. Ireland. NATN. Born in Dublin. Arrived in the US 3 yrs. prior to 18 June 1812. Decl. intent in open Ct. Wits: Jesse Greenfield and Charles Dillahunt. BA Ct. (Nat. Dkt.) 1 1796-1851 MSA C389-1 MdHR 18106 f. 153 8 Nov. 1828.
Morgan, William. Great Britain. BA Ct. (Nat. Dkt.) 1 1796-1851 MSA C389-1 MdHR 18106 f. 17 #349 7 Sept. 1798. Barnes, p. 63.
Morhardt, Jacob Fred[erick]. Germany. DI. BC Ct. (Dkt&Mins) 1840 MSA C184-7 MdHR 16664 f. 37 1 Oct. 1840.
Moriarty, Thomas James. Ireland. NATN. Decl. intent in US Dist. Ct. 23 April 1838. Res. BC. Wits: John McDermott and James Grady. O&RA to the Queen of the UK. BA Ct. (Nat. Rcd.) 2 1832-1842 MSA C391-1 MdHR 18108 ff. 96-97 3 Oct. 1842.
Morney, Patrick. Ireland. NATN. Decl. intent in Harford Co. Ct. 25 Nov. 1842. Wits: Owen Daily and Patrick Daily. O&RA to the Queen of the UK. BC Ct. (Nat. Rcd.) 9 1845-1848 MSA C229-1 MdHR 18119 f. 210 12 Jan. 1847.
Morre, John. France. DI. BA Ct. (Minutes) 1827-1830 MSA C386-13 MdHR 14391 f. 77 28 Nov. 1827.
Morriarty, Thomas James. Ireland. NATN. Decl. intent in US Dist. Ct. 23 April 1838. Wits: John McDermott and James Grady. BA Ct. (Nat. Dkt.) 1 1796-1851 MSA C389-1 MdHR 18106 f. 212 3 Oct. 1842.
Morris, James. Ireland. BA Ct. (Nat. Dkt.) 1 1796-1851 MSA C389-1 MdHR 18106 f. 32 #622 21 Nov. 1805.
Morris, James. Scotland. DI. BA Ct. (Minutes) 1827-1830 MSA C386-13 MdHR 14391 f. 77 4 Oct. 1827.
Morris, John. England. DI. BA Ct. (Minutes) MSA C386-11 MdHR 14381 f. 206 27 Oct. 1817.
Morris, Mordock. Scotland. DI. BA Ct. (Minutes) 1822-1826 MSA C386-12 MdHR 14386 f. 436 11 April 1826.
Morris, Owen. Wales. Res. 1798 - 1802. BA Ct. (Nat. Dkt.) 1 1796-1851 MSA C389-1 MdHR 18106 f. 58 24 Sept. 1822.
Morris, Thomas. Ireland. NATN. Born in Co. of West Main. Decl. intent in BA Ct. 25 Sept. 1822. Wits: John Purirance and William Egertin. Certificate and report filed. BA Ct. (Nat. Dkt.) 1 1796-1851 MSA C386-1 MdHR 18106 f. 75 25 Sept. 1824.
Morris, Thomas. Ireland. DI. BA Ct. (Minutes) 1822-1826 MSA C386-12 MdHR 14386 f. 19 23 Sept. 1822.
Morris, William. England. NATN. Decl. intent in BC Ct. 29 July 1831. Res. BC. Wits: Thomas P. Stram and James Stallings. O&RA to the King of UK. BC Ct. (Nat. Rcd. of Minors) 2 1832-1836 MSA C237-2 MdHR 18113 ff. 91-92 15 Sept. 1834.
Morrison, George. Scotland. DI. Res. BC. BC Ct. of O&T&GD (Dkt&Mins) 1816 MSA C183-9 MdHR 16657 {unpaginated} 31 July 1816.
Morrison, George. Scotland. NATN. Decl. intent in Lewis Island. Decl. intent in BA Ct. of O&T&GD 31 Jan. 1816. Witness: Matthew Kelly. BA Ct. (Nat. Dkt.) 1 1796-1851 MSA C389-1 MdHR 18106 f. 53 29 Sept. 1821.
Morrison, Giles. Ireland. NATN. Born in City of Cork. Arrived in the US as a minor. Decl. intent in open Ct. Wits: Daniel Chase and Lucy Chase. BA Ct. (Nat. Dkt.) 1 1796-1851 MSA C389-1 MdHR 18106 f. 134 15 Sept. 1828.
Morrison, Joseph. Portugal. DI. BA Ct. (Minutes) 1822-1826 MSA C386-12 MdHR 14386 f. 336 19 Nov. 1825.
Morrison, Richard. Ireland. DI. BA Ct. (Minutes) 1827-1830 MSA C386-13 MdHR 14391 f. 161 7 Oct. 1828.
Morrison, Thomas. Ireland. DI. BA Ct. (Minutes) 1839-1846 MSA C386-16 MdHR 14404 f. 14 8 May 1839.
Morrison, William. Ireland. NATN. Decl. intent in US Circ. Ct. 23 Sept. 1844.

Wits: Alexander McKinley and James McGoveran. O&RA to the Queen of the UK. BA Ct. (Nat. Rcd.) 4 1846-1851 MSA C391-2 MdHR 18109 f. 130 13 Oct. 1846.

Morrison, William. Ireland. NATN. Decl. intent in US Circ. Ct. 23 Sept. 1844. Wits: Alexander McKinley and James McGoveran. BA Ct. (Nat. Dkt.) 1 1796-1851 MSA C389-1 MdHR 18106 f. 272 13 Oct. 1846.

Morron, William. Ireland. NATN. Arrived in US under age 18. Wits: William Herlse and Charles (?). BA Ct. (Nat. Dkt.) 1 1796-1851 MSA C389-1 MdHR 18106 f. 378 8 Oct. 1850.

Morrow, Elizabeth. Ireland. NATN. Decl. intent in open ct. Arrived in US 3 yrs. prior to age 21. Res. US for 5 yrs., including 3 of minority. Res. MD over 1 yr. Res. BC. Wits: Marcus Dennison and David Chamberlin. O&RA to the King of UK. BC Ct. (Nat. Rcd. of Minors) 1827-1832 MSA C237-1 MdHR 18112 ff. 383-384 24 Sept. 1831.

Morrow, James. Ireland. NATN. Decl. intent in BC Ct. 3 Oct. 1842. Wits: James Johnson and George Morrow. O&RA to the Queen of the UK. BC Ct. (Nat. Rcd.) 9 1845-1848 MSA C229-1 MdHR 18119 f. 331 2 Oct. 1847.

Morrow, John. Ireland. NATN. Res. BC. Res. US 14 April 1802 - 18 June 1812. Wits: Charles Nash and Thomas Magell. O&RA to the King of UK. BC Ct. (Nat. Rcd. of Minors) 1 1827-1832 MSA C237-1 MdHR 18112 ff. 181-182 16 Oct. 1828.

Morrow, Robert. Ireland. NATN. Decl. intent in open ct. Arrived in US 3 yrs. prior to age 21. Res. US for 5 yrs., including 3 yrs. of minority. Res. MD over 1 yr. Res. BC. Witness: Richard J. Matchett. O&RA to the King of UK. BC Ct. (Nat. Rcd. of Minors) 1827-1832 MSA C237-1 MdHR 18112 f. 374 4 June 1831.

Morrow, Samuel. Ireland. NATN. Decl. intent in US Circ. Ct. 3 Oct. 1834. Res. BC. Wits: John Ried and Samuel Miles. O&RA to the King of UK. BC Ct. (Nat. Rcd. of Minors) 2 1832-1836 MSA C237-2 MdHR 18113 f. 211 3 Oct. 1836.

Morrow, William. Ireland. NATN. Decl. intent in US Circ. Ct. 31 Aug. 1846. Wits: Felix McCurley and William McCurley. BA Ct. (Nat. Dkt.) 1 1796-1851 MSA C389-1 MdHR 18106 f. 339 3 Oct. 1848.

Morrow, William. Ireland. NATN. Decl. intent in US Circ. Ct. 31 Aug. 1846. Wits: Felix McCurley and William McCurley. O&RA to the Queen of the UK. BA Ct. (Nat. Rcd.) 4 1846-1851 MSA C391-2 MdHR 18109 f. 271 3 Oct. 1848.

Morrow, William. Great Britain. BA Ct. (Nat. Dkt.) 1 1796-1851 MS C389-1 MdHR 18106 f. 5 #74 21 Mar. 1797. Barnes, p. 60.

Morten/Morton, Robert. Scotland. DI. BC Ct. (Dkt&Mins) 1828 MSA C184-4 MdHR 16661 f. 41 3 Oct. 1828. See also Scots, p. 115. Profession given as merchant.

Morten, Robert K. Scotland. NATN. Decl. intent in open ct. Arrived in US under age 18. Wits: Charles B. White and John Lemmsden, Jr. BA Ct. (Nat. Dkt.) 1 1796-1851 MSA C389-1 MdHR 18106 f. 201 14 Sept. 1840.

Morton, John Andrews. England. BA Ct. (Nat. Dkt.) 1 1796-1851 MSA C389-1 MdHR 18106 f. 9 #167 9 Nov. 1797. Barnes, p. 61

Morton, Robert K. Scotland. NATN. Decl. intent in open ct. Arrived in US 3 yrs. prior to age 21. Res. US for 5 yrs, including 3 of minority. Res. MD over 1 yr. Res. BC. Wits: Charles R. White and John Lumsden, Jr. O&RA to the Queen of the UK. BA Ct. (Nat. Rcd.) 2 1832-1846 MSA C391-1 MdHR 18108 ff. 78-79 14 Sept. 1840.

Morton, Robert. Scotland. NATN. Res. BC. Decl. intent in BC Ct. 3 Oct. 1828. Wits: Donald Watson and William H. Richardson. O&RA to the King of UK. BC Ct. (Nat. Rcd. of Minors) 1 1827-1832 MSA C237-1 MdHR 18112 ff. 339-340 4 Oct. 1830.

Morton, Sr. Samuel. England. NATN. Born in Derbyshire. Arrived in the US prior to 18 June 1812. Wits: Luke Tierman and John Kelso. BA Ct. (Nat. Dkt.) 1 1796-1851 MSA C389-1 MdHR 18106 f. 140 4 Oct. 1828.

Mory, Frederick. Germany. NATN. Decl. intent in BC Ct. 2 Aug. 1843. Wits:

William Hiddebrand and Henry Loelbach. BA Ct. (Nat. Dkt.) 1 1796-1851 MSA C389-1 MdHR 18106 f. 321 28 Sept. 1848.
Moseman, Jacob. Grand Dutchy of Saxe-Meinegin. DI. BC Ct. (Dkt&Mins) 1849 MSA C184-11 MdHR 16668 f. 21 8 Sept. 1849.
Moser, Frederick. Dutchy of Saxe-Coburg and Gotha. NATN. Decl. intent in US Circ. Ct. 27 Sept. 1844. Wits: Frederick Kline and Paul Behlen. BA Ct. (Nat. Dkt.) 1 1796-1851 MSA C389-1 MdHR 18106 f. 238 6 Oct. 1846.
Moser, Frederick. Dutchy of Saxe-Coburg-Gotha. NATN. Decl. intent in US Circ. Ct. 27 Sept. 1844. Profession: Tavern Keeper (1847-1848 BC Directory) Wits: Frederick Kline and Paul Behlen. O&RA to the Duke of Saxe-Coburg-Gotha. BA Ct. (Nat. Rcd.) 4 1846-1851 MSA C391-2 MdHR 18109 f. 24 6 Oct. 1846.
Moses(?)/Modas(?), Christian. Saxony. DI. BA Ct. (Minutes) 1839-1846 MSA C386-16 MdHR 14404 ff. 53-54 29 May 1840.
Mosf/Moss, William Henry. England. DI. BA Ct. (Minutes, Rough) 1832-1835 MSA C420-1 MdHR 14396-2 f. 209 14 Oct. 1833.
Mosgner, Philip. Grand Dutchy of Baden. NATN. Arrived in US 3 yrs. prior to age 21. Res. US for 5 yrs., including 3 of minority. Res. MD over 1 yr. Wits: Mathew Mosgnr and James Devereux. O&RA to the Grand Duke of Baden. BC Ct. (Nat. Rcd. of Minors) 3 1845-1851 MSA C237-3 MdHR 18114-1 f. 173 3 Nov. 1848.
Moss, Charles. Ireland. BA Ct. (Nat. Dkt.) 1 1796-1851 MSA C389-1 MdHR 18106 f. 25 #488 13 Feb. 1804. Civil Ct.
Moss, Christian Frederick. Prussia. DI. BA Ct. (Minutes) 1839-1846 MSA C389-16 MdHR 14404 f. 69 18 Nov. 1840.
Moss, Christian Frederick. Prussia. DI. BA Ct. (Minutes, Rough) 1836-1844 MSA C420-2 MdHR 14398 f. 252 18 Nov. 1840.
Mossman/Mosseman, Jacob. Switzerland. DI. BA Ct. (Minutes) 1810-1814 MSA C386-10 MdHR 14376 f. 116 24 Oct. 1811.
Most, Henry. Electorate of Hesse-Cassel. NATN. Res. BC. Res. US 14 April 1802 - 18 June 1812. Wits: Henry Penknour and William P. Miller. O&RA to the Elector of Hesse-Cassel. BC Ct. (Nat. Rcd. of Minors) 1 1827-1832 MSA C237-1 MdHR 18112 ff. 90-91 25 Sept. 1828.
Moszner, Christopher. Grand Dutchy of Baden. NATN. Decl. intent in US Circ. Ct. 19 Sept. 1844. Wits: Peter Kreiss and Michael Stipe. O&RA to the Grand Duke of Baden. BC Ct. (Nat. Rcd.) 9 1845-1848 MSA C229-1 MdHR 18119 f. 307 30 Sept. 1847.
Motz, Diederick. Bremen. NATN. Decl. intent in BA Ct. 5 Feb. 1833. Res. BC. Wits: Justus Hoppe and Albert Schumaker. O&RA to the Hanseatic Government. BA Ct. (Nat. Rcd.) 2 1832-1846 MSA C391-1 MdHR 18108 ff. 27-28 11 April 1835.
Motz, Diederick. Bremen. NATN. Decl. intent in BA Ct. 5 Feb. 1833. Wits: Justus Hoppe and Albert Schumacker. BA Ct. (Nat. Dkt.) 1 1796-1851 MSA C389-1 MdHR 18106 f. 181 11 April 1835.
Motz, Diedrick. Bremen. DI. BA Ct. (Minutes, Rough) 1832-1835 MSA C420-1 MdHR 14396-2 f. 164 5 Feb. 1833.
Mouinsekel, Hans Peter. Great Britain. NATN. Decl. intent in BC Ct. 6 Nov. 1849. Wits: Austin Dahl and Charles L. Krafft. Native of Norway. O&RA to the Queen of the UK. BC Ct. (Nat. Rcd.) 1849-1851 MSA C229-2 MdHR 18120 f. 8 11 Sept. 1849.
Moule, James. Great Britain. BA Ct. (Nat. Dkt.) 1 1796 - 1851 MSA C389-1 MdHR 18106 f. 2 #30 21 Nov. 1796. Barnes, p. 59.
Moule, James. Great Britain. NATN. BA Ct. (Minutes) 1792 - 1797 MSA C386-7 MdHR 5052 f. 254 21 Nov. 1796.
Moule, Joseph. Great Britain. BA Ct. (Nat. Dkt.) 1 1796 - 1851 MSA C389-1 MdHR 18106 f. 2 #29 21 Nov. 1796. Barnes, p. 59.
Moule, Joseph. Great Britain. NATN. BA Ct. (Minutes) 1792-1797 MSA C386-7 MdHR 5052 f. 254 21 Nov. 1796.

Mount, Barney. Ireland. DI. BA Ct. (Minutes) 1827-1830 MSA C386-13 MdHR 14391 f. 160 11 Nov. 1828.

Mount, Matthew. Ireland. NATN. Decl. intent in US Dist. Ct. 23 Dec. 1833. Wits: Caspar Eickelman and Francis G.F. Wallemeyer. BA Ct. (Nat. Dkt.) 1 1796-1851 MSA C389-1 MdHR 18106 f. 387 3 Nov. 1851.

Mount, Matthew. Ireland. NATN. Decl. intent in US Dist. Ct. 23 Dec. 1833. Wits: Caspar Eichelman and Francis G.F. Waltermeyer. O&RA to the Queen of the UK. BA Ct. (Nat. Rcd.) 4 1846-1851 MSA C391-2 MdHR 18109 f. 388 3 Nov. 1851.

Mouson, Henry. Denmark. BA Ct. (Nat. Dkt.) 1 1796-1851 MSA C389-1 MdHR 18106 f. 30 #581 27 Feb. 1805.

Moutrop, Lalung. Martinique (Kingdom of France). DI. Forswears alleg. to the King of French. BC Ct. (Dkt&Mins) 1841 MSA C184-8 MdHR 16665 f. 43 28 Oct. 1841.

Mowroe, John L. Ireland. NATN. Decl. intent in BA Ct. 5 Dec. 1826. Res. BC. Wits: John H. Patterson and Francis Kirby. O&RA to the King of UK. BA Ct. (Nat. Rcd. of Minors) 2 1832-1836 MSA C237-2 MdHR 18113 f. 88 14 July 1834.

Moynet, Peter. France. BA Ct. (Nat. Dkt.) 1 1796-1851 MSA C389-1 MdHR 18106 f. 35 #690 31 Oct. 1807.

Mueller, Christian. Wurtemburg. NATN. Decl. intent in US Circ. Ct. 28 Sept. 1849. Wits: John Wand and John Seitz. BA Ct. (Nat. Dkt.) 1 1796-1851 MSA C389-1 MdHR 18106 f. 385 27 Oct. 1851.

Mueller, Christian. Wurtemburg. NATN. Decl. intent in US Circ. Ct. 28 Sept. 1849. Wits: John Ward and John Seitz. O&RA to the King of Wurtemburg. BA Ct. (Nat. Rcd.) 4 1846-1851 MSA C391-2 MdHR 18109 f. 382 27 Oct. 1851.

Mueller, Frederick. Dutchy of Saxe-Meining. NATN. Decl. intent in US Circ. Ct. 13 Sept. 1844. Wits: John F. Teamber (?) and John Brown. O&RA to the Duke of Saxe-Meining. BA Ct. (Nat. Rcd.) 4 1846-1851 MSA C391-2 MdHR 18109 f. 130 13 Oct. 1846.

Mueller, Frederick. Dutchy of Saxe-Meininger. NATN. Decl. intent in US Circ. Ct. 30 Sept. 1844. Wits: John F. Teamber and John Brown. BA Ct. (Nat. Dkt.) 1 1796-1851 MSA C389-1 MdHR 18106 f. 273 13 Oct. 1846.

Muirhead, Robert. England. NATN. Decl. intent in open ct. Arrived in US 3 yrs. prior to age 21. Res. US for 5 yrs., including 3 of minority. Res. MD over 1 yr. Res. BC. Wits: John Boyd and Lewis Gourley. O&RA to the King of UK. BC Ct. (Nat. Rcd. of Minors) 2 1832-1836 MSA C237-2 MdHR 18113 f. 173 2 Oct. 1835.

Mulbyhill, John. Ireland. NATN. Decl. intent in BC Ct. 5 Oct. 1844. Wits: Francis Latchford and Peter Kyne. O&RA to the Queen of the UK. BC Ct. (Nat. Rcd.) 9 1845-1848 MSA C229-1 MdHR 18119 f. 432 4 Oct. 1847.

Mulgrew, Michael. Ireland. NATN. Decl. intent in Lancaster Co. (PA) Ct. 3 Aug. 1844. Wits: Felix Develin and Peter McDonald. O&RA to the Queen of the UK. BC Ct. (Nat. Rcd.) 9 1845-1848 MSA C229-1 MdHR 18119 f. 581 3 Oct. 1848.

Mullan, James. Ireland. NATN. Born in Co. of Derry. Decl. intent in Frederick Co. Ct. 2 Mar. 1819. Wits.; Jesse Cloud and Peter McLaughlin. Certificate and report filed. BA Ct. (Nat. Dkt.) 1 1796-1851 MSA C389-1 MdHR 18106 f. 67 19 April 1824.

Mullen, Christopher. Ireland. NATN. Decl. intent in US Circ. Ct. 21 Oct. 1847. Witness: Henry M. McKeoun. O&RA to the Queen of the UK. BC Ct. (Nat. Rcd.) 10 1849-1851 MSA C229-2 MdHR 18120 f. 384 3 Nov. 1851.

Mullen, James. Ireland. NATN. Decl. intent in US Dist. Ct. 3 Oct. 1845. Wits: Hugh Kennedy and Henry McKeown. O&RA to the Queen of the UK. BC Ct. (Nat. Rcd.) 9 1845-1848 MSA C229-1 MdHR 18119 f. 399 4 Oct. 1847.

Mullen, James. Ireland. NATN. Decl. intent in US Dist. Ct. 30 Sept. 1844.

Wits: John O'Hara and Patrick McLaughlin. O&RA to the Queen of the UK. BC Ct. (Nat. Rcd.) 9 1845-1848 MSA C229-1 MdHR 18119 f. 397 4 Oct. 1847.

Mullen, John. Ireland. NATN. Decl. intent in Marine Ct. of New York City 7 Oct. 1836. Res. BC. Wits: Francis Duffy and Patrick Conlay. O&RA to the Queen of the UK. BA Ct. (Nat. Rcd.) 2 1832-1846 MSA C391-1 MdHR 18108 f. 115 26 Oct. 1844.

Mullen, John. Ireland. NATN. Decl. intent in BC Ct. 10 May 1843. Wits: Samuel Steele and Ezekiel Burke. O&RA to the Queen of the UK. BC Ct. (Nat. Rcd.) 9 1845-1848 MSA C229-1 MdHR 18119 f. 11 27 Aug. 1845.

Mullen, John. Ireland. NATN. Decl. intent in Marine Ct. of New York City 7 Oct. 1836. Wits: Francis Duffy and Patrick Conlay. BA Ct. (Nat. Dkt.) 1 1796-1851 MSA C389-1 MdHR 18106 f. 221 26 Oct. 1844.

Mullen, John. Ireland. NATN. Decl. intent in US Dist. Ct. 23 April 1838. Res. BC. Wits: James France and Mark Hagan. O&RA to the Queen of the UK. BA Ct. (Nat. Rcd.) 2 1832-1846 MSA C391-1 MdHR 18108 f. 71 28 May 1840.

Mullen, John. Ireland. NATN. Decl. intent in US Dist. Ct. 25 April 1838. Wits: James France and Mark Hagan. BA Ct. (Nat. Dkt.) 1 1796-1851 MSA C389-1 MdHR 18106 f. 198 28 May 1840.

Mullen/Mullin, Peter. Ireland. NATN. Res. BC. Decl. intent in US Circ. Ct. 4 Oct. 1828. Wits: John Griffing and John Fallon. O&RA to Great Britain. BC Ct. (Nat. Rcd. of Minors) 1 1827-1832 MSA C237-1 MdHR 18112 ff. 323-324 4 Oct. 183.

Mullen, Owen. Ireland. NATN. Res. BC. Res. US 14 April 1802 - 18 June 1812. Wits: Alexander McDonald and John McCormick. O&RA to the King of UK. BC Ct. (Nat. Rcd. of Minors) 1 1827-1832 MSA C237-1 MdHR 18112 ff. 112-113 29 Sept. 1828.

Mullen, Philip. Ireland. NATN. Decl. intent in BC Ct. 14 Dec. 1835. Wits: Hugh C.T. Hughes and Barney O'Donnell. BA Ct. (Nat. Dkt.) 1 1796-1851 MSA C389-1 MdHR 18106 f. 186 10 Mar. 1838.

Mullen, Thomas. Ireland. NATN. Arrived in US 3 yrs. prior to age 21. Res. US for 5 yrs., including 3 of minority. Res. MD over 1 yr. Wits: James Mullen and Anthony Garret. O&RA to the Queen of the UK. BC Ct. (Nat. Rcd. of Minors) 3 1845-1851 MSA C237-3 MdHR 18114-1 f. 278 8 Oct. 1850.

Muller, Augustus. Germany. DI. Res. BC. BC Ct. (Dkt&Mins) 1841 MSA C184-8 MdHR 16665 f. 9 27 Feb. 1841.

Muller, Herman. [Grand] Dutchy of Saxe-Meininger. NATN. Arrived in US under age 18. Wits: Balthaser Zulauf and Emanuel Weinman. BA Ct. (Nat. Dkt.) 1 1796-1851 MSA C389-1 MdHR 18106 f. 348 26 Oct. 1848.

Muller, Herman. Dutchy of Saxe-Menningen. NATN. Arrived in US 3 yrs. prior to age 21. Res. US for 5 yrs., including 3 of minority. Res. MD over 1 yr. Wits: Balthaser Zulamf and Emanuel Weinman. O&RA to the Duke of Saxe-Menningen. BA Ct. (Nat. Rcd. of Minors) 3 1846-1851 MSA C392-1 MdHR 18110 f. 70 26 Oct. 1848.

Muller, John Henry. Hanover. NATN. Decl. intent in US Circ. Ct. 21 Sept. 1846. Wits: John Berg and Emanuel Weinman. O&RA to the King of Hanover. BA Ct. (Nat. Rcd.) 4 1846-1851 MSA C391-2 MdHR 18109 f. 280 3 Oct. 1848.

Muller, Lewis C. Germany. Decl. intent in BA Ct. 25 Oct. 1810. BA Ct. (Nat. Dkt.) 1 1796-1851 MSA C389-1 MdHR 18106 f. 47 25 Sept. 1816.

Muller, Philip. Ireland. NATN. Decl. intent in BC Ct. 14 Dec. 1835. Res. BC. Wits: Hugh T.C. Hughes and Barney O'Donnell. O&RA to the Queen of the UK. BA Ct. (Nat. Rcd.) 2 1832-1846 MSA C391-1 MdHR 18108 f. 43 10 Mar. 1838.

Mulligan, James. Ireland. DI. Res. BC. BC Ct. (Dkt&Mins) 1846 MSA C184-9 MdHR 16666 f. 29 10 Aug. 1846.

Mulligan, James. Ireland. NATN. Decl. intent in BC Ct. 10 Aug. 1846. Wits:

Thomas Crohan and Patrick Crohan. O&RA to the Queen of the UK. BA Ct. (Nat. Rcd.) 4 1846-1851 MSA C391-2 MdHR 18109 f. 255 2 Oct. 1848.

Mulligan, James. Ireland. NATN. Decl. intent in BC Ct. 10 Aug. 1846. Wits: Thomas Rohan and Patrick Crohan. BA Ct. (Nat. Dkt.) 1 1796-1851 MSA C389-1 MdHR 18106 f. 332 2 Oct. 1848.

Mulray, Thomas. Ireland. DI. BA Ct. (Minutes, Rough) 1836-1844 MSA C420-2 MdHR 14398 f. 251 10 Nov. 1840.

Mulrouer, Michael. Ireland. NATN. Decl. intent in US Dist. Ct. 7 July 1845. Wits: Peter Gray and James Gough. O&RA to the Queen of the UK. BC Ct. (Nat. Rcd.) 9 1845-1848 MSA C229-1 MdHR 18119 f. 226 14 Aug. 1847.

Mulroy, Thomas. Ireland. DI. BA Ct. (Minutes) 1839-1846 MSA C386-16 MdHR 14404 f. 68 10 Nov. 1840.

Multz, John. Wurtemburg. NATN. Arrived in US 3 yrs. prior to age 21. Res. US for 5 yrs., including 3 of minority. Res. MD over 1 yr. Wits: John G. Meddinger and John Hohn. O&RA to the King of Wurtemburg. BA Ct. (Nat. Rcd. of Minors) 3 1846-1851 MSA C392-1 MdHR 18110 f. 73 31 Oct. 1848.

Multz(?)/Stultz(?), John. Germany. BA Ct. (Nat. Dkt.) 1 1796-1851 MSA C389-1 MdHR 18106 f. 8 #160 6 Nov. 1797. Barnes, p. 61

Mulvany, James. Ireland. BA Ct. (Nat. Dkt.) 1 1796-1851 MSA C389-1 MdHR 18106 f. 37 #726 7 April 1809.

Mummis, Alexander. Ireland. NATN. Decl. intent in BC Ct. 21 Sept. 1844. Wits: John Hill and John Clark. BA Ct. (Nat. Dkt.) 1 1796-1851 MSA C389-1 MdHR 18106 f. 254 13 Oct. 1846.

Munche,/Munchs Andrew. Prussia. Registration and report. Noted as age 47. Born in Nedercapie. Arrived in BC Nov. 1807. Res. BC. BA Ct. (Misc. Ct. Papers) MSA C1-64 MdHR 50206-825 unnumbered 1827 item 24 Sept. 1827.

Munche/Munchs, Andrew. Germany. DI. Declaration filed in BA Ct. of O&T&GD. Res. BC. Ren. alleg. to the " Emperor of the French, King of Italy, Protector of the Confederation of the Rhine, Mediator of the Swiss Confederation, etc." BA Ct. (Misc. Ct. Papers) MSA C1-64 MdHR 50206-825 1827 item 375 3 Sept. 1811.

Munchs/Munche, Andrew. Germany. NATN. Born in Neder-Cassel. Decl. intent in BA Ct. of O&T&GD 3 Sept. 1811. Wits: Patrick Tierman and Thomas Whalen. BA Ct. (Nat. Dkt.) 1 1796-1851 MSA C389-1 MdHR 18106 f. 122 26 Sept. 1827.

Munde, Jr. Charles F. Germany. NATN. Born in City of Albach. Decl. intent in Ct. of Common Pleas, City of Philadelphia 27 Dec. 1816. Wits: John George Schleich and Philip Moale. Certificate and report filed. BA Ct. (Nat. Dkt.) 1 1796-1851 MSA C389-1 MdHR 18106 f. 70 20 Sept. 1824.

Mungan, Adam. Ireland. NATN. Born in Co. of Tyrone. Decl. intent in BC Ct. 5 Dec. 1815. Wits: Walter Orthington and Charles Wooden. Certificate and report filed. BA Ct. (Nat. Dkt.) 1 1796-1851 MSA C389-1 MdHR 18106 f. 59 30 Sept. 1822.

Munich, John. Grand Dutchy of Baden. DI. BC Ct. (Dkt&Mins) 1841 MSA C184-8 MdHR 16665 f. 11 5 April 1841.

Munnis, Alexander. Ireland. NATN. Decl. intent in BC Ct. 21 Sept. 1844. Wits: John Hill and John Clark. O&RA to the Queen of the UK. BA Ct. (Nat. Rcd.) 4 1846-1851 MSA C391-2 MdHR 18109 f. 73 13 Oct. 1846.

Murderr, Charles. England. Decl. intent in BA Ct. 20 April 1827. Wits: William Jessop and Edward D. Goodbarn. BA Ct. (Nat. Dkt.) 1 1796-1851 MSA C389-1 MdHR 18106 f. 160 7 April 1830.

Murdoch, John. Ireland. NATN. Decl. intent in open Ct. Arrived in US 3 yrs. prior to age 21. Res. US for 5 yrs., including 3 of minority. Res. MD for 1 yr. Res. BC. Wits: Thomas Murphy and Thomas Murdoch. O&RA to the Queen of the UK. BA Ct. (Nat. Rcd.) 2 1832-1846 MSA C391-1 MdHR 18108 f. 93 23 Sept.

1842.
Murdoch, Thomas. Scotland. NATN. Res. BC. Arrived in the US 3 yrs. prior to age 21. Res. US for 5 yrs., including 3 yrs. of minority. Wits: James Campbell and Alexander Fridge. O&RA to the King of UK. BC Ct. (Nat. Rcd. of Minors) 1 1827-1832 MSA C237-1 MdHR 18112 ff. 67-68 17 Sept. 1828.
Murdoch, Thomas. Ireland. NATN. Decl. intent in Harford Co. Ct. 20 Aug. 1834. Res. BC. Wits: James Wilson and John Mooney. O&RA to the King of UK. BC Ct. (Nat. Rcd. of Minors) 2 1832-1836 MSA C237-2 MdHR 18113 f. 218 3 Oct. 1836.
Murdoch, William F. (T?). Scotland. NATN. Born in Morreyshire. Decl. intent in US Circ. Ct. 23 Nov. 1819. Wits: Alex Taylor and James Campbell. Certificate and report filed. BA Ct. (Nat. Dkt.) 1 1796-1851 MSA C389-1 MdHR 18106 f. 76 27 Sept. 1824.
Murdoch, John. Ireland. NATN. Decl. intent in open Ct. Arrived in US prior to age 18. Wits: Thomas Murphy and Thomas Murdock. BA Ct. (Nat. Dkt.) 1 1796-1851 MSA C389-1 MdHR 18106 f. 209 23 Sept. 1842.
Murdock/Murdoch, Alexander. Scotland. NATN. Born in Shire of Moray. Decl. intent in US Circ. Ct. 16 Nov. 1822. Wits: Alex Fridge and James Campbell. Certificate and report filed. BA Ct. (Nat. Dkt.) 1 1796-1851 MSA C389-1 MdHR 18106 f. 80 30 Sept. 1824. See also Scots, p. 116. Profession given as merchant.
Murphy, Daniel. Ireland. NATN. Res. BC. Res. US 14 April 1802 - 18 June 1812. Wits: John Lorman and Robert Armstrong. O&RA to the King of UK. BC Ct. (Nat. Rcd. of Minors) 1 1827-1832 MSA C237-1 MdHR 18112 ff. 262-263 8 Nov. 1828.
Murphy, Daniel. Ireland. NATN. Decl. intent in open ct. Arrived in US 3 yrs. prior to age 21. Res. US for 5 yrs., including 3 of minority. Res. MD over 1 yr. Res. BC. Wits: Nathaniel Posey and Bernard A. Courtois. O&RA to the King of UK. BC Ct. (Nat. Rcd. of Minors) 2 1832-1836 MSA C237-2 MdHR 18113 ff. 171-172 30 Sept. 1835.
Murphy, Dennis. Ireland. DI. BA Ct. (Minutes, Rough) 1836-1844 MSA C420-2 MdHR 14398 f. 95 16 Oct. 1837.
Murphy, Dennis. Ireland. DI. BA Ct. (Minutes) 1832-1838 MSA C386 MdHR 14403 f. 258 16 Oct. 1837.
Murphy, Edward. Ireland. DI. BC Ct. (Dkt&Mins) 1849 MSA C184-11 MdHR 16668 f. 26 2 Oct. 1849.
Murphy, James Joseph. Ireland. NATN. Res. BC. Decl. intent in Supreme Ct. of Franklin Co., Pennsylvania 14 Oct. 1822. Witness: Michael Stellanger. O&RA to the King of UK. BC Ct. (Nat. Rcd. of Minors) 1 1827-1832 MSA C237-1 MdHR 18112 ff. 169-170 4 Oct. 1828.
Murphy, James. Ireland. NATN. Arrived in US 3 yrs. prior to age 21. Res. US for 5 yrs., including 3 of minority. Res. MD over 1 yr. Wits: John B. Dalton and Robert Segan/Gegan(?). O&RA to the Queen of the UK. BC Ct. (Nat. Rcd. of Minors) 3 1845-1851 MSA C237-3 MdHR 18114-1 f. 303 6 Oct. 1851.
Murphy, James. Ireland. DI. BA Ct. (Minutes) 1827-1830 MSA C386-13 MdHR 14391 f. 238 7 Sept. 1829. Tepper, p. 481.
Murphy, James. Ireland. NATN. Decl. intent in BA Ct. 7 Sept. 1829. Born in Co. of Tyrone. Wits: John Scott and James Wilson. BA Ct. (Nat. Dkt.) 1 1796-1851 MSA C389-1 MdHR 18106 f. 168 19 Sept. 1831.
Murphy, John. Ireland. DI. BA Ct. (Minutes, Rough) 1845-1851 MSA C420-3 MdHR 14401 f. 260 1 Nov. 1848.
Murphy, John. Ireland. DI. BA Ct. (Minutes) 1846-1851 MSA C386-17 MdHR 14405 f. 133 1 Nov. 1848.
Murphy, John. Ireland. NATN. Decl. intent in BC Ct. 3 Oct. 1842. Res. BC. Wits: John Good and Patrick Collins. O&RA to the Queen of the UK. BA Ct. (Nat. Rcd.) 2 1832-1846 MSA C391-1 MdHR 18108 f. 110 18 Oct. 1844.

Murphy, John. Ireland. DI. BA Ct. (Minutes) 1846-1851 MSA C386-16 MdHR 14405 f. 133 1 Nov. 1848.
Murphy, John. Ireland. NATN. Decl. intent in BC Ct. 3 Oct. 1842. Wits: John Good and Patrick Collins. BA Ct. (Nat. Dkt.) 1 1796-1851 MSA C389-1 MdHR 18106 f. 219 18 Oct. 1844.
Murphy, John. Great Britain. NATN. BA Ct. (Minutes) 1792-1797 MSA C386-7 MdHR 5052 f. 254 25 Nov. 1795.
Murphy, John. Great Britain. BA Ct. (Nat. Dkt.) 1 1796-1851 MSA C389-1 MdHR 18106 f. 2 #35 25 Nov. 1796. Barnes, p. 59
Murphy, John. Ireland. NATN. Decl. intent in open ct. Arrived in US 3 yrs. prior to age 21. Res. US for 5 yrs., including 3 of minority. Res. MD over 1 yr. Res. BC. Wits: John Gibson and Samuel Moore. O&RA to the King of UK. BC Ct. (Nat. Rcd. of Minors) 2 1832-1836 MSA C237-2 MdHR 18113 f. 137 4 Oct. 1834.
Murphy, Michael. Ireland. NATN. Decl. intent in the Marine Ct. of New York City 26 Sept. 1836. Wits: Francis Latchford and John Malsuhill (?). O&RA to the Queen of the UK. BC Ct. (Nat. Rcd.) 9 1845-1848 MSA C229-1 MdHR 18119 f. 451 4 Oct. 1847.
Murphy, Patrick. Ireland. NATN. Arrived in US under age 18. Wits: Timothy Murphy and John Murphy. BA Ct. (Nat. Dkt.) 1 1796-1851 MSA C389-1 MdHR 18106 f. 353 1 Nov. 1848.
Murphy, Patrick. Ireland. NATN. Arrived in US 3 yrs. prior to age 21. Res. US for 5 yrs., including 3 of minority. Res. MD over 1 yr. Wits: Timothy Murphy and John Murphy. O&RA to the Queen of the UK. BA Ct. (Nat. Rcd. of Minors) 3 1846-1851 MSA C392-1 MdHR 18110 f. 75 1 Nov. 1848.
Murphy, Philip. Ireland. NATN. Res. BC. Res. US 14 April 1802 - 18 June 1812. Wits: Neal McFadon and Thomas Morgan. O&RA to the King of UK. BC Ct. (Nat. Rcd. of Minors) 1 1827-1832 MSA C237-1 MdHR 18112 ff. 264-265 8 Nov. 1828.
Murphy, Robert. Ireland. NATN. Arrived in US 3 yrs. prior to age 21. Res. US for 5 yrs., including 3 of minority. Res. MD over 1 yr. Wits: Thomas J. Barley and Allen Bourgess. O&RA to the Queen of the UK. BC Ct. (Nat. Rcd. of Minors) 3 1845-1851 MSA C237-3 MdHR 18114-1 f. 95 9 Oct. 1847.
Murphy, Timothy. Ireland. NATN. Decl. intent in City Ct. of Farrfield (Fairfield?) Co., Conn. 3 Mar. 1845. Wits: Patrick Murphy and John Murphy. O&RA to the Queen of the UK. BA Ct. (Nat. Rcd.) 4 1846-1851 MSA C391-2 MdHR 18109 f. 314 1 Nov. 1848.
Murphy, Timothy. Ireland. NATN. Decl. intent in City Ct., Fairfield Co., Conn. 3 Mar. 1845. Wits: Patrick Murphy and John Murphy. BA Ct. (Nat. Dkt.) 1 1796-1851 MSA C389-1 MdHR 18106 f. 356 1 Nov. 1848.
Murphy, William L. Ireland. DI. Res. BC. BC Ct. (Dkt&Mins) 1841 MSA C184-8 MdHR 16665 f. 37 4 Oct. 1841.
Murphy, William L. Ireland. NATN. Decl. intent in BC Ct. 4 Oct. 1841. Wits: Samuel Kramer and James Kramer. O&RA to the Queen of the UK. BC Ct. (Nat. Rcd.) 9 1845-1848 MSA C229-1 MdHR 18119 f. 494 22 Mar. 1848.
Murray, Archibald. Ireland. BA Ct. (Nat. Dkt.) 1 1796-1851 MSA C389-1 MdHR 18106 f. 34 #662 8 Nov. 1806.
Murray, Bernard. Ireland. DI. BA Ct. (Minutes, Rough) 1832-1835 MSA C420-1 MdHR 14396-2 f. 135 24 Oct. 1832.
Murray, Bernard. Ireland. DI. BA Ct. (Minutes) 1832-1838 MSA C386 MdHR 14403 ff. 12-13 24 Oct. 1832.
Murray, Hugh. Ireland. NATN. Decl. intent in BC Ct. 14 Oct. 1844. Wits: James McGibney and Peter Hern. O&RA to the Queen of the UK. BA Ct. (Nat. Rcd.) 4 1846-1851 MSA C391-2 MdHR 18109 f. 73 13 Oct. 1846.
Murray, Hugh. Ireland. NATN. Decl. intent in BC Ct. 14 Oct. 1843. Wits: James McGibney and Peter Herm. BA Ct. (Nat. Dkt.) 1 1796-1851 MSA C389-1

MdHR 18106 f. 254 13 Oct. 1846.

Murray, James. Scotland. Report and registration. Noted as age 54. Born in Edinburgh. Arrived in New York City July 1810. Res. BA. Wits: John Logan and John Carr. BA Ct. (Misc. Ct. Papers) MSA C1-57 MdHR 50206-757 1823 item 389 25 Sept. 1824.

Murray, James. Ireland. DI. BA Ct. (Minutes) 1822-1826 MSA C386-12 MdHR 14386 f. 219 24 Sept. 1824.

Murray, James. Scotland. DI. BA Ct. (Misc. Ct. Papers) MSA C1-57 MdHR 50206-757 1823 unnumbered item 25 Sept. 1824.

Murray, James. Scotland. NATN. Born in Edinburgh. Decl. intent in BA Ct. the 3rd Monday of Sept. 1824. Wits: John Logan and John Carr. BA Ct. (Nat. Dkt.) 1 1796-1851 MSA C389-1 MdHR 18106 f. 109 23 Sept. 1826.

Murray, James. Ireland. NATN. Decl. intent in BC Ct. 10 Nov. 1832. Res. BC. Wits: Archibald Campbell and Matthew Tracey. O&RA to the King of UK. BC Ct. (Nat. Rcd. of Minors) 2 1832-1836 MSA C237-2 MdHR 18113 f. 159 23 Feb. 1834.

Murray, James. Scotland. NATN. Decl. intent in open ct. Arrived in US 3 yrs. prior to age 21. Res. US for 5 yrs., including 3 of minority. Res. MD over 1 yr. Res. BC. Wits: Arthur T. Baxter and W. H. Richardson. O&RA to the King of UK. BC Ct. (Nat. Rcd. of Minors) 2 1832-1836 MSA C237-2 MdHR 18113 ff. 186-187 22 June 1836.

Murray, John. Ireland. NATN. Arrived in US under age 18. Wits: Michael Harley and Michael Donivan. BA Ct. (Nat. Dkt.) 1 1796-1851 MSA C389-1 MdHR 18106 f. 302 5 Oct. 1847.

Murray, John. Ireland. NATN. Decl. intent in Howard Dist. Ct. 23 Sept. 1844. Wits: Rosely Carr and James McCann. BA Ct. (Nat. Dkt.) 1 1796-1851 MSA C389-1 MdHR 18106 f. 349 28 Oct. 1848.

Murray, John. Ireland. NATN. Arrived in US 3 yrs. prior to age 21. Res. US for 5 yrs., including 3 of minority. Res. MD over 1 yr. Wits: Michael Hurley and Michael Donovan. O&RA to the Queen of the UK. BA Ct. (Nat. Rcd. of Minors) 3 1846-1851 MSA C392-1 MdHR 18110 f. 39 5 Oct. 1847.

Murray, John. Ireland. NATN. Decl. intent in Howard Dist. Ct. 23 Sept. 1844. Wits: Roseby Carr and James McCann. O&RA to the Queen of the UK. BA Ct. (Nat. Rcd.) 4 1846-1851 MSA C391-2 MdHR 18109 f. 297 28 Oct. 1848.

Murray, John. Ireland. NATN. Born in Co. of Derry. Decl. intent in Frederick Co. Ct. 5 Nov. 1821. Wits: James Muller and Edward McLaughlin. Certificate and report filed. BA Ct. (Nat. Dkt.) 1 1796-1851 MSA C389-1 MdHR 18106 f. 74 23 Sept. 1824.

Murray, Matthew. Ireland. DI. BA Ct. (Minutes) 1839-1846 MSA C386-16 MdHR 14404 f. 25 28 Sept. 1839.

Murray, Matthew. Ireland. DI. BA Ct. (Minutes, Rough) 1836-1844 MSA C420-2 MdHR 14398 f. 188 28 Sept. 1839.

Murray, Michael. Ireland. NATN. Decl. intent in US Circ. Ct. 9 Oct. 1848. Witness: Daniel Shannon. O&RA to the Queen of the UK. BC Ct. (Nat. Rcd.) 10 1849-1851 MSA C229-2 MdHR 18120 f. 377 3 Nov. 1851.

Murray, Owen. Ireland. DI. BA Ct. (Minutes, Rough) 1836-1844 MSA C420-2 MdHR 14398 f. 139 19 Sept. 1838.

Murray, Patrick. Ireland. NATN. Decl. intent in BC Ct. 25 Jan. 1845. Wits: James McCormick and John Mullen. O&RA to the Queen of the UK. BC Ct. (Nat. Rcd.) 9 1845-1848 MSA C229-1 MdHR 18119 f. 265 27 Sept. 1847.

Murray, Patrick. Ireland. NATN. Decl. intent in US Dist. Ct. 30 Sept. 1844. Wits: James Doyle and William H. Philips. O&RA to the Queen of the UK. BC Ct. (Nat. Rcd.) 9 1845-1848 MSA C229-1 MdHR 18119 f. 84 3 Oct. 1846.

Murray, Peter. Ireland. NATN. Decl. intent in US Dist. Ct. 17 June 1844. Wits: Thomas Murray and Michael McCormick. O&RA to the Queen of the UK.

BC Ct. (Nat. Rcd.) 9 1845-1848 MSA C229-1 MdHR 18119 f. 375 4 Oct. 1847.
Murray, Peter. Ireland. BA Ct. (Nat. Dkt.) 1 1796-1851 MSA C389-1 MdHR 18106 f. 45 28 April 1815.
Murray, Robert. Ireland. NATN. Decl. intent in BC Ct. 17 Aug. 1837. Res. BA. Wits.; Robert Sheerar and Brice Hobbs. BA Ct. (Nat. Dkt.) 1 1796-1851 MSA C389-1 MdHR 18106 f. 197 25 Sept. 1839.
Murray, Robert. Ireland. NATN. Decl. intent in BC Ct. 17 Aug. 1837. Wits: Samuel Jackson and Robert Millikin. BA Ct. (Nat. Dkt.) 1 1796-1851 MSA C389-1 MdHR 18106 f. 199 26 June 1840.
Murray, Robert. Ireland. NATN. Decl. intent in BC Ct. 17 Aug. 1837. Res. BA. Wits: Robert Sheenan and Brice Hobbs. O&RA to the Queen of the UK. BA Ct. (Nat. Rcd.) 2 1832-1846 MSA C391-1 MdHR 18108 f. 67 25 Sept. 1839.
Murray, Robert. Ireland. NATN. Decl. intent in BC Ct. 17 Aug. 1837. Res. BC. Wits: Samuel Jackson and Robert Millikin. O&RA to the Queen of the UK. BA Ct. (Nat. Rcd.) 2 1832-1846 MSA C391-1 MdHR 18108 ff. 73-74 26 June 1840.
Murray, Thomas. Ireland. NATN. Decl. intent in US Dist. Ct. 20 Sept. 1844. Wits: Matthew Kane and Richard Garrett. O&RA to the Queen of the UK. BC Ct. (Nat. Rcd.) 9 1845-1848 MSA C229-1 MdHR 18119 f. 85 3 Oct. 1846.
Murray, Thomas. Ireland. DI. Res. BC. BC Ct. (Dkt&Mins) 1830 MSA C184-5 MdHR 16662 f. 31 17 July 1830.
Murray, Thomas. Ireland. DI. BA Ct. (Minutes, Rough) 1832-1835 MSA C420-1 MdHR 14396-2 f. 134 22 Oct. 1832.
Murray, Thomas. Ireland. NATN. Decl. intent in BC Ct. 17 July 1830. Res. BC. Wits: Thomas Wilson and Aneas McFaul. O&RA to the King of UK. BC Ct. (Nat. Rcd. of Minors) 2 1832-1836 MSA C237-2 MdHR 18113 ff. 26-27 29 Sept. 1832.
Murray, Thomas. Ireland. DI. BA Ct. (Minutes) 1832-1838 MSA C386 MdHR 14403 f. 12 22 Oct. 1832. Tepper, p. 482. Profession given as farmer. Noted as age 20. Departed Ireland. 30 June 1830.
Murray, William A. Ireland. NATN. Res. BC. Res. US 14 April 1802 - 18 June 1812. Wits: Richard C. Murray and Beal Israel. O&RA to the King of UK. BC Ct. (Nat. Rcd. of Minors) 1 1827-1832 MSA C237-1 MdHR 18112 ff. 217-218 5 Nov. 1828.
Murry, James. Ireland. DI. BA Ct. (Minutes, Rough) 2 1836-1844 MSA C420-2 MdHR 14398 f. 142 8 Oct. 1838.
Murry, William. Ireland. NATN. Decl. intent in Prince George's Co. Ct. 4 Nov. 1844. Wits: John O'Hara and Patrick King. O&RA to the Queen of the UK. BC Ct. (Nat. Rcd.) 9 1845-1848 MSA C229-1 MdHR 18119 f. 831 6 Nov. 1848.
Muscroft, George. England. DI. BA Ct. (Minutes) 1822-1826 MSA C386-12 MdHR 14386 f. 122 5 Nov. 1823.
Muth, Adam. Bavaria. NATN. Decl. intent in US Circ. Ct. 26 Aug. 1842. Wits: George Engle and Peter Wagner. O&RA to the King of Bavaria. BA Ct. (Nat. Rcd.) 4 1846-1851 MSA C391-2 MdHR 18109 f. 131 13 Oct. 1846.
Myer, Charles John. Prussia. BA Ct. (Nat. Dkt.) 1 1796-1851 MSA C389-1 MdHR 18106 f. 21 #430 31 Dec. 18106 f. 21 #430 31 Dec. 1802. Barnes, p. 65.
Myer, Christian. Germany. NATN. Decl. intent in BA Ct. 4 Oct. 1828. Res. BC. Wits: Thomas Howard and John F. Ece. O&RA to the Emperor of Germany. BC Ct. (Nat. Rcd. of Minors) 2 1832-1836 MSA C237-2 MdHR 1813 ff. 22-23 29 Sept. 1832.
Myer, Gotthold. Germany. DI. BC Ct. (Dkt&Mins) 1841 MSA C184-5 MdHR 16665 f. 27 4 Aug. 1841.
Myer, John P. Hanover. NATN. Decl. intent in US Dist. Ct. 3 May 1848. Witness: Frederick Camper. O&RA to the King of Hanover. BC Ct. (Nat. Rcd.) 10 1849-1851 MSA C229-2 MdHR 18120 f. 149 8 Oct. 1850.
Myer, Philip. Grand Dutchy of Hesse-Darmstadt. NATN. Decl. intent in BC Ct. 17 June 1844. Wits: Philip Tracer and Frederick Stefflin. O&RA to the

Grand Duke of Hesse-Darmstadt. BA Ct. (Nat. Rcd.) 4 1846-1851 MSA C391-2 MdHR 18109 f. 74 13 Oct. 1846.
Myer, Philip. Grand Dutchy of Hessen-Darmstadt. NATN. Decl. intent in BC Ct. 17 June 1844. Wits: Philip Tracer and Frederick Staflen. BA Ct. (Nat. Dkt.) 1 1796-1851 MSA C389-1 MdHR 18106 f. 255 13 Oct. 1846.
Myers, Charles. (Country not given; Germany?) NATN. Arrived in US as a minor. Declares intent in open Ct. BA Ct. (Nat. Dkt.) 1 1796-1851 MSA C389-1 MdHR 18106 f. 93 21 Sept. 1825.
Myers, Charles. Republic of Hamburg. NATN. Arrived in US prior to 18 June 1812. Wits: John Klee and John Benner. BA Ct. (Nat. Dkt.) 1 1796-1851 MSA C389-1 MdHR 18106 f. 151 7 Nov. 1828.
Myers, Henry. Grand Dutchy of Baden. NATN. Decl. intent in BA Ct. 23 Sept. 1845. Wits: Thomas Gaither and Joshua H. Penn. BA Ct. (Nat. Dkt.) 1 1796-1851 MSA C389-1 MdHR 18106 f. 313 5 Oct. 1847.
Myers, Henry. Grand Dutchy of Baden. NATN. Decl. intent in BA Ct. 23 Sept. 1845. Wits: Thomas Gaithers and Joshua H. Pern. O&RA to the Grand Duke of Baden. BA Ct. (Nat. Rcd.) 4 1846-1851 MSA C391-2 MdHR 18109 f. 212 5 Oct. 1847.
Myers, Henry. Grand Dutchy of Baden. DI. BA Ct. (Minutes, Rough) 1845-1851 MSA C420-3 MdHR 14401 ff. 44-45 23 Sept. 1845.
Myers, Henry. Grand Dutchy of Baden. DI. BA Ct. (Minutes) 1839-1846 MSA C386-16 MdHR 14404 f. 304 23 Sept. 1845.
Myers, Henry. Hanover. NATN. Decl. intent in US Dist. Ct. 29 July 1844. Wits: Bernhard Schagenman and George Eiler. O&RA to the King of Hanover. BC Ct. (Nat. Rcd.) 9 1845-1848 MSA C229-1 MdHR 18119 f. 725 31 Oct. 1848.
Myers, Henry. Westphalia. BA Ct. (Nat. Dkt.) 1 1796-1851 MSA C389-1 MdHR 18106 f. 38 #750 17 June 1809.
Myers, James. Netherlands. DI. BA Ct. (Minutes) 1822-1826 MSA C386-12 MdHR 14386 f. 434 21 Oct. 1826.
Myers, James. Netherlands. NATN. Decl. intent in BA Ct. 21 Oct. 1826. Res. BC. Wits: John Stroben and Edward Lauderman. O&RA to the King of Netherlands. BC Ct. (Nat. Rcd. of Minors) 1827-1832 MSA C237-1 MdHR 18112 ff. 388-389 5 Dec. 1831.
Myers, Johan. Wirtenburgh. BA Ct. (Nat. Dkt.) 1 1796-1851 MSA C389-1 MdHR 18106 f. 37 #737 24 May 1809.
Myers, John. Netherlands. NATN. Res. BC. Decl. intent in Circ. Ct. for the Dist. of Columbia, Co. of Washington 12 Sept. 1822. Wits: John P. Strobel and Ebenezer S. Finlay. O&RA to the King of Netherlands. BC Ct. (Nat. Rcd. of Minors) 1 1827-1832 MSA C237-1 MdHR 18112 ff. 253-254 8 Nov. 1828.
Myers, John. Germany. DI. BC Ct. (Dkt&Mins) 1840 MSA C184-7 MdHR 16664 f. 35 21 Sept. 1840.
Myers, Joseph Godfrey. England. DI. BA Ct. (Minutes, Rough) 1845-1851 MSA C420-3 MdHR 14401 f. 390 4 Nov. 1850.
Myles, Jane. England. BA Ct. (Nat. Dkt.) 1 1796-1851 MSA C389-1 MdHR 18106 f. 22 #448 10 Mar. 1803. Barnes, p. 22.
Mylez/Myles, Rebecca. England. BA Ct. (Nat. Dkt.) 1 1796-1851 MSA C389-1 MdHR 18106 f. 16 #335 25 Aug. 1798. Barnes, p. 63.
Mylius, Frederick. Germany. DI. Ren. alleg. to the Emperor of Germany. BA Ct. (Minutes) 1815-1820 MSA C386-11 MdHR 14381 f. 86 26 Mar. 1816.
Mynes, James. Ireland. NATN. Born in Co. of Cork. Decl. intent in US Circ. Ct. 8 Nov. 1824. Wits: James Mackin and Charles Floyd. BA Ct. (Nat. Dkt.) 1 1796-1851 MSA C389-1 MdHR 18106 f. 110 23 Sept. 1826.
Myres, James. Ireland. DI. Wits: James Mackin and Charles Floyd. BA Ct. (Misc. Ct. Papers) MSA C1-57 MdHR 50206-757 1823 item 390 21 Aug. 1824.
Myres, James. Ireland. Report and registration. Noted as age 32. Born in Co. of Cork. Arrived in BC Oct. 1817. Res. BC. BA Ct. (Misc. Ct. Papers) MSA C1-

57 MdHR 50206-757 1823 unnumbered item 21 Aug. 1824.
Myres, John G. Germany. NATN. Decl. intent in US Dist. Ct. 8 June 1844. Wits: George Pahl and Gerhard A. Sybert. O&RA to the Emperor of Germany. BC Ct. (Nat. Rcd.) 9 1845-1848 MSA C229-1 MdHr 18119 f. 390 4 Oct. 1847.
Nachman, Abraham. Grand Dutchy of Hessen-Darmstadt. NATN. Decl. intent in BA Ct. 26 April 1848. Wits: Aaron Harman and Lewis Louerman. O&RA to the Grand Duke of Hessen-Darmstadt. BC Ct. (Nat. Rcd.) 10 1849-1851 MSA C229-2 MdHR 18120 f. 301 30 Sept. 1851.
Nachman, Abraham. Grand Dutchy of Hessen-Darmstadt. DI. Profession: Merchant. BA Ct. (Minutes) 1846-1851 MSA C386-17 MdHR 14405 f. 104 26 April 1848.
Nachman, Abraham. Grand Dutchy of Hessen-Darmstadt. DI. BA Ct. (Minutes, Rough) 1845-1851 MSA C420-3 MdHR 14401 f. 224 26 April 1848.
Nachman, Abraham. Grand Dutchy of Hesse-Darmstadt. DI. BA Ct. (Minutes) 1846-1851 MSA C386-16 MdHR 14405 f. 104 26 April 1848.
Nagel, Theodore P. A. Republic of Hamburg. NATN. Decl. intent in Ct. of Common Pleas for the City and Co. of New York 17 Nov. 1846. Witness: William Wardenburg. O&RA to the Republic of Hamburg. BC Ct. (Nat. Rcd.) 10 1849-1851 MSA C229-2 MdHR 18120 f. 164 27 Feb. 1851.
Nagle, Edward. England. BA Ct. (Nat. Dkt.) 1 1796-1851 MSA C389-1 MdHR 18106 f. 16 #334 24 Aug. 1798. Barnes, p. 63.
Nally, Patrick. Ireland. NATN. Decl. intent in Frederick Co. Ct. 21 May 1832. Res. BC. Wits: John Farmer and Patrick Hughes. O&RA to the King of UK. BA Ct. (Nat. Rcd.) 2 1832-1846 MSA C391-1 MdHR 18108 f. 29 5 May 1835.
Namen, Patrick. Ireland. NATN. Decl. intent in US Dist. Ct. 10 Nov. 1845. Wits: Daniel Shannon and Thomas Swarey. O&RA to the Queen of the UK. BC Ct. (Nat. Rcd.) 9 1845-1848 MSA C229-1 MdHR 18119 f. 675 14 Oct. 1848.
Nantz/Nanty, Henry. England. BA Ct. (Nat. Dkt.) 1 1796-1851 MSA C389-1 MdHR 18106 f. 9 #183 13 Nov. 1797. Barnes, p. 61.
Napier, John. Scotland. NATN. Decl. intent in BC Ct. 2 Sept. 1843. Wits: William Ferguson and Thomas J. Scriven. BA Ct. (Nat. Dkt.) 1 1796-1851 MSA C389-1 MdHR 18106 f. 227 30 Sept. 1845.
Napier, John. Scotland. NATN. Decl. intent in BC Ct. 2 Sept. 1843. Res. BC. Wits: William Ferguson and Thomas I. Scrivern. O&RA to the Queen of the UK. BA Ct. (Nat. Rcd.) 2 1832-1846 MSA C391-1 MdHR 18108 ff. 126-127 30 Sept. 1845.
Naughton, Michael. Ireland. NATN. Decl. intent in US Circ. Ct. 28 Sept. 1844. Wits: Timothy Dempsey and Owen Naughton. O&RA to the Queen of the UK. BA Ct. (Nat. Rcd.) 4 1846-1851 MSA C391-2 MdHR 18109 f. 17 6 Oct. 1846.
Naughton, Michael. Ireland. NATN. Decl. intent in US Circ. Ct. 28 Sept. 1844. Wits: Timothy Dempsey and Owen Naughton. BA Ct. (Nat. Dkt.) 1 1796-1851 MSA C389-1 MdHR 18106 f. 236 6 Oct. 1846.
Naughton, Thomas. Ireland. NATN. Arrived in US 3 yrs. prior to age 21. Res. US for 5 yrs., including 3 of minority. Res. MD over 1 yr. Wits: Edward Kelly and James Galvin. O&RA to the Queen of the UK. BA Ct. (Nat. Rcd. of Minors) 3 1846-1851 MSA C392-1 MdHR 18110 f. 40 5 Oct. 1847.
Naughton, Thomas. Ireland. NATN. Arrived in US under age 18. Wits: Edward Kelly and James Galvin. BA Ct. (Nat. Dkt.) 1 1796-1851 MSA C389-1 MdHR 18106 f. 302 5 Oct. 1847.
Nax, Francis H. Hanover. NATN. Arrived in US 3 yrs. prior to age 21. Res. US for 5 yrs., including 3 of minority. Res. MD over 1 yr. Wits: Charles Dagenhard and John F. Bartholdt. O&RA to King of Hanover. BC Ct. (Nat. Rcd. of Minors) 3 1845-1851 MSA C237-3 MdHR 18114-1 f. 286 1 Sept. 1851.

Neal/Veal, Pearce. Great Britain. BA Ct. (Nat. Dkt.) 1 1796 - 1851 MSA C389-1 MdHR 18106 f. 4 #51 10 Jan. 1797. Barnes, p. 59

Neale, John. Great Britain. BA Ct. (Nat. Dkt.) 1 1796-1851 MSA C389-1 MdHR 18106 f. 4 #64 16 Mar. 1797. Barnes, p. 59.

Nebel, Peter. Bavaria. NATN. Decl. intent in US Circ. Ct. 23 Sept. 1844. Wits: John Bower and John Knect. BA Ct. (Nat. Dkt.) 1 1796-1851 MSA C389-1 MdHR 18106 f. 313 5 Oct. 1847.

Nebel, Peter. Bavaria. NATN. Decl. intent in US Circ. Ct. 23 Sept. 1844. Wits: John Bower and John Knecht. O&RA to the King of Bavaria. BA Ct. (Nat. Rcd.) 4 1846-1851 MSA C391-2 MdHR 18109 f. 212 5 Oct. 1847.

Nebitt, Jonathan. Ireland. NATN. Res. BC. Decl. intent in US Circ. Ct. 17 May 1828. Wits: James Nesbitt and Edward Spence. O&RA to the King of UK. BC Ct. (Nat. Rcd. of Minors) 1 1827-1832 MSA C237-1 MdHR 18112 ff. 364-365 16 Oct. 1830.

Neely, James. Ireland. DI. BA Ct. (Minutes) 1839-1846 MSA C386-16 MdHR 14404 f. 87 1 April 1841.

Neely, James. Ireland. DI. BA Ct. (Minutes, Rough) 1836-1841 MSA C420-2 MdHR 14398 f. 272 1 April 1841.

Neemaber, Joseph. Hanover. NATN. Decl. intent in US Dist. Ct. 20 Sept. 1844. Wits: Joseph Notle and John Degan. O&RA to the King of Hanover. BC Ct. (Nat. Rcd.) 9 1845-1848 MSA C229-1 MdHR 18119 f. 555 3 Oct. 1848.

Neidhard, Joseph. Grand Dutchy of Hesse-Darmstadt. NATN. Decl. intent in US Circ. Ct. 17 Oct. 1848. Wits: Charles Pick and George Schaffer. O&RA to the Grand Duke of Hesse-Darmstadt. BC Ct. (Nat. Rcd.) 10 1849-1851 MSA C229-2 MdHR 18120 f. 340 25 Oct. 1851.

Neill, James. Ireland. NATN. Decl. intent in BC Ct. 24 July 1837. Wits: Mayer Whalen and Robert Little. BA Ct. (Nat. Dkt.) 1 1796-1851 MSA C389-1 MdHR 18106 f. 196 17 Sept. 1839.

Neill, James. Ireland. NATN. Decl. intent in BC Ct. 24 July 1837. Res. BC. Wits: Major Wheeler and Robert Little. O&RA to the Queen of the UK. BA Ct. (Nat. Rcd.) 2 1832-1846 MSA C391-1 MdHR 18108 f. 65 17 Sept. 1839.

Neilson, John. UK. NATN. Res. BC. Res. US 14 April 1802 - 18 June 1812. Wits: Robert Couder and John Webster. O&RA to the King of UK. BC Ct. (Nat. Rcd. of Minors) 1 1827-1832 MSA C237-1 MdHR 18112 ff. 192-193 24 Oct. 1828.

Neilson, Joseph. Ireland. NATN. Res. BC. Res. US 14 April 1802 - 18 June 1812. Wits: John McCormick and Henry Stayler. O&RA to the King of UK. BC Ct. (Nat. Rcd. of Minors) 1 1827-1832 MSA C237-1 MdHR 18112 f. 265 8 Nov. 1828.

Neimayer/Neimeyer, John Charles. Germany. BA Ct. (Nat. Dkt.) 1 1796-1851 MSA C389-1 MdHR 18106 f. 6 #95 4 April 1797. Barnes, p. 60

Neimoller, Frederick. Hanover. NATN. Decl. intent in US Dist. Ct. 18 Oct. 1842. Res. BC. Wits: William Wardenburg and Bernard Evering. O&RA to the King of Hanover. BA Ct. (Nat. Rcd.) 2 1832-1846 MSA C391-1 MdHR 18108 f. 112 19 Oct. 1844.

Nelson, John. Ireland. BA Ct. (Nat. Dkt.) 1 1796-1851 MSA C389-1 MdHR 18106 f. 21 #421 17 Dec. 1802. Barnes, p. 65.

Nelson, Peter. Denmark. NATN. Arrived in US 3 yrs. prior to age 21. Res. US for 5 yrs., including 3 of minority. Res. MD over 1 yr. Wits: E.C. Taylor and George W. Brown. O&RA to the King of Denmark. BC Ct. (Nat. Rcd. of Minors) 3 1845-1851 MSA C237-3 MdHR 18114-1 f. 111 2 Oct. 1848.

Nelson, Thomas. England. DI. BA Ct. (Minutes) 1827-1830 MSA C386-13 MdHr 14391 f. 339 2 Dec. 1830.

Neminger, Benedict. Prussia. NATN. Res. US 14 April 1802 - 18 June 1812. Wits: William Frick and Daniel B. Kraber. Res. BC. O&RA to the King of Prussia. BC Ct. (Nat. Rcd. of Minors) 2 1832-1836 MSA C237-2 MdHR 18113 f. 39 8 Oct. 1832.

Nephprout, Walter. Grand Dutchy of Hesse-Darmstadt. NATN. Arrived in US 3 yrs. prior to age 21. Res. US for 5 yrs., including 3 of minority. Res. MD over 1 yr. Wits: Henry Reabsen and Casper Snyder. O&RA to the Grand Duke of Hesse-Darmstadt. BC Ct. (Nat. Rcd. of Minors) 3 1845-1851 MSA C237-3 MdHR 18114-1 f. 117 3 Oct. 1848.

Neuberger, Charles. Saxony. DI. BC Ct. (Dkt&Mins) 1839 MSA C184-6 MdHR 16663 f. 36 1 Oct. 1839.

Neuhaus, Carstens. Germany. BA Ct. (Nat. Dkt.) 1 1796-1851 MSA C389-1 MdHR 18106 f. 29 #552 17 Nov. 1804. Criminal Ct.

Neuman, Christian Henry. Saxony. NATN. Born in Saalbourg (Saarburg?) Decl. intent in General Ct. of the Quarter Sessions for the City of Philadelphia 24 Sept. 1815. Wits: E.G. Woodyr. and August Hammer. O&RA to the Emperor of Germany. BA Ct. (Nat. Dkt.) 1 1796-1851 MSA C389-1 MdHR 18106 f. 50 28 Sept. 1821.

Neun, John. Bavaria. NATN. Decl. intent in US Dist. Ct. 25 Feb. 1844. Wits: John Eilbberger and Samuel Landon. BA Ct. (Nat. Dkt.) 1 1796-1851 MSA C389-1 MdHR 18106 f. 249 10 Oct. 1846.

Neurath, Ernst. Grand Dutchy of Hesse-Darmstadt. NATN. Decl. intent in BC Ct. 1 June 1844. Wits: William Felgner and Louis Adler. O&RA to the Grand Duke of Hesse-Darmstadt. BC Ct. (Nat. Rcd.) 9 1845-1848 MSA C229-1 MdHR 18119 f. 425 4 Oct. 1847.

Neurn, John. Bavaria. NATN. Decl. intent in US Circ. Ct. 25 Feb. 1844. Wits: John Eilberger and Samuel Landon. O&RA to the King of Bavaria. BA Ct. (Nat. Rcd.) 4 1846-1851 MSA C391-1 MdHR 18109 f. 55 10 Sept. 1846.

Nevill/Neville, James. Ireland. NATN. Decl. intent in open ct. Arrived in US 3 yrs. prior to age 21. Res. US for 5 yrs.,including 3 of minority. Res. MD over 1 yr. Res. BC. Wits: Patrick Neville and Michael Haley. O&RA to the King of UK. BC Ct. (Nat. Rcd. of Minors) 2 1832-1836 MSA C237-2 MdHR 18113 ff. 16-17 29 Sept. 1832.

Neville, Patrick. Ireland. NATN. Decl. intent in US Dist. Ct. 31 Dec. 1828. Res. BA. Wits: Hugh McDounell (McDonnell?) and Michael Haley. O&RA to the King of UK. BC Ct. (Nat. Rcd. of Minors) 2 1832-1836 MSA C237-2 MdHR 18113 ff. 17-18 29 Sept. 1832.

Newall, John. England. NATN. Decl. intent in US Dist. Ct. 3 Oct. 1834. Res. BC. Wits: James Sheldon and John Heaey. O&RA to the King of UK. BC Ct. (Nat. Rcd. of Minors) 2 1832-1836 MSA C237-2 MdHR 18113 ff. 209-210 3 Oct. 1836.

Newton(?), Gabriel. UK. DI. BA Ct. (Minutes) 1806-1809 MSA C386-9 MdHR 14372 f. 283 16 Oct. 1809.

Nichlaus, Casper. Grand Dutchy of Hesse-Darmstadt. NATN. Decl. intent in US Dist. Ct. 18 Sept. 1844. Wits: John Goode and Christopher Northan. O&RA to the Grand Duke of Hesse-Darmstadt. BC Ct. (Nat. Rcd.) 9 1845-1848 MSA C229-1 MdHR 18119 f. 245 20 Sept. 1847.

Nichol, Charles D. Bremen. NATN. Decl. intent in open ct. Arrived in US 3 yrs. prior to age 21. Res. US for 5 yrs., including 3 of minority. Res. MD over 1 yr. Res. BC. Wits: Joseph Clackner and Sarah Creshupp. O&RA to the Hanseatic Government. BC Ct. (Nat. Rcd. of Minors) 2 1832-1836 MSA C237-2 MdHR 18113 f. 179 22 Oct. 1835.

Nichol, Thomas. Ireland. DI. BA Ct. (Minutes) 1822-1826 MSA C386-12 MdHR 14386 f. 223 2 Oct. 1824.

Nicholai/Nicolai, Charles William. Bremen. NATN. Decl. intent in open ct. Arrived in US 3 yrs. prior to age 21. Res. US for 5 yrs., including 3 of minority. Res. MD over 1 yr. Res. BC. Wits: Charles Nicholai and Peter Hilditch. O&RA to the Free and Hanseatic Government of Bremen. BA Ct. (Nat. Rcd.) 2 1832-1846 MSA C391-1 MdHR 18108 ff. 61-62 4 May 1839.

Nicholai/Nicolai, Anthony. Bremen. NATN. Decl. intent in open ct. Arrived in

US 3 yrs. prior to age 21. Res. US for 5 yrs., including 3 of minority. Res. MD over 1 yr. Res. BC. Wits: Christian W. Nicholai and Peter R. Hilditch. O&RA to the Republic of Bremen. BA Ct. (Nat. Rcd.) 2 1832-1846 MSA C391-1 MdHR 18108 f.69 25 April 1840.

Nicholas, Augustus. Germany. NATN. Decl. intent in BC Ct. 19 Sept. 1844. Wits: Frederick Seebode and Philip Laufus. O&RA to the Emperor of Germany. BC Ct. (Nat. Rcd.) 9 1845-1848 MSA C229-1 MdHR 18119 f. 419 4 Oct. 1847.

Nicholas, Lewis. France. BA Ct. (Nat. Dkt.) 1 1796-1851 MSA C389-1 MdHR 18106 f. 39 #770 3 May 1810.

Nicholl, David. Scotland. BA Ct. (Nat. Dkt.) 1 1796-1851 MSA C389-1 MdHR 18106 f. 38 #752 6 Oct. 1809.

Nicholson, Daniel. Ireland. NATN. Decl. intent in Carroll Co. Ct. 6 April 1842. Wits: John C. Kelly and Augustus Miller. BA Ct. (Nat. Dkt.) 1 1796-1851 MSA C389-1 MdHR 18106 f. 339 3 Oct. 1848.

Nicholson, Daniel. Ireland. NATN. Decl. intent in Carroll Co. Ct. 6 April 1842. Wits: John C. Kelly and Augustus Miller. O&RA to the Queen of the UK. BA Ct. (Nat. Rcd.) 4 1846-1851 MSA C391-2 MdHR 18109 f. 272 3 Oct. 1848.

Nicklaus, Henry. Grand Dutchy of Hesse-Darmstadt. NATN. Decl. intent in US Circ. Ct. 15 Oct. 1848. Witness: Peter Truleib. O&RA to the Grand Duke of Hesse-Darmstadt. BC Ct. (Nat. Rcd.) 10 1849-1851 MSA C229-2 MdHR 18120 f. 412 4 Nov. 1851.

Nicol, William. Scotland. NATN. Born in Co. of Stirling. Arrived in the US 1798 - 14 April 1802. Wits: Thomas Nicol and Hugh Daugherty. BA Ct. (Nat. Dkt.) 1 1796-1851 MSA C389-1 MdHR 18106 f. 128 19 May 1828.

Nicolai/Nicholai, Anthony. Republic of Bremen. NATN. Arrived in US under age 18. Decl. intent in open ct. Wits: Christian Wm. Nicolai and Peter R. Hilditch. BA Ct. (Nat. Dkt.) 1 1796-1851 MSA C389-1 MdHR 18106 f. 198 25 April 1840.

Nicolai/Nicholai, Christian William. Bremen. NATN. Decl. intent in open ct. Arrived in US under 18 yrs. of age. Wits: Charles Nicolai and Peter Hilditch. BA Ct. (Nat. Dkt.) 1 1796-1851 MSA C389-1 MdHR 18106 f. 194 24 May 1839.

Niebling, Jacob. Electorate of Hesse-Cassel. NATN. Decl. intent in US Dist. Ct. 9 Sept. 1844. Wits: Lewis Cook and Paul Wiest. O&RA to the Elector of Hesse-Cassel. BC Ct. (Nat. Rcd.) 9 1845-1848 MSA C229-1 MdHR 18119 f. 142 5 Oct. 1846.

Niemeyer, Johann Herman. Hanover. DI. Res. BC. BC Ct. (Dkt&Mins) 1839 MSA C184-6 MdHR 16663 f. 33 3 Sept. 1839.

Nierimoller, Frederick. Hanover. NATN. Decl. intent in US Dist. Ct. 18 Oct. 1842. Wits: William Wardenburg and Gerhard Evering. BA Ct. (Nat. Dkt.) 1 1796-1851 MSA C389-1 MdHR 18106 f. 220 19 Oct. 1844.

Ninde, Albert Hayward. England. NATN. Res. BC. Arrived in the US 3 yrs. prior to age 21. Res. US for 5 yrs., including 3 of minority. Res. MD for 1 yr. Witness: John Beard. O&RA to the King of UK. BC Ct. (Nat. Rcd. of Minors) 1 1827-1832 MSA C237-1 MdHR 18112 ff. 231-232 7 Nov. 1828.

Nipold, John. Dutchy of Hessen-Coburg. NATN. Decl. intent in US Dist. Ct. 5 Oct. 1818. Wits: Peter Walter and George Fucksberger. O&RA to the Duke of Hessen-Coburg. BC Ct. (Nat. Rcd.) 10 1849-1851 MSA C229-2 MdHR 18120 f. 156 8 Oct. 1850.

Nizang, Joseph. Electorate of Hesse-Cassel. NATN. Decl. intent in US Dist. Ct. 28 Sept. 1844. Wits: George Cook and Augustus Watters. O&RA to the Elector of Hesse-Cassel. BC Ct. (Nat. Rcd.) 9 1845-1848 MSA C229-1 MdHR 18119 f. 133 5 Oct. 1846.

Noberth, Michael. Bavaria. NATN. Decl. intent in US Circ. Ct. 14 Sept. 1844. Wits: John Martin and Henry Felrnald (?). O&RA to the King of Bavaria. BA

Ct. (Nat. Rcd.) 4 1846-1851 MSA C391-2 MdHR 18109 f. 133 13 Oct. 1846.
Noberth, Michael. Bavaria. NATN. Decl. intent in US Circ. Ct. 14 Sept. 1844. Wits: John Martin and Henry F. Arnold. BA Ct. (Nat. Dkt.) 1 1796-1851 MSA C389-1 MdHR 18106 f. 273 13 Oct. 1846.
Noctin, Owen. Ireland. NATN. Decl. intent in US Dist. Ct. 30 Sept. 1843. Wits: Timothy Dempsey and Michael Naughton. BA Ct. (Nat. Dkt.) 1 1796-1851 MSA C389-1 MdHR 18106 f. 236 6 Oct. 1846.
Noctrin, Owen. Ireland. NATN. Decl. intent in US Dist. Ct. 30 Sept. 1843. Wits: Timothy Dempsey and Michael Naughton. O&RA to the Queen of the UK. BA Ct. (Nat. Rcd.) 4 1846-1851 MSA C391-2 MdHR 18109 f. 17 6 Oct. 1846.
Nolan, Peter. Ireland. DI. Res. BC. BC Ct. (Dkt&Mins) 1847 MSA C184-10 MdHR 16667 f. 38 20 Oct. 1847.
Noland, John. Ireland. NATN. Decl. intent in US Dist. Ct. 27 Sept. 1839. Res. BC. Wits: Joseph Mitchell and Charles Quinn. O&RA to the Queen of the UK. BA Ct. (Nat. Rcd.) 2 1832-1846 MSA C391-1 MdHR 18108 f. 91 31 Mar. 1842.
Noland, John. Ireland. NATN. Decl. intent in US Dist. Ct. 27 Sept. 1839. Wits: Joseph Mitchell and Charles Quinn. BA Ct. (Nat. Dkt.) 1 1796-1851 MSA C389-1 MdHR 18106 f. 208 31 Mar. 1842.
Noll, Henry. Grand Dutchy of Hesse-Darmstadt. NATN. Decl. intent in US Dist. Ct. 23 Sept. 1844. Wits: Henry Dieterich and Adam Dieterich. O&RA to the Grand Duke of Hesse-Darmstadt. BC Ct. (Nat. Rcd.) 9 1845-1848 MSA C229-1 MdHR 18119 f. 55 28 Sept. 1846.
Nolte, Frederick. Bavaria. DI. BC Ct. (Dkt&Mins) 1849 MSA C184-11 MdHR 16668 f. 28 8 Oct. 1849.
Nookler, Ehrenfield. Saxony. BA Ct. (Nat. Dkt.) 1 1796-1851 MSA C389-1 MdHR 18106 f. 35 #686 13 Oct. 1807.
Noon, Patrick. Ireland. NATN. Decl. intent in US Dist. Ct. 8 July 1844. Wits: Michael McGinn and James Donnellan. O&RA to the Queen of the UK. BC Ct. (Nat. Rcd.) 9 1845-1848 MSA C229-1 MdHR 18119 f. 81 3 Oct. 1846.
Nordman, Henry Frederick. Hanover. NATN. Decl. intent in BC Ct. 20 June 1844. Wits: Henry Mullendorff and Conrad Weisheim. O&RA to the King of Hanover. BC Ct. (Nat. Rcd.) 9 1845-1848 MSA C229-1 MdHR 18119 f. 67 2 Oct. 1846.
Nordman, Henry. Hanover. NATN. Decl. intent in US Circ. Ct. 1 Oct. 1841. Wits: George Sickman and Augustus Schroeder. O&RA to the King of Hanover. BA Ct. (Nat. Rcd.) 4 1846-1851 MSA C391-2 MdHR 118109 f. 45 10 Oct. 1846.
Nordman, Henry. Hanover. NATN. Decl. intent in US Circ. Ct. 9 Oct. 1844. Wits: George Seckman and Augustus Schroeder. BA Ct. (Nat. Dkt.) 1 1796-1851 MSA C389-1 MdHR 18106 f. 246 10 Oct. 1846.
Nordt, Christian. Bavaria. NATN. Decl. intent in US Dist. Ct. 5 Nov. 1844. Wits: Corth Rizens and Conrad Krefs/Kress. O&RA to the King of Bavaria. BC Ct. (NATN record) 9 1845-1848 MSA C229-1 MdHR 18119 f. 6 Nov. 1848.
Noris, James. Ireland. DI. Ren. alleg. to King of UK. BA Ct. (Minutes) 1815-1820 MSA C386-11 MdHR 14381 f. 366 13 April 1820.
Norman, Hugh. Ireland. NATN. Decl. intent in Prince George's Co. Ct. April term 1844. Wits: William Murray and John O'Hara. O&RA to the Queen of the UK. BC Ct. (Nat. Rcd.) 9 1845-1848 MSA C229-1 MdHR 18119 f. 811 6 Nov. 1848.
Norris, Isaac H. England. NATN. Decl. intent in BA Ct. 2 April 1832. Res. BC. Wits: John Jillard and Samuel Gatchell. O&RA to the King of UK. BA Ct. (Nat. Rcd. of Minors) 2 1832-1836 MSA C237-2 MdHR 18113 f. 86 18 June 1834.
Northrop, John A. Hanover. NATN. Decl. intent in US Circ. Ct. 4 May 1847.

Wits: John Koppleman and John Bargardney. O&RA to the King of Hanover. BC Ct. (Nat. Rcd.) 10 1849-1851 MSA C229-2 MdHR 18120 f. 414 4 Nov. 1851.

Norwood, David. Ireland. DI. BA Ct. (Minutes) 1822-1826 MSA C386-12 MdHR 14386 f. 119 18 Oct. 1823.

Norwood, Thomas. Ireland. NATN. Decl. intent in BC Ct. 28 Sept. 1848. Wits: Andrew Crawford and William Gibson. O&RA to the Queen of the UK. BC Ct. (Nat. Rcd.) 10 1849-1851 MSA C229-2 MdHR 18120 f. 114 30 Sept. 1850.

Noulan, John. Ireland. NATN. Arrived in US 3 yrs. prior to age 21. Res. US for 5 yrs., including 3 of minority. Res. MD over 1 yr. Wits: Frederick Shoemaker and Lewis Esslan. O&RA to the Queen of the UK. BA Ct. (Nat. Rcd. of Minors) 3 1846-1851 MSA C392-1 MdHR 18110 f. 19 13 Oct. 1846.

Nouland, Henry. Ireland. DI. BC Ct. (Dkt&Mins) 1839 MSA C184-6 MdHR 16663 f. 35 21 Sept. 1839.

Noulans, John. Ireland. NATN. Arrived in US under age 18. Wits: Frederick Shoemaker and Lewis Anslan. BA Ct. (Nat. Dkt.) 1 1796-1851 MSA C389-1 MdHR 18106 f. 291 13 Oct. 1846.

Nowher, James. Ireland. NATN. Born in Kilkenney. Decl. intent in Ct. of Common Pleas, Northumberland Co., PA. 10 Sept. 1822. Wits: John Balleworth and Hugh McDounell. BA Ct. (Nat. Dkt.) 1 1796-1851 MSA C389-1 MdHR 18106 f. 96 1 Oct. 1825.

Nowlin, Francis. Ireland. NATN. Decl. intent in BC Ct. 14 June 1834. Res. BC. Wits: James Mullen and Henry Worthington. O&RA to the King of UK. BC Ct. (Nat. Rcd. of Minors) 2 1832-1836 MSA C237-2 MdHR 18113 ff. 190-191 10 Sept. 1836.

Ntten, Stephen. Westphalia. BA Ct. (Nat. Dkt.) 1 1796-1851 MSA C389-1 MdHR 18106 f. 40 #785 27 April 1811.

Nugent, Frederick. Ireland. NATN. Decl. intent in US Dist. Ct. 27 July 1844. Wits: Malachi Blundel and Dennis Blundel. O&RA to the Queen of the UK. BC Ct. (Nat. Rcd.) 10 1849-1851 MSA C229-2 MdHR 18120 f. 89 30 Sept. 1850.

Nugent, Michael. Ireland. DI. BC Ct. (Dkt&Mins) 1840 MSA C184-7 MdHR 16664 f. 35 22 Sept. 1840.

Nugent, Neal. Ireland. NATN. Res. BC. Res. US 14 April 1802 - 18 June 1812. Wits: James Haslet and Richard Randell. O&RA to the King of UK. BC Ct. (Nat. Rcd. of Minors) 1828-1832 MSA C237-1 MdHR 18112 f. 122 30 Sept. 1828.

Nugent, Thomas. Ireland. NATN. Decl. intent in the Marine Ct. of New York City 25 May 1843. Wits: Thomas McEving and Owen Donnelly. BA Ct. (Nat. Dkt.) 1 1796-1851 MSA C389-1 MdHR 18106 f. 362 16 April 1849.

Nugent, Thomas. Ireland. NATN. Decl. intent in BC Ct. 17 Oct. 1844. Wits: Andrew McCormick and Thomas Clarke. O&RA to the Queen of the UK. BC Ct. (Nat. Rcd.) 19 1845-1848 MSA C229-1 MdHR 18119 f. 435 4 Oct. 1847.

Nugent, Thomas. Ireland. NATN. Decl. intent in Marine Ct. of New York City 25 May 1843. Wits: Thomas McErving and Owen Donnelly. O&RA to the Queen of the UK. BA Ct. (Nat. Rcd.) 4 1846-1851 MSA C391-2 MdHR 18109 f. 331 16 April 1849.

Numsen, William. Wurtemburg. NATN. Res. BC. Arrived in the US 3 yrs. prior to age 21. Res. US for 5 yrs., including 3 of minority. Res. MD over 1 yr. Wits: David Mumma and William Baer. O&RA to the King of Wurtemburg. BC Ct. (Nat. Rcd. of Minors) 1 1827-1832 MSA C237-1 MdHR 18112 ff. 195-196 27 Oct. 1828.

Nuthouse, Christopher. Principality of Schwarszberg. NATN. Decl. intent in BA Ct. 10 Oct. 1842. Wits: George Lenner and John T. Tiebert. BA Ct. (Nat. Dkt.) 1 1796-1851 MSA C389-1 MdHR 18106 f. 292 13 Oct. 1846.

Nuthouse, Christopher. Principality of Schwartzberg. DI. BA Ct. (Minutes) 1839-1846 MSA C386-16 MdHR 14404 f. 152 10 Oct. 1842.

Nuthouse, Christopher. Principality of Schwatzburg. NATN. Decl. intent in BA

Ct. 10 Oct. 1842. Wits: George Lemmer and John F. Tiebert. O&RA to the Prince of Schwatzburg. BA Ct. (Nat. Rcd.) 4 1846-1851 MSA C391-2 MdHR 18109 f. 173 13 Oct. 1846.

Nutt, Christoph. Prussia. NATN. Decl. intent in US Dist. Ct. 29 Nov. 1842. Wits: Anthony Klohe and William Ullrich. BA Ct. (Nat. Dkt.) 1 1796-1851 MSA C389-1 MdHR 18106 f. 324 30 Sept. 1848.

Nutt, Christoph. Prussia. NATN. Decl. intent in US Dist. Ct. 29 Nov. 1842. Wits: Anthony Kloke and William Ulrich. O&RA to the King of Prussia. BA Ct. (Nat. Rcd.) 4 1846-1851 MSA C391-2 MdHR 18109 f. 238 30 Sept. 1848.

O'Brien, Edward. Ireland. DI. BC Ct. (Dkt&Mins) 1839 MSA C184-6 MdHR 16663 f. 16 2 May 1839.

O'Brien, Hugh. Ireland. DI. BC Ct. (Dkt&Mins) 1847 MSA C184-10 MdHR 16667 f. 37 5 Oct. 1847.

O'Brien, John. Ireland. NATN. Decl. intent in BC Ct. 9 May 1844. Wits: Thomas Nouland and Thomas Kernan. BA Ct. (Nat. Dkt.) 1 1796-1851 MSA C389-1 MdHR 18106 f. 255 13 Oct. 1846.

O'Brien, John. Ireland. NATN. Decl. intent in US Dist. Ct. 17 Oct. 1843. Wits: Daniel McWilliams and John Gobert. BA Ct. (Nat. Dkt.) 1 1796-1851 MSA C389-1 MdHR 18106 f. 274 13 Oct. 1846.

O'Brien, John. Ireland. NATN. Decl. intent in BC Ct. 9 May 1844. Wits: Thomas Noland and Thomas Kernan. O&RA to the Queen of the UK. BA Ct. (Nat. Rcd.) 1846-1851 MSA C391-2 MdHR 18109 f. 76 13 Oct. 1846.

O'Brien, John. Ireland. NATN. Decl. intent in US Dist. Ct. 17 Oct. 1843. Wits: Daniel McWilliams and John Goberk. O&RA to the Queen of the UK. BA Ct. (Nat. Rcd.) 4 1846-1851 MSA C391-2 MdHR 18109 f. 134 13 Oct. 1846.

O'Brien, John. Ireland. DI. BA Ct. (Minutes) 1822-1826 MSA C386-12 MdHR 14386 f. 435 3 Oct. 1826.

O'Brien, Matthew. Ireland. DI. BA Ct. (Minutes) 1832-1838 MSA C386 MdHR 14403 f. 17 10 Nov. 1832.

O'Brien, Matthew. Ireland. DI. BA Ct. (Minutes, Rough) 1832-1835 MSA C420-1 MdHR 14396-2 f. 141 10 Nov. 1832.

O'Brien, Michael. Ireland. DI. BA Ct. (Minutes) 1846-1851 MSA C386-16 MdHR 14405 f. 230 8 Oct. 1850.

O'Brien, Michael. Ireland. DI. BA Ct. (Minutes) 1846-1851 MSA C386-16 MdHR 14405 f. 230 8 Oct. 1850.

O'Brien, Michael. Ireland. DI. BA Ct. (Minutes) 1846-1851 MSA C386-17 MdHR 14405 f. 230 8 Oct. 1850.

O'Brien, Micheal. Ireland. DI. BA Ct. (Minutes, Rough) 1845-1851 MSA C420-3 MdHR 14401 f. 382 8 Oct. 1850.

O'Brien, Patrick. Ireland. DI. BC Ct. (Dkt&Mins) 1839 MSA C184-6 MdHR 16663 f. 31 5 Aug. 1839.

O'Brien, Richard. Ireland. NATN. Decl. intent in US Circ. Ct. 18 Jan. 1848. Wits: William Smith and James Prirass. O&RA to the Queen of the UK. BC Ct. (Nat. Rcd.) 10 1849-1851 MSA C229-2 MdHR 18120 f. 75 30 Sept. 1850.

O'Brien, Thomas. Ireland. NATN. Arrived in US under age 18. Wits: William Kenney and Michael Moan. BA Ct. (Nat. Dkt.) 1 1796-1851 MSA C389-1 MdHR 18106 f. 326 2 Oct. 1848.

O'Brien, Thomas. Ireland. NATN. Arrived in US 3 yrs. prior to age 21. Res. US for 5 yrs., including 3 of minority. Res. MD over 1 yr. Wits: William Kenney and Michael Moan. O&RA to the Queen of the UK. BA Ct. (Nat. Rcd. of Minors) 3 1846-1851 MSA C392-1 MdHR 18110 f. 58 2 Oct. 1848.

O'Bryan, Charles. England. BA Ct. (Nat. Dkt.) 1 1796-1851 MSA C389-1 MdHR 18106 f. 13 #261 22 Jan. 1798. Barnes, p. 62.

O'Connell, John. Ireland. DI. BC Ct. (Dkt&Mins) 1849 MSA C184-11 MdHR 16668 f. 9 10 April 1849.

O'Connell, Timothy. Ireland. NATN. Decl. intent in US Circ. Ct. 26 Sept. 1844. Wits: Daniel Pickett and Peter Ahern. O&RA to the Queen of the UK. BA

Ct. (Nat. Rcd.) 4 1846-1851 MSA C391-2 MdHR 18109 f. 213 5 Oct. 1847.
O'Connell, Timothy. Ireland. NATN. Decl. intent in US Circ. Ct. 26 Sept. 1844. Wits: Daniel Richett and Peter Ahern. BA Ct. (Nat. Dkt.) 1 1796-1851 MSA C389-1 MdHR 18106 f. 313 5 Oct. 1847.
O'Conner, Catherine. England. BA Ct. (Nat. Dkt.) 1 1796-1851 MSA C389-1 MdHR 18106 f. 15 #304 5 April 1798. Barnes, p. 63.
O'Conner, Daniel. Ireland. NATN. Decl. intent in US Dist. Ct. 1 Oct. 1838. Wits: George D. Wimmell and Maurice Bush. BA Ct. (Nat. Dkt.) 1 1796-1851 MSA C389-1 MdHR 18106 f. 205 2 Oct. 1840.
O'Conner, Daniel. Ireland. NATN. Decl. intent in US Dist. Ct. 1 Oct. 1838. Res. BC. Wits: George S. Weimmel and Maurice Bush. O&RA to the Queen of the UK. BA Ct. (Nat. Rcd.) 2 1832-1846 MSA C391-1 MdHR 18108 f. 84 2 Oct. 1840
O'Conner, James. Ireland. NATN. Decl. intent in open ct. Arrived in US 3 yrs. prior to age 21. Res. US for 5 yrs., including 3 of minority. Res. MD over 1 yr. Res. BC. Wits: Thomas McGahan and Patrick Maror. O&RA to the King of UK. BC Ct. (Nat. Rcd. of Minors) 2 1832-1836 MSA C237-2 MdHR 18113 ff. 142-143 7 Oct. 1834.
O'Conner, Michael. England. BA Ct. (Nat. Dkt.) 1 1796-1851 MSA C389-1 MdHR 18106 f. 14 #296 26 Mar. 1798. Barnes, p. 63.
O'Conner, Patrick. Ireland. NATN. Born in Co. of Monaghan. Decl. intent in US Dist. Ct. 4 Sept. 1822. Wits: John Yates and Thomas Carroll. Certificate and report filed. BA Ct. (Nat. Dkt.) 1 1796-1851 MSA C389-1 MdHR 18106 f. 79 29 Sept. 1824.
O'Donnell, Barney. Ireland. NATN. Noted as age 43. Born in Co. of Donegal. Exhibits petition and certificates of declaration and report and registration filed US Dist. Ct. 27 Feb. 1826. Arrived in New Castle Aug. 1823. Res. BC. O&RA to the King of UK. Wits: Patrick Rilery and Neale Nugent. BC Ct. (Nat. Rcd. of Minors) 1 1827-1832 MSA C237-1 MdHR 18112 ff. 6-8 2 Mar. 1827.
O'Donnell, Barney. Ireland. DI. BA Ct. (Minutes) 1822-1826 MSA C386-12 MdHR 14386 10 Oct. 1823.
O'Donnell, Edward. Ireland. NATN. Decl. intent in US Circ. Ct. 24 Sept. 1844. Wits: Robert Moore and William Gough. BA Ct. (Nat. Dkt.) 1 1796-1851 MSA C389-1 MdHR 18106 f. 234 5 Oct. 1846.
O'Donnell, Edward. Ireland. NATN. Decl. intent in US Circ. Ct. 24 Sept. 1844. Wits: Robert Moore and William Gough. O&RA to the Queen of the UK. BA Ct. (Nat. Rcd.) 4 1846-1851 MSA C391-2 MdHR 18109 f. 12 5 Oct. 1846.
O'Donnell, Michael. Ireland. NATN. Born in Co. of Galaway. Arrived in the US as a minor. Wits: George Winkler and Bernard O'Donnell. BA Ct. (Nat. Dkt.) 1 1796-1851 MSA C389-1 MdHR 18106 f. 88 3 Nov. 1824.
O'Donnell, Patrick. Ireland. NATN. Noted as age 33.Born in Co. of Galway. Exhibits petition for naturalization and certificates of declaration of intent and report and registration, filed in US Dist. Ct. 2 Oct. 1824. Arrived in BC Sept. 1811. Res. BC. O&RA to the King of UK. Wits: James Stronack and William Bevan. BC Ct. (Nat. Rcd. of Minors) 1 1827-1832 MSA C237-1 MdHR 18112 ff. 26-28 29 Sept. 1827.
O'Donovan. John H. D. Ireland. NATN. Born in Co. of Limmerick. Arrived in the US 3 yrs. prior to age 21. Decl. intent in open Ct. Wits: Morris Fitzgibbons and George Clarke. BA Ct. (Nat. Dkt.) 1 1796-1851 MSA C389-1 MdHR 18105 f. 108 20 Sept. 1826.
O'Duyer, Thomas. Ireland. DI. BA Ct. (Minutes) 1827-1830 MSA C386-13 MdHR 14391 f. 238 10 Nov. 1829.
O'Farrell, Charles. Ireland. DI. . BA Ct. (Minutes) 1827-1830 MSA C386-13 MdHR 14391 f. 78 9 April 1830.
O'Farrell, Charles. Ireland. NATN. Born in Co. of Savin (?) Decl. intent in BA

Ct. 9 April 1827. Wits: John Scott and Isaac Hayward. BA Ct. (Nat. Dkt.) 1 1796-1851 MSA C389-1 MdHR 18106 f. 157 18 April 1829.
O'Hara, George. Ireland. DI. BC Ct. (Dkt&Mins) 1847 MSA C184-10 MdHR 16667 f. 37 11 Oct. 1847.
O'Hara, James. Ireland. DI. BA Ct. (Minutes) 1827-1830 MSA C386-13 MdHR 14391 f. 2 11 Oct. 1830.
O'Hare, Michael. Ireland. BA Ct. (Nat. Dkt.) 1 1796-1851 MSA C389-1 MdHR 18106 f. 38 #741 27 May 1809.
O'Hear, Michael. Ireland. DI. Res. BC. BC Ct. (Dkt&Mins) 1847 MSA C184-10 MdHR 16667 f. 21 15 June 1847.
O'Heare, John. Ireland. NATN. Res. BC. Res. US 14 April 1802 - 18 June 1812. Wits: Bernard Coskerry and Nicholas S. Jones. O&RA to the King of UK. BC Ct. (Nat. Rcd. of Minors) 1 1827-1832 MSA C237-1 MdHR 18112 ff. 91-92 26 Sept. 1828.
O'Keefe, Maurice. Ireland. NATN. Arrived in US under age 18. Wits: Thomas Riley and James Martin. BA Ct. (Nat. Dkt.) 1 1796-1851 MSA C389-1 MdHR 18106 f. 342 7 Oct. 1848.
O'Keeffe, Maurice. Ireland. NATN. Arrived in US 3 yrs. prior to age 21. Res. US for 5 yrs., including 3 of minority. Res. MD over 1 yr. Wits: Thomas Riley and James Martin. O&RA to the Queen of the UK. BC Ct. (Nat. Rcd. of Minors) 3 1846-1851 MSA C392-1 MdHR 18110 f. 65 7 Oct. 1848.
O'Laughlin, Francis. Ireland. NATN. Decl. intent in US Dist. Ct. 15 Sept. 1838. Wits: Michael Rouck and James Hifson/Hisson. O&RA to the Queen of the UK. BC Ct. (Nat. Rcd.) 9 1845-1848 MSA C229-1 MdHR 18119 f. 662 10 Oct. 1848.
O'Leary, John. Ireland. DI. BA Ct. (Minutes) 1846-1851 MSA C386-16 MdHR 14405 ff. 152-153 15 Mar. 1849.
O'Leary, John. Ireland. DI. BA Ct. (Minutes) 1846-1851 MSA C386-17 MdHR 14405 ff. 152-153 15 Mar. 1849.
O'Mealy, Thomas. Ireland. NATN. Decl. intent in US Dist. Ct. 15 Sept. 1830. Res. BC. Wits: John Manuel and John Whelan. O&RA to the King of UK. BC Ct. (Nat. Rcd. of Minors) 2 1832-1836 MSA C237-2 MdHR 18113 ff. 14-15 15 Sept. 1832.
O'Meara, Patrick. Ireland. DI. BA Ct. (Minutes, Rough) 1836-1844 MSA C420-2 MdHR 14398 f. 35 4 Oct. 1836.
O'Meara, Patrick. Ireland. DI. BA Ct. (Minutes) 1832-1838 MSA C386 MdHR 14403 f. 206 4 Oct. 1836.
O'Meara, Timothy. Ireland. DI. BA Ct. (Minutes, Rough) 1832-1835 MSA C420-1 MdHR 14396-2 f. 286 7 Oct. 1834.
O'Neal, Daniel. Ireland. NATN. Decl. intent in BC Ct. 28 Sept. 1827. Res. BC. Wits: John Hogan and Matthew Hughes. O&RA to the King of UK. BC Ct. (Nat. Rcd. of Minors) 1827-1832 MSA C237-1 MdHR 18112 f. 373 21 May 1831.
O'Neal, Frederick. Ireland. NATN. Decl. intent in Marine Ct. of New York City 9 Feb. 1818. Wits: James L. Fisher and henry Fitzgerald. BA Ct. (Nat. Dkt.) 1 1796-1851 MSA C389-1 MdHR 18106 f. 197 27 Sept. 1839.
O'Neal, Frederick. Ireland. NATN. Decl. intent in Marine Ct. of New York 9 Feb. 1818. Res. BC. Wits: James J. Fisher and Henry Fitzgerald. O&RA to the Queen of the UK. BA Ct. (Nat. Rcd.) 2 1832-1846 MSA C391-1 MdHR 18108 f. 68 27 Sept. 1839.
O'Neal, James. Ireland. NATN. Decl. intent in US Dist. Ct. for the Dist. of Columbia 4 Nov. 1843. Wits: John Mitchell and Peter Ahern. O&RA to the Queen of the UK. BC Ct. (Nat. Rcd.) 9 1845-1848 MSA C229-1 MdHR 18119 f. 564 3 Oct. 1848.
O'Neal, James. Ireland. NATN. Decl. intent in BC Ct. 9 Oct. 1848. Witness: Daniel Shannon. O&RA to the Queen of the UK. BC Ct. (Nat. Rcd.) 10 1849-1851 MSA C229-2 MdHr 18120 f. 368 3 Nov. 1851.
O'Neal, Michael. Ireland. NATN. Res. BC. Decl. intent in US Circ. Ct. 4 Oct. 1828. Wits: William Collins and James Mitchell. O&RA to the King of UK.

BC Ct. (Nat. Rcd. of Minors) 1 1827-1832 MSA C237-1 MdHR 18112 ff. 326-327 4 Oct. 1830.

O'Neal, Samuel. Ireland. NATN. Arrived in US 3 yrs. prior to age 21. Res. US for 5 yrs., including 3 of minority. Res. MD over 1 yr. Wits: John O'Neal and Thomas Bottsmou. O&RA to the Queen of the UK. BC Ct. (Nat. Rcd. of Minors) 3 1845-1851 MSA C237-3 MdHR 18114-1 f. 177 4 Nov. 1848.

O'Neale, Robert. Ireland. NATN. Born in Co. of Antrim. Decl. intent in US Dist. Ct. 9 June 1809. Witness: Dennis McHenry. Certificate and report filed. BA Ct. (Nat. Dkt.) 1 1796-1851 MSA C389-1 MdHR 18106 f. 52 29 Sept. 1821.

O'Neil, James. Ireland. NATN. Decl. intent in US Dist. Ct. 30 Sept. 1843. Wits: John McCormick and Robert Whitehand. BA Ct. (Nat. Dkt.) 1 1796-1851 MSA C389-1 MdHR 18106 f. 245 6 Oct. 1846.

O'Neill, Daniel. Great Britain. BA Ct. (Nat. Dkt.) 1 1796-1851 MSA C389-1 MdHR 18106 f. 21 #411 15 Nov. 1802. Barnes, p. 64.

O'Neill, Henry. England. NATN. Arrived in US 3 yrs. prior to age 21. Res. US 3 yrs. prior to age 21. Res. MD over 1 yr. Wits: Samuel Carr and P. D. Carr. O&RA to the Queen of the UK. BC Ct. (Nat. Rcd. of Minors) 3 1845-1851 MSA C237-3 MdHR 18114-1 f. 213 27 Sept. 1849.

O'Neill, James. Ireland. NATN. Decl. intent in US Dist. Ct. 30 Sept. 1843. Wits: John McCormick and Robert Whitehead. O&RA to the Queen of the UK. BA Ct. (Nat. Rcd.) 4 1846-1851 MSA C391-2 MdHR 18109 f. 42 6 Oct. 1846.

O'Neill, James. Ireland. DI. BA Ct. (Minutes) 1827-1830 MSA C386-13 MdHR 14391 f. 160 7 Nov. 1828.

O'Neill, James. Ireland. NATN. Res. BC. Decl. intent in BA Ct. 7 Oct. 1828. Wits: James C. Murray and Richard Finney. O&RA to the King of UK. BC Ct. (Nat. Rcd. of Minors) 1 1827-1832 MSA C237-1 MdHR 18112 ff. 366-367 18 Oct. 1830.

O'Neill, Michael. Ireland. NATN. Decl. intent in BC Ct. 1 Nov. 1848. Wits: James McNeill and Michael Murry. O&RA to the Queen of the UK. BC Ct. (Nat. Rcd.) 10 1849-1851 MSA C229-2 MdHR 18120 f. 424 4 Nov. 1851.

O'Neill/O'Neall, Bernard. Ireland. BA Ct. (Nat. Dkt.) 1 1796-1851 MSA C389-1 MdHR 18106 f. 7 #118 June 1797. Barnes, p. 60

O'Neill, Terrence. Ireland. NATN. Decl. intent in US Circ. Ct. 30 Sept. 1849. Wits: William Gough and Oremel Stare. O&RA to the Queen of the UK. BA Ct. (Nat. Rcd.) 4 1846-1851 MSA C391-2 MdHR 18109 f. 134 13 Oct. 1846.

O'Neill, Terrence. Ireland. NATN. Decl. intent in US Circ. Ct. 30 Sept. 1844. Wits: William Gough and Oremel Stare. BA Ct. (Nat. Dkt.) 1 1796-1851 MSA C389-1 MdHR 18106 f. 274 13 Oct. 1846.

O'Neill, Thomas. Ireland. DI. BC Ct. (Dkt&Mins) 1828 MSA C184-4 MdHR 16661 f. 39 19 Sept. 1828.

O'Neill, Thomas. Ireland. NATN. Decl. intent in BC Ct. 19 Sept. 1828. Res. BC. Wits: John McKin and Patrick Riley. O&RA to the King of UK. BC Ct. (Nat. Rcd. of Minors) 2 1832-1836 MSA C237-2 MdHR 18113 ff. 181-182 23 Feb. 1836.

O'Neill, William. Ireland. NATN. Decl. intent in the Circ. Ct. of Quarter Sessions for the State of Pennsylvania 3 Aug. 1844. Wits: James H. Warner and James O'Neill. O&RA to the Queen of the UK. BC Ct. (Nat. Rcd.) 9 1845-1848 MSA C229-1 MdHR 18119 f. 308 30 Sept. 1847.

O'Neill, William. Ireland. DI. BC Ct. (Dkt&Mins) 1840 MSA C184-7 MdHR 16664 f. 43 5 Oct. 1840.

O'Reilley, Laurence. Ireland. NATN. Decl. intent in US Dist. Ct. 7 Oct. 1840. Wits: James O'Grady and Patrick O'Grady. O&RA to Queen of UK. BA Ct. (Nat. Rcd.) 4 1846-1851 MSA C391-2 MdHR 18109 f. 294 25 Oct. 1848.

O'Reilly, Hugh. Ireland. NATN. Born in Co. of Farmanagh. Decl. intent in US Dist. Ct. 3 Mar. 1819. Wits: Joseph McKeldin and John Fox. Certificate and

report filed. BA Ct. (Nat. Dkt.) 1 1796-1851 MSA C389-1 MdHR 18106 f. 85 2 Oct. 1824.
O'Reilly, Hugh. Ireland. DI. BA Ct. (Minutes) 1827-1830 MSA C386-13 MdHR 14391 f. 162 15 Sept. 1828.
O'Reilly, Laurence. Ireland. NATN. Decl. intent in US Dist. Ct. 7 Oct. 1840. Wits: James O'Grady and Patrick O'Grady. BA Ct. (Nat. Dkt.) 1 1796-1851 MSA C389-1 MdHR 18106 f. 348 25 Oct. 1848.
O'Rouke, Charles. Santo Domingo (Republic of France). BA Ct. (Nat. Dkt.) 1 1796-1851 MSA C389-1 MdHR 18106 f. 25 #478 5 Jan. 1804. Civil Ct.
O'Rourke, Patrick. France. BA Ct. (Nat. Dkt.) 1 1796-1851 MSA C389-1 MdHR 18106 f. 29 #557 1 Dec. 1804. Civil Ct.
O'Scoby(?), George. England. NATN. Decl. intent in open ct. Arrived in US under age 18. Wits: Matthew M. Cohn and Martin Corbin. BA Ct. (Nat. Dkt.) 1 1796-1851 MSA C389-1 MdHR 18106 f. 193 27 Sept.1838.
Oakley, Thomas. Ireland. NATN. Res. BC. Res. US 14 April 1802 - 18 June 1812. Wits: Charles Floyd and Bartholomew Dorsey. O&RA to the King of UK. BC Ct. (Nat. Rcd. of Minors) 1 1827-1832 MSA C237-1 MdHR 18112 ff.136-137 2 Oct. 1828.
Oals, Augustus. Germany. DI. BC Ct. (Dkt&Mins) 1847 MSA C184-10 MdHR 16667 f. 21 18 June 1847.
Oats, Augustus. Germany. NATN. Decl. intent in BC Ct. 18 June 1847. Wits: E. W. Briding and Daniel Melchor. O&RA to the Emperor of Germany. BC Ct. (Nat. Rcd.) 10 1849-1851 MSA C229-2 MdHR 18120 f. 44 17 Sept. 1850.
Obandsher, Layman. Germany. NATN. Decl. intent in Philadelphia City Ct. 12 Feb. 1841. Wits: Jacob Voglesang and Louis Weighle. O&RA to the Emperor of Germany. BC Ct. (Nat. Rcd.) 9 1845-1848 MSA C229-1 MdHR 18119 f. 448 4 Oct. 1847.
Obetz, George Philip. Bavaria. NATN. Decl. intent in US Dist. Ct. 23 Sept. 1844. Wits: George B. Leng and Christopher Blieum. O&RA to the King of Bavaria. BC Ct. (Nat. Rcd.) 9 1845-1848 MSA C229-1 MdHR 18119 f. 175 6 Oct. 1846.
Ochloschlager, Frederick. Germany. DI. BA Ct. (Minutes, Rough) 1832-1835 MSA C420-1 MdHR 14396-2 f. 284 2 Oct. 1834.
Ochlschager, Frederick. Germany. DI. Ren. alleg. to the Emperor of Germany. BA Ct. (Minutes) 1832-1838 MSA C386 MdHR 14403 f. 121 1 Oct. 1834.
Oehrl, John Laurence. [Grand] Dutchy of Saxe-Meininigen. DI. Profession: Baker (1850 Census) BA Ct. (Minutes) 1839-1846 MSA C386-16 MdHR 14404 f. 256 2 Nov. 1844.
Oehrl, John Laurence. [Grand] Dutchy of Saxe-Meiningen. DI. BA Ct. (Minutes, Rough) 1836-1844 MSA C420-2 MdHR 14398 f. 483 2 Nov. 1844.
Oelglein, Andreas. Bavaria. NATN. Decl. intent in US Dist. Ct. 30 Sept. 1844. Wits: Conrad Hofman and Andrew Hucker. O&RA to the King of Bavaria. BC Ct. (Nat. Rcd.) 9 1845-1848 MSA C229-1 MdHR 18119 f. 646 10 Oct. 1848.
Oettinger, Solomon. Bavaria. NATN. Decl. intent in US Dist. Ct. 12 Sept. 1844. Wits: Raphall Goldsmith and Joshua McIlyers. O&RA to the King of Bavaria. BC Ct. (Nat. Rcd.) 9 1845-1848 MSA C229-1 MdHR 18119 f. 283 29 Sept. 1847.
Offner, Adam. Kingdom of France. NATN. Arrived in US 3 yrs. prior to age 21. Res. US for 5 yrs., including 3 of minority. Res. MD over 1 yr. Wits: Hugh Fitzpatrick and Augustus Schroeder. O&RA to the King of French. BC Ct. (Nat. Rcd. of Minors) 3 1845-1851 MSA C237-3 MdHR 18114-1 f. 69 4 Oct. 1847.
Ofsinger/Ossinger, John. Bavaria. NATN. Arrived in US 3 yrs. prior to age 21. Res. US for 5 yrs., including 3 of minority. Res. MD over 1 yr. Wits: Valentine Kohn and Valentine Dilferder. O&RA to the King of Bavaria. BC Ct. (Nat. Rcd. of Minors) 3 1845-1851 MSA C237-3 MdHR 18114-1 f. 157 25 Oct. 1848.

Ogier, John. Gurnsey. NATN. Decl. intent in open ct. Arrived in US 3 yrs. prior to age 21. Res. US for 5 yrs., including 3 of minority. Res. MD over 1 yr. Res. BC. Wits: James Hughes and Peter Stewart. O&RA to the King of UK. BC Ct. (Nat. Rcd. of Minors) 2 1832-1836 MSA C237-2 MdHR 18113 f. 1 9 June 1832.

Ogle, Moses. England. NATN. Arrived in US 3 yrs. prior to age 21. Res. US for 5 yrs., including 3 of minority. Res. MD over 1 yr. Wits: Andrew Trush and Atkin S. Ogle. O&RA to the Queen of the UK. BA Ct. (Nat. Rcd. of Minors) 3 1846-1851 MSA C392-1 MdHR 18110 f. 40 5 Oct. 1847.

Ogle, Moses. England. NATN. Arrived in US under age 18. Wits: Andrew Trust and Atkin S. Ogle. BA Ct. (Nat. Dkt.) 1 1796-1851 MSA C389-1 MdHR 18106 f. 302 5 Oct. 1847.

Ohlmuller, Sebastian. Grand Dutchy of Hessen-Darmstadt. NATN. Decl. intent in US Dist. Ct. 3 Nov. 1848. Wits: Mathias Zimmerman and Philip Loudenslager. O&RA to the Grand Duke of Hessen-Darmstadt. BC Ct. (Nat. Rcd.) 10 1849-1851 MSA C229-2 MdHR 18120 f. 168 31 May 1851.

Ohm, Michael. Prussia. NATN. Arrived in US 3 yrs. prior to age 21. Res. US for 5 yrs., including 3 of minority. Res. MD over 1 yr. Wits: Peter Wehr and Jacob Ohm. O&RA to the King of Prussia. BC Ct. (Nat. Rcd. of Minors) 3 1845-1851 MSA C237-3 MdHR 18114-1 f. 167 1 Nov. 1848.

Ohn, Jacob. Prussia. NATN. Decl. intent in the Ct. of Common Pleas for the State of Pennsylvania 28 Aug. 1844. Wits: Conrad Weirhan and Martin Auks. O&RA to the King of Prussia. BC Ct. (Nat. Rcd.) 9 1845-1848 MSA C229-1 MdHR 18119 f. 559 3 Oct. 1848.

Oldfather, Henry. Prussia. BA Ct. (Nat. Dkt.) 1 1796-1851 MSA C389-1 MdHR 18106 f. 12 #246 16 Jan. 1798. Barnes, p. 62.

Oldfield, Granville S. England. NATN. Born in Lambeth, Surrey. Decl. intent in Justice's Ct. of New York City 26 April 1817. Wits: John S. Tyson and Ebenizer L. Finly. BA Ct. (Nat. Dkt.) 1 1796-1851 MSA C389-1 MdHR 18106 f. 57 23 May 1822.

Oldfield, James P. England. DI. BA Ct. (Minutes) 1822-1826 MSA C386-12 MdHR 14386 f. 120 28 Oct. 1823.

Oldfield, Thomas William. England. DI. BA Ct. (Minutes) 1822-1826 MSA C386-12 MdHR 14386 f. 120 28 Oct. 1823.

Oldfield, Thomas W. England. NATN. Decl. intent in BA Ct. 27 Oct. 1823. Born in Co. of Kent. Wits: Granville S. Oldfield and Richard Wilson. BA Ct. (Nat. Dkt.) 1 1796-1851 MSA C389-1 MdHR 18106 f. 182 15 Feb. 1836.

Oldfield, Thomas W. England. NATN. Decl. intent in BA Ct. 27 Oct. 1823. Res. BC. Wits: Granville S. Oldfield and Richard Wilson. O&RA to the King of UK. BA Ct. (Nat. Rcd.) 2 1832-1846 MSA C391-1 MdHR 18108 f. 30 15 Feb. 1836.

Olive, John. England. NATN. Decl. intent in BC Ct. 7 May 1849. Wits: William Russel and Arnold Tarsfield. O&RA to the Queen of the UK. BC Ct. (Nat. Rcd.) 10 1849-1851 MSA C229-2 MdHR 18120 f. 329 7 Oct. 1851.

Olive, John. England. DI. BC Ct. (Dkt&Mins) 1849 MSA C184-11 MdHR 16668 f. 10 7 May 1849.

Oliver, George. Ireland. NATN. Arrived in US 3 yrs. prior to age 21. Res. US for 5 yrs., including 3 of minority. Res. MD over 1 yr. Wits: Thomas Spicer and William Oliver. O&RA to the Queen of the UK. BC Ct. (Nat. Rcd. of Minors) 3 1845-1851 MSA C237-3 MdHR 18114-1 f. 256 30 Sept. 1850.

Oliver, John. Ireland. Res. 1798 - 1802. Wits: John Preurance and Thomas Kell. BA Ct. (Nat. Dkt.) 1 1796-1851 MSA C389-1 MdHR 18106 f. 59 30 Sept. 1822.

Olsen, James. Denmark. DI. Res. BC. BC Ct. (Dkt&Mins) 1841 MSA C184-8 MdHR 16665 f. 13 11 May 1841.

Oppenharmar, Ulemia(?)/Alemia (?). Germany. NATN. Decl. intent in BC Ct. 21 Feb. 1848. Wits: Thomas L. Keyser and Albert Sismond. O&RA to the

319

Emperor of Germany. BC Ct. (Nat. Rcd.) 10 1849-1851 MSA C229-2 MdHR 18120 f. 61 26 Sept. 1850.
Oppenheim, Hart. Bavaria. DI. BA Ct. (Minutes, Rough) 1836-1844 MSA C420-2 MdHR 14398 f. 425 2 Dec. 1843.
Opperheim, Hart. Bavaria. DI. BA Ct. (Minutes) 1839-1846 MSA C386-16 MdHR 14404 f. 213 2 Dec. 1843.
Opperman, George Lewis. Hanover. NATN. Res. BC. Res. US 14 April 1802 - 18 June 1812. Wits: Elias Brewer and Paul G. Hands. O&RA to the King of Great Britain. BC Ct. (Nat. Rcd. of Minors) 1 1827-1832 MSA C237-1 MdHR 18112 f. 114 29 Sept. 1828.
Orman, Henry. Holland. NATN. Decl. intent in BC Ct. 4 Oct. 1834. Res. BC. Wits: Jabez Gore and William J. Cole. O&RA to the King of Holland. BC Ct. (Nat. Rcd. of Minors) 2 1832-1836 MSA C237-2 MdHR 18113 f. 230 13 Oct. 1836.
Orme, Joseph. England. NATN. Born in co. of Derby. Arrived in the US as a minor. Decl. intent in open Ct. Wits: James H. Thomas and Richard Holmes. BA Ct. (Nat. Dkt.) 1 1796-1851 MSA C389-1 MdHR 18106 f. 135 16 Sept. 1828.
Ormsby, George. Ireland. DI. BA Ct. (Minutes) 1839-1846 MSA C386-16 MdHR 14404 f. 68 10 Nov. 1840.
Ormsby, George. Ireland. DI. BA Ct. (Minutes, Rough) 1836-1844 MSA C420-2 MdHR 14398 f. 251 10 Nov. 1840.
Ormsby, John. Ireland. DI. BA Ct. (Minutes) 1839-1846 MSA C389-16 MdHR 14404 f. 69 11 Nov. 1840.
Ornrein, Henry. Grand Dutchy of Hesse-Darmstadt. NATN. Decl. intent in US Dist. Ct. 27 Sept. 1844. Wits: John Ornrein and Henry Bader. O&RA to the Grand Duke of Hesse-Darmstadt. BC Ct. (Nat. Rcd.) 9 1845-1848 MSA C229-1 MdHR 18119 f. 769 3 Nov. 1848.
Orr, Alexander. Scotland. NATN. Res. BC. Res. US 14 April 1802 - 18 June 1812. Wits: Edward Gray and William Campbell. O&RA to the King of UK. BC Ct. (Nat. Rcd. of Minors) 1 1827-1832 MSA C237-1 MdHR 18112 ff. 86-87 23 Sept. 1828.
Orr, Alexander. Scotland. NATN. Decl. intent in open ct. Arrived in US 3 yrs. prior to age 21. Res. US for 5 yrs., including 3 of minority. Res. MD over 1 yr. Res. BC. Wits: Alexander Russell and William Primrose. O&RA to the King of UK. BC Ct. (Nat. Rcd. of Minors) 2 1832-1836 MSA C237-2 MdHR 18113 f. 118 3 Oct. 1834.
Orr, James. Ireland. DI. Ren. alleg. to King of UK. BA Ct. (Minutes) 1815-1820 MSA C386-11 MdHR 14381 f. 16 19 Sept. 1815.
Orr, John. Ireland. DI. BA Ct. (Minutes) 1822-1826 MSA C386-12 MdHR 14386 f. 223 2 Oct. 1824.
Ort, Peter. Dutchy of Biern. NATN. Arrived in US 3 yrs. prior to age 21. Res. US for 5 yrs., including 3 of minority. Res. MD over 1 yr. Wits: George Ort and James R. West. O&RA to the Duke of Biern. BC Ct. (Nat. Rcd. of Minors) 3 1845-1851 MSA C237-3 MdHR 18114-1 f. 251 30 Sept. 1850.
Orth, George Philip. Grand Dutchy of Hesse-Darmstadt. NATN. Decl. intent in BC Ct. 24 Sept. 1844. Wits: William Lanehart and John B. Hack. O&RA to the Grand Duke of Hesse-Darmstadt. BA Ct. (Nat. Rcd.) 4 1846-1851 MSA C391-2 MdHR 18109 f. 77 13 Oct. 1846.
Orth, George Philip. Grand Dutchy of Hesse-Darmstadt. NATN. Decl. intent in BC Ct. 24 Sept. 1844. Wits: William Lanehart and John B. Haut. BA Ct. (Nat. Dkt.) 1 1796-1851 MSA C389-1 MdHR 18106 f. 255 13 Oct. 1846.
Orth, George. Bian. NATN. Arrived in US under age 18. Wits: John Butler and Caspar Wolfram. BA Ct. (Nat. Dkt.) 1 1796-1851 MSA C389-1 MdHR 18106 f. 291 13 Oct. 1846.
Ortman, Peter. Bavaria. NATN. Arrived in US 3 yrs. prior to age 21. Res. US for 5 yrs., including 3 of minority. Res. MD over 1 yr. Wits: Henry Weitzel and Martin Weitzel. O&RA to the King of Bavaria. BC Ct. (Nat. Rcd. of

Minors) 3 1845-1851 MSA C237-3 MdHR 18114-1 f. 137 9 Oct. 1848.
Ortt, George. Kingdom of Bian. NATN. Arrived in US 3 yrs. prior to age 21. Res. US for 5 yrs., including 3 of minority. Res. MD over 1 yr. Wits: John Butler and Caspar Wolfram. O&RA to the King of Bian. BA Ct. (Nat. Rcd. of Minors) 3 1846-1851 MSA C392-1 MdHR 18110 f.20 13 Oct. 1846.
Osborne, Alexander. Ireland. DI. BA Ct. (Minutes) 1810-1814 MSA C386-10 MdHR 14376 f. 188 8 May 1812.
Osbourn, James. England. NATN. Born in Co. of Surrey. Decl. intent in BC Ct. 19 June 1818. Wits: Leonard Elm and Edward Sweeney. BA Ct. (Nat. Dkt.) 1 1796-1851 MSA C389-1 MdHR 18106 f. 92 4 April 1825.
Osburn, John. England. BA Ct. (Nat. Dkt.) 1 1796-1851 MSA C389-1 MDHR 18106 f. 14 #279 16 Mar. 1798. Barnes, p. 62.
Oscoby, George. England. NATN. Decl. intent in open ct. Arrived in US 3 yrs. prior to age 21. Res. US for 5 yrs., including 3 of minority. Res. MD over 1 yr. Res. BC. Wits: Matthew McCohn and Martin Corbin. O&RA to the Queen of the UK. BA Ct. (Nat. Rcd.) 2 1832-1846 MSA C391-1 MdHR 18108 f. 57 27 Sept. 1838.
Osterman, Joseph. Hanseatic Government. DI. BA Ct. (Minutes) MSA C386-12 MdHR 14386 f. 435 3 Oct. 1826.
Oswinkel, Joseph. Austrian Empire. NATN. Decl. intent in US Circ. Ct. 1 Oct. 1844. Wits: Frederick Widfeld and Adam Hehn. O&RA to the Emperor of Austria. BA Ct. (Nat. Rcd.) 4 1846-1851 MSA C391-2 MdHR 18109 f. 7 5 Oct. 1846.
Oswinkel, Joseph. Austrian Empire. NATN. Decl. intent in US Circ. Ct. 1 Oct. 1844. Wits: Frederick Vidfield and Adan Hekn. BA Ct. (Nat. Dkt.) 1 1796-1851 MSA C389-1 MdHR 18106 f. 232 5 Oct. 1846.
Ottesen, Jacob. Denmark. BA Ct. (Nat. Dkt.) 1 1796-1851 MSA C389-1 MdHR 18106 f. 31 #600 5 June 1805.
Otto, Deiderich. Bremen. NATN. Res. BC. Res. US 14 April 1802 - 18 June 1812. Wits: Joseph S. Donovan and George H. Gunwalt. O&RA to the Hanseatic Government. BC Ct. (Nat. Rcd. of Minors) 1 1827-1832 MSA C237-1 MdHR 18112 f. 169 4 Oct. 1828.
Otto, John Weiner. Saxony. NATN. Decl. intent in US Circ. Ct. 5 Oct. 1846. Wits: John Erdman and Thomas Crofs/Cross. O&RA to the King of Saxony. BC Ct. (Nat. Rcd.) 9 1845-1848 MSA C229-1 MdHR 18119 f. 748 1 Nov. 1848.
Otto, John Henry. Germany. BA Ct. (Nat. Dkt.) 1 1796-1851 MSA C389-1 MdHR 18106 f. 34 #661 29 Oct. 1806.
Otwein, Hartman, Electorate of Hesse-Cassel. NATN. Decl. intent in US Dist. Ct. 30 Sept. 1844. Wits: John Schultzer and Peter Kreifs/Kreiss. O&RA to the Elector of Hesse-Cassel. BC Ct. (Nat. Rcd.) 9 1845-1848 MSA C229-1 MdHR 18119 f. 401 4 Oct. 1847.
Oursprong, Christian. Principality of Waldeck. NATN. Arrived in US 3 yrs. prior to age 21. Res. US for 5 yrs., including 3 of minority. Res. MD over 1 yr. Wits: Philip Schriber and Daniel G. Fryer. O&RA to the Prince of Waldeck. BC Ct. (Nat. Rcd. of Minors) 3 1845-1851 MSA C237-3 MdHr 18114-1 f. 193 6 Nov. 1848.
Ouschlager, Frederick. Germany. NATN. Decl. intent in BA Ct. 2 Oct. 1834. Res. BC. Wits: John Smith and John W. Zeigler. O&RA to the Emperor of Germany. BC Ct. (Nat. Rcd. of Minors) 2 1832-1836 MSA C237-2 MdHR 18113 f. 231 13 Oct. 1836.
Outzen, Alexander. Denmark. DI. BC Ct. (Dkt&Mins) 1849 MSA C184-11 MdHR 16668 f. 16 8 June 1849.
Overgoshl/Overgosht, Adam/Adem. Republic of France. BA Ct. (Nat. Dkt.) 1 1798-1851 MSA C389-1 MdHR 18106 f. 17 #363 12 Sept. 1798. Barnes, p. 64.
Owen, David. Wales. NATN. Decl. intent in BA Ct. 6 Oct. 1836. Wits: Charles E. Wethered and John McKeen, Jr. BA Ct. (Nat. Dkt.) 1 1796-1851 MSA C389-1 MdHR 18106 f. 193 9 Oct. 1838.

Owen, David. Wales. DI. BA Ct. (Minutes, Rough) 1836-1844 MSA C420-2 MdHR 14398 f. 35 6 Oct. 1836.
Owen, David. Wales. NATN. Decl. intent in BA Ct. 6 Oct. 1836. Res. BC. Wits: Charles E. Wethered and John McKien, Jr. O&RA to the Queen of the UK. BA Ct. (Nat. Rcd.) 2 1832-1846 MSA C391-1 MdHR 18108 f. 58 9 Oct. 1838.
Owen, Thomas Green. Ireland. NATN. Res. BC. Res. US 14 April 1802 - 18 June 1812. Wits: Robert S. Boggs and Roswell Noble. O&RA to the King of UK. BC Ct. (Nat. Rcd. of Minors) 1 1827-1832 MSA C237-1 MdHR 18112 ff. 291-292 29 June 1827.
Owens, Bernard. Ireland. NATN. Arrived in US 3 yrs. prior to age 21. Res. US for 5 yrs., including 3 of minority. Res. MD over 1 yr. Wits: James Owens and Samuel Steele. O&RA to the Queen of the UK. BC Ct. (Nat. Rcd. of Minors) 3 1845-1851 MSA C237-3 MdHR 18114-1 f. 300 30 Sept. 1851.
Owens, Francis. Ireland. NATN. Arrived in US 3 yrs. prior to age 21. Res. US for 5 yrs., including 3 of minority. Res. MD over 1 yr. Wits: Michael Nash and Samuel Steel. O&RA to the Queen of the UK. BC Ct. (Nat. Rcd. of Minors) 3 1845-1851 MSA C237-3 MdHR 18114-1 f. 246 30 Sept. 1850.
Owens, Hugh. Ireland. NATN. Decl. intent in BA Ct. 25 Nov. 1833. Wits: Patrick Campbell and John Fearis. O&RA to the King of UK. BA Ct. (Nat. Rcd.) 2 1832-1846 MSA C391-1 MdHR 18108 ff. 32-33 5 April 1836.
Owens, Hugh. Ireland. NATN. Decl. intent in BA Ct. 25 Nov. 1833. Wits: Patrick Campbell and John Fearis. BA Ct. (Nat. Dkt.) 1 1796-1851 MSA C389-1 MdHR 18106 f. 183 5 April 1836.
Owens, Hugh. Ireland. DI. BA Ct. (Minutes, Rough) 1832-1835 MSA C420-1 MdHR 14396-2 ff. 221-222 25 Nov. 1833.
Owens, Hugh. Ireland. DI. BA Ct. (Minutes) 1832-1838 MSA C386 MdHR 14403 ff. 75-76 25 Nov. 1833.
Owens, James. Ireland. DI. BC Ct. (Dkt&Mins) 1849 MSA C184-11 MdHR 16668 f. 26 28 Sept. 1849.
Oxendale, William Warrick. England. DI. Res. BC. BC Ct. (Dkt&Mins) 1841 MSA C184-8 MdHR 16665 f. 12 4 May 1841.
Pabad, Peter. France. BA Ct. (Nat. Dkt.) 1 796-1851 MSA C389-1 MdHR 18106 f. 36 #717 29 Oct. 1808.
Packie, Alexander. Scotland. NATN. Decl. intent in open ct. Arrived in US 3 yrs. prior to age 21. Res. US for 5 yrs., including 3 of minority. Res. MD over 1 yr. Res. BC. Wits: Charles Farguharson and William Chestnut. O&RA to the Queen of the UK. BA Ct. (Nat. Rcd.) 2 1832-1846 MSA C391-1 MdHR 18108 f. 47 10 Sept. 1838.
Packie, Alexander. Scotland. NATN. Decl. intent in open ct. Arrived in US 3 yrs. prior to age 21. Wits: Charles Farguharson and William Chesnut. BA Ct. (Nat. Dkt.) 1 1796-1851 MS C389-1 MdHR 18106 f. 188 10 Sept. 1838.
Paddon, Ebenezer. England. DI. BA Ct. (Minutes, Rough) 1836-1844 MSA C420-2 MdHR 14398 f. 96 21 Oct. 1837.
Paduze, Peter. Germany. BA Ct. (Nat. Dkt.) 1 1796-1851 MSA C389-1 MdHR 18106 f. 18 #382 10 Nov. 1798. Barnes, p. 64.
Paley, William. England. NATN. Decl. intent in US Dist. Ct. on the 1st Tuesday of Mar. 1811. BA Ct. (Nat. Dkt.) 1 1796-1851 MSA C389-1 MdHR 18106 f. 43 #841 11 April 1814.
Palmer, Charles. Ireland. NATN. Arrived in US 3 yrs. prior to age 21. Res. US for 5 yrs., including 3 of minority. Res. MD over 1 yr. Witness: George Lonther. O&RA to the Queen of the UK. BC Ct. (Nat. Rcd. of Minors) 3 1845-1851 MSA C237-3 MdHR 18114-1 f. 312 28 Oct. 1851.
Pappendick, George. Saxony. NATN. Decl. intent in BC Ct. 19 June 1848. Witness: William Raine. O&RA to the King of Saxony. BC Ct. (Nat. Rcd.) 10 1849-1851 MSA C229-2 MdHR 18120 f. 332 14 Oct. 1851.
Papst, Henry. Germany. DI. BC Ct. (Dkt&Mins) 1839 MSA C184-6 MdHR 16663 f. 36

30 Sept. 1839.

Paquiet, John Baptist Francis. France. BA Ct. (Nat. Dkt.) 1 1796-1851 MSA C389-1 MdHR 18106 f. 37 #730 15 April 1809.

Parett, John. Republic of Switzerland. NATN. Decl. intent in US Circ. Ct. 19 Sept. 1846. Witness: Peter Kniess. O&RA to the Republic of Switzerland. BC Ct. (Nat. Rcd.) 10 1849-1851 MSA C229-2 MdHR 18120 f. 316 6 Oct. 1851.

Pargnay, Jacob. Bavaria. NATN. Decl. intent in BC Ct. 14 Oct. 1844. Wits: Thomas H. Sullivan and Samuel Gladding. BA Ct. (Nat. Dkt.) 1 1796-1851 MSA C389-1 MdHR 18106 f. 313 5 Oct. 1847.

Pargon, Philip. Ireland. BA Ct. (Nat. Dkt.) 1 1796-1851 MSA C389-1 MdHR 18106 f. 40 #797 18 Oct. 1811.

Pargway, Jacob. Bavaria. NATN. Decl. intent in BC Ct. 14 Oct. 1844. Wits: Thomas H. Sullivan and Samuel Gladding. O&RA to the King of Bavaria. BA Ct. (Nat. Rcd.) 4 1846-1851 MSA C391-2 MdHR 18109 f. 213 5 Oct. 1847.

Park, John. Scotland. DI. Res. BC. Profession: Boatbuilder. BC Ct. of O&T&GD (Dkt&Mins) 1812 MSA C183-7 MdHR 16655 f. 42 27 July 1812. See also Scots, p. 122.

Parker, Daniel. England. DI. Res. BC. BC Ct. (Dkt&Mins) MSA C184-5 MdHR 16662 f. 30 12 July 1830.

Parker, Michael. Ireland. NATN. Decl. intent in BC Ct. 1 Oct. 1844. Wits: Peter Coury and Owen Coury. BA Ct. (Nat. Dkt.) 1 1796-1851 MSA C389-1 MdHR 18106 f. 356 1 Nov. 1848.

Parker, Michael. Ireland. NATN. Decl. intent in BC Ct. 1 Oct. 1846. Wits: Peter Coury and Owen Carney. O&RA to the Queen of the UK. BA Ct. (Nat. Rcd.) 4 1846-1851 MSA C391-2 MdHR 18109 f. 314 1 Nov. 1848.

Parker of Robert, John. Ireland. NATN. Decl. intent in US Dist. Ct. 4 Oct. 1842. Wits: John Parker and Samuel Morrow. O&RA to the Queen of the UK. BC Ct. (Nat. Rcd.) 9 1845-1848 MSA C229-1 MdHR 18119 f. 598 6 Oct. 1848.

Parker, Thomas. England. BA Ct. (Nat. Dkt.) 1 1796-1851 MSA C389-1 MdHR 18106 f. 38 #756 8 Nov. 1809.

Parkington, Richard. England. NATN. Born in Co. of Lancaster. Decl. intent in US Circ. Ct. 8 Nov. 1819. Wits: Richard W. Gill and Robert Miller, Jr. Certificate and report filed. BA Ct. (Nat. Dkt.) 1 1796-1851 MSA C389-1 MdHR 18106 f. 75 24 Sept. 1824.

Parkinson, James Robinson. England. NATN. Decl. intent in New Castle Co. (DE) Ct. 8 Feb. 1843. Wits: John Reed and William H. Johnston. O&RA to the Queen of the UK. BC Ct. (Nat. Rcd.) 9 1845-1848 MSA C229-1 MdHR 18119 f. 553 3 Oct. 1848.

Parlington, John. England. NATN. Born in Co. of Lancashire. Arrived in the US as a minor. Wits: Stephen Waters and Jonathan Earp. Report filed. BA Ct. (Nat. Dkt.) 1 1796-1851 MSA C389-1 MdHR 18106 f. 87 28 Oct. 1824.

Parlington, Joseph. England. NATN. Born in Lancashire. Arrived in the US 3 yrs. prior to age 21. Decl. intent in open Ct. Wits: Felix McCurley and William Clarke. BA Ct. (Nat. Dkt.) 1 1796-1851 MSA C389-1 MdHR 18106 f. 116 25 Sept. 1827.

Parnell, John. England. NATN. Res. BC. Res. US 14 April 1802 - 18 June 1812. Wits: John Malloy and Abraham Hickman. O&RA to the King of UK. BC Ct. (Nat. Rcd. of Minors) 1 1827-1832 MSA C237-1 MdHR 18112 ff. 152-153 4 Oct. 1828.

Parse, Thomas. England. BA Ct. (Nat. Dkt.) 1 1796-1851 MSA C389-1 MdHR 18106 f. 9 #170 10 Nov. 1797. Barnes, p. 61.

Patten, William. Ireland. BA Ct. (Nat. Dkt.) 1 1796-1851 MSA C389-1 MdHR 18106 f. 37 #728 10 April 1809.

Patterson, Edward. England. NATN. Res. BC. Decl. intent in Marine Ct. of New York City 27 Aug. 1839. Witness: Richard Tottle. O&RA to the Queen of the UK. BC Ct. (Nat. Rcd.) 9 1845-1848 MSA C229-1 MdHR 18119 f. 6 15 April 1845.

Patterson, Edward. England. NATN. Res. BC. Arrived in the US 3 yrs. prior to age 21. Res. US for 5 yrs., including 3 of minority. Res. MD over 1 yr. Wits: John Moore and James Patterson. O&RA to the King of UK. BC Ct. (Nat. Rcd. of Minors) 1 1827-1832 MSA C237-1 MdHR 18112 ff. 274-275 10 Nov. 1828.

Patterson, James. Ireland. DI. BC Ct. (Dkt&Mins) 1839 MSA C184-6 MdHR 16663 f. 36 1 Oct. 1839.

Patterson, Samuel. England. NATN. Res. BC. Arrived in the US 3 yrs. prior to age 21. Res. US for 5 yrs., including 3 of minority. Res. MD over 1 yr.Wits: John Moobe and James Patterson. O&RA to the King of UK. BC Ct. (Nat. Rcd. of Minors) 1 1827-1832 MSA C237-1 MdHR 18112 ff. 273 10 Nov. 1828.

Patton, William. Ireland. NATN. Decl. intent in US Dist. Ct. 30 Sept. 1844. Wits: Patrick Quinn and William Laborn. O&RA to the Queen of the UK. BA Ct. (Nat. Rcd.) 4 1846-1851 MSA C391-2 MdHR 18109 f. 134 13 Oct. 1846.

Patton, William. Ireland. NATN. Decl. intent in US Circ. Ct. 30 Sept. 1844. Wits: Patrick Quinn and William Laborn. BA Ct. (Nat. Dkt.) 1 1796-1851 MSA C389-1 MdHR 18106 f. 274 13 Oct. 1846.

Paul, Conrad L. Grand Dutchy of Hesse-Darmstadt. NATN. Decl. intent in US Circ. Ct. 28 Sept. 1844. Wits: William Lanehart and John O. Hack. BA Ct. (Nat. Dkt.) 1 1796-1851 MSA C389-1 MdHR 18106 f. 274 13 Oct. 1846.

Paul, Conrad. Grand Dutchy of Hesse-Darmstadt. NATN. Decl. intent in US Circ. Ct. 28 Sept. 1844. Wits: William Lanehart and John O. Hail. O&RA to the Grand Duke of Hesse-Darmstadt. BA Ct. (Nat. Rcd.) 4 1846-1851 MSA C391-2 MdHR 18109 f. 135 13 Oct. 1846.

Paul, William. Germany. NATN. Decl. intent in BC Ct. 5 May 1844. Wits: Felix Kierman and George Helpresh. O&RA to the Emperor of Germany. BC Ct. (Nat. Rcd.) 9 1845-1848 MSA C229-1 MdHR 18119 f. 201 10 Oct. 1846.

Paulson, John. Denmark. NATN. Decl. intent in US Dist. Ct. 25 July 1838. Wits: George A. Fritz and Peter R. Hilditch. BA Ct. (Nat. Dkt.) 1 1796-1851 MSA C389-1 MdHR 18106 f. 207 4 Jan. 1841

Paulson, John. Denmark. NATN. Decl. intent in US Dist. Ct. 25 Jan. 1838. Res. BC. Wits: George H. Fritz and Peter H. Hilditch. O&RA to the King of Denmark. BA Ct. (Nat. Rcd.) 2 1832-1846 MSA C391-1 MdHR 18108 f. 87 4 Jan. 1841.

Paulus, John. Prussia. NATN. Decl. intent in BC Ct. 16 Sept. 1844. Wits: Bendall Lair and Morris berger. O&RA to the King of Prussia. BC Ct. (Nat. Rcd.) 9 1845-1848 MSA C229-1 MdHR 18119 f. 438 4 Oct. 1847.

Pauly, Daniel. Empire of Germany. BA Ct. (Nat. Dkt.) 1 1796-1851 MSA C389-1 MdHR 18106 f. 20 #402 26 June 1802. Barnes, p. 64.

Pauly, James. England. BA Ct. (Nat. Dkt.) 1 1796-1851 MSA C389-1 MdHR 18106 f. 31 #607 19 June 1805.

Pearson, Thomas. England. NATN. Res. BC. Decl. intent in BC Ct. 30 Sept. 1828. Wits: Peter Stewart and Elisha Gatchell. O&RA to the King of UK. BC Ct. (Nat. Rcd. of Minors) 1 1827-1832 MSA C237-1 MdHR 18112 ff. 331-332 4 Oct. 1830.

Pearson, Thomas. England. DI. BC Ct. (Dkt&Mins) 1828 MSA C184-4 MdHR 16661 f. 41 30 Sept. 1828.

Peart, Cuthbert. Scotland. NATN. Decl. intent in US Dist. Ct. 17 Aug. 1843. Wits: Frederick Marmelstein and William Morrow. O&RA to the Queen of the UK. BC Ct. (Nat. Rcd.) 9 1845-1848 MSA C229-1 MdHR 18119 f. 30 20 Oct. 1845.

Pebst, Adam. Grand Dutchy of Hesse-Darmstadt. NATN. Decl. intent in US Circ. Ct. 8 July 1844. Wits: Balthaser Zulauf and Herman Muller. O&RA to the Grand Duke of Hesse-Darmstadt. BA Ct. (Nat. Rcd.) 4 1846-1851 MSA C391-

2 MdHR 18109 f. 295 26 Oct. 1848.

Pebst, Adam. Grand Dutchy of Hesse-Darmstadt. NATN. Decl. intent in US Circ. Ct. 8 July 1844. Wits: Balthaser Zulauf and Herman Muller. BA Ct. (Nat. Dkt.) 1 1796-1851 MSA C389-1 MdHR 18106 f. 348 26 Oct. 1848.

Pecher, Johannes. Bavaria. NATN. Decl. intent in US Dist. Ct. 17 June 1844. Wits: William Wardenburg and John A. Horlen. O&RA to the King of Bavaria. BC Ct. (Nat. Rcd.) 9 1845-1848 MSA C229-1 MdHR 18119 f. 112 5 Oct. 1846.

Pecker, Francis Frederick. Bavaria. NATN. Decl. intent in US Dist. Ct. 17 June 1844. Wits: Johannes Baker and William Wardenburg. O&RA to the King of Bavaria. BC Ct. (Nat. Rcd.) 9 1845-1848 MSA C229-1 MdHR 18119 f. 130 5 Oct. 1846.

Peden, David. Scotland. NATN. Res. BC. Res. US 14 April 1802 - 18 June 1812. Wits: John P. Miller and John Boyd. O&RA to the King of UK. BC Ct. (Nat. Rcd. of Minors) 1827-1852 MSA C237-1 MdHR 18112 ff. 139-140 3 Oct. 1828.

Pegel, Bartholomew. Republic of France. NATN. Arrived in US 3 yrs. prior to age 21. Res. US for 5 yrs., including 3 of minority. Res. MD over 1 yr. Wits: G. V. Keene and James Taylor. O&RA to the Republic of France. BC Ct. (Nat. Rcd. of Minors) 3 1845-1851 MSA C237-3 MdHR 18114-1 f. 304 3 Oct. 1851.

Peirce, Emanuel. Portugal. NATN. Arrived in US as a minor. Wits: Joseph Gregory and Frederick Baker. Report filed. BA Ct. (Nat. Dkt.) 1 1796-1851 MSA C389-1 MdHR 18106 f. 72 20 Sept. 1824.

Peitsmayer, Joseph. Prussia. DI. BA Ct. (Minutes) 1846-1851 MSA C386-16 MdHR 14405 f. 127 3 Oct. 1847.

Peitsmoyers, Joseph. Prussia. DI. BA Ct. (Minutes) 1846-1851 MSA C386-17 MdHR 14405 f. 127 3 Oct. 1848.

Pelgrim, Nathaniel. England. Res. 1798 - 1802. Wits: Samuel Samuels and Ebenezer Hubball. BA Ct. (Nat. Dkt.) 1 1796-1851 MSA C389-1 MdHR 18106 f. 61 4 Oct. 1822.

Pelson/Pilson, Robert. Ireland. NATN. Res. BA. Arrived 3 yrs. prior to age 21. Res. US for 5 yrs., including 3 of minority. Wits: Adam Mungan and David Virtue. O&RA to the King of UK. BC Ct. (Nat. Rcd. of Minors) 1 1827-1832 MSA C237-1 MdHR 18112 ff. 108-109 29 Sept. 1828.

Penfield/Punfield, Samuel. Great Britain. BA Ct. (Nat. Dkt.) 1 1796-1851 MSA C389-1 MdHR 18106 f. 4 #65 16 Mar. 1797. Barnes, p. 59

Pennington, George. England. DI. BA Ct. (Minutes) 1827-1830 MSA C386-13 MdHR 14391 f. 77 25 Sept. 1827.

Penrose, Charles. England. NATN. Decl. intent in BC Ct. 26 July 1833. Res. BC. Wits: Absolom C. Butler and Joseph Camp. O&RA to the King of UK. BC Ct. (Nat. Rcd. of Minors) 2 1832-1836 MSA C237-2 MdHR 18113 f. 223 3 Oct. 1836.

Pepas (?), Charles. Hanover. NATN. Decl. intent in Dauphin Co. (PA) Ct. 10 Oct. 1837. Witness: Frederick Meyer. O&RA to the King of Hanover. BC Ct. (Nat. Rcd.) 10 1849-1851 MSA C229-2 MdHR 18120 f. 161 8 Oct. 1850.

Perkins, John. Ireland. NATN. Decl. intent in Alleghany Co. Ct. 19 Oct. 1844. Wits: Thomas Quinn and John Quinn. BA Ct. (Nat. Dkt.) 1 1796-1851 MSA C389-1 MdHR 18106 f. 314 5 Oct. 1847.

Perkins, John. Ireland. NATN. Decl. intent in Alleghany Co. Ct. 19 Oct. 1844. Wits: Thomas Quinn and John Quinn. O&RA to the Queen of the UK. BA Ct. (Nat. Rcd.) 4 1846-1851 MSA C391-2 MdHR 18109 f. 214 5 Oct. 1847.

Perkins, Martin. Ireland. NATN. Decl. intent in US Circ. Ct. 8 Feb. 1840. Witness: Patrick Perkins. O&RA to the Queen of the UK. BC Ct. (Nat. Rcd.) 10 1849-1851 MSA C229-2 MdHR 18120 f. 386 3 Nov. 1851.

Perkins, Patrick. Ireland. NATN. Decl. intent in US Dist. Ct. for the Dist. of Pennsylvania 9 Oct. 1843. Wits: John Lebouaire and Conrad Werkrmeiar. O&RA to the Queen of the UK. BC Ct. (Nat. Rcd.) 10 1849-1851 MSA C229-2

MdHR 18120 f. 91 30 Sept. 1850.

Peter, Daniel. Prussia. NATN. Decl. intent in US Dist. Ct. 31 Oct. 1846. Wits: George Schaffer and Henry Bader. O&RA to the King of Prussia. BC Ct. (Nat. Rcd.) 9 1845-1848 MSA C229-1 MdHR 18119 f. 772 3 Nov. 1848.

Peter, John T. Hanover. NATN. Arrived in US 3 yrs. prior to age 21. Res. US for 5 yrs., including 3 of minority. Res. MD over 1 yr. Wits: Herman H. Myer and Herman Theyer. O&RA to the King of Hanover. BC Ct. (Nat. Rcd. of Minors) 3 1845-1851 MSA C237-3 MdHR 18114-1 f. 325 3 Nov. 1851.

Peterch, John Nicholas. France. DI. BA Ct. (Minutes) 1846-1851 MSA C386-17 MdHR 4405 f. 89 12 Feb. 1848.

Peters, Caspar. [Grand] Dutchy of Saxe-Weimar. NATN. Arrived in US 3 yrs. prior to age 21. Res. US for 5 yrs., including 3 of minority. Res. MD over 1 yr. Wits: Conrad Cole and George Wever. O&RA to the [Grand] Duke of Saxe-Weimar. BA Ct. (Nat. Rcd. of Minors) 3 1846-1851 MSA C392-1 MdHR 18110 f. 41 5 Oct. 1847.

Peters, Casper. [Grand] Dutchy of Saxe-Weimer. NATN. Arrived in US under age 18. Wits: George Wever. and Conrad Cole. BA Ct. (Nat. Dkt.) 1 1796-1851 MSA C389-1 MdHR 18106 f. 303 5 Oct. 1847.

Peters, Christian G. Germany. DI. Res. BC. Ren. alleg. to the Emperor of Germany. BC Ct. of O&T&GD (Dkt&Mins) 1812 MSA C183-7 MdHR 16655 f. 51 17 Sept. 1812.

Peters, Christian Gottlieb. Saxony. NATN. Born in Dresden. Decl. intent in BC Ct. 3 June 1819. Wits: Edward G. Woodyr. and William Frick. Certificate and report filed. BA Ct. (Nat. Dkt.) 1 1796-1851 MSA C389-1 MdHR 18106 f. 71 22 Sept. 1824.

Peters, Hans. Denmark. NATN. Decl. intent in US Dist. Ct. 29 June 1844. Wits: Edward C. Taylor and John Marteacq. O&RA to the King of Denmark. BC Ct. (Nat. Rcd.) 9 1845-1848 MSA C229-1 MdHR 18119 f. 173 6 Oct. 1846.

Peters, John Jacob. Prussia. NATN. Decl. intent in BC Ct. 19 June 1837. Witness: Ernst Henry Meyer. O&RA to the King of Prussia. BC Ct. (Nat. Rcd.) 9 1845-1848 MSA C229-1 MdHR 18119 f. 35 30 Mar. 1846.

Peters, John F. Prussia. NATN. Decl. intent in US Dist. Ct. 6 Nov. 1844. Wits: Edward C. Taylor and Edward D. Barnes. O&RA to the King of Prussia. BC Ct. (Nat. Rcd.) 91 1845-1848 MSA C229-1 MdHR 18119 f. 596 6 Oct. 1848.

Peters, John. Prussia. BA Ct. (Nat. Dkt.) 1 1796-1851 MSA C389-1 MdHR 18106 f. 12 #245 16 Jan. 1798. Barnes, p. 62.

Peters, Richard. France. NATN. Born in Strasburg. Decl. intent in BA Ct. 3 Oct. 1826. Wits: Felix Weise and John Gross. BA Ct. (Nat. Dkt.) 1 1796-1851 MSA C389-1 MdHR 18106 f. 142 4 Oct. 1828.

Peters, Richard. France. DI. BA Ct. (Minutes) 1822-1826 MSA C386-12 MdHR 14386 f. 435 3 Oct. 1826.

Peters, William. England. NATN. Arrived in US 3 yrs. prior to age 21. Res. US for 5 yrs., including 3 of minority. Res. MD over 1 yr. Wits: Edward C. Taylor and Margaret Fowler. O&RA to the Queen of the UK. BC Ct. (Nat. Rcd. of Minors) 3 1845-1851 MSA C237-3 MdHR 18114-1 f. 7 27 Nov. 1846.

Petersen, Isaac. Sweden. DI. BA Ct. (Minutes) 1827-1830 MSA C386-13 MdHR 14391 f. 1 3 May 1830.

Peterson, Charles Gotlieb. Germany. DI. Res. BC. Ren. alleg. to the Emperor of Germany. BC Ct. (Dkt&Mins) 1840 MSA C184-7 MdHR 16664 f. 31 11 Aug. 1840.

Peterson, Erasmus. Denmark. NATN. Res. BC. Decl. intent in BC Ct. 25 Nov. 1826. Wits: Peter Hilditch and James Fry. O&RA to the King of Denmark. BC Ct. (Nat. Rcd. of Minors) 1 1827-1832 MSA C237-1 MdHR 18112 ff. 282-283 1 Dec. 1828.

Peterson, Erasmus. Denmark. DI. BC Ct. (Dkt&Mins) 1826 MSA C184-3 MdHR 16660 unpaginated; Nov. term 25 Nov. 1826

Peterson, George. Norway (Kingdom of Sweden). DI. Forswears alleg. to the

King of Sweden. BA Ct. (Minutes) 1846-1851 MSA C386-17 MdHR 14405 f. 30 9 Feb. 1847.
Peterson, George. Norway (Kingdom of Sweden). DI. Forswears alleg. to the King of Sweden. BA Ct. (Minutes) 1846-1851 MSA C386-16 MdHR 14405 f. 30 9 Feb. 1847.
Peterson, George. Norway (Kingdom of Sweden). DI. Forswears alleg. to the King of Sweden. BA Ct. (Minutes, Rough) 1845-1851 MSA C420-3 MdHR 14401 f. 129 9 Feb. 1847.
Peterson, Hans. Denmark. DI. BC Ct. (Dkt&Mins) 1849 MSA C184-11 MdHR 16668 f. 31 13 Dec. 1849.
Peterson, John. Russia. NATN. Decl. intent in US Dist. Ct. 27 Sept. 1839. Wits: George Fastie and Peter Hilditch. BA Ct. (Nat. Dkt.) 1 1796-1851 MSA C389-1 MdHR 18106 f. 209 31 May 1842.
Peterson, John. Denmark. BA Ct. (Nat. Dkt.) 1 1796-1851 MSA C389-1 MdHR 18106 f. 22 #453 11 April 1803. Barnes, p. 65.
Peterson, Ole. Sweden. NATN. Decl. intent in BC Ct. 24 Feb. 1831. Res. BC. Witness: Peter Hilditch. O&RA to the Crown Prince of Sweden. BC Ct. (Nat. Rcd. of Minors) 2 1832-1836 MSA C237-2 MdHR 18113 ff. 79-80 13 Feb. 1834.
Peterson, Peter. Sweden. NATN. Decl. intent in BC Ct. 8 May 1832. Res. BC. Wits: Charles Fox and Peter J. Hilditch. O&RA to the Prince of Sweden. BC Ct. (Nat. Rcd. of Minors) 2 1832-1836 MSA C237-2 MdHR 18113 ff. 158-159 17 Feb. 1835.
Petick, John Nicholas. France. DI. BA Ct. (Minutes) 1846-1851 MSA C386-16 MdHR 14405 f. 89 12 Feb. 1848.
Petit, Paul. France. BA Ct. (Nat. Dkt.) 1 1796-1851 MSA C389-1 MdHR 18106 f. 25 #486 9 Feb. 1804. Civil Ct.
Petry, Philip. Germany. NATN. Decl. intent in BC Ct. 17 Sept. 1846. Wits: Francis Smith and Lewis Getzenberger. O&RA to the Emperor of Germany. BC Ct. (Nat. Rcd.) 10 1849-1851 MSA C229-2 MdHR 18120 f. 126 1 Oct. 1850.
Petry, Philip. Germany. DI. BC Ct. (Dkt&Mins) 1846 MSA C184-9 MdHR 16666 f. 43 2 Nov. 1846.
Petsch, John Nicholas. France. DI. BA Ct. (Minutes, Rough) 1845-1851 MSA C420-3 MdHR 14401 ff. 204-205 12 Feb. 1848.
Petterson, John. Russia. NATN. Decl. intent in US Dist. Ct. 27 Sept. 1839. Res. BC. Wits: John Fastie and Peter Hilditch. O&RA to the Emperor of Russia. BA Ct. (Nat. Rcd.) 2 1832-1846 MSA C391-1 MdHR 18108 ff. 92-93 31 May 1842.
Peuss, Frederick H. Hanover. NATN. Decl. intent in US Dist. Ct. 16 Sept. 1839. Wits: Deiderick Pralle and John Henry Hill. BA Ct. (Nat. Dkt.) 1 1796-1851 MSA C389-1 MdHR 18106 f. 213 4 Oct. 1842.
Pfad, Anton. Bavaria. NATN. Decl. intent in US Dist. Ct. 13 Oct. 1843. Wits: Martin Hemming and George Fushburger. O&RA to the King of Bavaria. BC Ct. (Nat. Rcd.) 9 1845-1848 MSA C229-1 MdHR 18119 f. 607 9 Oct. 1848.
Pfaff, John. Grand Dutchy [Electorate] of Hesse-Cassel. DI. BC Ct. (Dkt&Mins) 1840 MSA C184-7 MdHR 16664 f. 36 30 Sept. 1840.
Pfaff, Thomas. Bavaria. NATN. Decl. intent in US Circ. Ct. 16 Sept. 1844. Wits: Frederick Kline and Thomas Lanehart. BA Ct. (Nat. Dkt.) 1 1796-1851 MSA C389-1 MdHR 18106 f. 274 13 Oct. 1846.
Pfaffe, Thomas. Bavaria. NATN. Decl. intent in US Circ. Ct. 16 Sept. 1844. Wits: Frederick Kane and Thomas Lanehart. O&RA to the King of Bavaria. BA Ct. (Nat. Rcd.) 4 1846-1851 MSA C391-2 MdHR 18109 f. 175 13 Oct. 1846.
Pfaines, Christian. Bavaria. NATN. Decl. intent in US Dist. Ct. 10 Oct. 1843. Wits: Johaneus Baker and Frederick Baker. BA Ct. (Nat. Dkt.) 1 1796-1851 MSA C389-1 MdHR 18106 f. 238 6 Oct. 1846.
Pfanes, Christian. Bavaria. NATN. Decl. intent in US Dist. Ct. 10 Oct. 1843. Wits: Johannes Baker and Frederick Baker. O&RA to the King of Bavaria.

BA Ct. (Nat. Rcd.) 4 1846-1851 MSA C391-2 MdHR 18109 f. 24 6 Oct. 1846.
Pfeff, Andre. Electorate of Hesse-Cassel. NATN. Decl. intent in US Dist. Ct. 2 April 1844. Wits: Samuel Landon and Joseph Kizer. BA Ct. (Nat. Dkt.) 1 1796-1851 MSA C389-1 MdHR 18106 f. 249 10 Oct. 1846.
Pfeff, Andre. Electorate of Hesse-Cassel. NATN. Decl. intent in US Dist. Ct. 2 April 1844. Wits: Samuel Lauder and Joseph Kizer. O&RA to the Elector of Hesse-Cassel. BA Ct. (Nat. Rcd.) 4 1846-1851 MSA C391-2 MdHR 18109 f. 56 10 Oct. 1846.
Pfeifer, Andreas. Wurtemburg. NATN. Decl. intent in BC Ct. 10 April 1834. Wits: Joseph Gonter and Jacob Sellers. BA Ct. (Nat. Dkt.) 1 1796-1851 MSA C389-1 MdHR 18106 f. 183 20 April 1836.
Pfeifer, Andrew . Wurtemburg. NATN. Decl. intent in BC Ct. 10 April 1834. Res. BC. Wits: Joseph Gonter and Jacob Sellers. O&RA to the King of Wurtemburg. BA Ct. (Nat. Rcd.) 2 1832-1846 MSA C391-1 MdHR 18108 ff. 33-34 20 April 1836.
Pfeifer, George Christoph. Wurtemburg. NATN. Decl. intent in US Dist. Ct. 23 Sept. 1844. Wits: Charles Waidner and Martin Frandenburg. O&RA to the King of Wurtemburg. BC Ct. (Nat. Rcd.) 9 1845-1848 MSA C229-1 MdHR 18119 f. 370 4 Oct. 1847.
Pfeil, Conrad. Grand Dutchy [Electorate] of Hesse-Cassel. NATN. Decl. intent in BA Ct. 4 Oct. 1828. Res. BC. Wits: John H. Cook and John A. Schimp. O&RA to the Grand Duke [Elector] of Hesse-Cassel. BC Ct. (Nat. Rcd. of Minors) 2 1832-1836 MSA C237-2 MdHR 18113 f. 97 22 Sept. 1834.
Pfeil, George. Grand Dutchy of Hesse-Darmstadt. NATN. Arrived in US 3 yrs. prior to age 21. Res. US for 5 yrs., including 3 of minority. Res. MD over 1 yr. Wits: Adam Benner and Louis Stern. O&RA to the Grand Duke of Hesse-Darmstadt. BC Ct. (Nat. Rcd. of Minors) 3 1845-1851 MSA C237-3 MdHR 18114-1 f. 104 29 Aug. 1848.
Pfeltz, William. Prussia. NATN. Arrived in US prior to 18 June 1812. Wits: John Robb and Peter Diffendurffer. BA Ct. (Nat. Dkt.) 1 1796-1851 MSA C389-1 MdHR 18106 f. 130 15 Sept. 1828.
Pfesterer, Ferdinand. Bavaria. NATN. Decl. intent in US Circ. Ct. 14 May 1844. Wits: Antono Keyser and August Schmidt. O&RA to the King of Bavaria. BC Ct. (Nat. Rcd.) 9 1845-1848 MSA C229-1 MdHR 18119 f. 743 1 Nov. 1848.
Pfester, John J. Grand Dutchy of Baden. NATN. Decl. intent in US Circ. Ct. 30 Sept. 1844. Wits: Conrad Yeigle and Simon Schaeffer. O&RA to the Grand Duke of Baden. BA Ct. (Nat. Rcd.) 4 1846-1851 MSA C391-2 MdHR 18109 f. 136 13 Oct. 1846.
Pfiel, Conrad. Electorate of Hesse-Cassell. DI. BA Ct. (Minutes) 1827-1830 MSA C386-13 MdHR 14391 f. 161 4 Oct. 1828.
Pfifer, John. Wurtemburg. NATN. Decl. intent in US Circ. Ct. 24 Aug. 1844. Wits: Gideon Herbut and Francis Weld. O&RA to the King of Wurtemburg. BC Ct. (Nat. Rcd.) 9 1845-1848 MSA C229-1 MdHR 18119 f. 318 1 Oct. 1847.
Pfister, Viletin. Germany. NATN. Decl. intent in US Dist. Ct. 14 Oct. 1843. Wits: Bernard Baerthold and George Happer. O&RA to the Emperor of Germany. BC Ct. (Nat. Rcd.) 9 1845-1848 MSA C229-1 MdHR 18119 f. 391 4 Oct. 1847.
Pfisterer, John J. Grand Dutchy of Baden. NATN. Decl. intent in US Circ. Ct. 30 Sept. 1844. Wits: Conrad Yeigle and Simon Schaeffer. BA Ct. (Nat. Dkt.) 1 1796-1851 MSA C389-1 MdHR 18106 f. 274 13 Oct. 1846.
Pflug, John Frederick. Germany. DI. BC Ct. (Dkt&Mins) 1840 MSA C184-7 MdHR 16664 f. 35 21 Sept. 1840.
Pforn, George. Electorate of Hesse-Cassel. NATN. Decl. intent in US Dist. Ct. 27 Sept. 1848. Wits: William Walderman and John H. Keller. O&RA to the

Elector of Hesse-Cassel. BC Ct. (Nat. Rcd.) 10 1849-1851 MSA C229-2 MdHR 18120 f. 137 1 Oct. 1850.
Phelan, Nicholas. Ireland. NATN. Born in Co. of Waterford. Arrived in the US 3 yrs. prior to age 21. Decl. intent in open Ct. Wits: Andrew McLaughlin and Alexis A. Delmas. BA Ct. (Nat. Dkt.) 1 1796-1851 MSA C389-1 MdHR 18106 f. 116 25 Sept. 1827.
Philipps, John. Wurtemburg. DI. BA Ct. (Minutes, Rough) 1836-1844 MSA C420-2 MdHR 14398 f. 37 11 Oct. 1836.
Philips, Edwin. England. NATN. Arrived in US 3 yrs. prior to age 21. Res. US for 5 yrs., including 3 of minority. Res. MD over 1 yr. Witness: Peter B. O'Conner. O&RA to the Queen of the UK. BC Ct. (Nat. Rcd. of Minors) 3 1845-1851 MSA C237-3 MdHR 18114-1 f. 7 30 Sept. 1845.
Phillipp, John. Wurtemburg. DI. BA Ct. (Minutes) 1832-1838 MS C386 MdHR 14403 f. 208 11 Oct. 1836.
Phillippe, Jabling Egedieg (?). Hamburg. BA Ct. (Nat. Dkt.) 1 1796-1851 MSA C389-1 MdHR 18106 f. 27 #508 13 April 1804 . Civil Ct.
Phillips, Richard. England. NATN. Born in Warwickshire. Arrived in the US prior to 18 June 1812. Wits: William Gwynn and William Gibson. BA Ct. (Nat. Dkt.) 1 1796-1851 MSA C389-1 MdHR 18106 f. 143 4 Oct. 1828.
Phillips, Thomas. England. NATN. Decl. intent in BA Ct. 17 Jan. 1836. Wits: John Rogers and John Berryman. BA Ct. (Nat. Dkt.) 1 1796-1851 MSA C389-1 MdHR 18106 f. 207 11 May 1841.
Phillips, Thomas. England. NATN. Decl. intent in BA Ct. 17 Jan. 1836. Res. BC. Wits: John Rogers and John Berryman. O&RA to the Queen of the UK. BA Ct. (Nat. Rcd.) 2 1832-1846 MSA C391-1 MdHR 18108 ff. 87-88 11 May 1841.
Phillips, Thomas. England. NATN. Res. BC. Res. US 14 April 1802 - 18 June 1812. Wits: Thomas Bennett and Frederick Summers. O&RA to the King of UK. BC Ct. (Nat. Rcd. of Minors) 1 1827-1832 MSA C237-1 MdHR 18112 ff. 213-214 4 Nov. 1828.
Phillips, Thomas. England. DI. BA Ct. (Minutes, Rough) 1836-1844 MSA C420-2 MdHR 14398 f. 8 17 Feb. 1836.
Phoenix, James. Ireland. BA Ct. (Nat. Dkt.) 1 1796-1851 MSA C389-1 MdHR 18106 f. 28 #529 23 June 1804. Civil Ct.
Piccioli (Spelled "Picculi" in 1860 Census), Joshua. Italy. Decl. intent in BC Ct. 21 Mar. 1848. Profession: Music teacher (1860 Census). Res. BA, Little Gunpowder Dist. in 1860. Wits: Louis Servary and Bartholo Catino. O&RA to Ferdinand II of Italy. BC Ct. (Nat. Rcd.) 10 1849-1851 MSA C229-2 MdHR 18120 f. 162 29 Oct. 1850.
Pickett, Daniel. Ireland. NATN. Decl. intent in US Circ. Ct. 2 Nov. 1844. Wits: Peter Ahern and James M. Brown. O&RA to the Queen of the UK. BA Ct. (Nat. Rcd.) 4 1846-1851 MSA C391-2 MdHR 18109 f. 214 5 Oct. 1847.
Pickett, Daniel. Ireland. NATN. Decl. intent in US Circ. Ct. 2 Nov. 1844. Wits: James M. Brown and Peter Ahern. BA Ct. (Nat. Dkt.) 1 1796-1851 MSA C389-1 MdHR 18106 f. 314 5 Oct. 1847.
Picquett, Thomas. Ireland. NATN. Decl. intent in open ct. Arrived in US 3 yrs. prior to age 21. Res. US for 5 yrs., including 3 of minority. Res. MD over 1 yr. Res. BC. Wits: Morris Fitzgibbons and William Manning. O&RA to the King of UK. BC Ct. (Nat. Rcd. of Minors) 2 1832-1836 MSA C237-2 MdHR 18113 ff. 141-142 7 Oct. 1834.
Pierce, William. Wales. NATN. Decl. intent in Ct. of Common Pleas of Richmond Dist., South Carolina 3 April 1826. Res. BC. Wits: William McCann and James Stilley. O&RA to the King of UK. BC Ct. (Nat. Rcd. of Minors) 2 1832-1836 MSA C237-2 MdHR 18113 ff. 115-116 2 Oct. 1834.
Piercy, Frederick. England. NATN. Decl. intent in open ct. Arrived in US 3 yrs. prior to age 21. Res. US for 5 yrs., including 3 of minority. Res. MD over 1 yr. Res. BC. Wits: George McGill and Henry Piercy. O&RA to the Queen of

the UK. BA Ct. (Nat. Rcd.) 2 1832-1846 MSA C391-1 MdHR 18108 ff. 40-41 2 Sept. 1837.
Piercy, Frederick. England. NATN. Decl. intent in open ct. Arrived in US 3 yrs. prior to age 21. Wits: George McGill and Henry Peircy. BA Ct. (Nat. Dkt.) 1 1796-1851 MSA C389-1 MdHR 18106 f. 185 20 Sept. 1837.
Pierse, Thomas. England. NATN. Born in Co. of Yorkshire. Decl. intent in BA Ct. Sept. term 1825. Wits: Samuel P. Bayley and Patrick McKenna. BA Ct. (Nat. Dkt.) 1 1796-1851 MSA C389-1 MdHR 18106 f. 125 28 Nov. 1827.
Pierse, Thomas. England. DI. BA Ct. (Minutes) 1822-1826 MSA C386-12 MdHR 14386 f. 336 26 Nov. 1825.
Pifer, Godfrey. Wurtemburg. NATN. Decl. intent in open Ct. Arrived in the US 3 yrs. prior to age 21. Res. US for 5 yrs., including 3 of minority. Res. MD for 1 yr. Res. BC. Wits: Mathias Snyder and Christopher Pifer. O&RA tot the King of Wurtemburg. BA Ct. (Nat. Rcd.) 2 1832-1846 MSA C391-1 MdHR 18108 f. 116 30 Oct. 1844.
Pink, Nicholas. England. NATN. Res. the US 14 April 1802 - 18 June 1812. Res. BC. Wits: Robert Bottomone and Louis Barney. O&RA to the King of UK. BC Ct. (Nat. Rcd. of Minors) 2 1832-1836 MSA C237-2 MdHR 18113 f. 177 3 Oct. 1835.
Pinto, John V. Portugal. DI. BA Ct. (Minutes) 1822-1826 MSA C386-12 MdHR 14386 f. 4 27 Mar. 1822.
Pinto, John V. Portugal. NATN. Born in the city of Oporto. Decl. intent in BA Ct. Mar. term 1822. Res. Somerset Co., 1830 Census Wits: Thomas Schoolfield and Lambert W. Bond. Certificate and report filed. BA Ct. (Nat. Dkt.) 1 1796-1851 MSA C389-1 MdHR 18106 f. 86 22 Oct. 1824.
Pittard, Jabez. England. NATN. Decl. intent in BC Ct. 27 Oct. 1845. Wits: George F. Bishop and John Bangs. O&RA to the Queen of the UK. BC Ct. (Nat. Rcd.) 9 1845-1848 MSA C229-1 MdHR 18119 f. 802 4 Nov. 1845.
Pitts, Henry. Grand Dutchy of Hesse-Darmstadt. NATN. Decl. intent in US Dist. Ct. 30 Sept. 1844. Wits: Abraham Slurs and Richard Sumner. O&RA to the Grand Duke of Hesse-Darmstadt. BC Ct. (Nat. Rcd.) 9 1845-1848 MSA C229-1 MdHR 18119 f. 122 5 Oct. 1846.
Pitzold, Henry Lewis Martin. Dutchy of Brunswick. NATN. Decl. intent in BC Ct. 3 June 1844. Wits: Lewis Wode and Charles Wode. O&RA to the Duke of Brunswick. BC Ct. (Nat. Rcd.) 9 1845-1848 MSA C229-1 MdHR 18119 f. 40 14 Sept. 1846.
Placid, Paul. France. BA Ct. (Nat. Dkt.) 1 1796-1851 MSA C389-1 MdHR 18106 f. 30 #572 23 Jan. 1805.
Plattean, Anthony. Germany. NATN. Decl. intent in BC Ct. 17 June 1846. Wits: Bernard Evering and Peter Weir. O&RA to the Emperor of Germany. BA Ct. (Nat. Rcd.) 4 1846-1851 MSA C391-2 MdHR 18109 f. 272 3 Oct. 1848.
Platteau, Anthony. Germany. NATN. Decl. intent in BC Ct. 17 June 1846. Wits: Bernard Evering and Peter Weir. BA Ct. (Nat. Dkt.) 1 1796-1851 MSA C389-1 MdHR 18106 f. 339 3 Oct. 1848.
Plitt, Charles. Saxony. NATN. Decl. intent in BC Ct. 26 Sept. 1844. Wits: Justus Bruhle and George Kahler. O&RA to the King of Saxony. BC Ct. (Nat. Rcd.) 9 1845-1848 MSA C229-1 MdHR 18119 f. 163 6 Oct. 1846.
Plitt, George. Grand Dutchy of Hesse-Darmstadt. NATN. Decl. intent in US Dist. Ct. 4 Dec. 1833. Res. BC. Wits: Peter Sauerwine and John Hull. O&RA to the Grand Duke of Hesse-Darmstadt. BC Ct. (Nat. Rcd. of Minors) 2 1832-1836 MSA C237-2 MdHR 18113 ff. 217-218 3 Oct. 1836.
Plocher, Mathias. Wurtemburg. NATN. Decl. intent in US Dist. Ct. 3 Oct. 1842. Wits: Andrew Ballman and George W. Reynolds. BA Ct. (Nat. Dkt.) 1 1796-1851 MSA C389-1 MdHR 18106 f. 218 18 Oct. 1844.
Plocker, Mathias. Wurtemburg. NATN. Decl. intent in US Dist. Ct. 30 Oct. 1842. Wits: Andrew Ballman and George W. Reynolds. O&RA to the King of

Wurtemburg. BA Ct. (Nat. Rcd.) 2 1832-1846 MSA C391-1 MdHR 18108 f. 109 18 Oct. 1844.
Plohs, Lorenz. Bavaria. NATN. Decl. intent in US Circ. Ct. 17 June 1844. Wits: Martin Ebner and William Burnett. O&RA to the King of Bavaria. BA Ct. (Nat. Rcd.) 4 1846-1851 MSA C391-2 MdHR 18109 f. 255 2 Oct. 1848.
Plohs, Lorenz. Bavaria. NATN. Decl. intent in US Circ. Ct. 17 June 1844. Wits: Martin Abner and William Burnett. BA Ct. (Nat. Dkt.) 1 1796-1851 MSA C389-1 MdHR 18106 f. 332 2 Oct. 1848.
Ploughman/Boughman, George. Republic of France. BA Ct. (Nat. Dkt.) 1 1796-1851 MSA C389-1 MdHR 18106 f. 11 #219 9 Jan. 1798. Barnes, p. 62.
Plunty, John. Ireland. NATN. Decl. intent in Marine Count of New York City 7 April 1838. Wits: Hugh Brady and Patrick Murphy. O&RA to the Queen of the UK. BC Ct. (Nat. Rcd.) 9 1845-1848 MSA C229-1 MdHR 18119 f. 444 4 Oct. 1847.
Poepler, Alexander. Grand Dutchy of Hesse-Darmstadt. NATN. Arrived in US under age 18. Wits: August Baluff and Philip Vonhoff. BA Ct. (Nat. Dkt.) 1 1796-1851 MSA C389-1 MdHR 18106 f. 343 10 Oct. 1848.
Poepler, Alexander. Grand Dutchy of Hesse-Darmstadt. NATN. Arrived in US 3 yrs. prior to age 21. Res. US for 5 yrs., including 3 of minority. Res. MD over 1 yr. Wits: August Balanf and Philip Vanhoff/Van Hoff. O&RA to the Grand Duke of Hesse-Darmstadt. BA Ct. (Nat. Rcd. of Minors) 3 1846-1851 MSA C392-1 MdHR 18110 f. 68 10 Oct. 1848.
Polack, Magnus. Hamburg. DI. BC Ct. (Dkt&Mins) 1849 MSA C184-11 MdHR 16668 f. 26 2 Oct. 1849.
Polack, Marcus S. Netherlands (Holland). NATN. Decl. intent in US Dist. Ct. 14 Oct. 1846. Wits: Joseph Nimoeger and Henry Bader. O&RA to the King of Netherlands. BC Ct. (Nat. Rcd.) 9 1845-1848 MSA C229-1 MdHR 18119 f. 774 3 Nov. 1848.
Polk, George. England. NATN. Arrived in US 3 yrs. prior to age 21. Res. US for 5 yrs., including 3 of minority. Wits: John W. Crawford and James Eberett. O&RA to the Queen of the UK. BC Ct. (Nat. Rcd. of Minors) 3 1845-1851 MSA C237-3 MdHR 18114-1 f., 233 26 Sept. 1850.
Poncia, Antonio. Milan (Austrian Empire). NATN. Decl. intent in US Circ. Ct. 16 June 1843. Wits: Bolivar D. Danels and Louis Servany. BA Ct. (Nat. Dkt.) 1 1796-1851 MSA C389-1 MdHR 18106 f. 314 5 Oct. 1847.
Poncia, Antonio. Milan (Austrian Empire). NATN. Decl. intent in US Circ. Ct. 16 June 1843. Profession: Figuremaker (?) (1850 Census). Spouse: Catherine, born in Germany (1850 Census) Wits: Bolivar D. Danels and Louis Sevary. O&RA to the Emperor of Austria. BA Ct. (Nat. Rcd.) 4 1846-1851 MSA C391-2 MdHR 18109 f. 214 5 Oct. 1847.
Pontier, Mary. West Indies. NATN. Arrived in US 1798 - 1802. Wits: Joseph Phillippe and Alexander Devalcourt. BA Ct. (Nat. Dkt.) 1 1796-1851 MSA C389-1 MdHR 18106 f. 98 21 Nov. 1825.
Pool, William H. England. BA Ct. (Nat. Dkt.) 1 1796-1851 MSA C389-1 MdHR 18106 f. 30 #585 14 Mar. 1805.
Pope, George. Germany. NATN. Born in town of Wisburg. Arrived in the US prior to 18 June 1812. Wits: William Hall and John Essender. BA Ct. (Nat. Dkt.) 1 1796-1851 MSA C389-1 MdHR 18106 f. 152 8 Nov. 1828.
Popp, Christian. Grand Dutchy of Baden. NATN. Decl. intent in US Dist. Ct. 30 Sept. 1844. Wits: Philip Wagner and John C. Carle. O&RA to the Grand Duke of Baden. BC Ct. (Nat. Rcd.) 9 1845-1848 MSA C229-1 MdHR 18119 f. 638 10 Oct. 1848.
Popp, Sebastian. Grand Dutchy of Baden. DI. Forswears alleg. to the King of Wurtemburg. BA Ct. (Minutes) 1846-1851 MSA C386-16 MdHR 14405 f. 70 25 Oct. 1847.
Popp, Sebastian. Grand Dutchy of Baden. DI. BA Ct. (Minutes, Rough) 1845-1851

MSA C420-3 MdHR 14401 f. 177 25 Oct. 1847.

Poppleton, Thomas Holdworth. England. NATN. Born in London. Arrived in the US prior to 18 June 1812. Decl. intent in open Ct. Wits: Joseph Townsend and John Hillen. BA Ct. (Nat. Dkt.) 1 1796-1851 MSA C389-1 MdHR 18106 f. 161 7 July 1830.

Porres, John Adam. Bavaria. DI. BC Ct. (Dkt&Mins) 1847 MSA C184-10 MdHR 16667 f. 39 25 Oct. 1847

Porter, John. England. NATN. Decl. intent in BC Ct. 30 Sept. 1843. Wits: Robert H. Moran and Edward Northe. O&RA to the Queen of the UK. BC Ct. (Nat. Rcd.) 9 1845-1848 MSA C229-1 MdHR 18119 f. 28 7 Oct. 1845.

Porter, Robert. Ireland. DI. Res. BC. BC Ct. (Dkt&Mins) 1840 MSA C184-7 MdHR 16664 f. 31 15 Aug. 1840.

Porteus, David. Scotland. NATN. Decl. intent in US Dist. Ct. 15 Aug. 1844. Wits: James Ray and Patrick Lott. O&RA to the Queen of the UK. BC Ct. (Nat. Rcd.) 9 1845-1848 MSA C229-1 MdHR 18119 f. 457 5 Oct. 1847.

Pothain/Polhaine, Peter Francois. Republic of France. BA Ct. (Nat. Dkt.) 1 1796-1851 MSA C389-1 MdHR 18106 f. 13 #272 15 Mar. 1798. Barnes, p. 62.

Potter, James. England. NATN. Decl. intent in Hamilton Co. (OH) Ct. 21 June 1841. Wits: John Glafs/Glass and David Churchill. O&RA to the Queen of the UK. BC Ct. (Nat. Rcd.) 9 1845-1848 MSA C229-1 MdHR 18119 f. 445 4 Oct. 1847.

Potter, Matthew. England. BA Ct. (Nat. Dkt.) 1 1796-1851 MSA C389-1 MdHR 18106 f. 26 #502 10 Mar. 1804. Civil Ct.

Potts, Robert. England. NATN. Decl. intent in open ct. Arrived in US 3 yrs. prior to age 21. Res. US for 5 yrs., including 3 of minority. Res. MD over 1 yr. Res. BC. Wits: Charles Ward and William McConn. O&RA to the King of UK. BC Ct. (Nat. Rcd. of Minors) 2 1832-1836 MSA C237-2 MdHR 18113 ff. 33-34 1 Oct. 1832.

Pounschlegel, John. Kingdom of Bian. DI. BA Ct. (Minutes) 1839-1846 MSA C286-16 MdHR 14404 ff. 78-79 18 Jan. 1841.

Pounschlgel, John. Kingdom of Bian. DI. BA Ct. (Minutes, Rough) 1836-1844 MSA C420-2 MdHR 14398 f. 260 18 Jan. 1841.

Pousquet, Matthew (?). France. BA Ct. (Nat. Dkt.) 1 1796-1851 MSA C389-1 MdHR 18106 f. 35 #680 18 May 1806.

Powel, Howel. England. BA Ct. (Nat. Dkt.) 1 1796-1851 MSA C389-1 MdHR 18106 f. 33 #647 10 Oct. 1806.

Powell, John. Ireland. BA Ct. (Nat. Dkt.) 1 1796-1851 MSA C389-1 MdHR 18106 f. 24 #468 20 July 1803. Criminal Ct.

Powell, John. England. BA Ct. (Nat. Dkt.) 1 1796-1851 MSA C389-1 MdHR 18106 f. 33 #651 11 Oct. 1806.

Powell, John. Ireland. BA Ct. (Nat. Dkt.) 1 1796-1851 MSA C389-1 MdHR 18106 f. 24 #468 20 July 1803. Criminal Ct.

Power, John. Bavaria. NATN. Decl. intent in BC Ct. 25 June 1844. Wits: John F. Trember and John Power, Sr. O&RA to the King of Bavaria. BA Ct. (Nat. Rcd.) 4 1846-1851 MSA C391-2 MdHR 18109 f. 181 13 Oct. 1846.

Power, John. Bavaria. NATN. Decl. intent in BC Ct. 25 June 1844. Wits: John F. Taenber and John F. Power, Sr. BA Ct. (Nat. Dkt.) 1 1796-1851 MSA C389-1 MdHR 18106 f. 295 13 Oct. 1846.

Power, Michael. Ireland. NATN. Res. BC. Decl. intent in Hustings Ct. for Norfolk Borough, Virginia 28 Oct. 1816. Witness. Henry Green. O&RA to the King of UK. BC Ct. (Nat. Rcd. of Minors) 1 1827-1832 MSA C237-1 MdHR 18112 ff. 146-147 3 Oct. 1828.

Power, Philip. Wurtemburg. NATN. Res. BC. Arrived in US 3 yrs. prior to age 21. Res. US for 5 yrs., including 3 of minority. Res. MD over 1 yr. Wits: Philip Muth and Michael Goetschy. O&RA to the King of Wurtemburg. BC Ct. (Nat. Rcd. of Minors) 1 1827-1832 MSA C237-1 MdHR 18112 ff. 76-77 20 Sept. 1828.

Powers, John. Ireland. NATN. Decl. intent in Essex Co. Ct. New York 29 June

1848. Wits: Michael Harney and Edward Powers. BA Ct. (Nat. Dkt.) 1 1796-1851 MSA C389-1 MdHR 18106 f. 381 15 Sept. 1851.
Powers, John. Ireland. NATN. Decl. intent in Essere Co. Ct., New York 29 June 1848. Wits: William Harney and Edward Powers. O&RA to the Queen of the UK. BA Ct. (Nat. Rcd.) 4 1846-1851 MSA C391-2 MdHR 18109 f. 367 12 Sept. 1851.
Powers/Power, James. Ireland. NATN. Res. BC. Res. US 14 April 1802 - 18 June 1812. Wits: Nathan Rogers and John Scott. O&RA to the King of UK. BC Ct. (Nat. Rcd. of Minors) 1 1827-1832 MSA C237-1 MdHR 18112 f. 73 19 Sept. 1828.
Powers, Richard. Ireland. DI. BA Ct. (Minutes) 1832-1838 MSA C386 MdHR 14403 f. 18 12 Nov. 1832.
Powers, Richard. Ireland. DI. BA Ct. (Minutes, Rough) 1832-1835 MSA C420-1 MdHR 14396-2 f. 141 10 Nov. 1832.
Pradetet, Joseph Helm. Bavaria. DI. BA Ct. (Minutes) 1846-1851 MSA C386-16 MdHR 14405 f. 27 13 Jan. 1847.
Pralett, Joseph Helm. Bavaria. DI. BA Ct. (Minutes) 1846-1851 MSA C386-17 MdHR 14405 f. 27 13 Jan. 1847.
Prangon, Nicholas. Hanover-Eng. DI. BA Ct. (Minutes) 1827-1830 MSA C386-13 MdHR 14391 f. 161 4 Oct. 1828.
Prasaler, John. Germany. DI. Res. BC. Ren. alleg. to the Emperor of Germany. BC Ct. (Dkt&Mins) 1840 MSA C184-7 MdHR 16664 f. 12 3 Mar. 1840.
Prason, Henry. Grand Dutchy of Brunswick. NATN. Arrived under age 18. Wits: Adam List and Jacob List. BA Ct. (Nat. Dkt.) 1 1796-1851 MSA C389-1 MdHR 18106 f. 385 27 Oct. 1851.
Prason, Henry. Dutchy of Brunswick. NATN. Arrived in US 3 yrs. prior to age 21. Res. US for 5 yrs., including 3 of minority. Res. MD over 1 yr. Wits: Adam List and Jacob List. O&RA to the Duke of Brunswick. BA Ct. (Nat. Rcd. of Minors) 3 1846-1851 MSA C392-1 MdHR 18110 f. 100 27 Oct. 1851.
Pratteau (?), Anthony. Germany. DI. Res. BC. BC Ct. (Dkt&Mins) 1846 MSA C184-9 MdHR 16666 f. 26 17 June 1846.
Prees, Thomas. Wales. NATN. Decl. intent in BC Ct. 30 Sept. 1844. Wits: William Devere and Augustus W. Bradford. BA Ct. (Nat. Dkt.) 1 1796-1851 MSA C389-1 MdHR 18106 f. 231 5 Oct. 1846.
Prees, Thomas. Wales. NATN. Decl. intent in BC Ct. 30 Sept. 1844. Wits: William Devere and Augustus W. Bradford. O&RA to the Queen of the UK. BA Ct. (Nat. Rcd.) 4 1846-1851 MSA C391-2 MdHR 18109 f. 2 5 Oct. 1846.
Preisz, Michael. Wurtemburg. NATN. Decl. intent in US Circ. Ct. 8 July 1844. Wits: Michael Starle and Lorence Pfeiffer. O&RA to the King of Wurtemburg. BA Ct. (Nat. Rcd.) 4 1846-1851 MSA C391-2 MdHR 18109 f. 214 5 Oct. 1847.
Preisz, Michael. Wurtemburg. NATN. Decl. intent in US Circ. Ct. 8 July 1844. Wits: Michael Starle and Lorence Pfeiffer. BA Ct. (Nat. Dkt.) 1 1796-1851 MSA C389-1 MdHR 18106 f. 314 5 Oct. 1847.
Preller, George. Bavaria. NATN. Decl. intent in US Circ. Ct. 5 Mar. 1849. Wits: Joseph Meinuengler and Thomas Pallman. O&RA to the King of Bavaria. BA Ct. (Nat. Rcd.) 4 1846-1851 MSA C391-2 MdHR 18109 f. 391 3 Nov. 1851.
Preller, George. Bavaria. NATN. Decl. intent in US Circ. Ct. 5 Mar. 1849. Wits: (? illegible) and (? illegible) Pollman. BA Ct. (Nat. Dkt.) 1 1796-1851 MSA C389-1 MdHR 18106 f. 388 3 Nov. 1851.
Preller, Joseph. Germany. DI. Res. BC. BC Ct. (Dkt&Mins) 1841 MSA C184-8 MdHR 16665 f. 5 2 Feb. 1841.
Preller, Joseph. Germany. NATN. Decl. intent in BC Ct. 2 Feb. 1841. Res. BC. Wits: John Miller and Joseph Rourch. O&RA to the Emperor of Germany. BA Ct. (Nat. Rcd.) 2 1832-1846 MSA C391-1 MdHR 18108 f. 133 5 Oct. 1846.

Preller, Joseph. Germany. NATN. Decl. intent in BC Ct. 2 Feb. 1841. Wits: John Muller and Joseph Rousch. BA Ct. (Nat. Dkt.) 1 1796-1851 MSA C389-1 MdHR 18106 f. 229 5 Oct. 1846.
Premavise, Francis. Prussia. BA Ct. (Nat. Dkt.) 1 1796-1851 MSA C389-1 MdHR 18106 f. 27 #512 5 June 1804. Civil Ct.
Presler, Peter. Bavaria. NATN. Decl. intent in US Circ. Ct. 9 Sept. 1844. Wits: John Bowen and Frederick Halford. O&RA to the King of Bavaria. BA Ct. (Nat. Rcd.) 4 1846-1851 MSA C391-2 MdHR 18909 f. 136 13 Oct. 1846.
Presler, Peter. Bavaria. NATN. Decl. intent in US Circ. Ct. 9 Sept. 1844. Wits: Frederick Statford and John Bowen. BA Ct. (Nat. Dkt.) 1 1796-1851 MSA C389-1 MdHR 18106 f. 275 13 Oct. 1846.
Preston, William. England. BA Ct. (Nat. Dkt.) 1 1796-1851 MSA C389-1 MdHR 18106 f. 14 #291 23 Mar. 1798. Barnes, p. 63.
Preufs/Preuss, Eugene Frederick. Prussia. NATN. Arrived in US 3 yrs. prior to age 21. Res. US for 5 yrs., including 3 of minority. Res. MD over 1 yr. Wits: Frederick Kline and Joseph Adams. O&RA to the King of Prussia. BC Ct. (Nat. Rcd. of Minors) 3 1845-1851 MSA C237-3 MdHR 18114-1 f. 279 23 Nov. 1850.
Price, Evan. England. BA Ct. (Nat. Dkt.) 1 1796-1851 MSA C389-1 MdHR 18106 f. 34 #667 4 April 1807.
Price, James. Ireland. NATN. Decl. intent in US Dist. Ct. 1 Sept. 1844. Wits: John Gunn and William Watson. O&RA to the Queen of the UK. BC Ct. (Nat. Rcd.) 9 1845-1848 MSA C229-1 MdHR 18119 f. 104 3 Oct. 1846.
Price, James. Ireland. NATN. Born in Co. of Donegal. Decl. intent in US Circ. Ct. 1 May 1822. Wits: John Hutson and Christopher Cook. BA Ct. (Nat. Dkt.) 1 1796-1851 MSA C389-1 MdHR 18106 f. 112 27 October 1826.
Price, Rice. Wales. DI. BA Ct. (Minutes, Rough) 1836-1844 MSA C420-2 MdHR 14398 f. 26 2 July 1836.
Price, Richard. Ireland. NATN. Decl. intent in US Dist. Ct. for the Dist. of Delaware 16 Sept. 1843. Wits: Robert W. Powell and William Spears. O&RA to the Queen of the UK. BC Ct. (Nat. Rcd.) 10 1849-1851 MSA C229-2 MdHR 18120 f. 282 17 Sept. 1851.
Priest, Henry. Great Britain. BA Ct. (Nat. Dkt.) 1 1796-1851 MSA C389-1 MdHR 18106 f. 11 #213 12 Dec. 1797. Barnes, p. 62.
Primrose, William. Scotland. DI. BC Ct. (Dkt&Mins) 1830 MSA C184-5 MdHR 16662 f. 38 25 Sept. 1830. See also Scots, p. 126. Profession given as patternmaker.
Prior, John. Germany. NATN. Decl. intent in BC Ct. 18 Sept. 1844. Wits: Henry Dewiens (?) and John Bowe. BA Ct. (Nat. Dkt.) 1 1796-1851 MSA C389-1 MdHR 18106 f. 243 6 Oct. 1846.
Prior, John. Germany. NATN. Decl. intent in BC Ct. 18 Sept. 1844. Wits: Henry Penius and John Bowe. O&RA to the Emperor of Germany. BA Ct. (Nat. Rcd.) 4 1846-1851 MSA C391-2 MdHR 18109 f. 38 6 Oct. 1846.
Priscell, John. Ireland. DI. BC Ct. (Dkt&Mins) 1849 MSA C184-11 MdHR 16668 f. 29 18 Oct. 1849.
Proctor, Jack. England. BA Ct. (Nat. Dkt.) 1 1796-1851 MSA C389-1 MdHR 18106 f. 9 #173 10 Nov. 1797. Barnes, p. 61.
Proudfoot, William. England. NATN. Decl. intent in open ct. Arrived in US 3 yrs. prior to age 21. Res. US for 5 yrs., including 3 of minority. Res. MD over 1 yr. Res. BC. Wits: Andrew Brawner and Anthony Shieler. O&RA to Great Britain. BC Ct. (Nat. Rcd. of Minors) 1827-1832 MSA C237-1 MdHR 18112 ff. 393-394 26 May 1832.
Prout, William. Great Britain. NATN. Res. US for two yrs.. Submits proof that he is of good moral character. Subscribes to oath to support the Constitution. BA Ct. (Minutes) 1787-1791 MSA C386-6 MdHR 5051 f. 413 22 Aug. 1791.
Pruchl, Augustus C. Prussia. DI. BA Ct. (Minutes, Rough) 1836-1844 MSA C420-2 MdHR 14398 f. 224 25 April 1840.
Prune, John Lucas. Germany. BA Ct. (Nat. Dkt.) 1 1796-1851 MSA C389-1 MdHR 18106 f. 33 #641 8 Oct. 1806.

Pryk, Philip. Grand Dutchy of Hesse-Darmstadt. NATN. Decl. intent in US Circ. Ct. 16 Sept. 1844. Wits: Adam Treusch and Joseph Sebel. BA Ct. (Nat. Dkt.) 1 1796-1851 MSA C389-1 MdHR 18106 f. 275 13 Oct. 1846.

Pulvermacher, Franz. Prussia. NATN. Decl. intent in BC Ct. 7 Oct. 1843. Wits: Samuel W. Peiser and Louis Servary. O&RA to the King of Prussia. BC Ct. (Nat. Rcd.) 9 1845-1848 MSA C229-1 MdHR 18119 f. 42 15 Sept. 1846.

Punte, Anton. Grand Dutchy of Oldenburg. NATN. Decl. intent in US Dist. Ct. 30 Sept. 1844. Wits: Henry Wise and Clement H. Bushman. O&RA to the Grand Duke of Oldenburg. BC Ct. (Nat. Rcd.) 9 1845-1848 MSA C229-1 MdHR 18119 f. 715 28 Oct. 1848.

Pyke, Philip. Grand Dutchy of Hesse-Darmstadt. NATN. Decl. intent in US Circ. Ct. 16 Sept. 1844. Wits: Adam F. Rinch and Joseph Seibel. O&RA to the Grand Duke of Hesse-Darmstadt. BA Ct. (Nat. Rcd.) 4 1846-1851 MSA C391-2 MdHR 18109 f. 137 13 Oct. 1846.

Quigley, John. Ireland. NATN. Decl. intent in BC Ct. 13 Oct. 1833. Res. BC. Wits: Michael Logue and James Logue. O&RA to the King of UK. BC Ct. (Nat. Rcd. of Minors) 2 1832-1836 MSA C237-2 MdHR 18113 ff. 179-180 13 Nov. 1835.

Quinlan, Michael. Ireland. BA Ct. (Nat. Dkt.) 1 1796-1851 MSA C389-1 MdHR 18106 f. 29 #554 22 Nov. 1804. Civil Ct.

Quinn, Bernard. Ireland. NATN. Decl. intent in US Circ. Ct. 3 Oct. 1848. Wits: Patrick Keenan and Thomas Armstrong. O&RA to the Queen of the UK. BC Ct. (Nat. Rcd.) 10 1849-1851 MSA C229-2 MdHR 18120 f. 318 6 Oct. 1851.

Quinn, Edward. England. NATN. Res. BC. Decl. intent in BC Ct. 10 Mar. 1827. Wits: David Brown and Enoch Pearce. O&RA to the King of UK. BC Ct. (Nat. Rcd. of Minors) 1 1827-1832 MSA C237-1 MdHR 18112 ff. 310-311 10 Nov. 1830.

Quinn, James. Ireland. NATN. Decl. intent in US Circ. Ct. 16 Sept. 1844. Wits: William Roach and James Welsh. O&RA to the Queen of the UK. BA Ct. (Nat. Rcd.) 4 1846-1851 MSA C391-2 MdHR 18109 f. 137 13 Oct. 1846.

Quinn, James. Ireland. NATN. Decl. intent in US Circ. Ct. 16 Sept. 1844. Wits: William Roach and James Welsh. BA Ct. (Nat. Dkt.) 1 1796-1851 MSA C389-1 MdHR 18106 f. 275 13 Oct. 1846.

Quinn, James. Ireland. NATN. Decl. intent in US Circ. Ct. 3 Oct. 1834. Res. BC. Wits: James Fields and John Ragan. O&RA to the King of UK. BC Ct. (Nat. Rcd. of Minors) 2 1832-1836 MSA C237-2 MdHR 18113 ff. 213-214 3 Oct. 1836.

Quinn, John Francis. Ireland. NATN. Decl. intent in US Dist. Ct. 15 Jan. 1847. Wits: Peter Knight and John Ricends. O&RA to the Queen of the UK. BC Ct. (Nat. Rcd.) 10 1849-1851 MSA C229-2 MdHR 18120 f. 281 11 Sept. 1851.

Quinn, John. Ireland. NATN. Decl. intent in US Circ. Ct. Res. BC. Wits: Thomas Green and James Seague. O&RA to the Queen of the UK. BA Ct. (Nat. Rcd.) 2 1832-1846 MSA C391-1 MdHR 18108 f. 55 24 Sept. 1838.

Quinn, John. Ireland. NATN. Decl. intent in US Circ. Ct. 10 Nov. 1832. Wits: Thomas Green and James League. BA Ct. (Nat. Dkt.) 1 1796-1851 MSA C389-1 MdHR 18106 f. 192 24 Sept. 1838.

Quinn, Michael. Ireland. NATN. Decl. intent in US Dist. Ct. 28 Sept. 1844. Witness: Edward Hawkes. O&RA to the Queen of the UK. BC Ct. (Nat. Rcd.) 9 1845-1848 MSA C229-1 MdHR 18119 f. 221 13 Sept. 1847.

Quinn, Patrick. Ireland. NATN. Decl. intent in Ct. of Common Pleas, York Co. PA, 5 Aug. 1844. Wits: Thomas Young and Sebastian Kurtz. BA Ct. (Nat. Dkt.) 1 1796-1851 MSA C389-1 MdHR 18106 f. 372 2 Oct. 1849.

Quinn, Patrick. Ireland. NATN. Decl. intent in the Ct. of Common Pleas for York Co., PA 5 Aug. 1844. Wits: Thomas Young and Sebastian Kurtz. O&RA to the Queen of the UK. BA Ct. (Nat. Rcd.) 4 1846-1851 MSA C391-2 MdHR 18109 f. 349 2 Oct. 1849.

Quinn, Richard. Ireland. NATN. Decl. intent in BC Ct. 16 Aug. 1847. Wits: James McKeevar and Hugh Quinn. O&RA to the Queen of the UK. BC Ct.

(Nat. Rcd.) 10 1849-1851 MSA C229-2 MdHR 18120 f. 28 1 Oct. 1849.
Quinn, Richard. Ireland. DI. BC Ct. (Dkt&Mins) 1847 MSA C184-10 MdHR 16667 f. 26 15 Aug. 1847.
Quinn, Thomas. Ireland. NATN. Decl. intent in BC Ct. 3 Oct. 1834. Res. BC. Wits: Henry Sanderson and Henry Edwards. O&RA to the King of UK. BC Ct. (Nat. Rcd. of Minors) 2 1832-1836 MSA C237-2 MdHR 18113 ff. 223-224 3 Oct. 1836.
Quirk, John. Isle of Man (UK). DI. Res. BC. Ren. alleg. to the Queen of the UK. BC Ct. (Dkt&Mins) 1841 MSA C184-8 MdHR 16665 f. 49 19 Jan. 1842.
Quynn, Francis. Ireland. NATN. Arrived in US 3 yrs. prior to age 21. Res. US for 5 yrs., including 3 of minority. Res. MD over 1 yr. Wits: Owen Naughton and Michael Naughton. O&RA to the Queen of the UK. BC Ct. (Nat. Rcd. of Minors) 3 1845-1851 MSA C237-3 MdHR 18114-1 f. 67 4 Oct. 1847.
Raa, Joseph. Bavaria. NATN. Decl. intent in BC Ct. 30 Sept. 1844. Wits: Bernard Rau and Solomon Brenner. O&RA to the King of Bavaria. BC Ct. (Nat. Rcd.) 9 1845-1848 MSA C229-1 MdHR 18119 f. 319 1 Oct. 1847.
Raab, Christopher. Holland. NATN. Decl. intent in BC Ct. 3 Sept. 1836. Res. BC. Wits: Joseph Sumwalt and George F. a. Delaroach. O&RA to the King of Holland. BA Ct. (Nat. Rcd.) 2 1832-1836 MSA C391-1 MdHR 18108 ff. 48-49 11 Sept. 1838.
Raab, Christopher. Holland. NATN. Decl. intent in BC Ct. 3 Sept. 1836. Wits: Jesse Summalt and George F. a. Delaroach. BA Ct. (Nat. Dkt.) 1 1796-1851 MSA C389-1 MdHR 18106 f.189 11 Sept. 1838.
Raab, John Nicholas. Bavaria. NATN. Decl. intent in US Circ. Ct. 6 Sept. 1844. Wits: Jacob Ruff and George F. Bentz. O&RA to the King of Bavaria. BC Ct. (Nat. Rcd.) 9 1845-1848 MSA C229-1 MdHR 18119 f. 267 27 Sept. 1847.
Raabe, Theodore. Prussia. NATN. Decl. intent in US Circ. Ct. 30 Sept. 1847. Wits: John S. Stansburg and Bernett Kleibacker. BA Ct. (Nat. Dkt.) 1 1796-1851 MSA C389-1 MdHR 18106 f. 370 1 Oct. 1849.
Raabe, Theodore. Prussia. NATN. Decl. intent in US Circ. Ct. 30 Sept. 1847. Wits: John S. Stanbury and Bernett Kleibacker. O&RA to the King of Prussia. BA Ct. (Nat. Rcd.) 4 1846-1851 MSA C391-2 MdHR 18109 f. 341 1 Oct. 1849.
Raabe, Wiegand. Electorate of Hesse-Cassel. NATN. Decl. intent in BC Ct. 27 May 1844. Wits: James Andrews and Andrew Reese. O&RA to the Elector of Hesse-Cassel. BC Ct. (Nat. Rcd.) 9 1845-1848 MSA C229-1 MdHR 18119 f. 96 3 Oct. 1846.
Raabe, William. Grand Dutchy [Electorate] of Hesse-Cassel. DI. Ren. alleg. to the Elector of Hesse-Cassel. BA Ct. (Minutes) 1839-1846 MSA C386-16 MdHR 14404 f. 105 20 Sept. 1841.
Raah, John. Bavaria. NATN. Decl. intent in US Dist. Ct. 24 Aug. 1844. Wits: Giddon Hubbert and Frederick Meisel. O&RA to the King of Bavaria. BC Ct. (Nat. Rcd.) 10 1849-1851 MSA C229-2 MdHR 18120 f. 141 1 Oct. 1850.
Raaher, John. Prussia. NATN. Decl. intent in US Circ. Ct. 14 Sept. 1846. Wits: Bernard Evering and Henry Best. O&RA to the King of Prussia. BA Ct. (Nat. Rcd.) 4 1846-1851 MSA C391-2 MdHR 18109 f. 256 2 Oct. 1848.
Raaker, John. Prussia. NATN. Decl. intent in US Circ. Ct. 14 Sept. 1846. Wits: Bernard Evering and Henry Best. BA Ct. (Nat. Dkt.) 1 1796-1851 MSA C389-1 MdHR 18106 f. 332 2 Oct. 1848.
Rab, Emanuel. Bavaria. NATN. Decl. intent in US Dist. Ct. 1 June 1844. Wits: Raphael Goldsmith and Philip Emenck. O&RA to the King of Bavaria. BC Ct. (Nat. Rcd.) 9 1845-1848 MSA 229-1 MdHR 18119 f. 248 21 Sept. 1847.
Rab, Nathan. Bavaria. NATN. Decl. intent in US Dist. Ct. 27 Aug. 1844. Wits: Raphael Goldsmith and Philip Emenck. O&RA to the King of Bavaria. BC Ct. (Nat. Rcd.) 9 1845-1848 MSA C229-1 MdHR 18119 f. 247 21 Sept. 1847.
Rabe, Henry. Grand Dutchy of Oldenburg. DI. Res. BC. BC Ct. (Dkt&Mins) 1847

MSA C184-10 MdHR 16667 f. 29 11 Sept. 1847.
Rabe, John Frederick. Republic of Bremen. DI. BA Ct. (Minutes) 1839-1846 MSA C386-16 MdHR 14404 f. 60 9 Sept. 1840.
Rabearg, Lewis. Hanover. DI. BA Ct. (Minutes) 182-1826 MSA C386-12 MdHR 14386 f. 435 3 Oct. 1826.
Rabernagel, Herman Henry. Hanover. NATN. Arrived in US 3 yrs. prior to age 21. Res. US for 5 yrs., including 3 of minority. Res. MD over 1 yr. Wits: Herman H. Yellman and John Martin. O&RA to the King of Hanover. BC Ct. (Nat. Rcd. of Minors) 3 1845-1851 MSA C237-3 MdHR 18114-1 f. 124 3 Oct. 1848.
Raborg/Ruborg, Frederick W. Peru. NATN. Arrived in US 3 yrs. prior to age 21. Res. US for 5 yrs., including 3 of minority. Res. MD over 1 yr. Wits: John Stanton and John Bangs. O&RA to the King (?) of Peru. BC Ct. (Nat. Rcd. of Minors) 3 1845-1851 MSA C237-3 MdHr 18114-1 f. 186 6 Nov. 1848.
Rade, Kileon. Republic of Bremen. DI. BC Ct. (Dkt&Mins) 1849 MSA C184-11 MdHR 16668 f. 28 2 Oct. 1849.
Radeche, Diederich Herman. Hanover. DI. BA Ct. (Minutes, Rough) 1832-1835 MSA C420-1 MdHR 14396-2 f. 298 12 Dec. 1834.
Radenmacher, Peter. Prussia. NATN. Decl. intent in US Dist. Ct. 28 Dec. 1844. Wits: Bernard Evering and Anthony Brnich. O&RA to the King of Prussia. BC Ct. (Nat. Rcd.) 9 1845-1848 MSA C229-1 MdHR 18119 f. 512 22 July 1848.
Rae, Adam. Scotland. DI. Res. BC. BC Ct. (Dkt&Mins) 1828 MSA C184-4 MdHR 16661 f. 44 25 Oct. 1828.
Rae, Adam. Scotland. NATN. Decl. intent in BC Ct. 25 Oct. 1828. Res. BC. Wits: John T. Durding and James Norris. O&RA to the King of UK. BC Ct. (Nat. Rcd. of Minors) 1827-1832 MSA C237-1 MdHR 18112 ff. 376-377 20 Aug. 1831.
Rafferty, William. Ireland. NATN. Decl. intent in US Dist. Ct. 8 Oct. 1842. Wits: Henry Murray and John Robinson. O&RA to the Queen of the UK. BC Ct. (Nat. Rcd.) 9 1845-1848 MSA C229-1 MdHR 18119 f. 134 5 Oct. 1846.
Raghausen, Henry. Prussia. NATN. Arrived in US 3 yrs. prior to age 21. Res. US for 5 yrs., including 3 of minority. Res. MD over 1 yr. Wits: John Troufelter and William Logdman. O&RA to the King of Prussia. BC Ct. (Nat. Rcd. of Minors) 3 1845-1851 MSA C237-3 MdHR 18114-1 f. 209 12 May 1849.
Rahben, Henrich. Electorate of Hesse-Cassel. NATN. Decl. intent in US Circ. Ct. 6 Nov. 1848. Wits: George Rahben and John Rokler. O&RA to the Elector of Hesse-Cassel. BC Ct. (Nat. Rcd.) 10 1849-1851 MSA 229-2 MdHR 18120 f. 337 18 Oct. 1851.
Ralie, John Frederick. Republic of Bremen. DI. BA Ct. (Minutes, Rough) 1836-1844 MSA C420-2 MdHR 14398 f. 239 10 Sept. 1840.
Ramanne, John. France. NATN. Decl. intent in US Dist. Ct. 3 Dec. 1817. Res. BC. Wits: John C. Legrand and Thomas Parkin. O&RA to the King of France. BA Ct. (Nat. Rcd.) 2 1832-1846 MSA C391-1 MdHR 18108 ff. 127-128 27 Feb. 1846.
Rammelt, Thomas. Bavaria. NATN. Decl. intent in US Dist. Ct. 24 Sept. 1844. Wits: John H. Cole and John Kolb. O&RA to the King of Bavaria. BC Ct. (Nat. Rcd.) 9 1845-1848 MSA C229-1 MdHR 18119 f. 682 16 Oct. 1848.
Rampmeyer, Charles. Wurtemburg. NATN. Arrived in US 3 yrs. prior to age 21. Res. US for 5 yrs., including 3 of minority. Res. MD over 1 yr. Wits: Conrad Toberer and David Rampmeyer. O&RA to the King of Wurtemburg. BA Ct. (Nat. Rcd. of Minors) 3 1846-1851 MSA C392-1 MdHR 18110 f. 63 3 Oct. 1848.
Rampmeyers, Charles. Wurtemburg. NATN. Arrived in US under age 18. Wits: Conrad Toberer and David Rampmeyers. BA Ct. (Nat. Dkt.) 1 1796-1851 MSA C389-1 MdHR 18106 f. 335 3 Oct. 1848.
Ramsay, Arnold. Ireland. BA Ct. (Nat. Dkt.) 1 1796-1851 MSA C389-1 MdHR 18106 f. 32 #611 22 June 1805.
Ramsay, Robert. Scotland. DI. Res. BC. BC Ct. of O&T&GD (Dkt&Mins) 1812 MSA

C183-7 MdHR 16655 f. 39 13 July 1812.

Ramsey, Robert. England. BA Ct. (Nat. Dkt.) 1 1796-1851 MSA C389-1 MdHR 18106 f. 12 #236 12 Jan. 1798. Barnes, p. 62.

Ramsey, Thomas. Ireland. BA Ct. (Nat. Dkt.) 1 1796-1851 MSA C389-1 MdHR 18106 f. 37 #727 8 April 1809.

Randal, John Martin. France. BA Ct. (Nat. Dkt.) 1 1796-1851 MSA C389-1 MdHR 18106 f. 32 #609 21 June 1805.

Randanne, John. France. NATN. Decl. intent in US Dist. Ct. 5 Dec. 1817. Wits: John LeGrand and Thomas Parkin Scott. BA Ct. (Nat. Dkt.) 1 1796-1851 MSA C389-1 MdHR 18106 f. 228 27 Jan. 1846.

Ranker, John Henry. Hanover. BA Ct. (Nat. Dkt.) 1 1796-1851 MSA C389-1 MDHR 18106 f. 22 #451 6 April 1803. Barnes, p. 65.

Rapheal, Stephen Joseph. St. Lucia. NATN. Res. US 14 April 1802 - 18 June 1812. Res. Harford Co. Wits: Julius T. Ducatel and Alexis A. Delmas. Takes oath. BC Ct. (Nat. Rcd. of Minors) 127-1832 MSA C237-1 MdHR 18112 ff. 371-372 16 April 1831.

Raphel, Elizabeth. France. BA Ct. (Nat. Dkt.) 1 1796-1851 MSA C389-1 MdHR 18106 f. 36 #707 20 May 1808.

Rapp, Adam Gottleib. Germany BA Ct. (Nat. Dkt.) 1 1796-1851 MSA C389-1 MdHR 18106 f. 40 #802 23 Nov. 1811.

Rapp, Deiterick. Prussia. BA Ct. (Nat. Dkt.) 1 1796-1851 MSA C389-1 MdHR 18106 f. 11 #230 12 Jan. 1798. Barnes, p. 62.

Rapp, John B. Germany. BA Ct. (Nat. Dkt.) 1 1796-1851 MSA C389-1 MdHR 18106 f. 41 #803 23 Nov. 1811.

Rappanaer, Christian. Hanover. NATN. Decl. intent in US Circ. Ct. 20 Oct. 1849. Wits: Charles White and Jael Price. O&RA to the King of Hanover. BA Ct. (Nat. Rcd.) 4 1846-1851 MSA C391-2 MdHR 18109 f. 387 3 Nov. 1851.

Rappel, Henry. Grand Dutchy of Hesse-Darmstadt. NATN. Decl. intent in BC Ct. 20 Sept. 1844. Wits: William Kline and Samuel Landorff. O&RA to the Grand Duke of Hesse-Darmstadt. BA Ct. (Nat. Rcd.) 4 1846-1851 MSA C391-2 MdHR 18109 f. 218 5 Oct. 1847.

Rasch, Charles. Dutchy of Brunswick. NATN. Decl. intent in US Circ. Ct. 26 Feb. 1844. Wits: Michael Emerine and John Weaver. O&RA to the Duke of Brunswick. BA Ct. (Nat. Rcd.) 4 1846-1851 MSA C391-2 MdHR 18109 f. 138 13 Oct. 1846.

Rasch, Charles. Dutchy of Brunswick. NATN. Decl. intent in US Dist. Ct. 26 Feb. 1844. Wits: Michael Emerine and John Weaver. BA Ct. (Nat. Dkt.) 1 1796-1851 MSA C389-1 MdHR 18106 f. 275 13 Oct. 1846.

Rasemmer, John. Electorate of Hesse-Cassel. NATN. Decl. intent in US Dist. Ct. 2 April 1844. Wits: Andrew Pfaff and Michael Roth . O&RA to the Elector of Hesse-Cassel. BA Ct. (Nat. Rcd.) 4 1846-1851 MSA C391-2 MdHR 18109 f. 217 5 Oct. 1847.

Rasenner, Bernd H. Grand Dutchy of Oldenburg. NATN. Decl. intent in US Circ. Ct. 28 Sept. 1844. Wits: Sylvester Shule and Simon Shaffer. O&RA to the Grand Duke of Oldenburg. BA Ct. (Nat. Rcd.) 4 1846-1851 MSA C391-2 MdHR 18109 f. 144 13 Oct. 1846.

Ratcliffe, Samuel J. England. NATN. Arrived in US 3 yrs. prior to age 21. Res. US for 5 yrs., including 3 of minority. Res. MD over 1 yr. Wits: Edwin C. Lyons and William H. Harrison. O&RA to the Queen of the UK. BA Ct. (Nat. Rcd. of Minors) 3 1846-1851 MSA C392-1 MdHR 18110 f. 41 5 Oct. 1847.

Ratcliffe, Samuel I. England. NATN. Arrived in US under age 18. Wits: Edwin C. Lyons and William H. Harrison. BA Ct. (Nat. Dkt.) 1 1796-1851 MSA C389-1 MdHR 18106 f. 303 5 Oct. 1847.

Rathguban, John. Wurtemburg. NATN. Decl. intent in BC Ct. 2 Sept. 1844. Wits: Luke T. Williams and Philip Wagner. O&RA to the King of Wurtemburg. BC Ct. (Nat. Rcd.) 9 1845-1848 MSA C229-1 MdHR 18119 f. 421 4

Oct. 1847.
Rau, Bernard. Germany. NATN. Decl. intent in BC Ct. 30 July 1842. Wits: Solomon Brenner and Robert A. Mitchell. O&RA to the Emperor of Germany. BC Ct. (Nat. Rcd.) 9 1845-1848 MSA C229-1 MdHR 18119 f. 29 7 Oct. 1845.
Rau, Conrad. Bavaria. NATN. Decl. intent in US Dist. Ct. 3 Oct. 1848. Wits: Sebastian Seeter and Wolfgang Albrecht. O&RA to the King of Bavaria. BC Ct. (Nat. Rcd.) 10 1849-1851 MSA C229-2 MdHR 18120 f. 158 8 Oct. 1850.
Raukin, Samuel. Ireland. NATN. Born in Co. of Antrim. Decl. intent in US Dist. Ct. of Baltimore 13 May 1819. Wits: John Bryson and William Collins. Certificate and report filed. BA Ct. (Nat. Dkt.) 1 1796-1851 MSA C389-1 MdHR 18106 f. 73 23 Sept. 1824.
Raurch, Joseph. [Grand] Dutchy of Saxe-Weirmer (Weimar). NATN. Decl. intent in US Dist. Ct. 23 Oct. 1840. Wits: John Vant and Martin Bamgartner. O&RA to the [Grand] Duke of Saxe-Weimer. BA Ct. (Nat. Rcd.) 4 1846-1851 MSA C391-2 MdHR 18109 f. 3 5 Oct. 1846.
Rayner, William S. Germany. NATN. Arrived in US 3 yrs. prior to age 21. Res. US for 5 yrs., including 3 of minority. Res. MD over 1 yr. Wits: Samuel Dilivie and Henry Strows. O&RA to the Emperor of Germany. BC Ct. (Nat. Rcd. of Minors) 3 1845-1851 MSA C237-3 MdHR 18114-1 f. 61 2 Oct. 1847.
Reach, Alexander F. Scotland. NATN. Arrived in the US under age 18. Wits: William F. Murdock and Charles L. Krafft. BA Ct. (Nat. Dkt.) 1 1796-1851 MSA C389-1 MdHR 18106 f. 349 30 Oct. 1848.
Reach, Alexander F. Scotland. NATN. Arrived in US 3 yrs. prior to age 21. Res. US for 5 yrs., including 3 of minority. Res. MD over 1 yr. Wits: William F. Murdock and Charles F. Krafft. O&RA to the Queen of the UK. BA Ct. (Nat. Rcd. of Minors) 3 1846-1851 MSA C392-1 MdHR 18110 f. 71 30 Sept. 1848.
Reberger, Jr., Valentine. Grand Dutchy of Hesse-Darmstadt. NATN. Arrived in US 3 yrs. prior to age 21. Res. US for 5 yrs., including 3 of minority. Res. MD over 1 yr. Wits: Valentine Reberger and John Bernhard. O&RA to the Grand Duke of Hesse-Darmstadt. BC Ct. (Nat. Rcd. of Minors) 3 1845-1851 MSA C237-3 MdHR 18114-1 f. 136 9 Oct. 1848.
Rebhoun, Peter. Bavaria. NATN. Decl. intent in US Dist. Ct. 30 Sept. 1844. Wits: John Conner and Gustav Hellnocht. O&RA to the King of Bavaria. BC Ct. (Nat. Rcd.) 9 1845-1848 MSA C229-1 MdHR 18119 f. 461 5 Oct. 1847.
Rebine, George. Electorate of Hesse-Cassel. NATN. Decl. intent in BC Ct. 17 Sept. 1844. Wits: John Gilder and Jacob Knipe. O&RA to the Elector of Hesse-Cassel. BC Ct. (Nat. Rcd.) 9 1845-1848 MSA C229-1 MdHR 18119 f. 51 24 Sept. 1846.
Rebitz, Henry. Saxony. Decl. intent in US Circ. Ct. 22 July 1844. Wits: William Musel and John Brown. O&RA to the King of Saxony. BA Ct. (Nat. Rcd.) 4 1846-1851 MSA C391-2 MdHR 18109 f. 138 13 Oct. 1846.
Rebitz, Henry. Saxony. NATN. Decl. intent in US Circ. Ct. 22 July 1844. Wits: William Masel and John Bowen. BA Ct. (Nat. Dkt.) 1 1796-1851 MSA C389-1 MdHR 18106 f. 275 13 Oct. 1846.
Reboul, Justin Alexander. Republic of France. NATN. Decl. intent in BC Ct. 2 Sept. 1840. Wits: Edward C. Taylor and John Demmer. O&RA to the Republic of France. BC Ct. (Nat. Rcd.) 19 1845-1848 MSA C229-1 MdHR 18119 f. 493 21 Dec. 1847.
Rebstock, Charles. Grand Dutchy of Baden. NATN. Decl. intent in US Dist. Ct. 27 Dec. 1844. Wits: Adam Bidela nd Daniel Layer. O&RA to the Grand Duke of Baden. BC Ct. (Nat. Rcd.) 9 1845-1848 MSA C229-1 MdHR 18119 f. 382 4 Oct. 1847.
Reddinger, John. Grand Dutchy of Baden. NATN. Decl. intent in US Circ. Ct.

25 Sept. 1844. Wits: Jacob Ruff and Gideon Herbert. O&RA to the Grand Duke of Baden. BC Ct. (Nat. Rcd.) 9 1845-1848 MSA C229-1 MdHR 18119 f. 266 27 Sept. 1847.

Redford, John. England. DI. BA Ct. (Minutes) 1846-1851 MSA C386-16 MdHR 14405 f. 228 25 Sept. 1850.

Redmon, Michael. Ireland. NATN. Born in Dublin. Decl. intent in BA Ct. of O&T&GD 3 Aug. 1815. Produces certificate and report and registration. Wits: William A. Schaeffer and Andrew H. Woods. BA Ct. (Nat. Dkt.) 1 1796-1851 MSA C389-1 MdHR 18106 f. 50 28 Sept. 1821.

Reed, James. Ireland. NATN. Decl. intent in the Prothonotary's Office, Butler Co. PA 8 July 1821. Wits: Patrick McKew and Thomas Parkin Scott. BA Ct. (Nat. Dkt.) 1 1796-1851 MSA C389-1 MdHR 18106 f. 225 26 Sept. 1845.

Reed, John. Ireland. NATN. Arrived in US 1798 - 1802. Wits: George Fimanen and William Griffe (?). BA Ct. (Nat. Dkt.) 1 1796-1851 MSA C389-1 MdHR 18106 f. 95 1 Oct. 1825.

Reese, John. England. DI. BC Ct. (Dkt&Mins) 1830 MSA C184-5 MdHR 16662 f. 39 1 Oct. 1830.

Reeves, George. England. NATN. Arrived in US 3 yrs. prior to age 21. Res. US for 5 yrs., including 3 of minority. Res. MD over 1 yr. Wits: John T. Martiacq and Michael Nash. O&RA to the Queen of the UK. BA Ct. (Nat. Rcd. of Minors) 3 1846-1851 MSA C392-1 MdHR 18110 f. 79 4 Nov. 1848.

Reeves, John. England. DI. BA Ct. (Minutes, Rough) 1832-1835 MSA C420-1 MdHR 14396-2 f. 241 18 Mar. 1834.

Reg, Peter. Grand Dutchy of Hesse-Darmstadt. NATN. Decl. intent in US Dist. Ct. 19 Oct. 1843. Wits: James Barnes and Caspar Snyder. O&RA to the Grand Duke of Hesse-Darmstadt. BC Ct. (Nat. Rcd.) 9 1845-1848 MSA C229-1 MdHR 18119 f. 473 5 Oct. 1847.

Regler, Henry. Bavaria. NATN. Decl. intent in US Dist. Ct. 13 Oct. 1846. Wits: John Ksug (?) and Albrecht Ziegler. O&RA to the King of Bavaria. BC Ct. (Nat. Rcd.) 9 1845-1848 MSA C229-1 MdHR 18119 f. 678 16 Oct. 1848.

Rehling, Charles. Saxony. NATN. Decl. intent in BC Ct. 5 Nov. 1845. Wits: John Hopt and Henry Beest. O&RA to the King of Saxony. BC Ct. (Nat. Rcd.) 9 1845-1848 MSA C229-1 MdHR 18119 f. 162 6 Oct. 1846.

Reibart, Jacob. Grand Dutchy of Hesse-Darmstadt. NATN. Decl. intent in US Dist. Ct. 27 Sept. 1844. Wits: William H. Bazard and A. Jarrett. O&RA to the Grand Duke of Hesse-Darmstadt. BC Ct. (Nat. Rcd.) 9 1845-1848 MSA C229-1 MdHR 18119 f. 548 2 Oct. 1848.

Reich, John. Grand Dutchy of Hesse-Darmstadt. NATN. Decl. intent in US Dist. Ct. 13 Oct. 1846. Wits: Conrad Krefs/Kress and John Weiger. O&RA to the Grand Duke of Hesse-Darmstadt. BC Ct. (Nat. Rcd.) 9 1845-1848 MSA C229-1 MdHR 18119 f. 818 6 Nov. 1848.

Reichart, John A. Grand Dutchy of Hesse-Darmstadt. NATN. Decl. intent in US Circ. Ct. 18 June 1844. Wits: Henry Dinger and Henry Lenger. BA Ct. (Nat. Dkt.) 1 1796-1851 MSA C389-1 MdHR 18106 f. 275 13 Oct. 1846.

Reichart, John N. Grand Dutchy of Hesse-Darmstadt. NATN. Decl. intent in US Circ. Ct. 18 June 1844. Wits: Henry Dinger and Henry Luiger (?). O&RA to the Grand Duke of Hesse-Darmstadt. BA Ct. (Nat. Rcd.) 4 1846-1851 MSA C391-2 MdHR 18109 f. 139 13 Oct. 1846.

Reichart, John. Electorate of Hesse-Cassel. NATN. Decl. intent in US Circ. Ct. 30 Sept. 1844. Wits: Frederick Frank and Charles Schutz. BA Ct. (Nat. Dkt.) 1 1796-1851 MSA C389-1 MdHR 18106 f. 370 1 Oct. 1849.

Reicher, Anton. Bavaria. NATN. Decl. intent in US Circ. Ct. 25 Sept. 1844. Wits: Henry Reipram and Peter Nagle. O&RA to the King of Bavaria. BA Ct. (Nat. Rcd.) 4 1846-1851 MSA C391-2 MdHR 18109 f. 139 13 Oct. 1846.

Reichert, John. Electorate of Hesse-Cassel. NATN. Decl. intent in US Circ. Ct. 30 Sept. 1844. Wits: Frederick Frank and Charles Schultz. O&RA to the

Elector of Hesse-Cassel. BA Ct. (Nat. Rcd.) 4 1846-1851 MSA C391-2 MdHR 1819 f. 342 1 Oct. 1849.

Reicker, Anton. Bavaria. NATN. Decl. intent in US Circ. Ct. 25 Sept. 1844. Wits: Henry Rupson and Peter Nagle. BA Ct. (Nat. Dkt.) 1 1796-1851 MSA C389-1 MdHR 18106 f. 276 13 Oct. 1846.

Reid, Patrick. Ireland. NATN. Decl. intent in US Circ. Ct. 1 Oct. 1844. Wits: John M. Adden and James Reid. BA Ct. (Nat. Dkt.) 1 1796-1851 MSA C389-1 MdHR 18106 f. 276 13 Oct. 1846.

Reid/Reed, James. Ireland. NATN. Decl. intent in the Prothonotary's Office for Butler Co., PA. 8 July 1821. Res. BC. Wits: Patrick McKerr and Thomas Parin Scott. O&RA to the Queen of the UK. BA Ct. (Nat. Rcd.) 2 1832-1846 MSA C391-1 MdHR 18108 ff. 121-122 26 Sept. 1845.

Reider, John. Electorate of Hesse-Cassel. NATN. Arrived in US 3 yrs. prior to age 21. Res. US for 5 yrs., including 3 of minority. Res. MD over 1 yr. Wits: Washington Sleigh and R. C. Myers. O&RA to the Elector of Hesse-Cassel. BC Ct. (Nat. Rcd. of Minors) 3 1845-1851 MSA C237-3 MdHR 18114-1 f. 323 3 Nov. 1851.

Reiger, Henry. Grand Dutchy of Baden. NATN. Decl. intent in US Dist. Ct. 1 Oct. 1844. Wits: August Ballup and Daniel Reitz. O&RA to the Grand Duke of Baden. BC Ct. (Nat. Rcd.) 9 1845-1848 MSA C229-1 MdHR 18119 f. 323 2 Oct. 1847.

Reil, Patrick. Ireland. NATN. Decl. intent in US Circ. Ct. 1 Oct. 1844. Wits: John Madden and James Reil. O&RA to the Queen of the UK. BA Ct. (Nat. Rcd.) 4 1846-1851 MSA C391-2 MdHR 18109 f. 140 13 Oct. 1846.

Reiley, Laurence. Ireland. NATN. Res. BC. Exhibits petition for naturalization and certificates of report and registration. Decl. intent in BC Ct. 14 June 1825. Filed report and registration in US Dist. Ct. 13 June 1825. Born in Co. of Kaven. Noted as age 45. Arrived in BC Oct. 1819. Witness: Michael Reiley. O&RA to the King of UK. BC Ct. (Nat. Rcd. of Minors) 1 1827-1832 MSA C237-1 MdHR 18112 ff. 49-51 7 April 1828.

Reiling, Adam. Grand Dutchy of Hesse-Darmstadt. NATN. Decl. intent in US Dist. Ct. 20 May 1843. Wits: Conrad Rhoder and Jacob Aubling. BA Ct. (Nat. Dkt.) 1 1796-1851 MSA C389-1 MdHR 18106 f. 276 13 Oct. 1846.

Reilley, James. Ireland. NATN. Decl. intent in US Dist. Ct. 2 Sept. 1844. Wits: John O'Neill and Edward Duffy. O&RA to the Queen of the UK. BC Ct. (Nat. Rcd.) 9 1845-1848 MSA C229-1 MdHR 18119 f. 464 5 Oct. 1847.

Reilley, Michael. Ireland. DI. BA Ct. (Minutes) 1839-1846 MSA C386-16 MdHR 14404 ff. 1-2 5 Jan. 1839.

Reilley, Michael. Ireland. DI. BA Ct. (Minutes, Rough) 1836-1844 MSA C420-2 MdHR 14398 f. 158 5 Jan. 1839.

Reilley, Owen. Ireland. NATN. Decl. intent in US Circ. Ct. 24 Sept. 1844. Wits: James Mullen and Thomas Quinn. BA Ct. (Nat. Dkt.) 1 1796-1851 MSA C389-1 MdHR 18106 f. 339 3 Oct. 1848.

Reilley, Philip. Ireland. DI. BA Ct. (Minutes) 1839-1846 MSA C386-16 MdHR 14404 f. 161 6 Dec. 1842.

Reilley, Philip. Ireland. DI. BA Ct. (Minutes, Rough) 1836-1844 MSA C420-2 MdHR 14398 f. 363 6 Dec. 1842.

Reilly, John. Ireland. NATN. Decl. intent in US Circ. Ct. 24 Sept. 1844. Wits: Patrick Skeffington and Patrick Clark. O&RA to the Queen of the UK. BA Ct. (Nat. Rcd.) 4 1846-1851 MSA C391-2 MdHR 18109 f. 23 6 Oct. 1846.

Reilly, John. Ireland. NATN. Decl. intent in US Circ. Ct. 24 Sept. 1844. Wits: Charles Coyle and Samuel Malssig. O&RA to the Queen of the UK. BA Ct. (Nat. Rcd.) 4 1846-1851 MSA C391-2 MdHR 18109 f. 216 5 Oct. 1847.

Reilly, John. Ireland. NATN. Decl. intent in US Circ. Ct. 24 Sept. 1844. Wits: Michael Molepig and Charles Coyle. BA Ct. (Nat. Dkt.) 1 1796-1851 MSA C389-1 MdHR 18106 f. 314 5 Oct. 1847.

Reilly, John. Ireland. NATN. Decl. intent in US Circ. Ct. 24 Sept. 1844. Wits: Patrick Skiffington and Patrick Clarke. BA Ct. (Nat. Dkt.) 1 1796-1851 MSA C389-1 MdHR 18106 f. 238 6 Oct. 1846.

Reilly, Michael. Ireland. NATN. Born in Co. of Longford. Arrived in the US as a minor. Wits: John Corle and James Maguire. Report filed. BA Ct. (Nat. Dkt.) 1 1796-1851 MSA C389-1 MdHR 18106 f. 80 30 Sept. 1824.

Reilly, Owen. NATN. Decl. intent in US Circ. Ct. 24 Sept. 1844. Wits: James Mullen and Thomas Quinn. O&RA to the Queen of the UK. BA Ct. (Nat. Rcd.) 4 1846-1851 MSA C391-2 MdHR 18109 f. 274 3 Oct. 1848.

Reilly, Peter. Ireland. NATN. Decl. intent in US Circ. Ct. 7 Oct. 1846. Wits: Edward Reilly and Daniel McGouvan. O&RA to the Queen of the UK. BA Ct. (Nat. Rcd.) 4 1846-1851 MSA C391-2 MdHR 18109 f. 289 10 Oct. 1848.

Reilly, Peter. Ireland. NATN. Decl. intent in US Circ. Ct. 7 Oct. 1846. Wits: Edward Reilly and Daniel McGavan. BA Ct. (Nat. Dkt.) 1 1796-1851 MSA C389-1 MdHR 18106 f. 346 10 Oct. 1848.

Reilly, Philip. Ireland. NATN. Decl. intent in US Circ. Ct. 18 July 1844. Res. BC. Wits: Michael Reilly and James Reilly. O&RA to the Queen of the UK. BA Ct. (Nat. Rcd.) 2 1832-1846 MSA C391-1 MdHR 18108 f. 129 30 Sept. 1846.

Reilly, Philip. Ireland. NATN. Decl. intent in US Circ. Ct. 18 July 1844. Wits: Michael Reilly and James Reilly. BA Ct. (Nat. Dkt.) 1 1796-1851 MSA C389-1 MdHR 18106 f. 228 30 Sept. 1846.

Reilly, Philip. Ireland. NATN. Decl. intent in BA Ct. 6 Dec. 1842. Wits: Thomas McManus and John Fitzpatrick. BA Ct. (Nat. Dkt.) 1 1796-1851 MSA C389-1 MdHR 18106 f. 236 6 Oct. 1846.

Reilly, Philip. Ireland. NATN. Decl. intent in BA Ct. 6 Sept. 1842. Wits: Thomas McManus and John Fitzpatrick. O&RA to the Queen of the UK. BA Ct. (Nat. Rcd.) 4 1846-1851 MSA C391-2 MdHR 18109 f. 19 6 Oct. 1846.

Reily, John. England. BA Ct. (Nat. Dkt.) 1 1796-1851 MSA C389-1 MdHR 18106 f. 11 #224 10 Jan. 1798. Barnes, p. 62.

Reimersmen, Charles F. Hanover. NATN. Decl. intent in US Circ. Ct. 23 May 1846. Wits: Alison Gardner and Valentine Gerhart. BA Ct. (Nat. Dkt.) 1 1796-1851 MSA C389-1 MdHR 18106 f. 339 3 Oct. 1848.

Reinechel, John. Hanover. NATN. Decl. intent in US Circ. Ct. 7 Oct. 1844. Wits: George Geyer and Charles F. Reinersnen (?). BA Ct. (Nat. Dkt.) 1 1796-1851 MSA C389-1 MdHR 18106 f. 339 3 Oct. 1848.

Reinechel, John. Hanover. NATN. Decl. intent in US Circ. Ct. 7 Oct. 1844. Wits: George Geyer and Charles F. Reinerman. O&RA to the King of Hanover. BA Ct. (Nat. Rcd.) 4 1846-1851 MSA C391-2 MdHR 18109 f. 274 3 Oct. 1848.

Reinerman, Charles F. Hanover. NATN. Decl. intent in US Circ. Ct. 23 May 1846. Wits: Alison Gardner and Valentine Gerhart. O&RA to the King of Hanover. BA Ct. (Nat. Rcd.) 4 1846-1851 MSA C391-2 MdHR 18109 f. 275 3 Oct. 1848.

Reinhardt, Christian. Saxony. NATN. Decl. intent in BC Ct. 23 Sept. 1844. Wits: Nicholas Bickley and William Beth. BA Ct. (Nat. Dkt.) 1 1796-1851 MSA C389-1 MdHR 18106 f. 296 13 Oct. 1846.

Reinhardt, Christopher. Grand Dutchy of Hesse-Darmstadt. BC Ct. (Dkt&Mins) 1846 MSA C184-9 MdHR 16666 f. 40 12 Oct. 1846.

Reinhardt, Christopher. Grand Dutchy of Hesse-Darmstadt. NATN. Decl. intent in BC Ct. 12 Oct. 1846. Wits: Adam Benner and Abraham Mulsbery. BA Ct. (Nat. Dkt.) 1 1796-1851 MSA C389-1 MdHR 18106 f. 361 4 Nov. 1848.

Reinhardt, Christopher. Grand Dutchy of Hesse-Darmstadt. NATN. Decl. intent in BC Ct. 12 Oct. 1846. Wits: Adam Benner and Abraham Muhlery. O&RA to the Grand Duke of Hesse-Darmstadt. BA Ct. (Nat. Rcd.) 4 1846-

1851 MSA C391-2 MdHR 18109 f. 328 4 Nov. 1848.

Reinhardt, Henry P. Germany. NATN. Decl. intent in BC Ct. 27 May 1844. Wits: Charles C. Reinhardt and Daniel Melger. BA Ct. (Nat. Dkt.) 1 1796-1851 MSA C389-1 MdHR 18106 f. 347 20 Oct. 1848.

Reinhardt, Henry D. Germany. NATN. Decl. intent in BC Ct. 27 May 1844. Wits: Charles C. Reinhardt and Daniel Melger. O&RA to the Emperor of Germany. BA Ct. (Nat. Rcd.) 4 1846-1851 MSA C391-2 MdHR 18109 f. 293 14 Oct. 1848.

Reinhardt, Nicholas. Kingdom of Bian. NATN. Decl. intent in BC Ct. 21 Sept. 1844. Wits: James B. Orem and Theodore Munch. O&RA to the King of Bian. BA Ct. (Nat. Rcd.) 4 1846-1851 MSA C391-2 MdHR 18109 f. 77 13 Oct. 1846.

Reinhart, Christian. Saxony. NATN. Decl. intent in BC Ct. 23 Sept. 1844. Wits: William Betts and Nicholas Beckley. O&RA to the King of Saxony. BA Ct. (Nat. Rcd.) 4 1846-1851 MSA C391-2 MdHR 18109 f. 182 13 Oct. 1846.

Reinhart, Nicholas. Dutchy of Brein. NATN. Decl. intent in BC Ct. 21 Sept. 1844. Wits: James B. Orema nd Theodore Munch. BA Ct. (Nat. Dkt.) 1 1796-1851 MSA C389-1 MdHR 18106 f. 255 13 Oct. 1846.

Reinicke, John Frederick. Bremen. DI. Forswears alleg. to the Grand Duke of Baden. BA Ct. (Minutes, Rough) 1836-1844 MSA C420-2 MdHR 14398 f. 353 6 Oct. 1842.

Reinicke, John Frederick. Bremen. DI. Ren. alleg. to the Grand Duke of Baden. BA Ct. (Minutes) 1839-1846 MSA C386-16 MdHR 14404 ff. 151-152 6 Oct. 1842.

Reiss, John J. Grand Dutchy of Hesse-Darmstadt. NATN. Decl. intent in US Dist. Ct. 5 Oct. 1842. Wits: Gerhard Sybertz and Peter Treilieb. BA Ct. (Nat. Dkt.) 1 1796-1851 MSA C389-1 MdHR 18106 f. 276 13 Oct. 1846.

Reiss, John J. Grand Dutchy of Hesse-Darmstadt. NATN. Decl. intent in BA Ct. 5 Oct. 1842. Wits: Gerhard Lybertz and Peter Treileb. O&RA to the Grand Duke of Hesse-Darmstadt. BA Ct. (Nat. Rcd.) 4 1846-1851 MSA C391-2 MdHR 18109 f. 140 13 Oct. 1846.

Reister, George. Grand Dutchy of Baden. NATN. Decl. intent in US Dist. Ct. 26 June 1844. Wits: Michael Stepp and Laurence Peifer. O&RA to the Grand Duke of Baden. BC Ct. (Nat. Rcd.) 9 1845-1848 MSA C229-1 MdHR 18119 f. 192 6 Oct. 1846.

Reiter, William. Germany. DI. Ren. alleg. to the Emperor of Germany. BA Ct. (Minutes) 1815-1820 MSA C386-11 MdHR 14381 f. 10 4 May 1815.

Reitz, Frederick. Prussia. NATN. Decl. intent in open Ct. Arrived in US under age 18. Wits: Alexander McCoy and William Kaltenbach. BA Ct. (Nat. Dkt.) 1 1796-1851 MSA C389-1 MdHR 18106 f. 250 10 Oct. 1846.

Reitz, Frederick. Bavaria. NATN. Decl. intent in US Circ. Ct. 6 Nov. 1848. Witness: Andrew Eckner. O&RA to the King of Bavaria. BC Ct. (Nat. Rcd.) 10 1849-1851 MSA C229-2 MdHR 18120 f. 415 4 Nov. 1851.

Relckler, George. Grand Dutchy of Hesse-Darmstadt. NATN. Decl. intent in US Circ. Ct. 1 Oct. 1849. Wits: George Cook and John Berg. O&RA to the Grand Duke of Hesse-Darmstadt. BC Ct. (Nat. Rcd.) 10 1849-1851 MSA C229-2 MdHR 18120 f. 314 5 Oct. 1851.

Remgeling, Henry. Hanover. NATN. Decl. intent in US Circ. Ct. 25 Sept. 1844. Wits: August Saumer and Henry Saumer. BA Ct. (Nat. Dkt.) 1 1796-1851 MSA C389-1 MdHR 18106 f. 276 13 Oct. 1846.

Remsford, Hugh. England. NATN. Res. BC. Decl. intent in BC Ct. 12 June 1824. Witness: William J. Young. O&RA to the King of UK. BC Ct. (Nat. Rcd. of Minors) 1 1827-1832 MSA C237-1 MdHR 18112 ff.210-211 4 Nov. 1828.

Renner. George Lewis. Grand Dutchy of Hesse-Darmstadt. NATN. Decl. intent in US Dist. Ct. 5 Aug. 1844. Wits: Philip Wagner and William Clemmons. O&RA to the Grand Duke of Hesse-Darmstadt. BC Ct. (Nat. Rcd.) 9 1845-1848 MSA C229-1 MdHR 18119 f. 641 10 Oct. 1848.

Rennie, David. Ireland. NATN. Arrived in US 3 yrs. prior to age 21. Res. US for 5 yrs., including 3 of minority. Res. MD over 1 yr. Wits: Benjamin Uncles and Robert Gregg. O&RA to the Queen of the UK. BC Ct. (Nat. Rcd. of Minors) 3 1845-1851 MSA C237-3 MdHR 18114-1 f. 99 5 Oct. 1847.

Reno, Clement. Flanders. DI. Ren. alleg. to King of United Netherlands. Res. BC. BC Ct. of O&T&GD (Dkt&Mins) 1816 MSA C183-9 MdHR 16657 {unpaginated} Jan. term 1826 15 Jan. 1826.

Renther, Peter. Bavaria. NATN. Decl. intent in US Dist. Ct. 21 Sept. 1844. Wits: Henry Baddel and Augustus Stiegar. O&RA to the King of Bavaria. BC Ct. (Nat. Rcd.) 9 1845-1848 MSA C229-1 MdHR 18119 f. 667 10 Oct. 1848.

Rentz, George F. Wurtemburg. NATN. Decl. intent in US Circ. Ct. 6 Sept. 1847. Wits: Jacob Ruff and Gideon Herbert. O&RA to the King of Wurtemburg. BC Ct. (Nat. Rcd.) 9 1845-1848 MSA C229-1 MdHR 18119 f. 269 27 Sept. 1847.

Rentz, Jacob F. Germany. NATN. Arrived in US 3 yrs. prior to age 21. Res. US for 5 yrs., including 3 of minority. Res. MD over 1 yr. Wits: Gideon Herbert and Charles F. Kalkman. O&RA to the Emperor of Germany. BC Ct. (Nat. Rcd. of Minors) 3 1845-1851 MSA C237-3 MdHR 18114-1 f. 237 30 Sept. 1850.

Repp/Jepp, John. Germany. BA Ct. (Nat. Dkt.) 1 1796-1851 MSA C389-1 MdHR 18106 f. 19 #396 14 Jan. 1799. Barnes, p. 64.

Rerbach, John. Electorate of Hesse-Cassel. NATN. Decl. intent in US Dist. Ct. 30 Sept. 1844. Wits: John Strohler and Nicholas Hahn. O&RA to the Elector of Hesse-Cassel. BC Ct. (Nat. Rcd.) 9 1845-1848 MSA C229-1 MdHR 18119 f. 249 22 Sept. 1847.

Rers (?), Michael. Germany. DI. BC Ct. (Dkt&Mins) 1849 MSA C184-11 MdHR 16668 f. 8 26 Feb. 1849.

Resch, Michael. Grand Dutchy of Hesse-Darmstadt. NATN. Decl. intent in US Dist. Ct. 28 Sept. 1844. Wits: Mathias Gallery and Henry Apple. O&RA to the Grand Duke of Hesse-Darmstadt. BC Ct. (Nat. Rcd.) 9 1845-1848 MSA C229-1 MdHR 18119 f. 628 9 Oct. 1848.

Retzer, Justis. Hanover. NATN. Arrived in US 3 yrs. prior to age 21. Res. US for 5 yrs., including 3 of minority. Res. MD over 1 yr. O&RA to the King of Hanover. BC Ct. (Nat. Rcd. of Minors) 3 1845-1851 MSA C237-3 MdHR 18114-1 f. 31 6 Oct. 1846.

Reuber, Philip. Electorate of Hesse-Cassel. NATN. Decl. intent in BC Ct. 21 Oct. 1846. Wits: John Betz and Bernhurd Evering. O&RA to the Elector of Hesse-Cassel. BC Ct. (Nat. Rcd.) 9 1845-1848 MSA C229-1 MdHR 18119 f. 693 21 Oct. 1848.

Reuhof, Frederick. Hanover. NATN. Decl. intent in US Dist. Ct. 17 June 1848. Wits: William Wardenberg and Frederick Peters. O&RA to the King of Hanover. BC Ct. (Nat. Rcd.) 10 1849-1851 MSA C229-2 MdHR 18120 f. 150 8 Oct. 1850.

Reuter, Frederick Caiser. France. BA Ct. (Nat. Dkt.) 1 1796-1851 MSA C389-1 MdHR 18106 f. 31 #608 19 June 1805.

Reyburn, Thomas Goodwin. Ireland. DI. BA Ct. (Minutes) 1815-1820 MSA C386-11 MdHR 14381 f. 22 9 Oct. 1815.

Reyburn, Thomas Goodwin. Ireland. NATN. Born in City of Limmerick. Decl. intent in BA Ct. Sept. term 1815. Wits: James Reyburn and Richard W. Gill. Certificate and report filed. BA Ct. (Nat. Dkt.) 1 1796-1851 MSA C389-1 MdHR 18106 f. 67 26 Mar. 1824.

Reyley, George. Ireland. DI. BA Ct. (Minutes) 1846-1851 MSA C386-17 MdHR 14405 f. 236 7 Nov. 1850.

Reyley, George. Ireland. DI. BA Ct. (Minutes, Rough) 1845-1851 MSA C420-3 MdHR 14401 f. 391 7 Nov. 1850.

Reyno, Modest. Canada. NATN. Decl. intent in BC Ct. 21 June 1839. Res. BC. Wits: George M. Gill and William H. Keirle. O&RA to the Queen of the UK.

BA Ct. (Nat. Rcd.) 2 1832-1846 MSA C391-1 MdHR 18108 f. 75 3 Sept. 1840.

Reyno, Moses. Canada. NATN. Decl. intent in BC Ct. 21 June 1838. Wits: George M. Gill and William H. Kinkle. BA Ct. (Nat. Dkt.) 1 1796-1851 MSA C389-1 MdHR 18106 f. 201 3 Sept. 1840.

Reynolds, James. Ireland. NATN. Decl. intent in BC Ct. 24 Oct. 1846. Wits: Patrick McLaughlin and John Mitchell. BA Ct. (Nat. Dkt.) 1 1796-1851 MSA C389-1 MdHR 18106 f. 370 1 Oct. 1849.

Reynolds, James. Ireland. DI. BC Ct. (Dkt&Mins) 1846 MSA C184-9 MdHR 16666 f. 43 24 Oct. 1846.

Reynolds, James. Ireland. NATN. Decl. intent in BC Ct. 24 Oct. 1846. Wits: John Mitchell and Patrick McLaughlin. O&RA to the Queen of the UK. BA Ct. (Nat. Rcd.) 4 1846-1851 MSA C391-2 MdHR 18109 f. 342 1 Oct. 1849.

Reynolds, John M. Ireland. NATN. Res. BC. Arrived in the US 3 yrs. prior to age 21. Res. US for 5 yrs., including 3 of minority. Wits: Robert Annen and Jocob Bohn. O&RA to the King of UK. BC Ct. (Nat. Rcd. of Minors) 1 1827-1832 MSA C237-1 MdHR 18112 ff.127-128 (No date given)

Rhode, John Adam. Prussia. NATN. Decl. intent in US Dist. Ct. 5 Oct. 1812. Wits: John D. Hammer and John Ward. BA Ct. (Nat. Dkt.) 1 1796-1851 MSA C389-1 MdHR 18106 f. 222 30 Oct. 1844.

Rhode, John Adam. Prussia. NATN. Decl. intent in US Dist. Ct. 5 Oct. 1840. Res. BC. Wits: John D. Hammer and John Ward. O&RA to the King of Prussia. BA Ct. (Nat. Rcd.) 2 1832-1846 MSA C391-1 MdHR 18108 f. 115 30 Oct. 1844.

Rhodes, John R. England. NATN. Arrived in US 3 yrs. prior to age 21. Res. US for 5 yrs., including 3 of minority. Res. MD over 1 yr. Wits: William Oliver and William R. Sheffield. O&RA to the Queen of the UK. BC Ct. (Nat. Rcd. of Minors) 3 1845-1851 MSA C237-3 MdHR 18114-1 f. 284 9 Aug. 1851.

Rhodes, Joseph. England. NATN. Born in Co. of Nottingham. Decl. intent in US Circ. Ct. 1 May 1821. Wits: Walter Simpson and David Ramsey. BA Ct. (Nat. Dkt.) 1 1796-1851 MSA C389-1 MdHR 18106 f. 96 1 Oct. 1825.

Rhol, Michael. Bavaria. NATN. Decl. intent in US Dist. Ct. 13 Oct. 1846. Wits: Peter Rollether and John McCurley. O&RA to the King of Bavaria. BC Ct. (Nat. Rcd.) 9 1845-1848 MSA C229-1 MdHR 18119 f. 839 6 Nov. 1848.

Ribberger, Adam. Bian. NATN. Decl. intent in US Dist. Ct. 30 Oct. 1838. Wits: Maurice Smith and William Link. O&RA to the King of Bian. BA Ct. (Nat. Rcd.) 4 1846-1851 MSA C391-2 MdHR 18109 f. 275 3 Oct. 1848.

Ribberger, Adam. Bian. NATN. Decl. intent in US Dist. Ct. 3 Oct. 1848. Wits: Maurice Smith and William Link. BA Ct. (Nat. Dkt.) 1 1796-1851 MSA C389-1 MdHR 18106 f. 340 3 Oct. 1848.

Rice, Abraham. Bavaria. NATN. Decl. intent in BC Ct. 27 Nov. 1843. Wits: Abraham Rosenthal and Judah Riswald. O&RA to the King of Bavaria. BC Ct. (Nat. Rcd.) 9 1845-1848 MSA C229-1 MdHR 18119 f. 34 19 Feb. 1846.

Rice, Jacob. Bavaria. NATN. Decl. intent in BC Ct. 6 Oct. 1848. Wits: David Schloss and Emanuel Weinman. BA Ct. (Nat. Dkt.) 1 1796-1851 MSA C389-1 MdHR 18106 f. 383 30 Sept. 1851.

Rice, Jacob. Bavaria. NATN. Decl. intent in BC Ct. 6 Oct. 1848. Wits: David Schloss and Emanuel Weinman. O&RA to the King of Bavaria. BA Ct. (Nat. Rcd.) 4 1846-1851 MSA C391-2 MdHR 18109 f. 374 30 Sept. 1851.

Richard, Augustus. Switzerland. NATN. Decl. intent in BC Ct. 27 June 1831. Res. BC. Wits: Francis Deloste and Peter H. Terime. O&RA to the Republic of Switzerland. BC Ct. (Nat. Rcd. of Minors) 1832-1834 MSA C237-2 MdHR 18113 f. 154 2 Nov. 1834.

Richard, Francis. France. BA Ct. (Nat. Dkt.) 1 1796-1851 MSA C389-1 MdHR 18106 f. 48 12 Oct. 1816.

Richard, Patrick. Ireland. DI. BA Ct. (Minutes) 1839-1846 MSA C386-16 MdHR 14404 f.84 11 Mar. 1841.

Richards, Owen. Wales. NATN. Decl. intent in US Dist. Ct. 2 May 1848. Wits: David Jean and Joshua H. Hynes. O&RA to the Queen of the UK. BC Ct. (Nat. Rcd.) 10 1849-1851 MSA C229-2 MdHR 18120 f. 54 3 Sept. 1850.

Richards, Patrick. Ireland. DI. BA Ct. (Minutes, Rough) 1836-1841 MSA C420-2 MdHR 14398 f. 267 25 Jan. 1841.

Richardson, Charles James. England. NATN. Decl. intent in BC Ct. 27 Mar. 1843. Wits: James Gibson and Joseph Gibbons. BA Ct. (Nat. Dkt.) 1 1796-1851 MSA C389-1 MdHR 18106 f. 318 6 Mar. 1848.

Richardson, Charles James. England. NATN. Decl. intent in BC Ct. 27 Mar. 1843. Wits: James Gibbons and Joseph Gibbons. O&RA to the Queen of the UK. BA Ct. (Nat. Rcd.) 4 1846-1851 MSA C391-2 MdHR 18109 f. 228 13 Jan. 1848.

Richling, Rudolph. Prussia. NATN. Decl. intent in US Dist. Ct. 1 Nov. 1844. Wits: Lorenzo Bopp and Gottleb Becker. O&RA to the King of Prussia. BC Ct. (Nat. Rcd.) 9 1845-1848 MSA C229-1 MdHR 18119 f. 681 16 Oct. 1848.

Richstine, John. Germany. BA Ct. (Nat. Dkt.) 1 1796-1851 MSA C389-1 MdHR 18106 f. 36 #716 29 Oct. 1808.

Rici, Laurence. France. DI. BA Ct. (Minutes, Rough) 1836-1844 MSA C420-2 MdHR 14398 f. 112 29 Jan. 1838.

Ricker, Joseph. Prussia. DI. BA Ct. (Minutes) 1839-1846 MSA C386-16 MdHR 14404 ff. 40-41 15 Feb. 1840.

Ricketts, George. Halifax (Nova Scotia). DI. Ren. alleg. to King of Great Britain. BA Ct. (Minutes, Rough) 1836-1844 MSA C420-2 MdHR 14398 f. 141 28 Sept. 1838.

Rickley, Samuel. England. DI. BC Ct. (Dkt&Mins) 1828 MSA C184-4 MdHR 16661 f. 39 18 Sept. 1828.

Rider, Edward. England. Res. 1798 - 1802. BA Ct. (Nat. Dkt.) 1 1796-1851 MSA C389-1 MdHR 18106 f. 50 26 Sept. 1821.

Rider, Solomon. Germany. DI. Res. BC. BC Ct. (Dkt&Mins) 1847 MSA C184-10 MdHR 16667 f. 12 23 April 1847.

Ridmand, Thomas. Sweden. DI. BC Ct. (Dkt&Mins) 1849 MSA C184-11 MdHR 16668 f. 21 29 Aug. 1849.

Rieces, John. Portugal. BA Ct. (Nat. Dkt.) 1 1796-1851 MSA C389-1 MdHR 18106 f. 35 #683 23 May 1806.

Riefe, John Henry. Hanover. NATN. Decl. intent in US Circ. Ct. 6 Sept. 1844. Wits: Francis Cooper and Francis Germanhausin. BA Ct. (Nat. Dkt.) 1 1796-1851 MSA C389-1 MdHR 18106 f. 232 5 Oct. 1846.

Riehl, Conrad. Germany. DI. Res. BC. Ren. alleg. to the Emperor of Germany. BC Ct. (Dkt&Mins) 1840 MSA C184-7 MdHR 16664 f. 29 13 July 1840.

Rieling, Adam. Grand Dutchy of Hesse-Darmstadt. NATN. Decl. intent in US Dist. Ct. 20 May 1843. Wits: Conrad Rhoder and Jacob Nabling. BA Ct. (Nat. Rcd.) 4 1846-1851 MSA C391-2 MdHR 18109 f. 141 13 Oct. 1846.

Rielly, William. England. BA Ct. (Nat. Dkt.) 1 1796-1851 MSA C389-1 MdHR 18106 f. 34 #655 14 Oct. 1806.

Riepe, John Henry. Hanover. NATN. Decl. intent in US Circ. Ct. 6 Sept. 1844. Wits: Francis Cooper and Frank Germanhausen. O&RA to the King of Hanover. BA Ct. (Nat. Rcd.) 4 1846-1851 MSA C391-2 MdHR 18109 f. 7 5 Oct. 1846.

Ries, John. Bavaria. NATN. Decl. intent in BC Ct. 23 Sept. 1844. Wits: George Luhof and Joseph Rousch. BA Ct. (Nat. Rcd.) 1 1796-1851 MSA C389-1 MdHR 18106 f. 229 5 Oct. 1846.

Ries, John. Bavaria. NATN. Decl. intent in BC Ct. 23 Sept. 1844. Res. BC. Wits: George Juhop (?) and Joseph Rourch. O&RA to the King of Bavaria. BA Ct. (Nat. Rcd.) 2 1832-1846 MSA C391-1 MdHR 18108 f. 132 5 Oct. 1846.

Rietz, Frederick. Prussia. NATN. Arrived in US 3 yrs. prior to age 21. Res. US for 5 yrs., including 3 of minority. Res. MD over 1 yr. Wits: Alexander McCoy and William Kallenbach. O&RA to the King of Prussia. BA Ct. (Nat. Rcd. of

Rieves, George. England. NATN. Arrived in US under age 18. Wits: John T. Martiaeq (?) and Michael Nash. BA Ct. (Nat. Dkt.) 1 1796-1851 MSA C389-1 MdHR 18106 f. 360 4 Nov. 1848.

Rifner, Conrad. Electorate of Hesse-Cassel. NATN. Arrived in US under age 18. Wits: Peter Rifner and Emanuel Weinman. BA Ct. (Nat. Dkt.) 1 1796-1851 MSA C389-1 MdHR 18106 f. 323 30 Sept. 1848.

Rifner/Risner, Conrad. Electorate of Hesse-Cassel. NATN. Arrived in US 3 yrs. prior to age 21. Res. US for 5 yrs., including 3 of minority. Res. MD over 1 yr. Wits: Peter Rifner/Risner and Emanuel Weinman. O&RA to the Elector of Hesse-Cassel. BA Ct. (Nat. Rcd. of Minors) 3 1846-1851 MSA C392-1 MdHR 18110 f. 52 30 Sept. 1848.

Rigechert, John. Grand Dutchy of Baden. NATN. Decl. intent in BC Ct. 26 Dec. 1848. Wits: James Willingham and George Wild. O&RA to the Grand Duke of Baden. BC Ct. (Nat. Rcd.) 10 1849-1851 MSA C229-2 MdHR 18120 f. 426 4 Nov. 1851.

Rignatelli, Lavell C. Kingdom of Naples. DI. Res. BC. BC Ct. (Dkt&Mins) 1846 MSA C184-9 MdHR 16666 f. 43 3 Nov. 1846.

Riley, Edward. Ireland. NATN. Decl. intent in Harford Co. Ct. 29 May 1844. Wits: Peter Brennan and Michael Fallon. O&RA to the Queen of the UK. BC Ct. (Nat. Rcd.) 9 1845-1848 MSA C229-1 MdHR 18119 f. 91 3 Oct. 1846.

Riley, Edward. Ireland. DI. BA Ct. (Minutes) 1827-1830 MSA C386-13 MdHR 14391 f. 238 4 Dec. 1829.

Riley, James. Ireland. DI. BA Ct. (Minutes) 1827-1830 MSA C386-13 MdHR 14391 f. 161 4 Oct. 1828.

Riley, Laurence. Ireland. DI. BC Ct. (Dkt&Mins) 1825 MSA C184-2 MdHR 16659 f. 28 14 June 1825.

Riley, Matthew. Ireland. NATN. Decl. intent in BC Ct. 23 Jan. 1844. Wits: Henry Hardesty and Henry McKeowen. O&RA to the Queen of the UK. BC Ct. (Nat. Rcd.) 9 1845-1848 MSA C229-1 MdHR 18119 f. 38 14 Sept. 1846.

Riley, Michael. Ireland. NATN. Decl. intent in US Dist. Ct. 2 Feb. 1843. Wits: Sylvester Riley and James Riley. O&RA to the Queen of the UK. BC Ct. (Nat. Rcd.) 9 1845-1848 MSA C229-1 MdHR 18119 f. 172 6 Oct. 1846.

Riley, Michael. Ireland. DI. BC Ct. (Dkt&Mins) 1839 MSA C184-6 MdHR 16663 f. 34 16 Sept. 1839.

Riley, Michael. Ireland. DI. BC Ct. (Dkt&Mins) 1839 MSA C184-6 MdHR 16663 f. 34 16 Sept. 1839.

Riley, Patrick. Ireland. Res. 1798 - 1802. BA Ct. (Nat. Dkt.) 1 1796-1851 MSA C389-1 MdHR 18106 f. 54 29 Sept. 1821.

Riley, Peter. Ireland. DI. BA Ct. (Minutes) 1827-1830 MSA C386-13 MdHR 14391 f. 162 15 Sept. 1828. Tepper, p. 551.

Riley, Peter. Ireland. NATN. Born in Co. of Kirurn (?). Decl. intent in BA Ct. 15 Sept. 1828. Wits: George Beltzhoover and Thomas Harvey. Certificate filed. BA Ct. (Nat. Dkt.) 1 1796-1851 MSA C389-1 MdHR 18106 f. 164 16 Oct. 1830. Tepper, p. 551.

Riley, Thomas. Ireland. NATN. Decl. intent in US Dist. Ct. 8 Oct. 1840. Wits: Maurice Bush and John Dougherty. BA Ct. (Nat. Dkt.) 1 1796-1851 MSA C389-1 MdHR 18106 f. 214 11 Oct. 1842.

Riley, Thomas. Ireland. NATN. Decl. intent in US Dist. Ct. 8 Oct. 1840. Res. BC. Wits: Maurice Bush and John Dougherty. O&RA to the Queen of the UK. BA Ct. (Nat. Rcd.) 2 1832-1846 MSA C391-1 MdHR 18108 f.100 11 Oct. 1842.

Rinche, John Heinrich. Bremen. DI. Ren. alleg. to King of Hanover. BA Ct. (Minutes, Rough) 1836-1844 MSA C420-2 MdHR 14398 f. 139 20 Sept. 1838.

Rinche, John Heinrich. Bremen. DI. Ren. alleg. to King of Hanover. BA Ct. (Minutes) 1832-1838 MSA C386 MdHR 14403 f. 299 20 Sept. 1838.

Ringeling, Henry. Hanover. NATN. Decl. intent in US Circ. Ct. 25 Sept. 1844.

Wits: August Lanner and Henry Lanner. O&RA to the King of Hanover. BA Ct. (Nat. Rcd.) 4 1846-1851 MSA C391-2 MdHR 18109 f. 141 13 Oct. 1846.

Rink, John. Prussia. NATN. Arrived in US under age 18. Wits: John Philipot and William Matthews. BA Ct. (Nat. Dkt.) 1 1796-1851 MSA C389-1 MdHR 18106 f. 296 3 Oct. 1847.

Rink, John. Prussia. NATN. Arrived in US 3 yrs. prior to age 21. Res. US for 5 yrs., including 3 of minority. Res. MD over 1 yr. Wits: John Philpot and William Matthews. O&RA to the King of Prussia. BA Ct. (Nat. Rcd. of Minors) 3 1846-1851 MSA C392-1 MdHR 18110 f. 25 2 Oct. 1847.

Rippelmeyer, Christian Henry. Bremen. DI. BC Ct. (Dkt&Mins) 1849 MSA C184-11 MdHR 16668 f. 4 27 Jan. 1849.

Rippert, Jacob. Germany. Res. 1798 - 1802. BA Ct. (Nat. Dkt.) 1 1796-1851 MSA C389-1 MdHR 18106 f. 56 7 Jan. 1822.

Rise, John Albert. Hanover. NATN. Decl. intent in US Dist. Ct. 6 Sept. 1844. Wits: Heinz Logerman and John H. Dickman. O&RA to the Queen of the UK. BC Ct. (Nat. Rcd.) 9 1845-1848 MSA C229-1 MdHR 18119 f. 654 10 Oct. 1848.

Ritter, Heinrich. Hanover. DI. BA Ct. (Minutes, Rough) 1836-1844 MSA C420-2 MdHR 14398 f. 243 25 Sept. 1840.

Ritter, Heinrich. Hanover. DI. BA Ct. (Minutes) 1839-1846 MSA C386-16 MdHR 14404 f. 63 25 Sept. 1840.

Rittiger, John L. Bavaria. NATN. Decl. intent in US Dist. Ct. 4 Oct. 1844. Wits: Lewis Stier and Frederick Noble. O&RA to the King of Bavaria. BC Ct. (Nat. Rcd.) 9 1845-1848 MSA C229-1 MdHR 18119 f. 407 4 Oct. 1847.

Ritzrou, August Henri. Prussia. DI. BA Ct. (Minutes, Rough) 1832-1835 MSA C420-1 MdHR 14396-2 f. 309 30 Jan. 1835.

Riyley, George. Ireland. DI. BA Ct. (Minutes) 1846-1851 MSA C386-16 MdHR 14405 f. 236 7 Nov. 1850.

Roach, John J. England. NATN. Born in Devonshire. Arrived in the US 3 yrs. prior to age 21. Decl. intent in open Ct. Wits: Henry W. Bool and John Heslip. BA Ct. (Nat. Dkt.) 1 1796-1851 MSA C389-1 MdHR 18106 f. 117 25 Sept. 1827.

Roach, John. Ireland. BA Ct. (Nat. Dkt.) 1 1796-1851 MSA C389-1 MdHR 18106 f. 29 #551 14 Nov. 1804. Criminal Ct.

Roach, John. England. NATN. Born in Devonshire. Decl. intent in BA Ct. Sept. term 1826. Wits: William Jefferson and Marcus Dennison. BA Ct. (Nat. Dkt.) 1 1796-1851 MSA C389-1 MdHR 18106 f. 137 27 Sept. 1828.

Roach, John. England. DI. BA Ct. (Minutes) 1822-1826 MSA C386-12 MdHR 14386 f. 436 18 Sept. 1826.

Roan, Michael. Ireland. NATN. Decl. intent in US Dist. Ct. 20 May 1843. Wits: James Galvan and Bernard Burns. BA Ct. (Nat. Dkt.) 1 1796-1851 MSA C389-1 MdHR 18106 f. 314 5 Oct. 1847.

Roan, Michael. Ireland. NATN. Decl. intent in US Dist. Ct. 20 May 1843. Wits: James Galvan and Bernard Barns. O&RA to the Queen of the UK. BA Ct. (Nat. Rcd.) 4 1846-1851 MSA C391-2 MdHR 18109 f. 216 5 Oct. 1847.

Roane, Michael. Ireland. NATN. Decl. intent in US Circ. Ct. 11 Dec. 1845. Wits: James Galvin and Patrick Conroy. O&RA to the Queen of the UK. BA Ct. (Nat. Rcd.) 4 1846-1851 MSA C391-2 MdHR 18109 f. 276 3 Oct. 1848.

Roane, Michael. Ireland. NATN. Decl. intent in US Circ. Ct. 11 Dec. 1845. Wits: James Galvin and Patrick Couroy. BA Ct. (Nat. Dkt.) 1 1796-1851 MSA C389-1 MdHR 18106 f. 340 3 Oct. 1848.

Roark, Michael. Ireland. NATN. Res. BC. Exhibits petition for naturalization and certificates of report and registration. Decl. intent in BC Ct. 7 Feb. 1825. Filed report and registration in US Dist. Ct. 31 Jan. 1825. Born in Co. of Down. Noted as age 39. Arrived in BC June 1819. Witness: Robert Knight. O&RA to the King of UK. BC Ct. (Nat. Rcd. of Minors) 1827-1838 MSA C237-1 MdHR 18112 ff. 51-52 19 April 1828.

Robbins, James. England. NATN. Born in London. Decl. intent in US Circ. Ct. 4 May 1820. Wits: Robert S. Boggus and John Berryman. BA Ct. (Nat. Dkt.) 1 1796-1851 MSA C389-1 MdHR 18106 f. 134 16 Sept. 1828.

Robeiusou, John. France. NATN. Decl. intent in US Circ. Ct. 10 June 1846. Wits: Franklin Poole and Thomas Seven. O&RA to the Republic of France. BA Ct. (Nat. Rcd.) 4 1846-1851 MSA C391-2 MdHR 18109 f. 359 5 Oct. 1850.

Roberts, Alfred. England. NATN. Arrived in US 3 yrs. prior to age 21. Res. US for 5 yrs., including 3 of minority. Res. MD over 1 yr. Wits: Henry Yeates and Wotithen (?) J. Rebish. O&RA to the Queen of the UK. BC Ct. (Minutes) 1845-1851 MSA C237-3 MdHR 18114-1 f. 19 5 Oct. 1846.

Roberts, John. England. DI. BA Ct. (Minutes) 1822-1826 MSA C386-12 MdHR 14386 f. 199 19 April 1824.

Roberts, William. Prussia. NATN. Res. BC. Decl. intent in BC Ct. 28 Mar. 1827. Wits: Adam Boss and Peter Hilditch. O&RA to the King of Prussia. BC Ct. (Nat. Rcd. of Minors) 1 1827-1832 MSA C237-1 MdHR 18112 ff. 302-303 13 Oct. 1829.

Robertson, David. Scotland. NATN. Decl. intent in BC Ct. 11 Oct. 1844. Wits: B. F. Gould and Alexander Eaten. O&RA to the Queen of the UK. BC Ct. (Nat. Rcd.) 9 1845-1848 MSA C229-1 MdHR 18119 f. 554 3 Oct. 1848.

Robertson, George. Scotland. DI. Res. BC. BC Ct. of O&T&GD (Dkt&Mins) 1816 MSA C183-9 MdHR 16657 {unpaginated} 15 Feb. 1816.

Robertson, Peter. Scotland. DI. Res. BC. BC Ct. of O&T&GD (Dkt&Mins) 1816 MSA C183-9 MdHR 16657 unpaginated; Jan. term 1816 15 Jan. 1816.

Robertson, Peter. Scotland. NATN. Born in Co. of Perth. Decl. intent in BA Ct. of O&T&GD. Wits: Robert Elliot and Edward McMicare (?). Certificate and report filed. BA Ct. (Nat. Dkt.) 1 1796-1851 MSA C389-1 MdHR 18106 f. 56 13 Oct. 1821.

Robinson, Edward. Ireland. NATN. Decl. intent in open ct. Arrived in US 3 yrs. prior to age 21. Res. US for 5 yrs., including 3 of minority. Res. BC. Wits: James Bayfield and John G. Davidson. O&RA to the King of UK. BC Ct. (Nat. Rcd. of Minors) 2 1832-1836 MSA C237-2 MdHR 18113 ff. 138-139 4 Oct. 1834.

Robinson, James. Ireland. NATN. Decl. intent in BC Ct. 9 Sept. 1844. Wits: George Merron and John Merron. O&RA to the Queen of the UK. BC Ct. (Nat. Rcd.) 9 1845-1848 MSA C229-1 MdHR 18119 f. 159 5 Oct. 1846.

Robinson, James. Ireland. DI. BA Ct. (Minutes) 1827-1830 MSA C386-13 MdHR 14391 f. 238 2 Oct. 1829.

Robinson, James. Ireland. NATN. Decl. intent in BA Ct. 2 Oct. 1827. Res. BC. Wits: William Robinson and Samuel Cummins. O&RA to the King of UK. BC Ct. (Nat. Rcd. of Minors) 2 1832-1836 MSA C237-2 MdHR 18113 ff. 20-21 29 Sept. 1832.

Robinson, John. Ireland. NATN. Decl. intent in BC Ct. 15 Nov. 1844. Wits: Isaac Coale and Charles Handy. O&RA to the Queen of the UK. BC Ct. (Nat. Rcd.) 9 1845-1848 MSA C229-1 MdHR 18119 f. 291 29 Sept. 1847.

Robinson, John. France. NATN. Decl. intent in US Circ. Ct. 10 June 1846. Wits: Franklin Poole and Thomas Sener. BA Ct. (Nat. Dkt.) 1 1796-1851 MSA C389-1 MdHR 18106 f. 377 5 Oct. 1850.

Robinson, John. England. BA Ct. (Nat. Dkt.) 1 1796-1851 MSA C389-1 MdHR 18106 f. 46 7 Nov. 1815.

Robinson, John. Ireland. DI. BA Ct. (Minutes, Rough) 1832-1835 MSA C420-1 MdHR 14396-2 f. 139 6 Nov. 1832.

Robinson, John. Ireland. DI. BA Ct. (Minutes) 1832-1838 MSA C386 MdHR 14403 f. 16 6 Nov. 1832.

Robinson, John. Ireland. DI. BA Ct. (Minutes) 1832-1838 MSA C386 MdHR 14403 f. 16 6 Nov. 1832.

Robinson, Richard. Ireland. DI. BA Ct. (Minutes) 1827-1830 MSA C386-13 MdHR 14391 f. 238 2 Oct. 1829.

Robinson, Richard. Ireland. NATN. Decl. intent in BA Ct. 2 Oct. 1829. Res. BC.

Wits: William Robinson and Samuel Cummins. O&RA to the King of UK. BC Ct. (Nat. Rcd. of Minors) 2 1832-1836 MSA C237-2 MdHR 18113 ff. 19-20 29 Sept. 1832.

Robinson, Robert. Ireland. NATN. Born in Co. of Farmanaugh. Decl. intent in US Dist. Ct. 7 June 1817. Wits: Michael Klinefetter and Matthew Blakely. BA Ct. (Nat. Dkt.) 1 1796-1851 MSA C389-1 MdHR 18106 f. 124 25 Oct. 1827.

Robinson, Thomas H. England. NATN. Decl. intent in US Circ. Ct. 3 May 1833. Res. BC. Wits: John Murphy and Robert Bottimore. O&RA to the King of UK. BC Ct. (Nat. Rcd. of Minors) 2 1832-1836 MSA C237-2 MdHR 18113 f. 170 30 Sept. 1835.

Robinson, Thomas. Ireland. DI. Res. BC. BC Ct.of O&T&GD (Dkt&Mins) 1812 MSA C183-7 MdHR 16655 f. 10 6 Feb. 1812.

Robinson, Thomas. Ireland. NATN. Res. US 14 April 1802 - 18 June 1812. Res. BC. Wits: James Bayfield and Edward Robinson. O&RA to the King of UK. BC Ct. (Nat. Rcd. of Minors) 2 1832-1836 MSA C237-2 MdHR 18113 ff. 137-138 4 Oct. 1834.

Robinson, William. Ireland. NATN. Res. BC. Arrived in the US 3 yrs. prior to age 21. Res. US for 3 yrs., including 3 of minority. Res. MD over 1 yr.Witness: Thomas Dunlap. O&RA to the King of UK. BC Ct. (Nat. Rcd. of Minors) 1 1827-1832 MSA C237-1 MdHR 18112 ff.235-236 7 Nov. 1828.

Robrecht, John H. Prussia. DI. BC Ct. (Dkt&Mins) 1839 MSA C184-6 MdHR 16663 f. 33 13 Sept. 1839.

Robricht, John H. Prussia. DI. Res. BC. BC Ct. (Dkt&Mins) 1839 MSA C184-6 MdHR 16663 f. 33 13 Sept. 1839.

Roch, Neil. Ireland. DI. BA Ct. (Minutes) 1827-1830 MSA C386-13 MdHR 14391 f. 1 30 Sept. 1830.

Roche, George. Bavaria. NATN. Decl. intent in US Circ. Ct. 9 Sept. 1844. Wits: Philip Derter and Michael Weaver. BA Ct. (Nat. Dkt.) 1 1796-1851 MSA C389-1 MdHR 18106 f. 315 5 Oct. 1847.

Roche, George. Bavaria. NATN. Decl. intent in US Circ. Ct. 9 Sept. 1844. Wits: Philip Derter and Michael Weaver. O&RA to the King of Bavaria. BA Ct. (Nat. Rcd.) 4 1846-1851 MSA C391-2 MdHR 18109 f. 217 5 Oct. 1847.

Roche, John. Ireland. DI. Res. BC. BC Ct. (Dkt&Mins) 1830 MSA C184-5 MdHR 16662 f.40 16 october 1830.

Roche, William. Ireland. DI. BA Ct. (Minutes) 1822-1826 MSA C386-12 MdHR 14386 f. 436 2 May 1826.

Rochford, John. Ireland. NATN. Decl. intent in US Circ. Ct. 19 Oct. 1844. Wits: Edward Dunn and Patrick Rodden. O&RA to the Queen of the UK. BA Ct. (Nat. Rcd.) 4 1846-1851 MSA C391-2 MdHR 18109 f. 256 2 Oct. 1848.

Rochford, John. Ireland. NATN. Decl. intent in US Circ. Ct. 19 Oct. 1844. Wits: Edward Dunne and Patrick Rodden. BA Ct. (Nat. Dkt.) 1 1796-1851 MSA C389-1 MdHR 18106 f. 332 2 Oct. 1848.

Rochr, John. Prussia. NATN. Decl. intent in BC Ct. 6 Oct. 1836. Wits: Adam G. Erdman and John Erdman. BA Ct. (Nat. Dkt.) 1 1796-1851 MSA C389-1 MdHR 18106 f. 204 16 Sept. 1840.

Rock, Neal. Ireland. NATN. Decl. intent in BA Ct. 1 Sept. 1832. Res. BC. Wits: Francis Campbell and Daniel McEvoy. O&RA to the King of UK. BC Ct. (Nat. Rcd. of Minors) 2 1832-1836 MSA C237-2 MdHR 18113 f. 99 25 Sept. 1834.

Rocke, Edmund. Ireland. DI. BC Ct. (Dkt&Mins) 1840 MSA C184-7 MdHR 16664 f. 37 2 Oct. 1840.

Roden, Patrick. Ireland. DI. BC Ct. (Dkt&Mins) 1839 MSA C184-6 MdHR 16663 f. 34 11 Sept. 1839.

Roden, Patrick. Ireland. DI. BC Ct. (Dkt&Mins) 1839 MSA C184-6 MdHR 16663 f. 34 14 Sept. 1839.

Rodes, Hypolite. France. NATN. Res. BC. Arrived in the US 3 yrs. prior to age 21. Res. US for 5 yrs., including 3 of minority. Res. MD over 1 yr.Wits: John

Martine and John Hoffman. O&RA to the King of UK. BC Ct. (Nat. Rcd. of Minors) 1 1827-1832 MSA C237-1 MdHR 18112 ff. 256-257 8 Nov. 1828.

Rodes, Paul. England. NATN. Decl. intent in open ct. Arrived in US 3 yrs. prior to age 21. Res. US for 5 yrs., including 3 of minority. Res. MD over 1 yr. Res. BC. Wits: Adam Leake and William Anderson. O&RA to the King of UK. BC Ct. (Nat. Rcd. of Minors) 2 1832-1836 MSA C237-2 MdHR 18113 f. 111 2 Oct. 1834.

Rodgers, John. Ireland. NATN. Born in Co. of Down. Decl. intent in BA Ct. of O&T&GD, 2nd Monday of July 1815. Wits: James Mosher and William Roney. Certificate and report filed. BA Ct. (Nat. Dkt.) 1 1796-1851 MSA C389-1 MdHR 18106 f. 53 29 Sept. 1821.

Rodregues, Lewis. France. NATN. Arrived in US prior to 18 June 1812. Wits: Edward Garmaud and Michel De Young. BA Ct. (Nat. Dkt.) 1 1796-1851 MSA C389-1 MdHR 18106 f. 133 15 Sept. 1828.

Rodreque, Peter. France. NATN. Res. BC. Res. US 14 April 1802 - 18 June 1812. Wits: William Morrow and Alexander J. Hunter. O&RA to the King of France. BC Ct. (Nat. Rcd. of Minors) 1 1827-1832 MSA C237-1 MdHR 18112 f. 129 1 Oct. 1828.

Roe, Alex Saunderson. Ireland. BA Ct. (Nat. Dkt.) 1 1796 - 1851 MSA C389-1 MdHR 18106 f. 4 #62 16 Mar. 1797. Barnes, p. 59

Roehr, John. Prussia. NATN. Decl. intent in BC Ct. 6 Oct. 1836. Res. BC. Wits: John Erdman and Adam G. Erdman. O&RA to the King of Prussia. BA Ct. (Nat. Rcd.) 2 1832-1846 MSA C391-1 MdHR 18108 ff. 81-82 16 Sept. 1840.

Rogers, Alexander. Ireland. NATN. Born in Co. of Tyrone. Decl. intent in US Dist. Ct. at Philadelphia 23 May 1813. Wits: John Rogers and George Rogers. BA Ct. (Nat. Dkt.) 1 1796-1851 MSA C389-1 MdHR 18106 f. 99 4 April 1826.

Rogers, George. Ireland. BA Ct. (Nat. Dkt.) 1 1796-1851 MSA C389-1 MdHR 18106 f. 36 #711 22 Oct. 1808.

Rogers, Hugh. Ireland. NATN. Decl. intent in BC Ct. 25 Sept. 1844. Wits: John Mining and John McKeuen. O&RA to the Queen of the UK. BC Ct. (Nat. Rcd.) 9 1845-1848 MSA C229-1 MdHR 18119 f. 157 5 Oct. 1846.

Rogers, John. Dutchy of Modena. NATN. Arrived in US 3 yrs. prior to age 21. Res. US for 5 yrs., including 3 of minority. Res. MD over 1 yr. Wits: Edward Bosnyan and George Parks. O&RA to the Duke of Modena. BC Ct. (Nat. Rcd. of Minors) 3 1845-1851 MSA C237-3 MdHR 18114-1 f. 160 28 Oct. 1848.

Rogers, John. Ireland. NATN. Arrived in US 3 yrs. prior to age 21. Res. US for 5 yrs., including 3 of minority. Res. MD over 1 yr. Wits: James Kelly and Peter Kelly. O&RA to the Queen of the UK. BA Ct. (Nat. Rcd. of Minors) 3 1846-1851 MSA C392-1 MdHR 18110 f. 6 10 Oct. 1846.

Rogers, John. Ireland. NATN. Decl. intent in open Ct. Arrived in US under age 18. Wits: James Kelly and Peter Kelly. BA Ct. (Nat. Dkt.) 1 1796-1851 MSA C389-1 MdHR 18106 f. 250 10 Oct. 1846.

Rogers, John. Ireland. DI. BA Ct. (Minutes) 1822-1826 MSA C386-12 MdHR 14386 f. 216 22 Sept. 1824.

Rogers, John. Ireland. NATN. Born in Co. of Donegal. Decl. intent in BA Ct. Sept. term 1824. Wits: Thomas Finley and James Kierman. BA Ct. (Nat. Dkt.) 1 1796-1851 MSA C389-1 MDHR 18106 f. 120 25 Sept. 1827.

Rogers, John. England. DI. BA Ct. (Minutes, Rough) 2 1836-1844 MSA C420-2 MdHR 14398 f. 137 8 Sept. 1838.

Rogers, John. England. NATN. Decl. intent in BA Ct. 24 Sept. 1836. Res. BC. Wits: James Paul and James W. Harris. O&RA to the Queen of the UK. BA Ct. (Nat. Rcd.) 2 1832-1846 MSA C391-1 MdHR 18108 f. 56 25 Sept. 1838.

Rogers, John. England. NATN. Decl. intent in BA Ct. 24 Sept. 1836. Wits: James Paul and John W. T. Carrey. BA Ct. (Nat. Dkt.) 1 1796-1851 MSA C389-1 MdHR 18106 f. 192 25 Sept. 1838.

Rogers, John. England. DI. BA Ct. (Minutes, Rough) 1836-1844 MSA C420-2 MdHR 14398 f. 33 24 Sept. 1836.

Rogers, Nathan. Ireland. NATN. Arrived in US as a minor. Wits: John Powers and Joseph Patterson. BA Ct. (Nat. Dkt.) 1 1796-1851 MSA C389-1 MdHR 18106 f. 79 28 Sept. 1824.

Rogers, Robert. England. BA Ct. (Nat. Dkt.) 1 1796-1851 MSA C389-1 MdHR 18106 f. 22 #446 3 Mar. 1803. Barnes, p. 65.

Rogler, John. Germany. NATN. Decl. intent in BC Ct. 30 Oct. 1844. Wits: Charles Rurch and Philip Kraft. O&RA to the Emperor of Germany. BA Ct. (Nat. Rcd.) 4 1846-1851 MSA C391-2 MdHR 18109 f. 301 30 Oct. 1848.

Rogler, John. Germany. NATN. Decl. intent in BC Ct. 30 Oct. 1844. Wits: Charles Rusch and Philip Kraft. BA Ct. (Nat. Dkt.) 1 1796-1851 MSA C389-1 MdHR 18106 f. 351 30 Oct. 1848.

Rohder, Andrew. Bavaria. NATN. Decl. intent in US Dist. Ct. 17 April 1848. Wits: Freeman Dorsey and Thomas E. Williams. O&RA to the King of Bavaria. BC Ct. (Nat. Rcd.) 10 1849-1851 MSA C229-2 MdHR 18120 f. 84 30 Sept. 1850.

Rohleller, Peter J. Bavaria. NATN. Decl. intent in US Circ. Ct. 23 Sept. 1844. Wits: Simon Shaffer and Sylvester Schaul. BA Ct. (Nat. Dkt.) 1 1796-1851 MSA C389-1 MdHR 18106 f. 276 13 Oct. 1846.

Rohletter, Peter J. Bavaria. NATN. Decl. intent in US Circ. Ct. 23 Sept. 1842. Wits: Simon Schaffer and Sylvester Schaul. O&RA to the King of Bavaria. BA Ct. (Nat. Rcd.) 4 1846-1851 MSA C391-2 MdHR 18109 f. 142 13 Oct. 1846.

Romoser, George. Wurtemburg. NATN. Decl. intent in open Ct. Arrived in US 3 yrs. prior to age 21. Res. US for 5 yrs., including 3 of minority. Res. MD for 1 yr. Res. BC. Wits: Mathias Pfeifer and Jacob Romoser. O&RA to the King of Wurtemburg. BA Ct. (Nat. Rcd.) 2 1832-1846 MSA C391-1 MdHR 18108 f. 122 29 Sept. 1845.

Romoser, George. Wurtemburg. NATN. Decl. intent in open Ct. Arrived in US prior to age 18. Wits: Mathias Pfeifer and Jacob Romoser. BA Ct. (Nat. Dkt.) 1 1796-1851 MSA C389-1 MdHR 18106 f. 225 29 Sept. 1845.

Romoser, John G. Wurtemburg. NATN. Arrived in US under age 18. Wits: George F. Romoser and Jacob Romoser. BA Ct. (Nat. Dkt.) 1 1796-1851 MSA C389-1 MdHR 18106 f. 291 13 Oct. 1846.

Romoser, John G. Wurtemburg. NATN. Arrived in US 3 yrs. prior to age 21. Res. US for 5 yrs., including 3 of minority. Res. MD over 1 yr. Wits: Jacob Romoser and George T. Romoser. O&RA to the King of Wurtemburg. BA Ct. (Nat. Rcd. of Minors) 3 1845-1851 MSA C392-1 MdHR 18110 f. 20 13 Oct. 1846.

Roney, Hugh. Ireland. NATN. Born in Co. of Down. Decl. intent in US Dist. Ct. , Sept. 1821. Wits: Joseph Holmes and Addison Booth, Jr. Certificate and report filed. BA Ct. (Nat. Dkt.) 1 1796-1851 MSA C389-1 MdHR 18106 f. 83 1 Oct. 1824.

Roney, Patrick. Ireland. DI. BA Ct. (Minutes) 18221826 MSA C386-12 MdHR 14386 f. 22 11 Oct. 1822.

Rooney, Patrick. Ireland. NATN. Decl. intent in BA Ct. 5 Oct. 1822. Res. BC. Wits: George Riggs and Samuel Kidd. O&RA to the King of UK. BC Ct. (Nat. Rcd. of Minors) 2 1832-1836 MSA C237-2 MdHR 18113 f. 219 3 Oct. 1836.

Rose, Henry. Electorate of Hesse-Cassel. NATN. Decl. intent in US Circ. Ct. 25 Sept. 1844. Wits: William Betz and Gaff Arnold. O&RA to the Elector of Hesse-Cassel. BA Ct. (Nat. Rcd.) 4 1846-1851 MSA C391-2 MdHR 18109 f. 142 13 Oct. 1846.

Rose, Henry. Electorate of Hesse-Cassel. NATN. Decl. intent in US Circ. Ct. 25 Sept. 1844. Wits: William Betz and George Arnold. BA Ct. (Nat. Dkt.) 1 1796-1851 MSA C389-1 MdHR 18106 f. 277 13 Oct. 1846.

Rose, John. Guernsey (UK). NATN. Res. BC. Decl. intent in US Circ. Ct. 4 Oct. 1828. Wits: John Valiant and Edward Stone. O&RA to the King of UK.

BC Ct. (Nat. Rcd. of Minors) 1 1827-1832 MSA C237-1 MdHR 18112 ff. 340-341 4 Oct. 1830.

Rose, John. England. NATN. Res. BC. Decl. intent in US Dist. Ct. at New Castle Delaware 24 Sept. 1819. Wits: William Hotchkiss and Castle Hotchkiss. Takes oath and renounce alleg. to the King of UK. BC Ct. (Nat. Rcd. of Minors) 1 1827-1832 MSA C237-1 MdHR 18112 ff. 93-94 27 Sept. 1828.

Rosemark, Christoph. Bavaria. NATN. Decl. intent in US Circ. ct. 16 May 1847. Wits: Francis Klein and William Faitz. BA Ct. (Nat. Dkt.) 1 1796-1851 MSA C389-1 MdHR 18106 f. 370 1 Oct. 1849.

Rosenberger, John. Bavaria. NATN. Decl. intent in US Circ. Ct. 30 Sept. 1844. Wits: Gerhard A. Sybertz and John Smalzer. BA Ct. (Nat. Dkt.) 1 1796-1851 MSA C389-1 MdHR 18106 f. 277 13 Oct. 1846.

Rosenberger, John. Bavaria. NATN. Decl. intent in US Circ. Ct. 30 Sept. 1844. Wits: Gerhard Lybertz and John Smallzer. O&RA to the King of Bavaria. BA Ct. (Nat. Rcd.) 4 1846-1851 MSA C391-2 MdHR 18109 f. 143 13 Oct. 1846.

Rosenburg, George. Prussia. DI. BC Ct. (Dkt&Mins) 1849 MSA C184-11 MdHR 16668 f. 32 10 Jan. 1850.

Rosenburg, Harris. Prussia. DI. BC Ct. (Dkt&Mins) 1849 MSA C184-11 MdHR 16668 f. 32 10 Jan. 1850.

Rosenburger, Leonhard. Bavaria. NATN. Decl. intent in US Dist. Ct. 17 Mar. 1842. Wits: John A. Simon and Adam Drefs/Dress. O&RA to the King of Bavaria. BC Ct. (Nat. Rcd.) 9 1845-1848 MSA C229-1 MdHR 18119 f. 830 6 Nov. 1848.

Rosener, Bernd H. Grand Dutchy of Oldenburg. NATN. Decl. intent in US Circ. Ct. 28 Sept. 1844. Wits: Sylvester Shul and Simon Schaffer. BA Ct. (Nat. Dkt.) 1 1796-1851 MSA C389-1 MdHR 18106 f. 277 13 Oct. 1846.

Rosengam, John G. Hanover. NATN. Arrived in US 3 yrs. prior to age 21. Res. US for 5 yrs., including 3 of minority. Res. MD over 1 yr. Wits: Frederick Statforth and George Edeler. O&RA to the King of Hanover. BC Ct. (Nat. Rcd. of Minors) 3 1845-1851 MSA C237-3 MdHR 18114-1 f. 171 2 Nov. 1848.

Rosenstock, Gerron. Bavaria. NATN. Decl. intent in US Dist. Ct. 21 Oct. 1837. Wits: Aaron Weghin and Robert Dutton. BA Ct. (Nat. Dkt.) 1 1796-1851 MSA C389-1 MdHR 18106 f. 214 17 Oct. 1842.

Rosenstock, Gerson. Bavaria. NATN. Decl. intent in US Dist. Ct. 21 Oct. 1837. Res. BC. Wits: Aaron Weghn and Robert Dutton. O&RA to the King of Bavaria. BA Ct. (Nat. Rcd.) 2 1832-1846 MSA C391-1 MdHR 18108 f. 101 17 Oct. 1842.

Rosenswig, Bernard. Prussia. NATN. Arrived in US 3 yrs. prior to age 21. Res. US 5 yrs., including 3 of minority. Res. MD over 1 yr. Wits: Newman Rosenswig and Philip Eminch. O&RA to the King of Prussia. BC Ct. (Nat. Rcd. of Minors) 3 1845-1851 MSA C237-3 MdHR 18114-1 f. 38 26 June 1847.

Rosenthal, Louis. Hanover. DI. BA Ct. (Minutes, Rough) 1845-1851 MSA C420-3 MdHR 14401 f. 316 29 Sept. 1849.

Rosenthal, Louis. Hanover. DI. Profession: Language teacher (1850 Census). Spouse: Mary, born in Ireland.(1850 Census) Children: (1), Louis, born in MD; (2) Thomas, born in MD; (3), Henry, born in MD.; (4) Charles, born in MD; (5), Theodore, born in MD, and (6) Ellen, born in MD (1850 Census). BA Ct. (Minutes) 1846-1851 MSA C386-16 MdHR 14405 f. 179 29 Sept. 1849.

Rosenthal, Louis. Hanover. DI. BA Ct. (Minutes) 1846-1841 MSA C386-17 MdHR 14405 f. 179 29 Sept. 1849.

Rosenthal, Simon. Bavaria. NATN. Decl. intent in US Dist. Ct. 12 Oct. 1840. Wits: Samuel Wolf and Emanuel Schlefs/Schless. O&RA to the King of Bavaria. BC Ct. (Nat. Rcd.) 9 1845-1848 MSA C229-1 MdHR 18119 f. 213 3 April 1847.

Rosenwald, Jacob. Bavaria. NATN. Arrived in US 3 yrs. prior to age 21. Res.

US for 5 yrs., including 3 of minority. Res. MD over 1 yr. Wits: Leon Dyer and Simon Frank. O&RA to the King of Bavaria. BC Ct. (Nat. Rcd. of Minors) 3 1845-1851 MSA C237-3 MdHR 18114-1 f. 58 1 Oct. 1847.

Rosh, Conrad. Grand Dutchy of Hesse-Darmstadt. NATN. Decl. intent in US Dist. Ct. 25 Sept. 1848. Wits: Philip Walter and Adam German. O&RA to the Grand Duke of Hesse-Darmstadt. BC Ct. (Nat. Rcd.) 10 1849-1851 MSA C229-2 MdHR 18120 f. 131 1 Oct. 1850.

Rosleb, Christopher. Hanover. NATN. Decl. intent in US Dist. Ct. 27 Feb. 1844. Wits: David Jean and Jacob Eberle. BA Ct. (Nat. Dkt.) 1 1796-1851 MSA C389-1 MdHR 18106 f. 340 3 Oct. 1848.

Rosler, John G. Hanover. NATN. Arrived in US 3 yrs. prior to age 21. Res. US for 5 yrs., including 3 of minority. Res. MD over 1 yr. Wits: Clam (?) Buch and Casson Galter. O&RA to the King of Hanover. BC Ct. (Nat. Rcd. of Minors) 3 1845-1851 MSA C237-3 MdHR 18114-1 f.81 4 Oct. 1847.

Roslib, Christopher. Hanover. NATN. Decl. intent in US Dist. Ct. 27 Feb. (yr. not given). Wits: David Jean and Jacob Eberle. BA Ct. (Nat. Rcd.) 4 1846-1851 MSA C391-2 MdHR 18109 f. 276 3 Oct. 1848.

Ross, David. England. NATN. Decl. intent in open ct. Res. US 14 April 1802 - 18 June 1812. Wits: George Riggs and Nicholas Brewer. O&RA to the Queen of the UK. BA Ct. (Nat. Rcd.) 2 1832-1846 MSA C391-1 MdHR 18108 f. 58 12 Oct. 1838.

Ross, David. England. NATN. Arrived in US prior to 18 June 1812. Wits: George Riggs and Nicholas Brewer. BA Ct. (Nat. Dkt.) 1 1796-1851 MSA C389-1 MdHR 18106 f. 193 12 Oct. 1838.

Ross, George. Bavaria. NATN. Decl. intent in US Circ. Ct. 2 Sept. 1847. Wits: Emanuel Wineman and John J. F. Riedel. O&RA to the King of Bavaria. BA Ct. (Nat. Rcd.) 4 1846-1851 MSA C391-2 MdHR 18109 f. 343 1 Oct. 1849.

Ross, James. Ireland. DI. BA Ct. (Minutes) 1846-1851 MSA C386-16 MdHR 14405 f. 152 12 Mar. 1849.

Ross, James. Ireland. DI. BA Ct. (Minutes, Rough) 1845-1851 MSA C420-3 MdHR 14401 f. 286 12 Mar. 1849.

Ross, James. Ireland. DI. BA Ct. (Minutes) 1846-1851 MSA C386-17 MdHR 14405 f. 152 12 Mar. 1849.

Ross, John. Scotland. DI. Res. BC. BC Ct. of O&T&GD (Dkt&Mins) 1816 MSA C183-9 MdHR 16657 unpaginated; Jan. term 1816; 15 Jan. 1816.

Ross, Thomas. Ireland. NATN. Decl. intent in US Dist. Ct. 2 Oct. 1847. Wits: Alexander McCormick and James Stewart. O&RA to the Queen of the UK. BC Ct. (Nat. Rcd.) 10 1849-1851 MSA C229-2 MdHR 18120 f. 20 1 Oct. 1849.

Ross, William. Ireland. NATN. Born in City of Cork. Arrived in the US prior to 18 June 1812. Wits: Bridget Cunningham and Mary McCann. BA Ct. (Nat. Dkt.) 1 17961851 MSA C389-1 MdHR 18106 f. 139 27 Sept. 1828.

Rossiter, James. Ireland. Decl. intent in Marine Ct. of New York City 5 July 1825. Wits: Robert Cutts and Patrick O'Conner. BA Ct. (Nat. Dkt.) 1 1796-1851 MSA C389-1 MdHR 18106 f. 131 15 Sept. 1828.

Rossiter, Nicholas. Ireland. DI. BC Ct. (Dkt&Mins) 1828 MSA C184-4 MdHR 16661 f. 39 19 Sept. 1828.

Rossmarch, Christoph. Prussia. NATN. Decl. intent in US Circ. Ct. 16 Aug. 1847. Wits: Francis Klein and William Faitz. O&RA to the King of Prussia. BA Ct. (Nat. Rcd.) 4 1846-1851 MSA C391-2 MdHR 18109 f. 343 1 Oct. 1849.

Rost, George. Bavaria. NATN. Decl. intent in US Circ. Ct. 2 Sept. 1847. Wits: Emanuel Wineman and John J. F. Friedel. BA Ct. (Nat. Dkt.) 1 1796-1851 MSA C389-1 MdHR 18106 f. 370 1 Oct. 1849.

Roster, Henry. Electorate of Hesse-Cassel. NATN. Arrived in US 3 yrs. prior to age 21. Res. US for 5 yrs., including 3 of minority. Res. MD over 1 yr. Wits: William Wardenburg and Paul Bael. O&RA to the Elector of Hesse-Cassel.

BC Ct. (Nat. Rcd. of Minors) 3 1845-1851 MSA C237-3 MdHR 18114-1 f. 40 7 Aug. 1847

Roswald, Juda. Kingdom of Bayron. DI. BC Ct. (Dkt&Mins) 1840 MSA C184-7 MdHR 16664 f. 34 16 Sept. 1840.

Rosz, John C. Wurtemburg. NATN. Decl. intent in US Circ. Ct. 27 May 1844. Wits: Peter Shingle and Frederick Stafford. O&RA to the King of Wurtemburg. BA Ct. (Nat. Rcd.) 4 1846-1851 MSA C391-2 MdHR 18109 f. 143 13 Oct. 1846.

Rosz, John C. Wurtemburg. NATN. Decl. intent in US Circ. Ct. 27 May 1844. Wits: Peter Shingle and Frederick Statford. BA Ct. (Nat. Dkt.) 1 1796-1851 MSA C389-1 MdHR 18106 f. 277 13 Oct. 1846.

Roth, George. Bavaria. NATN. Decl. intent in US Dist. Ct. 27 Sept. 1847. Wits: Joseph Archer and Adam Hartzog. O&RA to the King of Bavaria. BC Ct. (Nat. Rcd.) 10 1849-1851 MSA C229-2 MdHR 18120 f. 103 30 Sept. 1850. See also "Passenger Lists".

Rough, Peter. Dutchy of Biern. NATN. Decl. intent in BC Ct. 23 Sept. 1845. Wits: George Fasenburg and John Meisen. O&RA to the Duke of Biern. BC Ct. (Nat. Rcd.) 9 1845-1848 MSA C229-1 MdHR 18119 f. 440 4 Oct. 1847.

Rouigneaux, Francis. France. NATN. Arrived in US 3 yrs. prior to age 21. Decl. intent in open ct. Res. US for 5 yrs., including 3 of minority. Res. MD over 1 yr. Res. BC. Wits: Peter Lafont and Francis Deloste. O&RA to the King of French. BC Ct. (Nat. Rcd. of Minors) 2 1832-1836 MSA C237-2 MdHR 18113 ff. 48-49 Oct. term 1832.

Rountree, Thomas W. Ireland. NATN. Decl. intent in US Dist. Ct. 2 Nov. 1842. Wits: Simon Kemp and Asberry Carter. BA Ct. (Nat. Dkt.) 1 1796-1851 MSA C389-1 MdHR 18106 f. 226 30 Sept. 1845.

Rountree, Thomas W. Ireland. NATN. Decl. intent in US Dist. Ct. 2 Nov. 1842. Res. BC. Wits: Simon Kemp and Asbury Carter. O&RA to the Queen of the UK. BA Ct. (Nat. Rcd.) 2 1832-1846 MSA C391-1 MdHR 18108 f. 124 30 Sept. 1845.

Rousch, Joseph. [Grand] Dutchy of Saxe-Weine (Weimar). NATN. Decl. intent in US Dist. Ct. 23 Oct. 1840. Wits: John Vaut and Martin Baimgartner. BA Ct. (Nat. Dkt.) 1 1796-1851 MSA C389-1 MdHR 18106 f. 231 5 Oct. 1846.

Rouselot, John P. Grand Dutchy [Electorate] of Hesse-Cassel. DI. BA Ct. (Minutes) 1839-1846 MSA C386-16 MdHR 14404 f. 63 24 Sept. 1840.

Rousselot, John P. Grand Dutchy [Electorate] of Hesse-Cassel. BA Ct. (Minutes, Rough) 1836-1844 MSA C420-2 MdHR 14398 f. 243 24 Sept. 1840.

Rowan, Michael. Ireland. NATN. Res. US 14 April 1802 - 18 June 1812. Wits: Stephen Cunningham and William Griffin. O&RA to the King of UK. BC Ct. (Nat. Rcd. of Minors) 1 1827-1832 MSA C237-1 MdHR 18112 f. 71-72 19 Sept. 1828.

Rowland, Thomas. England. BA Ct. (Nat. Dkt.) 1 1796-1851 MSA C389-1 MdHR 18106 f. 13 #277 15 Mar. 1798. Barnes, p. 62.

Rozensmer, John. Electorate of Hesse-Cassel. NATN. Decl. intent in US Dist. Ct. 2 April 1844. Wits: Andrew Pfaff and Michael Roth. BA Ct. (Nat. Dkt.) 1 1796-1851 MSA C389-1 MdHR 18106 f. 315 5 Oct. 1847.

Rozenzweisn, Neuman. Prussia. NATN. Decl. intent in US Dist. Ct. 19 Jan. 1846. Wits: Joseph Simpson and Michael Bergen. O&RA to the King of Prussia. BC Ct. (Nat. Rcd.) 10 1849-1851 MSA C229-2 MdHR 18120 f. 38 2 Oct. 1849.

Rubert, Ernst. Electorate of Hesse-Cassel. NATN. Decl. intent in US Circ. Ct. 10 Oct. 1848. Wits: John G. Hoffman and Conrad Grumm. O&RA to the Elector of Hesse-Cassel. BC Ct. (Nat. Rcd.) 10 1849-1851 MSA C229-2 MdHR 18120 f. 327 7 Oct. 1851.

Ruch, Nathaniel. Prussia. NATN. Res. BC. Decl. intent in US Circ. Ct. 15 Dec. 1826. Wits: Jacob Moyers and Peter Hilditch. O&RA to the King of Prussia. BC Ct. (Nat. Rcd. of Minors) 1 1827-1832 MSA C237-1 MdHR 18112 ff. 307-308 24

Feb. 1830.

Rucking, Richard. Germany. DI. BA Ct. (Minutes) 1822-1826 MSA C386-12 MdHR 14386 f. 97 19 April 1823.

Ruckle, George. Ireland. NATN. Decl. intent in open ct. Arrived in US 3 yrs. prior to age 21. Res. US for 5 yrs., including 3 of minority. Res. MD over 1 yr. Res. BC. Wits: John H.W. Hawkins and Laurence Welsh. O&RA to the King of UK. BC Ct. (Nat. Rcd. of Minors) 2 1832-1836 MSA C237-2 MdHR 18113 f. 150 18 Oct. 1834.

Ruckle, John G. Ireland. DI. Profession: Wagon-maker. BA Ct. (Minutes) 1822-1826 MSA C386-12 MdHR 14386 f. 235 22 Nov. 1824; further reference on f. 327 15 Nov. 1825.

Ruckle, John. Ireland. NATN. BA Ct. (Minutes) 1792 -1797 MSA C386-7 MdHR 5052 f. 254 29 Mar. 1796.

Ruckle, John. Ireland. BA Ct. (Nat. Dkt.) 1 1796 - 1851 MSA C389-1 MdHR 18106 f. 2 #20 29 Aug. 1796. Barnes, p. 59

Ruckle, William. Ireland. NATN. Decl. intent in open ct. Arrived in US 3 yrs. prior to age 21. Res. US for 5 yrs., including 3 of minority. Res. MD over 1 yr. Res. BC. Wits: John H. W. Hawkins and Laurence Welsh. O&RA to the King of UK. BC Ct. (Nat. Rcd. of Minors) 2 1832-1836 MSA C237-2 MdHR 18113 f. 149 18 Oct. 1834.

Ruckles, Thomas. England. BA Ct. (Nat. Dkt.) 1 1796-1851 MSA C389-1 MdHR 18106 f.14 # 288 22 Mar. 1798. Barnes, p. 63.

Ruckles, William. England. BA Ct. (Nat. Dkt.) 1 1798-1851 MSA C389-1 MdHR 18106 f. 15 #305 6 April 1798. Barnes, p. 63.

Ruckley/Ruckle, Paul. England. BA Ct. (Nat. Dkt.) 1 1796-1851 MSA C389-1 MdHR 18106 f. 14 #283 19 Mar. 1798. Barnes, p. 62.

Ruff, Frederick. Bavaria. DI. BC Ct. (Dkt&Mins) 1847 MSA C184-10 MdHR 16667 f. 39 23 Oct. 1847.

Ruff, John George. Wurtemburg. NATN. Decl. intent in US Dist. Ct. 6 Sept. 1844. Wits: William Turner and William Thomas. O&RA to the King of Wurtemburg. BC Ct. (Nat. Rcd.) 9 1845-1848 MSA C229-1 MdHR 18119 f. 276 28 Sept. 1847.

Ruff, John Frederick. Wurtemburg. NATN. Decl. intent in BC Ct. 12 Sept. 1844. Wits: Charles F. Weidner and William Rane. O&RA to the King of Wurtemburg. BC Ct. (Nat. Rcd.) 9 1845-1848 MSA C229-1 MdHR 18119 f. 272 27 Sept. 1847.

Ruhl, James. Electorate of Hesse-Cassel. NATN. Decl. intent in BC Ct. 28 Sept. 1840. Wits: William Raine and William Holtzman. O&RA to the Elector of Hesse-Cassel. BC Ct. (Nat. Rcd.) 9 1845-1848 MSA C229-1 MdHR 18119 f. 287 29 Sept. 1847.

Ruhl, Munde, Grand Dutchy of Hesse-Darmstadt. NATN. Decl. intent in US Circ. Ct. 18 June 1844. Wits: Henry Creamer and Joseph Ruhl. O&RA to the Grand Duke of Hesse-Darmstadt. BA Ct. (Nat. Rcd.) 4 1846-1851 MSA C391-2 MdHR 18109 f. 144 13 Oct. 1846.

Ruhl, Munde (?). Grand Dutchy of Hesse-Darmstadt. NATN. Decl. intent in US Circ. Ct. 18 June 1844. Wits: Henry Creamer and Joseph Ruhl. BA Ct. (Nat. Dkt.) 1 1796-1851 MSA C389-1 MdHR 18106 f. 277 13 Oct. 1846.

Rumpler, Gabriel. France. DI. BA Ct. (Minutes, Rugh) 1836-1844 MSA C420-2 MdHR 14398 f. 323 24 Feb. 1842.

Rumpsler, Gabriel. France. DI. BA Ct. (Minutes) 1839-1846 MSA C386-16 MdHR 14404 f. 128 24 Feb. 1842.

Rundle, Jonathan. England. DI. BA Ct. (Minutes, Rough) 1832-1835 MSA C420-1 MdHR 14396-2 ff. 276-277 13 Sept. 1834.

Runer, James. Ireland. DI. BA Ct. (Minutes, Rough) 1832-1835 MSA C420-1 MdHR 14396-2 ff. 232-233 6 Feb. 1834.

Runge, Theodor. Bremen. DI. Res. BC. BC Ct. (Dkt&Mins) 1841 MSA C184-8 MdHR 16665 f. 44 30 Oct. 1841.

Rupp, Charles. Wurtemburg. NATN. Decl. intent in BC Ct. 2 Nov. 1844. Wits:

Adam F. Klotz and Charles McComas. O&RA to the King of Wurtemburg. BC Ct. (Nat. Rcd.) 9 1845-1848 MSA C229-1 MdHR 18119 f. 513 1 Sept. 1848.

Ruppaman, Christian. Hanover. Decl. intent in US Circ. Ct. 2 Oct. 1849. Noted as owing alleg. to the King of Bavaria. Wits: Charles Waits and Joel Price. BA Ct. (Nat. Dkt.) 1 1796-1851 MSA C389-1 MdHR 18106 f. 387 3 Nov. 1851.

Ruppard, Caspar. Bavaria. DI. BC Ct. (Dkt&Mins) 1849 MSA C184-11 MdHR 16668 f. 8 26 Feb. 1849.

Ruppel, Henry. Grand Dutchy of Hesse-Darmstadt. NATN. Decl. intent in BC Ct. 20 Sept. 1844. Wits: William Kline and Samuel Sauonoff (?). BA Ct. (Nat. Dkt.) 1 1796-1851 MSA C389-1 MdHR 18106 f. 315 5 Oct. 1847.

Ruppel, John. Grand Dutchy of Hesse-Darmstadt. NATN. Decl. intent in US Circ. Ct. 3 Nov. 1848. Witness: John Mackenbrandt. O&RA to the Grand Duke of Hesse-Darmstadt. BC Ct. (Nat. Rcd.) 10 1849-1851 MSA C229-2 MdHR 18120 f. 393 4 Nov. 1851.

Rus, Frederick. Electorate of Hesse-Cassel. NATN. Decl. intent in US Dist. Ct. 26 Aug. 1843. Wits: Frederick Vogt and Peter Treleb. O&RA to the Elector of Hesse-Cassel. BC Ct. (Nat. Rcd.) 9 1845-1848 MSA C229-1 MdHR 18119 f. 655 10 Oct. 1848.

Ruskall, John. Ireland. NATN. Arrived in US 3 yrs. prior to age 21. Res. US for 5 yrs., including 3 of minority. Res. MD over 1 yr. Wits: John Ruskall, Sr. and Richard Johnson. O&RA to the Queen of the UK. BC Ct. (Nat. Rcd. of Minors) 3 1845-1851 MSA C237-3 MdHR 18114-1 f. 153 21 Oct. 1848.

Ruskell/Ruskill, John. Ireland. NATN. Decl. intent in BC Ct. 7 Sept. 1844. Wits: Frederick S. Green and Edward C. Johnson. BA Ct. (Nat. Dkt.) 1 1796-1851 MSA C389-1 MdHR 18106 f. 315 5 Oct. 1847.

Ruskell, Thomas. Ireland. NATN. Arrived in US 3 yrs. prior to age 21. Res. US for 5 yrs., including 3 of minority. Res. MD over 1 yr. Wits: John Ruskell and Edward Johnson. O&RA to the Queen of the UK. BC Ct. (Nat. Rcd. of Minors) 3 1845-1851 MSA C237-3 MdHR 18114-1 f. 218 1 Oct. 1849.

Ruskill/Ruskell, John. Ireland. NATN. Decl. intent in BC Ct. 7 Sept. 1844. Wits: Frederick L. Green and Edward C. Johnson. O&RA to the Queen of the UK. BA Ct. (Nat. Rcd.) 4 1846-1851 MSA C391-2 MdHR 18109 f. 218 5 Oct. 1847.

Ruskill/Ruskell, Patrick. Ireland. NATN. Decl. intent in US Circ. Ct. 1 Oct. 1845. Wits: Samuel Steele and Michael McWilliams. BA Ct. (Nat. Dkt.) 1 1796-1851 MSA C389-1 MdHR 18106 f. 315 5 Oct. 1847.

Russell, Alexander. Scotland. DI. BC Ct. (Dkt&Mins) 1830 MSA C184-5 MdHR 16662 f. 38 25 Sept. 1830.

Russell, Charles. England. BA Ct. (Nat. Dkt.) 1 1796-1851 MSA C389-1 MdHR 18106 f. 19 #394 11 Dec. 1798. Barnes, p. 64.

Russell, John. Scotland. DI. BA Ct. (Minutes, Rough) 1832-1835 MSA C420-1 MdHR 14396-2 f. 286 8 Oct. 1834.

Russell, Michael. Scotland. NATN. Decl. intent in BC Ct. 3 Oct. 1834. Res. BC. Wits: Peter Mealcone and Andrew Grahan. O&RA to the King of UK. BC Ct. (Nat. Rcd. of Minors) 2 1832-1836 MSA C237-2 MdHR 18113 f. 221 3 Oct. 1836.

Russell, Patrick. Ireland. NATN. Decl. intent in US Circ. Ct. 1 Oct. 1845. Wits: Samuel Steele and Michael McWilliams. O&RA to the Queen of the UK. BA Ct. (Nat. Rcd.) 4 1846-1851 MSA C391-2 MdHR 18109 f. 219 5 Oct. 1847.

Russell, Patrick. Ireland. BA Ct. (Nat. Dkt.) 1 1796-1851 MSA C389-1 MdHR 18106 f. 33 #632 15 April 1806.

Russell, Walter. Scotland. DI. BA Ct. (Minutes) 1822-1826 MSA C386-12 MdHR 14386 f. 21 3 Oct. 1822.

Russell, Walter. Scotland. NATN. Born in city of Glascow. Decl. intent in BA Ct. Sept. term 1822. Wits: Joshua Taylor and Aquila Cunningham. Certificate and report filed. BA Ct. (Nat. Dkt.) 1 1796-1851 MSA C389-1 MdHR 18106 f. 83 1

Oct. 1824.

Russell, William M. England. NATN. Arrived in US 3 yrs. prior to age 21. Res. US for 5 yrs., including 3 of minority. Res. MD over 1 yr. Wits: John Feast and George Fastie. O&RA to the Queen of the UK. BC Ct. (Nat. Rcd. of Minors) 3 1845-1851 MSA C237-3 MdHR 18114-1 f. 185 4 Nov. 1848.

Russnaul, William. Wurtemburg. DI. BC Ct. (Dkt&Mins) 1847 MSA C184-10 MdHR 16667 f. 36 4 Oct. 1847.

Rutt, Richard. England. NATN. Decl. intent in BC Ct. 30 Sept. 1844. Wits: Thomas B. Allard and William Allard. BA Ct. (Nat. Dkt.) 1 1796-1851 MSA C389-1 MdHR 18106 f. 256 13 Oct. 1846.

Rutt, Richard. England. NATN. Decl. intent in BC Ct. 30 Sept. 1844. Wits: Thomas B. Allard and William Allard. O&RA to the Queen of the UK. BA Ct. (Nat. Rcd.) 4 1846-1851 MSA C391-2 MdHR 18109 f. 78 13 Oct. 1846.

Ruttner, Michael. [Grand] Dutchy of Saxe-Weiner (Weimar). DI. BA Ct. (Minutes) 1846-1851 MSA C386-17 MdHR 14405 f. 56 9 June 1847.

Ruttner, Micheal. [Grand] Dutchy of Saxe-Weiner (Weimar). DI. BA Ct. (Minutes, Rough) 1845-1851 MSA C420-3 MdHR 14401 f. 158 9 May 1847.

Ryan, Cornelius. Ireland. NATN. Noted as age 24. Born in Co. of Tipperara. Exhibits petition and certificates of report and registration and declaration of intent, filed US Dist. Ct. 20 Sept. 1825. Arrived in New York City July 1822. Res. BC. O&RA to the King of UK. Witness: McClintock Young. BC Ct. (Nat. Rcd. of Minors) 1 1827-1832 MSA C237-1 MdHR 18112 ff. 31-32 29 Sept. 1827.

Ryan, Francis. Ireland. NATN. Decl. intent in US Circ. Ct. 30 Sept. 1844. Wits: Patrick Farran and Patrick Cosgrove. BA Ct. (Nat. Dkt.) 1 1796-1851 MSA C389-1 MdHR 18106 f. 361 4 Nov. 1848.

Ryan, Hugh. Ireland. NATN. Arrived in US 3 yrs. prior to age 21. Res. US for 5 yrs., including 3 of minority. Res. MD over 1 yr. Wits: Andrew Daugherty and Dennis Collins. O&RA to the Queen of the UK. BA Ct. (Nat. Rcd. of Minors) 3 1846-1851 MSA C392-1 MdHR 18110 f. 42 5 Oct. 1847.

Ryan, Hugh. Ireland. NATN. Arrived in US under age 18. Wits: Andrew Dougherty and Dennis Collins. BA Ct. (Nat. Dkt.) 1 1796-1851 MSA C389-1 MdHR 18106 f. 303 5 Oct. 1847.

Ryan, Martin. Ireland. NATN. Decl. intent in US Dist. Ct. 23 Oct. 1844. Wits: Hugh Roarke and John Cassidy. O&RA to the Queen of the UK. BC Ct. (Nat. Rcd.) 9 1845-1848 MSA C229-1 MdHR 18119 f. 763 2 Nov. 1848.

Ryan, Michael. Ireland. NATN. Decl. intent in US Circ. Ct. 30 Sept. 1844. Wits: Michael Moan and William McBride. O&RA to the Queen of the UK. BA Ct. (Nat. Rcd.) 4 1846-1851 MSA C391-2 MdHR 18109 f. 52 10 Oct. 1846.

Ryan, Michael. Ireland. BA Ct. (Nat. Dkt.) 1 1796-1851 MSA C389-1 MdHR 18106 f. 21 #419 30 Nov. 1802. Barnes, p. 65.

Ryan, Mitchell. Ireland. NATN. Decl. intent in US Circ. Ct. 30 Aug. 1844. Wits: Michael Moan and William McBride. BA Ct. (Nat. Dkt.) 1 1796-1851 MSA C389-1 MdHR 18106 f. 248 10 Oct. 1846.

Ryan, Patrick. Ireland. DI. BA Ct. (Minutes) 1846-1851 MSA C386-17 MdHR 14405 f. 202 14 Feb. 1850.

Ryan, Patrick. Ireland. DI. BA Ct. (Minutes) 1846-1851 MSA C386-16 MdHR 14405 f. 202 14 Feb. 1850.

Ryan, Patrick. Ireland. DI. BA Ct. (Minutes, Rough) 1845-1851 MSA C420-3 MdHR 14401 f. 344 14 Feb. 1850.

Ryan, Robert. Ireland. DI. BA Ct. (Minutes, Rough) 1845-1851 MSA C420-3 MdHR 14401 f.114 2 Nov. 1846.

Ryan, Robert. Ireland. DI. BA Ct. (Minutes) 1846-1851 MSA C386-17 MdHR 14405 f. 19 2 Nov. 1846.

Ryder, William. England. NATN. Arrived in US 3 yrs. prior to age 21. Res. US for 5 yrs., including 3 of minority. Res. MD over 1 yr. Wits: Charles Vine and Rollin Ray. O&RA to the Queen of the UK. BA Ct. (Nat. Rcd. of Minors) 3 1846-1851 MSA C392-1 MdHR 18110 f. 63 3 Oct. 1848.

Ryder, William. England. NATN. Arrived in US under age 18. Wits: Charles Vine and Rollin Ray. BA Ct. (Nat. Dkt.) 1 1796-1851 MSA C389-1 MdHR 18106 f. 335 3 Oct. 1848.
Ryewater, Robert. England. BA Ct. (Nat. Dkt.) 1 1796-1851 MSA C389-1 MdHR 18106 f. 37 #725 28 Dec. 1808.
Ryland, William. England. BA Ct. (Nat. Dkt.) 1 1796-1851 MSA C389-1 MdHR 18106 f. 20 #408 6 Sept. 1802. Barnes, p. 64.
Rynd, Christopher. Ireland. BA Ct. (Nat. Dkt.) 1 1796-1851 MSA C389-1 MdHR 18106 f. 37 #718 5 Nov. 1808.
Ryon, Cornelius. Ireland. DI. BA Ct. (Minutes) 1822-1826 MSA C386-12 MdHR 14386 f. 335 21 Sept. 1825.
Sach, Herman. Prussia. NATN. Decl. intent in US Circ. Ct. 5 Oct. 1846. Wits: Peter Bughman and Emanuel Weinman. O&RA to the King of Prussia. BA Ct. (Nat. Rcd.) 4 1846-1851 MSA C391-2 MdHR 18109 f. 289 10 Oct. 1848.
Sachs, Herman. Prussia. NATN. Decl. intent in US Circ. Ct. 5 Oct. 1846. Wits: Peter Bughman and Emanuel Weinman. BA Ct. (Nat. Dkt.) 1 1796-1851 MSA C389-1 MdHR 18106 f. 346 10 Oct. 1848.
Sacks, John. Grand Dutchy of Hesse-Darmstadt. NATN. Decl. intent in US Circ. Ct. 25 Sept. 1849. Wits: John Charles Long and Martin Hoffnagle. BA Ct. (Nat. Dkt.) 1 1796-1851 MSA C389-1 MdHR 18106 f. 382 30 Sept. 1851.
Sacoon, William. Ireland. DI. BA Ct. (Minutes) 1839-1846 MSA C386-16 MdHR 14404 f. 68 10 Nov. 1840.
Saffen, Joseph. Bavaria. DI. BC Ct. (Dkt&Mins) 1847 MSA C184-10 MdHR 16667 f. 39 23 Oct. 1847.
Sagasman, Michael. Germany. DI. Res. BC. Ren. alleg. to the Emperor of Germany. BC Ct. (Dkt&Mins) 1840 MSA C184-7 MdHR 16664 f. 31 8 Aug. 1840.
Saibest, Ernst. Principality [Dutchy] of Saxe-Meinengen. NATN. Decl. intent in US Circ. Ct. 23 Sept. 1844. Wits: John Troutfelder and Gerhard Seibest. O&RA to the Prince [Duke] of Saxe-Meinengen. BC Ct. (Nat. Rcd.) 9 1845-1848 MSA C229-1 MdHR 18119 f. 747 1 Nov. 1848.
Saintex, Joseph. Spain. DI. BA Ct. (Minutes) 1810-1814 MSA C386-10 MdHR 14376 f. 117 26 Oct. 1811.
Salley, Patrick. Ireland. NATN. Res. BC. Res. US 14 April 1802 - 18 June 18212. Wits: Thomas Conway and Neale McFadden. O&RA to the King of UK. BC Ct. (Nat. Rcd. of Minors) 1 1827-1832 MSA C237-1 MdHR 18112 ff. 258-259 8 Nov. 1828.
Salzhorn, John Henry. Hanover. NATN. Decl. intent in US Dist. Ct. 3 Oct. 1843. Wits: Samuel Manshipie and Augustus Helsmeack. O&RA to the King of Hanover. BC Ct. (Nat. Rcd.) 9 1845-1848 MSA C229-1 MdHR 18119 f. 325 2 Oct. 1847.
Salzwidel, John J. Prussia. NATN. Born in town of Havelthing. Decl. intent in US Circ. Ct. 13 Nov. 1809. Wits: Jacob Schley and Joseph Pearson. BA Ct. (Nat. Dkt.) 1 1796-1851 MSA C389-1 MdHR 18106 f. 90 17 Nov. 1824.
Sampson, Joseph. Canada. BA Ct. (Nat. Dkt.) 1 1796-1851 MSA C389-1 MdHR 18106 f. 25 #481 20 Jan. 1804. Criminal Ct.
Sams, Isaac. England. NATN. Noted as age 21. Born in City of Bath. Exhibits petition and certificates of declaration and report and registration, filed US Dist. Ct. 3 July 1818. Res. Anne Arundel Co. at time of initial declaration of intent. DI filed US Dist. Ct. 3 March 1827. Res. BA. O&RA to the King of UK. Wit.: John Chapman. BC Ct. (Nat. Rcd. of Minors) 1 1827-1832 MSA C237-1 MdHR 18112 ff. 8-9 3 March 1827.
Sand, John Adam. "Elses on the Rhine, subject [of the] King of French". DI. BC Ct. (Dkt&Mins) 1839 MSA C184-6 MdHR 16663 f. 35 23 Sept. 1839.
Sandall, Magnes. Sweden. NATN. Decl. intent in US Dist. Ct. 13 Dec. 1845. Wits: Henry Bienviet and Solomon Wittingham. O&RA to the King of

Sweden. BC Ct. (Nat. Rcd.) 9 1845-1848 MSA C229-1 MdHR 18119 f. 709 24 Oct. 1848.
Sander, Godfried. Wurtemburg. NATN. Decl. intent in US Circ. Ct. 30 Sept. 1844. Wits: John Neirhammer and George Seldman (?). BA Ct. (Nat. Dkt.) 1 1796-1851 MSA C389-1 MdHR 18106 f. 277 13 Oct. 1846.
Sander, Godfried. Wurtemburg. NATN. Decl. intent in US Circ. Ct. 30 Sept. 1844. Wits: John Neidhammer and George Geldman. O&RA to the Grand Duke of Hesse-Darmstadt. BA Ct. (Nat. Rcd.) 4 1846-1851 MSA C391-2 MdHR 18109 f. 145 13 Oct. 1846.
Sanders, William. Germany. DI. Ren. alleg. to the Emperor of Germany. BA Ct. (Minutes) 1815-1820 MSA C386-11 MdHR 14381 f. 24 17 Oct. 1815.
Sanderson, Robert. Ireland. NATN. Decl. intent in US Circ. Ct. 3 Oct. 1842. Wits: James Johnson and Henry R. Colburn. O&RA to the Queen of UK. BC Ct. (Nat. Rcd.) 10 1849-1851 MSA C229-2 MdHR 18120 f. 338 18 Oct. 1851.
Sandheiner, Samuel. Bavaria. NATN. Decl. intent in US Circ. Ct. 7 Oct. 1844. Wits: Leon Dyer and Nathan Greenbauer. O&RA to the King of Bavaria. BC Ct. (Nat. Rcd.) 9 1845-1848 MSA C229-1 MdHR 18119 f. 314 1 Oct. 1847.
Sands, John. England. DI. . BA Ct. (Minutes) 1827-1830 MSA C386-13 MdHR 14391 f. 78 25 Sept. 1827.
Sands, Samuel. England. NATN. Born in Co. of Lancashire. Arrived in the US as a minor. Decl. intent in open Ct. Wits: John Sands and William Sands. BA Ct. (Nat. Dkt.) 1 1796-1851 MSA C389-1 MdHR 18106 f. 119 25 Sept. 1827.
Sane, William. Ireland. DI. BA Ct. (Minutes) 1832-1838 MSA C386-15 MdHR 14404 f. 124 17 Oct. 1834.
Saner, John. Switzerland. NATN. Born in Solodone. Decl. intent in BA Ct. the 3rd Monday of Sept. 1826. Wits: John Guisenduffer and Joseph Gurtzer. BA Ct. (Nat. Dkt.) 1 1796-1851 MSA C389-1 MdHR 18106 f. 156 11 Nov. 1828.
Santmyer, John Marcellus. Austrian Empire. NATN. Res. BC. Res. US 14 April 1802 - 18 June 1812. Wits: Joseph Boyd and William H. Lloyd. O&RA to the Emperor of Austria. BC Ct. (Nat. Rcd. of Minors) 1 1827-1832 MSA C237-1 MdHR 18112 ff. 172-173 6 Oct. 1828.
Sarbacher, John. Grand Dutchy of Baden. NATN. Decl. intent in US Dist. Ct. 2 Oct. 1844. Wits: Joseph Able and Francis Cooper. O&RA to the Grand Duke of Baden. BC Ct. (Nat. Rcd.) 9 1845-1848 MSA C229-1 MdHR 18119 f. 178 6 Oct. 1846.
Sarcon, John. Sweden. DI. BA Ct. (Minutes) 1839-1846 MSA C386-16 MdHR 14404 f. 211 5 Nov. 1845.
Sardo, Michael. Kingdom of the Two Sicilies. BA Ct. (Nat. Dkt.) 1 1796-1851 MSA C389-1 MdHR 18106 f. 47 2 Oct. 1816.
Sargeant, James. England. DI. BA Ct. (Minutes) 1827-1830 MSA C386-13 MdHR 14391 f. 1 13 May 1830.
Sargent, James. England. NATN. Decl. intent in BA Ct. 13 May 1830. Res. BC. Wits: James B. Dorsey and Thomas D. Green, Sr. O&RA to the King of UK. BC Ct. (Nat. Rcd. of Minors) 2 1832-1836 MSA C237-2 MdHR 18113 ff. 21-22 29 Sept. 1832.
Sauer, John. Switzerland. DI. BA Ct. (Minutes) 1822-1826 MSA C386-12 MdHR 14386 f. 435 23 Sept. 1826.
Sauter/Suter, Charles. Grand Dutchy of Baden. NATN. Decl. intent in BC Ct. 1 Oct. 1834. Res. BC. Wits: John Abbess and Frederick Stine. O&RA to the Grand Duke of Baden. BC Ct. (Nat. Rcd. of Minors) 2 1832-1836 MSA C237-2 MdHR 18113 f. 201 1 Oct. 1836.
Sauwan, Joseph. France. DI. BC Ct. (Dkt&Mins) 1828 MSA C184-4 MdHR 16661 f. 40 22 Sept. 1828.
Savage, Patrick. England. BA Ct. (Nat. Dkt.) 1 1796-1851 MSA C389-1 MdHR 18106 f. 9 #172 10 Nov. 1797. Barnes, p. 61
Saverlin, Benjamin. Russia. NATN. Decl. intent in US Circ. Ct. 15 Dec. 1826.

Res. BC. Wits: Peter R. Hilditch and Samuel Eastman. O&RA to the Emperor of Russia. BC Ct. (Nat. Rcd. of Minors) 2 1832-1836 MSA C237-2 MdHR 18113 f. 156 9 Jan. 1835.

Saverty, John. Ireland. NATN. Decl. intent in US Dist. Ct. 5 Oct. 1840. Wits: Edward Hughes and Owen Casey. BA Ct. (Nat. Dkt.) 1 1796-1851 MSA C389-1 MdHR 18106 f. 215 13 Oct. 1843.

Saverty, John. Ireland. NATN. Decl. intent in US Dist. Ct. 5 Oct. 1840. Res. BC. Wits: Edward Hughs and Owen Casey. O&RA to the Queen of UK. BA Ct. (Nat. Rcd.) 2 1832-1846 MSA C391-1 MdHR 18108 f. 104 13 Oct. 1843.

Sawaye, Richard. England. DI. BC Ct. (Dkt&Mins) 1828 MSA C184-4 MdHR 16661 f. 43 18 Oct. 1828.

Sax, August. Electorate of Hessen-Cassel. NATN. Decl. intent in US Dist. Ct. 30 Sept. 1844. Wits: Henry Fuller and Frederick Klein. O&RA to the Elector of Hessen-Cassel. BC Ct. (Nat. Rcd.) 10 1849-1851 MSA C229-2 MdHR 18120 f. 119 30 Sept. 1850.

Saxon, John. Sweden. NATN. Decl. intent in BA Ct. 5 Nov. 1845. Wits: John Turlow and Joshua M. Myers. O&RA to the King of Sweden. BC Ct. (Nat. Rcd.) 9 1845-1848 MSA C229-1 MdHR 18119 f. 514 9 Sept. 1848.

Saxon, John. Sweden. DI. BA Ct. (Minutes, Rough) 1845-1851 MSA C420-3 MdHR 14401 f. 54 5 Nov. 1845.

Schaefer, Christian. Germany. DI. Res. BC. Ren. alleg. to the Emperor of Germany. BC Ct. of O&T&GD (Dkt&Mins) 1812 MSA C183-7 MdHR 16655 f. 7 25 Jan. 1812.

Schaefer, William. Electorate of Hesse-Cassel. NATN. Arrived in US 3 yrs. prior to age 21. Res. US for 5 yrs., including 3 of minority. Res. MD over 1 yr. Wits: John Schaefer and William Schaefer. O&RA to the Elector of Hesse-Cassel. BA Ct. (Nat. Rcd. of Minors) 3 1846-1851 MSA C392-1 MdHR 18110 f. 98 8 Oct. 1850.

Schaeffer, Frederick. Prussia. NATN. Decl. intent in US Dist. Ct. 11 Aug. 1846. Wits: Bernard Evering and William Cockey. O&RA to the King of Prussia. BC Ct. (Nat. Rcd.) 9 1845-1848 MSA C229-1 MdHR 18119 f. 583 3 Oct. 1848.

Schaeffer, George Adam. Grand Dutchy of Baden. NATN. Decl. intent in BA Ct. 14 Feb. 1832. Res. BC. Wits: Frederick Crey and Henry Crey. O&RA to the Grand Duke of Baden. BA Ct. (Nat. Rcd.) 2 1832-1846 MSA C391-1 MdHR 18108 ff. 19-20 12 Sept. 1834.

Schaeffer, George Adam. Grand Dutchy of Baden. NATN. Decl. intent in BA Ct. 14 Feb. 1832. Wits: Frederick Carey and Henry Carey. BA Ct. (Nat. Dkt.) 1 1796-1851 MSA C389-1 MdHR 18106 f. 18 12 Sept. 1834.

Schaeffer, George. Bremen. DI. Ren. alleg. to the Grand Duke [Elector] of Hesse-Cassell. BA Ct. (Minutes, Rough) 1836-1844 MSA C420-2 MdHR 14398 f. 39 17 Oct. 1836.

Schaeffer, George. Bremen. DI. Ren. alleg. to the Grand Duke [Elector] of Hesse-Cassel. BA Ct. (Minutes) 1832-1838 MSA C386 MdHR 14403 f. 210 17 Oct. 1836.

Schaeffer, Jacob. Grand Dutchy of Hesse-Darmstadt. NATN. Decl. intent in US Circ. Ct. 1 Oct. 1849. Wits: Lewis Petzold and George Meyer. O&RA to the Grand Duke of Hesse-Darmstadt. BC Ct. (Nat. Rcd.) 10 1849-1851 MSA C229-2 MdHR 18120 f. 315 6 Oct. 1851.

Schaeffer, John. Wurtemburg. NATN. Decl. intent in BC Ct. 8 Nov. 1848. Wits: George Mefsmer and Philip Wield. O&RA to the King of Wurtemburg. BC Ct. (Nat. Rcd.) 10 1849-1851 MSA C229-2 MdHR 18120 f. 369 3 Nov. 1851.

Schaeffer, John. Germany. DI. Res. BC. BC Ct. (Dkt&Mins) 1847 MSA C184-10 MdHR 16667 f. 8 24 Feb. 1847.

Schaeffer, John. Germany. DI. Res. BC. Ren. alleg. to the Emperor of

Germany. BC Ct. (Dkt&Mins) 1840 MSA C184-7 MdHR 16664 f. 28 27 June 1840.

Schaeffer, Martin. Bavaria. NATN. Arrived in US 3 yrs. prior to age 21. Res. US for 5 yrs., including 3 of minority. Res. MD over 1 yr. Wits: Lenhart Power and Francis Schaeffer. O&RA to the King of Bavaria. BA Ct. (Nat. Rcd. of Minors) 3 1846-1851 MSA C392-1 MdHR 18110 f. 78 3 Nov. 1848.

Schaeffer, Martin. Bavaria. NATN. Arrived in US under age 18. Wits: Lenhart Power and Francis Schaeffer. BA Ct. (Nat. Dkt.) 1 1796-1851 MSA C389-1 MdHR 18106 f. 359 3 Nov. 1848.

Schaelhoff, Matthew. Wurtemburg. NATN. Decl. intent in US Dist. Ct. for the Dist. of MD 5 Oct. 1835. Wits: John Cugle and Jacob Harman. BA Ct. (Nat. Dkt.) 1 1796-1851 MSA C389-1 MdHR 18106 f. 187 18 April 1838.

Schaer, William. Republic of Bremen. NATN. Decl. intent in BC Ct. 10 Feb. 1848. Wits: Frederick B. Graft and John Gable. O&RA to the Republic of Bremen. BC Ct. (Nat. Rcd.) 10 1849-1851 MSA C229-2 MdHR 18120 f. 48 11 Feb. 1850.

Schafer, Dieter. Grand Dutchy of Hesse-Darmstadt. NATN. Arrived in US 3 yrs. prior to age 21. Res. US for 5 yrs., including 3 of minority. Res. MD over 1 yr. Wits: Valentine Schafer and William Beacharn. O&RA to the Grand Duke of Hesse-Darmstadt. BA Ct. (Nat. Rcd. of Minors) 3 1846-1851 MSA C392-1 MdHR 18110 f. 25 4 Oct. 1847.

Schafer, Dieter. Grand Dutchy of Hesse-Darmstadt. NATN. Arrived in US under age 18. Wits: Valentine Schafer and William Beachauer. BA Ct. (Nat. Dkt.) 1 1796-1851 MSA C389-1 MdHR 18106 f. 297 4 Oct. 1847.

Schafer, Valentine. Grand Dutchy of Hesse-Darmstadt. NATN. Decl. intent in US Circ. Ct. 7 Sept. 1844. Wits: John Young and William Beachan. O&RA to the Grand Duke of Hesse-Darmstadt. BA Ct. (Nat. Rcd.) 4 1846-1851 MSA C391-2 MdHR 18109 f. 184 4 Oct. 1847.

Schafer, Valentine. Grand Dutchy of Hesse-Darmstadt. NATN. Decl. intent in US Circ. Ct. 7 Sept. 1844. Wits: John Young and William Beachaur. BA Ct. (Nat. Dkt.) 1 1796-1851 MSA C389-1 MdHR 18106 f. 297 4 Oct. 1847.

Schafer, William. Electorate of Hesse-Cassel. NATN. Arrived in US under age 18. Wits: John Schafer and William Schaeffer. BA Ct. (Nat. Dkt.) 1 1796-1851 MSA C389-1 MdHR 18106 f. 379 8 Oct. 1850.

Schaffer, Francis. Bavaria. NATN. Decl. intent in US Dist. Ct. 13 Oct. 1846. Wits: Franz Schmidt and Marcus Breine. O&RA to the King of Bavaria. BC Ct. (Nat. Rcd.) 9 1845-1848 MSA C229-1 MdHR 18119 f. 762 2 Nov. 1848.

Schaffer, John. Electorate of Hesse-Cassel. NATN. Decl. intent in US Circ. Ct. 30 Sept. 1844. Wits: George Helwig and George Weimer. O&RA to the Elector of Hesse-Cassel. BA Ct. (Nat. Rcd.) 4 1846-1851 MSA C391-2 MdHR 18109 f. 145 13 Oct. 1846.

Schaffer, John. Electorate of Hesse-Cassel. NATN. Decl. intent in US Circ. Ct. 30 Sept. 1844. Wits: George Hellwig and George Wisner. BA Ct. (Nat. Dkt.) 1 1796-1851 MSA C389-1 MdHR 18106 f. 279 13 Oct. 1846.

Schaffer, John. Grand Dutchy of Baden. NATN. Decl. intent in BC Ct. 13 Sept. 1844. Wits: George Schaeffer and William Raine. O&RA to the Grand Duke of Baden. BC Ct. (Nat. Rcd.) 9 1845-1848 MSA C229-1 MdHR 18119 f. 203 10 Oct. 1846.

Schalitzky, Andrew. Bavaria. NATN. Decl. intent in US Circ. Ct. 10 Sept. 1844. Wits: Michael Barger and Anthony Ketcher. BA Ct. (Nat. Dkt.) 1 1796-1851 MSA C389-1 MdHR 18106 f. 278 13 Oct. 1846.

Schalitzky, Andrew. Bavaria. NATN. Decl. intent in US Circ. Ct. 10 Sept. 1844. Wits: Michael Barger and Anthony Ketcher. O&RA to the King of Bavaria. BA Ct. (Nat. Rcd.) 4 1846-1851 MSA C391-2 MdHR 18109 f. 146 13 Oct. 1846.

Schamfilberger, Henry. Grand Dutchy of Baden. DI. BC Ct. (Dkt&Mins) 1840 MSA

Schammer, Henry Gott. Grand Dutchy of Hesse-Darmstadt. DI. BC Ct. (Dkt&Mins) 1840 MSA C184-7 MdHR 16664 f. 34 15 Sept. 1840.
Schann, William. Bavaria. NATN. Arrived in US 3 yrs. prior to age 21. Res. US for 5 yrs., including 3 of minority. Res. MD over 1 yr. Wits: Frederick Reitz and William Kaltenbach. O&RA to the King of Bavaria. BA Ct. (Nat. Rcd. of Minors) 3 1846-1851 MSA C392-1 MdHR 18110 f. 69 10 Oct. 1848.
Scharger, Charles. Germany. DI. BC Ct. (Dkt&Mins) 1840 MSA C184-7 MdHR 16664 f. 36 28 Sept. 1840.
Schatze, Augustus. Hanover. NATN. Decl. intent in US Dist. Ct. 24 July 1837. Wits: William H. Hamer and Richard R. Hamer. BA Ct. (Nat. Dkt.) 1 1796-1851 MSA C389-1 MdHR 18106 f. 195 2 Sept. 1839.
Schaub, John. Hanover. NATN. Decl. intent in US Dist. Ct. 3 Sept. 1844. Wits: Charles Seitz and Walter Frazier. O&RA to the King of Hanover. BC Ct. (Nat. Rcd.) 9 1845-1848 MSA C229-1 MdHR 18119 f. 310 30 Sept. 1847.
Schaub, Justus. Electorate of Hesse-Cassel. NATN. Decl. intent in US Circ. Ct. 1 Oct. 1844. Wits: William Ashton and Joseph Fenwick. BA Ct. (Nat. Dkt.) 1 1796-1851 MSA C389-1 MdHR 18106 f. 278 13 Oct. 1846.
Schaum, Frederick. Bavaria. NATN. Arrived in US under age 18. Wits: Frederick Reitz and William Kaltenbach. BA Ct. (Nat. Dkt.) 1 1796-1851 MSA C389-1 MdHR 18106 f. 344 10 Oct. 1848.
Schaum, Frederick. Prussia. NATN. Decl. intent in BC Ct. 30 Sept. 1844. Wits: Alexander McCoy and Jacob Fogelman. O&RA to the King of Prussia. BC Ct. (Nat. Rcd.) 9 1845-1848 MSA C229-1 MdHR 18119 f. 240 18 Sept. 1847.
Schaum, Lewis. Bavaria. NATN. Decl. intent in US Dist. Ct. for the Dist. of New York 28 Nov. 1838. Wits: John Frank and William Kaltenbach. O&RA to the King of Bavaria. BC Ct. (Nat. Rcd.) 9 1845-1848 MSA C229-1 MdHR 18119 f. 649 10 Oct. 1848.
Schaum, Louis. Prussia. NATN. Decl. intent in BC Ct. 13 Sept. 1844. Wits: Alexander McCoy and Jacob Fogelman. O&RA to the King of Prussia. BC Ct. (Nat. Rcd.) 9 1845-1848 MSA C229-1 MdHR 18119 f. 239 18 Sept. 1847.
Schaum/Schann, Frederick. Bavaria. NATN. Arrived in US 3 yrs. prior to age 21. Res. US for 5 yrs., including 3 of minority. Res. MD over 1 yr. Wits: Frederick Reitz and William Kaltenbach. O&RA to the King of Bavaria. BA Ct. (Nat. Rcd. of Minors) 3 1846-1851 MSA C392-1 MdHR 18110 f. 68 10 Oct. 1848.
Schaum, William. Bavaria. NATN. Arrived in US under age 18. Wits: Frederick Reitz and William Kaltenbach. BA Ct. (Nat. Dkt.) 1 1796-1851 MSA C389-1 MdHR 18106 f. 344 10 Oct. 1848.
Schaumlaeffel, Nicholas. Electorate of Hesse-Cassel. NATN. Decl. intent in BC Ct. 18 July 1844. Wits: William Hannemeyer and Nimrod Chapman. O&RA to the Elector of Hesse-Cassel. BA Ct. (Nat. Rcd.) 4 1846-1851 MSA C391-2 MdHR 18109 f. 219 5 Oct. 1847.
Scheffer, Martin. Electorate of Hesse-Cassel. NATN. Decl. intent in US Circ. Ct. 5 Oct. 1844. Wits: Henry Vey and John Rausch. O&RA to the Elector of Hesse-Cassel. BA Ct. (Nat. Rcd.) 4 1846-1851 MSA C391-2 MdHR 18109 f. 336 29 Sept. 1849.
Scheffer, Martin. Electorate of Hesse-Cassel. NATN. Decl. intent in US Circ. Ct. 5 Sept. 1844. Wits: Henry Vey and John Rausch. BA Ct. (Nat. Dkt.) 1 1796-1851 MSA C389-1 MdHR 18106 f. 368 29 Sept. 1849.
Scheible, Charles Frederick. Wurtemburg. NATN. Decl. intent in open ct. Arrived in US 3 yrs. prior to age 21. Res. US for 5 yrs., including 3 of minority. Res. MD over 1 yr. Res. BC. Wits: Jacob Ely and Jacob Kentzle. O&RA to the King of Wurtemburg. BC Ct. (Nat. Rcd. of Minors) 2 1832-1836 MSA C237-2 MdHR 18113 f. 180 15 Dec. 1835.
Scheiblein, George. Germany. DI. BC Ct. (Dkt&Mins) 1840 MSA C184-7 MdHR 16664 f. 16 8 May 1840.

Scheilan, Christopher. Germany. DI. Ren. alleg. to the Emperor of Germany. BC Ct. of O&T&GD (Dkt&Mins) 1813 MSA C183-8 MdHR 16656 f. 39 28 Aug. 1813.

Scheiner, Michael. Germany. NATN. Decl. intent in US Dist. Ct. 30 Sept. 1844. Wits: Charles Henkel and Michael Hertlein. O&RA to the Emperor of Germany. BC Ct. (Nat. Rcd.) 9 1845-1848 MSA C229-1 MdHR 18119 f. 533 29 Sept. 1848.

Scheld, Conrad. Electorate of Hesse-Cassell. NATN. Res. BC. Decl. intent in US Dist. Ct. 1 Nov. 1822. Wits: John Keyes and George Koeler. O&RA to the Elector of Hesse-Cassell. BC Ct. (Nat. Rcd. of Minors) 1 1827-1832 MSA C2371 MdHR 18812 f. 72 19 Sept. 1828.

Schellenberger, George Joseph. Bavaria. NATN. Decl. intent in US Dist. Ct. 10 Aug. 1844. Wits: Simon Bearn and Joseph D. Forschell. O&RA to the King of Bavaria. BC Ct. (Nat. Rcd.) 10 1849-1851 MSA C229-2 MdHR 18120 f. 31 2 Oct. 1849.

Schemp, John H. Grand Dutchy of [Hesse-] Darmstadt. DI. BA Ct. (Minutes) 1832-1838 MSA C386 MdHR 14403 f. 115 15 Sept. 1834.

Schemp. Grand Dutchy of [Hesse-] Darmstadt. DI. BA Ct. (Minutes, Rough) 1832-1835 MSA C420-1 MdHR 14396-2 f. 277 15 Sept. 1834.

Schen, John. Bavaria. NATN. Decl. intent in US Circ. Ct. 20 Sept. 1844. Wits: John Herk and Conrad Hoffman. O&RA to the King of Bavaria. BC Ct. (Nat. Rcd.) 9 1845-1848 MSA C229-1 MdHR 18119 f. 742 1 Nov. 1848.

Schenkel, Conrad. Bavaria. NATN. Arrived in US 3 yrs. prior to age 21. Res. US for 5 yrs., including 3 of minority. Res. MD over 1 yr. Wits: Philip Shenkel and John Troselfelter. O&RA to the King of Bavaria. BC Ct. (Nat. Rcd. of Minors) 3 1845-1851 MSA C237-3 MdHR 18114-1 f. 168 1 Nov. 1848.

Schenoth, Charles Augustus. England. NATN. Decl. intent in BC Ct. 3 Oct. 1844. Wits: Hamilton McDonell and James League. O&RA to the Queen of United kingdom. BA Ct. (Nat. Rcd.) 4 1846-1851 MSA C391-2 MdHR 18109 f, 36 6 Oct. 1846.

Scher (?), John C. Wurtemburg. DI. BA Ct. (Minutes) 1822-1826 MSA C386-12 MdHR 14386 f. 236 27 Nov. 1824.

Scherer, Christopher. Grand Dutchy of Hamburg. DI. BA Ct. (Minutes, Rough) 1836-1844 MSA C420-2 MdHR 14398 f. 102 20 Nov. 1837.

Scherer, Joseph. [Grand] Dutchy of Nassau. DI. BA Ct. (Minutes, Rough) 1845-1851 MSA C420-3 MdHR 14401 f. 309 28 July 1849.

Scherer, Joseph. [Grand] Dutchy of Nassau. DI. BA Ct. (Minutes) 1846-1851 MSA C386-17 MdHR 14405 ff. 172-173 28 July 1849.

Schermer, Charles. Bavaria. NATN. Decl. intent in US Circ. Ct. 1 Oct. 1844. Wits: William Ashton and Joseph Farwick. O&RA to the King of Bavaria. BA Ct. (Nat. Rcd.) 4 1846-1851 MSA C391-2 MdHR 18109 f. 147 13 Oct. 1846.

Scheytt, Godfrey. Wurtemburg. NATN. Decl. intent in BC Ct. 1 Nov. 1844. Wits: John F. Friedhoffer and Mathias Klump. O&RA to the King of Wurtemburg. BC Ct. (Nat. Rcd.) 9 1845-1848 MSA C229-1 MdHR 18119 f. 414 4 Oct. 1847.

Schick, Joseph. Grand Dutchy of Baden. NATN. Decl. intent in US Circ. Ct. 5 June 1844. Wits: George M. Rogers and Maurice Barger. BA Ct. (Nat. Dkt.) 1 1796-1851 MSA C389-1 MdHR 18106 f. 231 5 Oct. 1846.

Schick, Joseph. Grand Dutchy of Baden. NATN. Decl. intent in US Circ. Ct. 5 June 1844. Wits: George W. Rogers and Maurice Barger. O&RA to the Grand Duke of Baden. BA Ct. (Nat. Rcd.) 4 1846-1851 MSA C391-2 MdHR 18109 f. 5 5 Oct. 1846.

Schieber, John Christian. Wurtemburg. DI. BA Ct. (Minutes, Rough) 1832-1834 MSA C420-1 MdHR 14396-2 f. 296 1 Dec. 1834.

Schieber, John Christian. Wurtemburg. DI. BA Ct. (Minutes) 1832-1838 MSA C386 MdHR 14403 f. 130 1 Dec. 1834.

Schielgent, Frederick E. Prussia. NATN. Decl. intent in Ct. of Common Pleas for the City and Co. of New York 10 Feb. 1849. Wits: Christian T. Schaefer and John Hubel. O&RA to the King of Prussia. BC Ct. (Nat. Rcd.) 10 1849-1851 MSA C229-2 MdHR 18120 f. 346 27 Oct. 1851.

Schifferstein, Joseph. France. DI. BC Ct. (Dkt&Mins) 1847 MSA C184-10 MdHR 16667 f. 6 10 Feb. 1847.

Schillenschlager, Mathias. Republic of Frankfort. NATN. Decl. intent in BC Ct. 1 Nov. 1844. Wits: George Philips and William Young. O&RA to the Republic of Frankfort. BC Ct. (Nat. Rcd.) 9 1845-1848 MSA C229-1 MdHR 18119 f. 333 2 Oct. 1847.

Schilling, Paulus. Germany. NATN. Decl. intent in US Dist. Ct. 28 Sept. 1844. Wits: John Paulus and Lewis Maas. O&RA to the Emperor of Germany. BC Ct. (Nat. Rcd.) 9 1845-1848 MSA C229-1 MdHR 18119 f. 462 5 Oct. 1847.

Schilling, Rudolph. Prussia. DI. BA Ct. (Minutes, Rough) 2 1836-1844 MSA C420-2 MdHR 14398 f. 141 29 Sept. 1838.

Schindler, John F. Bavaria. NATN. Decl. intent in US Dist. Ct. 5 Oct. 1841. Wits: John Wenn and Peter Kreis. BA Ct. (Nat. Dkt.) 1 1796-1851 MSA C389-1 MdHR 18106 f. 278 13 Oct. 1846.

Schindler, John F. Bavaria. NATN. Decl. intent in US Dist. Ct. 5 Oct. 1841. Wits: John Woirn and Peter Kreis. O&RA to the King of Bavaria. BA Ct. (Nat. Rcd.) 4 1846-1851 MSA C391-2 MdHR 18109 f. 147 13 Oct. 1846.

Schisler, George. Grand Dutchy of Hesse-Darmstadt. NATN. Decl. intent in US Dist. Ct. 20 Sept. 1844. Wits: A. Maleney and Nimrod Chapman. O&RA to the Grand Duke of Hesse-Darmstadt. BC Ct. (Nat. Rcd.) 9 1845-1848 MSA C229-1 MdHR 18119 f. 400 4 Oct. 1847.

Schisler, William. Germany. BA Ct. (Nat. Dkt.) 1 1796-1851 MSA C389-1 MdHR 18106 f. 45 6 May 1815.

Schitz, Henry. Prussia. NATN. Decl. intent in US Circ. Ct. 20 Sept. 1844. Wits: John Roach and Charles L. Birchuff. BA Ct. (Nat. Dkt.) 1 1796-1851 MSA C389-1 MdHR 18106 f. 371 1 Oct. 1849.

Schitz, Nicholas. Bavaria. NATN. Decl. intent in US Circ. Ct. 19 May 1846. Wits: Frederick Arnold and Frederick Hibner. BA Ct. (Nat. Dkt.) 1 1796-1851 MSA C389-1 MdHR 18106 f. 358 2 Nov. 1848.

Schitz, Niclaus. Bavaria. NATN. Decl. intent in US Circ. Ct. 19 May 1846. Wits: Frederick Arnold and Frederick Hibner. O&RA to the King of Bavaria. BA Ct. (Nat. Rcd.) 4 1846-1851 MSA C391-2 MdHR 18109 ff. 320 2 Nov. 1848.

Schlag, Jacob. Electorate of Hesse-Cassel. NATN. Decl. intent in BC Ct. 3 Sept. 1844. Wits: Luke L. Williams and Philip Wagner. O&RA to the Elector of Hesse-Cassel. BC Ct. (Nat. Rcd.) 9 1845-1848 MSA C229-1 MdHR 18119 f. 362 4 Oct. 1847.

Schlang, John Gottlieb. Principality of Reusz-Gera. DI. Ren. alleg. to King of Saxony. BA Ct. (Minutes, Rough) 1836-1844 MSA C420-2 MdHR 14398 f. 119 14 March 1838.

Schlehenbecker, John. Grand Dutchy of Hesse-Darmstadt. NATN. Decl. intent in US Circ. Ct. 23 Sept. 1844. Wits: William Bramer and Peter Kreis. BA Ct. (Nat. Dkt.) 1 1796-1851 MSA C389-1 MdHR 18106 f. 278 13 Oct. 1846.

Schlehenbecker, John. Grand Dutchy of Hesse-Darmstadt. NATN. Decl. intent in US Circ. Ct. 23 Sept. 1844. Wits: William Bramer and Peter Kreis. O&RA to the Grand Duke of Hesse-Darmstadt. BA Ct. (Nat. Rcd.) 4 1846-1851 MSA C391-2 MdHR 18109 f. 148 13 Oct. 1846.

Schlesinger, Morris. Sweden. DI. BA Ct. (Minutes) 1827-1830 MSA C386-13 MdHR 14391 f. 161 4 Oct. 1828.

Schlofs/Scholss, Nathan. Bavaria. NATN. Decl. intent in US Dist. Ct. 10 Nov. 1843. Wits: Myer Rendist and L. Myers. O&RA to the King of Bavaria. BC Ct. (Nat. Rcd.) 9 1845-1848 MSA C229-1 MdHR 18119 f. 535 30 Sept. 1848.

Schlolfeldt, Christian Frederick Detter. Denmark. DI. Res. BC. BC Ct.

(Dkt&Mins) 1846 MSA C184-9 MdHR 16666 f. 26 13 June 1846.
Schlott, Conrad. Electorate of Hesse-Cassel. NATN. Decl. intent in BA Ct. 28 Sept. 1844. Wits: Edward Vogelsang and Frederick Mimes. O&RA to the Elector of Hesse-Cassel. BA Ct. (Nat. Rcd.) 4 1846-1851 MSA C391-2 MdHR 18109 f. 78 13 Oct. 1846.
Schlott, Conrad. Electorate of Hessen-Cassel. NATN. Decl. intent in BC Ct. 28 Sept. 1844. Wits: Edward Voglesang and Frederick Wemer. BA Ct. (Nat. Dkt.) 1 1796-1851 MSA C389-1 MdHR 18106 f. 256 13 Oct. 1846.
Schmaedache, John Charles. Prussia. NATN. Born in City of Posan. Decl. intent in BC Ct. 8 Feb. 1820. Wits: John F. Durst and Martin G. Schade. Certificate and report filed. BA Ct. (Nat. Dkt.) 1 1796-1851 MSA C389-1 MdHR 18106 f. 64 21 May 1823.
Schmalger, Martin. Grand Dutchy of Hessen-Darmstadt. NATN. Decl. intent in US Dist. Ct. 30 Sept. 1844. Wits: Christian Heiner and Frederick Heiner. O&RA to the Grand Duke of Hessen-Darmstadt. BC Ct. (Nat. Rcd.) 10 1849-1851 MSA C229-2 MdHR 18120 f. 80 30 Sept. 1850.
Schmaltzer, John. Grand Dutchy of Hesse-Darmstadt. Decl. intent in US Circ. Ct. 30 Sept. 1844. Wits: Peter Frelieb and John Rosenberger. O&RA to the Grand Duke of Hesse-Darmstadt. BA Ct. (Nat. Rcd.) 4 1846-1851 MSA C391-2 MdHR 18109 f. 148 13 Oct. 1846.
Schmaltzer, John. Grand Dutchy of Hesse-Darmstadt. NATN. Decl. intent in US Circ. Ct. 30 Sept. 1844. Wits: John Rosenberger and Peter Trelieb. BA Ct. (Nat. Dkt.) 1 1796-1851 MSA C389-1 MdHR 18106 f. 279 13 Oct. 1846.
Schmeltz, George W. Electorate of Hesse-Cassel. NATN. Decl. intent in US Dist. Ct. 25 Sept. 1844. Wits: Peter Kreiss and Henry D. Smithe. O&RA to the Elector of Hesse-Cassel. BC Ct. (Nat. Rcd.) 9 1845-1848 MSA C229-1 MdHR 18119 f. 300 30 Sept. 1847.
Schmidt, August. (Also referred to in text of naturalization as "John Schmidt".) Wurtemburg. NATN. Decl. intent in US Circ. Ct. 26 July 1844. Wits: Laurence Bopp and John Lurtz. O&RA to the King of Wurtemburg. BA Ct. (Nat. Rcd.) 4 1846-1851 MSA C391-2 MdHR 18109 f. 149 13 Oct. 1846.
Schmidt, Bernard. Grand Dutchy of Hesse-Darmstadt. NATN. Decl. intent in BC Ct. 23 Sept. 1844. Wits: Charles Weidener and Philip Wagner. O&RA to the Grand Duke of Hesse-Darmstadt. BC Ct. (Nat. Rcd.) 9 1845-1848 MSA C229-1 MdHR 18119 f. 286 29 Sept. 1847.
Schmidt, Conrad. Electorate of Hesse-Cassel. NATN. Decl. intent in US Dist. Ct. 4 Oct. 1849. Wits: Christian Hax and Peter Truelip. O&RA to the Elector of Hesse-Cassel. BC Ct. (Nat. Rcd.) 10 1849-1851 MSA C229-2 MdHR 18120 f. 325 7 Oct. 1851.
Schmidt, Francis. Bavaria. NATN. Decl. intent in US Circ. Ct. 10 Oct. 1846. Wits: Anton Stapf and Adam Bedel. O&RA to the King of Bavaria. BA Ct. (Nat. Rcd.) 4 1846-1851 MSA C391-2 MdHR 18109 f. 302 30 Oct. 1848.
Schmidt, Francis. Bavaria. NATN. Decl. intent in US Circ. Ct. 10 Oct. 1846. Wits: Anton Stapf and Adam Bedel. BA Ct. (Nat. Dkt.) 1 1796-1851 MSA C389-1 MdHR 18106 f. 351 30 Oct. 1848.
Schmidt, Jacob. Bavaria. NATN. Decl. intent in BC Ct. 9 Sept. 1844. Wits: Frederick Hens and Henry Diederich. O&RA to the King of Bavaria. BA Ct. (Nat. Rcd.) 4 1846-1851 MSA C391-2 MdHR 18109 f. 290 10 Oct. 1848.
Schmidt, Jacob. Bavaria. NATN. Decl. intent in BC Ct. 9 Sept. 1844. Wits: Frederick Hess and Henry Diednick (?). BA Ct. (Nat. Dkt.) 1 1796-1851 MSA C389-1 MdHR 18106 f. 346 10 Oct. 1848.
Schmidt, John A. Bavaria. NATN. Decl. intent in US Circ. Ct. 7 June 1844. Wits: John F. Tauber and John Bower, Sr. BA Ct. (Nat. Dkt.) 1 1796-1851 MSA C389-1 MdHR 18106 f. 279 13 Oct. 1846.
Schmidt, John George Charles. Russia. NATN. Decl. intent in US Dist. Ct. 13

Oct. 1846. Wits: Bernhard Reinhard and Peter Treuleb. O&RA to the Emperor of Russia. BC Ct. (Nat. Rcd.) 9 1845-1848 MSA C229-1 MdHR 18119 f. 704 23 Oct. 1848.

Schmidt, John A. Bavaria. NATN. Decl. intent in US Circ. Ct. 17 June 1844. Wits: John F. Tauber and John Bower, Sr. O&RA to the King of Bavaria. BA Ct. (Nat. Rcd.) 4 1846-1851 MSA C391-2 MdHR 18109 f. 149 13 Oct. 1846.

Schmidt, John. Bavaria. NATN. Decl. intent in US Circ. Ct. 23 Sept. 1844. Wits: Conrad Suloff and Mathias Mullere. O&RA to the King of Bavaria. BA Ct. (Nat. Rcd.) 4 1846-1851 MSA C391-2 MdHR 18109 f. 45 10 Oct. 1846.

Schmidt, John. Grand Dutchy of Hesse-Darmstadt. NATN. Decl. intent in US Dist. Ct. 26 Sept. 1844. Wits: John Iglehard and George Miller. O&RA to the Grand Duke of Hesse-Darmstadt. BC Ct. (Nat. Rcd.) 9 1845-1848 MSA C229-1 MdHR 18119 f. 545 2 Oct. 1848.

Schmidt, John. Bavaria. NATN. Decl. intent in US Circ. Ct. 23 Sept. 1844. Wits: Conrad Suloff and Mathias Mullere. BA Ct. (Nat. Dkt.) 1 1796-1851 MSA C389-1 MdHR 18106 f. 246 10 Oct. 1846.

Schmidt, John. Bein. DI. BC Ct. (Dkt&Mins) 1849 MSA C184-11 MdHR 16668 f. 8 6 March 1849.

Schmidt, John. Germany. DI. BC Ct. (Dkt&Mins) 1840 MSA C184-7 MdHR 16664 f. 35 21 Sept. 1840.

Schmidt, Peter. Denmark. NATN. Decl. intent in US Dist. Ct. 23 July 1849. Wits: Alexander Myer and William Wardenburg. O&RA to the King of Denmark. BC Ct. (Nat. Rcd.) 10 1849-1851 MSA C229-2 MdHR 18120 f. 176 2 Aug. 1851.

Schmidt, Valentine Klein. Grand Dutchy of Hesse-Darmstadt. NATN. Decl. intent in US Dist. Ct. 10 Sept. 1844. Wits: Valentine Reberg and Valentine Hase (Hax?). O&RA to the Grand Duke of Hesse-Darmstadt. BC Ct. (Nat. Rcd.) 9 1845-1848 MSA C229-1 MdHR 18119 f. 716 28 Oct. 1848.

Schmidt, Valentine. Germany. DI. Profession: Tailor (1850 Census). Age: 46 (1850 Census). BC Ct. (Dkt&Mins) 1840 MSA C184-7 MdHR 16664 f. 37 2 Oct. 1840.

Schmieter, Henry. Hanover. DI. Res. BC. BC Ct. (Docket & minutes) 1839 MSA C184-6 MdHR 16663 f. 33 3 Sept. 1839.

Schminck, Jacob. Grand Dutchy [Electorate] of Hesse-Cassell. DI. BA Ct. (Minutes, Rough) 1832-1835 MSA C420-1 MdHR 14396-2 f. 253 24 April 1834.

Schminck, Jacob. Principality (Grand Dutchy) of Hesse-Cassel. DI. BA Ct. (Minutes) 1832-1838 MSA C386 MdHR 14403 ff. 97-98 24 April 1834.

Schminck, Ludwig. Grand Dutchy of Hesse-Darmstadt. NATN. Decl. intent in US Circ. Ct. 30 Sept. 1844. Wits: Adam Diderick and Theodore Munch. BA Ct. (Nat. Dkt.) 1 1796-1851 MSA C389-1 MdHR 18106 f. 279 13 Oct. 1846.

Schmitt, August. Wutemburg. NATN. Decl. intent in US Circ. Ct. 26 July 1844. Wits: Laurence Popple and John Lurtz. BA Ct. (Nat. Dkt.) 1 1796-1851 MSA C389-1 MdHR 18106 f. 279 13 Oct. 1846.

Schmittner, Jacob. Bavaria. NATN. Decl. intent in US Circ. Ct. 30 Sept. 1844. Wits: Frederick Geisnth and Christian Filchner. O&RA to the King of Bavaria. BA Ct. (Nat. Rcd.) 4 1846-1851 MSA C391-2 MdHR 18109 f. 257 2 Oct. 1848.

Schmittner, Jacob. Bavaria. NATN. Decl. intent in US Circ. Ct. 30 Sept. 1844. Wits: Frederick Gintl and Christian Filchner. BA Ct. (Nat. Dkt.) 1 1796-1851 MSA C389-1 MdHR 18106 f. 333 3 Oct. 1848.

Schmitz, Charles. Prussia. DI. Res. BC. BC Ct. (Dkt&Mins) 1841 MSA C184-8 MdHR 16665 f. 39 18 Oct. 1841.

Schmotte, Charles Augustus. England. NATN. Decl. intent in BC Ct. 3 Oct. 1844. Wits: Hamilton McDowell and James League. BA Ct. (Nat. Dkt.) 1 1796-1851 MSA C389-1 MdHR 18106 f. 242 6 Oct. 1846.

Schnauder, Henry. Bavaria. NATN. Decl. intent in US Dist. Ct. 9 Oct. 1843.

Wits: John Hammel and George Leibert. O&RA to the King of Bavaria. BA Ct. (Nat. Rcd.) 4 1846-1851 MSA C391-2 MdHR 18109 f. 150 13 Oct. 1846.

Schnauper/Schnausser, George. Germany. BA Ct. (Nat. Dkt.) 1 1796-1851 MSA C389-1 MdHR 18106 f. 20 #403 26 June 1802. Barnes, p. 64.

Schneider, Adam. Prussia. NATN. Decl. intent in US Circ. Ct. 24 Aug. 1844. Wits: Adam Wimmert and Mathias Schneider. BA Ct. (Nat. Dkt.) 1 1796-1851 MSA C389-1 MdHR 18106 f. 359 3 Nov. 1848.

Schneider, Adam. Prussia. NATN. Decl. intent in US Circ. Ct. 24 Aug. 1844. Wits: Adam Weinmert and Mathias Schneider. O&RA to the King of Prussia. BA Ct. (Nat. Rcd.) 4 1846-1851 MSA C391-2 MdHR 18109 f. 323 3 Nov. 1848.

Schneider, Casper. Grand Dutchy of Hessen-Darmstadt. NATN. Decl. intent in US Dist. Ct. 20 Sept. 1847. Wits: Peter Beck and Joseph Forschell. O&RA to the Grand Duke of Hessen-Darmstadt. BC Ct. (Nat. Rcd.) 10 1849-1851 MSA C229-2 MdHR 18120 f. 29 2 Oct. 1849.

Schneider, Henry. Grand Dutchy of Hesse-Darmstadt. NATN. Decl. intent in US Circ. Ct. 9 Oct. 1848. Wits: Charles Peck and George Schaffer. O&RA to the Grand Duke of Hesse-Darmstadt. BC Ct. (Nat. Rcd.) 10 1849-1851 MSA C229-2 MdHR 18120 f. 343 25 Oct. 1851.

Schneider, Jacob. Wurtemburg. NATN. Decl. intent in US Dist. Ct. 13 Sept. 1844. Wits: Christain Gauer and Bernard Ritner. O&RA to the King of Wurtemburg. BC Ct. (Nat. Rcd.) 9 1845-1848 MSA C229-1 MdHR 18119 f. 850 6 Nov. 1848.

Schneider, John. Bavaria. NATN. Decl. intent in US Dist. Ct. 22 Feb. 1841. Wits: John Want and Laurence Hilbert. BA Ct. (Nat. Dkt.) 1 1796-1851 MSA C389-1 MdHR 18106 f. 279 13 Oct. 1846.

Schneider, John. Electorate of Hesse-Cassel. NATN. Decl. intent in US Circ. Ct. 13 Sept. 1844. Wits: Jacob Neibling and Frederick Shoemaker. O&RA to the Elector of Hesse-Cassel. BA Ct. (Nat. Rcd.) 4 1846-1851 MSA C391-2 MdHR 18109 f. 23 6 Oct. 1846.

Schneider, John. Bavaria. NATN. Decl. intent in US Dist. Ct. 22 Feb. 1841. Wits: John Wank and Laurence Hilbert. O&RA to the King of Bavaria. BA Ct. (Nat. Rcd.) 4 1846-1851 MSA C391-2 MdHR 18109 f. 151 13 Oct. 1846.

Schneider, John. Bavaria. NATN. Decl. intent in US Circ. Ct. 23 May 1844. Wits: Christopher Stringer and John Crenaut. BA Ct. (Nat. Dkt.) 1 1796-1851 MSA C389-1 MdHR 18106 f. 241 6 Oct. 1846.

Schneider, John. Electorate of Hesse-Cassel. NATN. Decl. intent in US Circ. Ct. 30 Sept. 1844. Wits: Jacob Niebling and Frederick Schoemaker. BA Ct. (Nat. Dkt.) 1 1796-1851 MSA C389-1 MdHR 18106 f. 238 6 Oct. 1846.

Schneider, John. Bavaria. NATN. Decl. intent in US Circ. Ct. 23 May 1844. Wits: Christoper Strenger and John Crenant. O&RA to the King of Bavaria. BA Ct. (Nat. Rcd.) 4 1846-1851 MSA C391-2 MdHR 18109 f. 32 6 Oct. 1846.

Schneider, Jr., John. Prussia. NATN. Decl. intent in US Dist. Ct. 10 Oct. 1846. Wits: William Musel and Sebastian Wulte. O&RA to the King of Prussia. BC Ct. (Nat. Rcd.) 9 1845-1848 MSA C229-1 MdHR 18119 f. 643 10 Oct. 1848.

Schnieman, John Andrew Christopher. Hanover. BA Ct. (Nat. Dkt.) 1 1796-1851 MSA C389-1 MdHR 18106 f. 33 #637 16 May 1806.

Schnieter, Henry. Hanover. DI. BC Ct. (Dkt&Mins) 1839 MSA C184-6 MdHR 16663 f. 33 3 Sept. 1839.

Schninder, Henry. Bavaria. NATN. Decl. intent in US Dist. Ct. 7 Oct. 1843. Wits: John Hamnel and George Seibert. BA Ct. (Nat. Dkt.) 1 1796-1851 MSA C389-1 MdHR 18106 f. 279 13 Oct. 1846.

Schnorr, John. Grand Dutchy of Baden. DI. BC Ct. (Dkt&Mins) 1849 MSA C184-11 MdHR 16668 f. 26 2 Oct. 1849.

Schnuch, Ludwig. Grand Dutchy of Hesse-Darmstadt. NATN. Decl. intent in

US Circ. Ct. 30 Sept. 1844. Wits: Adam Dedrick and Theodore Munch. O&RA to the Grand Duke of Hesse-Darmstadt. BA Ct. (Nat. Rcd.) 4 1846-1851 MSA C391-2 MdHR 18109 f. 150 13 Oct. 1846.

Schnupp, Valentine. Electorate of Hesse-Cassel. NATN. Decl. intent in US Dist. Ct. 13 Sept. 1844. Wits: Philip Wagner and Nicholas Creamer. O&RA to the Elector of Hesse-Cassel. BC Ct. (Nat. Rcd.) 9 1845-1848 MSA C229-1 MdHR 18119 f. 541 2 Oct. 1848.

Schobart, John. Bavaria. NATN. Arrived in US 3 yrs. prior to age 21. Res. US for 5 yrs., including 3 of minority. Res. MD over 1 yr. Wits: Valentine Fishberger and Joseph Ninwegen. O&RA to the King of Bavaria. BA Ct. (Nat. Rcd. of Minors) 3 1846-1851 MSA C392-1 MdHR 18110 f. 76 1 Nov. 1848.

Schobart, John. Bavaria. NATN. Arrived in US under age 18. Wits: Valentine Fishberger and Joseph Nimaweger. BA Ct. (Nat. Dkt.) 1 1796-1851 MSA C389-1 MdHR 18106 f. 353 1 Nov. 1848.

Schoelkopf/Schoelkoff, Matthew. Wurtemburg. NATN. Decl. intent in US Dist. Ct. 5 Oct. 1835. Res. BC. Wits: John Cagle and Jacob Harman. O&RA to the King of Wurtemburg. BA Ct. (Nat. Rcd.) 2 1832-1846 MSA C391-1 MdHR 18108 f. 45 19 April 1838.

Schofeld, Benjamin. England. NATN. Decl. intent in BA Ct. 24 Oct. 1844. Wits: Dennis Wheeler and John W. Bond. O&RA to the Queen of UK. BC Ct. (Nat. Rcd.) 9 1845-1848 MSA C229-1 MdHR 18119 f. 721 28 Oct. 1848.

Schofield, Alciune. England. NATN. Decl. intent in BC Ct. 17 June 1844. Wits: Francis Hast and William H. Carroll. O&RA to the Queen of UK. BC Ct. (Nat. Rcd.) 9 1845-1848 MSA C229-1 MdHR 18119 f. 695 21 Oct. 1848.

Schofield, Arsemus. England. NATN. Decl. intent in US Dist. Ct. 17 July 1844. Wits: Horatio N. Granbrill and Henry Taylor. O&RA to the Queen of UK. BC Ct. (Nat. Rcd.) 9 1845-1848 MSA C229-1 MdHR 18119 f. 778 4 Nov. 1848.

Schofield, Benjamin. England. DI. BA Ct. (Minutes) 1846-1851 MSA C386-17 MdHR 14405 f. 17 24 Oct. 1846.

Schofield, Benjamin. England. DI. BA Ct. (Minutes, Rough) 1845-1851 MSA C420-3 MdHR 14401 f. 110 24 Oct. 1846.

Schofield, Benjamin. England. DI. BA Ct. (Minutes) 1846-1851 MSA C386-16 MdHR 14405 f. 17 24 Oct. 1846.

Schofield, John. England. NATN. Decl. intent in US Dist. Ct. 17 June 1844. Wits: Horatio N. Gambril and Henry Taylor. O&RA to the Queen of UK. BC Ct. (Nat. Rcd.) 9 1845-1848 MSA C229-1 MdHR 18119 f. 806 6 Nov. 1848.

Scholl, Ludwick. Germany. DI. BC Ct. (Dkt&Mins) 1840 MSA C184-7 MdHR 16664 f. 35 25 Sept. 1840.

Scholta, Henry. Prussia. NATN. Decl. intent in US Dist. Ct. 24 Aug. 1844. Wits: John A. Schemp and Adam Worlslager. O&RA to the King of Prussia. BC Ct. (Nat. Rcd.) 9 1845-1848 MSA C229-1 MdHR 18119 f. 264 25 Sept. 1847.

Schombe, Henry. Grand Dutchy of Hesse-Darmstadt. NATN. Decl. intent in US Dist. Ct. 1 Oct. 1844. Wits: Charles Freusch and Bernard Evering. O&RA to the Grand Duke of Hesse-Darmstadt. BC Ct. (Nat. Rcd.) 9 1845-1848 MSA C229-1 MdHR 18119 f. 783 4 Nov. 1848.

Schonfesber, Gesson. Bavaria. NATN. Decl. intent in US Circ. Ct. 7 Oct. 1845. Wits: Moses Ettinger and Charles Trawennck. O&RA to the King of Bavaria. BC Ct. (Nat. Rcd.) 9 1845-1848 MSA C229-1 MdHR 18119 f. 528 25 Sept. 1848.

School, Ludwick. Germany. DI. BC Ct. (Dkt&Mins) 1840 MSA C184-7 MdHR 16664 f. 35 25 Sept. 1840.

Schopper, Henry. Electorate of Hesse-Cassel. NATN. Decl. intent in US Dist. Ct. 30 Sept. 1844. Wits: George Frushberg and Martin Gentrman. O&RA to the Elector of Hesse-Cassel. BC Ct. (Nat. Rcd.) 9 1845-1848 MSA C229-1 MdHR 18119 f. 385 4 Oct. 1847.

Schorhan, Frederick. Wurtemburg. NATN. Arrived in US 3 yrs. prior to age

21. Res. US for 5 yrs., including 3 of minority. Res. MD over 1 yr. Witness: Charles Beecher. O&RA to the King of Wurtemburg. BC Ct. (Nat. Rcd. of Minors) 3 1845-1851 MSA C237-3 MdHR 18114-1 f. 332 3 Nov. 1851.

Schotfeldt, Christian F. D. Denmark. NATN. Decl. intent in BC Ct. 13 June 1846. Wits: Philip Johnson and John Stransbury. O&RA to the King of Denmark. BC Ct. (Nat. Rcd.) 9 1845-1848 MSA C229-1 MdHR 18119 f. 571 3 Oct. 1848.

Schott, Francis. Germany. Note by clerk that this had been entered into this record in error; it was to have been recorded in the BC Ct. Nationalization Record of Minors. BC Ct. (Nat. Rcd.) 9 1845-1848 MSA C229-1 MdHR 18119 f. 26 30 Sept. 1845.

Schott, Francis. Germany. NATN. Arrived in US 3 yrs. prior to age 21. Res. US for 5 yrs., including 3 of minority. Res. MD over 1 yr. Witness: George H. Duchel. O&RA to the Emperor of Germany. BC Ct. (Nat. Rcd. of Minors) 3 1845-1851 MSA C237-3 MdHR 18114-1 f. 8 10 Oct. 1845.

Schott, John Frederick. Electorate of Hesse-Cassel. NATN. Decl. intent in US Circ. Ct. 4 Oct. 1847. Wits: John C. Hagan and John Shappy. O&RA to the Elector of Hesse-Cassel. BA Ct. (Nat. Rcd.) 4 1846-1851 MSA C391-2 MdHR 18109 f. 363 8 Oct. 1850.

Schoub/Schaub (?), Jacob. Hoenzollern. NATN. Decl. intent in US Dist. Ct. 1 Aug. 1812. Res. BC. Wits: Andrew Conrad and Henry Schoub. O&RA to the King of Westphalia. BC Ct. (Nat. Rcd. of Minors) 2 1832-1836 MSA C237-2 MdHR 18113 ff. 57-58 24 Nov. 1832.

Schreader, Henry. Hanover. NATN. Arrived in US 3 yrs. prior to age 21. Res. US for 5 yrs., including 3 of minority. Res. MD over 1 yr. Wits: George W. Brown and Samuel Shnear. O&RA to the King of Hanover. BC Ct. (Nat. Rcd. of Minors) 3 1845-1851 MSA C237-3 MdHR 18114-1 f. 210 25 July 1849.

Schreiver (Spelled as "Schriver" in 1850 Census), Jacob. Principality of Waldeck. NATN. Decl. intent in US Circ. Ct. 26 Sept. 1844. Res. BA, 1st Dist. (1850 Census). Profession: Laborer (1850 Census). Wits: John Herklein and Peter Herklein. O&RA to the Prince of Waldeck. BA Ct. (Nat. Rcd.) 4 1846-1851 MSA C391-2 MdHR 18109 f. 257 2 Oct. 1848.

Schreiver, Jacob. Principality of Waldeck. NATN. Decl. intent in BC Ct. 26 Sept. 1844. Wits: John Hertlein and Peter Hertlein. BA Ct. (Nat. Dkt.) 1 1796-1851 MSA C389-1 MdHR 18106 f. 333 3 Oct. 1848.

Schrieder, Henry. Germany. NATN. Decl. intent in BC Ct. 17 Aug. 1844. Wits: John S. Biddison and David Pollard. O&RA to the Emperor of Germany. BC Ct. (Nat. Rcd.) 9 1845-1848 MSA C229-1 MdHR 18119 f. 56 29 Sept. 1846.

Schriner, Christian. Wurtemburg. NATN. Decl. intent in US Dist. Ct. 7 Oct. 1844. Wits: George H. Dickel and David Frazier. O&RA to the King of Wurtemburg. BC Ct. (Nat. Rcd.) 9 1845-1848 MSA C229-1 MdHR 18119 f. 663 10 Oct. 1848.

Schroeder, John. Germany. DI. Germany. Ren. alleg. to the Emperor of Germany. BC Ct. of O&T&GD (Dkt&Mins) 1813 MSA C183-6 MdHR 16654 f. 52 13 Oct. 1813.

Schroeder, John. Germany. NATN. Born in Drumdeburg. Decl. intent in BA Ct. of O&T&GD 13 Oct. 1813. Witness: Anthony Egan. Certificate and report filed. BA Ct. (Nat. Dkt.) 1 1796-1851 MSA C389-1 MdHR 18106 f. 52 29 Sept. 1821.

Schroetch, Charles. Grand Dutchy of Brunswick. NATN. Decl. intent in open ct. Res. US 14 April 1802 - 18 June 1812. Wits: John Auske (?) and Robert Gorsuch. O&RA to the Grand Duke of Brunswick. BA Ct. (Nat. Rcd.) 2 1832-1846 MSA C391-1 MdHR 18108 ff. 53-54 18 Sept. 1838.

Schroeter, Charles. Grand Dutchy of Brunswick. Arrived in US 14 April 1802 - 18 June 1812. Wits: John Bush and Robert Gorsuch. BA Ct. (Nat. Dkt.) 1

1796-1851 MSA C389-1 MdHR 18106 f. 191 18 Sept. 1838.

Schuamcoeffel, Nicholas. Electorate of Hesse-Cassel. NATN. Decl. intent in BC Ct. 18 July 1844. Wits: William Thanameyer and Andrew Chapman. BA Ct. (Nat. Dkt.) 1 1796-1851 MSA C389-1 MdHR 18106 f. 315 5 Oct. 1847.

Schuertz, William. Grand Dutchy of Baden. NATN. Decl. intent in Superior Ct. of New York for the State of New York 10 Aug. 1846. Wits: Henry Kless and Andrew Schwartz. O&RA to the Grand Duke of Baden. BC Ct. (Nat. Rcd.) 10 1849-1851 MSA C229-2 MdHR 18120 f. 292 29 Sept. 1851.

Schular, Conrad. Germany. NATN. Decl. intent in US Dist. Ct. 23 Sept. 1844. Wits: Joseph Abell and Henry Barghumer. O&RA to the Emperor of Germany. BC Ct. (Nat. Rcd.) 9 1845-1848 MSA C229-1 MdHR 18119 f. 463 5 Oct. 1847.

Schulde, Joseph. Hanover. NATN. Decl. intent in US Dist. Ct. 7 Oct. 1843. Wits: George Joseph and John Rutter. O&RA to the King of Hanover. BA Ct. (Nat. Rcd.) 4 1846-1851 MSA C391-2 MdHR 18109 f. 151 13 Oct. 1846.

Schulde, Joseph. Hanover. NATN. Decl. intent in US Dist. Ct. 7 Oct. 1843. Wits: George Joseph and John Butter. BA Ct. (Nat. Dkt.) 1 1796-1851 MSA C389-1 MdHR 18106 f. 280 13 Oct. 1846.

Schuler, Conrad. Electorate of Hesse-Cassel. NATN. Decl. intent in US Circ. Ct. 16 Sept. 1844. Wits: William Haney and David Lair. BA Ct. (Nat. Dkt.) 1 1796-1851 MSA C389-1 MdHR 18106 f. 346 10 Oct. 1848.

Schuller, Conrad. Electorate of Hesse-Cassel. NATN. Decl. intent in US Circ. Ct. 16 Sept. 1844. Wits: William Haney and David Lair. O&RA to the Elector of Hesse-Cassel. BA Ct. (Nat. Rcd.) 4 1846-1851 MSA C391-2 MdHR 18109 f. 290 10 Oct. 1848.

Schulter, Henry. Hanover. NATN. Decl. intent in US Dist. Ct. 14 Oct. 1844. Wits: Jacob Owen and Michael Dorman. O&RA to the King of Hanover. BC Ct. (Nat. Rcd.) 9 1845-1848 MSA C229-1 MdHR 18119 f. 253 23 Sept. 1847.

Schultz, Frederick. Free City of Westphalia (?). NATN. Decl. intent in Harford Co. Ct. 25 May 1844. Wits: Lewis Blumenthal and Thomas Lieb. O&RA to the Free City of Westphalia. BC Ct. (Nat. Rcd.) 9 1845-1848 MSA C229-1 MdHR 18119 f. 455 4 Oct. 1847.

Schultz, John. Electorate of Hesse-Cassel. NATN. Decl. intent in Frederick Co. Ct. 10 Feb. 1845. Wits: John A. Hacker and William Schneider. O&RA to the Elector of Hesse-Cassel. BC Ct. (Nat. Rcd.) 9 1845-1848 MSA C229-1 MdHR 18119 f. 606 7 Oct. 1848.

Schulz, Henry. Prussia. NATN. Decl. intent in US Circ. Ct. 20 Sept. 1844. Wits: John Roach and Charles L. Birchuff. O&RA to the King of Prussia. BA Ct. (Nat. Rcd.) 4 1846-1851 MSA C391-2 MdHR 18109 f. 344 1 Oct. 1849.

Schumaker, Helmer. Grand Dutchy of Oldenburg. Decl. intent in BA Ct. Sept. term 1821. Wits: Charles G. Robb and Nicholas Strike. Certificate and report filed. BA Ct. (Nat. Dkt.) 1 1796-1851 MSA C389-1 MdHR 18106 f. 69 20 Sept. 1824.

Schumaker, Maurice. Switzerland. NATN. Born in Canton of Luzurne. Decl. intent in BA Ct. Sept. 1822. Wits: George Savage and Edward N. Sweeney. Certificate and report filed. BA Ct. (Nat. Dkt.) 1 1796-1851 MSA C389-1 MdHR 18106 f. 86 25 Oct. 1824.

Schumaker, Maurice. Germany. DI. BA Ct. (Minutes) 1822-1826 MSA C386-12 MdHR 14386 f. 22 (no date given).

Schurdler, Gottlieb. Wurtemburg. NATN. Born in town of Eberstadt. Decl. intent in US Circ. Ct. 8 Dec. 1824. Wits: John Guisenduffer and John Shade. BA Ct. (Nat. Dkt.) 1 1796-1851 MSA C389-1 MdHR 18106 f. 123 25 Oct. 1827.

Schusizer, Charles. Switzerland. NATN. Arrived in US under age 18. Wits: James Ruhl and Henry Hoen. BA Ct. (Nat. Dkt.) 1 1796-1851 MSA C389-1 MdHR 18106 f. 365 29 Sept. 1849.

Schutlz, Christopher. Germany. BA Ct. (Nat. Dkt.) 1 1796-1851 MSA C389-1 MdHR 18106 f. 15 #312. Barnes, p. 63.

Schutz, John. Grand Dutchy of Hesse-Darmstadt. NATN. Decl. intent in BC Ct. 1 Oct. 1844. Wits: Stephen Gillespie and Lewis Riggeis. O&RA to Grand Duke of Hesse-Darmstadt. BC Ct. (Nat. Rcd.) 9 1845-1848 MSA C229-1 MdHR 18119 f. 550 3 Oct. 1848.

Schutze, Augustus. Hanover. NATN. Decl. intent in US Dist. Ct. 24 July 1837. Res. BC. Wits: William H. Hamer and Richard A. Hamer. O&RA to the King of Hanover. BA Ct. (Nat. Rcd.) 2 1832-1846 MSA C391-1 MdHR 18108 f. 62 2 Sept. 1839.

Schwab, Justus. Electorate of Hesse-Cassel. NATN. Decl. intent in US Circ. Ct. 18 June 1844. Wits: Christian Schwab and Ferdinand Cole. O&RA to the Elector of Hesse-Cassel. BA Ct. (Nat. Rcd.) 4 1846-1851 MSA C391-2 MdHR 18109 f. 146 13 Oct. 1846.

Schwalbe, Frederick W. Bremen. DI. Ren. alleg. to the Germanic Confederacy. Profession: Farmer. Arrived in Port of Baltimore 30 Sept. 1832. BA Ct. (Minutes) 1832-1838 MSA C386 MdHR 14403 f. 135 7 Jan. 1835. Tepper, p. 606.

Schwalenberg, Christian H. Hanover. NATN. Decl. intent in US Circ. Ct. 16 Nov. 1848. Wits: David Lair and Richard Ballock. O&RA to the King of Hanover. BC Ct. (Nat. Rcd.) 10 1849-1851 MSA C229-2 MdHR 18120 f. 413 4 Nov. 1851.

Schwalke, Frederick W. Bremen. DI. Ren. alleg. to the Germanic Confederation. BA Ct. (Minutes, Rough) 1832-1835 MSA C420-1 MdHR 14396-2 f. 304 7 Jan. 1835.

Schwarge, Albert T. Hanover. NATN. Decl. intent in BC Ct. 17 April 1845. Wits: E. H. Myers and Deidrick Schwartz. O&RA to the King of Hanover. BC Ct. (Nat. Rcd.) 9 1845-1848 MSA C229-1 MdHR 18119 f. 614 9 Oct. 1848.

Schwarte, Gergen Henry. Germany. DI. Res. BC. Ren. alleg. to the Emperor of Germany. BC Ct. (Dkt&Mins) 1840 MSA C184-7 MdHR 16664 f. 15 15 April 1840.

Schwartz, Gustav. Saxony. NATN. Decl. intent in BA Ct. 17 Sept. 1838. Wits: Christian G. Peters and John Abbey. BA Ct. (Nat. Dkt.) 1 1796-1851 MSA C389-1 MdHR 18106 f. 204 16 Sept. 1840.

Schwartz, Gustav. Saxony. NATN. Decl. intent in BA Ct. 17 Sept. 1838. Res. BC. Wits: Christian G. Peters and John Abbes. O&RA to the King of Saxony. BA Ct. (Nat. Rcd.) 2 1832-1846 MSA C391-1 MdHR 18108 ff. 82-83 26 Sept. 1840.

Schwartz, Gustav. Saxony. DI. BA Ct. (Minutes) 1832-1838 MSA C386 MdHR 14403 f. 297 17 Sept. 1838.

Schwartz, Henry. Grand Dutchy of Hesse-Darmstadt. NATN. Arrived in US 3 yrs. prior to age 21. Res. US for 5 yrs., including 3 of minority. Res. MD over 1 yr. Wits: George Kolb and Christopher Bordman. O&RA to the Grand Duke of Hesse-Darmstadt. BC Ct. (Nat. Rcd. of Minors) 3 1845-1851 MSA C237-3 MdHR 18114-1 f. 152 21 Oct. 1848.

Schwartze, August Jacob. Great Britain. BA Ct. (Nat. Dkt.) 1 1796 - 1851 MSA C389-1 MdHR 18106 f. 4 #47 8 Dec. 1796.Barnes, p. 59

Schwartze, August Jacob. Great Britain. NATN. BA Ct. (Minutes) 1792 - 1797 MSA C386-7 MdHR 5052 f. 264 8 Dec. 1796

Schwartze, Moses. Hanseatic Government. DI. BA Ct. (Minutes) 1822-1826 MSA C386-12 MdHR 14386 f. 434 28 Oct. 1826.

Schwartze, Wendelina. Hanover. BA Ct. (Nat. Dkt.) 1 1796-1851 MSA C389-1 MdHR 18106 f. 46 27 March 1816.

Schwartzer/Schwertzer, John Frederick. Hanover. BA Ct. (Nat. Dkt.) 1 1796-1851 MSA C389-1 MdHR 18106 f. 19 #395 28 Dec. 1798. Barnes, p. 64.

Schwarze, Albert Frederick. Hanover. DI. Res. BC. BC Ct. (Dkt&Mins) 1846 MSA C184-8 MdHR 16666 f. 11 17 April 1846.

Schwaz, Gustav. Saxony. DI. BA Ct. (Minutes, Rough) 1836-1844 MSA C420-2 MdHR 14398 f. 139 17 Sept. 1838.

Schwegler, Sebastian. Republic of France. NATN. Decl. intent in US Dist. Ct. 24 Sept. 1844. Wits: Adam Bath and George Puhl. O&RA to the Pres. the Republic of France. BC Ct. (Nat. Rcd.) 9 1845-1848 MSA C229-1 MdHR 18119 f. 358 4 Oct. 1847.
Schweitzer, Joseph. Grand Dutchy of Baden. DI. BC Ct. (Dkt&Mins) 1840 MSA C184-7 MdHR 16664 f. 34 15 Sept. 1840.
Schweizer, Charles. Switzerland. NATN. Arrived in US 3 yrs. prior to age 21. Res. US for 5 yrs., including 3 of minority. Res. MD over 1 yr. Wits: James Ruhl and Henry Hoen. O&RA to the Confederated Republic of Switzerland. BA Ct. (Nat. Rcd. of Minors) 3 1846-1851 MSA C392-1 MdHR 18110 f. 83 29 Sept. 1849.
Schwerer, Philip. Germany. BA Ct. (Nat. Dkt.) 1 1796-1851 MSA C389-1 MdHR 18106 f. 12 #231 12 Jan. 1798. Barnes, p. 62.
Schwouftkin/Schwartkin, August. Prussia. BA Ct. (Nat. Dkt.) 1 1796-1851 MSA C389-1 MdHR 18106 f. 22 #437 1 Jan. 1803. Barnes, p. 65.
Sclatter, Robert. Scotland. DI. BA Ct. (Minutes) 1815-1820 MSA C386-11 MdHR 14381 f. 384 28 Sept. 1820.
Sclatter, Robert. Scotland. Born near Edinburgh. Decl. intent in BA Ct. Sept. term 1820. Wits: Jacob Graff and John McIlvoy (?). Certificate and report filed. BA Ct. (Nat. Dkt.) 1 1796-1851 MSA C389-1 MdHR 18106 f. 86 28 Oct. 1824.
Scotchburn, Thomas. England. NATN. Res. BC. Decl. intent in BA Ct. 4 Oct. 1822. Wits: John Boyd and Thomas Wilday. O&RA to the King of UK. BC Ct. (Nat. Rcd. of Minors) 1 1827-1832 MSA C237-1 MdHR 18112 ff. 126-127 30 Nov. 1828.
Scotchburn, Thomas. England. DI. BA Ct. (Minutes) 1822-1826 MSA C386-12 MdHR 14386 f. 21 3 Oct. 1822.
Scott, Andrew. Scotland. NATN. Res. BC. Res. US 14 April 1802 - 18 June 1812. Wits: Nicholas Smith and John Irvin. O&RA to the King of UK. BC Ct. (Nat. Rcd. of Minors) 1 1827-1832 MSA C237-1 MdHR 18112 ff. 187-18 18 Oct. 1828.
Scott, Edward. Ireland. NATN. Decl. intent in the Ct. of General Quarter Sessions for the City and Co. of Philadelphia 13 Aug. 1845. Wits: James Graham and Thomas J. Murphy. BA Ct. (Nat. Dkt.) 1 1796-1851 MSA C389-1 MdHR 18106 f. 356 1 Nov. 1848.
Scott, Edward. Ireland. NATN. Decl. intent in Ct. of General Quarter Sessions for the City and Co. of Philadelphia, 13 Aug. 1845. Wits: James Graham and Thomas J. Murphy. O&RA to the Queen of UK. BA Ct. (Nat. Rcd.) 4 1846-1851 MSA C391-2 MdHR 18109 f. 315 1 Nov. 1848.
Scott, George. England. NATN. Res. BC. Arrived in the US 3 yrs. prior to age 21. Res. US for 5 yrs., including 3 yrs. of minority. Res. MD over 1 yr.Wits: James Clarke and Christopher A. Meddinger. O&RA to the King of UK. BC Ct. (Nat. Rcd. of Minors) 1 1827-1832 MSA C237-1 MdHR 18112 f. 245 8 Nov. 1828.
Scott, James. Ireland. NATN. Res. BC. Res. US 14 April 1802 - 18 June 1812. Wits: Alexander McDonald and Elisha Gatchell. O&RA to the King of UK. BC Ct. (Nat. Rcd. of Minors) 1 1827-1832 MSA C237-1 MdHR 18112 ff. 74-75 19 Sept. 1828.
Scott, James. Kingdom of Sardinia. DI. BA Ct. (Minutes) 1827-1830 MSA C386-13 MdHR 14391 f. 238 23 Sept. 1829.
Scott, James. England. BA Ct. (Nat. Dkt.) 1 1796-1851 MSA C389-1 MdHR 18106 f. 30 #565 31 Dec. 1804.
Scott, James. Kingdom of Sardinia. NATN. Decl. intent in BA Ct. 23 Oct. 1829. Res. BC. Wits: Joseph Perrigo and Nicholas Myers. O&RA to the King of Sardinia. BC Ct. (Nat. Rcd. of Minors) 2 1832-1836 MSA C237-2 MdHR 18113 ff. 73-74 4 Nov. 1833.
Scott, John. Ireland. DI. BA Ct. (Minutes) 1822-1826 MSA C386-12 MdHR 14386 f. 215 21 Sept. 1824.

Scott, John. Ireland. DI. BA Ct. (Minutes) 1822-1826 MSA C386-12 MdHR 14386 f. 227 16 Oct. 1824.
Scott, John. Ireland. NATN. Born in Co. of Donegal. Decl. intent in BA Ct. the 3rd Monday of Sept. 1824. Wits: John McKinnell and Nathan Rogers. BA Ct. (Nat. Dkt.) 1 1796-1851 MSA C389-1 MdHR 18106 f. 104 20 Sept. 1826.
Scott, John. Ireland. NATN. Res. BC. Decl. intent in BA Ct. 16 Oct. 1824. Wits: Charles Lebon and Francis Fisher. O&RA to the King of UK. BC Ct. (Nat. Rcd. of Minors) 1 1827-1832 MSA C237-1 MdHR 18112 ff. 120-121 29 Sept. 1828.
Scott, Michael. Great Britain. BA Ct. (Nat. Dkt.) 1 1796-1851 MSA C389-1 MdHR 18106 f. 16 #327 20 Aug. 1798. Barnes, p. 63.
Scott, Patrick. Ireland. DI. BA Ct. (Minutes) 1827-1830 MSA C386-13 MdHR 14391 f. 339 20 Nov. 1830.
Scott, Patrick. Ireland. NATN. Decl. intent 20 Nov. 1830. Wits: Terrance Kelly and John Calif. BA Ct. (Nat. Dkt.) 1 1796-1851 MSA C389-1 MdHR 18106 f. 174 9 Jan. 1833.
Scott, Patrick. Ireland. NATN. Decl. intent in BA Ct. 20 Nov. 1830. Res. BC. Wits: Terrence Kelly and John Calif. O&RA to the King of UK. BA Ct. (Nat. Rcd.) 2 1832-1846 MSA C391-1 MdHR 18108 ff. 10-11 9 Jan. 1833.
Scott, Robert. Ireland. Decl. intent in BC Ct. 18 Nov. 1830. Wits: Nicholas Durban and John Smith. Certificate filed. BA Ct. (Nat. Dkt.) 1 1796-1851 MSA C389-1 MdHR 18106 f. 164 19 Nov. 1830.
Scott, Robert. Ireland. DI. BC Ct. (Dkt&Mins) 1828 MSA C184-4 MdHR 16661 f. 53 18 October 1828.
Scott, William. England. NATN. Arrived in US 3 yrs. prior to age 21. Res. US for 5 yrs., including 3 of minority. Res. MD over 1 yr. Wits: Edward C. Taylor and Charles F. Miller. O&RA to the Queen of UK. BC Ct. (Nat. Rcd. of Minors) 3 1845-1851 MSA C237-03 MdHR 18114-1 f. 207 6 Feb. 1849.
Scriven, Thomas J. England. NATN. Arrived under age 18. Wits: Mary Ann Scriven and George W. Riggs. BA Ct. (Nat. Dkt.) 1 1796-1851 MSA C389-1 MdHR 18106 f. 386 1 Nov. 1851.
Scriver, Thomas J. England. NATN. Arrived in US 3 yrs. prior to age 21. Res. US for 5 yrs., including 3 of minority. Res. MD over 1 yr. Wits: Mary Ann Scriver and George M. Riggs. O&RA to the Queen of UK. BA Ct. (Nat. Rcd. of Minors) 3 1846-1851 MSA C392-1 MdHR 18110 f. 101 1 Nov. 1851.
Scullin, John. Ireland. NATN. Decl. intent in open ct. Arrived in US 3 yrs. prior to age 21. Res. US for 5 yrs., including 3 of minority. Res. MD over 1 yr. Res. BC. Wits: Jabez F. Gorsuch and Jocob Betty. O&RA to the King of UK. BC Ct. (Nat. Rcd. of Minors) 2 1832-1836 MSA C237-2 MdHR 18113 ff. 189-190 10 Sept. 1836.
Scully, Timothy B. Ireland. NATN. Born in Co. of Tipperara. Decl. intent in BA Ct. Sept. term 1825. Wits: James Aende and Francis J. Dallain. BA Ct. (Nat. Dkt.) 1 1796-1851 MSA C389-1 MdHR 18106 f. 106 20 Sept. 1825.
Scully, Timothy B. Ireland. DI. BA Ct. (Minutes) 1822-1826 MSA C386-12 MdHR 14386 f. 335 26 Oct. 1825.
Seally, Patrick. Ireland. DI. BA Ct. (Minutes) 1822-1826 MSA C386-12 MdHR 14386 f. 335 29 March 1825.
Sealy, Edward. Ireland. DI. BC Ct. (Dkt&Mins) 1830 MSA C184-5 MdHR 16662 f. 39 1 Oct. 1830.
Searcey, Robert. England. DI. BA Ct. (Minutes) 1815-1820 MSA C386-11 MdHR 14381 f. 112 11 Oct. 1816.
Searight, Ephraim. Ireland. DI. BA Ct. (Minutes) 1827-1830 MSA C386-13 MdHR 14391 f. 160 17 Oct. 1828.
Searley, James E. England. NATN. Res. BC. Decl. intent in US Dist. Ct. 5 March 1823. Wits: Joseph Walker and Peter Finby. O&RA to the King of UK. BC Ct. (Nat. Rcd. of Minors) 1 1827-1832 MSA C237-1 MdHR 18112 ff. 117-118 29 Sept. 1828.
Seaton, James. Ireland. NATN. Decl. intent in open ct. Arrived in US under

age 18. Wits: Samuel Archibald and George Robertson. BA Ct. (Nat. Dkt.) 1 1796-1851 MSA C389-1 MdHR 18106 f. 192 26 Sept. 1838.

Seaton, James. Ireland. NATN. Decl. intent in open ct. Arrived in US 3 yrs. prior to age 21. Res. US for 5 yrs., including 3 of minority. Res. MD over 1 yr. Res. BC. Wits: Samuel Archibald and George Robertson. O&RA to the Queen of UK. BA Ct. (Nat. Rcd.) 2 1832-1846 MSA C391-1 MdHR 18108 f. 56 26 Sept. 1838.

Secombe, Thomas. England. NATN. Decl. intent in BC Ct. 1 March 1834. Res. BC. Wits: Henry Suter and Samuel Thompson. O&RA to the King of UK. BC Ct. (Nat. Rcd. of Minors) 2 1832-1836 MSA C237-2 MdHR 18113 ff. 187-188 3 Sept. 1836.

Secthel, Richard. Saxony. DI. BC Ct. (Dkt&Mins) 1849 MSA C184-11 MdHR 16668 f. 8 3 March 1849.

Sedehum, Benjamin. Hanover. NATN. Arrived in US 3 yrs. prior to age 21. Res. US for 5 yrs., including 3 of minority. Res. MD over 1 yr. Wits: Henry M. Vanlill and Charles Griffith. O&RA to the King of Hanover. BA Ct. (Nat. Rcd. of Minors) 3 1846-1851 MSA C392-1 MdHR 18110 f. 91 26 Sept. 1850.

Seeman/ Leeman (?), Martin. Wurtemburg. NATN. Arrived in US prior to age 18. Decl. intent in open Ct. Wits: Catherine Leeman and Ann Leeman. BA Ct. (Nat. Dkt.) 1 1796-1851 MSA C389-1 MdHR 18106 f. 243 6 Oct. 1846.

Seeman, Martin. Wurtemburg. NATN. Arrived in US 3 yrs. prior to age 21. Res. US for 5 yrs., including 3 of minority. Res. MD over 1 yr. Wits: Catherine Seeman and Ann Seeman. O&RA to the King of Wurtemburg. BA Ct. (Nat. Rcd. of Minors) 3 1846-1851 MSA C392-1 MdHR 18110 f. 4 6 Oct. 1846.

Seeman/Seiman, John D. Germany. BA Ct. (Nat. Dkt.) 1 1796-1851 MSA C389-1 MdHR 18106 f. 22 #450 4 April 1803. Barnes, p. 65.

Seemanus, Andrew Henry. Hamburg. DI. Res. BC. BC Ct. (Dkt&Mins) 1847 MSA C184-10 MdHR 16667 f. 43 7 Dec. 1847.

Seeson, James George. Ireland. DI. Res. BC. BC Ct. (Docket Minutes) 1846 MSA C184-9 MdHR 16666 f. 6 27 Jan. 1846.

Seevers, Henry. Hanover. NATN. Decl. intent in US Circ. Ct. 21 Sept. 1844. Wits: Peter Kreis and Edward Pagler. BA Ct. (Nat. Dkt.) 1 1796-1851 MSA C389-1 MdHR 18106 f. 280 13 Oct. 1846.

Seguen, Anne. France. NATN. Born in Department of Eloir. Decl. intent in BA Ct. 1816. Wits: Peter Delvechio and Martha Brummundy. Certificate and report filed. BA Ct. (Nat. Dkt.) 1 1796-1851 MSA C389-1 MdHR 18106 f. 57 22 July 1822.

Seguin/Sequin, Jr., Francis. Santo Domingo (Republic of France). BA Ct. (Nat. Dkt.) 1 1796 - 1851 MSA C389-1 MdHR 18106 f. 2 #23. 31 Aug. 1796 Barnes, p. 59.

Sehn John. Bavaria. NATN. Decl. intent in US Dist. Ct. 10 Oct. 1843. Wits: Johannes Baker and Frederick Baker. BA Ct. (Nat. Dkt.) 1 1796-1851 MSA C389-1 MdHR 18106 f. 235 6 Oct. 1846.

Seibel, John. Electorate of Hesse-Cassel. NATN. Decl. intent in US Circ. Ct. 1 Oct. 1844. Wits: Alexander Gould, Jr. and John Ninde. O&RA to the Elector of Hesse-Cassel. BA Ct. (Nat. Rcd.) 4 1846-1851 MSA C391-2 MdHR 18109 f. 152 13 Oct. 1846.

Seibel, John. Electorate of Hesse-Cassel. NATN. Decl. intent in US Circ. Ct. 1 Oct. 1844. Wits: Alexander Gould, Jr. and John Ninde (?) > BA Ct. (Nat. Dkt.) 1 1796-1851 MSA C389-1 MdHR 18106 f. 280 13 Oct. 1846.

Seible, Matthias. Wurtemburg. NATN. Decl. intent in BC Ct. 17 Oct. 1846. Wits: Henry Rigler and Charles Miller. O&RA to the King of Wurtemburg. BC Ct. (Nat. Rcd.) 9 1845-1848 MSA C229-1 MdHR 18119 f. 692 17 Oct. 1848.

Seigman, John George. Wurtemburg. DI. BC Ct. (Dkt&Mins) 1849 MSA C184-11 MdHR 16668 f. 15 5 June 1849.

Sein, Henry. Grand Dutchy of Hesse-Darmstadt. NATN. Arrived in US 3 yrs.

prior to age 21. Res. US for 5 yrs., including 3 of minority. Res. MD over 1 yr. Wits: Frederick Wisenmiller and John S. Biddison. O&RA to the Grand Duke of Hesse-Darmstadt. BC Ct. (Nat. Rcd. of Minors) 3 1845-1851 MSA C237-3 MdHR 18114-1 f. 102 22 May 1848.

Seip, John Frederick. Germany. NATN. Decl. intent in BC Ct. 26 Sept. 1844. Wits: Gerhard A. Sybertz and Edward Pagels. BA Ct. (Nat. Dkt.) 1 1796-1851 MSA C389-1 MdHR 18106 f. 256 13 Oct. 1846.

Seitz, George. Grand Dutchy of Hesse-Darmstadt. NATN. Decl. intent in US Dist. Ct. 1 July 1844. Wits: George Poole and Joseph Able. O&RA to the Grand Duke of Hesse-Darmstadt. BC Ct. (Nat. Rcd.) 9 1845-1848 MSA C229-1 MdHR 18119 f. 182 6 Oct. 1846.

Seitz, John Paul. Grand Dutchy of Saxe-Meiningen. NATN. Decl. intent in BA Ct. 8 May 1838. Wits: Thomas Leib and George A. Fisher. BA Ct. (Nat. Dkt.) 1 1796-1851 MSA C389-1 MdHR 18106 f. 202 7 Sept. 1840.

Seivers, Henry. Hanover. NATN. Decl. intent in US Circ. Ct. 21 Sept. 1844. Wits: Peter Kreis and Edward Pagel. O&RA to the King of Hanover. BA Ct. (Nat. Rcd.) 4 1846-1851 MSA C391-2 MdHR 18109 f. 153 13 Oct. 1846.

Seller, Joseph. Bavaria. NATN. Decl. intent in US Circ. Ct. 30 Sept. 1844. Wits: Adam Biddle and John Senft. BA Ct. (Nat. Dkt.) 1 1796-1851 MSA C389-1 MdHR 18106 f. 280 13 Oct. 1846.

Sellers, James. Great Britain. BA Ct. (Nat. Dkt.) 1 1796-1851 MSA C389-1 MdHR 18106 f. 22 #441 17 Feb. 1803. Barnes, p. 65.

Seltzer, Adam. Bavaria. NATN. Res. BC. Res. US 14 April 1802 - 18 June 1812. Wits: Nicholas Smith and Joseph Watter. O&RA to the King of Bavaria. BC Ct. (Nat. Rcd. of Minors) 1 1827-1832 MSA C237-1 MdHR 18112 ff. 208-209 3 Nov. 1828.

Seltzer, Lewis. Germany. Born near Manheim. Arrived in the US prior to 18 June 1812. Wits: George Lopperman and August Schwalka. BA Ct. (Nat. Dkt.) 1 1796-1851 MSA C389-1 MdHR 18106 f. 153 8 Nov. 1828.

Selway, Robert. England. DI. Res. BC. BC Ct. (Dkt&Mins) 1839 MSA C184-6 MdHR 16663 f. 32 28 Aug. 1839.

Semes, George. Scotland. DI. BC Ct. (Dkt&Mins) 1828 MSA C184-4 MdHR 16661 f. 42 4 Oct. 1828.

Semes, George. Scotland. NATN. Decl. intent in BC Ct. 4 Oct. 1828. Res. BC. Wits: Edward Fitzgerald and James Osborne. O&RA to the King of UK. BC Ct. (Nat. Rcd. of Minors) 1827-1832 MSA C237-1 MdHR 18112 ff. 392-393 17 March 1832.

Sennott, John D. UK. DI. BA Ct. (Minutes) 1810-1814 MSA C386-10 MdHR 14376 f. 178 30 March 1812.

Sens, Sebastian. Grand Dutchy of Hesse-Darmstadt. NATN. Decl. intent in US Dist. Ct. 4 Oct. 1847. Wits: Christian Hax and Peter Truelip. O&RA to the Grand Duke of Hesse-Darmstadt. BC Ct. (Nat. Rcd.) 10 1849-1851 MSA C229-2 MdHR 18120 f. 324 7 Oct. 1851.

Sequin/Seguin, Francis. Santo Domingo (Republic of France) NATN. BA Ct. (Minutes) 1792 - 1797 MSA C386-7 MdHR 5052 f. 254 31 Aug. 1796.

Seres, Charles. Germany. NATN. Decl. intent in BC Ct. 24 Sept. 1847. Wits: John C. Stine and Henry Gethier. BA Ct. (Nat. Dkt.) 1 1796-1851 MSA C389-1 MdHR 18106 f. 371 1 Oct. 1849.

Servary/Sewary, John Peter. France. NATN. Res. US 14 April 1802 - 18 June 1812. Res. BC. Wits: Francis Deloste and Aime Prevork. O&RA to the King of French. BC Ct. (Nat. Rcd. of Minors) 2 1832-1836 MSA C237-2 MdHR 18113 f. 63 3 Aug. 1833.

Setelmeyer, Peter. Bavaria. NATN. Decl. intent in US Dist. Ct. 5 Oct. 1846. Wits: John Adams and Joseph Fisler. O&RA to the King of Bavaria. BC Ct. (Nat. Rcd.) 10 1849-1851 MSA C229-2 MdHR 18120 f. 43 17 Nov. 1849.

Seukmann/Seukman, Conrad. Prussia. NATN. Decl. intent in US Circ. Ct. 24

Sept. 1849. Wits: David Lair and G. Becker. O&RA to the King of Prussia. BC Ct. (Nat. Rcd.) 10 1849-1851 MSA C229-2 MdHR 18120 f. 408 4 Nov. 1851.

Sevear, Benjamin. Grand Dutchy of Hesse-Darmstadt. NATN. Decl. intent in open Ct. Arrived in US under age 18. Wits: Thomas Gifford and James Gifford. BA Ct. (Nat. Dkt.) 1 1796-1851 MSA C389-1 MdHR 18106 f. 250 10 Oct. 1846.

Sevige, James. Norway (Kingdom of Sweden). DI. Res. BC. Ren. alleg. to King of Sweden. BC Ct. (Dkt&Mins) 1841 MSA C184-8 MdHR 16665 f. 28 5 Aug. 1841.

Seville, Joseph. England. DI. BA Ct. (Minutes) 1822-1826 MSA C386-12 MdHR 14386 f. 109 16 Sept. 1823.

Shaeffer, Adam. Wurtemburg. NATN. Decl. intent in BA Ct. 21 Sept. 1839. Res. BC. Wits: Jacob Roof and Sion Schaeffer. O&RA to the King of Wurtemburg. BA Ct. (Nat. Rcd.) 2 1832-1846 MSA C391-1 MdHR 18108 f. 89 24 Sept. 1841.

Shaeffer, Adam. Wurtemburg. DI. BA Ct. (Minutes) 1839-1846 MSA C386-16 MdHR 14404 f. 24 21 Sept. 1839.

Shaeffer, Adam. Wurtemburg. DI. BA Ct. (Minutes, Rough) 1836-1844 MSA C420-2 MdHR 14398 f. 186 21 Sept. 1839.

Shaff/Shaffe, John. Germany. BA Ct. (Nat. Dkt.) 1 1796-1851 MSA C389-1 MdHR 18106 f. 20 #407 6 July 1802. Barnes, p. 64.

Shaffer, Adam. Wurtemburg. NATN. Decl. intent in BA Ct. 21 Sept. 1839. Wits: Jacob Rouf and Herman Shaeffer. BA Ct. (Nat. Dkt.) 1 1796-1851 MSA C389-1 MdHR 18106 f. 207 24 Sept. 1841.

Shanahan, William. Ireland. NATN. Decl. intent in US Dist. Ct. 3 Oct. 1834. Res. BC. Wits: John O'Brien and James Framer. O&RA to the King of UK. BC Ct. (Nat. Rcd. of Minors) 2 1832-1836 MSA C237-2 MdHR 18113 f. 216 3 Oct. 1836.

Shanks, Thomas. Ireland. NATN. Arrived in US 3 yrs. prior to age 21. Res. US for 5 yrs., including 3 of minority. Res. MD over 1 yr. Wits: Margaret Smyley and Michael Lolan. O&RA to the Queen of UK. BA Ct. (Nat. Rcd. of Minors) 3 1846-1851 MSA C392-1 MdHR 18110 f. 93 1 Oct. 1850.

Shannessy, James. Ireland. NATN. Decl. intent in BC Ct. 29 Sept. 1832. Res. BC. Wits: Walter Ball and Richard Phillips. O&RA to the King of UK. BC Ct. (Nat. Rcd. of Minors) 2 1832-1836 MSA C237-2 MdHR 18113 f. 102 30 Sept. 1834.

Shaphez/Chaphey/Sharpness, Simon. France. BA Ct. (Nat. Dkt.) 1 1796-1851 MSA C389-1 MdHR 18106 f. 20 #399 15 June 1802. Barnes, p. 64.

Share, Joseph. England. BA Ct. (Nat. Dkt.) 1 1796-1851 MSA C389-1 MdHR 18106 f. 45 30 Oct. 1815.

Share, Richard. England. NATN. Decl. intent in Ct. of Common Pleas for St. Louis Co., MO 1 April 1844. Wits: Charles Wlesh and George W. Keany. O&RA to the Queen of UK. BC Ct. (Nat. Rcd.) 9 1845-1848 MSA C229-1 MdHR 18119 f. 450 4 Oct. 1847.

Sharp, William. England. NATN. Born in London. Arrived in the US 3 yrs. prior to age 21. Decl. intent in open Ct. Wits: George Valiant, Jr. and Francis Felise. BA Ct. (Nat. Dkt.) 1 1796-1851 MSA C389-1 MdHR 18106 f. 154 8 Nov. 1828.

Shasse/Phasse, Peter. German Empire. BA Ct. (Nat. Dkt.) 1 1796-1851 MSA C389-1 MdHR 18106 f. 5 #79 22 March 1797. Barnes, p. 60.

Shaw, John W. Ireland. NATN. Decl. intent in US Dist. Ct. 1 Oct. 1840. Res. BC. Wits: George L. Wimmell and Thomas Quinn. O&RA to the Queen of UK. BA Ct. (Nat. Rcd.) 2 1832-1842 MSA C391-1 MdHR 18108 f. 98 4 Oct. 1842.

Shaw, William. Ireland. DI. BA Ct. (Minutes) 1827-1830 MSA C386-13 MdHR 14391 f. 161 10 Oct. 1828.

Shaw, William. Ireland. NATN. Decl. intent in BA Ct. 10 Oct. 1828. Wits: William Henry and Charles A. Williamson. BA Ct. (Nat. Dkt.) 1 1796-1851 MSA C389-1 MdHR 18106 f. 167 6 Sept. 1831.

Shea, John. Ireland. BA Ct. (Nat. Dkt.)1 1796-1851 MSA C389-1 MdHR 18106 f. 25 #489 15 Feb. 1804. Civil Ct.

Shepperd, Richard Larsfield (Sarsfield ?). Ireland. NATN.(Noted in 1820 Census as living in BC Eleventh Ward.) BA Ct. (Nat. Dkt.) 1 1796-1851 MSA C389-1 MdHR 18106 f. 41 #815 25 April 1812.

Shea, Patrick. Ireland. DI. BA Ct. (Minutes, Rough) 1836-1844 MSA C420-2 MdHR 14398 f. 483 2 Nov. 1844.

Shea, Patrick. Ireland. DI. BA Ct. (Minutes) 1839-1846 MSA C386-16 MdHR 14404 f. 256 2 Nov. 1844.

Sheahan, John. Ireland. DI. BA Ct. (Minutes) 1822-1826 MSA C386-12 MdHR 14386 f. 435 23 Sept. 1826.

Shears, Herman. Saxony. NATN. Arrived in US 3 yrs. prior to age 21. Res. US for 5 yrs., including 3 of minority. Res. MD over 1 yr. Wits: John C. Kramer and James Fargaharson. O&RA to the King of Saxony. BC Ct. (Nat. Rcd. of Minors) 3 1845-1851 MSA C237-3 MdHR 18114-1 f. 16 2 Oct. 1846.

Shechait, Henry. Electorate of Hesse-Cassel. NATN. Arrived in US 3 yrs. prior to age 21. Res. US for 5 yrs., including 3 of minority. Res. MD over 1 yr. Wits: Laurence Doller and John F. Shott. O&RA to the Elector of Hesse-Cassel. BA Ct. (Nat. Rcd. of Minors) 3 1846-1851 MSA C392-1 MdHR 18110 f. 95 8 Oct. 1850.

Shees, Jacob. Bavaria. NATN. Decl. intent in US Dist. Ct. 6 April 1844. Wits: Peter Kreis and William Lanehart. O&RA to the King of Bavaria. BA Ct. (Nat. Rcd.) 4 1846-1851 MSA C391-2 MdHR 18109 f. 220 5 Oct. 1847.

Shees, Jacob. Bavaria. NATN. Decl. intent in US Dist. Ct. 6 April 1844. Wits: William Lanehart and John Peter Kries. BA Ct. (Nat. Dkt.) 1 1796-1851 MSA C389-1 MdHR 18106 f. 316 5 Oct. 1847.

Shehan, John P. Ireland. NATN. Arrived in US 3 yrs. prior to age 21. Res. US for 5 yrs., including 3 of minority. Res. MD over 1 yr. Wits: Robert Moore and Bartholomew Corrigan. O&RA to the Queen of UK. BC Ct. (Nat. Rcd. of Minors) 3 1845-1851 MSA C237-3 MdHR 18114-1 f. 35 6 Oct. 1846.

Sheial, Michael. Great Britain. NATN. Decl. intent in Superior Ct. of Bibb Co., Georgia, 12 Dec. 1842. Wits: Patrick Doyle and Bernard Hanna. O&RA to the Queen of UK. BA Ct. (Nat. Rcd.) 4 1846-1851 MSA C391-2 MdHR 18109 f. 26 6 Oct. 1846.

Sheidling, Arnold. Bavaria. NATN. Decl. intent in BC Ct. 2 Sept. 1847. Wits: Moses Ottinger and Gerson Schoenfaber. O&RA to the King of Bavaria. BC Ct. (Nat. Rcd.) 10 1849-1851 MSA C229-2 MdHR 18120 f. 13 22 Sept. 1849.

Sheidling, Arnold. Bavaria. DI. BC Ct. (Dkt&Mins) 1847 MSA C184-10 MdHR 16667 f. 33 21 Sept. 1847.

Sheldon, James. Ireland. NATN. Born in co. of Donnegal. Arrived in the US prior to 18 June 1812. Wits: John Sheldon and David Slidger (?). BA Ct. (Nat. Dkt.) 1 1796-1851 MSA C389-1 MdHR 18106 f. 154 8 Nov. 1828.

Sheldon, John. Ireland. NATN. Res. BC. Arrived in the US 3 yrs. prior to age 21. Res. US for 5 yrs., including 3 of minority. Wits: Richard Burnett and James Sheldon. O&RA to the King of UK. BC Ct. (Nat. Rcd. of Minors) 1 1827-1832 MSA C237-1 MDHR 18112 ff. 81-82 22 Sept. 1828.

Shemminghan, Peter. " Native of Germany in England." (Hanover?). DI. BA Ct. (Minutes) 1827-1830 MSA C386-13 MdHR 14391 f. 77 25 Sept. 1827.

Shemring, Andrew Bernard. Bremen (Hanseatic Government). Arrived in US 3 yrs. prior to age 21. Decl. intent in open Ct. Wits: William Belsh and Daniel James. BA Ct. (Nat. Dkt.) 1 1796-1851 MSA C389-1 MdHR 18106 f. 114 16 April 1827.

Sheneberger, John. Republic of France. BA Ct. (Nat. Dkt.) 1 1796-1851 MSA C389-1 MdHR 18106 f. 11 #216 9 Jan. 1798. Barnes, p. 62.

Shenks, Thomas. Ireland. NATN. Arrived under age 18. Wits: Margaret Smyley and Micheal Bolan. BA Ct. (Nat. Dkt.) 1 1796-1851 MSA C389-1 MdHR 18106 f. 376

1 Oct. 1850.
Sheppard, James. Ireland. DI. BC Ct. (Dkt&Mins) 1840 MSA C184-7 MdHR 16664 f. 43 5 Oct. 1840.
Sheppard, Nicholas A. Ireland. NATN. Decl. intent in BC Ct. 26 Oct. 1844. Wits: John Teynson and Thomas Moore. O&RA to the Queen of UK. BC Ct. (Nat. Rcd.) 9 1845-1848 MSA C229-1 MdHR 18119 f. 294 29 Sept. 1847.
Sheppart, Frederick. Wurtemburg. NATN. Arrived in US 3 yrs. prior to age 21. Res. US for 5 yrs., including 3 of minority. Res. MD over 1 yr. Wits: John Lancaster and James Boyd. O&RA to the King of Wurtemburg. BC Ct. (Nat. Rcd. of Minors) 3 1845-1851 MSA C237-3 MdHR 18114-1 f. 148 10 Oct. 1848.
Sherer, Christopher. Grand Dutchy of Hesse-Darmstadt. NATN. Decl. intent in BC Ct. 11 July 1844. Wits: John G. Kemper and John Eilberger. BA Ct. (Nat. Dkt.) 1 1796-1851 MSA C389-1 MdHR 18106 f. 247 10 Oct. 1846.
Sherhardt, Henry. Electorate of Hesse-Cassel. NATN. Arrived in US under age 18. Wits: Laurence Daller and John F. Schott. BA Ct. (Nat. Dkt.) 1 1796-1851 MSA C389-1 MdHR 18106 f. 379 8 Oct. 1850.
Sheridan, Thomas. Ireland. DI. Res. BC. BC Ct. of O&T&GD (Dkt&Mins) 1816 MSA C183-9 MdHR 16657 {unpaginated} 14 March 1816.
Sheriden, Richard. Ireland. NATN. Res. BC. Res. US 14 April 1802 - 18 June 1812. Wits: Edward Hagthrop and William S. Young. O&RA to the King of UK. BC Ct. (Nat. Rcd. of Minors) 1 1827-1832 MSA C237-1 MdHR 18112 ff. 261-262 8 Nov. 1828.
Sherlock, John. Great Britain. BA Ct. (Nat. Dkt.) 1 1796-1851 MSA C389-1 MdHR 18106 f. 5 #89 3 April 1797. Barnes, p. 60
Sherlock, John. Ireland. DI. BA Ct. (Minutes) 1832-1838 MSA C386 MdHR 14403 f. 30 18 Jan. 1833.
Sherlock, John. Ireland. NATN. Decl. intent in BA Ct. 19 Jan. 1833. Res. BC. Wits: Daniel Coonan and Thomas Oaskly. O&RA to the King of UK. BC Ct. (Nat. Rcd. of Minors) 2 1832-1836 MSA C237-2 MdHR 18113 ff. 156-157 20 Jan. 1835.
Sherlock, John. Ireland. DI. BA Ct. (Minutes, Rough) 1832-1835 MSA C420-1 MdHR 14396-2 f. 159 19 Jan. 1833.
Sherman, Thomas. Ireland. NATN. Decl. intent in Berkley Co. (VA) Ct. 14 Sept. 1840. Wits: Mathew Cain and Patrick Daley. O&RA to the Queen of UK. BC Ct. (Nat. Rcd.) 9 1845-1848 MSA C229-1 MdHR 18119 f. 446 4 Oct. 1847.
Sherrer, Christopher. Grand Dutchy of Hesse-Darmstadt. NATN. Decl. intent in BC Ct. 11 July 1844. Wits: John G. Kemper and John Eilberger. O&RA to the Grand Duke of Hesse-Darmstadt. BA Ct. (Nat. Rcd.) 4 1846-1851 MSA C391-2 MdHR 18109 f. 49 10 Oct. 1846.
Sherry, Barnard. Ireland. NATN. Decl. intent in US Dist. Ct. 23 Aug. 1847. Wits: Thomas Kelly and Owen Hapen. O&RA to the Queen of UK. BC Ct. (Nat. Rcd.) 10 1849-1851 MSA C229-2 MdHR 18120 f. 400 4 Nov. 1851.
Sherry, James. Ireland. NATN. Res. BC. Res. US 14 April 1802 - 18 June 1812. Wits: William Morrow and Michael Jenkins. O&RA to the King of UK. BC Ct. (Nat. Rcd. of Minors) 1 1827-1832 MSA C237-1 MdHR 18112 ff. 162-163 4 Oct. 1828.
Sherwig, Daniel. Wurtemburg. DI. BA Ct. (Minutes) 1822-1826 MSA C386-12 MdHR 14386 f. 435 3 Oct. 1826.
Shett, John. Germany. NATN. Born in town of Fenger. Arrived in the US as a minor. Wits: Samuel McCoy and John Kizenduffer. Report filed. BA Ct. (Nat. Dkt.) 1 1796-1851 MSA C389-1 MdHR 18106 f. 78 28 Sept. 1824.
Shew, John. Ireland. NATN. Decl. intent in BC Ct. 1 June 1845. Wits: Alexander Tracey and James Courtney. O&RA to the Queen of UK. BC Ct. (Nat. Rcd.) 10 1849-1851 MSA C229-2 MdHR 18120 f. 125 1 Oct. 1850.
Shield, James. Ireland. NATN. Decl. intent in US Circ. Ct. 6 Nov. 1848. Witness: John Perkins. O&RA to the Queen of UK. BC Ct. (Nat. Rcd.) 10 1849-1851 MSA C229-2 MdHR 18120 f. 389 3 Nov. 1851.
Shield, John. Ireland. NATN. Decl. intent in US Dist. Ct. 9 Nov. 1844. Wits:

William Graham and Thomas Carr. O&RA to the Queen of UK. BC Ct. (Nat. Rcd.) 9 1845-1848 MSA C229-1 MdHR 18119 f. 650 10 Oct. 1848.
Shields, Michael. Ireland. Decl. intent in BC Ct. the 1st Monday of June 1834. Wits: Joseph McCann and John Garsey. BA Ct. (Nat. Dkt.) 1 1796-1851 MSA C389-1 MdHR 18106 f. 185 8 May 1837.
Shields, Owen. Ireland. NATN. Decl. intent in BC Ct. 10 Oct. 1848. Wits: James Boyle and Jo. O'Brien. O&RA to the Queen of UK. BC Ct. (Nat. Rcd.) 10 1849-1851 MSA C229-2 MdHR 18120 f. 321 7 Oct. 1851.
Shields, Peter. Prussia. BA Ct. (Nat. Dkt.) 1 1796-1851 MSA C389-1 MdHR 18106 f. 7 #122 15 Aug. 1797. Barnes, p. 60
Shields, Thomas. Ireland. NATN. Decl. intent in US Circ. Ct. 1 Oct. 1844. Wits: Alexander Smith and Benjamin Price. O&RA to the Queen of UK. BA Ct. (Nat. Rcd.) 4 1846-1851 MSA C391-2 MdHR 18109 f. 154 13 Oct. 1846.
Shields, Thomas. Ireland. NATN. Decl. intent in US Circ. Ct. 1 Oct. 1844. Wits: Alexander Smith and Benjamin Price. BA Ct. (Nat. Dkt.) 1 1796-1851 MSA C389-1 MdHR 18106 f. 280 13 Oct. 1846.
Shielor (?), Michael. Ireland. NATN. Decl. intent in BC Ct. the 1st Monday of June 1834. Res. BC. Wits: Joseph McCaren and John Garvey. O&RA to the King of UK. BA Ct. (Nat. Rcd.) 2 1832-1846 MSA C391-1 MdHR 18108 ff. 39-40 8 May 1837.
Shiff, Myer. Bavaria. NATN. Decl. intent in BC Ct. 21 Sept. 1849. Wits: Jno. B. Richards and Thomas J. Carmichael. O&RA to the King of Bavaria. BC Ct. (Nat. Rcd.) 10 1849-1851 MSA C229-2 MdHR 18120 f. 294 30 Sept. 1851.
Shiff, Myers. Bavaria. DI. BC Ct. (Dkt&Mins) 1849 MSA C184-11 MdHR 16668 f. 25 27 Sept. 1849.
Shilling, Peter. Germany. NATN. Arrived in US 3 yrs. prior to age 21. Res. US for 5 yrs., including 3 of minority. Res. MD over 1 yr. Wits: Peter Trelib and Joseph Borlach. O&RA to the Emperor of Germany. BC Ct. (Nat. Rcd. of Minors) 3 1845-1851 MSA C237-3 MdHR 18114-1 f. 43 7 Sept. 1847.
Shippler, John. Bavaria. NATN. Decl. intent in Blair Co. (PA) Ct. 22 March 1848. Wits: Samuel Ellinger and Peter Keefer. O&RA to the King of Bavaria. BC Ct. (Nat. Rcd.) 10 1849-1851 MSA C229-2 MdHR 18120 f. 134 1 Oct. 1850.
Shiral, Michael. Great Britain. NATN. Decl. intent in Superior Ct. of Bibb Co. Georgia, 12 Dec. 1842. Wits: Patrick Doyle and Bernard Hanna. BA Ct. (Nat. Dkt.) 1 1796-1851 MSA C389-1 MdHR 18106 f. 239 6 Oct. 1846.
Shirley, William. England. DI. Res. BC. BA Ct. (Minutes, Rough) 1836-1844 MSA C420-2 MdHR 14398 f. 233 16 June 1840.
Shirley, William. Ireland. DI. BA Ct. (Minutes) 1839-1846 MSA C386-16 MdHR 14404 f. 55 16 June 1840.
Shlear, William. Hanover. NATN. Decl. intent in US Circ. Ct. 1 Oct. 1838. Wits: Gerhard A. Lybertz and Joseph Menocy. O&RA to the King of Hanover. BA Ct. (Nat. Rcd.) 4 1846-1851 MSA C391-2 MdHR 18109 f. 356 1 Oct. 1850.
Shodtman, John Henry. Hanover. NATN. Decl. intent in US Dist. Ct. 9 Sept. 1844. Wits: Adam Erdman and Andrew Erdman. O&RA to the King of Hanover. BC Ct. (Nat. Rcd.) 9 1845-1848 MSA C229-1 MdHR 18119 f. 258 24 Sept. 1847.
Shoemaker, Elgin. Hanover. BA Ct. (Nat. Dkt.) 1 1796-1851 MSA C389-1 MdHR 18106 f. 13 #275 15 March 1798. Barnes, p. 62.
Sholotiedt, John Henry. Hanover-Eng. DI. BA Ct. (Minutes) 1827-1830 MSA C386-13 MdHR 14391 f. 161 4 Oct. 1828.
Short, John. Ireland. DI. BA Ct. (Minutes) 1815-1820 MSA C386-11 MdHR 14381 f. 5 20 April 1815.
Shortel, Edward. Ireland. DI. BA Ct. (Minutes, Rough) 1832-1835 MSA C420-1 MdHR 14396-2 ff. 314-315 28 Feb. 1835.
Shostten, John. England. DI. BA Ct. (Minutes, Rough) 2 1836-1844 MSA C420-2 MdHR

14398 f. 141 29 Sept. 1838.

Shrems, Charles. Hanover. NATN. Decl. intent in US Circ. Ct. 1 June 1844. Wits: William Hinkle and Frederick Kline. BA Ct. (Nat. Dkt.) 1 1796-1851 MSA C389-1 MdHR 18106 f. 237 6 Oct. 1846.

Shubert, Israel. Saxony. NATN. Decl. intent in US Circ. Ct. 20 Nov. 1844. Wits: John Hohn and Conrad Bauer. BA Ct. (Nat. Dkt.) 1 1796-1851 MSA C389-1 MdHR 18106 f. 316 5 Oct. 1847.

Shubert, Israel. Saxony. NATN. Decl. intent in US Circ. Ct. 2 Nov. 1844. Wits: John A. Holm and Conrad Baner. O&RA to the King of Saxony. BA Ct. (Nat. Rcd.) 4 1846-1851 MSA C391-2 MdHR 18109 f. 220 5 Oct. 1847.

Shule, John. Wurtemburg. NATN. Arrived in US under age 18. Wits: Georgianna Shule and Charles Wagner. BA Ct. (Nat. Dkt.) 1 1796-1851 MSA C389-1 MdHR 18106 f. 303 5 Oct. 1847.

Shule, John. Wurtemburg. NATN. Arrived in US 3 yrs. prior to age 21. Res. US for 5 yrs., including 3 of minority. Res. MD over 1 yr. Wits: Georgianna Shule and Charles Wagner. O&RA to the King of Wurtemburg. BA Ct. (Nat. Rcd. of Minors) 3 1846-1851 MSA C392-1 MdHR 18110 f. 42 5 Oct. 1847.

Shulenburg, Bernard. Grand Dutchy of Oldenburg. NATN. Decl. intent in BC Ct. 17 Dec. 1848. Wits: Henry Torborg and John Messman. O&RA to the Grand Duke of Oldenburg. BC Ct. (Nat. Rcd.) 10 1849-1851 MSA C229-2 MdHR 18120 f. 293 29 Sept. 1851.

Shult, Augustine. France. BA Ct. (Nat. Dkt.) 1 1796-1851 MSA C389-1 MdHR 18106 f. 40 #792 23 May 1811.

Shultze, Arnold. Germany. NATN. Res. BC. Arrived in the US 3 yrs. prior to age 21. Res. US for 5 yrs., including 3 of minority. Res. MD over 1 yr. Witness: Henry H. Wood. O&RA to the Hanseatic Government. BC Ct. (Nat. Rcd. of Minors) 1 1827-1832 MSA C237-1 MdHR 18112 ff. 269-270 10 Nov. 1828.

Shumningham/Shemmingham, Peter. Guernsey (UK). NATN. Res. BC. Decl. intent in BA Ct. 25 Oct. 1827. Wits: William Collins and William Espey. O&RA to the King of UK. BC Ct. (Nat. Rcd. of Minors) 1 1827-1832 MSA C237-1 MdHR 18112 ff. 322-323 4 Oct. 1830.

Shutz, John. Electorate of Hesse-Cassel. NATN. Decl. intent in BC Ct. 17 June 1844. Wits: Herman Schulenberg and Philip Myers. O&RA to the Elector of Hesse-Cassel. BC Ct. (Nat. Rcd.) 9 1845-1848 MSA C229-1 MdHR 18119 f. 594 5 Oct. 1848.

Sibert, Philip. Grand Dutchy of [Hesse-] Darmstadt. DI. BA Ct. (Minutes, Rough) 1836-1844 MSA C420-2 MdHR 14398 f. 102 20 Nov. 1837.

Sidebothan, Isaac. England. DI. . BA Ct. (Minutes) 1827-1830 MSA C386-13 MdHR 14391 f. 78 20 April 1827.

Sidebothom, Isaac. England. NATN. Born in Co. of Cheshire. Decl. intent in BA Ct. 20 April 1821. Wits: David Atkinson and Hugh Devalten. BA Ct. (Nat. Dkt.) 1 1796-1851 MSA C389-1 MdHR 18106 f. 158 12 May 1829.

Sides, Julius. Grand Dutchy of Baden. DI. BC Ct. (Dkt&Mins) 1849 MSA C184-11 MdHR 16668 f. 25 24 Sept. 1849.

Sidicum, George. Hanover. DI. Res. BC. BC Ct. (Dkt&Mins) 1841 MSA C184-8 MdHR 16665 f. 44 2 Nov. 1841.

Sieker, Edward. Prussia. NATN. Res. BC. Decl. intent in the Ct. of Common Pleas for the State of Ohio 19 Dec. 1838. Wits: George S. Dickey and William H. Kettlewell. O&RA to the King of Prussia. BC Ct. (Nat. Rcd.) 9 1845-1848 MSA C229-1 MdHR 18119 f. 5 5 April 1845.

Sies, George Micheal. Wurtemburg. NATN. Decl. intent in US Dist. Ct. 30 Sept. 1844. Wits: George Cook and F. Rohlester. O&RA to the King of Wurtemburg. BC Ct. (Nat. Rcd.) 9 1845-1848 MSA C229-1 MdHR 18119 f. 603 7 Oct. 1848.

Siewing, John Rudolph. Prussia. NATN. Decl. intent in US Dist. Ct. 12 Oct. 1846. Wits: John Sellers and John H. Banges. O&RA to the King of Bavaria.

BC Ct. (Nat. Rcd.) 9 1845-1848 MSA C229-1 MdHR 18119 f. 809 6 Nov. 1848.
Sigerman, Henry. Sweden. DI. Res. BC. BC Ct. (Dkt&Mins) 1830 MSA C184-5 MdHR 16662 f. 14 5 April 1830.
Sigler, Martin. Germany. DI. Res. BC. Ren. alleg. to the Emperor of Germany. BC Ct. (Dkt&Mins) 1839 MSA C184-6 MdHR 16663 f. 45b 24 Oct. 1839.
Sigmond, Alfred. Bavaria. NATN. Decl. intent in US Dist. Ct. 2 Nov. 1844. Wits: Edward Dickerson and Folger P. Lovegrove. O&RA to the King of Bavaria. BC Ct. (Nat. Rcd.) 9 1845-1848 MSA C229-1 MdHR 18119 f. 499 23 May 1848.
Silberision, Christian Carl. Grand Dutchy of [Hesse-] Darmstadt. DI. BA Ct. (Minutes, Rough) 1836-1844 MSA C420-2 MdHR 14398 f. 38 13 Oct. 1836.
Silk, Thomas. England. NATN. Decl. intent in BC Ct. 27 Oct. 1832. Res. BC. Wits: William Thompson and John Hebb. O&RA to the King of UK. BC Ct. (Nat. Rcd. of Minors) 2 1832-1836 MSA C237-2 MdHR 18113 f. 183 7 April 1836.
Siller, Joseph. Bavaria. NATN. Decl. intent in US Circ. Ct. 30 Sept. 1844. Wits: Adam Biddle and John Seuffe. O&RA to the King of Bavaria. BA Ct. (Nat. Rcd.) 4 1846-1851 MSA C391-2 MdHR 18109 f. 152 13 Oct. 1846.
Silva, John Francis Chewick. Germany. BA Ct. (Nat. Dkt.) 1 1796-1851 MSA C389-1 MdHR 18106 f. 46 23 Oct. 1815.
Simmonds, Isaac. Ireland. DI. BC Ct. (Dkt&Mins) 1825 MSA C184-2 MdHR 16659 f. 6 19 Feb. 1825.
Simmonds, James. Ireland. NATN. Born in town of Neury. Decl. intent in BC Ct. the 2nd Monday of Feb. 1825. Wits: John Gannon and John Coburn. BA Ct. (Nat. Dkt.) 1 1796-1851 MSA C389-1 MdHR 18106 f. 125 28 Jan. 1828.
Simmons, Charles. Ireland. NATN. Decl. intent in BA Ct. 8 Sept. 1834. Res. BC. Wits: William S. Pauson and Thomas Collins. O&RA to the King of UK. BC Ct. (Nat. Rcd. of Minors) 2 1832-1836 MSA C237-2 MdHR 18113 ff. 225-226 4 Oct. 1836.
Simms, Alexander. Ireland. DI. BA Ct. (Minutes, Rough) 1836-1844 MSA C420-2 MdHR 14398 f. 312 31 Dec. 1841.
Simms, Alexander. Ireland. DI. BA Ct. (Minutes) 1839-1846 MSA C386-16 MdHR 14404 f. 118 3 Dec. 1841.
Simms, William. Ireland. NATN. Decl. intent in BC Ct. 12 Sept. 1831. Res. BC. Wits: William Johnson and James Johnson. O&RA to the King of UK. BC Ct. (Nat. Rcd. of Minors) 2 1832-1836 MSA C237-2 MdHR 18113 f. 94 19 Sept. 1834.
Simon, Jacob. Holland. DI. BC Ct. (Dkt&Mins) 1840 MSA C184-7 MdHR 16664 f. 37 1 Oct. 1840.
Simpson, Hugh. Ireland. NATN. Res. BC. Decl. intent in Montgomery Co. Ct. the 2nd Monday of Nov. 1821. Witness: Samuel S.Hyde. O&RA to the King of UK. BC Ct. (Nat. Rcd. of Minors) 1 1827-1832 MSA C237-1 MdHr 18112 ff. 250-251 8 Nov. 1828.
Simpson, John. Great Britain. DI. BA Ct. (Minutes) 1815-1820 MSA C386-11 MdHR 14381 f. 6 20 April 1815.
Simpson, Mashu. Ireland. NATN. Born in Co. of Down. Decl. intent in US Dist. Ct. 15 May 1816. Wits: John McKinnell and Alexander McKim. Certificate and report filed. BA Ct. (Nat. Dkt.) 1 1796-1851 MSA C389-1 MdHR 18106 f. 77 27 Sept. 1824
Simpson, Thomas J. England. NATN. Res. BC. Decl. intent in BA Ct. 12 April 1824. Wits: George Branwell and John G. Kelly. O&RA to the King of UK. BC Ct. (Nat. Rcd. of Minors) 1 1827-1832 MSA C237-1 MdHR 18112 ff. 297-198 3 Oct. 1829.
Simpson, Thomas J. England. DI. BA Ct. (Minutes) 1822-1826 MSA C386-12 MdHR 14386 f. 197 12 April 1824.
Simpson, William. Sweden. NATN. Arrived in US under age 18. Wits: John C. Beaman and John T. Marshack. BA Ct. (Nat. Dkt.) 1 1796-1851 MSA C389-1 MdHR 18106 f. 303 5 Oct. 1847.

Simpson, William. Sweden. NATN. Arrived in US 3 yrs. prior to age 21. Res. US for 5 yrs., including 3 of minority. Res. MD over 1 yr. Wits: John P. Beamane and John T. Marshack. O&RA to the King of Sweden. BA Ct. (Nat. Rcd. of Minors) 3 1846-1851 MSA C392-1 MdHR 18110 f. 43 5 Oct. 1847.

Sims, Howard. England. NATN. Decl. intent in Ct. of Quarter Sessions in Philadelphia 19 June 1819. Wits: David Stewart and Richard W. Gill. Certificate and report filed. BA Ct. (Nat. Dkt.) 1 1796-1851 MSA C389-1 MdHR 18106 f. 63 18 Jan. 1823.

Sims, John. Ireland. NATN. Decl. intent in BC Ct. 30 March 1831. Res. BC. Wits: Samuel Harden and David Brown. O&RA to the King of UK. BC Ct. (Nat. Rcd. of Minors) 2 1832-1836 MSA C237-2 MdHR 18113 ff. 68-69 19 Sept. 1833.

Simsz, Nicholas. France. NATN. Decl. intent in Ct. of Quarter Sessions for McKean Co. PA 13 Jan. 1843. Wits: Alexander McCoy and Jacob Fogelman. O&RA to the King of France. BC Ct. (Nat. Rcd.) 9 1845-1848 MSA C229-1 MdHR 18119 f. 243 18 Sept. 1847.

Sinclair, Francis. Prussia. NATN. Decl. intent in Marine Ct. of New York City, 26 Feb. 1841. Wits: Benjamin Holson and Valentine Ott. O&RA to the King of Prussia. BA Ct. (Nat. Rcd.) 4 1846-1851 MSA C391-2 MdHR 18109 f. 315 1 Nov. 1848.

Sinclair, Francis. Prussia. NATN. Decl. intent in the Marine Ct. of New York City. Wits: Benjamin Hobson and Valentine Ott. BA Ct. (Nat. Dkt.) 1 1796-1851 MSA C389-1 MdHR 18106 f. 356 1 Nov. 1848.

Sinclair, James. Ireland. BA Ct. (Nat. Dkt.) 1 1796-1851 MSA C389-1 MdHR 18106 f. 41 #813 18 April 1812.

Sinclair, William. England. BA Ct. (Nat. Dkt.) 1 1796-1851 MSA C389-1 MdHR 18106 f. 30 #571 19 Jan. 1805.

Singenwald, Trangott Henry. Republic of Bremen. NATN. Decl. intent in Hamilton Co. (OH) Ct. 18 Sept. 1843. Wits: Joseph Indemedin and Gotlieb Sigenwald. O&RA to the Republic of Bremen. BC Ct. (Nat. Rcd.) 9 1845-1848 MSA C229-1 MdHR 18119 f. 198 9 Oct. 1846.

Singleton, William. Ireland. NATN. Decl. intent in BC Ct. 30 Sept. 1844. Wits: Samuel Miles and James Laughlin. BA Ct. (Nat. Dkt.) 1 1796-1851 MSA C389-1 MdHR 18106 f. 340 3 Oct. 1848.

Singleton, William. Ireland. NATN. Decl. intent in BC Ct. 30 Sept. 1844. Wits: Samuel Miles and James Langhlin. O&RA to the Queen of UK. BA Ct. (Nat. Rcd.) 4 1846-1851 MSA C391-2 MdHR 18109 f. 277 3 Oct. 1848.

Sipes, Peter. Prussia. NATN. Born in town of Malenbaugh. Arrived in US 3 yrs. prior to age 21. Decl. intent in open Ct. Wits: Jacob Sharp and Elisha Rundell. BA Ct. (Nat. Dkt.) 1 1796-1851 MSA C389-1 MdHR 18106 f. 114 7 May 1827.

Slade, Francis. Ireland. DI. BA Ct. (Minutes) 1827-1830 MSA C386-13 MdHR 14391 f. 161 4 Oct. 1828.

Slater, Anthony. Prussia. NATN. Arrived in US 3 yrs. prior to age 21. Res. US for 5 yrs., including 3 of minority. Res. MD over 1 yr. Wits: Augustus Gerkman and Herman Schwartz. O&RA to the King of Prussia. BA Ct. (Nat. Rcd. of Minors) 3 1846-1851 MSA C392-1 MdHR 18110 f. 58 2 Oct. 1848.

Slater, William. Ireland. DI. BA Ct. (Minutes) 1827-1830 MSA C386-13 MdHR 14391 f. 162 15 Sept. 1828.

Slatter, Anthony. Prussia. NATN. Arrived in US under age 18. Wits: Augustus Gerkman and Herman Schwartz. BA Ct. (Nat. Dkt.) 1 1796-1851 MSA C389-1 MdHR 18106 f. 326 2 Oct. 1848.

Slatter, John. Scotland. BA Ct. (Nat. Dkt.) 1 1796-1851 MSA C389-1 MdHR 18106 f. 38 #746 6 June 1809.

Sloan, Hugh. Ireland. NATN. Decl. intent in BC Ct. 15 Jan. 1846. Wits: Thomas Kelly and William Ashman. O&RA to the Queen of UK. BA Ct. (Nat. Rcd.) 4 1846-1851 MSA C391-2 MdHR 18109 f. 232 28 Sept. 1848.

Sloan, James. Ireland. NATN. Decl. intent in US Circ. Ct. 20 Sept. 1844. Wits: James Sloan and Michael Moan. O&RA to the Queen of UK. BA Ct. (Nat. Rcd.) 4 1846-1851 MSA C391-2 MdHR 18109 f. 153 13 Oct. 1846.

Sloan, James. Ireland. NATN. Decl. intent in US Circ. Ct. 20 Sept. 1844. Wits: James Sloan and Michael Moon. BA Ct. (Nat. Dkt.) 1 1796-1851 MSA C389-1 MdHR 18106 f. 280 13 Oct. 1846.

Sloan, Michael. Ireland. NATN. Arrived in US under age 18. Wits: John Sloan and John O'Donnell. BA Ct. (Nat. Dkt.) 1 1796-1851 MSA C389-1 MdHR 18106 f. 291 13 Oct. 1846.

Sloan, Michael. Ireland. NATN. Arrived in US 3 yrs. prior to age 21. Res. US for 5 yrs., including 3 of minority. Res. MD over 1 yr. Wits: John Sloan and John O'Donnell. O&RA to the Queen of UK. BA Ct. (Nat. Rcd. of Minors) 3 1846-1851 MSA C392-1 MdHR 18110 f. 21 13 Oct. 1846.

Sloane, Hugh. Ireland. NATN. Decl. intent in BC Ct. 15 Jan. 1846. Wits: Thomas Kelly and William Ashman. BA Ct. (Nat. Dkt.) 1 1796-1851 MSA C389-1 MdHR 18106 f. 321 28 Sept. 1848.

Small, David. Germany. NATN. Born in town of Hanan. Decl. intent in BA Ct. of O&T&GD 8 Nov. 1815. Wits: Arlhain Hall and John F. Bush. Certificate and report filed. BA Ct. (Nat. Dkt.) 1 1796-1851 MSA C389-1 MdHR 18106 f. 78 28 Sept. 1824.

Smart, Thomas. England. NATN. Decl. intent in US Circ. Ct. 5 April 1845. Wits: Thomas Sacomb and Joseph James. BA Ct. (Nat. Dkt.) 1 1796-1851 MSA C389-1 MdHR 18106 f. 340 3 Oct. 1848.

Smart, Thomas. England. NATN. Decl. intent in US Circ. Ct. 5 April 1845. Wits: Thomas Secomb and Joseph James. O&RA to the Queen of UK. BA Ct. (Nat. Rcd.) 4 1846-1851 MSA C391-2 MdHR 18109 f. 277 3 Oct. 1848.

Smiley, Robert. Ireland. BA Ct. (Nat. Dkt.) 1 1796-1851 MSA C389-1 MdHR 18106 f. 26 #504 31 March 1804. Civil Ct.

Smiley, William. Ireland. NATN. Decl. intent in BC Ct. 10 Oct. 1832. Res. BC. Wits: Nicholas Burke and Alexander McDonald. O&RA to the King of UK. BC Ct. (Nat. Rcd. of Minors) 2 1832-1836 MSA C237-2 MdHR 18113 f. 148 17 Oct. 1834.

Smith, Abraham. Great Britain. NATN. Takes oath to support the Constitution. BA Ct. (Minutes) 1792-1797 MSA C386-7 MdHR 5052 f. 247 March term 1795

Smith, Abraham. Great Britain. NATN. Arrived in US prior to 29 Jan. 1795. Res. MD for two yrs.. BA Ct. (Nat. Dkt.) 1 1796 - 1851 MSA C389-1 MdHR 18106 f. 1 March 1796. Barnes, p. 59.

Smith, Alex. Sweden. DI. BA Ct. (Minutes) 1827-1830 MSA C386-13 MdHR 14391 f. 7 8 Oct. 1827.

Smith, Alexander. Scotland. NATN. Born in Inverness. Decl. intent BA Ct. of O&T&GD 15 Feb. 1816. Certificate and report and registration filed. Witness: Benjamin Dixon. BA Ct. (Nat. Dkt.) 1 1796-1851 MSA C389-1 MdHR 18106 f. 51 29 Sept. 1821. See also Scots, p. 144.

Smith, Alexander. Scotland. DI. Res. BC. BC Ct. of O&T&GD (Dkt&Mins) 1816 MSA C183-9 MdHR 16657 {unpaginated} Jan. term 1816; 15 Feb. 1816. See also Scots, p. 144.

Smith, Alexander. Sweden. NATN. Decl. intent in BA Ct. 8 Oct. 1827. Res. BC. Wits: John E. Stansbury and Peter B. Lucas. O&RA to the Crown Prince of Sweden. BC Ct. (Nat. Rcd. of Minors) 2 1832-1836 MSA C237-2 MdHR 18113 f. 87 23 June 1834.

Smith, Andrew. Scotland. DI. BA Ct. (Minutes) 1827-1830 MSA C386-13 MdHR 14391 f. 161 27 Sept. 1828.

Smith, Andrew. Ireland. NATN. Res. BC. Decl. intent in BA Ct. 27 Sept. 1828. Wits: Alexander Smith and John Boyd. O&RA to the King of UK. BC Ct. (Nat. Rcd. of Minors) 1 1827-1832 MSA C237-1 MdHR 18112 ff. 320-321 28 Sept.

1830.

Smith, Anthony. Bavaria. NATN. Decl. intent in Ct. of Common Pleas for Erie Co. NY 5 Feb. 1847. Wits: Frederick Grey and Thaddeus Anwander. O&RA to the King of Bavaria. BA Ct. (Nat. Rcd.) 4 1846-1851 MSA C391-2 MdHR 18109 f. 356 1 Oct. 1850.

Smith, Anthony. Bavaria. NATN. Decl. intent in the Ct. of Common Pleas, Erie Co. NY 5 Feb. 1847. Wits: Frederick Crey and Thadeus Auwander. BA Ct. (Nat. Dkt.) 1 1796-1851 MSA C389-1 MdHR 18106 f. 376 1 Oct. 1850.

Smith, Arnold. Prussia. BA Ct. (Nat. Dkt.) 1 1796-1851 MSA C389-1 MdHR 18106 f. 32 #610 22 June 1805.

Smith, Charles. Prussia. NATN. Decl. intent in BC Ct. 3 Dec. 1848. Wits: William Hooper and William Ward. O&RA to the King of Prussia. BA Ct. (Nat. Rcd.) 4 1846-1851 MSA C391-2 MdHR 18109 f. 258 2 Oct. 1848.

Smith, Charles. Prussia. NATN. Decl. intent in BC Ct. 3 Dec. 1838. Wits: William Hooper and William Ward. BA Ct. (Nat. Dkt.) 1 1796-1851 MSA C389-1 MdHR 18106 f. 333 3 Oct. 1848.

Smith, Conrad. Germany. NATN. Arrived in US 3 yrs. prior to age 21. Res. US for 5 yrs., including 3 of minority. Res. MD over 1 yr. Wits: Henry Parker and Gideon Herbert. O&RA to the Emperor of Germany. BC Ct. (Nat. Rcd. of Minors) 3 1845-1851 MSA C237-3 MdHR 18114-1 f. 227 3 Sept. 1850.

Smith, Dennis Andrew. Ireland. NATN. Exhibits petition for naturalization. Res. BA. Res. US 18 June 1798 - 14 April 1802. Witness: Joseph Scott. O&RA to the King of UK. BC Ct. (Dkt&Mins) 1821 MSA C184-1 MdHR 16658 ff. 62-63 30 Nov. 1821.

Smith, Ferdinand. Germany. BA Ct. (Nat. Dkt.) 1 1796-1851 MSA C389-1 MdHR 18106 f. 33 #642 8 Oct. 1806.

Smith, Henry G.R. England. DI. BA Ct. (Minutes) 1827-1828 MSA C386-13 MdHR 14391 f. 160 8 Nov. 1828.

Smith, Jacob. Germany. BA Ct. (Nat. Dkt.) 1 1796 - 1851 MSA C389-1 MdHR 18106 f. 1 #7 22 Aug. 1796. Barnes, p. 59.

Smith, Jacob. Germany. NATN. BA Ct. (Minutes) 1792 - 1797 MSA 386-7 MdHR 5052 f. 255 22 Aug. 1796.

Smith, Jacob. Grand Dutchy of Hesse-Darmstadt. NATN. Decl. intent in the Ct. of Common Pleas of Bedford Co., PA 6 Nov. 1821. Born in town of Baddenbeugh, "under the Domain of Louis X". Wits: David von Loubiron and William Hilberg. BA Ct. (Nat. Dkt.) 1 1796-1851 MSA C389-1 MdHR 18106 f. 173 10 Nov. 1832.

Smith, Jacob. Grand Dutchy of Hessen-Darmstadt. NATN. Decl. intent in the Ct. of Common Pleas, Bedford Co. PA 6 Nov. 1821. Native of town of Baddenbuck. Res. BC. Wits: David Von Gobilson and William Hilberg. O&RA to the Grand Duke of Hessen-Darmstadt. BA Ct. (Nat. Rcd.) 2 1832-1846 MSA C391-1 MdHR 18108 f. 8 10 Nov. 1832.

Smith, James. Great Britain. NATN. Decl. intent in Ouondaga Co. Ct., NY 20 Oct. 1842. Wits: Hugh Smith and John McMann. O&RA to the Queen of UK. BA Ct. (Nat. Rcd.) 4 1846-1851 MSA C391-2 MdHR 18109 f. 221 5 Oct. 1847.

Smith, James. Great Britain. NATN. Decl. intent in Onoadaga Co. (NY) Ct., 20 Oct. 1842. Wits: Hugh Smith and John McMan. BA Ct. (Nat. Dkt.) 1 1796-1851 MSA C389-1 MdHR 18106 f. 316 5 Oct. 1847.

Smith, James. England. DI. Res. BC. BC Ct. of O&T&GD (Dkt&Mins) 1812 MSA C183-7 MdHR 16655 ff. 39-40 16 July 1812.

Smith, John Edward. Denmark. NATN. Arrived in US 3 yrs. prior to age 21. Res. US for 5 yrs., including 3 of minority. Res. MD over 1 yr. Witness: Frederick Watson. O&RA to the King of Denmark. BC Ct. (Nat. Rcd. of Minors) 3 1845-1851 MSA C237-3 MdHR 18114-1 f. 309 21 Oct. 1851.

Smith, John S. Sweden. NATN. Arrived in US 3 yrs. prior to age 21. Res. US for 5 yrs., including 3 of minority. Res. MD over 1 yr. Wits: S.R. Breaton and

Ann Johnson. O&RA to the King of Sweden. BC Ct. (Nat. Rcd. of Minors) 3 1845-1851 MSA C237-3 MdHR 18114-1 f. 39 20 July 1847.
Smith, John K. England. DI. BA Ct. (Minutes) 1822-1826 MSA C386-12 MdHR 14386 f. 219 24 Sept. 1824.
Smith, John Henry. England. DI. Res. BC. BC Ct. of O&T&GD (Dkt&Mins) 1816 MSA C183-9 MdHR 16657 {unpaginated} 18 March 1816.
Smith, John K. England. NATN. Born in Northamptonshire. Decl. intent in BA Ct. the 3rd Monday in Sept. 1824. Wits: Charles McClean and Asa Smith. BA Ct. (Nat. Dkt.) 1 1796-1851 MSA C389-1 MdHR 18106 f. 107 20 Sept. 1826.
Smith, John. Ireland. DI. BA Ct. (Minutes) 1846-1851 MSA C386-17 MdHR 14405 f. 198 25 Jan. 1850.
Smith, John. Denmark. Arrived in US 3 yrs. prior to age 21. Res. US for 5 yrs., including 3 of minority. Res. MD over 1 yr. Wits: Edward C. Taylor and Frederick Signer. O&RA to the King of Denmark. BA Ct. (Nat. Rcd. of Minors) 3 1846-1851 MSA 392-1 MdHR 18110 f. 80 10 May 1849.
Smith, John. Denmark. NATN. Arrived in US under age 18. Wits: Edward C. Taylor and Frederick Signer. BA Ct. (Nat. Dkt.) 1 1796-1851 MSA C389-1 MdHR 18106 f. 363 10 May 1849.
Smith, John. Electorate of Hesse-Cassel. NATN. Arrived in US 3 yrs. prior to age 21. Res. US for 5 yrs., including 3 of minority. Res. MD over 1 yr. Wits: Ludwick Hahn and Lewis Smith. O&RA to the Elector of Hesse-Cassel. BC Ct. (Nat. Rcd. of Minors) 3 1845-1851 MSA C237-3 MdHR 18114-1 f. 49 22 Sept. 1847.
Smith, John. Ireland. DI. BA Ct. (Minutes) 1846-1851 MSA C386-16 MdHR 14405 f. 198 25 Jan. 1850.
Smith, John. Ireland. DI. BA Ct. (Minutes, Rough) 1845-1851 MSA C420-3 MdHR 14401 f. 339 25 Jan. 1850.
Smith, John. Scotland. NATN. Born in Inverness. Decl. intent in BA Ct. of O&T&GD 28 Jan. 1816. Witness: George Maddox. Certificate filed. BA Ct. (Nat. Dkt.) 1 1796-1851 MSA C389-1 MdHR 18106 f. 54 29 March 1821.
Smith, John. England. BA Ct. (Nat. Dkt.) 1 1796-1851 MSA C389-1 MdHR 1816 f. 28 #523 14 June 1804. Civil Ct.
Smith, John. England. BA Ct. (Nat. Dkt.) 1 1796-1851 MSA C389-1 MdHR 18106 f. 18 #391 8 Dec. 1798. Barnes, p. 64.
Smith, John. Ireland. NATN. Born in Co. of Derry. Decl. intent in Alleghany Co. Ct. in Pittsburgh, Pa. 29 Sept. 1812. Wits: John Dobbin and William P. Miller. Certificate and report filed. BA Ct. (Nat. Dkt.) 1 1796-1851 MSA C389-1 MdHR 18106 f. 59 28 Sept. 1822.
Smith, John. Scotland. NATN. Decl. intent in BC Ct. 29 Sept. 1832. Res. BC. Wits: Walter Frazier and Peter Dempsey. O&RA to the King of UK. BC Ct. (Nat. Rcd. of Minors) 2 1832-1836 MSA C237-2 MdHR 18113 f. 109 29 Sept. 1834.
Smith, John. Ireland. DI. BC Ct. (Dkt&Mins) 1839 MSA C184-6 MdHR 16663 f. 35 24 Sept. 1839.
Smith, Joseph. England. DI. BA Ct. (Minutes) 1827-1830 MSA C386-13 MdHR 14391 f. 160 22 Dec. 1828.
Smith, Joseph. England. NATN. Decl. intent in BA Ct. 22 Dec. 1828. Wits: Louis Griffith and Robert Pindell. BA Ct. (Nat. Dkt.) 1 1796-1851 MSA C389-1 MdHR 18106 f. 166 9 June 1831.
Smith, Joseph. Wurtemburg. NATN. Decl. intent in BC Ct. 3 Oct. 1834. Res. BC. Wits: Jacob Myers and Micheal Geary. O&RA to the King of Wurtemburg. BC Ct. (Nat. Rcd. of Minors) 2 1832-1836 MSA C237-2 MdHR 18113 f. 207 3 Oct. 1836.
Smith, Martin Henry. "Holstein in Denmark". DI. BA Ct. (Minutes, Rough) 1836-1844 MSA C420-2 MdHR 14398 f. 198 25 Nov. 1839.
Smith, Martin Henry. Denmark. DI. Native of Holstein. BA Ct. (Minutes) 1839-1846 MSA C386-16 MdHR 14404 f. 34 25 Nov. 1839.
Smith, Mathias. Prussia. NATN. Decl. intent in US Dist. Ct. 25 Sept. 1847.

Wits: Francis H. Kemper and John G. Ehemer. O&RA to the King of
Prussia. BC Ct. (Nat. Rcd.) 10 1849-1851 MSA C229-2 MdHR 18120 f. 21 1 Oct.
1849.
Smith, Michael. Bavaria. NATN. Decl. intent in US Circ. Ct. 9 Sept. 1844.
Wits: Barhard Himmelstich and John Vant. O&RA to the King of Bavaria.
BA Ct. (Nat. Rcd.) 4 1846-1851 MSA C391-2 MdHR 18109 f. 1 5 Oct. 1846.
Smith, Michael. Ireland. NATN. Decl. intent in the Ct. of Quarter Sessions for
the City and Co. of Philadelphia 8 May 1848. Witness: Peter Wilkerson.
O&RA to the Queen of UK. BC Ct. (Nat. Rcd.) 10 1849-1851 MSA C229-2 MdHR
18120 f. 392 4 Nov. 1851.
Smith, Michael. Bavaria. NATN. Decl. intent in US Circ. Ct. 9 Sept. 1844.
Wits: Barnard Heimmelstick and John Vaut. BA Ct. (Nat. Dkt.) 1 1796-1851
MSA C389-1 MdHR 18106 f. 230 5 Oct. 1846.
Smith, Nathaniel. England. DI. Res. BC. BC Ct. (Dkt&Mins) 1846 MSA C184-9 MdHR
16666 f. 30 27 Aug. 1846.
Smith, Patrick. Ireland. NATN. Decl. intent in US Dist. Ct. 26 May 1846. Wits:
James Byrne and John Amaguire. O&RA to the Queen of UK. BC Ct. (Nat.
Rcd.) 9 1845-1848 MSA C229-1 MdHR 18119 f. 800 4 Nov. 1848.
Smith, Patrick. Ireland. NATN. Decl. intent in US Dist. Ct. 5 Oct. 1847. Wits:
John Printz and Arthur Hutchinson. O&RA to the Queen of UK. BC Ct.
(Nat. Rcd.) 10 1849-1851 MSA C229-2 MdHR 18120 f. 144 1 Oct. 1850.
Smith, Patrick. Ireland. NATN. Decl. intent in US Dist. Ct. 3 Aug. 1844. Wits:
Charles H. Pitts and George R. Richardson. O&RA to the Queen of UK. BC
Ct. (Nat. Rcd.) 9 1845-1848 MSA C229-1 MdHR 18119 f. 309 30 Sept. 1847.
Smith, Patrick. Ireland. NATN. Decl. intent in BC Ct. 7 Sept. 1831. Res. BC.
Wits: James Doyle and Bernard Gunn. O&RA to the King of UK. BC Ct.
(Nat. Rcd. of Minors) 2 1832-1836 MSA C237-2 MdHR 18113 f. 74 5 Nov. 1833.
Smith, Philip. Ireland. NATN. Arrived in US under age 18. Wits: Joshua
Hardesty and William Nelson. BA Ct. (Nat. Dkt.) 1 1796-1851 MSA C389-1 MdHR
18106 f. 326 2 Oct. 1848.
Smith, Philip. Ireland. NATN. Arrived in US 3 yrs. prior to age 21. Res. US for
5 yrs., including 3 of minority. Res. MD over 1 yr. Wits: Joshua Hardesty and
William Nelson. O&RA to the Queen of UK. BA Ct. (Nat. Rcd. of Minors) 3
1846-1851 MSA C392-1 MdHR 18110 f. 59 2 Oct. 1848.
Smith, Philip. Electorate of Hesse-Cassel. NATN. Arrived in US under age 18.
Wits: William Link and Maurice Smith. BA Ct. (Nat. Dkt.) 1 1796-1851 MSA
C389-1 MdHR 18106 f. 335 3 Oct. 1848.
Smith, Philip. Electorate of Hesse-Cassel. NATN. Arrived in US 3 yrs. prior to
age 21. Res. US for 5 yrs., including 3 of minority. Res. MD over 1 yr. Wits:
William Link and Maurice Smith. O&RA to the Elector of Hesse-Cassel. BA
Ct. (Nat. Rcd. of Minors) 3 1846-1851 MSA C392-1 MdHR 18110 f. 64 3 Oct. 1848.
Smith, Richard. England. NATN. Born in London. Arrived in the US prior to
18 June 1812. Wits: Robert King and Mary Bradberry. BA Ct. (Nat. Dkt.) 1
1796-1851 MSA C389-1 MdHR 18106 f. 150 6 Nov. 1828.
Smith, Robert. Ireland. DI. . BA Ct. (Minutes) 1827-1830 MSA C386-13 MdHR 14391 f.
78 25 Sept. 1827.
Smith, Samuel. Ireland. NATN. Decl. intent in US Circ. Ct. 29 Dec. 1829.
Witness: Caleb Hessey. O&RA to the King of UK. BC Ct. (Nat. Rcd. of
Minors) 1 1827-1832 MSA C237-1 MdHR 18112 f. 56 20 June 1828.
Smith, Samuel. England. NATN. Res. BC. Decl. intent in US Circ. Ct. 2 March
1824. Wits: William H. Freeman and Philip Tilyard. O&RA to the King of
UK. BC Ct. (Nat. Rcd. of Minors) 1 1827-1832 MSA C237-1 MdHR 18112 ff. 137-138
3 Oct. 1828.
Smith, Samuel. Sweden. DI. BA Ct. (Minutes) 1822-1826 MSA C386-12 MdHR 14386 f.
436 20 Sept. 1826.

Smith, Thomas B. Scotland. BA Ct. (Nat. Dkt.) 1 1796-1851 MSA C389-1 MdHR 18106 f. 25 #479 7 Jan. 1804. Civil Ct. See also Scots, p. 145. Profession given as cabinet maker.
Smith, Thomas. England. NATN. Decl. intent in US Dist. Ct. 9 Sept. 1844. Wits: Edward C. Taylor and Thomas Murdock. O&RA to the Queen of UK. BC Ct. (Nat. Rcd.) 9 1845-1848 MSA C229-1 MdHR 18119 f. 468 5 Oct. 1847.
Smith, William Moon. England. DI. BA Ct. (Minutes, Rough) 1832-1835 MSA C420-1 MdHR 14396-2 f. 325 2 May 1835.
Smithe/Smith, Peter. Bavaria. NATN. Decl. intent in BC Ct. 17 Sept. 1844. Wits: John Gilder and Jacob Knipe. O&RA to the King of Bavaria. BC Ct. (Nat. Rcd.) 9 1845-1848 MSA C229-1 MdHR 18119 f. 52 24 Sept. 1846.
Smuck, John. Hanover. NATN. Decl. intent in Alleghany Co. Ct. 23 Oct. 1840. Wits: Bernard Klachbuck and John G. Torborg. Takes oath an ren. alleg. to King of Hanover. BC Ct. (Nat. Rcd.) 9 1845-1847 MSA C229-1 MdHR 18119 f. 280 29 Sept. 1847.
Snider, Henry. Grand Dutchy of Hesse-Darmstadt. NATN. Decl. intent in Harford Co. Ct. 7 May 1840. Res. Harford Co. Wits: James Scarff and William Carroll. BA Ct. (Nat. Dkt.) 1 1796-1851 MSA C389-1 MdHR 18106 f. 211 28 Sept. 1842.
Snyder, Lewis. Kingdom of Bian. DI. BA Ct. (Minutes) 1839-1846 MSA C386-16 MdHR 14404 f. 78 18 Jan. 1841.
Snyder, Mary. Prussia. NATN. Arrived in US 3 yrs. prior to age 21. Decl. intent in open ct. Res. the US for 5 yrs., including 3 of minority. Res. MD over 1 yr. Res. BC. Wits: Gerlatch Latch and Frederick Kline. O&RA to the King of Prussia. BC Ct. (Nat. Rcd. of Minors) 2 1832-1836 MSA C237-2 MdHR 18113 f. 57 24 Nov. 1832.
Soffer, Joseph. Bavaria. NATN. Decl. intent in BC Ct. 22 Oct. 1847. Wits: Joseph Wethers and George Spelkeneider. O&RA to the King of Bavaria. BC Ct. (Nat. Rcd.) 10 1849-1851 MSA C229-2 MdHR 18120 f. 356 31 Oct. 1851.
Sohm, Charles. Germany. DI. BC Ct. (Dkt&Mins) 1847 MSA C184-10 MdHR 16667 f. 34 24 Sept. 1847.
Sohn, Conrad. Germany. DI. BC Ct. (Dkt&Mins) 1840 MSA C184-7 MdHR 16664 f. 52 10 Nov. 1840.
Sohnrey, Henry. Hanover. NATN. Arrived in US 3 yrs. prior to age 21. Res. US for 5 yrs., including 3 of minority. Res. MD over 1 yr. Wits: August Sohnrey and Henry Hampt. O&RA to the King of Hanover. BA Ct. (Nat. Rcd. of Minors) 3 1846-1851 MSA C392-1 MdHR 18110 f. 66 7 Oct. 1848.
Sohnrey, Henry. Hanover. NATN. Arrived in US under age 18. Wits: August Sohnrey and Henry Haapt. BA Ct. (Nat. Dkt.) 1 1796-1851 MSA C389-1 MdHR 18106 f. 342 7 Oct. 1848.
Solden, William. Denmark. NATN. Decl. intent in US Dist. Ct. for the Dist. of Pennsylvania 2 Nov. 1844. Wits: Simon Brag and Henry Hobel. O&RA to the King of Denmark. BC Ct. (Nat. Rcd.) 10 1849-1851 MSA C229-2 MdHR 18120 f. 69 28 Sept. 1850.
Solomon, Martin. Germany. DI. Res. BC. Ren. alleg. to the Emperor of Germany. BC Ct. (Dkt&Mins) 1841 MSA C184-8 MdHR 16665 f. 49 29 Jan. 1842.
Somer, George. Ireland. NATN. Decl. intent in US Dist. Ct. 25 Aug. 1845. Wits: Edward Woods and Patrick Woods. O&RA to the Queen of UK. BC Ct. (Nat. Rcd.) 9 1845-1848 MSA C229-1 MdHR 18119 f. 377 4 Oct. 1847.
Somer, Jacob. Switzerland. NATN. Res. BC. Decl. intent in BA Ct. 20 Sept. 1824. Wits: Joseph F. Kruger and Adam Seesnop(f?). O&RA to the Republic of Switzerland. BC Ct. (Nat. Rcd. of Minors) 1 1827-1832 MSA C237-1 MdHR 18112 ff. 201-202 1 Nov. 1828.
Somers, Laurence. Ireland. BA Ct. (Nat. Dkt.) 1 1796-1851 MSA C389-1 MdHR 18106 f. 4 #63 16 March 1797. Barnes, p. 59

Sommer, Jacob. Switzerland. DI. BA Ct. (Minutes) 1822-1826 MSA C386-12 MdHR 14386 f. 213 20 Sept. 1824.
Sondergald, Ambrose. Hsepen (?) (Hessen?) DI. BC Ct. (Dkt&Mins) 1847 MSA C184-10 MdHR 16667 f. 39 23 Oct. 1847.
Sone, John. Bavaria. DI. BC Ct. (Dkt&Mins) 1849 MSA C184-11 MdHR 16668 f. 2 11 Jan. 1849.
Sonneborn, Abraham. Grand Dutchy of Hesse-Darmstadt. NATN. Decl. intent in US Circ. Ct. 2 Oct. 1849. Wits: Nathan Weinbery and Joseph Stern. BA Ct. (Nat. Dkt.) 1 1796-1851 MSA C389-1 MdHR 18106 f. 385 1 Nov. 1851.
Sorley, James M. Ireland. Report and registration. Noted as age 20. Born in Co. of Tyrone. BA Ct. (Misc. Ct. Papers) MSA C1-53 MdHR 50206-713 1821 item 458 22 Oct. 1821.
Sorn, Daniel. Ireland. DI. BC Ct. (Dkt&Mins) 1849 MSA C184-11 MdHR 16668 f. 26 2 Oct. 1849.
Sous (?), Charles. Germany. NATN. Decl. intent in BC Ct. 24 Sept. 1847. Wits: John C. Stine and Henry Gether. O&RA to the Emperor of Germany. BA Ct. (Nat. Rcd.) 4 1846-1851 MSA C391-2 MdHR 18109 f. 344 1 Oct. 1849.
Southan, John. England. BA Ct. (Nat. Dkt.) 1 1796-1851 MSA C389-1 MdHR 18106 f.29 #550 14 Nov. 1804. Criminal Ct.
Spade, Henry. Grand Dutchy of Baden. NATN. Decl. intent in Franklin Co. (PA) Ct. 18 Sept. 1839. Wits: Armand Swole and Benedict Kurbel. O&RA to the Grand Duke of Baden. BC Ct. (Nat. Rcd.) 9 1845-1848 MSA C229-1 MdHR 18119 f. 449 4 Oct. 1847.
Spahn, John. Bavaria. NATN. Decl. intent in US Dist. Ct. 20 Sept. 1844. Wits: John P. Fagan and Cornelius Fagan. O&RA to the King of Bavaria. BC Ct. (Nat. Rcd.) 9 1845-1848 MSA C229-1 MdHR 18119 f. 470 5 Oct. 1847.
Spahn, Valentine. Bavaria. NATN. Decl. intent in US Dist. Ct. 28 Sept. 1844. Wits: John P. Fagan and Cornelius Fagan. O&RA to the King of Bavaria. BC Ct. (Nat. Rcd.) 9 1845-1848 MSA C229-1 MdHR 18119 f. 471 5 Oct. 1847.
Spaner, Henry. Grand Dutchy of Hesse-Darmstadt. NATN. Arrived in US 3 yrs. prior to age 21. Res. US for 5 yrs., including 3 of minority. Res. MD over 1 yr. Wits: Frederick Mesike and Charles Thater. O&RA to the Grand Duke of Hesse-Darmstadt. BC Ct. (Nat. Rcd. of Minors) 3 1845-1851 MSA C237-3 MdHR 18114-1 f. 119 3 Oct. 1848.
Spanhoofd/Spanhooft, Reinhold. Germany. BA Ct. (Nat. Dkt.) 1 1796-1851 MSA C389-1 MdHR 18106 f. 10 #201 5 Dec. 1797. Barnes, p. 61
Speckelmyer, Henry. Hanover. NATN. Decl. intent in US Dist. Ct. 27 Jan. 1845. Wits: John C. Bolster and William Fick. O&RA to the King of Hanover. BC Ct. (Nat. Rcd.) 9 1845-1848 MSA C229-1 MdHR 18119 f. 572 3 Oct. 1848.
Speed, Michael. Kingdom of Bian. DI. BA Ct. (Minutes, Rough) 1845-1851 MSA C420-3 MdHR 14401 ff. 391-192 7 Nov. 1850.
Speed, Michael. Kingdom of Bian. DI. BA Ct. (Minutes) 1846-1851 MSA C386-17 MdHR 14405 f. 236 7 Nov. 1850.
Speed, Michael. Kingdom of Bian. DI. BA Ct. (Minutes) 1846-1851 MSA C386-16 MdHR 14405 ff. 236-237 7 Nov. 1850.
Speicheneider, George. Bavaria. NATN. Decl. intent in US Circ. Ct. 1 Oct. 1849. Wits: John Baeish and George Schmall. O&RA to the King of Bavaria. BC Ct. (Nat. Rcd.) 10 1849-1851 MSA C229-2 MdHR 18120 f. 320 7 Oct. 1851.
Spein, George C. Prussia. NATN. Decl. intent in US Circ. Ct. 28 Sept. 1847. Wits: John Nixon and Francis Reims. BA Ct. (Nat. Dkt.) 1 1796-1851 MSA C389-1 MdHR 18106 f. 373 2 Oct. 1849.
Speir, George C. Prussia. NATN. Decl. intent in US Circ. Ct. 28 Sept. 1847. Wits: John Nixon and Francis Keins. O&RA to the King of Prussia. BA Ct. (Nat. Rcd.) 4 1846-1851 MSA C391-2 MdHR 18109 f. 350 2 Oct. 1849.
Spelicy, James. England. BA Ct. (Nat. Dkt.) 1 1796-1851 MSA C389-1 MdHR 18106 f. 23 #458 9 June 1803. Barnes, p. 65.

Spellman, Patrick. Ireland. NATN. Decl. intent in BC Ct. 1 Oct. 1844. Wits: Thomas Keller and Anthony McGuker (?). O&RA to the Queen of UK. BA Ct. (Nat. Rcd.) 4 1846-1851 MSA C391-2 MdHR 18109 f. 48 10 Oct. 1846.

Spelman, Patrick. Ireland. NATN. Decl. intent in BC Ct. 1 Oct. 1844. Wits: Thomas Keller and Anthony McGosher (?). BA Ct. (Nat. Dkt.) 1 1796-1851 MSA C389-1 MdHR 18106 f. 247 10 Oct. 1846.

Spelt, Gottleib. Wurtemburg. DI. BC Ct. (Dkt&Mins) 1840 MSA C184-7 MdHR 16664 f. 35 25 Sept. 1840.

Spence, Edward. Ireland. NATN. Born in Co. of Antrim. arrived in the US as a minor. Wits: Edward Spence and James Sloan. Certificate filed. BA Ct. (Nat. Dkt.) 1 1796-1851 MSA C389-1 MdHR 18106 f. 73 23 Sept. 1824.

Spence, William. Ireland. DI. BA Ct. (Minutes) 1822-1826 MSA C386-12 MdHR 14386 f. 119 18 Oct. 1823.

Spencer, Robert. Great Britain. NATN. Res. US for two yrs.. Res. MD for 1 yr. BA Ct. (Minutes) 1792 - 1797 MSA C386-7 MdHR 5052 f. 264 25 Nov. 1796

Spencer(?), Robert. England. NATN. Res. US since 29 Jan. 1795. Res. MD for two yrs. Ren. alleg. to King of Great Britain. BA Ct. (Nat. Dkt.) 1 1796 - 1851 MSA C389-1 MdHR 18106 f. 3 Nov. 1796. Barnes, p. 59

Spertzell, John. Electorate of Hesse-Cassell. NATN. Born in Hanau. Decl. intent in BA Ct. Sept. term 1825. Wits: Felix McCinley and Michael Hactchinger. BA Ct. (Nat. Dkt.) 1 1796-1851 MSA C389-1 MdHR 18106 f. 122 26 Sept. 1827.

Spertzell, John. Electorate of Hesse-Cassell. DI. BA Ct. (Minutes) 1822-1826 MSA C386-12 MdHR 14386 f. 335 24 Sept. 1825.

Spicer, William. England. NATN . Decl. intent in US Dist. Ct. 12 Oct. 1846. Wits: Franklin Gould and Alexander Eclen. O&RA to the Queen of UK. BC Ct. (Nat. Rcd.) 9 1845-1848 MSA C229-1 MdHR 18119 f. 703 20 Oct. 1848.

Spielshaus, Augustus. Hanover. NATN. Decl. intent in US Dist. Ct. 20 Sept. 1844. Wits: Levi Hoffman and Armand Knight. O&RA to the King of Hanover. BC Ct. (Nat. Rcd.) 9 1845-1848 MSA C229-1 MdHR 18119 f. 825 6 Nov. 1848.

Spilcker, George H. Germany. DI. Res. BC. BC Ct. (Dkt&Mins) 1841 MSA C184-8 MdHR 16665 f. 9 27 Feb. 1841.

Spilcker/Spilker, Charles W. Bremen. NATN. Decl. intent in US Circ. Ct. 14 Sept. 1834. Profession: Clerk. Profession: Merchant (1850 Census) Born in Osnabrush. Arrived in Port of Baltimore 11 March 1834 on the Johannes. Res. BC. Res. 10th Ward, 1850 Census. Wits: Ferdinand L. Brauns and John P. Sadtler. O&RA to the Republic of Bremen . BC Ct. (Nat. Rcd. of Minors) 2 1832-1836 MSA C237-2 MdHR 18113 f. 202 1 Oct. 1836. Tepper, p. 642.

Sponl, Adam Heinrich. Bavaria. NATN. Decl. intent in US Dist. Ct. 18 Sept. 1844. Wits: Bernard Reinhard and Peter Treulus. O&RA to the King of Bavaria. BC Ct. (Nat. Rcd.) 9 1845-1848 MSA C229-1 MdHR 18119 f. 702 23 Oct. 1848.

Sposton/Sproston, Samuel. England. BA Ct. (Nat. Dkt.) 1 1796-1851 MSA C389-1 MDHR 18106 f. 14 #301 4 April 1798. Barnes, p. 63.

Spretzell, Michael. Electorate of Hesse-Cassell. NATN. Arrived in US as a minor. Decl. intent in open Ct. BA Ct. (Nat. Dkt.) 1 1796-1851 MSA C389-1 MdHR 18106 f. 93 24 Sept. 1825.

Spring, John. Electorate of Hesse-Cassel. NATN. Decl. intent in US Circ. Ct. 21 Sept. 1844. Wits: Justus Weaver and George Spring. O&RA to the Elector of Hesse-Cassel. BA Ct. (Nat. Rcd.) 4 1846-1851 MSA C391-2 MdHR 18109 f. 221 5 Oct. 1847.

Spring, John. Electorate of Hesse-Cassel. NATN. Decl. intent in US Circ. Ct. 21 Sept. 1844. Wits: Justus Wever and George Spring. BA Ct. (Nat. Dkt.) 1 1796-1851 MSA C389-1 MdHR 18106 f. 316 5 Oct. 1848.

Springer, David. Germany. DI. Res. BC. Ren. alleg. to the Emperor of Germany. Profession: Tailor (1850 Census) Age: 38 (1850 Census) BC Ct. (Dkt&Mins) 1839 MSA C184-6 MdHR 16663 f. 34 14 Sept. 1839.
Springer, George. Electorate of Hesse-Cassel. NATN. Arrived in US 3 yrs. prior to age 21. Res. US for 5 yrs., including 3 of minority. Res. MD over 1 yr. Wits: William Hinkle and Henry Bogueman. O&RA to the Elector of Hesse-Cassel. BC Ct. (Nat. Rcd. of Minors) 3 1845-1851 MSA C237-3 MdHR 18114-1 f. 32 6 Oct. 1846.
Sprol. John C. Bavaria. NATN. Arrived in US 3 yrs. prior to age 21. Res. US for 5 yrs., including 3 of minority. Res. MD over 1 yr. Witness: Adam H. Sprol. O&RA to the King of Bavaria. BC Ct. (Nat. Rcd. of Minors) 3 1845-1851 MSA C237-3 MdHR 18114-1 f. 333 3 Nov. 1851.
Sprong, George. Germany. DI. Ren. alleg. to Emperor of Germany. BA Ct. (Minutes) 1810-1814 MSA C386-10 MdHR 14376 f. 16 26 May 1810.
Srendt, Joseph. Poland. DI. BC Ct. (Dkt&Mins) 1849 MSA C184-11 MdHR 16668 f. 11 18 May 1849.
St. John, Christopher. Ireland. DI. BA Ct. (Minutes) 1822-1826 MSA C386-12 MdHR 14386 f. 21 3 Oct. 1822.
St. John, Christopher. Ireland. NATN. Born in Co. of Limmerick. Decl. intent in BA Ct. Sept. term 1822. Wits: John Hanna and John Manley. BA Ct. (Nat. Dkt.) 1 1796-1851 MSA C389-1 MdHR 18106 f. 120 25 Sept. 1827.
Stab, John. Bavaria. NATN. Decl. intent in US Dist. Ct. 13 Oct. 1843. Wits: George Stein and James Hirsch. O&RA to the King of Bavaria. BA Ct. (Nat. Rcd.) 4 1846-1851 MSA C391-2 MdHR 18109 f. 154 13 Oct. 1846.
Stab, John. Bavaria. NATN. Decl. intent in US Dist. Ct. 17 Oct. 1843. Wits: George Stein and James Hersch. BA Ct. (Nat. Dkt.) 1 1796-1851 MSA C389-1 MdHR 18106 f. 281 13 Oct. 1846.
Stafford, James. Ireland. NATN. Res. BC. Res. US 14 April 1802 - 18 June 1812. Wits: James C. Debbish and William Corner. O&RA to the King of UK. BC Ct. (Nat. Rcd. of Minors) 1 1827-1832 MSA C237-1 MdHR 18112 ff. 159-160 4 Oct. 1828.
Stafford, John. Ireland. NATN. Res. BC. Arrived in the US 3 yrs. prior to age 21. Res. US for 5 yrs., including 3 of minority. Wits: Patrick Cooney and Peter Fenly. O&RA to the King of UK. BC Ct. (Nat. Rcd. of Minors) 1 1827-1832 MSA C237-1 MdHR 18112 ff. 158-159 4 Oct. 1828.
Stahl, David. Hanover. NATN. Decl. intent in US Dist. Ct. 24 April 1845. Wits: Basil I. Elder, Louis Merierett and Frederick Myer. O&RA to the King of Hanover. BC Ct. (Nat. Rcd.) 10 1849-1851 MSA C229-2 MdHR 18120 f. 171 3 June 1851.
Stahl, Peter C. Denmark. DI. Res. BC. BC Ct. (Dkt&Mins) 1839 MSA C184-6 MdHR 16663 f. 28 24 June 1839.
Stainer, George. France. NATN. Arrived under age 18. Wits: John Barker and Stephen Wellslager. BA Ct. (Nat. Dkt.) 1 1796-1851 MSA C389-1 MdHR 18106 f. 303 5 Oct. 1847.
Staines, George. France. NATN. Arrived in US 3 yrs. prior to age 21. Res. US for 5 yrs., including 3 of minority. Res. MD over 1 yr. Wits: John Barker and Stephen Wellslager. O&RA to the King of French. BA Ct. (Nat. Rcd. of Minors) 3 1846-1851 MSA C392-1 MdHr 18110 f. 43 5 Oct. 1847.
Stall, Daniel. Grand Dutchy of Hesse-Darmstadt. Decl. intent in US Circ. Ct. 23 Sept. 1844. Wits: Francis Wells and William Lanehart. O&RA to the Grand Duke of Hesse-Darmstadt. BA Ct. (Nat. Rcd.) 4 1846-1851 MSA C391-2 MdHR 18109 f. 222 5 Oct. 1847.
Stall, Daniel. Grand Dutchy of Hesse-Darmstadt. NATN. Decl. intent in US Circ. Ct. 23 Sept. 1844. Wits: William Lanehart and Francis Wild. BA Ct. (Nat. Dkt.) 1 1796-1851 MSA C389-1 MdHR 18106 f. 316 5 Oct. 1847.
Stall, Jacob. Wurtemburg. NATN. Res. BC. Res. US 14 April 1802 - 18 June

1812. Wits: George Lewis Opperman and Frederick Jordan. O&RA to the King of Wurtemburg. BC Ct. (Nat. Rcd. of Minors) 1 1827-1832 MSA C237-1 MDHR 18112 ff. 163-164 4 Oct. 1828.

Stalter, John. Ireland. DI. Res. BC. BC Ct. (Dkt&Mins) 1847 MSA C184-10 MdHR 16667 f. 40 1 Nov. 1847.

Stamnig, U. B. Germany. NATN. Subscribes to oath required by Act of Congress. BA Ct. (Minutes) 1792-1797 MSA C386-7 MdHR 5052 f. 36 Aug. 1792.

Standemayer, Jacob. Wurtemburg. NATN. Decl. intent in US Dist. Ct. 26 Oct. 1844. Wits: Christopher Meddinger and Conrad Laue. O&RA to the King of Wurtemburg. BC Ct. (Nat. Rcd.) 9 1845-1848 MSA C229-1 MdHR 18119 f. 673 12 Oct. 1848.

Stanforth, John. Germany. DI. Res. BC. Ren. alleg. to the Emperor of Germany. BC Ct. of O&T&GD (Dkt&Mins) 1812 SA C183-7 MdHR 16655 f. 45 8 Aug. 1812.

Stansfield, James. England. NATN. Res. BC. Arrived 3 yrs. prior to age 21. Res. US for 5 yrs., including 3 of minority. Wits: John Coats and John Townsend. O&RA to the King of UK. BC Ct. (Nat. Rcd. of Minors) 1 1827-1832 MSA C237-1 MdHR 18112 ff. 107-108 [29 Sept. 1828]

Stansfield, James. England. DI. BC Ct. (Dkt&Mins) 1825 MSA C184-2 MdHR 16659 f. 28 14 June 1825.

Stanton, John. England. NATN. Arrived in US under age 18. Wits: Laurence Flinn and Andreas Gallaghan. BA Ct. (Nat. Dkt.) 1 1796-1851 MSA C389-1 MdHR 18106 f. 327 2 Oct. 1848.

Stanton, John. England. NATN. Arrived in US 3 yrs. prior to age 21. Res. US for 5 yrs., including 3 of minority. Res. MD over 1 yr. Wits: Lawrence Fling and Andrew Gallaghan. O&RA to the Queen of UK. BA Ct. (Nat. Rcd. of Minors) 3 1846-1851 MSA C392-1 MdHR 18110 f. 59 2 Oct. 1848.

Stanton, William. Ireland. NATN. Arrived in US 3 yrs. prior to age 21. Res. US for 5 yrs., including 3 of minority. Res. MD over 1 yr. Wits: Thomas Stanton and John W. Davis. O&RA to the Queen of UK. BA Ct. (Nat. Rcd. of Minors) 3 1846-1851 MSA C392-1 MdHR 18110 f. 44 5 Oct. 1847.

Stanton, William. Ireland. NATN. Arrived in US under age 18. Wits: Thomas Stanton and John W. Davis. BA Ct. (Nat. Dkt.) 1 1796-1851 MSA C389-1 MdHR 18106 f. 304 5 Oct. 1847.

Stanz, Conrad. Dutchy of Saxe-Weimar. NATN. Arrived in US 3 yrs. prior to age 21. Res. US for 5 yrs., including 3 of minority. Res. MD over 1 yr. Wits: William Heirmemuer and Charles Leitz. O&RA to the Duke of Saxe-Weimar. BC Ct. (Nat. Rcd. of Minors) 3 1845-1851 MSA C237-3 MdHR 18114-1 f. 154 23 Oct. 1848.

Stapf, Anton. Bavaria. NATN. Decl. intent in US Circ. Ct. 19 Oct. 1846. Wits: Adam Bedel and Morris Smith. BA Ct. (Nat. Dkt.) 1 1796-1851 MSA C389-1 MdHR 18106 f. 351 30 Oct. 1848.

Stapf, Anton. Bavaria. NATN. Decl. intent in US Circ. Ct. 19 Oct. 1846. Wits: Adem Bedel and Morris Smith. O&RA to the King of Bavaria. BA Ct. (Nat. Rcd.) 4 1846-1851 MSA C391-2 MdHR 18109 f. 302 30 Oct. 1848.

Starkey, Robert. Ireland. Decl. intent in US Circ. Ct. 11 Nov. 1819. Wits: Charles McManus and John Wimmell. BA Ct. (Nat. Dkt.) 1 1796-1851 MSA C389-1 MdHR 18106 f. 132 15 Sept. 1828.

Stead, George. England. NATN. Decl. intent in US Dist. Ct. 19 July 1844. Wits: Benjamin Duffin and George M. Gill. O&RA to the Queen of UK. BC Ct. (Nat. Rcd.) 9 1845-1848 MSA C229-1 MdHR 18119 f. 773 3 Nov. 1848.

Steam, Charles. Bavaria. NATN. Decl. intent in BC Ct. 1 Oct. 1847. Wits: Philip Steam and William Stroth. O&RA to the King of Bavaria. BC Ct. (Nat. Rcd.) 10 1849-1851 MSA C229-2 MdHR 18120 f. 312 30 Sept. 1851.

Steele, John. Ireland. DI. BA Ct. (Minutes) 1827-1830 MSA C386-13 MdHR 14391 f.

2388 Sept. 1829.

Steele, Robert. Scotland. NATN. Decl. intent in BC Ct. 12 Oct. 1844. Wits: William H. Walsh and James Johnson. O&RA to the Queen of UK. BC Ct. (Nat. Rcd.) 10 1849-1851 MSA C229-2 MdHR 18120 f. 85 30 Sept. 1850.

Steele, Samuel. Ireland. NATN. Decl. intent in US Dist. Ct. 10 June 1833. Res. BC. Witness: Robert (?) Hollins . O&RA to the King of UK. BC Ct. (Nat. Rcd. of Minors) 2 1832-1836 MSA C237-2 MdHR 18813 f. 164 16 July 1835.

Steeler, John. Germany. BA Ct. (Nat. Dkt.) 1 1796-1851 MSA C389-1 MdHR 18106 f.32 #620 16 Oct. 1805.

Steer, John. Germany. BA Ct. (Nat. Dkt.) 1 1796-1851 MSA C389-1 MdHR 18106 f. 15 #311 9 April 1798. Barnes, p. 63.

Stehl, John. Electorate of Hesse-Cassel. NATN. Decl. intent in US Dist. Ct. 23 Sept. 1844. Wits: Philip Wagner and Louis Servary. O&RA to the Elector of Hesse-Cassel. BC Ct. (Nat. Rcd.) 9 1845-1848 MSA C229-1 MdHR 18119 f. 593 5 Oct. 1848.

Steigerwald, Adam. Bavaria. NATN. Decl. intent in US Dist. Ct. 6 Oct. 1843. Wits: John Wolf and Jacob Lucas. O&RA to the King of Bavaria. BA Ct. (Nat. Rcd.) 4 1846-1851 MSA C391-2 MdHR 18109 f. 33 6 Oct. 1846.

Steigerwald, Adam. Bavaria. NATN. Decl. intent in US Dist. Ct. 6 Oct. 1843. Wits: John Wolf and Jacob Lucas. BA Ct. (Nat. Dkt.) 1 1796-1851 MSA C389-1 MdHR 18106 f. 241 6 Oct. 1846.

Steigerwald, John. Bavaria. NATN. Decl. intent in US Dist. Ct. 7 Oct. 1843. Wits: John Wolf and Jacob Lucas. BA Ct. (Nat. Dkt.) 1 1796-1851 MSA C389-1 MdHR 18106 f. 242 6 Oct. 1846.

Steigerwald, John. Bavaria. NATN. Decl. intent in US Dist. Ct. 7 Oct. 1843. Wits: John Wolf and Jacob Lucas. O&RA to the King of Bavaria. BA Ct. (Nat. Rcd.) 4 1846-1851 MSA C391-2 MdHR 18109 f. 35 6 Oct. 1846.

Steigler, Andreas. Bavaria. NATN. Decl. intent in US Dist. Ct. 7 Oct. 1843. Wits: Peter Treileib and Adam Trask/ Trash(?). BA Ct. (Nat. Dkt.) 1 1796-1851 MSA C389-1 MdHR 18106 f. 281 13 Oct. 1846.

Steigler, Andreas. Bavaria. NATN. Decl. intent in US Dist. Ct. 7 Oct. 1843. Wits: Peter Freilech and Kreish. O&RA to the King of Bavaria. BA Ct. (Nat. Rcd.) 4 1846-1851 MSA C391-2 MdHR 18109 f. 155 13 Oct. 1846.

Steile, Samuel. Ireland. NATN. Decl. intent in BA Ct. 8 Oct. 1829. Wits: John Huzza and Joseph A. Craddock. BA Ct. (Nat. Dkt.) 1 1796-1851 MSA C389-1 MdHR 18106 f. 170 10 Oct. 1840.

Stein, Edward. Grand Dutchy of Baden. NATN. Decl. intent in BC Ct. 26 Sept. 1848. Wits: Samuel Hart and William G. Craft. O&RA to the Grand Duke of Baden. BC Ct. (Nat. Rcd.) 10 1849-1851 MSA C229-2 MdHR 18120 f. 124 1 Oct. 1850.

Stein, George. Germany. DI. Res. BC. Ren. alleg. to the Emperor of Germany BC Ct. of O&T&GD (Dkt&Mins) 1812 MSA C183-7 MdHR 16655 f. 43 3 Aug. 1812.

Stein, Henry. Electorate of Hesse-Cassel. NATN. Decl. intent in US Dist. Ct. 2 Oct. 1843. Wits: Henry Ingel and Frederick Rhosletter. O&RA to the Elector of Hesse-Cassel. BA Ct. (Nat. Rcd.) 4 1846-1851 MSA C391-2 MdHR 18109 f. 155 13 Oct. 1846.

Stein, John C. Grand Dutchy of Hesse-Darmstadt. NATN. Decl. intent in BC Ct. 20 Sept. 1847. Wits: Charles Sous and Robert H. Hill. O&RA to the Grand Duke of Hesse-Darmstadt. BA Ct. (Nat. Rcd.) 4 1846-1851 MSA C391-2 MdHR 18109 f. 345 1 Oct. 1849.

Stein, John C. Grand Dutchy of Hesse-Darmstadt. NATN. Decl. intent in BC Ct. 20 Sept. 1847. Wits: Charles Sous and Robert A. Hill. BA Ct. (Nat. Dkt.) 1 1796-1851 MSA C389-1 MdHR 18106 f. 371 1 Oct. 1849.

Stein, John C. Grand Dutchy of Hesse-Darmstadt. DI. BC Ct. (Dkt&Mins) 1847 MSA C184-10 MdHR 16667 f. 33 20 Sept. 1847.

Stein, Leopold. Grand Dutchy of Baden. NATN. Decl. intent in BC Ct. 26 Sept.

1848. Wits: Samuel Hart and William H. Craft. O&RA to the Grand Duke of Baden. BC Ct. (Nat. Rcd.) 10 1849-1851 MSA C229-2 MdHR 18120 f. 123 1 Oct. 1850.
Stein, Maier (?). Bavaria. NATN. Arrived in US 3 yrs. prior to age 21. Res. US for 5 yrs., including 3 of minority. Res. MD over 1 yr. Wits: Moses Cohen and Oscar Frank. O&RA to the King of Bavaria. BC Ct. (Nat. Rcd. of Minors) 3 1845-1851 MSA C237-3 MdHR 18114-1 f. 9 18 Oct. 1845.
Stein, Peter. Electorate of Hesse-Casel. NATN. Decl. intent in US Dist. Ct. 2 Oct. 1842. Wits: Frederick Rholetter and Henry Ingel. BA Ct. (Nat. Dkt.) 1 1796-1851 MSA C389-1 MdHR 18106 f. 281 13 Oct. 1846.
Stein, Peter. Grand Dutchy [Electorate] of Hesse-Cassell. DI. BA Ct. (Minutes, Rough) 1832-1835 MSA C420-1 MdHR 14396-2 f. 141 10 Nov. 1832.
Stein, Peter. Grand Dutchy [Electorate] of Hesse-Cassel. DI. BA Ct. (Minutes) 1832-1838 MSA C386 MdHR 14403 f. 17 10 Nov. 1832.
Stein, Peter. Grand Dutchy [Electorate] of Hesse-Cassel. NATN. Decl. intent in BA Ct. 10 Nov. 1832. Res. BC. Wits: William F. Johnson and John M. Dyer. O&RA to the Grand Duke [Elector] of Hesse-Cassel. BA Ct. (Nat. Rcd.) 2 1832-1846 MSA C391-1 MdHR 18108 ff. 34-35 13 Sept. 1836.
Steinbach, Joachim Ludwig. NATN. Republic of Hamburgh. BA Ct. (Minutes) 1792-1797 MSA C396-7 MdHR 5052 f. 254 10 Sept. 1796.
Steinbach/Steinback, John C. Prussia. BA Ct. (Nat. Dkt.) 1 1796-1851 MSA C389-1 MdHR 18106 f. 20 #401 24 June 1802. Barnes, p. 64.
Steinback, Joachim Ludwig. Republic of Hamburg. BA Ct. (Nat. Dkt.) 1 1796-1851 MSA C389-1 MdHR 18106 f. 2 #28 3 Sept. 1796. Barnes, p. 59.
Steinbech, John. Prussia. BA Ct. (Nat. Dkt.) 1 1796-1851 MSA C389-1 MdHR 18106 f. 10 #195 1 Dec. 1797. Barnes, p. 61
Steiner, Francis Jacob. Grand Dutchy of Baden. DI. Res. BC. BC Ct. (Dkt&Mins) 1846 MSA C184-9 MdHR 16666 f. 22 25 May 1846.
Steinkemp, Henry. Germany. DI. BC Ct. (Dkt&Mins) 1849 MSA C184-11 MdHR 16668 f. 6 2 Feb. 1849.
Steinkemp, Joseph. Germany. DI. BC Ct. (Dkt&Mins) 1849 MSA C184-11 MdHR 16668 f. 6 2 Feb. 1849.
Steinneman, Ulrich. Switzerland. NATN. Decl. intent in US Dist. Ct. 22 Sept. 1844. Wits: Michael Alburn and David Eger. Illiterate. O&RA to the Government of Switzerland. BC Ct. (Nat. Rcd.) 9 1845-1848 MSA C229-1 MdHR 18119 f. 217 8 June 1847.
Stenburg, Marum (?). Bavaria. NATN. Decl. intent in US Dist. Ct. 2 Sept. 1844. Wits: Moses Oettinger and Joshua M. Myers. O&RA to the King of Bavaria. BC Ct. (Nat. Rcd.) 9 1845-1848 MSA C229-1 MdHR 18119 f. 538 30 Sept. 1848.
Stenger, Christopher. Bavaria. NATN. Decl. intent in US Dist. Ct. 12 Feb. 1844. Res. BC. Wits: George Juhof (?) and Joseph Rourch. O&RA to the King of Bavaria. BA Ct. (Nat. Rcd.) 2 1832-1846 MSA C391-1 MdHR 18108 f. 134 5 Oct. 1846.
Stenhuin, Henry. NATN. Holland. BA Ct. (Minutes) 1792 - 1797 MSA C386-7 MdHR 5052 f. 264 5 Dec. 1796
Stephenson, William. England. BA Ct. (Nat. Dkt.) 1 1796-1851 MSA C389-1 MdHR 18106 f. 35 #695 1 April 1808.
Sterch, William G. Hanover. NATN. Arrived in US 3 yrs. prior to age 21. Res. US for 5 yrs., including 3 of minority. Res. MD over 1 yr. Wits: Lewis B. King and Laertes Millifs/Milliss. O&RA to the King of Hanover. BC Ct. (Nat. Rcd. of Minors) 3 1845-1851 MSA C237-3 MdHR 18114-1 f. 14 30 Sept. 1846.
Sterling, James. Ireland. DI. BA Ct. (Minutes) 1827-1830 MSA C386-13 MdHR 14391 f. 1 29 Sept. 1830.
Stern, August. Grand Dutchy of Hesse-Darmstadt. NATN. Decl. intent in US Circ. Ct. 2 Oct. 1847. Wits: Louis Dammann and E. Blett. O&RA to the Grand Duke of Hesse-Darmstadt. BC Ct. (Nat. Rcd.) 10 1849-1851 MSA C229-2

MdHR 18120 f. 411 4 Nov. 1851.

Stertz, William. Grand Dutchy of Hesse-Darmstadt. NATN. Decl. intent in US Circ. Ct. 1 Oct. 1844. Wits: Peter Lichtner and Christian Schubert. BA Ct. (Nat. Dkt.) 1 1796-1851 MSA C389-1 MdHR 18106 f. 281 13 Oct. 1846.

Sterz, William. Grand Dutchy of Hess-Darmstadt. NATN. Decl. intent in US Circ. Ct. 1 Oct. 1844. Wits: Peter Lichter and Christian Schubert. O&RA to the Grand Duke of Hesse-Darmstadt. BA Ct. (Nat. Rcd.) 4 1846-1851 MSA C391-2 MdHR 18109 f. 156 13 Oct. 1846.

Stetzenbach, Henry. Bavaria. NATN. Decl. intent in US Dist. Ct. 26 Oct. 1846. Wits: Simon Mersfelder and Antoine Osteuderf. O&RA to the King of Bavaria. BC Ct. (Nat. Rcd.) 9 1845-1848 MSA C229-1 MdHR 18119 f. 808 6 Nov. 1848.

Steuart/Stewart, James. Great Britain. BA Ct. (Nat. Dkt.) 1 1796-1851 MSA C389-1 MdHR 18106 f. 7 #134 21 Aug. 1797. Barnes, p. 60

Stevenson, James. Ireland. DI. BA Ct. (Minutes, Rough) 1836-1844 MSA C420-2 MdHR 14398 f. 39 18 Oct. 1836.

Stevenson, James. Ireland. DI. BA Ct. (Minutes) 1832-1838 MSA C386 MdHR 14403 f. 210 18 Oct. 1836.

Stevenson, William. Great Britain. BA Ct. (Nat. Dkt.) 1 1796-1851 MSA C389-1 MdHR 18106 f. 11 #214 12 december 1797. Barnes, p. 62.

Steward, Samuel. Prince of Wales Island (Canada). NATN. Res. BC. Arrived in the US 3 yrs. prior to age 21. Res. US for 5 yrs., including 3 of minority. Res. MD over 1 yr. Wits: Frederick E. B. Hintze and John C. Debbish. O&RA to the King of UK. BC Ct. (Nat. Rcd. of Minors) 1 1827-1832 MSA C237-1 MdHR 18112 f. 232 7 Nov. 1828.

Stewart, James. Ireland. NATN. Decl. intent in BC Ct. 15 Feb. 1844. Wits: Patrick Maguire and Jeremiah Curtan. O&RA to the Queen of UK. BC Ct. (Nat. Rcd.) 9 1845-1848 MSA C229-1 MdHR 18119 f. 94 3 Oct. 1846.

Stewart, James. Ireland. NATN. Arrived in US 3 yrs. prior to age 21. Res. US for 5 yrs., including 3 of minority. Res. MD over 1 yr. Wits: Alexander Stewart and Henry M. McKeowon. O&RA to the Queen of UK. BC Ct. (Nat. Rcd. of Minors) 3 1845-1851 MSA C237-1 MdHR 18114-1 f. 57 29 Sept. 1847.

Stewart, James. England. DI. Res. BC. BC Ct. of O&T&GD (Dkt&Mins) 1812 MSA C183-7 MdHR 16655 f. 39 15 July 1812.

Stewart, John J. Ireland. NATN. Decl. intent in BC Ct. 13 Sept. 1845. Wits: Robert Gregg and Henry M. McKeoun. O&RA to the Queen of UK. BC Ct. (Nat. Rcd.) 9 1845-1848 MSA C229-1 MdHR 18119 f. 430 4 Oct. 1847.

Stewart, Peter. Scotland. BA Ct. (Nat. Dkt.) 1 1796-1851 MSA C389-1 MdHR 18106 f. 27 6 April 1804. Civil Ct.

Stewart, Peter. Scotland. NATN. Res. BC. Decl. intent in BC Ct. 29 Sept. 1828. Wits: Elisha Gatchell and James Wilson. O&RA to the King of UK. BC Ct. (Nat. Rcd. of Minors) 1 1827-1832 MSA C237-1 MdHR 18112 ff. 336-337 4 Nov. 1830.

Stewart, Peter. Scotland. DI. BC Ct. (Dkt&Mins) 1828 MSA C184-4 MdHr 16661 f. 40 29 Sept. 1828.

Stewart, William. England. NATN. Decl. intent in Bergen Co. (NJ) Ct. 11 Sept. 1833. Wits: Richard H. Griffin, Samuel Dever, and Ranson O. Williams. O&RA to the Queen of UK. BC Ct. (Nat. Rcd.) 9 1845-1848 MSA C229-1 MdHR 18119 f. 502 10 June 1848.

Stieb, Nicholas. Electorate of Hesse-Cassel. NATN. Decl. intent in US Dist. Ct. 30 Sept. 1843. Witness: Peter Kreiss. O&RA to the Elector of Hesse-Cassel. BC Ct. (Nat. Rcd.) 9 1845-1848 MSA C229-1 MdHR 18119 f. 18 30 Sept. 1845.

Stieburgen, Peter. Bavaria. NATN. Decl. intent in US Dist. Ct. 17 Sept. 1847. Wits: Joseph Canna and John C. Hagger. O&RA to the King of Bavaria. BC Ct. (Nat. Rcd.) 10 1849-1851 MSA C229-2 MdHR 18120 f. 39 9 Oct. 1849.

Stief, Ernst. Grand Dutchy of Hesse-Darmstadt. NATN. Decl. intent in US

Dist. Ct. 8 July 1844. Wits: William Leuhart and Philip Laufus. O&RA to the Grand Duke of Hesse-Darmstadt. BC Ct. (Nat. Rcd.) 9 1845-1848 MSA C229-1 MdHR 18119 f. 344 4 Oct. 1847.
Stiefel, Julius. Germany. NATN. Decl. intent in BC Ct. 13 Sept. 1847. Wits: Moses Otinger and Gerson Schoenfaber. Profession: Tailor (1850 Census). O&RA to the Emperor of Germany. BC Ct. (Nat. Rcd.) 10 1849-1851 MSA C229-2 MdHR 18120 f. 12 22 Sept. 1849.
Stiefer, Julius. Germany. DI. Res. BC. BC Ct. (Dkt&Mins) 1847 MSA C184-10 MdHR 16667 f. 32 13 Sept. 1847.
Stier, William. England. NATN. Arrived in US 3 yrs. prior to age 21. Res. US for 5 yrs., including 3 of minority. Res. MD over 1 yr. Wits: William S. Coath and John Gildea. O&RA to the Queen of UK. BC Ct. (Nat. Rcd. of Minors) 3 1845-1851 MSA C237-3 MdHR 18114-1 f. 187 6 Nov. 1848.
Stine, John. Bavaria. NATN. Decl. intent in Harford Co. Ct. 21 May 1844. Wits: Adam Werner and George Huper. O&RA to the King of Bavaria. BC Ct. (Nat. Rcd.) 9 1845-1848 MSA C229-1 MdHR 18119 f. 632 9 Oct. 1848.
Stinger, Christoph. Bavaria. NATN. Decl. intent in US Circ. Ct. 12 Feb. 1844. Wits: George Luhf and Joseph Rousch. BA Ct. (Nat. Dkt.) 1 1796-1851 MSA C389-1 MdHR 18106 f. 230 5 Oct. 1846.
Stirchel, William. Electorate of Hesse-Cassel. NATN. Decl. intent in US Circ. Ct. 14 Sept. 1844. Wits: David Jean and Jacob Eberle. BA Ct. (Nat. Dkt.) 1 1796-1851 MSA C389-1 MdHR 18106 f. 340 3 Oct. 1848.
Stirckel, William. Electorate of Hesse-Cassel. NATN. Decl. intent in US Circ. Ct. 14 Sept. 1844. Wits: David Lean and Jacob Eberle. O&RA to the Elector of Hesse-Cassel. BA Ct. (Nat. Rcd.) 4 1846-1851 MSA C391-2 MdHR 18109 f. 278 3 Oct. 1848.
Stireat, David. Scotland. NATN. Born in Shire of Azre. Decl. intent in BA Ct. March term 1812. Wits: Thomas J. Barry and George S. Winnell. BA Ct. (Nat. Dkt.) 1 1796-1851 MSA C389-1 MdHR 18106 f. 122 26 Sept. 1827.
Stirrat, David. UK. DI. BA Ct. (Minutes) 1810-1814 MSA C386-10 MdHR 14376 f. 193 8 June 1812.
Stittle/Metter (?), Leon (?)/ Leonard Henry. Prussia. BA Ct. (Nat. Dkt.) 1 1796-1851 MSA C389-1 MdHR 18106 f.14 #289 23 March 1798. Barnes, p. 63.
Stocke, John. Electorate of Hesse-Cassel. NATN. Decl. intent in US Dist. Ct. 20 April 1844. Wits: James C. Conn and Philip Wagner. O&RA to the Elector of Hesse-Cassel. BC Ct. (Nat. Rcd.) 9 1845-1848 MSA C229-1 MdHR 18119 f. 396 4 Oct. 1847.
Stockert, Ambrosius. Grand Dutchy of Hesse-Darmstadt. NATN. Decl. intent in US Circ. Ct. 7 Sept. 1844. Wits: Augustus German and Adam Albert. BA Ct. (Nat. Dkt.) 1 1796-1851 MSA C389-1 MdHR 18106 f. 281 13 Oct. 1846.
Stockert, Ambrosius. [Grand] Dutchy of Saxe-Weimar. NATN. Decl. intent in US Circ. Ct. 9 Sept. 1844. Wits: Augustus German and Albert. O&RA to the [Grand] Duke of Saxe-Weimar. BA Ct. (Nat. Rcd.) 4 1846-1851 MSA C391-2 MdHR 18109 f. 156 13 Oct. 1846.
Stoffelman, Henry. Bremen. NATN. Res. BC. Res. US 14 April 1802 - 18 June 1812. Wits: Lambert Thomas and John Alfred. O&RA to the Hanseatic Government. BC Ct. (Nat. Rcd. of Minors) 1 1827-1832 MSA C237-1 MDHR 18112 ff. 242-243 8 Nov. 1828.
Stohmann, Herman. Principality of Schwarzburg-Londershausen. NATN. Arrived in US 3 yrs. prior to age 21. Res. US for 5 yrs., including 3 of minority. Res. MD over 1 yr. Witness: William Wardenburg. O&RA to the Prince of Schwarzburg-Londershausen. BC Ct. (Nat. Rcd. of Minors) 3 1845-1851 MSA C237-3 MdHR 18114-1 f. 340 4 Nov. 1851.
Stohr, Lewis J. Bavaria. NATN. Decl. intent in US Circ. Ct. 8 July 1845. Wits: George Faxenoury (?) and Laurence Ritaker. BA Ct. (Nat. Dkt.) 1 1796-1851

MSA C389-1 MdHR 18106 f. 316 5 Oct. 1847.

Stohr, Lewis. Bavaria. NATN. Decl. intent in US Circ. Ct. 8 July 1845. Wits: George Fanenburg and Laurence Ritaker. O&RA to the King of Bavaria. BA Ct. (Nat. Rcd.) 4 1846-1851 MSA C391-2 MdHR 18109 f. 222 5 Oct. 1847.

Stokes, William. Ireland. DI. Res. BC. BC Ct. (Dkt&Mins) 1847 MSA C184-10 MdHR 16667 f. 27 27 Aug. 1847.

Stolle, William. Hanover. NATN. Decl. intent in US Circ. Ct. 1 Oct. 1846. Wits: Samuel H. Lane and Abraham Winders. O&RA to the King of Hanover. BC Ct. (Nat. Rcd.) 9 1845-1848 MSA C229-1 MdHR 18119 f. 745 1 Nov. 1848.

Stone, Henry. Germany. NATN. Arrived in US 3 yrs. prior to age 21. Res. US for 5 yrs., including 3 of minority. Res. MD over 1 yr. Wits: Edward C. Taylor and William Myers. O&RA to the Emperor of Germany. BC Ct. (Nat. Rcd. of Minors) 3 1845-1851 MSA C237-3 MdHR 18114-1 f. 10 23 Feb. 1846.

Stoneall, William. England. BA Ct. (Nat. Dkt.) 1 1798-1851 MSA C389-1 MdHR 18106 f. 13 #278 16 March 1798. Barnes, p. 62.

Storch, Adolph. Prussia. NATN. Decl. intent in US Circ. Ct. 16 May 1844. Wits: Jacob Loritz and Christopher Hanech. BA Ct. (Nat. Dkt.) 1 1796-1851 MSA C389-1 MdHR 18106 f. 281 13 Oct. 1846.

Storck, Adolph. Prussia. NATN. Decl. intent in US Circ. Ct. 16 May 1844. Wits: Jacob Loritz and Christopher Hanich. O&RA to the King of Prussia. BA Ct. (Nat. Rcd.) 4 1846-1851 MSA C391-2 MdHR 18109 f. 157 13 Oct. 1846.

Storck, Henry. Hanover. NATN. Decl. intent in open ct. Arrived in US 3 yrs. prior to age 21. Res. US for 5 yrs., including 3 of minority. Res. MD over 1 yr. Res. BC. Wits: Joseph C. Boyd and William Bridges. O&RA to the King of Hanover. BA Ct. (Nat. Rcd.) 2 1832-1846 MSA C391-1 MdHR 18108 ff. 72-73 12 June 1840.

Storck, Henry. Hanover. NATN. Decl. intent in open ct. Arrived in US under age 18. Wits: Joseph C. Boyd and William Bridges. BA Ct. (Nat. Dkt.) 1 1796-1851 MSA C389-1 MdHR 18106 f. 199 12 June 1840.

Story, John. England. BA Ct. (Nat. Dkt.) 1 1796-1852 MSA C389-1 MdHR 18106 f. 15 #308 9 April 1798. Barnes, p. 63.

Story, William. Ireland. DI. BA Ct. (Minutes) 1839-1846 MSA C386-16 MdHR 14404 f. 76 4 Jan. 1841.

Story, William. Ireland. DI. BA Ct. (Minutes, Rough) 1836-1844 MSA C420-2 MdHR 14398 f. 258 4 Jan. 1841.

Stracke, Jacob. Principality of Waldeck. NATN. Arrived in US 3 yrs. prior to age 21. Res. MD over 1 yr. Wits: John Lust and Ernst Uhler. O&RA to the Prince of Waldeck. BC Ct. (Nat. Rcd. of Minors) 3 1845-1851 MSA C237-3 MdHR 18114-1 f. 260 1 Oct. 1850.

Strahan, Ebenezer. England. DI. Res. BC. BC Ct. (Dkt&Mins) 1828 MSA C184-4 MdHR 16661 f. 28 14 June 1828.

Strake, Moritz (Spelled as "Morice" in 1850 Census). Principality of Waldeck. NATN. Decl. intent in US Dist. Ct. 27 June 1842. Profession: Butcher (1850 Census) Res. BC in 1850. Spouse: Elizabeth, born in Germany (1850 Census) Wits: Henry Redmiller and Christian H, Meyer. O&RA to the Prince of Waldeck. BA Ct. (Nat. Rcd.) 4 1846-1851 MSA C391-2 MdHR 18109 f. 223 5 Oct. 1847.

Strake, Moritz. Principality of Waldeck. NATN. Decl. intent in US Dist. Ct. 27 June 1842. Wits: Christian H. Meyers and Henry Redmiller. BA Ct. (Nat. Dkt.) 1 1796-1851 MSA C389-1 MdHR 18106 f. 317 5 Oct. 1847.

Stram, Charles. Bavaria. DI. BC Ct. (Dkt&Mins) 1847 MSA C184-10 MdHR 16667 f. 35 1 Oct. 1847.

Strange, Christian Godfrey. France. DI. Ren. alleg. to Emperor of France and King of Italy. BA Ct. (Minutes) 1810-1814 MSA C386-10 MdHR 14376 f. 177A 27 March 1812.

Straos, Henry. Germany. DI. BC Ct. (Dkt&Mins) 1841 MSA C184-8 MdHR 16665 f. 38 9 Oct. 1841.
Straos, Henry. Germany. NATN. Decl. intent in BC Ct. 9 Oct. 1841. Wits: Joshua M. Myers and Moses Ellinger. O&RA to the Emperor of Germany. BC Ct. (Nat. Rcd.) 9 1845-1848 MSA C229-1 MdHR 18119 f. 219 6 July 1847.
Straos, Levi(?)/Leir(?). Germany. DI. Res. BC. Ren. alleg. to the Emperor of Germany. BC Ct. (Dkt&Mins) 1841 MSA C184-8 MdHR 16665 f. 38 9 Oct. 1841.
Strasburger, Charles. Germany. NATN. Decl. intent in BC Ct. 26 Feb. 1844. Wits: Henry Weber and Robert Moore. BA Ct. (Nat. Dkt.) 1 1796-1851 MSA C389-1 MdHR 18106 f. 256 13 Oct. 1846.
Strasburger, Charles. Germany. NATN. Decl. intent in BC Ct. 26 Feb. 1844. Wits: Henry Weber and Robert Moore. O&RA to the Emperor of Germany. BA Ct. (Nat. Rcd.) 4 1846-1851 MSA C391-2 MdHR 18109 f. 79 13 Oct. 1846.
Stratmeur, Frederick. Hanover. NATN. Decl. intent in US Dist. Ct. 10 Jan. 1845. Wits: Charles Worthman and Christopher Seip. O&RA to the King of Hanover. BC Ct. (Nat. Rcd.) 9 1845-1848 MSA C229-1 MdHR 18119 f. 789 4 Nov. 1848.
Stratton, James. Scotland. NATN. Decl. intent in the Mayor's Ct. of Philadelphia 2 Oct. 1832. Res. BC. Wits: Samuel Moore and John Murphy. O&RA to the King of UK. BC Ct. (Nat. Rcd. of Minors) 2 1832-1836 MSA C237-2 MdHR 18113 ff. 134-135 4 Oct. 1834.
Strauf, Henry. Grand Dutchy of Hesse-Darmstadt. NATN. Arrived in US 3 yrs. prior to age 21. Res. US for 5 yrs., including 3 of minority. Res. MD over 1 yr. Wits: J. Howard and Theodore Gilfome. O&RA to the Grand Duke of Hesse-Darmstadt. BC Ct. (Nat. Rcd. of Minors) 3 1845-1851 MSA C237-3 MdHR 18114-1 f. 150 10 Oct. 1848.
Straus, Isaac. Bavaria. NATN. Decl. intent in Ct. of Common Pleas, Adams Co. PA, 2 Aug. 1843. Wits: Emanuel Weinman and Joseph Rosenburg. BA Ct. (Nat. Dkt.) 1 1796-1851 MSA C389-1 MdHR 18106 f. 324 30 Sept. 1848.
Straus, John. Bavaria. NATN. Decl. intent in US Circ. Ct. 28 Sept. 1844. Wits: George F. Rentz and Jacob Ruff. O&RA to the King of Bavaria. BC Ct. (Nat. Rcd.) 9 1845-1848 MSA C229-1 MdHR 18119 f. 271 27 Sept. 1847.
Straus, Levi. Bavaria. NATN. Decl. intent in BC Ct. 9 Oct. 1841. Wits: Marcus Polack and Moses Oettinger. O&RA to the King of Bavaria. BC Ct. (Nat. Rcd.) 9 1845-1848 MSA C229-1 MdHR 18119 f. 236 18 Sept. 1847.
Straus, Samuel. Kingdom of Byron. NATN. Decl. intent in US Dist. Ct. 1 Sept. 1838. Wits: Herman Haar and Moses Cohen. BA Ct. (Nat. Dkt.) 1 1796-1851 MSA C389-1 MdHR 18106 f. 203 16 Sept. 1840.
Straus, Samuel. Kingdom of Bian. NATN. Decl. intent in US Dist. Ct. 1 Sept. 1838. Res. BC. Wits: Herman Haar and Moses Cohen. O&RA to the King of Bian. BA Ct. (Nat. Rcd.) 2 1832-1846 MSA C391-1 MdHR 18108 f. 80 16 Sept. 1840.
Straw, William. Germany. NATN. Arrived in US 3 yrs. prior to age 21. Res. US for 5 yrs., including 3 of minority. Res. MD over 1 yr. Wits: Lainhardt Parr and David Parr. O&RA to the Emperor of Germany. BC Ct. (Nat. Rcd. of Minors) 3 1845-1851 MSA C237-3 MdHR 18114-1 f. 219 1 Oct. 1849.
Strawinski, Felix Theodore. Poland. NATN. Decl. intent in BC Ct. 10 Oct. 1846. Wits: William H. Collins and George Willig. O&RA to the Emperor of Poland (?). BC Ct. (Nat. Rcd.) 9 1845-1848 MSA C229-1 MdHR 18119 f. 665 10 Oct. 1848.
Strawinski, Felix Theodore. Poland. DI. BC Ct. (Dkt&Mins) 1846 MSA C184-9 MdHR 16666 f. 40 10 Oct. 1846.
Streckfoose, Joseph. Grand Dutchy of Baden. NATN. Decl. intent in BA Ct. 15 June 1844. Wits: Mauritz Berger and Martin Bamberger. O&RA to the Grand Duke of Baden. BA Ct. (Nat. Rcd.) 4 1846-1851 MSA C391-2 MdHR 18109 f.

173 13 Oct. 1846.

Stremmel, Frederick. Germany. BA Ct. (Nat. Dkt.) 1 1796-1851 MSA C389-1 MdHR 18106 f. 21 #425 20 Dec. 1802. Barnes, p. 65.

Strengert, George. France. NATN. Arrived in US under age 18. Wits: Emanuel Weinman and Conrad Rifner. BA Ct. (Nat. Dkt.) 1 1796-1851 MSA C389-1 MdHR 18106 f. 323 30 Sept. 1848.

Strenocker, Gotfried. Grand Dutchy of Hesse-Darmstadt. NATN. Decl. intent in US Dist. Ct. 22 Oct. 1844. Wits: Levi Hoffman and Edward Lee. O&RA to the Grand Duke of Hesse-Darmstadt. BC Ct. (Nat. Rcd.) 9 1845-1848 MSA C229-1 MdHR 18119 f. 263 25 Sept. 1847.

Strickfoose, Joseph. Grand Dutchy of Baden. NATN. BA Ct. (Minutes) 1839-1846 MSA C386-9 MdHR 14404 f. 244 15 June 1844.

Strickfoose, Joseph. Grand Dutchy of Baden. NATN. Decl. intent in BA Ct. 15 June 1844. Wits: Martin Burberger and Mauritz Berger. BA Ct. (Nat. Dkt.) 1 1796-1851 MSA C389-1 MdHR 18106 f. 292 13 Oct. 1846.

Striehfoose/Strickfoose, Joseph. Grand Dutchy of Baden. DI. BA Ct. (Minutes, Rough) 1836-1844 MSA C420-2 MdHR 14398 f. 466 15 June 1844.

Strike, Nicholas. Great Britain. BA Ct. (Nat. Dkt.) 1 1796-1851 MSA C389-1 MdHR 18106 f. 10 #192 27 Nov. 1797. Barnes, p. 61

Strike, William. Ireland. BA Ct. (Nat. Dkt.) 1 1796-1851 MSA C389-1 MdHR 18106 f. 28 #528 22 June 1804. Civil Ct.

Stringert, George. Republic of France. NATN. Arrived in US 3 yrs. prior to age 21. Res. US for 5 yrs., including 3 of minority. Res. MD over 1 yr. Wits: Emanuel Weinman and Conrad Rifner/Risner. O&RA to the Republic of France. BA Ct. (Nat. Rcd. of Minors) 3 1846-1851 MSA C392-1 MdHR 18110 f. 52 30 Sept. 1848.

Strob, Peter. Bavaria. NATN. Decl. intent in US Circ. Ct. 1 Nov. 1844. Wits: Lenhart Power and Francis Schaeffer. O&RA to the King of Bavaria. BA Ct. (Nat. Rcd.) 4 1846-1851 MSA C391-2 MdHR 18109 f. 322 3 Nov. 1848.

Strob, Peter. Bavaria. NATN. Decl. intent in US Circ. Ct. 1 Nov. 1844. Wits: Lenhart Power and Francis Schaeffer. BA Ct. (Nat. Dkt.) 1 1796-1851 MSA C389-1 MdHR 18106 f. 34 3 Nov. 1848.

Strobel, John George. Wurtemburg. NATN. Decl. intent in US Dist. Ct. 2 Sept. 1844. Wits: Conrad Hufnagle and George Sellman. O&RA to the King of Wurtemburg. BC Ct. (Nat. Rcd.) 9 1845-1848 MSA C229-1 MdHR 18119 f. 765 2 Nov. 1848.

Stroble, John Peter. Germany. BA Ct. (Nat. Dkt.) 1 1796-1851 MSA C389-1 MdHR 18106 f. 34 #658 21 Oct. 1806.

Strode, Richard P. England. DI. BA Ct. (Minutes) 1827-1830 MSA C386-13 MdHR 14391 f. 78 25 Sept. 1827.

Stroh, Nicholas. Grand Dutchy of Hesse-Darmstadt. NATN. Decl. intent in US Dist. Ct. 17 Oct. 1843. Wits: Emanuel Weinman and Adam Trash. BA Ct. (Nat. Dkt.) 1 1796-1851 MSA C389-1 MdHR 18106 f. 282 13 Oct. 1846.

Stroh, Nicholas. Grand Dutchy of Hesse-Darmstadt. NATN. Decl. intent in US Dist. Ct. 17 Oct. 1843. Wits: Emanuel Weinman and Freich. O&RA to the Grand Duke of Hesse-Darmstadt. BA Ct. (Nat. Rcd.) 4 1846-1851 MSA C391-2 MdHR 18109 f. 157 13 Oct. 1846.

Stroh, Philip. Grand Dutchy of Hesse-Darmstadt. NATN. Decl. intent in US Dist. Ct. 17 Oct. 1843. Wits: Trarh and Emanuel Weinman. O&RA to the Grand Duke of Hesse-Darmstadt. BA Ct. (Nat. Rcd.) 4 1846-1851 MSA C391-2 MdHR 18109 f. 158 13 Oct. 1846.

Stroh, Philip. Grand Dutchy of Hesse-Darmstadt. NATN. Decl. intent in US Dist. Ct. 17 Oct. 1843. Wits: Emanuel Weinman and Adam Trash. BA Ct. (Nat. Dkt.) 1 1796-1851 MSA C389-1 MdHR 18106 f. 282 13 Oct. 1846.

Stroh, William. Germany. DI. BC Ct. (Dkt&Mins) 1840 MSA C184-7 MdHR 16664 f. 31 17 Aug. 1840.

Strohbecker, Mathias. Wurtemburg. NATN. Decl. intent in US Dist. Ct. 14

Oct. 1843. Wits: Charles Waidner and Martin Frandenburg. O&RA to the King of Wurtemburg. BC Ct. (Nat. Rcd.) 9 1845-1848 MSA C229-1 MdHR 18119 f. 371 4 Oct. 1847.

Strohler, John. Electorate of Hesse-Cassel. NATN. Decl. intent in US Dist. Ct. 5 June 1844. Wits: Henry Macher and Nicholas Hahn. O&RA to the Elector of Hesse-Cassel. BC Ct. (Nat. Rcd.) 9 1845-1848 MSA C229-1 MdHR 18119 f. 251 22 Sept. 1847.

Stromach, William. Scotland. DI. BA Ct. (Minutes) 1827-1830 MSA C386-13 MdHR 14391 f. 78 25 Sept. 1827.

Stromberger, Christian. Grand Dutchy of Hesse-Darmstadt. NATN. Arrived in US 3 yrs. prior to age 21. Res. US for 5 yrs., including 3 of minority. Res. MD over 1 yr. Wits: James H. Denson and George Stromberger. O&RA to the Grand Duke of Hesse-Darmstadt. BC Ct. (Nat. Rcd. of Minors) 3 1845-1851 MSA C237-3 MdHR 18114-1 f. 125 3 Oct. 1848.

Strouse, Isaac. Bavaria. NATN. Decl. intent in the Ct. of Common Pleas, Avans (?) Co., PA 2 Aug. 1843. Wits: Emanuel Weinman and Joseph Rosenburg. O&RA to the King of Bavaria. BA Ct. (Nat. Rcd.) 4 1846-1851 MSA C391-2 MdHR 18109 f. 239 30 Sept. 1848.

Strow, Charles. Grand Dutchy of [Hesse-] Darmstadt. DI. BA Ct. (Minutes, Rough) 1836-1844 MSA C420-2 MdHR 14398 f. 242 16 Sept. 1840.

Strow, Charles. Grand Dutchy of [Hesse-] Darmstadt. DI. BA Ct. (Minutes) 1839-1846 MSA C386-16 MdHR 14404 f. 63 22 Sept. 1840.

Strube, Gustav. Electorate of Hesse-Cassel. NATN. Decl. intent in US Circ. Ct. 30 Sept. 1844. Wits: George Helwig and John Shulter. BA Ct. (Nat. Dkt.) 1 1796-1851 MSA C389-1 MdHR 18106 f. 282 13 Oct. 1846.

Strube, Gustav. Electorate of Hesse-Cassel. NATN. Decl. intent in US Circ. Ct. 30 Sept. 1844. Wits: George Hellwig and John Shutter. O&RA to the Elector of Hesse-Cassel. BA Ct. (Nat. Rcd.) 4 1846-1851 MSA C391-2 MdHR 18109 f. 158 13 Oct. 1846.

Strube, Heinz. Electorate of Hesse-Cassel. NATN. Decl. intent in US Dist. Ct. 30 Sept. 1844. Wits: Frederick Ornoff and Ignatius Able. O&RA to the Elector of Hesse-Cassel. BC Ct. (Nat. Rcd.) 9 1845-1848 MSA C229-1 MdHR 18119 f. 176 6 Oct. 1846.

Struble, Wilhelm. Hanover. NATN. Decl. intent in US Dist. Ct. 18 Nov. 1844. Wits: John W. Hicken and William Kransk. O&RA to the Elector (King) of Hanover. BC Ct. (Nat. Rcd.) 9 1845-1848 MSA C229-1 MdHR 18119 f. 803 4 Nov. 1848.

Strumpf, Barthel. Bavaria. NATN. Decl. intent in US Circ. Ct. 26 Aug. 1844. Wits: Lewis Snyder and Henry Berkhamer. BA Ct. (Nat. Dkt.) 1 1796-1851 MSA C389-1 MdHR 18106 f. 282 13 Oct. 1846.

Struteoff, John. Germany. BA Ct. (Nat. Dkt.) 1 1796-1851 MSA C389-1 MdHR 18106 f. 12 #234 12 Jan. 1798 . Barnes, p. 62.

Strutz, William. Grand Dutchy of Hesse-Darmstadt. NATN. Decl. intent in US Circ. Ct. 20 April 1849. Wits: Henry Schultz and John Gundell. BA Ct. (Nat. Dkt.) 1 1796-1851 MSA C389-1 MdHR 18106 f. 389 30 Sept. 1851.

Strutz, William. Grand Dutchy of Hesse-Darmstadt. NATN. Decl. intent in US Circ. Ct. 2 April 1849. Wits: Henry Schultz and John Gundel. O&RA to the Grand Duke of Hesse-Darmstadt. BA Ct. (Nat. Rcd.) 4 1846-1851 MSA C391-2 MdHR 18109 f. 393 30 Aug. 1851.

Strutz, William. Grand Dutchy of Hesse-Darmstadt. NATN. Decl. intent in US Circ. Ct. 20 April 1849. Wits: Henry Schultz and John Gundell. BA Ct. (Nat. Dkt.) 1 1796-1851 MSA C389-1 MdHR 18106 f. 389 30 Sept. 1851.

Stuart, Sarah Glen. Ireland. BA Ct. (Nat. Dkt.) 1 1796-1851 MSA C389-1 MdHR 18106 f. 39 #781 25 March 1811.

Stubey, John. Grand Dutchy of Hesse-Darmstadt. NATN. Arrived in US 3 yrs. prior to age 21. Res. US for 5 yrs., including 3 of minority. Res. MD over 1 yr. Wits: Henry Cottman and Daniel Parsons. O&RA to the Grand Duke of Hesse-Darmstadt. BC Ct. (Nat. Rcd. of Minors) 3 1845-1851 MSA C237-3 MdHR 18114-1 f. 114 3 Oct. 1848.

Stumpf, Barthel. Bavaria. NATN. Decl. intent in US Circ. Ct. 26 Oct. 1844. Wits: Lewis Snyder and Henry Berghamer. O&RA to the King of Bavaria. BA Ct. (Nat. Rcd.) 4 1846-1851 MSA C391-2 MdHR 18109 f. 159 13 Oct. 1846.

Stumpf, Peter. Bavaria. NATN. Decl. intent in US Dist. Ct. 3 Jan. 1846. Wits: John N. Hibner and Michael Steib. O&RA to the King of Bavaria. BC Ct. (Nat. Rcd.) 9 1845-1848 MSA C229-1 MdHR 18119 f. 706 24 Oct. 1848.

Sudler, Andrew. Bavaria. NATN. Decl. intent in US Circ. Ct. 12 Feb. 1846. Wits: Peter Kiengle and Christopher Mechan. O&RA to the King of Bavaria. BA Ct. (Nat. Rcd.) 4 1846-1851 MSA C391-2 MdHR 18109 f. 330 6 Nov. 1848.

Sugden, George. England. NATN. Decl. intent in US Dist. Ct. 22 July 1845. Wits: John F. Walker and Louis Servary. O&RA to the Queen of UK. BC Ct. (Nat. Rcd.) 9 1845-1848 MSA C229-1 MdHR 18119 f. 288 29 Sept. 1847.

Sullivan, Barnard. Ireland. NATN. Decl. intent in US Dist. Ct. 27 Jan. 1849. Wits: Patrick McCriskel and William Moon. O&RA to the Queen of UK. BC Ct. (Nat. Rcd.) 10 1849-1851 MSA C229-2 MdHR 18120 f. 309 30 Sept. 1851.

Sullivan, Dennis. Ireland. DI. BA Ct. (Minutes) 1827-1830 MSA C386-13 MdHR 14391 f. 161 16 Sept. 1828.

Sullivan, John. Ireland. NATN. Arrived in US under age 18. Wits: Thomas Able and David J. Ross. BA Ct. (Nat. Dkt.) 1 1796-1851 MSA C389-1 MdHR 18106 f. 304 5 Oct. 1847.

Sullivan, John. Ireland. NATN. Arrived in US 3 yrs. prior to age 21. Res. US for 5 yrs., including 3 of minority. Res. MD over 1 yr. Wits: Thomas Able and David J. Ross. O&RA to the Queen of UK. BA Ct. (Nat. Rcd. of Minors) 3 1846-1851 MSA C392-1 MdHR 18110 f. 44 5 Oct. 1847.

Sullivan, John. England. BA Ct. (Nat. Dkt.)1 1796-1851 MSA C389-1 MdHR 18106 f. 10 #188 25 Nov. 1797. Barnes, p. 61.

Sullivan, Michael. Ireland. NATN. Decl. intent in BC Ct. 20 June 1838. Wits: Simon Kemp and Michael German. O&RA to the Queen of UK. BC Ct. (Nat. Rcd.) 9 1845-1848 MSA C229-1 MdHR 18119 f. 484 5 Oct. 1847.

Sulton, Adam. Electorate of Hesse-Cassel. NATN. Decl. intent in US Circ. Ct. 21 June 1847. Wits: John W. Frisch and Philip Bagen. BA Ct. (Nat. Dkt.) 1 1796-1851 MSA C389-1 MdHR 18106 f. 372 2 Oct. 1849.

Sulton, Adam. Electorate of Hesse-Cassel. NATN. Decl. intent in US Circ. Ct. 21 June 1847. Wits: John W. Frisch and Philip Bagen. O&RA to the Elector of Hesse-Cassel. BA Ct. (Nat. Rcd.) 4 1846-1851 MSA C391-2 MdHR 18109 f. 349 2 Oct. 1849.

Sund (?), Hansen. Denmark. NATN. Decl. intent in open Ct. Arrived in US 3 yrs. prior to age 21. Res. US for 5 yrs., including 3 of minority. Res. MD for 1 yr. Res. BC. Wits: Peter Helderick and Charles F. Miller. O&RA to the King of Denmark. BA Ct. (Nat. Rcd.) 2 1832-1846 MSA C391-1 MdHR 18108 ff. 120-121 15 Nov. 1844.

Suss, Franz. Bavaria. NATN. Decl. intent in US Circ. Ct. 30 Sept. 1844. Wits: Jacob Bregel and Joseph Frederick. BA Ct. (Nat. Dkt.) 1 1796-1851 MSA C389-1 MdHR 18106 f. 233 5 Oct. 1846.

Suss, Franz. Bavaria. DI. Res. BC. Wits: Jacob Bige and Joseph Frederick. Noted as "Granted 5 Oct. 1846." BA Ct. (Misc. Ct. Papers) MSA C1-104 MdHR 50206-1120 1846 item 533 30 Sept. 1844.

Sutcliff, Thomas. England. DI. BA Ct. (Minutes) 1822-1826 MSA C386-12 MdHR 14391 f. 19 23 Sept. 1822.

Suter, Sebastian. Grand Dutchy of Baden. NATN. Decl. intent in BC Ct. 3 Oct. 1848. Wits: George Foxberg and Philip Walter. O&RA to the Grand Duke of

Baden. BC Ct. (Nat. Rcd.) 10 1849-1851 MSA C229-2 MdHR 18120 f. 160 8 Oct. 1850.
Suthhoff, Charles. [Grand] Dutchy of Brunswick. NATN. Arrived in US prior to 18 June 1812. Wits: John Harman and John Schroeder. BA Ct. (Nat. Dkt.) 1 1796-1851 MSA C389-1 MdHR 18106 f. 150 6 Nov. 1828.
Swain, Benjamin. BA Ct. (Nat. Dkt.) 1 1796-1851 MSA C389-1 MdHR 18106 f. 40 #784 12 April 1811.
Swartzour, Daniel. Germany. BA Ct. (Nat. Dkt.) 1 1796-1851 MSA C389-1 MdHR 18106 f. 34 #663 8 Nov. 1806
Swarz, Emerson. Bavaria. NATN. Decl. intent in US Circ. Ct. 1 Nov. 1848. Wits: Caspar Eichelman and John Hartlein. BA Ct. (Nat. Dkt.) 1 1796-1851 MSA C389-1 MdHR 18106 f. 387 3 Nov. 1851.
Swarz, Emerson. Bavaria. NATN. Decl. intent in US Circ. Ct. 1 Nov. 1848. Wits: Caspar Eichelman and John Hartlein. O&RA to the King of Bavaria. BA Ct. (Nat. Rcd.) 4 1846-1851 MSA C391-2 MdHR 18109 f. 389 3 Nov. 1851.
Swear, Benjamin. Grand Dutchy of Hesse-Darmstadt. NATN. Arrived in US 3 yrs. prior to age 21. Res. US for 5 yrs., including 3 of minority. Res. MD over 1 yr. Wits: Thomas Gifford and James Gifford. O&RA to the Grand Duke of Hesse-Darmstadt. BA Ct. (Nat. Rcd. of Minors) 3 1846-1851 MSA C392-1 MdHR 18110 f. 6 10 Oct. 1846.
Sweeney, Elias. Great Britain. BA Ct. (Nat. Dkt.) 1 1796-1851 MSA C389-1 MdHR 18106 f. 10 #190 27 Nov. 1797. Barnes, p. 61
Sweeney, James. Ireland. DI. BC Ct. (Dkt&Mins) 1828 MSA C184-4 MdHR 16661 f. 40 29 Sept. 1828.
Sweeney, Thomas. Ireland. NATN. Decl. intent in US Dist. Ct. 24 July 1844. Wits: Matthew Kane and Richard Garrett. O&RA to the Queen of UK. BC Ct. (Nat. Rcd.) 9 1845-1848 MSA C229-1 MdHR 18119 f. 93 3 Oct. 1846.
Sweeny, Hugh. England. BA Ct. (Nat. Dkt.) 1 1796-1851 MSA C389-1 MdHR 18106 f. 15 #317 18 April 1798. Barnes, p. 63.
Swindell, Samuel. England. DI. BA Ct. (Minutes, Rough) 1832-1835 MSA C420-1 MdHR 14396-2 f. 134 22 Oct. 1832.
Syke, Conrad. Germany. NATN. Decl. intent in BC Ct. 6 Oct. 1846. Wits: George Hillgan and John Flick. O&RA to the Emperor of Germany. BA Ct. (Nat. Rcd.) 4 1846-1851 MSA C391-2 MdHR 18109 f. 303 30 Oct. 1848.
Synder, Daniel. Prussia. NATN. Exhibits petition for naturalization. Arrived in the US prior to age 21. Res. US for 5 yrs., including 3 of minority. Witness: Gerlack Letsch. O&RA to the King of Prussia. BC Ct. (Nat. Rcd. of Minors) 1 1827-1832 MSA C237-1 MdHR 18112 ff. 54-55 13 May 1828.
Synder, Lewis. Kingdom of Bian. DI. BA Ct. (Minutes, Rough) 1836-1841 MSA C420-2 MdHR 14398 f. 260 18 Jan. 1841.
Syner, Joseph. England. NATN. Arrived in US 3 yrs. prior to age 21. Res. US for 5 yrs., including 3 of minority. Res. MD over 1 yr. Wits: John L. Chapman and William Jones. O&RA to the Queen of UK. BC Ct. (Nat. Rcd. of Minors) 3 1845-1851 MSA C237-3 MdHR 18114-1 f. 205 6 Nov. 1848.
Sype, Conrad. Grand Dutchy of Hesse-Darmstadt. DI. BC Ct. (Dkt&Mins) 1846 MSA C184-9 MdHR 16666 f. 39 16 Oct. 1846.
Sype, Conrad. Germany. NATN. Decl. intent in BC Ct. 6 Oct. 1846. Wits: George Hillgaum and John Flick. BA Ct. (Nat. Dkt.) 1 1796-1851 MSA C389-1 MdHR 18106 f. 352 30 Oct. 1848.
Tachauer, August. Bavaria. DI. BA Ct. (Minutes, Rough) 1836-1844 MSA C420-2 MdHR 14398 f. 132 4 May 1838.
Tanzer, Bernard. Ireland. NATN. Decl. intent in BC Ct. 9 Sept. 1844. Wits: John S. Gillings and William S. Gillings. O&RA to the Queen of UK. BC Ct. (Nat. Rcd.) 9 1845-1848 MSA C229-1 MdHR 18119 f. 45 17 Sept. 1846.
Tapping, Robert. Ireland. NATN. Decl. intent in BC Ct. 9 Sept. 1844. Wits: George Morrow and John Cochrane. BA Ct. (Nat. Dkt.) 1 1796-1851 MSA C389-1

MdHR 18106 f. 256 13 Oct. 1846.

Tapping, Robert. Ireland. NATN. Decl. intent in BC Ct. 9 Sept. 1844. Wits: George Morrow and John Cochran. O&RA to the Queen of UK. BA Ct. (Nat. Rcd.) 4 1846-1851 MSA C391-2 MdHR 18109 f. 80 13 Oct. 1846.

Tarkington, John. Ireland. NATN. Decl. intent in US Dist. Ct. 29 April 1844. Wits: John Hartley and Robert Topping. O&RA to the Queen of UK. BC Ct. (Nat. Rcd.) 10 1849-1851 MSA C229-2 MdHR 18120 f. 120 30 Sept. 1850.

Tate, Alexander. Great Britain. DI. BA Ct. (Minutes) 1810-1814 MSA C386-10 MdHR 14376 f. 344 19 April 1814.

Tauber, Eberhardt. Bavaria. NATN. Decl. intent in US Circ. Ct. 17 June 1844. Wits: Henry Tetineus and John Bower. BA Ct. (Nat. Dkt.) 1 1796-1851 MSA C389-1 MdHR 18106 f. 237 6 Oct. 1846.

Tauber, Eberhardt. Bavaria. NATN. Decl. intent in US Circ. Ct. 17 June 1844. Wits: Henry Tetitineus and John Bower. O&RA to the King of Bavaria. BA Ct. (Nat. Rcd.) 4 1846-1851 MSA C391-2 MdHR 18109 f. 20 6 Oct. 1846.

Taylor, Archibald. Great Britain. BA Ct. (Nat. Dkt.) 1 1796-1851 MSA C389-1 MdHR 18106 f. 5 #82 24 March 1797. Barnes, p. 60

Taylor, James Morrison. Scotland. BA Ct. (Nat. Dkt.) 1 1796-1851 MSA C389-1 MdHR 18106 f. 35 #678 15 May 1806.

Taylor, James. Scotland. NATN. Arrived in US 3 yrs. prior to age 21. Res. US for 5 yrs., including 3 of minority. Res. MD over 1 yr. Wits: Thomas Wallace and John Taylor. O&RA to the Queen of UK. BC Ct. (Nat. Rcd. of Minors) 3 1845-1851 MSA C237-3 MdHR 18114-3 f. 206 6 Nov. 1848.

Taylor, James. England. NATN. Decl. intent in US Dist. Ct. 12 Sept. 1840. Wits: Peter Epson and Edward Gauet. O&RA to the Queen of UK. BC Ct. (Nat. Rcd.) 9 1845-1848 MSA C229-1 MdHR 18119 f. 496 15 May 1848.

Taylor, James. England. NATN. Born in Co. of Manchester. Decl. intent in BA Ct. 20 Nov. 1824. Wits: William Waterman and Enoch Stolt. BA Ct. (Nat. Dkt.) 1 1796-1851 MSA C389-1 MdHR 18106 f. 160 15 April 1830.

Taylor, James. England. BA Ct. (Nat. Dkt.) 1 1796-1851 MSA C389-1 MdHR 18106 f. 36 #709 5 Oct. 1808.

Taylor, James. England. DI. BA Ct. (Minutes) 1822-1826 MSA C386-12 MdHR 14386 f. 234 20 Nov. 1824.

Taylor, John. England. NATN. Decl. intent in US Dist. Ct. 21 Aug. 1845. Wits: Edmund Taylor and Joseph Elliott. O&RA to the Queen of UK. BC Ct. (Nat. Rcd.) 10 1849-1851 MSA C229-2 MdHR 18120 f. 79 30 Sept. 1850.

Taylor, John. Sweden. NATN. Decl. intent in BC Ct. 22 Sept. 1849. Witness: Bernard Everine. O&RA to the King of Sweden. BC Ct. (Nat. Rcd.) 10 1849-1851 MSA C229-2 MdHR 18120 f. 370 3 Nov. 1851.

Taylor, John. Sweden. DI. BC Ct. (Dkt&Mins) 1849 MSA C184-11 MdHR 16668 f. 25 22 Sept. 1849.

Taylor, John. UK. DI. BA Ct. (Minutes) 1810-1814 MSA C386-10 MdHR 14376 f. 118 29 Oct. 1811.

Taylor, John. England. DI. BA Ct. (Minutes, Rough) 1832-1835 MSA C420-1 MdHR 14396-2 f. 202 18 Sept. 1833.

Taylor, John. England. DI. BA Ct. (Minutes) 1832-1838 MSA C386 MdHR 14403 f. 63 18 Sept. 1833.

Taylor, Robert. Ireland. BA Ct. (Nat. Dkt.) 1 1796-1851 MSA C389-1 MdHR 18106 f. 9 #163 6 Nov. 1797. Barnes, p. 61.

Taylor, William. England. NATN. Decl. intent in US Circ. Ct. 9 Oct. 1846. Wits: Edmund Taylor and Henry Taylor. O&RA to the Queen of UK. BA Ct. (Nat. Rcd.) 4 1846-1851 MSA C391-2 MdHR 18109 f. 294 23 Oct. 1848.

Taylor, William. England. NATN. Decl. intent in US Circ. Ct. 9 Oct. 1846. Wits: Edmund Taylor and Henry Taylor. BA Ct. (Nat. Dkt.) 1 1796-1851 MSA C389-1 MdHR 18106 f. 348 23 Oct. 1848.

Taylor, William. England. BA Ct. (Nat. Dkt.) 1 1796-1851 MSA C389-1 MdHR 18106 f. 30 #563 21 Dec. 1804.

Tebbett, James. England. NATN. Decl. intent in Harford Co. Ct. 17 March

1832. Wits: Hiram Cole and Abraham Martin. O&RA to the Queen of UK. BA Ct. (Nat. Rcd.) 4 1846-1851 MSA C391-2 MdHR 18109 f. 279 3 Oct. 1848.

Tebbett, James. England. NATN. Decl. intent in Harford Co. Ct. 17 March 1832. Wits: Hiram Cox and Abraham Martin. BA Ct. (Nat. Dkt.) 1 1796-1851 MSA C389-1 MdHR 18106 f. 341 3 Oct. 1848.

Tebelmann, John George. Bremen. DI. Ren. alleg. to the Hanseatic Government. BA Ct. (Minutes) 1832-1838 MSA C386-15 MdHR 14403 f. 30 15 Jan. 1833.

Tebo, Peter. France. DI. Res. BC. BC Ct. of O&T&GD (Dkt&Mins) 1816 MSA C183-9 MdHR 16657 {unpaginated} 13 Aug. 1816.

Teich, Frederick. Germany. DI. Ren. alleg. to the Hanseatic Government. BA Ct. (Minutes) 1822-1826 MSA C386-12 MdHR 14386 f. 222 1 Oct. 1824.

Teit, Frederick. Germany. NATN. Born in City of Lubec. Decl. intent in BA Ct. the 3rd Monday of Sept. 1824. Wits: Joseph Adams and Patrick Donnelly. BA Ct. (Nat. Dkt.) 1 1796-1851 MSA C389-1 MdHR 18106 f. 105 20 Sept. 1826.

Temperley, Thomas. England. NATN. Decl. intent in BC Ct. 16 June 1831. Res. BC. Wits: Benjamin A. Lynch and David Patterson. O&RA to the King of UK. BC Ct. (Nat. Rcd. of Minors) 2 1832-1836 MSA C237-2 MdHR 18113 f. 72 15 Oct. 1833.

Temple, John. England. NATN. Decl. intent in open ct. Arrived in US 3 yrs. prior to age 21. Res. US for 5 yrs., including 3 of minority. Res. MD over 1 yr. Res. BC. Wits: Thomas P. Stram and William Abbott. O&RA to the King of UK. BA Ct. (Nat. Rcd.) 2 1832-1846 MSA C391-1 MdHR 18108 f. 22 30 Sept. 1834.

Temple, John. England. NATN. Decl. intent in open ct. Arrived in US 3 yrs. prior to age 21. Wits: Thomas P. Stram and William Abbot. BA Ct. (Nat. Dkt.) 1 1796-1851 MSA C389-1 MdHR 18106 f. 179 30 Sept. 1834.

Tensley, William. Ireland. NATN. Arrived in US 3 yrs. prior to age 21. Res. US for 5 yrs., including 3 of minority. Res. MD over 1 yr. Wits: Leir Perry and James McCherry. O&RA to the Queen of UK. BA Ct. (Nat. Rcd. of Minors) 3 1846-1851 MSA C392-1 MdHR 18110 f. 84 1 Oct. 1849.

Tepelmann, Bernard. Bremen. DI. BC Ct. (Dkt&Mins) 1849 MSA C184-11 MdHR 16668 f. 14 21 May 1849.

Tevis, John. Electorate of Hesse-Cassel. NATN. Decl. intent in US Circ. Ct. 25 Sept. 1844. Wits: Gilbert Caspard and Solomon Willis. BA Ct. (Nat. Dkt.) 1 1796-1851 MSA C389-1 MdHR 18106 f. 282 13 Oct. 1846.

Tevis, John. Electorate of Hesse-Cassel. NATN. Decl. intent in US Circ. Ct. 25 Sept. 1844. Wits: Gilbert Cassard and Solomon Willis. O&RA to the Elector of Hesse-Cassel. BA Ct. (Nat. Rcd.) 4 1846-1851 MSA C391-2 MdHR 18109 f. 159 13 Oct. 1846.

Tey (?)/Fey (?), Joseph. Prussia. DI. BA Ct. (Minutes, Rough) 1836-1844 MSA C420-2 MdHR 14398 f. 323 24 Feb. 1842.

Thaemert (?), John Christopher. Prussia. DI. BA Ct. (Minutes, Rough) 1836-1844 MSA C420-2 MdHR 14398 f. 243 28 Sept. 1840.

Thalheimci, Joseph. Bavaria. NATN. Arrived in US 3 yrs. prior to age 21. Res. US for 5 yrs., including 3 of minority. Res. MD over 1 yr. Wits: Joseph Adam and Adam Adams. O&RA to the King of Bavaria. BC Ct. (Nat. Rcd. of Minors) 3 1845-1851 MSA C237-3 MdHR 18114-1 f. 261 1 Oct. 1850.

Thalheimer, John. Bavaria. DI. Profession: Pile Driver (1850 Census) BC Ct. (Dkt&Mins) 1840 MSA C184-7 MdHR 16664 f. 34 18 Sept. 1840.

Thearle, Mark. England. DI. BA Ct. (Minutes) 1827-1830 MSA C386-13 MdHR 14391 f. 77 5 Oct. 1827.

Theil, George. Germany. NATN. Decl. intent in BC Ct. 19 Aug. 1844. Wits: Henry Ralvogle and Clement Kraegen. O&RA to the Emperor of Germany. BC Ct. (Nat. Rcd.) 9 1845-1848 MSA C229-1 MdHR 18119 f. 480 5 Oct. 1847.

Theile, Johann Gerhart. Hanover. NATN. Decl. intent in US Dist. Ct. 10 June 1844. Wits: John Capbenau (?) and John H. Drechman. O&RA to the King of Hanover. BC Ct. (Nat. Rcd.) 9 1845-1848 MSA C229-1 MdHR 18119 f. 363 4 Oct. 1847.

Theiss, John. Electorate of Hesse-Cassel. NATN. Decl. intent in US Circ. Ct. 10 Oct. 1844. Wits: Baltaser Leibel and Jacob Gerhart. BA Ct. (Nat. Dkt.) 1 1796-1851 MSA C389-1 MdHR 18106 f. 333 3 Oct. 1848.

Theiss, John. Electorate of Hesse-Cassel. NATN. Decl. intent in US Circ. Ct. 1 Oct. 1844. Wits: Balthaser Leibel and Jacob Gerhart. O&RA to the Elector of Hesse-Cassel. BA Ct. (Nat. Rcd.) 4 1846-1851 MSA C391-2 MdHR 18109 f. 258 2 Oct. 1848.

Theobalt, Jacob. Germany. NATN. Arrived in the US 3 yrs. prior to age 21. Declares intent in open Ct. Wits: Frederick Jordan and Lewis Seltzer. BA Ct. (Nat. Dkt.) 1 1796-1851 MSA C389-1 MdHR 18106 f. 149 5 Nov. 1828.

Theophiel, Augustus. Grand Dutchy of Hesse-Darmstadt. NATN. Decl. intent in US Dist. Ct. 26 Sept. 1844. Wits: James H. Nefsear/Nessear and Jacob Voglesany. O&RA to the Grand Duke of Hesse-Darmstadt. BC Ct. (Nat. Rcd.) 9 1845-1848 MSA C229-1 MdHR 18119 f. 324 2 Oct. 1847.

Therse, John. England. NATN. Decl. intent in US Dist. Ct. for the Dist. of Philadelphia 21 Sept. 1844. Wits: William Bayless and John Petteritt. O&RA to the Queen of UK. BC Ct. (Nat. Rcd.) 9 1845-1848 MSA C229-1 MdHR 18119 f. 54 28 Sept. 1846.

Theye, Herman. Hanover. NATN. Arrived in US 3 yrs. prior to age 21. Res. US for 5 yrs., including 3 of minority. Res. MD over 1 yr. Witness: Herman H. Myer. O&RA to the King of Hanover. BC Ct. (Nat. Rcd. of Minors) 3 1845-1851 MSA C237-3 MdHR 18114-1 f. 326 31 Oct. 1851.

Thiele, Henry. Free City of Westphalia (?). NATN. Decl. intent in BC Ct. 1 Oct. 1844. Wits: Louis Adler and F. W. Feltner. O&RA to the Free City of Westphalia. BC Ct. (Nat. Rcd.) 9 1845-1848 MSA C229-1 MdHR 18119 f. 427 4 Oct. 1847.

Thiemeier, John H. Hanover. NATN. Decl. intent in US Circ. Ct. 1 Oct. 1844. Wits: Herman Snyder and Henry Ballmund. O&RA to the King of Hanover. BA Ct. (Nat. Rcd.) 4 1846-1851 MSA C391-2 MdHR 18109 f. 160 13 Oct. 1846.

Thiemeier, John H. Hanover. NATN. Decl. intent in US Circ. Ct. 1 Oct. 1844. Wits: Herman Snyder and Henry Bollman. BA Ct. (Nat. Dkt.) 1 1796-1851 MSA C389-1 MdHR 18106 f. 282 13 Oct. 1846.

Thies, Charles. Bavaria. NATN. Decl. intent in US Dist. Ct. 7 June 1844. Wits: David Lee and Joseph Nimieyer. O&RA to the King of Bavaria. BC Ct. (Nat. Rcd.) 9 1845-1848 MSA C229-1 MdHR 18119 f. 794 4 Nov. 1848.

Thmlin, David. Wales. NATN. Decl. intent in US Dist. Ct. 5 Oct. 1841. Wits: Robert D. Mulholland and Robert Speddin. O&RA to the Queen of UK. BC Ct. (Nat. Rcd.) 9 1845-1848 MSA C229-1 MdHR 18119 f. 592 5 Oct. 1848.

Thoman, Herman. Grand Dutchy of Oldenburg. NATN. Decl. intent in US Dist. Ct. 5 Oct. 1846. Wits: Anton Ostendorf and E. Clayton. O&RA to the Grand Duke of Oldenburg. BC Ct. (Nat. Rcd.) 9 1845-1848 MSA C229-1 MdHR 18119 f. 851 6 Nov. 1848.

Thomas, George. England. NATN. Decl. intent in BC Ct. 5 Oct. 1831. Res. BC. Wits: John T.Thomas and Ignatius Taylor. O&RA to the King of UK. BC Ct. (Nat. Rcd. of Minors) 2 1832-1836 MSA C237-2 MdHR 18113 ff. 71-72 14 Oct. 1833.

Thomas, Henry. Grand Dutchy of Hesse-Darmstadt. NATN. Decl. intent in US Circ. Ct. 30 Sept. 1844. Wits: William Lanehart and Joseph Abel. O&RA to the Grand Duke of Hesse-Darmstadt. BA Ct. (Nat. Rcd.) 4 1846-1851 MSA C391-2 MdHR 18109 f. 224 5 Oct. 1847.

Thomas, Henry. Grand Dutchy of Hesse-Darmstadt. NATN. Decl. intent in US

Circ. Ct. 30 Sept. 1844. Wits: William Lanehart and Joseph Abel. BA Ct. (Nat. Dkt.) 1 1796-1851 MSA C389-1 MdHR 18106 f. 317 5 Oct. 1847.

Thomas, James. England. NATN. Noted as age 27. Born in Co. of Cumberland. Exhibits petition and certificates of declaration of intent and report and registration, filed US Dist. Ct. 22 March 1827. Arrived in BC Sept. 1821. Res. BC. O&RA to the King of UK. Witness: Hugh McDonald. BC Ct. (Nat. Rcd. of Minors) 1 1827-1832 MSA C237-1 MdHR 18112 ff. 16-18 27 June 1827.

Thomas, James. England. DI. BA Ct. (Minutes) 1822-1826 MSA C386-12 MdHR 14386 f. 335 29 March 1825.

Thomas, John. Germany. NATN. Decl. intent in BC Ct. 25 Sept. 1844. Wits: Jacob Breger and William Bosley. O&RA to the Emperor of Germany. BA Ct. (Nat. Rcd.) 4 1846-1851 MSA C391-2 MdHR 18109 f. 224 5 Oct. 1847.

Thomas, John. Germany. NATN. Decl. intent in BC Ct. 25 Sept. 1844. Wits: Jacob Brigen and William Bosley. BA Ct. (Nat. Dkt.) 1 1796-1851 MSA C389-1 MdHR 18106 f. 317 5 Oct. 1847.

Thomas, Robert W. Wales. DI. BA Ct. (Minutes, Rough) 1836-1844 MSA C420-2 MdHR 14398 f. 137 8 Sept. 1838.

Thompson, Alexander. England. BA Ct. (Nat. Dkt.) 1 1796-1851 MSA C389-1 MdHR 18106 f. 27 #513 6 June 1804. Civil Ct.

Thompson, Alexander. Scotland. NATN. Born in Shire of Fairfax. Decl. intent in US Dist. Ct. 3 Sept. 1823. Wits: Hugh McElderry and Daniel Cone. BA Ct. (Nat. Dkt.) 1 1796-1851 MSA C389-1 MdHR 18106 f. 94 26 Sept. 1825. See also Scots, p. 156. Profession given as clerk. Noted as having settled in Petersburg, Virginia. Tepper, p.675. Noted as arriving in BC 30 June 1823. Noted as age 19.

Thompson, Alexander. Scotland. DI. Res. BC. BC Ct. (Dkt&Mins) 1839 MSA C184-6 MdHR 16663 f. 50 6 Jan. 1840.

Thompson, James. Great Britain. BA Ct. (Nat. Dkt.) 1 1796-1851 MSA C389-1 MdHR 18106 f. 10 #196 4 Dec. 1797. Barnes, p. 61

Thompson, James. UK. DI. BA Ct. (Minutes) 1810-1814 MSA C386-10 MdHR 14376 f. 13 7 May 1810.

Thompson, James. Ireland. NATN. Decl. intent in open ct. Arrived in US 3 yrs. prior to age 21. Res. US for 5 yrs., including 3 of minority. Res. MD over 1 yr. Res. BC. Wits: John Lowry and James Robinson. O&RA to the King of UK. BC Ct. (Nat. Rcd. of Minors) 2 1832-1836 MSA C237-2 MdHR 18113 ff. 203-204 1 Oct. 1836.

Thompson, John. Great Britain. BA Ct. (Nat. Dkt.) 1 1796-1851 MSA C389-1 MdHR 18106 f. 16 #325 15 Aug. 1798. Barnes, p. 63.

Thompson, John. Ireland. DI. BA Ct. (Minutes) 1827-1830 MSA C386-13 MdHR 14391 f. 77 25 Sept. 1827.

Thompson, Nathaniel. Ireland. NATN. Res. US for two yrs. and of good moral character. O&RA to the King of UK. BA Ct. (Minutes) 1792-1797. MSA C386-7 MdHR 5052 f. 25 March term 1792.

Thompson, Peter. Scotland. DI. BA Ct. (Minutes) 1827-1830 MSA C386-13 MdHR 14391 f. 77 5 Oct. 1827.

Thompson, Peter. Scotland. NATN. Decl. intent in BA Ct. 5 Oct. 1827. Res. BC. Wits: Alexander Smith and James Moir. O&RA to the King of UK. BC Ct. (Nat. Rcd. of Minors) 1827-1832 MSA C237-1 MdHR 18112 ff. 378-379 2 Sept. 1831.

Thompson, Richard M. Ireland. NATN. Decl. intent in BA Ct.4 Oct. 1836. Wits: Matthew McHenry and Richard C. Green. BA Ct. (Nat. Dkt.) 1 1796-1851 MSA C389-1 MdHR 18106 f. 194 2 April 1839.

Thompson, Richard M. Ireland. DI. BA Ct. (Minutes, Rough) 1836-1844 MSA C420-2 MdHR 14398 f. 35 4 Oct. 1836.

Thompson, Richard M. Ireland. NATN. Decl. intent in BA Ct. 4 Oct. 1836. Res. BC. Wits: Matthew McHenry and Richard C. Green. O&RA to the Queen of UK. BA Ct. (Nat. Rcd.) 2 1832-1846 MSA C391-1 MdHR 18108 f. 60 2 April 1839.

Thompson, Richard. Ireland. DI. BA Ct. (Minutes) 1832-1838 MSA C386 MdHR 14403 f. 206 4 Oct. 1836.

Thompson, Robert L. England. NATN. Arrived in US 3 yrs. prior to age 21. Decl. intent in open ct. Born in Devonshire. Wits: William Brooks and William Johns. BA Ct. (Nat. Dkt.) 1 1796-1851 MSA C389-1 MdHR 18106 f. 184 28 Sept. 1836.

Thompson, Robert L. England. NATN. Decl. intent in open ct. Arrived in US 3 yrs. prior to age 21. Res. US for 5 yrs., including 3 of minority. Res. MD over 1 yr. Res. BC. Wits: William Brooks and William Johns. O&RA to the King of UK. BA Ct. (Nat. Rcd.) 2 1832-1846 MSA C391-1 MdHR 18108 f. 35 28 Sept. 1836.

Thompson, Thomas. England. NATN. Decl. intent in US Dist. Ct. 13 Sept. 1843. Wits: Henry Cliffe and Louis Servary. O&RA to the Queen of UK. BC Ct. (Nat. Rcd.) 9 1845-1848 MSA C229-1 MdHR 18119 f. 14 3 Feb. 1845.

Thompson, Thomas. Ireland. NATN. Decl. intent in open ct. Arrived in US 3 yrs. prior to age 21. Res. US for 5 yrs., including 3 of minority. Res. MD over 1 yr. Res. BC. Wits: James Marsden and John Marsden. O&RA to the King of UK. BA Ct. (Nat. Rcd.) 2 1832-1846 MSA C391-1 MdHR 18108 ff. 17-18 10 June 1834.

Thompson, Thomas. Ireland. NATN. Decl. intent in open ct. Arrived in US 3 yrs. prior to age 21. Born in Co. of Derry. Wits: James Marsden and John Marsden. BA Ct. (Nat. Dkt.) 1 1796-1851 MSA C389-1 MdHR 18106 f. 177 10 June 1834.

Thompson, William. England. NATN. Decl. intent in BC Ct. 12 June 1843. Wits: William P. Preston and William Alexander. O&RA to the Queen of UK. BA Ct. (Nat. Rcd.) 4 1846-1851 MSA C391-2 MdHR 18109 f. 183 4 Oct. 1847.

Thompson, William. England. NATN. Decl. intent in BC Ct. 12 June 1843. Wits: William P. Preston and William Alexander. BA Ct. (Nat. Dkt.) 1 1796-1851 MSA C389-1 MdHR 18106 f. 297 4 Oct. 1847.

Thompson, William. England. DI. BA Ct. (Minutes) 1827-1830 MSA C386-13 MdHR 14391 f. 1 11 Sept. 1830.

Thomsann, Edward. Prussia. DI. BA Ct. (Minutes) 1810-1814 MSA C386-10 MdHR 14376 f. 12 6 May 1810.

Thomson, Henry Gavin. Scotland. DI. BC Ct. (Dkt&Mins) 1849 MSA C184-11 MdHR 16668 f. 7 17 Feb. 1849.

Thomye, Michael. Prussia. NATN. Decl. intent in BC Ct. 16 Sept. 1844. Wits: Bendall Laws and Morris Buger. O&RA to the King of Prussia. BC Ct. (Nat. Rcd.) 9 1845-1848 MSA C229-1 MdHR 18119 f. 443 4 Oct. 1847.

Thorne, Joshua. England. NATN. Arrived in US 3 yrs. prior to age 21. Res. US for 5 yrs., including 3 of minority. Res. MD over 1 yr. Wits: John Thorne and James P. Merritt. O&RA to the Queen of UK. BC Ct. (Nat. Rcd. of Minors) 3 1845-1851 MSA C237-3 MdHR 18114-1 f. 307 7 Oct. 1851.

Thorne, Levi. England. NATN. Arrived in US 3 yrs. prior to age 21. Res. US for 5 yrs., including 3 of minority. Res. MD over 1 yr. Wits: John Thorne and James P. Merrett. O&RA to the Queen of UK. BC Ct. (Nat. Rcd. of Minors) 3 1845-1851 MSA C237-3 MdHR 18114-1 f. 305 7 Oct. 1851.

Thorne, Peter. Prussia. NATN. Arrived in US 3 yrs. prior to age 21. Res. US for 5 yrs., including 3 of minority. Res. MD over on yr. Wits: John Pauley and Michael Thorne. O&RA to the King of Prussia. BC Ct. (Nat. Rcd. of Minors) 3 1845-1851 MSA C237-3 MdHR 18114-1 f. 122 3 Oct. 1848.

Thornil, Andrew. Austrian Empire. NATN. Decl. intent in US Dist. Ct. 2 Oct. 1838. Res. Annapolis. Wits: Deiderick Pralle and Andrew Merker. BA Ct. (Nat. Dkt.) 1 1796-1851 MSA C389-1 MdHR 18106 f. 210 25 Sept. 1842.

Thorniz/Thornil, Andrew. Austrian Empire. NATN. Decl. intent in US Dist. Ct. 2 Oct. 1838. Res. Annapolis. Wits: Deiderick Pralle and Andrew Merked. O&RA to the Emperor of Austria. BA Ct. (Nat. Rcd.) 2 1832-1842 MSA C391-1 MdHR 18108 f. 94 28 Sept. 1842.

Thornkill, Frederick. Great Britain. NATN. BA Ct. (Minutes) 1792 - 1797 MSA C386-7 MdHR 5052 f. 255 27 Aug. 1796

Thornkill/Thornhill, Frederick. Great Britain. BA Ct. (Nat. Dkt.) 1 1796 - 1851 MSA C389-1 MdHR 18106 f. 2 #17 27 Aug. 1796. Barnes, p. 59.

Thornton, William H. England. NATN. Arrived in US under age 18. Wits: William G. Laurence and William R. Laurence. BA Ct. (Nat. Dkt.) 1 1796-1851 MSA C389-1 MdHR 18106 f. 304 5 Oct. 1847.

Thornton, William H. England. NATN. Arrived in US 3 yrs. prior to age 21. Res. US for 5 yrs., including 3 of minority. Res. MD over 1 yr. Wits: William G. Laurence and William R. Laurence. O&RA to the Queen of UK. BA Ct. (Nat. Rcd. of Minors) 3 1846-1851 MSA C392-1 MdHR 18110 f. 45 5 Oct. 1847.

Thorp, Henry W. England. NATN. Decl. intent in Cecil Co. Ct. 1 April 1844. Wits: Nathaniel Hickman and H. Colbourn. O&RA to the Queen of UK. BC Ct. (Nat. Rcd.) 9 1845-1848 MSA C229-1 MdHR 18119 f. 228 19 Aug. 1847.

Thurner, John H. Hanover. NATN. Arrived in US 3 yrs. prior to age 21. Res. US for 5 yrs., including 3 of minority. Res. MD over 1 yr. Wits: Ludwig Hellring and Henry D. Hellwig. O&RA to the King of Hanover. BA Ct. (Nat. Rcd. of Minors) 3 1846-1851 MSA C392-1 MdHR 18110 f. 69 10 Oct. 1848.

Thurner, John H. Hanover. NATN. Arrived in US under age 18. Wits: Ludwig Hellwig and Henry D. Hellwig. BA Ct. (Nat. Dkt.) 1 1796-1851 MSA C389-1 MdHR 18106 f. 344 10 Oct. 1848.

Tibelmann, John George. Bremen. NATN. Decl. intent in BA Ct. 15 Jan. 1833. Res. BC. Wits: William Wardenburg and John F. Exe. O&RA to the Hanseatic Government. BC Ct. (Nat. Rcd. of Minors) 2 1832-1836 MSA C237-2 MdHR 18113 f. 189 3 Sept. 1836.

Tierman, Patrick. Ireland. NATN. Born in Co. of Meath. Decl. intent in BA Ct. the 4th Monday of March 1816. Wits: John Scott and Charles S. Walsh. BA Ct. (Nat. Dkt.) 1 1796-1851 MSA C389-1 MdHR 18106 f. 105 20 Sept. 1826.

Tietgen, John. Hanover. NATN. Decl. intent in US Circ. Ct. 7 Nov. 1844. Wits: Charles Degenhard and Gerhard A. Sybertz. O&RA to the King of Hanover. BA Ct. (Nat. Rcd.) 4 1846-1851 MSA C391-2 MdHR 18109 f. 223 5 Oct. 1847.

Tietzen, John. Hanover. NATN. Decl. intent in US Circ. Ct. 7 Nov. 1844. Wits: Charles Degenhard and Gerhard A. Sybertz. BA Ct. (Nat. Dkt.) 1 1796-1851 MSA C389-1 MdHR 18106 f. 317 5 Oct. 1847.

Timmons, Charles. Ireland. DI. BA Ct. (Minutes) 1832-1838 MSA C386-15 MdHR 14403 f. 114 8 Nov. 1834.

Timmons, Charles. Ireland. DI. BA Ct. (Minutes, Rough) 1832-1835 MSA C420-1 MdHR 14396-2 f. 274 8 Sept. 1834.

Timmons, Peter. Ireland. NATN. Decl. intent in US Circ. Ct. 12 Oct. 1846. Wits: Patrick Maguire and Thomas Kelly. BA Ct. (Nat. Dkt.) 1 1796-1851 MSA C389-1 MdHR 18106 f. 352 30 Oct. 1848.

Timmony, Peter. Ireland. NATN. Decl. intent in US Circ. Ct. 12 Oct. 1846. Wits: Patrick Maguire and Thomas Kelly. O&RA to the Queen of UK. BA Ct. (Nat. Rcd.) 4 1846-1851 MSA C391-2 MdHR 18109 f. 303 30 Oct. 1848.

Tingle, Henry. England. DI. BA Ct. (Minutes) 1822-1826 MSA C386-12 MdHR 14386 f. 434 31 Oct. 1826.

Tittle, John. Ireland. NATN. Decl. intent in US Dist. Ct. 1 Oct. 1844. Wits: James Reeside and Francis Waltemyer. O&RA to the Queen of UK. BC Ct. (Nat. Rcd.) 10 1849-1851 MSA C229-2 MdHR 18120 f. 139 1 Oct. 1850.

Tjorswaag, James. Sweden. DI. BA Ct. (Minutes) 1827-1830 MSA C386-13 MdHR 14391 f. 162 24 April 1828.

Tobe, Adolph. Grand Dutchy of Oldenburg. NATN. Arrived in US under age 18. Wits: Gerhard Debring and Mathias Schmerder. BA Ct. (Nat. Dkt.) 1 1796-1851 MSA C389-1 MdHR 18106 f. 327 2 Oct. 1848.

Tobe, Adolph. Grand Dutchy of Oldenburg. NATN. Arrived in US 3 yrs. prior to age 21. Res. US for 5 yrs., including 3 of minority. Res. MD over 1 yr.

Wits: Gerhard Debring and Mathias Schneider. O&RA to the Grand Duke of Oldenburg. BA Ct. (Nat. Rcd. of Minors) 3 1846-1851 MSA C392-1 MdHR 18110 f. 60 2 Oct. 1848.
Tobin, John. Ireland. BA Ct. (Nat. Dkt.) 1 1796-1851 MSA C389-1 MdHR 18106 f. 28 #541 3 Aug. 1804. Civil Ct.
Todd, Abraham. England. NATN. Decl. intent in BC Ct. 7 Oct. 1833. Res. BC. Wits: Samuel Thompson and Henry Suter. O&RA to the King of UK. BC Ct. (Nat. Rcd. of Minors) 2 1832-1836 MSA C237-2 MdHR 18113 ff. 188-189 3 Sept. 1836.
Todd, Andrew. Ireland. NATN. Decl. intent in US Dist. Ct. 9 Oct. 1846. Wits: Christopher Dunn and John Craig. O&RA to the Queen of UK. BC Ct. (Nat. Rcd.) 10 1849-1851 MSA C229-2 MdHR 18120 f. 16 28 Sept. 1849.
Toft, Charles. England. NATN. Arrived in US 3 yrs. prior to age 21. Res. US for 5 yrs., including 3 of minority. Res. MD over 1 yr. Witness: William Toft. O&RA to the Queen of UK. BC Ct. (Nat. Rcd. of Minors) 3 1845-1851 MSA C237-3 MdHR 18114-1 f. 334 4 Nov. 1851.
Toldridge, Barnett. England. NATN. Decl. intent in BC Ct. 1 Aug. 1837. Wits: William Broadbent and John Scott. BA Ct. (Nat. Dkt.) 1 1796-1851 MSA C389-1 MdHR 18106 f. 195 2 Sept. 1839. Duplicate entry on f. 199, 3 Sept. 1839.
Tolridge, Barnell/Barnett. England. NATN. Decl. intent in BC Ct. 1 Aug. 1837. Res. BC. Wits: William Broadbent and John Scott. O&RA to the Queen of UK. BA Ct. (Nat. Rcd.) 2 1832-1846 MSA C391-1 MdHR 18108 f. 63 2 Sept. 1839.
Tone, Michael. Ireland. NATN. Born in Co. of Armagh. Decl. intent in Ct. of Common Pleas for the City and Co. of Philadelphia 8 March 1815. Wits: James McIntire and David McIntire. Certificate and report filed. BA Ct. (Nat. Dkt.) 1 1796-1851 MSA C389-1 MdHR 18106 f. 79 28 Sept. 1824.
Tonnesen, Martin. Sweden. NATN. Decl. intent in US Circ. Ct. 15 March 1825. Res. BC. Witness: Peter Hilditch. O&RA to the King of Sweden. BC Ct. (Nat. Rcd. of Minors) 1827-1832 MSA C237-1 MdHR 18112 ff. 370-371 18 April 1831.
Toole, Michael. Ireland. NATN. Res. BA. Res. US 14 April 1802 - 18 June 1812. Wits: John Haslup and Patrick McKenna. O&RA to the King of UK. BC Ct. (Nat. Rcd. of Minors) 1 1827-1832 MSA C237-1 MdHR 18112 ff. 151-152 4 Oct. 1828.
Torborg, Henry. Hanover. NATN. Decl. intent in US Circ. Ct. 2 July 1844. Wits: John Mussman and Henry Myer. O&RA to the King of Hanover. BA Ct. (Nat. Rcd.) 4 1846-1851 MSA C391-1 MdHR 18109 f. 160 13 Oct. 1846.
Torborg, Henry. Hanover. NATN. Decl. intent in US Circ. Ct. 2 July 1844. Wits: John Mussman and Henry Myers. BA Ct. (Nat. Dkt.) 1 1796-1851 MSA C389-1 MdHR 18106 f. 283 13 Oct. 1846.
Torborg, John Gerhard. Hanover. NATN. Decl. intent in US Dist. Ct. 9 Sept. 1843. Wits: Bernard Kleibacher and John Mussman. O&RA to the King of Hanover. BC Ct. (Nat. Rcd.) 9 1845-1847 MSA C229-1 MdHR 18119 f. 278 29 Sept. 1847.
Torrence, James. Great Britain. BA Ct. (Nat. Dkt.) 1 1796-1851 MSA C389-1 MdHR 18106 f. 18 #383 19 Nov. 1798. Barnes, p. 64.
Torrence, William. Ireland. NATN. Decl. intent in US Dist. Ct. 5 Nov. 1844. Wits: Nicholas Brewer and Solomon Debevil. O&RA to the Queen of UK. BC Ct. (Nat. Rcd.) 9 1845-1848 MSA C229-1 MdHR 18119 f. 467 5 Oct. 1847.
Tottle, Robert. England. NATN. Decl. intent in BC Ct. 28 Sept. 1829. Res. BC. Wits: John Wright and John M. Dyer. O&RA to the King of UK. BC Ct. (Nat. Rcd. of Minors) 2 1832-1836 MSA C237-2 MdHR 18113 ff. 163-164 6 July 1835.
Tournier, Joseph. France. BA Ct. (Nat. Dkt.) 1 1796-1851 MSA C389-1 MdHR 18106 f. 27 #517 7 June 18104. Civil Ct.
Touson, Joseph. France. BA Ct. (Nat. Dkt.) 1 1796-1851 MSA C389-1 MdHR 18106 f. 31 #586 16 March 1805.
Towers, James. England. BA Ct. (Nat. Dkt.) 1 1796-1851 MSA C389-1 MdHR 18106 f.

14 #297 26 March 1798. Barnes, p. 63.

Townley, Charles Ottis. Sweden. DI. BA Ct. (Minutes) 1839-1846 MSA C386-16 MdHR 14404 f. 1 2 Jan. 1839.

Townley, Charles. Sweden. DI. BA Ct. (Minutes, Rough) 1836-1844 MSA C420-2 MdHR 14398 f. 155 2 Jan. 1839.

Tracey, John. Ireland. NATN. Decl. intent in Ct. of Common Pleas for Dauphin Co., PA 12 May 1843. Wits: John Karons and John Harmer. O&RA to the Queen of UK. BA Ct. (Nat. Rcd.) 4 1846-1851 MSA C391-2 MdHR 18109 f. 316 1 Nov. 1848.

Tracey, John. Ireland. NATN. Decl. intent in the Ct. of Common Pleas, Dauphin Co., PA 12 May 1843. Wits: Thomas Barnes and John Harner. BA Ct. (Nat. Dkt.) 1 1796-1851 MSA C389-1 MdHR 18106 f. 356 1 Nov. 1848.

Tracey, Matthew. Ireland. DI. BA Ct. (Minutes) 1822-1826 MSA C386-12 MdHR 14386 f. 436 20 Sept. 1826.

Tracht, Augustus C. Grand Dutchy [Electorate] of Hesse-Cassel. DI. BA Ct. (Minutes) 1839-1846 MSA C386-16 MdHR 14404 f. 49 25 April 1840.

Tracy, Matthew. Ireland. NATN. Res. BC. Decl. intent in BA Ct. 20 Sept. 1826. Wits: James Wilson and Charles Farquaharson. O&RA to the King of UK. BC Ct. (Nat. Rcd. of Minors) 1 1827-1832 MSA C237-1 MdHR 18112 f. 121 29 Sept. 1828.

Trageser, George. Grand Dutchy of Hesse-Darmstadt. NATN. Decl. intent in US Circ. Ct. 23 Sept. 1844. Wits: Joseph Archer and John Howig. O&RA to the Grand Duke of Hesse-Darmstadt. BC Ct. (Nat. Rcd.) 9 1845-1848 MSA C229-1 MdHR 18119 f. 525 23 Sept. 1848.

Trainer, Owen. Ireland. Decl. intent in Washington Co. Ct. 23 May 1843. Wits: Barney Trainer and James Goodwin. BA Ct. (Nat. Dkt.) 1 1796-1851 MSA C389-1 MdHR 18106 f. 238 6 Oct. 1846.

Trainer, Owen. Ireland. NATN. Decl. intent in Washington Co. Ct. 23 May 1843. Wits: Barney Trainer and James Goodwin. O&RA to the Queen of UK. BA Ct. (Nat. Rcd.) 4 1846-1851 MSA C391-2 MdHR 18109 f. 28 6 Oct. 1846.

Traner, Felix. Ireland. NATN. Arrived in US 3 yrs. prior to age 21. Res. US for 5 yrs., including 3 of minority. Res. MD over 1 yr. Wits: Bernard Traner and Arthur Henry. O&RA to the Queen of UK. BC Ct. (Nat. Rcd. of Minors) 1845-1851 MSA C237-3 MdHR 18114-1 f. 12 18 Sept. 1846.

Trapp, Sebastian. Bavaria. NATN. Decl. intent in York Co. (PA) Ct. 27 May 1844. Wits: John Lauer and Wendel Lauer. O&RA to the King of Bavaria. BC Ct. (Nat. Rcd.) 9 1845-1848 MSA C229-1 MdHR 18119 f. 289 29 Sept. 1847.

Trautman, August A. Prussia. NATN. Arrived in US 3 yrs. prior to age 21. Res. US for 5 yrs., including 3 of minority. Res. MD over 1 yr. Wits: Emanuel H. Michael and John C. Trautman. O&RA to the King of Prussia. BC Ct. (Nat. Rcd. of Minors) 3 1845-1851 MSA C237-3 MdHR 18114-1 f. 149 10 Oct. 1848.

Travers, Flan. Ireland. NATN. Born in Co. of Donegal. Decl. intent in BA Ct. Sept. term 1823 Wits: Bartholomew Corrigan and James Travers. BA Ct. (Nat. Dkt.) 1 1796-1851 MSA C389-1 MdHR 18106 f. 94 27 Sept. 1825.

Travers, Flan. Ireland. DI. BA Ct. (Minutes) 1822-1826 MSA C386-12 MdHR 14386 f. 119 18 Oct. 1823.

Trebert, Heinrich. Wurtemburg. NATN. Decl. intent in US Circ. Ct. 17 Sept. 1844. Wits: John Shutters and George Helrick. O&RA to the King of Wurtemburg. BA Ct. (Nat. Rcd.) 4 1846-1851 MSA C391-2 MdHR 18109 f. 161 13 Oct. 1846.

Tremble/Trembler (?)/Taembler (?), Richard. Ireland. BA Ct. (Nat. Dkt.) 1 1796-1851 MSA C389-1 MdHR 18106 f. 21 #427 22 Dec. 1802. Barnes, p. 65.

Tressy, Michael. Ireland. NATN. Decl. intent in US Circ. Ct. 14 Nov. 1844. Wits: Thomas Mooney and William Rafferty. BA Ct. (Nat. Dkt.) 1 1796-1851 MSA C389-1 MdHR 18106 f. 317 2 Oct. 1847.

Tressy, Michael. Ireland. Decl. intent in US Circ. Ct. 14 Nov. 1844. Wits:

Thomas Mooney and William Rafferty. O&RA to the Queen of UK. BA Ct. (Nat. Rcd.) 4 1846-1851 MSA C391-2 MdHR 18109 f. 225 5 Oct. 1847.
Tribert, Henrich. Wurtemburg. NATN. Decl. intent in US Circ. Ct. 17 Sept. 1844. Wits: John Shutters and George Helrich. BA Ct. (Nat. Dkt.) 1 1796-1851 MSA C389-1 MdHR 18106 f. 283 13 Oct. 1846.
Trogler, George Lewis. Wurtemburg. DI. Res. BC. BC Ct. (Dkt&Mins) 1846 MSA C184-9 MdHR 16666 f. 10 30 March 1846.
Trogler, George Lewis. Wurtemburg. NATN. Decl. intent in BC Ct. 30 March 1846. Wits: John P. Nicholas and Thomas Murry. O&RA to the King of Wurtemburg. BC Ct. (Nat. Rcd.) 9 1845-1848 MSA C229-1 MdHR 18119 f. 497 16 May 1848.
Troll, John Christian. Saxony .DI. Ren. alleg. to King of Prussia. BA Ct. (Minutes, Rough) 1832-1835 MSA C420-1 MdHR 14396-2 f. 237 25 Feb. 1834.
Trott, William H. Bermuda (Great Britain). Born on Island of Bermuda. Decl. intent in US Dist. Ct. 23 Sept. 1820. Wits: Sheppard C. Leakin and Luke Kierstad. BA Ct. (Nat. Dkt.) 1 1796-1851 MSA C389-1 MdHR 18106 f. 98 9 Jan. 1826.
Troutfelter, John. Prussia. NATN. Arrived in US 3 yrs. prior to age 21. Res. US for 5 yrs., including 3 of minority. Res. MD over 1 yr. Wits: Frederick Krager and William Seabold. O&RA to King of Prussia. BA Ct. (Nat. Rcd. of Minors) 3 1846-1851 MSA C392-1 MdHR 18110 f. 71 30 Oct. 1848.
Troutfelter, John. Prussia. NATN. Arrived in US under age 18. Wits: Frederick Krager and William Seabold. BA Ct. (Nat. Dkt.) 1 1796-1851 MSA C389-1 MdHR 18106 f. 349 30 Oct. 1848.
Troutman, Gustavus. Prussia. NATN. Arrived in US 3 yrs. prior to age 21. Res. US for 5 yrs., including 3 of minority. Res. MD over 1 yr. Wits: Christian Troutman and John Hamph. O&RA to the King of Prussia. BA Ct. (Nat. Rcd. of Minors) 3 1846-1851 MSA C392-1 MdHR 18110 f. 21 13 Oct. 1846.
Troutman, Gustavus. Prussia. NATN. Arrived in US under age 18. Wits: Christian Troutman and John Haupt. BA Ct. (Nat. Dkt.) 1 1796-1851 MSA C389-1 MdHR 18106 f. 291 13 Oct. 1846.
Truford, Martin. England. NATN. Decl. intent in US Dist. Ct. 19 Oct. 1843. Wits: William Logan and David Logan. BA Ct. (Nat. Dkt.) 1 1796-1851 MSA C389-1 MdHR 18106 f. 283 13 Oct. 1846.
Trunk, Adam. Bavaria. NATN. Decl. intent in US Dist. Ct. 30 Sept. 1844. Wits: Adam Werner and Jacob Kitzner. O&RA to the King of Bavaria. BC Ct. (Nat. Rcd.) 9 1845-1848 MSA C229-1 MdHR 18119 f. 630 9 Oct. 1848.
Trust, Frederick. Hanover. DI. BC Ct. (Dkt&Mins) 1846 MSA C184-9 MdHR 16666 f. 29 3 Aug. 1846.
Trust, Herman. Electorate of Hesse-Cassell. NATN. Born in town of Fromkeauburg. Arrived in the US as a minor. Decl. intent in open Ct. Wits: Peter Fahnestock and Daniel Bruhe. BA Ct. (Nat. Dkt.) 1 1796-1851 MSA C389-1 MdHR 18106 f. 141 4 Oct. 1828.
Tubman, Robert. Ireland. NATN. Decl. intent in US Dist. Ct. 18 Aug. 1840. Wits: Margaret Eaton and Fanny McLearn. BA Ct. (Nat. Dkt.) 1 1796-1851 MSA C389-1 MdHR 18106 f. 283 13 Oct. 1846.
Tubman, Robert. Ireland. NATN. Decl. intent in US Dist. Ct. 18 Aug. 1840. Wits: Margaret Eaton and Fanny McLane. O&RA to the Queen of UK. BA Ct. (Nat. Rcd.) 4 1846-1851 MSA C391-2 MdHR 18109 f. 161 13 Oct. 1846.
Tuchey, Eisha. England. DI. BC Ct. (Dkt&Mins) 1828 MSA C184-4 MdHR 16661 f. 57 9 Dec. 1828.
Tuckauer, August. Bavaria. DI. BA Ct. (Minutes) 1832-1838 MSA C386 MdHR 14403 f. 292 4 June 1838.
Tucker, Margaret. England. NATN. Born in London. Decl. intent in BA Ct. Sept. term 1815. Wits: A. Tucker and William Eaglin. BA Ct. (Nat. Dkt.) 1 1796-1851 MSA C389-1 MdHR 18106 f. 66 25 March 1824.

Tuckey, Elisha. England. NATN. Decl. intent in BC Ct. 9 Dec. 1828. Res. BC. Wits: John Buckley and Edward Tuckey. O&RA to the King of UK. BC Ct. (Nat. Rcd. of Minors) 2 1832-1836 MSA C237-2 MdHR 18113 f. 110 1 Oct. 1834.

Tuer, Thomas. England. NATN. Decl. intent in BC ct. 20 May 1831. Res. BC. Wits: John F. McKeller and Peter B. Hilditch. O&RA to the King of UK. BC Ct. (Nat. Rcd. of Minors) 2 1832-1836 MSA C237-2 MdHR 18113 ff. 62-63 20 July 1833.

Tunaley, Thomas Nelson. England. NATN. Res. BC. Decl. intent in BC Ct. 2 Oct. 1828. Wits: Thomas Cray and Randale H. Moale. O&RA to the King of UK. BC Ct. (Nat. Rcd. of Minors) 1 1827-1832 MSA C237-1 MdHR 18112 ff. 337-338 4 Oct. 1830.

Turnball, Duncan. Scotland. NATN. Decl. intent in US Circ. Ct. 22 May 1826. Wits: John Chapman and Nathan A. Mauro. BA Ct. (Nat. Dkt.) 1 1796-1851 MSA C389-1 MdHR 18106 f. 165 1 June 1831.

Turnball, John. England. NATN. Decl. intent in open ct. Arrived 3 yrs. prior to age 21. BA Ct. (Nat. Dkt.) 1 1796-1851 MSA C1806 f. 179 30 Sept. 1834.

Turnball, John. England. NATN. Decl. intent in open ct. Arrived in Unites States 3 yrs. prior to age 21. Res. US for 5 yrs., including 3 of minority. Res. MD over 1 yr. Res. BC. O&RA to the King of UK. BA Ct. (Nat. Rcd.) 2 1832-1846 MSA C391-1 MdHR 18108 ff. 22-23 30 Sept. 1834.

Turner, James. Ireland. DI. BA Ct. (Minutes) 1827-1830 MSA C386-13 MdHR 14391 f. 1 1 June 1830.

Turner, John. England. DI. BC Ct. (Dkt&Mins) 1840 MSA C184-7 MdHR 16664 f. 36 26 Sept. 1840.

Turner, Michael. England. NATN. Born in co. of Surrey. Decl. intent in US Circ. Ct. 10 Nov. 1819. Wits: Thomas Spicer and Robert Armstrong. Certificate and report filed. BA Ct. (Nat. Dkt.) 1 1796-1851 MSA C389-1 MdHR 18106 f. 87 1 Nov. 1824.

Turner, Thomas. Ireland. NATN. Decl. intent in Mayor's Ct. of Philadelphia 6 Sept. 1826. Wits: James S. Maguire and Patrick Fitzpatrick. BA Ct. (Nat. Dkt.) 1 1796-1851 MSA C389-1 MdHR 18106 f. 168 19 Sept. 1831.

Turnian, Patrick. Ireland. DI. BA Ct. (Minutes) 1815-1820 MSA C386-11 MdHR 14381 f. 1 29 March 1815.

Turtle, Thomas. Ireland. DI. BC Ct. (Dkt&Mins) 1839 MSA C184-6 MdHR 16663 f. 35 25 Sept. 1839.

Tush, Frederick. Hanover. NATN. Decl. intent in US Dist. Ct. 3 Aug. 1846. Wits: Edward C. Taylor and Patrick Doyle. O&RA to the King of Hanover. BC Ct. (Nat. Rcd.) 9 1845-1848 MSA C229-1 MdHR 18119 f. 604 7 Oct. 1848.

Tush, Michael. Germany. NATN. BA Ct. (Minutes) 1792-1797 MSA C386-7 MdHR 5052 f. 254 23 Nov. 1796

Tush, Michael. Germany. BA Ct. (Nat. Dkt.) 1 1796 - 1851 MSA C389-1 MdHR 18106 f. 2 23 Nov. 1796. Barnes, p. 59

Tussford, Martin. England. NATN. Decl. intent in US Dist. Ct. 19 Oct. 1843. Wits: William Logan and David Logan. O&RA to the Queen of UK. BA Ct. (Nat. Rcd.) 4 1846-1851 MSA C391-2 MdHR 18109 f. 162 13 Oct. 1846.

Tusto, Henry. Hanover. DI. BA Ct. (Minutes, Rough) 1836-1844 MSA C420-2 MdHR 14398 f. 46 18 Nov. 1836.

Twaemert, John Christopher. Prussia. DI. BA Ct. (Minutes) 1839-1846 MSA C386-16 MdHR 14404 ff. 63-64 28 Sept. 1840.

Tweedal, James. England. NATN. Res. BC. Decl. intent in US Dist. Ct. of Philadelphia 24 Dec. 1823. Witness: John Miller. O&RA to the King of UK. BC Ct. (Nat. Rcd. of Minors) 1 1827-1832 MSA C237-1 MdHR 18112 ff. 194-195 27 Oct. 1828.

Uebele, Christian. Wurtemburg. DI. BC Ct. (Dkt&Mins) 1849 MSA C184-11 MdHR 16668 f. 26 1 Oct. 1849.

Ugerstoff, Christian. Germany. DI. BC Ct. (Dkt&Mins) 1840 MSA C184-7 MdHR 16664

f. 37 3 Oct. 1840.

Uhthoff, Frederick A. C. Denmark. NATN. Decl. intent in US Dist. Ct. 16 Nov. 1844. Wits: Charles W. Lentz and C. L. Krafft. O&RA to the King of Denmark. BC Ct. (Nat. Rcd.) 9 1845-1848 MSA C229-1 MdHR 18119 f. 668 10 Oct. 1848.

Ulbers, Henry. Bremen. DI. BC Ct. (Dkt&Mins) 1847 MSA C184-10 MdHR 16667 f. 21 17 June 1847.

Ullrich, William. Electorate of Hesse-Cassel. NATN. Decl. intent in US Dist. Ct. 11 March 1844. Wits: Edward Voglesang and George Puhl. BA Ct. (Nat. Dkt.) 1 1796-1851 MSA C389-1 MdHR 18106 f. 283 13 Oct. 1846.

Ulnich, George. Bavaria. NATN. Decl. intent in US Dist. Ct. 15 June 1842. Wits: William Rance and Frederick Mauser. O&RA to the King of Bavaria. BC Ct. (Nat. Rcd.) 9 1845-1848 MSA C229-1 MdHR 18119 f. 504 24 June 1848.

Ulnick, George. Bavaria. NATN. Decl. intent in US Dist. Ct. 9 Oct. 1843. Wits: William Wardenburg and Gerhart Sybert. O&RA to the King of Bavaria. BC Ct. (Nat. Rcd.) 9 1845-1848 MSA C229-1 MdHR 18119 f. 184 6 Oct. 1846.

Ulrich, William. Electorate of Hesse-Cassel. NATN. Decl. intent in US Dist. Ct. 11 March 1843. Wits: George Poehl and Edward Vogelsand. O&RA to the Elector of Hesse-Cassel. BA Ct. (Nat. Rcd.) 4 1846-1851 MSA C391-2 MdHR 18109 f. 162 13 Oct. 1846.

Ulrick, George. Germany. BA Ct. (Nat. Dkt.) 1 1796-1851 MSA C389-1 MdHR 18106 f. 16 #328 21 Aug. 1798. Barnes, p. 63.

Unbreicht, Gabriel. Switzerland. NATN. Decl. intent in US Dist. Ct. 13 Oct. 1843. Wits: Christian Herman and Philip Schmidt. O&RA to the Confederated Republic of Switzerland. BA Ct. (Nat. Rcd.) 4 1846-1851 MSA C391-2 MdHR 18109 f. 291 10 Oct. 1848.

Unger, August. Hanover. DI. BC Ct. (Dkt&Mins) 1849 MSA C184-11 MdHR 16668 f. 7 16 Feb. 1849.

Unithard (?), John. Great Britain. DI BA Ct. (Minutes) 1815-1820 MSA C386-11 MdHR 14381 f. 8 29 April 1815.

Upp, Christopher. Bavaria. NATN. Decl. intent in US Circ. Ct. 2 Sept. 1844. Wits: Andrew Hateman and George W. Moubray. O&RA to the King of Bavaria. BA Ct. (Nat. Rcd.) 4 1846-1851 MSA C391-2 MdHR 18109 f. 163 13 Oct. 1846.

Upp, Christopher. Bavaria. NATN. Decl. intent in US Circ. Ct. 2 Sept. 1844. Wits: Andreas Hadman and George W. Mobray. BA Ct. (Nat. Dkt.) 1 1796-1851 MSA C389-1 MdHR 18106 f. 283 13 Oct. 1846.

Urnbreicht, Gabriel. Switzerland. NATN. Decl. intent in US Dist. Ct. 13 Oct. 1843. Wits: Christian Herman and Philip Schmidt. BA Ct. (Nat. Dkt.) 1 1796-1851 MSA C389-1 MdHR 18106 f. 347 10 Oct. 1848.

Urquhard-Strobie, Charles. Scotland. NATN. Decl. intent in US Circ. Ct. 18 Sept. 1844. Wits: Adam Duncan and Samuel A. Sands. O&RA to the Queen of UK. BC Ct. (Nat. Rcd.) 9 1845-1848 MSA C229-1 MdHR 18119 f. 551 3 Oct. 1848.

Urquhart, John. England. DI. Res. BC. BC Ct. of O&T&GD (Dkt&Mins) 1816 MSA C183-9 MdHR 16657 {unpaginated} 11 March 1816.

Usher, John. Ireland. BA Ct. (Nat. Dkt.) 1 1796- 1851 MSA C389-1 MdHR 18106 f. 4 #61. Barnes, p. 59

Ustander, Charles. Sweden. DI. Res. BC. BC Ct. (Dkt&Mins) 1828 MSA C184-4 MdHR 16661 f. 58 18 Dec. 1828.

Valentine, Francis. Austrian Empire. NATN. Decl. intent in US Dist. Ct. 25 May 1848. Wits: John Valentine, John Leach, and John Maimeo. O&RA to the Emperor of Austria. BC Ct. (Nat. Rcd.) 10 1849-1851 MSA C229-2 MdHR 18120 f. 52 28 May 1850.

Valentine, John. Italy (Austrian Empire). NATN. Decl. intent in US Circ. Ct. 22 Aug. 1844. Wits: Michael Sullivan and Thomas Bournick. BA Ct. (Nat. Dkt.) 1 1796-1851 MSA C389-1 MdHR 18106 f. 317 5 Oct. 1847.

Valentine, John. Italy (Austrian Empire). Decl. intent in US Circ. Ct. 22 Aug. 1844. Wits: Michael Sullivan and Thomas Bowernick. O&RA to the Emperor of Austria. BA Ct. (Nat. Rcd.) 4 1846-1851 MSA C391-2 MdHR 18109 f. 225 5 Oct. 1847.
Valentine, John. Prussia. BA Ct. (Nat. Dkt.) 1 1796-1851 MSA C389-1 MdHR 18106 f. 14 #299 2 April 1798. Barnes, p. 63.
Valice, Joseph A. France. NATN. Born in Paris. Arrived in the US 3 yrs. prior to age 21. Decl. intent in open Ct. Wits: Thomas Basford and John White. BA Ct. (Nat. Dkt.) 1 1796-1851 MSA C389-1 MdHr 18106 f. 111 23 Sept. 1826.
Vanderheaven, Peter. Holland. NATN. Decl. intent in BC Ct. 5 Nov. 1844. Wits: William Raine and Frederick Mauser. O&RA to the King of Netherlands. BC Ct. (Nat. Rcd.) 9 1845-1848 MSA C229-1 MdHR 18119 f. 505 24 June 1848.
Vanhoff, Justus Philip. Grand Dutchy of Hesse-Darmstadt. NATN. Decl. intent in US Dist. Ct. 1 Oct. 1844. Wits: Charles Knemmes (?) and Frederick Minzell. O&RA to the Grand Duke of Hesse-Darmstadt. BC Ct. (Nat. Rcd.) 9 1845-1848 MSA C229-1 MdHR 18119 f. 124 5 Oct. 1846.
Vasterling, Henry. [Grand] Dutchy of Brunswick. DI. Profession: Carrier (1850 Census). BA Ct. (Minutes) 1846-1851 MSA C386-16 MdHR 14405 f. 56 9 June 1847.
Vasterling, Henry. [Grand] Dutchy of Brunswick. DI. BA Ct. (Minutes, Rough) 1845-1851 MSA C420-3 MdHR 14401 f. 158 9 May 1847.
Vaughan, John. Ireland. DI. BC Ct. (Dkt&Mins) 1849 MSA C184-11 MdHR 16668 f. 10 15 May 1849.
Vehe, John Stephen. Grand Dutchy of Hesse-Darmstadt. NATN. Decl. intent in US Dist. Ct. 30 Sept. 1844. Wits: Simon Herbesich and Steven Kleser. O&RA to the Grand Duke of Hesse-Darmstadt. BC Ct. (Nat. Rcd.) 9 1845-1848 MSA C229-1 MdHR 18119 f. 619 9 Oct. 1848.
Veij, Henry. Electorate of Hesse-Cassel. NATN. Decl. intent in US Circ. Ct. 2 Aug. 1844. Wits: Henry Lorman and John G. Lorentz. BA Ct. (Nat. Dkt.) 1 1796-1851 MSA C389-1 MdHR 18106 f. 284 13 Oct. 1846.
Velate (?), Jean Joseph. France. BA Ct. (Nat. Dkt.) 1 1796-1851 MSA C389-1 MdHR 18106 f. 25 #485 8 Feb. 1804. Civil Ct.
Vernard, Edward. France. BA Ct. (Nat. Dkt.) 1 1796-1851 MSA C389-1 MdHR 18106 f. 41 #817 29 June 1812.
Vernon, Valentine. Electorate of Hesse-Cassel. NATN. Decl. intent in US Dist. Ct. 14 Oct. 1843. Wits: George Lyberts and William Wardenburg. BA Ct. (Nat. Dkt.) 1 1796-1851 MSA C389-1 MdHR 18106 f. 234 5 Oct. 1846.
Vernon, Valentine. Electorate of Hesse-Cassel. NATN. Decl. intent in US Dist. Ct. 14 Oct. 1843. Wits: George Pyberts and William Wardenburg. O&RA to the Elector of Hesse-Cassel. BA Ct. (Nat. Rcd.) 4 1846-1851 MSA C391-2 MdHR 18109 f. 13 5 Oct. 1846.
Vespre, Francis. DI. Ren. alleg. to the Emperor of France and King of Italy. BA Ct. (Minutes) 1810-1814 MSA C386-10 MdHR 14376 f. 282 14 Oct. 1811.
Vey, Henry. Electorate of Hesse-Cassel. NATN. Decl. intent in US Circ. Ct. 2 Aug. 1844. Wits: Henry Corman and John G. Lorentz. O&RA to the Elector of Hesse-Cassel. BA Ct. (Nat. Rcd.) 4 1846-1851 MSA C391-2 MdHR 18109 f. 163 13 Oct. 1846.
Vibans, William. Germany. BA Ct. (Nat. Dkt.) 1 1796-1851 MSA C389-1 MdHR 18106 f. 27 #514 7 June 1804. Civil Ct.
Vicary, Henry. England. NATN. Born in Co. of Devonshire. Decl. intent in US Dist. Ct. 5 Sept. 1820. Wits: Edward J. Coale and Thomas J. Barr. BA Ct. (Nat. Dkt.) 1 1796-1851 MSA C389-1 MdHR 18106 f. 102 18 Sept. 1826.
Vichelos, Rudolph. Denmark. DI. Res. BC. BC Ct. (Dkt&Mins) 1830 MSA C184-5 MdHR 16662 f. 56 14 Dec. 1830.
Vickers, Henry. Hanover. Decl. intent in BC Ct. 26 Sept. 1844. Wits: Frederick

Williams and Herman Snyder. BA Ct. (Nat. Dkt.) 1 1796-1851 MSA C389-1 MdHR 18106 f. 256 13 Oct. 1846.
Vickers, Henry. Hanover. NATN. Decl. intent in BC Ct. 26 Sept. 1844. Wits: Frederick Williams and Herman Snyder. O&RA to the King of Hanover. BA Ct. (Nat. Rcd.) 4 1846-1851 MSA C391-2 MdHR 18109 f. 80 13 Oct. 1846.
Vickers, John. England. DI. BA Ct. (Minutes) 1827-1830 MSA C386-13 MdHR 14391 f. 77 2 Oct. 1827.
Vickers, John. England. NATN. Res. BC. Decl. intent in BA Ct. 2 Oct. 1827. Wits: Charles A. Mettee and John Hunt. O&RA to the King of UK. BC Ct. (Nat. Rcd. of Minors) 1 1827-1832 MSA C237-1 MdHR 18112 ff. 299-300 14 Oct. 1829.
Vickers, Richard. Ireland. NATN. Arrived in US under age 18. Wits: Charles H. Knob and Samuel Waterworth. BA Ct. (Nat. Dkt.) 1 1796-1851 MSA C389-1 MdHR 18106 f. 349 30 Oct. 1848.
Vickers, Richard. Ireland. NATN. Arrived in US 3 yrs. prior to age 21. Res. US for 5 yrs., including 3 of minority. Res. MD over 1 yr. Wits: Charles H. Knott and Samuel Waterworth. O&RA to the Queen of UK. BA Ct. (Nat. Rcd. of Minors) 3 1846-1851 MSA C392-1 MdHR 18110 f. 72 30 Oct. 1848.
Victory, Luke. Ireland. NATN. Res. BC. Decl. intent in BA Ct. 9 Oct. 1828. Wits: James Mullen and Charles O'Farrell. O&RA to the King of UK. BC Ct. (NATN Record of Minors) 1827-1832 MSA C237-1 MdHR 18112 ff. 361-362 12 Oct. 1830.
Victory, Luke. Ireland. DI. BA Ct. (Minutes) 1827-1830 MSA C386-13 MdHR 14391 f. 161 9 Oct. 1828.
Vieh, Michael. Bavaria. NATN. Decl. intent in Carroll Co. Ct. 2 April 1849. Wits: Peter Kerchmeyer and Adam Freusch. BA Ct. (Nat. Dkt.) 1 1796-1851 MSA C389-1 MdHR 18106 f. 382 30 Sept. 1851.
Viet, Michael. Bavaria. NATN. Decl. intent in Carroll Co. Ct. 2 April 1849. Wits: Peter Kirchmyer and Adam Freusch. O&RA to the King of Bavaria. BA Ct. (Nat. Rcd.) 4 1846-1851 MSA C391-2 MdHR 18109 f. 374 30 Sept. 1851.
Villemenot, Paul. France. NATN. Born in Paris. Decl. intent in BA Ct. Sept. term 1818. Wits: John Latour and John Lafitte, Jr. Certificate and report filed. BA Ct. (Nat. Dkt.) 1 1796-1851 MSA C389-1 MdHR 18106 f. 67 9 April 1824.
Vine, Charles. England. NATN. Arrived in US 3 yrs. prior to age 21. Res. US for 5 yrs., including 3 of minority. Res. MD over 1 yr. Wits: Thomas Holden and Charles Burdett. O&RA to the Queen of UK. BC Ct. (Nat. Rcd. of Minors) 3 1845-1851 MSA C237-3 MdHR 18114-1 f. 145 10 Oct. 1848.
Virtue, David. Ireland. NATN. Res. BC. Res. US and BC for 5 yrs.. Witness: Joseph Owens. O&RA to King of UK. BC Ct. (Nat. Rcd. of Minors) 1 1827-1832 MSA C237-1 MdHR 18112 ff. 57-58 2 July 1828.
Virtue/Virtua, Adam. Ireland. DI. Res. BC. BC Ct. of O&T&GD (Dkt&Mins) 1816 MSA C183-9 MdHR 16657 unpaginated; Jan. term 1816 12 Jan. 1816.
Virtue/Virtua, Adam. Ireland. NATN. Noted as age 45. Born in Co. of Farmanah. Presents petition and certificates of declaration and report and registration, filed US Dist. Ct. 28 May 1827. Arrived in Port of Wilmington June 1806. Res. BA. O&RA to the King of UK. Wits: James M. Buchanan and John Black. BC Ct. (Nat. Rcd. of Minors) 1 1827-1832 MSA C237-1 MdHR 18112 ff. 10-11 28 May 1827.
Vogel, Andrew. Bavaria. NATN. Arrived in US 3 yrs. prior to age 21. Res. US for 5 yrs., including 3 of minority. Res. MD over 1 yr. Wits: Andrew Hager and Frederick Himes. O&RA to the King of Bavaria. BC Ct. (Nat. Rcd. of Minors) 3 1845-1851 MSA C237-3 MdHR 18114-1 f. 196 Nov. 1848.
Vogel, Matthias. Austrian Empire. NATN. Decl. intent in US Dist. Ct. 7 Oct. 1844. Wits: Philip Laufus (?) and Caspar Reeder. O&RA to the Emperor of Austria. BC Ct. (Nat. Rcd.) 9 1845-1848 MSA C229-1 MdHR 18119 f. 250 22 Sept.

1847.

Vogelein, Francis A. Grand Dutchy of Hesse-Darmstadt. NATN. Decl. intent in Municipal Ct. of the City of Brooklyn, Kings Co. NY 17 Dec. 1840. Wits: John Duckart and Jacob Loritz. O&RA to the Grand Duke of Hesse-Darmstadt. BA Ct. (Nat. Rcd.) 4 1846-1851 MSA C391-2 MdHR 18109 f. 177 13 Oct. 1846.

Vogelein, Francis A. Grand Dutchy of Hesse-Darmstadt. NATN. Decl. intent in the Municipal Ct. of the City of Brooklyn, Co. of Kings, NY 17 Dec. 1840. Wits: John Juckart and Jacob Loritz. BA Ct. (Nat. Dkt.) 1 1796-1851 MSA C389-1 MdHR 18106 f. 293 13 Oct. 1846.

Vogelein, Joseph. Bavaria. DI. BC Ct. (Dkt&Mins) 1849 MSA C184-11 MdHR 16668 f. 26 1 Oct. 1849.

Vogelhuber, Leonard. Bavaria. NATN. Decl. intent in US Circ. Ct. 27 May 1844. Wits: John Lights and Wendel Louer. O&RA to the King of Bavaria. BA Ct. (Nat. Rcd.) 4 1846-1851 MSA C391-2 MdHR 18109 f. 164 13 Oct. 1846.

Vogelhuber, Leonard. Bavaria. NATN. Decl. intent in US Circ. Ct. 27 May 1844. Wits: John Sights and Warden Lower. BA Ct. (Nat. Dkt.) 1 1796-1851 MSA C389-1 MdHR 18106 f. 284 13 Oct. 1846.

Vogell, Charles. Hanover. NATN. Decl. intent in US Dist. Ct. 6 June 1844. Wits: George Patterson and Frederick Devirger. O&RA to the King of Hanover. BC Ct. (Nat. Rcd.) 9 1845-1848 MSA C229-1 MdHR 18119 f. 577 3 Oct. 1848.

Vogelpohl, John. Prussia. DI. BC Ct. (Dkt&Mins) 1839 MSA C184-6 MdHR 16663 f. 36 1 Oct. 1839.

Vogelsang, Henry S. Hanover. NATN. Arrived in US 3 yrs. prior to age 21. Res. US for 5 yrs., including 3 of minority. Res. MD over 1 yr. Wits: John H. Vogelang and Henry Torborg. O&RA to the King of Hanover. BA Ct. (Nat. Rcd. of Minors) 3 1846-1851 MSA C392-1 MdHr 18110 f. 70 10 Oct. 1848.

Vogelsang, Henry S. Hanover. NATN. Arrived in US under age 18. Wits: John H. Vogelsang and Henry Torberg. BA Ct. (Nat. Dkt.) 1 1796-1851 MSA C389-1 MdHR 18106 f. 344 10 Oct. 1848.

Vogl, John. Wurtemburg. NATN. Decl. intent in US Circ. Ct. 23 Aug. 1844. Wits: Joseph Strohmeyer and Mathias Tamner. O&RA to the King of Wurtemburg. BA Ct. (Nat. Rcd.) 4 1846-1851 MSA C391-2 MdHR 18109 f. 164 13 Oct. 1846.

Vogt, George A. Wurtemburg. NATN. Decl. intent in US Dist. Ct. 17 Sept. 1844. Wits: August Bender and John Degert. O&RA to the King of Wurtemburg. BC Ct. (Nat. Rcd.) 9 1845-1848 MSA C229-1 MdHR 18119 f. 626 9 Oct. 1848.

Vogt, John. Bavaria. NATN. Decl. intent in US Dist. Ct. 26 Sept. 1844. Wits: Leenhart Scheme and Albrecht Ziegler. O&RA to the King of Bavaria. BC Ct. (Nat. Rcd.) 9 1845-1848 MSA C229-1 MdHR 18119 f. 679 16 Oct. 1848.

Vogt, John. Wurtemburg. NATN. Decl. intent in US Circ. Ct. 23 Aug. 1844. Wits: Joseph Strohmayer and Mathias Tammer. BA Ct. (Nat. Dkt.) 1 1796-1851 MSA C389-1 MdHR 18106 f. 284 13 Oct. 1846.

Vogt, Peter. Hanover. NATN. Decl. intent in US Dist. Ct. 18 Sept. 1844. Wits: John Boland and William Folks. O&RA to the King of Hanover. BC Ct. (Nat. Rcd.) 9 1845-1848 MSA C229-1 MdHR 18119 f. 398 4 Oct. 1847.

Volckman, Peter Joseph. Germany. BA Ct. (Nat. Dkt.) 1 1796-1851 MSA C389-1 MdHR 18106 f. 8 #155 6 Sept. 1797. Barnes, p. 61.

Volk, Ulrich. Bavaria. DI. Profession: Farmer. Arrived in Port of Baltimore 30 Sept. 1834. BA Ct. (Minutes, Rough) 1836-1844 MSA C420-2 MdHR 14398 f. 102 20 Nov. 1837. Tepper, p. 697.

Volker, Jacob. Bavaria. NATN. Decl. intent in US Dist. Ct. 11 March 1844. Wits: Henry Bringer and Jacob Dafflin. O&RA to the King of Bavaria. BA Ct. (Nat. Rcd.) 4 1846-1851 MSA C391-2 MdHR 18109 f. 26 6 Oct. 1846.

Volker, Jacob. Bavaria. NATN. Decl. intent in US Dist. Ct. 11 March 1844.
Wits: John Henry Bringer and Jacob Dafflin. BA Ct. (Nat. Dkt.) 1 1796-1851
MSA C389-1 MdHR 18106 f. 239 6 Oct. 1846.
Volkman, Charles. Germany. DI. Res. BC. Noted as a native of Lauterbach. BC
Ct. (Dkt&Mins) 1841 MSA C184-8 MdHR 16665 f. 12 1 May 1841.
Volkman, William. Kingdom of Darmstadt (Grand Dutchy of Hesse-Darmstadt).
DI. BA Ct. (Minutes) 1832-1838 MSA C386 MdHR 14403 f. 297 17 Sept. 1838.
Volkman, William. Kingdom of Darmstadt (Grand Dutchy of Hesse-Darmstadt).
DI. BA Ct. (Minutes, Rough) 1836-1844 MSA C420-2 MdHR 14398 f. 139 17 Sept.
1838.
Volkmuth, Michael. Bavaria. NATN. Decl. intent in US Circ. Ct. 21 Sept. 1844.
Wits: Barney A. Crawford and Jacob Ohrm. O&RA to the King of Bavaria.
BA Ct. (Nat. Rcd.) 4 1846-1851 MSA C391-2 MdHR 18109 f. 279 3 Oct. 1848.
Volkmuth, Michael. Bavaria. NATN. Decl. intent in US Circ. Ct. 21 Sept. 1844.
Wits: Barney A. Crawford and Jacob Ohrm. BA Ct. (Nat. Dkt.) 1 1796-1851
MSA C389-1 MdHR 18106 f. 341 3 Oct. 1848.
Vollandt, Christian. Saxony. NATN. Arrived in US under age 18. Wits: Thomas
Moody and Charles Marsfelter. BA Ct. (Nat. Dkt.) 1 1796-1851 MSA C389-1 MdHR
18106 f. 304 5 Oct. 1847.
Vollandt, Christian. Saxony. NATN. Arrived in US 3 yrs. prior to age 21. Res.
US for 5 yrs., including 3 of minority. Res. MD over 1 yr. Wits: Thomas
Moody and Charles Marsfelter. O&RA to the King of Saxony. BA Ct. (Nat.
Rcd. of Minors) 3 1846-1851 MSA C392-1 MdHR 18110 f. 45 5 Oct. 1847.
Vollman, Frederick A. Prussia. NATN. Decl. intent in US Dist. Ct. 17 Sept.
1838. Wits: John Haupst and Jacob F. Murr. O&RA to the King of Prussia.
BA Ct. (Nat. Rcd.) 4 1846-1851 MSA C391-2 MdHR 18109 f. 336 29 Sept. 1849.
Vollman, Frederick H. Prussia. NATN. Decl. intent in US Dist. Ct. 17 Sept.
1838. Wits: John Haupt and Jacob F. Marr. BA Ct. (Nat. Dkt.) 1 1796-1851
MSA C389-1 MdHR 18106 f. 368 29 Sept. 1849.
von Kapff/von Krupf, Bernard John. Germany. NATN. BA Ct. (Minutes) 1792 -
1797 MSA C386-7 MdHR 5052 f. 264 8 Dec. 1796.
Von Gendern, Henry. Hanover. DI. BA Ct. (Minutes) 1839-1846 MSA C386-16 MdHR
14404 f. 300 4 Sept. 1845.
Von Holton, Johan Peter. Hanover. NATN. Arrived in US 3 yrs. prior to age
21. Res. US for 5 yrs., including 3 of minority. Res. MD over 1 yr. Wits:
Peter Buckheim and John Koster. O&RA to the King of Hanover. BC Ct.
(Nat. Rcd. of Minors) 3 1845-1851 MSA C237-3 MdHR 18114-1 f. 143 10 Oct. 1848.
Von Kapp/Kupff, Bernard John. Germany. BA Ct. (Nat. Dkt.) 1 1796 - 1851 MSA
C389-1 MdHR 18106 f. 4 #48 8 Dec. 1796. Barnes, p. 59
Von Sundern, Henry. Hanover. NATN. Decl. intent in BA Ct. 4 Sept. 1845.
Wits: John G. Torborg and John Smuck. O&RA to the King of Hanover. BC
Ct. (Nat. Rcd.) 9 1845-1848 MSA C229-1 MdHR 18119 f. 279 29 Sept. 1847.
Von Sunders, Henry. Hanover. DI. BA Ct. (Minutes, Rough) 1845-1851 MSA C420-3
MdHR 14401 f. 40 4 Sept. 1845.
Vondermark, Frederick William Gerhard. Prussia. NATN. Decl. intent in US
Dist. Ct. 21 Sept. 1844. Wits: Bernard Baithol and Bernard Nufsel/Nussel.
O&RA to the King of Prussia. BC Ct. (Nat. Rcd.) 9 1845-1848 MSA C229-1 MdHR
18119 f. 389 4 Oct. 1847.
Voneff, Henry. Germany. DI. Res. BC. BC Ct. (Dkt&Mins) 1846 MSA C184-9 MdHR
16666 f. 44 14 Nov. 1846.
Vonhollen/Von Hollen, Christopher. Hanover. DI. BA Ct. (Minutes) 1822-1826 MSA
C386-12 MdHR 14386 f. 191 22 March 1824.
Vonhollen/Von Hollen, Christopher. Hanover. NATN. Born in village of
Rexhovede. Decl. intent in BA Ct. the 4th Monday of March 1824. Wits:

Harman Bermerman and John C. Helmkein. BA Ct. (Nat. Dkt.) 1 1796-1851 MSA C389-1 MdHR 18106 f. 109 23 Sept. 1826.

Vonsprechelsin/Von Sprechelsin, George A. Hanover. NATN. Born in village of Achun. Decl. intent in US Dist. Ct. 4 March 1823. Wits: William Barshcher and Peter Holste. BA Ct. (Nat. Dkt.) 1 1796-1851 MSA C389-1 MdHR 18106 f. 100 6 April 1826.

Vulta, Sebastian. Bavaria. NATN. Decl. intent in BC Ct. 23 Sept. 1844. Wits: John F. Flister and Michael Luia (?). O&RA to the King of Bavaria. BC Ct. (Nat. Rcd.) 9 1845-1848 MSA C229-1 MdHR 18119 f. 534 29 Sept. 1848.

Waddell, George. Great Britain. NATN. BA Ct. (Minutes) 1792 - 1797 MSA C386-7 MdHR 5052 f. 264 5 Dec. 1796.

Waddle, William. England. BA Ct. (Nat. Dkt.) 1 1796-1851 MSA C389-1 MdHR 18106 f. 18 #389 8 Dec. 1798. Barnes, p. 64.

Waegend, Henry. Principality of Reirau. NATN. Arrived in US under age 18. Wits: John Schafer and William Schaefer. BA Ct. (Nat. Dkt.) 1 1796-1851 MSA C389-1 MdHR 18106 f. 379 8 Oct. 1850.

Waesche, George Henry. Germany. NATN. Res. BC. Arrived in the US 3 yrs. prior to age 21. Res. US for 5 yrs., including 3 of minority. Res. MD over 1 yr.Witness: Frederick L. Brauns. O&RA. BC Ct. (Nat. Rcd. of Minors) 1 1827-1832 MSA C237-1 MdHR 18112 ff. 191-192 (no date given)

Waggoner, Valentine. Germany. BA Ct. (Nat. Dkt.) 1 1796-1851 MSA C389-1 MdHR 18106 f. 12 #242 16 Jan. 1798. Barnes, p. 62.

Wagner, August Ludwick. Germany. DI. Res. BC. Ren. alleg. to the Emperor of Germany. BC Ct. (Dkt&Mins) 1840 MSA C184-7 MdHR 16664 f. 29 11 July 1840.

Wagner, Balser. Grand Dutchy of Hesse-Darmstadt. NATN. Decl. intent in BC Ct. 10 Oct. 1846. Wits: Louis Konge and Peter Livingstine. O&RA to the Grand Duke of Hesse-Darmstadt. BC Ct. (Nat. Rcd.) 9 1845-1848 MSA C229-1 MdHR 18119 f. 759 2 Nov. 1848.

Wagner, Balser. Grand Dutchy of Hesse-Darmstadt. BC Ct. (Dkt&Mins) 1846 MSA C184-9 MdHR 16666 f. 40 10 Oct. 1846.

Wagner, Carl. Grand Dutchy of Hesse-Darmstadt. NATN. Decl. intent in US Circ. Ct. 27 Sept. 1844. Wits: John Voneiff and Henry Wisebach. O&RA to the Grand Duke of Hesse-Darmstadt. BA Ct. (Nat. Rcd.) 4 1846-1851 MSA C391-2 MdHR 18109 f. 178 13 Oct. 1846.

Wagner, Carl. Grand Dutchy of Hesse-Darmstadt. NATN. Decl. intent in US Circ. Ct. 27 Sept. 1844. Wits: Henry Wiseback and John Vonief. BA Ct. (Nat. Dkt.) 1 1796-1851 MSA C389-1 MdHR 18106 f. 294 13 Oct. 1846.

Wagner, David. Electorate of Hesse-Cassel. NATN. Decl. intent in BC Ct. 18 Sept. 1848. Wits: Philip Wagner and Thomas Lucas. O&RA to the Elector of Hesse-Cassel. BC Ct. (Nat. Rcd.) 10 1849-1851 MSA C229-2 MdHR 18120 f. 283 22 Sept. 1851.

Wagner, Franz. Bavaria. NATN. Decl. intent in US Dist. Ct. 7 Oct. 1843. Wits: John Harminel and George Seibeertz. BA Ct. (Nat. Dkt.) 1 1796-1851 MSA C389-1 MdHR 18106 f. 284 13 Oct. 1846.

Wagner, Franz. Bavaria. NATN. Decl. intent in US Dist. Ct. 7 Oct. 1843. Wits: John Hammel and George Leibertz. O&RA to King of Bavaria. BA Ct. (Nat. Rcd.) 4 1846-1851 MSA C391-2 MdHR 18109 f. 165 13 Oct. 1846.

Wagner, henry. Grand Dutchy of Hesse-Darmstadt. NATN. Decl. intent in US Dist. Ct. 11 March 1844. Wits: Henry Wisebach and John Voneff. O&RA to the Grand Duke of Hesse-Darmstadt. BA Ct. (Nat. Rcd.) 4 1846-1851 MSA C391-2 MdHR 18109 f. 178 13 Oct. 1846.

Wagner, Henry. Grand Dutchy of Hesse-Darmstadt. NATN. Decl. intent in US Dist. Ct. 11 March 1844. Wits: Henry Wiseback and John Vonief. BA Ct. (Nat. Dkt.) 1 1796-1851 MSA C389-1 MdHR 18106 f. 294 13 Oct. 1846.

Wagner, John. Germany. NATN. Decl. intent in US Dist. Ct. 4 Aug. 1848. Wits: William Engle and Martin Goldsmith. O&RA to the Emperor of

Germany. BC Ct. (Nat. Rcd.) 10 1849-1851 MSA C229-2 MdHR 18120 f. 104 30 Sept. 1850.
Wagner, John. Grand Dutchy of Hesse-Darmstadt. NATN. Decl. intent in US Circ. Ct. 16 Sept. 1846. Wits: Reinhard Schaffer and Frederick Kusman. O&RA to the Grand Duke of Hesse-Darmstadt. BA Ct. (Nat. Rcd.) 4 1846-1851 MSA C391-2 MdHR 18109 f. 281 3 Oct. 1848.
Wagner, John. Wurtemburg. NATN. Decl. intent in US Dist. Ct. 16 June 1846. Wits: Frederick Kraft and John Roll. O&RA to the King of Wurtemburg. BC Ct. (Nat. Rcd.) 9 1845-1848 MSA C229-1 MdHR 18119 f. 834 6 Nov. 1848.
Wagner, John. Grand Dutchy of Hesse-Darmstadt. NATN. Decl. intent in US Circ. Ct. 16 Sept. 1846. Wits: Reinhard Schaeffer and Frederick Kusman. BA Ct. (Nat. Dkt.) 1 1796-1851 MSA C389-1 MdHR 18106 f. 342 6 Oct. 1848.
Wagner, Louis. Bavaria. DI. BC Ct. (Dkt&Mins) 1849 MSA C184-11 MdHR 16668 f. 32 4 Jan. 1850.
Wagner, Peter. Electorate of Hesse-Cassel. NATN. Decl. intent in US Circ. Ct. 30 Sept. 1844. Wits: Peter Treileb and Adam Traish. BA Ct. (Nat. Dkt.) 1 1796-1851 MSA C389-1 MdHR 18106 f. 284 13 Oct. 1846.
Wagner, Peter. Electorate of Hesse-Cassel. NATN. Decl. intent in US Circ. Ct. 30 Sept. 1844. Wits: Peter Freilich and Adam Freish. O&RA to the Elector of Hesse-Cassel. BA Ct. (Nat. Rcd.) 4 1846-1851 MSA C391-2 MdHR 18109 f. 165 13 Oct. 1846.
Wagner, Philip. Grand Dutchy of Hesse-Darmstadt. NATN. Decl. intent in US Dist. Ct. 28 Sept. 1844. Wits: Mathew Kitterd and Ernest Troelb. O&RA to the Grand Duke of Hesse-Darmstadt. BC Ct. (Nat. Rcd.) 9 1845-1848 MSA C229-1 MdHR 18119 f. 574 3 Oct. 1848.
Wagner, Philip. Grand Dutchy of Hesse-Darmstadt. NATN. Arrived in US 3 yrs. prior to age 21. Res. US for 5 yrs., including 3 of minority. Res. MD over 1 yr. Wits: Philip Wagner and Theodore Mund. O&RA to the Grand Duke of Hesse-Darmstadt. BA Ct. (Nat. Rcd. of Minors) 3 1846-1851 MSA C392-1 MdHR 18110 f. 22 13 Oct. 1846.
Wagner, Philip. Grand Dutchy of Hesse-Darmstadt. NATN. Arrived in US under age 18. Wits: Philip Wagner and Theodore Mund. BA Ct. (Nat. Dkt.) 1 1796-1851 MSA C389-1 MdHR 18106 f. 292 13 Oct. 1846.
Wahle, Peter Eycert. Norway (Sweden) NATN. Born in Dist. of Geheins. Decl. intent in US Circ. Ct. 7 Nov. 1823. Wits: William Parrish and Samuel B. Martin. BA Ct. (Nat. Dkt.) 1 1796-1851 MSA C389-1 MdHR 18106 f. 97 9 Nov. 1825.
Wainbek, George. Electorate of Hesse-Cassel. NATN. Decl. intent in US Dist. Ct. 1 Oct. 1845. Wits: Jacob Welsh and John Robock. O&RA to the Elector of Hesse-Cassel. BC Ct. (Nat. Rcd.) 9 1845-1848 MSA C229-1 MdHR 18119 f. 365 4 Oct. 1847.
Waldjen, Herman Frederick. Hanover. NATN. Decl. intent in US Dist. Ct. 24 Sept. 1844. Wits: Henry Waldjen and John Oestarle. O&RA to the King of Hanover. BC Ct. (Nat. Rcd.) 9 1845-1848 MSA C229-1 MdHR 784 4 Nov. 1848.
Waldmann, John R. Germany. DI. BC Ct. (Dkt&Mins) 1841 MSA C184-8 MdHR 16665 f. 27 24 July 1841.
Waldmen, Francis. Grand Dutchy of Hesse-Darmstadt. NATN. Decl. intent in US Circ. Ct. 9 Oct. 1848. Wits: Adam Freash and John Deiger. O&RA to the Grand Duke of Hesse-Darmstadt. BC Ct. (Nat. Rcd.) 10 1849-1851 MSA C229-2 MdHR 18120 f. 302 30 Sept. 1851.
Walen, Robert. Ireland. DI. Res. BC. BC Ct. (Dkt&Mins) 1847 MSA C184-10 MdHR 16667 f. 34 27 Sept. 1847.
Walies, Laurence. Ireland. NATN. Decl. intent in US Circ. Ct. 14 Oct. 1844. Wits: Moses Carter and John Ruskell. BA Ct. (Nat. Dkt.) 1 1796-1851 MSA C389-1 MdHR 18106 f. 343 7 Oct. 1848.

Walker, James. England. NATN. Born in Lancaster Shire. Arrived in the US 3 yrs. prior to age 21. Decl. intent in open Ct. Wits: John Johnson and William Knox. BA Ct. (Nat. Dkt.) 1 1796-1851 MSA C389-1 MdHR 18106 f. 154 8 Nov. 1828.

Walker, Peter. Hanover. NATN. Arrived in US 3 yr. prior to age 21. Res. US for 5 yrs., including 3 of minority. Res. MD over 1 yr. Wits: George Brown and Charles F. Miller. O&RA to the King of Hanover. BA Ct. (Nat. Rcd. of Minors) 3 1846-1851 MSA C392-1 MdHR 18110 f. 78 3 Nov. 1848.

Walker, Peter. Hanover. NATN. Arrived in US under age 18. Wits: George Brown and Charles F. Miller. BA Ct. (Nat. Dkt.) 1 1796-1851 MSA C389-1 MdHR 18106 f. 358 3 Nov. 1848.

Walker, Robert. England. NATN. Res. BC. Decl. intent in BA Ct. 25 Sept. 1820. Witness: William Broadbent. O&RA to the King of UK. BC Ct. (Nat. Rcd. of Minors) 1 1827-1832 MSA C237-1 MdHR 18112 ff. 296-297 3 Oct. 1829.

Walker, Robert. England. DI. BA Ct. (Minutes) 1827-1830 MSA C386-13 MdHR 14391 f. 77 25 Sept. 1830.

Walker, Thomas B. Ireland. DI. Res. BC. BC Ct. of O&T&GD (Dkt&Mins) 1812 MSA C183-7 MdHR 16655 f. 40 16 July 1812.

Wallace, Michael. Ireland. NATN. Decl. intent in BC Ct. 30 Oct. 1831. Res. BC. Wits: Charles Brown and William Cooper. O&RA to the King of UK. BC Ct. (Nat. Rcd. of Minors) 2 1832-1836 MSA C237-2 MdHR 18113 f. 151 30 Oct. 1834.

Wallace, Robert. Ireland. NATN. Arrived in US 3 yrs. prior to age 21. Res. US for 5 yrs., including 3 of minority. Res. MD over 1 yr. Wits: James McElroy and James Johnston. O&RA to the Queen of UK. BC Ct. (Nat. Rcd. of Minors) 3 1845-1851 MSA C237-3 MdHR 18114-1 f. 274 1 Oct. 1850.

Wallace, Thomas. Scotland. NATN. Decl. intent in BC Ct. 30 Sept. 1844. Wits: William H. Walsh and George Plummer. O&RA to the Queen of UK. BC Ct. (Nat. Rcd.) 9 1845-1848 MSA C229-1 MdHR 18119 f. 609 9 Oct. 1848.

Wallace, William. Ireland. NATN. Decl. intent in BC Ct. 12 May 1849. Wits: Michael Lanighran and John O'Donnell. O&RA to the Queen of UK. BA Ct. (Nat. Rcd.) 4 1846-1851 MSA C391-2 MdHR 18109 f. 368 29 Sept. 1851.

Wallace, William. Ireland. DI. BC Ct. (Dkt&Mins) 1849 MSA C184-11 MdHR 16668 f. 10 12 May 1849.

Wallace, William. Ireland. NATN. Decl. intent in BC Ct. 12 May 1849. Wits: Michael Langhran and John O'Donnell. BA Ct. (Nat. Dkt.) 1 1796-1851 MSA C389-1 MdHR 18106 f. 381 29 Sept. 1851.

Wallris, Laurence. Ireland. NATN. Decl. intent in US Circ. Ct. 14 Oct. 1844. Wits: Moses Carter and John Runkell. O&RA to the Queen of UK. BA Ct. (Nat. Rcd.) 4 1846-1851 MSA C391-2 MdHR 18109 f. 283 7 Oct. 1848.

Wallstrom, Peter. Sweden. DI. BC Ct. (Dkt&Mins) 1839 MSA C184-6 MdHR 16663 f. 14 13 April 1839.

Walsh, Bartholomew. Ireland. NATN. Decl. intent in US Dist. Ct. 10 Oct. 1846. Wits: John McCristal and James Donnelly. O&RA to the Queen of UK. BC Ct. (Nat. Rcd.) 9 1845-1848 MSA C229-1 MdHR 18119 f. 698 23 Oct. 1848.

Walsh, John. Republic of Bremen. NATN. Decl. intent in US Dist. Ct. 26 Sept. 1848. Wits: Frederick Klein and Frederick Heiner. O&RA to the Republic of Bremen. BC Ct. (Nat. Rcd.) 10 1849-1851 MSA C229-2 MdHR 18120 f. 82 30 Sept. 1850.

Walsh, John. Ireland. NATN. Decl. intent in BC Ct. 7 Oct. 1833. Res. BC. Wits: John Cook and Patrick Welsh. O&RA to the King of UK. BC Ct. (Nat. Rcd. of Minors) 2 1832-1836 MSA C237-2 MdHR 18113 f. 226 5 Oct. 1836.

Walsh, Laurence. Ireland. NATN. Decl. intent in US Dist. Ct. 21 Feb. 1849. Wits: Charles F. Cloud and Michael Roche. O&RA to the Queen of UK. BC Ct. (Nat. Rcd.) 10 1849-1851 MSA C229-2 MdHR 18120 f. 167 30 May 1851.

Walsh, Michael. Ireland. DI. BA Ct. (Minutes) 1827-1830 MSA C386-13 MdHR 14391 f. 77 2 Oct. 1827.

Walsh, Michael. Ireland. NATN. Decl. intent in BA Ct. 2 Oct. 1827. Res. BC.

Wits: Michael Haley and Hugh McDonnell. O&RA to the King of UK. BC Ct. (Nat. Rcd. of Minors) 2 1832-1836 MSA C237-2 MdHR 18113 ff. 18-19 29 Sept. 1832.
Walsh, Philip. Ireland. NATN. Decl. intent in US Dist. Ct. 15 Aug. 1845. Wits: Michael Roach and Patrick Cahill. O&RA to the Queen of UK. BC Ct. (Nat. Rcd.) 9 1845-1848 MSA C229-1 MdHR 18119 f. 378 4 Oct. 1847.
Walsh, Richard. Ireland. NATN. Born in Co. Mayo. Decl. intent in US Dist. Ct. 11 Sept. 1823. Wits: James Cox and George J. Wimmell. BA Ct. (Nat. Dkt.) 1 1796-1851 MSA C389-1 MdHR 18106 f. 136 16 Sept. 1828.
Walter, Henry. Grand Dutchy of Hesse-Darmstadt. NATN. Arrived in US 3 yrs. prior to age 21. Res. US for 5 yrs., including 3 of minority. Res. MD over 1 yr. Wits: Felix Rump and William Walter. O&RA to the Grand Duke of Hesse-Darmstadt. BC Ct. (Nat. Rcd. of Minors) 3 1845-1851 MSA C237-3 MdHR 18114-1 f. 140 9 Oct. 1848.
Walter, Henry. Germany. NATN. Born in Micklenburgh. Decl. intent in BA Ct. of O&T&GD 29 July 1811. Wits: Henry W. Rogers and Henry Chamberg. Certificate and report filed. BA Ct. (Nat. Dkt.) 1 1796-1851 MSA C389-1 MdHR 18106 f. 57 8 April 1822.
Walter, Henry. Hanover. DI. BA Ct. (Minutes) 1810-1814 MSA C386-10 MdHR 14376 f. 349 19 Sept. 1814.
Walter, Joseph. Austrian Empire. NATN. Born in "Frankford in Austria." Decl. intent in BC Ct. of O&T&GD 14 April 1818. Wits: Joseph McKeldin and Thomas Parson. BA Ct. (Nat. Dkt.) 1 1796-1851 MSA C389-1 MdHR 18106 f. 64 7 May 1823.
Walter, William. Grand Dutchy of Hesse-Darmstadt. NATN. Decl. intent in US Dist. Ct. 30 Sept. 1843. Wits: William Lainhart and David Parr. O&RA to the Grand Duke of Hesse-Darmstadt. BA Ct. (Nat. Rcd.) 4 1846-1851 MSA C391-2 MdHR 18109 f. 166 13 Oct. 1846.
Walter, William. Grand Dutchy of [Hesse-] Darmstadt. NATN. Decl. intent in US Dist. Ct. 30 Sept. 1843. Wits: William Lainhart and David Parr. BA Ct. (Nat. Dkt.) 1 1796-1851 MSA C389-1 MdHR 18106 f. 284 13 Oct. 1846.
Walterhoefer, Christian. Dutchy of Saxe-Coburg-Gotha. NATN. Decl. intent in US Dist. Ct. 6 Oct. 1840. Wits: Frederick Moser and William Betts. BA Ct. (Nat. Dkt.) 1 1796-1851 MSA C389-1 MdHR 18106 f. 285 13 Oct. 1846.
Walterhofer, Christian. Dutchy of Saxe-Coburg-Gotha. NATN. Decl. intent in US Dist. Ct. 6 Oct. 1840. Wits: William Betts and Frederick Maser. O&RA to the Duke of Saxe-Coburg-Gotha. BA Ct. (Nat. Rcd.) 4 1846-1851 MSA C391-2 MdHR 18109 f. 166 13 Oct. 1846.
Walters, Gerd Frederick. Hanover. NATN. Decl. intent in US Dist. Ct. 29 Oct. 1845. Wits: Philip Johnson and John Scholfred. O&RA to the King of Hanover. BC Ct. (Nat. Rcd.) 9 1845-1848 MSA C229-1 MdHR 18119 f. 570 3 Oct. 1848.
Walters, Henry. Germany. BA Ct. (Nat. Dkt.) 1 1796-1851 MSA C389-1 MdHR 18106 f. 11 #215 14 Dec. 1797. Barnes, p. 62.
Waltin, Lewis. Hanover. NATN. Decl. intent in US Dist. Ct. 22 July 1844. Wits: August Waeter and George Crook. O&RA to the King of Hanover. BC Ct. (Nat. Rcd.) 9 1845-1848 MSA C229-1 MdHR 18119 f. 113 5 Oct. 1846.
Waltjen, George. Hanover. NATN. Arrived in US 3 yrs. prior to age 21. Res. US for 5 yrs., including 3 of minority. Res. MD over 1 yr. Wits: John Oesterle and Henry Waltjen. O&RA to the King of Hanover. BC Ct. (Nat. Rcd. of Minors) 3 1845-1851 MSA C237-3 MdHR 18114-1 f. 174 3 Nov. 1848.
Walton, Jesse. England. NATN. Decl. intent in BC Ct. 20 April 1835. Res. BC. Wits: William Lewis and George Riley. O&RA to the King of UK. BA Ct. (Nat. Rcd.) 2 1832-1846 MSA C391-1 MdHR 18108 f. 39 24 April 1837.
Walton, Jesse. England. NATN. Decl. intent in BC Ct. 20 April 1835. Wits: William Lewis and George Riley. BA Ct. (Nat. Dkt.) 1 1796-1851 MSA C389-1 MdHR 18106 f. 185 24 April 1837.

Walton, John. England. NATN. Res. St. Mary's Co. Exhibits petition for naturalization and certificates of report and registration. Decl. intent and filed report and registration in US Dist. Ct. 2 April 1824. Born in Co. of Lancashire. Noted as age 29. Arrived in BC Dec. 1818. Witness: James A. Labaranthwait. O&RA to the King of UK. BC Ct. (Nat. Rcd. of Minors) 1 1827-1832 MSA C237-1 MdHR 18112 ff. 39-41 26 Nov. 1827.

Waneke, George. Hanover. DI. BC Ct. (Dkt&Mins) 1849 MSA C184-11 MdHR 16668 f. 28 6 Oct. 1849.

Wanner, Michael. Switzerland. DI. BC Ct. (Dkt&Mins) 1849 MSA C184-11 MdHR 16668 f. 25 24 Sept. 1849.

Ward, James. Ireland. DI. BC Ct. (Dkt&Mins) 1846 MSA C184-9 MdHR 16666 f. 43 24 Oct. 1846.

Ward, James. Ireland. BA Ct. (Nat. Dkt.) 1 1796-1851 MSA C389-1 MdHR 18106 f. 25 #476 5 Jan. 1804. Civil Ct.

Ward, James. Ireland. BA Ct. (Nat. Dkt.) 1 1796-1851 MSA C389-1 MdHR 18106 f. 25 #476 5 Jan. 1804. Civil Ct.

Ward, Patrick. Ireland. NATN. Decl. intent in US Circ. Ct. 22 Sept. 1847. Wits: Daniel Shanner and William Faulkner. O&RA to the Queen of UK. BA Ct. (Nat. Rcd.) 4 1846-1851 MSA C391-2 MdHR 18109 f. 354 1 Oct. 1850.

Ward, Patrick. Ireland. NATN. Decl. intent in US Circ. Ct. 22 Sept. 1847. Wits: Daniel Shannon and William Faulkner. BA Ct. (Nat. Dkt.) 1 1796-1851 MSA C389-1 MdHR 18106 f. 375 1 Oct. 1850.

Ward, Thomas M. England. NATN. Res. BC. Arrived in the US 3 yrs. prior to age 21. Res. US for 5 yrs., including 3 of minority. Witness: Samuel Kirk. O&RA to the King of UK. BC Ct. (Nat. Rcd. of Minors) 1 1827-1832 MSA C237-1 MdHR 18112 ff. 128-129 10 Oct. 1828.

Ward, Thomas. Ireland. DI. BA Ct. (Minutes) 1846-1851 MSA C386-16 MdHR 14405 ff. 190-181 7 Dec. 1849.

Ward, Thomas. Ireland. DI. BA Ct. (Minutes) 1846-1851 MSA C386-17 MdHR 14405 f. 190 5 Dec. 1849.

Ward, Thomas. Ireland. DI. BA Ct. (Minutes, Rough) 1845-1851 MSA C420-3 MdHR 14401 ff. 328-329 5 Dec. 1849.

Ward, Thomas. England. DI. BC Ct. (Dkt&Mins) 1828 MSA C184-4 MdHR 16661 f. 41 1 Oct. 1828.

Ward, Thomas. England. NATN. Res. BC. Decl. intent in BC Ct. 1 Oct. 1828. Wits: John N. Green and Samuel Kirk . O&RA to the King of UK. BC Ct. (Nat. Rcd. of Minors) 1 1827-1832 MSA C237-1 MdHR 18112 ff. 334-335 4 Oct. 1830.

Ward, William. England. NATN. Arrived in US 3 yrs. prior to age 21. Res. US for 5 yrs., including 3 of minority. Res. MD over 1 yr. Wits: Charles C. Degoy and Henry Bierworth. O&RA to the Queen of UK. BC Ct. (Nat. Rcd. of Minors) 3 1845-1851 MSA C237-3 MdHR 18114-1 f. 158 26 Oct. 1848.

Ward, William. Ireland. DI. BC Ct. (Dkt&Mins) 1839 MSA C184-6 MdHR 16663 f. 50 28 Dec. 1839.

Wardecker, Samuel. Grand Dutchy of Baden. NATN. Decl. intent in US Circ. Ct. 24 Sept. 1844. Wits:John Coomier and Henry Coomer. BA Ct. (Nat. Dkt.) 1 1796-1851 MSA C389-1 MdHR 18106 f. 246 10 Oct. 1846.

Wardecker, Samuel. Grand Dutchy of Baden. NATN. Decl. intent in US Circ. Ct. 24 Sept. 1844. Wits: John Coomer and Henry Coomer. O&RA to the Grand Duke of Baden. BA Ct. (Nat. Rcd.) 4 1846-1851 MSA C391-2 MdHR 18109 f. 47 10 Oct. 1846.

Warden, Robert. Ireland. NATN. Decl. intent in US Dist. Ct. 22 July 1837. Wits: James D. McCormick and John W. Maxwell. BA Ct. (Nat. Dkt.) 1 1796-1851 MSA C389-1 MdHR 18106 f. 196 17 Sept. 1839.

Warden, Robert. Ireland. NATN. Decl. intent in US Dist. Ct. 22 July 1837. Res. BC. Wits: James O. McCormick and John W. Maxwell. O&RA to the Queen of UK. BA Ct. (Nat. Rcd.) 2 1832-1846 MSA C391-1 MdHR 18108 f. 65 17 Sept. 1839.

Wardorf, William. Scotland. DI. BA Ct. (Minutes) 1822-1826 MSA C386-12 MdHR 14386 f. 335 30 Sept. 1825.
Wardorf, William. Scotland. NATN. Born in town of Kilmarnock. Decl. intent in BA Ct. Sept. term 1825. Wits: Alexander Smith and James Morr. BA Ct. (Nat. Dkt.) 1 1796-1851 MSA C389-1 MdHR 18106 f. 134 16 Sept. 1828.
Warmingham, Richard. England. BA Ct. (Nat. Dkt.) 1 1796-1851 MSA C389-1 MdHR 18106 f. 13 #266 23 Jan. 1798. Barnes, p. 62.
Warnbach, Emanuel. Grand Dutchy of Hesse-Darmstadt. NATN. Decl. intent in US Dist. Ct. 23 Sept. 1844. Wits: Joseph Abell and Henry Bayheimer. O&RA to the Grand Duke of Hesse-Darmstadt. BC Ct. (Nat. Rcd.) 9 1845-1848 MSA C229-1 MdHR 18119 f. 466 5 Oct. 1847.
Warnecke, Frederick. Hanover. NATN. Arrived in US 3 yrs. prior to age 21. Res. US for 5 yrs., including 3 of minority. Res. MD over 1 yr. Wits: Edward C. Taylor and George Brown. O&RA to the King of Hanover. BA Ct. (Nat. Rcd. of Minors) 3 1846-1851 MSA C392-1 MdHR 18110 f. 72 30 Oct. 1848.
Warnecke, Frederick. Hanover. NATN. Arrived in US under age 18. Wits: Edward C. Taylor and George Brown. BA Ct. (Nat. Dkt.) 1 1796-1851 MSA C389-1 MdHR 18106 f. 349 30 Oct. 1848.
Warnock, Henry. Ireland. DI. BC Ct. (Dkt&Mins) 1849 MSA C184-11 MdHR 16668 f. 29 12 Oct. 1849.
Warren, William. England. DI. BA Ct. (Minutes, Rough) 1832-1835 MSA C420-1 MdHR 14396-2 f. 218 7 Nov. 1833.
Warren, William. England. DI. BA Ct. (Minutes) 1832-1838 MSA C386 MdHR 14403 f. 74 7 Nov. 1833.
Wasthein, Balzer. Bavaria. NATN. Arrived in US under age 18. Wits: Joseph Forschel and Peter Orth. BA Ct. (Nat. Dkt.) 1 1796-1851 MSA C389-1 MdHR 18106 f. 304 5 Oct. 1847.
Watchman, George. England. NATN. Decl. intent in BC Ct. 8 March 1847. Wits: John Watchman and William Browne. O&RA to the Queen of UK. BC Ct. (Nat. Rcd.) 10 1849-1851 MSA C229-2 MdHR 18120 f. 15 24 Sept. 1849.
Watchman, George. England. DI. Res. BC. BC Ct. (Dkt&Mins) 1847 MSA C184-10 MdHR 16667 f. 8 8 March 1847.
Watchman, John. England. NATN. Born in Co. of Durham. Decl. intent in US Circ. Ct. 14 Nov. 1819. Wits: John Boyd and Daniel Schwartzauer. BA Ct. (Nat. Dkt.) 1 1796-1851 MSA C389-1 MdHR 18106 f. 142 4 Oct. 1828.
Waters, Robert. Ireland. NATN. Decl. intent in BC Ct. 27 Sept. 1847. Wits: William Waters and Samuel Miles. O&RA to the Queen of UK. BC Ct. (Nat. Rcd.) 10 1849-1851 MSA C229-2 MdHR 18120 f. 117 30 Sept. 1850.
Watson, Donald. Scotland. DI. BA Ct. (Minutes) 1827-1830 MSA C386-13 MdHR 14391 f. 77 25 Sept. 1827.
Watson, Donald. Scotland. NATN. Born in Shire of Inverness. Decl. intent in BA Ct. 25 Sept. 1827. Wits: William H. Richardson and James Towson. BA Ct. (Nat. Dkt.) 1 1796-1851 MSA C389-1 MdHR 18106 f. 158 1 Oct. 1829.
Watson, Hugh. Ireland. NATN. Decl. intent in BC Ct. 9 Nov. 1846. Wits: David L. Maulsbry and John Clarke. O&RA to the Queen of UK. BC Ct. (Nat. Rcd.) 10 1849-1851 MSA C229-2 MdHR 18120 f. 58 26 Sept. 1850.
Watson, Hugh. Ireland. DI. BC Ct. (Dkt&Mins) 1846 MSA C184-9 MdHR 16666 f. 44 9 Nov. 1846.
Watson, James. Ireland. DI. BA Ct. (Minutes) 1827-1830 MSA C386-13 MdHR 14391 f. 77 25 Sept. 1827.
Watson, James. Ireland. NATN. Res. BC. Decl. intent in BC Ct. 25 Sept. 1829. Wits: Bernard McCaffrey and Robert Moore. O&RA to the King of UK. BC Ct. (Nat. Rcd. of Minors) 1 1827-1832 MSA C237-1 MdHR 18112 ff. 303-304 29 Dec. 1829.
Watson, John. Ireland. DI. BA Ct. (Minutes) 1822-1826 MSA C386-12 MdHR 14386 f. 436 13 April 1826.

Watson, John. England. DI. BC Ct. of O&T&GD (Dkt&Mins) 1812 MSA C183-7 MdHR 16655 ff. 12-13 17 Feb. 1812.
Watson, Joseph. Ireland. NATN. Decl. intent in BC Ct. 1 Feb. 1845. Wits: Samuel Ellicott and William Watson. O&RA to the Queen of UK. BC Ct. (Nat. Rcd.) 9 1845-1848 MSA C229-1 MdHR 18119 f. 428 4 Oct. 1847.
Watson, William. Ireland. DI. BA Ct. (Minutes, Rough) 1836-1844 MSA C420-2 MdHR 14398 f. 1 13 Jan. 1836.
Watt, George. England. DI. BA Ct. (Minutes) 1832-1838 MSA C386 MdHR 14403 f. 16 6 Nov. 1832.
Watt, George. England. DI. BA Ct. (Minutes, Rough) 1832-1835 MSA C420-1 MdHR 14396-2 f. 139 6 Nov. 1832.
Wattel, John. Wurtemburg. NATN. Arrived in US 3 yrs. prior to age 21. Res. US for 5 yrs., including 3 of minority. Res. MD over 1 yr. Wits: John Neidamer and Lewis Ensender. O&RA to the King of Wurtemburg. BA Ct. (Nat. Rcd. of Minors) 3 1846-1851 MSA C392-1 MdHR 18110 f. 85 1 Oct. 1849.
Wattel, John. Wurtemburg. NATN. Arrived in US under age 18. Wits: John Neidhemer and Lewis Epender. BA Ct. (Nat. Dkt.) 1 1796-1851 MSA C389-1 MdHR 18106 f. 366 1 Oct. 1849.
Wattemayer, John. Germany. DI. BC Ct. (Dkt&Mins) 1840 MSA C184-7 MdHR 16664 f. 37 2 Oct. 1840.
Watters, Job. England. NATN. Res. BC. Decl. intent in Circ. Ct. for the Dist. of Columbia, Co. of Washington 23 Dec. 1824. Witness: John White. O&RA to the King of UK. BC Ct. (Nat. Rcd. of Minors) 1 1827-1832 MSA C237-1 MdHR 18112 f. 155 4 Oct. 1828.
Watts, Frederick J. Germany. DI. Exhibits certificate of report and registration, filed in US Ct. 27 Nov. 1817. Ren. alleg. to King of Germany. BA Ct. (Minutes) 1815-1820 MSA C386-11 MdHR 14381 f. 217 28 Nov. 1817.
Watts, Frederick J. Germany. NATN. Born in Hamburg. Decl. intent in BA Ct. Sept. 1817. Wits: John Butler and Francis Gendhart. Certificate and report filed. BA Ct. (Nat. Dkt.) 1 1796-1851 MSA C389-1 MdHR 18106 f. 58 17 Sept. 1822.
Watts, George. England. NATN. Decl. intent in BA Ct. 5 Nov. 1832. Res. BC. Wits: Alexander Smith and John Smith. O&RA to the King of UK. BC Ct. (Nat. Rcd. of Minors) 2 1832-1836 MSA C237-2 MdHR 18113 ff. 195-196 28 Sept. 1836.
Watts, William. England. NATN. Decl. intent in open ct. Arrived in US 3 yrs. prior to age 21. Res. US for 5 yrs., including 3 of minority. Res. BC. Wits: Charles Diffenderfer and Rezin Haslip. O&RA to the King of UK. BC Ct. (Nat. Rcd. of Minors) 2 1832-1836 MSA C237-2 MdHR 18113 f. 120 3 Oct. 1834.
Weaver, Harman D. Electorate of Hesse-Cassel. NATN. Arrived in US 3 yrs. prior to age 21. Res. US for 5 yrs., including 3 of minority. Res. MD over 1 yr. Wits: Frederick Baumberg and Jacob Glafs/Glass. O&RA to the Elector of Hesse-Cassel. BC Ct. (Nat. Rcd. of Minors) 3 1845-1851 MSA C237-3 MdHR 18114-1 f. 87 4 Oct. 1847.
Weaver, John. Ireland. DI. BA Ct. (Minutes) 1822-1826 MSA C386-12 MdHR 14386 f. 216 22 Sept. 1824.
Weaver, Joseph. Germany. NATN. Decl. intent in BC Ct. 31 May 1844. Wits: Godfrey Fredhofer and George Brandt. O&RA to the Emperor of Germany. BC Ct. (Nat. Rcd.) 9 1845-1848 MSA C229-1 MdHR 18119 f. 479 5 Oct. 1847.
Weaver, Joseph. Germany. DI. Ren. alleg. to the Emperor of France and the King of Italy. BA Ct. (Minutes) 1810-1814 MSA C386-10 MdHR 14376 f. 268 13 April 1813.
Weaver, Joseph. Germany. NATN. Born near Manheim. Decl. intent in BA Ct. 4 March 1813. Witness: Christian Gross. Certificate and report filed. BA Ct. (Nat. Dkt.) 1 1796-1851 MSA C389-1 MdHR 18106 f. 55 8 Oct. 1821.
Weaver, Joseph. Germany. DI. BA Ct. (Minutes) 1827-1830 MSA C386-13 MdHR 14391 f. 160 29 Oct. 1828.

Webbing, Charles. Germany. BA Ct. (Nat. Dkt.) 1 1796-1851 MSA C389-1 MdHR 18106 f. 15 #314 14 April 1798. Barnes, p. 63.

Weber, Adam. Grand Dutchy of Hesse-Darmstadt. NATN. Decl. intent in US Circ. Ct. 7 Oct. 1843. Wits: Heisman Kemper and John Koch. O&RA to the Grand Duke of Hesse-Darmstadt. BA Ct. (Nat. Rcd.) 4 1846-1851 MSA C391-2 MdHR 18109 f. 259 2 Oct. 1848.

Weber, Adam. Grand Dutchy of Hesse-Darmstadt. NATN. Decl. intent in US Circ. Ct. 7 Oct. 1843. Wits: Herman Kemper and John Koch. BA Ct. (Nat. Dkt.) 1 1796-1851 MSA C389-1 MdHR 18106 f. 333 3 Oct. 1848.

Weber, Gabriel. Prussia. NATN. Decl. intent in US Circ. Ct. 13 June 1844. Wits: William Weber and John Weber. BA Ct. (Nat. Dkt.) 1 1796-1851 MSA C389-1 MdHR 18106 f. 240 6 Oct. 1846.

Weber, Gabriel. Prussia. NATN. Decl. intent in US Circ. Ct. 13 June 1844. Wits: William Weber and John Weber. O&RA to the King of Prussia. BA Ct. (Nat. Rcd.) 4 1846-1851 MSA C391-2 MdHR 18109 f. 30 6 Oct. 1846.

Weber, Henry Casper. Grand Dutchy of Hesse-Darmstadt. DI. BC Ct. (Dkt&Mins) 1840 MSA C184-7 MdHR 16664 f. 51 9 Nov. 1840.

Weber, Henry. Grand Dutchy of Hesse-Darmstadt. NATN. Decl. intent in US Dist. Ct. 2 Oct. 1843. Wits: Franz Roulader and Henry Engle. BA Ct. (Nat. Dkt.) 1 1796-1851 MSA C389-1 MdHR 18106 f. 285 13 Oct. 1846.

Weber, Henry. Hanover. NATN. Decl. intent in US Dist. Ct. 15 Aug. 1845. Wits: Louis Servary and Henry McKeoun. O&RA to the King of Hanover. BC Ct. (Nat. Rcd.) 10 1849-1851 MSA C229-2 MdHR 18120 f. 357 31 Oct. 1851.

Weber, Henry. Grand Dutchy of Hesse-Darmstadt. NATN. Decl. intent in US Dist. Ct. 2 Oct. 1843. Wits: Frantz Roulader and Henry Engle. O&RA to the Grand Duke of Hesse-Darmstadt. BA Ct. (Nat. Rcd.) 4 1846-1851 MSA C391-2 MdHR 18109 f. 167 13 Oct. 1846.

Weber, Jacob. Germany. DI. BC Ct. (Dkt&Mins) 1840 MSA C184-7 MdHR 16664 f. 36 28 Sept. 1840.

Weber, John. Bavaria. NATN. Decl. intent in US Circ. Ct. 26 Sept. 1844. Wits: Jacob Ruff and Gideon Herbert. O&RA to the King of Bavaria. BC Ct. (Nat. Rcd.) 9 1845-1848 MSA C229-1 MdHR 18119 f. 255 24 Sept. 1847.

Weber, John. Prussia. NATN. Decl. intent in BC Ct. 30 Sept. 1844. Wits: William Weber and Gabriel Weber. BA Ct. (Nat. Dkt.) 1 1796-1851 MSA C389-1 MdHR 18106 f. 240 6 Oct. 1846.

Weber, John. Grand Dutchy of Hesse-Darmstadt. NATN. Decl. intent in US Circ. Ct. 25 Sept. 1844. Wits: Michael Emerine and Charles Rash. BA Ct. (Nat. Dkt.) 1 1796-1851 MSA C389-1 MdHR 18106 f. 285 13 Oct. 1846.

Weber, John. Grand Dutchy of Hesse-Darmstadt. NATN. Decl. intent in US Circ. Ct. 25 Sept. 1844. Wits: Charles Rash and Michael Emerine. O&RA to the Grand Duke of Hesse-Darmstadt. BA Ct. (Nat. Rcd.) 4 1846-1851 MSA C391-2 MdHR 18109 f. 167 13 Oct. 1846.

Weber, John. Kingdom of Bian. DI. BA Ct. (Minutes, Rough) 1836-1844 MSA C420-2 MdHR 14398 f. 260 18 Jan. 1841.

Weber, John. Kingdom of Bian. DI. BA Ct. (Minutes) 1839-1846 MSA C386-16 MdHR 14404 f. 78 18 Jan. 1841.

Weber, Vieb. Bavaria. NATN. Decl. intent in US Circ. Ct. 18 Sept. 1844. Wits: Joseph Rickenberger and John Seft. BA Ct. (Nat. Dkt.) 1 1796-1851 MSA C389-1 MdHR 18106 f. 285 13 Oct. 1846.

Weber, Vieh. Bavaria. NATN. Decl. intent in US Circ. Ct. 18 Sept. 1844. Wits: John Seuff and Joseph Richenburger. O&RA to the King of Bavaria. BA Ct. (Nat. Rcd.) 4 1846-1851 MSA C391-2 MdHR 18109 f. 168 13 Oct. 1846.

Weber, William. Prussia. NATN. Decl. intent in US Circ. Ct. 13 June 1844. Wits: John Weber and Gabriel Weber. BA Ct. (Nat. Dkt.) 1 1796-1851 MSA C389-1 MdHR 18106 f. 243 6 Oct. 1846.

Weber, William. Prussia. NATN. Decl. intent in US Circ. Ct. 13 June 1844.

Wits: John Weber and Gabriel Weber. O&RA to the King of Bavaria. BA Ct. (Nat. Rcd.) 4 1846-1851 MSA C391-2 MdHR 18109 f. 38 6 Oct. 1846.
Weber, William. Prussia. NATN. Decl. intent in BC Ct. 30 Sept. 1844. Wits: William Weber and Gabriel Weber. O&RA to the King of Prussia. BA Ct. (Nat. Rcd.) 4 1846-1851 MSA C391-2 MdHR 18109 f. 32 6 Oct. 1846.
Webster, George. Scotland. NATN. Decl. intent in BC Ct. 28 Sept. 1848. Wits: William Chester and Robert Lyon. O&RA to the Queen of UK. BA Ct. (Nat. Rcd.) 4 1846-1851 MSA C391-2 MdHR 18109 f. 352 30 Sept. 1850.
Webster, George. Scotland. NATN. Decl. intent in BC Ct. 28 Sept. 1848. Wits: William Chester and Robert Lyon. BA Ct. (Nat. Dkt.) 1 1796-1851 MSA C389-1 MdHR 18106 f. 375 30 Sept. 1850.
Webster, John. England. NATN. Res. BC. Res. US 14 April 1802 - 18 June 1812. Wits: Peter Dwen and Robert Cowden. O&RA to the King of UK. BC Ct. (Nat. Rcd. of Minors) 1 1827-1832 MSA C237-1 MdHR 18112 ff. 186-187 18 Oct. 1828.
Wechert, John. Germany. DI. BC Ct. (Dkt&Mins) 1840 MSA C184-7 MdHR 16664 f. 35 25 Sept. 1840.
Wedai, Charles. Hanover. NATN. Decl. intent in BC Ct. 8 Oct. 1844. Wits: Edward Pagels and Frederick Williams. BA Ct. (Nat. Dkt.) 1 1796-1851 MSA C389-1 MdHR 18106 f. 256 13 Oct. 1846.
Weemyer, Adam. Wurtemburg. DI. BC Ct. (Dkt&Mins) 1828 MSA C184-4 MdHR 16661 f. 39 20 Sept. 1828.
Wefsels/Wessels John Frederick Francis. Bishopric of Munster and Westphalia. NATN. BA Ct. (Minutes) 1792 - 1797 MSA C386-7 MdHR 5052 f. 255 27 Aug. 1797. Barnes, p. 59; listed as Frederick Francis Wessels.
Wege, John Jost. Grand Dutchy of Hesse-Darmstadt. NATN. Decl. intent in BC Ct. 31 Oct. 1844. Wits: Justies Bright and William Rain. O&RA to the Grand Duke of Hesse-Darmstadt. BC Ct. (Nat. Rcd.) 9 1845-1848 MSA C229-1 MdHR 18119 f. 318 1 Oct. 1847.
Wegner, August. Prussia. NATN. Born in town of Gueffenburg. Decl. intent in BA Ct. 20 Oct. 1826. Wits: Conrad H. Dannanan and Benjamin Hurxthal. BA Ct. (Nat. Dkt.) 1 1796-1851 MSA C389-1 MdHR 18106 f. 152 8 Nov. 1828.
Wehaga, Herman H. Hanover. NATN. Decl. intent in US Dist. Ct. 17 Sept. 1849. Witness: Richard J. Baker . O&RA to the King of Hanover. BC Ct. (Nat. Rcd.) 10 1849-1851 MSA C229-2 MdHR 18120 f. 359 31 Oct. 1851.
Wehage, Herm Henrich. Grand Dutchy of Oldenburg. NATN. Decl. intent in US Circ. Ct. 28 Sept. 1844. Wits: Simon Schaeffer and Silvester Schal. BA Ct. (Nat. Dkt.) 1 1796-1851 MSA C389-1 MdHR 18106 f. 285 13 Oct. 1846.
Wehagen, Herm Henrich. Grand Dutchy of Oldenburg. NATN. Decl. intent in US Circ. Ct. 28 Sept. 1844. Wits: Simon Schaeffer and Sylvester Schal. O&RA to the Grand Duke of Oldenburg. BA Ct. (Nat. Rcd.) 4 1846-1851 MSA C391-2 MdHR 18109 f. 169 13 Oct. 1846.
Wehagl/Wekegl, John Harman Gerhard. Hanover. NATN. Arrived in US 3 yrs. prior to age 21. Res. US for 5 yrs., including 3 of minority. Res. MD over 1 yr. Wits: Ernst H. Myer and Frederick Klibecker. O&RA to the King of Hanover. BC Ct. (Nat. Rcd. of Minors) 3 1845-1851 MSA C237-3 MdHR 18114-1 f. 21 5 Oct. 1846.
Wehler, Charles. Dutchy of Schwartzberg. NATN. Decl. intent in US Dist. Ct. 20 Oct. 1845. Wits: Andrew Schmidt and John Frederick. O&RA to the Duke of Schwartzberg. BC Ct. (Nat. Rcd.) 9 1845-1848 MSA C229-1 MdHR 18119 f. 578 3 Oct. 1848.
Wehm, Henry. Grand Dutchy of Hesse-Darmstadt. NATN. Arrived in US 3 yrs. prior to age 21. Res. US for 5 yrs., including 3 of minority. Res. MD over 1 yr. Wits: Louis Houser and John Bannan. O&RA to the Grand Duke of

Hesse-Darmstadt. BC Ct. (Nat. Rcd. of Minors) 3 1845-1851 MSA C237-3 MdHR 18114-1 f. 203 6 Nov. 1848.

Wehnholz, Frederick. Hanover. NATN. Arrived in US 3 yrs. prior to age 21. Res. US for 5 yrs., including 3 of minority. Res. MD over 1 yr. Wits: Jacob France and Henry Peters. O&RA to the King of Hanover. BC Ct. (Nat. Rcd. of Minors) 3 1845-1851 MSA C237-3 MdHR 18114-1 f. 269 1 Oct. 1850.

Wehr, John Adam. Bavaria. NATN. Decl. intent in US Dist. Ct. 3 June 1844. Wits: George Katzenberger and George Bothop. O&RA to the King of Bavaria. BC Ct. (Nat. Rcd.) 9 1845-1848 MSA C229-1 MdHR 18119 f. 617 9 Oct. 1848.

Weib, Ernst Philip. Grand Dutchy of Hesse-Darmstadt. NATN. Decl. intent in US Circ. Ct. 20 July 1844. Wits: William Lanehart and Casper Rider. BA Ct. (Nat. Dkt.) 1 1796-1851 MSA C389-1 MdHR 18106 f. 318 5 Oct. 1847.

Weidei, Henry. Germany. NATN. Decl. intent in BC Ct. 16 June 1848. Witness: Beale Stinchcomb. O&RA to the Emperor of Germany. BC Ct. (Nat. Rcd.) 10 1849-1851 MSA C229-2 MdHR 18120 f. 419 4 Nov. 1851.

Weidemeyer, Frederick. Electorate of Hesse-Cassel. DI. BA Ct. (Minutes) 1822-1826 MSA C386-12 MdHR 14386 f. 223 2 Oct. 1824.

Weidemyer, Frederich. Electorate of Hesse-Cassell. NATN. Res. BC. Decl. intent in BA Ct. 2 Oct. 1824. Wits: Cornelius Lambert and John Cook. O&RA to the Elector of Hesse-Cassell. BC Ct. (Nat. Rcd. of Minors) 1 1827-1832 MSA C237-1 MdHR 18112 ff. 219-220 5 Nov. 1828.

Weiderspahn, Christoph. Bavaria. NATN. Decl. intent in US Circ. Ct. 30 Sept. 1844. Wits: George Krager and Jacob Schreiver. O&RA to the King of Bavaria. BA Ct. (Nat. Rcd.) 4 1846-1851 MSA C391-2 MdHR 18109 f. 259 2 Oct. 1848.

Weiderspahn, Christoph. Bavaria. NATN. Decl. intent in US Circ. Ct. 30 Sept. 1844. Wits: George Krager and Jacob Schrerver. BA Ct. (Nat. Dkt.) 1 1796-1851 MSA C389-1 MdHR 18106 f. 333 3 Oct. 1848.

Weiffant, Balthason. Grand Dutchy of Hesse-Darmstadt. NATN. Decl. intent in US Dist. Ct. 26 Sept. 1844. Wits: Frederick Seebold and Philip Laufies. O&RA to the Grand Duke of Hesse-Darmstadt. BC Ct. (Nat. Rcd.) 9 1845-1848 MSA C229-1 MdHR 18119 f. 347 4 Oct. 1844.

Weigan, Justies. Saxony. NATN. Decl. intent in US Dist. Ct. 18 Sept. 1848. Wits: Samuel Laudauer and Conrad Fox. O&RA to the King of Saxony. BC Ct. (Nat. Rcd.) 10 1849-1851 MSA C229-2 MdHR 18120 f. 107 30 Sept. 1850.

Weigart, George. Bavaria. NATN. Arrived in US 3 yrs. prior to age 21. Res. US for 5 yrs., including 3 of minority. Res. MD over 1 yr. Wits: George Broadbacker and Peter Treuleib. O&RA to the King of Bavaria. BC Ct. (Nat. Rcd. of Minors) 3 1845-1851 MSA C237-3 MdHR 18114-1 f. 241 30 Sept. 1850.

Weigele, George. Wurtemburg. DI. BA Ct. (Minutes, Rough) 1836-1844 MSA C420-2 MdHR 14398 f. 78 23 May 1837.

Weigell, George. Wurtemburg. NATN. Decl. intent in BA Ct. 23 May 1837. Res. BC. Wits: Adam Frurch and John Baurer. O&RA to King of Wurtemburg. BA Ct. (Nat. Rcd.) 2 1832-1846 MSA C391-1 MdHR 18108 ff. 71-72 11 June 1840.

Weil, Solomon. Dutchy of Nassau. NATN. Decl. intent in US Dist. Ct. 17 Oct. 1845. Wits: Aarin/Aaron Wiglein and George Duren. O&RA to the Duke of Nassau. BC Ct. (Nat. Rcd.) 9 1845-1848 MSA C229-1 MdHR 18119 f. 138 5 Oct. 1846.

Weil/Weill, Jonathan. Bavaria. NATN. Decl. intent in Ct. of Common Pleas, Hamilton Co. OH 8 Oct. 1840. Wits: Emanuel Weinman and Levy/Levi Katon. BA Ct. (Nat. Dkt.) 1 1796-1851 MSA C389-1 MdHR 18106 f. 219 18 Oct. 1844.

Weiler, Dominikus. Grand Dutchy of Baden. DI. BC Ct. (Dkt&Mins) 1840 MSA C184-7 MdHR 16664 f. 37 1 Oct. 1840.

Weill, Ernst Philip. Grand Dutchy of Hesse-Darmstadt. NATN. Decl. intent in US Circ. Ct. 20 July 1844. Wits: William Lanehart and Caspar Ryder. O&RA to the Grand Duke of Hesse-Darmstadt. BA Ct. (Nat. Rcd.) 4 1846-1851 MSA C391-2 MdHR 18109 f. 226 5 Oct. 1847.

Weill, Jacob. Bavaria. NATN. Decl. intent in US Circ. Ct. 11 June 1844. Wits: John Martin and Joseph Ritchenberger. O&RA to the King of Bavaria. BA Ct. (Nat. Rcd.) 4 1846-1851 MSA C391-2 MdHR 18109 f. 25 6 Oct. 1846.

Weill, Jacob. Bavaria. NATN. Decl. intent in US Circ. Ct. 11 June 1844. Wits: John Martin and Joseph Ritchenberger. BA Ct. (Nat. Dkt.) 1 1798-1851 MSA C389-1 MdHR 18106 f. 239 6 Oct. 1846.

Weill, Jonathon. Bavaria. NATN. Decl. intent in Ct. of Common Pleas, Hamilton Co., OH 8 Oct. 1844. Res. BC. Wits: Emmanuel Wienman and Lei Katour. O&RA to the King of Bavaria. BA Ct. (Nat. Rcd.) 2 1832-1846 MSA C391-1 MdHR 18108 ff. 110-111 18 Oct. 1844.

Weinbrenner, Frederick C. H. Denmark. DI. BA Ct. (Minutes) 1822-1826 MSA C386-12 MdHR 14386 f. 235 22 Nov. 1824.

Weinholdt, Andrew. Principality of Waldeck. NATN. Decl. intent in BC Ct. 17 Sept. 1844. Wits: Ferdinand Clark and Christian Schubert. O&RA to the Prince of Waldeck. BA Ct. (Nat. Rcd.) 4 1846-1851 MSA C391-2 MdHR 18109 f. 82 13 Oct. 1846.

Weinholdt, Andrew. Dutchy [Principality] of Waldeck. NATN. Decl. intent in BC Ct. 17 Sept. 1844. Wits: Ferdinand Clark and Christian Schubert. BA Ct. (Nat. Dkt.) 1 1796-1851 MSA C389-1 MdHR 18106 f. 257 13 Oct. 1846.

Weir, Peter. Prussia. NATN. Arrived in US 3 yrs. prior to age 21. Res. US for 5 yrs., including 3 of minority. Res. MD over 1 yr. Wits: John Wanshager and Peter Weir, Jr. O&RA to the King of Prussia. BC Ct. (Nat. Rcd. of Minors) 3 1845-1851 MSA C237-3 MdHR 18114-1 f. 29 6 Oct. 1846.

Weir, William. Scotland. NATN. Decl. intent in BC Ct. 2 Oct. 1834. Res. BC. Wits: Samuel Lyel and Lewis Barker. O&RA to the King of UK. BC Ct. (Nat. Rcd. of Minors) 2 1832-1836 3 Oct. 1836.

Weirauck, Mintz. Germany. NATN. Decl. intent in US Dist. Ct. 1 Oct. 1845. Wits: Simon Mansfielder and John Shiekles. O&RA to the Emperor of Germany. BC Ct. (Nat. Rcd.) 9 1845-1848 MSA C229-1 MdHR 18119 f. 326 2 Oct. 1847.

Weisbach, Henry. Electorate of Hesse-Cassel. NATN. Decl. intent in US Dist. Ct. 11 March 1844. Wits: George Gireld and John Voneiff. BA Ct. (Nat. Dkt.) 1 1796-1851 MSA C389-1 MdHR 18106 f. 285 13 Oct. 1846.

Weise, Ludwick. Wurtemburg. Declaration of intent. BA Ct. (Minutes) 1822-1826 MSA C386-12 MdHR 14386 f. 336 28 Jan. 1826.

Weise, Ludwick. Wurtemburg. NATN. Born in town of Ousberg. Decl. intent in BA Ct. Sept. term 1825. Wits: John F. Bush and John Benner. BA Ct. (Nat. Dkt.) 1 1796-1851 MSA C389-1 MdHR 18106 f. 136 16 Sept. 1828.

Weiskler, Isaac. Bavaria. NATN. Arrived in US 3 yrs. prior to age 21. Res. US for 5 yrs., including 3 of minority. Res. MD over 1 yr. Wits: Laurence Lourman and Emanuel Schlofs/Schloss. O&RA to King of Bavaria. BC Ct. (Nat. Rcd. of Minors) 3 1845-1851 MSA C237-3 MdHR 18114-1 f. 289 26 Sept. 1851.

Weisman, Henry. Bavaria. NATN. Decl. intent in BC Ct. 24 Sept. 1844. Wits: Caspar Wolfran and John Butler. BA Ct. (Nat. Dkt.) 1 1796-1851 MSA C389-1 MdHR 18106 f. 257 13 Oct. 1846.

Weiss, Gotfried/Godfried. Grand Dutchy of Baden. NATN. Decl. intent in US Dist. Ct. 15 Nov. 1841. Wits: John Peters and John Stures. O&RA to the Grand Duke of Baden. BC Ct. (Nat. Rcd.) 9 1845-1848 MSA C229-1 MdHR 18119 f. 196 6 Oct. 1846.

Weissman, Henry. Bavaria. NATN. Decl. intent in BC Ct. 24 Sept. 1844. Wits: Casper Wolfram and John Butter. O&RA to the King of Bavaria. BA Ct.

(Nat. Rcd.) 4 1846-1851 MSA C391-2 MdHR 18109 f. 83 13 Oct. 1846.
Weitner, Paul. Bavaria. NATN. Decl. intent in US Circ. Ct. 23 May 1844. Wits: John Grenard and Christoph Stringer. BA Ct. (Nat. Dkt.) 1 1796-1851 MSA C389-1 MdHR 18106 f. 240 6 Oct. 1846.
Weitser, Paul, Bavaria. NATN. Decl. intent in US Circ. Ct. 23 May 1844. Wits: Edward Grenard and Christoph Stringer. O&RA to the King of Bavaria. BA Ct. (Nat. Rcd.) 4 1846-1851 MSA C391-2 MdHR 18109 f. 30 6 Oct. 1846.
Weizburger, Adam. Grand Dutchy of Baden. NATN. Decl. intent in BC Ct. 6 Feb. 1847. Wits: Albert Sigmond and Alemia Oppenharmer. O&RA to the Grand Duke of Baden. BC Ct. (Nat. Rcd.) 10 1849-1851 MSA C229-2 MdHR 18120 f. 62 26 Sept. 1850.
Welch, James. Ireland. NATN. Decl. intent in BC Ct. 23 Sept. 1844. Wits: Francis Devalin and William Carr. O&RA to the Queen of UK. BA Ct. (Nat. Rcd.) 4 1846-1851 MSA C391-2 MdHR 18109 f. 82 13 Oct. 1846.
Welch, James. Scotland. DI. BA Ct. (Minutes, Rough) 1845-1851 MSA C420-3 MdHR 14401 ff. 399-400 3 Dec. 1850.
Weld, Jacob. Wurtemburg. NATN. Decl. intent in US Dist. Ct. 13 Feb. 1844. Wits: William Raine and Charles Weidner. O&RA to the King of Wurtemburg. BC Ct. (Nat. Rcd.) 9 1845-1848 MSA C229-1 MdHR 18119 f. 281 29 Sept. 1847.
Weld, James. Ireland. NATN. Decl. intent in BC Ct. 23 Sept. 1844. Wits: Francis Devalen and William Carr. BA Ct. (Nat. Dkt.) 1 1796-1851 MSA C389-1 MdHR 18106 f. 257 13 Oct. 1846.
Weld, John George. Germany. NATN. Decl. intent in BC Ct. 3 Sept. 1838. Wits: Deiderick H. Allers and Carston Forney. O&RA to the Emperor of Germany. BA Ct. (Nat. Rcd.) 2 1832-1846 MSA C391-1 MdHR 18108 ff. 77-78 7 Sept. 1840.
Weldey, Thomas. England. NATN. Res. BC. Decl. intent in US Dist. Ct. 2 Sept. 1818. Wits: James Ridgely and Samuel Lucas. O&RA to the King of UK. BC Ct. (Nat. Rcd. of Minors) 1 1827-1832 MSA C237-1 MdHR 18112 ff. 84-85 22 Sept. 1828.
Weldilch, Peter R. Sweden. NATN. Born in Christinia, Norway. Decl. intent in US Circ. Ct. 7 Nov. 1823. Wits: John Frazier and Hugh McDounell. BA Ct. (Nat. Dkt.) 1 1796-1851 MSA C389-1 MdHR 18106 f. 98 15 Nov. 1825.
Welkrat, Martin. Grand Dutchy of Hesse-Darmstadt. NATN. Decl. intent in US Dist. Ct. 6 Nov. 1848. Wits: Christian Bar and Jacob Kridder. O&RA to the Grand Duke of Hesse-Darmstadt. BC Ct. (Nat. Rcd.) 10 1849-1851 MSA C229-2 MdHR 18120 f. 358 31 Oct. 1851.
Weller, George Philip. Prussia. NATN. Arrived in US 3 yrs. prior to age 21. Res. US for 5 yrs., including 3 of minority. Res. MD over 1 yr. Wits: William H. Trush and George R. Trush. O&RA to the King of Prussia. BC Ct. (Nat. Rcd. of Minors) 3 1845-1851 MSA C237-3 MdHR 18114-1 f. 132 9 Oct. 1848.
Welligmann, Charles Henry. Hamburg. NATN. Born in City of Hamburg. Decl. intent in Anne Arundel Co. Ct. 5 June 1807. Wits: Stephen Hillovre and John Wysham. Certificate and report filed. BA Ct. (Nat. Dkt.) 1 1796-1851 MSA C389-1 MdHR 18106 f. 60 30 Sept. 1822.
Wellinger, Michael. Bavaria. NATN. Decl. intent in US Dist. Ct. 20 May 1844. Wits: John Bantz and Joseph Able. O&RA to the King of Bavaria. BC Ct. (Nat. Rcd.) 9 1845-1848 MSA C229-1 MdHR 18119 f. 179 6 Oct. 1846.
Welsch, Philip. Ireland. NATN. Decl. intent in BC Ct. 17 Sept. 1844. Wits: Hugh Kennedy and Bernard Riley. O&RA to the Queen of UK. BC Ct. (Nat. Rcd.) 9 1845-1848 MSA C229-1 MdHR 18119 f. 483 5 Oct. 1847.
Welsh, Anthony. Ireland. NATN. Decl. intent in US Circ. Ct. 30 Sept. 1844. Wits: Patrick Richards and Michael Hare. BA Ct. (Nat. Dkt.) 1 1796-1851 MSA C389-1 MdHR 18106 f. 371 1 Oct. 1849.
Welsh, Anthony. Ireland. NATN. Decl. intent in US Circ. Ct. 30 Sept. 1844.

Wits: Patrick Richards and Michael Hare. O&RA to the Queen of UK. BA Ct. (Nat. Rcd.) 4 1846-1851 MSA C391-2 MdHR 18109 f. 345 1 Oct. 1849.
Welsh, James. Ireland. DI. BA Ct. (Minutes) 1846-1851 MSA C386-17 MdHR 14405 f. 243 23 Dec. 1850.
Welsh, John. Ireland. DI. BC Ct. (Dkt&Mins) 1847 MSA C184-10 MdHR 16667 f. 37 5 Oct. 1847.
Welsh, John. Ireland. NATN. Decl. intent in BC Ct. 26 Feb. 1833. Res. BC. Wits: James Welsh and Thomas Oakley. O&RA to the King of UK. BC Ct. (Nat. Rcd. of Minors) 2 1832-1836 MSA C237-2 MdHR 18113 ff. 172-173 1 Oct. 1835.
Welsh, Joseph. Ireland. DI. BC Ct. (Dkt&Mins) 1849 MSA C184-11 MdHR 16668 f. 8 5 March 1849.
Welsh, Laurence. Ireland. DI. BA Ct. (Minutes) 1822-1826 MSA C386-12 MdHR 14386 f. 213 20 Sept. 1824.
Welsh, Laurence. Ireland. NATN. Decl. intent in BA Ct. 17 Sept. 1834. Res. BC. Wits: Michael Welsh and James Sloan. O&RA to the King of UK. BC Ct. (Nat. Rcd. of Minors) 2 1832-1836 MSA C237-2 MdHR 18113 ff. 117-118 3 Oct. 1834.
Welsh, Martin. England. BA Ct. (Nat. Dkt.) 1 1796-1851 MSA C389-1 MdHR 18106 f. 7 #130 19 Aug. 1797. Barnes, p. 60.
Welsh, Michael. Ireland. NATN. Decl. intent in US Dist. Ct. 27 Sept. 1844. Wits: John Shebley and Andrew Martin. O&RA to the Queen of UK. BC Ct. (Nat. Rcd.) 9 1845-1848 MSA C229-1 MdHR 18119 f. 63 30 Sept. 1846.
Welsh, Patrick. Ireland. NATN. Decl. intent in US Dist. Ct. 15 Sept. 1830. Res. BC. Wits: Patrick Whelan and Michael Whalen. O&RA to the King of UK. BC Ct. (Nat. Rcd. of Minors) 2 1832-1836 MSA C237-2 MdHR 18113 ff. 13-14 15 Sept. 1832.
Welsh, Thomas. Ireland. NATN. Born in Co. of Cork. Decl. intent in BA Ct. Sept. term 1821. Wits: Arthur Musgrove and Daniel Keefe. certificate and report filed. BA Ct. (Nat. Dkt.) 1 1796-1851 MSA C389-1 MdHR 18106 f. 70 21 Sept. 1824.
Welsh, Thomas. Ireland. Report and registration. Noted as age 36. Born in Co. of Cork. BA Ct. (Misc. Ct. Papers) MSA C1-53 MdHR 50206-713 1821 item 459 22 Sept. 1821.
Welsh, William. Ireland. Born City of Dublin. Arrived as a minor. Decl. intent in open Ct. Wits: William Archdeacon and Samuel Clayton. BA Ct. (Nat. Dkt.) 1 1796-1851 MSA C389-1 MdHR 18106 f. 130 15 Sept. 1828.
Welter, George H. Westphalia. NATN. Born in town of Berburg. Decl. intent 3rd Monday of Sept. 1826; Ct. not given. Wits: John Sauerhoff and Jonathan Filtch. BA Ct. (Nat. Dkt.) 1 1796-1851 MSA C389-1 MdHR 18106 f. 131 15 Sept. 1828.
Wemauel, Jacob. Bavaria. NATN. Arrived in US 3 yrs. prior to age 21. Res. US for 5 yrs., including 3 of minority. Res. MD over 1 yr. Wits: Powles Weminel and John Martin. O&RA to the King of Bavaria. BA Ct. (Nat. Rcd. of Minors) 3 1846-1851 MSA C391-1 MdHR 18110 f. 96 8 Oct. 1850.
Wemiment, Adam. Prussia. NATN. Decl. intent in US Dist. Ct. 24 Aug. 1844. Wits: Felix Kleman and George Helpresh. O&RA to the King of Prussia. BC Ct. (Nat. Rcd.) 9 1845-1848 MSA C229-1 MdHR 18119 f. 200 10 Oct. 1846.
Wenkler, John. Grand Dutchy of Hesse-Darmstadt. NATN. Arrived in US 3 yrs. prior to age 21. Res. US for 5 yrs., including 3 of minority. Res. MD over 1 yr. Wits: Francis Rholetter and Joseph Wenkler. O&RA to the Grand Duke of Hesse-Darmstadt. BC Ct. (Nat. Rcd. of Minors) 3 1845-1851 MSA C237-3 MdHR 18114-1 f. 169 2 Nov. 1848.
Wenkler/Winkler, Bartholomew. Grand Dutchy of Hesse-Darmstadt. NATN. Arrived in US 3 yrs. prior to age 21. Res. US for 5 yrs., including 3 of minority. Res. MD over 1 yr. Wits: Arnold Schultz and John Winkler. O&RA to the Grand Duke of Hesse-Darmstadt. BC Ct. (Nat. Rcd. of Minors) 3 1845-

1851 MSA C237-3 MdHR 18114-1 f. 293 30 Sept. 1851.

Wentz, John. Grand Dutchy of Baden. NATN. Decl. intent in BC Ct. 1 Oct. 1834. Res. BC. Wits: Charles Sauter and Xavier Duhelberger. O&RA to the Grand Duke of Baden. BC Ct. (Nat. Rcd. of Minors) 2 1832-1836 MSA C237-2 MdHR 18113 ff. 200-201 1 Oct. 1836.

Wenzel, Henry. Bavaria. NATN. Decl. intent in US Circ. Ct. 13 Oct. 1846. Wits: Sebastian Miller and Conrad Fisher. O&RA to the King of Bavaria. BC Ct. (Nat. Rcd.) 9 1845-1848 MSA C229-1 MdHR 18119 f. 740 1 Nov. 1848.

Werb, Anton. Bavaria. NATN. Decl. intent in US Circ. Ct. 23 Sept. 1847. Wits: Anton Werb and Jacob Aur. BA Ct. (Nat. Dkt.) 1 1796-1851 MSA C389-1 MdHR 18106 f. 385 27 Oct. 1851.

Werb, Anton. Bavaria. NATN. Decl. intent in US Circ. Ct. 23 Sept. 1844. Wits: John Spell and Joseph Werp/Werb. BA Ct. (Nat. Dkt.) 1 1796-1851 MSA C389-1 MdHR 18106 f. 286 13 Oct. 1846.

Werb, Anton. Bavaria. NATN. Decl. intent in US Circ. Ct. 2 Aug. 1847. Wits: Anton Werb, Sr. and Jacob Amer. O&RA to the King of Bavaria. BA Ct. (Nat. Rcd.) 4 1846-1851 MSA C391-2 MdHR 18109 f. 383 27 Oct. 1851.

Werb, Anton. Bavaria. NATN. Decl. intent in US Circ. Ct. 13 Sept. 1844. Wits: John Spelk and Joseph Werp. O&RA to the King of Bavaria. BA Ct. (Nat. Rcd.) 4 1846-1851 MSA C391-2 MdHR 18109 f. 169 13 Oct. 1846.

Wergele, George. Wurtemburg. NATN. Decl. intent in BA Ct. 23 May 1837. Wits: Adam Frasch and John Bauer. BA Ct. (Nat. Dkt.) 1 1796-1851 MSA C389-1 MdHR 18106 f. 199 11 June 1840.

Werner, Caspar G. Electorate of Hesse-Cassel. NATN. Arrived in US 3 yrs. prior to age 21. Res. US for 5 yrs., including 3 of minority. Res. MD over 1 yr. Wits: Peter Treulip and Christian Hax. O&RA to the Elector of Hesse-Cassel. BC Ct. (Nat. Rcd. of Minors) 3 1845-1851 MSA C237-3 MdHR 18114-1 f. 306 7 Oct. 1851.

Werner, Ernst. Dutchy of Saxe-Coburg [-Gotha]. NATN. Decl. intent in US Circ. Ct. 27 July 1844. Witness: Philip Meyer. O&RA to the Duke of Saxe-Coburg [-Gotha]. BC Ct. (Nat. Rcd.) 10 1849-1851 MSA C229-2 MdHR 18120 f. 388 3 Nov. 1851

Werner, John. Grand Dutchy of Hesse-Darmstadt. NATN. Decl. intent in US Circ. Ct. 3 Sept. 1844. Wits: Martin Highley and John Beecker/Becker. O&RA to the Grand Duke of Hesse-Darmstadt. BA Ct. (Nat. Rcd.) 4 1846-1851 MSA C391-2 MdHR 18109 f. 34 6 Oct. 1846.

Werner, John. Bavaria. NATN. Decl. intent in US Circ. Ct. 13 Oct. 1846. Wits: John Seitz and George F. Brectel. BA Ct. (Nat. Dkt.) 1 1796-1851 MSA C389-1 MdHR 18106 f. 371 1 Oct. 1849.

Werner, John. Bavaria. NATN. Decl. intent in US Circ. Ct. 3 Oct. 1846. Wits: John Seitz and George F. Brectel. O&RA to the King of Bavaria. BA Ct. (Nat. Rcd.) 4 1846-1851 MSA C391-2 MdHR 18109 f. 346 1 Oct. 1849.

Werner, Lucas. Grand Dutchy of Baden. DI. BC Ct. (Dkt&Mins) 1840 MSA C184-7 MdHR 16664 f. 37 30 Sept. 1840.

Wernetk, Jr., Bantaleon. Grand Dutchy of Baden. DI. BC Ct. (Dkt&Mins) 1840 MSA C184-7 MdHR 16664 f. 35 21 Sept. 1840.

Wernetk, Sr., Bantaleon . Grand Dutchy of Baden. DI. BC Ct. (Dkt&Mins) 1840 MSA C184-7 MdHR 16664 f. 35 21 Sept. 1840.

Wersbach, Henry. Electorate of Hesse-Cassel. NATN. Decl. intent in US Dist. Ct. 11 March 1844. Wits: George Gould and John Voneiff. O&RA to the Elector of Hesse-Cassel. BA Ct. (Nat. Rcd.) 4 1846-1851 MSA C391-2 MdHR 18109 f. 168 13 Oct. 1846.

Weschambe/Wisechamble, Christian. Prussia. BA Ct. (Nat. Dkt.) 1 1796-1851 MSA C389-1 MdHR 18106 f. 20 #406 3 July 1802. Barnes, p. 64.

Wessels, [John] Frederick Francis. Bishopric of Munster [and Westphalia]. BA Ct. (Nat. Dkt.) 1 1796 - 1851 MSA C389-1 MdHR 18106 f. 2 #15 27 Aug. 1796.

Barnes, p. 59

West, William. England. NATN. Decl. intent in open ct. Arrived in US 3 yrs. prior to age 21. Res. US for 5 yrs., including 3 of minority. Res. MD over 1 yr. Res. BC. Wits: John Boyd and John Mitchell. O&RA to the King of UK. BC Ct. (Nat. Rcd. of Minors) 2 1832-1836 MSA C237-2 MdHR 18113 ff. 148-149 17 Oct. 1834.

West, William. England. NATN. Res. BA. Decl. intent in US Circ. Ct. 14 Jan. 1828. Witness: William E. Walker. O&RA to the King of UK. BC Ct. (Nat. Rcd. of Minors) 1 1827-1832 MSA C237-1 MdHR 18112 ff. 306-307 30 Jan. 1830.

Westerfield, Benjamin. Prussia. NATN. Decl. intent in US Dist. Ct. 5 April 1848. Wits: Trueman Dorsey and Thomas E. Williams. O&RA to the King of Prussia. BC Ct. (Nat. Rcd.) 10 1849-1851 MSA C229-2 MdHR 18120 f. 86 30 Sept. 1850.

Westerman, Joshua. England. NATN. Res. BA. Decl. intent in US Circ. Ct. 9 May 1826. Wits: William Buchanan and William Burton. O&RA to the King of UK. BC Ct. (Nat. Rcd. of Minors) 1 1827-1832 MSA C237-1 MdHR 18112 ff.104-105 29 Sept. 1828.

Westerman, Jr. William. England. NATN. Born in Yorkshire. Decl. intent in US Circ. Ct. 13 Nov. 1822. Wits: William Jessop and Robert Barker. BA Ct. (Nat. Dkt.) 1 1796-1851 MSA C389-1 MdHR 18106 f. 123 25 Oct. 1827.

Westerman, William. England. NATN. Arrived in the US 3 yrs. prior to age 21. Res. US for 5 yrs., including 3 of minority. Res. MD over 1 yr. Wits: William Richardson and William Barker. O&RA to King of UK. BC Ct. (Nat. Rcd. of Minors) 1 1827-1832 MSA C237-1 MdHR 18112 ff. 105-106 29 Sept. 1828.

Western, Philip. Prussia. NATN. Res. BC. Res. US 14 April 1802 - 18 June 1812. Wits: Jacob Miller and Francis Benner. O&RA to the King of Prussia. BC Ct. (Nat. Rcd. of Minors) 1 1827-1832 MSA C237-1 MdHR 18112 ff. 267-268 10 Nov. 1828.

Westheim, Balzer. Bavaria. NATN. Arrived in US 3 yrs. prior to age 21. Res. US for 5 yrs., including 3 of minority. Res. MD over 1 yr. Wits: Joseph Forschel and Peter Ortho. O&RA to the King of Bavaria. BA Ct. (Nat. Rcd. of Minors) 3 1846-1851 MSA C392-1 MdHR 18110 f. 46 5 Oct. 1847.

Weszelling, Henry. Hanover. NATN. Decl. intent in US Dist. Ct. 3 Sept. 1844. Wits: John Kopperman and Henry Voltman. O&RA to the King of Hanover. BC Ct. (Nat. Rcd.) 9 1845-1848 MSA C229-1 MdHR 18119 f. 820 6 Nov. 1848.

Wetter, George H. Westphalia. DI. BA Ct. (Minutes) 1822-1826 MSA C386-12 MdHR 14386 f. 436 20 Sept. 1826.

Wettler, Charles. Hanover. NATN. Arrived in US 3 yrs. prior to age 21. Res. US for 5 yrs., including 3 of minority. Res. MD over 1 yr. Wits: Gotteib/Gottleib Riemeuschneider and Philip Hartman. O&RA to the King of Hanover. BC Ct. (Nat. Rcd. of Minors) 3 1845-1851 MSA C237-3 MdHR 18114-1 f. 328 3 Nov. 1851.

Wever, Peter. Grand Dutchy of Baden. NATN. Decl. intent in US Circ. Ct. 14 Sept. 1846. Wits: David Lair and John Baer. O&RA to the Grand Duke of Baden. BA Ct. (Nat. Rcd.) 4 1846-1851 MSA C391-2 MdHR 18109 f. 291 10 Oct. 1848.

Wever, Peter. Grand Dutchy of Baden. NATN. Decl. intent in US Circ. Ct. 14 Sept. 1846. Wits: David Lair and John Baer. BA Ct. (Nat. Dkt.) 1 1796-1851 MSA C389-1 MdHR 18106 f. 347 10 Oct. 1848.

Whalen, Michael. Ireland. NATN. Born in Co. of Galway. Decl. intent in BA Ct. 25 Sept. 1824. Wits: Martin Fahey and Patrick Considine. Certificate and report filed. BA Ct. (Nat. Dkt.) 1 1796-1851 MSA C389-1 MDHR 18106 f. 163 14 Oct. 1830.

Whalen, Michael. Ireland. DI. BA Ct. (Minutes) 1822-1826 MSA C386-12 MdHR 14386 f. 219 24 Sept. 1824.

Whalen/Whilan/Whitlan, Luke. Ireland. NATN. Res. BC. Decl. intent in BA Ct. 25 Sept. 1824. Witness: Bartholomew O'Donnell. O&RA to the King of UK. BC Ct. (Nat. Rcd. of Minors) 1 1827-1832 MSA C237-1 MdHR 18112 ff. 360-361 9 Oct. 1830.
Whelan, James. Ireland. BA Ct. (Nat. Dkt.) 1 1796-1851 MSA C389-1 MdHR 18106 f. 38 #754 6 Oct. 1809.
Whelan, James. Ireland. NATN. Born in Co. of Gallaway. Arrived in the US prior to 18 June 1812. Wits: Stephen Cunningham and Edward Costalay. BA Ct. (Nat. Dkt.) 1 1796-1851 MSA C389-1 MdHR 18106 f. 153 8 Nov. 1828.
Whelan, John. Ireland. NATN. Decl. intent in US Dist. Ct. 14 Sept. 1830. Res. BC. Wits: Patrick Whalen and Francis Airey. O&RA to the King of UK. BC Ct. (Nat. Rcd. of Minors) 2 1832-1836 MSA C237-2 MdHR 18113 ff. 10-11 15 Sept. 1832.
Whelan, Patrick. Ireland. NATN. Decl. intent in US Dist. Ct. 15 Sept. 1830. Res. BC. Wits: Francis Airey and Walter Frazier. O&RA to the King of UK. BC Ct. (Nat. Rcd. of Minors) 2 1832-1836 MSA C237-2 MdHR 18113 ff. 11-12 15 Sept. 1832.
Whelan, Rosanna. Ireland. NATN. Decl. intent in open ct. Arrived in US 3 yrs. prior to age 21. Res. US for 5 yrs., including 3 of minority. Res. MD over 1 yr. Wits: Thomas Walsh and William Boden. O&RA to the Queen of UK. BA Ct. (Nat. Rcd.) 2 1832-1846 MSA C391-1 MdHR 18108 ff. 106-107 12 June 1844.
Whelan, Rosanna. Ireland. NATN. Decl. intent in open ct. Arrived in US prior to age 18. Wits: Thomas Walsh and William Bode. BA Ct. (Nat. Dkt.) 1 1796-1851 MSA C389-1 MdHR 18106 f. 217 12 June 1844.
Whelan, Thomas. Ireland. NATN. Decl. intent in open ct. Arrived in US 3 yrs. prior to age 21. Res. US for 5 yrs., including 3 of minority. Res. MD over 1 yr. Res. BC. Wits: Patrick Whelan and Patrick McClainy. O&RA to the King of UK. BC Ct. (Nat. Rcd. of Minors) 2 1832-1836 MSA C237-2 MdHR 18113 f. 145 14 Oct. 1834.
Whery/Wheny (?), Hugh. Ireland. BA Ct. (Nat. Dkt.) 1 1796-1851 MSA C389-1 MdHR 18106 f. 44 24 Sept. 1814.
White, David. England. NATN. Decl. intent in US Dist. Ct. 25 April 1848. Wits: William Clemmons and Charles Spicer. O&RA to the Queen of UK. BC Ct. (Nat. Rcd.) 10 1849-1851 MSA C229-2 MdHR 18120 f. 106 30 Sept. 1850.
White, Francis. England. DI. BA Ct. (Minutes) 1827-1830 MSA C386-13 MdHR 14391 f. 77 25 Sept. 1827.
White, Henry. Ireland. NATN. Decl. intent in US Dist. Ct. 24 Sept. 1844. Wits: Thomas Penniman and John White. O&RA to the Queen of UK. BC Ct. (Nat. Rcd.) 9 1845-1848 MSA C229-1 MdHR 18119 f. 525 22 Sept. 1848.
White, John M. England. BA Ct. (Nat. Dkt.) 1 1796-1851 MSA C389-1 MdHR 18106 f. 30 #562 11 Dec. 1804.
White, John. England. Decl. intent in US Dist. Ct. 6 Sept. 1826. Wits: David B. Ferguson and William Cock. BA Ct. (Nat. Dkt.) 1 1796-1851 MSA C389-1 MdHR 18106 f. 148 5 Nov. 1828.
White, John. Ireland. NATN. Decl. intent in BA Ct. 1 Oct. 1831. Res. BC. Wits: James Harwood and Charles Boyce. O&RA to the King of UK. BA Ct. (Nat. Rcd.) 2 1832-1846 MSA C391-1 MdHR 18108 f. 14 3 Oct. 1833.
White, John. Ireland. NATN. Decl. intent in BA Ct. 1 Oct. 1831. Wits: James Harwood and Charles Boyce. BA Ct. (Nat. Dkt.) 1 1796-1851 MSA C389-1 MdHR 18106 f. 175 3 Oct. 1833.
White, Robert. Scotland. DI. BA Ct. (Minutes) 1827-1830 MSA C386-13 MdHR 14391 f. 78 25 Sept. 1827.
White, Samuel. Ireland. NATN. Decl. intent in BC Ct. 1 Oct. 1844. Wits: William J. Foster and Robert W. B. Foster. BA Ct. (Nat. Dkt.) 1 1796-1851 MSA C389-1 MdHR 18106 f. 229 5 Oct. 1846.
White, Samuel. Ireland. NATN. Decl. intent in BC Ct. 1 Oct. 1844. Res. BC.

Wits: William F. Foster and Robert W. B. Foster. O&RA to the Queen of UK. BA Ct. (Nat. Rcd.) 2 1832-1846 MSA C391-1 MdHR 18108 f. 132 5 Oct. 1846.
White, Thomas J. England. NATN. Decl. intent in open ct. Arrived in US 3 yrs. prior to age 21. Res. US for 5 yrs., including 3 of minority. Res. MD over 1 yr. Res. BC. Witness: William Gist. O&RA to the Queen of UK. BA Ct. (Nat. Rcd.) 2 1832-1846 MSA C391-1 MdHR 18108 ff. 84-85 17 Oct. 1840.
White, Thomas J. England. NATN. Decl. intent in open ct. Arrived in US under age 18. Witness: William Gist. BA Ct. (Nat. Dkt.) 1 1796-1851 MSA C389-1 MdHR 18106 f. 206 17 Oct. 1840.
White, Thomas. Ireland. NATN. Born in Co. of Antrim. Decl. intent in BC Ct. the 1st Monday of June 1824. Wits: James Hanna and Patrick McCaunon. BA Ct. (Nat. Dkt.) 1 1796-1851 MSA C389-1 MdHR 18106 f. 119 25 Sept. 1827.
Whitehead, Robert. Ireland. NATN. Decl. intent in BC Ct. 16 Oct. 1844. Wits: James Sherry and Edward Quigley. O&RA to the Queen of UK. BA Ct. (Nat. Rcd.) 4 1846-1851 MSA C391-2 MdHR 18109 f. 19 6 Oct. 1846.
Whitehead, Robert. Ireland. NATN. Decl. intent in BC Ct. 16 Sept. 1844. Wits: James Sherry and Edward Quigley. BA Ct. (Nat. Dkt.) 1 1796-1851 MSA C389-1 MdHR 18106 f. 236 6 Oct. 1846.
Whitehouse, George. England. NATN. Decl. intent in BC Ct. 18 Sept. 1848. Wits: Elias Clampett and Jacob Knife. O&RA to the Queen of UK. BC Ct. (Nat. Rcd.) 10 1849-1851 MSA C229-2 MdHR 18120 f. 113 30 Sept. 1850.
Whiteleather/Whitefeather, Andrew. Great Britain. BA Ct. (Nat. Dkt.) 1 1796-1851 MSA C389-1 MdHR 18106 f. 4 #55 17 Jan. 1797. Barnes, p. 59
Whitfield, James. England. NATN. Born in Liverpool. Decl. intent in BA Ct. 10 Oct. 1826. Wits: John Scott and Thomas Parkens Scott. BA Ct. (Nat. Dkt.) 1 1796-1851 MSA C389-1 MdHR 18106 f. 146 15 Oct. 1828.
Whitfield, Reverend James. England. DI. BA Ct. (Minutes) 1822-1826 MSA C386-12 MdHR 14386 f. 435 10 Oct. 1826. See also *Directory of Ministers*, Vol. II p. 362. See also Spalding, p. 102.
Whitlan/Whalen/Whilan, Luke. Ireland. DI. BA Ct. (Minutes) 1822-1826 MSA C386-12 MdHR 14386 f. 219 24 Sept. 1824.
Whitman, Whitfield. Nova Scotia. DI. Res. BC. Ren. alleg. to the Queen of UK. BC Ct. (Dkt&Mins) 1840 MSA C184-7 MdHR 16664 f. 28 2 July 1840.
Whitney, Thomas. Great Britain. BA Ct. (Nat. Dkt.) 1 1796 -1851 MSA C389-1 MdHR 18106 f. 10 #193 29 Nov. 1797. Barnes, p. 61
Whitten, George. Ireland. DI. BA Ct. (Minutes) 1827-1830 MSA C386-13 MdHR 14391 f. 1 29 Sept. 1830.
Wibert, Armice. Great Britain. BA Ct. (Nat. Dkt.) 1 1796-1851 MSA C389-1 MdHR 18106 f. 7 #123 16 Aug. 1797. Barnes, p. 60
Wickers, William. England. NATN. Arrived in US 3 yrs. prior to age 21. Res. US for 5 yrs., including 3 of minority. Res. MD over 1 yr. Wits: John Cooper and Leonidas Maris. O&RA to the Queen of UK. BC Ct. (Nat. Rcd. of Minors) 3 1845-1851 MSA C237-3 MdHR 18114-1 f. 272 1 Oct. 1850.
Wickethausen, Jacob. Austrian Empire. NATN. Born in city of Bremen. Decl. intent in US Circ. Ct. 6 May 1818. Wits: Conrad Henry Daumenen and John N. Dacey. BA Ct. (Nat. Dkt.) 1 1796-1851 MSA C389-1 MdHR 18106 f. 91 7 Dec. 1824.
Widel, John. Germany. DI. BC Ct. (Dkt&Mins) 1840 MSA C184-7 MdHR 16664 f. 35 224 Sept. 1 1840.
Widman, Michael. Wurtemburg. DI. BC Ct. (Dkt&Mins) 1847 MSA C184-10 MdHR 16667 f. 33 20 Sept. 1847.
Wiech/Wieck, William. Hanover. NATN. Decl. intent in BC Ct. 24 Sept. 1844. Wits: Herman Snyder and John Thernier. BA Ct. (Nat. Dkt.) 1 1796-1851 MSA C389-1 MdHR 18106 f. 256 13 Oct. 1846.
Wieck, William. Hanover. NATN. Decl. intent in BC Ct. 24 Sept. 1844. Wits: Herman Snyder and James Thomier. O&RA to the King of Hanover. BA Ct.

(Nat. Rcd.) 4 1846-1851 MSA C391-2 MdHR 18109 f. 81 13 Oct. 1846.
Wiegand, Tobias. Grand Dutchy of Hesse-Darmstadt. NATN. Decl. intent in US Circ. Ct. 25 Jan. 1844. Wits: Charles Cramer and John Lutz. BA Ct. (Nat. Dkt.) 1 1796-1851 MSA C389-1 MdHR 18106 f. 245 6 Oct. 1846.
Wiegand, Tobin. Grand Dutchy of Hesse-Darmstadt. NATN. Decl. intent in US Circ. Ct. 25 June 1844. Wits: Charles Creamer and John Lutz. O&RA to the Grand Duke of Hesse-Darmstadt. BA Ct. (Nat. Rcd.) 4 1846-1851 MSA C391-2 MdHR 18109 f. 43 6 Oct. 1846.
Wiekens, John. England. DI. BA Ct. (Minutes) 1846-1851 MSA C386-16 MdHR 14405 f. 229 5 Oct. 1850.
Wieman, Francis. Bavaria. NATN. Decl. intent in US Circ. Ct. 4 Oct. 1847. Wits: Daniel Fox and John Schwatzbough. O&RA to the King of Bavaria. BA Ct. (Nat. Rcd.) 4 1846-1851 MSA C391-2 MdHR 18109 f. 386 3 Nov. 1851.
Wier, John R. Ireland. NATN. Born in Co. of Monaghan. Decl. intent in US Circ. Ct. 1 May 1819. Wits: John V. Thompson and Joseph Mc. Nelson, Jr. Certificate and report filed. BA Ct. (Nat. Dkt.) 1 1796-1851 MSA C389-1 MdHR 18106 f. 58 26 Sept. 1822.
Wier, John. Ireland. NATN. Decl. intent in BC Ct. 14 Sept. 1844. Wits: William Broomes and Charles F. Marm. O&RA to the Queen of UK. BC Ct. (Nat. Rcd.) 9 1845-1848 MSA C229-1 MdHR 18119 f. 259 25 Sept. 1847.
Wier, William. Ireland. NATN. Decl. intent in BC Ct. 14 Sept. 1844. Wits: St. George McTeeckle and James Wier. O&RA to the Queen of UK. BC Ct. (Nat. Rcd.) 9 1845-1848 MSA C229-1 MdHR 18119 f. 261 25 Sept. 1847.
Wies, Jacob. Bavaria. NATN. Decl. intent in US Dist. Ct. 7 Aug. 1844. Wits: John S. Erver (?) and Jacob Reiser. O&RA to the King of Bavaria. BC Ct. (Nat. Rcd.) 9 1845-1848 MSA C229-1 MdHR 18119 f. 49 22 Sept. 1846.
Wiese, William. Grand Dutchy of Oldenburg. NATN. Decl. intent in US Dist. Ct. 11 Sept. 1846. Wits: John P. von Holton and Henry Strodtman. O&RA to the Grand Duke of Oldenburg. BC Ct. (Nat. Rcd.) 9 1845-1848 MSA C229-1 MdHR 18119 f. 684 16 Oct. 1848.
Wiesenfeld, Moses. Germany. DI. BC Ct. (Dkt&Mins) 1839 MSA C184-6 MdHR 16663 f. 32 28 July 1839.
Wiesenfeld, Moses. Germany. DI. BC Ct. (Dkt&Mins) 1839 MSA C184-6 MdHR 16663 f. 32 28 Aug. 1839.
Wiesman, Francis. Bavaria. NATN. Decl. intent in US Circ. Ct. 4 Oct. 1847. Wits: Daniel Fox and John Schwartzbaugh. BA Ct. (Nat. Dkt.) 1 1796-1851 MSA C389-1 MdHR 18106 f. 387 3 Nov. 1851.
Wiggins, Thomas. England. DI. Res. BC. BC Ct. (Dkt&Mins) 1841 MSA C184-8 MdHR 16665 f. 48 24 Dec. 1841.
Wignell, James. (No country given; Great Britain ?). NATN. Comes into ct. to take oath required by Act of July 1779. BA Ct. (Minutes) 1782-1786 MSA C386-5 MdHR 5050 f. 282 3 Jan. 1786.
Wigner, August. Prussia. DI. BA Ct. (Minutes) 1822-1826 MSA C386-12 MdHR 14386 f. 434 20 Oct. 1826.
Wigton, John. Ireland. DI. BC Ct. (Dkt&Mins) 1840 MSA C184-7 MdHR 16664 f. 35 21 Sept. 1840.
Wihle, Charles. Manheim. DI. Ren. alleg. to the Grand Duke [Elector] of Hesse-Cassel. BA Ct. (Minutes, Rough) 1836-1844 MSA C420-2 MdHR 14398 f. 224 25 April 1840.
Wilcox,Jr., John. England. DI. BA Ct. (Minutes) 1827-1830 MSA C386-13 MdHR 14391 f. 162 15 Sept. 1828.
Wild, George. Germany. NATN. Decl. intent in BC Ct. 3 Sept. 1838. Wits: Deiderick H. Cullen and Gasten Torney. Profession: Blacksmith (1850 Census). Age: 46 (1850 Census). BA Ct. (Nat. Dkt.) 1 1796-1851 MSA C389-1 MdHR 18106 f. 201 7 Sept. 1840.
Wildt, George. Prussia. NATN. Decl. intent in BC Ct. 13 Sept. 1844. Wits: Alexander McCoy and Jacob Fogelman. O&RA to the King of Prussia. BC Ct.

(Nat. Rcd.) 9 1845-1848 MSA C229-1 MdHR 18119 f. 241 18 Sept. 1847.
Wiley, Alex. Ireland. NATN. Born in Co. of Galiway. Decl. intent in BA Ct. March term 1824. Wits: Sylvester Brown and Noah Fowler. BA Ct. (Nat. Dkt.) 1 1796-1851 MSA C389-1 MdHR 18106 f. 113 16 Nov. 1826.
Wiley, Alexander. Ireland. DI. BA Ct. (Minutes) 1822-1826 MSA C386-1 MdHR 14386 f. 192 24 March 1824.
Wiley, David. Ireland. NATN. Decl. intent in Cecil Co. Ct. 21 Oct. 1844. Wits: William W. Wiley and Samuel Tosh. O&RA to the Queen of UK. BC Ct. (Nat. Rcd.) 9 1845-1848 MSA C229-1 MdHR 18119 f. 520 22 Sept. 1848.
Wiley, Hugh. Ireland. NATN. Decl. intent in Cecil Co. Ct. 21 Oct. 1844. Wits: William W. Wiley and Samuel Tosh. O&RA to the Queen of UK. BC Ct. (Nat. Rcd.) 9 1845-1848 MSA C229-1 MdHR 18119 f. 521 22 Sept. 1848.
Wiley, James. Ireland. NATN. Decl. intent in Cecil Co. Ct. 21 Oct. 1844. Wits: William W. Wiley and Samuel Tosh. O&RA to the Queen of UK. BC Ct. (Nat. Rcd.) 9 1845-1848 MSA C229-1 MdHR 18119 f. 522 22 Sept. 1848.
Wiley, John. Prussia. DI. BC Ct. (Dkt&Mins) 1839 MSA C184-6 MdHR 16663 f. 29 1 July 1839.
Wilfenden, James. Ireland. DI. Res. BC. BC Ct. (Dkt&Mins) 1821 MSA C184-1 MdHR 16658 f. 6 2 March 1821.
Wilfender, James. Ireland. NATN. Born in Co. of Antrim. Decl. intent in BC Ct. 2 March 1821. Wits: William Grimes and Frederick Keunier. BA Ct. (Nat. Dkt.) 1 1796-1851 MSA C389-1 MdHR 18106 f. 99 28 March 1826.
Wilhelm, Charles. Wurtemburg. NATN. Res. BC. Arrived in the US 3 yrs. prior to age 21. Res. US for 5 yrs., including 3 of minority. Res. MD over 1 yr. Wits: Gottlieb Meddinger and Nicholas Smith. O&RA to the King of Wurtemburg. BC Ct. (Nat. Rcd. of Minors) 1 1827-1832 MSA C237-1 MdHR 18112 ff. 234-235 7 Nov. 1828.
Wilkerson, Shabel. England. BA Ct. (Nat. Dkt.) 1 1796-1851 MSA C389-1 MdHR 18106 f. 28 #525 16 June 1804. Civil Ct.
Wilkins, John. England. DI. BA Ct. (Minutes) 1846-1851 MSA C386-7 MdHR 14405 f. 229 5 Oct. 1850.
Wilkins, John. England. DI. BA Ct. (Minutes, Rough) 1845-1851 MSA C420-3 MdHR 14401 f. 381 5 Oct. 1850.
Wilkinson, Thomas. England. DI. BA Ct. (Minutes) 1822-1826 MSA C386-12 MdHR 14386 f. 335 4 Nov. 1825.
William, George. England. DI. BA Ct. (Minutes, Rough) 1832-1835 MSA C420-1 MdHR 14396-2 f. 282 27 Sept. 1834.
Williams, Charles. France. NATN. Res. BC. Res. US 14 April 1802 - 18 June 1812. Wits: Fitz King and Peter Roderique. O&RA to the King of France. BC Ct. (Nat. Rcd. of Minors) 1 1827-1832 MSA C237-1 MdHR 18112 ff. 165-166 4 Oct. 1828.
Williams, David. Wales. DI. BA Ct. (Minutes) 1822-1826 MSA C386-12 MdHR 14386 f. 20 1 Oct. 1822.
Williams, David. Wales. NATN. Born in shire of Merioneth. Decl. intent in BA Ct. Sept. term 1822. Wits: William Jones and George Warfield. Certificate and report filed. BA Ct. (Nat. Dkt.) 1 1796-1851 MSA C389-1 MdHR 18106 f. 82 1 Oct. 1824.
Williams, Dutton. Ireland. BA Ct. (naturalization Docket) 1 1796-1851 MSA C389-1 MdHR 18106 f. 21 #431 31 Dec. 1802. Barnes, p. 65.
Williams, George. England. DI. BA Ct. (Minutes) 1832-1838 MSA C386 MdHR 14403 f. 120 29 Sept. 1834.
Williams, George. England. DI. BA Ct. (Minutes) 1832-1838 MSA C386 MdHR 14403 f. 120 29 Sept. 1834.
Williams, John L. England. BA Ct. (Nat. Dkt.) 1 1796-1851 MSA C389-1 MdHR 18106 f. 41 #807 28 March 1812.
Williams, John. Wales. NATN. Decl. intent in open ct. Arrived in US 3 yrs. prior to age 21. Res. US for 5 yrs., including 3 of minority. Res. MD over 1 yr. Res. BC. Wits: William Hughes and George Ellicott. O&RA to the Queen

of UK. BA Ct. (Nat. Rcd.) 2 1832-1846 MSA C391-1 MdHR 18108 f. 57 9 Oct. 1838.
Williams, John. England. DI. BA Ct. (Minutes) 1822-1826 MSA C386-12 MdHR 14386 f. 17 16 Sept. 1822.
Williams, John. Wales. NATN. Decl. intent in open ct. Arrived in US under age 18. Wits: William Hughes and George Ellicott. BA Ct. (Nat. Dkt.) 1 1796-1851 MSA C389-1 MdHR 18106 f. 193 9 Oct. 1838.
Williams, Lewis. Wales. NATN. Arrived in US 3 yrs. prior to age 21. Decl. intent in open ct. Res. US for 5 yrs.,including 3 of minority. Res. MD over 1 yr. Res. BC. Witness: Griffith Hughes. O&RA to the King of UK. BC Ct. (Nat. Rcd. of Minors) 2 1832-1836 MSA C237-2 MdHR 18113 f. 15 29 Sept. 1832.
Williams, Peter. Sweden. NATN. Decl. intent in Marine Ct. of New York City 24 Sept. 1846. Witness: Edward C. Taylor. O&RA to the King of Sweden. BC Ct. (Nat. Rcd.) 9 1845-1848 MSA C229-2 MdHR 18119 f. 576 3 Oct. 1848.
Williams, Richard. Ireland. BA Ct. (Nat. Dkt.) 1 1796-1851 MSA C389-1 MdHR 18106 f. 30 #578 21 Feb. 1805.
Williams, William. England. BA Ct. (Nat. Dkt.) 1 1796-1851 MSA C389-1 MdHR 18106 f. 31 #598 4 June 1805.
Williams, William. Ireland. DI. BC Ct. (Dkt&Mins) 1828 MSA C184-4 MdHR 16661 f. 39 19 Sept. 1828.
Williams, William. Great Britain. DI. BA Ct. (Minutes) 1815-1820 MSA C386-11 MdHR 14381 f. 11 8 May 1815.
Williams, William. England. DI. BA Ct. (Minutes) 1827-1830 MSA C386-13 MdHR 14391 f. 338 7 Oct. 1830.
Williams, William. England. DI. Res. BC. BC Ct. (Dkt&Mins) 1830 MSA C184-5 MdHR 16662 f. 50 4 Nov. 1830.
Williams, William. England. NATN. Decl. intent in BC Ct. 1 Nov. 1830. Res. BC. Wits: John McWilliams and Daniel O'Keefe. O&RA to the King of UK. BA Ct. (Nat. Rcd.) 2 1832-1846 MSA C391-1 MdHR 18108 f. 3 7 Nov. 1832.
Williams, William. England. NATN. Decl. intent in BA Ct. 7 Oct. 1830. Wits: Thomas W. Tenant and Henry Beard. BA Ct. (Nat. Dkt.) 1 1796-1851 MSA C389-1 MdHR 18106 f. 170 8 Oct. 1832.
Williams, William. England. NATN. Decl. intent in BC Ct. 7 Oct. 1830. Res. BC. Wits: Thomas W. Tenant and Henry Beard. O&RA to the King of UK. BA Ct. (Nat. Rcd.) 2 1832-1846 MSA C391-1 MdHR 18108 f. 1 8 Oct. 1832.
Williams, William. England. NATN. Decl. intent in BC Ct. 1 Nov. 1830. Born in Plymouth. Wits: John McWilliams and Daniel O'Kiefe. BA Ct. (Nat. Dkt.) 1 1796-1851 MSA C389-1 MdHR 18106 f. 171 7 Nov. 1832.
Williamson, Angus. Scotland. NATN. Arrived in US 3 yrs. prior to age 21. Res. US for 5 yrs., including 3 of minority. Res. MD over 1 yr. Wits: Alexander Williamson and Richard Bishop. O&RA to the Queen of UK. BA Ct. (Nat. Rcd. of Minors) 3 1846-1851 MSA C392-1 MdHR 18110 f. 46 5 Oct. 1847. See also Scots, p. 165.
Williamson, Angus. Scotland. NATN. Arrived in US under age 18. Wits: Alexander Williamson and Richard Bishop. BA Ct. (Nat. Dkt.) 1 1796-1851 MSA C389-1 MdHR 18106 f. 304 5 Oct. 1847. See also Scots, p. 165.
Williamson, James A. Ireland. NATN. Decl. intent in US Dist. Ct. 22 Oct. 1844. Wits: Thomas Kern and Samuel Williamson. O&RA to the Queen of UK. BC Ct. (Nat. Rcd.) 9 1845-1848 MSA C229-1 MdHR 18119 f. 828 6 Nov. 1848.
Williamson, Samuel. Ireland. NATN. Arrived in US 3 yrs. prior to age 21. Res. US for 5 yrs., including 3 of minority. Res. MD over 1 yr. Wits: Washington Brown and Daniel McAlister. O&RA to the Queen of UK. BC Ct. (Nat. Rcd. of Minors) 3 1845-1851 MSA C237-3 MdHR 18114-1 f. 96 5 Oct. 1847.
Willing, William. [Grand] Dutchy of Saxe-Meinegin. DI. BC Ct. (Dkt&Mins) 1849 MSA C184-11 MdHR 16668 f. 32 4 Jan. 1850.
Willis, Robert. Ireland. NATN. Decl. intent in US Dist. Ct. 9 Nov. 1809. BA Ct. (Nat. Dkt.) 1 1796-1851 MSA C389-1 MdHR 18106 f. 44 #843 13 April 1814.

Willot De Junel, Maria Floria. Empire of France. DI. Ren. alleg. to Emperor of France and the King of Italy. BA Ct. (Minutes) 1810-1814 MSA C386-10 MdHR 14376 f. 195 17 July 1812.

Willot De Junel, Amedi Thomas. Empire of France. DI. Ren. alleg. to the Emperor of France and the King of Italy. BA Ct. (Minutes) 1810-1814 MSA C386-10 MdHR 14376 f. 195 16 July 1812.

Willox/Willcox, James. Scotland. NATN. Decl. intent in BC Ct. 7 Aug. 1843. Wits: Joshua H. Hynes and Samuel Baker. O&RA to the Queen of UK. BC Ct. (Nat. Rcd.) 10 1849-1851 MSA C229-2 MdHR 18120 f. 27 1 Oct. 1849.

Wilson, Allen. Ireland. NATN. Decl. intent in BA Ct. 29 Sept. 1840. Res. BA. Wits: Thomas Pearsall and William Wilson. BA Ct. (Nat. Dkt.) 1 1796-1851 MSA C389-1 MdHR 18106 f. 229 3 Oct. 1846.

Wilson, Allen. Ireland. NATN. Decl. intent in BA Ct. 29 Sept. 1840. Res. BA. Wits: Thomas Pearsall and William Wilson. O&RA to the Queen of UK. BA Ct. (Nat. Rcd.) 2 1832-1846 MSA C391-1 MdHR 18106 f. 131 3 Oct. 1846.

Wilson, Allen. Ireland. DI. BA Ct. (Minutes, Rough) 1836-1844 MSA C420-2 MdHR 14398 f. 243 29 Sept. 1840.

Wilson, Allen. Ireland. DI. BA Ct. (Minutes) 1839-1846 MSA C386-16 MdHR 14404 f. 64 29 Sept. 1840.

Wilson, Andrew. Ireland. NATN. Decl. intent in BC Ct. 16 Aug. 1847. Wits: Hugh McGowan and James Johnson. O&RA to the Queen of UK. BC Ct. (Nat. Rcd.) 10 1849-1851 MSA C229-2 MdHR 18120 f. 70 28 Sept. 1850.

Wilson, Andrew. Ireland. DI. Res. BC. BC Ct. (Dkt&Mins) 1847 MSA C184-10 MdHR 16667 f. 26 16 Aug. 1847.

Wilson, Andrew. England. BA Ct. (Nat. Dkt.) 1 1796-1851 MSA C389-1 MdHR 18106 f. 10 #186 22 Nov. 1797. Barnes, p. 61.

Wilson, Charles E. Scotland. DI. BA Ct. (Minutes) MSA C386-13 MdHR 14391 1827-1830 f. 339 12 Oct. 1830.

Wilson, Charles E. Scotland. NATN. Decl. intent in BA Ct. 12 Oct. 1830. Res. BC. Wits: Christian Diehl and Alceus B. Wolfe. O&RA to the King of UK. BC Ct. (Nat. Rcd. of Minors) 2 1832-1836 MSA C237-2 MdHR 18113 f. 44 13 Oct. 1832.

Wilson, Charles. Holland. NATN. Arrived in US 3 yrs. prior to age 21. Res. US for 5 yrs., including 3 of minority. Res. MD over 1 yr. Wits: George Brown and Edward C. Taylor. O&RA to the King of Netherlands. BA Ct. (Nat. Rcd. of Minors) 3 1846-1851 MSA C392-1 MdHR 18110 f. 80 18 Dec. 1848.

Wilson, Charles. Holland. NATN. Arrived in US under age 18. Wits: George Brown and Edward C. Taylor. BA Ct. (Nat. Dkt.) 1 1796-1851 MSA C389-1 MdHR 18106 f. 362 18 Dec. 1848.

Wilson, David. Ireland. NATN. Decl. intent in US Circ. Ct. 1 Oct. 1849. Wits: John Blake and William Duncan. O&RA to the Queen of UK. BA Ct. (Nat. Rcd.) 4 1846-1851 MSA C391-2 MdHR 18109 f. 387 3 Nov. 1851.

Wilson, David. Ireland. NATN. Decl. intent in US Dist. Ct. 23 Dec. 1849. Wits: John Blake and William Duncan. BA Ct. (Nat. Dkt.) 1 1796-1851 MSA C389-1 MdHr 18106 f. 387 3 Nov. 1851.

Wilson, Ezekiel. Ireland. NATN. Res. BC. Decl. intent in BA Ct. 4 Oct. 1828. Wits: James Muller and William Lorman. O&RA to the King of UK. BC Ct. (Nat. Rcd. of Minors) 1 1827-1832 MSA C237-1 MdHR 18112 ff.327-328.

Wilson, Ezekiel. Ireland. DI. BA Ct. (Minutes) 1827-1830 MSA C386-13 MdHR 14391 f. 161 4 Oct. 1828.

Wilson, George. England. NATN. Res. BC. Res. US 12 April 1802 - 18 June 1812. Wits: George Northerman and Samuel H. Shaw. O&RA to the King of UK. BC Ct. (Nat. Rcd. of Minors) 1 1827-1832 MSA C237-1 MdHR 18112 ff. 197-198 28 Oct. 1828.

Wilson, Henry. Prussia. BA Ct. (Nat. Dkt.) 1 1796-1851 MSA C389-1 MdHR 18106 f. 39 #767 25 April 1810.

Wilson, Humphrey. Ireland. NATN. Arrived in US prior to 18 June 1812. Res.

Harford Co. Wits: Samuel M. Richardson and John Aston. BA Ct. (Nat. Dkt.) 1 1796-1851 MSA C389-1 MdHR 18106 f. 170 6 Oct. 1840.

Wilson, James. Ireland. NATN. Born in Co. of Donegal. Decl. intent in US Dist. Ct. 9 Aug. 1824. Wits: Robert Armstrong and Gamil Carnes. BA Ct. (Nat. Dkt.) 1 1796-1851 MSA C389-1 MdHR 18016 f. 106 20 Sept. 1826.

Wilson, James. Scotland. NATN. Res. BC. Decl. intent in BC Ct. 3 Oct. 1828. Wits: William H. Richardson and Donald Watson. O&RA to the King of UK. BC Ct. (Nat. Rcd. of Minors) 1 1827-1832 MSA C237-1 MdHR 18112 ff. 358-359 4 Oct. 1830. See also Scots, p. 166.

Wilson, James. Scotland. DI. BC Ct. (Dkt&Mins) 1828 MSA C184-4 MdHR 16661 f. 41 3 Oct. 1828. See also Scots, p. 166.

Wilson, James. Denmark. DI. BA Ct. (Minutes) 1827-1830 MSA C386-13 MdHR 14391 f. 77 1 Feb. 1828.

Wilson, John. England. BA Ct. (Nat. Dkt.) 1 1796-1851 MSA C389-1 MdHR 18106 f. 24 #461 20 June 1803. Barnes, p. 65.

Wilson, John. Ireland. BA Ct. (Nat. Dkt.) 1 1796-1851 MSA C389-1 MdHR 18106 f. 44 7 Dec. 1814.

Wilson, John. England. NATN. Res. BA. Decl. intent in US Circ. Ct. 12 Nov. 1819. Witness: Francis Feelmyer. O&RA to the King of UK. BC Ct. (Nat. Rcd. of Minors) 1 1827-1832 MSA C237-1 MdHR 18112 ff. 156-157 4 Oct. 1828.

Wilson, John. Scotland. NATN. Res. Harford Co. Res. US 14 April 1802 - 18 June 1812. Wits: John Lee and Alexander McDonald. O&RA to the King of UK. BC Ct. (Nat. Rcd. of Minors) 1 1827-1832 MSA C237-1 MdHR 18112 f. 64 12 Sept. 1828.

Wilson, John. Norway (Kingdom of Sweden). NATN. Res. BC. Res. US 14 April 1802 - 18 June 1812. Wits: George Riggs and Mary Bradbury. O&RA to the King of Sweden . BC Ct. (Nat. Rcd. of Minors) 1 1827-1832 MSA C237-1 MdHR 18112 ff. 89-90 25 Sept. 1828.

Wilson, John. England. NATN. Res. BC. Exhibits petition for NATN and certificates of report and registration. Decl. intent in US Dist. Ct. 20 Feb. 1826. Born in Yorkshire. Noted as age 47. Arrived in BC Sept. 1818. Witness: Charles Fox. O&RA to the King of UK. BC Ct. (Nat. Rcd. of Minors) 1 1827-1832 MSA C237-1 MdHR 18112 ff. 44-46 27 Feb. 1828.

Wilson, John. Ireland. BA Ct. (Nat. Dkt.) 1 1796-1851 MSA C389-1 MdHR 18106 f. 44 7 Dec. 1814.

Wilson, William H. Ireland. DI. BA Ct. (Minutes) 1822-1826 MSA C386-12 MdHR 14386 f. 119 18 Oct. 1823.

Wilson, John. Ireland. NATN. Born in Dublin. Decl. intent in BA Ct. of O&T&GD 7 March 1815. Wits: Owen Grimes and Charles De La Hunt. BA Ct. (Nat. Dkt.) 1 1796-1851 MSA C389-1 MdHR 18106 f. 63 31 Dec. 1822.

Wilson, Nathaniel. Ireland. NATN. BA Ct. (Minutes) 1792- 1797 MSA C386-7 MdHR 5052 f. 103 Aug. term 1793

Wilson, Richard. Ireland. NATN. Decl. intent in US Dist. Ct. 1 Oct. 1830. Res. BC. Wits: Richard McAleese and Charles Boyce. O&RA to the King of UK. BA Ct. (Nat. Rcd.) 2 1832-1846 MSA C391-1 MdHR 18108 ff. 6-7 10 Nov. 1832.

Wilson, Richard. Ireland. NATN. Decl. intent in US Dist. Ct. the 1st Monday of Oct. 1830. Wits: Richard McAleese and Charles Boyer. BA Ct. (Nat. Dkt.) 1 1796-1851 MSA C389-1 MdHR 18106 f. 172 10 Nov. 1832.

Wilson, Robert. Ireland. NATN. Exhibits petition for naturalization. Noted as under age of 18 at time of arrival. Res. US for 5 yrs., including 3 yrs. of minority. Res. BC. O&RA to the King of UK. Witness: John Wilson. BC Ct. (Nat. Rcd. of Minors) 1 1827-1832 MSA C237-1 MdHR 18112 f. 1 Feb. 1827.

Wilson, Samuel. Ireland. NATN. Decl. intent in US Circ. Ct. 5 June 1844. Res. BC. Wits: Joshua H. Hynes and William Frost. O&RA to the Queen of UK. BA Ct. (Nat. Rcd.) 2 1832-1846 MSA C391-1 MdHR 18108 ff. 128-129 18 June 1846.

Wilson, Samuel. Ireland. NATN. Decl. intent in US Circ. Ct. 15 June 1844.

Wits: Joshua H. Hymes and William Frost. BA Ct. (Nat. Dkt.) 1 1796-1851 MSA C389-1 MdHR 18106 f. 228 18 June 1846.
Wilson, Thomas. Ireland. DI. BC Ct. (Dkt&Mins) 1828 MSA C184-4 MdHR 16661 f. 42 7 Oct. 1828.
Wilson, Thomas. Ireland. NATN. Decl. intent in BC Ct. June term 1828. Born in Co. of Antrim. Wits: William C. Wetherby and Matthew Murray. BA Ct. (Nat. Dkt.) 1 1796-1851 MSA C389-1 MdHR 18106 f. 165 10 Feb. 1831.
Wilson, Thomas. Ireland. NATN. Decl. intent in US Dist. Ct. 14 Sept. 1830. Res. BC. Wits: Francis Airey and patrick Whelan. O&RA to the King of UK. BC Ct. (Nat. Rcd. of Minors) 2 1832-1836 MSA C237-2 MdHR 18113 ff. 8-9 15 Sept. 1832.
Wilson, William. Ireland. NATN. Decl. intent in BC Ct. the 1st Monday of Nov. 1830. Res. BC. Wits: James Mullan and Samuel Shock. O&RA to the King of UK. BA Ct. (Nat. Rcd.) 2 1832-1846 MSA C391-1 MdHR 18108 ff. 12-13 25 Sept. 1833.
Wilson, William. Ireland. DI. BC Ct. (Dkt&Mins) 1830 MSA C184-5 MdHR 16662 f. 50 3 Dec. 1830.
Wilson, William. Ireland. NATN. Decl. intent in BC Ct. the 1st Monday of Nov. 1830. Wits: James Mulland and Larst Shock. BA Ct. (Nat. Dkt.) 1 1796-1851 MSA C389-1 MdHR 18106 f. 175 25 Sept. 1833.
Winckelman, Frederick. Prussia. NATN. Born in Brandenburg. Arrived in the US prior to 18 June 1812. Wits: Anthony Nesbit and Anthony Helmking. BA Ct. (Nat. Dkt.) 1 1796-1851 MSA C389-1 MdHR 18106 f. 163 12 Oct. 1830.
Wincklen, Joseph. Grand Dutchy of Hesse-Darmstadt. NATN. Decl. intent in US Dist. Ct. 1 Oct. 1844. Wits: George Cook and Francis Rohleter. O&RA to the Grand Duke of Hesse-Darmstadt. BC Ct. (Nat. Rcd.) 9 1845-1848 MSA C229-1 MdHR 18119 f. 595 6 Oct. 1848.
Windecknect, Augustin. Grand Dutchy [Electorate] of Hesse-Cassell. DI. BC Ct. (Dkt&Mins) 1849 MSA C184-11 MdHR 16668 f. 26 1 Oct. 1849.
Windekneicht, Augustin. Electorate of Hesse-Cassel. NATN. Decl. intent in BC Ct. 1 Oct. 1849. Wits: Christian Hax and Peter Truelep. O&RA to the Elector of Hesse-Cassel. BC Ct. (Nat. Rcd.) 10 1849-1851 MSA C229-2 MdHR 18120 f. 322 7 Oct. 1851.
Windews, William. Electorate of Hesse-Cassel. NATN. Decl. intent in BC Ct. 19 Oct. 1848. Wits: Peter Lehr and Nicholas Maryues. O&RA to the Elector of Hesse-Cassel. BC Ct. (Nat. Rcd.) 10 1849-1851 MSA C229-2 MdHR 18120 f. 285 26 Sept. 1851.
Winehart, Frederick. Prussia. BA Ct. (Nat. Dkt.) 1 1796-1851 MSA C389-1 MdHR 18106 f. 40 #791 23 May 1811.
Winkelman, John. Grand Dutchy of Oldenburg. NATN. Decl. intent in US Dist. Ct. 4 Sept. 1844. Wits: John Koppelman and Henry Worthman. O&RA to the Grand Duke of Oldenburg. BC Ct. (Nat. Rcd.) 9 1845-1848 MSA C229-1 MdHR 18119 f. 821 6 Nov. 1848.
Winn, John. England. BA Ct. (Nat. Dkt.) 1 1796-1851 MSA C389-1 MdHR 18106 f. 26 #495 5 March 1804. Civil Ct.
Winn, John. England. BA Ct. (Nat. Dkt.) 1 1796-1851 MSA C389-1 MdHR 18106 f. 12 #243 16 Jan. 1798. Barnes, p. 62.
Winpenney, Thomas. England. NATN. Decl. intent in Montgomery Co. Ct. 10 Nov. 1845. Wits: John Graham and Samuel Moore. O&RA to the Queen of UK. BC Ct. (Nat. Rcd.) 9 1845-1848 MSA C229-1 MdHR 18119 f. 547 2 Oct. 1848.
Winter, Frederick. Wurtemburg. NATN. Decl. intent in US Circ. Ct. 18 Sept. 1844. Wits: Francis Weill and John Benwanger. O&RA to the King of Wurtemburg. BA Ct. (Nat. Rcd.) 4 1846-1851 MSA C391-2 MdHR 18109 f. 226 5 Oct. 1846.
Winter, Frederick. Wurtemburg. NATN. Decl. intent in US Circ. Ct. 18 Sept.

1844. Wits: Francis Weild and John Benslanger. BA Ct. (Nat. Dkt.) 1 1796-1851 MSA C389-1 MdHR 18106 f. 318 5 Oct. 1847.
Winter, Henry. Grand Dutchy of Hesse-Darmstadt. NATN. Decl. intent in the Hustings Ct. of the State of Virginia 11 Feb. 1846. Wits: George Fastie and Philip Kraft. O&RA to the Grand Duke of Hesse-Darmstadt. BC Ct. (Nat. Rcd.) 9 1845-1848 MSA C229-1 MdHR 18119 f. 712 25 Oct. 1848.
Winternetz, Charles. Austrian [Austro-Hungarian] Empire. NATN. Decl. intent in BC Ct. 13 Nov. 1848. Wits: Jacob Himmel and Philip Walter. Res. 19 West Baltimore Street (1860 Census). O&RA to the Emperor of Austria [Austro-Hungarian Empire]. BC Ct. (Nat. Rcd.) 10 1849-1851 MSA C229-2 MdHR 18120 f. 333 14 Oct. 1851.
Winters, Philip. Grand Dutchy of Hesse-Darmstadt. NATN. Arrived in US 3 yrs. prior to age 21. Res. US for 5 yrs., including 3 of minority. Res. MD over 1 yr. Wits: John Bangs and Jonas Winters. O&RA to the Grand Duke of Hesse-Darmstadt. BC Ct. (Nat. Rcd. of Minors) 3 1845-1851 MSA C237-3 MdHR 18114-1 f. 231 20 Sept. 1850.
Wiregant, William. Saxony. NATN. Arrived in the US as a minor. Decl. intent in open Ct. Wits: Daniel Schwartzauer and Andrew Hildebrand. BA Ct. (Nat. Dkt.) 1 1796-1851 MSA C389-1 MdHR 18106 f. 9 Oct. 1828.
Wirhagen, Herman Conrad D. Republic of Bremen. BA Ct. (Nat. Dkt.) 1 1796-1851 MSA C389-1 MdHR 18106 f. 8 #139 23 Aug. 1797. Barnes, p. 60.
Wirmike, Henrick. Grand Dutchy of Hesse-Darmstadt. NATN. Decl. intent in US Dist. Ct. 30 Sept. 1844. Wits: John Crosler and James Mullan. O&RA to the Grand Duke of Hesse-Darmstadt. BC Ct. (Nat. Rcd.) 9 1845-1848 MSA C229-1 MdHR 18119 f. 392 4 Oct. 1847.
Wirth, George. Bavaria. NATN. Decl. intent in US Circ. Ct. 9 Sept. 1844. Wits: Adam Barnkamp (?) and Michael Steampt. BA Ct. (Nat. Dkt.) 1 1796-1851 MSA C389-1 MdHR 18106 f. 286 13 Oct. 1846.
Wirth, George. Bavaria. NATN. Decl. intent in US Circ. Ct. 9 Sept. 1844. Wits: Baun Kaufe (?) and Michael Straufd (?). O&RA to the King of Bavaria. BA Ct. (Nat. Rcd.) 4 1846-1851 MSA C391-2 MdHR 18109 f. 170 12 Oct. 1846.
Wise, Felix. Republic of France. BA Ct. (NATN Docket 1 1796-1851 MSA C389-1 MdHR 18106 f. 11 #218 9 Jan. 1798. Barnes, p. 62.
Wise, Henry. Bavaria. NATN. Decl. intent in BC Ct. 15 June 1844. Wits: Thomas J. Warrington and John Garrett. O&RA to the King of Bavaria. BC Ct. (Nat. Rcd.) 9 1845-1848 MSA C229-1 MdHR 18119 f. 252 23 Sept. 1847.
Wise, Michael. Republic of France. BA Ct. (Nat. Dkt.) 1 1796-1851 MSA C389-1 MdHR 18106 f. 11 #220 9 Jan. 1798. Barnes, p. 62.
Wiseman, Charles. England. NATN. Decl. intent in BC Ct. 19 Oct. 1843. Wits: Louis Sewary/Sevary and John Bratt. O&RA to the Queen of UK. BA Ct. (Nat. Rcd.) 4 1846-1851 MSA C391-2 MdHR 18109 f. 227 5 Oct. 1847.
Wiseman, Charles. England. NATN. Decl. intent in BC Ct. 19 Oct. 1843. Wits: Louis Servary and John Bratt. BA Ct. (Nat. Dkt.) 1 1796-1851 MSA C389-1 MdHR 18106 f. 315 5 Oct. 1847.
Wiseman, Jacob. Wurtemburg. NATN. Arrived in US under age 18. Wits: John Doberer and Peter Kreiss. BA Ct. (Nat. Dkt.) 1 1796-1851 MSA C389-1 MdHR 18106 f. 292 13 Oct. 1846.
Wiseman, Jacob. Wurtemburg. NATN. Arrived in US 3 yrs. prior to age 21. Res. US for 5 yrs., including 3 of minority. Res. MD over 1 yr. Wits: John Doberer and Peter Kreis/Kreiss. O&RA to the King of Wurtemburg. BA Ct. (Nat. Rcd. of Minors) 3 1846-1851 MSA C392-1 MdHR 18110 f. 22 13 Oct. 1846.
Wiska, Casper. Bremen. DI. BA Ct. (Minutes) 1839-1846 MSA C386-16 MdHR 14404 f. 95 21 May 1841.
Wismann, Jacob. Bavaria. NATN. Decl. intent in US Circ. Ct. 16 Sept. 1844.

Wits: Maurice Berger and John Martin. BA Ct. (Nat. Dkt.) 1 1796-1851 MSA C389-1 MdHR 18106 f. 286 13 Oct. 1846.

Wismann/Wiseman, Jacob. Bavaria. NATN. Decl. intent in US Circ. Ct. 16 Sept. 1844. Wits: Maurice Barger and John Martin. O&RA to the King of Bavaria. BA Ct. (Nat. Rcd.) 4 1846-1851 MSA C391-2 MdHR 18109 f. 170 13 Oct. 1846.

Witanauer, Antonio. France. DI. BC Ct. (Dkt&Mins) 1840 MSA C184-7 MdHR 16664 f. 36 29 Sept. 1840.

Witsbucker, Samuel. Germany. NATN. Decl. intent in BC Ct. 21 Feb. 1848. Wits: Alemia Opperharmer and Lazarus Myer. O&RA to the Emperor of Germany. BC Ct. (Nat. Rcd.) 10 1849-1851 MSA C229-2 MdHR 18120 f. 64 27 Sept. 1850.

Witteking, Henry. Grand Dutchy [Electorate] of Hesse-Cassell. NATN. Decl. intent in BC Ct. 26 Sept. 1844. Wits: Jacob Schaeffer and Jacob Lentz. BA Ct. (Nat. Dkt.) 1 1796-1851 MSA C389-1 MdHR 18106 f. 228 1 Oct. 1846.

Wittekint/Witteking, Henry. Grand Dutchy [Electorate] of Hesse-Cassel. NATN. Decl. intent in BC Ct. 26 Sept. 1844. Res. BC. Wits: Christian Jacob Schaeffer and Jacob Lutz. O&RA to the Grand Duke [Elector] of Hesse-Cassel. BA Ct. (Nat. Rcd.) 2 1832-1846 MSA C391-1 MdHR 18108 f. 130 1 Oct. 1846.

Wittman, Joseph. Bavaria. NATN. Arrived in US 3 yrs. prior to age 21. Res. US for 5 yrs., including 3 of minority. Res. MD over 1 yr. Wits: E. E. Bell and Oswald Engelhard. O&RA to the King of Bavaria. BC Ct. (Nat. Rcd. of Minors) 3 1845-1851 MSA C237-3 MdHR 18114-1 f. 244 30 Sept. 1850.

Wlaper, John. England. NATN. Arrived in US 3 yrs. prior to age 21. Res. US for 5 yrs., including 3 of minority. Res. MD over 1 yr. Witness: George Lonther. O&RA to the Queen of UK. BC Ct. (Nat. Rcd. of Minors) 3 1845-1851 MSA C237-3 MdHR 18114-1 f. 311 28 Oct. 1851.

Wode, Charles. Hanover. NATN. Decl. intent in BC Ct. 3 June 1844. Wits: Leis Wold and Henry L. M. Pitzold. O&RA to the King of Hanover. BC Ct. (Nat. Rcd.) 9 1845-1848 MSA C229-1 MdHR 18119 f. 39 14 Sept. 1846.

Woditzky (Spelled as "Wodetsky" in 1850 Census), Gottleib (C.) Prussia. NATN. Decl. intent in US Circ. Ct. 31 Aug. 1844. Profession: Laborer (1850 Census). Wits: William Werllick and Peter Trenlieb. O&RA to the King of Prussia. BA Ct. (Nat. Rcd.) 4 1846-1851 MSA C391-2 MdHR 18109 f. 280 3 Oct. 1848.

Woditzsky/Woditzky/Wodetsky, Gottleib E. (C?). Prussia. NATN. Decl. intent in US Circ. Ct. 31 Aug. 1844. Wits: William Werllick and Peter Treilieb. BA Ct. (Nat. Dkt.) 1 1796-1851 MSA C389-1 MdHR 18106 f. 341 3 Oct. 1848.

Wohlers, Charles. Westphalia (noted as "Now Emperor of Germany"). Decl. intent in US Dist. Ct. . BA Ct. (Nat. Dkt.) 1 1796-1851 MSA C389-1 MdHR 18106 f. 44 10 April 1815.

Woldman, John Henry. Germany. DI. Res. BC. Ren. alleg. to the Emperor of Germany. BC Ct. (Dkt&Mins) 1840 MSA C184-7 MdHR 16664 f. 22 1 June 1840.

Wolf, Henry. Bavaria. NATN. Decl. intent in BC Ct. 1 Nov. 1844. Wits: Jacob Voglesang and Conrad Hoffman. O&RA to the King of Bavaria. BC Ct. (Nat. Rcd.) 9 1845-1848 MSA C229-1 MdHR 18119 f. 751 1 Nov. 1848.

Wolf, Henry. Germany. DI. BC Ct. (Dkt&Mins) 1840 MSA C184-7 MdHR 16664 f. 36 30 Sept. 1840.

Wolf, Jacob. Germany. Decl. intent in US Dist. Ct. of Philadelphia 4 March 1812. BA Ct. (Nat. Dkt.) 1 1796-1851 MSA C389-1 MdHR 18106 f. 46 3 Nov. 1815.

Wolf, John. Bavaria. NATN. Decl. intent in BC Ct. 4 June 1844. Wits: George Filbert and George Besckhead. O&RA to the King of Bavaria. BC Ct. (Nat. Rcd.) 9 1845-1848 MSA C229-1 MdHR 18119 f. 689 17 Oct. 1848.

Wolf, Joseph. Bavaria. NATN. Decl. intent in US Dist. Ct. 2 Sept. 1844. Wits:

Joseph A. Eberhard and George Schnell. O&RA to the King of Bavaria. BC Ct. (Nat. Rcd.) 9 1845-1848 MSA C229-1 MdHR 18119 f. 346 4 Oct. 1847.

Wolf, Zacharias, Wurtemburg. DI. BC Ct. (Dkt&Mins) 1828 MSA C184-4 MdHr 16661 f. 41 3 Oct. 1828.

Wolfe, Marcus. Germany. NATN. Born in village of Alpenrod. Decl. intent in US Dist. Ct. 5 March 1823. Wits: Daniel Crook and John M. Dyer. BA Ct. (Nat. Dkt.) 1 1796-1851 MSA C389-1 MdHR 18106 f. 103 18 Sept. 1826.

Wolfe, Valentine. Germany. BA Ct. (Nat. Dkt.) 1 1796-1851 MSA C389-1 MdHR 18106 f. 5 #85 25 March 1797. Barnes, p. 60.

Wolfender, John. Great Britain. BA Ct. (Nat. Dkt.) 1 1796-1851 MSA C389-1 MdHR 18106 f. 5 #84 24 March 1797. Barnes, p. 60.

Wolfern, Benedict. Bremen. DI. Ren. alleg. to King of Bavaria. BA Ct. (Minutes) 1839-1846 MSA C386-16 MdHR 14404 f. 213 2 Dec. 1843.

Wolfers, John Abraham. Prussia. DI. Res. BC. BC Ct. of O&T&GD. (Dkt&Mins) 1816 MSA C13-9 MdHR 16657 {unpaginated} 7 Sept. 1816.

Wolff, August. Bavaria. NATN. Decl. intent in US Dist. Ct. 17 Sept. 1844. Wits: Conrad Schliechter and John Diegert. O&RA to the King of Bavaria. BC Ct. (Nat. Rcd.) 9 1845-1848 MSA C229-1 MdHR 18119 f. 627 9 Oct. 1848.

Wolff, Samuel. Germany. NATN. Res. BC. Decl. intent in BC Ct. 20 Oct. 1840. Witness: Christian Backer. O&RA to the Emperor of Germany. BC Ct. (Nat. Rcd.) 9 1845-1848 MSA C229-1 MdHR 18120 f. 2 17 Feb. 1845.

Wolff, W. L. Hanover. NATN. Decl. intent in US Dist. Ct. 5 Oct. 1846. Wits: Martin Weigel and John A. Helsbein. O&RA to the King of Hanover. BC Ct. (Nat. Rcd.) 9 1845-1848 MSA C229-1 MdHR 18119 f. 631 9 Oct. 1848.

Wolfingstone, Jacob. Ireland. NATN. Res. BC. Res. US 14 April 1802 - 18 June 1812. Wits: Thomas Conway and Neale McFadden. BC Ct. (Nat. Rcd. of Minors) 1 1827-1832 MSA C237-1 MdHR 18112 ff. 260-261 8 Nov. 1828.

Wollrath, John. Electorate of Hesse-Cassel. NATN. Decl. intent in US Circ. Ct. 30 Sept. 1844. Wits: Peter Freleih and Joseph Hall. O&RA to the Elector of Hesse-Cassel. BA Ct. (Nat. Rcd.) 4 1846-1851 MSA C391-2 MdHR 18109 f. 171 13 Oct. 1846.

Wollrath, John. Electorate of Hesse-Cassel. NATN. Decl. intent in US Circ. Ct. 30 Sept. 1844. Wits: Peter Trelieb and Joseph Hall. BA Ct. (Nat. Dkt.) 1 1796-1851 MSA C389-1 MdHR 18106 f. 286 13 Oct. 1846.

Wood, John. England. NATN. Born in Co. of Kent. Arrived in the US 3 yrs. prior to age 21. Decl. intent in open Ct. Wits: James Wood and Richard Bevan. BA Ct. (Nat. Dkt.) 1 1796-1851 MSA C389-1 MdHR 18106 f. 124 9 Nov. 1827.

Wood, Patrick John. Ireland. NATN. Res. BC. Decl. intent in US Circ. Ct. 4 Oct. 1828. Wits: Samuel Carnes and James Graham. O&RA to the King of UK. BC Ct. (Nat. Rcd. of Minors) 1 1827-1832 MSA C237-1 MdHR 18112 ff. 351-352 4 Oct. 1830.

Wood, William. Scotland. BA Ct. (Nat. Dkt.) 1 1796-1851 MSA C389-1 MdHR 18106 f. 33 #644 10 Oct. 1806. See also Scots, p. 168. Profession given as merchant.

Woods, John. Ireland. NATN. Decl. intent in BC Ct. 2 Sept. 1848. Wits: Samuel Arney and William Faulkner. O&RA to the Queen of UK. BC Ct. (Nat. Rcd.) 10 1849-1851 MSA C229-2 MdHR 18120 f. 97 30 Sept. 1850.

Woods, John. Ireland. NATN. Born in Co. of Cairnes. Arrived in the US prior to 18 June 1812. Wits: Marcus Dennison and William Jefferson. BA Ct. (Nat. Dkt.) 1 1796-1851 MSA C389-1 MdHR 18106 f. 147 28 Oct. 1828.

Woodside, William L. Ireland. NATN. Arrived in US 3 yrs. prior to age 21. Res. US for 5 yrs., including 3 of minority. Res. MD over 1 yr. Wits: Nicholas A. Sheppard and Louis Servary. O&RA to the Queen of UK. BC Ct. (Nat. Rcd. of Minors) 3 1845-1851 MSA C237-3 MdHR 18114-1 f. 264 1 Oct. 1850.

Woodville, William. England. Decl. intent in BA Ct. of O&T&GD. Wits: George H. Stewart and Henry H. Barthill (?). BA Ct. (Nat. Dkt.) 1 1796-1851 MSA C389-1 MdHR 18106 f. 48 26 March 1818.

Woodward, Thomas. England. NATN. Born in town of Ashbourn. Decl. intent in US Dist. Ct. March term 1818. Wits: David Ramsey and Abraham Biddison. Certificate and report filed. BA Ct. (Nat. Dkt.) 1 1796-1851 MSA C389-1 MdHR 18106 f. 71 21 Sept. 1824.

Worth, Franz. Bavaria. NATN. Decl. intent in US Dist. Ct. 20 May 1844. Wits: Michael Heigenrether and John Werner. O&RA to the King of Bavaria. BC Ct. (Nat. Rcd.) 9 1845-1848 MSA C229-1 MdHR 18119 f. 815 6 Nov. 1848.

Wren, Bernard C. Ireland. NATN. Arrived in US 3 yrs. prior to age 21. Decl. intent in open ct. Res. US for 5 yrs., including 3 of minority. Res. MD over 1 yr. Res. BC. Wits: Christopher Wren and Robert Nilson. O&RA to the King of Holland. BC Ct. (Nat. Rcd. of Minors) 2 1832-1836 MSA C237-2 MdHR 18113 f. 77 31 Jan. 1834.

Wrenn, Patrick L. Ireland. NATN. Res. BC. Decl. intent in BC Ct. 3 Oct. 1830. Wits: James Mullen and Samuel B. Coley. O&RA to the King of UK. BC Ct. (Nat. Rcd. of Minors) 1 1827-1832 MSA C237-1 MdHR 18112 ff. 350-351 4 Oct. 1830.

Wright, James. England. DI. BC Ct. (Dkt&Mins) 1849 MSA C184-11 MdHR 16668 f. 19 29 June 1849.

Wright, James. England. NATN. Decl. intent in BC Ct. 29 June 1849. Wits: William H. Gatchell and Samuel H. Taggart. O&RA to the Queen of UK. BC Ct. (Nat. Rcd.) 10 1849-1851 MSA C229-2 MdHR 18120 f. 178 9 Aug. 1851.

Wright, John. Ireland. BA Ct. (Nat. Dkt.) 1 1796-1851 MSA C389-1 MdHR 18106 f. 29 #542 8 Aug. 1804. Civil Ct.

Wright, John. Ireland. BA Ct. (Nat. Dkt.) 1 1796-1851 MSA C389-1 MdHR 18106 f. 34 #659 28 Oct. 1806.

Wright, Robert. England. NATN. Born in Co. of Cheshire. Arrived in the US 3 yrs. prior to age 21. Decl. intent in open Ct. Wits: Thomas Wright and Thomas Woodward. BA Ct. (Nat. Dkt.) 1 796-1851 MSA C389-1 MdHR 18106 f. 146 16 Oct. 1828.

Wright, Thomas. England. NATN. Born in Chesire. Decl. intent in BC Ct. 22 June 1818. Wits: James Hepworth and David Ramsay. Certificate and report filed. BA Ct. (Nat. Dkt.) 1 1796-1851 MSA C389-1 MdHR 18106 f. 76 25 Sept. 1824.

Wrightman, William. Scotland. BA Ct. (Nat. Dkt.) 1 1796-1851 MSA C389-1 MdHR 18106 f. 32 #626 27 Nov. 1805.

Wurst, John Paulus. Bavaria. NATN. Decl. intent in US Dist. Ct. 28 Aug. 1844. Wits: John Napby and Jacob Nebling. O&RA to the King of Bavaria. BC Ct. (Nat. Rcd.) 9 1845-1848 MSA C229-1 MdHR 18119 f. 121 5 Nov. 1846.

Wurzbacker, John. Bavaria. NATN. Decl. intent in US Circ. Ct. 16 Oct. 1848. Wits: John Decker and Henry Wolf. O&RA to the King of Bavaria. BC Ct. (Nat. Rcd.) 10 1849-1851 MSA C229-2 MdHR 18120 f. 390 3 Nov. 1851.

Wurzburger, Adam. Grand Dutchy of Baden. DI. Res. BC. BC Ct. (Dkt&Mins) 1847 MSA C184-10 MdHR 16667 f. 6 6 Feb. 1847.

Wynnaert, James. France. DI. Native of Dunkirk. BC Ct. (Dkt&Mins) 1830 MSA C184-5 MdHR 16662 f. 35 31 July 1830.

Yates, Bridget. Ireland. DI. BA Ct. (Minutes) 1822-1826 MSA C386-12 MdHR 14386 f. 237 30 Nov. 1824.

Yates, Bridget. Ireland. NATN. Decl. intent in BA Ct. 30 Nov. 1824. Res. BC. Wits: Philip McKitrick and Bartholomew Corrigan. O&RA to the King of UK. BA Ct. (Nat. Rcd. of Minors) 2 1832-1836 MSA C237-2 MdHR 18113 ff. 81-82 26 April 1834.

Yates, John. Ireland. Wits: Thomas Yates and Robert Yates. BA Ct. (Nat. Dkt.) 1 1796-1851 MSA C389-1 MdHR 18106 f. 49 4 Oct. 1820.

Yates, Joseph. England. BA Ct. (Nat. Dkt.) 1 1796-1851 MS C389-1 MdHR 18106 f. 42 #820 17 July 1812.

Yeagle, Anthony. Electorate of Hesse-Cassel. NATN. Arrived in US 3 yrs. prior to age 21. Res. US for 5 yrs., including 3 of minority. Res. MD over 1 yr. Wits: William Weaver and Conrad Yeagle. O&RA to the Elector of Hesse-

Cassel. BA Ct. (Nat. Rcd. of Minors) 3 1846-1851 MSA C392-1 MdHR 18110 f. 23 13 Oct. 1846.
Yeagle, Anthony. Electorate of Hesse-Cassel. NATN. Arrived in US under age 18. Wits: William Weaver and Conrad Yeager/Yeagle. BA Ct. (Nat. Dkt.) 1 1796-1851 MSA C389-1 MdHR 18106 f. 292 13 Oct. 1846.
Yellman, Jr., Herman Henry. Bavaria. NATN. Decl. intent in US Circ. Ct. 21 Dec. 1844. Wits: John H. Seimers and Jacob Schreiver. BA Ct. (Nat. Dkt.) 1 1796-1851 MSA C389-1 MdHr 18106 f. 334 3 Oct. 1848.
Yellman, Jr., Herman Henry. Hanover. NATN. Decl. intent in US Circ. Ct. 21 Dec. 1844. Wits: Robert H. Seiman and Jacob Schreiver. O&RA to the King of Hanover. BA Ct. (Nat. Rcd.) 4 1846-1851 MSA C391-2 MdHR 18109 f. 260 2 Oct. 1848.
Yendt, George Adam. Ireland. NATN. Res. BC. Decl. intent in BC Ct. 4 Oct. 1828. Wits: James Darling and William Batton. O&RA to the King of UK. BC Ct. (Nat. Rcd. of Minors) 1 1827-1832 MSA C237-1 MdHR 18112 ff. 328-329 4 Oct. 1830.
Yendt, George Adam. Wurtemburg. DI. BC Ct. (Dkt&Mins) 1828 MSA C184-4 MdHR 16661 f. 39 18 Sept. 1828.
Yendt, Jacob Frederick. Wurtemburg. NATN. Res. BC. Arrived in the US 3 yrs. prior to age 21. Res. US for 5 yrs., including 3 of minority. Wits: Charles Frederick Mander and Matthew Murray. O&RA to King of Wurtemburg. BC Ct. (Nat. Rcd. of Minors) 1 1827-1832 MSA C237-1 MdHR 18112 ff. 70-71 18 Sept. 1828.
Young, Charles. Bavaria. NATN. Decl. intent in BC Ct. 23 Sept. 1844. Wits: Samuel McCubbin and John B. Matthews. O&RA to the King of Bavaria. BC Ct. (Nat. Rcd.) 9 1845-1848 MSA C229-1 MdHR 18119 f. 75 3 Oct. 1846.
Young, James Charles. England. NATN. Decl. intent in US Dist. Ct. for the Dist. of Columbia 1 Sept. 1844. Wits: Washington Bonfaret and Robert Boyed/Boyd. O&RA to the Queen of UK. BC Ct. (Nat. Rcd.) 10 1849-1851 MSA C229-2 MdHR 18120 f. 90 30 Sept. 1850.
Young, Mary Christiana. Prussia. DI. Ren. alleg. to King of Prussia. BA Ct. (Minutes) 1822-1826 MSA C386-12 MdHR 14386 f. 198 13 April 1824.
Young, Michael D. Holland. DI. Ren. alleg. to the Emperor of France. BC Ct. of O&T&GD (Dkt&Mins) 1813 MSA C183-8 MdHR 16656 f. 4 12 Jan. 1813.
Young, Michael. Grand Dutchy of Baden. DI. Res. BC. Profession: Labourer (1850 Census) Spouse: Hannah, born in Germany (1850 Census). Children: (1) Catherine E., born in MD, (2) Herman H., born in MD, (3) George F., born in MD, (4) Caroline, born in MD, and (5) Elizabeth A., born in MD (1850 Census) BC Ct. (Dkt&Mins) 1839 MSA C184-6 MdHR 16663 f. 33 7 Sept. 1839.
Young, Nicholas. Ireland. NATN. Res. BC. Res. US 14 April 1802 - 18 June 1812. Wits: Benjamin C. Howard and James Howard. O&RA to the King of UK. BC Ct. (Nat. Rcd. of Minors) 1 1827-1832 MSA C237-1 MdHR 18112 ff. 85-86 22 Sept. 1828.
Young, Richard. England. DI. Res. BC. BC Ct. (Dkt&Mins) 1839 MSA C184-6 MdHR 16663 f. 51 18 Jan. 1840.
Young, Robert. Scotland. NATN. Decl. intent in BC Ct. 10 Oct. 1848. Wits: Lewis H. B. Armes and David Portous. O&RA to the Queen of UK. BC Ct. (Nat. Rcd.) 10 1849-1851 MSA C229-2 MdHR 18120 f. 298 30 Sept. 1851.
Young, Samuel. Ireland. DI. BA Ct. (Minutes) 1815-1820 MSA C386-11 MdHR 14381 f. 204 17 Oct. 1817
Young, Thomas. Scotland. NATN. Decl. intent in US Dist. Ct. 20 Aug. 1844. Wits: Michael Duffy and Matthew Kane. O&RA to the Queen of UK. BC Ct. (Nat. Rcd.) 9 1845-1848 MSA C229-1 MdHR 18119 f. 86 3 Oct. 1846.
Young, William Spears. Scotland. NATN. Decl. intent in BC Ct. 1 March 1831. Res. BC. Wits: John Mauson and Philip Fell. O&RA to the King of UK. BC

Ct. (Nat. Rcd. of Minors) 2 1832-1836 MSA C237-2 MdHR 18113 ff. 63-64 3 Aug. 1833.

Young, William. Great Britain. BA Ct. (Nat. Dkt.) 1 1796 - 1851 MSA C389-1 MdHR 18106 f. 4 #58 15 March 1797. Barnes, p. 59.

Young, William. England. BA Ct. (Nat. Dkt.) 1 1796-1851 MSA C389-1 MdHR 18106 f. 8 #145 30 Aug. 1797. Barnes, p. 61.

Younger, Jasper. Scotland. NATN. Decl. intent in BC Ct. 26 Sept. 1844. Wits: Adam Ray and Thomas Somerville. O&RA to the Queen of UK. BC Ct. (Nat. Rcd.) 9 1845-1848 MSA C229-1 MdHR 18119 f. 171 6 Oct. 1846.

Zabf, John. [Kingdom of] Bearn. NATN. Decl. intent in BC Ct. 10 Sept. 1844. Wits: Henry Ingle and Henry Wever. BA Ct. (Nat. Dkt.) 1 1796-1851 MSA C389-1 MdHR 18106 f. 257 13 Oct. 1846.

Zabf, John. Kingdom of Bian. NATN. Decl. intent in BC Ct. 10 Sept. (yr. not given). Wits: Henry Ingle and Henry Waver/Wever. O&RA to the King of Bian. BA Ct. (Nat. Rcd.) 4 1846-1851 MSA C391-2 MdHR 18109 f. 83 13 Oct. 1846.

Zacharie/Lackarie, Ann. Great Britain. BA Ct. (Nat. Dkt.) 1 1796-1851 MSA C389-1 MdHR 18106 f. 16 #326 16 Aug. 1798. Barnes, p. 63.

Zarstrau, Frederick. Prussia. DI. BC Ct. (Dkt&Mins) 1849 MSA C184-11 MdHR 16668 f. 31 11 Dec. 1849.

Zeiganhuin, Caspar. Grand Dutchy of Hesse-Darmstadt. NATN. Decl. intent in US Circ. Ct. 10 Oct. 1846. Wits: George D. Volkman and Lewis B. Krein. BA Ct. (Nat. Dkt.) 1 1796-1851 MSA C389-1 MdHR 18106 f. 347 14 Oct. 1848.

Zeigler, Albrecht. Bavaria. NATN. Decl. intent in US Dist. Ct. 27 Sept. 1844. Wits: Leonard Schemes and John Krag. O&RA to the King of Bavaria. BC Ct. (Nat. Rcd.) 9 1845-1848 MSA C229-1 MdHR 18119 f. 686 16 Oct. 1848.

Zeigler, Joseph. Bavaria. NATN. Decl. intent in US Circ. Ct. 1 Oct. 1844. Wits: Lorentz Ehlarth and Sylvester Shirl. BA Ct. (Nat. Dkt.) 1 1796-1851 MSA C389-1 MdHR 18106 f. 286 13 Oct. 1846.

Zeigler, Joseph. Bavaria. NATN. Decl. intent in US Circ. Ct. 7 Oct. 1844. Wits: Lorentz Elberth and Sylvester Shul. O&RA to the King of Bavaria. BA Ct. (Nat. Rcd.) 4 1846-1851 MSA C391-2 MdHR 18109 f. 172 13 Oct. 1846.

Zeller, Christoph Frederick. Wurtemburg. NATN. Decl. intent in US Circ. Ct. 30 Sept. 1844. Wits: Frederick Himes and David Hammer. BA Ct. (Nat. Dkt.) 1 1796-1851 MSA C389-1 MdHR 18106 f. 286 13 Oct. 1846.

Zeller, Christoph Frederick. Wurtemburg. NATN. Decl. intent in US Circ. Ct. 30 Sept. 1844. Wits: David Hammer and Frederick Himes. O&RA to the King of Wurtemburg. BA Ct. (Nat. Rcd.) 4 1846-1851 MSA C391-2 MdHR 18109 f. 171 13 Oct. 1846.

Zesenzig (?), Jacob. Prussia. NATN. Decl. intent in US Dist. Ct. 3 June 1844. Wits: Michael Bergen and Manz (?) Selvesstein. O&RA to the King of Prussia. BC Ct. (Nat. Rcd.) 9 1845-1848 MSA C229-1 MdHR 18119 f. 788 4 Nov. 1848.

Zeumer, Augustus. Prussia. BA Ct. (Nat. Dkt.) 1 1796-1851 MSA C389-1 MdHR 18106 f. 24 #470 7 Nov. 1803. Noted as under Nov. Civil Ct. Barnes, p. 65

Zieganhain, Caspar. Grand Dutchy of Hesse-Darmstadt. NATN. Decl. intent in US Circ. Ct. 10 Oct. 1846. Wits: George D. Volkmar and Lewis B. Kreim. O&RA to the Grand Duke of Hesse-Darmstadt. BA Ct. (Nat. Rcd.) 4 1846-1851 MSA C391-2 MdHR 18109 f. 293 14 Oct. 1848.

Zigler, John. Kingdom of Bian. DI. BA Ct. (Minutes) 1839-1846 MSA C386-16 MdHR 14404 f. 152 10 Oct. 1842.

Zigler, Michael. Germany (King of France). NATN. Born in Germany. Decl. intent in BA Ct. the 3rd Monday of Sept. 1821. Wits: Richard Peters and John Gross. BA Ct. (Nat. Dkt.) 1 1796-1851 MSA C389-1 MdHR 18106 f. 145 9 Oct. 1828.

Zigler, Nicholas. Bavaria. NATN. Decl. intent in US Dist. Ct. 7 Oct. 1843. Wits: Henry Engelhausen and George Rigel. O&RA to the King of Bavaria. BC Ct.

(Nat. Rcd.) 9 1845-1848 MSA C229-1 MdHR 18119 f. 677 14 Oct. 1848.
Zigler, William. Principality of Waldeck. DI. BA Ct. (Minutes) 1839-1846 MSA C386-16 MdHR 14404 f. 64 29 Sept. 1840.
Zigler, William. Principality of Waldeck. DI. BA Ct. (Minutes, Rough) 1836-1844 MSA C420-2 MdHR 14398 f. 243 29 Sept. 1840.
Zimmer, Martin. Bavaria. NATN. Decl. intent in US Dist. Ct. 24 Oct. 1842. Wits: Albert Kister/Koster and Philip Schenkel. BA Ct. (Nat. Dkt.) 1 1796-1851 MSA C389-1 MdHR 18106 f. 224 2 Nov. 1844.
Zimmer, Martin. Bavaria. NATN. Decl. intent in US Dist. Ct. 24 Oct. 1842. Res. BC. Wits: Albert Koster and Philip Schenkel. O&RA to the King of Bavaria. BA Ct. (Nat. Rcd.) 2 1832-1846 MSA C391-1 MdHR 18108 ff. 118-119 2 Nov. 1844.
Zimmerman, Christian. Wurtemburg. NATN. Decl. intent in US Dist. Ct. 4 Oct. 1848. Wits: John Wirt and Barnard Paul. O&RA to the King of Wurtemburg. BC Ct. (Nat. Rcd.) 10 1849-1851 MSA C229-2 MdHR 18120 f. 148 8 Oct. 1850.
Zimmerman, Christopher. Grand Dutchy of Hesse-Darmstadt. NATN. Decl. intent in US Circ. Ct. 27 Sept. 1849. Wits: Bernard Everins and Adam Treush. O&RA to the Grand Duke of Hesse-Darmstadt. BC Ct. (Nat. Rcd.) 10 1849-1851 MSA C229-2 MdHR 18120 f. 303 30 Sept. 1851.
Zimmerman, Golthart. Electorate of Hesse-Cassel. NATN. Decl. intent in US Circ. Ct. 26 Sept. 1844. Wits: Frederick Heinz and Auden Ludwig. O&RA to the Elector of Hesse-Cassel. BA Ct. (Nat. Rcd.) 4 1846-1851 MSA C391-2 MdHR 18109 f. 239 30 Sept. 1848.
Zimmerman, Golthart. Electorate of Hesse-Cassel. NATN. Decl. intent in US Circ. Ct. 26 Sept. 1844. Wits: Frederick Heinz and Andreas Ludwig. BA Ct. (Nat. Dkt.) 1 1796-1851 MSA C389-1 MdHR 18106 f. 324 30 Sept. 1848.
Zimmerman, John. Grand Dutchy of Baden. NATN. Decl. intent in US Dist. Ct. 11 July 1844. Wits: Morris Pargher and George Frederick Mintzel. O&RA to the Grand Duke of Baden. BC Ct. (Nat. Rcd.) 9 1845-1848 MSA C229-1 MdHR 18119 f. 123 5 Oct. 1846.
Zimmerman, William. Grand Dutchy of Baden. NATN. Arrived in US 3 yrs. prior to age 21. Res. US for 5 yrs., including 3 of minority. Res. MD over 1 yr. Wits: Frederick Mason and Alexander D. Grant. O&RA to the Grand Duke of Baden. BC Ct. (Nat. Rcd. of Minors) 3 1845-1851 MSA C237-3 MdHR 18114-1 f. 60 1 Oct. 1847.
Zink, John. Bavaria. NATN. Decl. intent in US Circ. Ct. 4 Nov. 1848. Witness: Conrad Thomas. O&RA to the King of Bavaria. BC Ct. (Nat. Rcd.) 10 1849-1851 MSA C229-2 MdHR 18120 f. 409 4 Nov. 1851.
Zink, Mathias. Bavaria. NATN. Decl. intent in US Circ. Ct. 7 Oct. 1847. Witness: Conrad Thomas. O&RA to the King of Prussia. BC Ct. (Nat. Rcd.) 10 1849-1851 MSA C229-2 MdHR 18120 f. 406 4 Nov. 1851.
Zoellan, Jacob. Bavaria. NATN. Decl. intent in US Dist. Ct. 3 Oct. 1848. Wits: Philip Walter and George Fricksberger. O&RA to the King of Bavaria. BC Ct. (Nat. Rcd.) 10 1849-1851 MSA C229-2 MdHR 18120 f. 151 8 Oct. 1850.
Zolau (?)/ Rolau (?), Michael. Ireland. NATN. Decl. intent in Frederick Co. Ct. 2 Feb. 1847. Wits: Daniel Gleson and John Courts. O&RA to the Queen of UK. BA Ct. (Nat. Rcd.) 4 1846-1851 MSA C391-2 MdHR 18109 f. 353 1 Oct. 1850.
Zorgiabel, Jacob. Grand Dutchy of Hesse-Darmstadt. NATN. Decl. intent in US Dist. Ct. 6 Oct. 1843. Wits: Adam Saubertz and Gerhard A. Sybertz. BA Ct. (Nat. Dkt.) 1 1796-1851 MSA C389-1 MdHR 18106 f. 294 13 Oct. 1846.
Zorgiabel, Jacob. Grand Dutchy of Hesse-Darmstadt. NATN. Decl. intent in US Dist. Ct. 6 Oct. 1843. Wits: Adam Gaubertz and Gerhard A. Lybertz. O&RA to the Grand Duke of Hesse-Darmstadt. BA Ct. (Nat. Rcd.) 4 1846-1851 MSA C391-2 MdHR 18109 f. 177 13 Oct. 1846
Zorn, Benjamin. Bavaria. NATN. Decl. intent in US Dist. Ct. 28 Sept. 1848.

Wits: Peter Treuleib and Joseph Pollard. O&RA to the King of Bavaria. BC Ct. (Nat. Rcd.) 10 1849-1851 MSA C229-2 MdHR 18120 f. 108 30 Sept. 1850.

Zuisler/Zwisler, James. Germany. BA Ct. (Nat. Dkt.) 1 1796-1851 MSA C389-1 MdHR 18106 f. 10 #199 4 Dec. 1797. Barnes, p. 61

Zurisele, Pius. Wurtemburg. NATN. Born in Nothingham Co. Decl. intent in Ct. of Common Pleas (?) Co., 12th Judicial Dist. of Pennsylvania 5 Nov. 1821. Wits: Frederick Crey and Jacob Sentz. BA Ct. (Nat. Dkt.) 1 1796-1851 MSA C389-1 MdHR 18106 f. 129 15 Sept. 1828.

www.ingramcontent.com/pod-product-compliance
Lightning Source LLC
Chambersburg PA
CBHW072129220426
43664CB00013B/2181